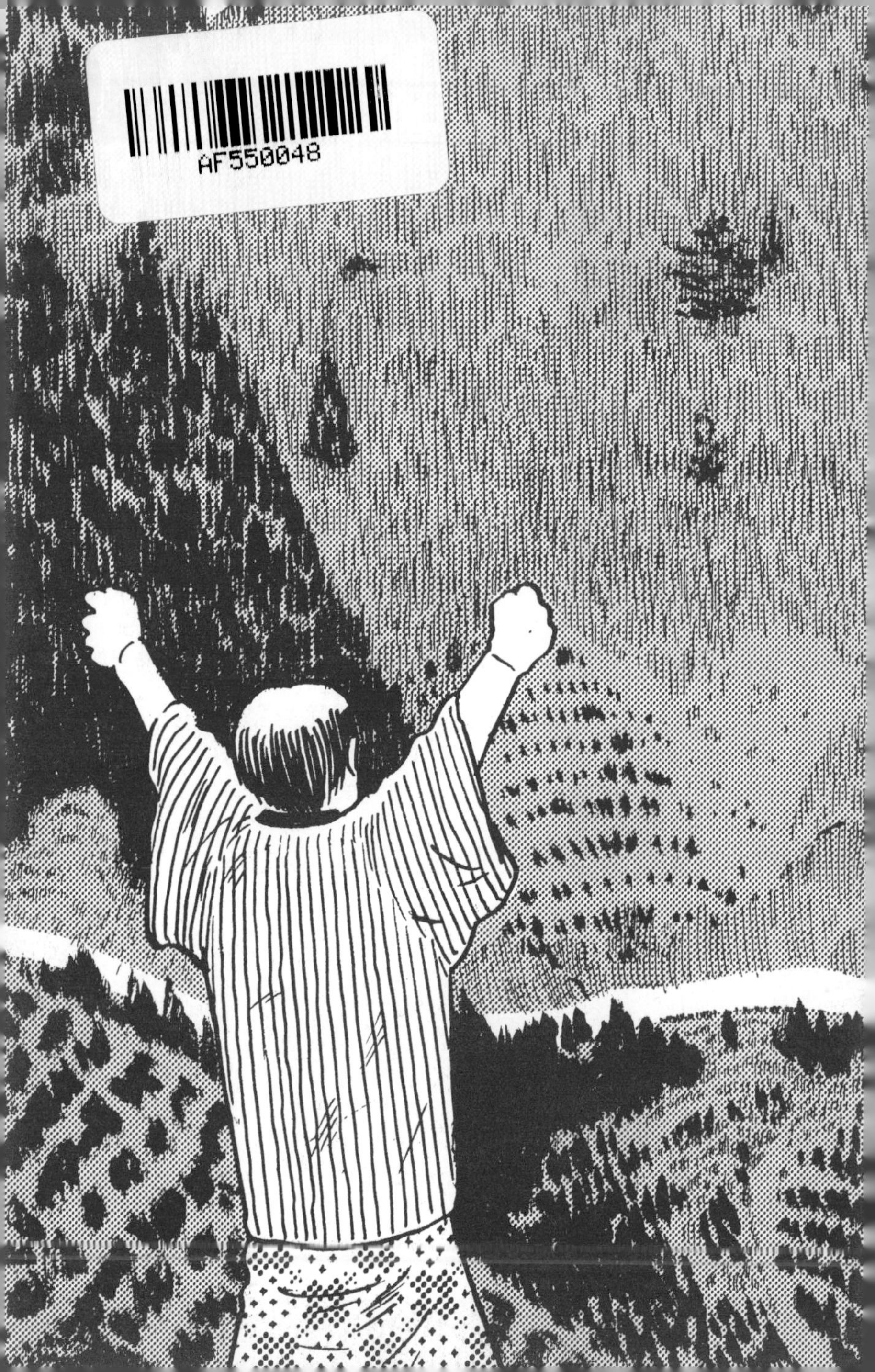

Yoshiharu Tsuge

YOSHIOS JUGEND

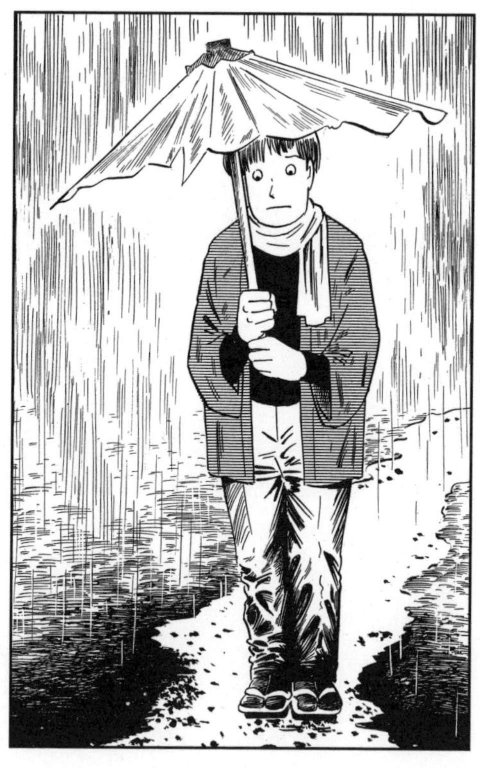

REPRODUKT

Inhalt

YOSHIHARU TSUGE UND JAPAN 1968

Toshiaki Kobayashi

1968 war ein Jahr des politischen Aufruhrs, es begann mit dem Prager Frühling, setzte sich im Pariser Mai in Frankreich fort, und schließlich gerieten diverse Länder weltweit in diesen Strudel der Unruhen. In Deutschland forderten die Proteste der Studentenbewegung schon 1967 mit dem Tod von Benno Ohnesorg ebenfalls Menschenleben. In den USA wurde Martin Luther King ermordet, und in Prag verbrannte sich nach der Niederschlagung des Prager Frühling der Student Jan Palach. Nach seinem Tod kehrte in der Tschechoslowakei eisiger Winter ein.

Wie aber sah es damals in Japan aus? Kaum jemand in Europa weiß, dass auch in Japan, wie in einer Art solidarischem Schulterschluss mit Europa und den USA, eine studentische Bewegung entstanden war, die bald das ganze Land erfasste. Am 8. Oktober 1967, vier Monate nach Benno Ohnesorgs Tod, war bei heftigen Protesten ein Mensch ums Leben gekommen, der Student Hiroaki Yamazaki. Er hatte an einer Demonstration gegen den Besuch von Ministerpräsident Eisaku Sato in Südvietnam teilgenommen, das sich mit Unterstützung der USA im Krieg gegen Nordvietnam befand. In der Haneda-Schlacht vom 8. Oktober lieferten sich die Studenten, mit Helmen und Holzlatten bewaffnet, auf der Straße zum Flughafen Haneda heftige Kämpfe mit den mobilen Einsatztruppen der Polizei. Von diesem Tag an war das Tragen von Helmen und Stöcken Bestandteil der Demonstrationen, ein Erscheinungsbild, das sich 1968 mit den Studentenunruhen in ganz Japan durchsetzte.

Die Proteste richteten sich gegen den amerikanisch-japanischen Sicherheitsvertrag ANPO und das damit besiegelte Militärbündnis, gegen die Errichtung eines neuen Großflughafens in Narita und gegen die durch eine Chemiefabrik verursachte Verseuchung von Meerwasser im Süden Japans, aufgrund derer viele Anwohner an der sogenannten Minamata-Krankheit gestorben oder lebenslang erkrankt waren. Außerdem kämpften die Demonstranten für die Rückgabe der unter amerikanischer Militärverwaltung stehenden Inseln von Okinawa und gegen das Urteil im sogenannten Sayama-Fall, bei dem ein Angehöriger der diskriminierten Minderheit Burakumin zu Unrecht wegen Mordes verurteilt worden war.

Darüber hinaus forderte man eine Reform der medizinischen Fakultät der renommierten Tokyo-Universität, protestierte gegen Korruption in der Nihon-Universität und prangerte, nachdem ein amerikanischer Phantom-Kampfjet auf das Gelände der Kyushu-Universität abgestürzt war, die Präsenz der amerikanischen Luftwaffe an. An vielen japanischen Universitäten traten die Studenten gegen alle möglichen Missstände an, und sie taten es so, als handele es sich dabei um ihre ganz persönlichen Probleme. Ihr Motto war einem Essay von Gan Tanigawa entnommen und lautete: „Fordert Solidarität und fürchtet nicht die Isolation!"

Zur selben Zeit erlebte auf dem chinesischen Festland die 1966 eingeleitete Kulturrevolution ihren Höhepunkt, und auch in Japan erreichte die Mao-Bibel Kultstatus. Maos Ausspruch „Widerstand ist gerechtfertigt" war in aller Munde. Im ganzen Land wurden die Universitäten mit Barrikaden umstellt, überall sah man Parolen wie „Weg mit dem Sicherheitspakt" oder „Zerschlagt die Kaiserliche Universität"; aus den Fenstern hingen die Fahnen der Kampftruppen. Auf den Straßen der großen Städte lieferten sich fast täglich behelmte Studenten Scharmützel mit den Einsatztruppen, hier und da versperrten umgestürzte Autos den Weg. Das Univiertel trug jetzt den Namen „Kanda Quartier Latin", man sprach ehrfurchtsvoll von Che Guevara und Fidel Castro, aber auch Daniel Cohn-Bendit und Rudi Dutschke waren Ikonen der Bewegung. Es war eine ganz besondere Zeit.

Am 21. Oktober 1968, dem Internationalen Antikriegstag, kam es zu mehreren Gewaltaktionen. In Tokyo fanden diese vor allem am zentralen Bahnhof Shinjuku statt, der wurde durch die Besetzung der Studenten vollkommen lahmgelegt. Die Regierung ließ umgehend aufgrund des Straftatbestands des Aufruhrs inmitten von Tränengas und fliegenden Steinen über 700 Menschen festnehmen. Diese Proteste bildeten den Höhepunkt der Unruhen, damit war die neu-linke Zenkyoto-Bewegung, die den bestehenden Linksparteien wie der kommunistischen Kyosanto und der sozialistischen Shakaito nicht mehr traute, endgültig an allen Universitäten etabliert. Auch später noch gehörte es zum „guten Ton" einer Universität, sich hinter Barrikaden zu verschanzen. Natürlich stellten die in kürzester Zeit radikalisierten Studenten nur eine kleine Gruppe innerhalb der Studentenschaft dar, aber ihre ruhmreichen Kämpfe hatten große Auswirkungen, und die Mehrheit der Studenten musste deren Fortführung stillschweigend hinnehmen, sie gehörten gleichsam zum Zeitgeist. Bald aber eskalierte die Gewalt, wie zuvor schon bei der japanischen Roten Armee: Jetzt kamen Waffen und Bomben zum Einsatz. Auch zwischen mittlerweile verfeindeten Lagern kam es zu gewaltsamen Auseinandersetzungen, was schließlich zur Auflösung der Bewegung zu Beginn der 70er-Jahre führte.

Die Revolte spielte sich jedoch nicht nur auf der politischen Bühne ab, der Lebensstil einer ganzen Generation änderte sich. Junge Männer ließen sich die Haare wachsen und trugen Jeans und Basketballschuhe statt der Studentenuniformen, junge Frauen Miniröcke. Wer wie bisher auf seine Karriere bedacht war, galt als spießig und wurde mit Verachtung gestraft, man wollte sich von der bürgerlichen Gesellschaft und ihrem Alltag absetzen.

Wie in den westlichen Ländern führten die jungen Leute auch neue Lebensformen ein, sie propagierten das Leben in der Kommune. In billigen Wohnungen oder im Studentenwohnheim zusammenzuleben, galt als revolutionär und progressiv. Die neue Generation folgte der westlichen Hippiekultur, löste sich von den Fesseln eines strikten asiatischen Moralkodex, viele sagten sich los von den zementierten Geschlechterrollen und traten offen für das Zusammenleben unverheirateter Frauen und Männer sowie für die freie Liebe ein.

Von nun an galt Reichtum als verabscheuenswert, und arm und frei zu sein als schön; die tägliche Hauptmahlzeit bestand in Instant-Ramen, einem Nudelfertiggericht, das es plötzlich überall zu kaufen gab. Die Nudeln wurden in verbeulten Töpfen auf Ölöfen gekocht und unter heftigem Pusten in sich hineingeschlürft, auch das war revolutionär. Denn man glaubte, selbst das Proletariat zu repräsentieren. Viele Studenten lasen damals Marx, die Lektüre seiner Werke war ein unbedingter Bestandteil jener Zeit und veränderte nicht nur die Politik und das Leben, sondern führte vor allem in der Kultur, besonders in der Subkultur, zu großer Kreativität.

In Musik, Theater, Film und Literatur entstand eine Vielzahl beachtlicher Werke. Romane wie „Der stumme Schrei“ des späteren Nobelpreisträgers Kenzaburo Oe oder „Häresie“ des damals in der Studentenbewegung sehr beliebten Kazumi Takahashi handeln von Rebellion und bewaffnetem Aufstand, sie erreichten

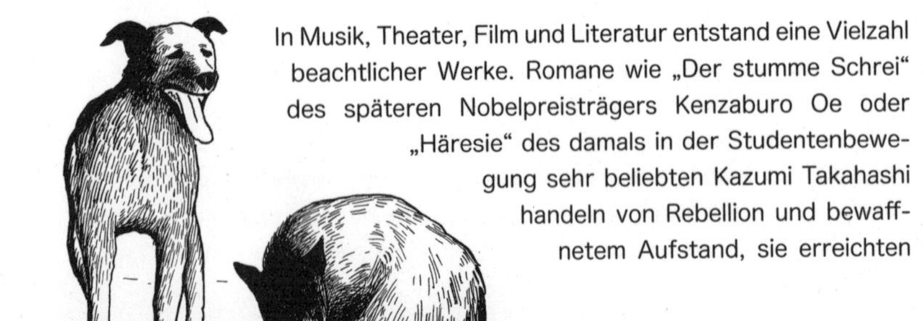

Bestseller-Auflagen, denn die Studenten sahen darin ihre eigene Revolte gespiegelt. Bei der ausländischen Literatur standen existenzialistische Werke von Sartre, Camus oder Kafka, die das Absurde thematisieren, hoch im Kurs.

In dieser kulturellen Produktivität kommt der Musik eine besonders wichtige Bedeutung zu. 1966 fand das erste Beatles-Konzert in Japan statt, damit geriet die Autorität der etablierten Musikstars ins Wanken. Für die Studentenbewegung aber spielte der Folk die führende Rolle. Während Bob Dylan, Joan Baez und Peter, Paul and Mary ihren Weltruhm begründeten, betraten auch in Japan verschiedene Antikriegsmusiker und -bands wie Nobuyasu Okabayashi, Tokiko Kato und die Folk Crusaders die Bühne. Sie solidarisierten sich mit der Studentenbewegung und sangen Protestlieder. Im Bahnhof Shinjuku traten jeden Samstag Folk-Guerilla-Gruppen auf und lieferten sich mit der Polizei kleinere Auseinandersetzungen. Auch im Jazz fand ein Wandel statt: Anstelle des bisherigen Wohlfühl-Jazz wurde jetzt anarchischer Free Jazz gespielt.

Bei den neu entstehenden Kunstformen darf man das Untergrundtheater nicht außer Acht lassen. Der grotesk-unheimliche Buto-Tanz, der später auch in Europa berühmt werden sollte, ist in dieser Atmosphäre des Aufruhrs entstanden, ebenso Theatergruppen wie Tenjo Sajiki von Shuji Terayama, dem für seine eigenartige, zuweilen anstößige Ästhetik bekannten Theater- und Film-Avantgardisten, oder Jokyo Gekijo von Juro Kara, der auf einem Schreingelände in Tokyo ein Zelt aufstellte und dort Avantgardetheater inszenierte. Heute zählen diese Theaterformen bereits zur Tradition.

Das Filmgenre wiederum wurde zu jener Zeit von zwei Gattungen angeführt, den Yakuza- und den Pornofilmen. In den ersteren, bei denen es meist um Streitereien zwischen Gangstern ging, waren Plots beliebt, in denen der einsame, wortkarge Held, der sich noch klassischen Moralvorstellungen verpflichtet fühlt, einem modernen, verdorbenen Yakuza den Kampf ansagt. Die Studenten verfolgten die Kampfszenen mit großer Leidenschaft, ähnelten sie doch ihren Gefechten mit der Polizei, und sobald der Schauspielstar Ken Takakura, der den Helden spielte, auf der Leinwand erschien, brüllten die Zuschauer seinen Namen. Bei den Pornofilmen handelte es sich um sogenannte „Nikkatsu-Romanzen", schnell gedrehte Low-Budget-Produktionen, für welche die Produktionsfirmen bevorzugt damals noch unbekannte Regisseure wie Tatsumi Kumashiro und Noboru Tanaka engagierten, die eine liberale und zugleich scharfsinnige Kunstauffassung besaßen. Yakuza- und Pornofilme liefen in den Nachtvorstellungen der billigen Kinos, was den Lebensgewohnheiten der jungen Leute sehr entgegenkam. Auch das Kino spiegelte, so kann man sagen, jene Zeit der Gewalt und des Eros wider.

In dieser Atmosphäre kam 1968 der Film „Tod durch Erhängen“ von Nagisa Oshima in die Kinos, einem Regisseur der japanischen „Nouvelle Vague“, der später mit „Im Reich der Sinne“ und „Merry Christmas, Mr. Lawrence“ internationale Erfolge feierte. Der Film handelt von einem zum Tode verurteilten Zainichi, der diskriminierten Bevölkerungsgruppe von ursprünglich nach Japan verschleppten und seither dort ansässigen Koreanern. Oshima drehte im selben Jahr zusammen mit der Folkband The Crusaders auch noch einen anderen, eher experimentellen und humoristischen Film, „Die Rückkehr der drei Trunkenbolde“, in dem drei nordkoreanische Guerillakämpfer in Japan eindringen.

Doch es gibt noch ein weiteres Kulturgut, das von den damaligen Studenten entdeckt und besetzt wurde: der Manga. Die Geschichte des japanischen Manga reicht bis in die Edo-Zeit zurück, doch in den 1960er-Jahren lösten die (sich meist an Jungen richtende) Manga-Magazine plötzlich einen Manga-Boom aus. Die kurz nach dem Krieg geborenen geburtenstarken Jahrgänge liebten Geschichten, in denen ein für Gerechtigkeit brennender Detektiv mutig gegen das Böse oder ein aus der Unterschicht stammender Sportler sich bis an die Spitze kämpft. Die Verfilmung dieser Geschichten fürs Fernsehen befeuerte den Boom noch. 1968 aber verlangten die Studenten, die mit solch harmlosen Helden-Manga aufgewachsen waren, nach anspruchsvolleren und politischeren Themen. Das neue Manga-Magazin *Garo* war eine Antwort darauf. Es war ursprünglich von Sanpei Shirato mitbegründet worden, einem Kommunisten, der dort die von ihm selbst gezeichnete Mangaserie „Die Legende von Kamui“ veröffentlicht hatte, in der es um den Kampf der Burakumin gegen ihre Diskriminierung ging.

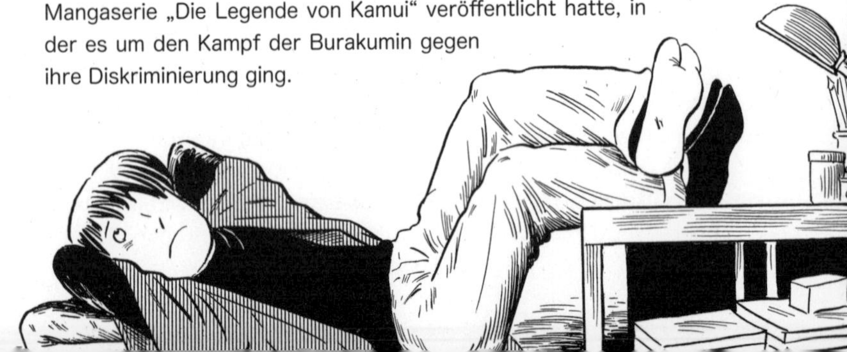

Schon bald kamen andere Künstler hinzu, deren sensibler Stil nicht zu den herkömmlichen Manga passte. Es ist bekannt, dass Zeichner wie Shigeru Mizuki mit seinen Yokai-Geschichten und Yu Takita, der mit leichter Hand das Leben im Shitamachi-Viertel in Tokyo festgehalten hat, oder auch Seiichi Hayashi, ein Meister einfacher und zugleich poetischer Kurzgeschichten, durch ihren Auftritt in dieser Zeitschrift zu Ruhm gelangten. Und es war die Generation der 68er, die als Leser diesen Paradigmenwechsel ermöglicht haben.

Besonderes Aufsehen erregte bei den nach Avantgarde gierenden Studenten Yoshiharu Tsuge. Vor allem seine 1968 publizierten Manga „Verschraubt" und „Der Inhaber des Gensenkan" schockierten die an die Manga der damaligen Zeit gewöhnten Leser. In der etwa 20-seitigen Geschichte „Verschraubt" irrt ein Junge, den eine der Fiktion entsprungene Meme-Qualle am Arm verletzt hat, auf der Suche nach einem Arzt durch ein verlassenes Dorf. Als er keinen Arzt findet, steigt er in einen Zug, dessen Lokführer eine Tiermaske trägt. Er kommt in eine Stadt, in deren Straßen lauter Schilder mit Augen hängen, und trifft auf eine alte Bettlerin, die Bonbons verkauft. Schließlich gelangt er zu einer Frauenärztin, die ihn jedoch nicht behandelt, sondern obszöne Doktorspiele mit ihm veranstaltet und ihm währenddessen eine Schraube in den Arm operiert. Eine völlig absurde Story.

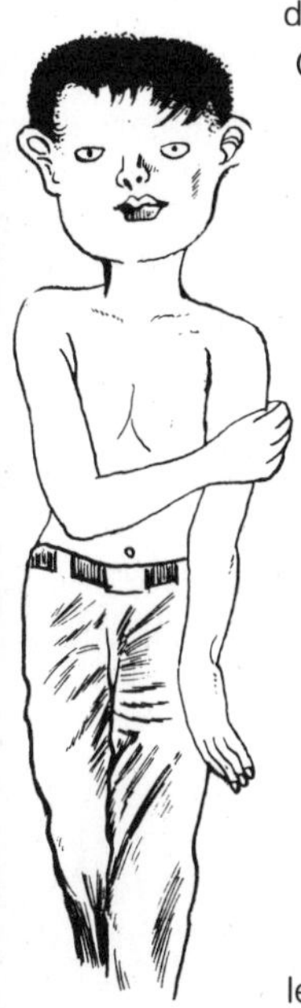

„Der Inhaber des Gensenkan" wiederum ist eine seltsame Doppelgänger-Geschichte. Ein Mann läuft durch ein heruntergekommenes Onsen-Dorf, in dem nur alte Frauen wohnen. Eine der Frauen erzählt ihm die Geschichte vom Gasthaus Gensenkan. Als der Mann am Abend dorthin geht, überkommt ihn eine so große sexuelle Lust, dass er im Bad über die Wirtin herfällt. Später erzählt er den alten Frauen von seinem Erlebnis, und sie versichern ihm, dass er dem Inhaber des Gensenkan aufs Haar gleiche. Er macht sich mit den Alten noch einmal zu dem Gasthaus auf und trifft dort am Eingang auf den Inhaber, der ihm tatsächlich ähnlich sieht und ihn zusammen mit seiner Frau begrüßt.

In Tsuges Werken sind „normale" Erzählungen oder Motive von Anfang an außer Kraft gesetzt, seine Geschichten sind absurd.

Die Literaturkritiker haben sie unterschiedlich interpretiert: als surreal, als Schilderung von Traumwelten, als psychotische Trugbilder oder auch als ontologische Anti-Manga. Jede dieser Deutungen hat ihre Berechtigung, doch die Frage, die sich eigentlich stellt, ist, warum sich die jungen Japaner für diese merkwürdigen Manga so begeisterten.

Tsuge zeichnet in seinen Geschichten das Bild verfallener Dörfer, in denen nichts los ist. Außer dem Protagonisten treten fast nur alte Menschen auf. Die im Untergang begriffenen Szenerien haben etwas Unheimliches, rufen jedoch zugleich auch Wehmut hervor. Ihnen wohnt ein nostalgischer, leiser Blick auf das inne, was die in einem schwindelerregenden Fortschritt begriffene Moderne zurückgelassen hat. So gesehen sind Tsuges Geschichten auch ein heimlicher Protest gegen die moderne bürgerliche Gesellschaft und die sich überall breitmachenden Spießer.

Ein weiterer Punkt, der die Leser faszinierte, sind der einerseits abstrakte Plot und die andererseits merkwürdig reale Erotik, die manchmal ins Obszöne kippt. Die Studenten stürzten sich auf diese obszönen Geschichten, so wie zuvor auf die Underground-Pornofilme. Obszönität war etwas, von dem sich der Staat und das Establishment distanzierten, zuweilen wurden solche Werke sogar verboten. Sie besaßen also ein Potenzial, das man gegen den Staat und die bürgerliche Gesellschaft wenden konnte. Möglicherweise nahmen die jungen Menschen diese Zusammenhänge nur unterbewusst wahr, und Tsuges Werke erschöpften sich auch nicht darin, aber sie stellten zweifellos eine wesentliche Komponente dar.

Was bedeutet all dies für den hier vorliegenden Band? *Yoshios Jugend* enthält eine Reihe von Erzählungen, die Tsuge in den 20 Jahren nach Erscheinen der eben erwähnten Geschichten schrieb, mit denen er schlagartig berühmt geworden war. Tsuge war nicht sehr produktiv. Es interessierte ihn nicht, dass er sich gut verkaufte und Kultstatus genoss.

Was Tsuges Geschichten aber mehr noch als die Kritik an der bürgerlichen Gesellschaft prägt, ist seine misanthropische Lebenseinstellung, durch die er sich in Distanz zu seinen Mitmenschen begibt. Das wird besonders in den Geschichten „Steine verkaufen“ und „Der nutzlose Mann“ deutlich.

In ihnen zeigt sich auch ein Wandel in Tsuges Werk, der sich zwischen den 60er- und 70er-Jahren vollzog. Auch in den späteren Manga findet sich noch eine vitale Erotik, so als wolle sich Tsuge einer letzten Verbindung zum Anderen beziehungsweise zur Realität vergewissern, das Thema der Geschichten hat sich jedoch unmerklich verschoben.

Einerseits treten nun zuweilen Träume, die vormals ein Mittel waren, um Tsuges radikalen Ideen Ausdruck zu verleihen, in den Vordergrund und bedrohen den Autor in seiner seelischen Verfasstheit. So wird der Protagonist in „Das anschwellende Außen" von gestaltlosen Wesen überfallen. Es ist nicht schwer, hierin das Symptom einer psychischen Erkrankung zu erkennen, denn Tsuge beschreibt das „Verrücktsein", bei dem jede Selbstverständlichkeit verloren geht, unmittelbar. Tatsächlich geht es dabei um eine ontologische Angst.

Andererseits hat Tsuge, indem er seine Erlebnisse mühsam ordnete und in Form realistischer Novellen zeichnete, diese gefährlichen Angstzustände überwunden. Das zeigt sich in Erzählungen wie „Yoshios Jugend" oder der monumentalen Geschichte „Die Trennung", mit der er 1987 seine Laufbahn als Manga-Zeichner beendete. Hier finden sich kaum noch halluzinatorische Momente, Story und Bilder kommen realistisch daher, es sind Werke mit einem stark literarischen Charakter.

Die Frau übrigens, die Tsuge in vielen seiner Geschichten dem Protagonisten zur Seite stellt, hat er nach dem Modell seiner Ehefrau geschaffen. Maki Fujiwara war Schauspielerin und gehörte dem oben erwähnten AvantgardeTheater Jokyo Gekijo an. Auch ihre Ehe mit den teils althergebrachten Rollenbildern, teils aber auch neuen Vorstellungen von Leben und Künstlertum steht für die Zeit der späten 60er-Jahre, die für viele ein großes Versprechen war.

Übersetzung aus dem Japanischen: Nora Bierich

Traumspaziergang

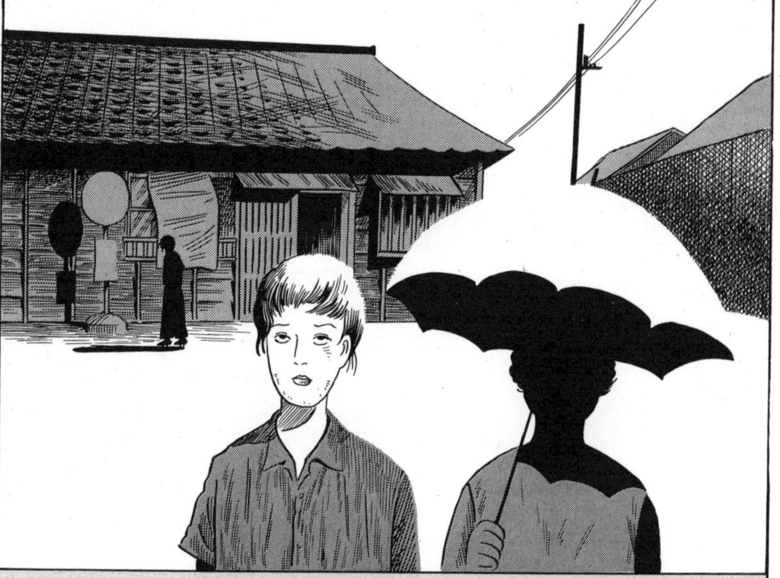

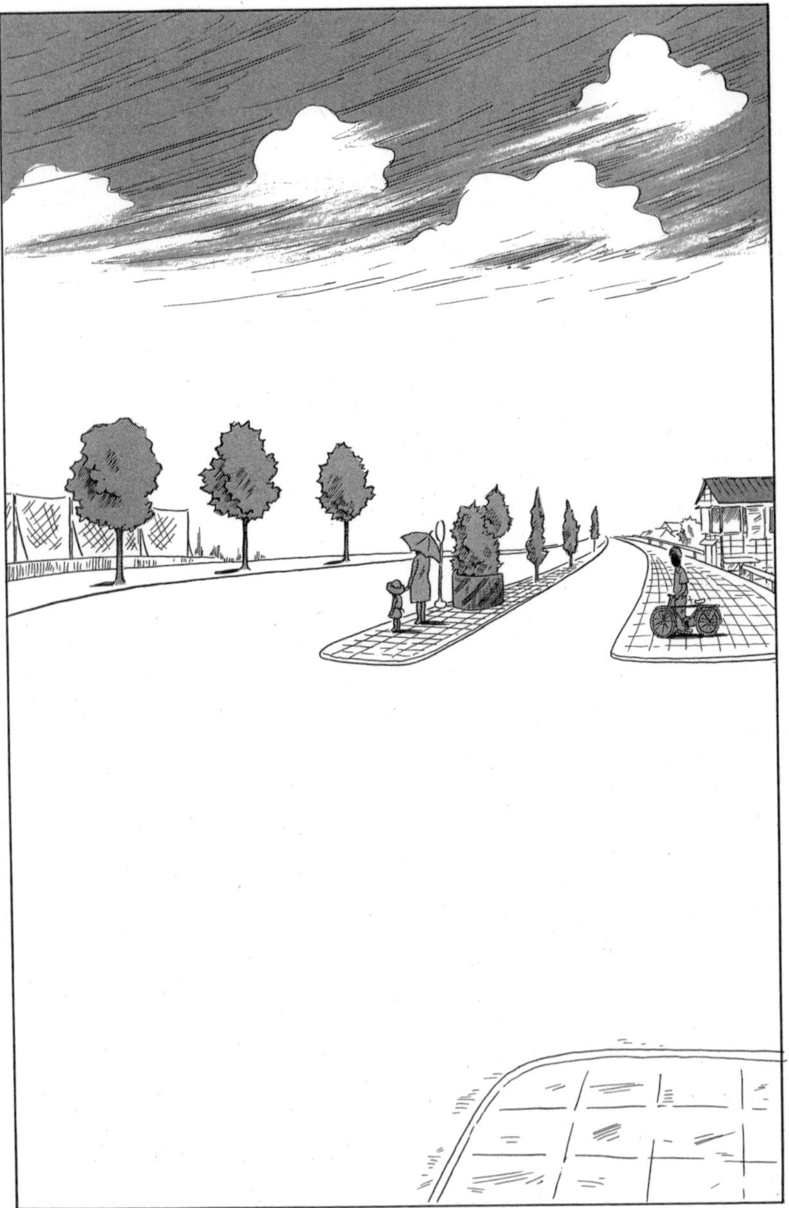

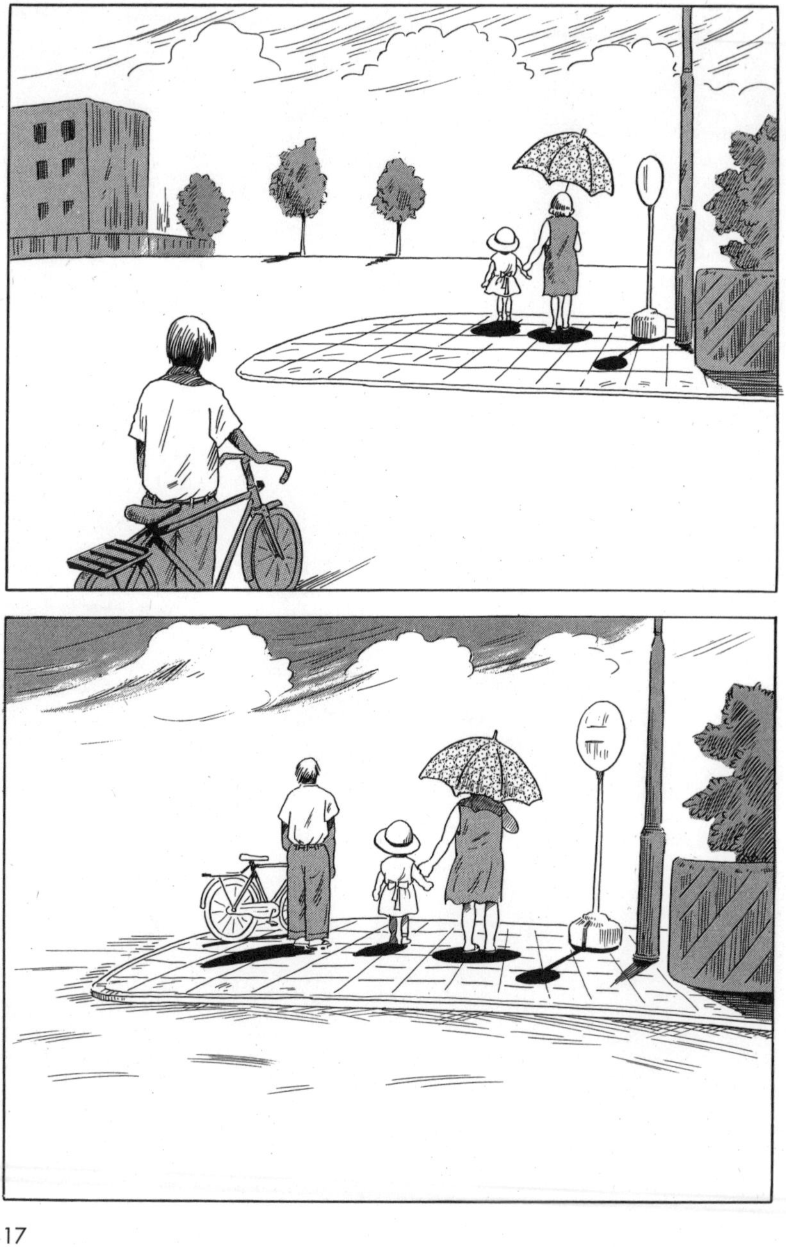

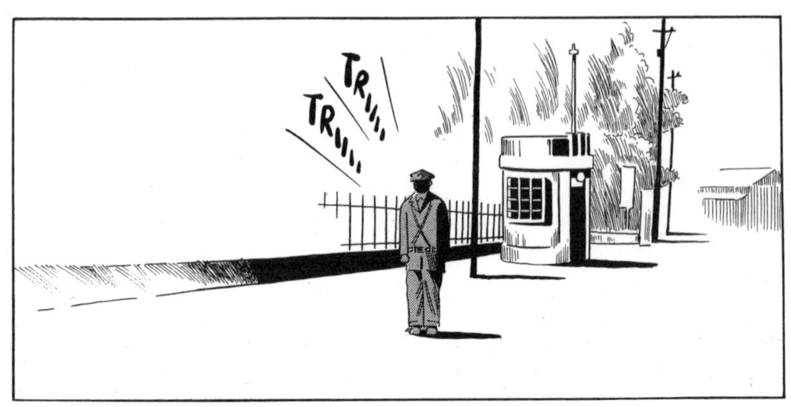
TRIII
TRIII

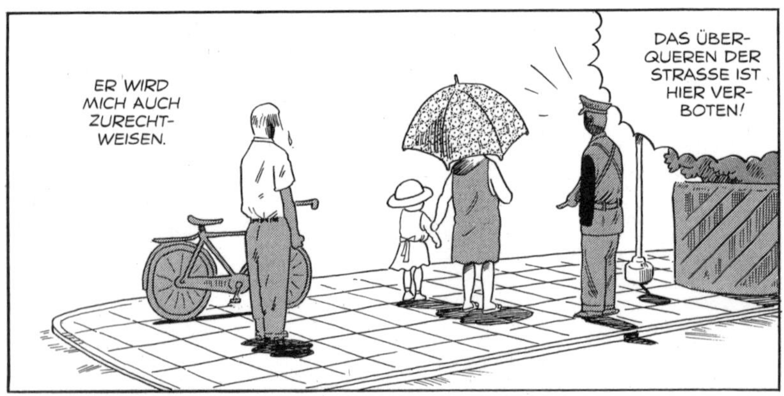
DAS ÜBER-
QUEREN DER
STRASSE IST
HIER VER-
BOTEN!
ER WIRD
MICH AUCH
ZURECHT-
WEISEN.

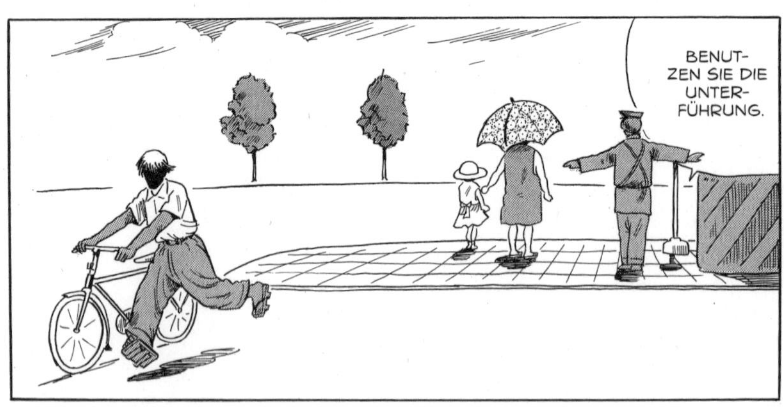
BENUT-
ZEN SIE DIE
UNTER-
FÜHRUNG.

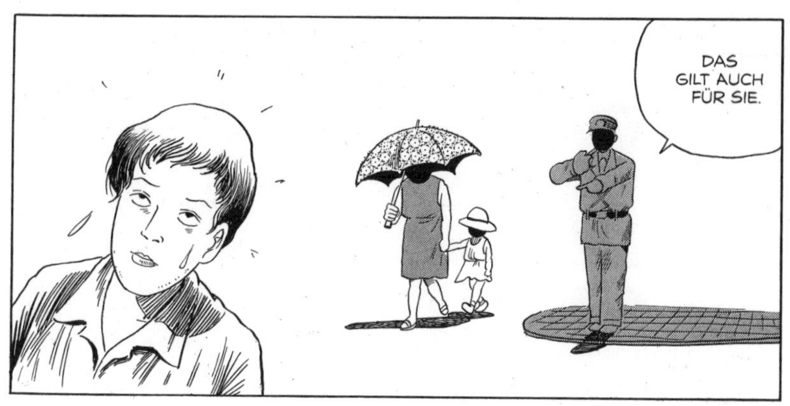
DAS GILT AUCH FÜR SIE.

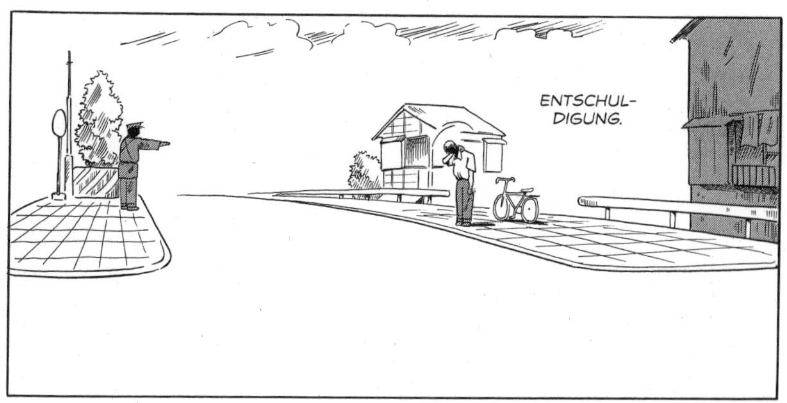
ENTSCHUL-DIGUNG.

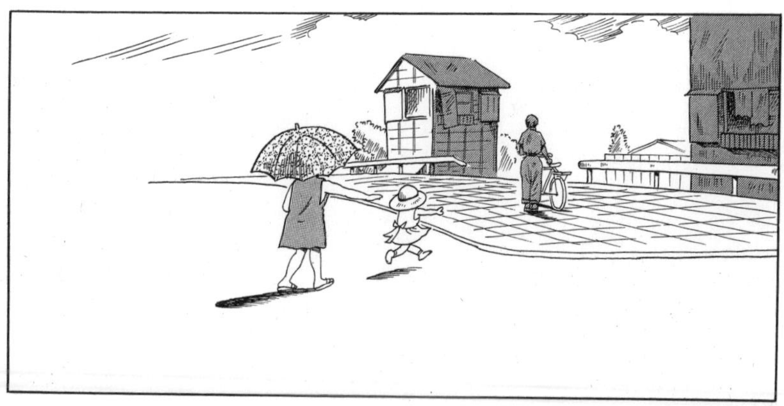

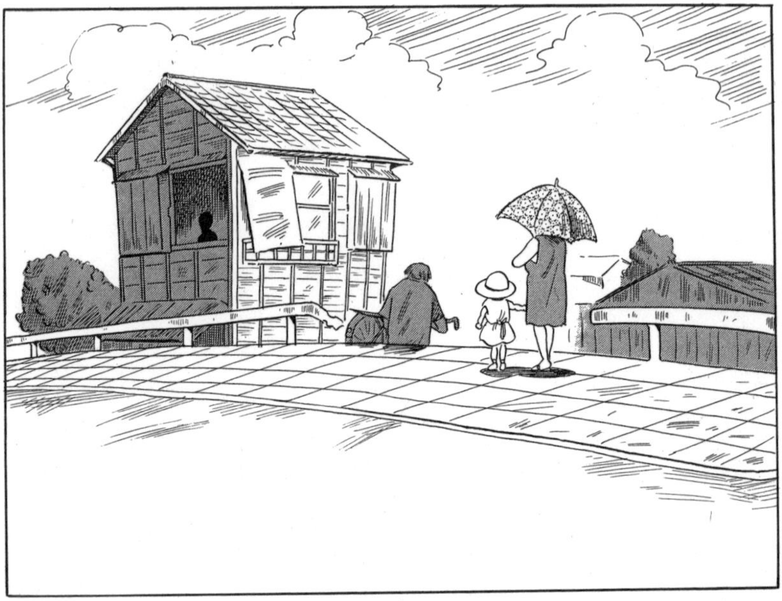

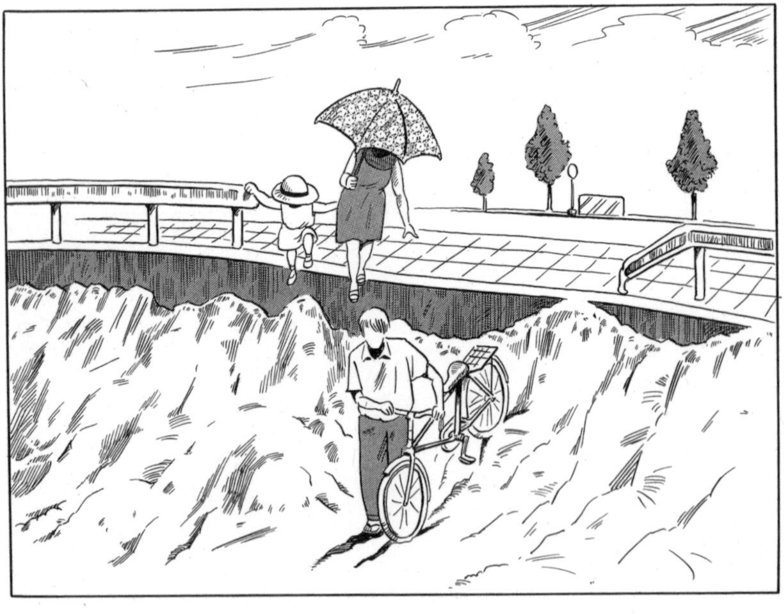

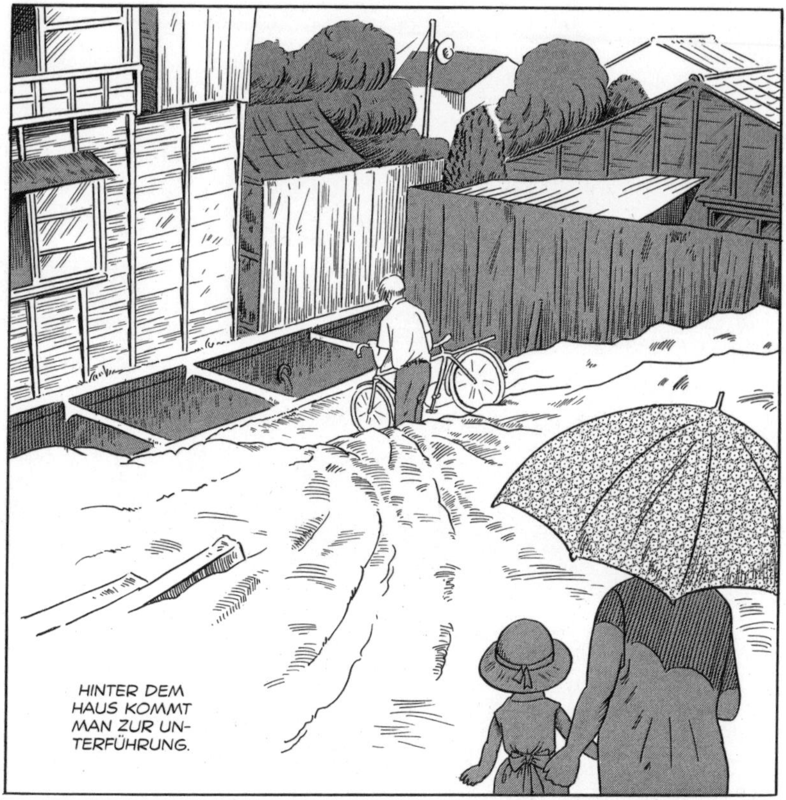

HINTER DEM HAUS KOMMT MAN ZUR UNTERFÜHRUNG.

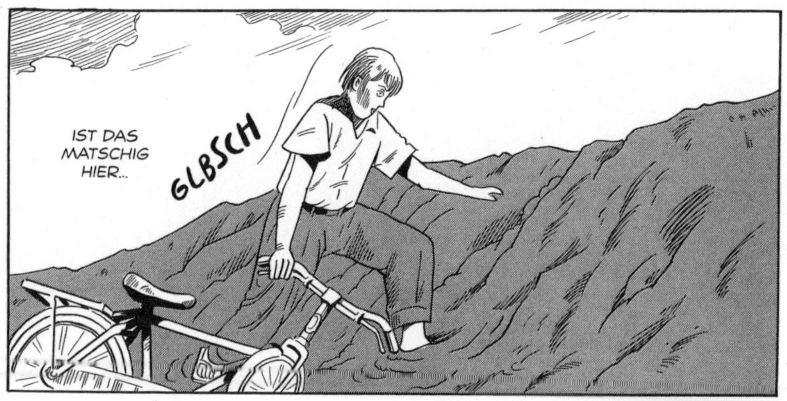

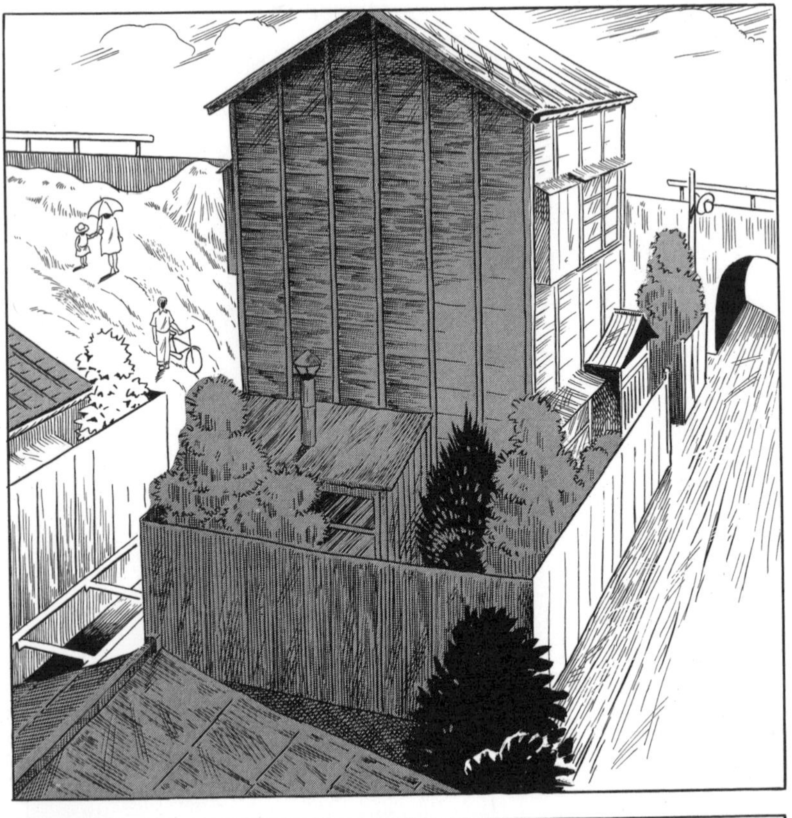

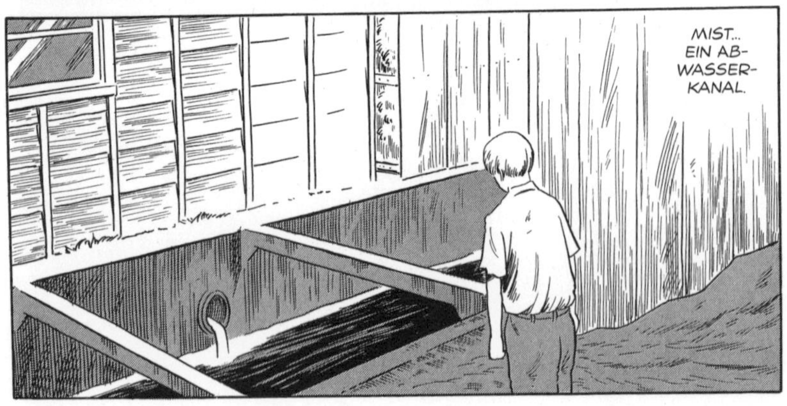
MIST...
EIN ABWASSERKANAL.

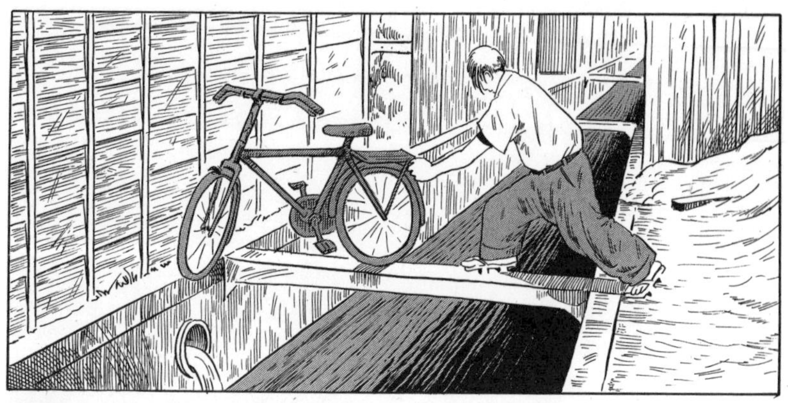

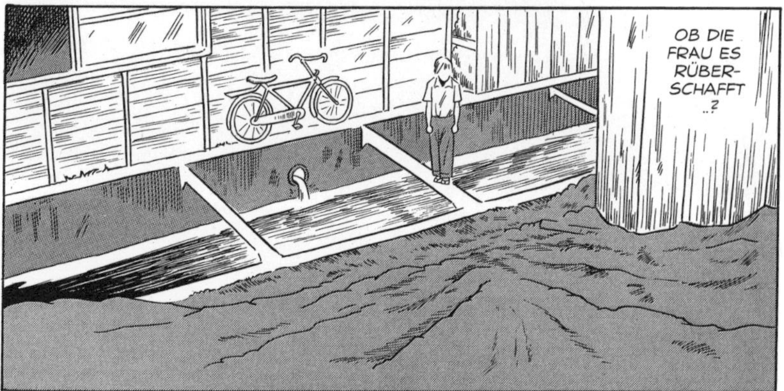
OB DIE FRAU ES RÜBER-SCHAFFT ..?

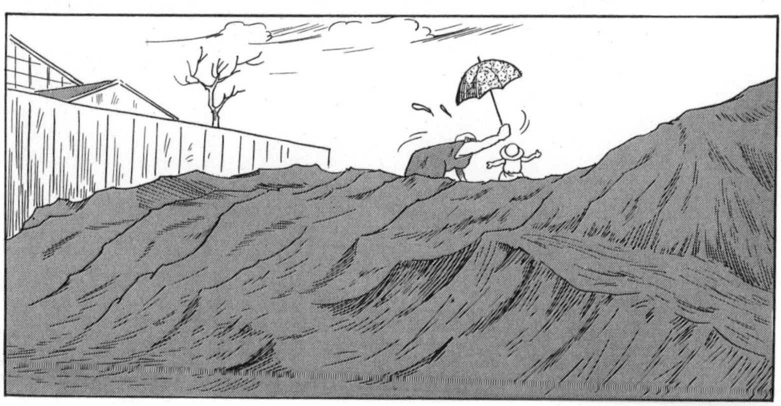

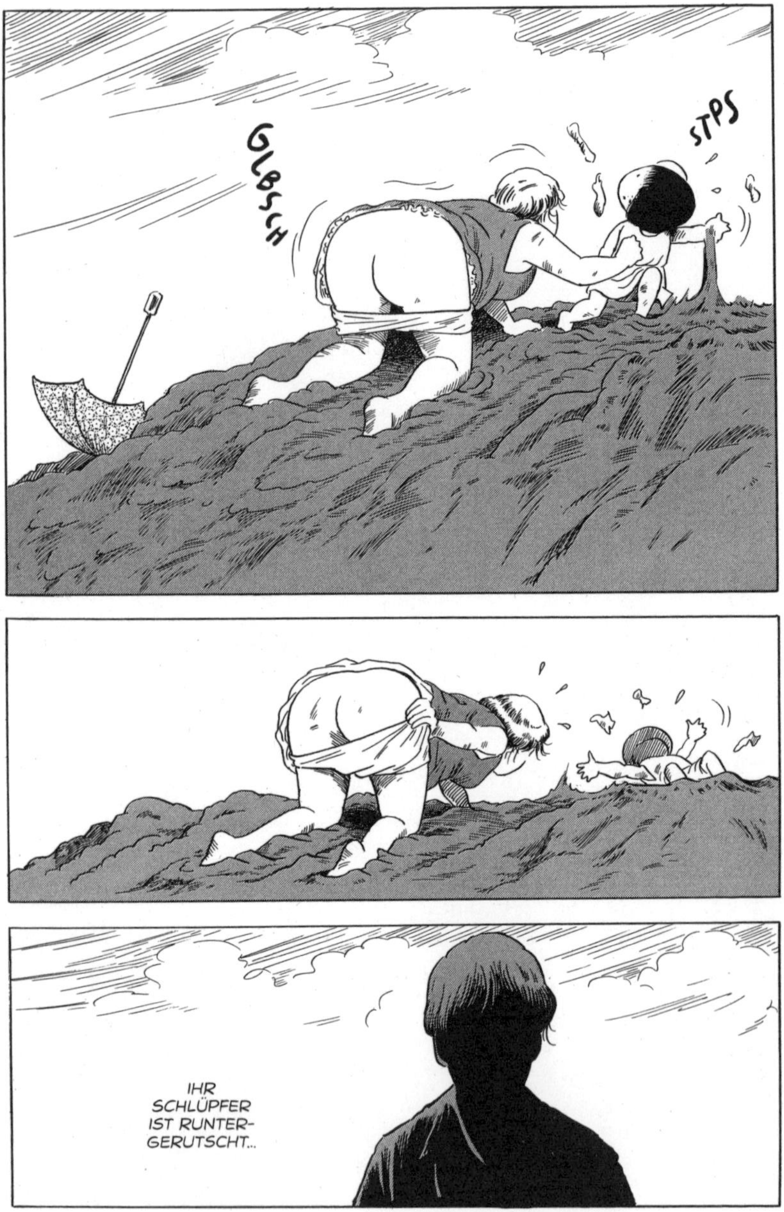

GLBSCH
STPS

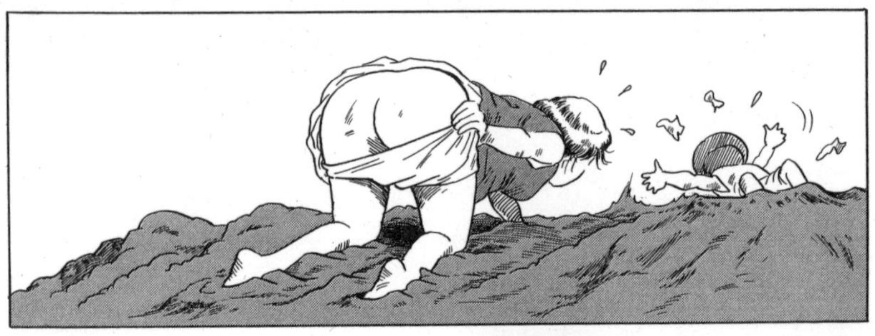

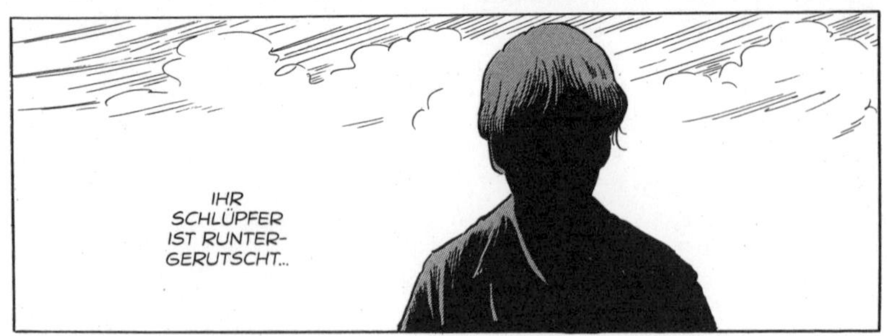
IHR SCHLÜPFER IST RUNTER-GERUTSCHT…

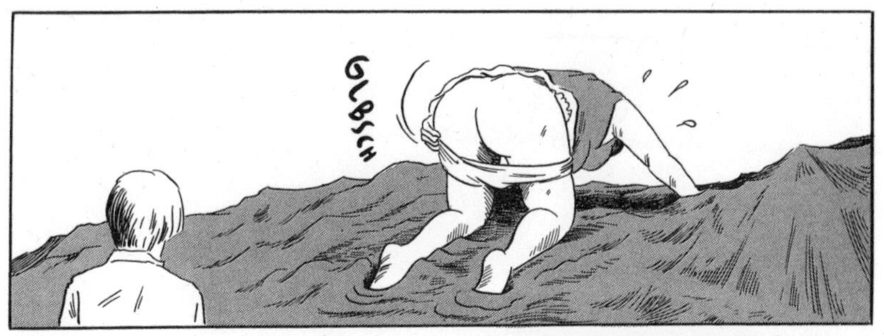
GLBSCH

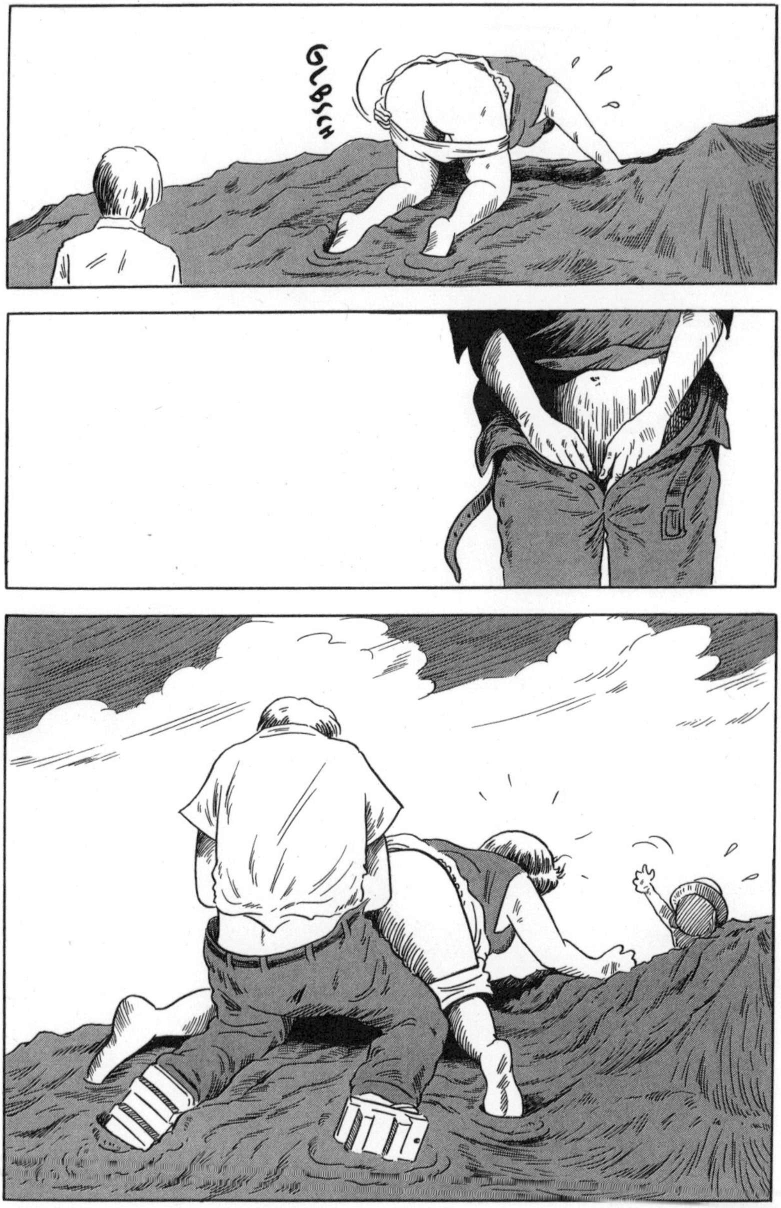

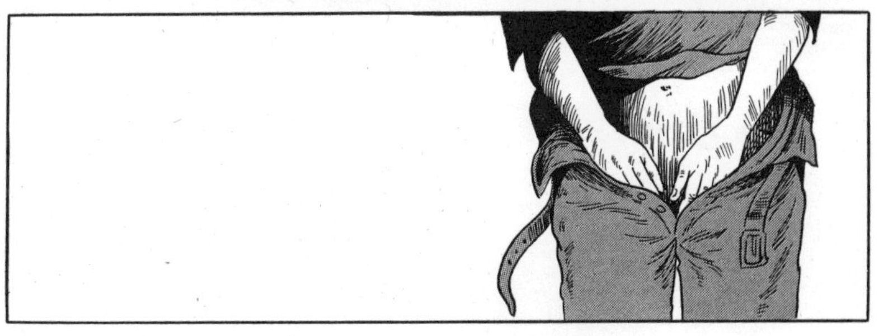

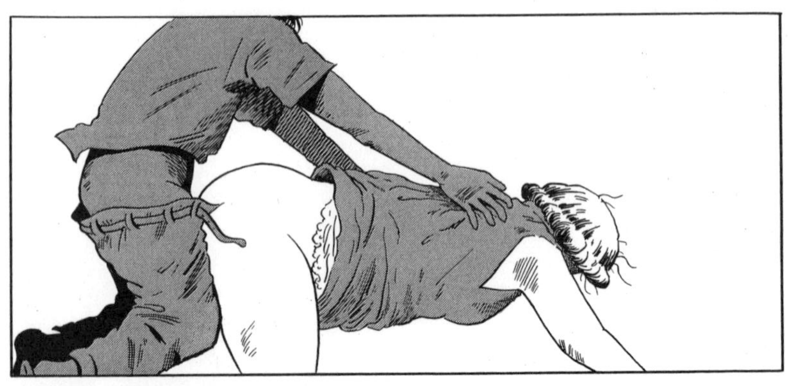
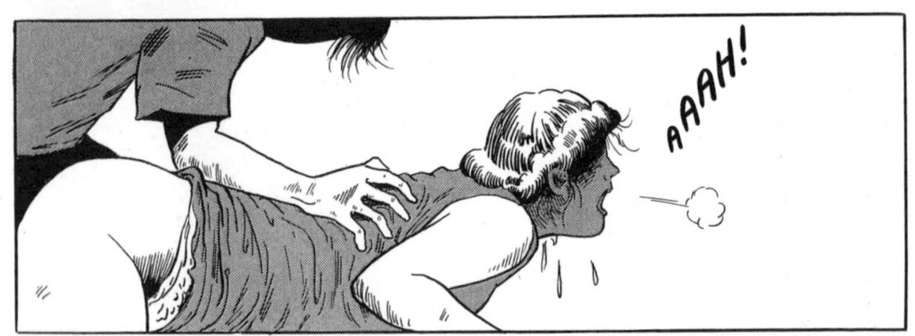
AAAH!
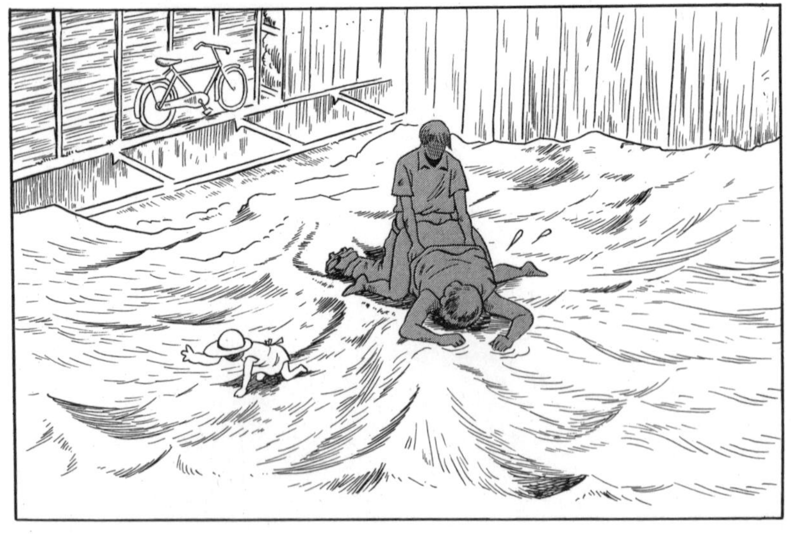

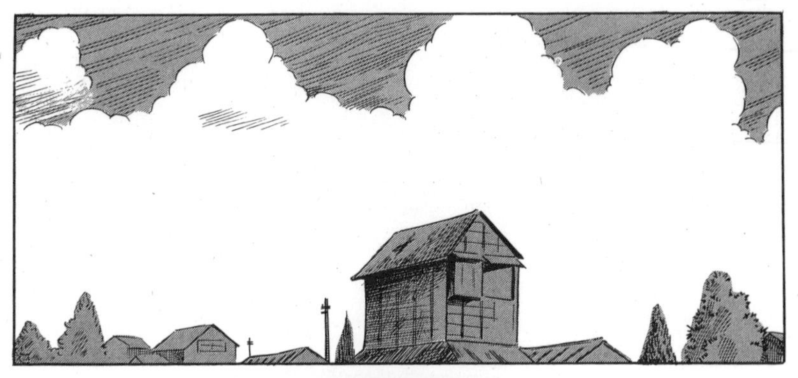

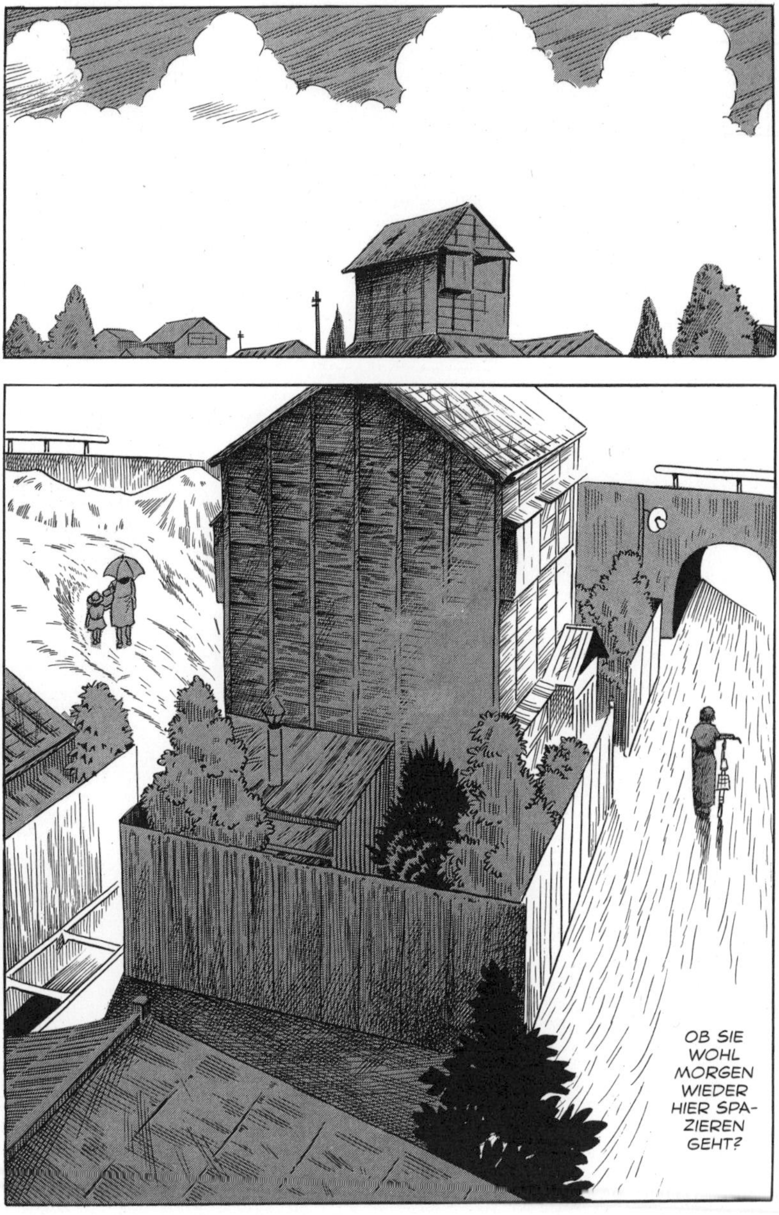

OB SIE WOHL MORGEN WIEDER HIER SPA-ZIEREN GEHT?

Sommererinnerung

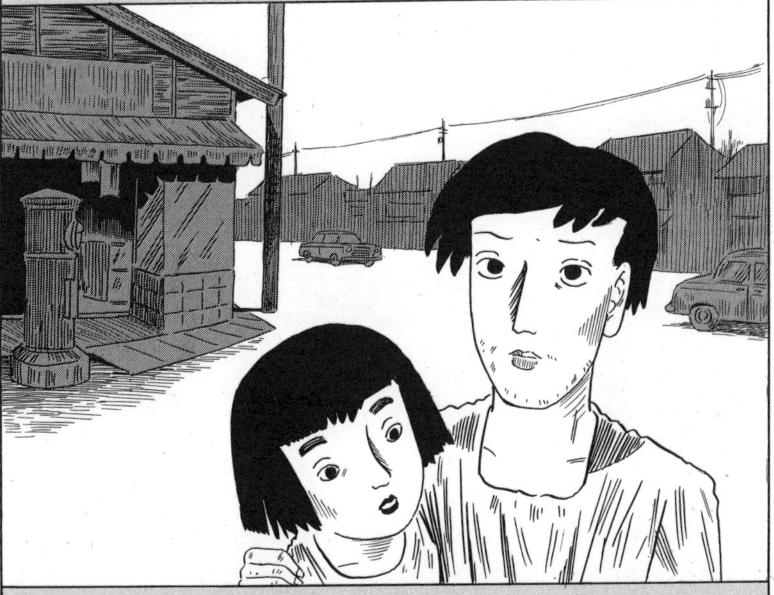

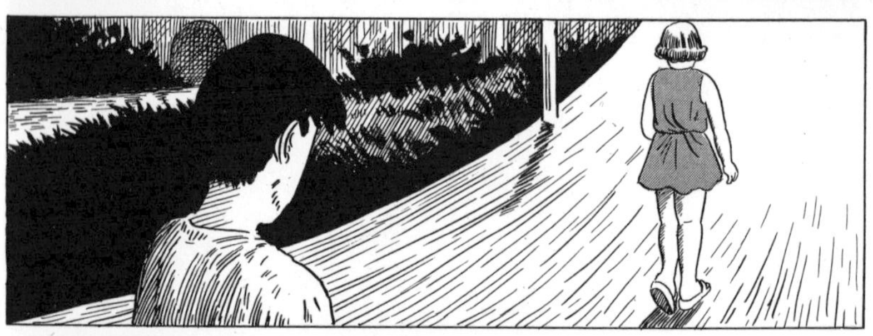

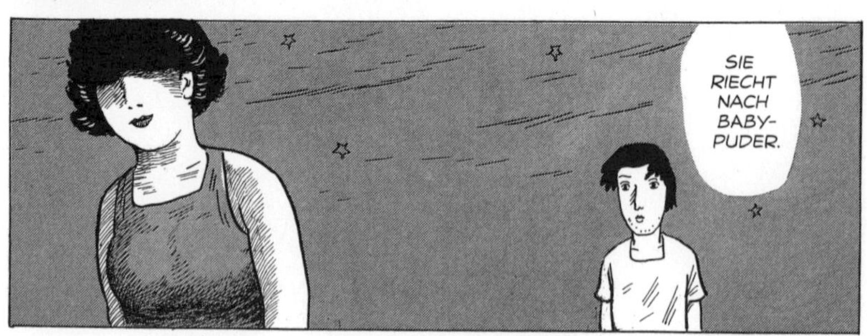
SIE RIECHT NACH BABY-PUDER.

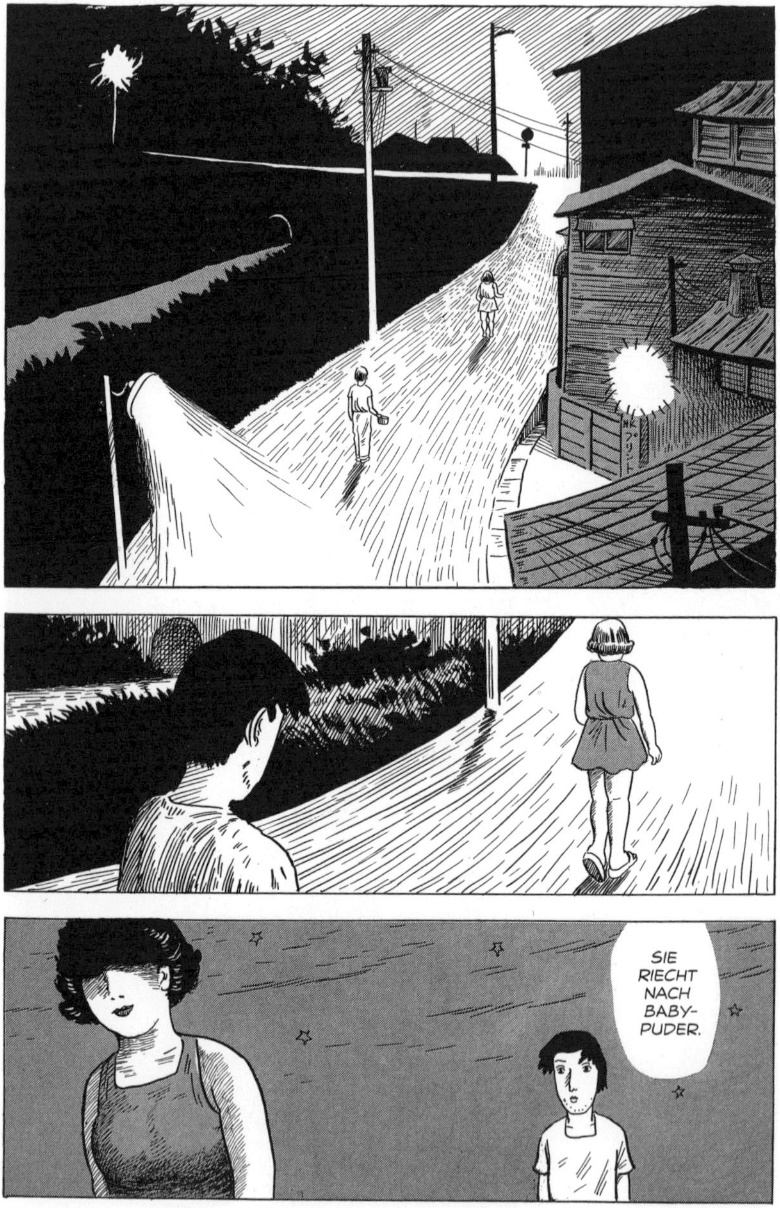

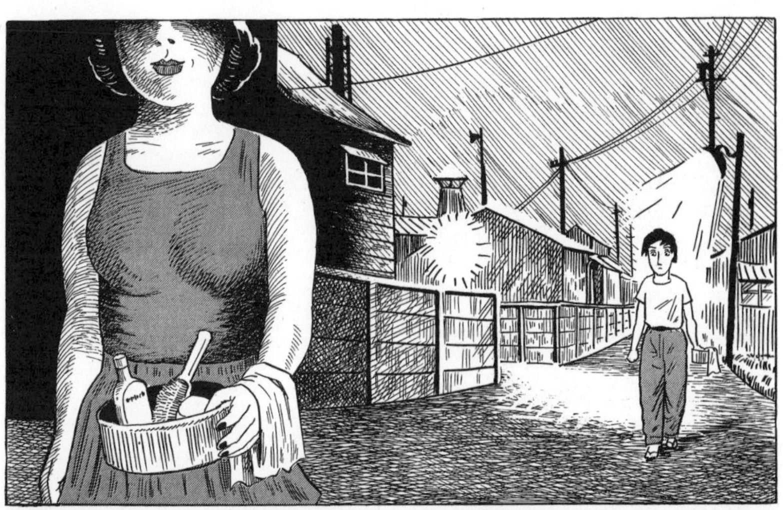

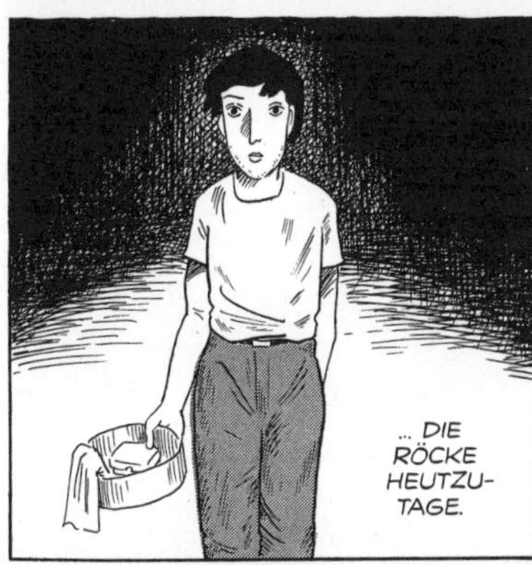
... DIE RÖCKE HEUTZUTAGE.

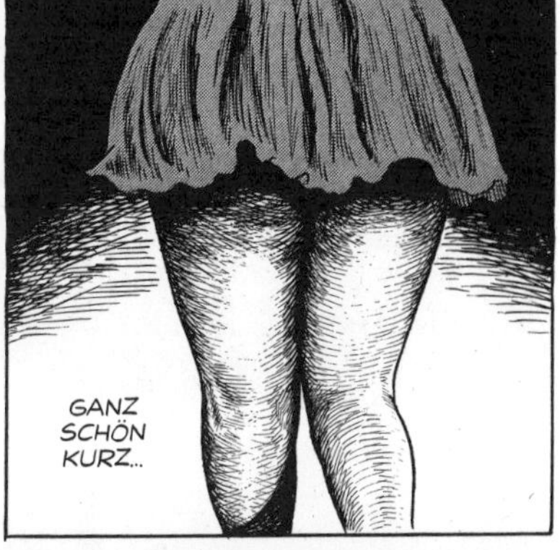
GANZ SCHÖN KURZ...

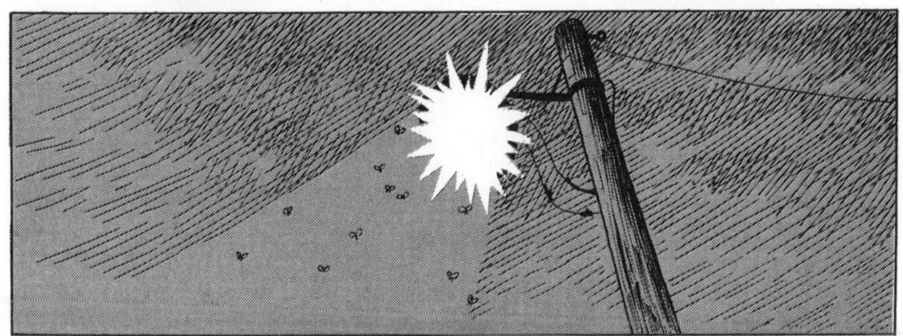

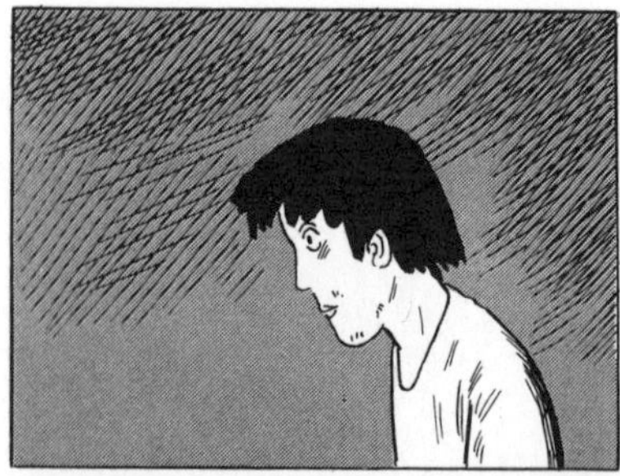

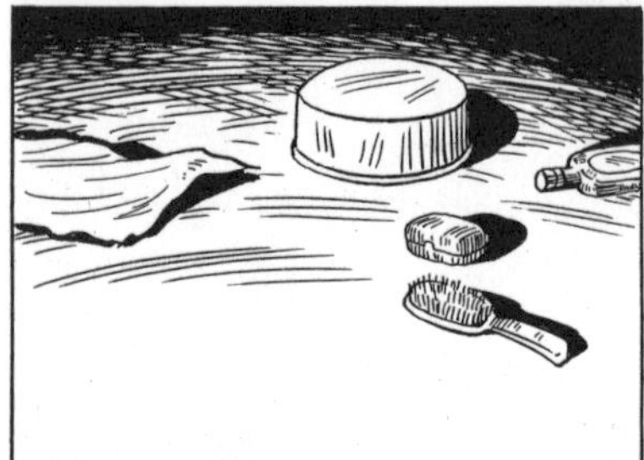

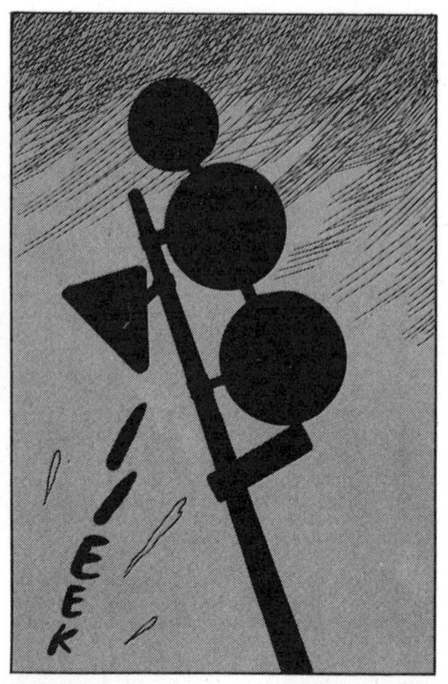
IIEEK

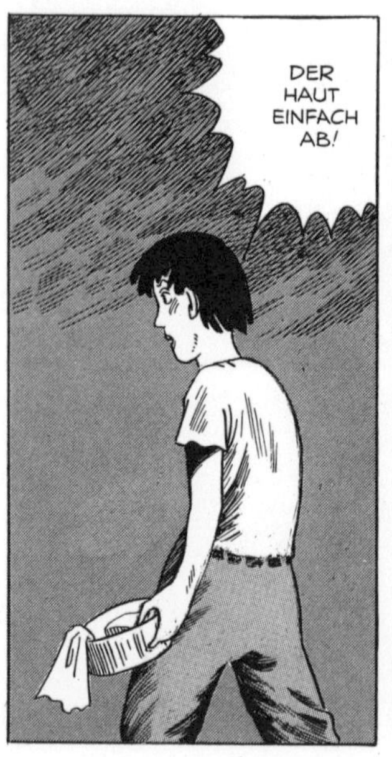
DER HAUT EINFACH AB!

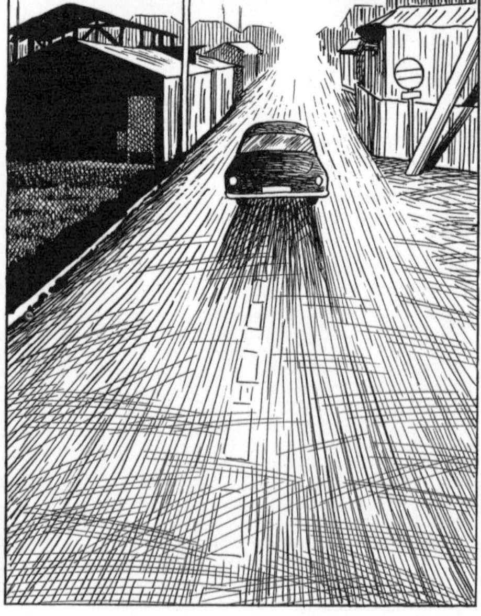

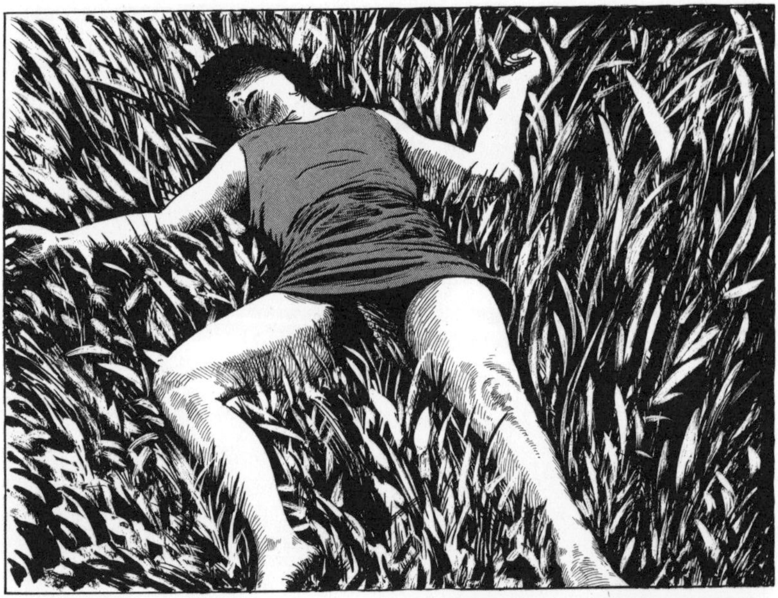

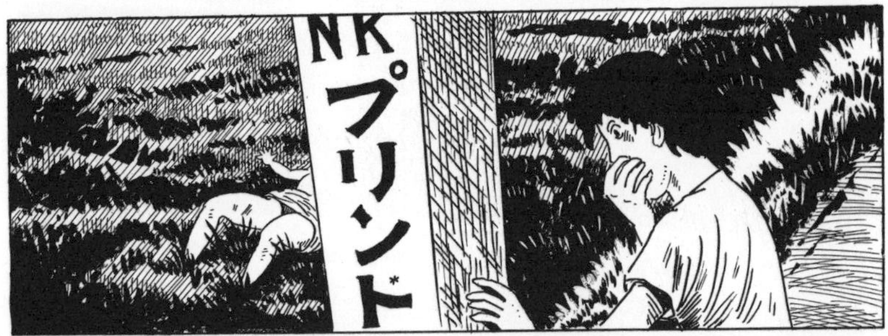

* NK-Druckerei

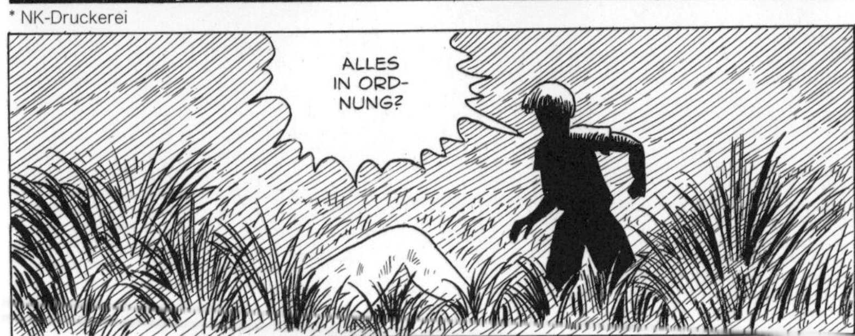

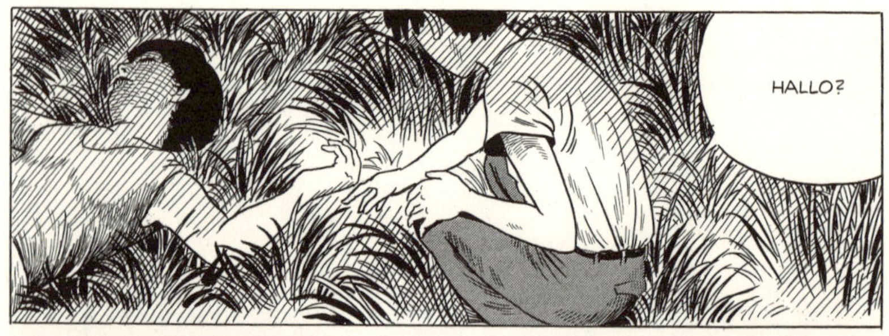
HALLO?

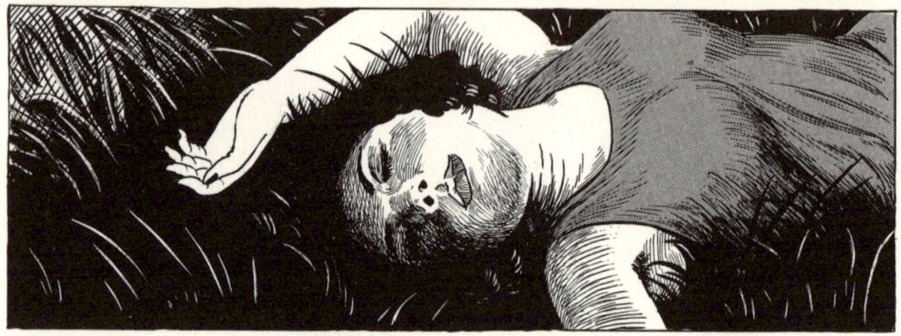

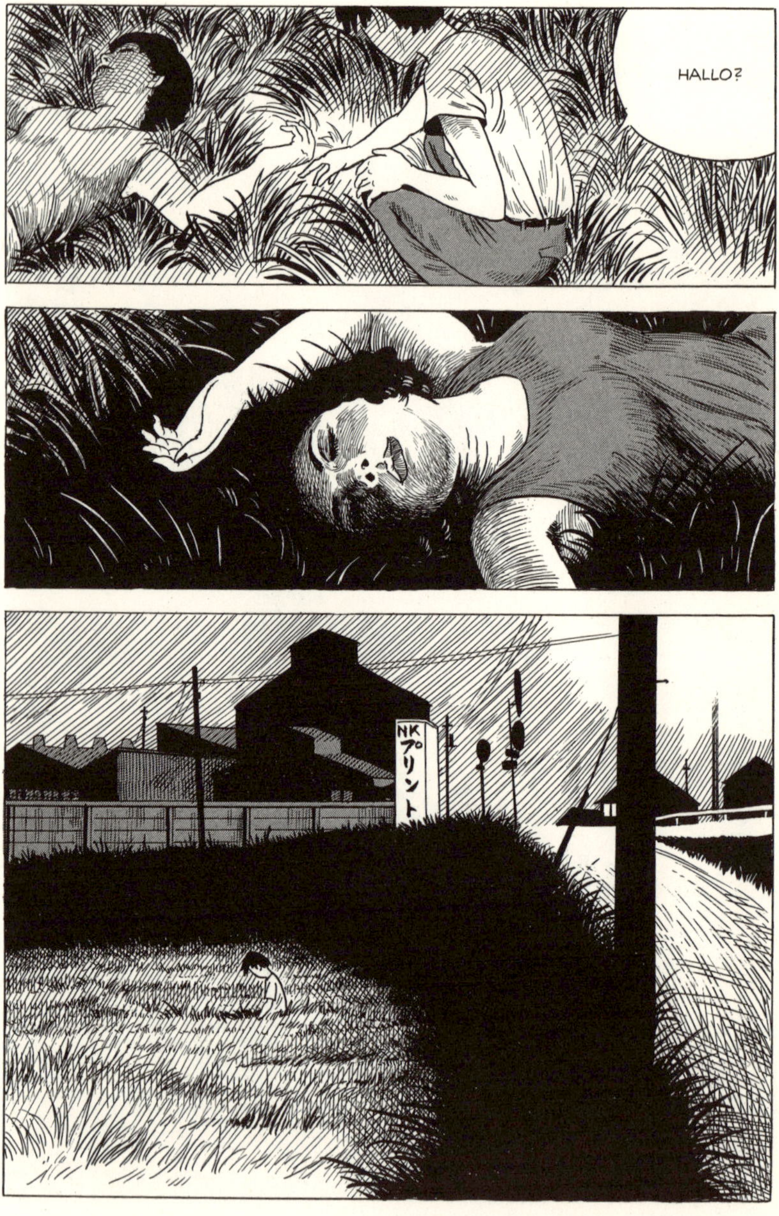

NK
プリント

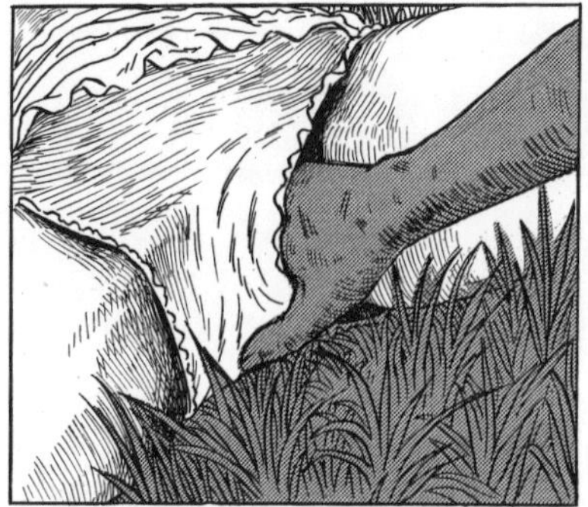
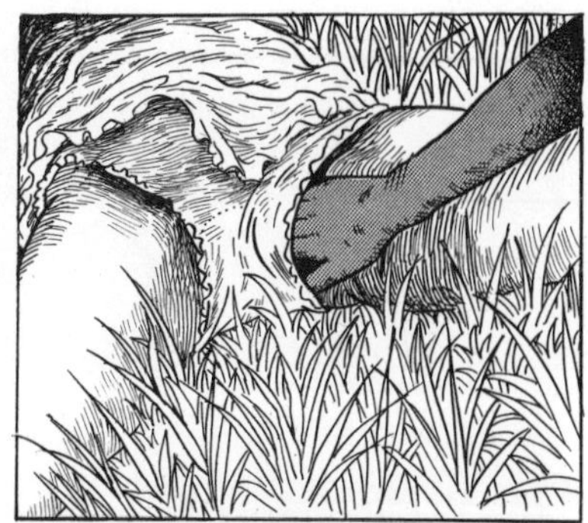
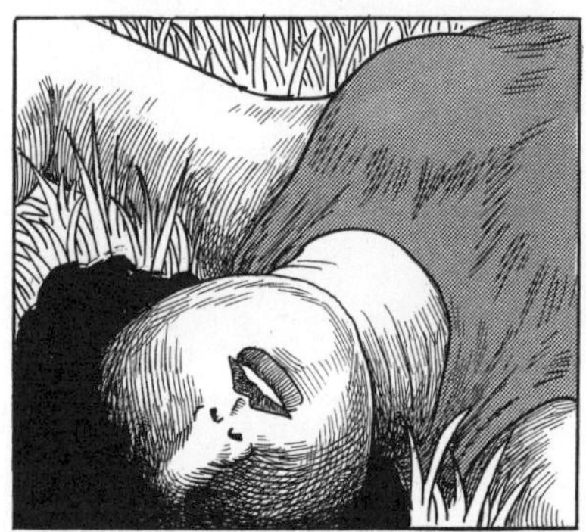
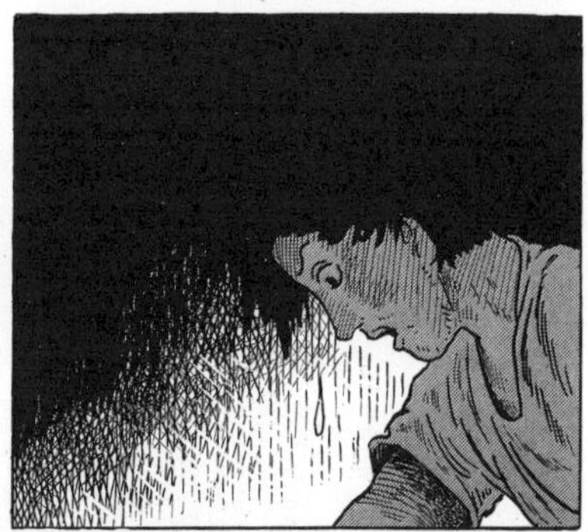
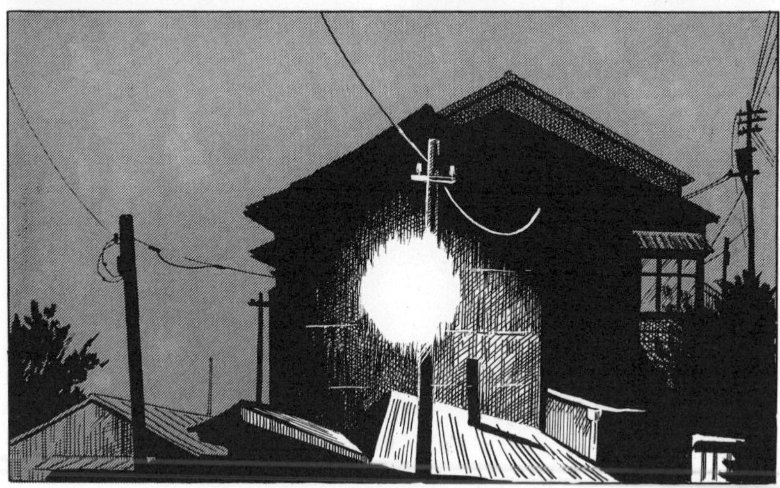

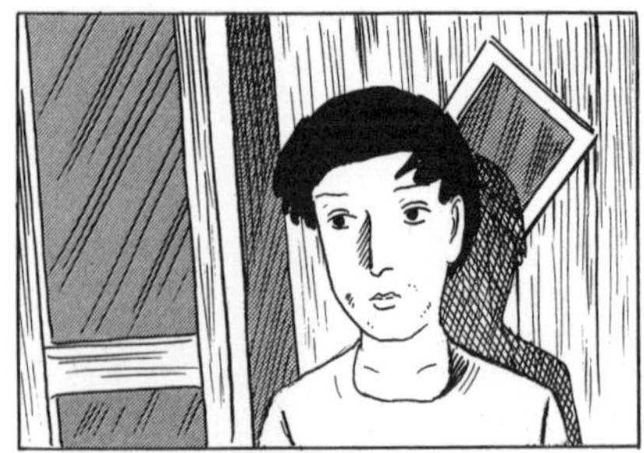

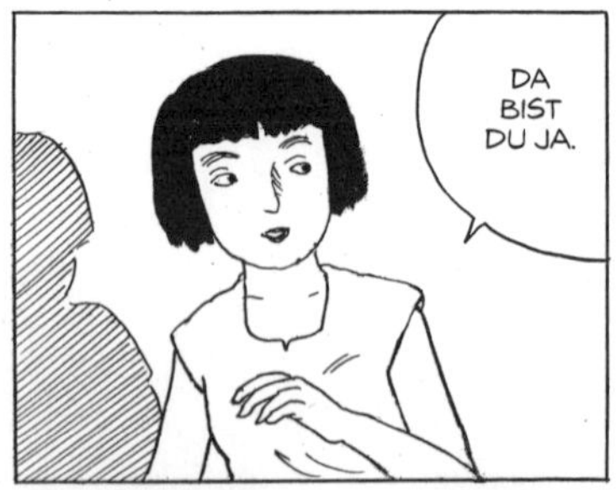
DA BIST DU JA.

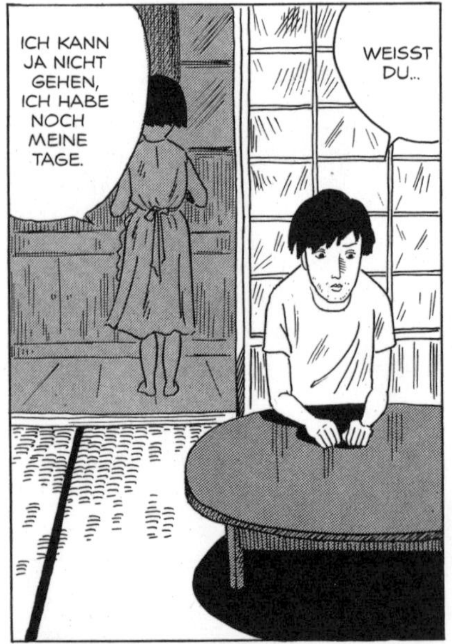
WEISST DU...
ICH KANN JA NICHT GEHEN, ICH HABE NOCH MEINE TAGE.

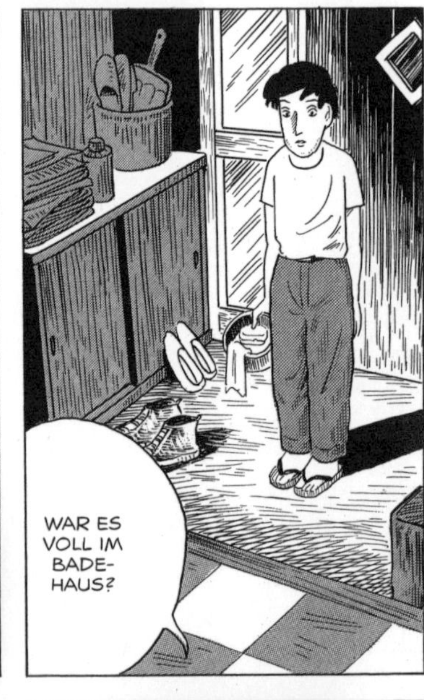
WAR ES VOLL IM BADE-HAUS?

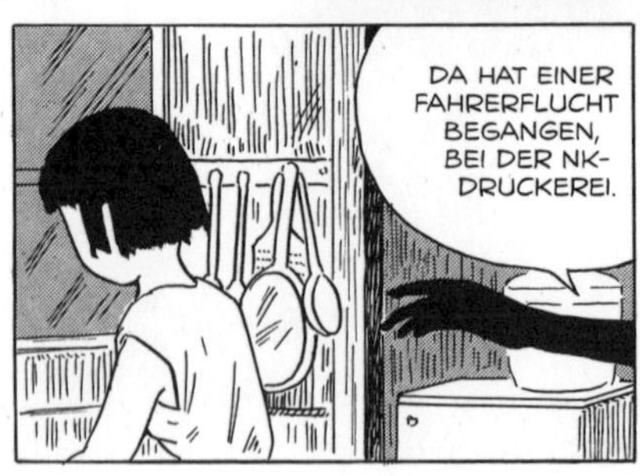
DA HAT EINER FAHRERFLUCHT BEGANGEN, BEI DER NK-DRUCKEREI.

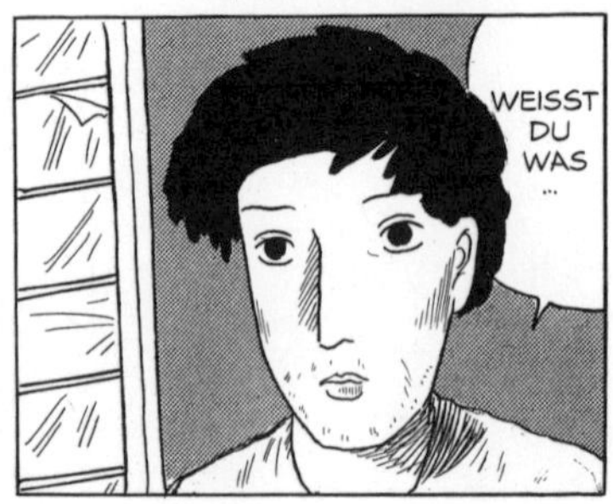
WEISST DU WAS ...

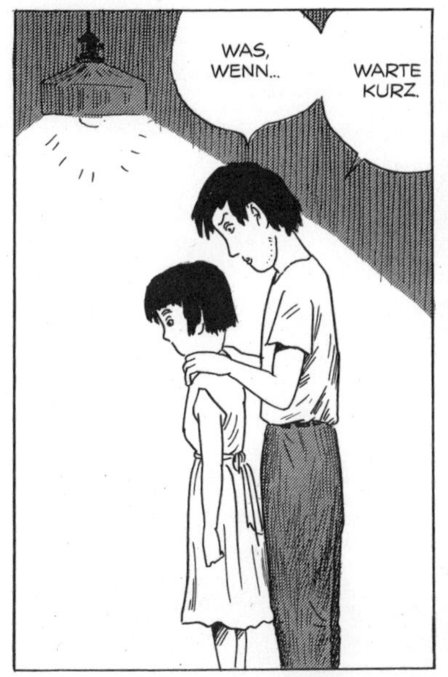
WARTE KURZ.
WAS, WENN...

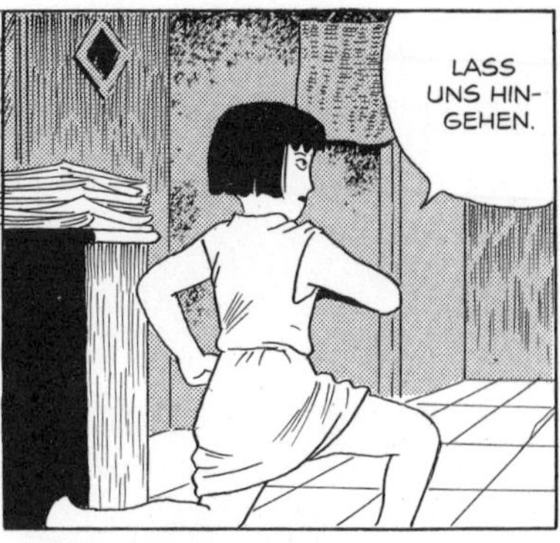
LASS UNS HIN-GEHEN.

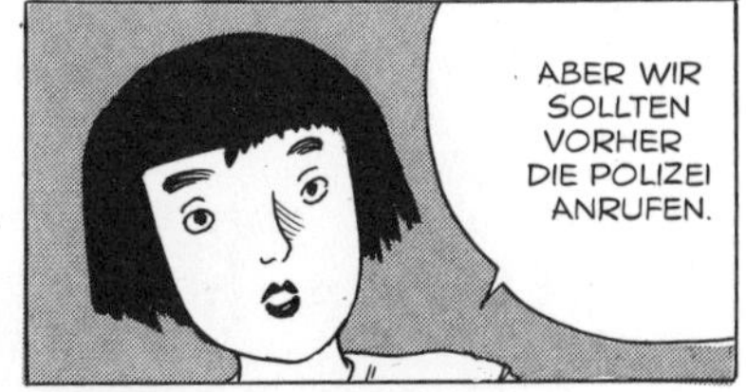
ABER WIR SOLLTEN VORHER DIE POLIZEI ANRUFEN.

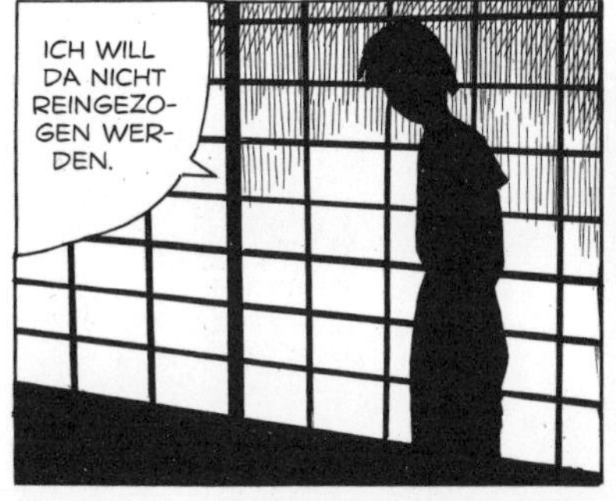
ICH WILL DA NICHT REINGEZO-GEN WER-DEN.

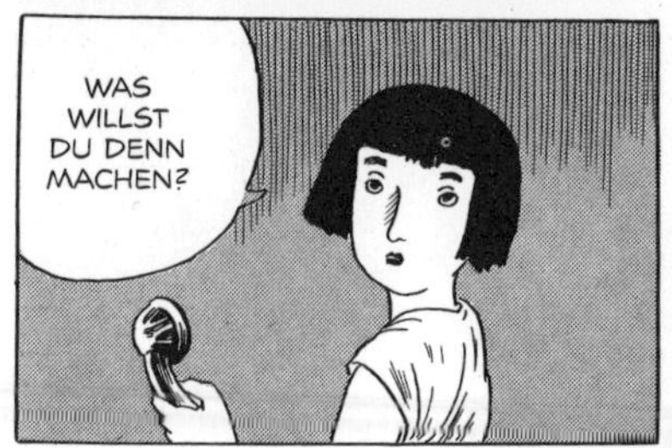
WAS WILLST DU DENN MACHEN?

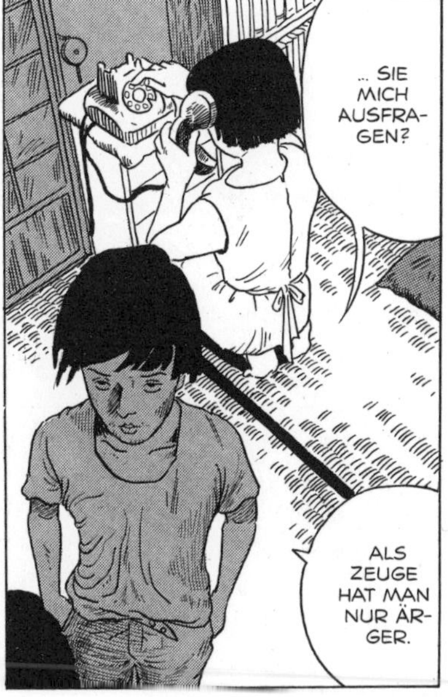
... SIE MICH AUSFRA-GEN?
ALS ZEUGE HAT MAN NUR ÄR-GER.

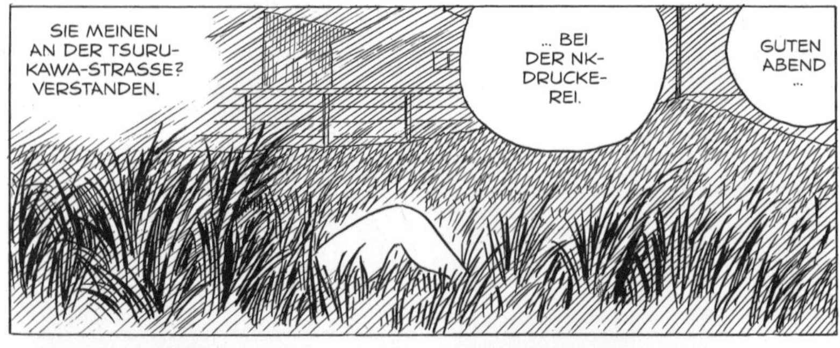
GUTEN ABEND ...
... BEI DER NK-DRUCKEREI.
SIE MEINEN AN DER TSURUKAWA-STRASSE? VERSTANDEN.

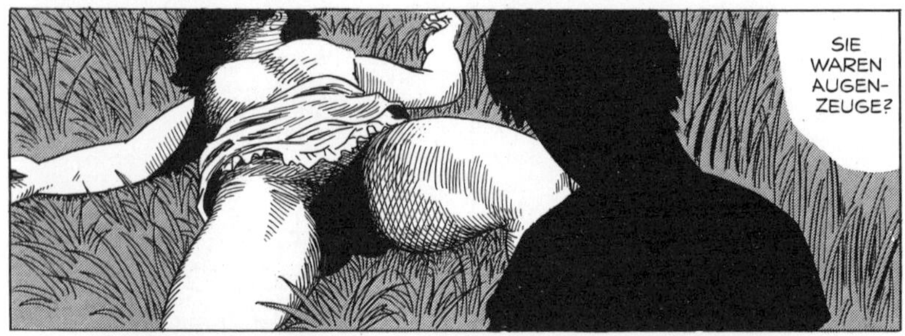
SIE WAREN AUGENZEUGE?

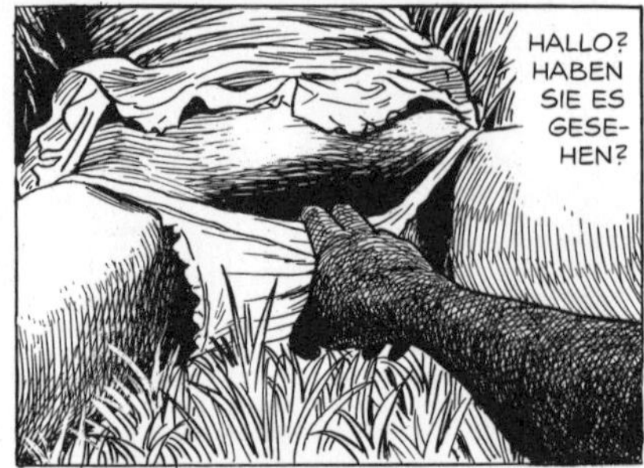
HALLO? HABEN SIE ES GESEHEN?

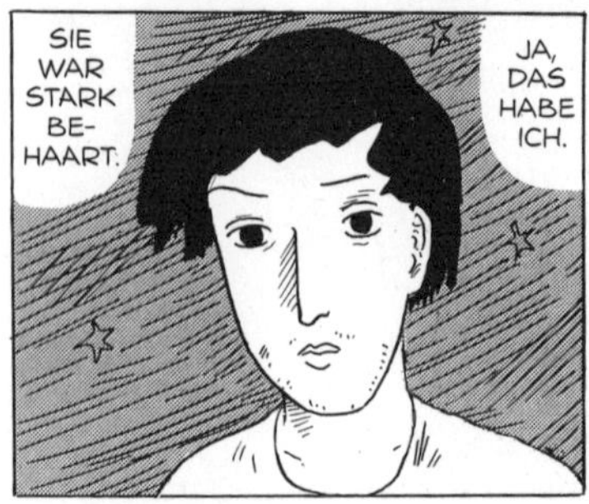
JA, DAS HABE ICH.
SIE WAR STARK BEHAART.

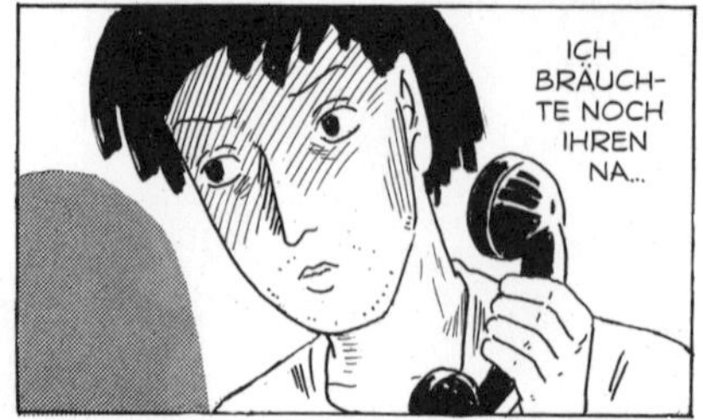
ICH BRÄUCHTE NOCH IHREN NA...

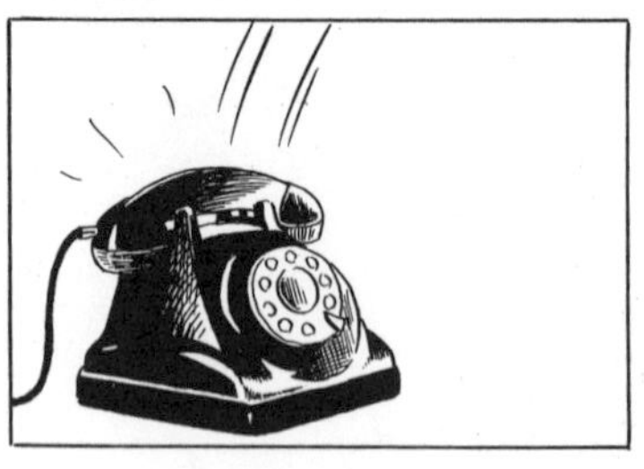

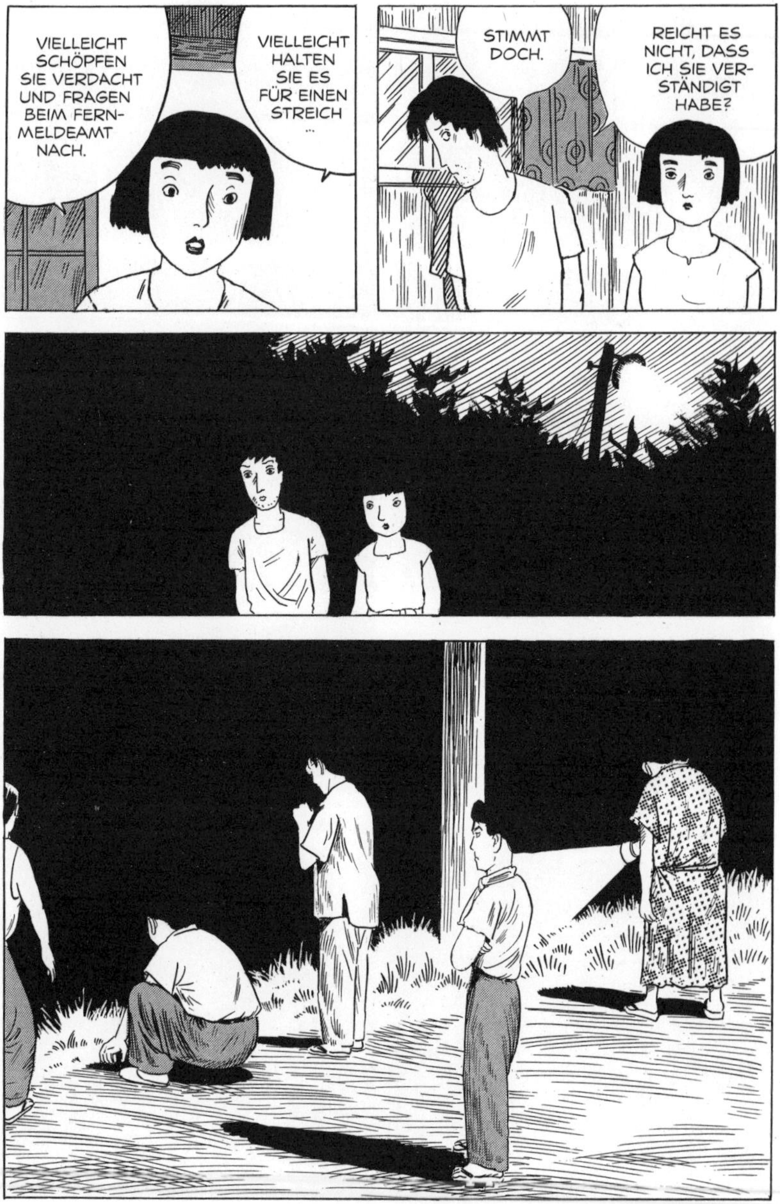

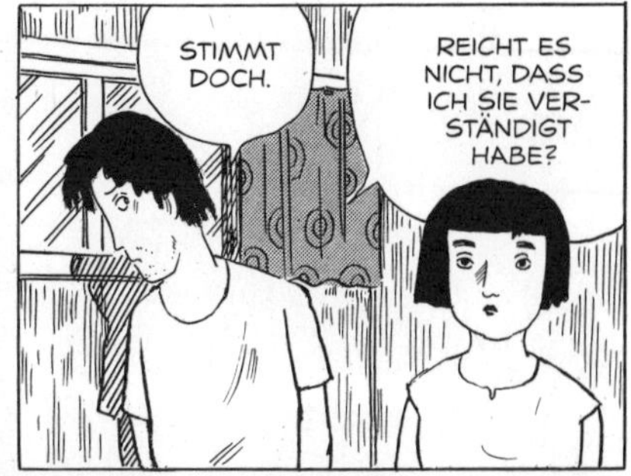
REICHT ES NICHT, DASS ICH SIE VERSTÄNDIGT HABE?
STIMMT DOCH.

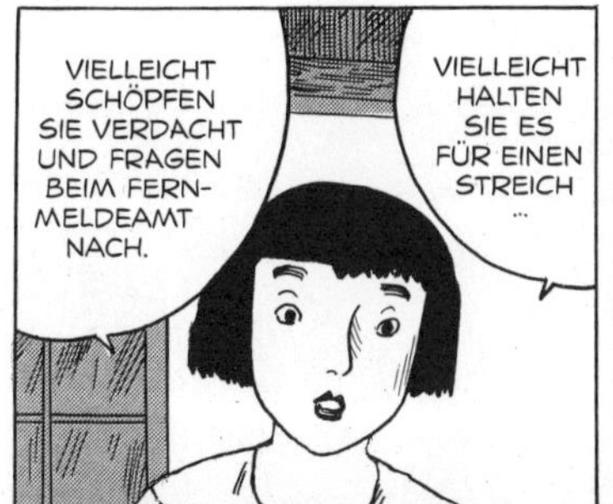
VIELLEICHT HALTEN SIE ES FÜR EINEN STREICH ...
VIELLEICHT SCHÖPFEN SIE VERDACHT UND FRAGEN BEIM FERNMELDEAMT NACH.

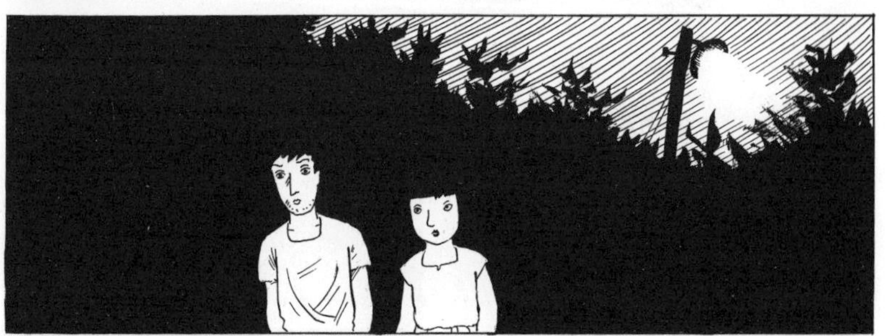

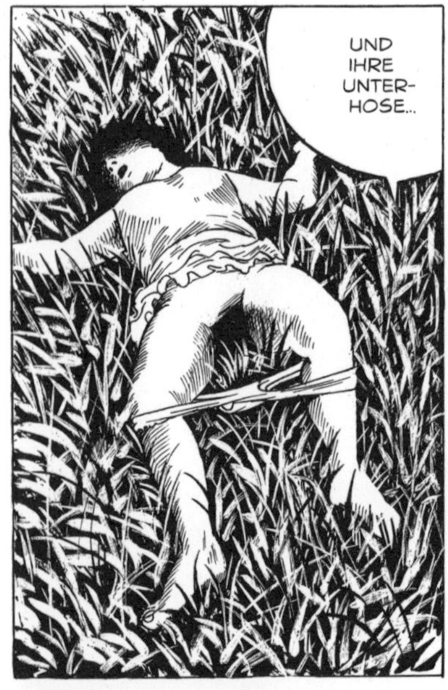
UND IHRE UNTER-HOSE...

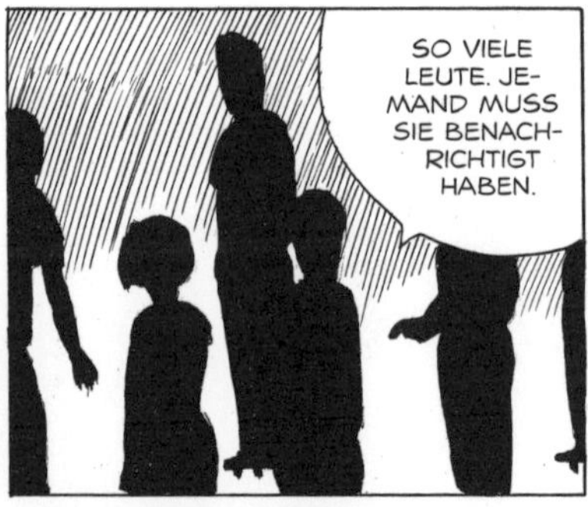
SO VIELE LEUTE. JE-MAND MUSS SIE BENACH-RICHTIGT HABEN.

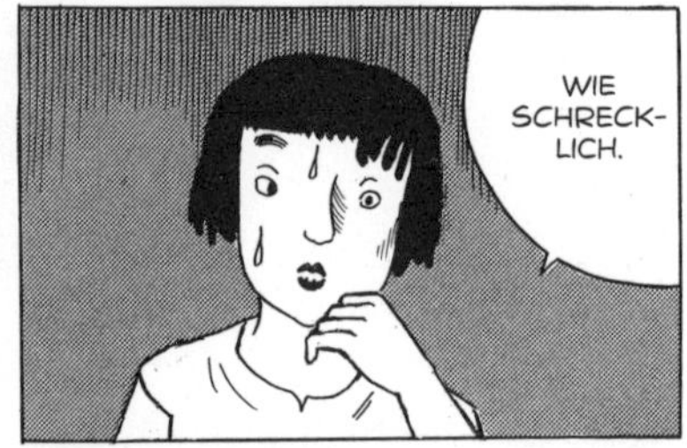
WIE SCHRECK-LICH.

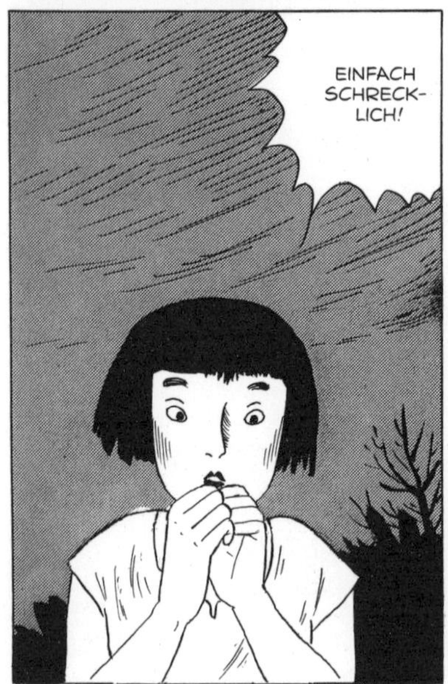
EINFACH SCHRECK-LICH!

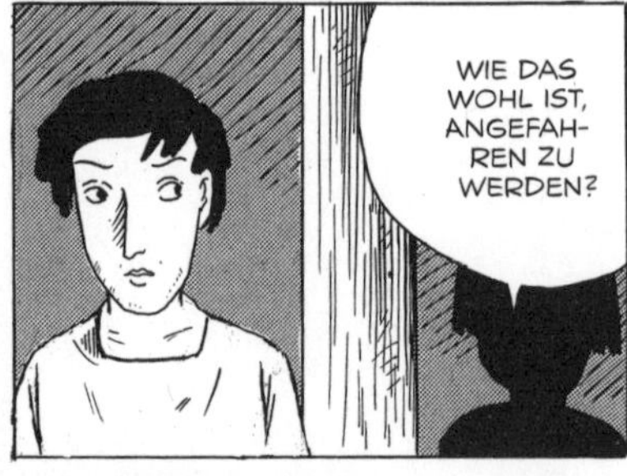
WIE DAS WOHL IST, ANGEFAH-REN ZU WERDEN?

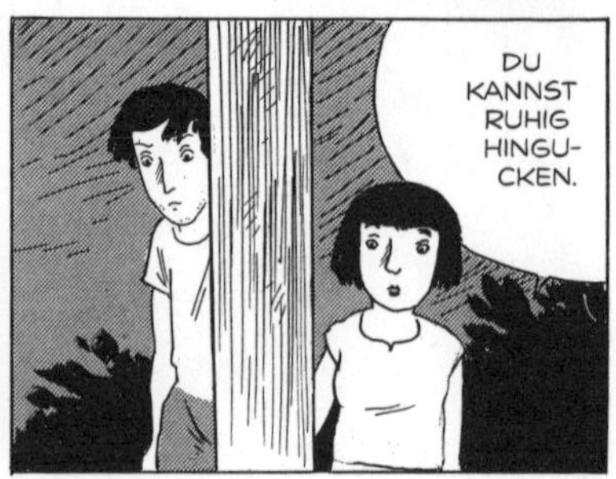
DU KANNST RUHIG HINGU-CKEN.

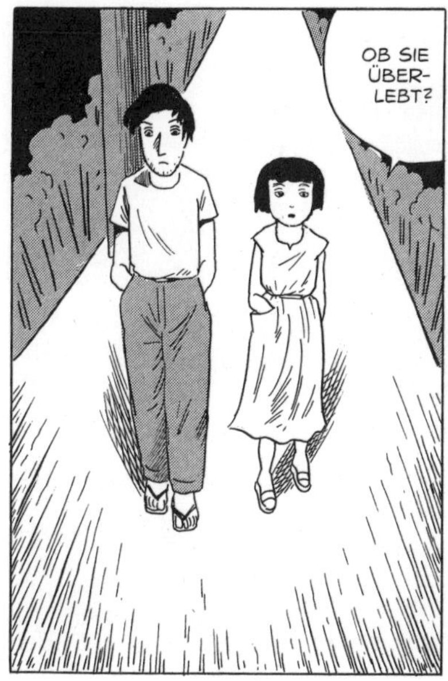
OB SIE ÜBER-LEBT?

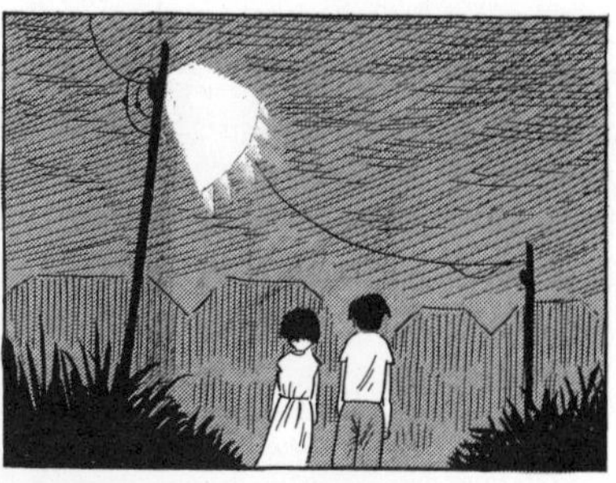

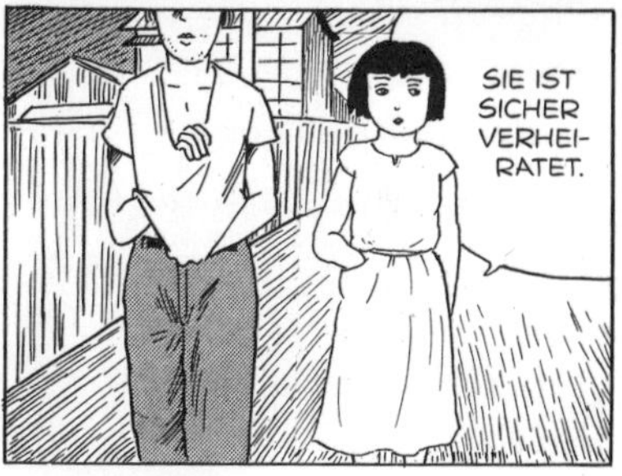
SIE IST SICHER VERHEI-RATET.

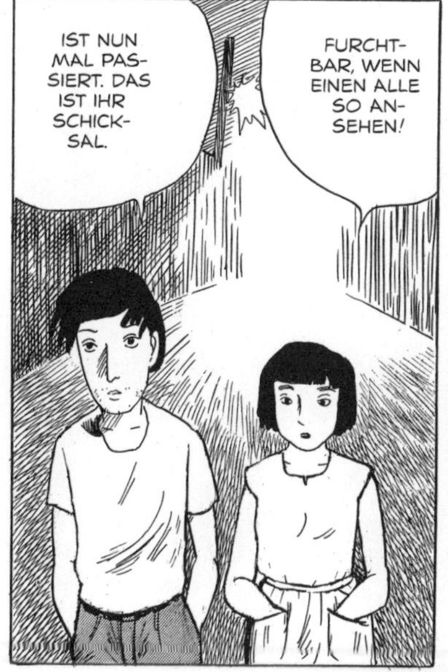
FURCHT-BAR, WENN EINEN ALLE SO AN-SEHEN!
IST NUN MAL PAS-SIERT. DAS IST IHR SCHICK-SAL.

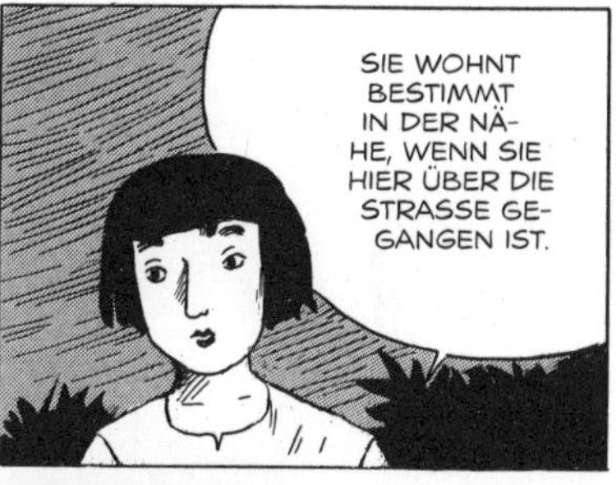
SIE WOHNT BESTIMMT IN DER NÄ-HE, WENN SIE HIER ÜBER DIE STRASSE GE-GANGEN IST.

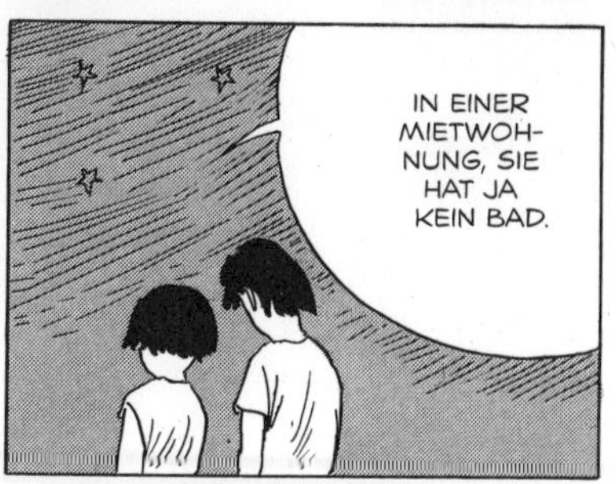
IN EINER MIETWOH-NUNG, SIE HAT JA KEIN BAD.

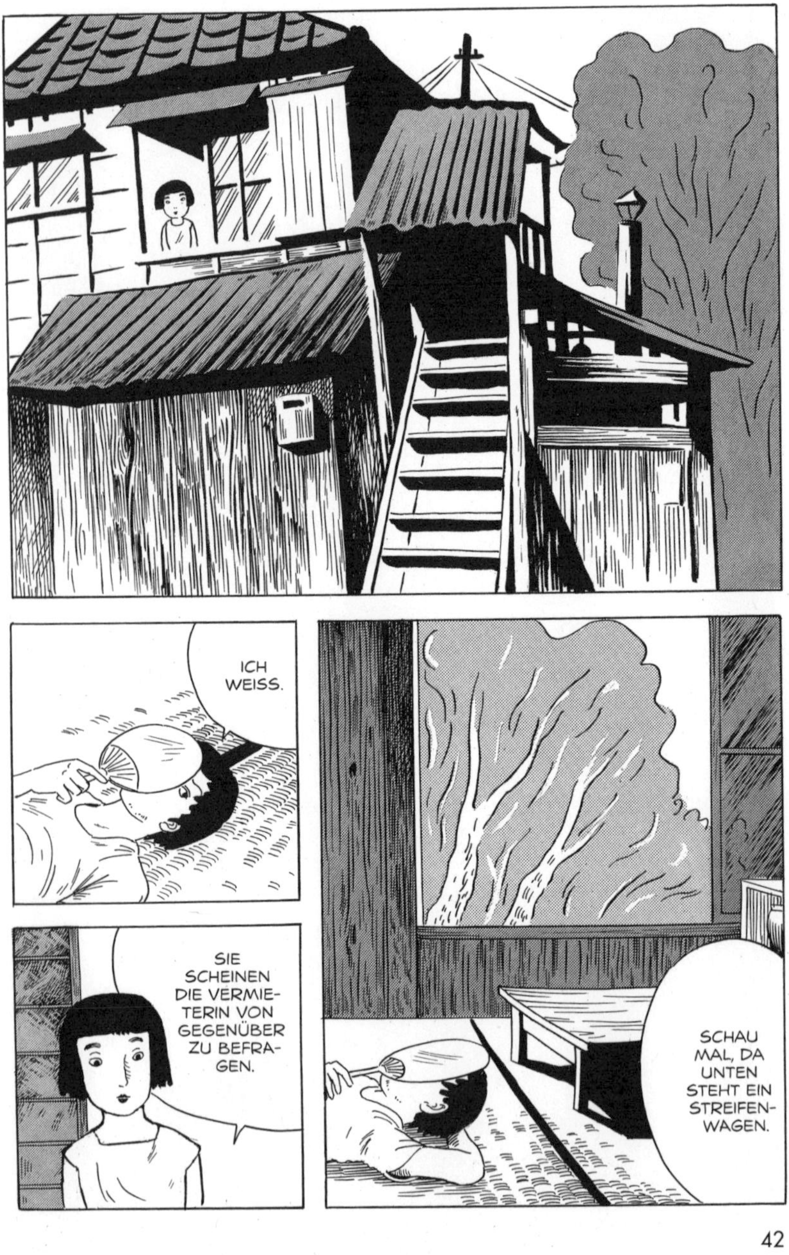

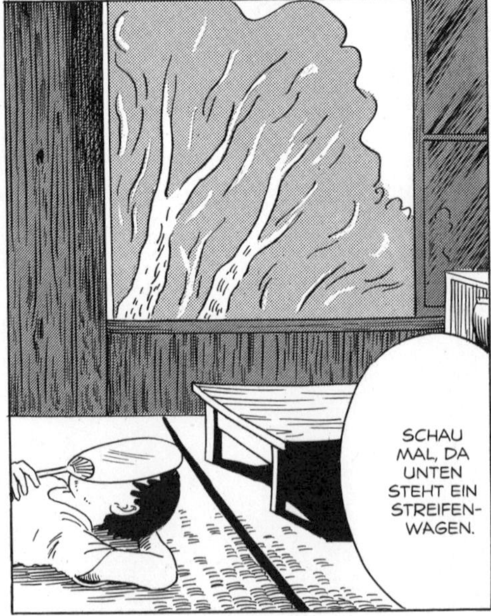
SCHAU MAL, DA UNTEN STEHT EIN STREIFEN-WAGEN.

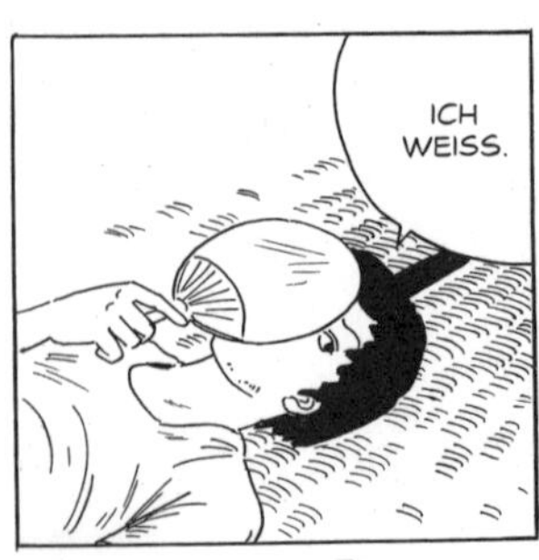
ICH WEISS.

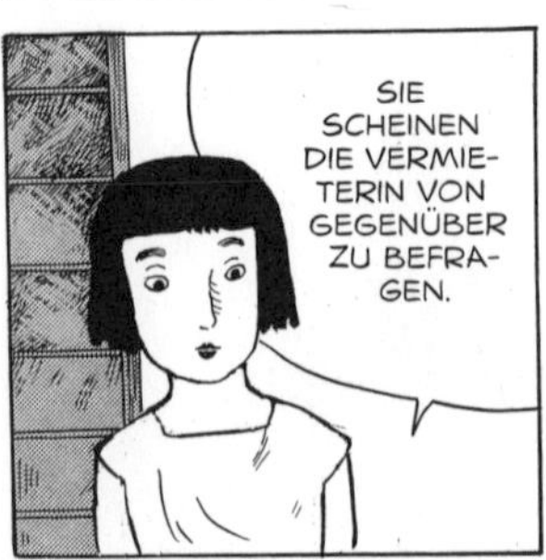
SIE SCHEINEN DIE VERMIE-TERIN VON GEGENÜBER ZU BEFRA-GEN.

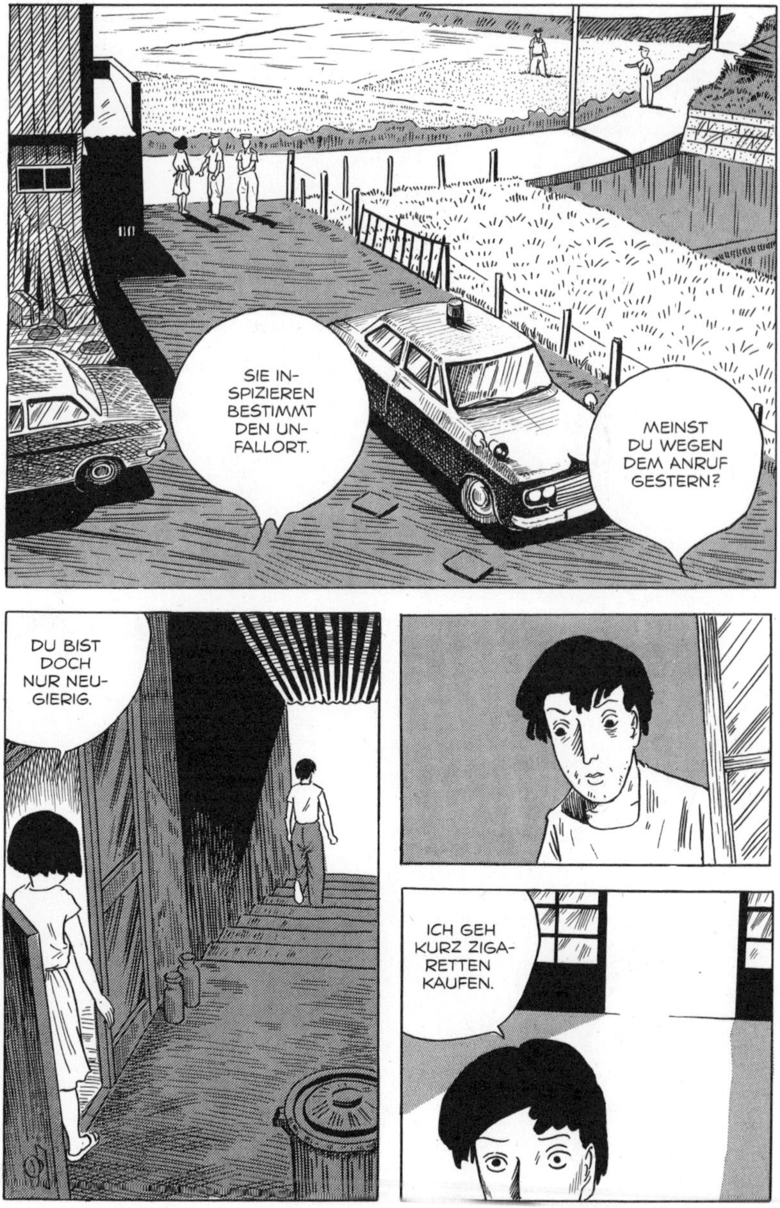

SIE INSPIZIEREN BESTIMMT DEN UNFALLORT.

MEINST DU WEGEN DEM ANRUF GESTERN?

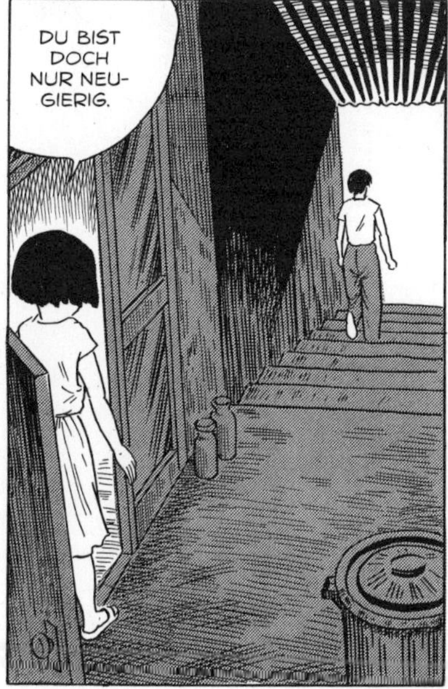

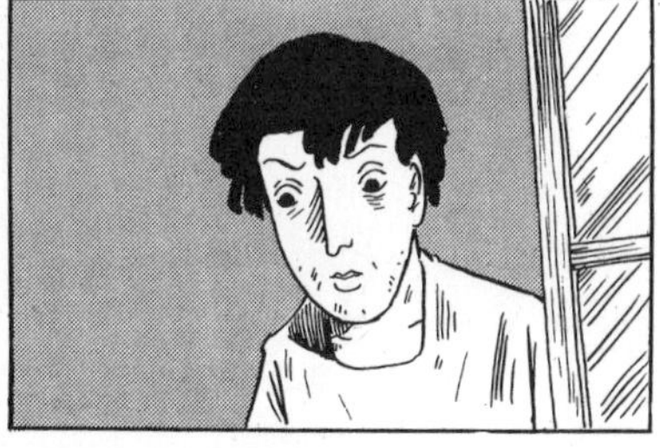

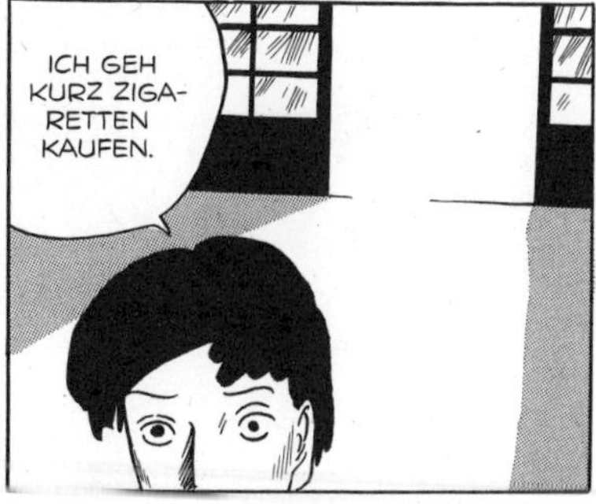

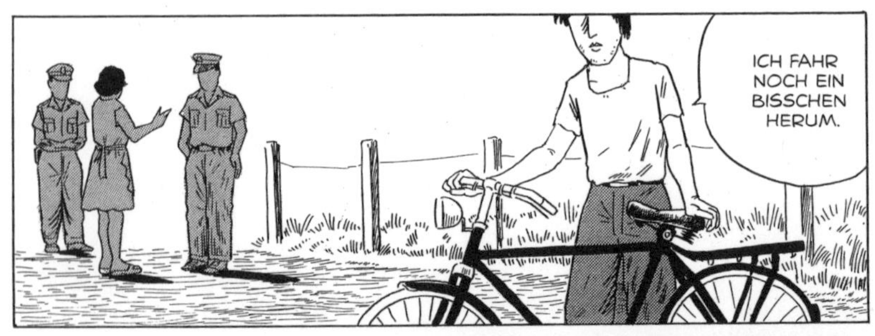

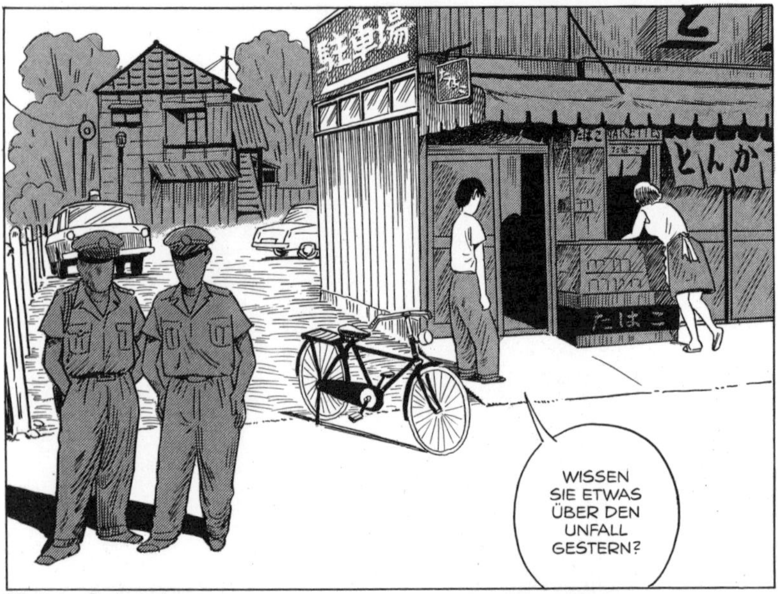

WISSEN SIE ETWAS ÜBER DEN UNFALL GESTERN?

* Tonkatsu-Restaurant

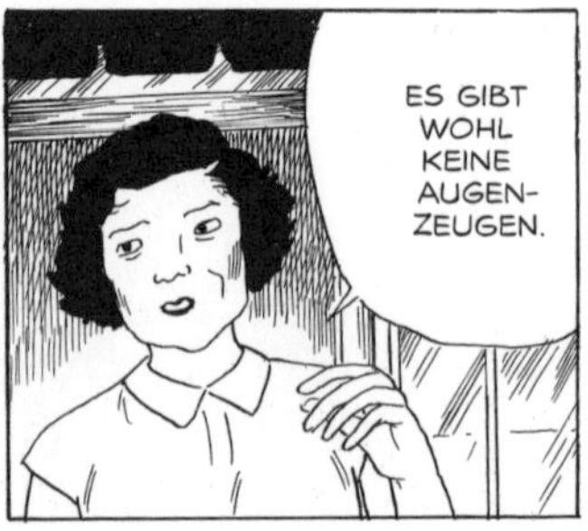

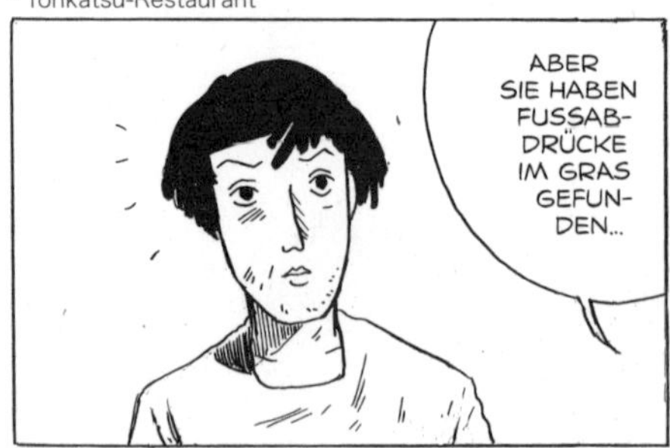

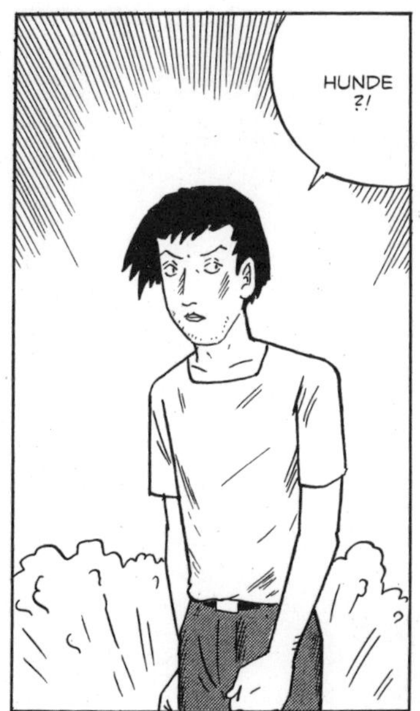
HUNDE ?!

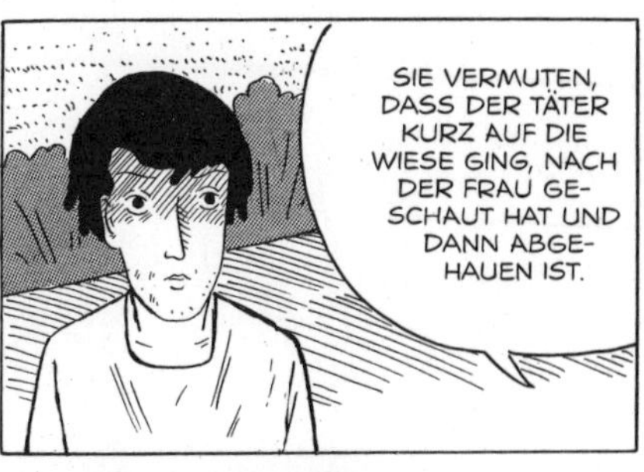
SIE VERMUTEN, DASS DER TÄTER KURZ AUF DIE WIESE GING, NACH DER FRAU GESCHAUT HAT UND DANN ABGEHAUEN IST.

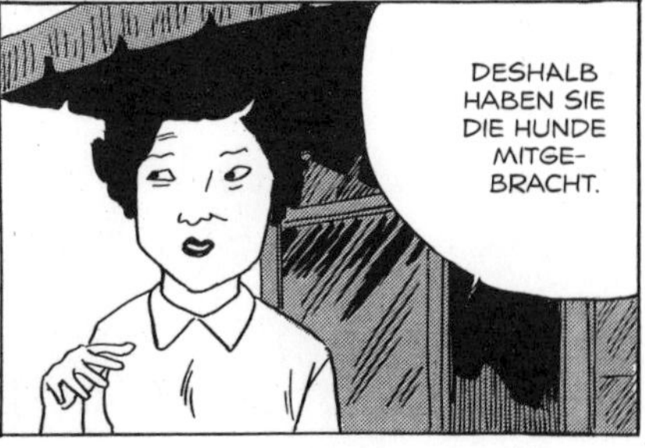
DESHALB HABEN SIE DIE HUNDE MITGEBRACHT.

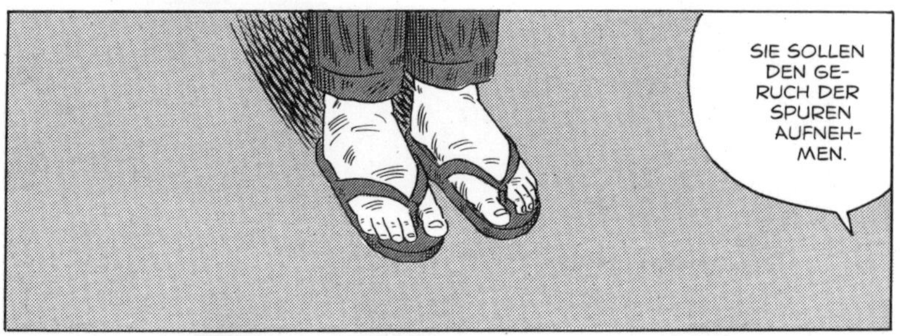
SIE SOLLEN DEN GERUCH DER SPUREN AUFNEHMEN.

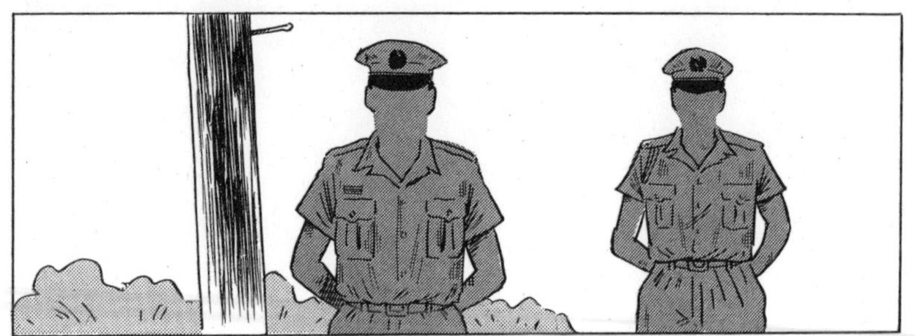

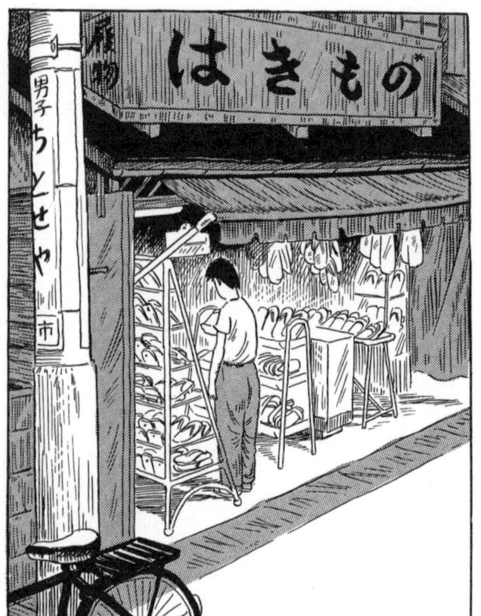
はきもの*

* Schuhe

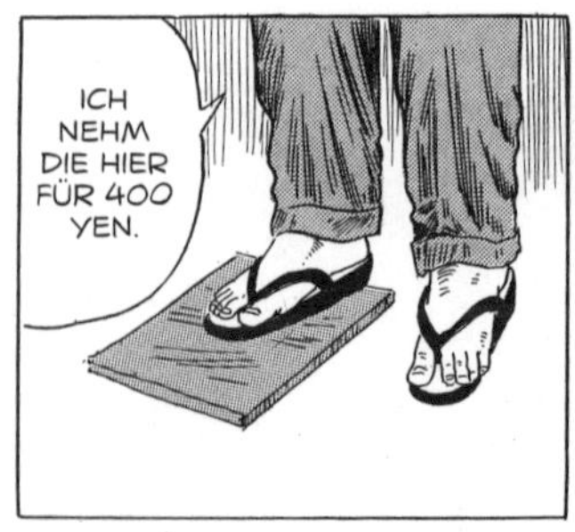
ICH NEHM DIE HIER FÜR 400 YEN.

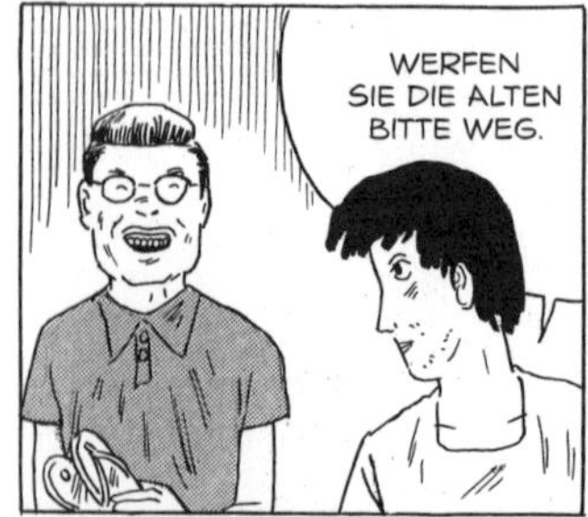
WERFEN SIE DIE ALTEN BITTE WEG.

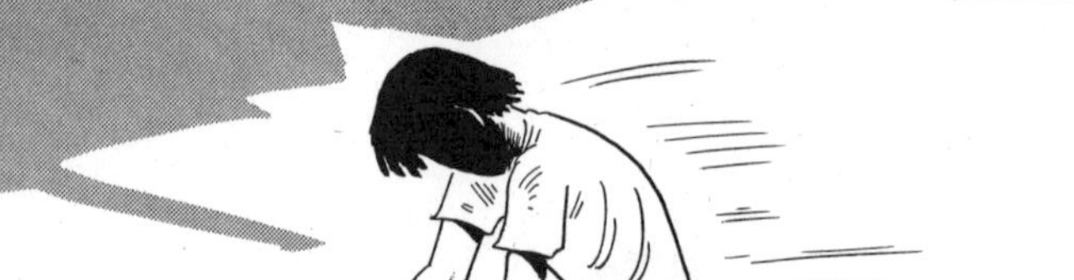

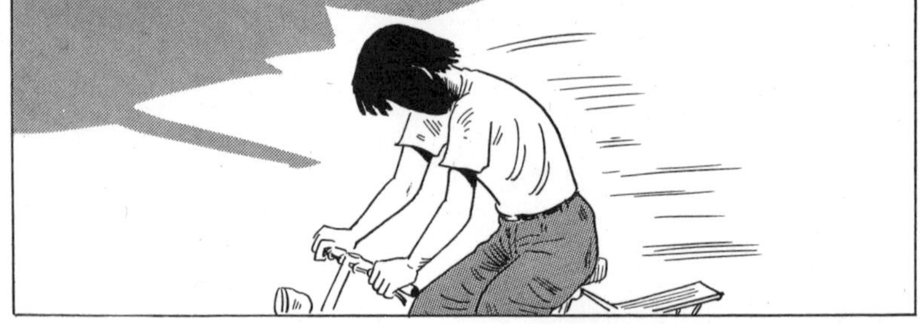

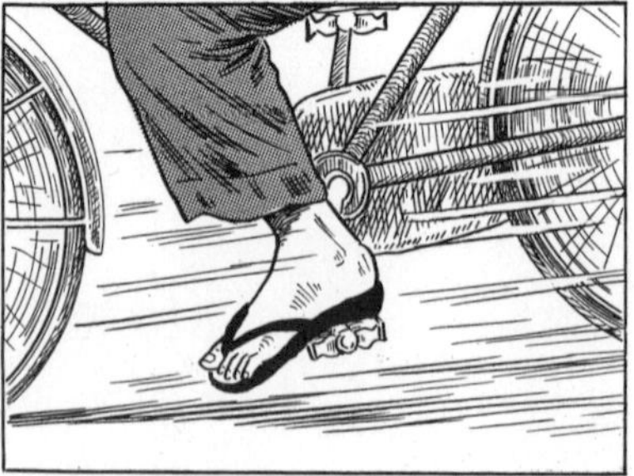

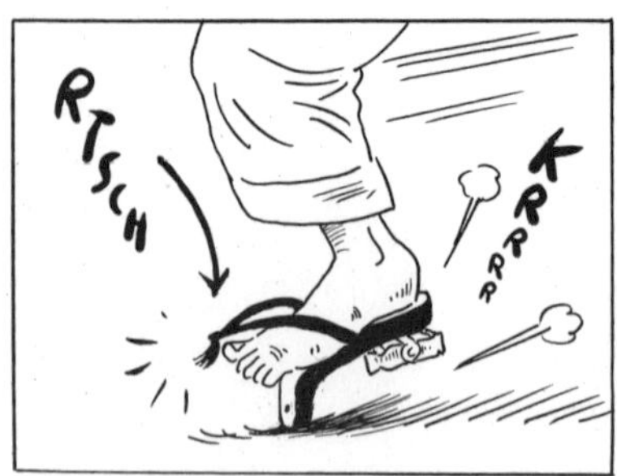
RTSCH
KRRRR

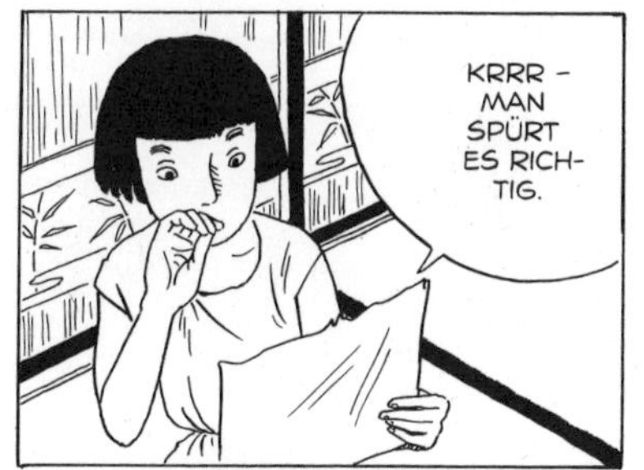
KRRR – MAN SPÜRT ES RICH-TIG.

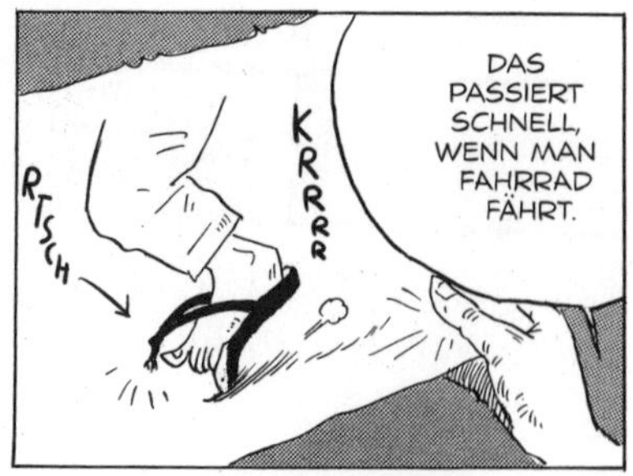
RTSCH
KRRRR
DAS PASSIERT SCHNELL, WENN MAN FAHRRAD FÄHRT.

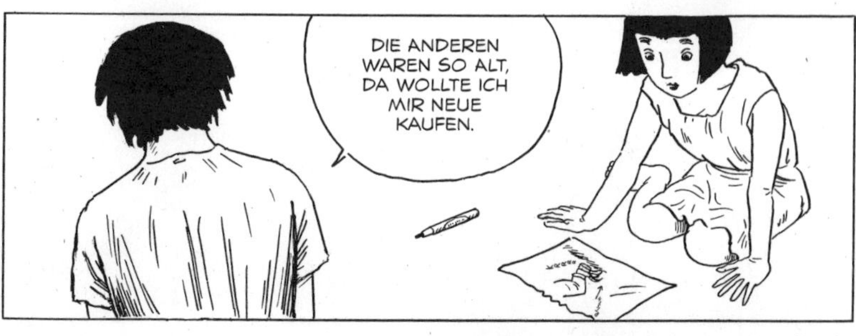
DIE ANDEREN WAREN SO ALT, DA WOLLTE ICH MIR NEUE KAUFEN.

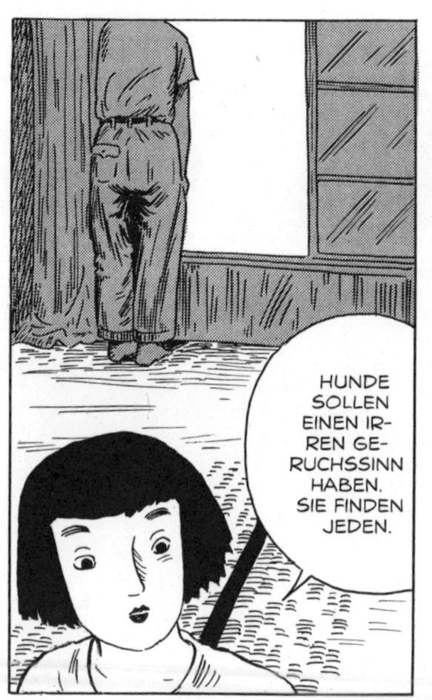
HUNDE SOLLEN EINEN IR-REN GE-RUCHSSINN HABEN. SIE FINDEN JEDEN.

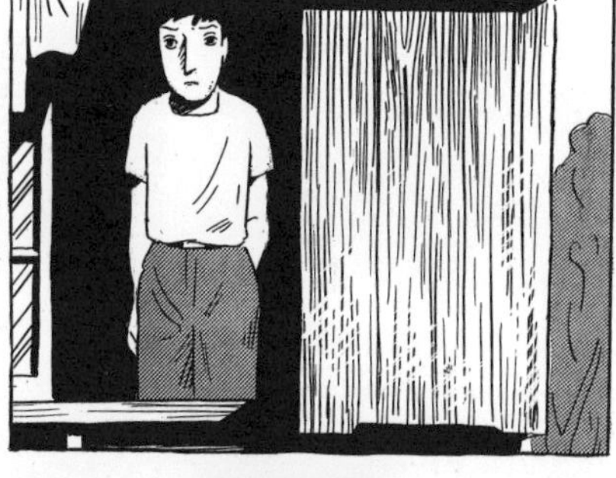

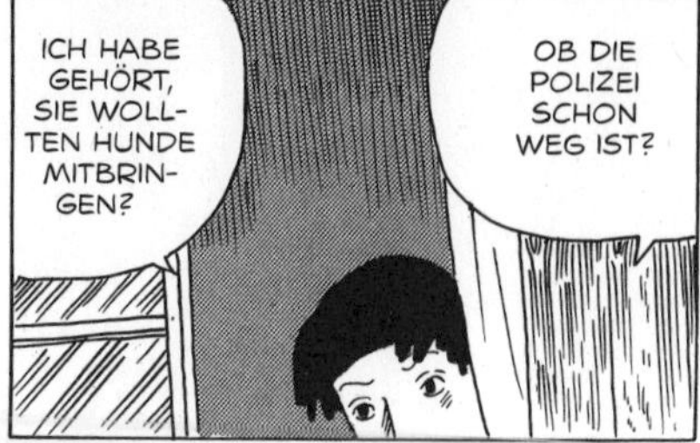
OB DIE POLIZEI SCHON WEG IST?
ICH HABE GEHÖRT, SIE WOLL-TEN HUNDE MITBRIN-GEN?

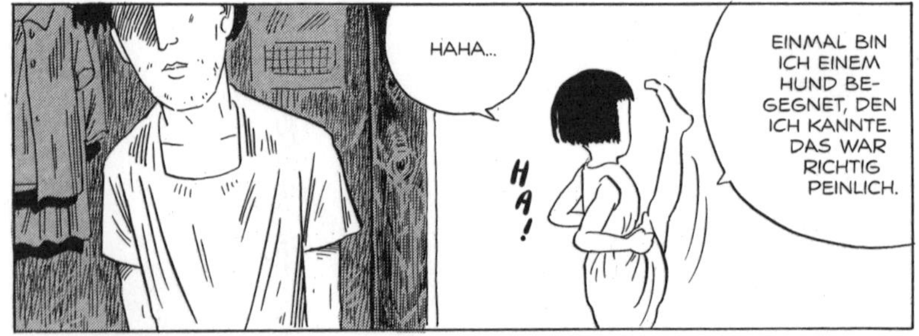
HAHA...
HA!
EINMAL BIN ICH EINEM HUND BEGEGNET, DEN ICH KANNTE. DAS WAR RICHTIG PEINLICH.

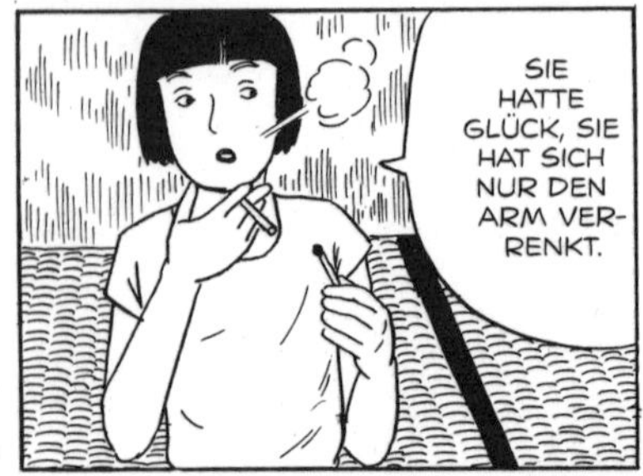
SIE HATTE GLÜCK, SIE HAT SICH NUR DEN ARM VERRENKT.

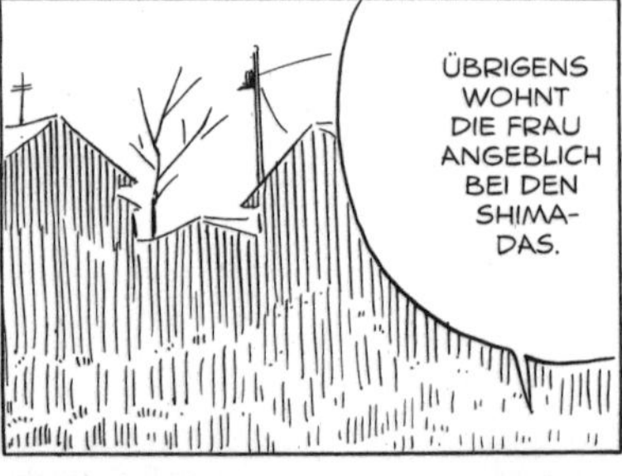
ÜBRIGENS WOHNT DIE FRAU ANGEBLICH BEI DEN SHIMADAS.

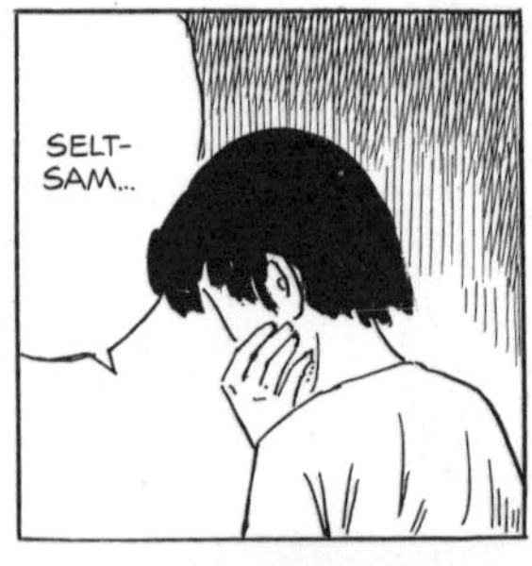
SELTSAM...

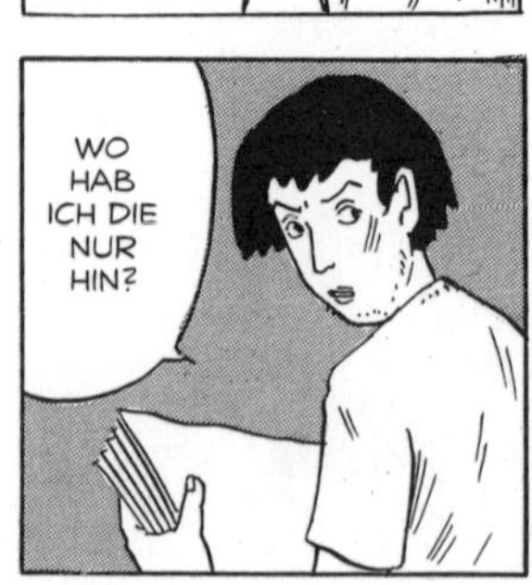
WO HAB ICH DIE NUR HIN?

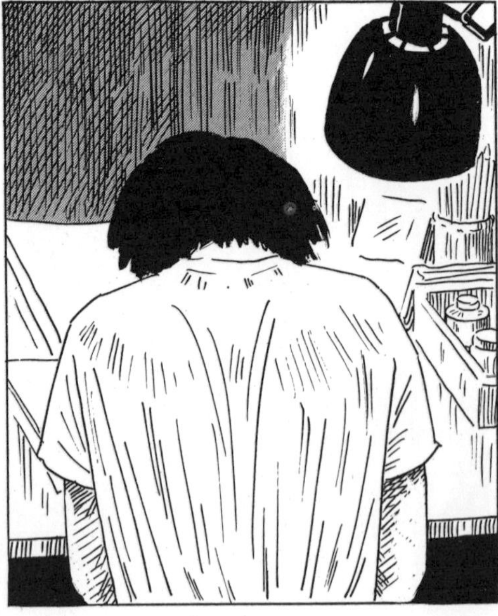

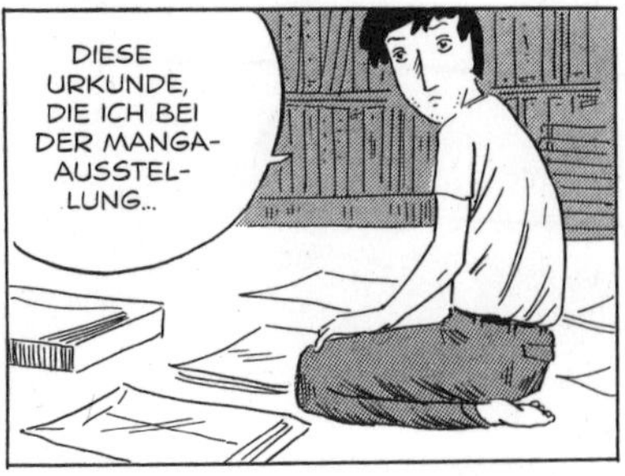
DIESE URKUNDE, DIE ICH BEI DER MANGA-AUSSTEL-LUNG..

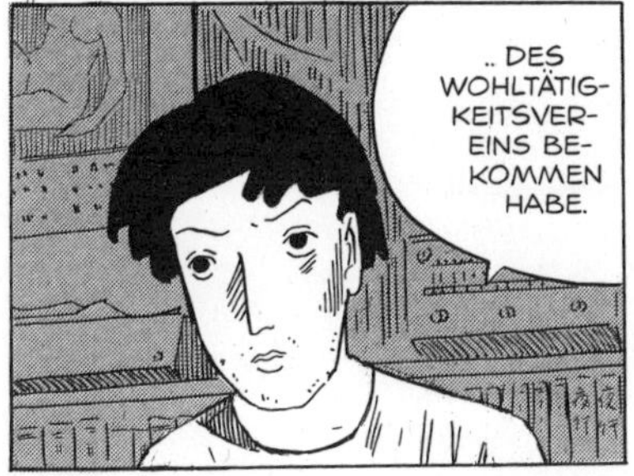
.. DES WOHLTÄTIG-KEITSVER-EINS BE-KOMMEN HABE.

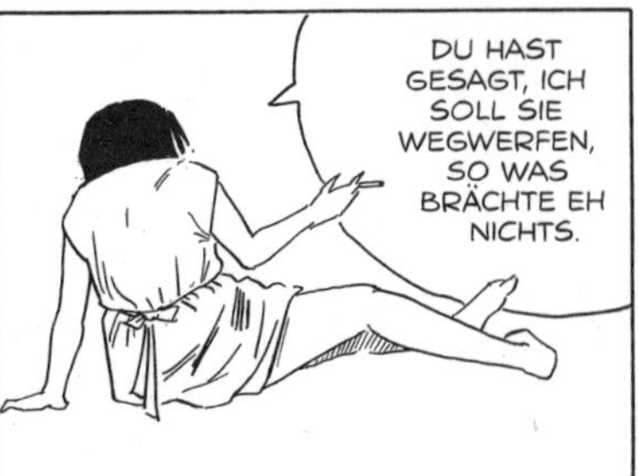
DU HAST GESAGT, ICH SOLL SIE WEGWERFEN, SO WAS BRÄCHTE EH NICHTS.

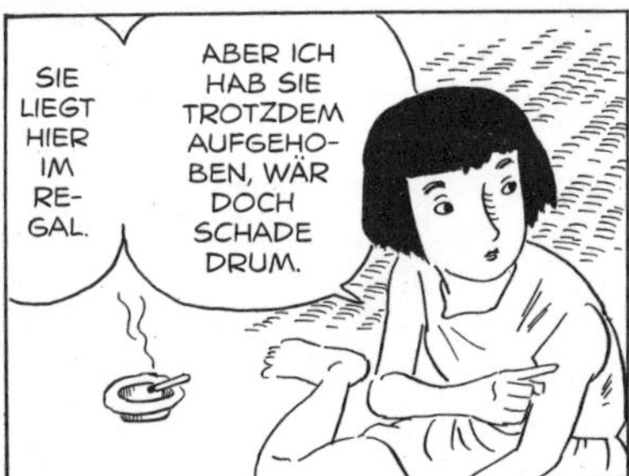
ABER ICH HAB SIE TROTZDEM AUFGEHO-BEN, WÄR DOCH SCHADE DRUM.
SIE LIEGT HIER IM RE-GAL.

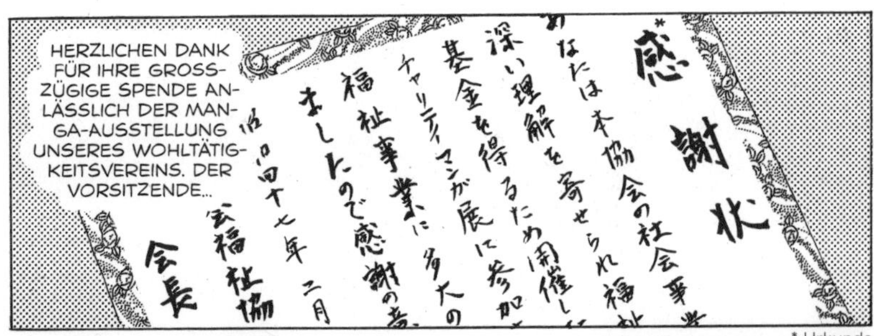
感謝状*
HERZLICHEN DANK FÜR IHRE GROSS-ZÜGIGE SPENDE AN-LÄSSLICH DER MAN-GA-AUSSTELLUNG UNSERES WOHLTÄTIG-KEITSVEREINS. DER VORSITZENDE..

* Urkunde

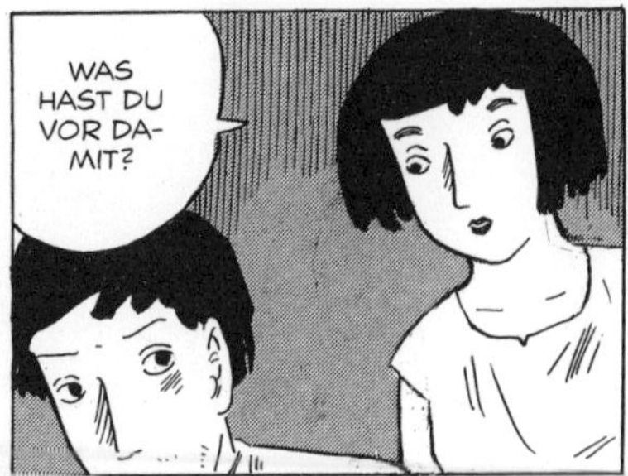
WAS HAST DU VOR DA-MIT?

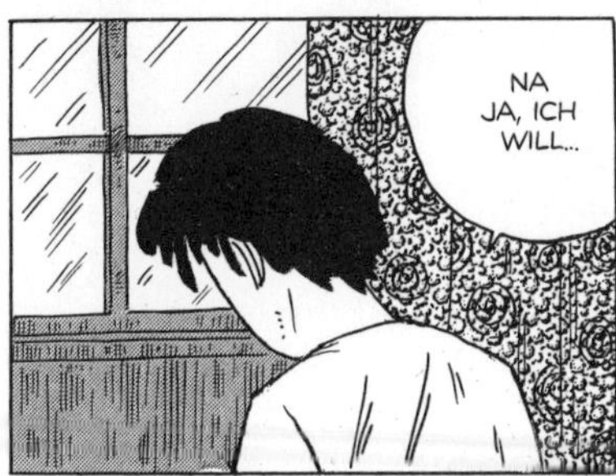
NA JA, ICH WILL...

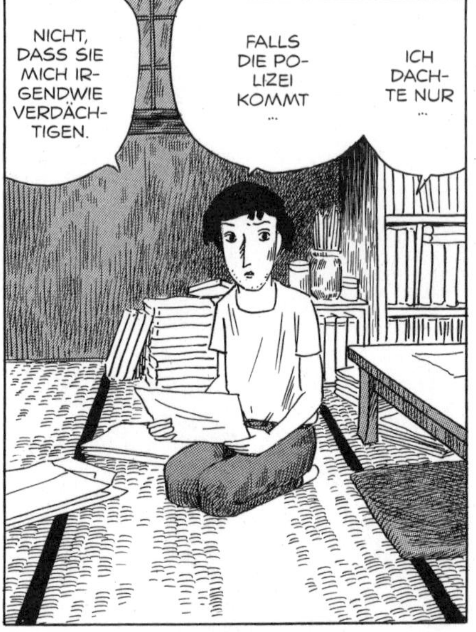
ICH DACHTE NUR ...
FALLS DIE POLIZEI KOMMT ...
NICHT, DASS SIE MICH IRGENDWIE VERDÄCHTIGEN.

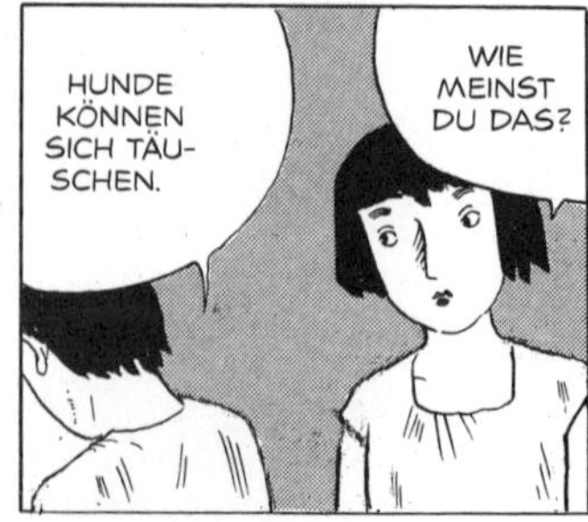
WIE MEINST DU DAS?
HUNDE KÖNNEN SICH TÄUSCHEN.

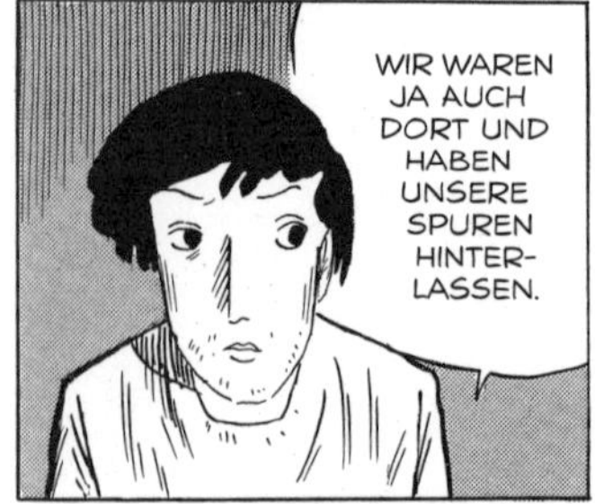
WIR WAREN JA AUCH DORT UND HABEN UNSERE SPUREN HINTERLASSEN.

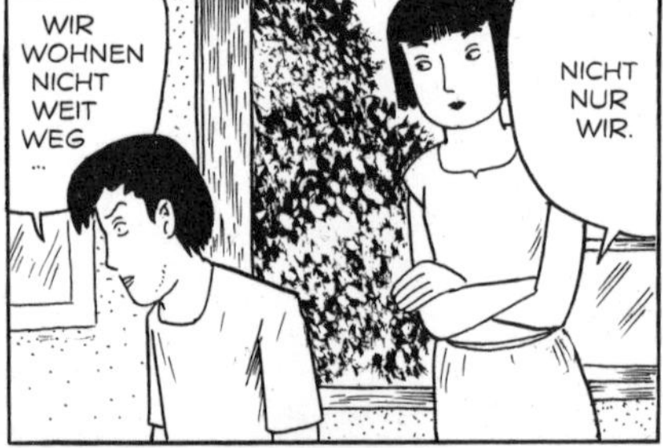
NICHT NUR WIR.
WIR WOHNEN NICHT WEIT WEG ...

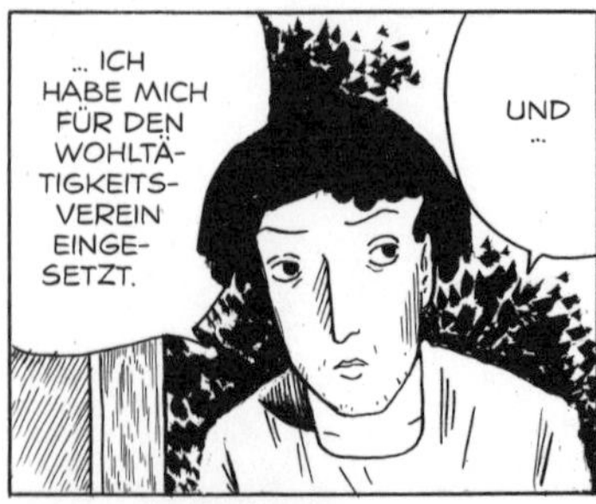
UND ...
... ICH HABE MICH FÜR DEN WOHLTÄTIGKEITSVEREIN EINGESETZT.

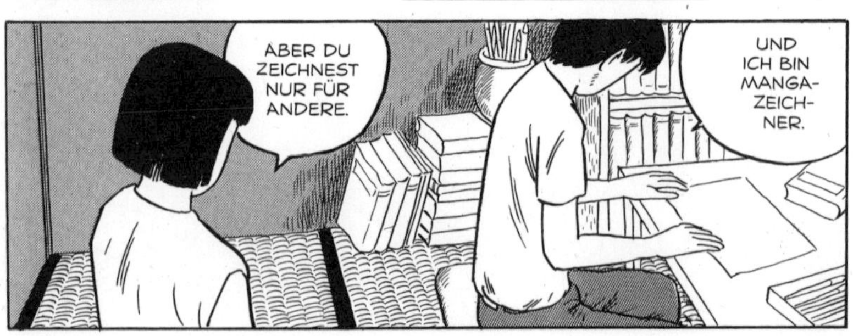
UND ICH BIN MANGAZEICHNER.
ABER DU ZEICHNEST NUR FÜR ANDERE.

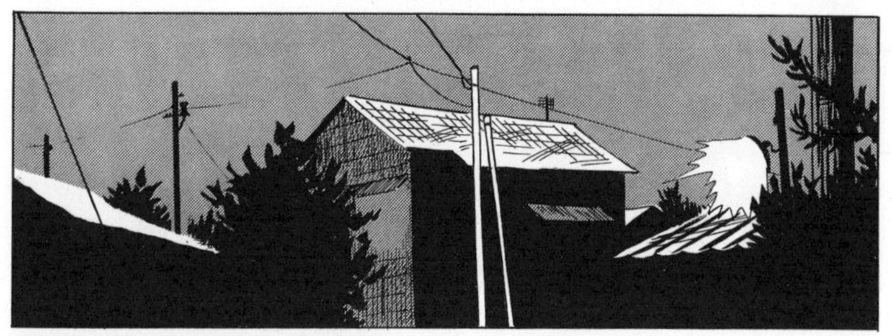

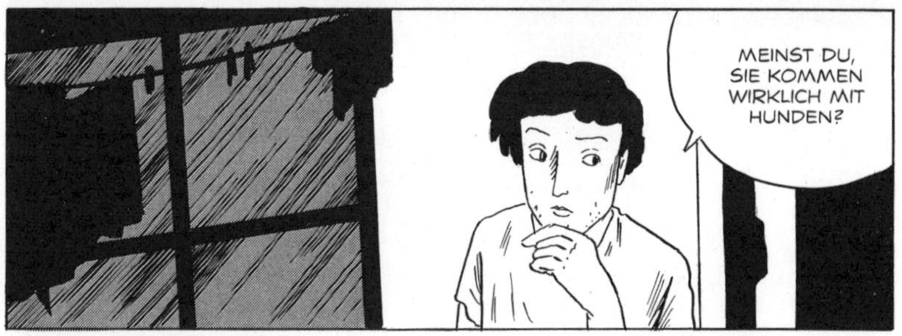
MEINST DU, SIE KOMMEN WIRKLICH MIT HUNDEN?

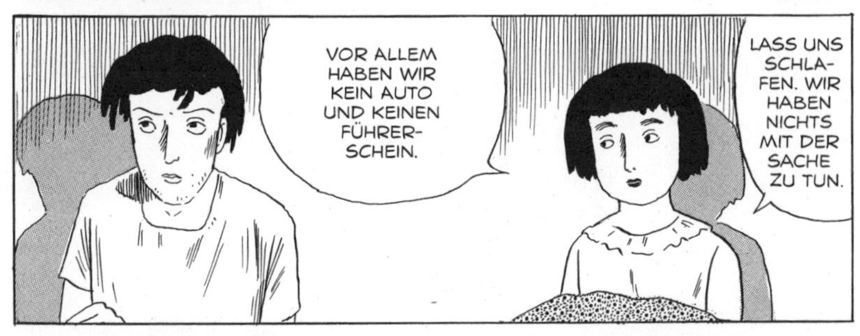
VOR ALLEM HABEN WIR KEIN AUTO UND KEINEN FÜHRER-SCHEIN.
LASS UNS SCHLA-FEN. WIR HABEN NICHTS MIT DER SACHE ZU TUN.

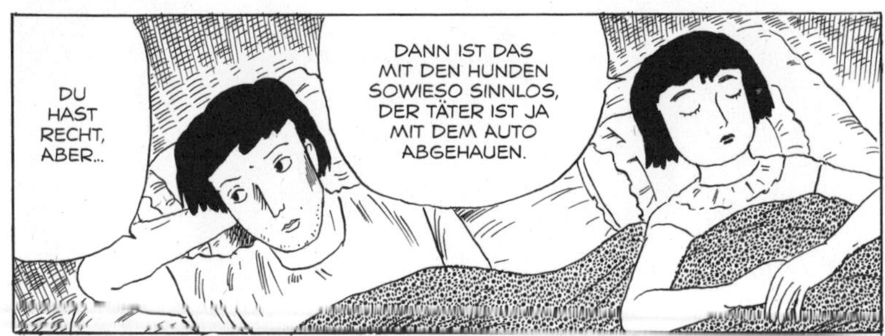
DU HAST RECHT, ABER...
DANN IST DAS MIT DEN HUNDEN SOWIESO SINNLOS, DER TÄTER IST JA MIT DEM AUTO ABGEHAUEN.

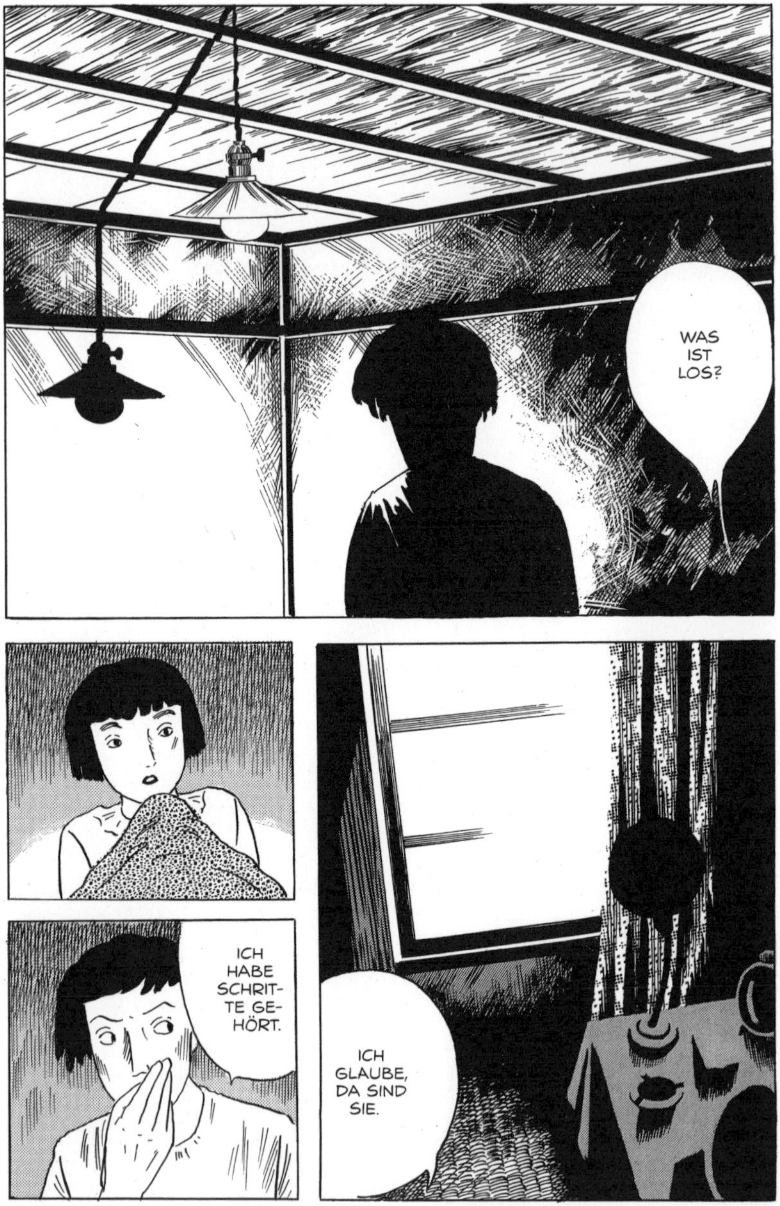

WAS IST LOS?

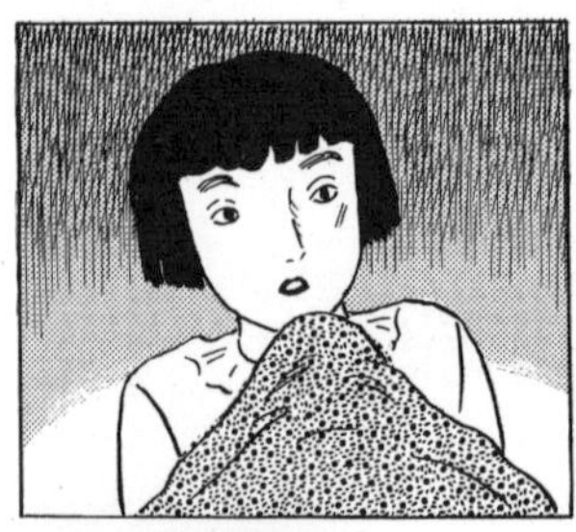

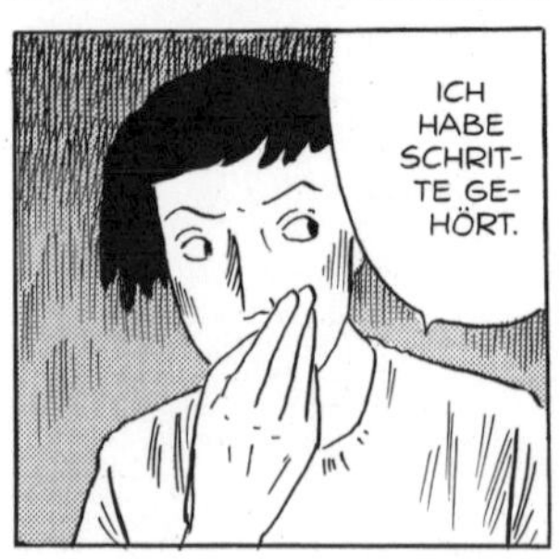

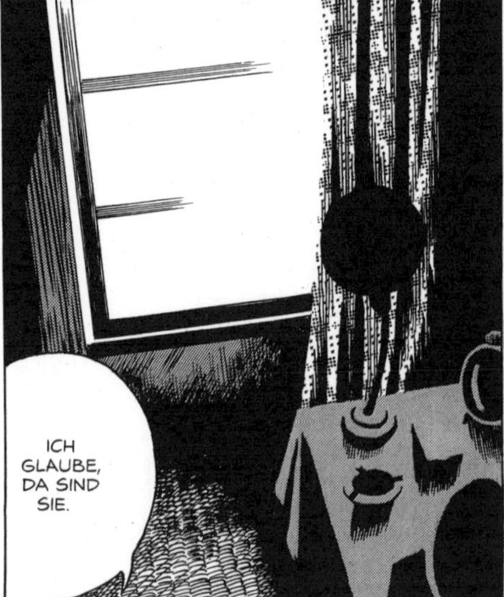

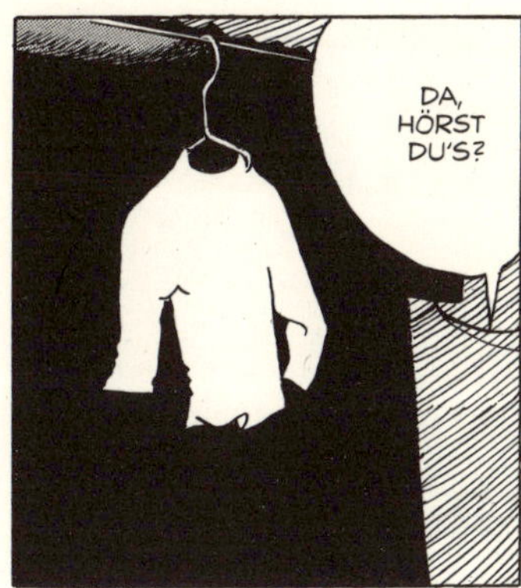
DA, HÖRST DU'S?

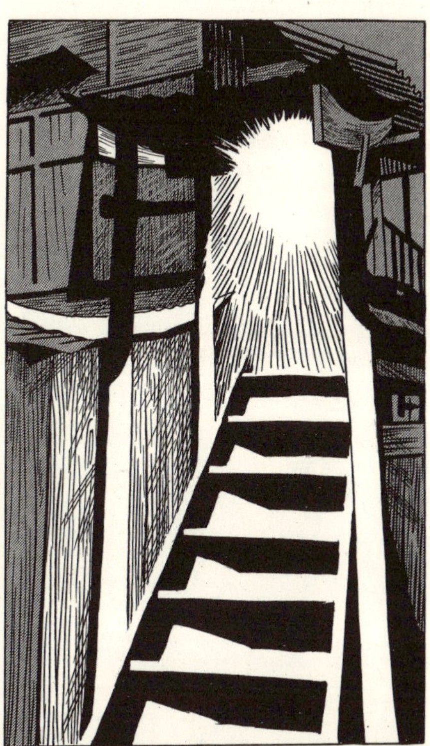

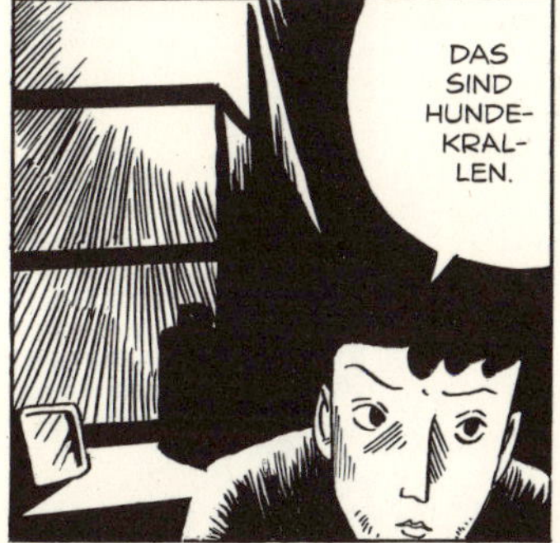
DAS SIND HUNDE-KRAL-LEN.

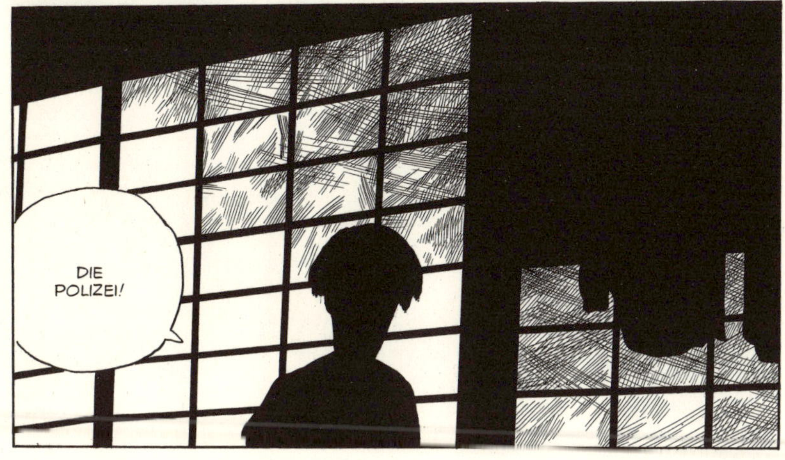
DIE POLIZEI!

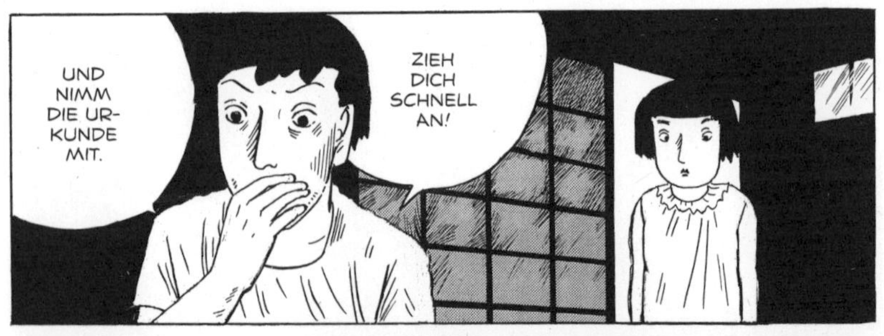
ZIEH DICH SCHNELL AN!
UND NIMM DIE UR-KUNDE MIT.

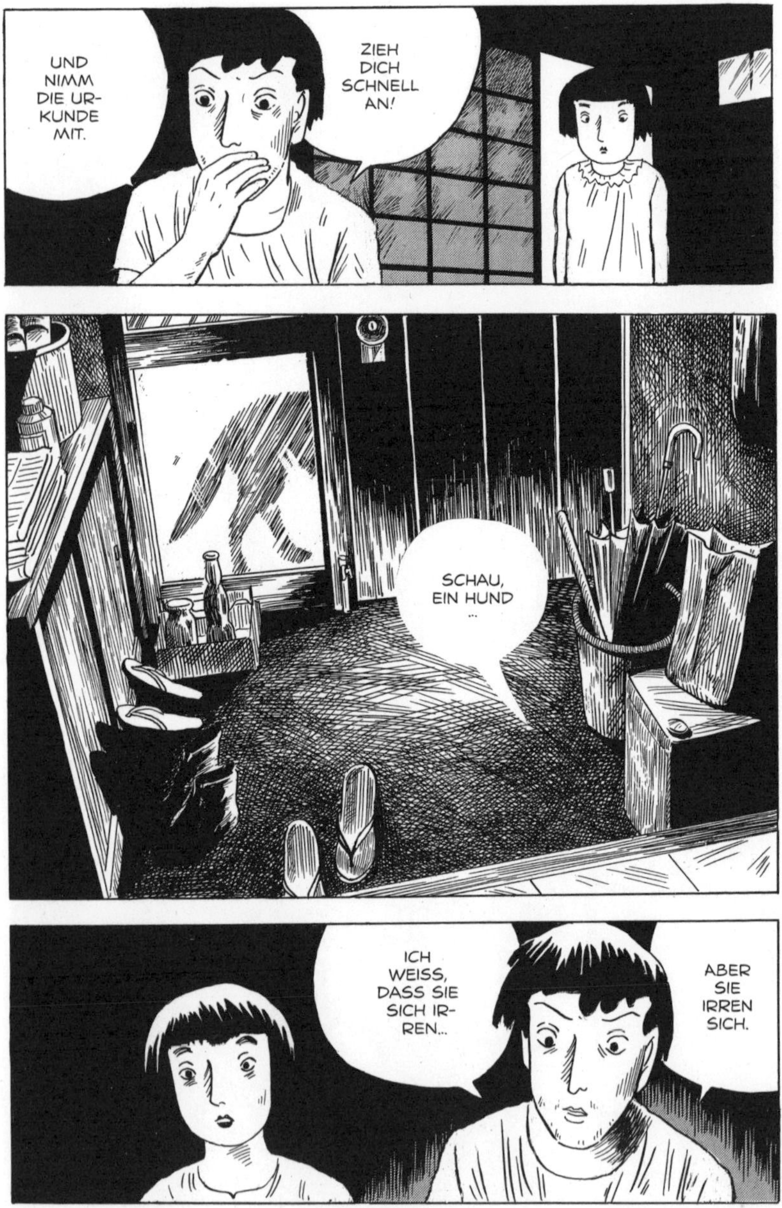

SCHAU, EIN HUND ...

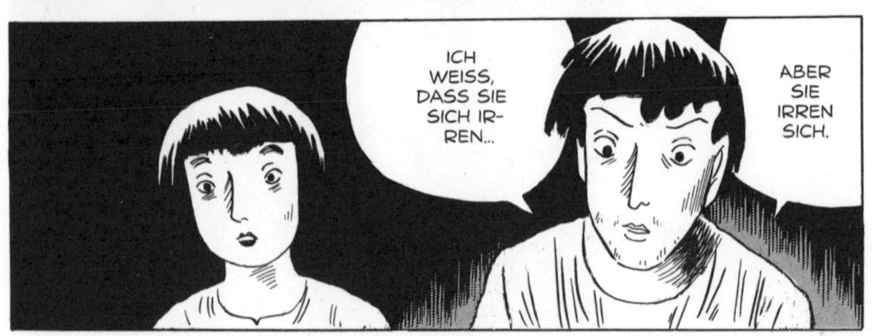
ABER SIE IRREN SICH.
ICH WEISS, DASS SIE SICH IR-REN...

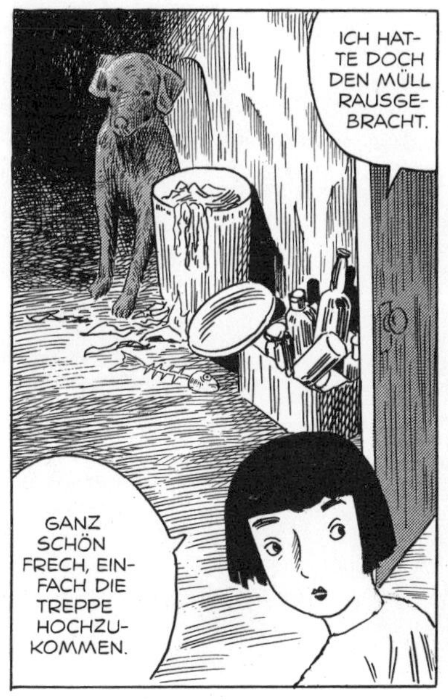
ICH HATTE DOCH DEN MÜLL RAUSGEBRACHT.
GANZ SCHÖN FRECH, EINFACH DIE TREPPE HOCHZUKOMMEN.

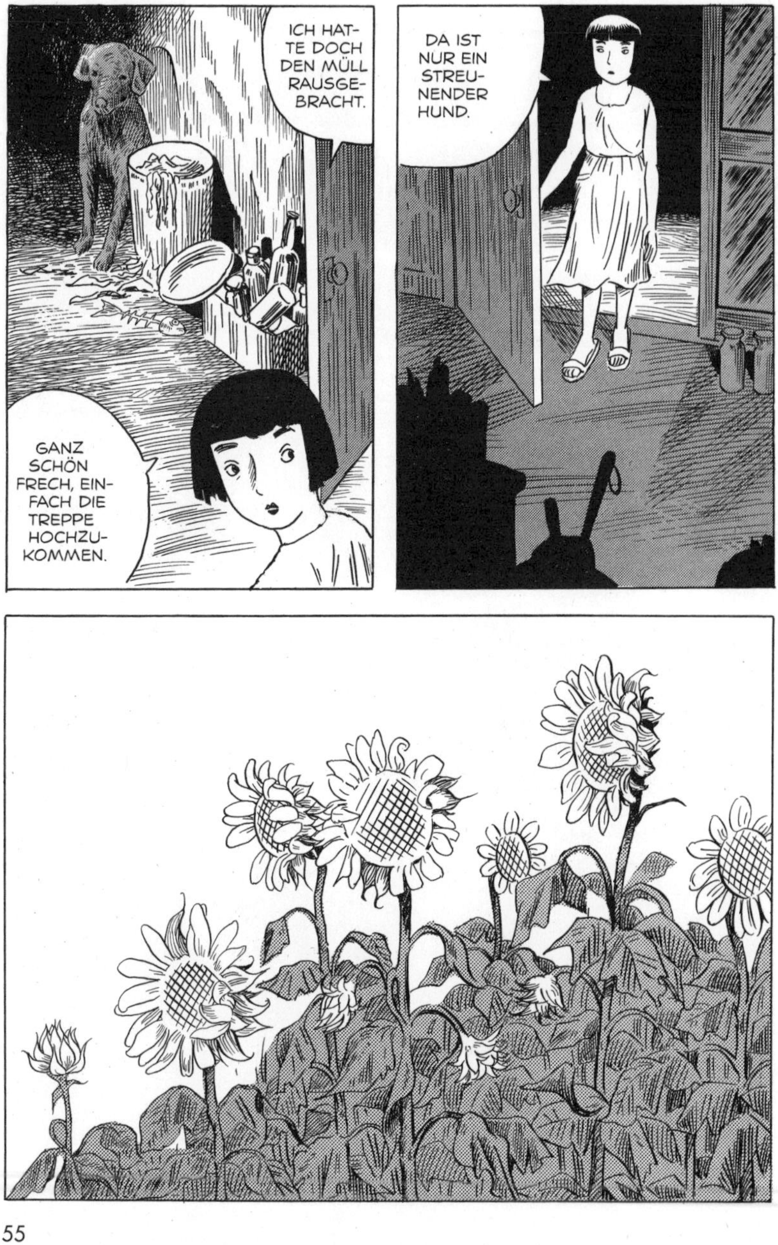

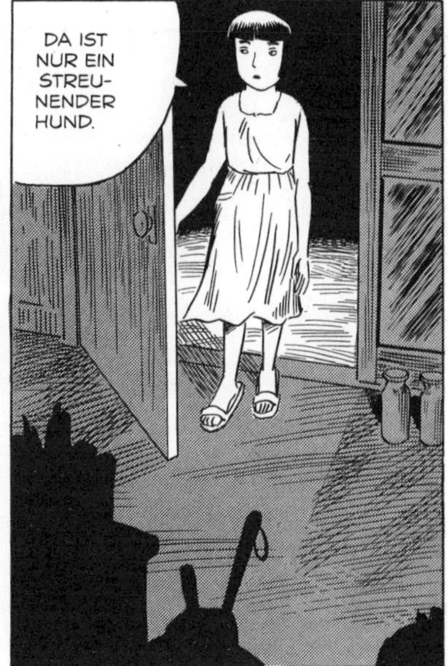
DA IST NUR EIN STREUNENDER HUND.

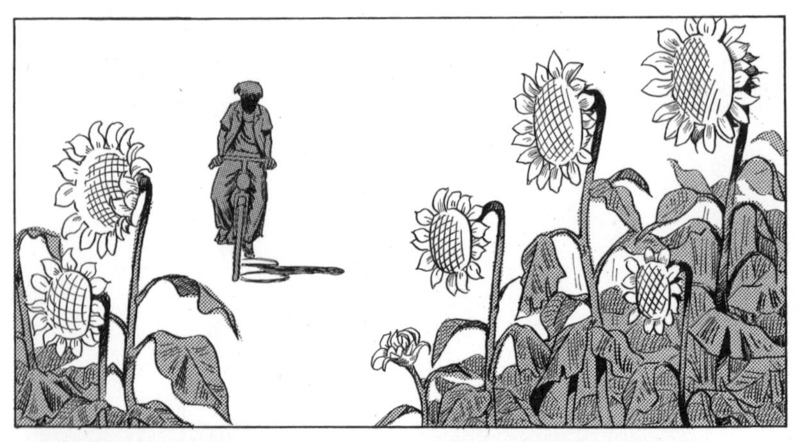

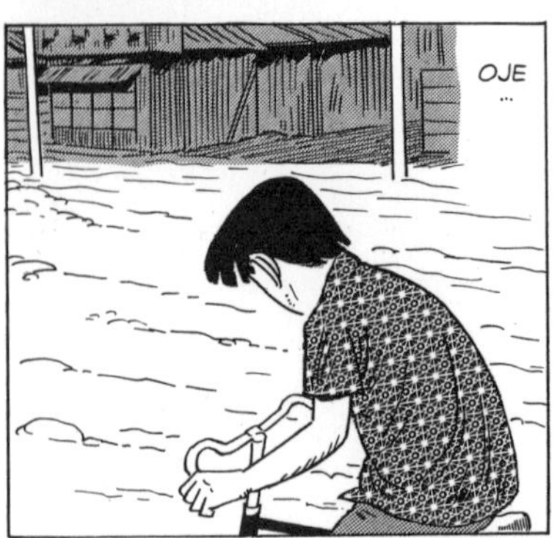
OJE
...

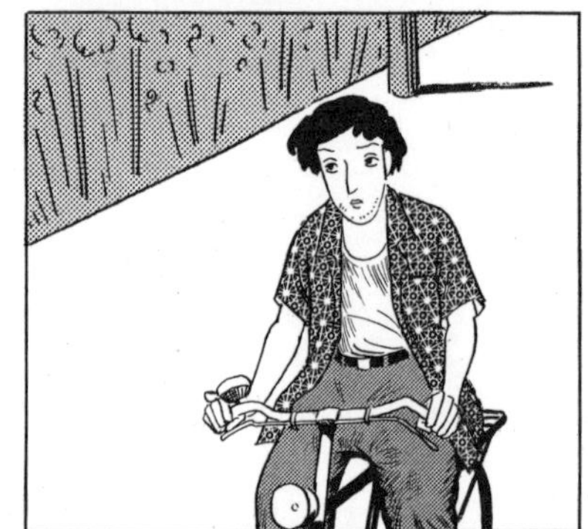

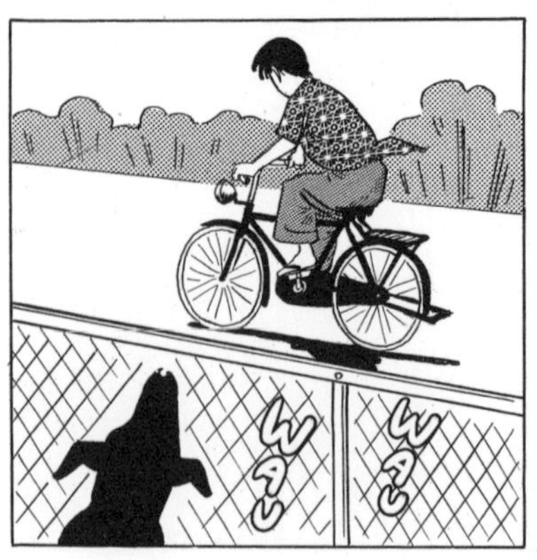
WAU
WAU

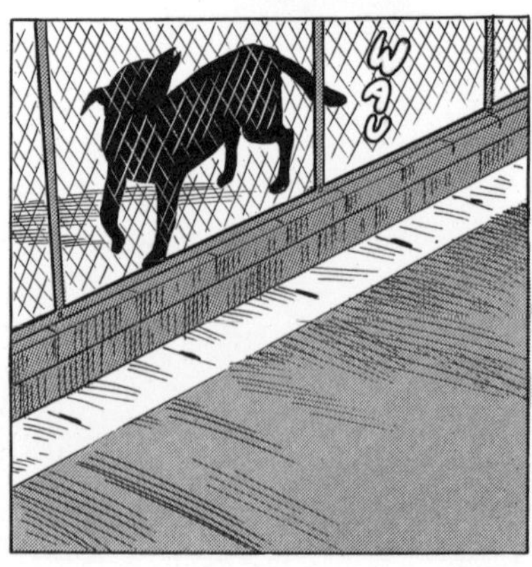
WAU

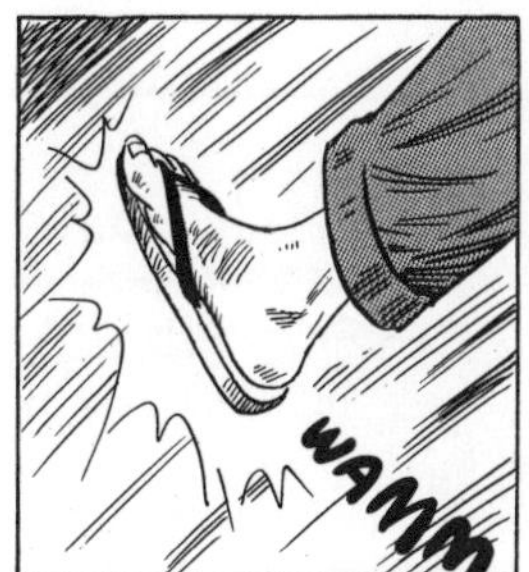
WAMM

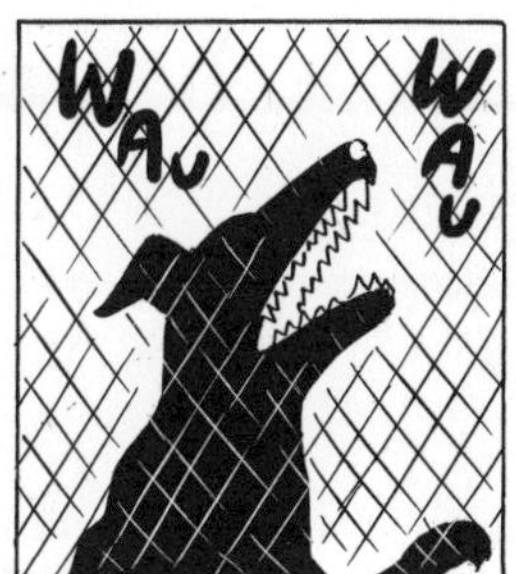
WAU
WAU

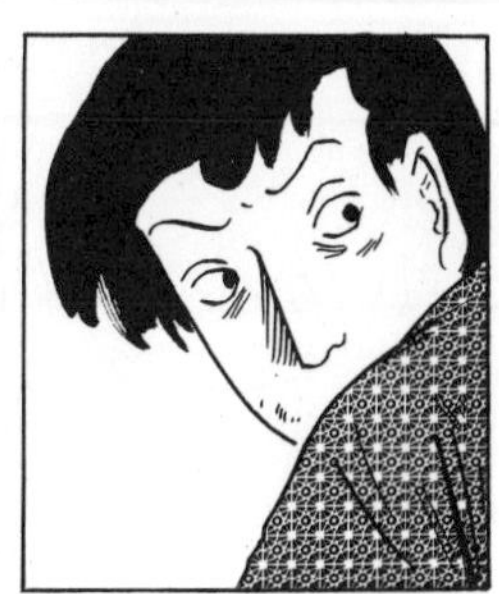

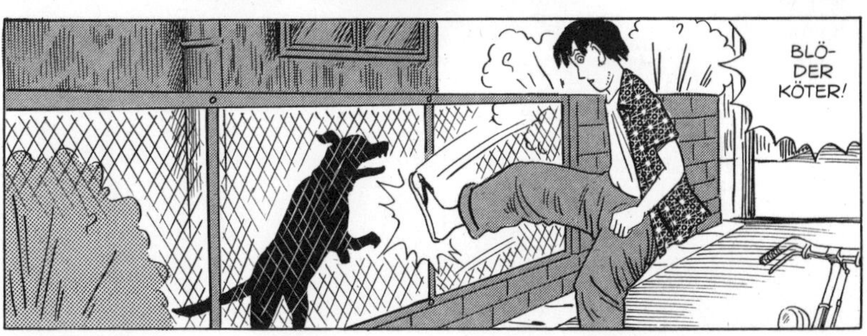
BLÖ-
DER
KÖTER!

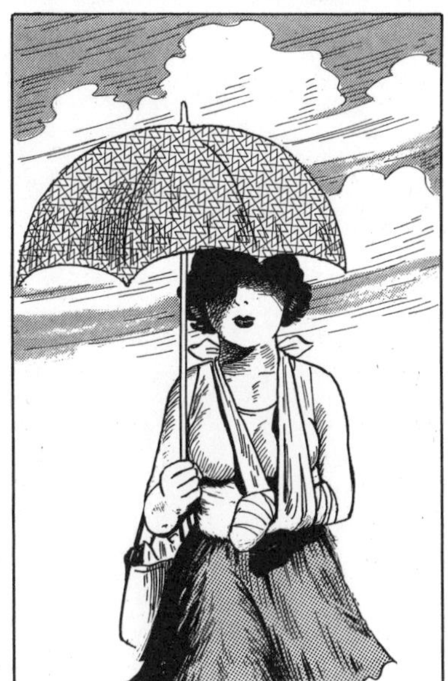

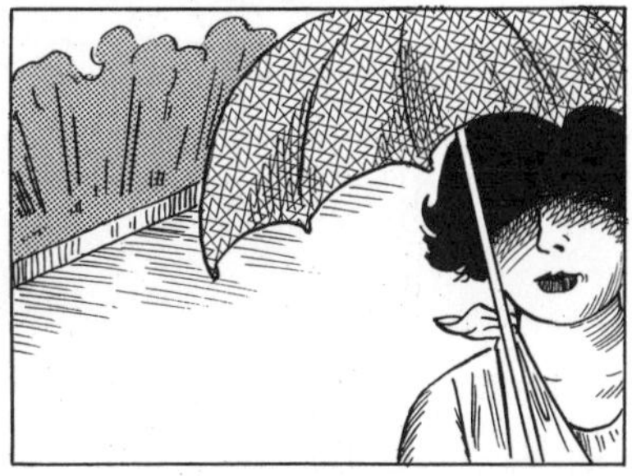

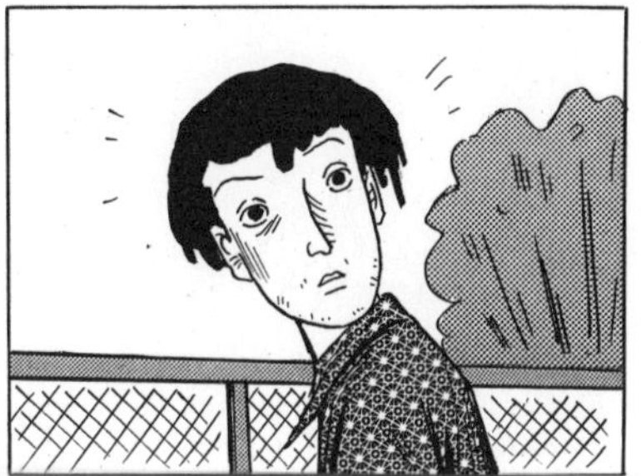

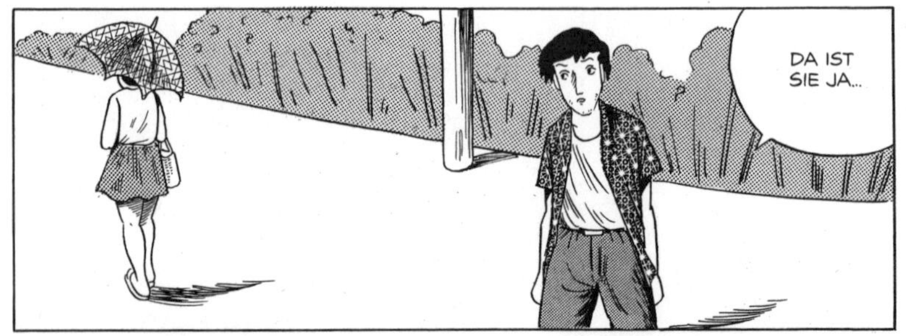
DA IST
SIE JA...

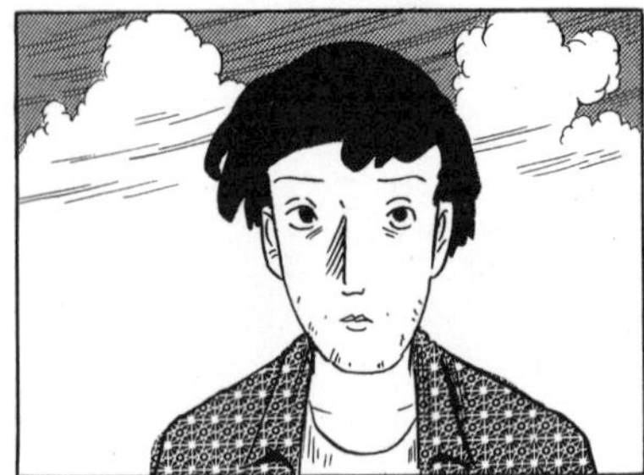

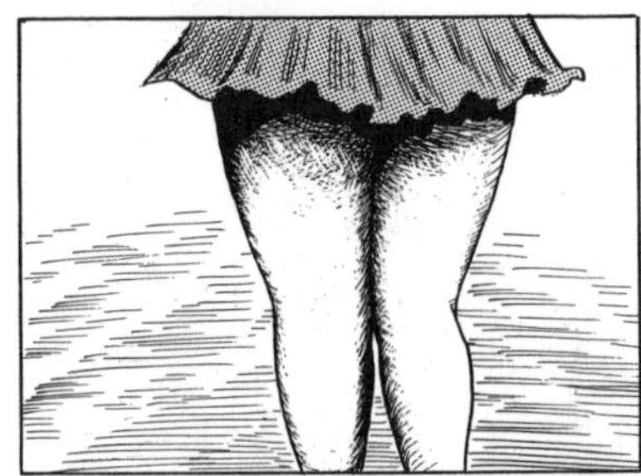

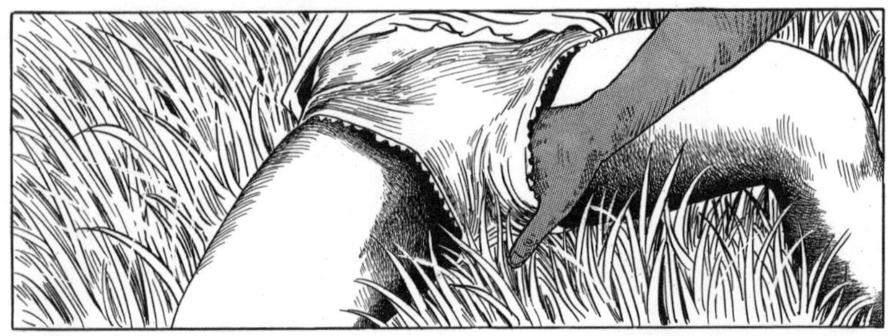

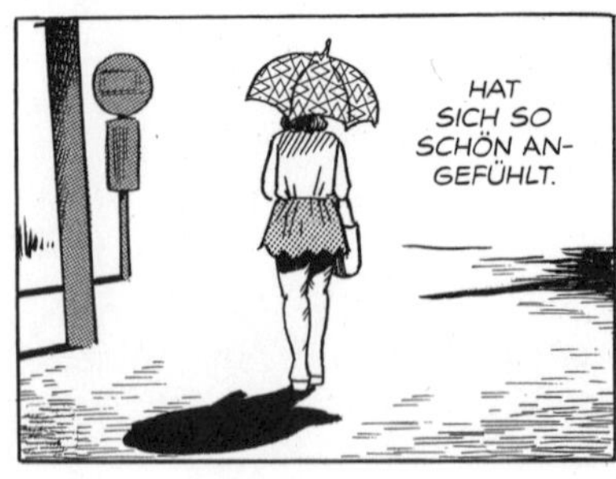
HAT
SICH SO
SCHÖN AN-
GEFÜHLT.

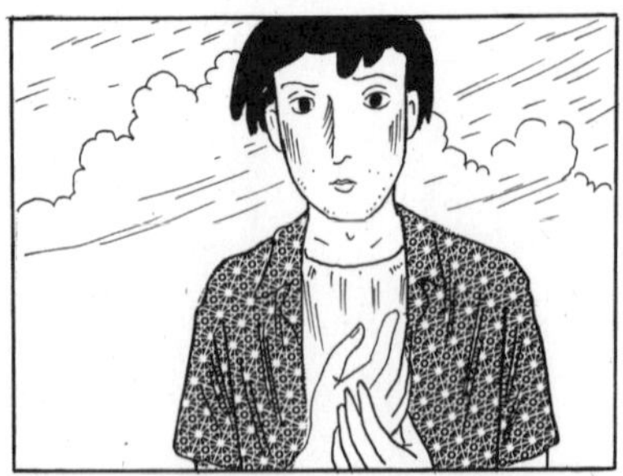

Zur Untermiete

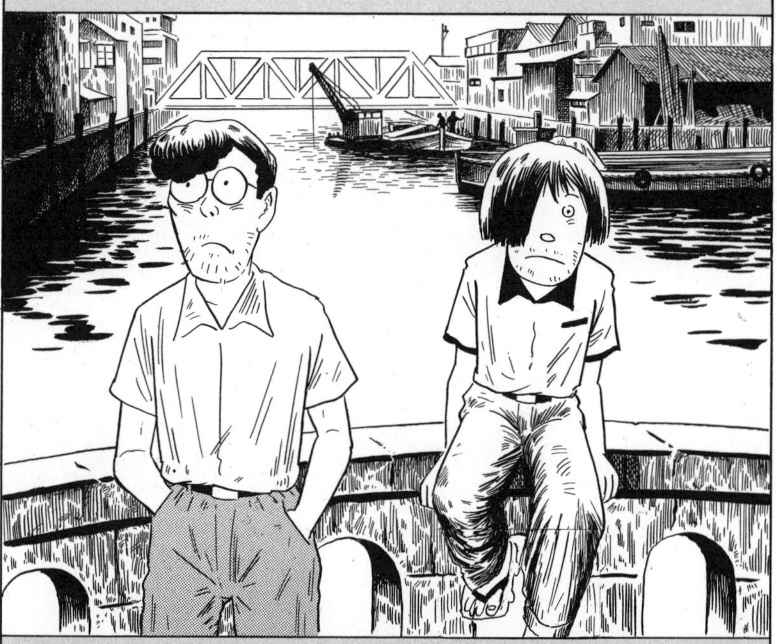

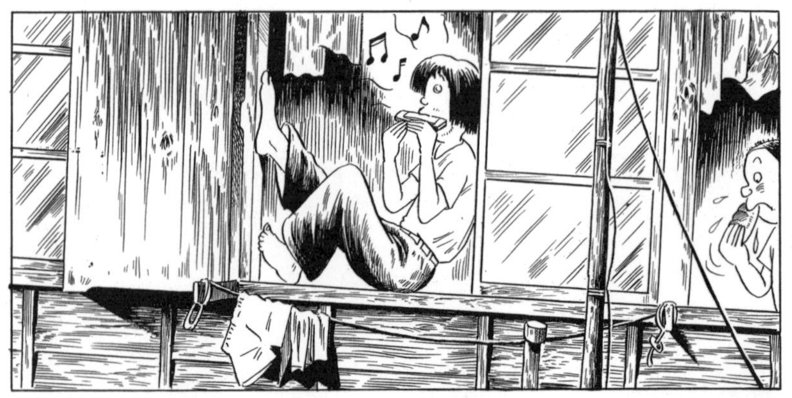

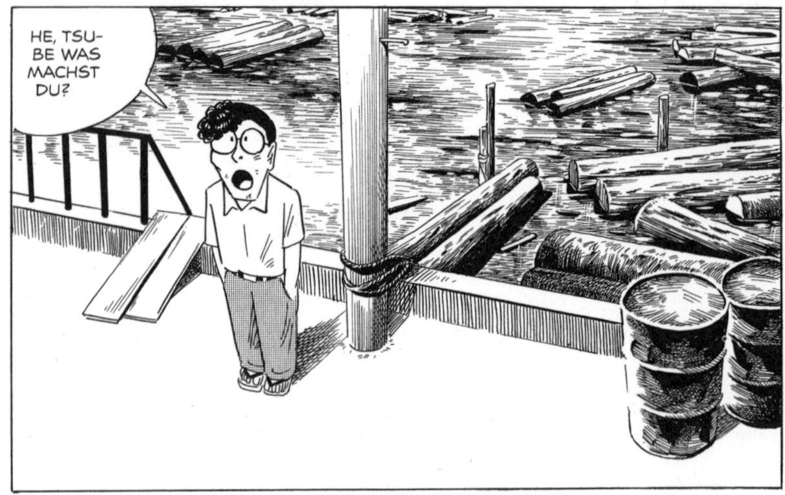
HE, TSU-BE WAS MACHST DU?

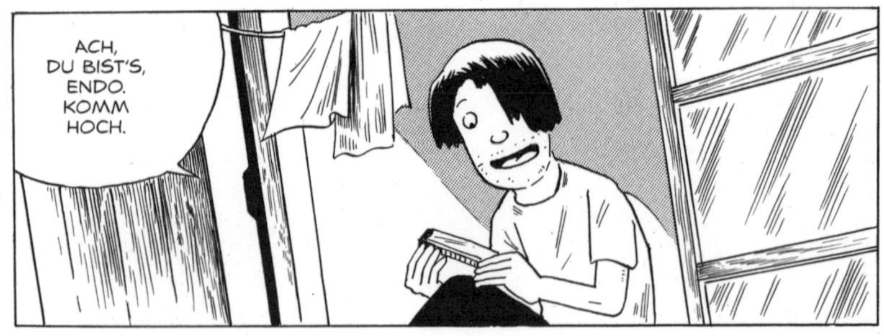
ACH, DU BIST'S, ENDO. KOMM HOCH.

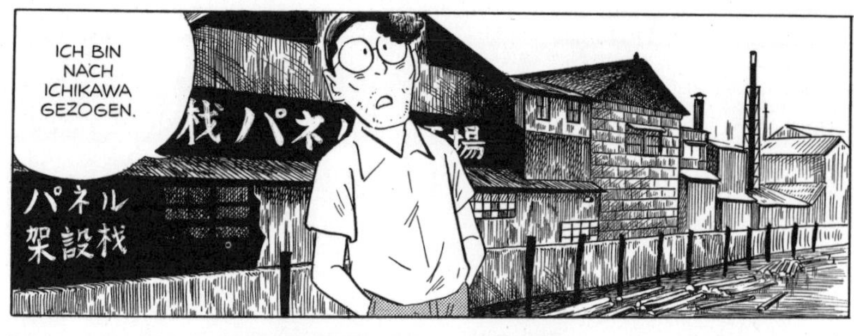

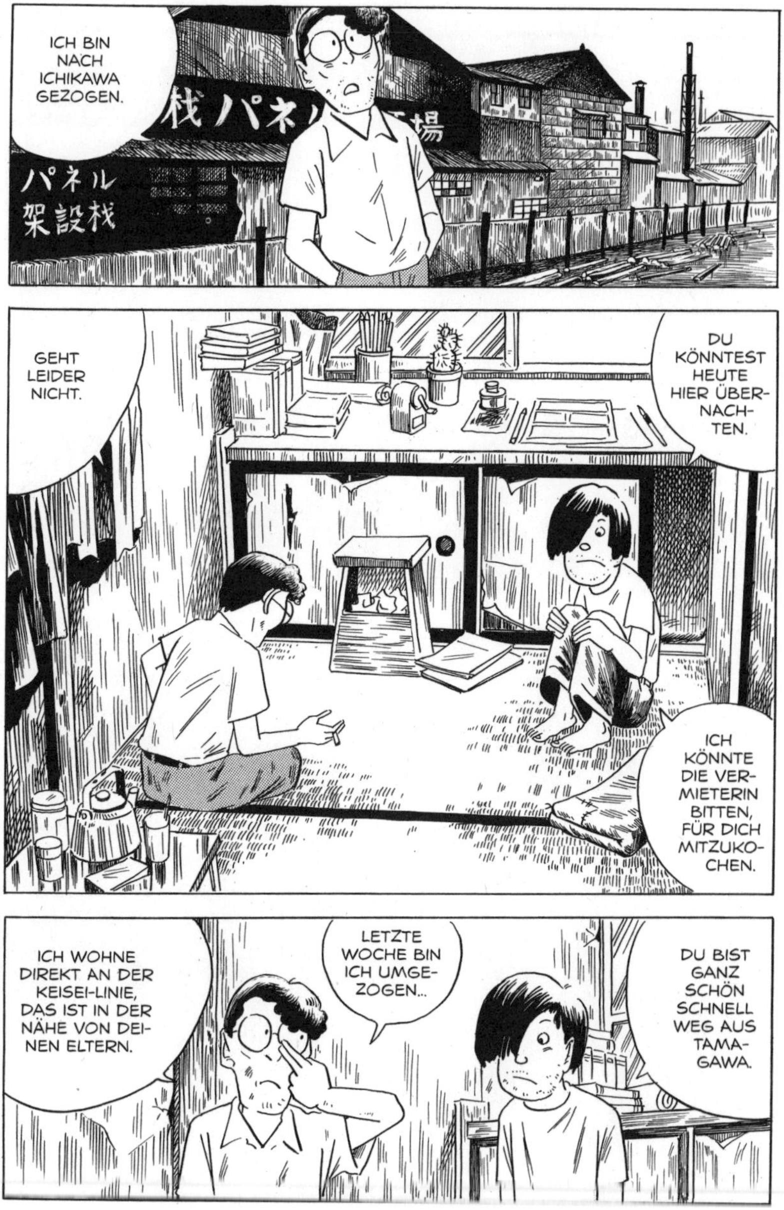

DU KÖNNTEST HEUTE HIER ÜBERNACHTEN.

GEHT LEIDER NICHT.

ICH KÖNNTE DIE VERMIETERIN BITTEN, FÜR DICH MITZUKOCHEN.

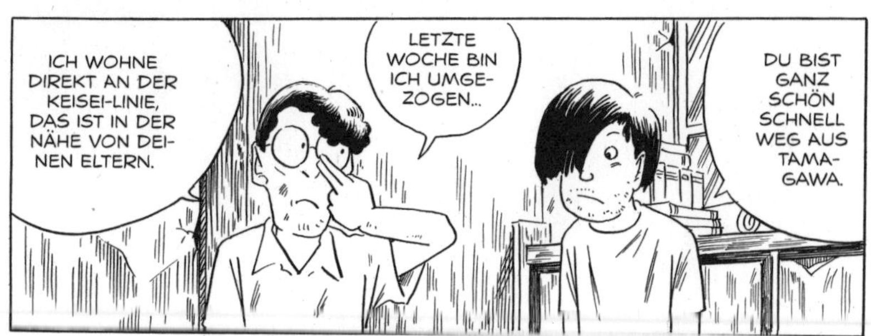

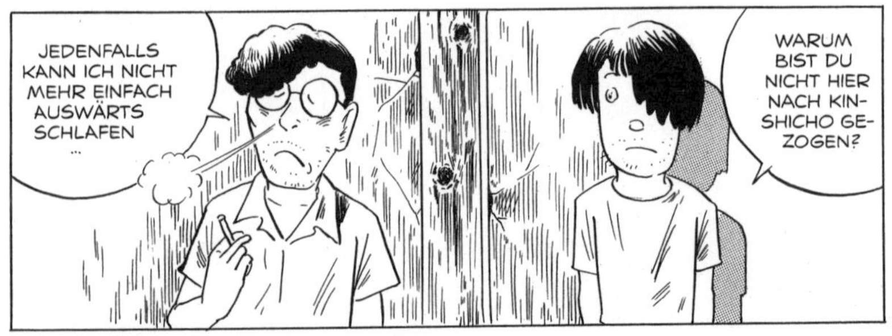
WARUM BIST DU NICHT HIER NACH KINSHICHO GEZOGEN?
JEDENFALLS KANN ICH NICHT MEHR EINFACH AUSWÄRTS SCHLAFEN ...

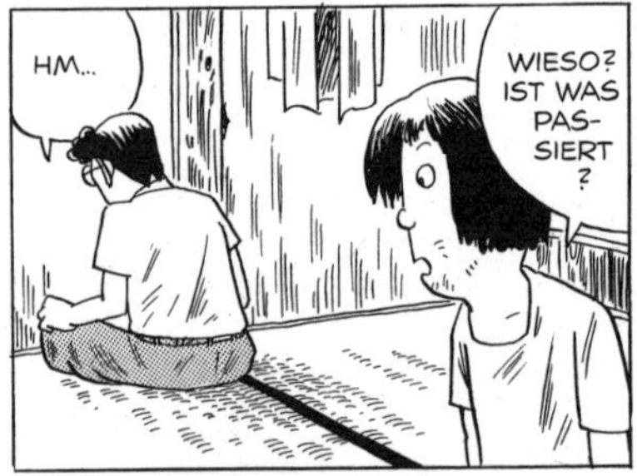
WIESO? IST WAS PASSIERT?
HM...

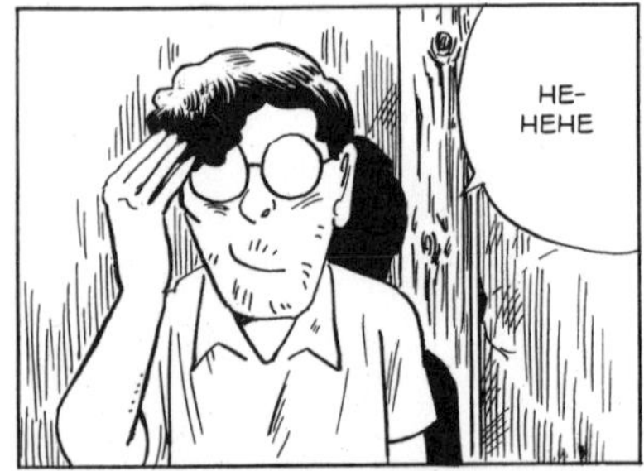
HEHEHE

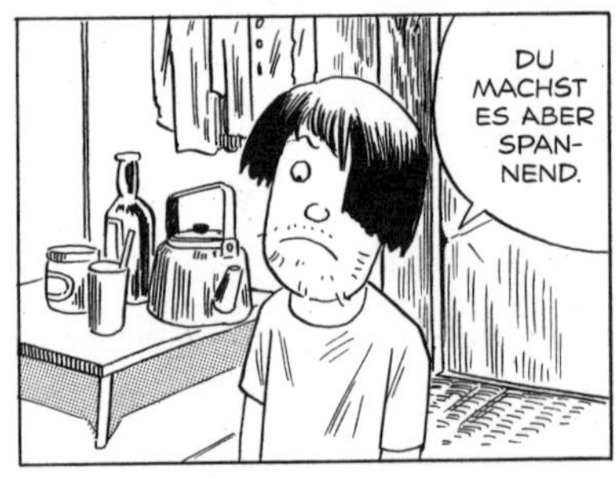
DU MACHST ES ABER SPANNEND.

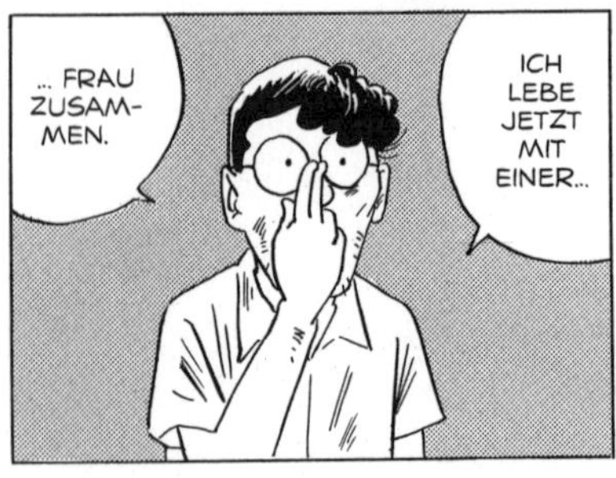
ICH LEBE JETZT MIT EINER...
... FRAU ZUSAMMEN.

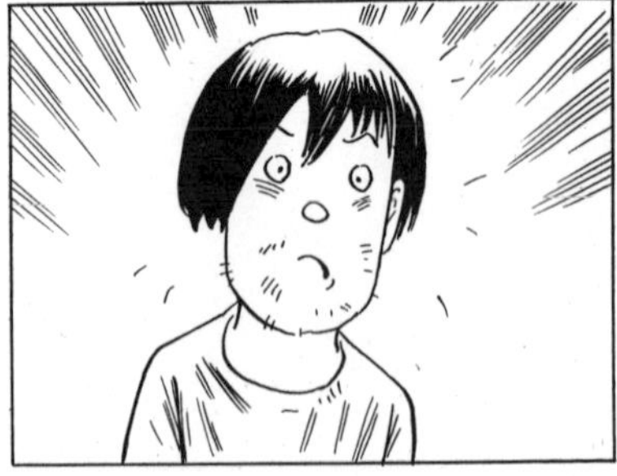

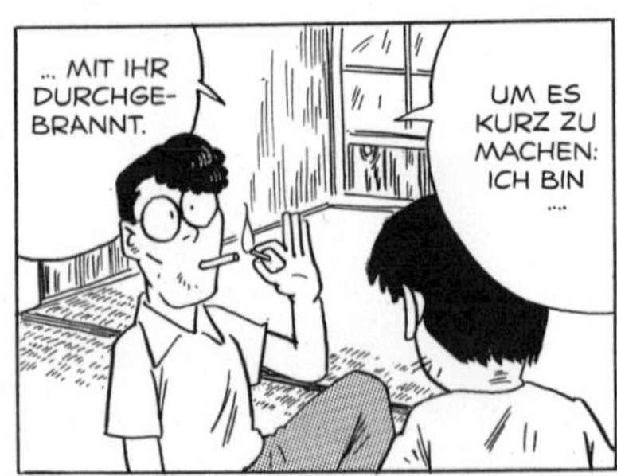
UM ES KURZ ZU MACHEN: ICH BIN ...
... MIT IHR DURCHGEBRANNT.

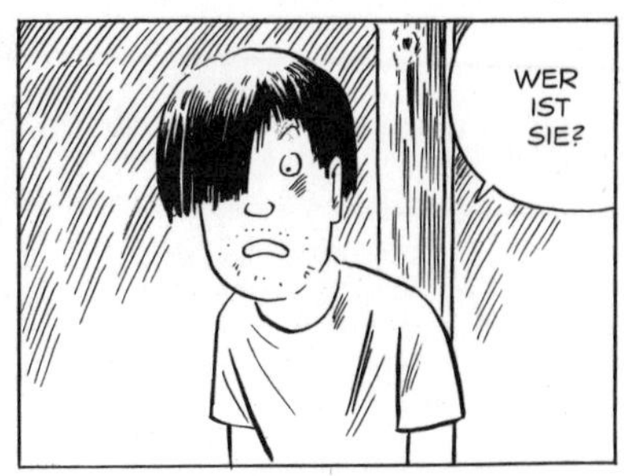
WER IST SIE?

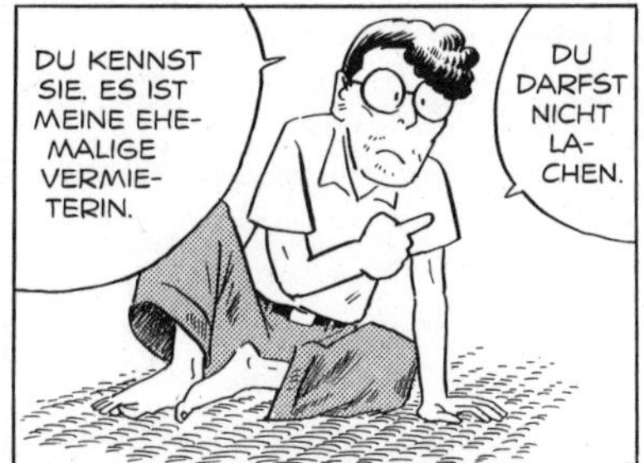
DU DARFST NICHT LACHEN.
DU KENNST SIE. ES IST MEINE EHEMALIGE VERMIETERIN.

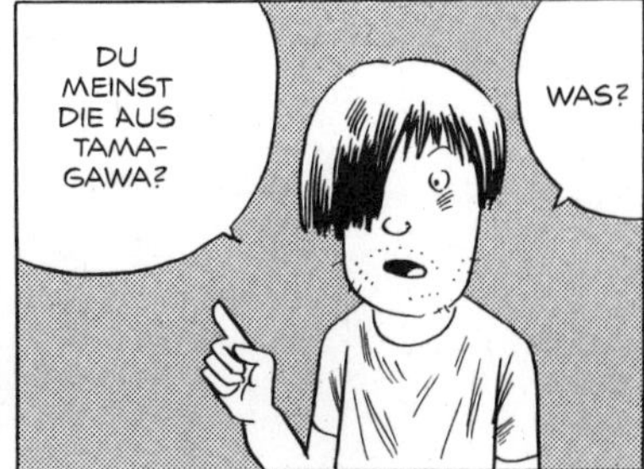
WAS?
DU MEINST DIE AUS TAMAGAWA?

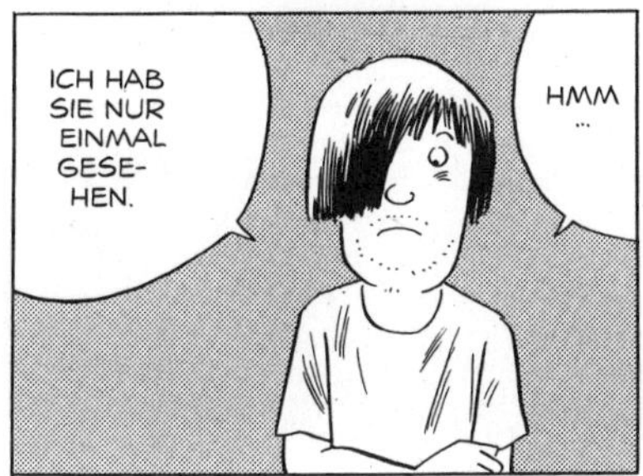
HMM ...
ICH HAB SIE NUR EINMAL GESEHEN.

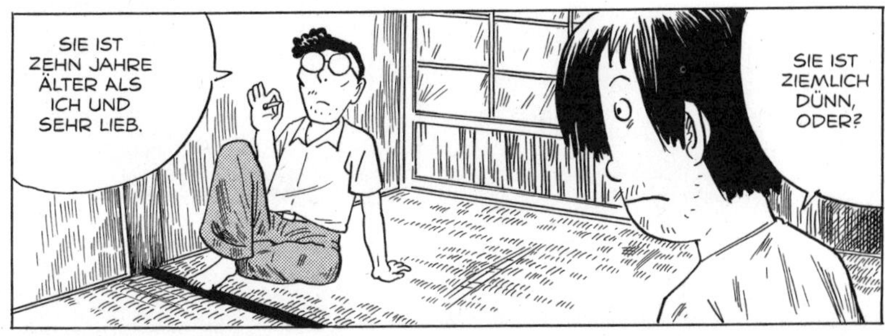
SIE IST ZIEMLICH DÜNN, ODER?
SIE IST ZEHN JAHRE ÄLTER ALS ICH UND SEHR LIEB.

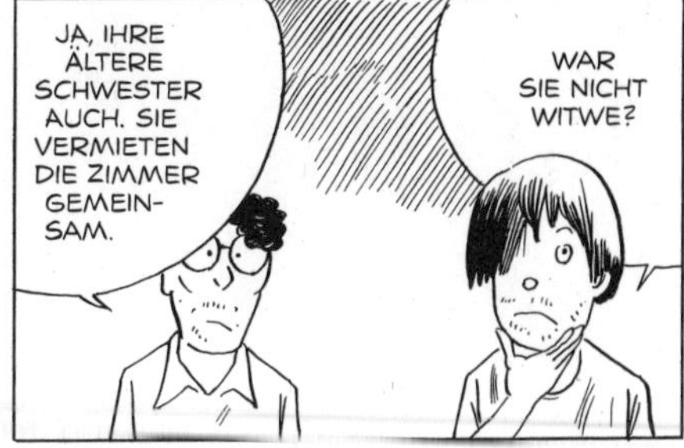
WAR SIE NICHT WITWE?
JA, IHRE ÄLTERE SCHWESTER AUCH. SIE VERMIETEN DIE ZIMMER GEMEINSAM.

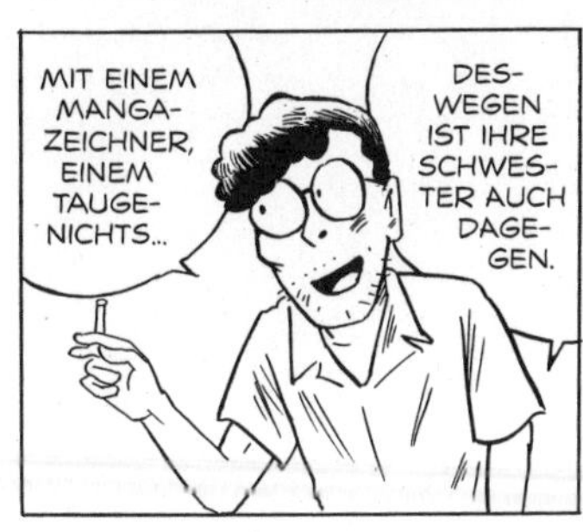
DESWEGEN IST IHRE SCHWESTER AUCH DAGEGEN.
MIT EINEM MANGAZEICHNER, EINEM TAUGENICHTS...

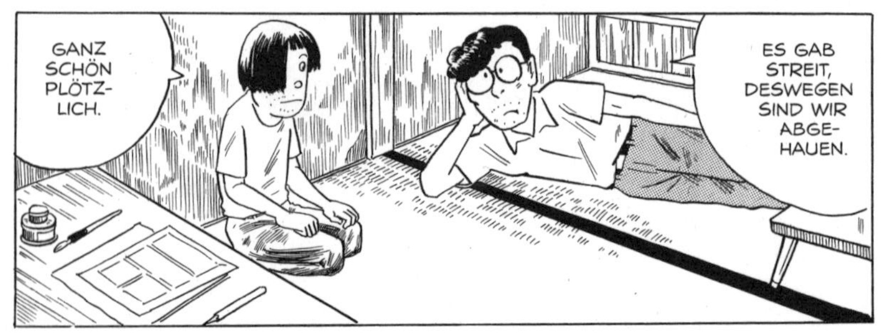

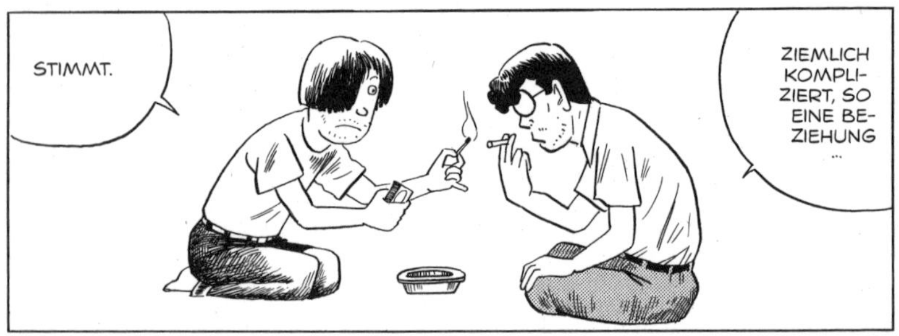

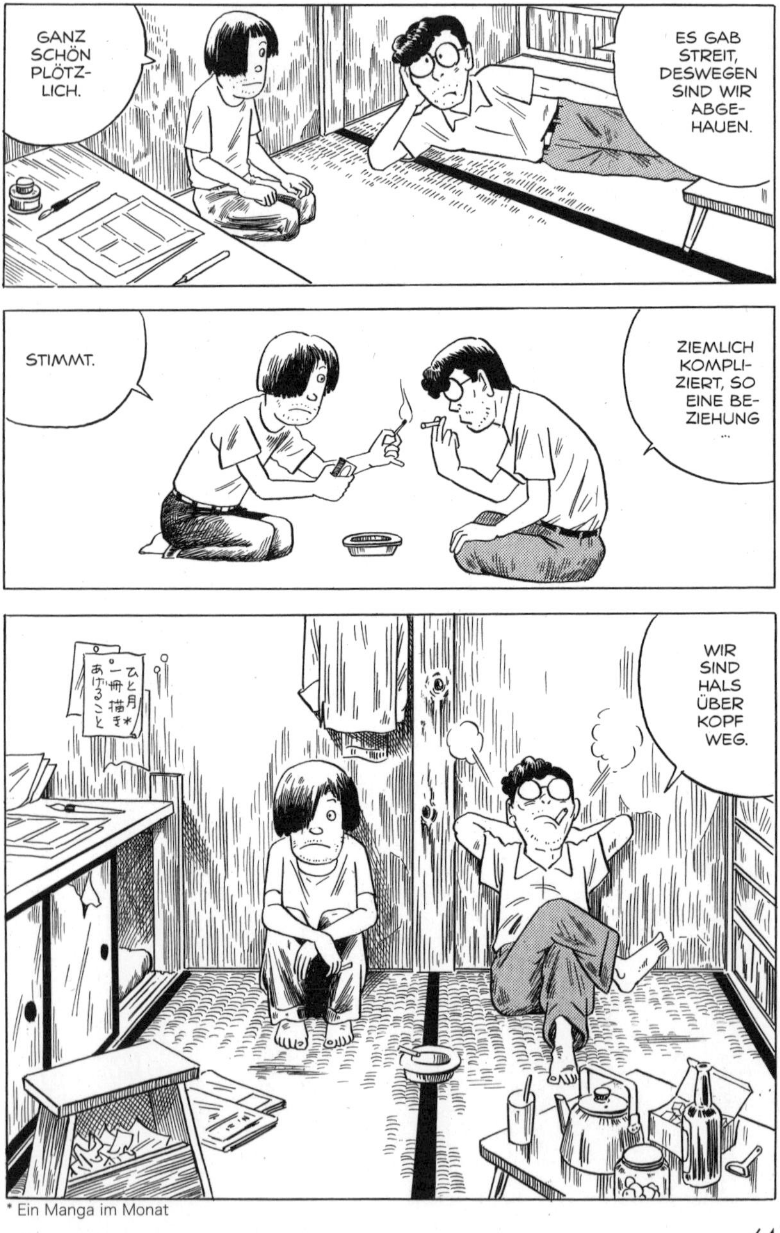

WIR SIND HALS ÜBER KOPF WEG.

ひと月一冊描き*あげること

* Ein Manga im Monat

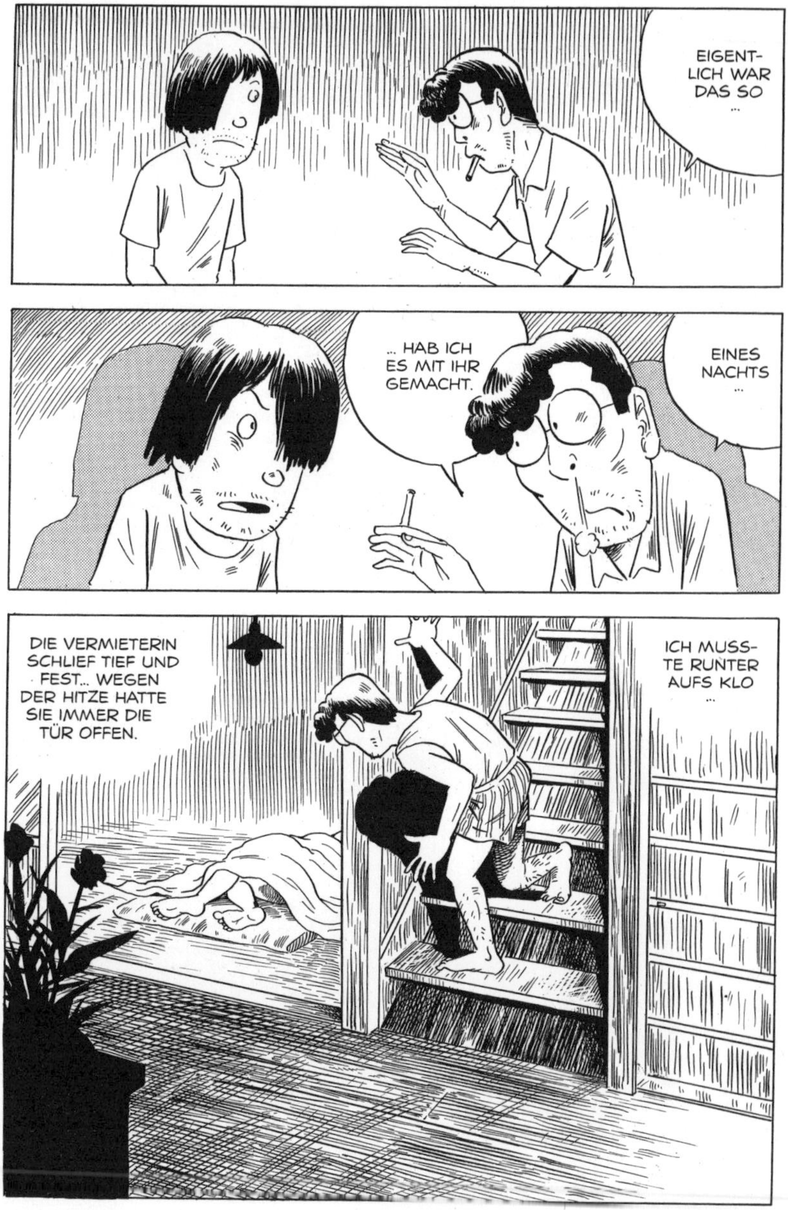

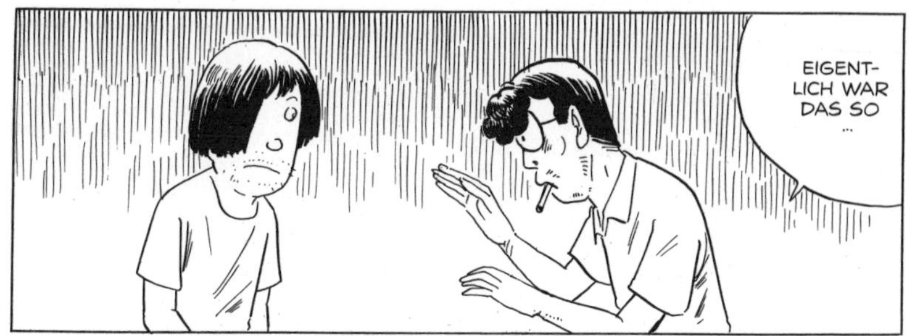

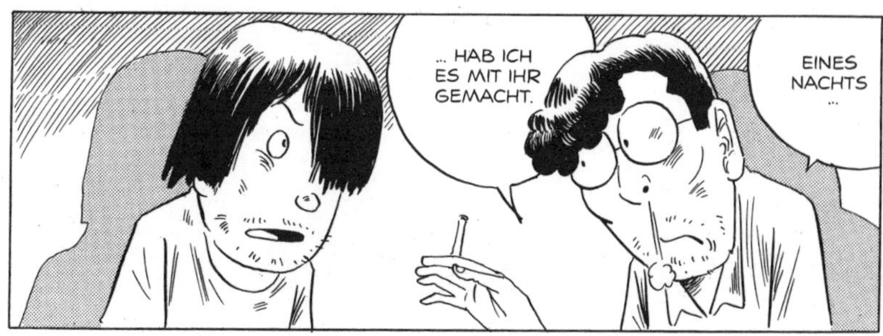

ICH MUSS-
TE RUNTER
AUFS KLO
...

DIE VERMIETERIN
SCHLIEF TIEF UND
FEST... WEGEN
DER HITZE HATTE
SIE IMMER DIE
TÜR OFFEN.

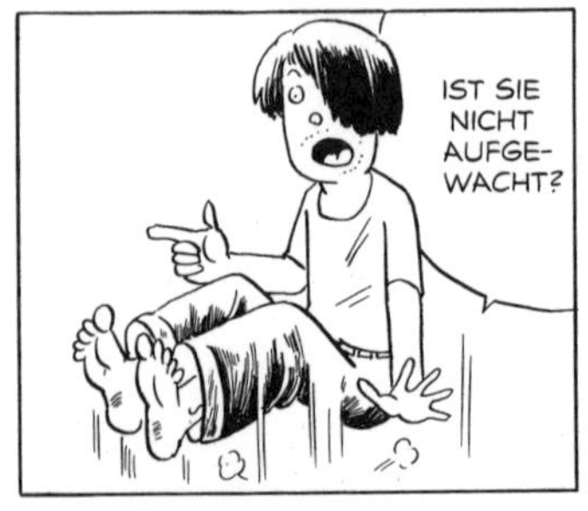
IST SIE NICHT AUFGE-WACHT?

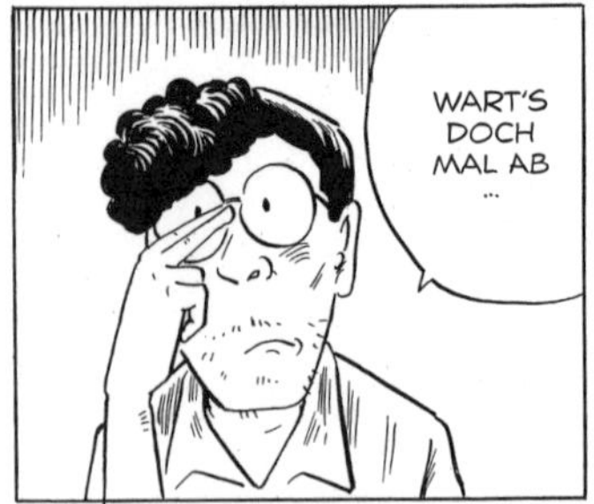
WART'S DOCH MAL AB ...

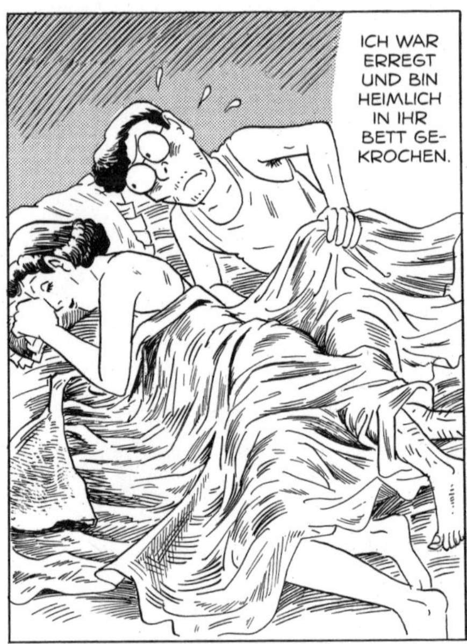
ICH WAR ERREGT UND BIN HEIMLICH IN IHR BETT GE-KROCHEN.

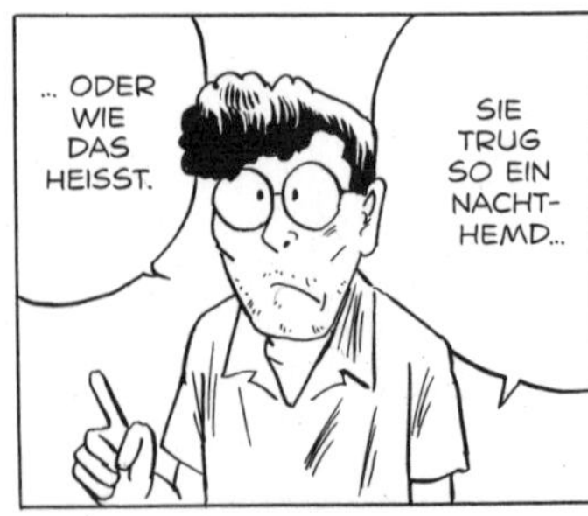
SIE TRUG SO EIN NACHT-HEMD...
... ODER WIE DAS HEISST.

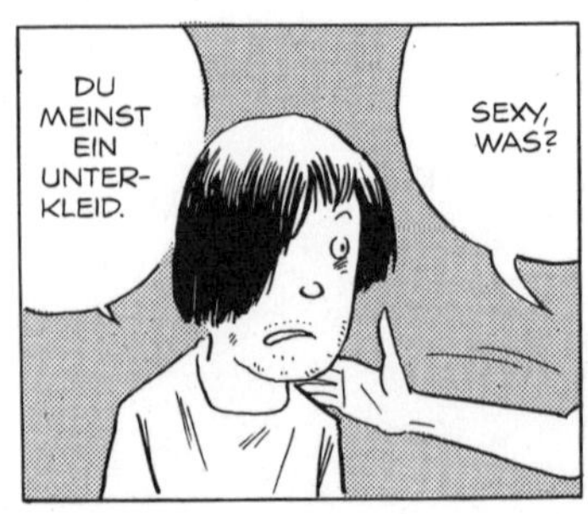
DU MEINST EIN UNTER-KLEID.
SEXY, WAS?

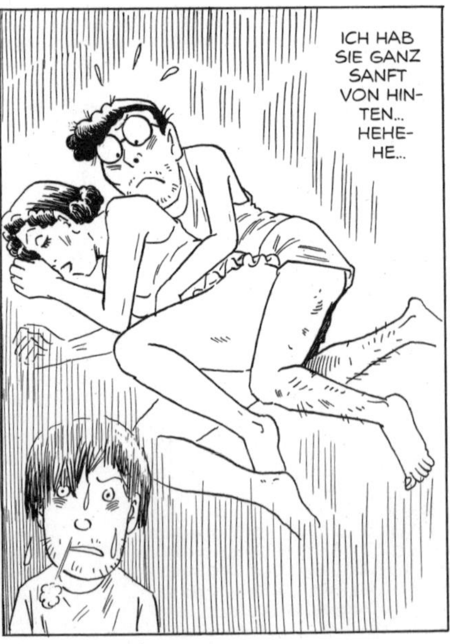
ICH HAB SIE GANZ SANFT VON HIN-TEN... HEHE-HE...

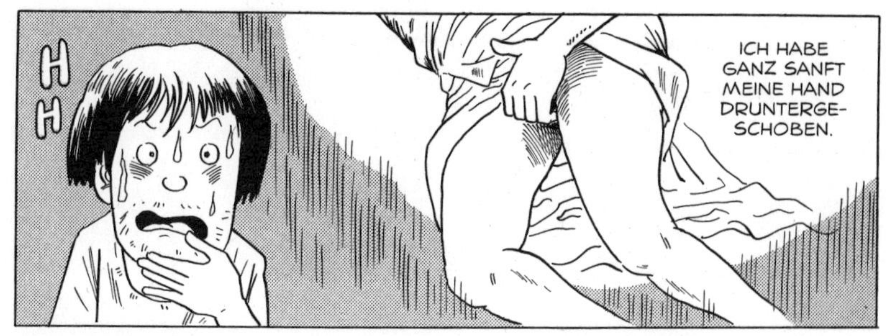
HH
ICH HABE GANZ SANFT MEINE HAND DRUNTERGE-SCHOBEN.

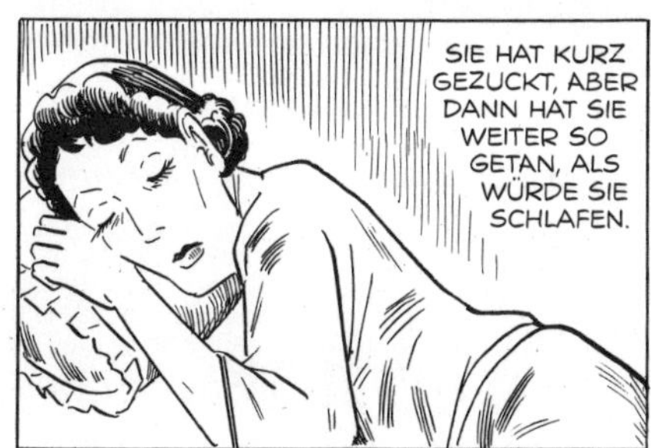
SIE HAT KURZ GEZUCKT, ABER DANN HAT SIE WEITER SO GETAN, ALS WÜRDE SIE SCHLAFEN.

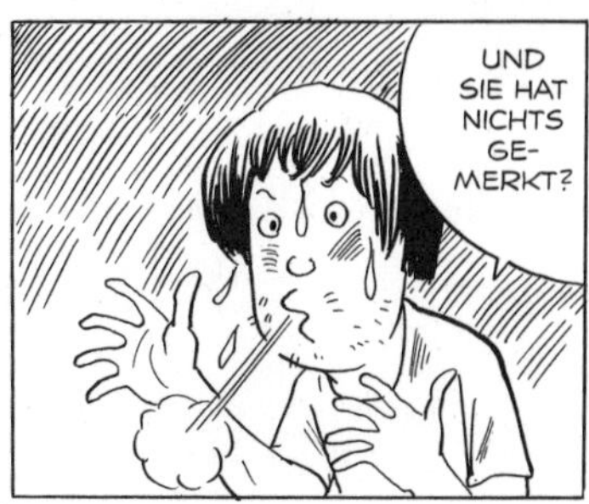
UND SIE HAT NICHTS GE-MERKT?

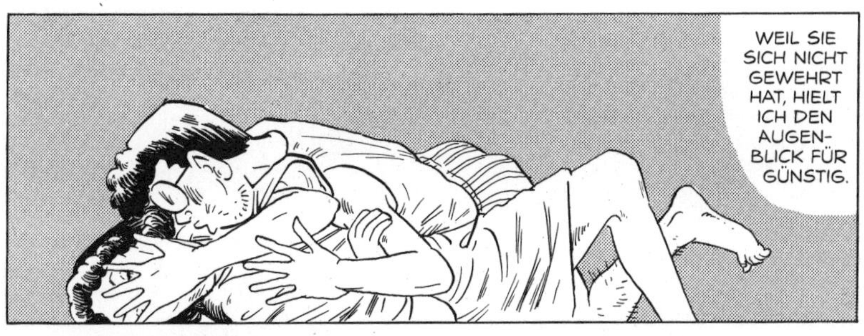
WEIL SIE SICH NICHT GEWEHRT HAT, HIELT ICH DEN AUGEN-BLICK FÜR GÜNSTIG.

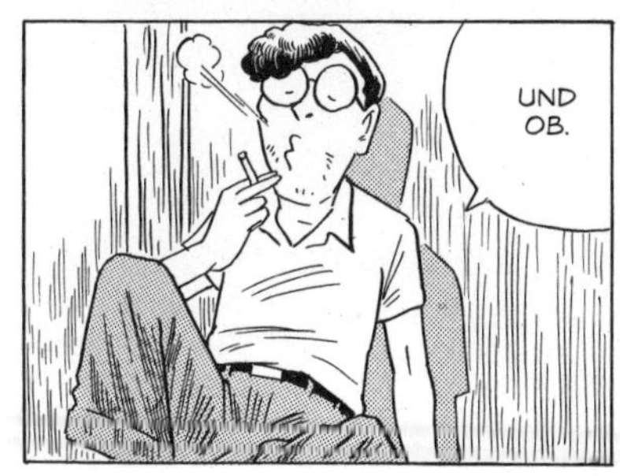
UND OB.

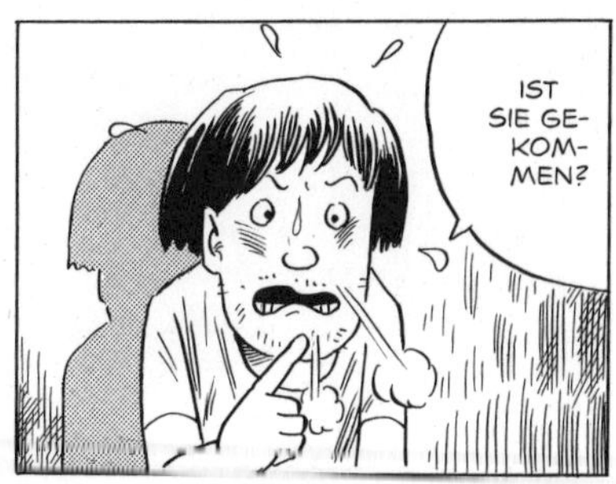
IST SIE GE-KOM-MEN?

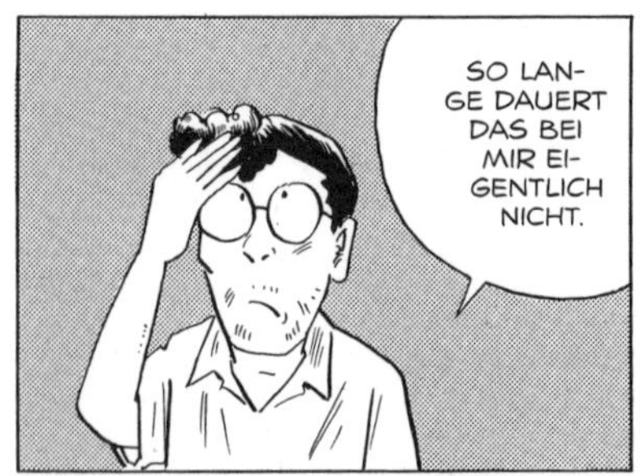
SO LANGE DAUERT DAS BEI MIR EIGENTLICH NICHT.

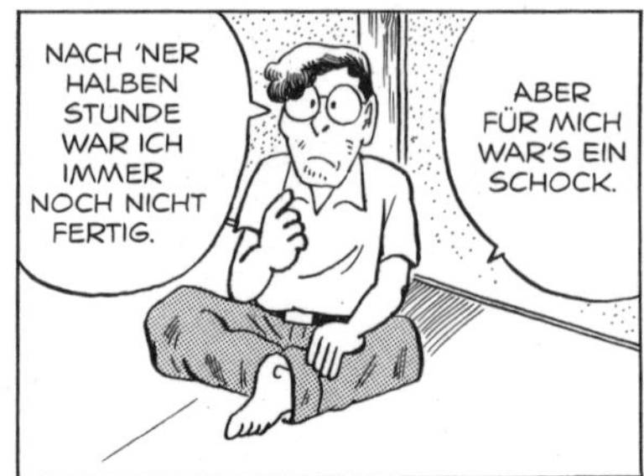
NACH 'NER HALBEN STUNDE WAR ICH IMMER NOCH NICHT FERTIG.
ABER FÜR MICH WAR'S EIN SCHOCK.

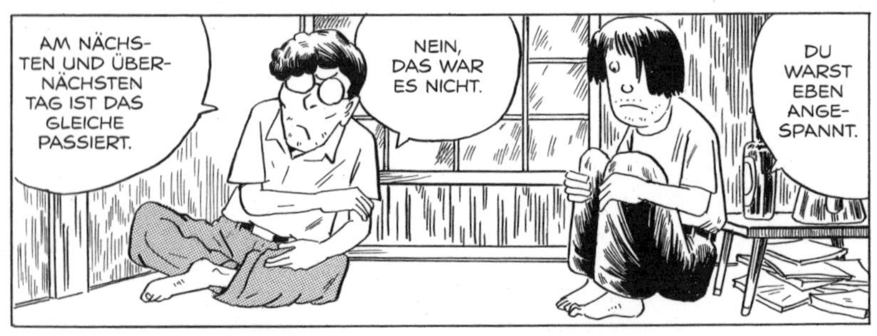
AM NÄCHSTEN UND ÜBERNÄCHSTEN TAG IST DAS GLEICHE PASSIERT.
NEIN, DAS WAR ES NICHT.
DU WARST EBEN ANGESPANNT.

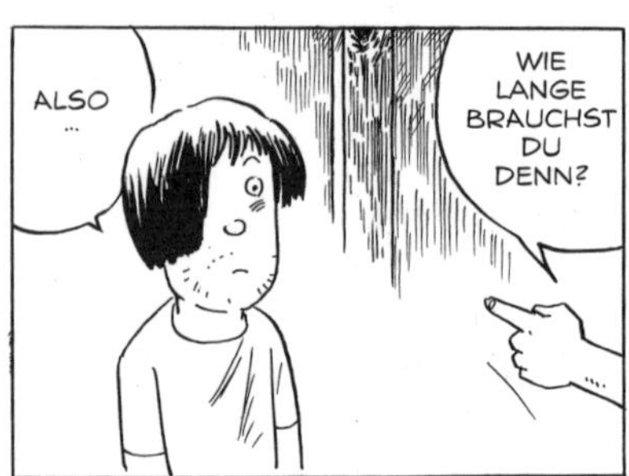
ALSO ...
WIE LANGE BRAUCHST DU DENN?

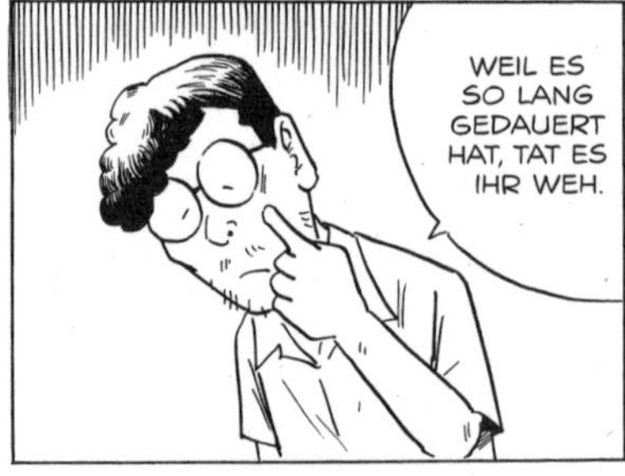
WEIL ES SO LANG GEDAUERT HAT, TAT ES IHR WEH.

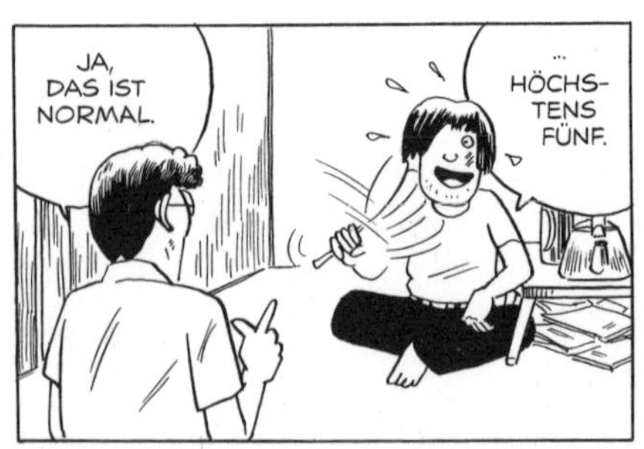
JA, DAS IST NORMAL.
... HÖCHSTENS FÜNF.

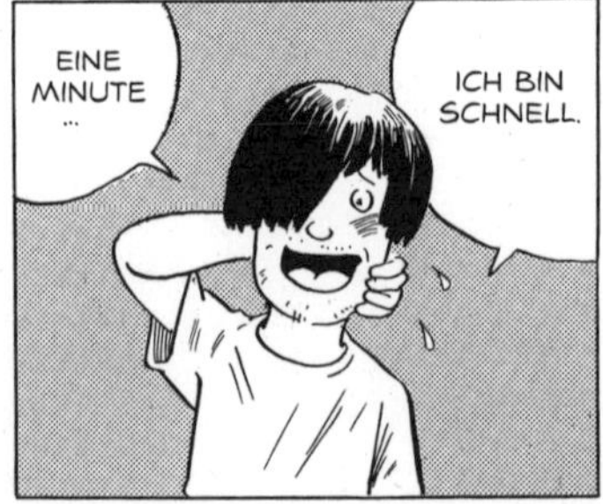
EINE MINUTE ...
ICH BIN SCHNELL.

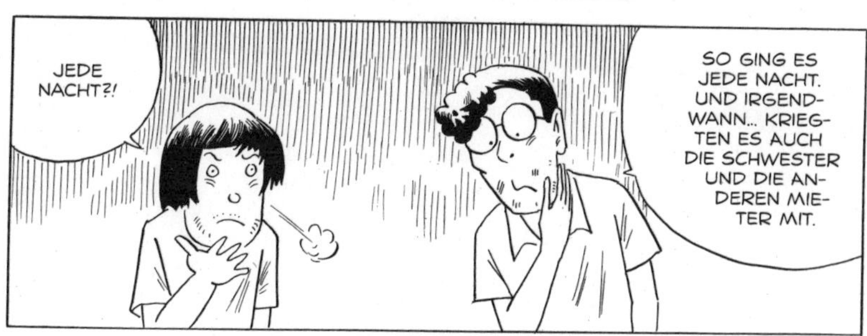
JEDE NACHT?!
SO GING ES JEDE NACHT. UND IRGEND-WANN... KRIEG-TEN ES AUCH DIE SCHWESTER UND DIE AN-DEREN MIE-TER MIT.

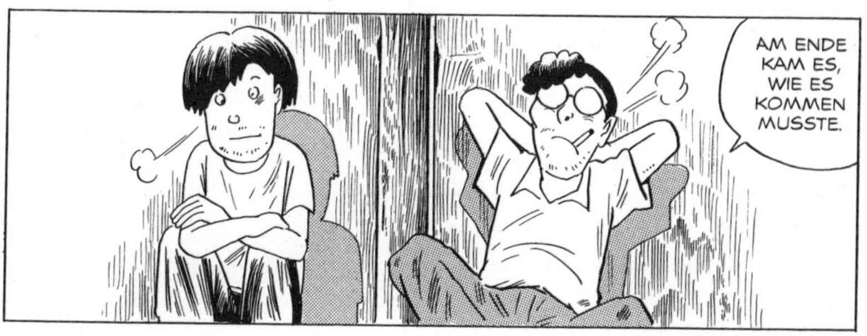
AM ENDE KAM ES, WIE ES KOMMEN MUSSTE.

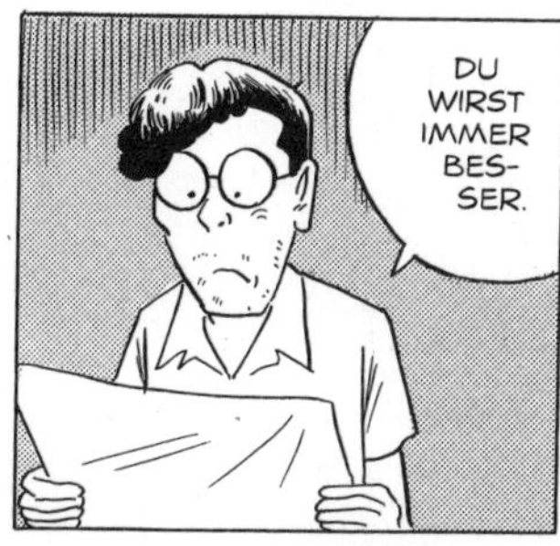
DU WIRST IMMER BES-SER.

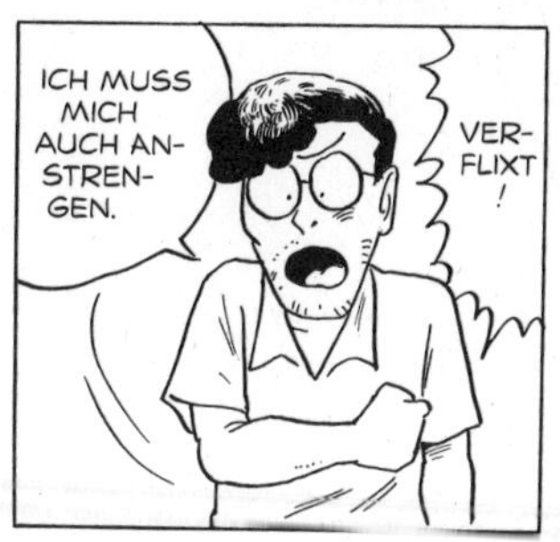
ICH MUSS MICH AUCH AN-STREN-GEN.
VER-FLIXT!

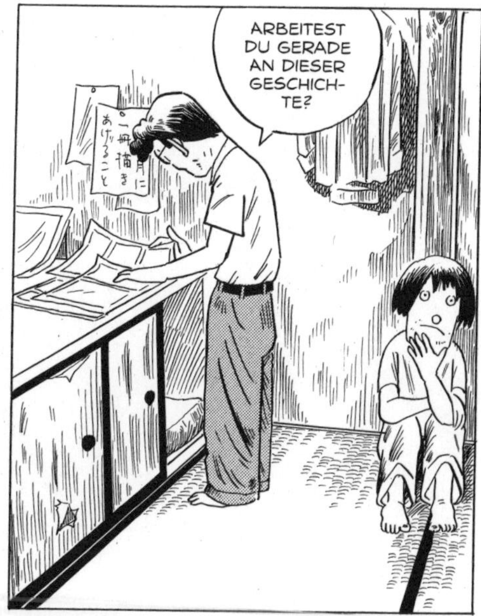
ARBEITEST DU GERADE AN DIESER GESCHICH-TE?
月に一冊描きあげること

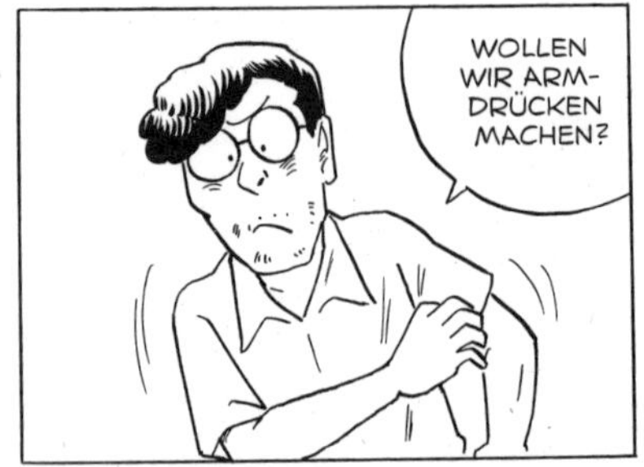

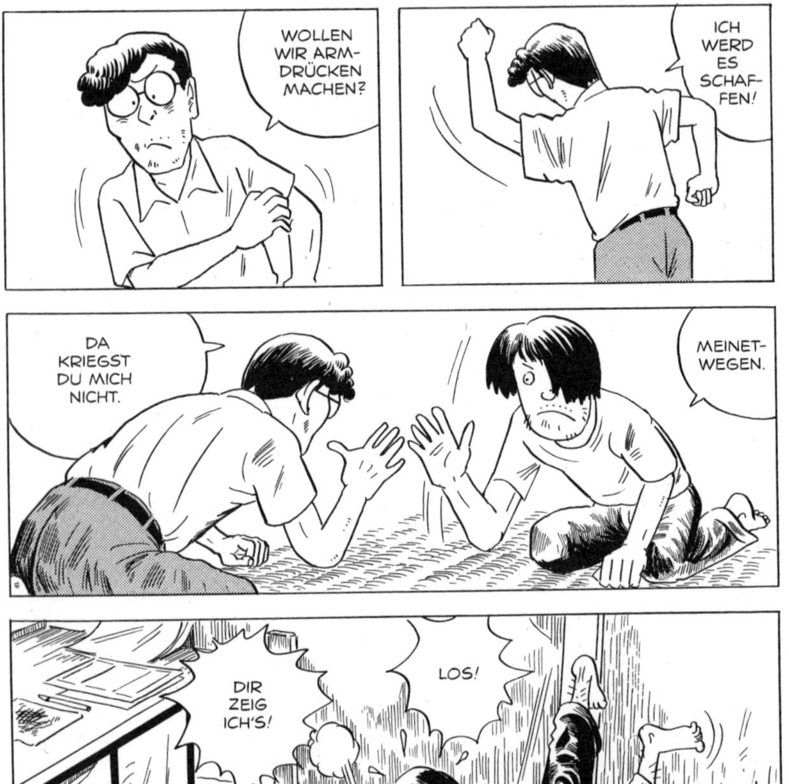

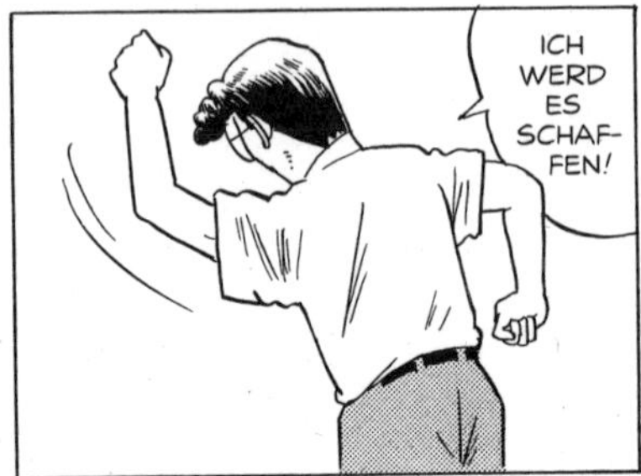

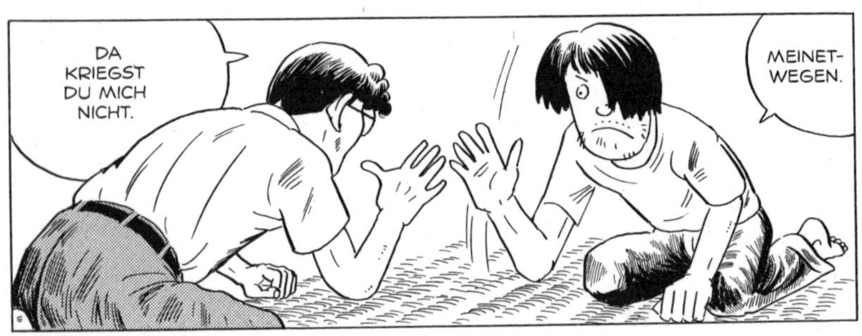

DIR ZEIG ICH'S!

LOS!

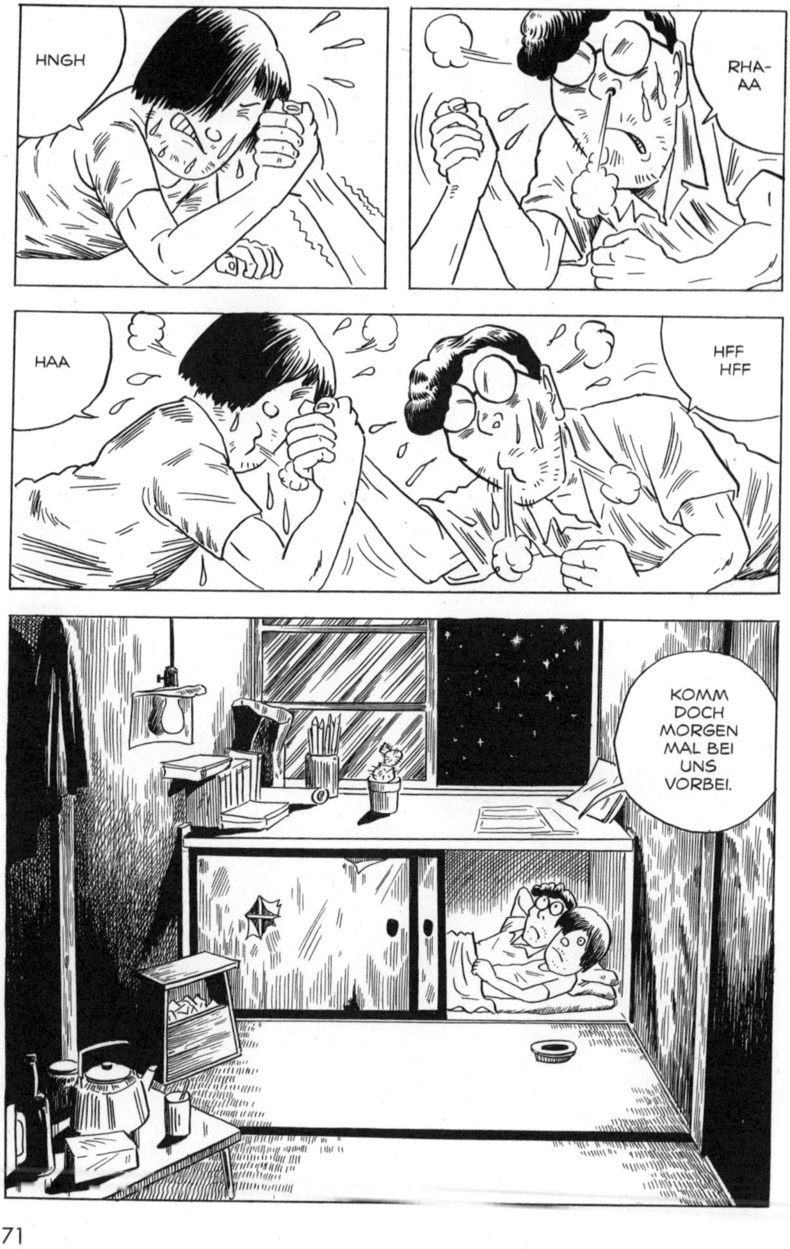

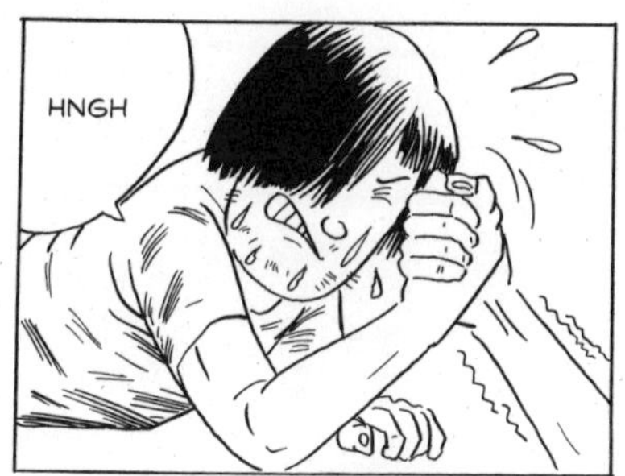
HNGH

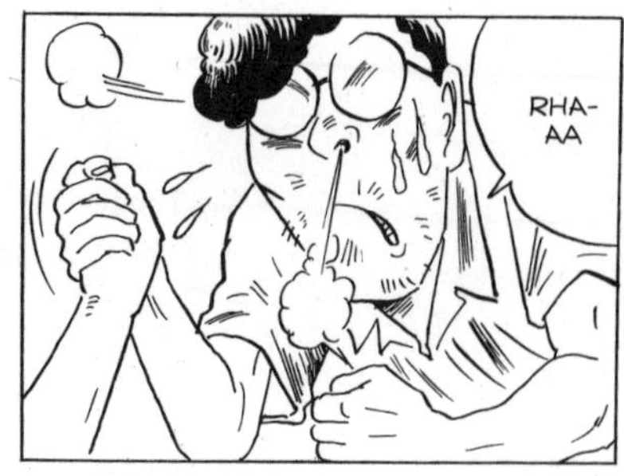
RHA-
AA

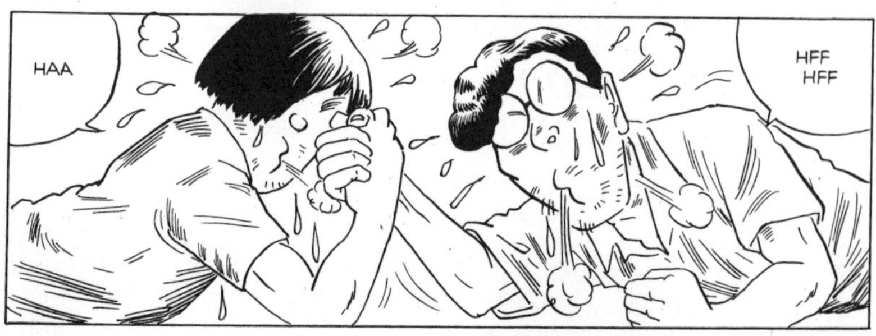
HAA
HFF
HFF

KOMM
DOCH
MORGEN
MAL BEI
UNS
VORBEI.

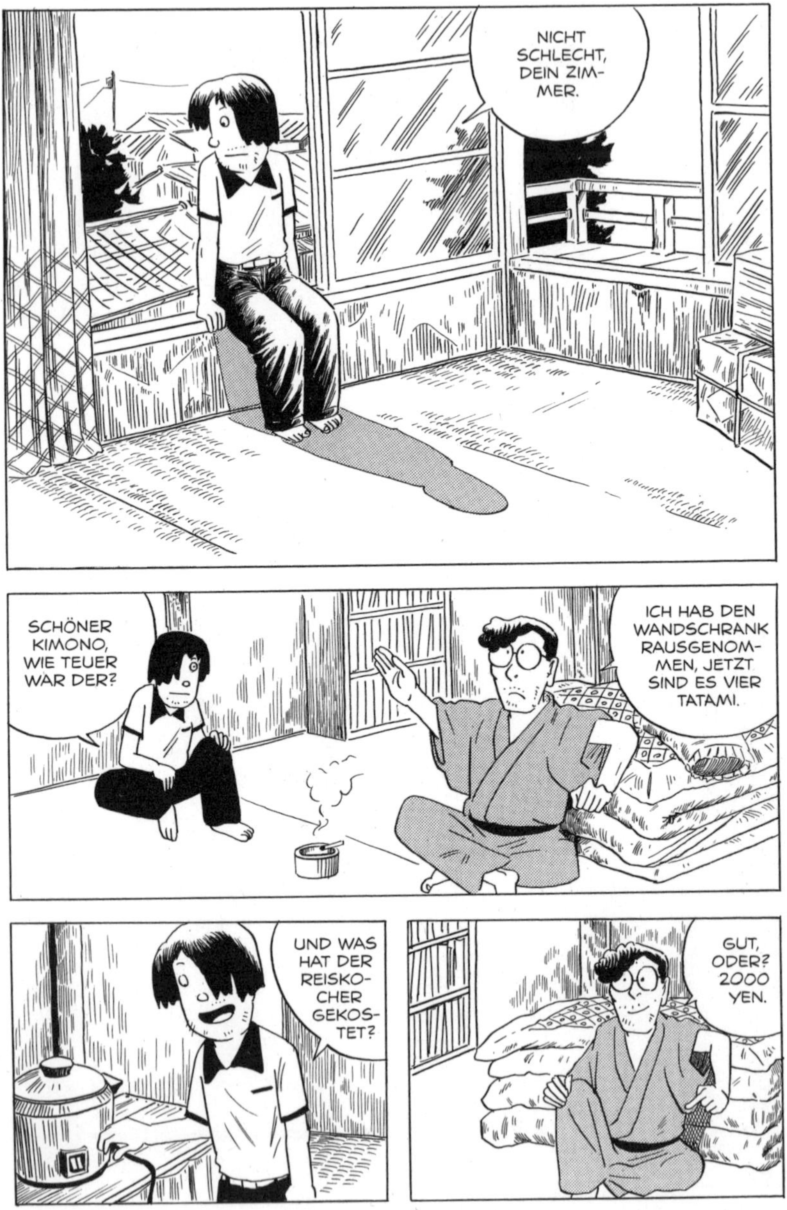

NICHT SCHLECHT, DEIN ZIMMER.

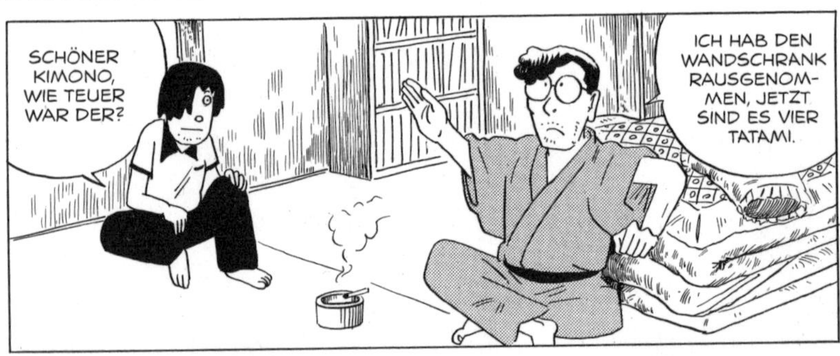

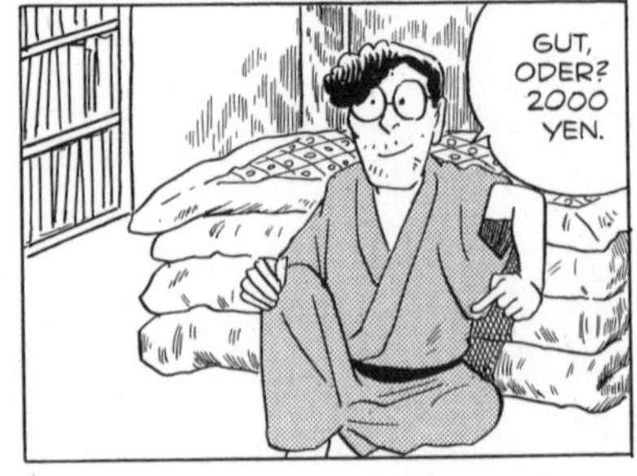

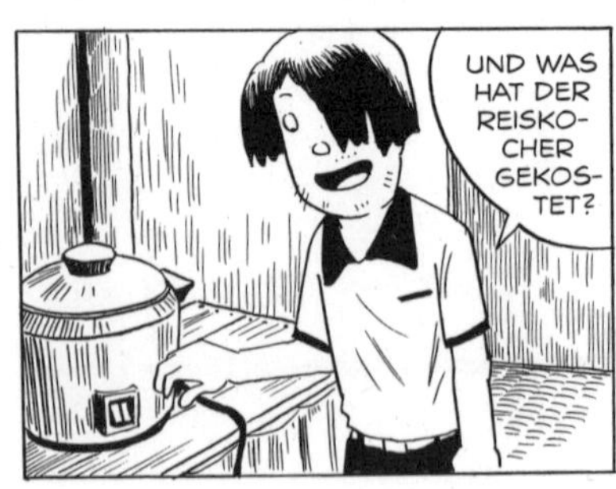

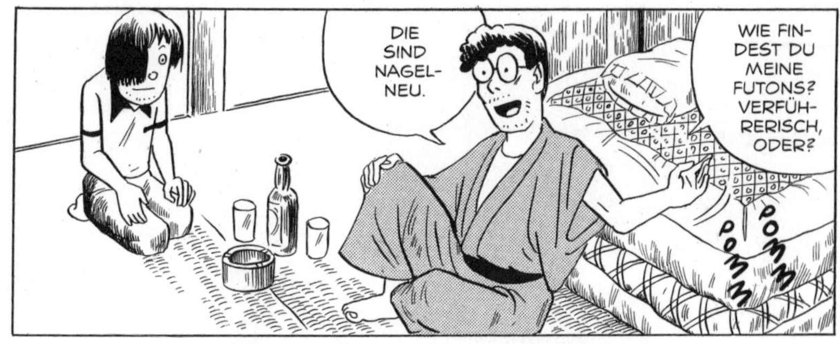

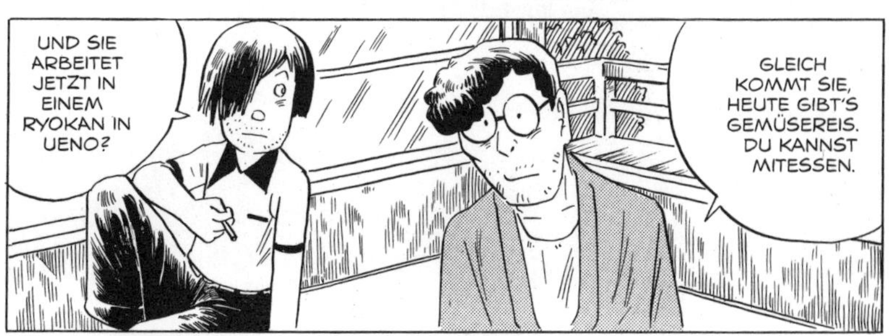

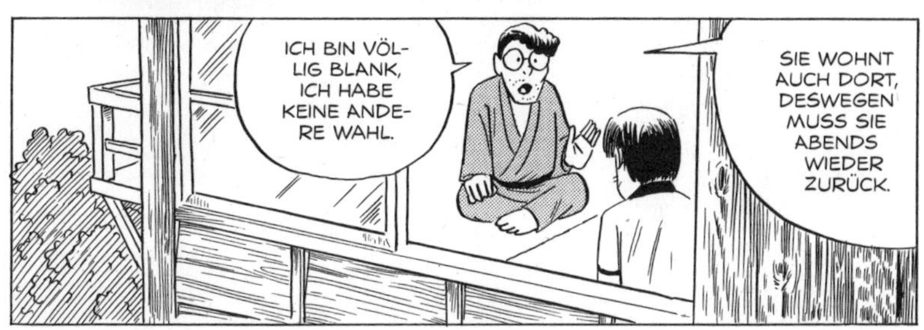

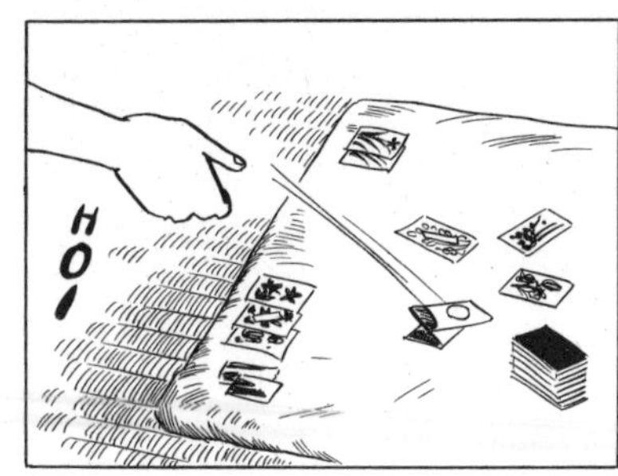

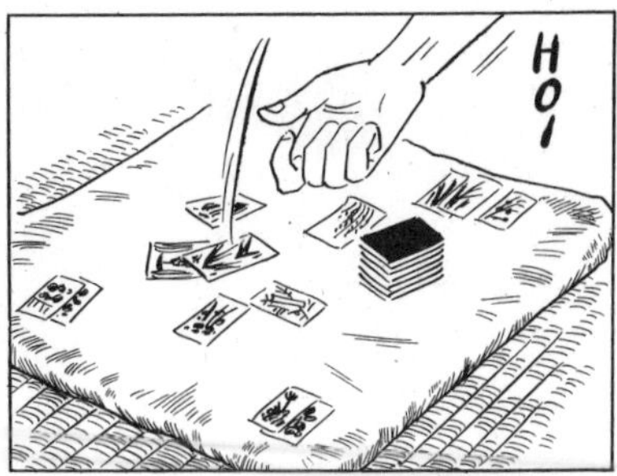

Hanafuda-Kartenspiel

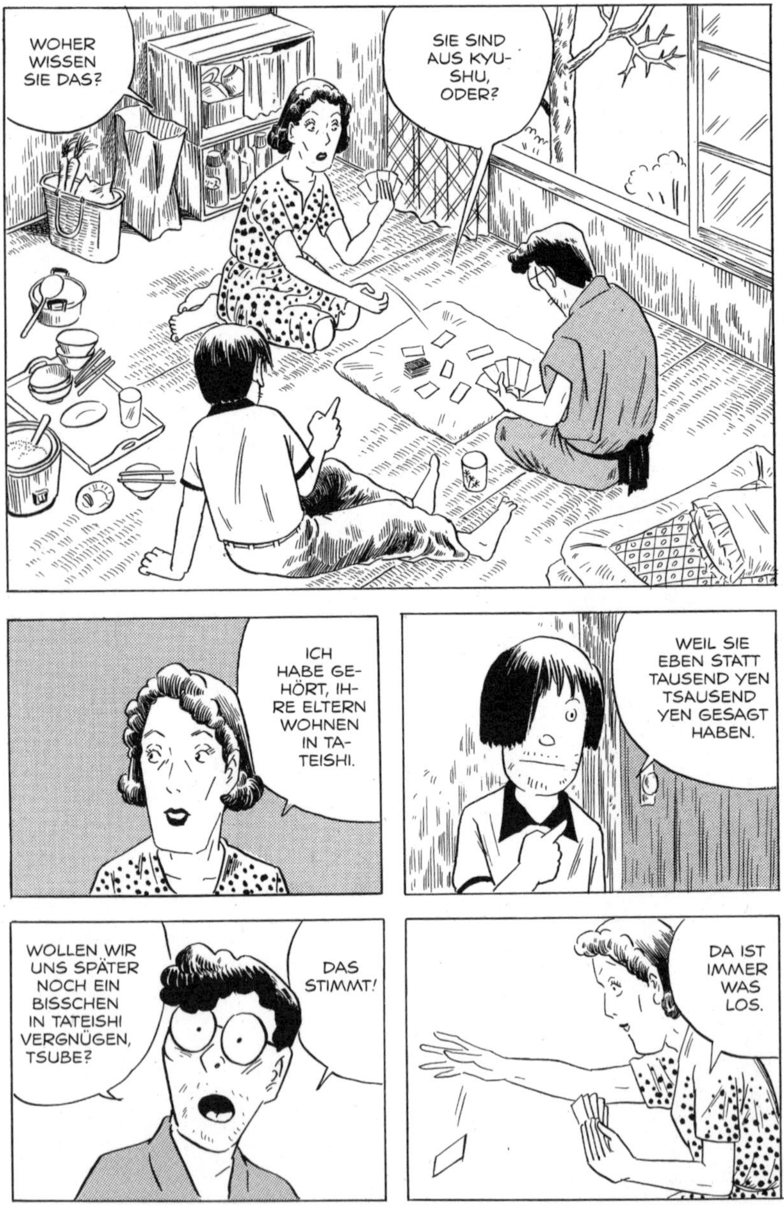

SIE SIND AUS KYUSHU, ODER?

WOHER WISSEN SIE DAS?

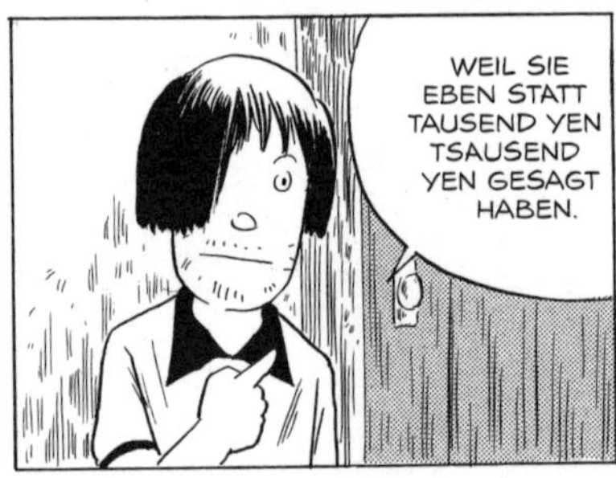

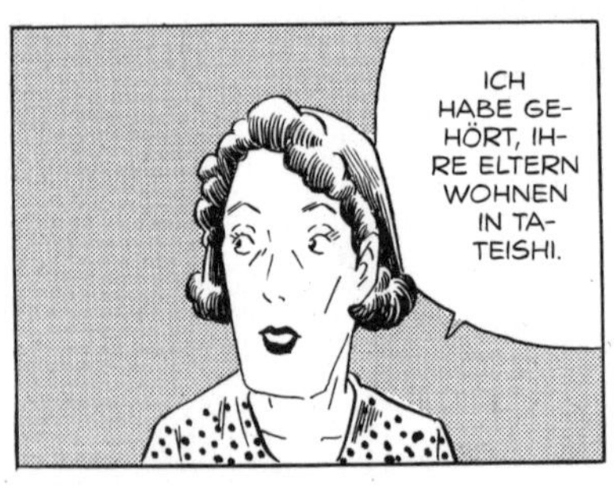

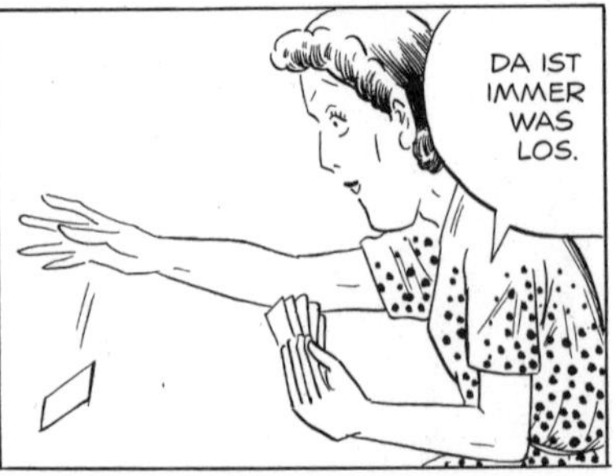

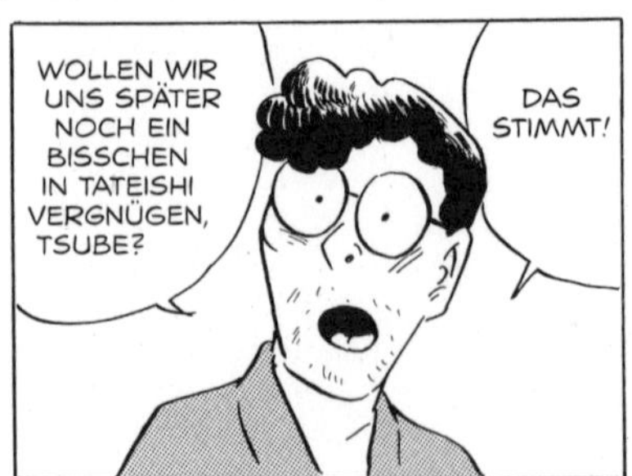

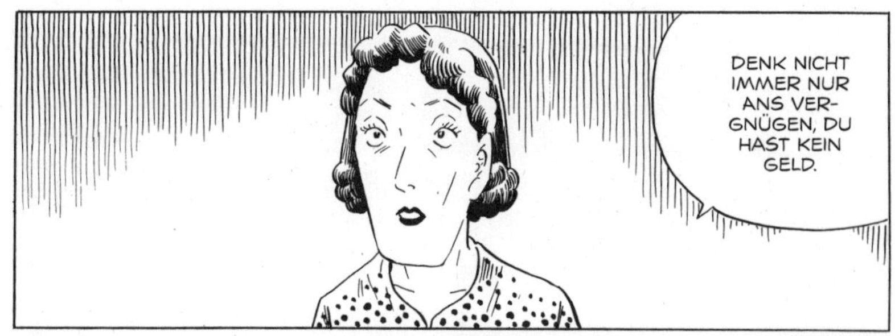
DENK NICHT IMMER NUR ANS VER-GNÜGEN, DU HAST KEIN GELD.

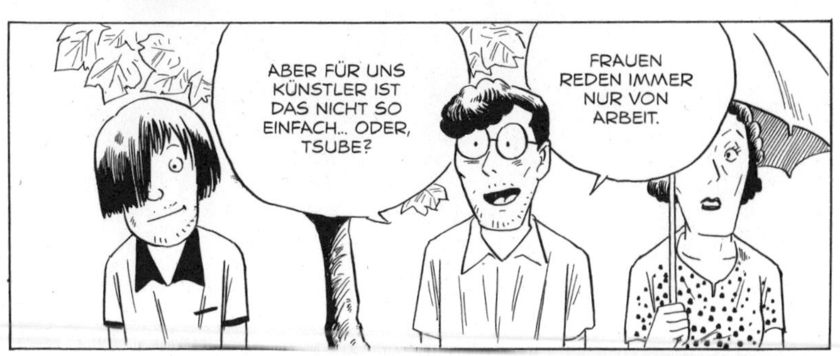
ABER FÜR UNS KÜNSTLER IST DAS NICHT SO EINFACH... ODER, TSUBE?
FRAUEN REDEN IMMER NUR VON ARBEIT.

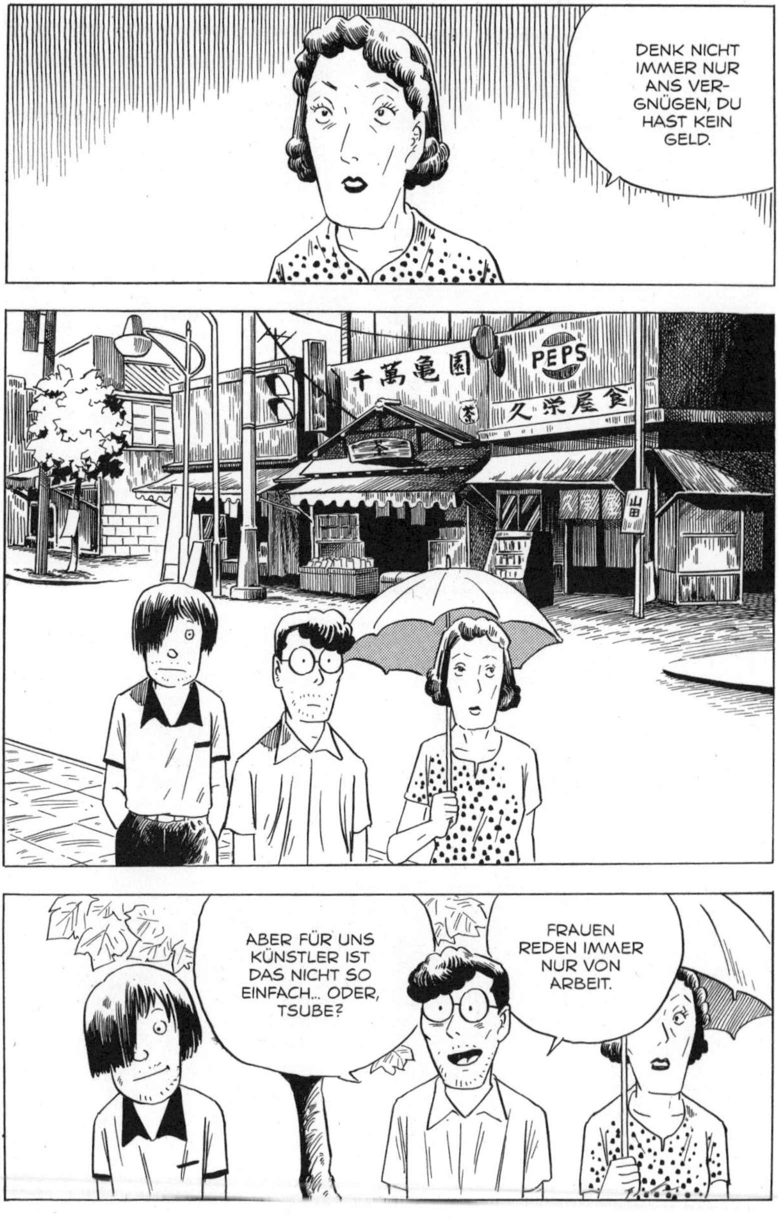

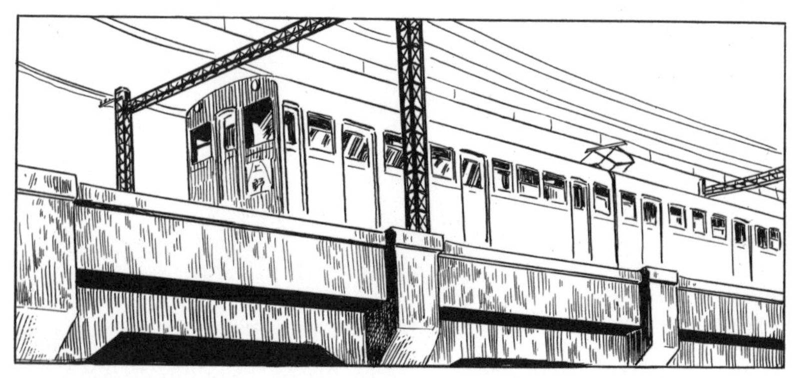
上野

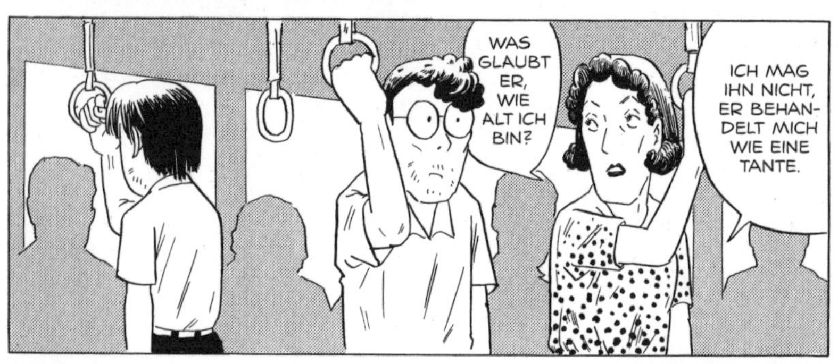
WAS GLAUBT ER, WIE ALT ICH BIN?
ICH MAG IHN NICHT, ER BEHANDELT MICH WIE EINE TANTE.

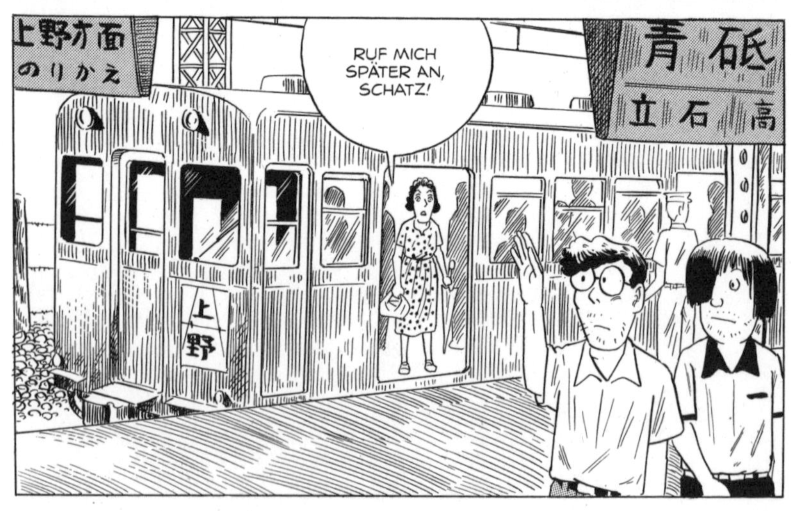
上野方面
のりかえ
青砥
立石
高
RUF MICH SPÄTER AN, SCHATZ!
上野

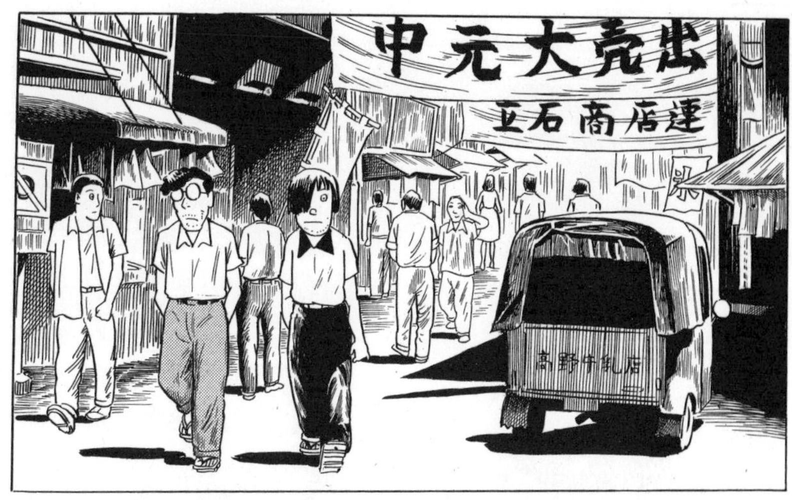

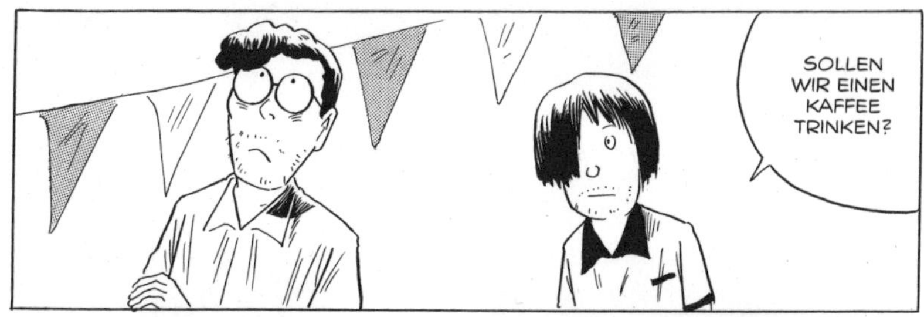

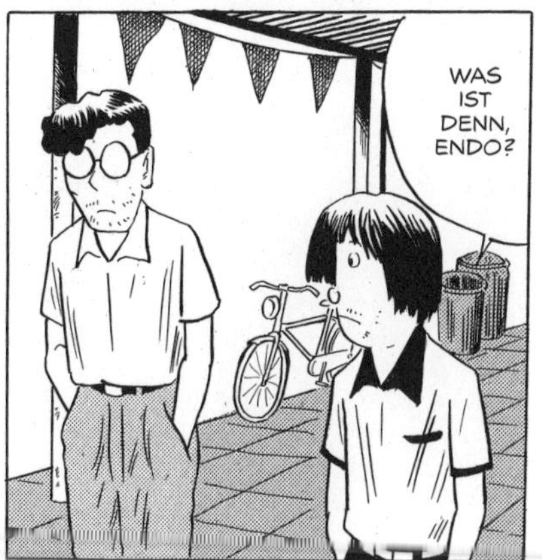

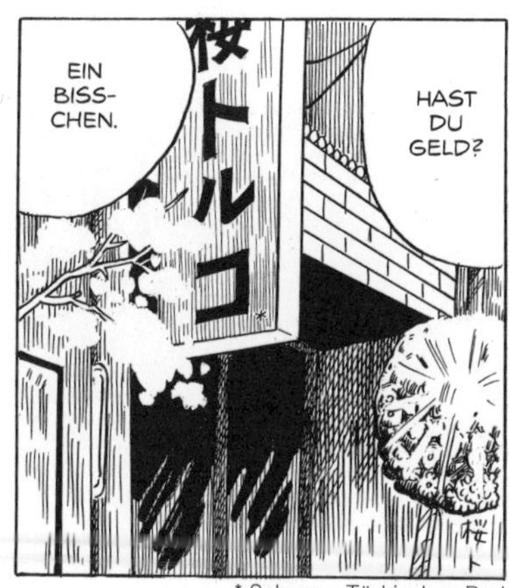

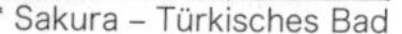
* Sakura – Türkisches Bad

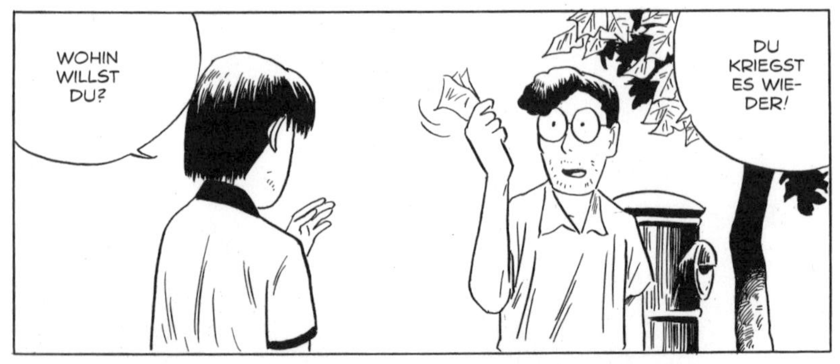
WOHIN WILLST DU?
DU KRIEGST ES WIE-DER!

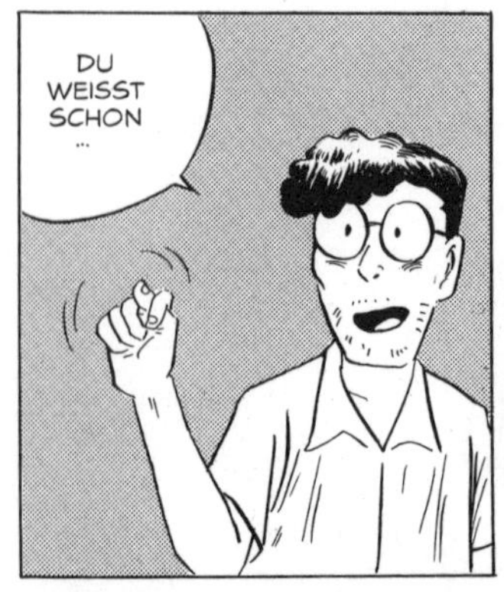
DU WEISST SCHON ...

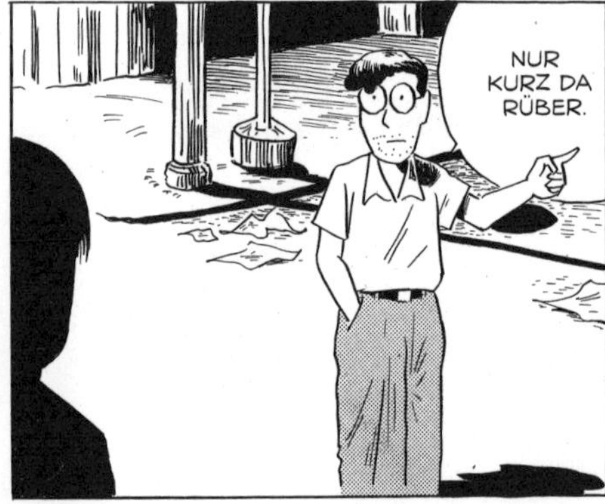
NUR KURZ DA RÜBER.

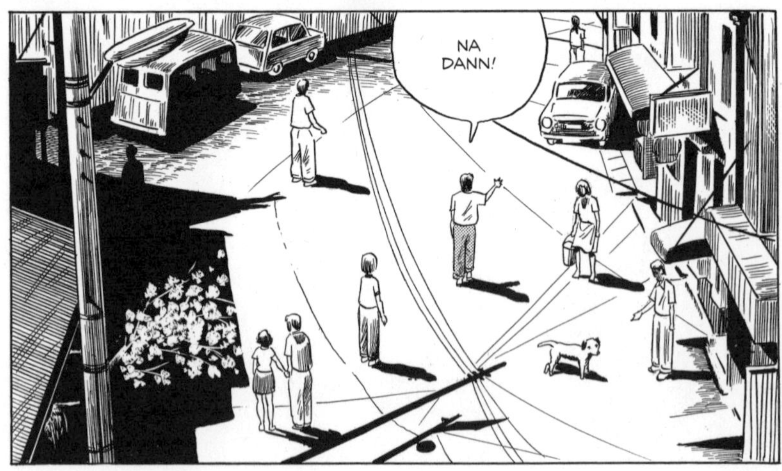
NA DANN!

Der Unfall

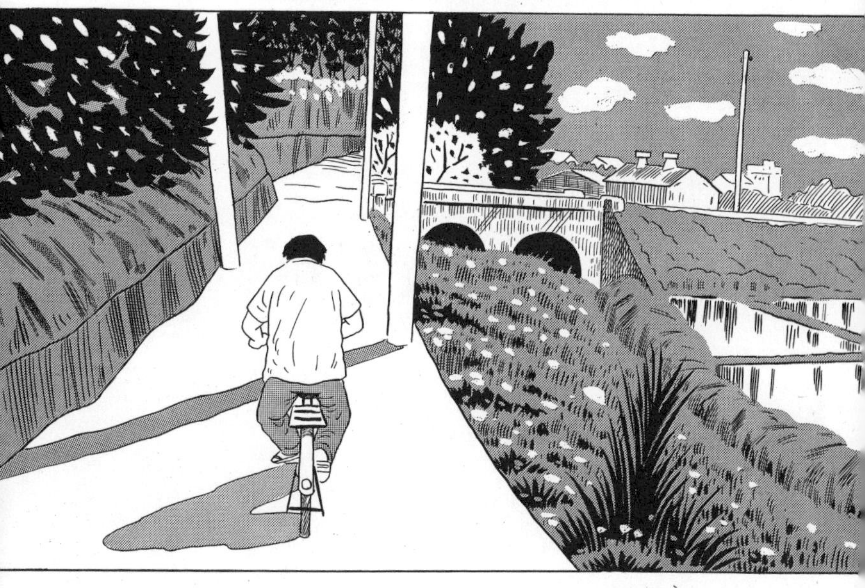

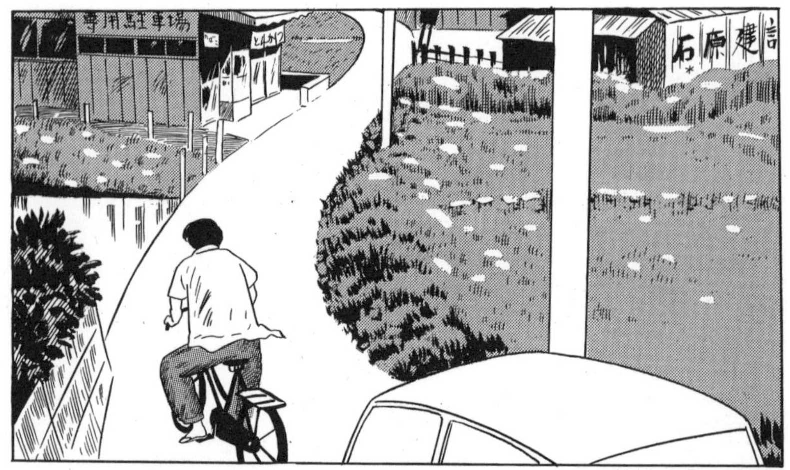

* Ishihara Bauvorhaben

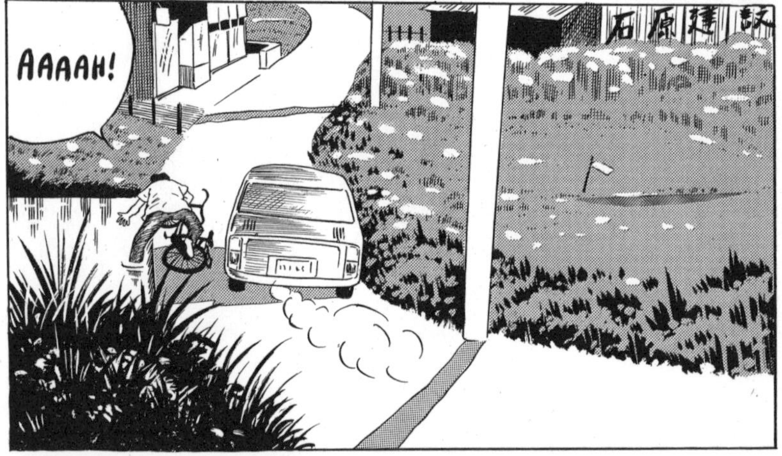

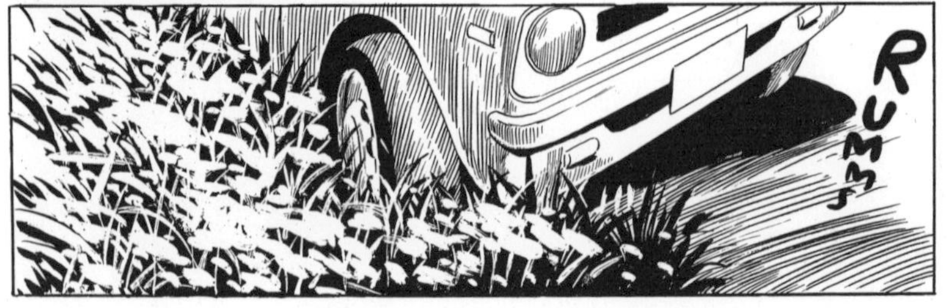

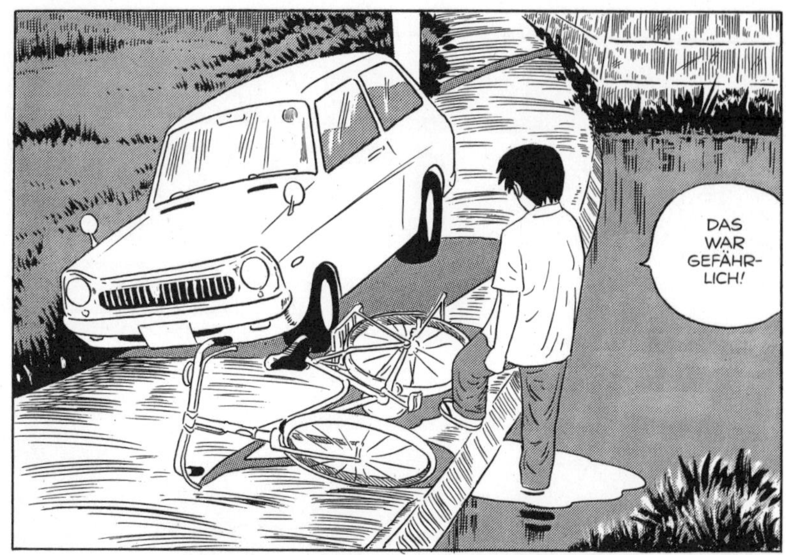
DAS WAR GEFÄHR-LICH!

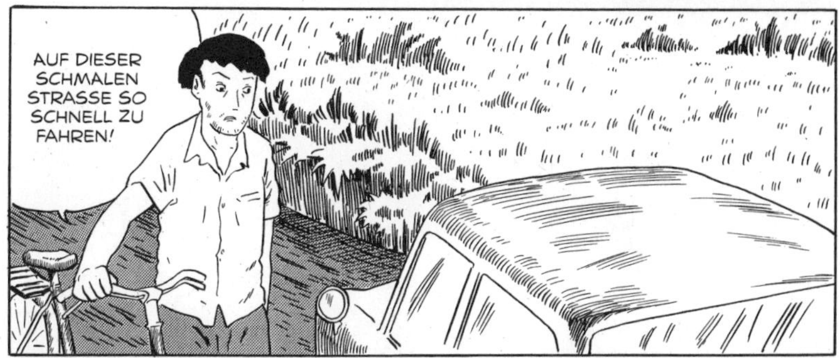
AUF DIESER SCHMALEN STRASSE SO SCHNELL ZU FAHREN!

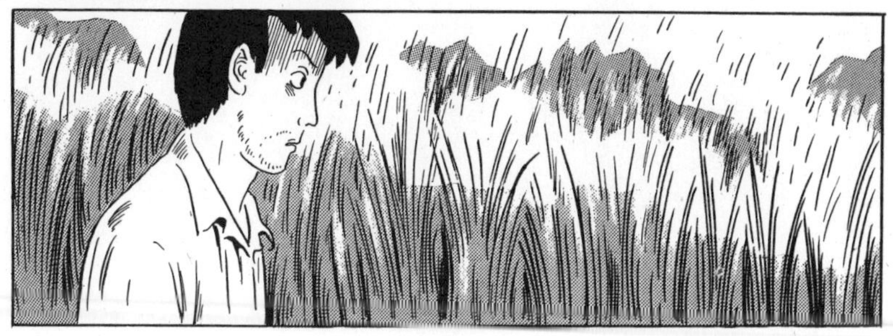

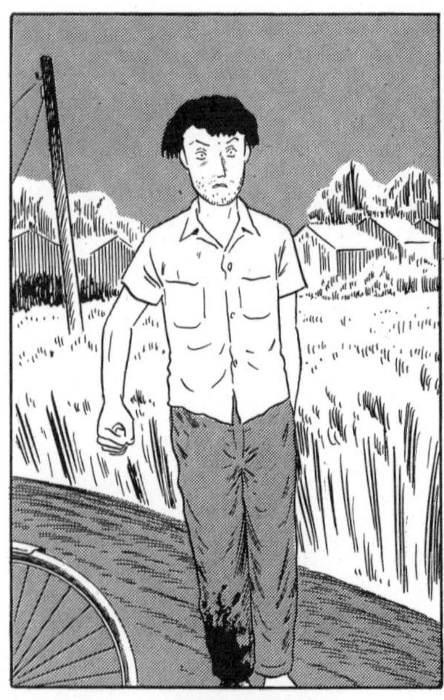

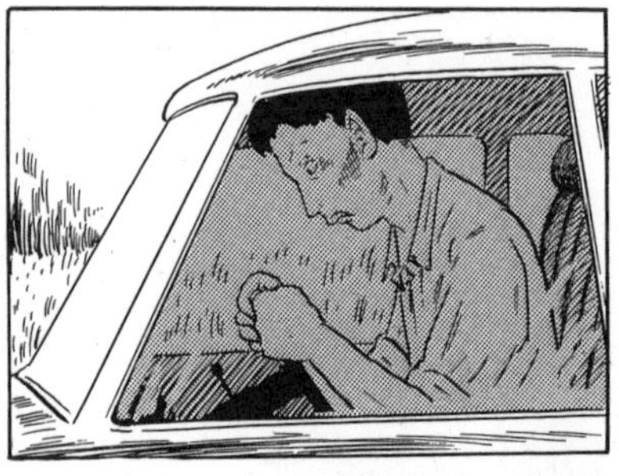

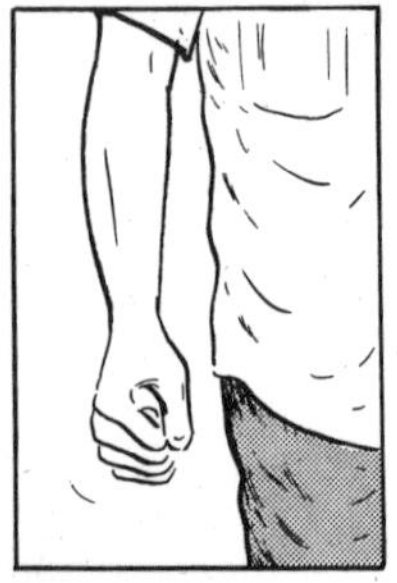

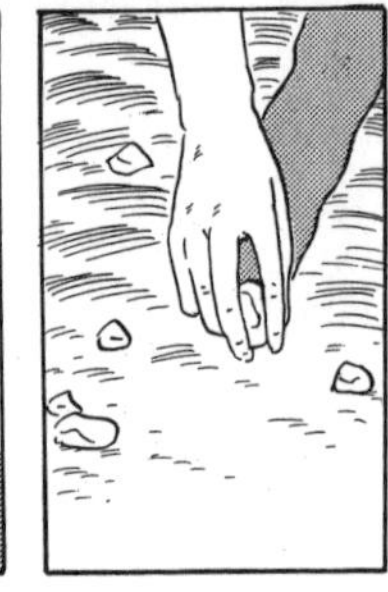

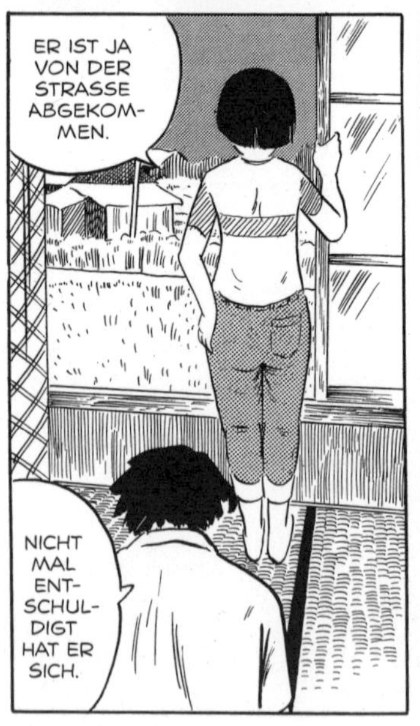
ER IST JA VON DER STRASSE ABGEKOM-MEN.
NICHT MAL ENT-SCHUL-DIGT HAT ER SICH.

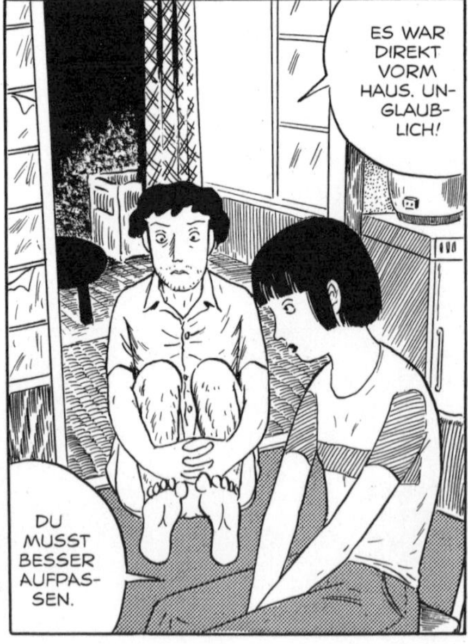
ES WAR DIREKT VORM HAUS. UN-GLAUB-LICH!
DU MUSST BESSER AUFPAS-SEN.

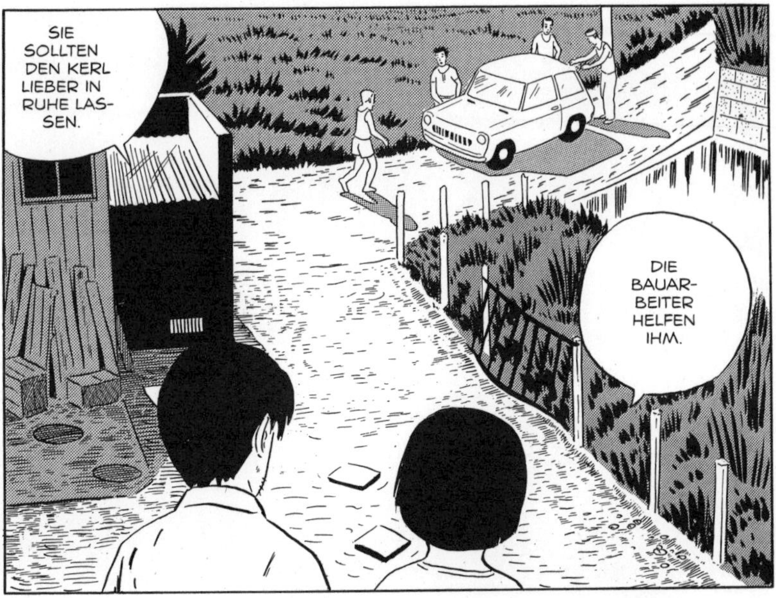

SIE SOLLTEN DEN KERL LIEBER IN RUHE LASSEN.

DIE BAUARBEITER HELFEN IHM.

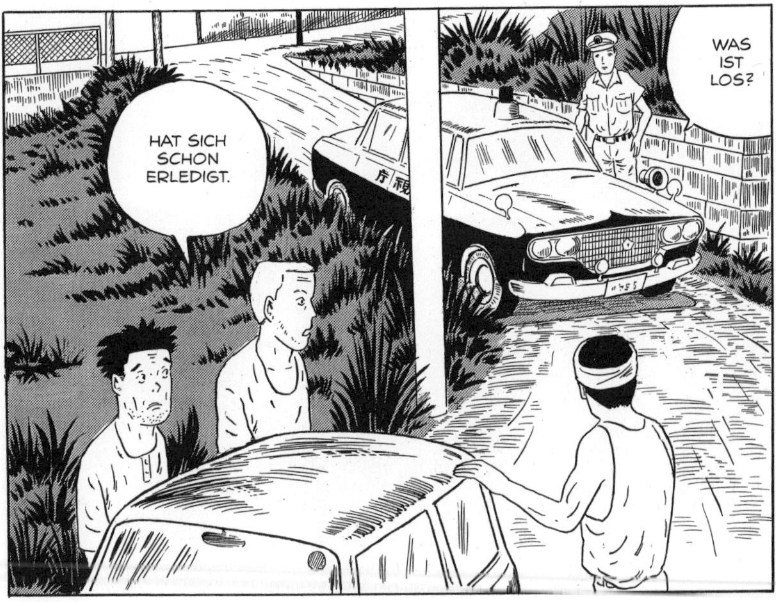

WAS IST LOS?

HAT SICH SCHON ERLEDIGT.

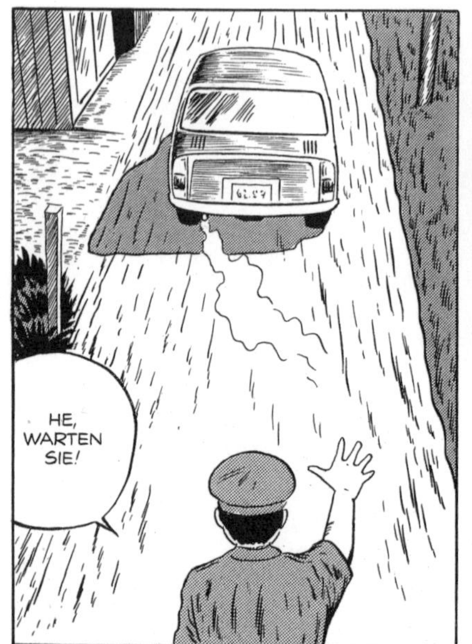
HE, WARTEN SIE!

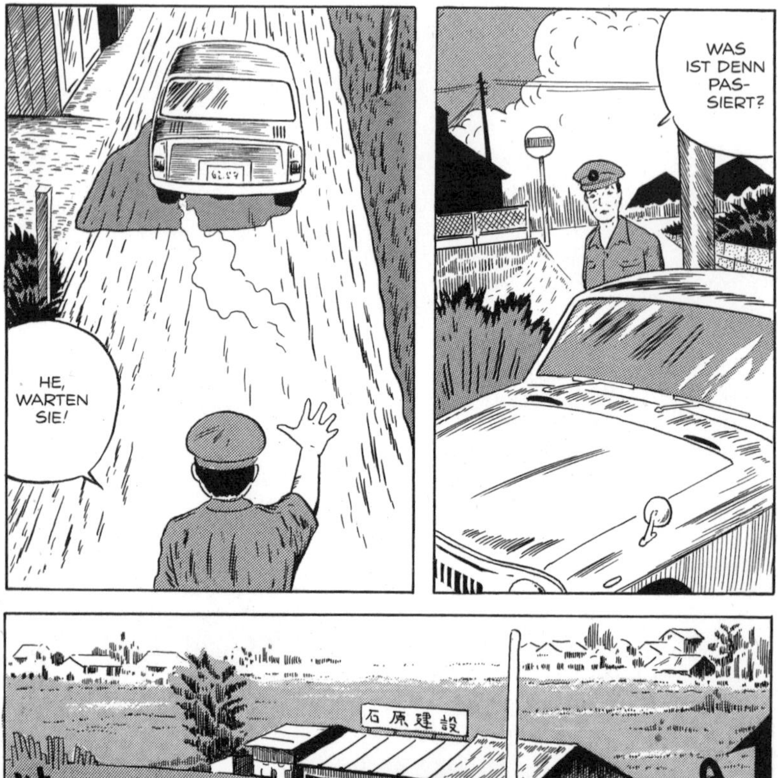

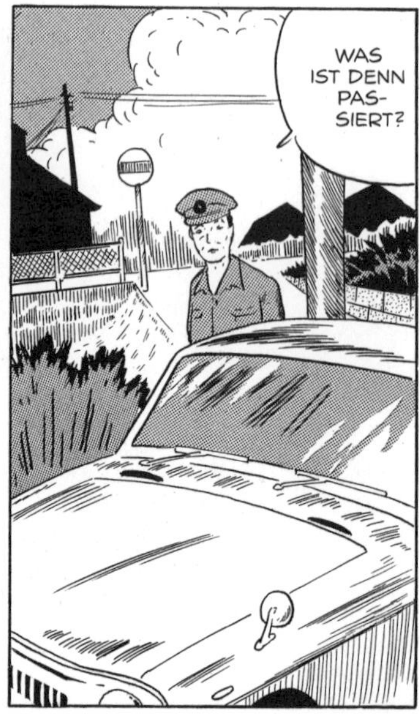
WAS IST DENN PAS-SIERT?

石原建設
TATÜTATA

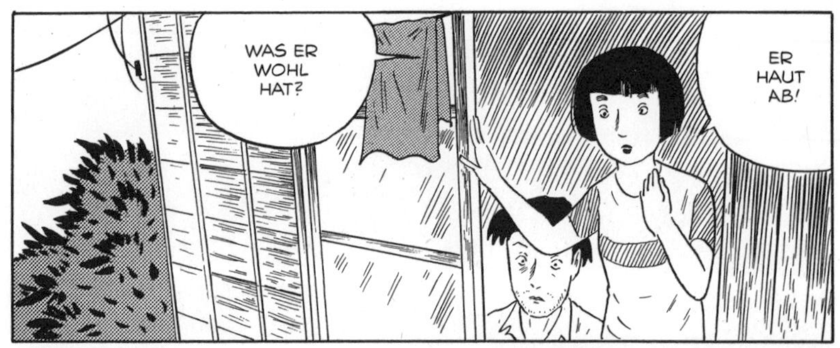
WAS ER WOHL HAT?
ER HAUT AB!

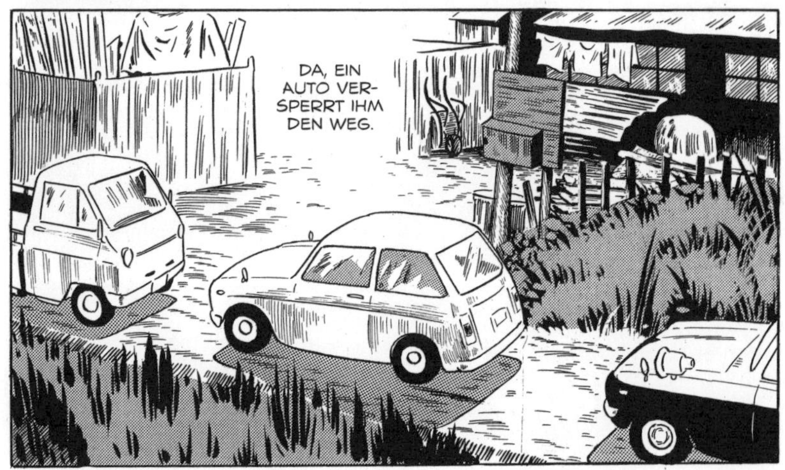
DA, EIN AUTO VERSPERRT IHM DEN WEG.

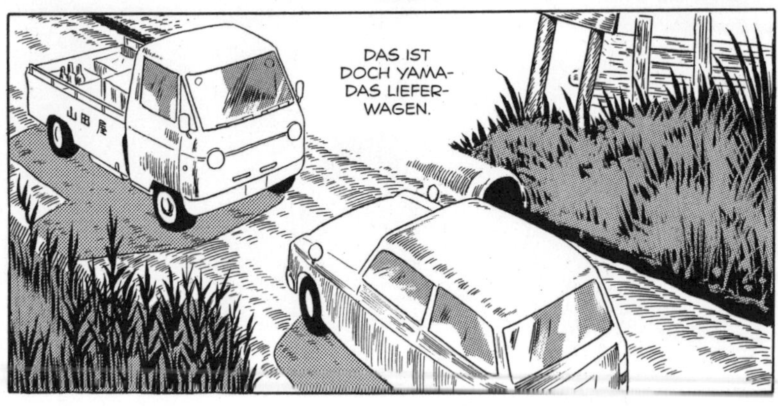
山田屋
DAS IST DOCH YAMADAS LIEFERWAGEN.

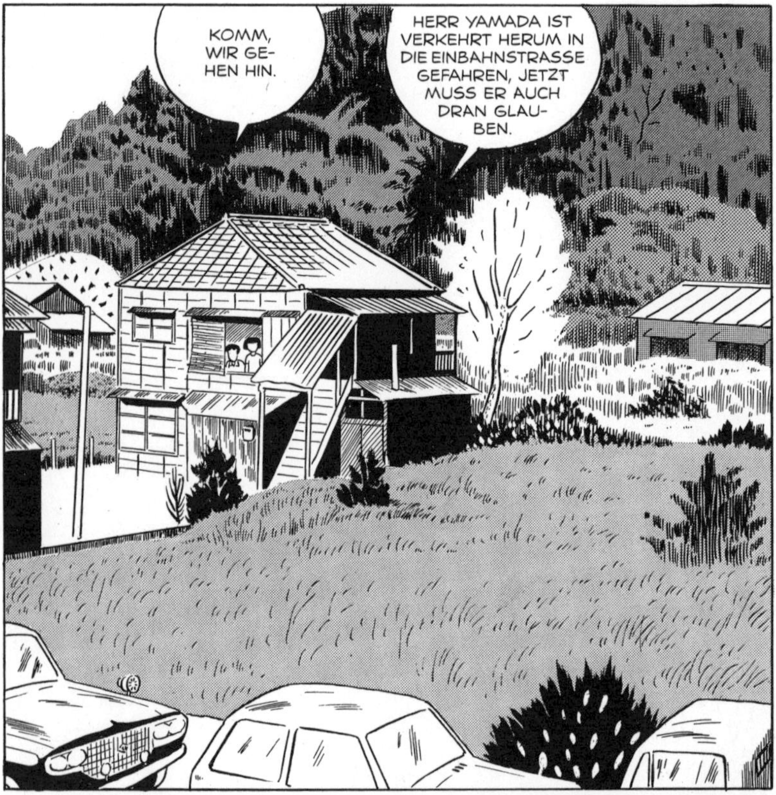

HERR YAMADA IST VERKEHRT HERUM IN DIE EINBAHNSTRASSE GEFAHREN, JETZT MUSS ER AUCH DRAN GLAUBEN.

KOMM, WIR GEHEN HIN.

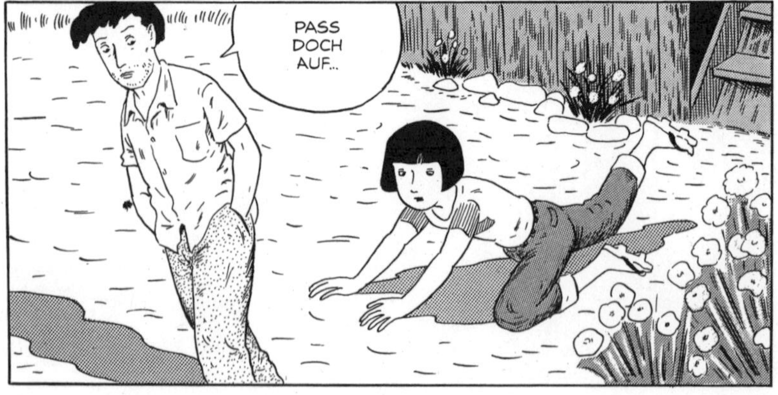

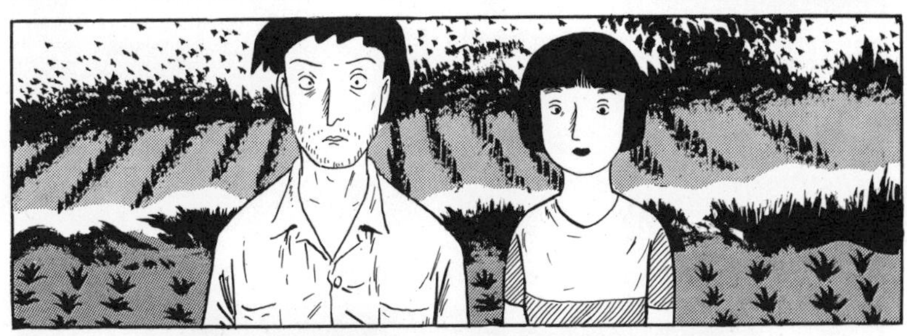

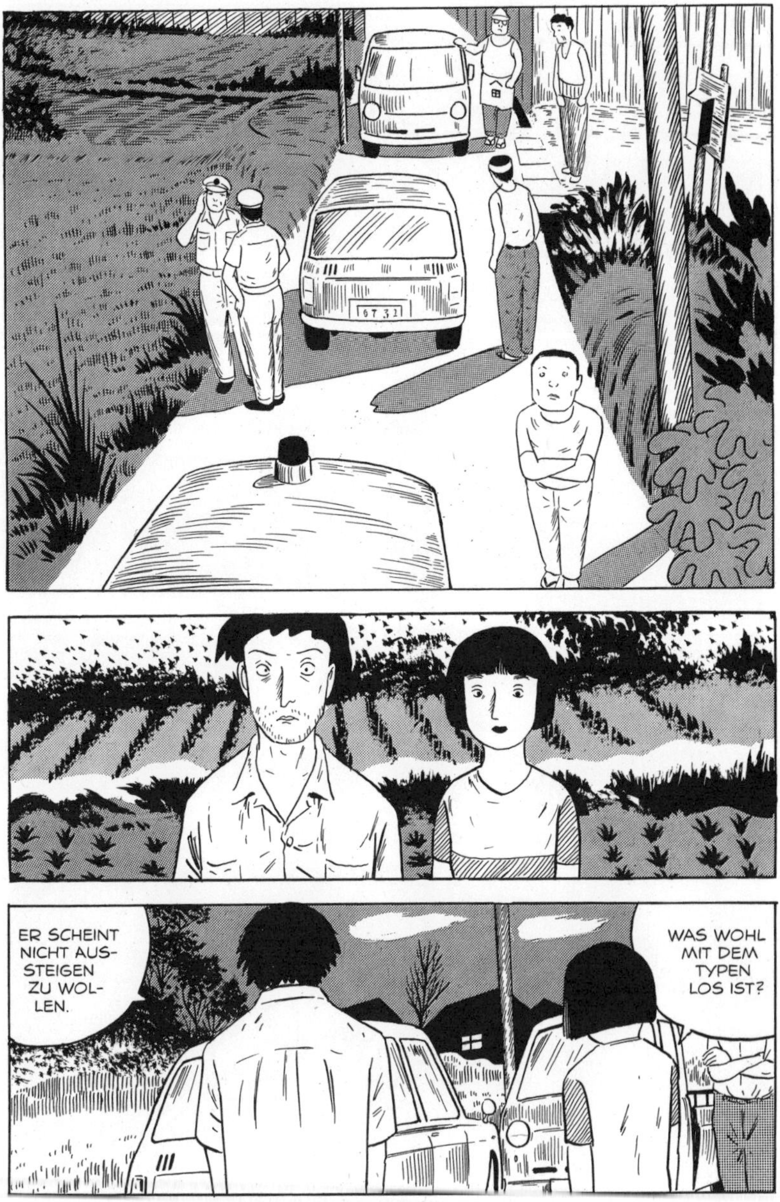

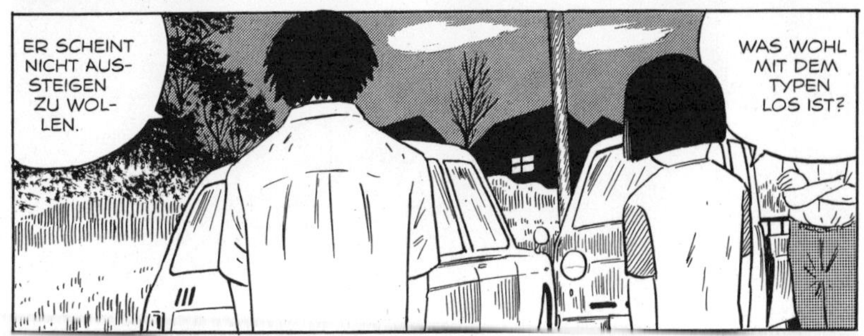
WAS WOHL MIT DEM TYPEN LOS IST?
ER SCHEINT NICHT AUS-STEIGEN ZU WOL-LEN.

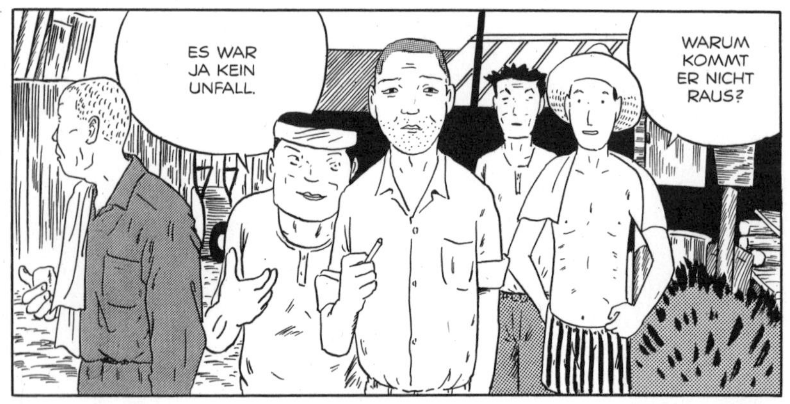
ES WAR JA KEIN UNFALL.
WARUM KOMMT ER NICHT RAUS?

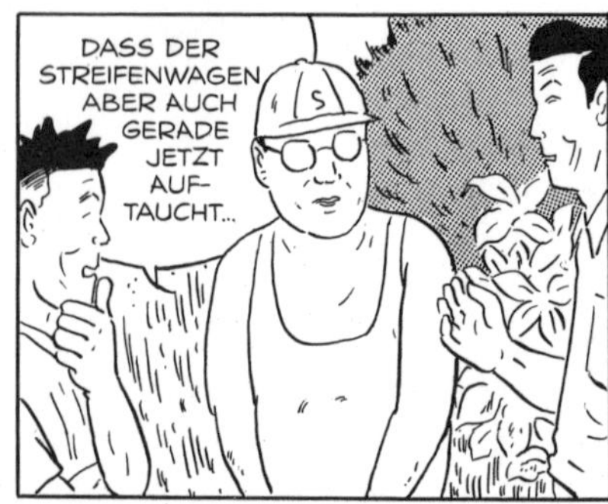
DASS DER STREIFENWAGEN ABER AUCH GERADE JETZT AUFTAUCHT...

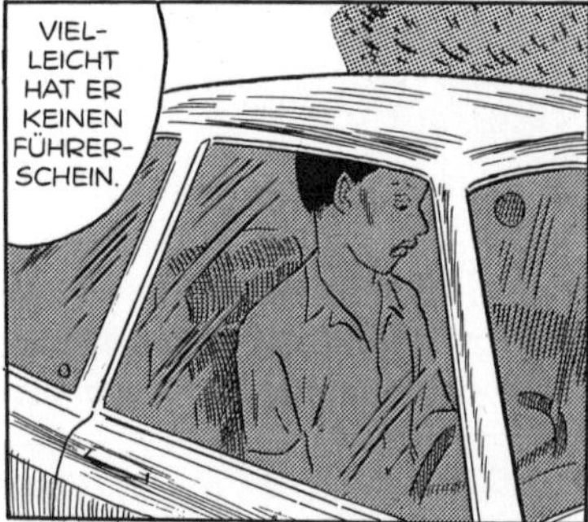
VIELLEICHT HAT ER KEINEN FÜHRERSCHEIN.

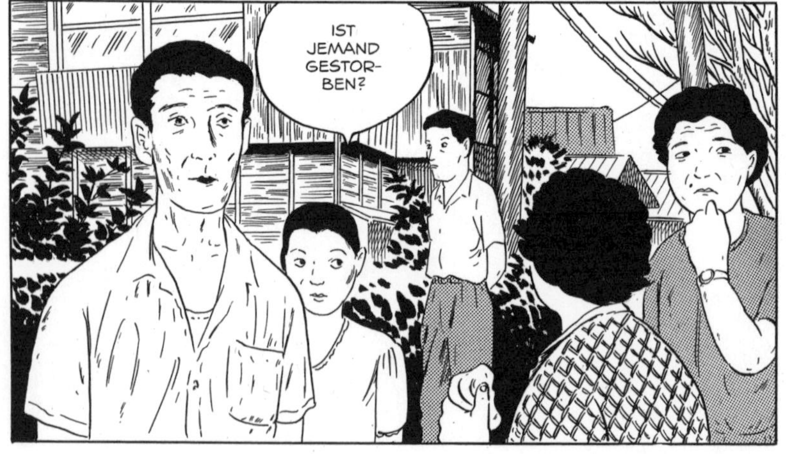
IST JEMAND GESTORBEN?

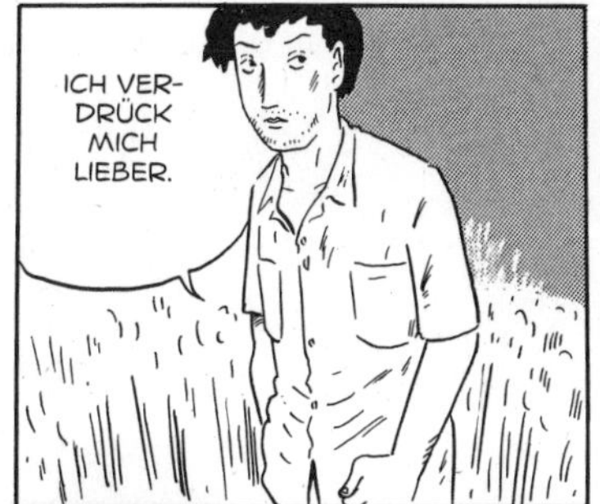
ICH VERDRÜCK MICH LIEBER.

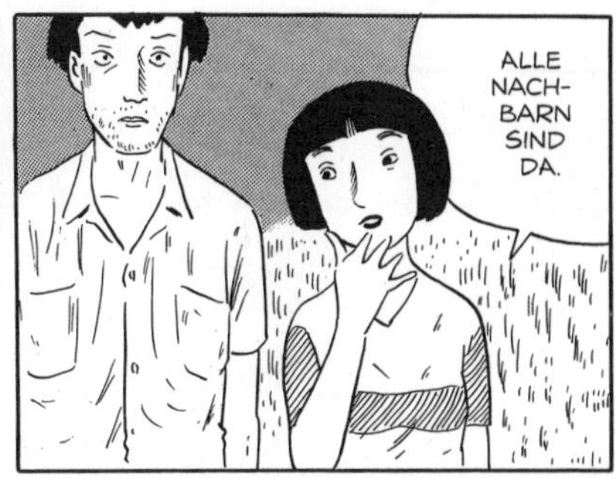
ALLE NACHBARN SIND DA.

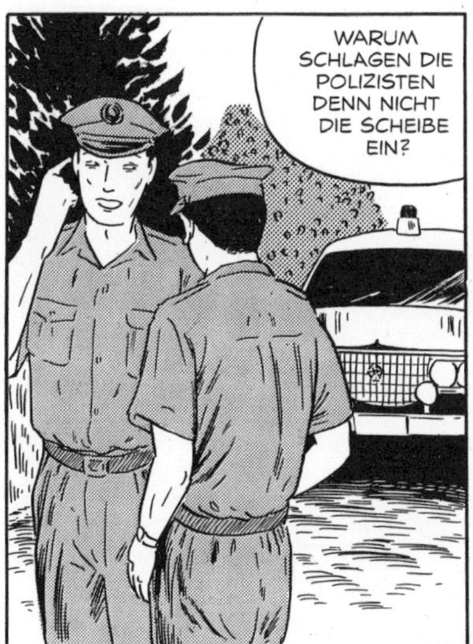
WARUM SCHLAGEN DIE POLIZISTEN DENN NICHT DIE SCHEIBE EIN?

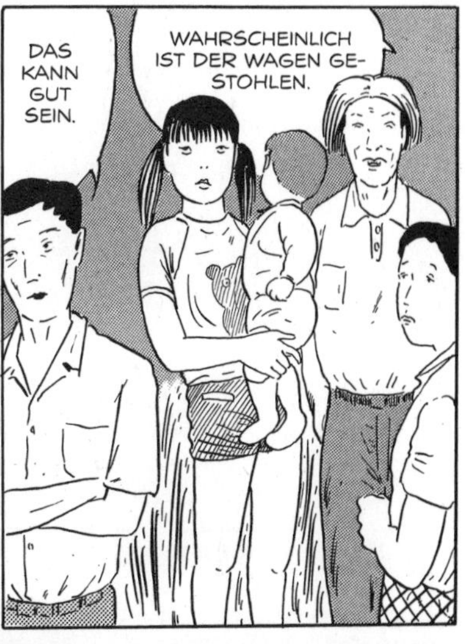
DAS KANN GUT SEIN.
WAHRSCHEINLICH IST DER WAGEN GESTOHLEN.

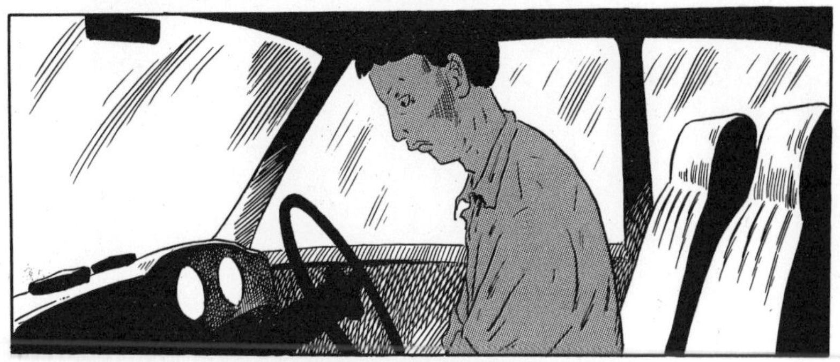

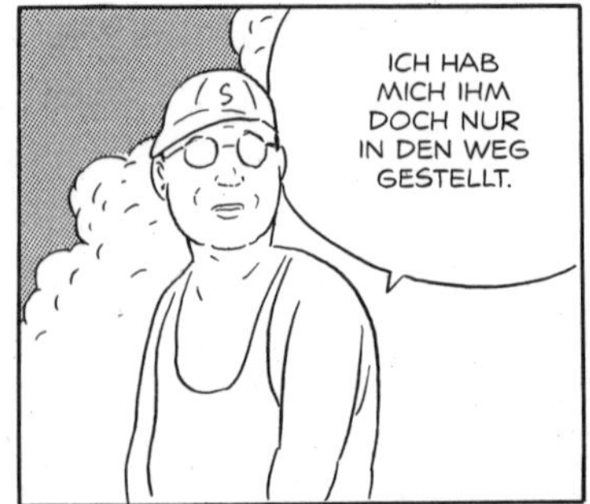
ICH HAB MICH IHM DOCH NUR IN DEN WEG GESTELLT.

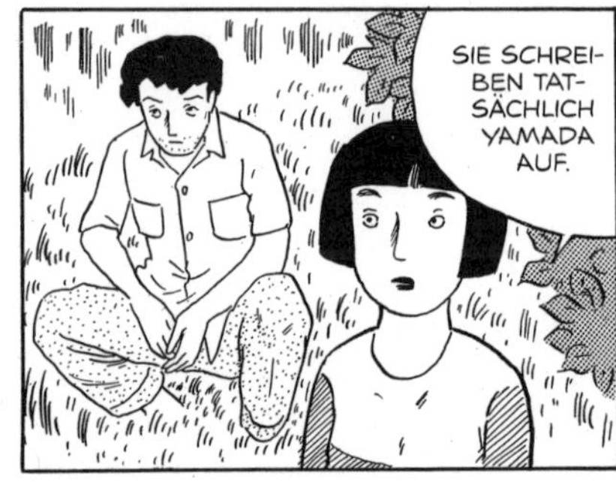
SIE SCHREIBEN TATSÄCHLICH YAMADA AUF.

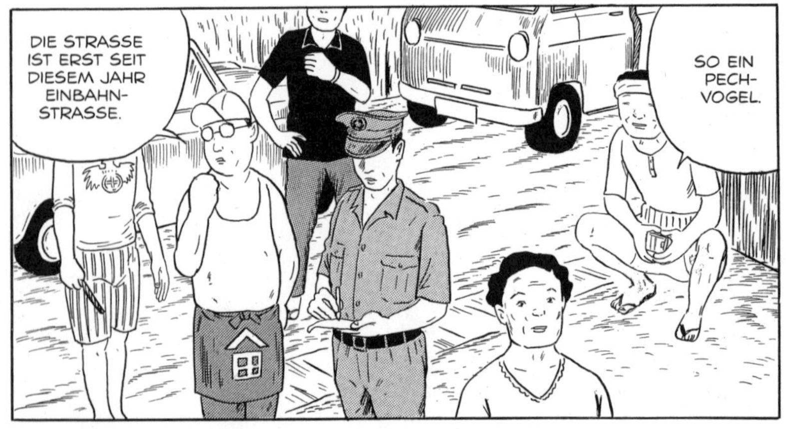
SO EIN PECH-VOGEL.
DIE STRASSE IST ERST SEIT DIESEM JAHR EINBAHN-STRASSE.

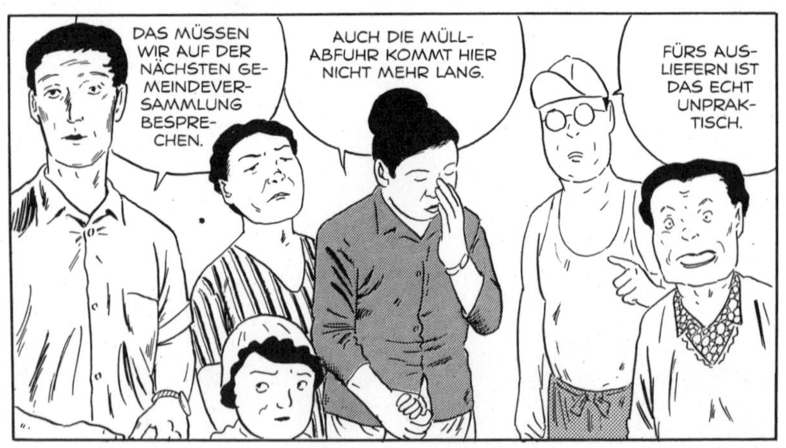
FÜRS AUS-LIEFERN IST DAS ECHT UNPRAK-TISCH.
AUCH DIE MÜLL-ABFUHR KOMMT HIER NICHT MEHR LANG.
DAS MÜSSEN WIR AUF DER NÄCHSTEN GE-MEINDEVER-SAMMLUNG BESPRE-CHEN.

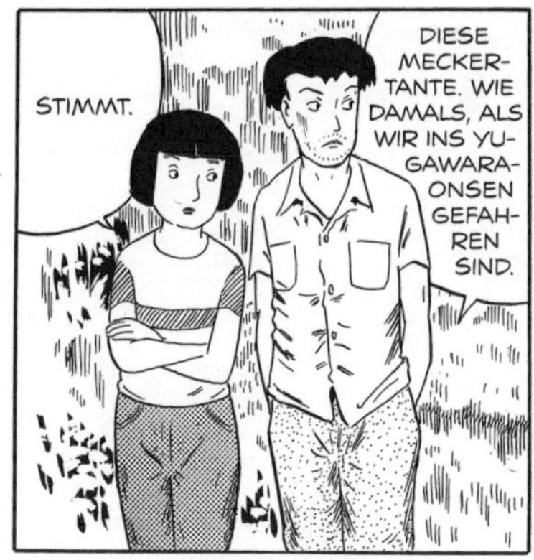
DIESE MECKERTANTE. WIE DAMALS, ALS WIR INS YUGAWARA-ONSEN GEFAHREN SIND.
STIMMT.

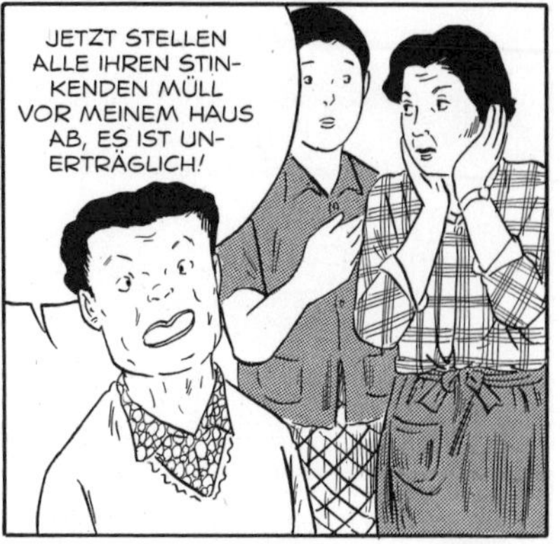
JETZT STELLEN ALLE IHREN STINKENDEN MÜLL VOR MEINEM HAUS AB, ES IST UNERTRÄGLICH!

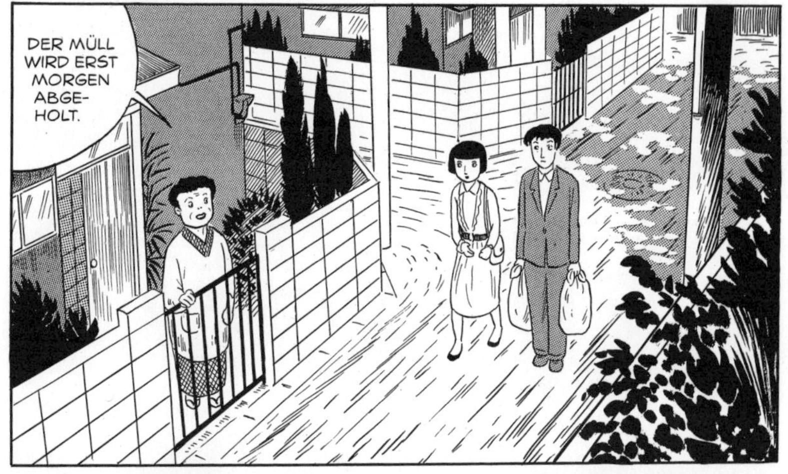
DER MÜLL WIRD ERST MORGEN ABGEHOLT.

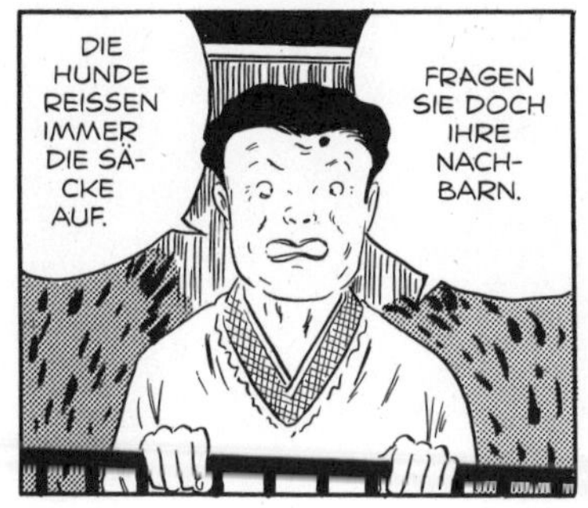
FRAGEN SIE DOCH IHRE NACHBARN.
DIE HUNDE REISSEN IMMER DIE SÄCKE AUF.

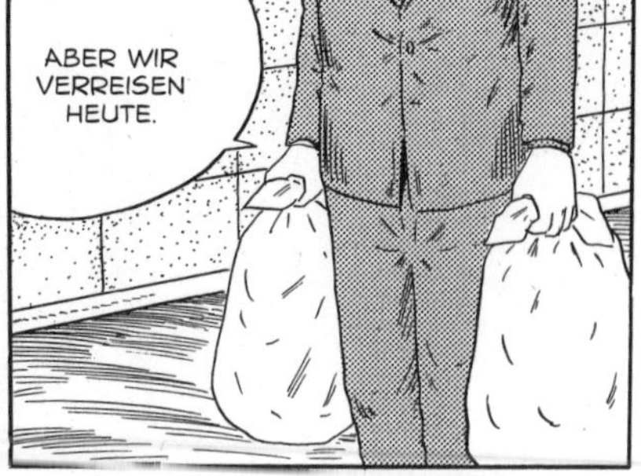
ABER WIR VERREISEN HEUTE.

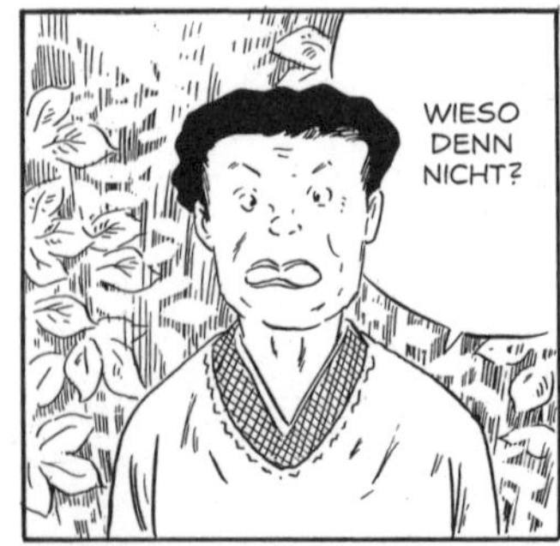
WIESO
DENN
NICHT?

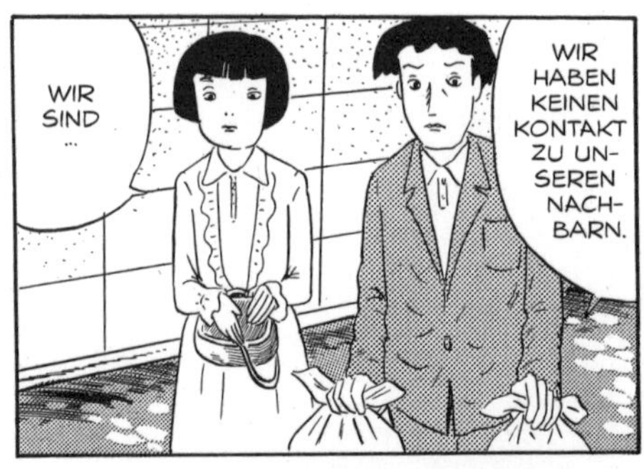
WIR
SIND
...
WIR
HABEN
KEINEN
KONTAKT
ZU UN-
SEREN
NACH-
BARN.

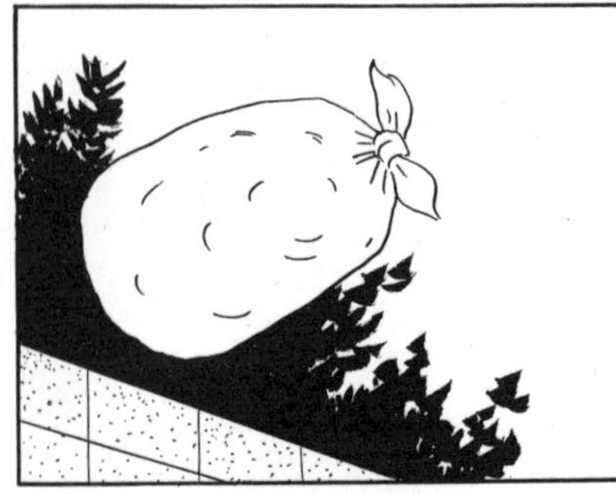

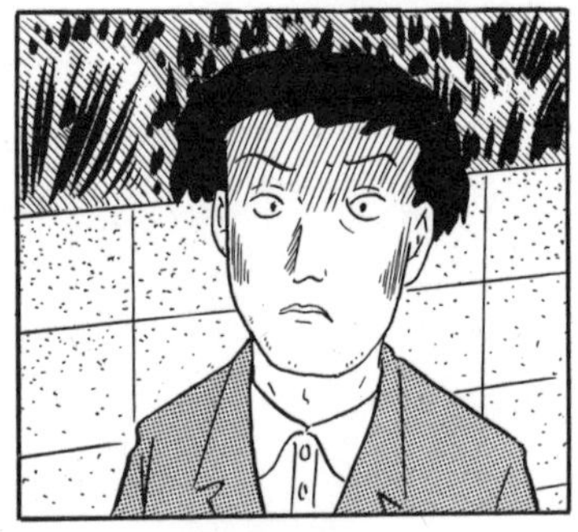

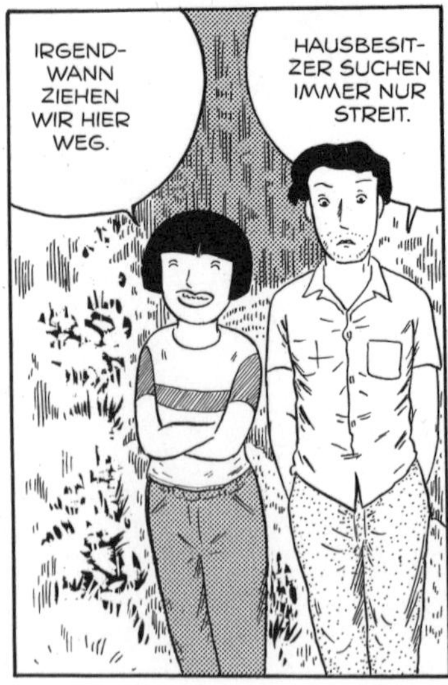
IRGEND-
WANN
ZIEHEN
WIR HIER
WEG.
HAUSBESIT-
ZER SUCHEN
IMMER NUR
STREIT.

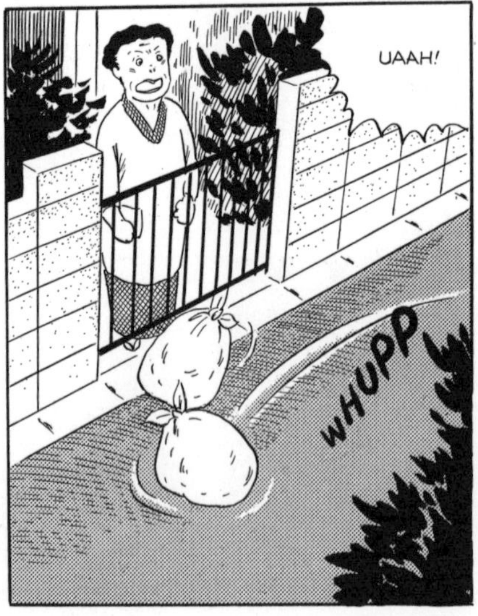
UAAH!
WHUPP

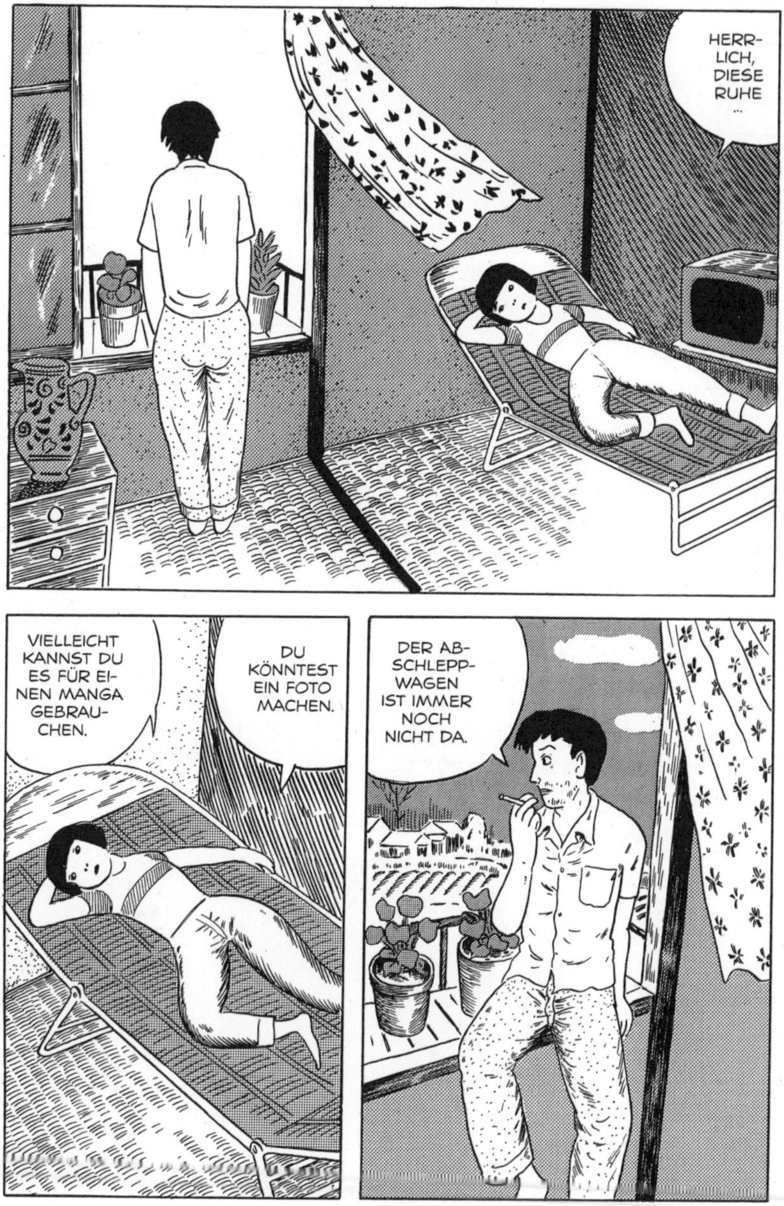

HERR-
LICH,
DIESE
RUHE
...

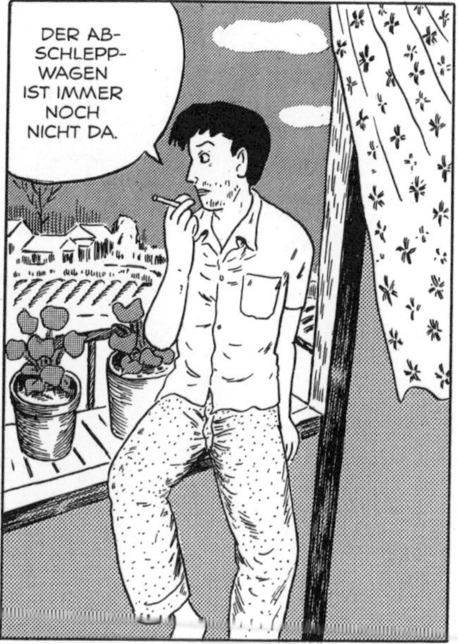
DER AB-
SCHLEPP-
WAGEN
IST IMMER
NOCH
NICHT DA.

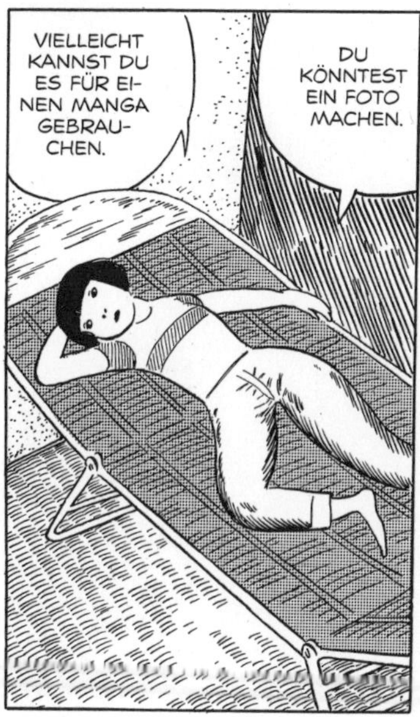
DU
KÖNNTEST
EIN FOTO
MACHEN.
VIELLEICHT
KANNST DU
ES FÜR EI-
NEN MANGA
GEBRAU-
CHEN.

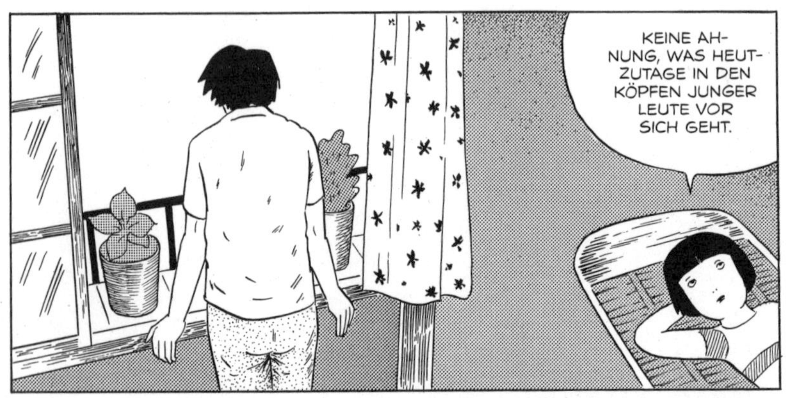
KEINE AH-
NUNG, WAS HEUT-
ZUTAGE IN DEN
KÖPFEN JUNGER
LEUTE VOR
SICH GEHT.

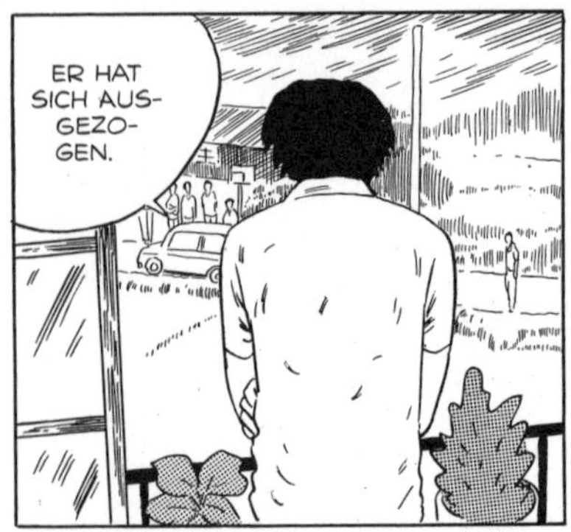
ER HAT
SICH AUS-
GEZO-
GEN.

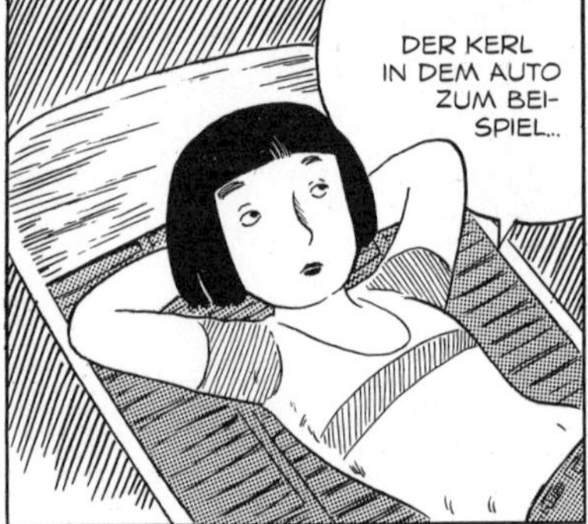
DER KERL
IN DEM AUTO
ZUM BEI-
SPIEL...

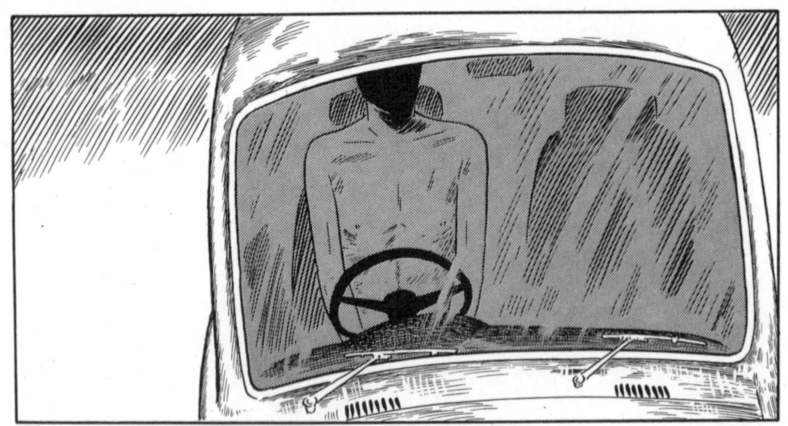

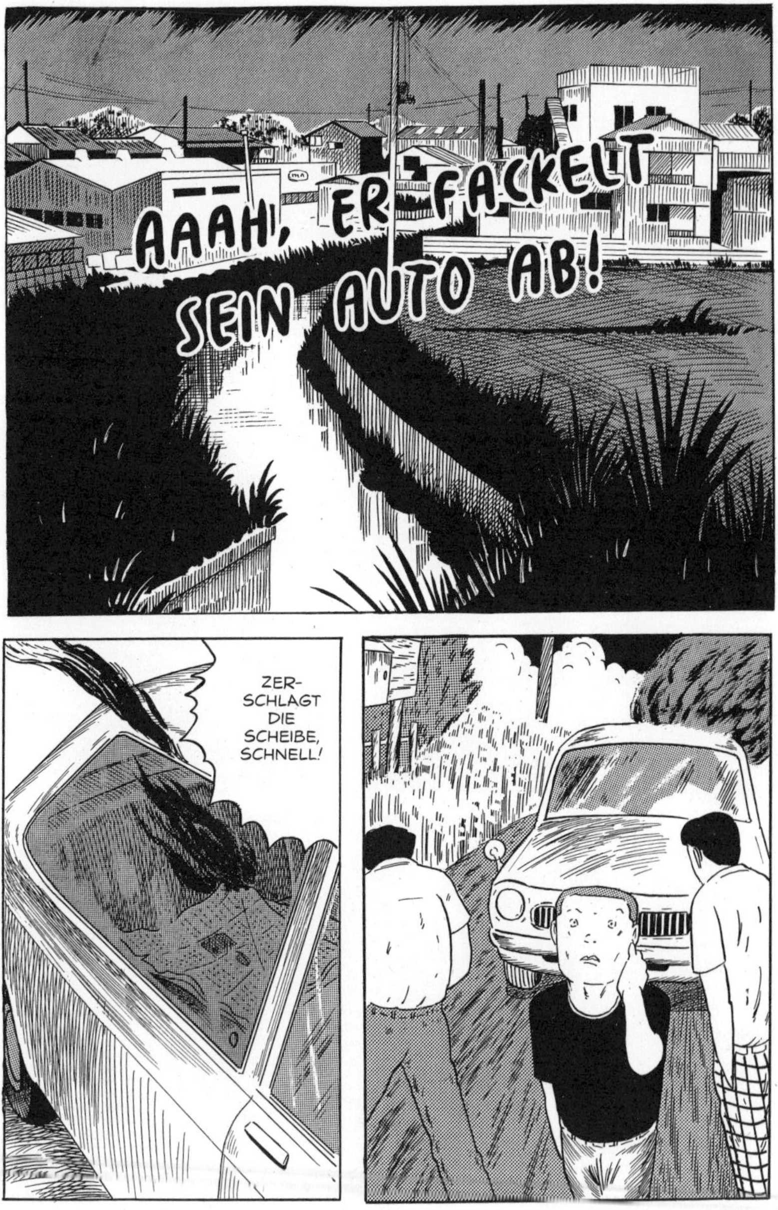

AAAH, ER FACKELT SEIN AUTO AB!

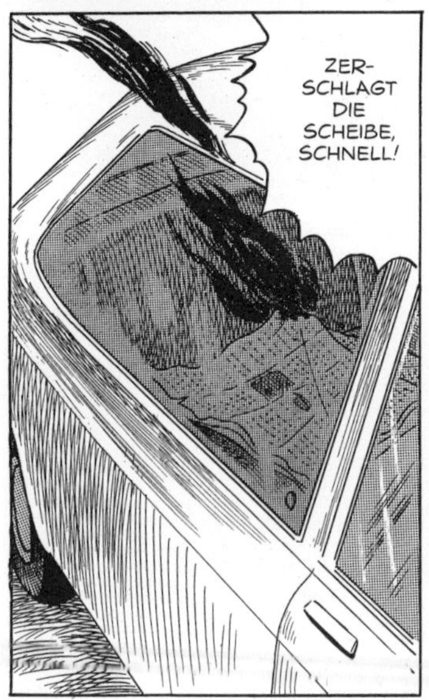

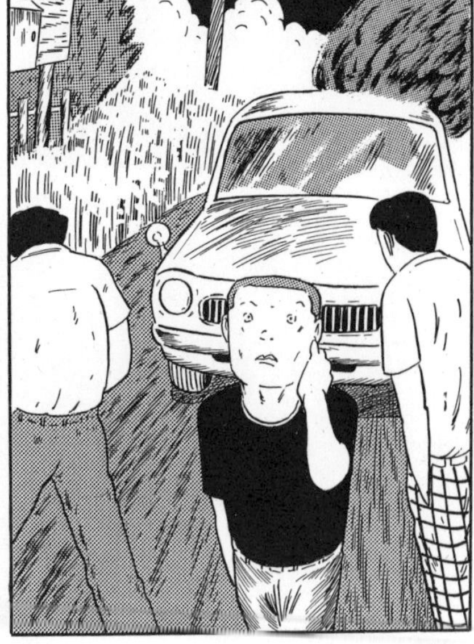

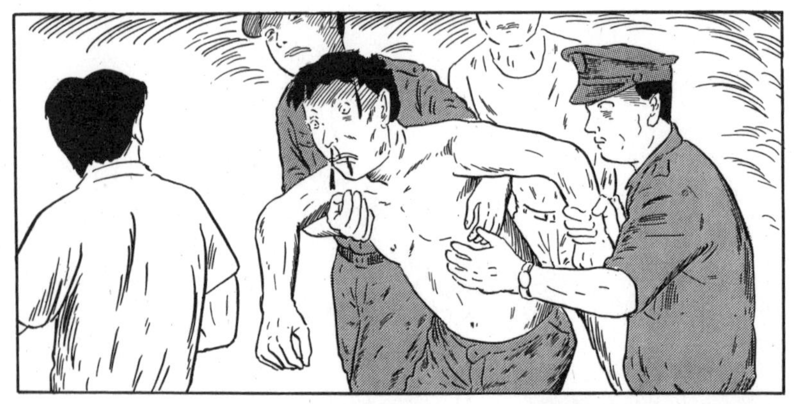

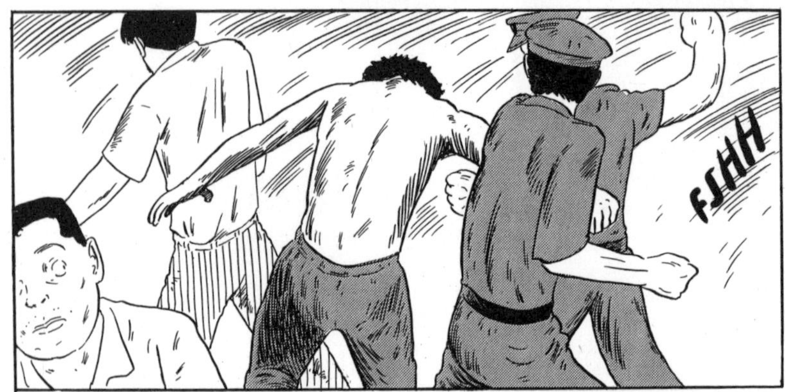
FSHH

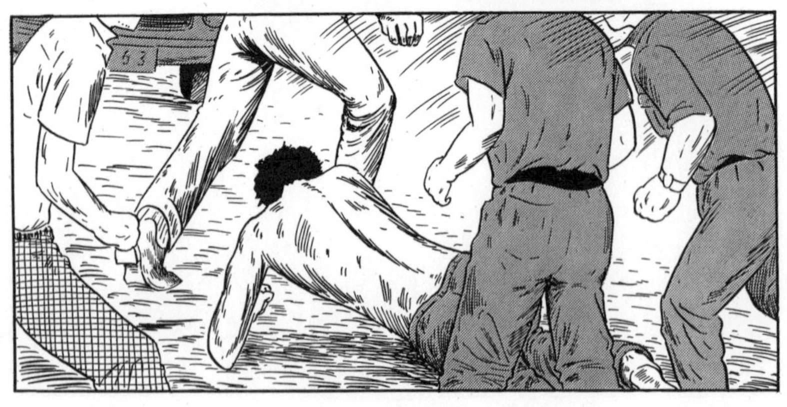

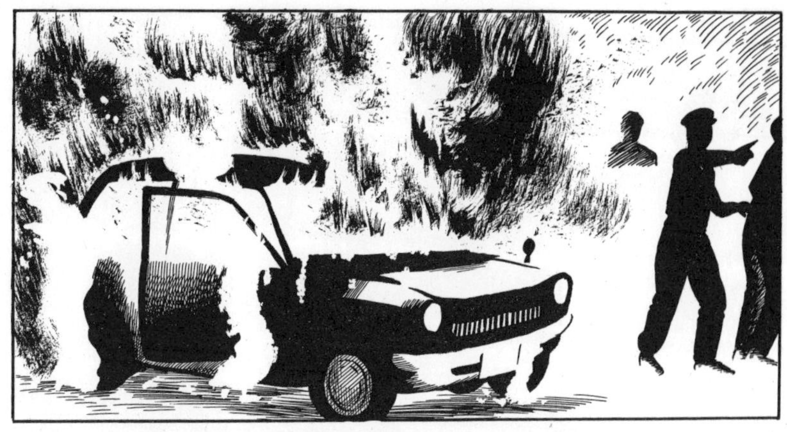

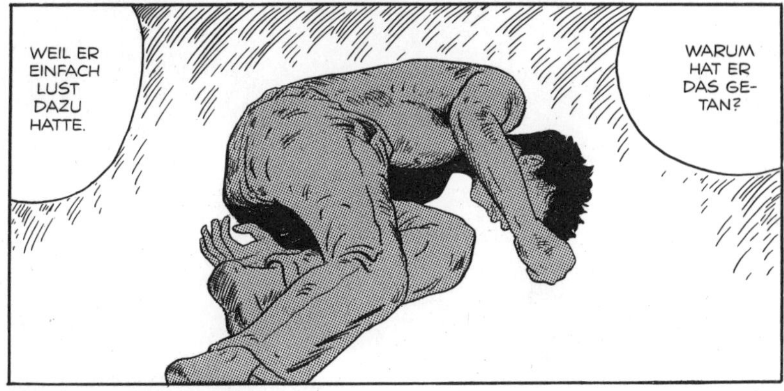
WARUM HAT ER DAS GE-TAN?
WEIL ER EINFACH LUST DAZU HATTE.

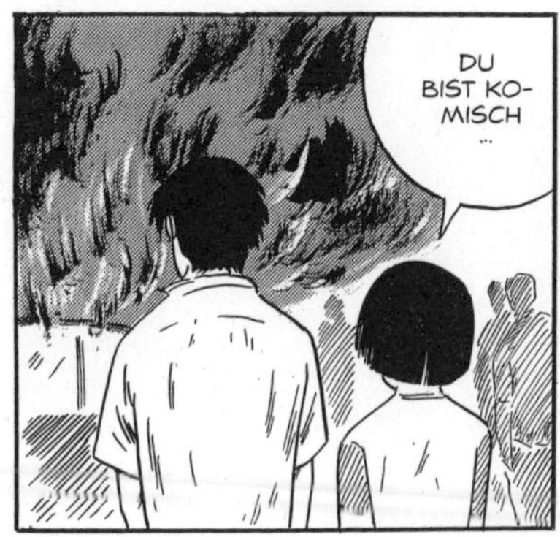
DU BIST KO-MISCH ...

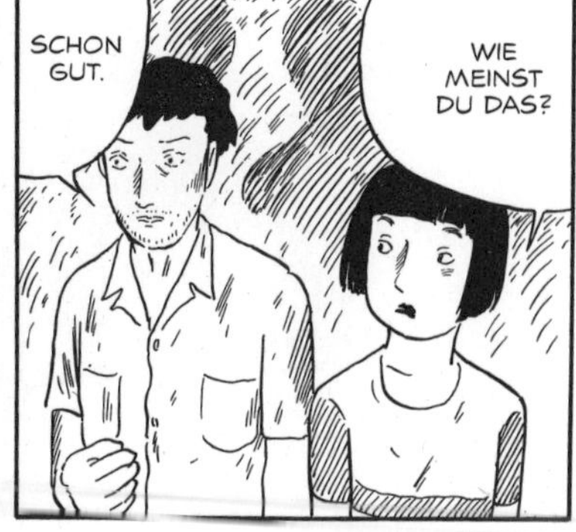
WIE MEINST DU DAS?
SCHON GUT.

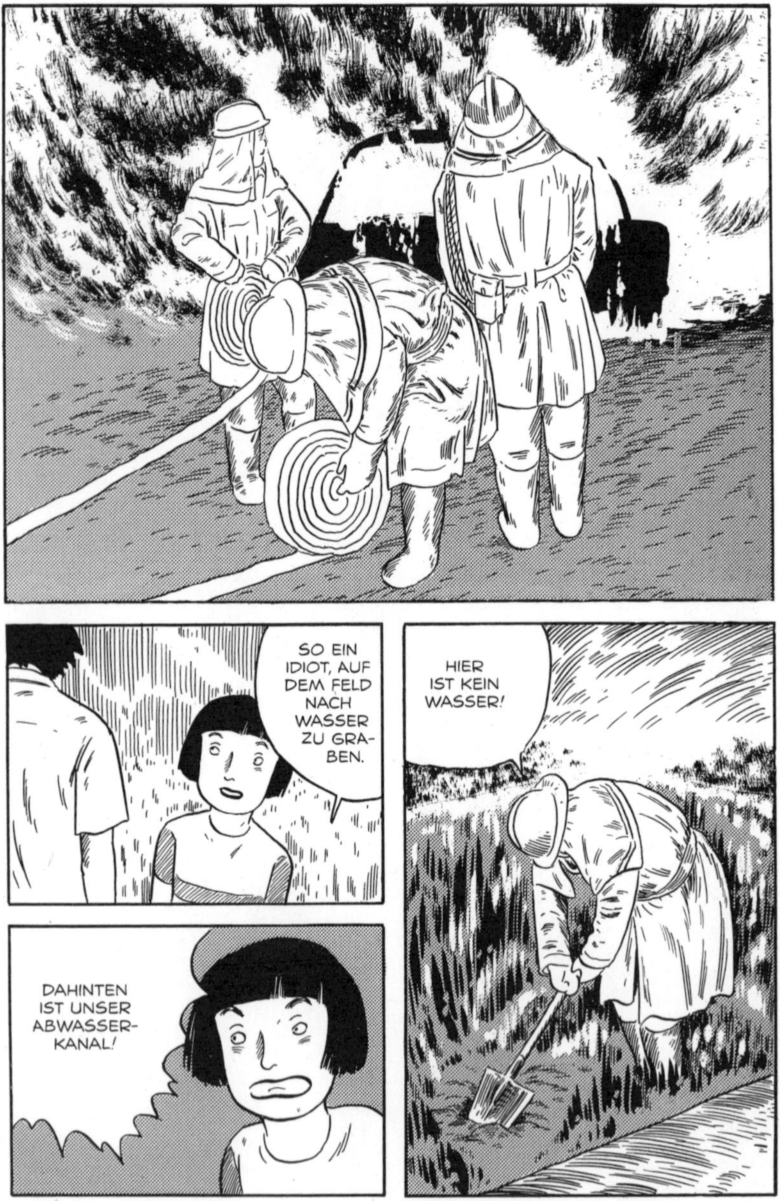

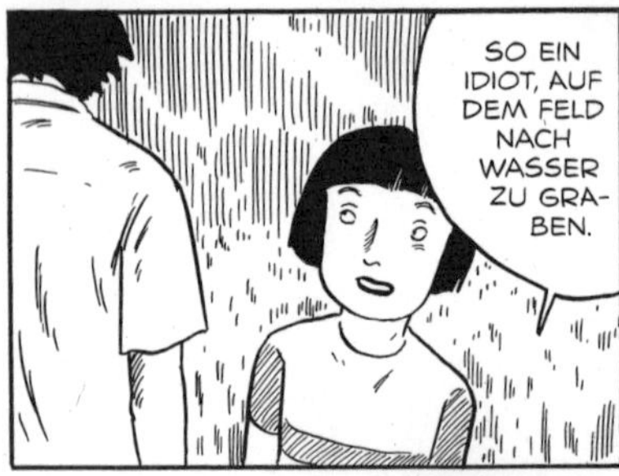
SO EIN IDIOT, AUF DEM FELD NACH WASSER ZU GRABEN.

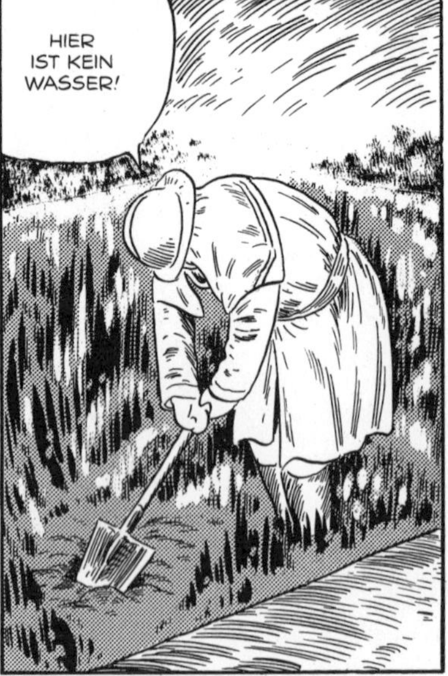
HIER IST KEIN WASSER!

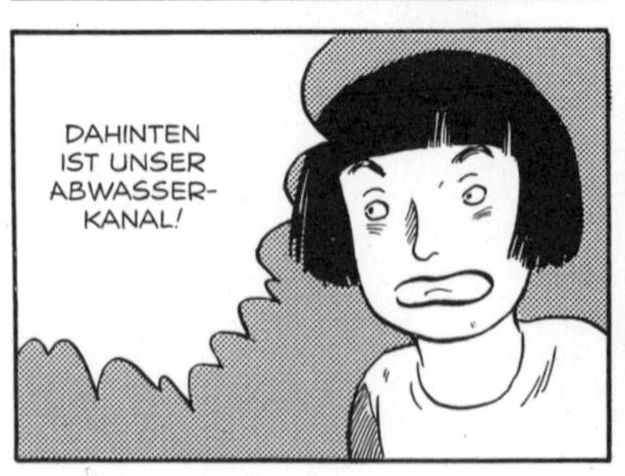
DAHINTEN IST UNSER ABWASSER-KANAL!

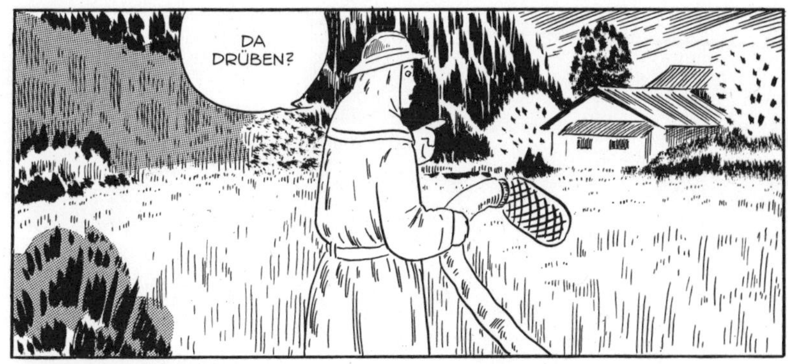

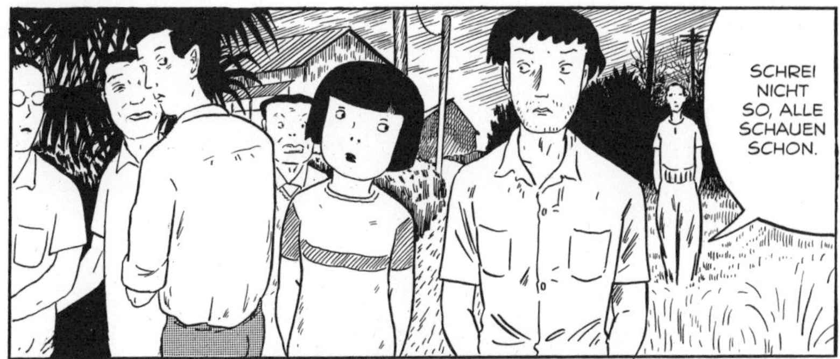

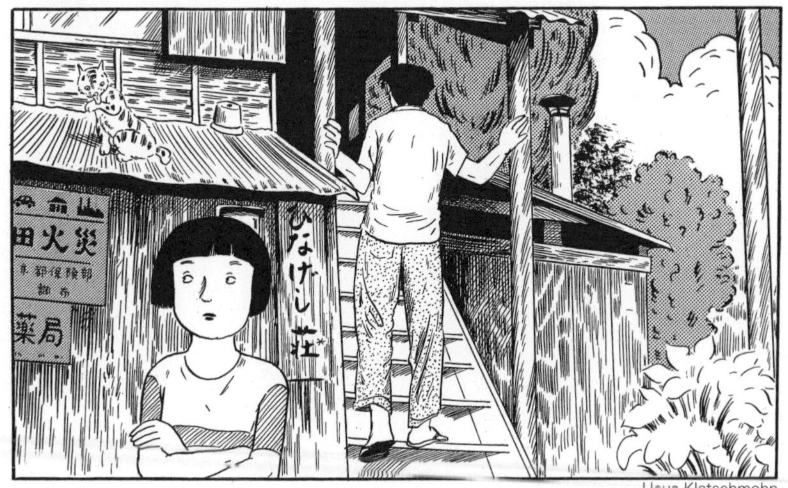

Haus Klatschmohn

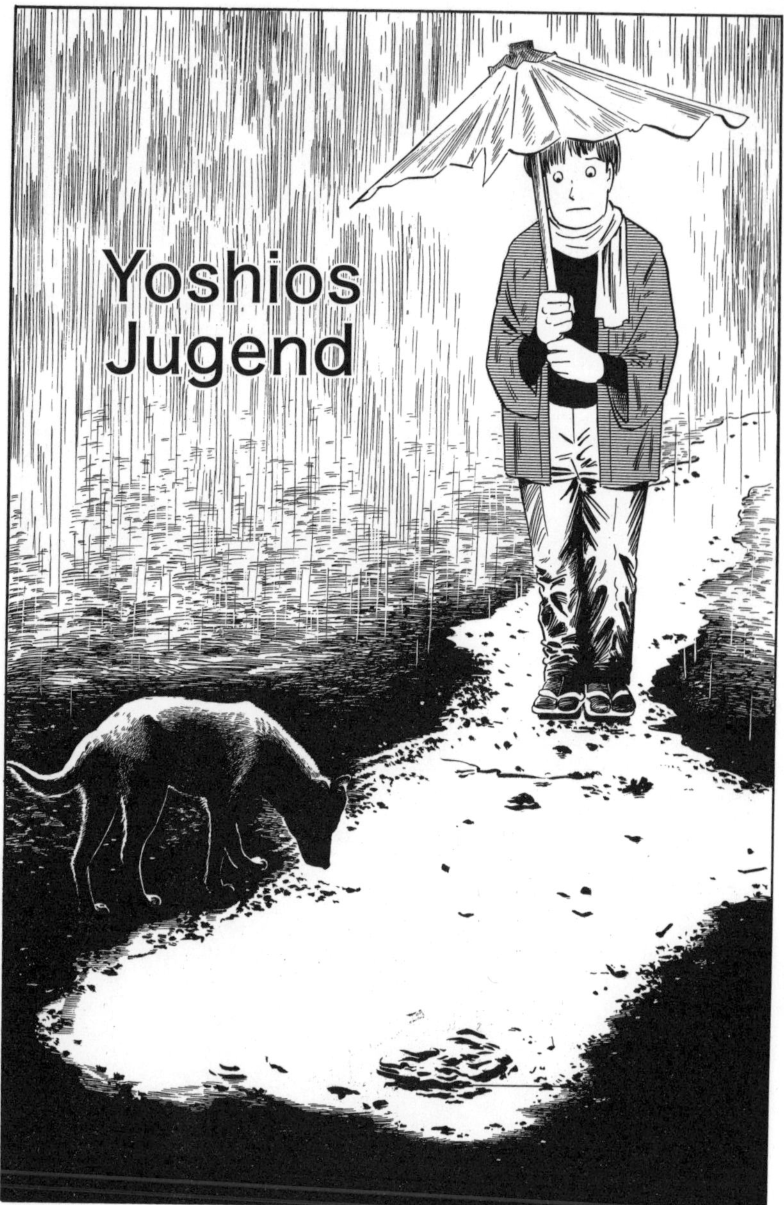
Yoshios
Jugend

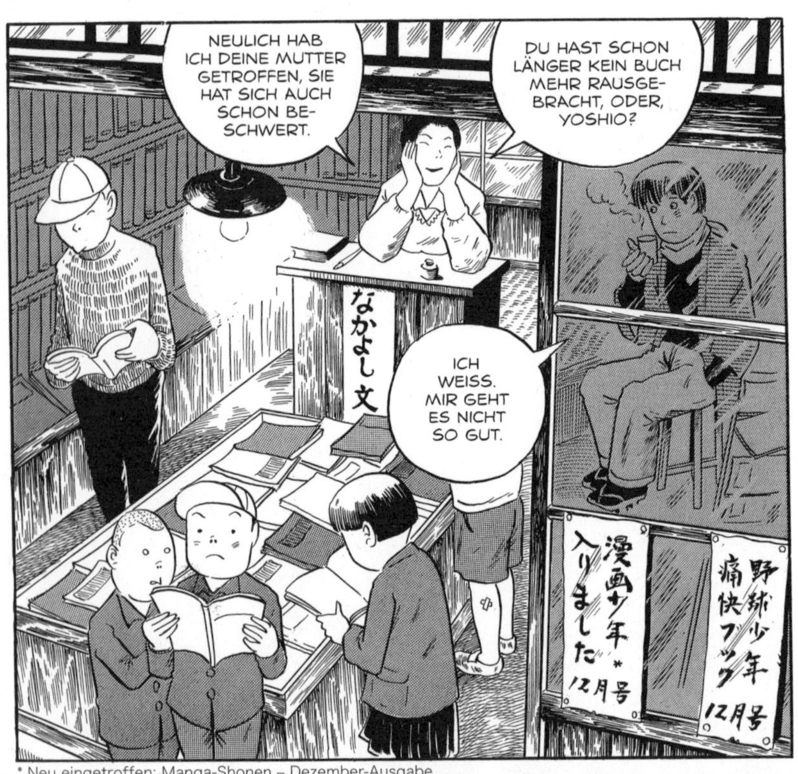

* Neu eingetroffen: Manga-Shonen – Dezember-Ausgabe

YOSHIO TSUBE ZEICHNETE KITSCHIGE MANGA FÜR LEIHBIBLIOTHEKEN.

DAS FIEL IHM EIGENTLICH LEICHT, ER HATTE SCHON IMMER GERN GEMALT.

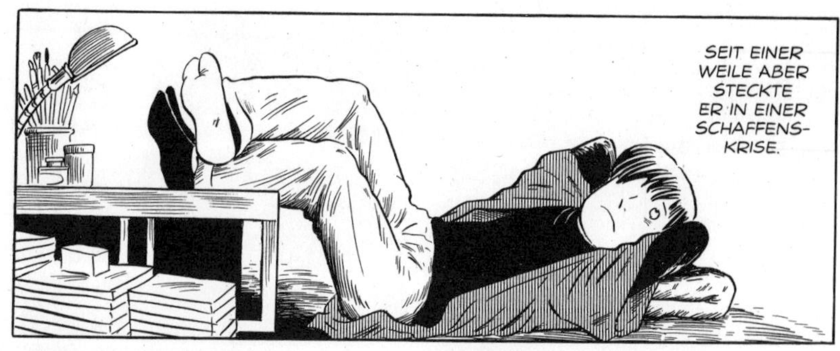
SEIT EINER WEILE ABER STECKTE ER IN EINER SCHAFFENS-KRISE.

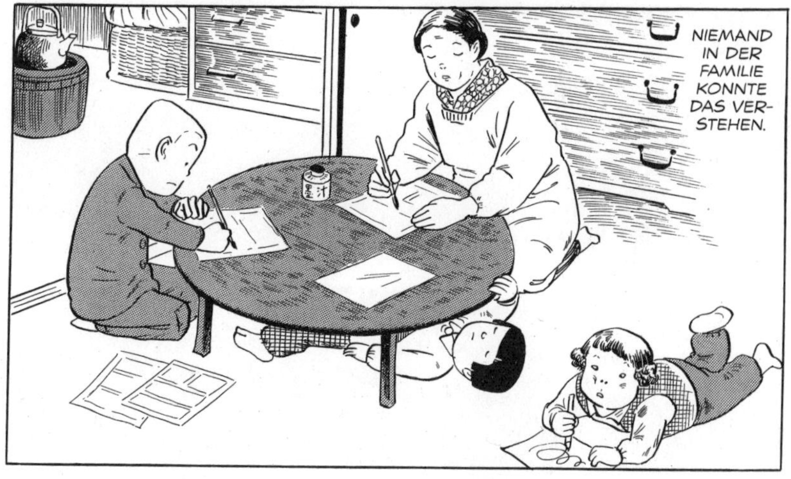
NIEMAND IN DER FAMILIE KONNTE DAS VER-STEHEN.
墨汁

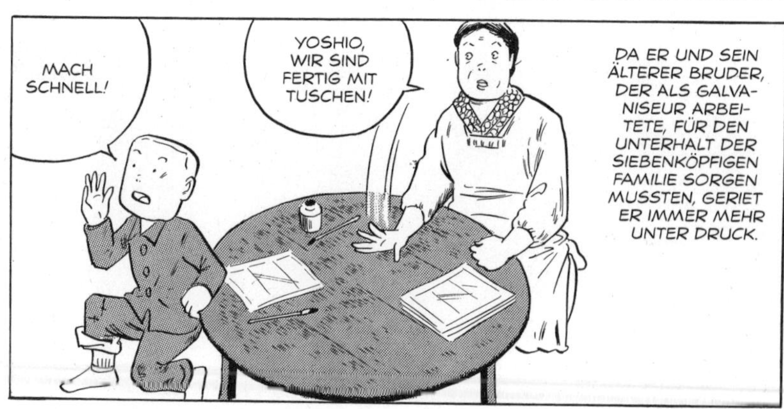
DA ER UND SEIN ÄLTERER BRUDER, DER ALS GALVA-NISEUR ARBEI-TETE, FÜR DEN UNTERHALT DER SIEBENKÖPFIGEN FAMILIE SORGEN MUSSTEN, GERIET ER IMMER MEHR UNTER DRUCK.
YOSHIO, WIR SIND FERTIG MIT TUSCHEN!
MACH SCHNELL!

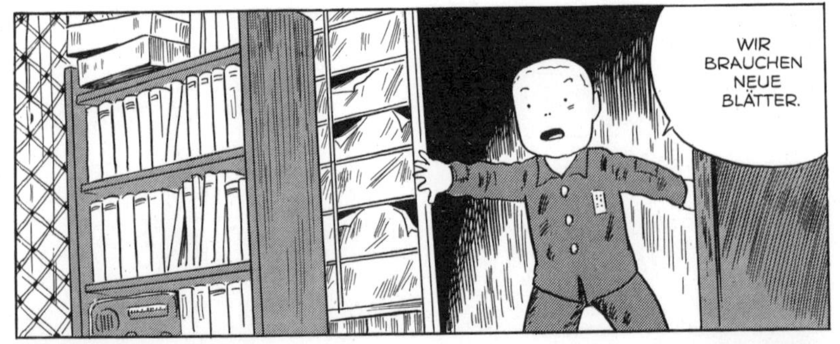
WIR BRAUCHEN NEUE BLÄTTER.

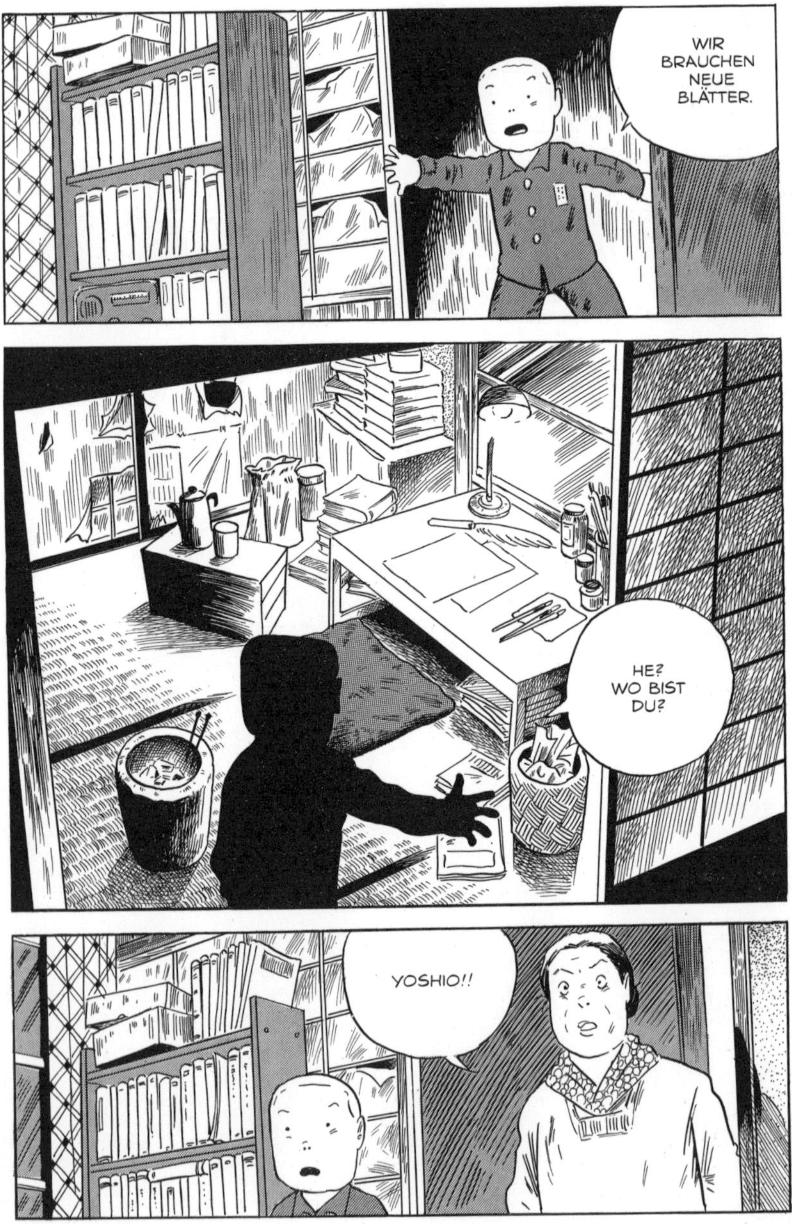

HE? WO BIST DU?

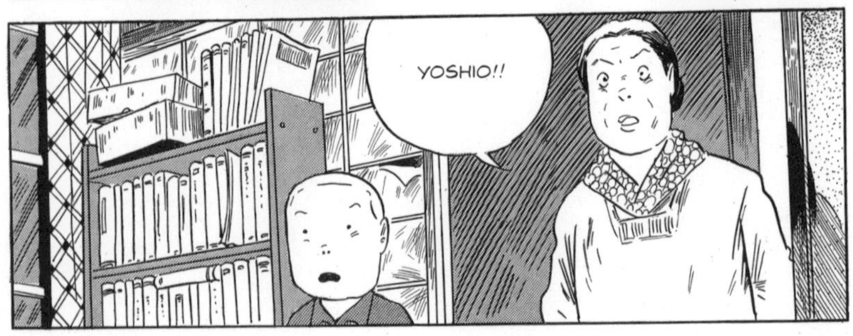
YOSHIO!!

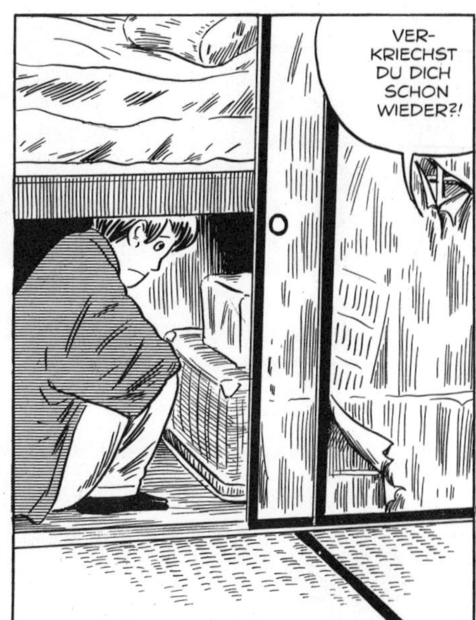
VER-
KRIECHST
DU DICH
SCHON
WIEDER?!

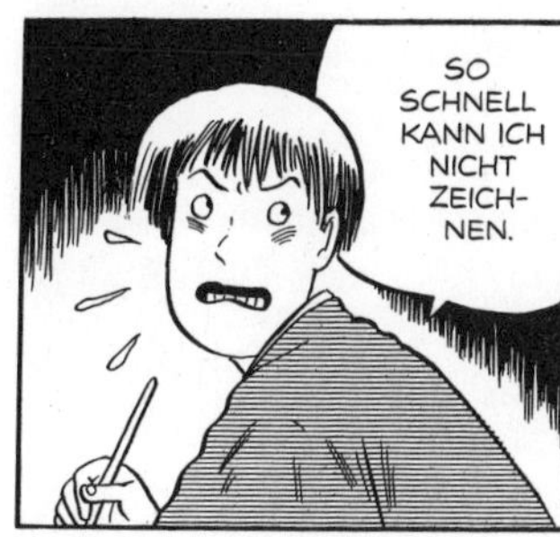
SO
SCHNELL
KANN ICH
NICHT
ZEICH-
NEN.

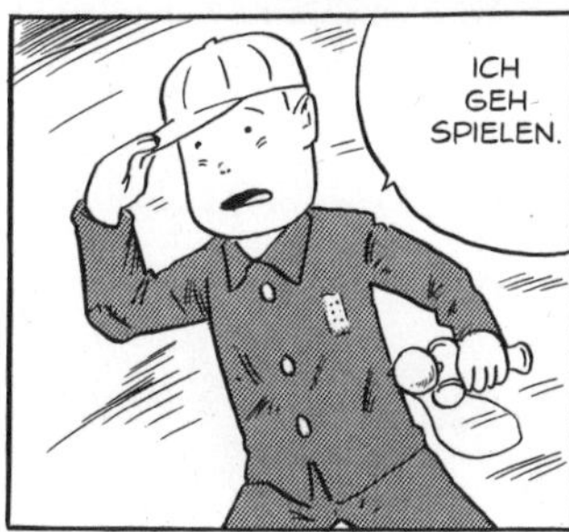
ICH
GEH
SPIELEN.

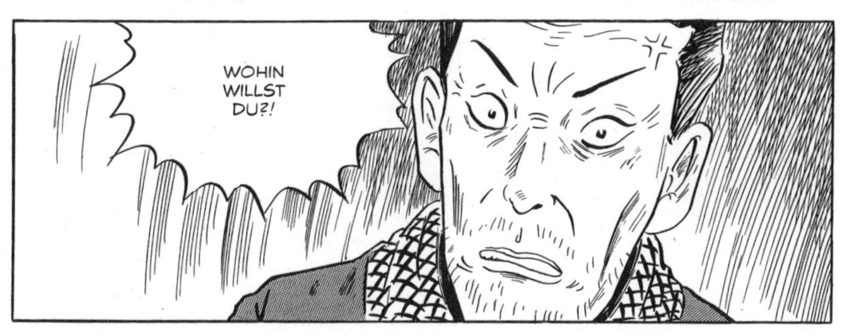
WOHIN
WILLST
DU?!

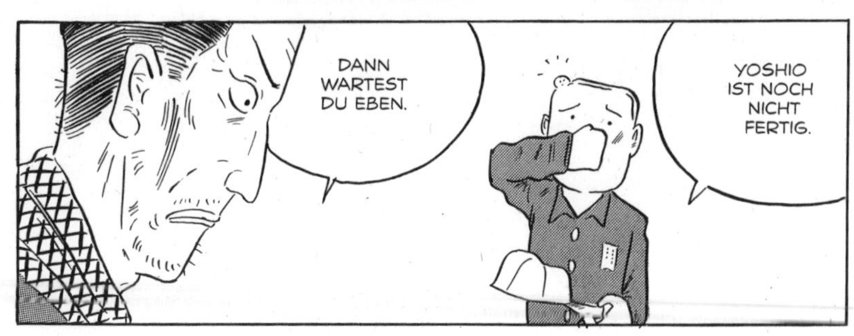
YOSHIO
IST NOCH
NICHT
FERTIG.
DANN
WARTEST
DU EBEN.

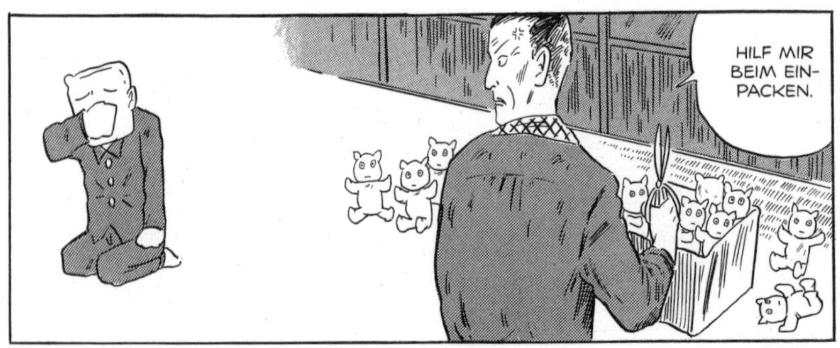

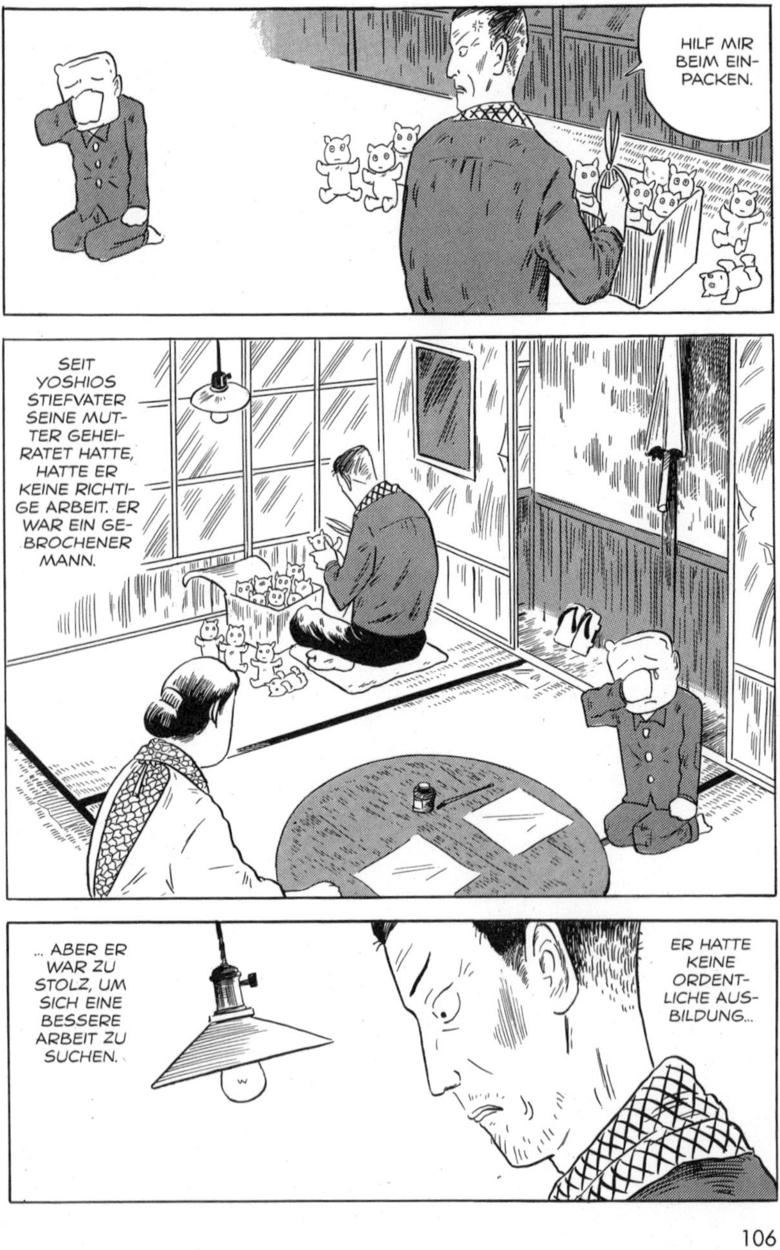

SEIT YOSHIOS STIEFVATER SEINE MUTTER GEHEIRATET HATTE, HATTE ER KEINE RICHTIGE ARBEIT. ER WAR EIN GEBROCHENER MANN.

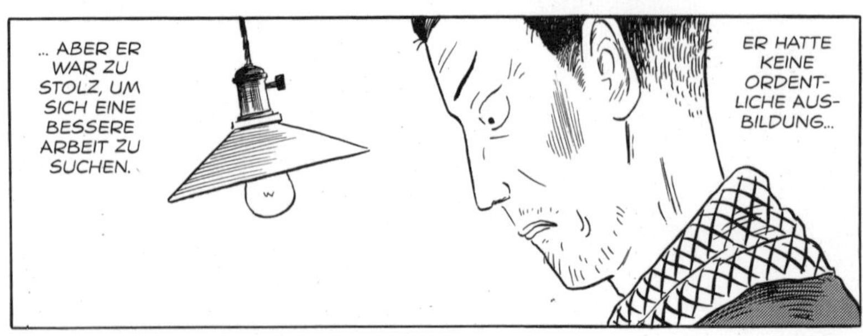

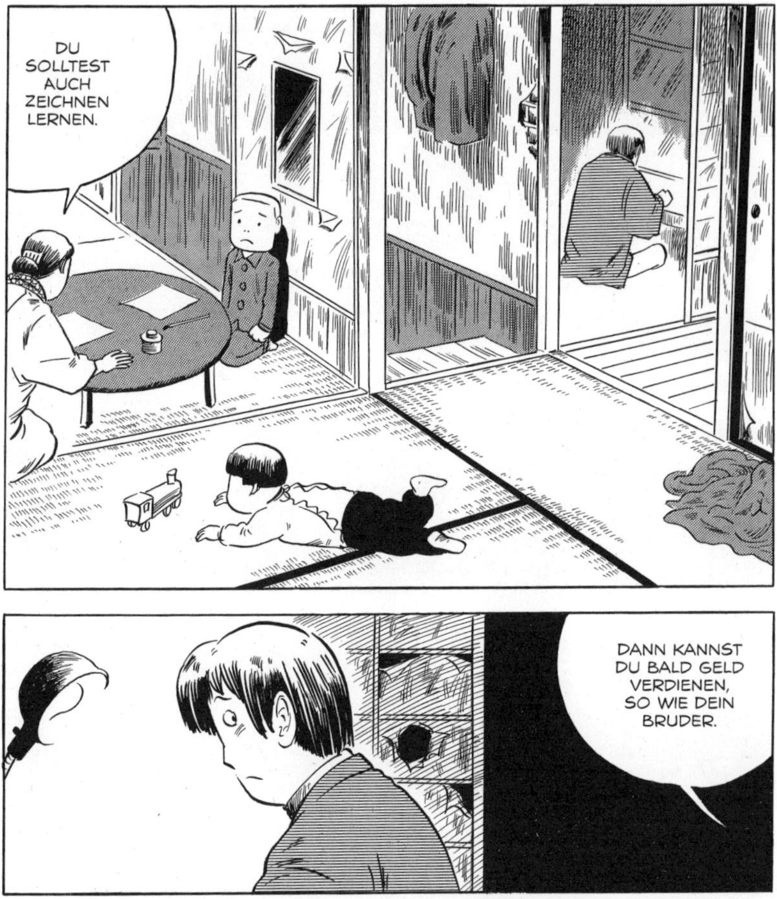

DU SOLLTEST AUCH ZEICHNEN LERNEN.

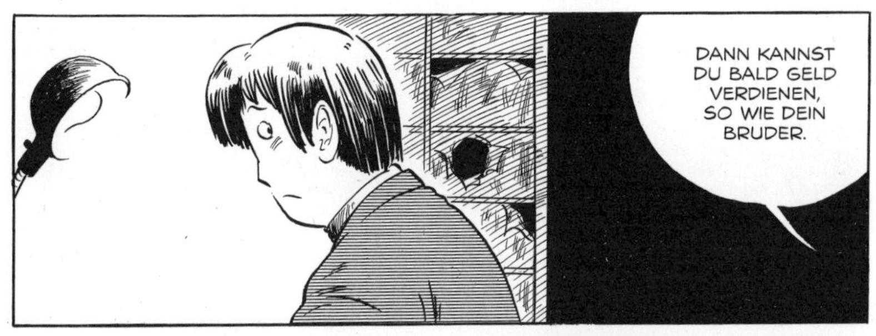

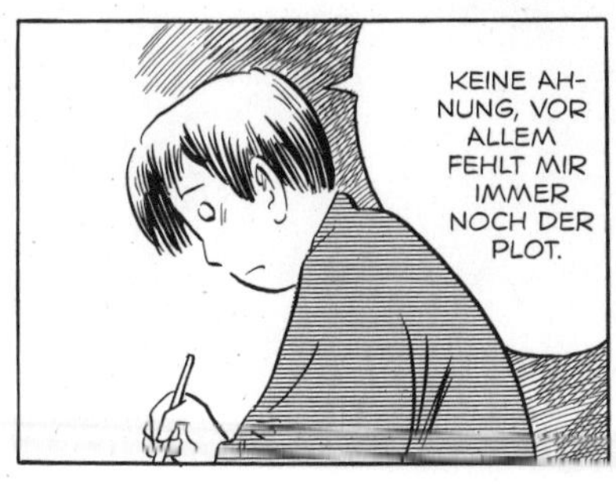

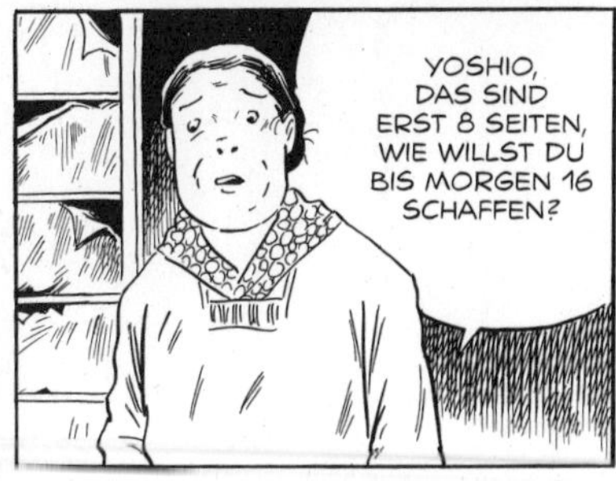

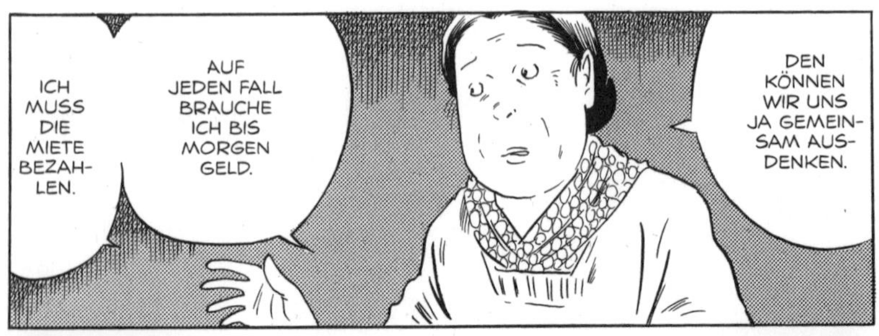
DEN KÖNNEN WIR UNS JA GEMEIN-SAM AUS-DENKEN.
AUF JEDEN FALL BRAUCHE ICH BIS MORGEN GELD.
ICH MUSS DIE MIETE BEZAH-LEN.

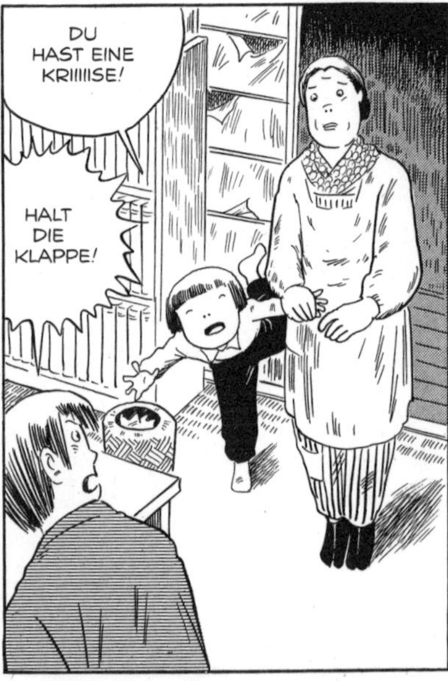
DU HAST EINE KRIIIIISE!
HALT DIE KLAPPE!

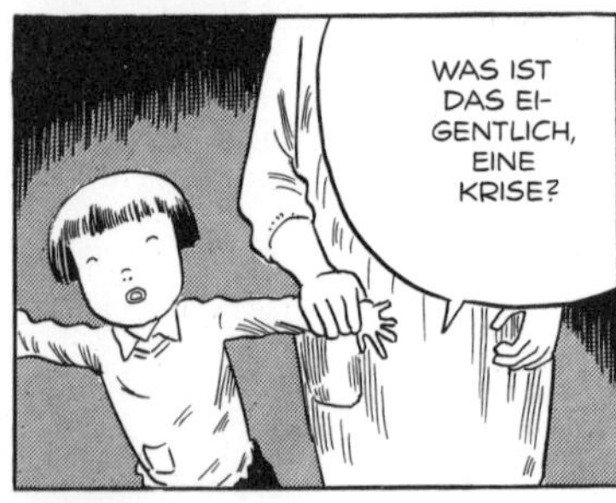
WAS IST DAS EI-GENTLICH, EINE KRISE?

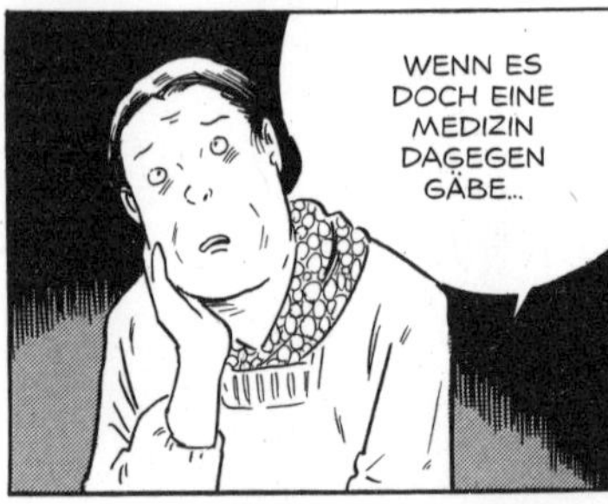
WENN ES DOCH EINE MEDIZIN DAGEGEN GÄBE...

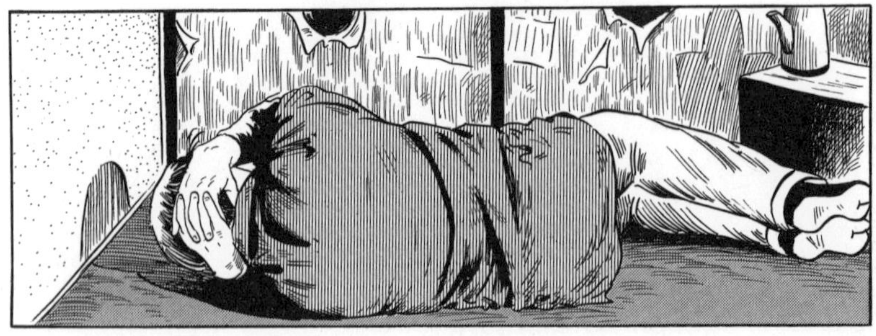

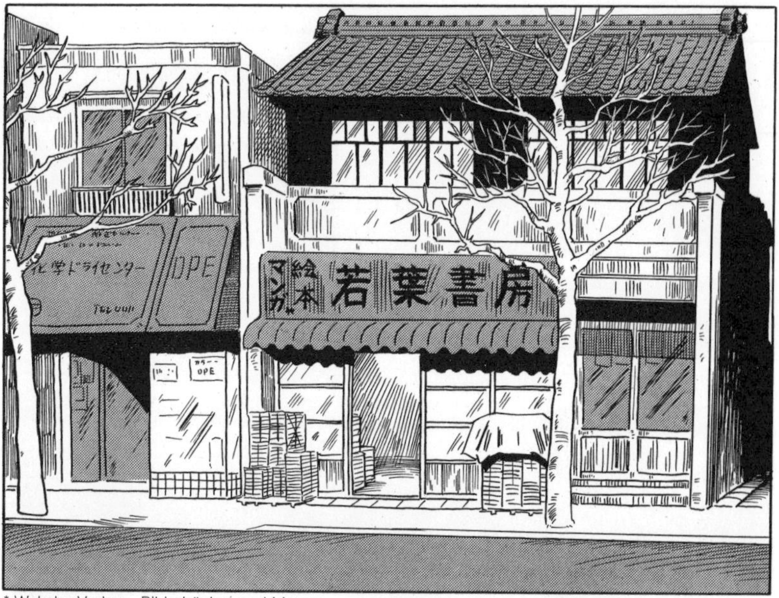

* Wakaba-Verlag – Bilderbücher und Manga

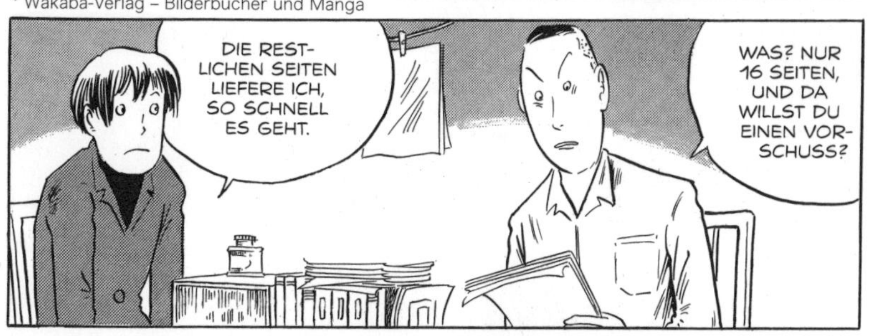

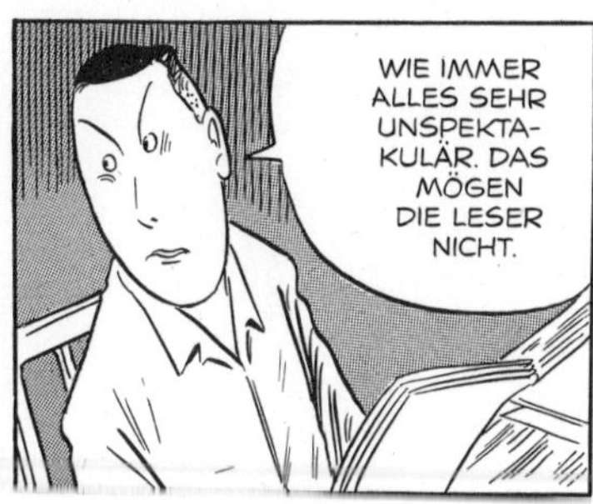

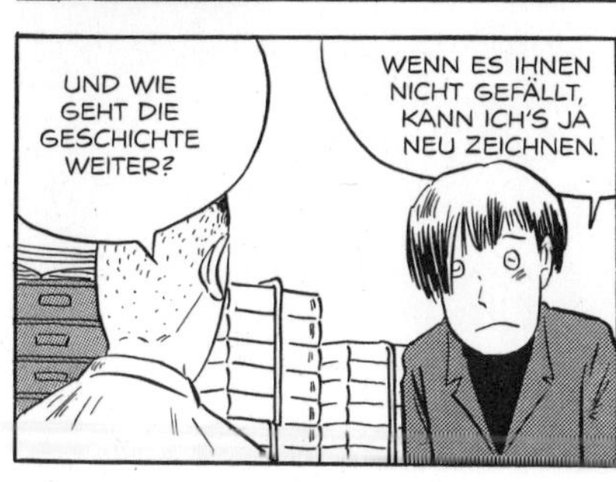

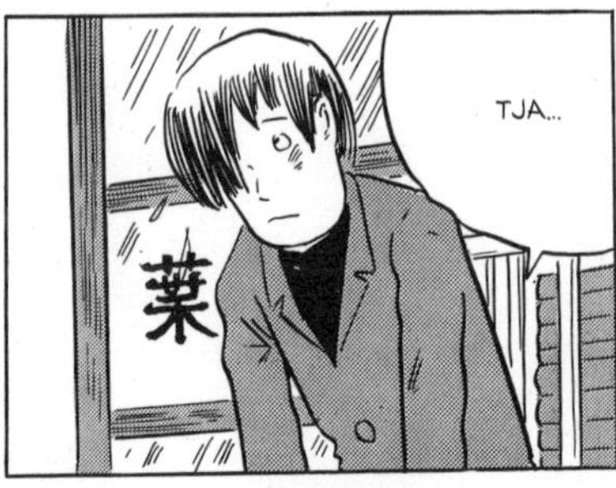
菜
TJA...

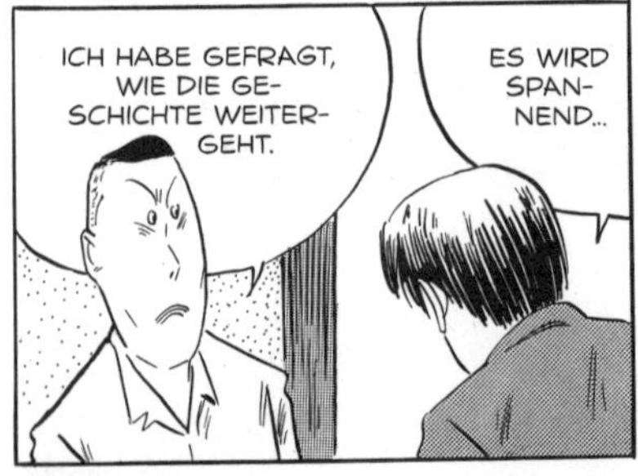
ES WIRD SPANNEND...
ICH HABE GEFRAGT, WIE DIE GESCHICHTE WEITERGEHT.

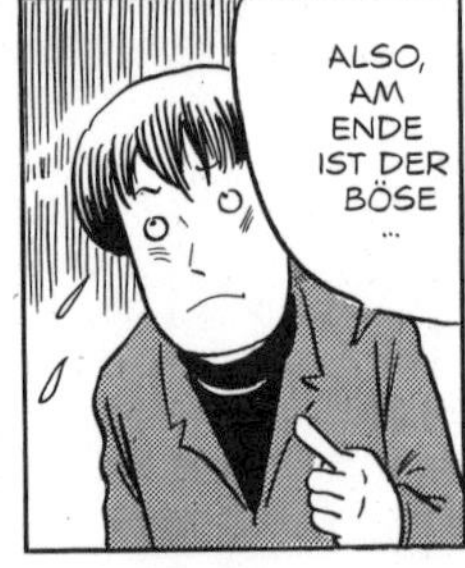
ALSO, AM ENDE IST DER BÖSE ...

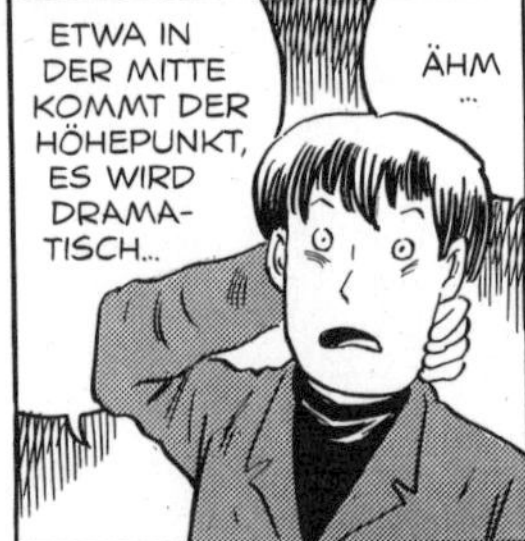
ÄHM ...
ETWA IN DER MITTE KOMMT DER HÖHEPUNKT, ES WIRD DRAMATISCH...

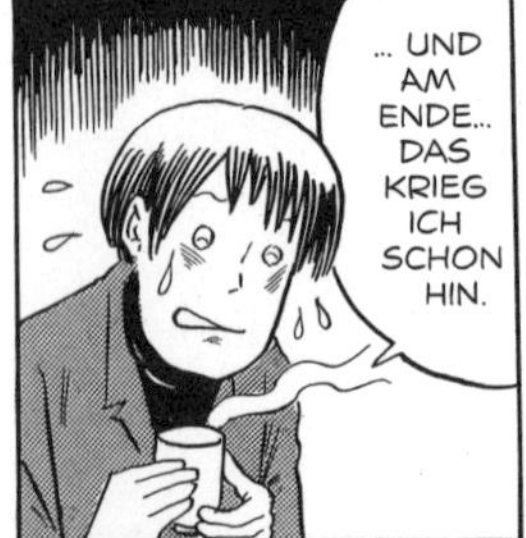
... UND AM ENDE... DAS KRIEG ICH SCHON HIN.

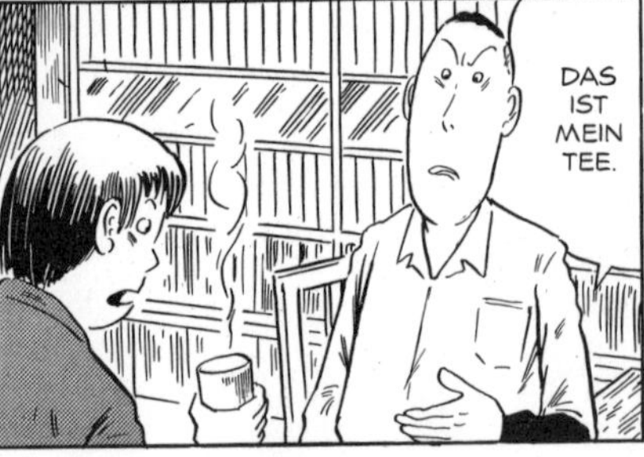
DAS IST MEIN TEE.

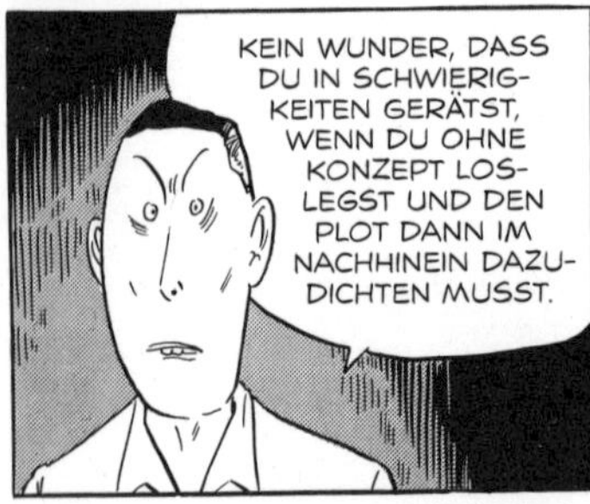
KEIN WUNDER, DASS DU IN SCHWIERIGKEITEN GERÄTST, WENN DU OHNE KONZEPT LOSLEGST UND DEN PLOT DANN IM NACHHINEIN DAZUDICHTEN MUSST.

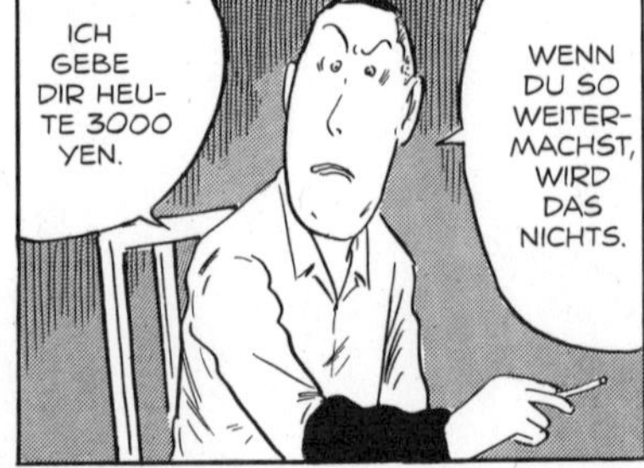
WENN DU SO WEITERMACHST, WIRD DAS NICHTS.
ICH GEBE DIR HEUTE 3000 YEN.

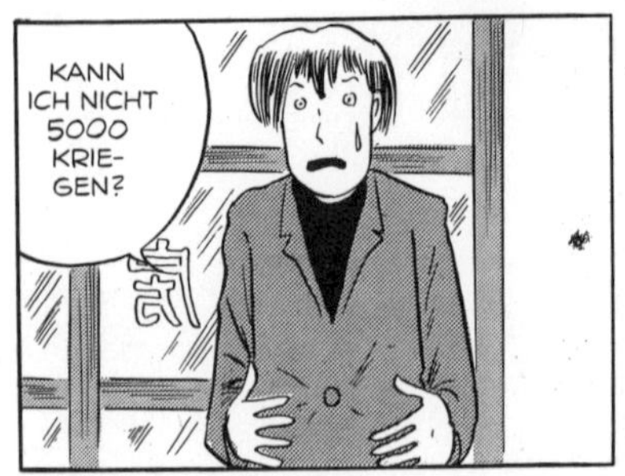
KANN ICH NICHT 5000 KRIEGEN?

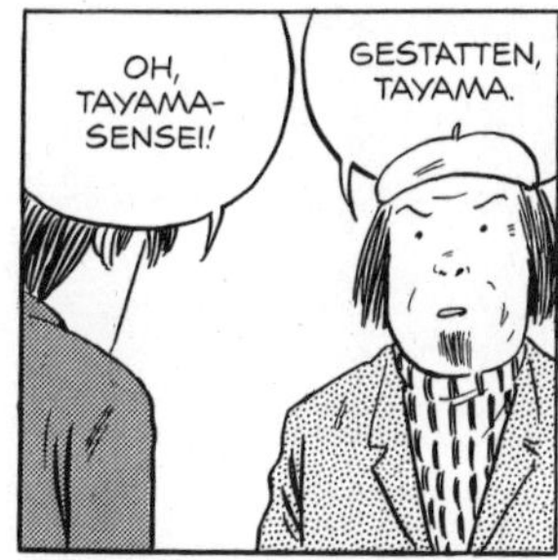

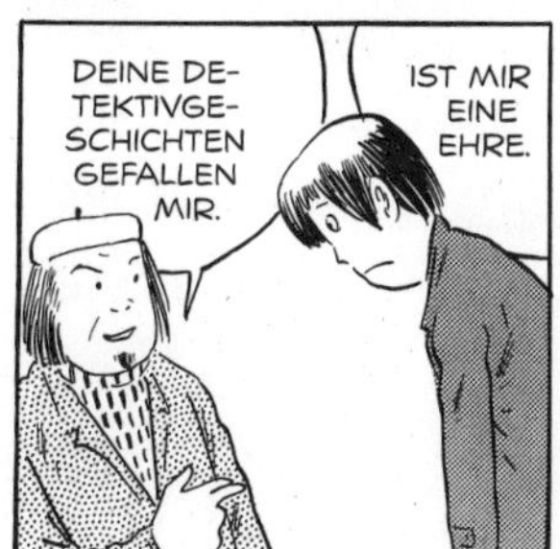

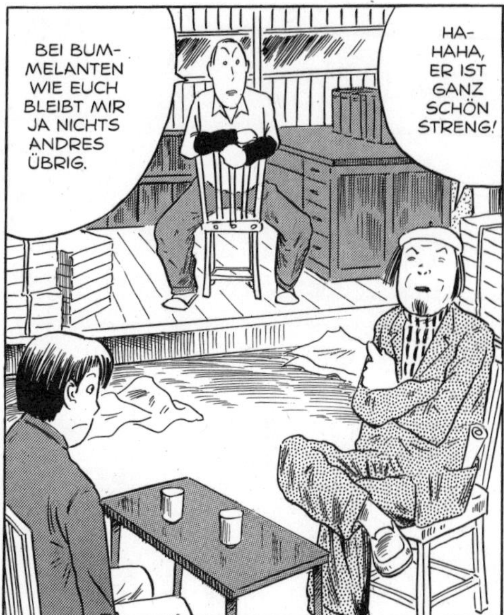

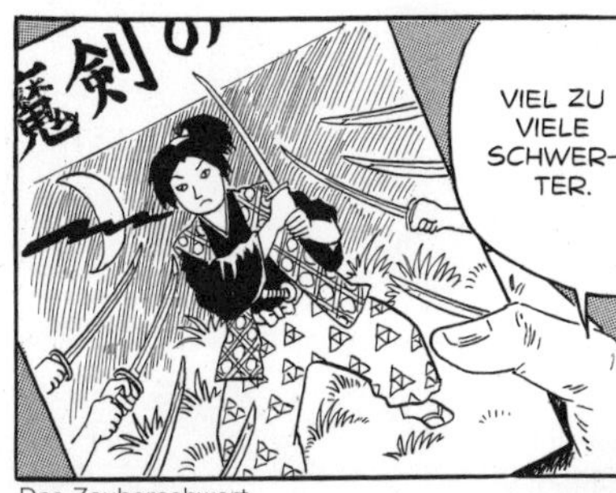

Das Zauberschwert

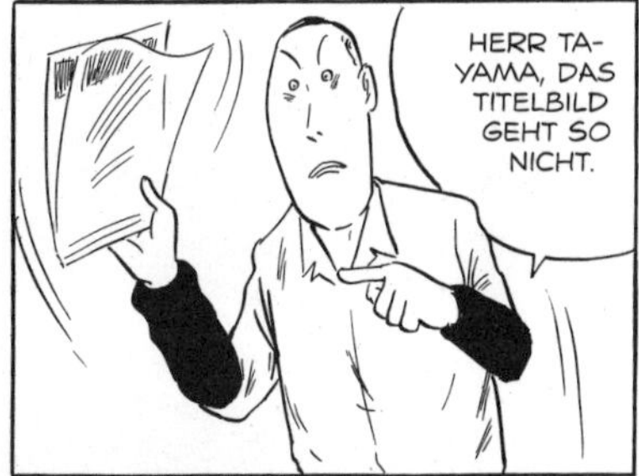

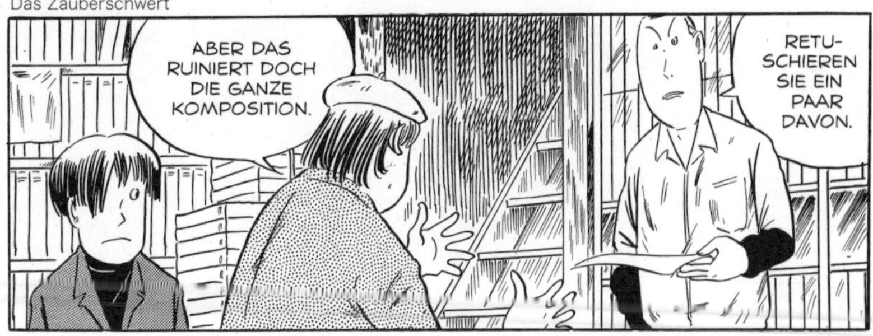

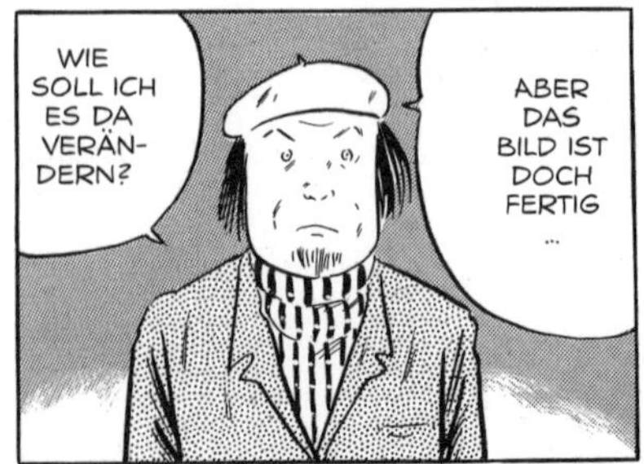
WIE SOLL ICH ES DA VERÄNDERN?
ABER DAS BILD IST DOCH FERTIG ...

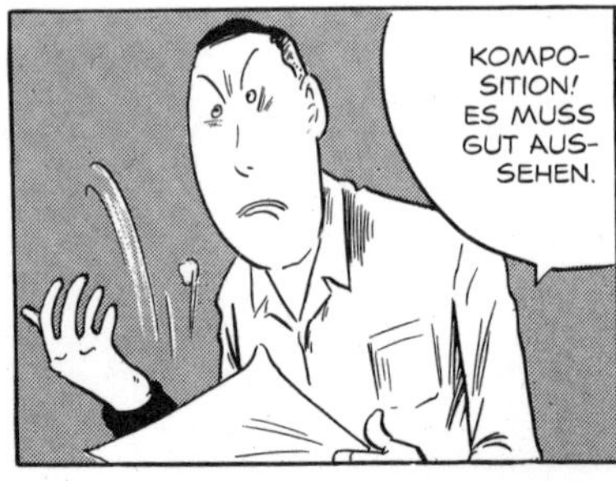
KOMPOSITION! ES MUSS GUT AUSSEHEN.

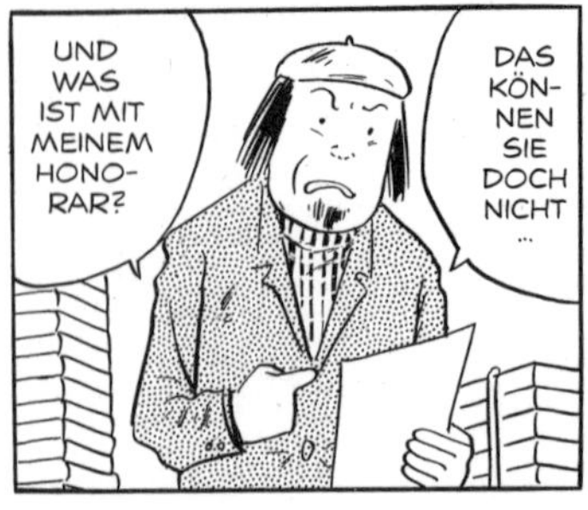
UND WAS IST MIT MEINEM HONORAR?
DAS KÖNNEN SIE DOCH NICHT ...

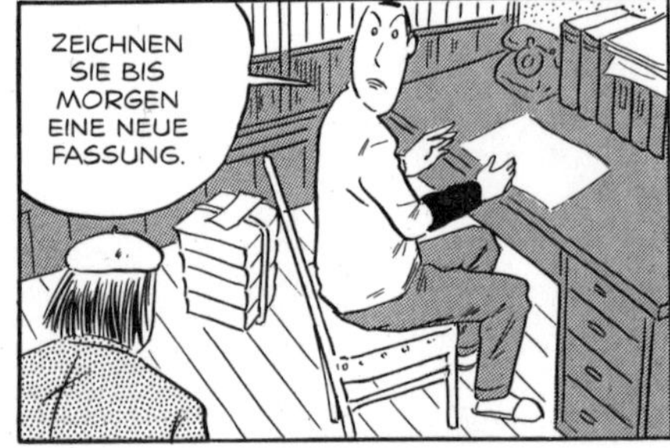
ZEICHNEN SIE BIS MORGEN EINE NEUE FASSUNG.

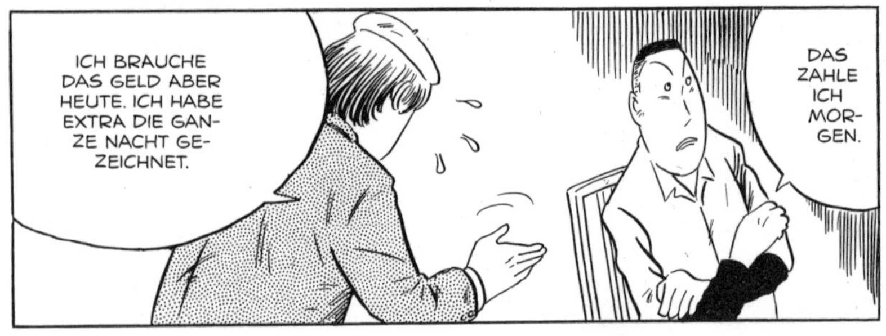
ICH BRAUCHE DAS GELD ABER HEUTE. ICH HABE EXTRA DIE GANZE NACHT GEZEICHNET.
DAS ZAHLE ICH MORGEN.

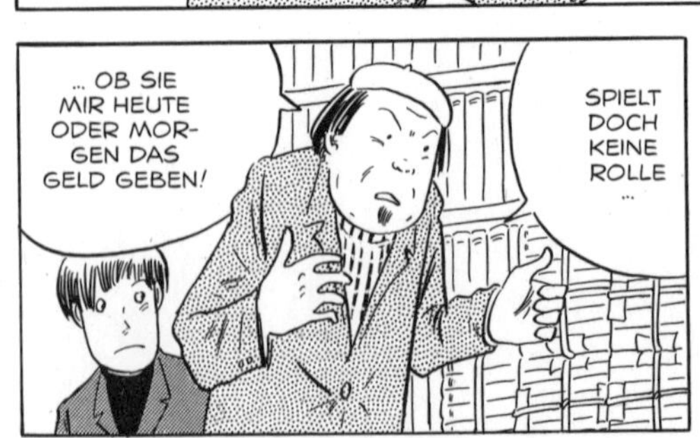
... OB SIE MIR HEUTE ODER MORGEN DAS GELD GEBEN!
SPIELT DOCH KEINE ROLLE ...

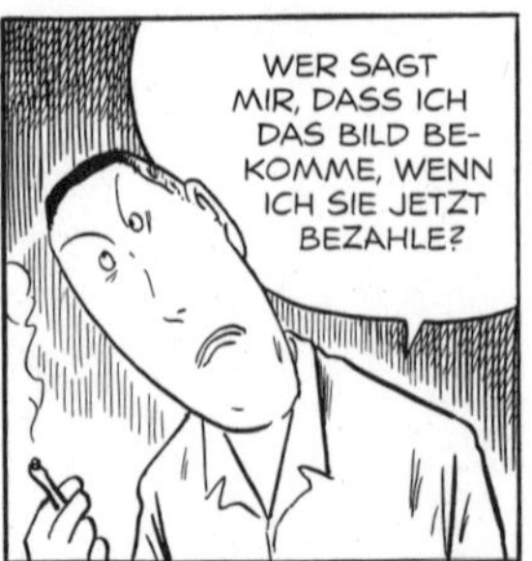
WER SAGT MIR, DASS ICH DAS BILD BEKOMME, WENN ICH SIE JETZT BEZAHLE?

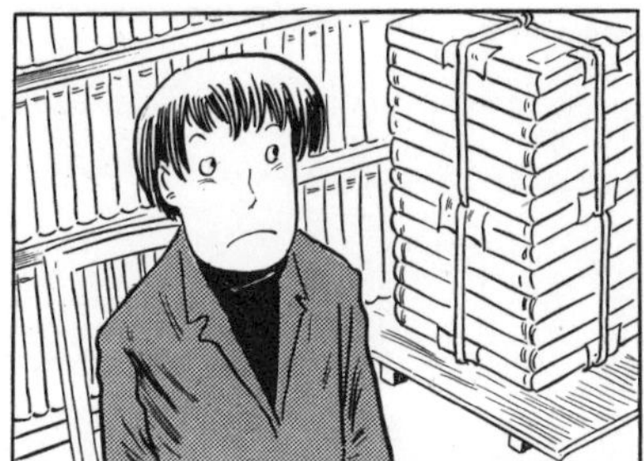

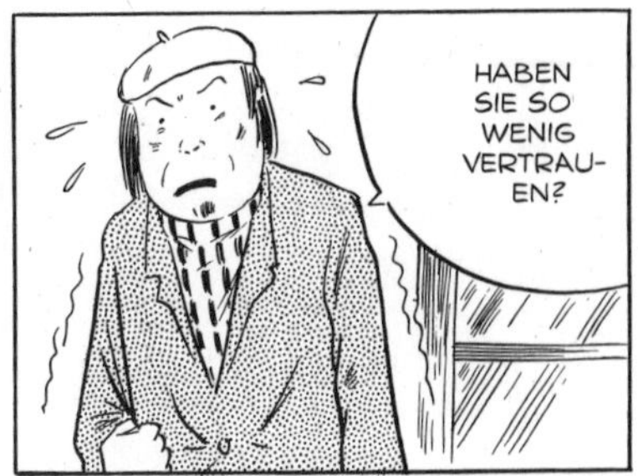
HABEN SIE SO WENIG VERTRAUEN?

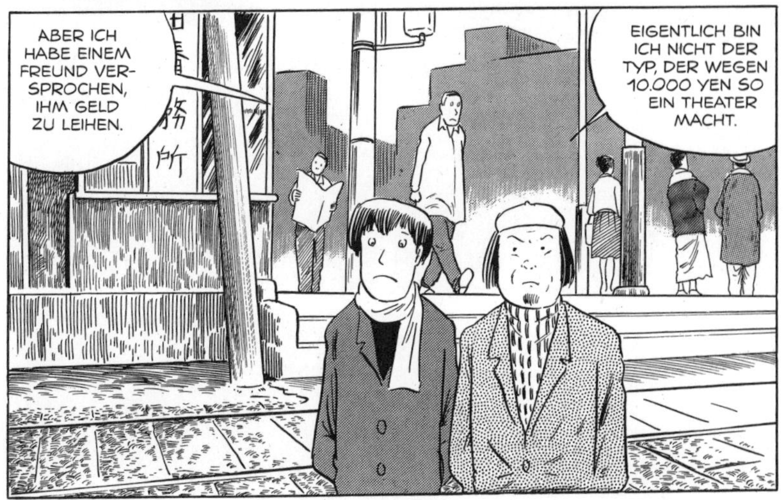
EIGENTLICH BIN ICH NICHT DER TYP, DER WEGEN 10.000 YEN SO EIN THEATER MACHT.
ABER ICH HABE EINEM FREUND VERSPROCHEN, IHM GELD ZU LEIHEN.

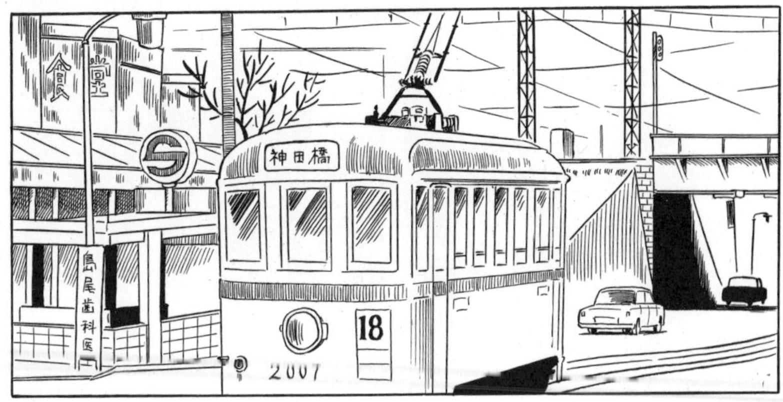
食堂
神田橋
18
2007

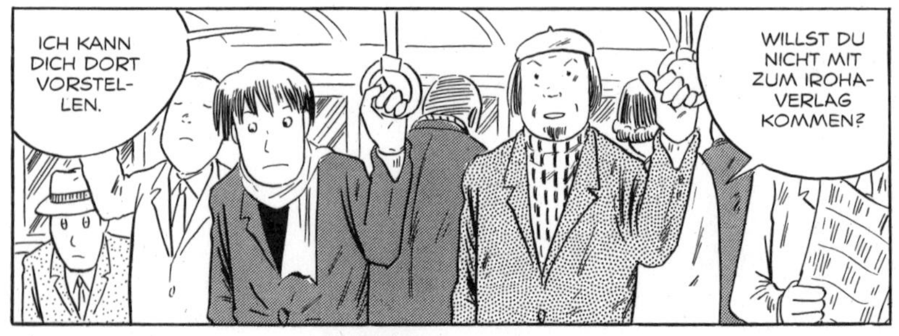
ICH KANN DICH DORT VORSTEL-LEN.
WILLST DU NICHT MIT ZUM IROHA-VERLAG KOMMEN?

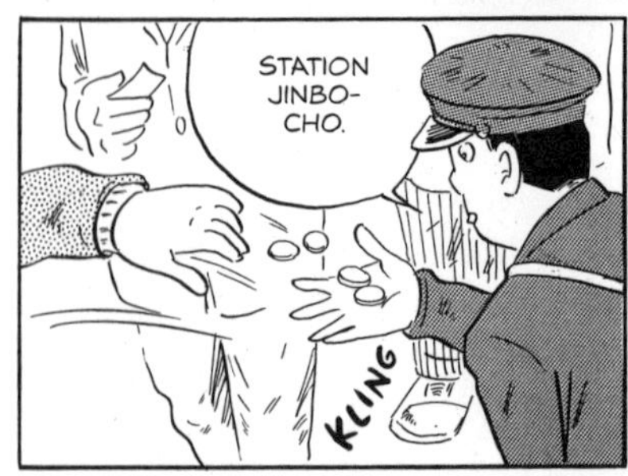
STATION JINBO-CHO.
KLING

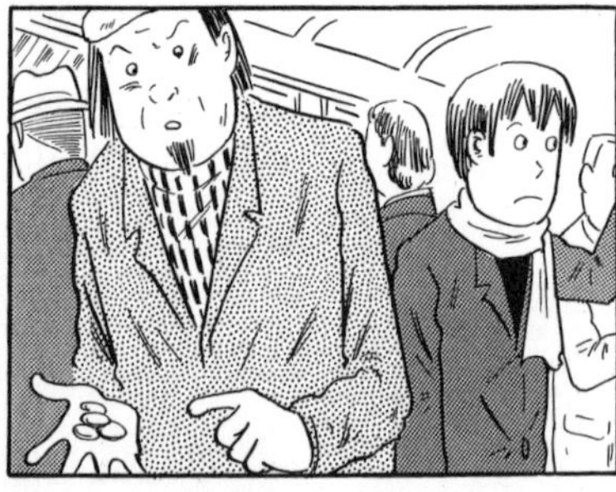

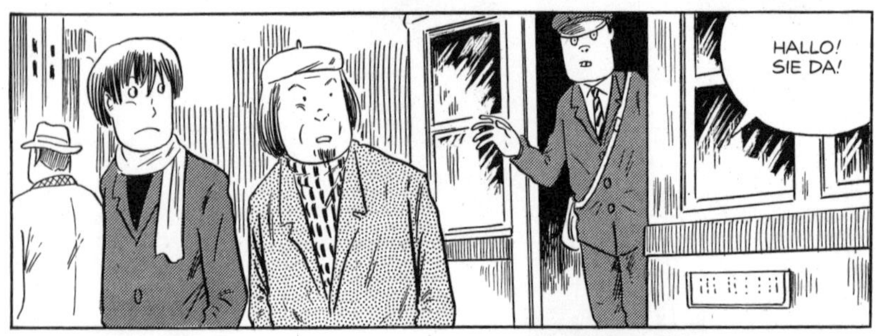
HALLO! SIE DA!

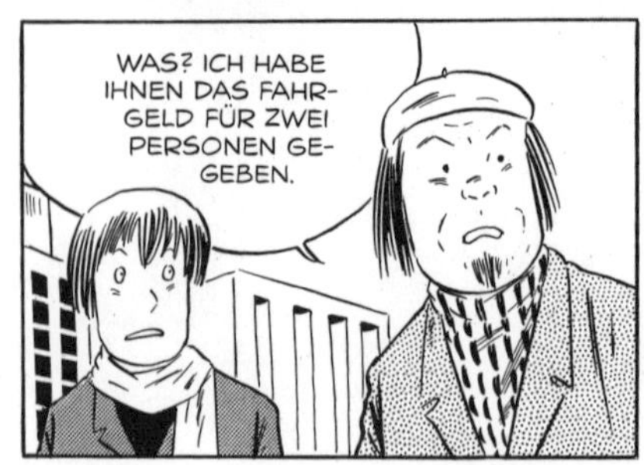
WAS? ICH HABE IHNEN DAS FAHR-GELD FÜR ZWEI PERSONEN GE-GEBEN.

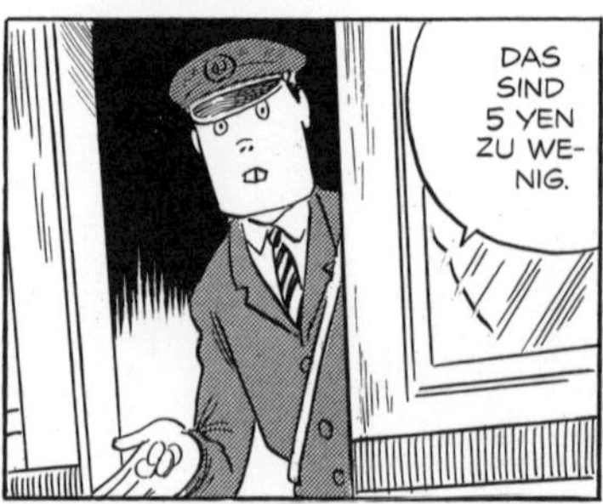
DAS SIND 5 YEN ZU WE-NIG.

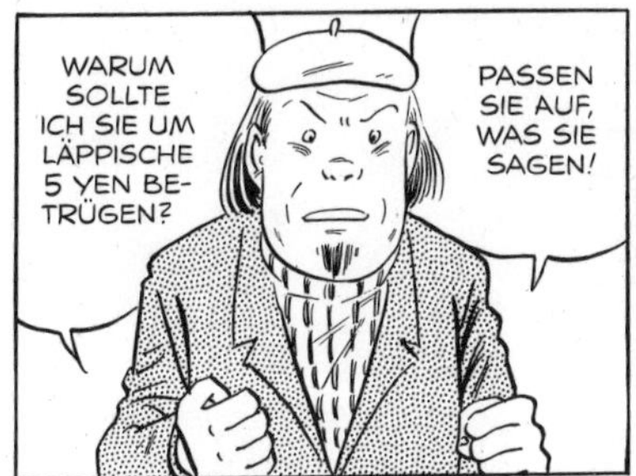
PASSEN SIE AUF, WAS SIE SAGEN!
WARUM SOLLTE ICH SIE UM LÄPPISCHE 5 YEN BETRÜGEN?

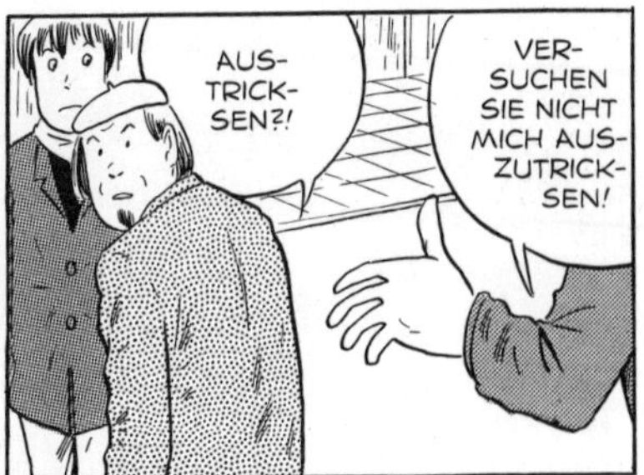
VERSUCHEN SIE NICHT MICH AUSZUTRICKSEN!
AUSTRICKSEN?!

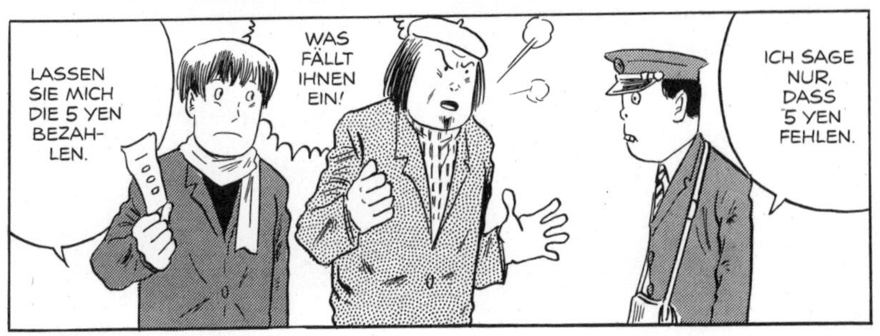
ICH SAGE NUR, DASS 5 YEN FEHLEN.
WAS FÄLLT IHNEN EIN!
LASSEN SIE MICH DIE 5 YEN BEZAHLEN.

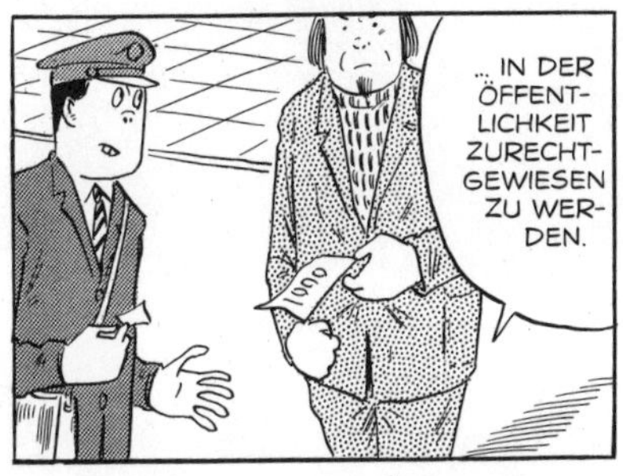
... IN DER ÖFFENTLICHKEIT ZURECHTGEWIESEN ZU WERDEN.

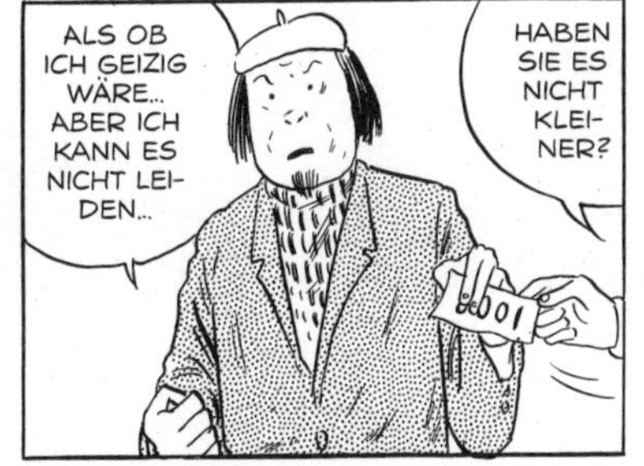
HABEN SIE ES NICHT KLEINER?
ALS OB ICH GEIZIG WÄRE... ABER ICH KANN ES NICHT LEIDEN...

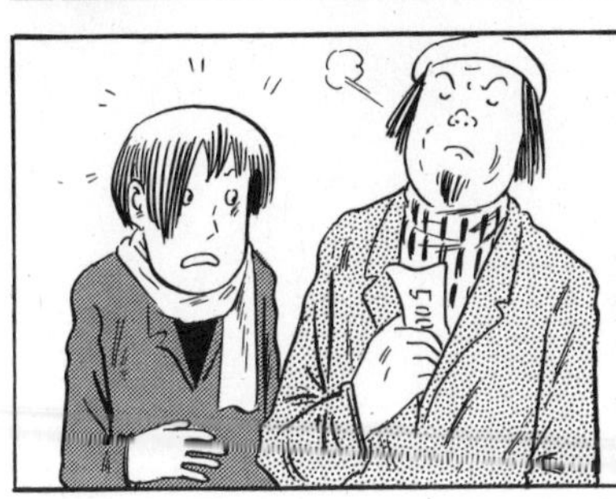

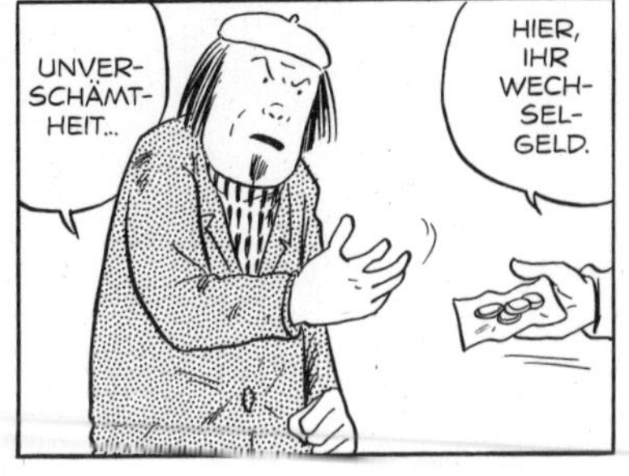
HIER, IHR WECHSELGELD.
UNVERSCHÄMTHEIT...

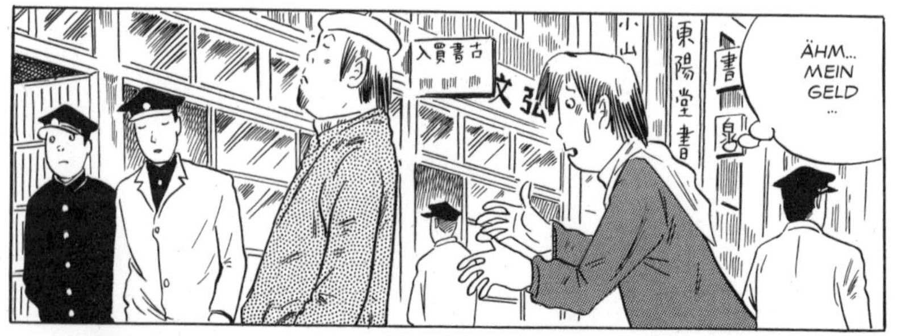

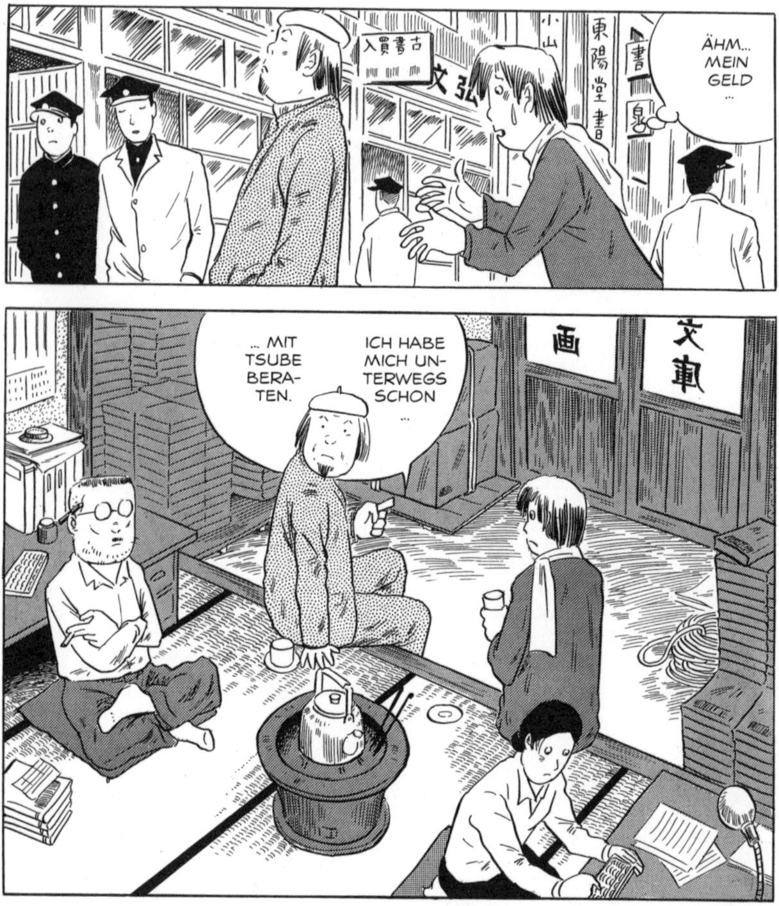

ICH HABE MICH UN-TERWEGS SCHON ...

... MIT TSUBE BERA-TEN.

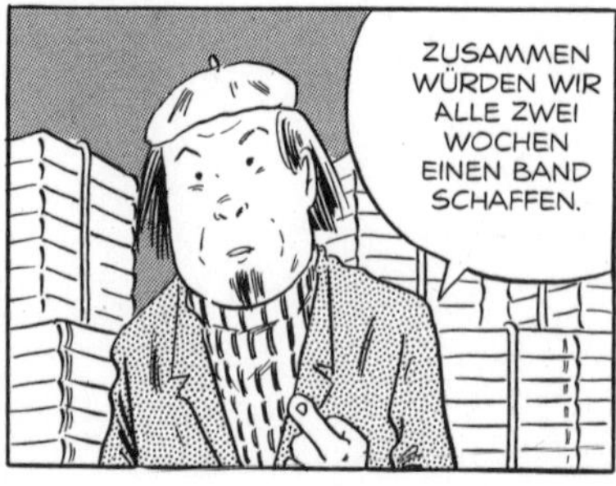

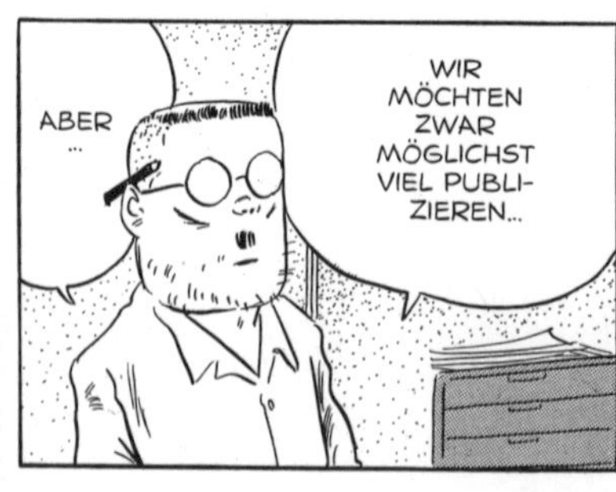

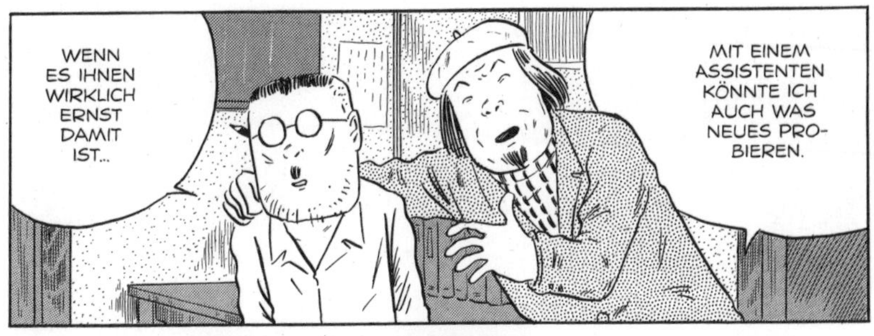
MIT EINEM ASSISTENTEN KÖNNTE ICH AUCH WAS NEUES PRO-BIEREN.
WENN ES IHNEN WIRKLICH ERNST DAMIT IST...

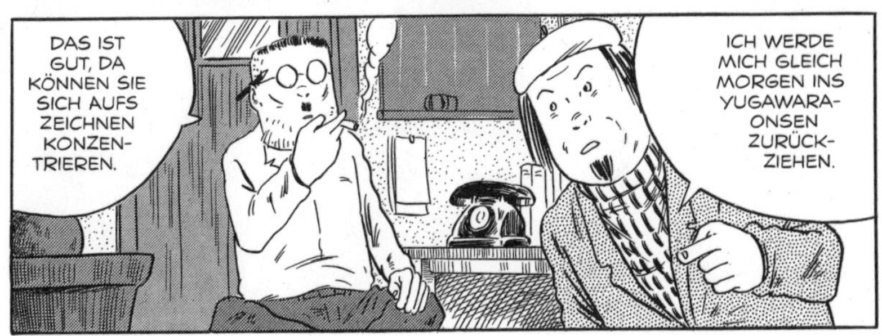
ICH WERDE MICH GLEICH MORGEN INS YUGAWARA-ONSEN ZURÜCK-ZIEHEN.
DAS IST GUT, DA KÖNNEN SIE SICH AUFS ZEICHNEN KONZEN-TRIEREN.

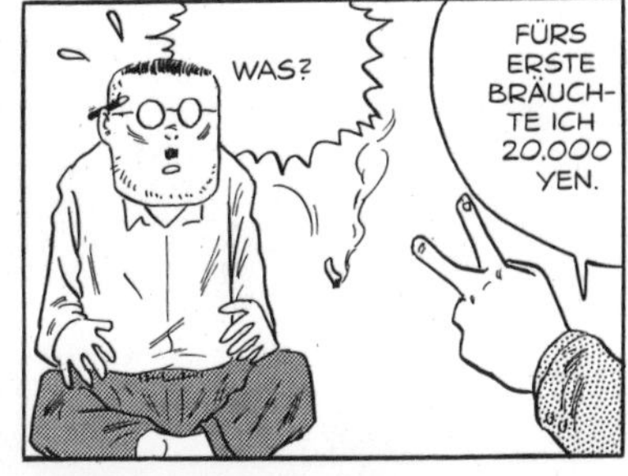
FÜRS ERSTE BRÄUCH-TE ICH 20.000 YEN.
WAS?

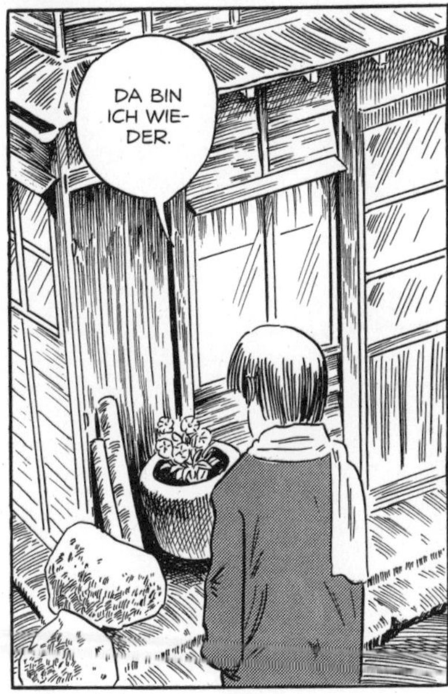
DA BIN ICH WIE-DER.

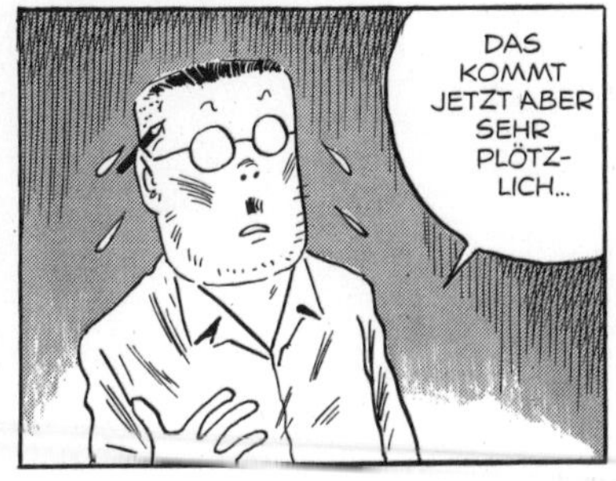
DAS KOMMT JETZT ABER SEHR PLÖTZ-LICH...

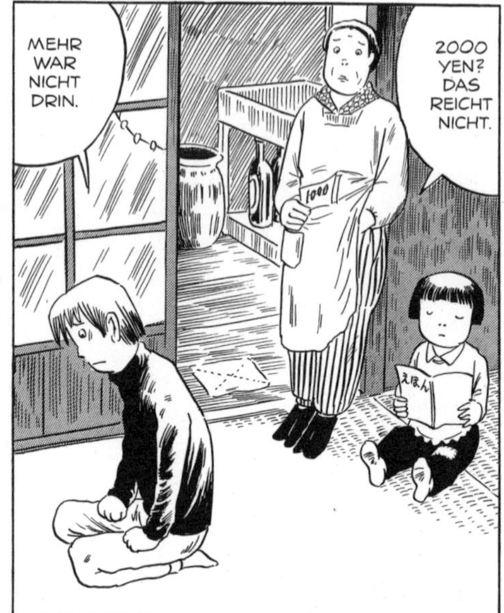
2000 YEN? DAS REICHT NICHT.
1000
MEHR WAR NICHT DRIN.
えほん

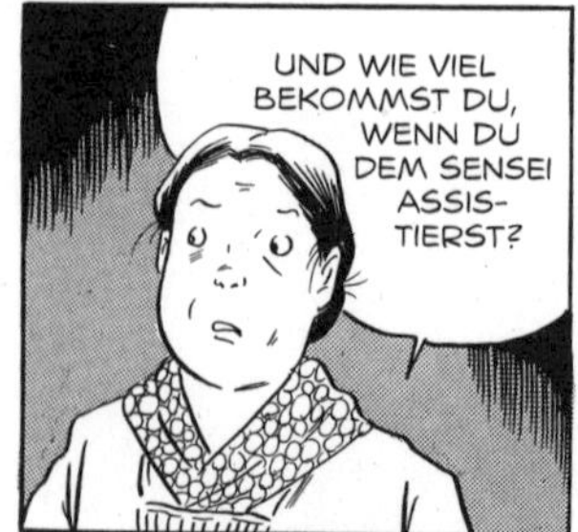
UND WIE VIEL BEKOMMST DU, WENN DU DEM SENSEI ASSISTIERST?

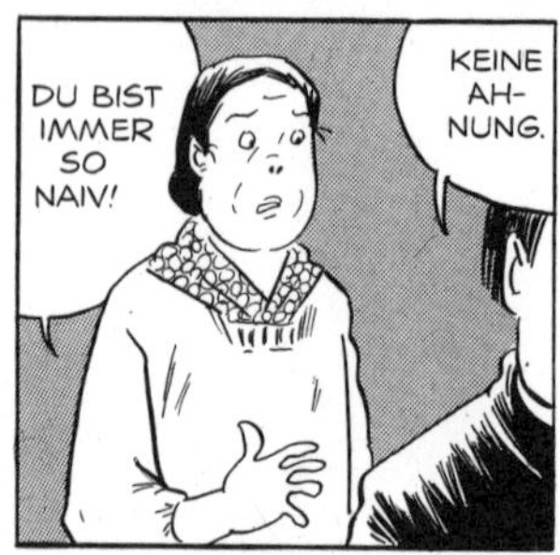
KEINE AHNUNG.
DU BIST IMMER SO NAIV!

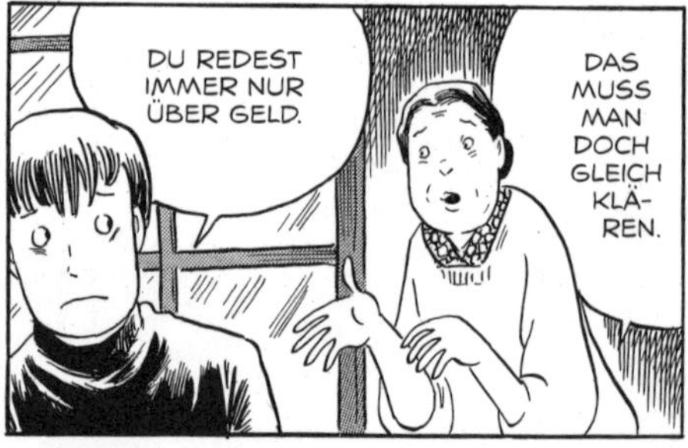
DAS MUSS MAN DOCH GLEICH KLÄREN.
DU REDEST IMMER NUR ÜBER GELD.

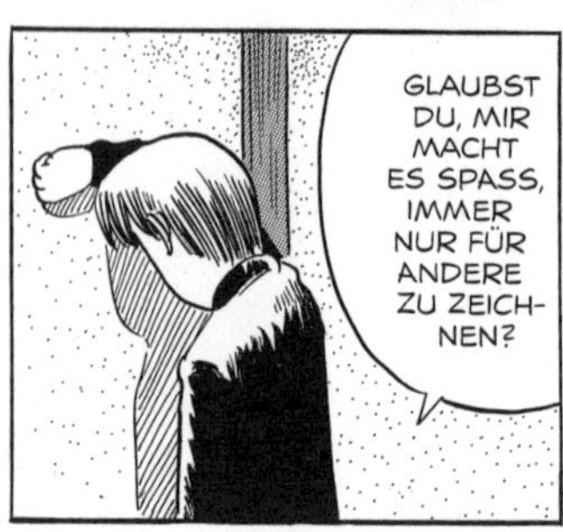
GLAUBST DU, MIR MACHT ES SPASS, IMMER NUR FÜR ANDERE ZU ZEICHNEN?

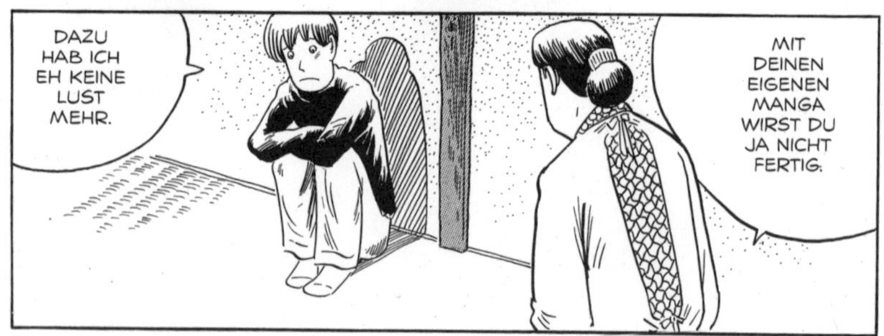
MIT DEINEN EIGENEN MANGA WIRST DU JA NICHT FERTIG.
DAZU HAB ICH EH KEINE LUST MEHR.

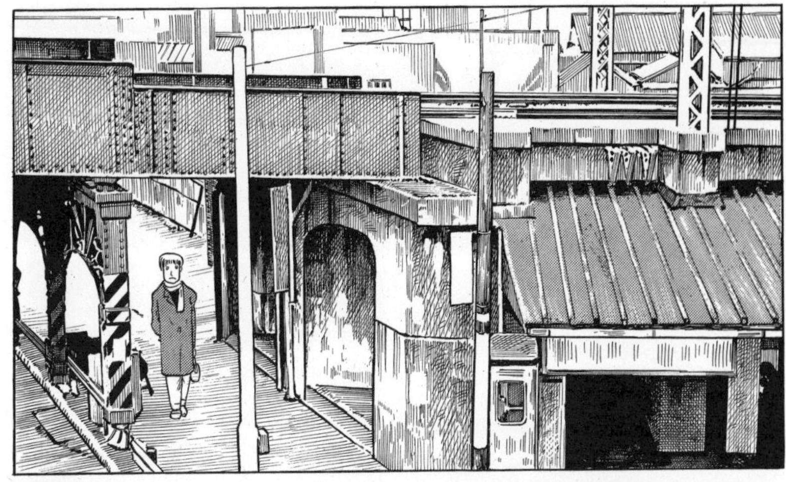

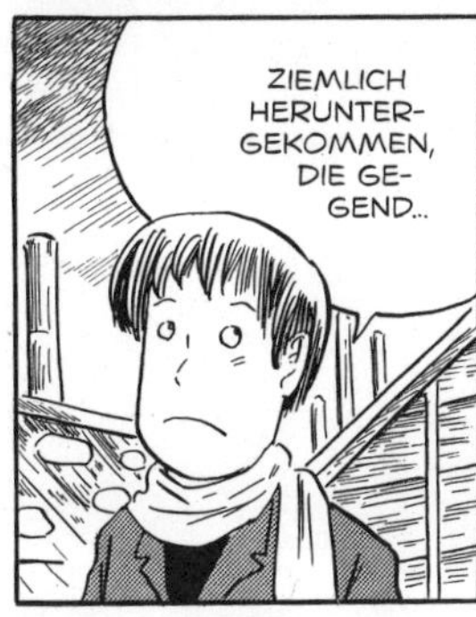
ZIEMLICH HERUNTER-GEKOMMEN, DIE GE-GEND...

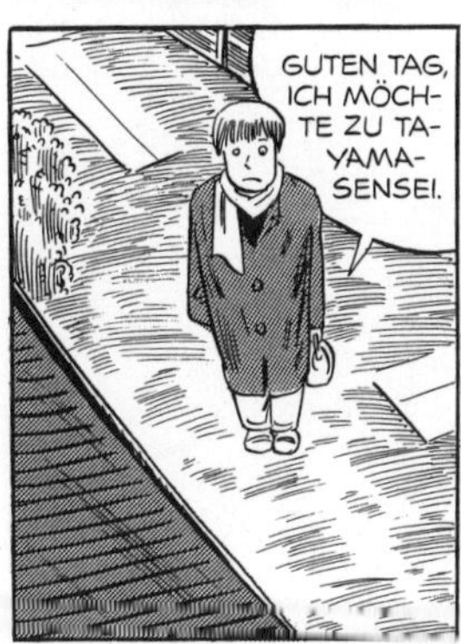
GUTEN TAG, ICH MÖCH-TE ZU TA-YAMA-SENSEI.

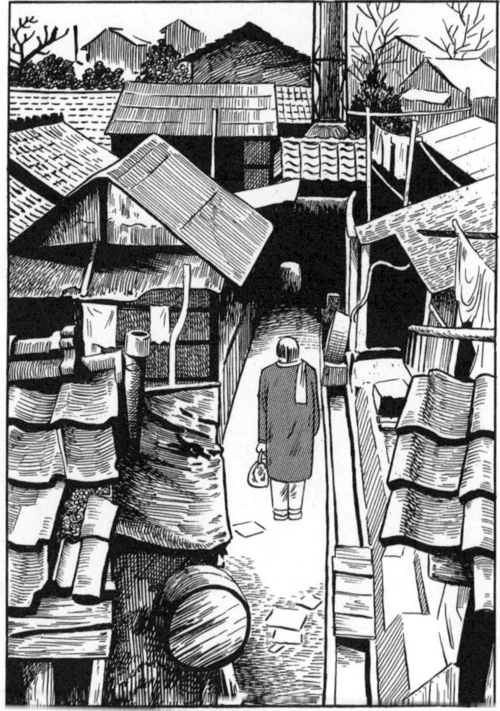

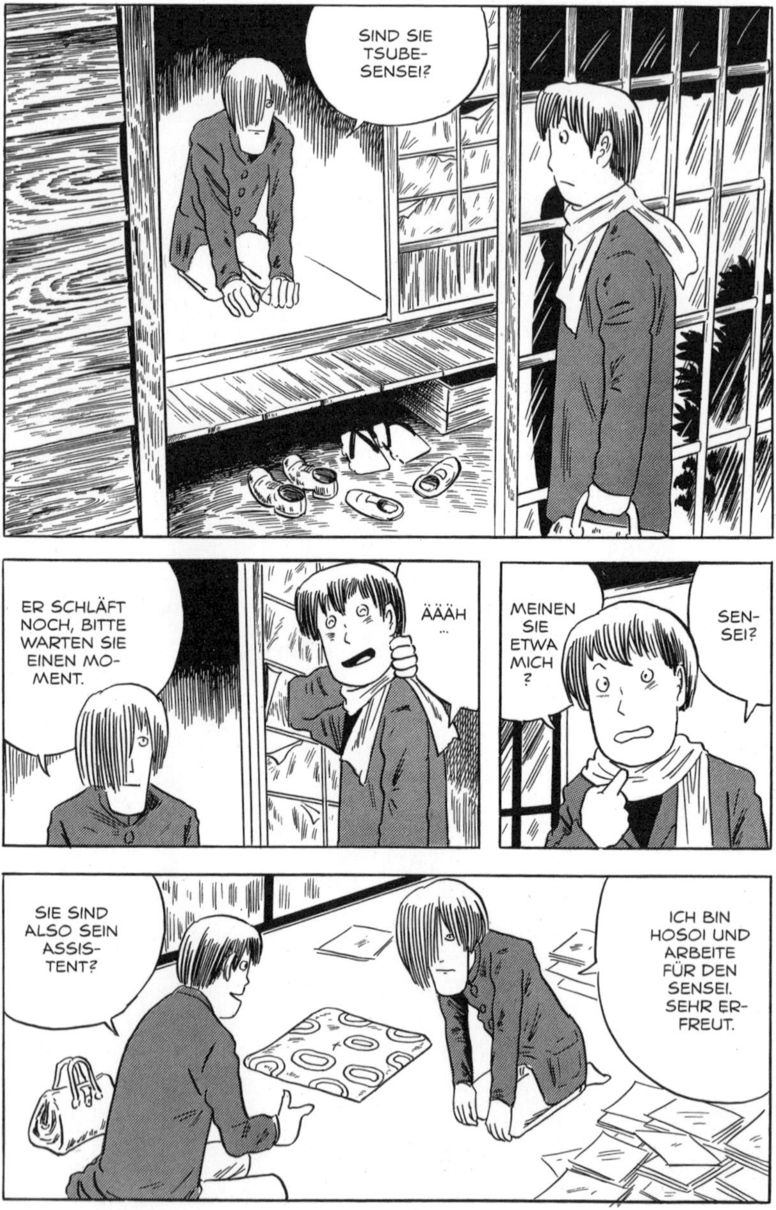

SIND SIE TSUBE-SENSEI?

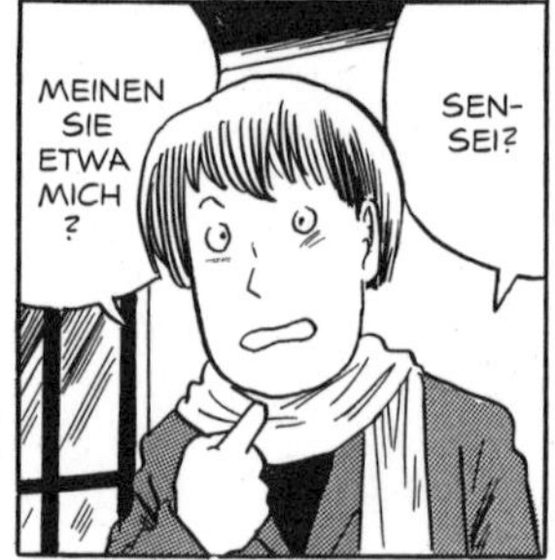

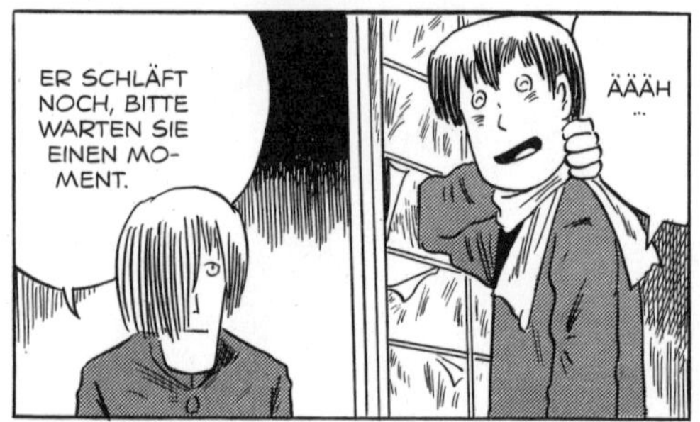

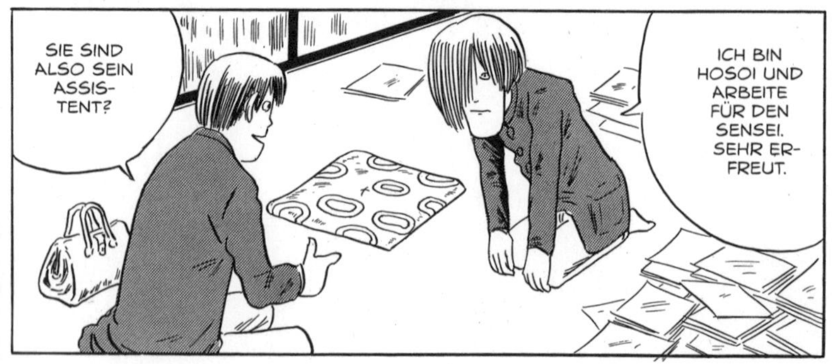

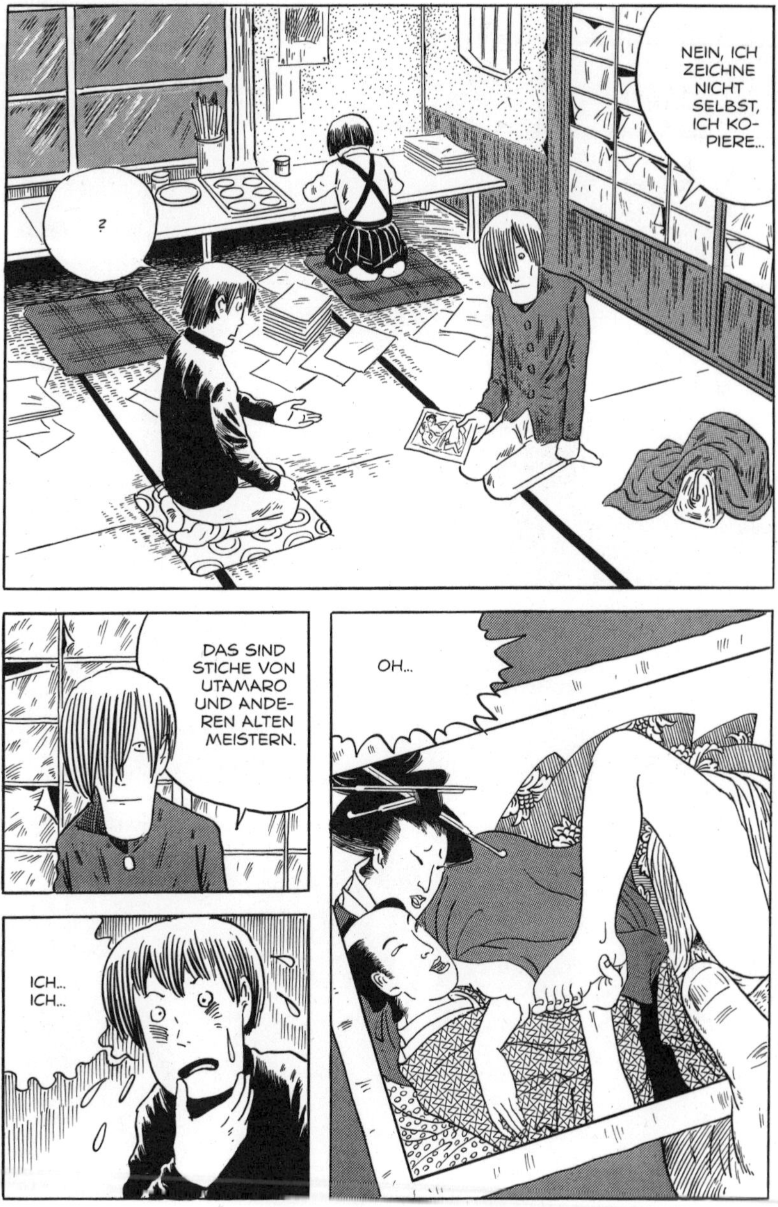

?
NEIN, ICH ZEICHNE NICHT SELBST, ICH KO-PIERE...

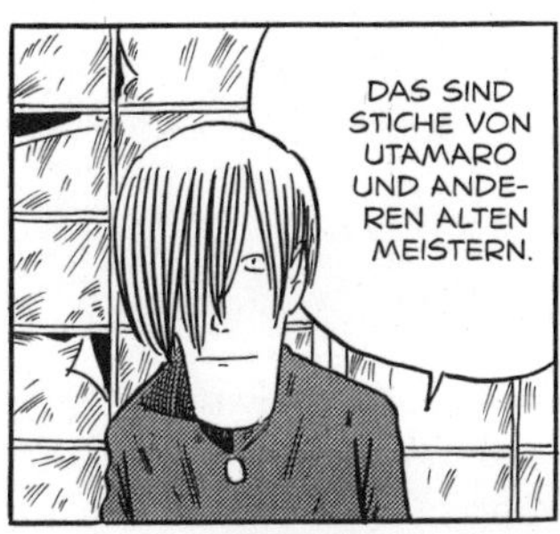
DAS SIND STICHE VON UTAMARO UND ANDE-REN ALTEN MEISTERN.

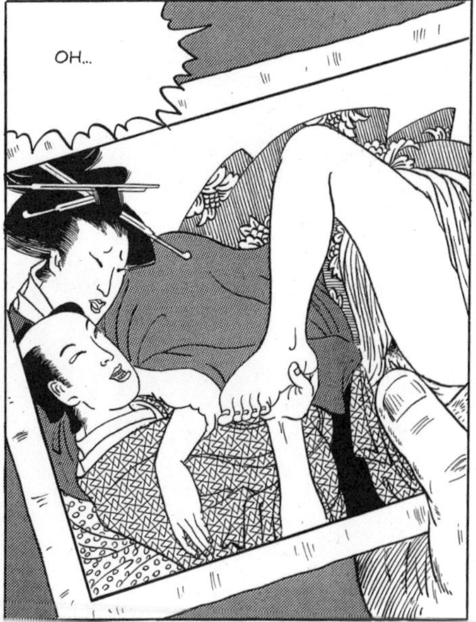
OH...

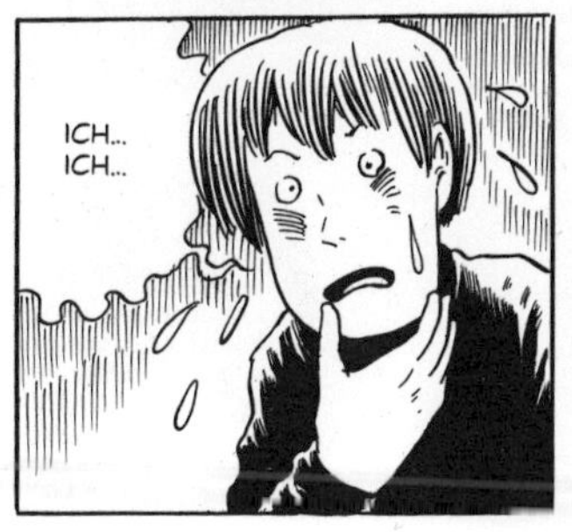
ICH..
ICH..

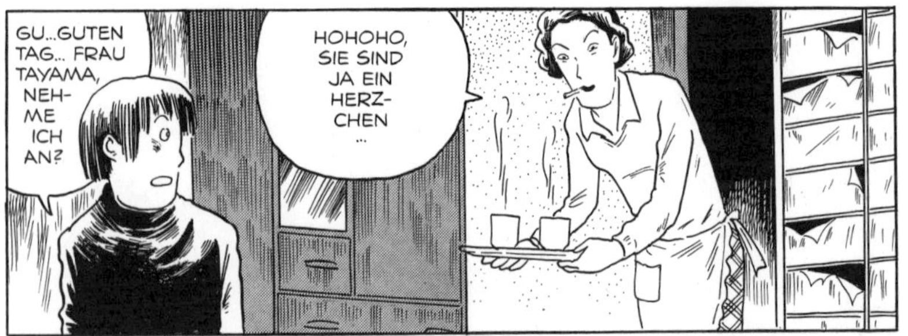
GU...GUTEN TAG... FRAU TAYAMA, NEHME ICH AN?
HOHOHO, SIE SIND JA EIN HERZCHEN ...

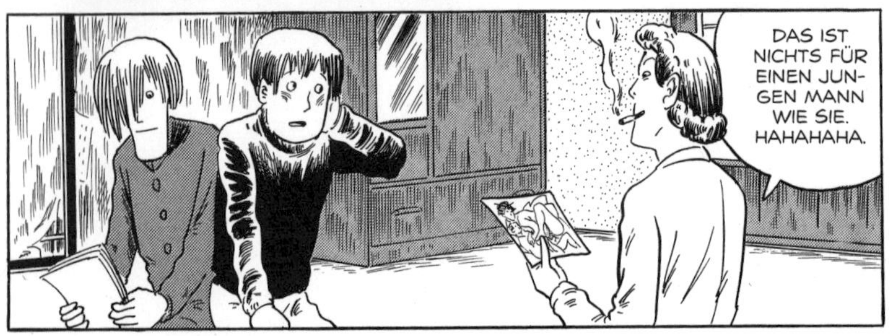
DAS IST NICHTS FÜR EINEN JUNGEN MANN WIE SIE. HAHAHAHA.

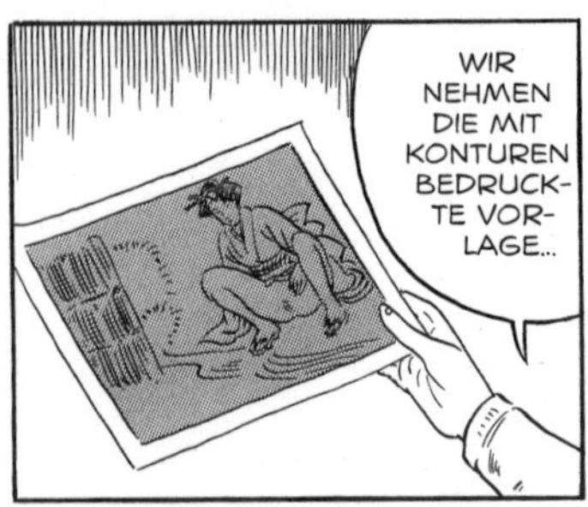
WIR NEHMEN DIE MIT KONTUREN BEDRUCKTE VORLAGE...

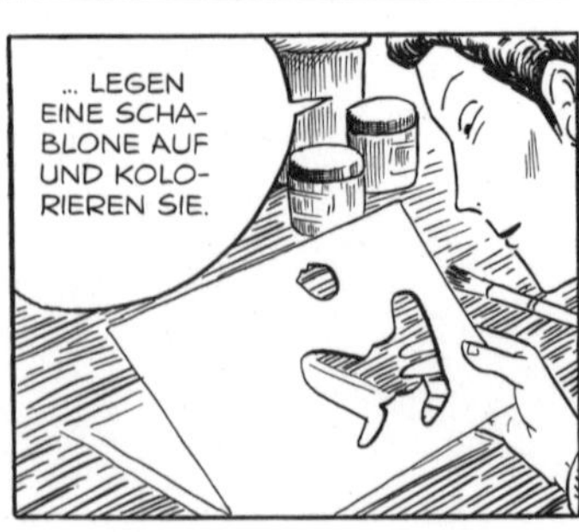
... LEGEN EINE SCHABLONE AUF UND KOLORIEREN SIE.

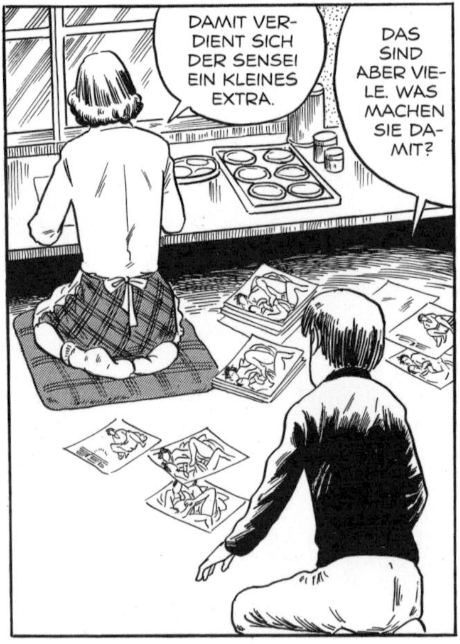
DAS SIND ABER VIELE. WAS MACHEN SIE DAMIT?
DAMIT VERDIENT SICH DER SENSEI EIN KLEINES EXTRA.

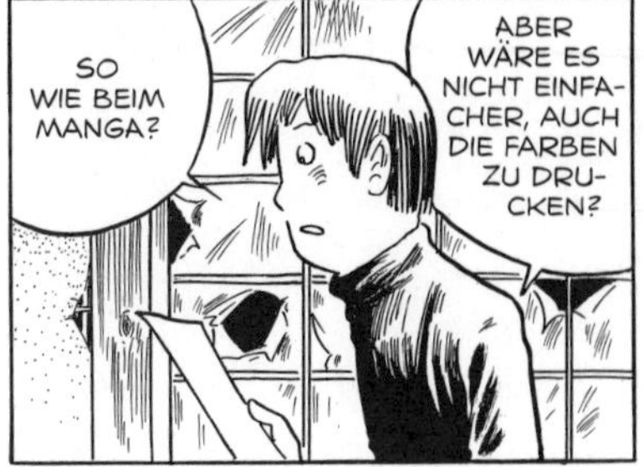
ABER WÄRE ES NICHT EINFACHER, AUCH DIE FARBEN ZU DRUCKEN?
SO WIE BEIM MANGA?

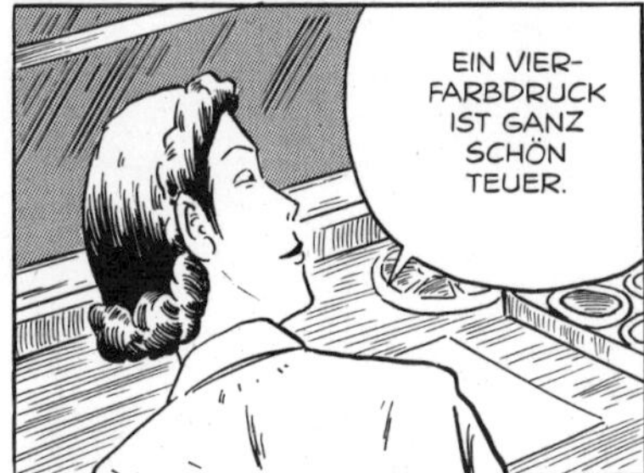
EIN VIERFARBDRUCK IST GANZ SCHÖN TEUER.

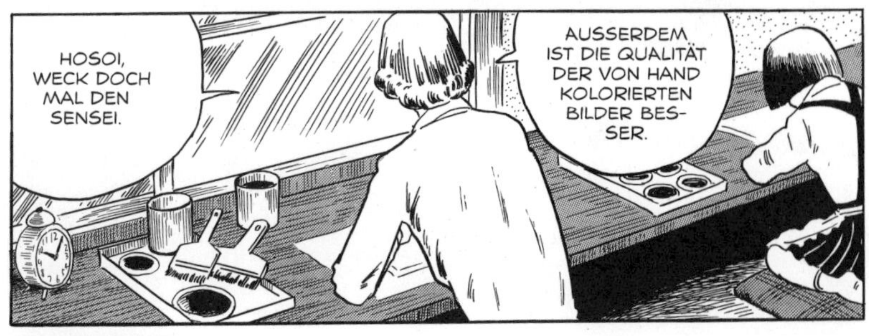
AUSSERDEM IST DIE QUALITÄT DER VON HAND KOLORIERTEN BILDER BESSER.
HOSOI, WECK DOCH MAL DEN SENSEI.

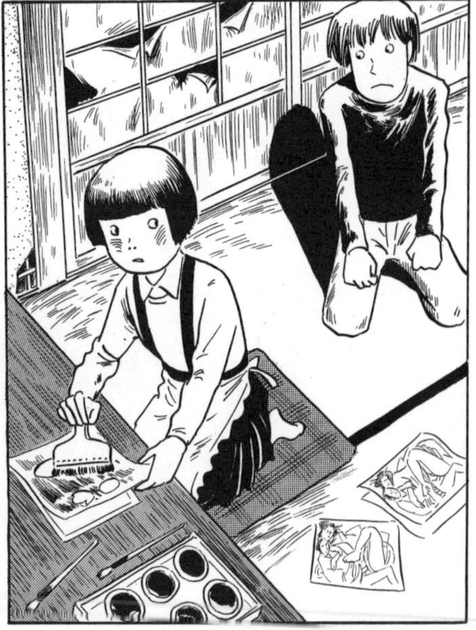

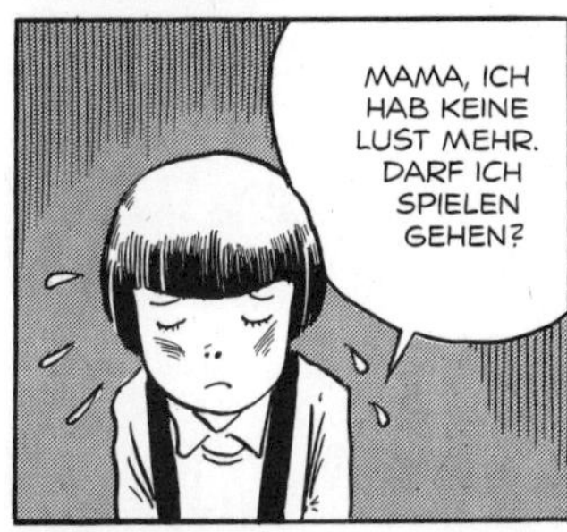
MAMA, ICH HAB KEINE LUST MEHR. DARF ICH SPIELEN GEHEN?

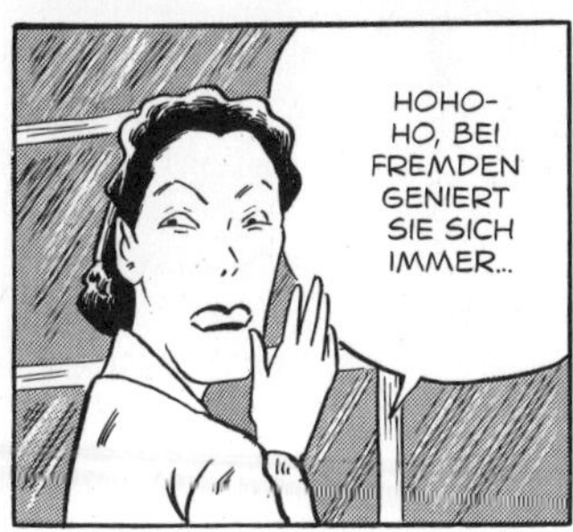
HOHOHO, BEI FREMDEN GENIERT SIE SICH IMMER...

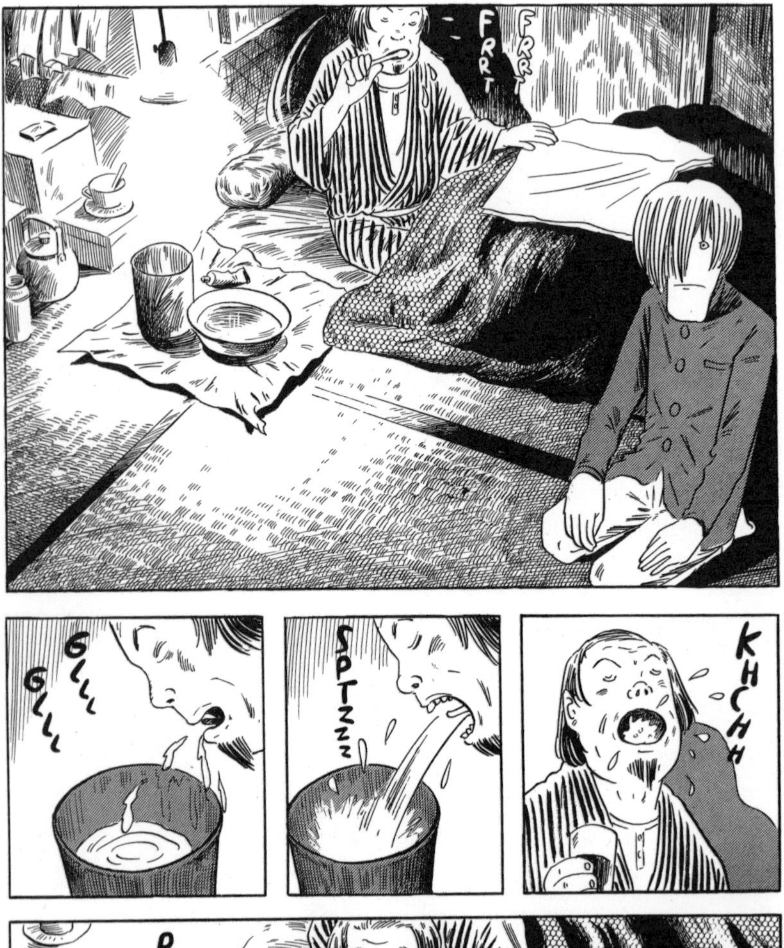

FRRT
FRRT

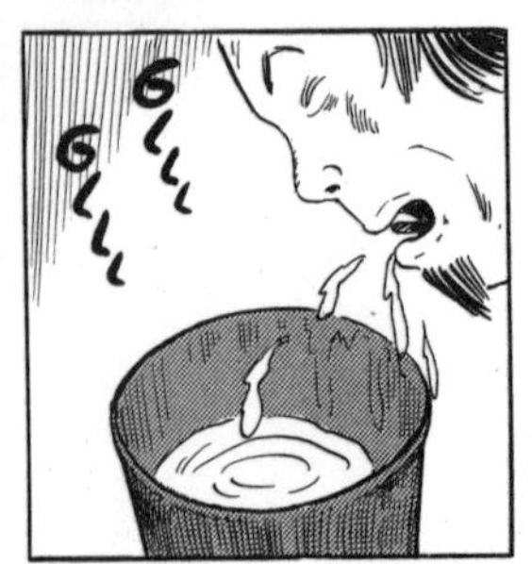
GLLL
GLLL

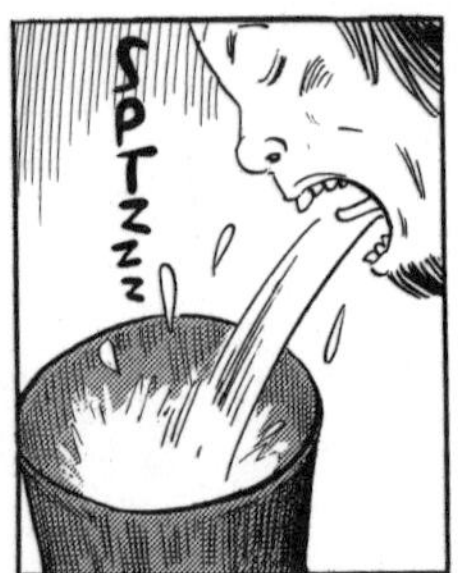
SPTZZZ

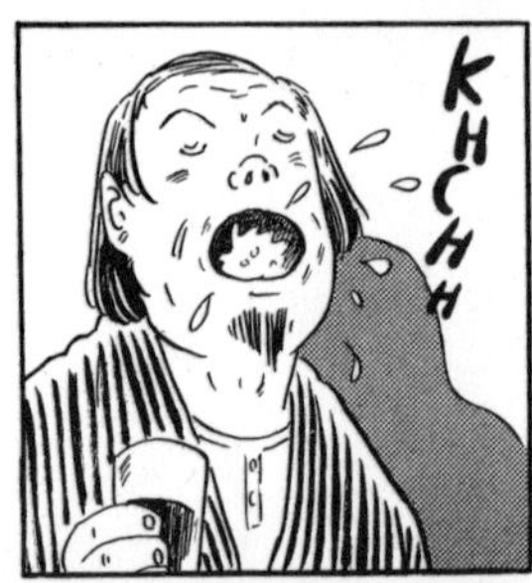
KHCHH

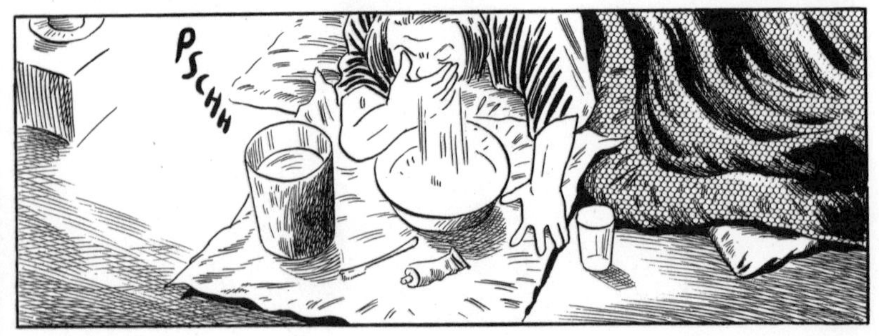
PSCHH

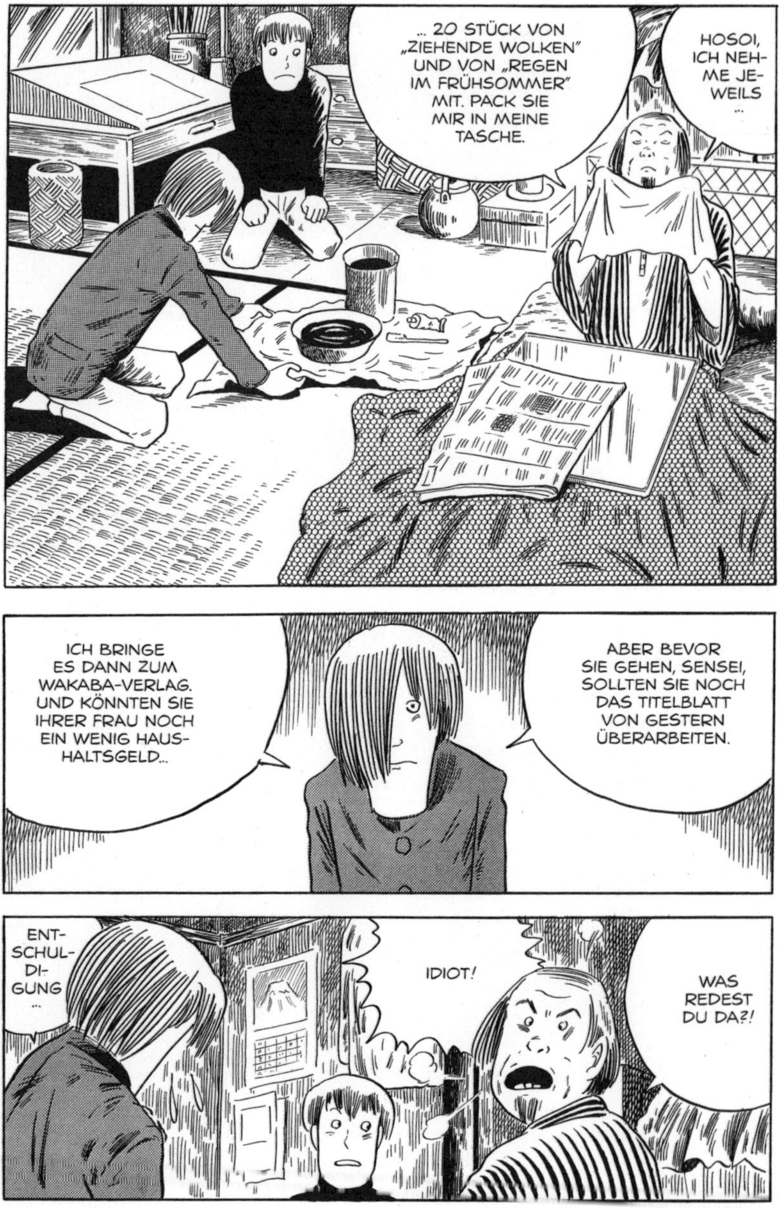

HOSOI, ICH NEHME JEWEILS …
… 20 STÜCK VON „ZIEHENDE WOLKEN" UND VON „REGEN IM FRÜHSOMMER" MIT. PACK SIE MIR IN MEINE TASCHE.

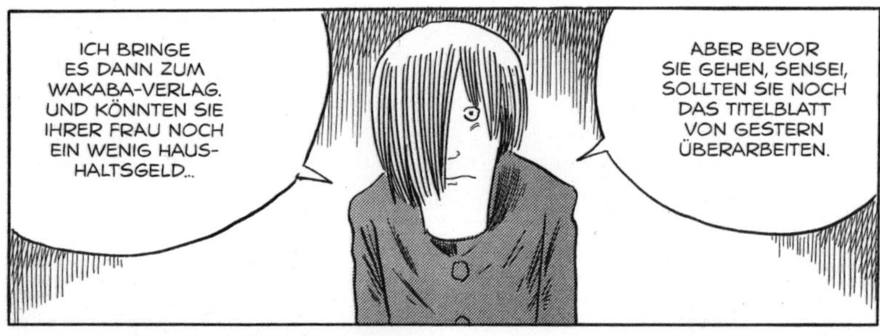

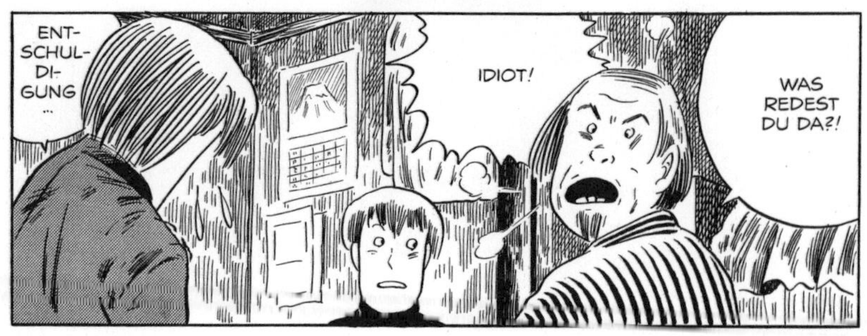

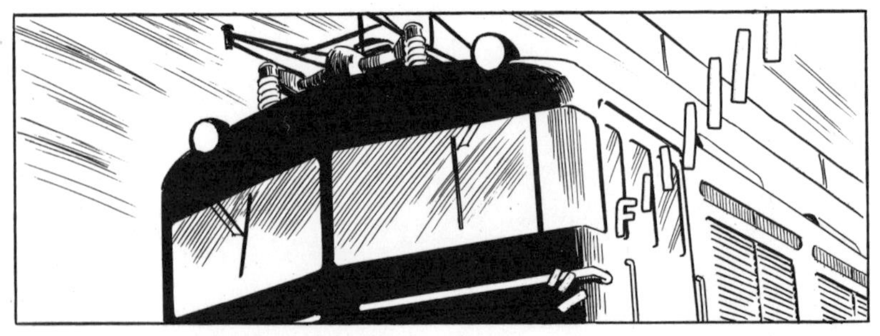
FIIIIII

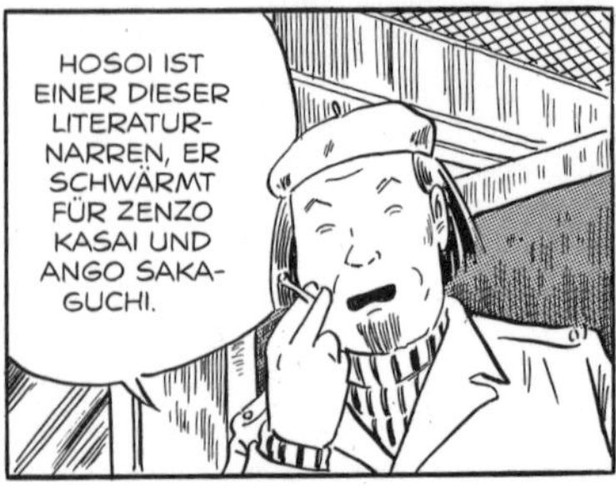
HOSOI IST EINER DIESER LITERATUR-NARREN, ER SCHWÄRMT FÜR ZENZO KASAI UND ANGO SAKA-GUCHI.

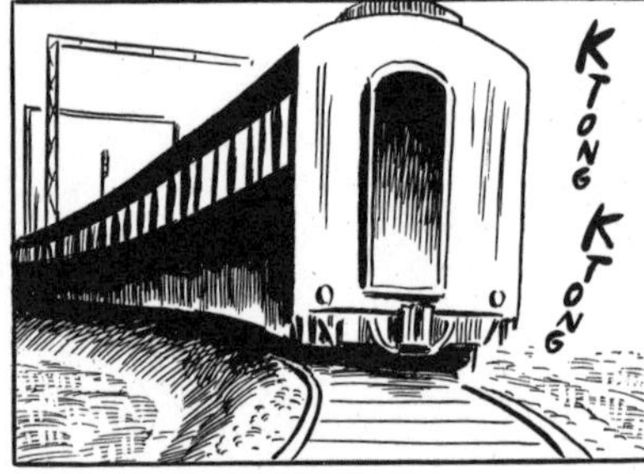
KTONG KTONG

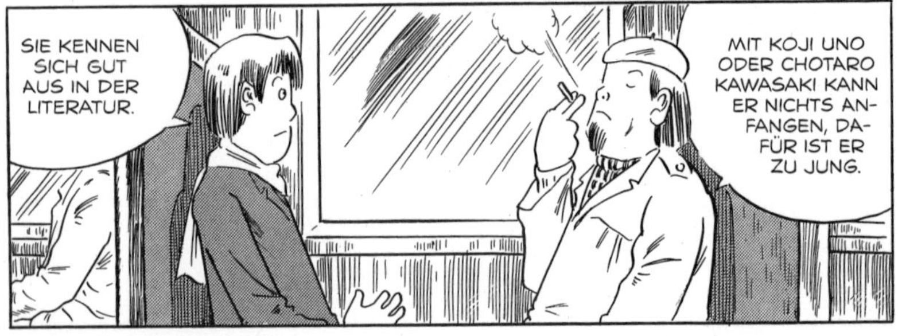
SIE KENNEN SICH GUT AUS IN DER LITERATUR.
MIT KOJI UNO ODER CHOTARO KAWASAKI KANN ER NICHTS AN-FANGEN, DA-FÜR IST ER ZU JUNG.

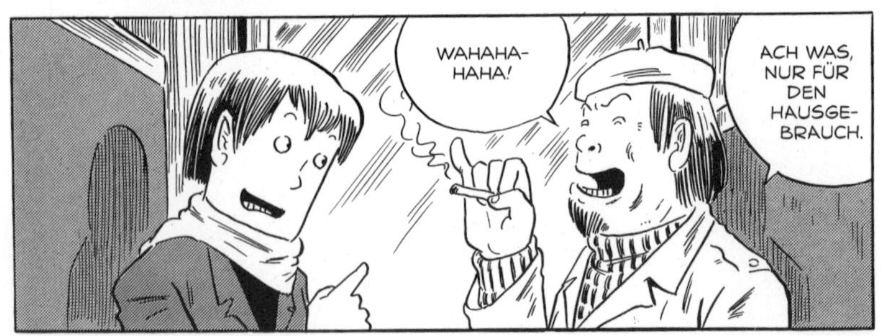
WAHAHA-HAHA!
ACH WAS, NUR FÜR DEN HAUSGE-BRAUCH.

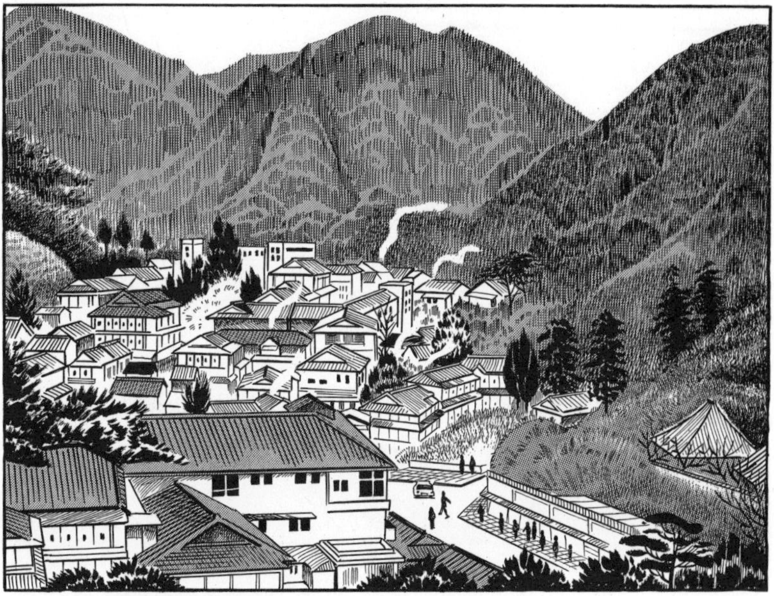

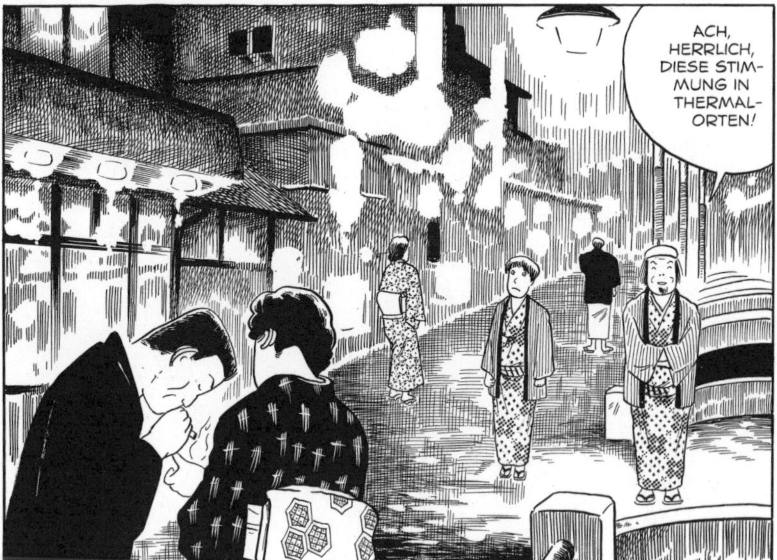

ACH, HERRLICH, DIESE STIMMUNG IN THERMALORTEN!

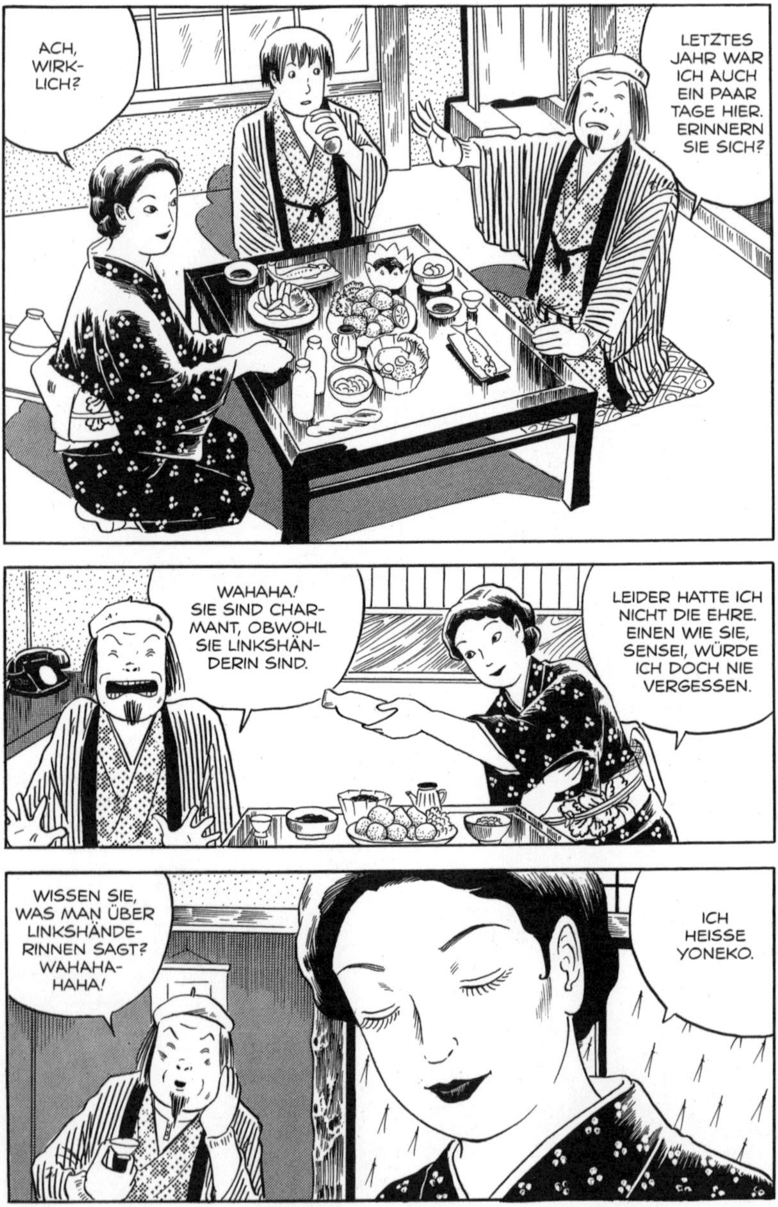

LETZTES JAHR WAR ICH AUCH EIN PAAR TAGE HIER. ERINNERN SIE SICH?
ACH, WIRK-LICH?

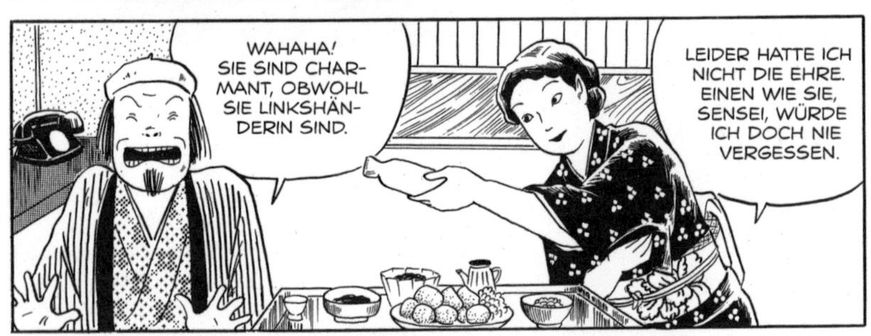

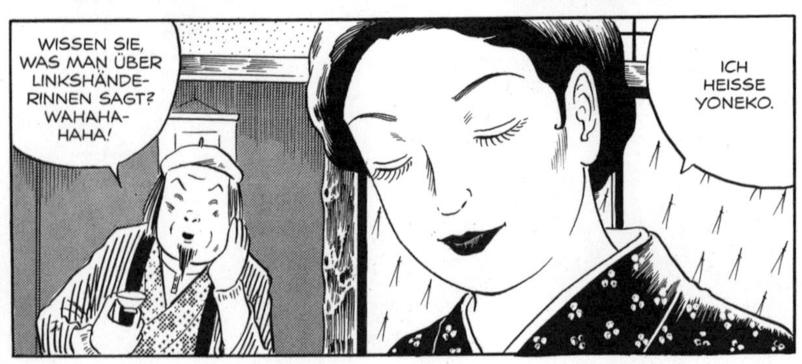

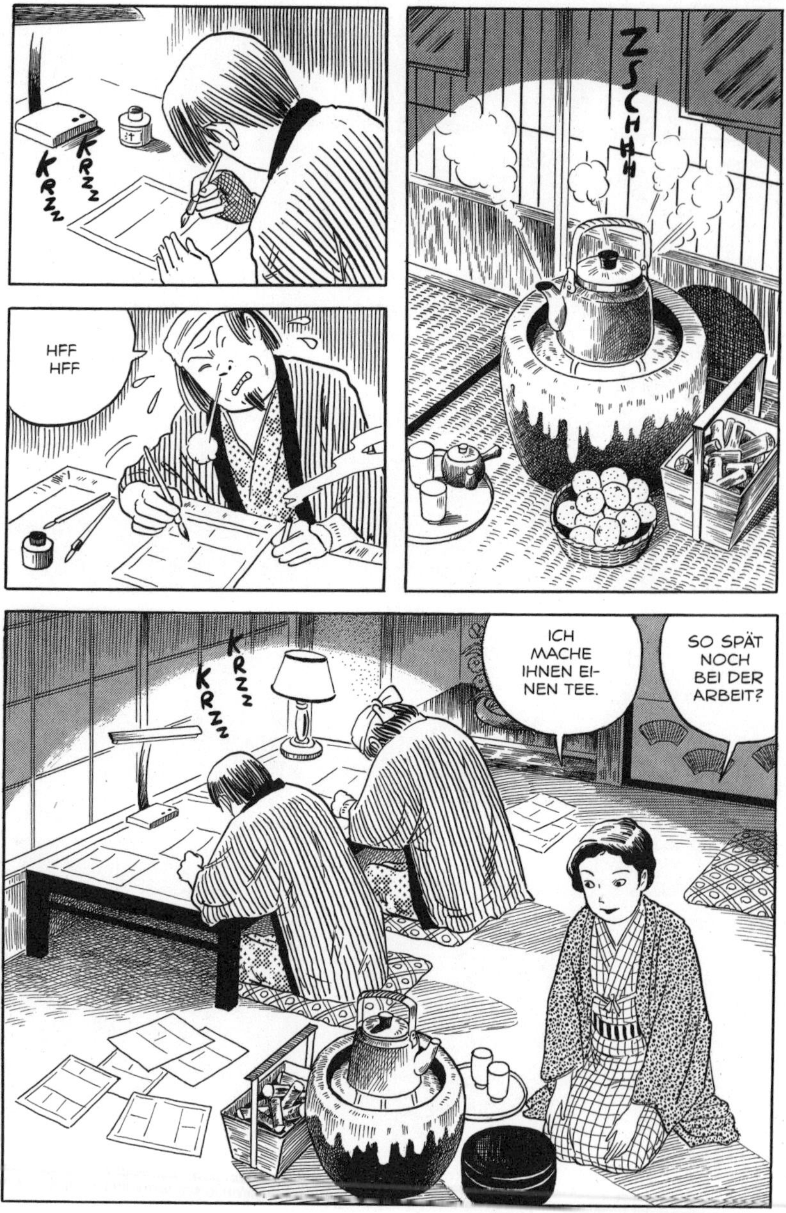

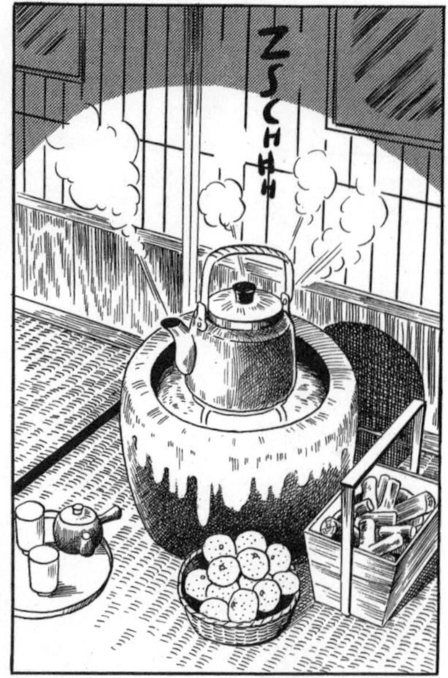

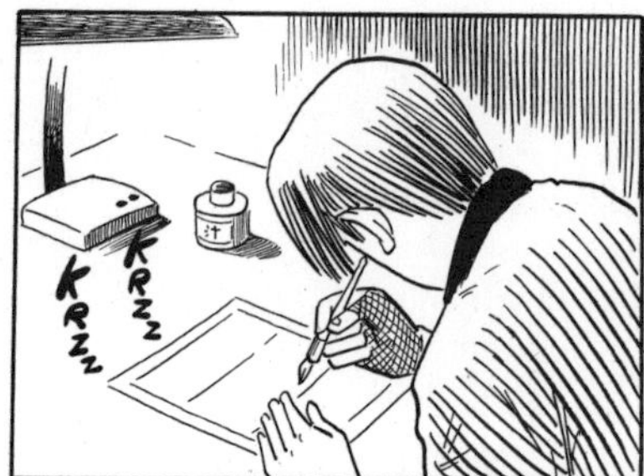

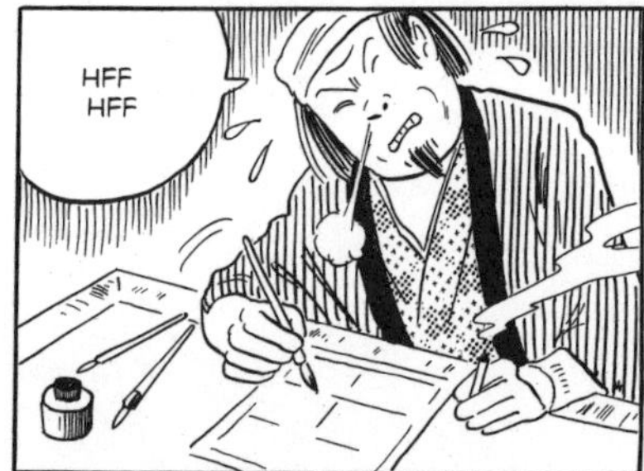

SO SPÄT NOCH BEI DER ARBEIT?

ICH MACHE IHNEN EI-NEN TEE.

KRZZZ
KRZZZ

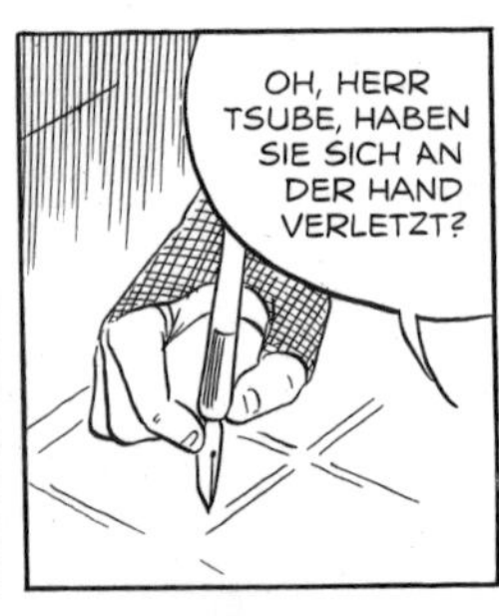
OH, HERR TSUBE, HABEN SIE SICH AN DER HAND VERLETZT?

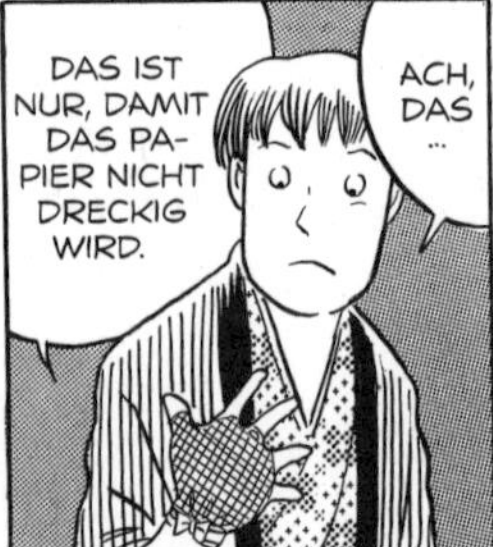
ACH, DAS ...
DAS IST NUR, DAMIT DAS PAPIER NICHT DRECKIG WIRD.

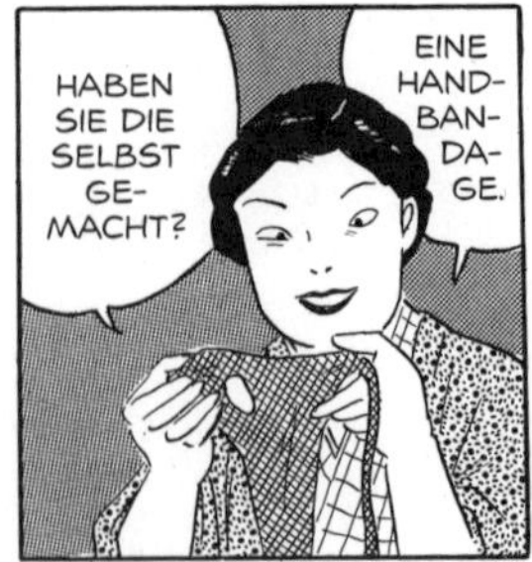
EINE HANDBANDAGE.
HABEN SIE DIE SELBST GEMACHT?

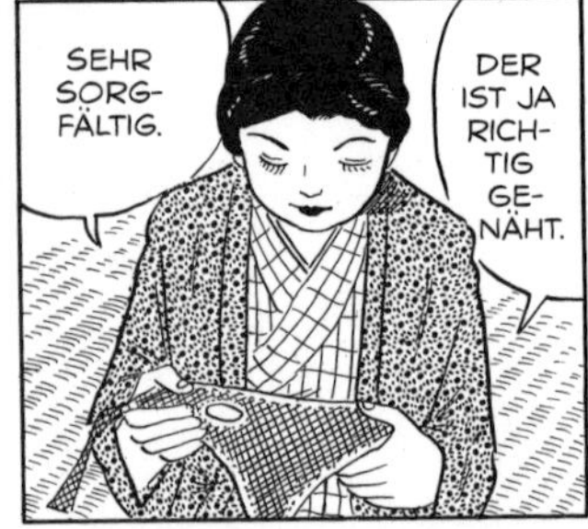
DER IST JA RICHTIG GENÄHT.
SEHR SORGFÄLTIG.

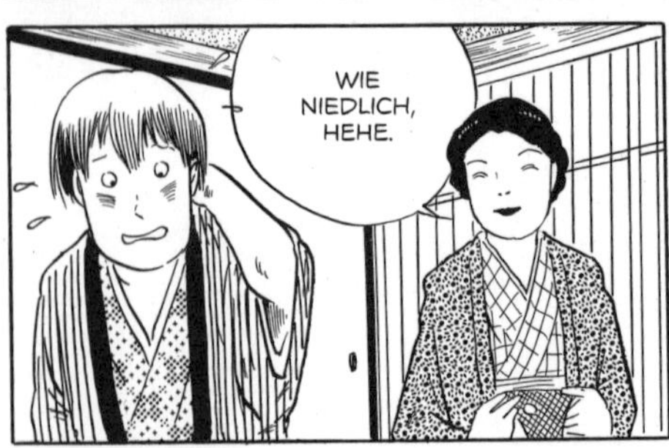
WIE NIEDLICH, HEHE.

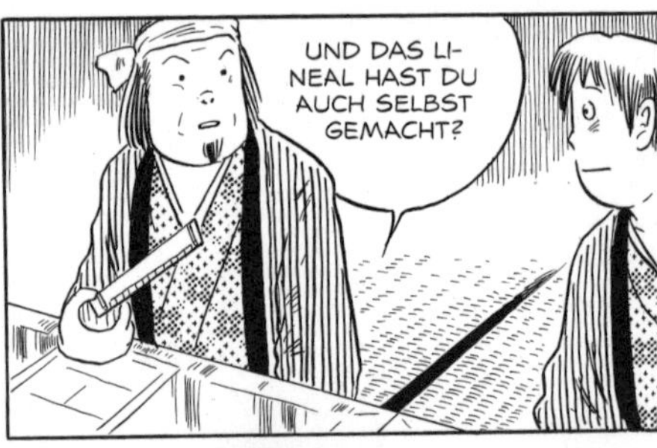
UND DAS LINEAL HAST DU AUCH SELBST GEMACHT?

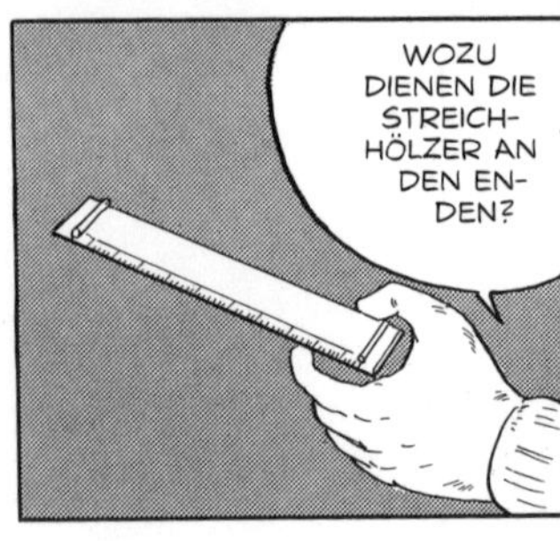
WOZU DIENEN DIE STREICHHÖLZER AN DEN ENDEN?

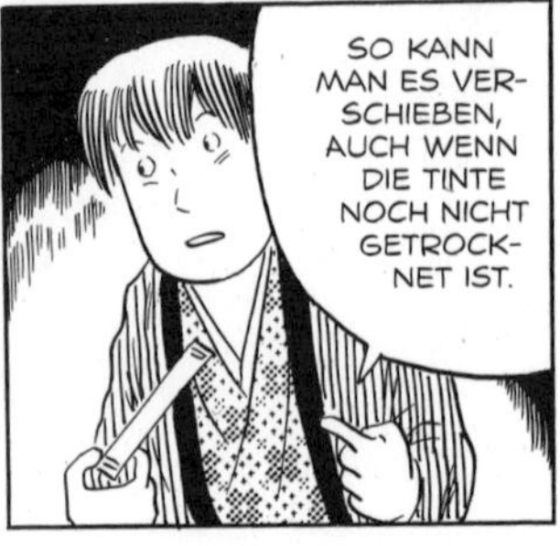
SO KANN MAN ES VERSCHIEBEN, AUCH WENN DIE TINTE NOCH NICHT GETROCKNET IST.

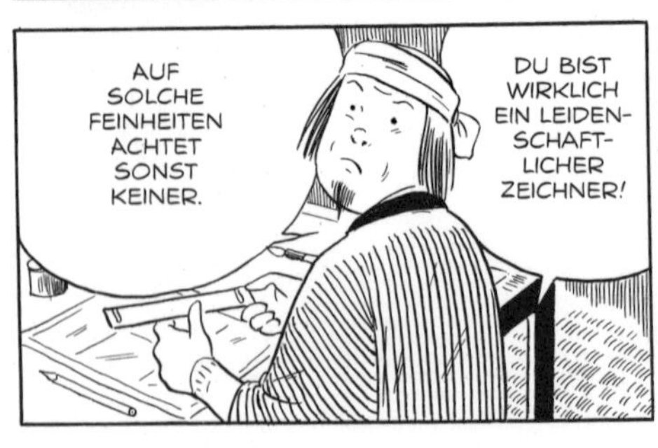
DU BIST WIRKLICH EIN LEIDENSCHAFTLICHER ZEICHNER!
AUF SOLCHE FEINHEITEN ACHTET SONST KEINER.

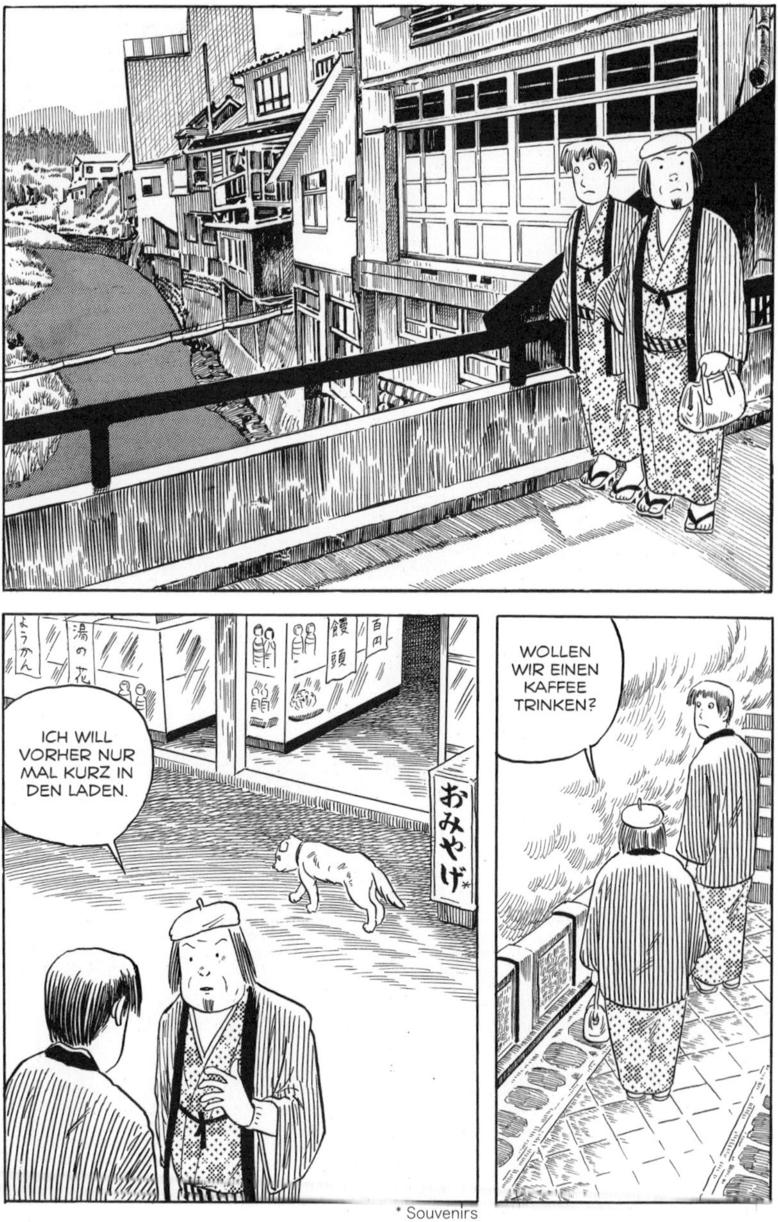

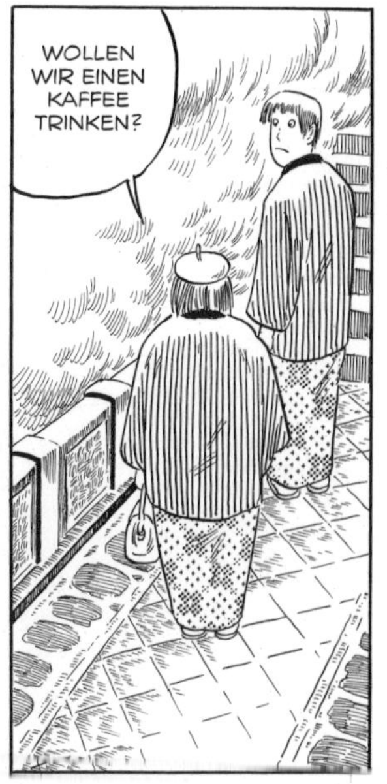
WOLLEN WIR EINEN KAFFEE TRINKEN?

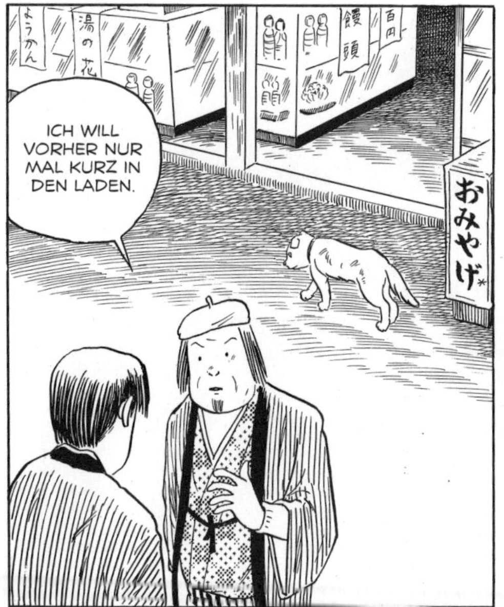
ようかん
湯の花
饅頭
百円
おみやげ*
ICH WILL VORHER NUR MAL KURZ IN DEN LADEN.

* Souvenirs

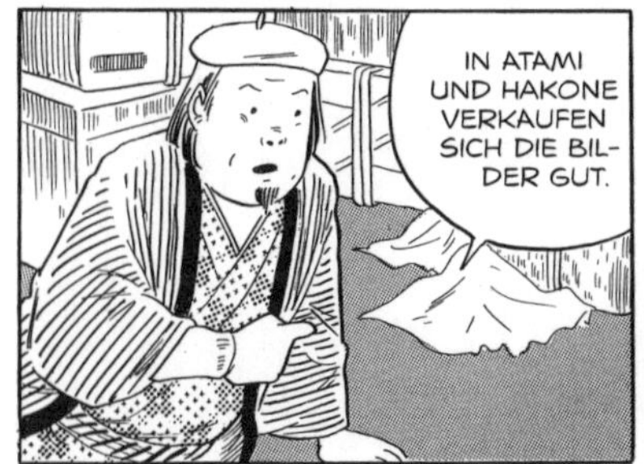
IN ATAMI UND HAKONE VERKAUFEN SICH DIE BILDER GUT.

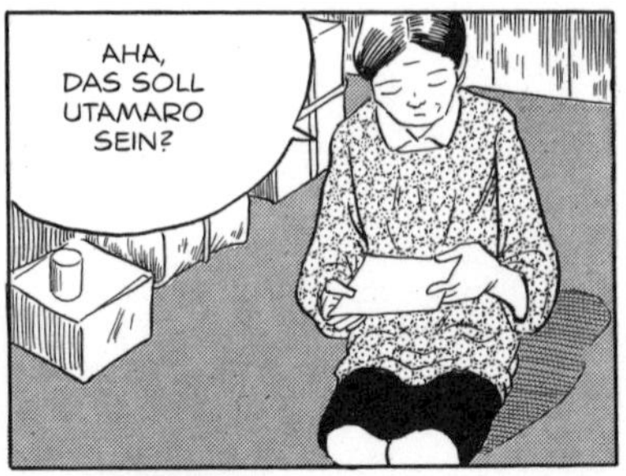
AHA, DAS SOLL UTAMARO SEIN?

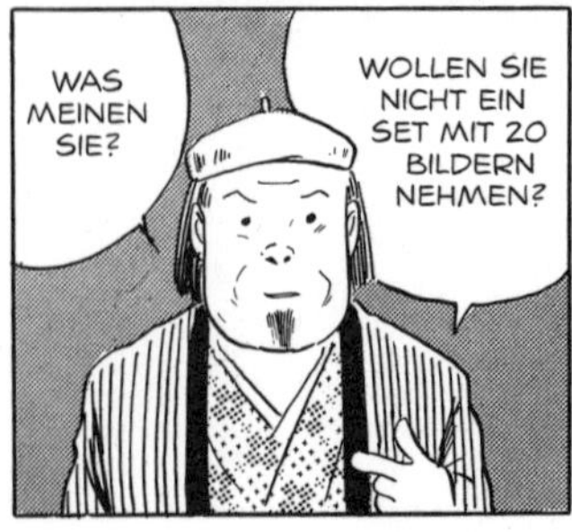
WOLLEN SIE NICHT EIN SET MIT 20 BILDERN NEHMEN?
WAS MEINEN SIE?

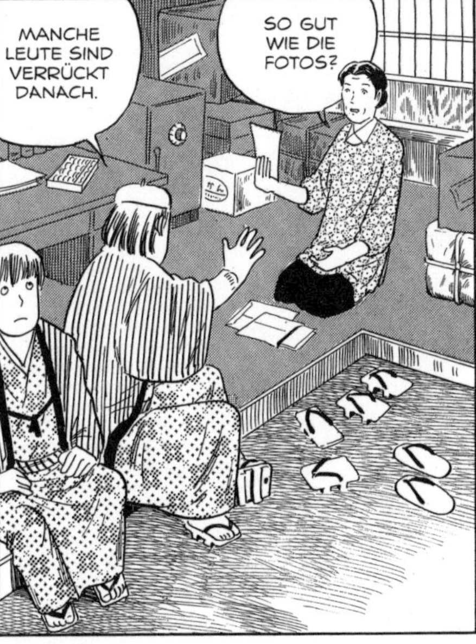
SO GUT WIE DIE FOTOS?
MANCHE LEUTE SIND VERRÜCKT DANACH.

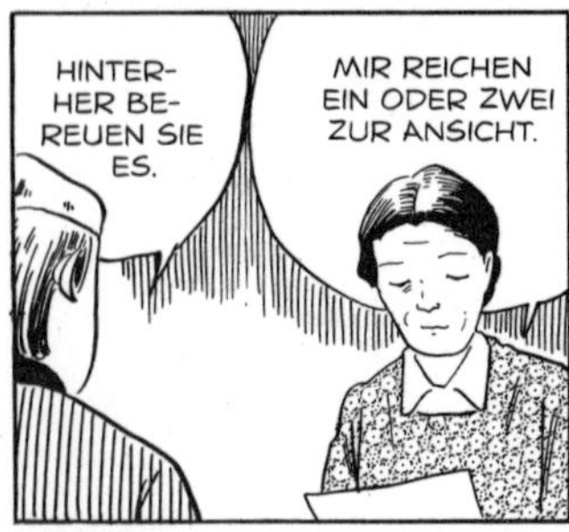
MIR REICHEN EIN ODER ZWEI ZUR ANSICHT.
HINTER-HER BE-REUEN SIE ES.

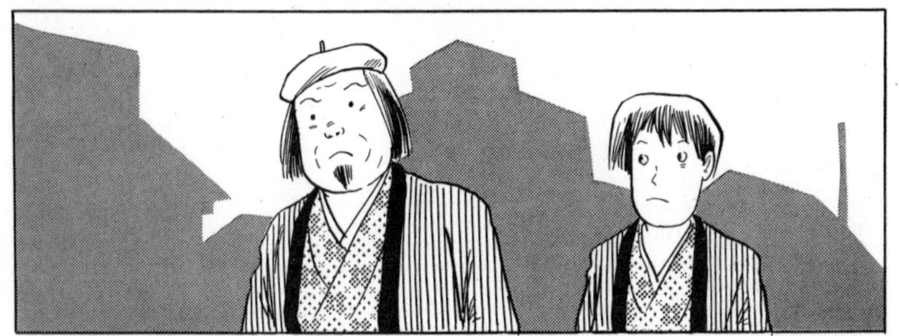

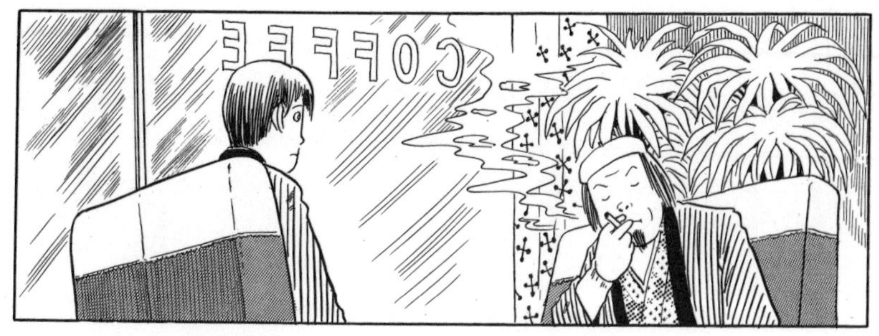
COFFEE

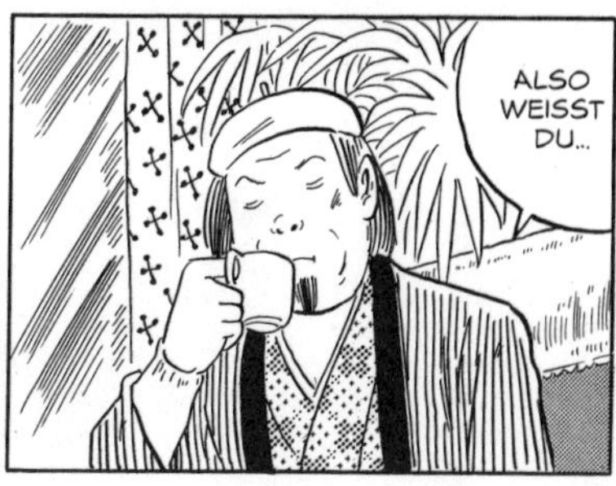
ALSO WEISST DU...

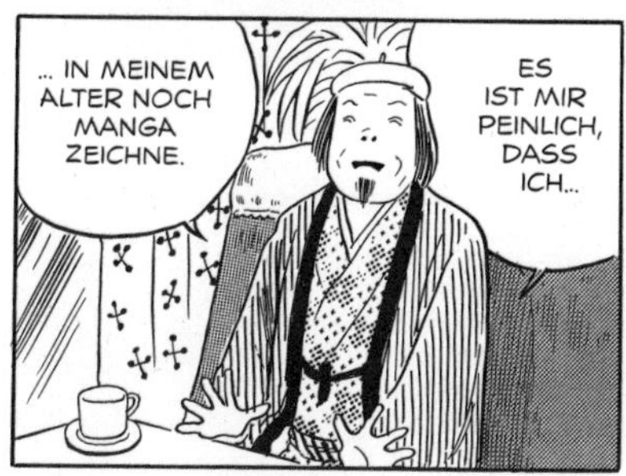
ES IST MIR PEINLICH, DASS ICH...
... IN MEINEM ALTER NOCH MANGA ZEICHNE.

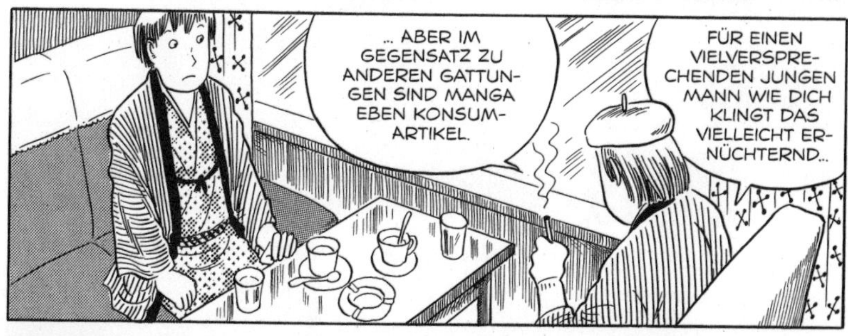
FÜR EINEN VIELVERSPRECHENDEN JUNGEN MANN WIE DICH KLINGT DAS VIELLEICHT ERNÜCHTERND...
... ABER IM GEGENSATZ ZU ANDEREN GATTUNGEN SIND MANGA EBEN KONSUMARTIKEL.

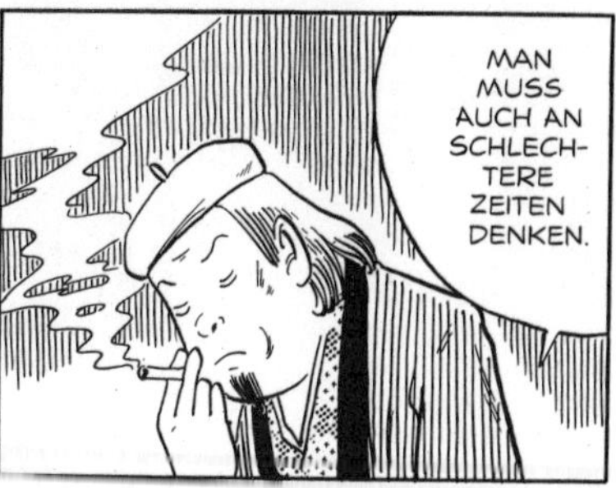
MAN MUSS AUCH AN SCHLECHTERE ZEITEN DENKEN.

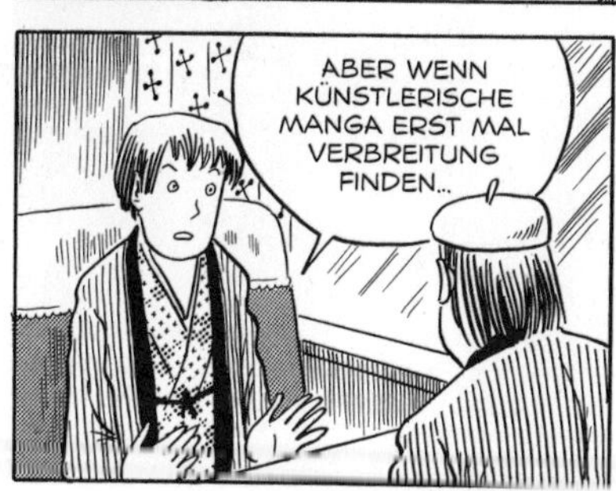
ABER WENN KÜNSTLERISCHE MANGA ERST MAL VERBREITUNG FINDEN...

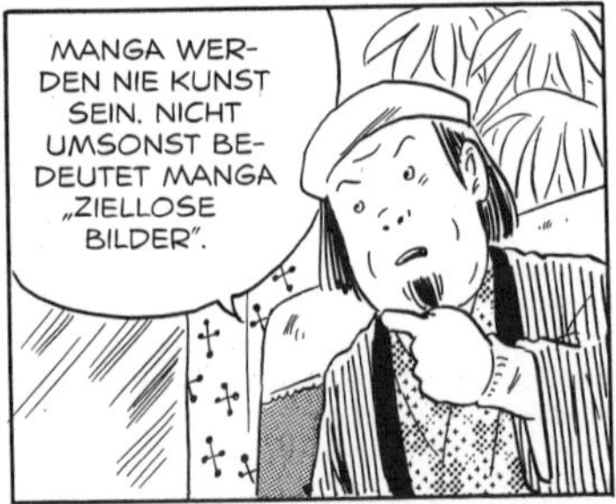

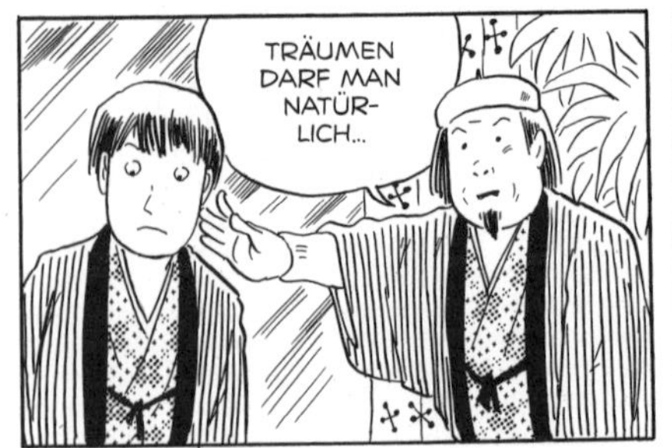

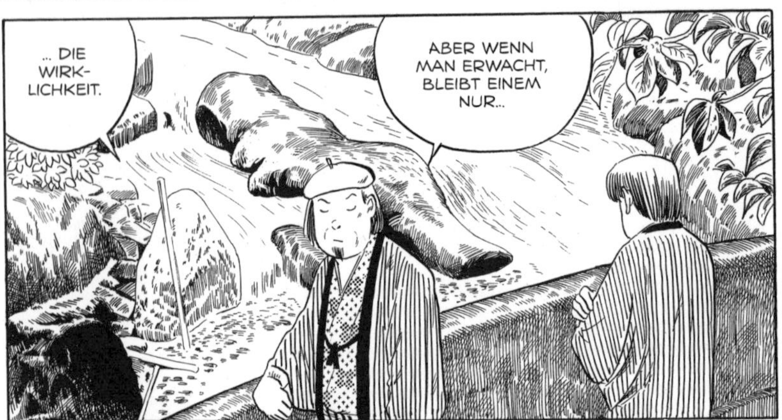

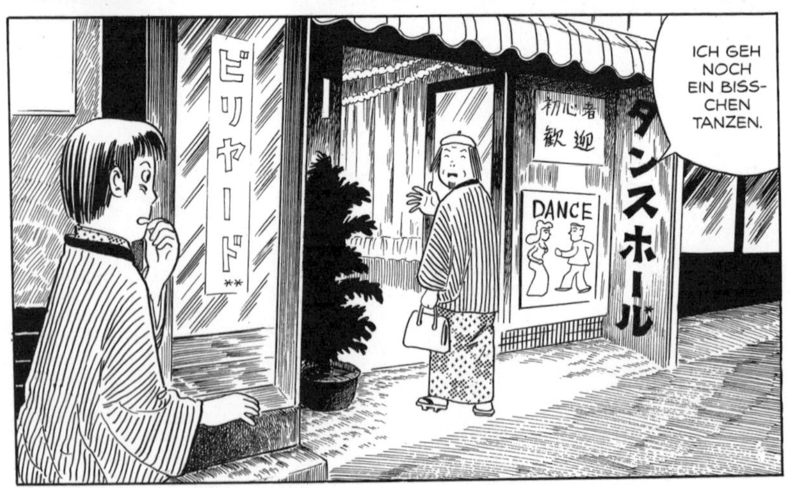

** Billard * Tanzsaal

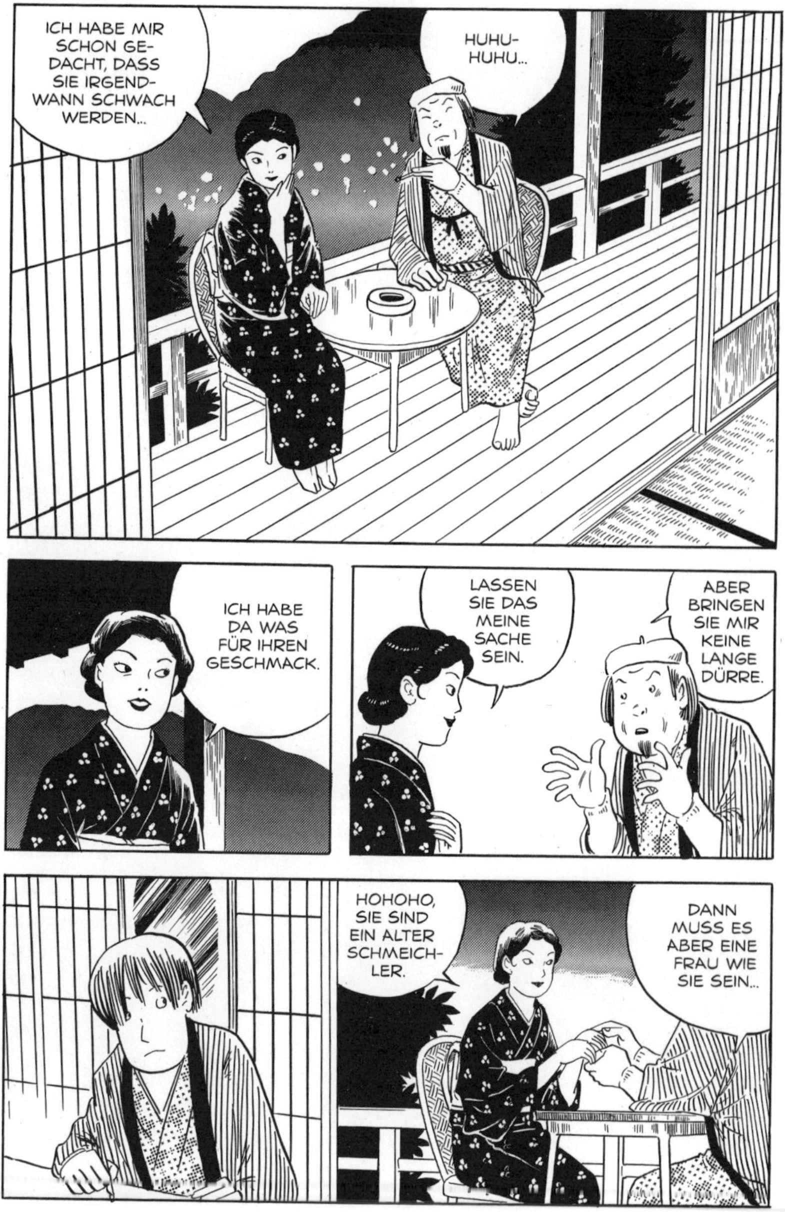

ICH HABE MIR SCHON GE-DACHT, DASS SIE IRGEND-WANN SCHWACH WERDEN...
HUHU-HUHU...

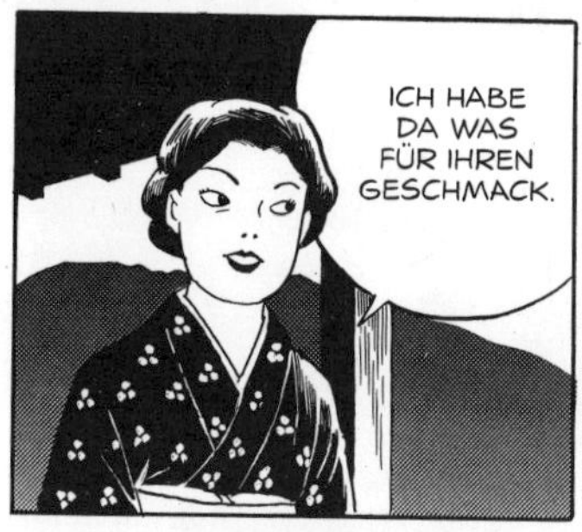

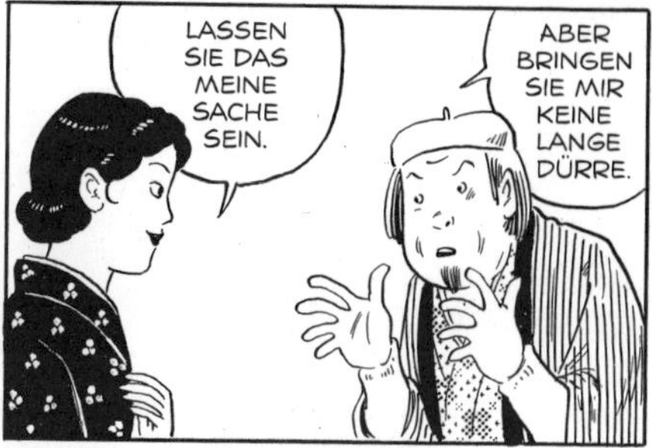

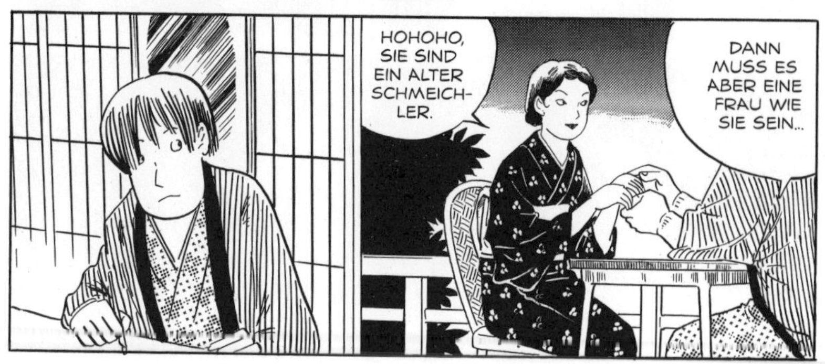

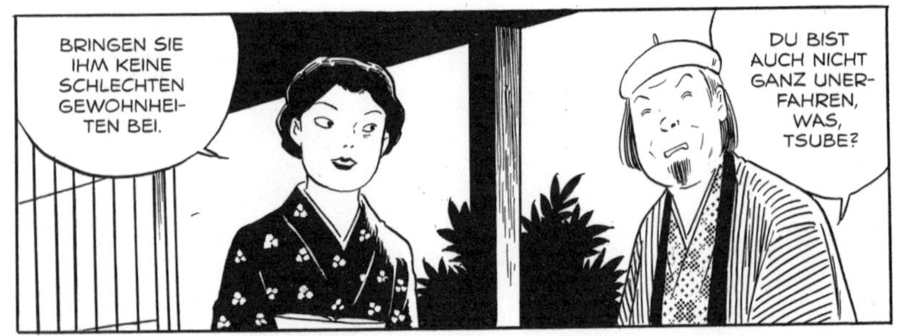
BRINGEN SIE IHM KEINE SCHLECHTEN GEWOHNHEITEN BEI.
DU BIST AUCH NICHT GANZ UNERFAHREN, WAS, TSUBE?

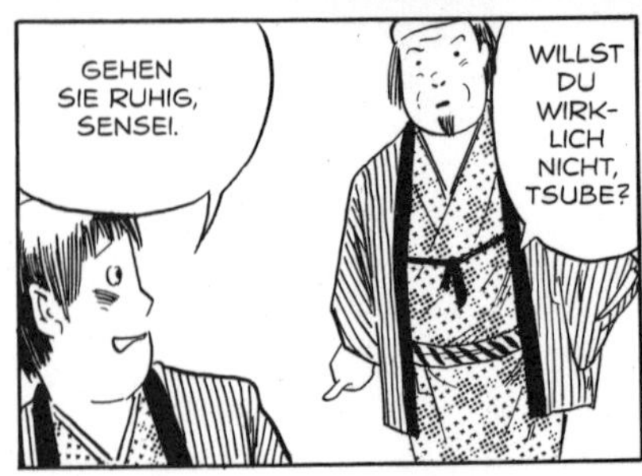
GEHEN SIE RUHIG, SENSEI.
WILLST DU WIRKLICH NICHT, TSUBE?

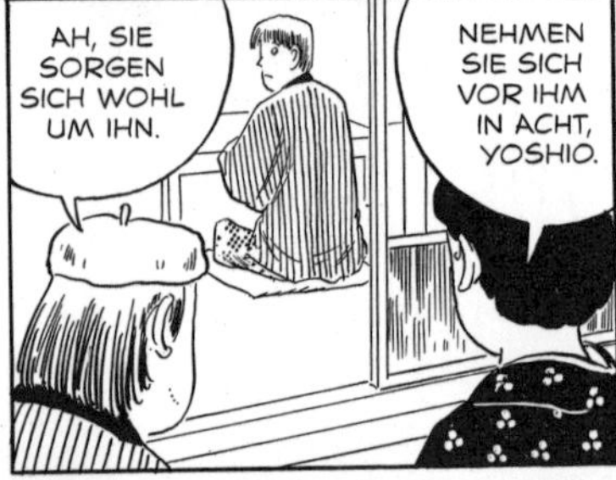
AH, SIE SORGEN SICH WOHL UM IHN.
NEHMEN SIE SICH VOR IHM IN ACHT, YOSHIO.

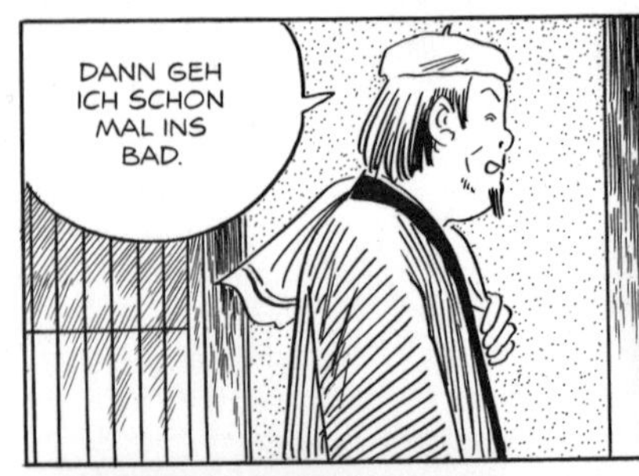
DANN GEH ICH SCHON MAL INS BAD.

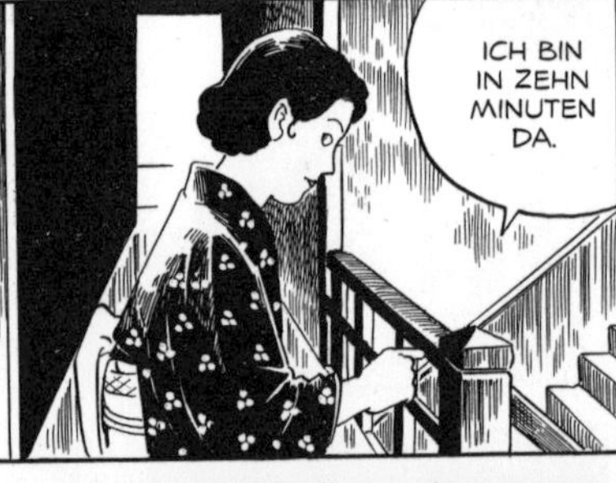
ICH BIN IN ZEHN MINUTEN DA.

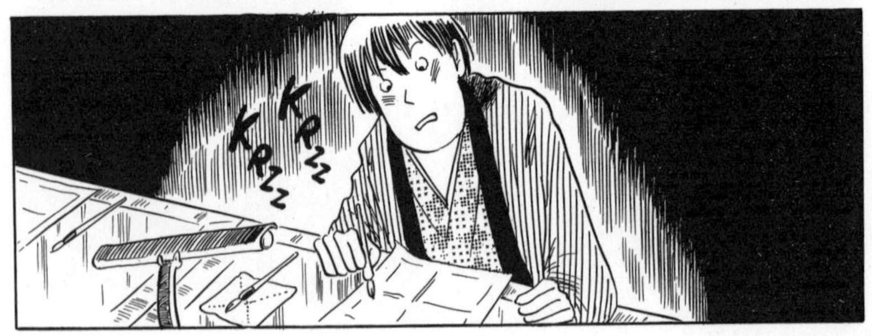
KRZZZ
KRZZZ

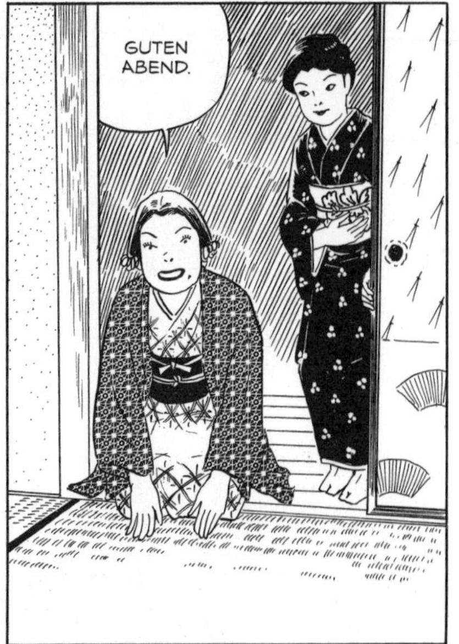
GUTEN
ABEND.

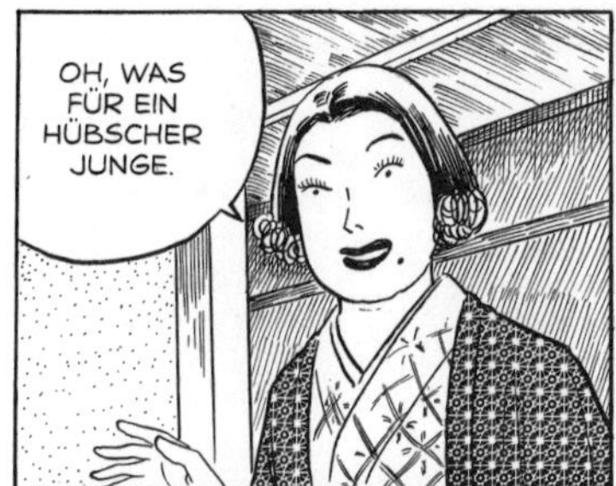
OH, WAS
FÜR EIN
HÜBSCHER
JUNGE.

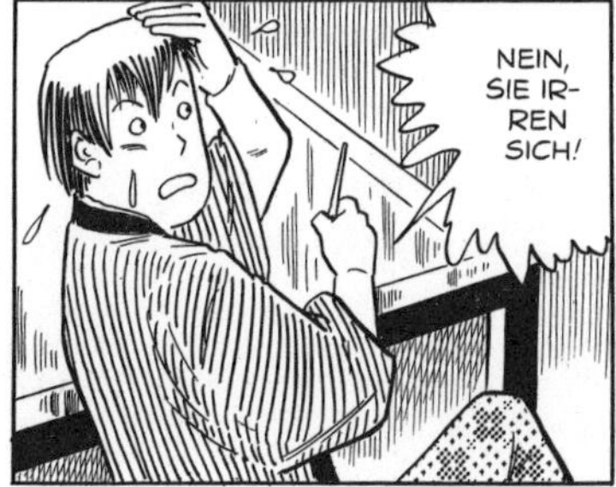
NEIN,
SIE IR-
REN
SICH!

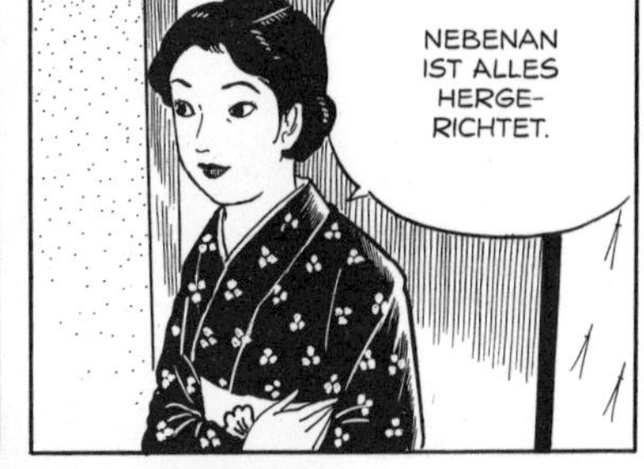
NEBENAN
IST ALLES
HERGE-
RICHTET.

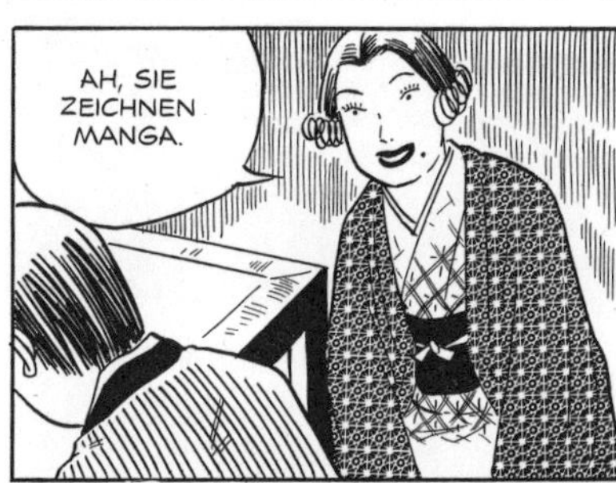
AH, SIE
ZEICHNEN
MANGA.

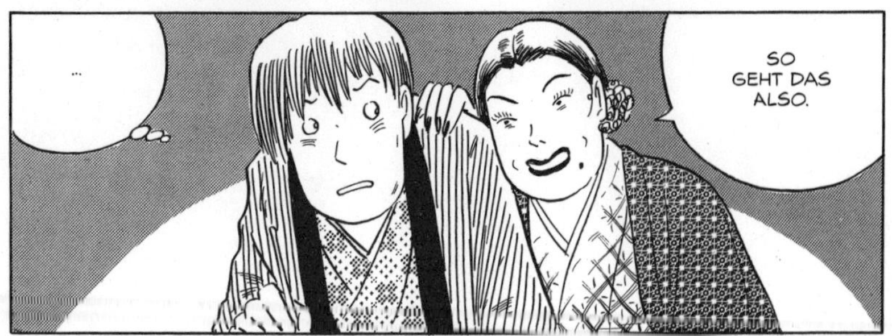
SO
GEHT DAS
ALSO.
...

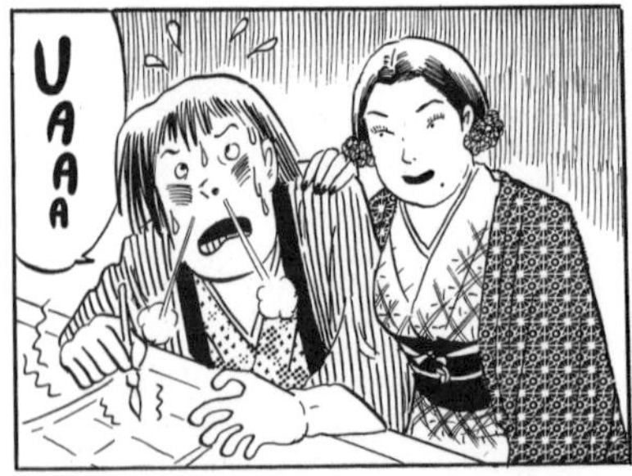
UAAAA
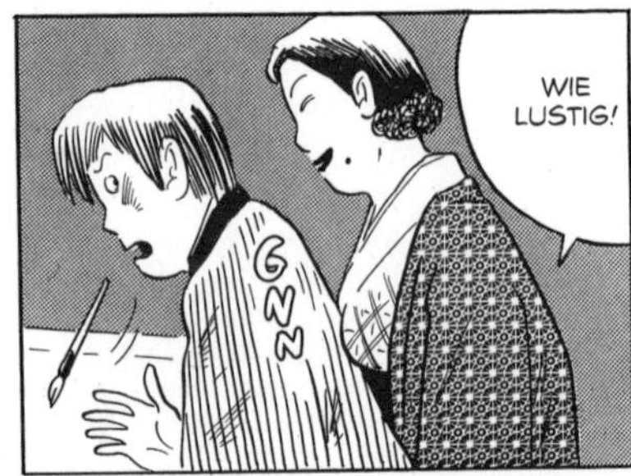
WIE LUSTIG!
GNN
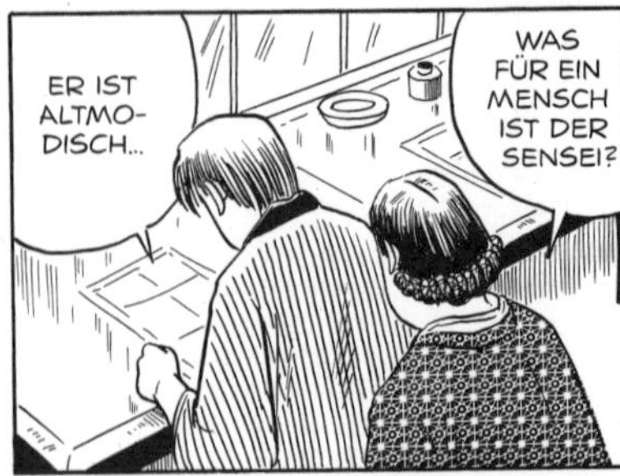
WAS FÜR EIN MENSCH IST DER SENSEI?
ER IST ALTMO-DISCH...
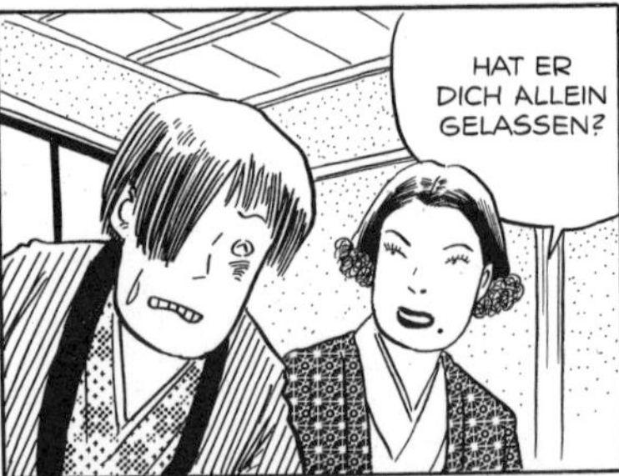
HAT ER DICH ALLEIN GELASSEN?
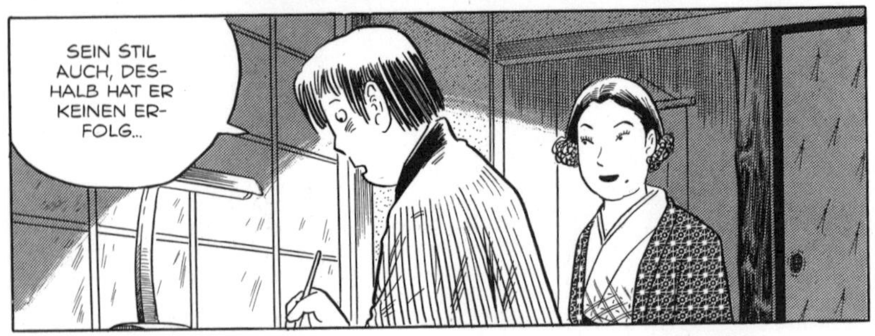
SEIN STIL AUCH, DES-HALB HAT ER KEINEN ER-FOLG...
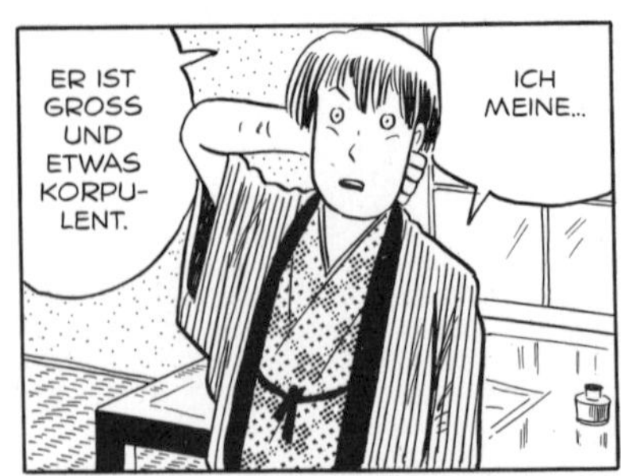
ICH MEINE...
ER IST GROSS UND ETWAS KORPU-LENT.
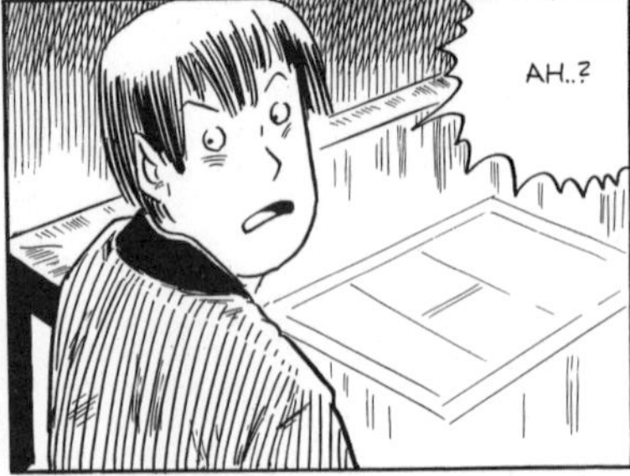
AH..?

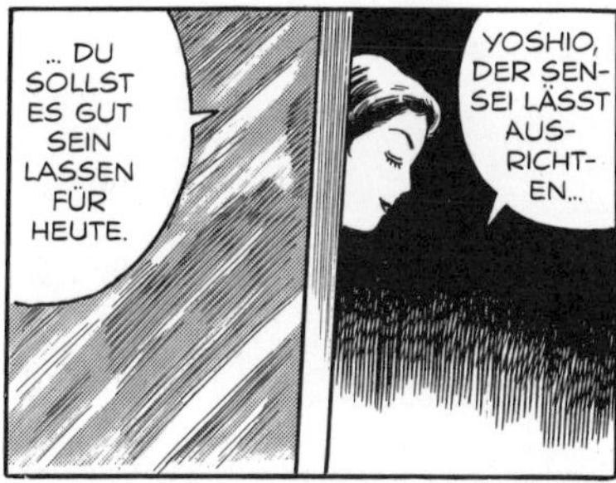
YOSHIO, DER SEN-SEI LÄSST AUS-RICHT-EN...
... DU SOLLST ES GUT SEIN LASSEN FÜR HEUTE.

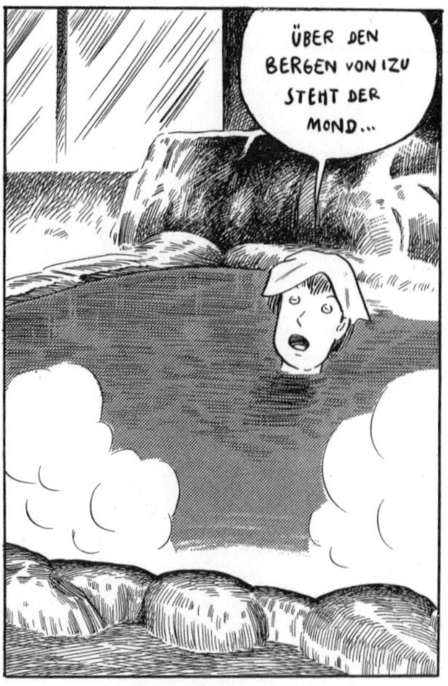
ÜBER DEN BERGEN VON IZU STEHT DER MOND...

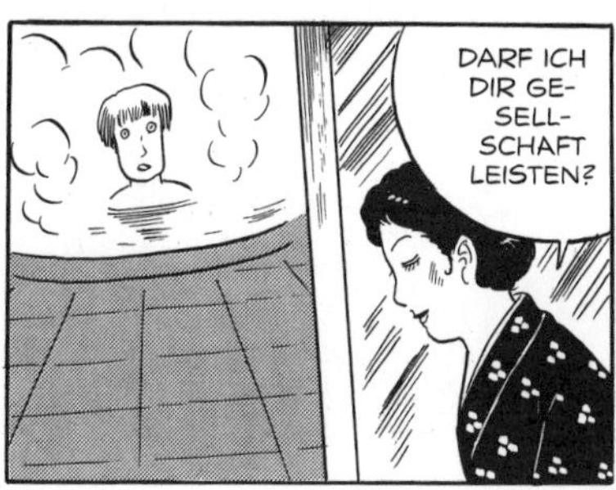
DARF ICH DIR GE-SELL-SCHAFT LEISTEN?

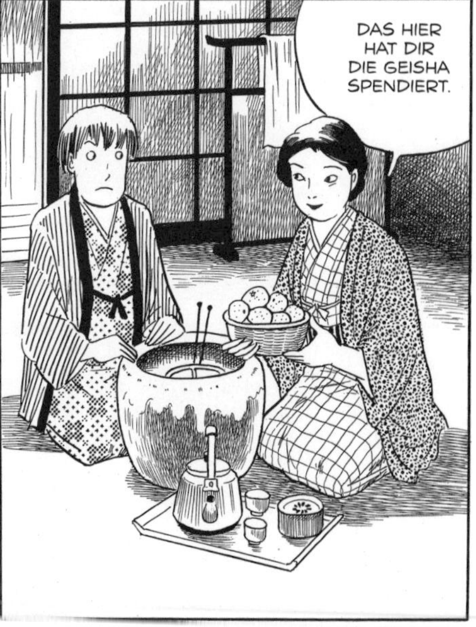
DAS HIER HAT DIR DIE GEISHA SPENDIERT.

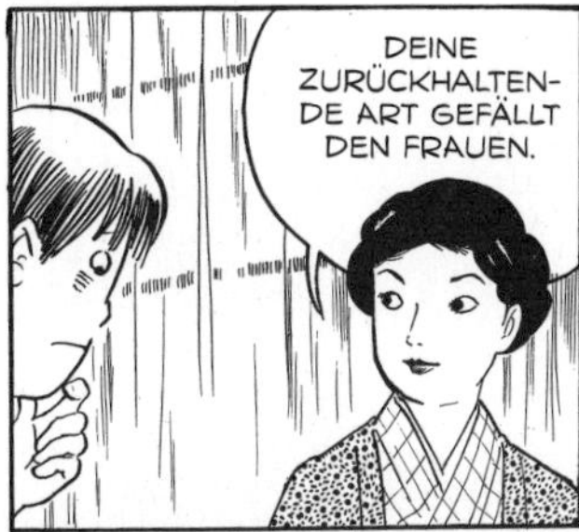
DEINE ZURÜCKHALTEN-DE ART GEFÄLLT DEN FRAUEN.

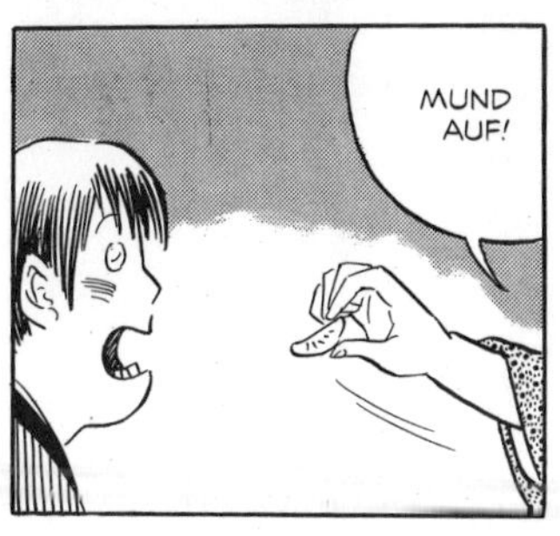
MUND AUF!

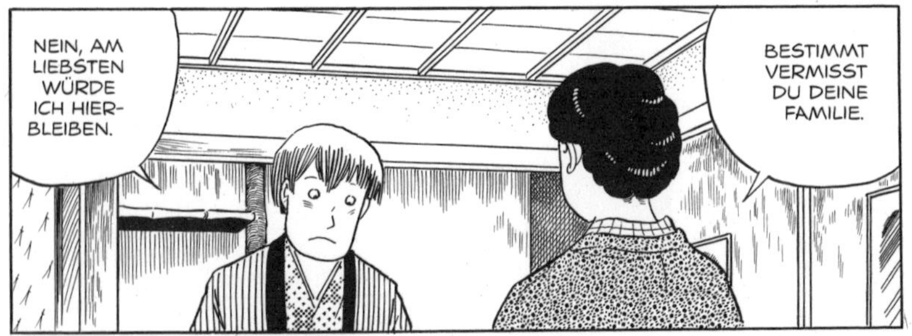
BESTIMMT VERMISST DU DEINE FAMILIE.
NEIN, AM LIEBSTEN WÜRDE ICH HIERBLEIBEN.

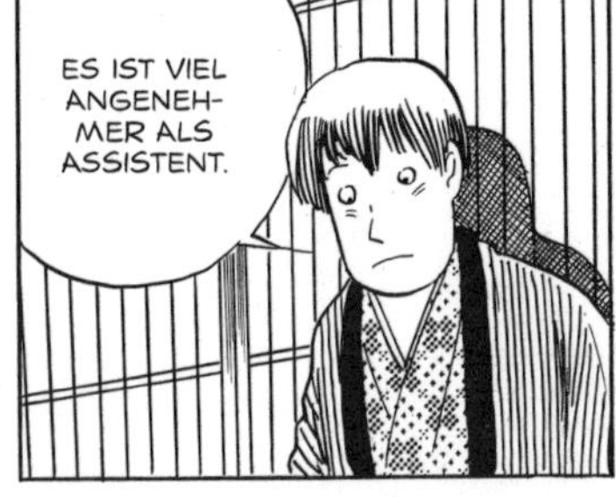
ES IST VIEL ANGENEHMER ALS ASSISTENT.

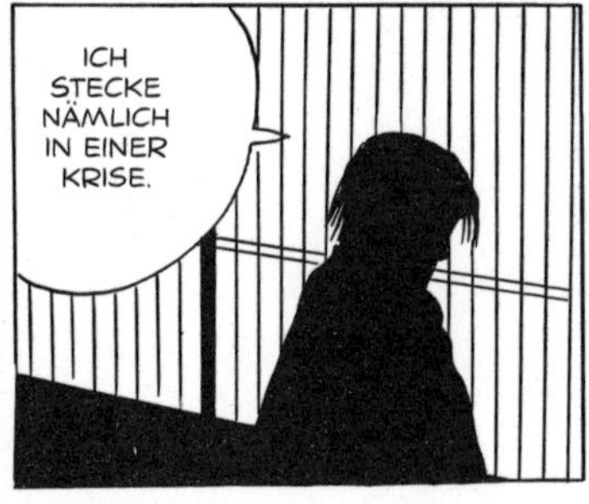
ICH STECKE NÄMLICH IN EINER KRISE.

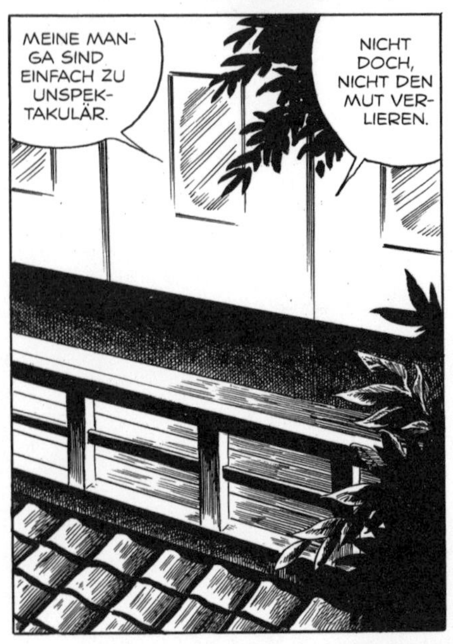
MEINE MANGA SIND EINFACH ZU UNSPEKTAKULÄR.
NICHT DOCH, NICHT DEN MUT VERLIEREN.

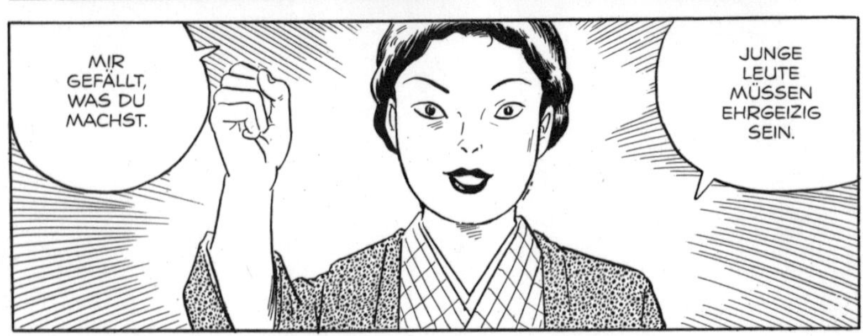
JUNGE LEUTE MÜSSEN EHRGEIZIG SEIN.
MIR GEFÄLLT, WAS DU MACHST.

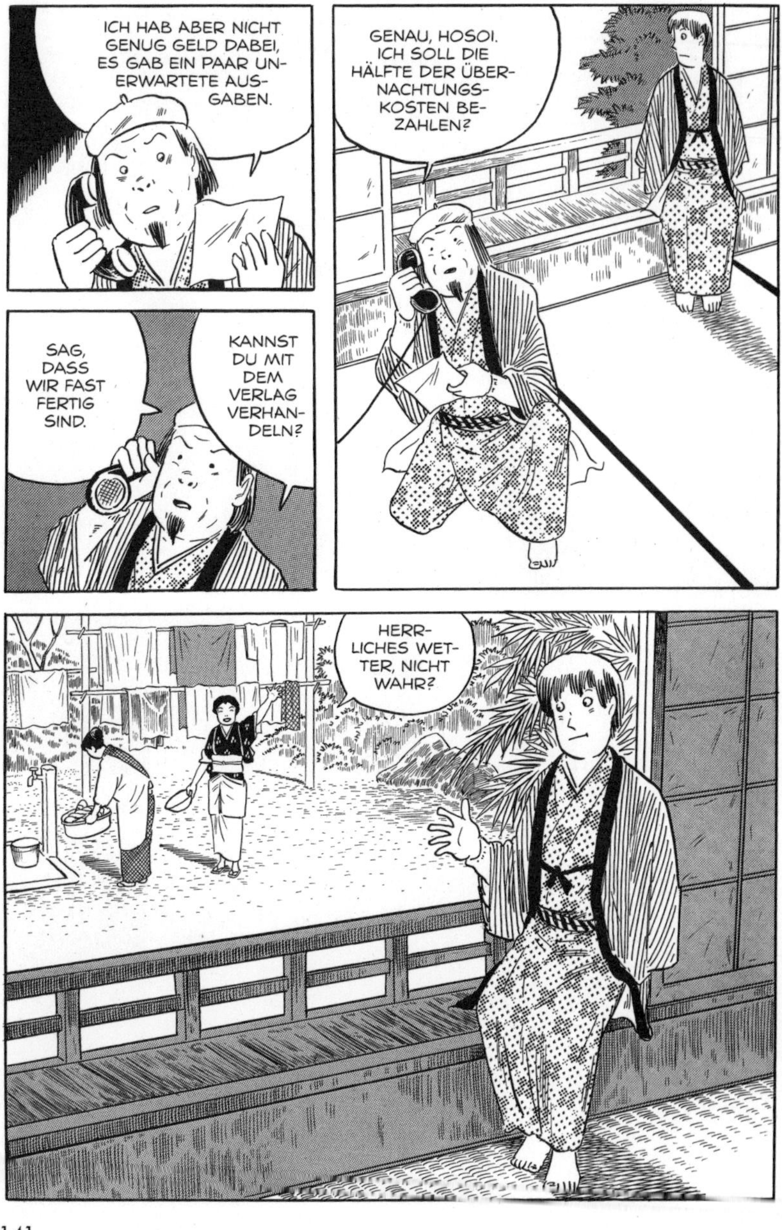

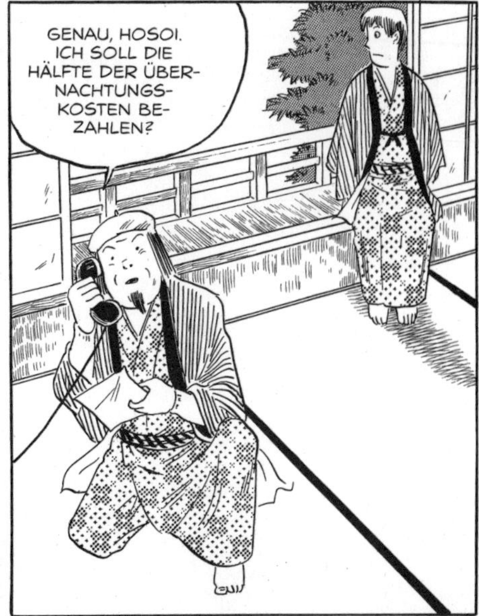

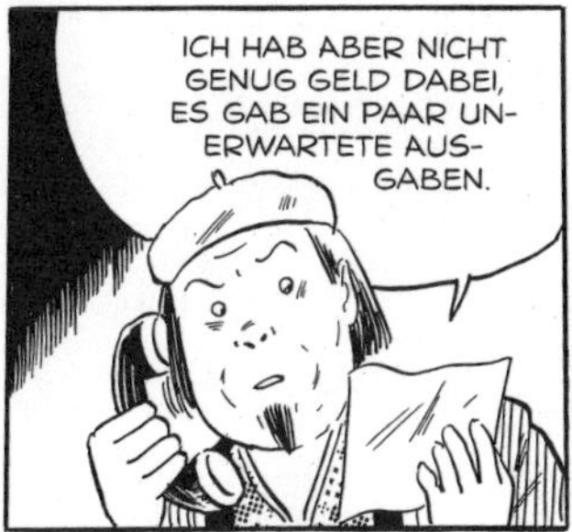

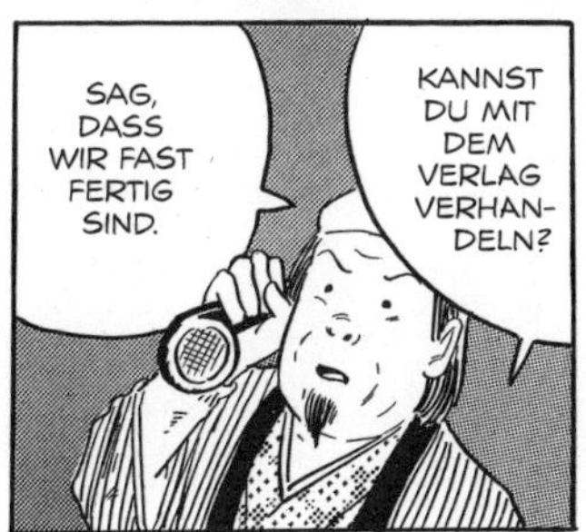

HERRLICHES WETTER, NICHT WAHR?

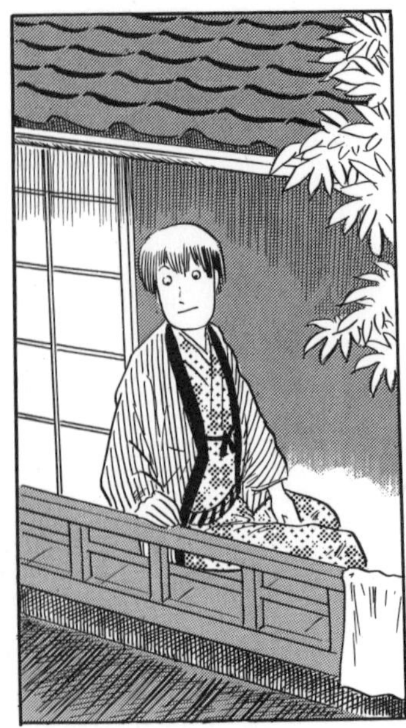

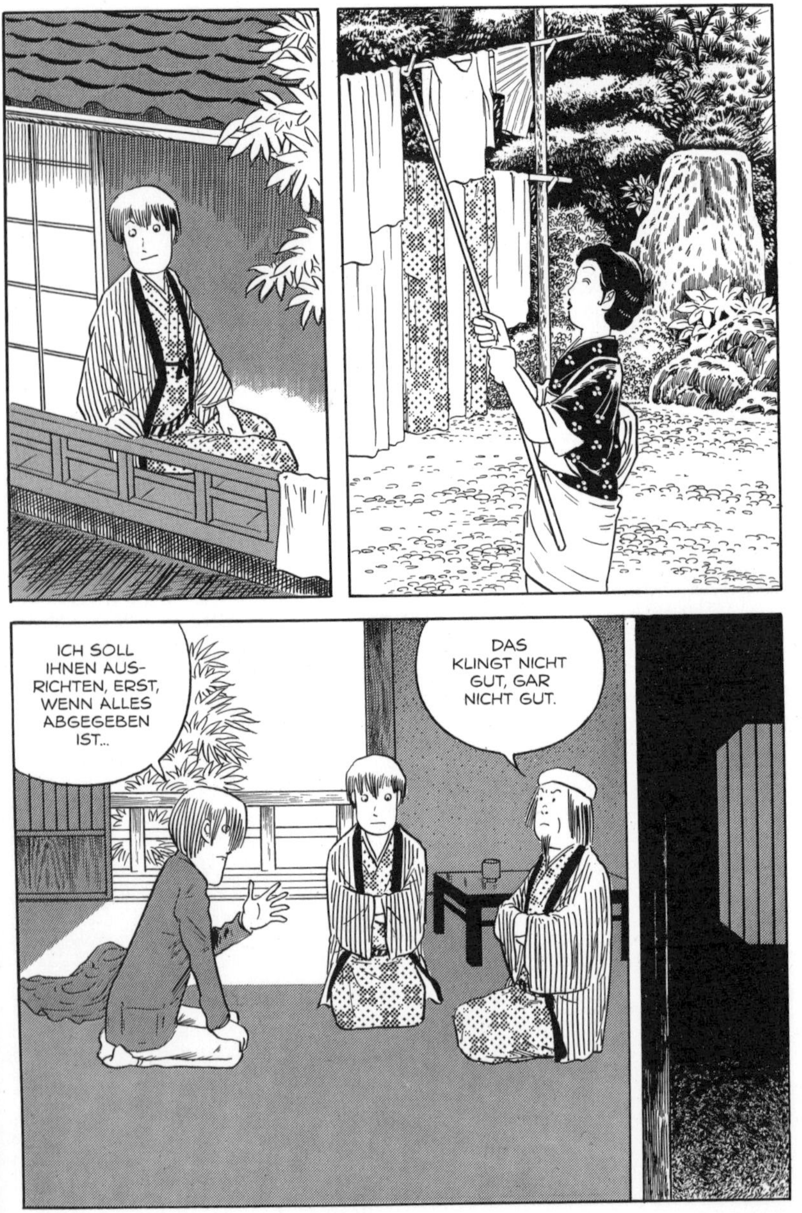

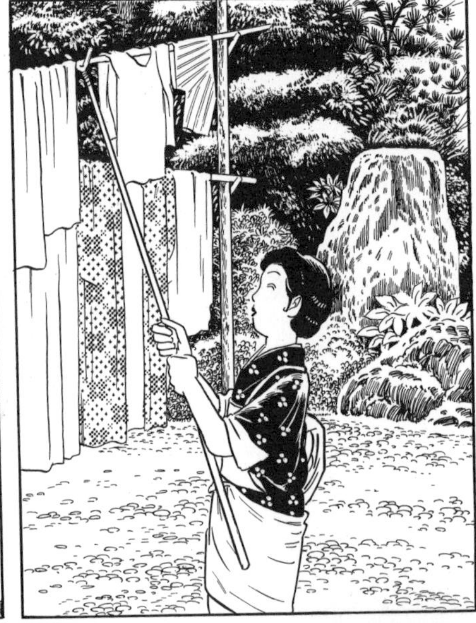

ICH SOLL IHNEN AUS-RICHTEN, ERST, WENN ALLES ABGEGEBEN IST...

DAS KLINGT NICHT GUT, GAR NICHT GUT.

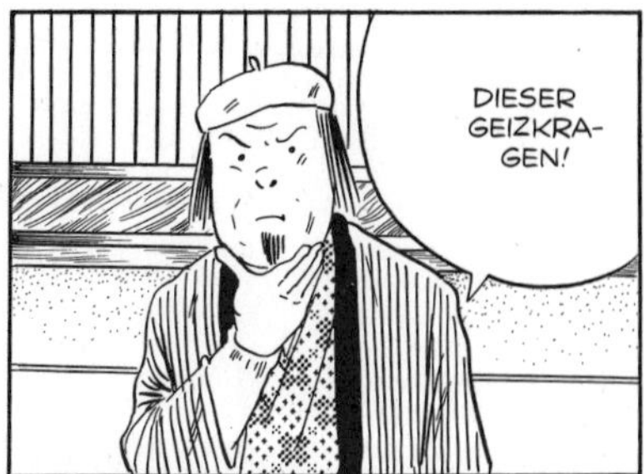
DIESER GEIZKRA-
GEN!

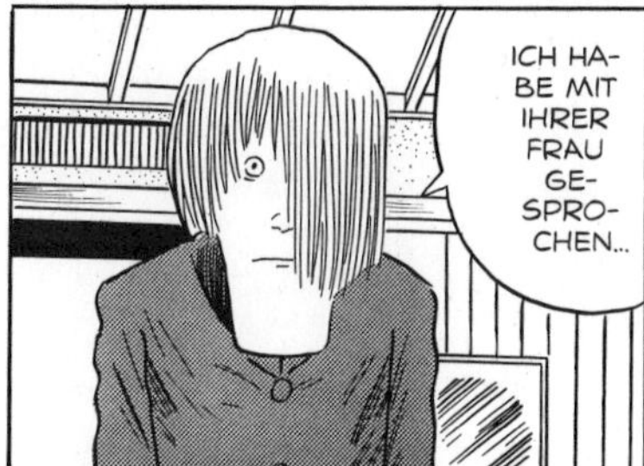
ICH HA-
BE MIT IHRER FRAU GE-
SPRO-
CHEN...

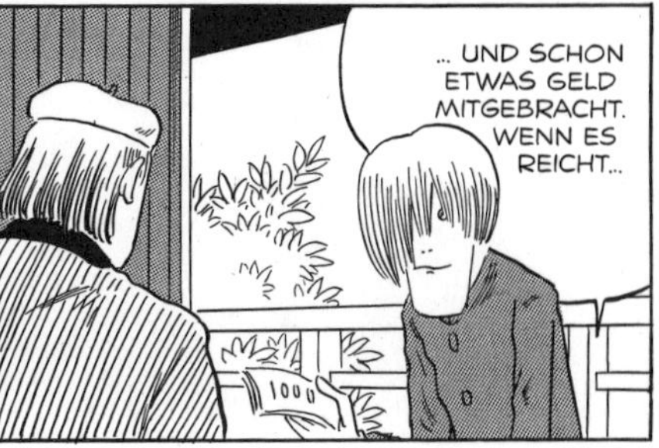
... UND SCHON ETWAS GELD MITGEBRACHT. WENN ES REICHT...
1000

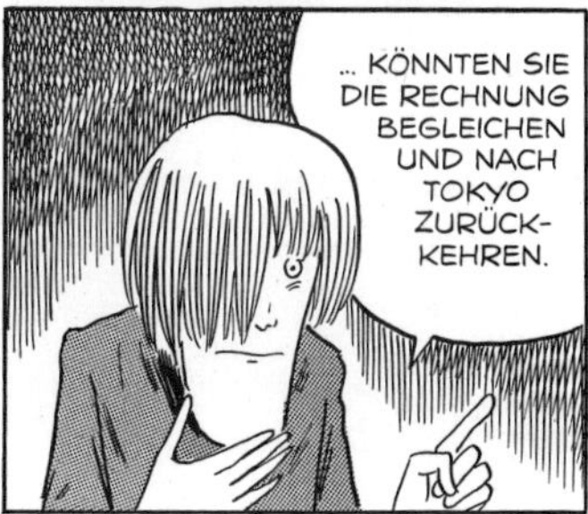
... KÖNNTEN SIE DIE RECHNUNG BEGLEICHEN UND NACH TOKYO ZURÜCK-
KEHREN.

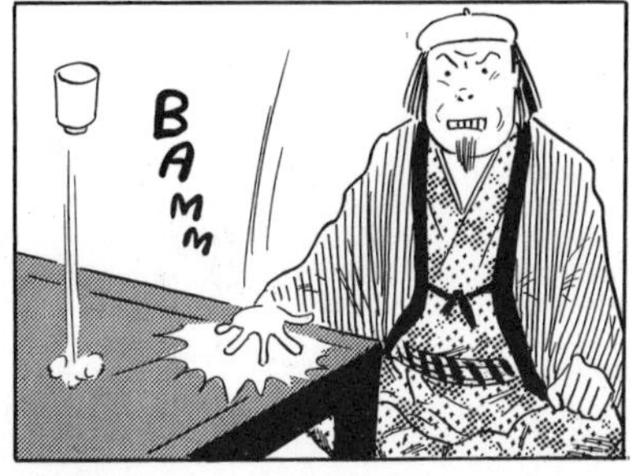
BAMM

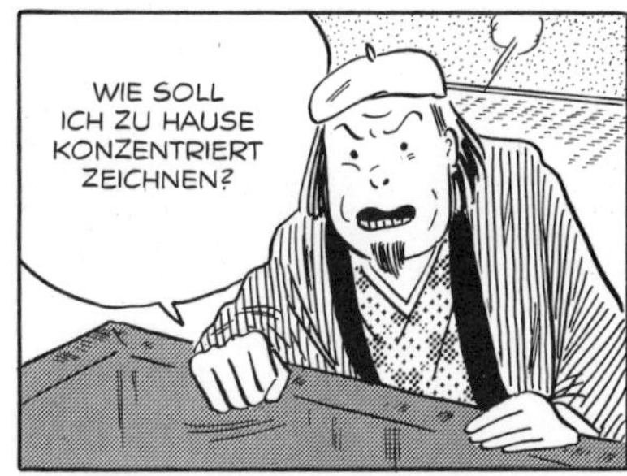
WIE SOLL ICH ZU HAUSE KONZENTRIERT ZEICHNEN?

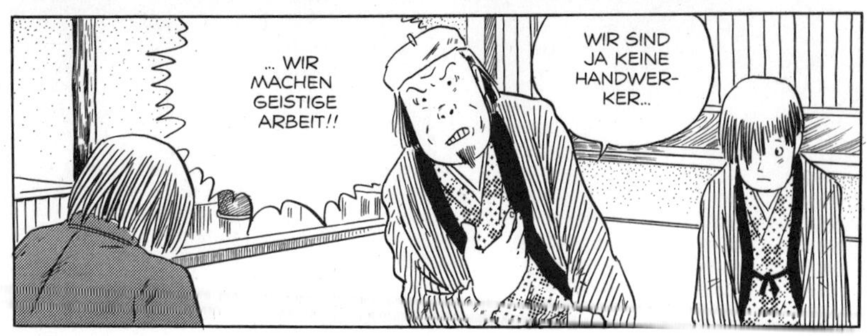
WIR SIND JA KEINE HANDWER-
KER...
... WIR MACHEN GEISTIGE ARBEIT!!

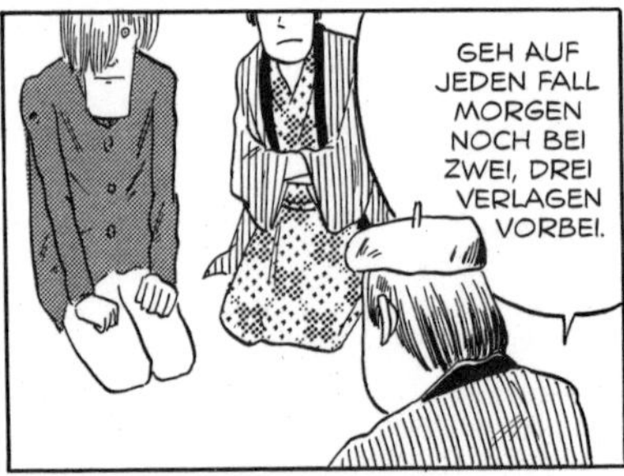
GEH AUF JEDEN FALL MORGEN NOCH BEI ZWEI, DREI VERLAGEN VORBEI.

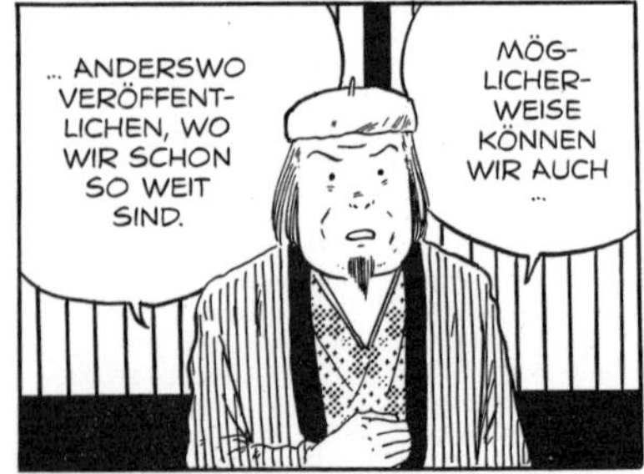
MÖG-LICHER-WEISE KÖNNEN WIR AUCH …
… ANDERSWO VERÖFFENT-LICHEN, WO WIR SCHON SO WEIT SIND.

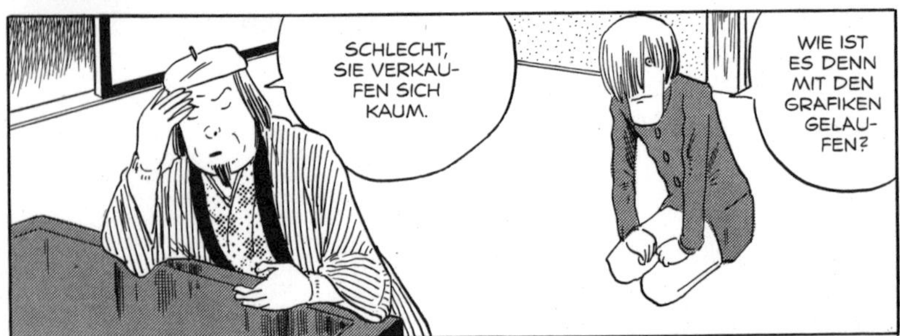
WIE IST ES DENN MIT DEN GRAFIKEN GELAU-FEN?
SCHLECHT, SIE VERKAU-FEN SICH KAUM.

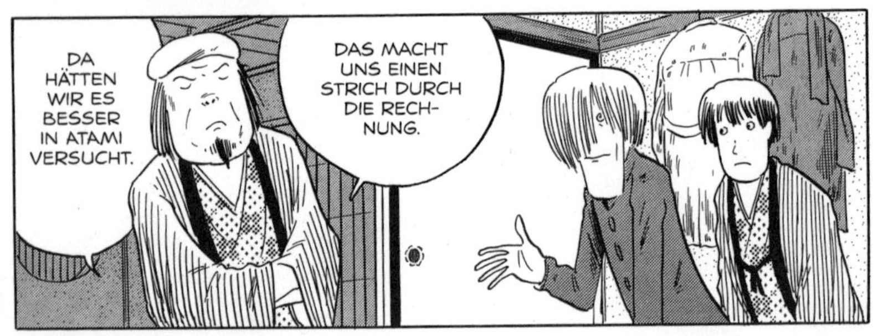
DAS MACHT UNS EINEN STRICH DURCH DIE RECH-NUNG.
DA HÄTTEN WIR ES BESSER IN ATAMI VERSUCHT.

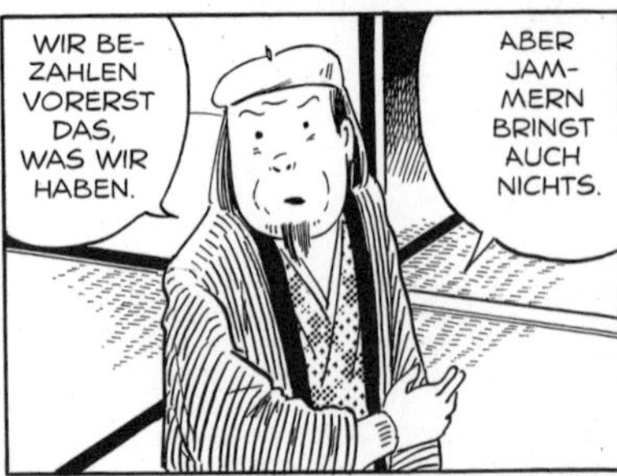
ABER JAM-MERN BRINGT AUCH NICHTS.
WIR BE-ZAHLEN VORERST DAS, WAS WIR HABEN.

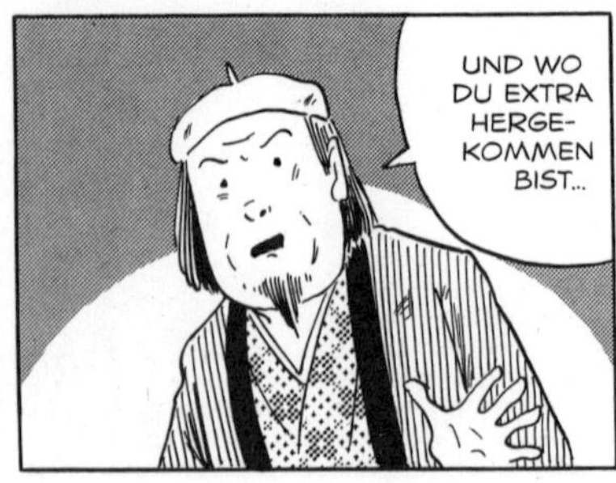
UND WO DU EXTRA HERGE-KOMMEN BIST…

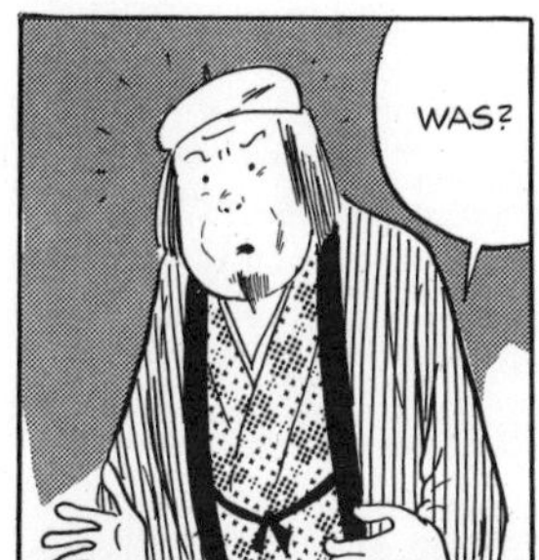

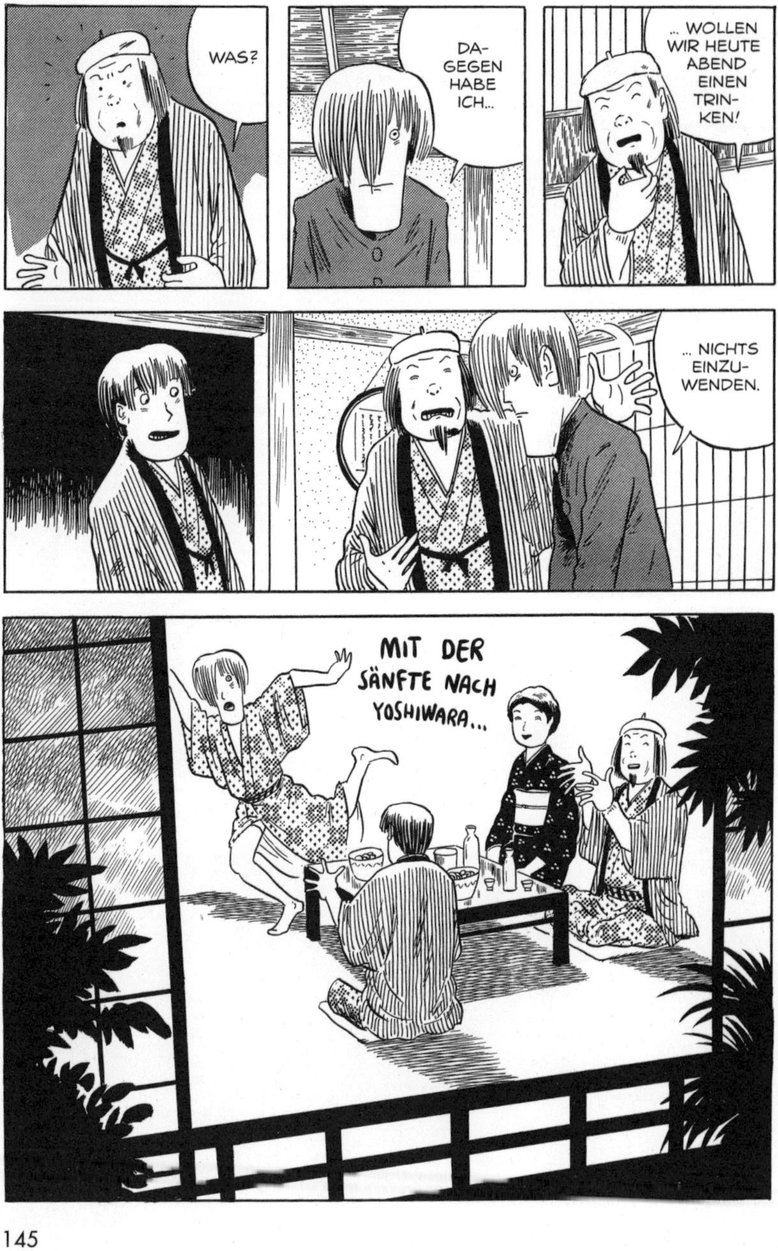

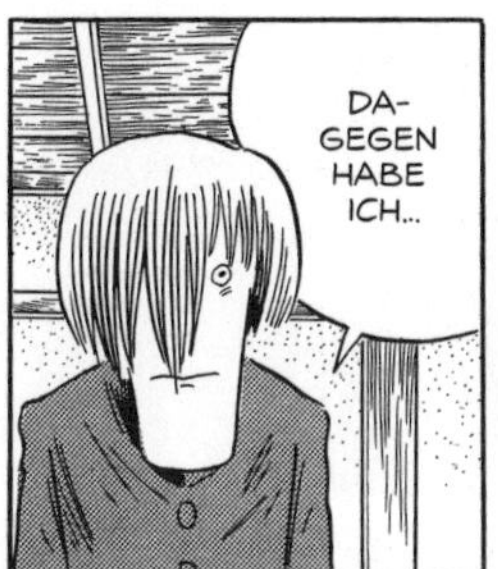

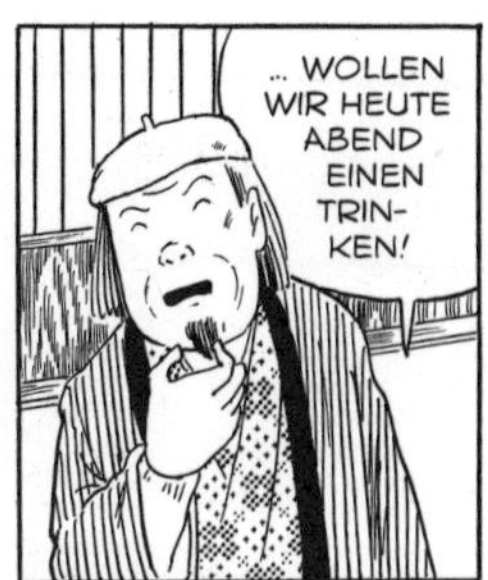

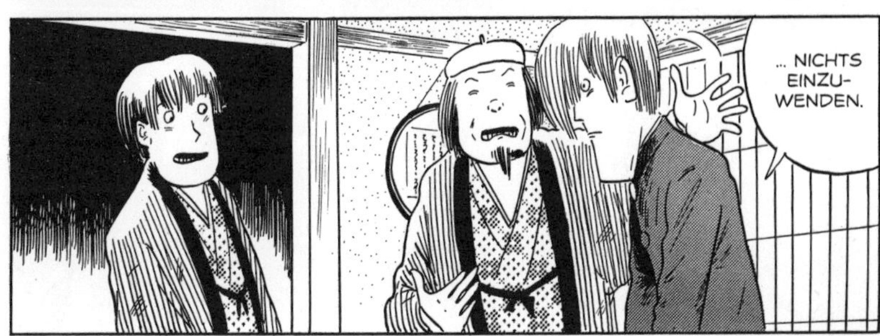

MIT DER SÄNFTE NACH YOSHIWARA...

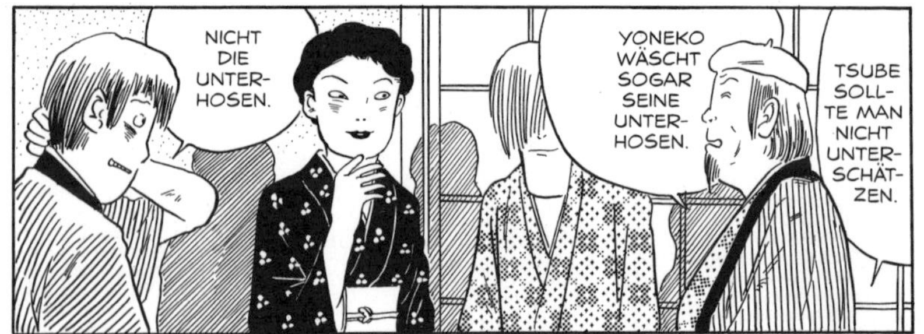

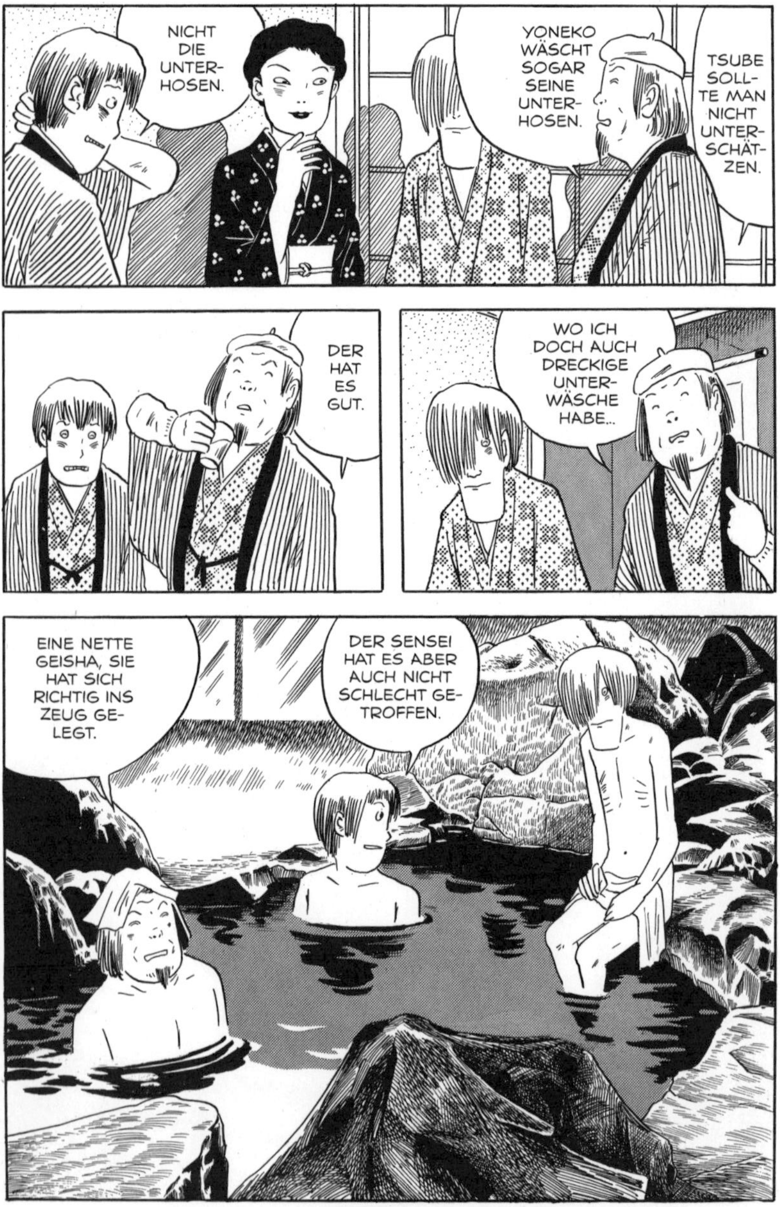

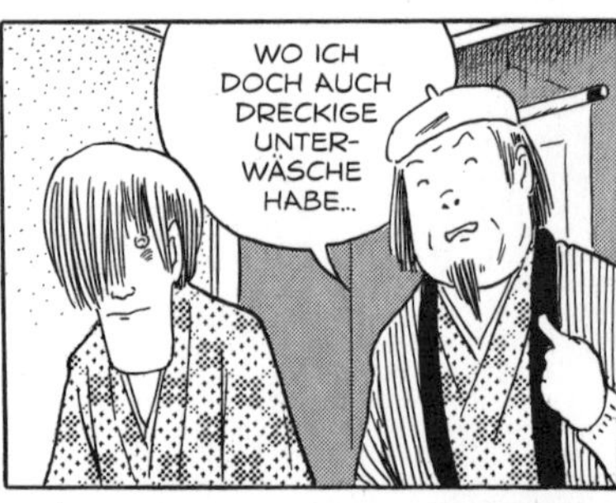

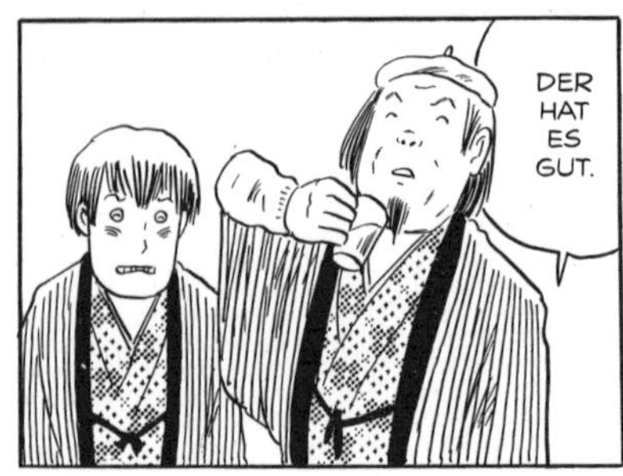

DER SENSEI HAT ES ABER AUCH NICHT SCHLECHT GETROFFEN.

EINE NETTE GEISHA, SIE HAT SICH RICHTIG INS ZEUG GELEGT.

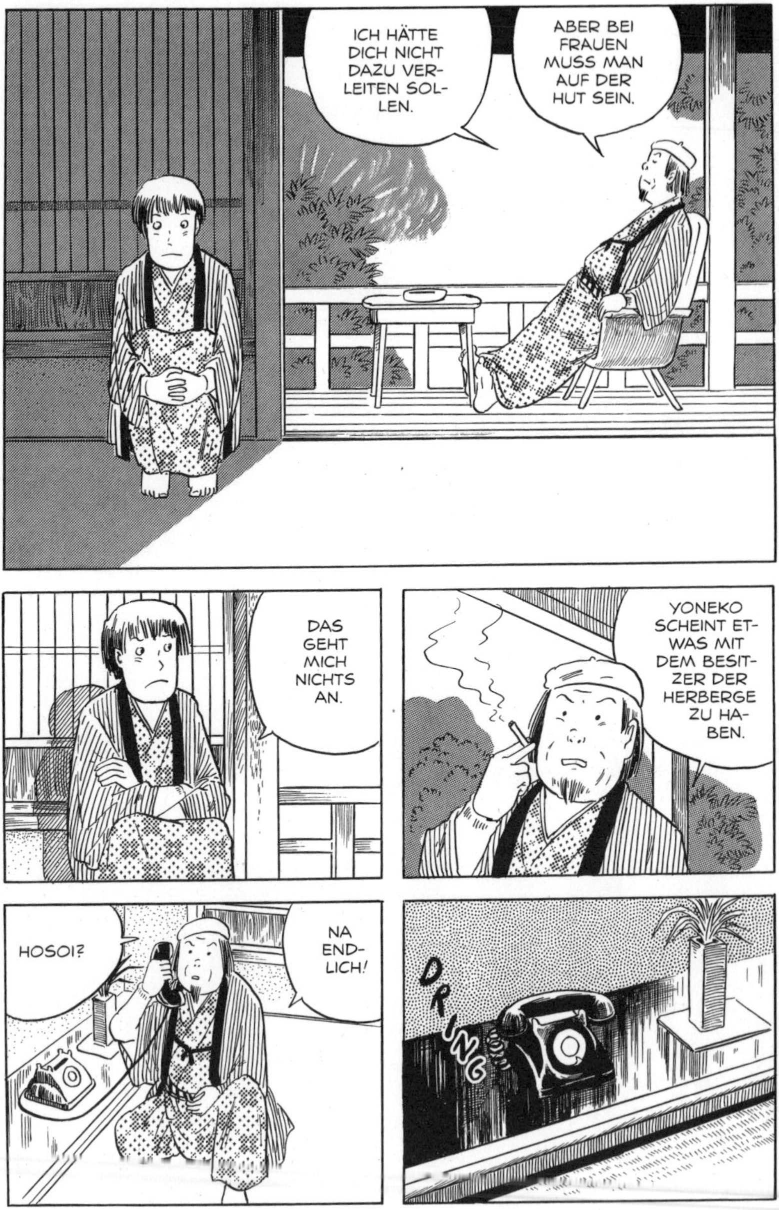

ICH HÄTTE DICH NICHT DAZU VERLEITEN SOLLEN.
ABER BEI FRAUEN MUSS MAN AUF DER HUT SEIN.

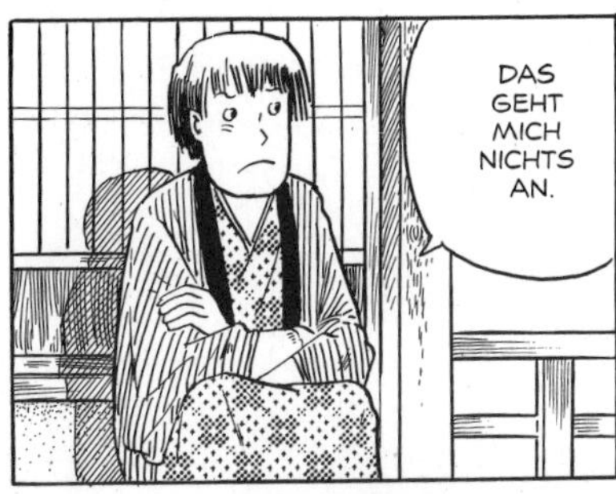
DAS GEHT MICH NICHTS AN.

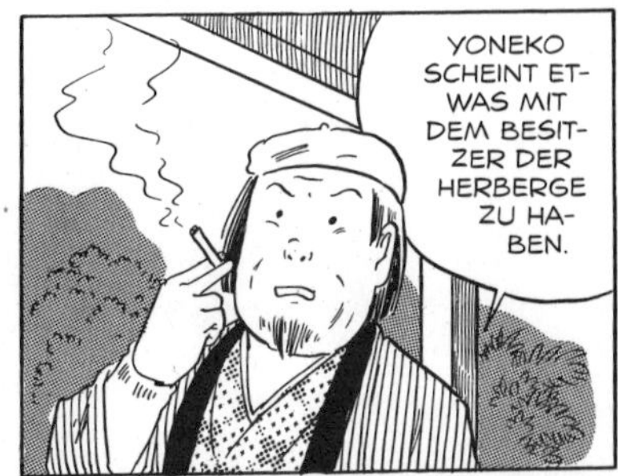
YONEKO SCHEINT ETWAS MIT DEM BESITZER DER HERBERGE ZU HABEN.

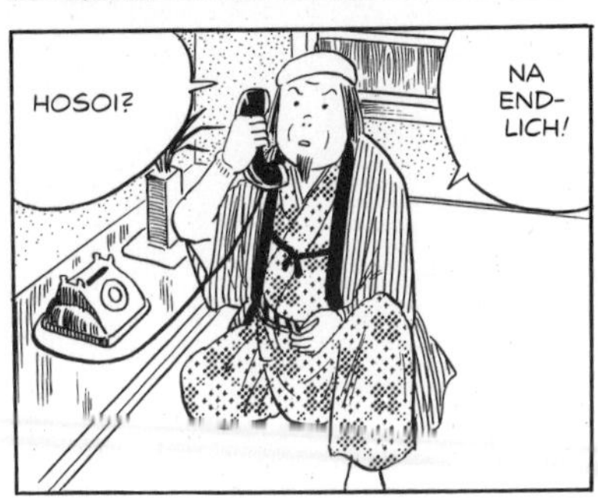
HOSOI?
NA ENDLICH!

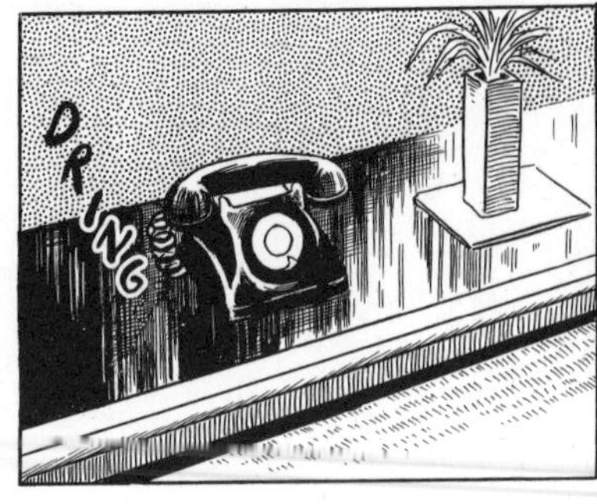
DRING

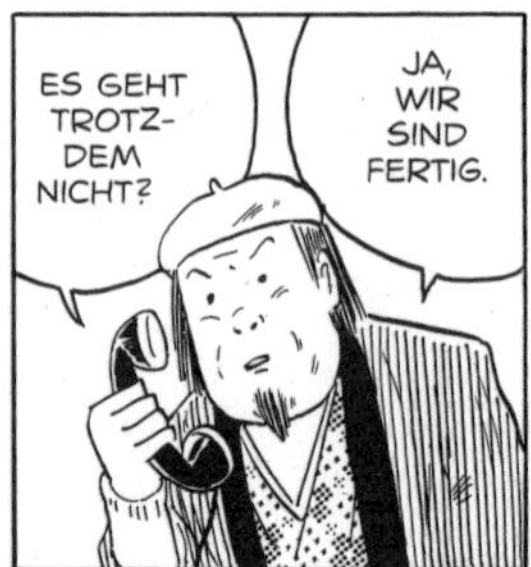
JA, WIR SIND FERTIG.
ES GEHT TROTZ-DEM NICHT?

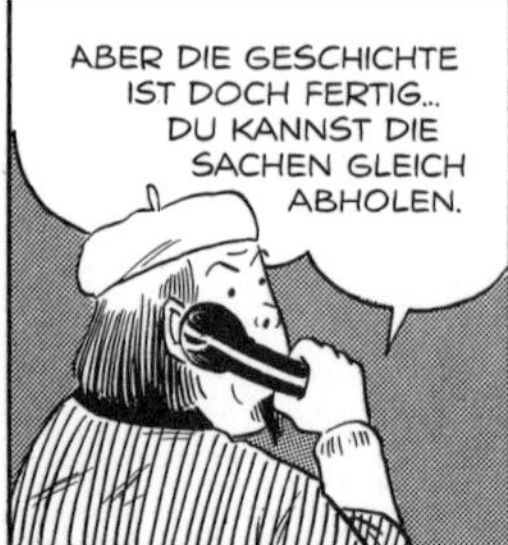
ABER DIE GESCHICHTE IST DOCH FERTIG... DU KANNST DIE SACHEN GLEICH ABHOLEN.

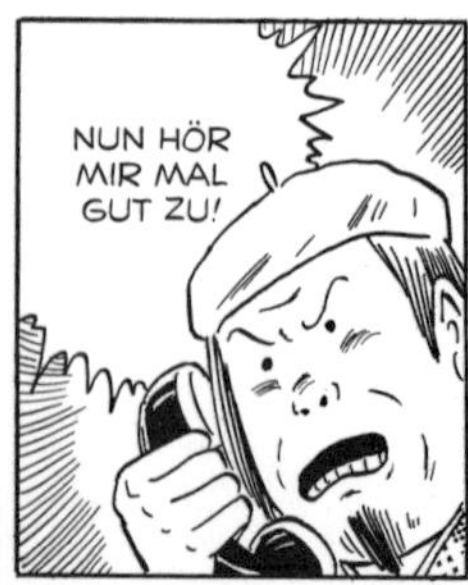
NUN HÖR MIR MAL GUT ZU!

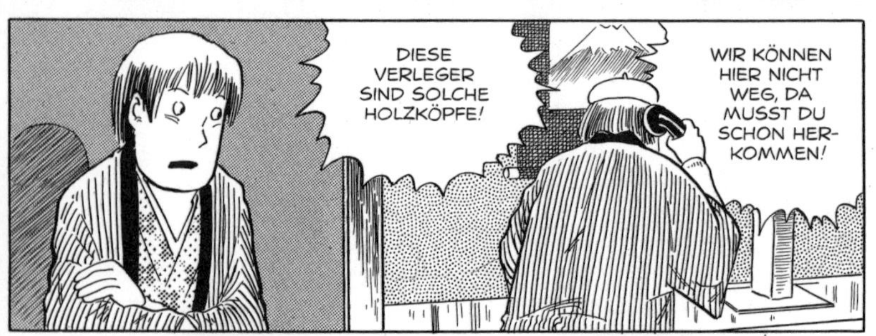
WIR KÖNNEN HIER NICHT WEG, DA MUSST DU SCHON HER-KOMMEN!
DIESE VERLEGER SIND SOLCHE HOLZKÖPFE!

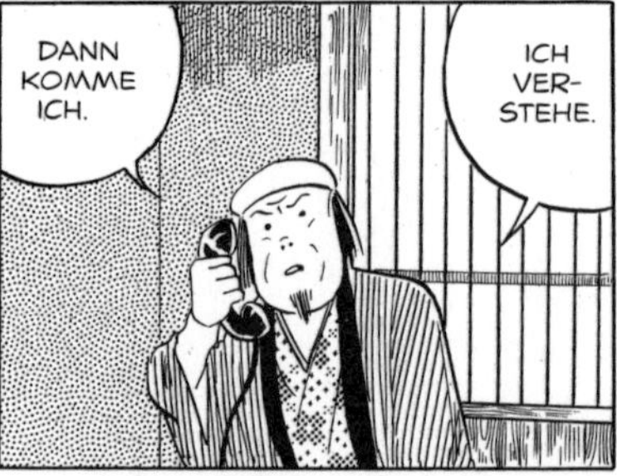
ICH VER-STEHE.
DANN KOMME ICH.

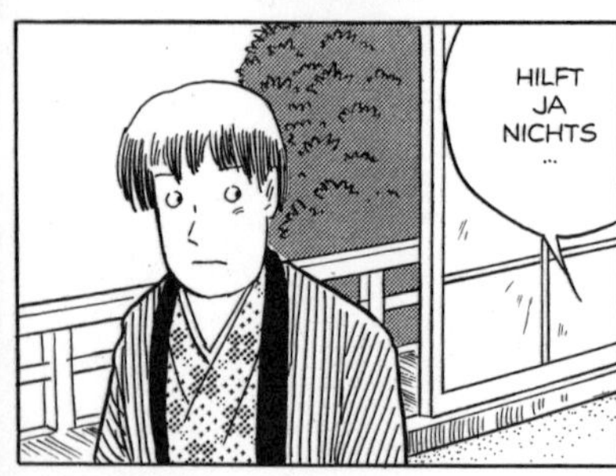
HILFT JA NICHTS ...

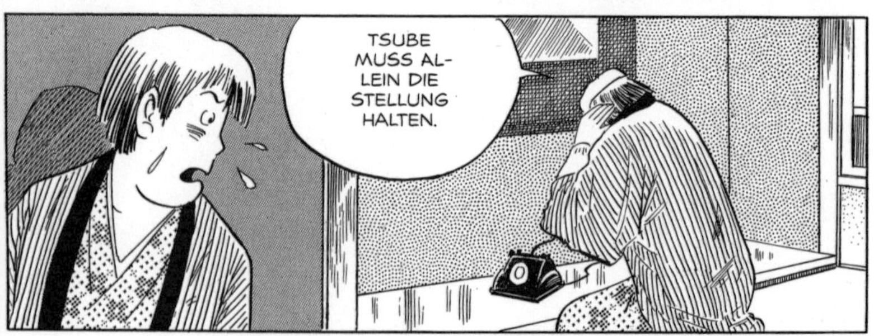
TSUBE MUSS AL-LEIN DIE STELLUNG HALTEN.

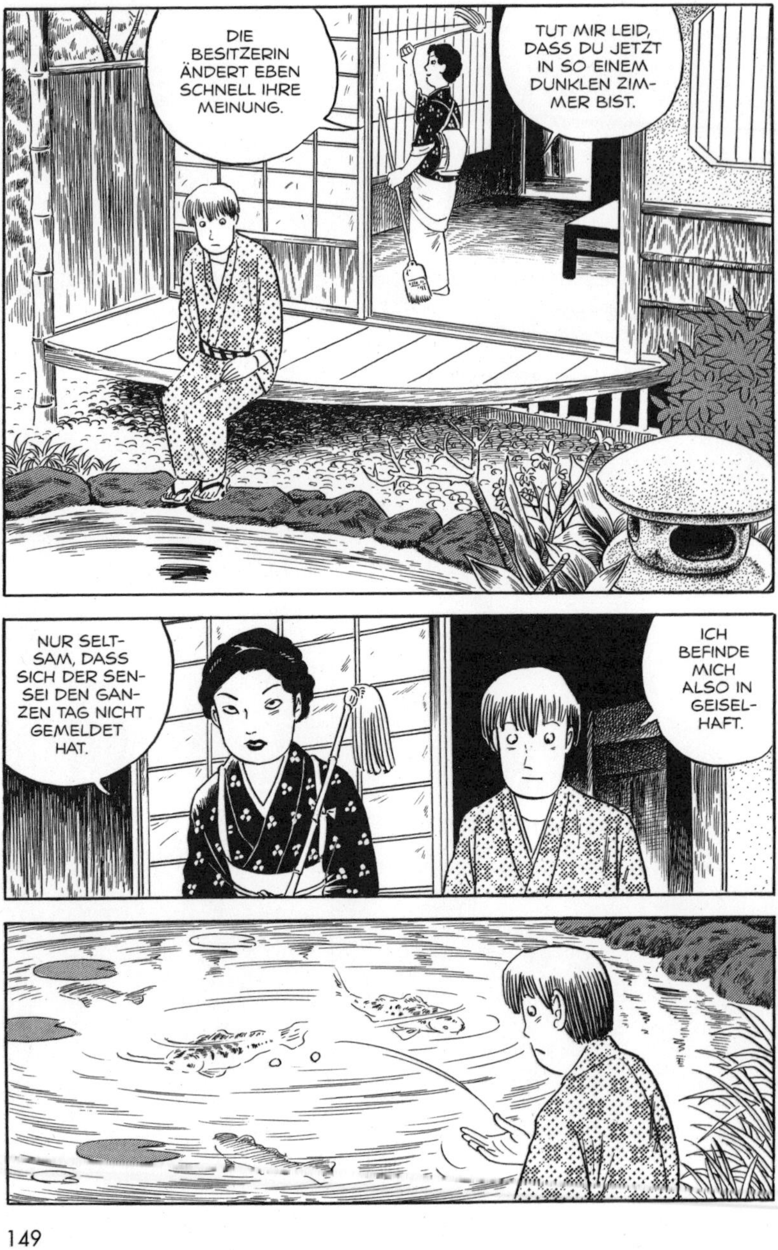

TUT MIR LEID, DASS DU JETZT IN SO EINEM DUNKLEN ZIMMER BIST.

DIE BESITZERIN ÄNDERT EBEN SCHNELL IHRE MEINUNG.

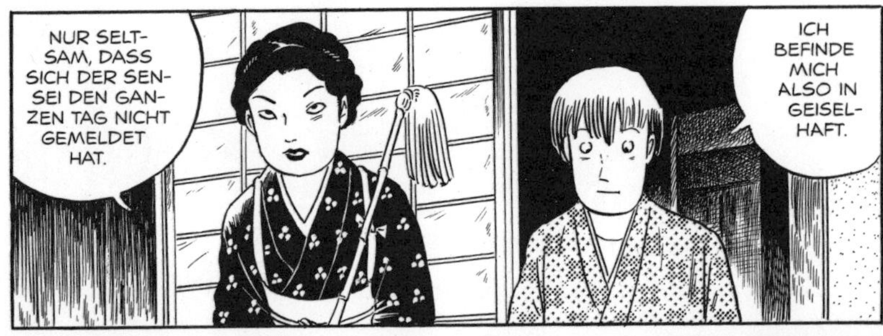

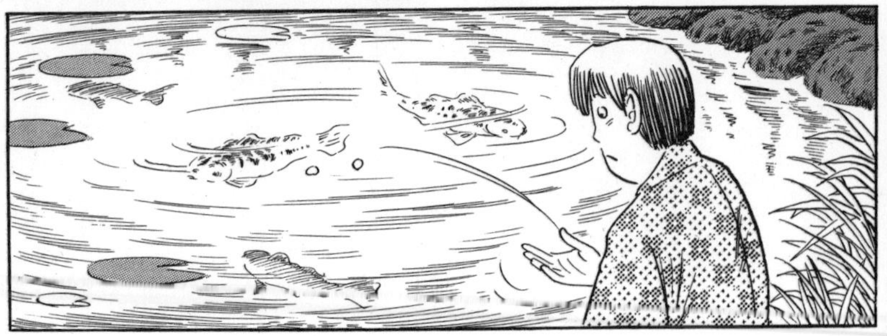

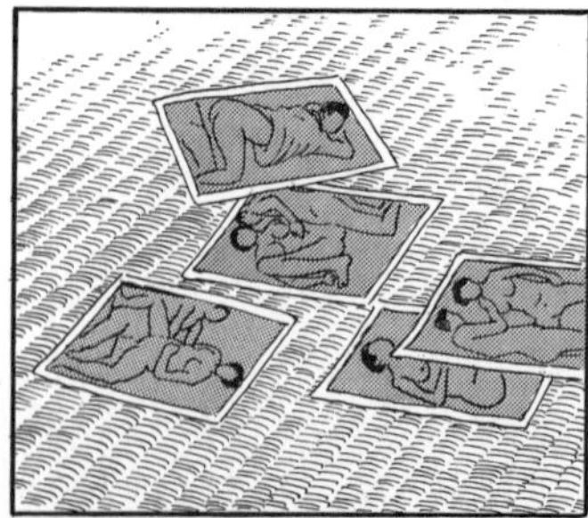
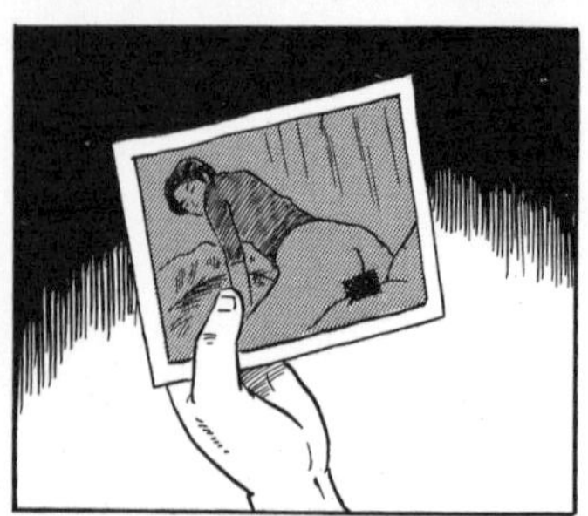
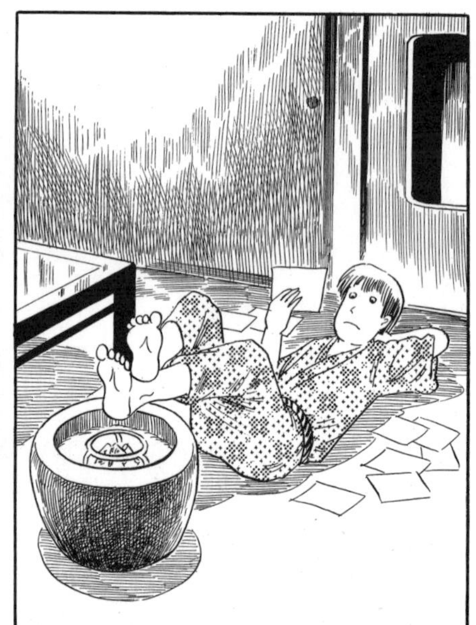
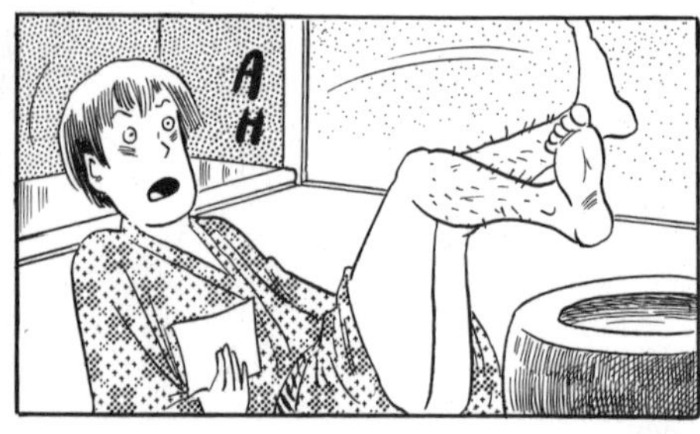
A
H
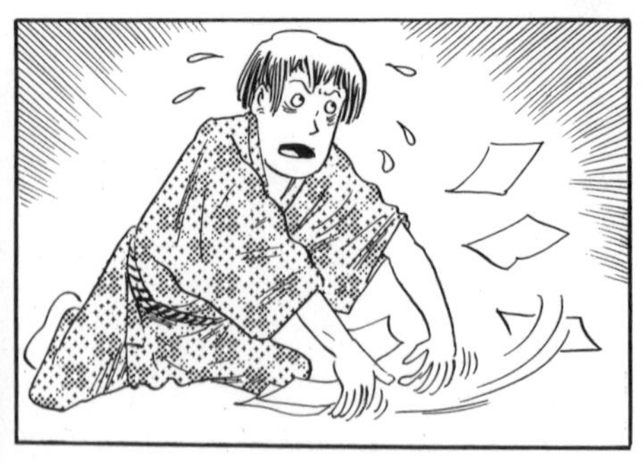
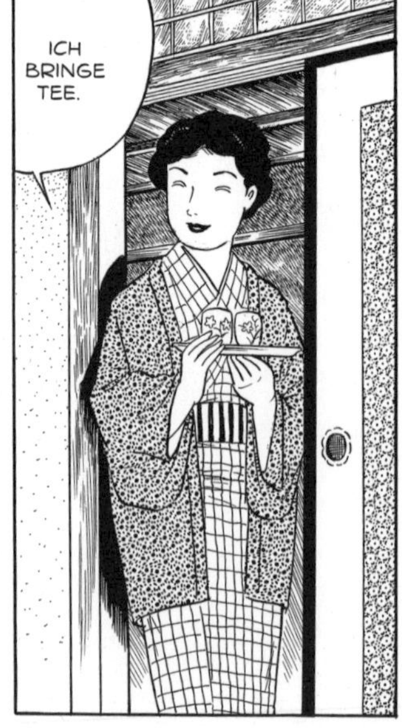
ICH BRINGE TEE.

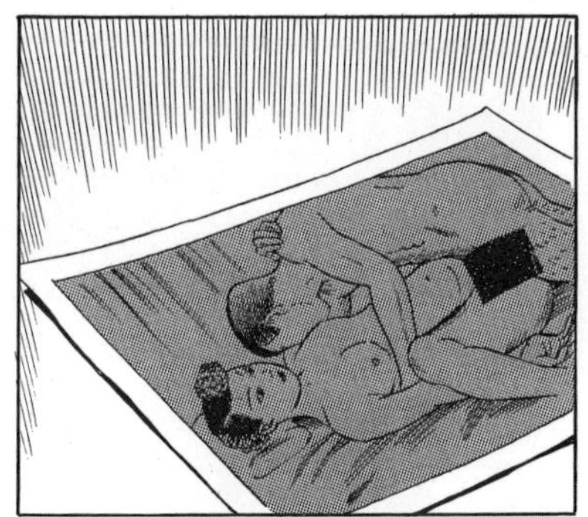

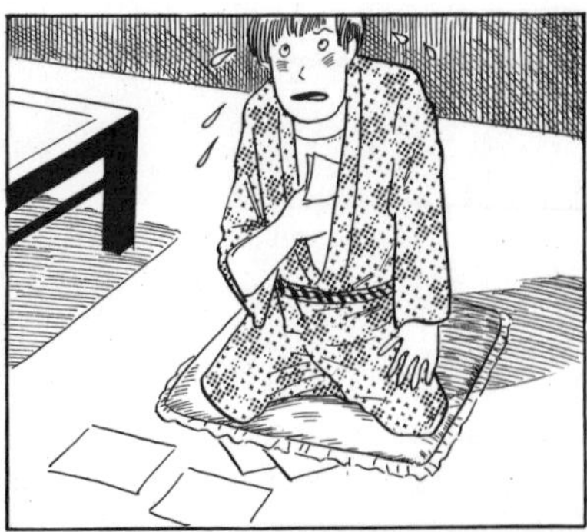

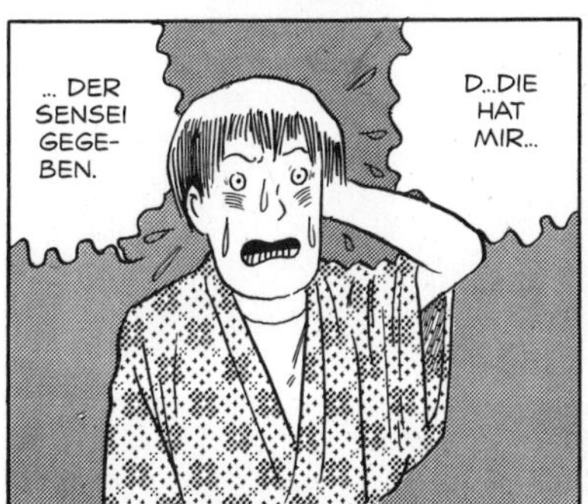

D...DIE HAT MIR...
... DER SENSEI GEGE- BEN.

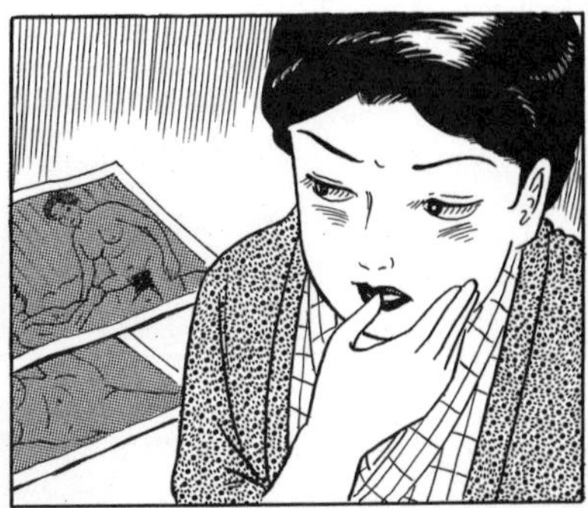

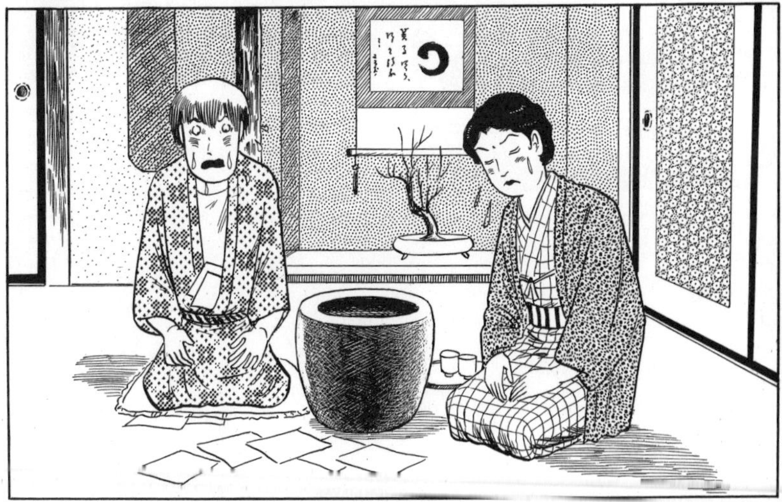

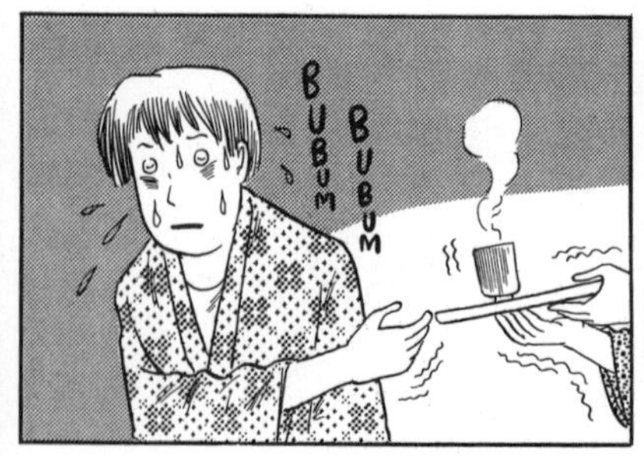
BUBUM
BUBUM
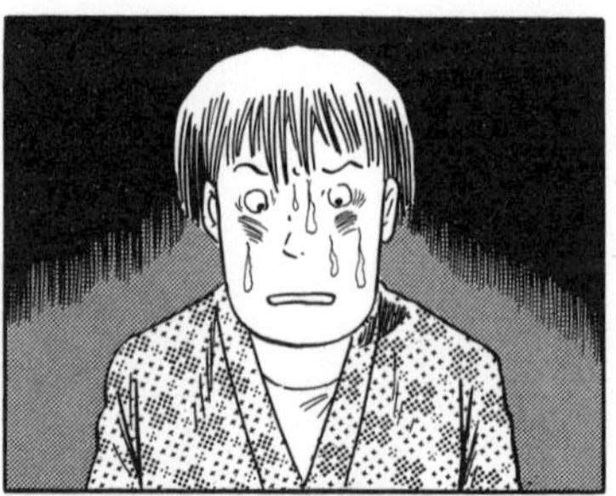
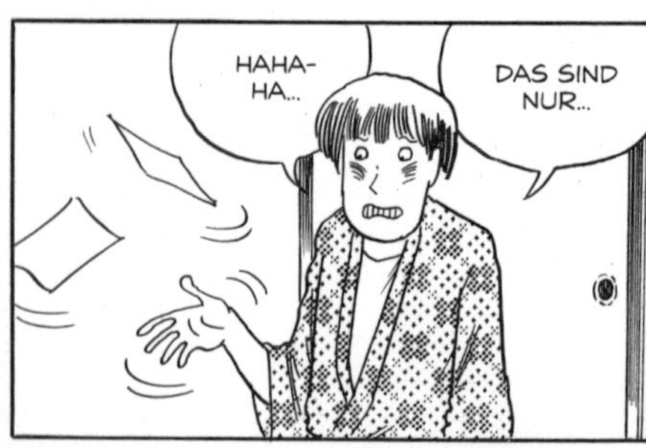
HAHA-HA...
DAS SIND NUR...
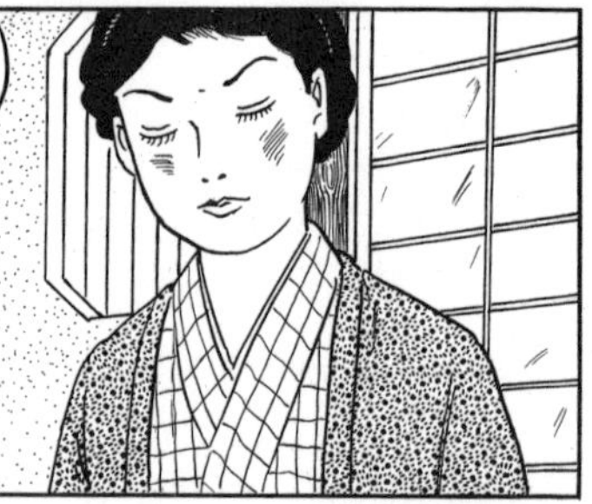
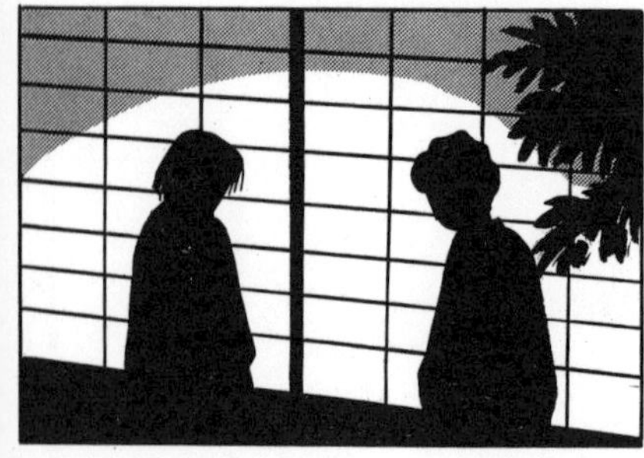
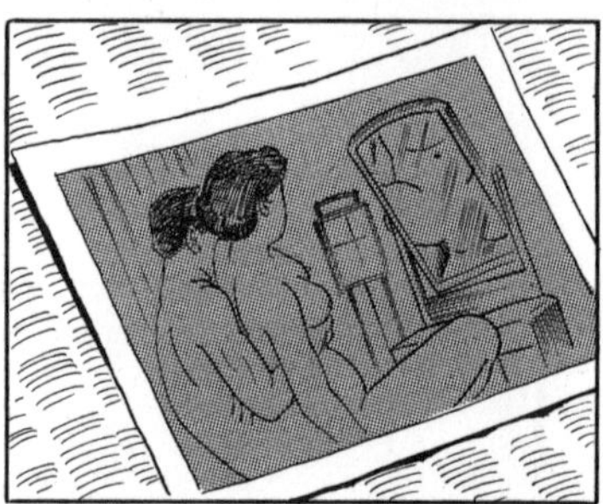
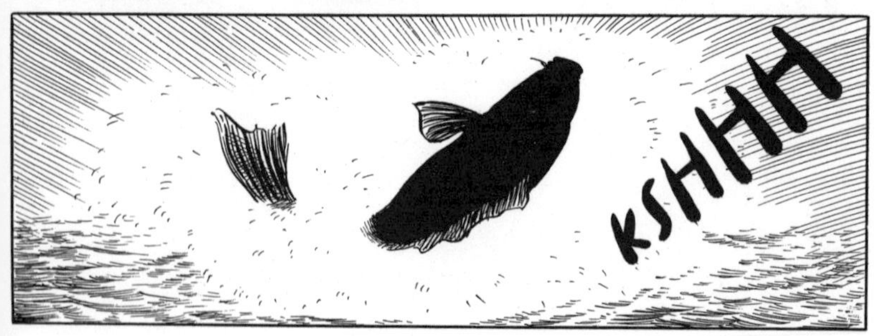
KSHHH

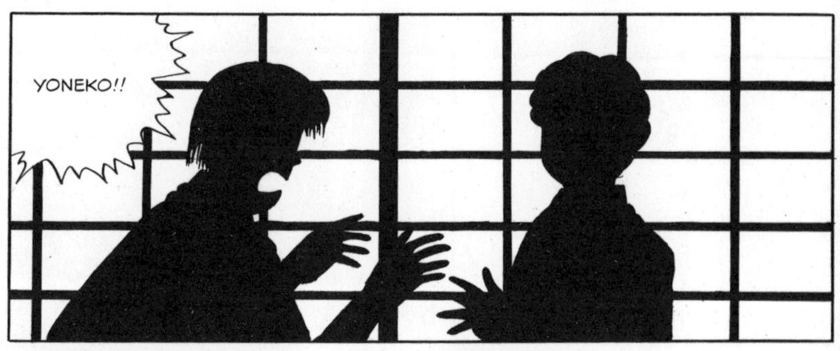
YONEKO!!

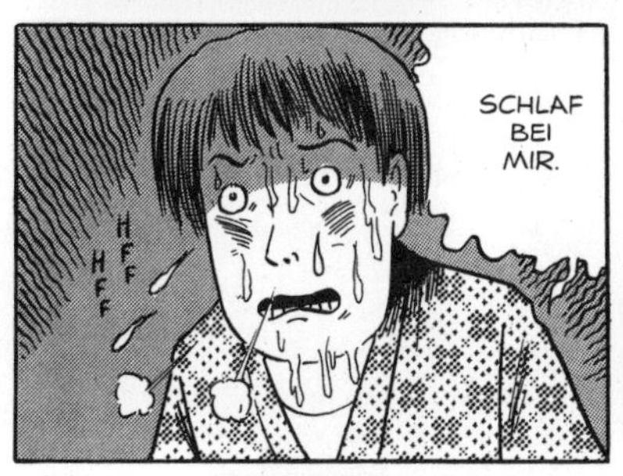
SCHLAF BEI MIR.
HFF HFF

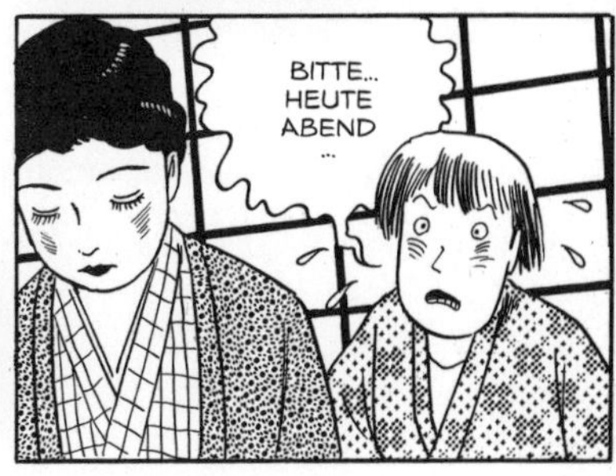
BITTE... HEUTE ABEND ...

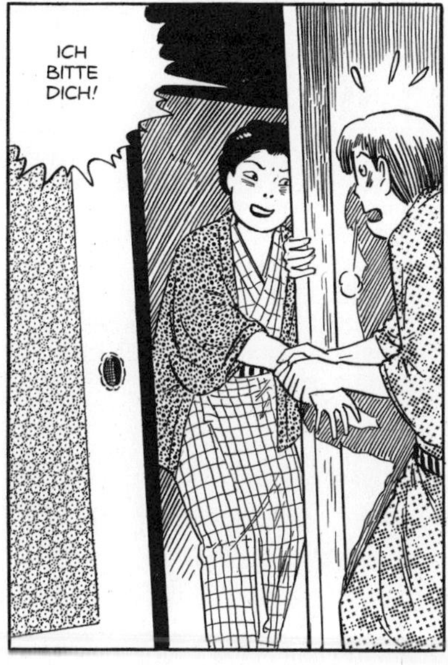
ICH BITTE DICH!

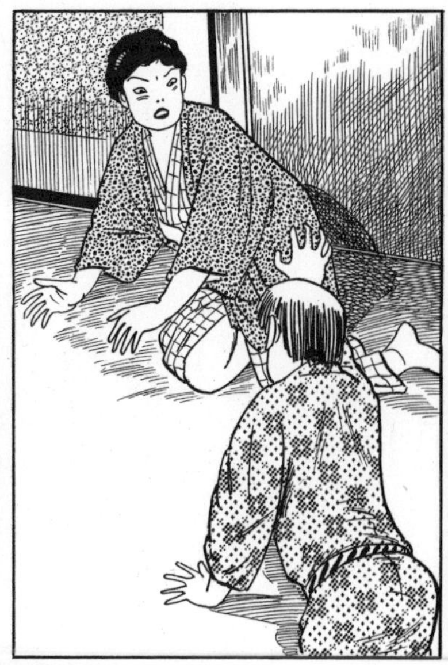

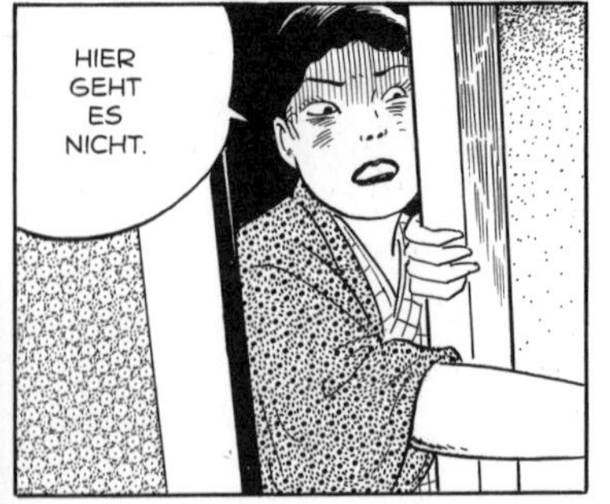
HIER GEHT ES NICHT.
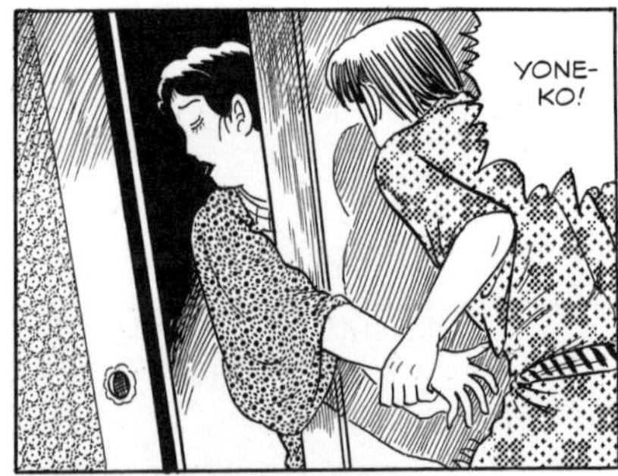
YONE-KO!
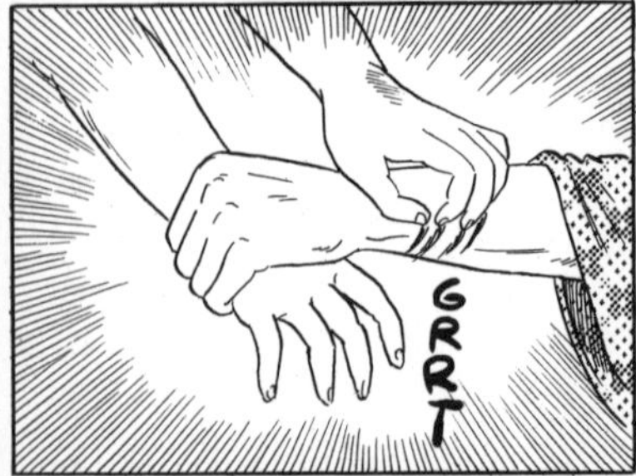
GRRT
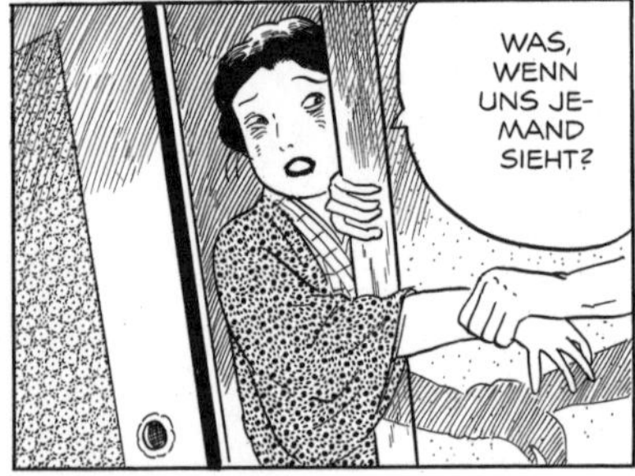
WAS, WENN UNS JE-MAND SIEHT?
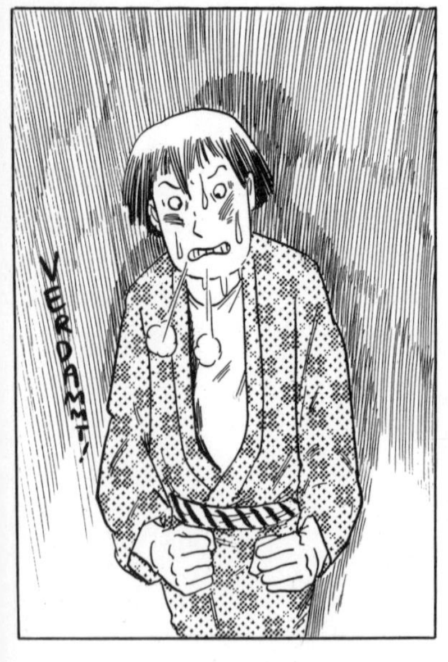
VERDAMMT!
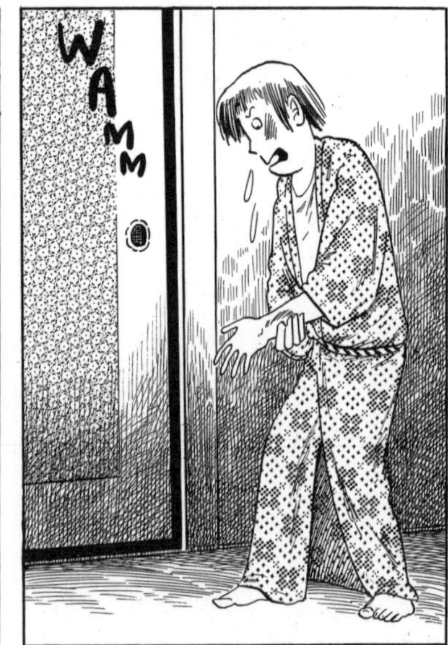
WAMM

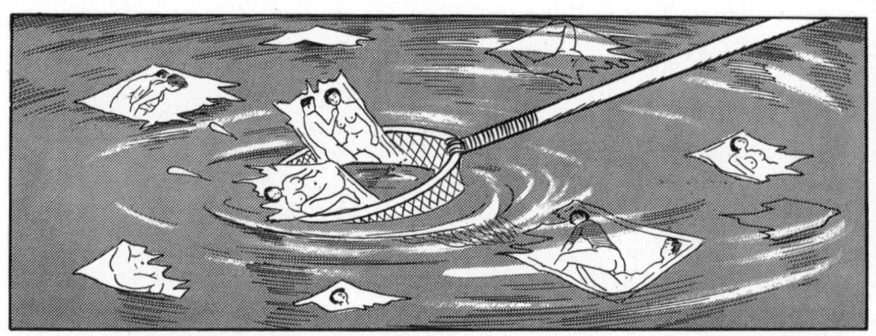

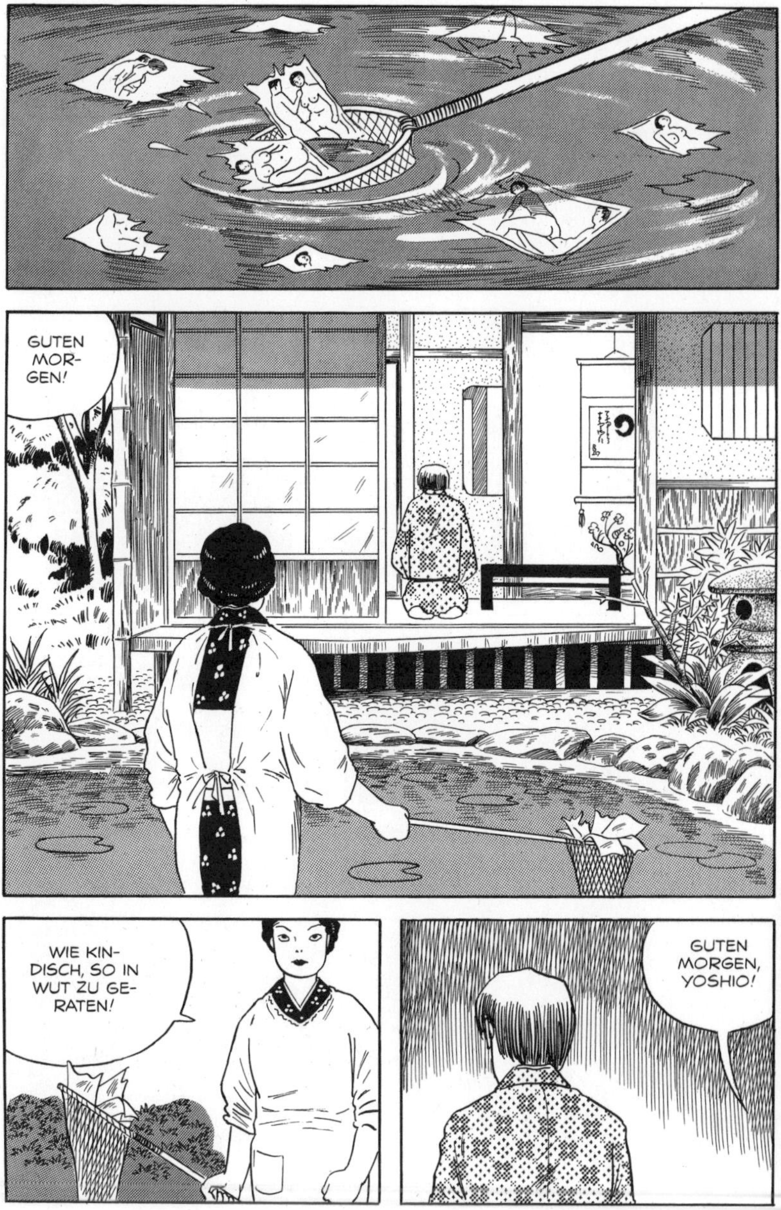

GUTEN MORGEN!

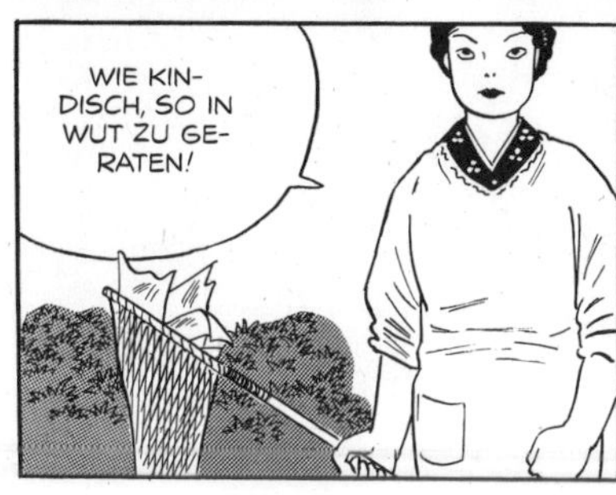

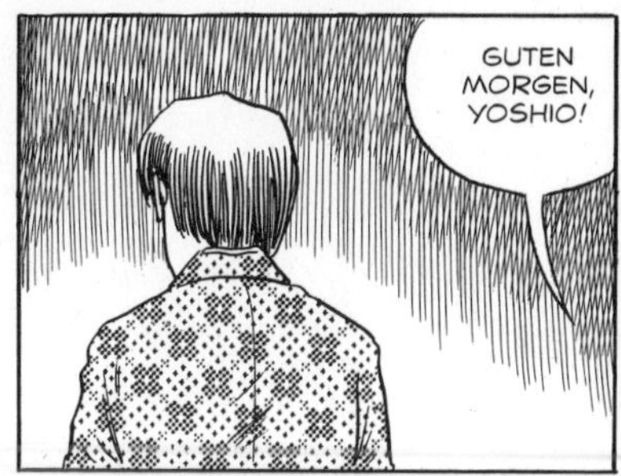

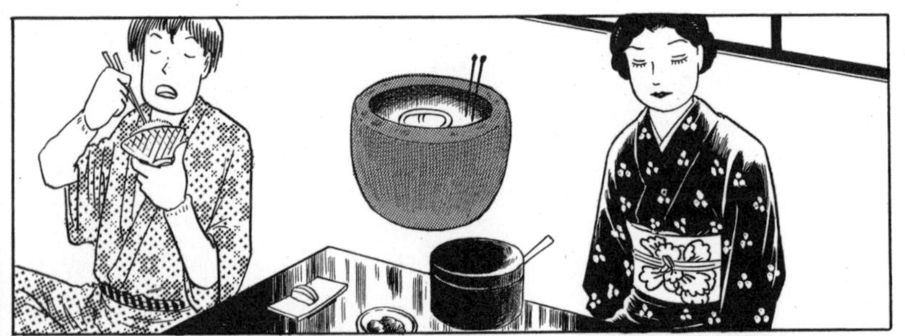

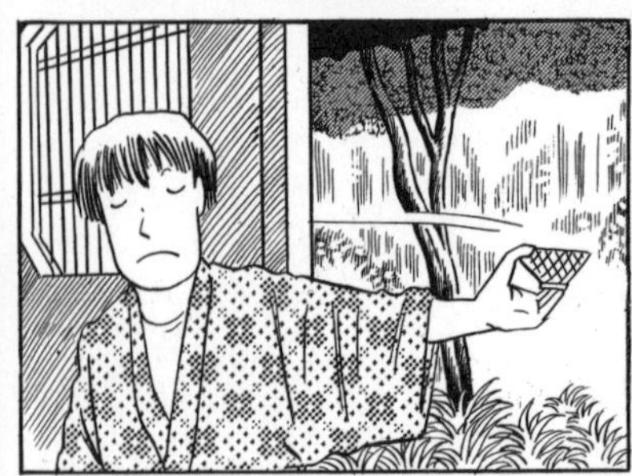

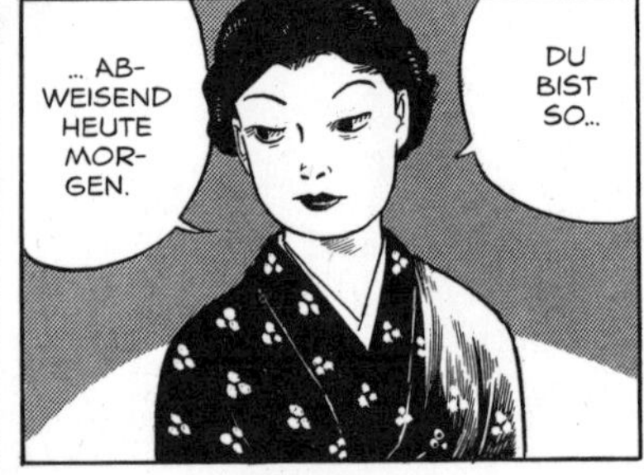
DU BIST SO...
... ABWEISEND HEUTE MORGEN.

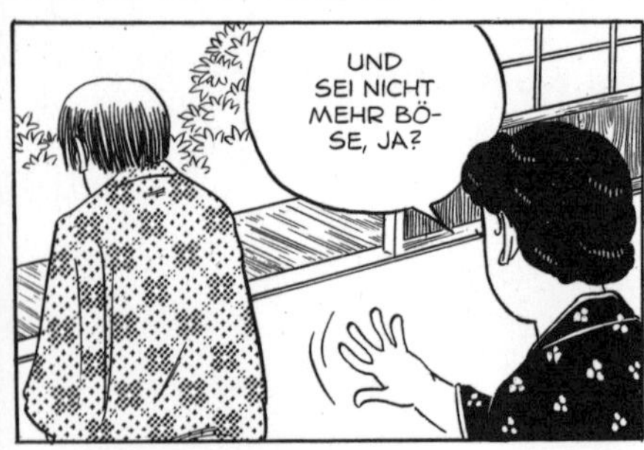
UND SEI NICHT MEHR BÖSE, JA?

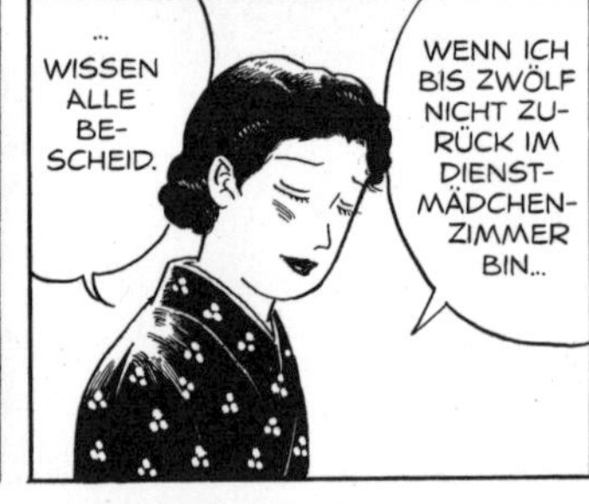
WENN ICH BIS ZWÖLF NICHT ZURÜCK IM DIENSTMÄDCHENZIMMER BIN...
... WISSEN ALLE BESCHEID.

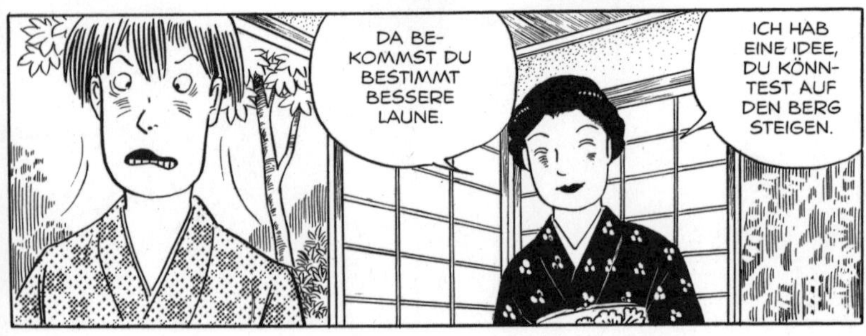
ICH HAB EINE IDEE, DU KÖNNTEST AUF DEN BERG STEIGEN.
DA BEKOMMST DU BESTIMMT BESSERE LAUNE.

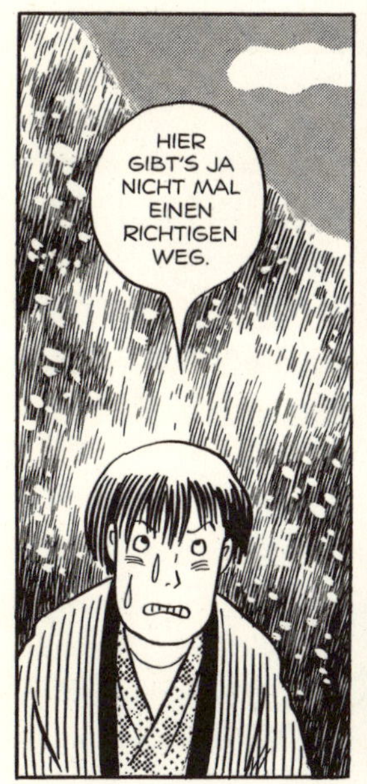
HIER GIBT'S JA NICHT MAL EINEN RICHTIGEN WEG.

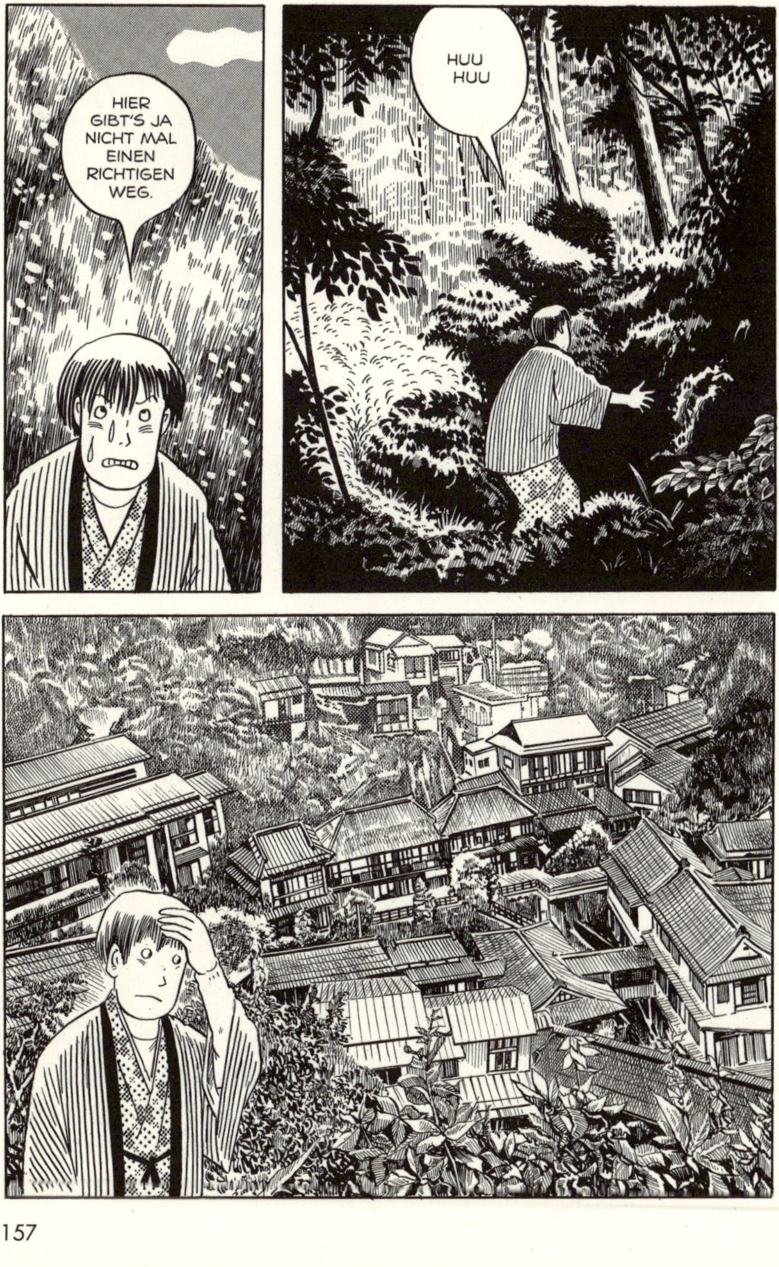

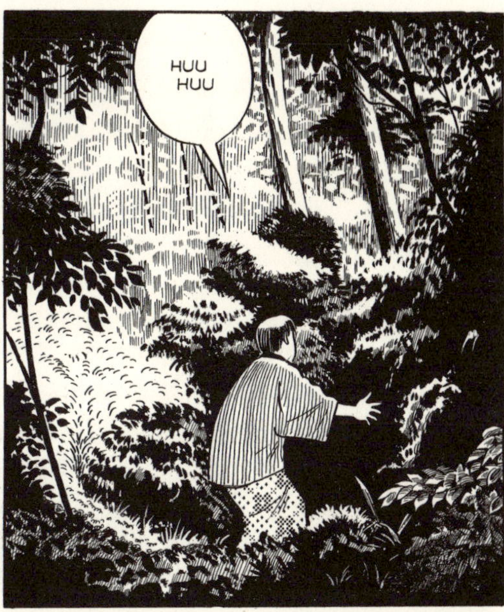
HUU HUU

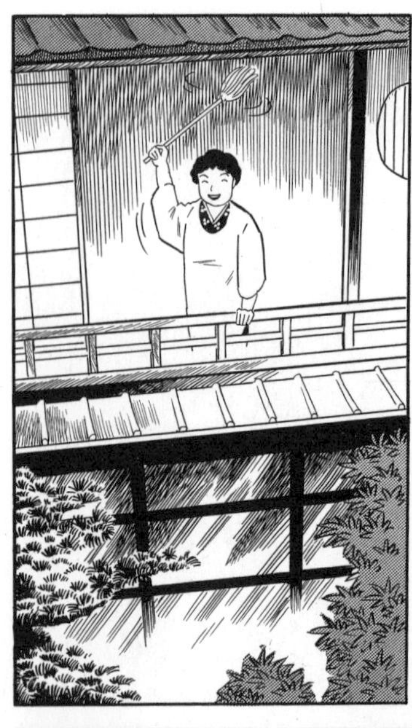

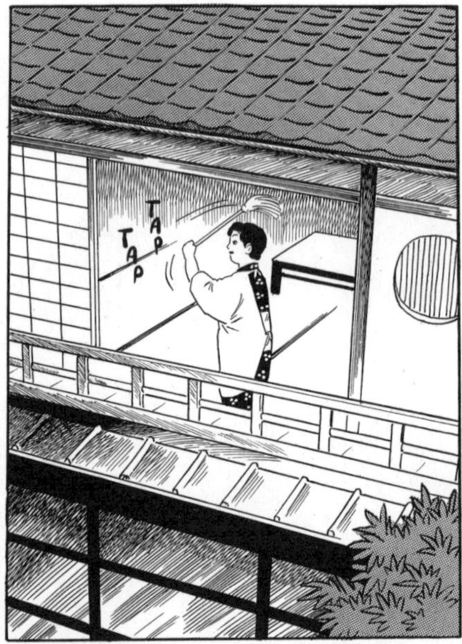
TAP
TAP

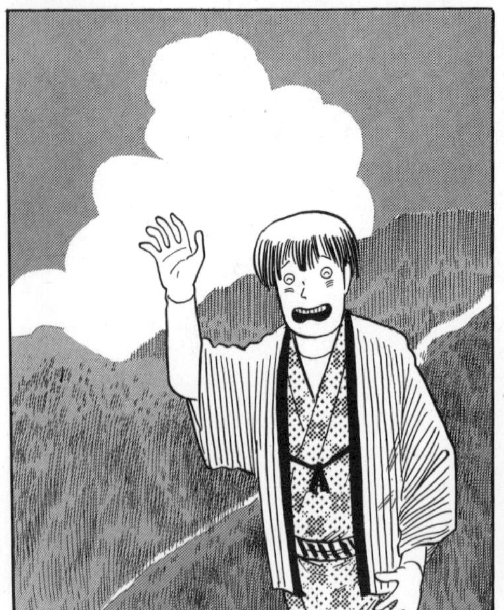

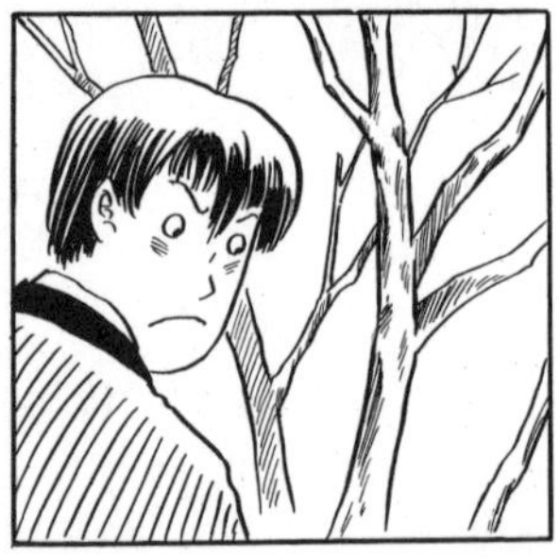

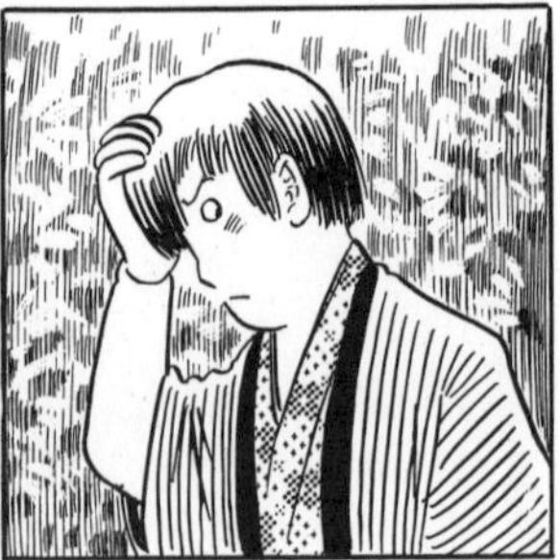

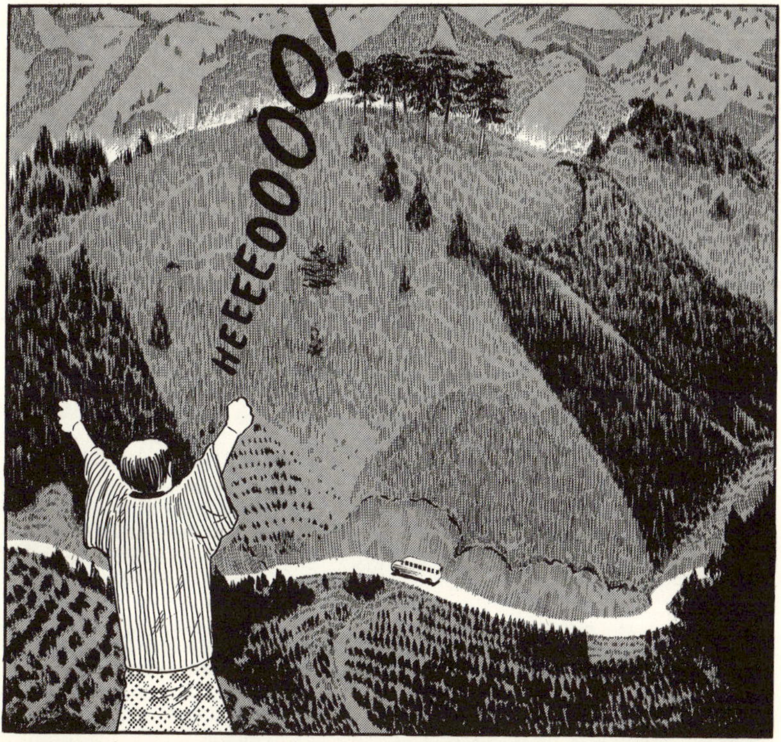

HEEEOOOO!

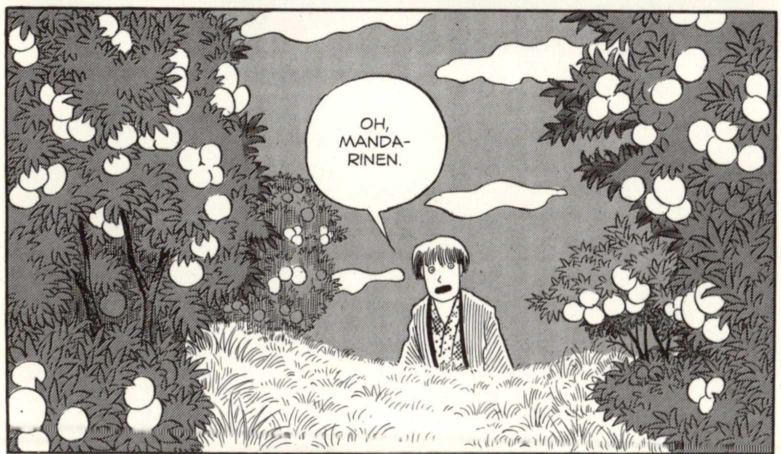

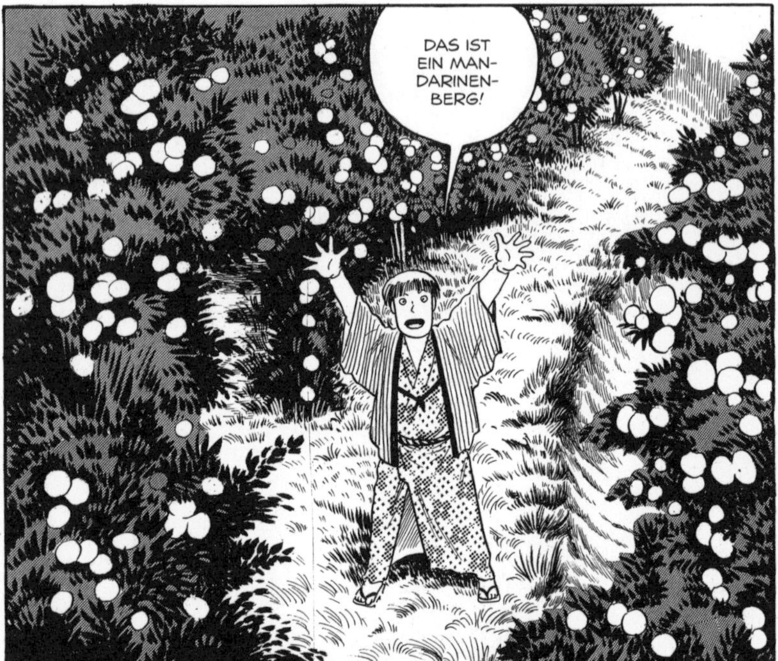

DAS IST
EIN MAN-
DARINEN-
BERG!

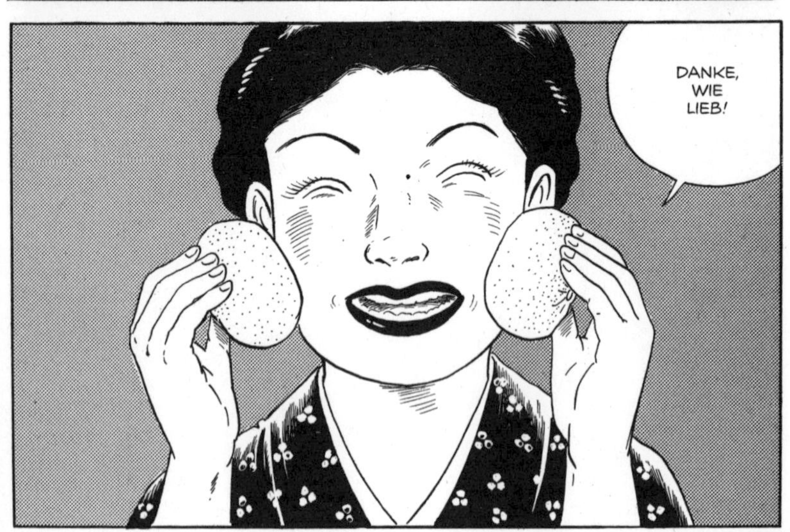

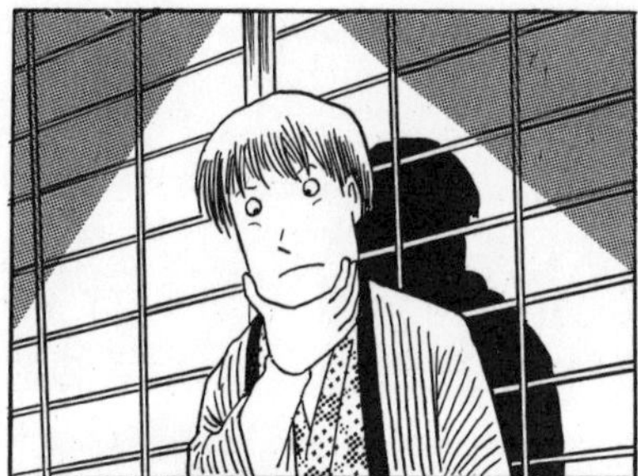

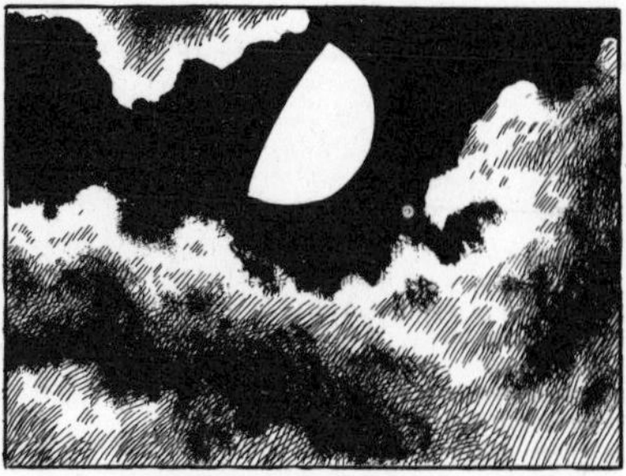

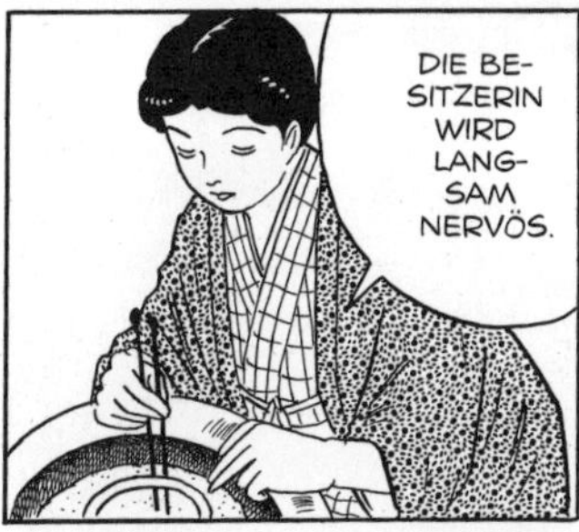
DIE BE-
SITZERIN
WIRD
LANG-
SAM
NERVÖS.

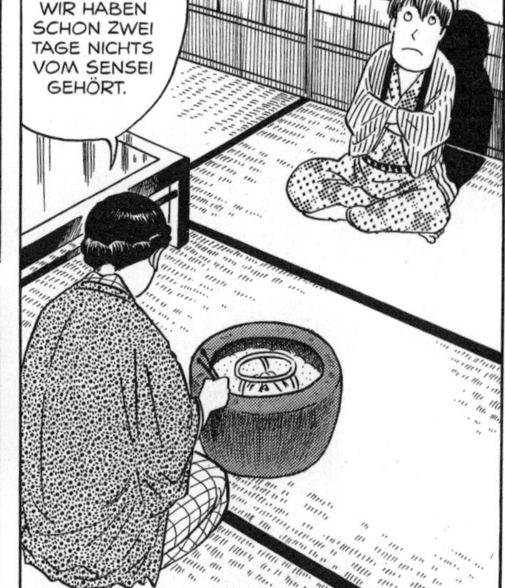
SELTSAM.
WIR HABEN
SCHON ZWEI
TAGE NICHTS
VOM SENSEI
GEHÖRT.

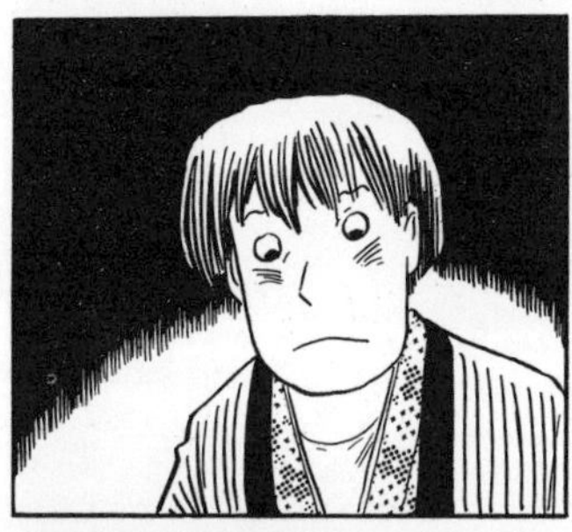

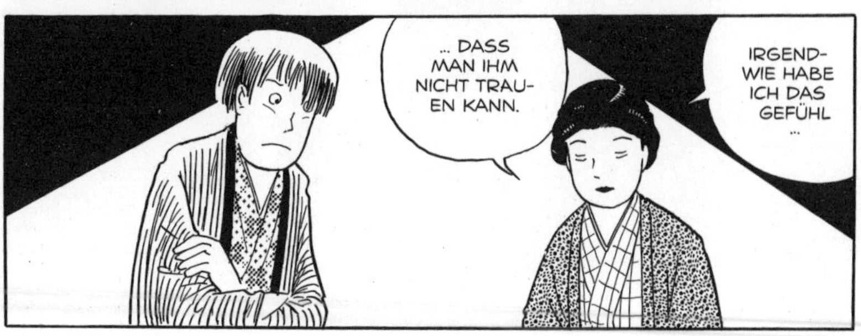
IRGEND-
WIE HABE
ICH DAS
GEFÜHL
...
... DASS
MAN IHM
NICHT TRAU-
EN KANN.

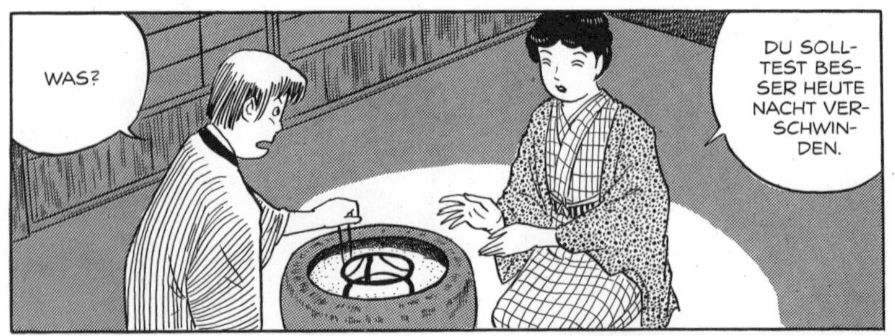
DU SOLLTEST BESSER HEUTE NACHT VERSCHWINDEN.
WAS?

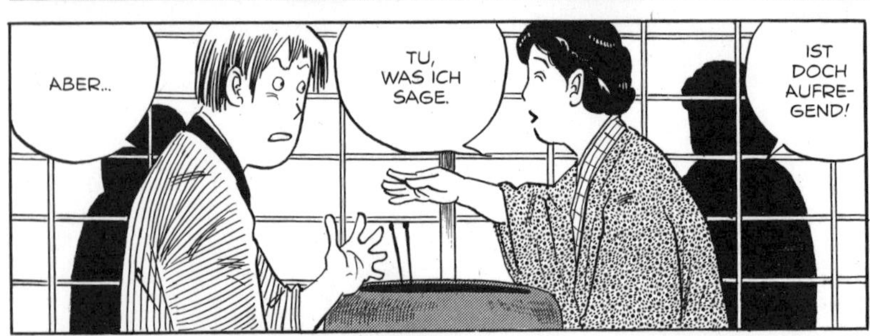
IST DOCH AUFREGEND!
TU, WAS ICH SAGE.
ABER...

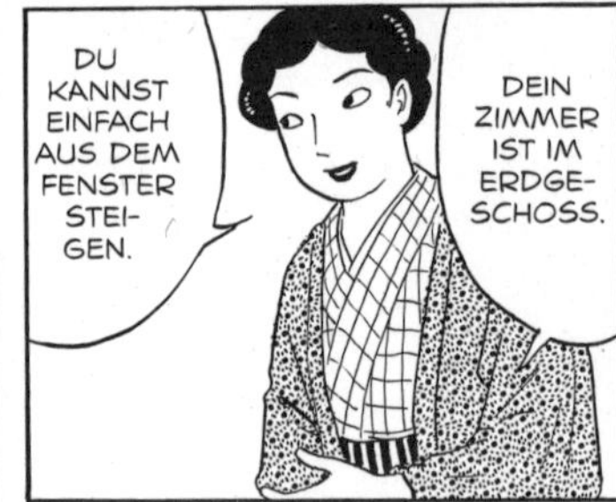
DEIN ZIMMER IST IM ERDGESCHOSS.
DU KANNST EINFACH AUS DEM FENSTER STEIGEN.

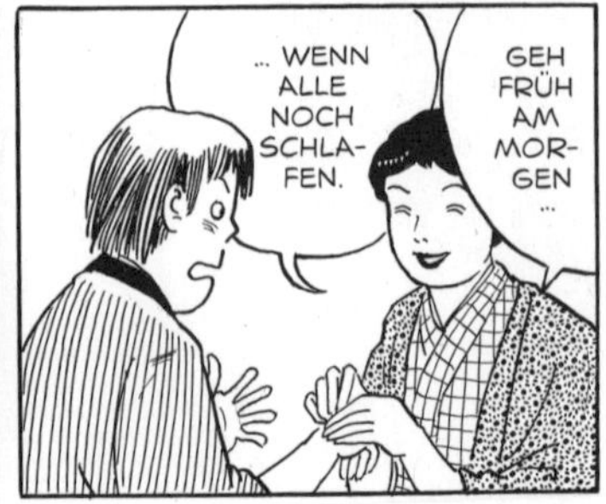
GEH FRÜH AM MORGEN ...
... WENN ALLE NOCH SCHLAFEN.

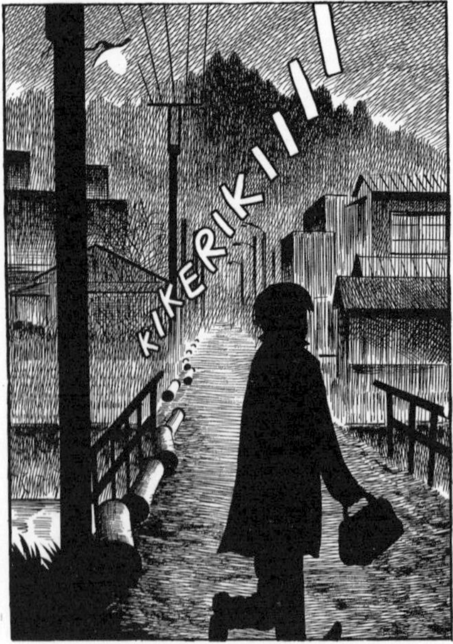
KIKERIKIIII!

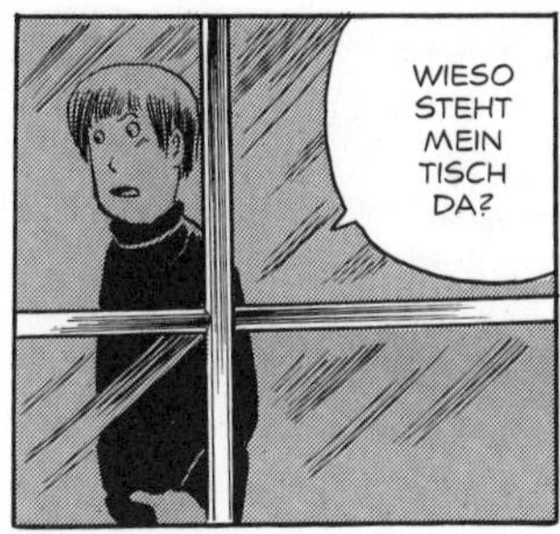
WIESO STEHT MEIN TISCH DA?

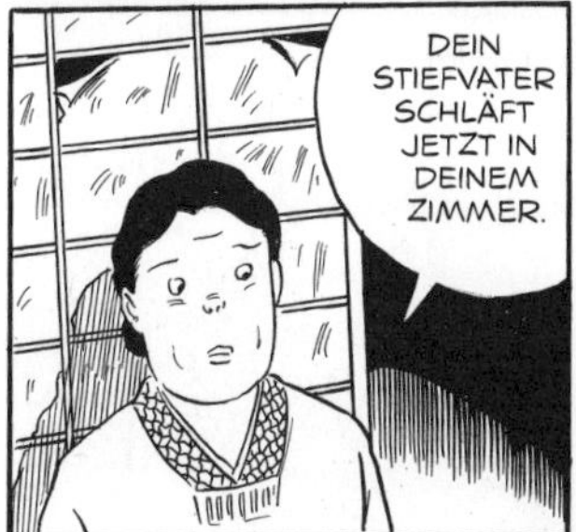
DEIN STIEFVATER SCHLÄFT JETZT IN DEINEM ZIMMER.

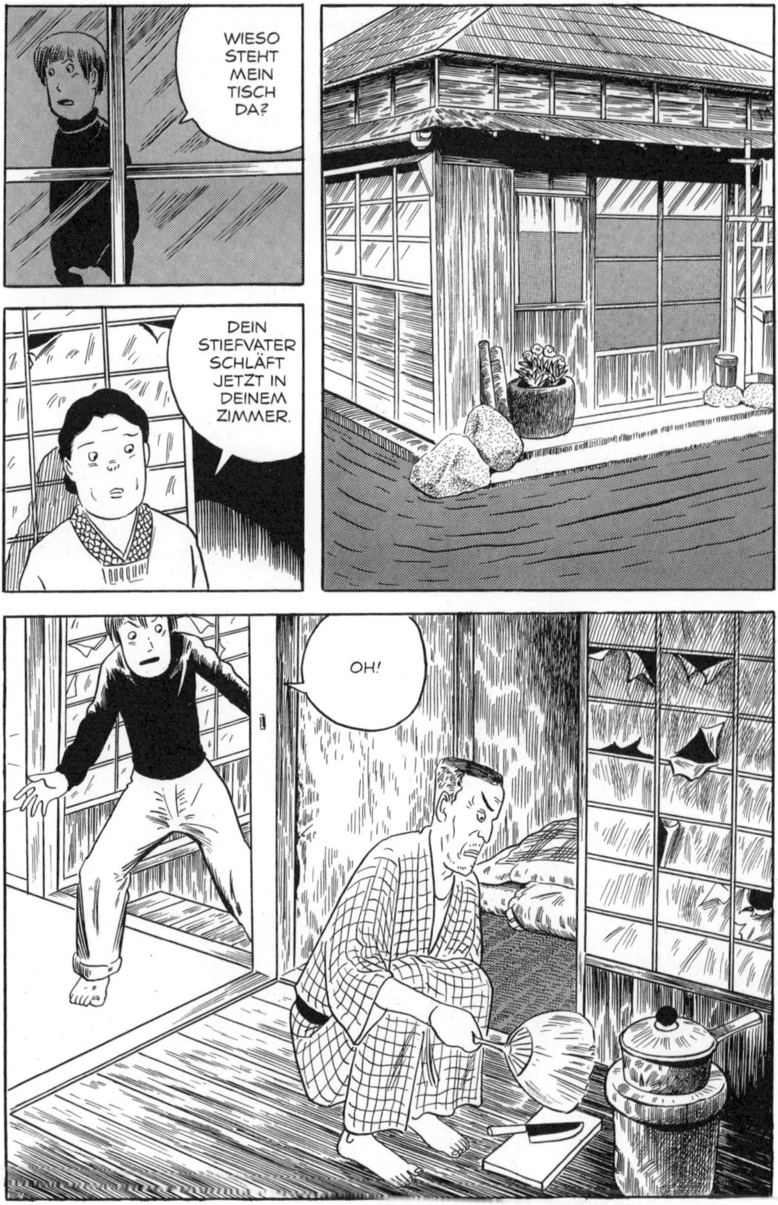

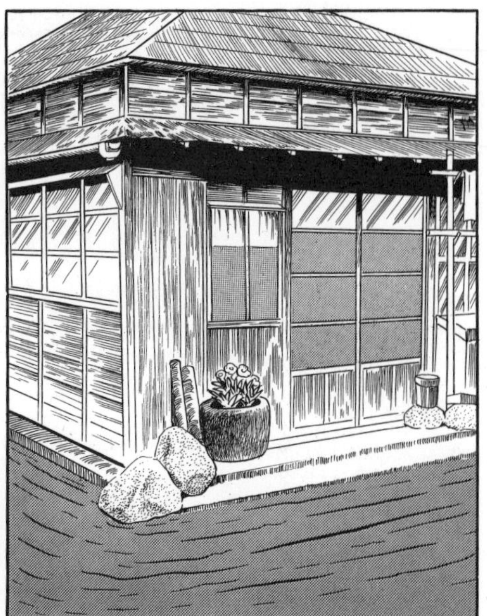

OH!

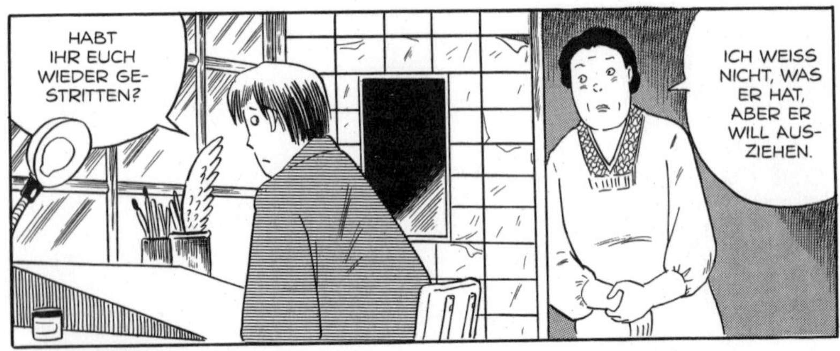
HABT IHR EUCH WIEDER GE-STRITTEN?
ICH WEISS NICHT, WAS ER HAT, ABER ER WILL AUS-ZIEHEN.

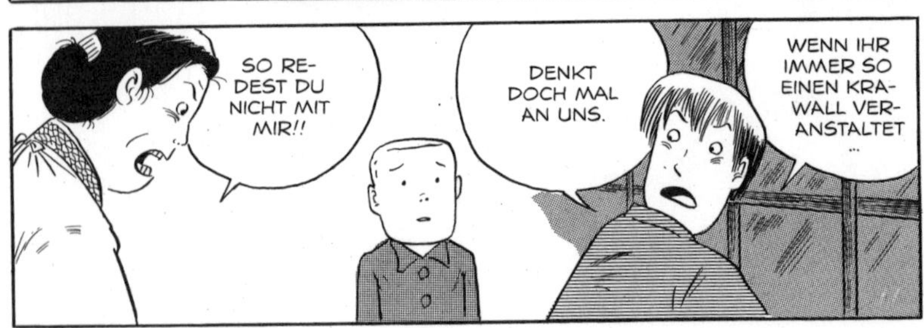
SO RE-DEST DU NICHT MIT MIR!!
DENKT DOCH MAL AN UNS.
WENN IHR IMMER SO EINEN KRA-WALL VER-ANSTALTET ...

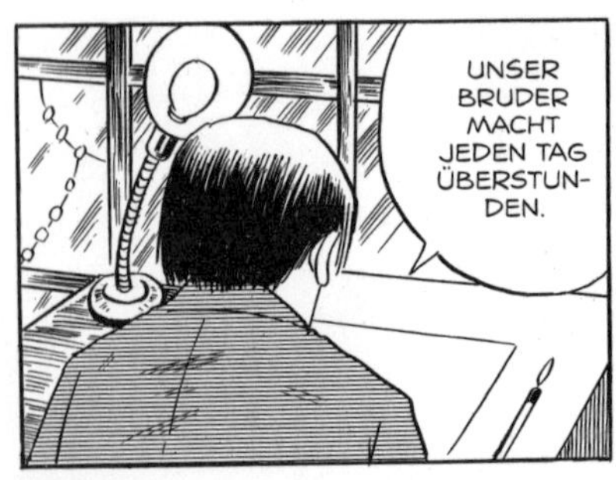
UNSER BRUDER MACHT JEDEN TAG ÜBERSTUN-DEN.

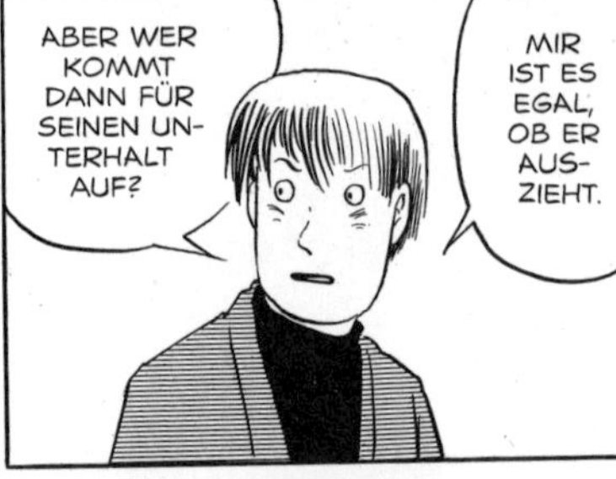
ABER WER KOMMT DANN FÜR SEINEN UN-TERHALT AUF?
MIR IST ES EGAL, OB ER AUS-ZIEHT.

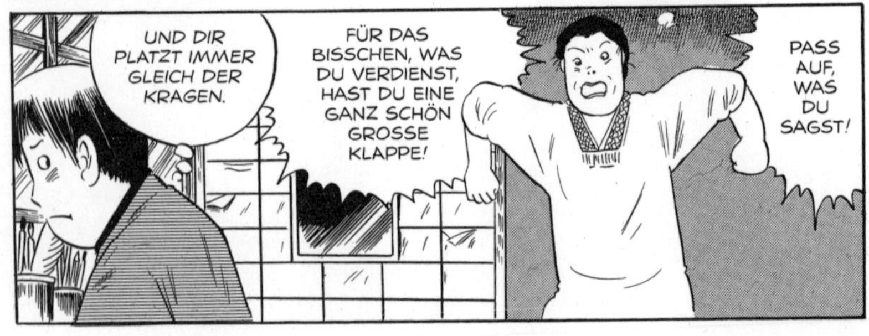
UND DIR PLATZT IMMER GLEICH DER KRAGEN.
FÜR DAS BISSCHEN, WAS DU VERDIENST, HAST DU EINE GANZ SCHÖN GROSSE KLAPPE!
PASS AUF, WAS DU SAGST!

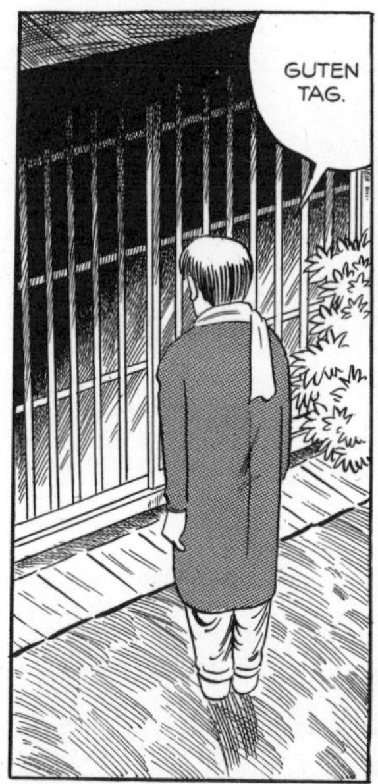
GUTEN TAG.

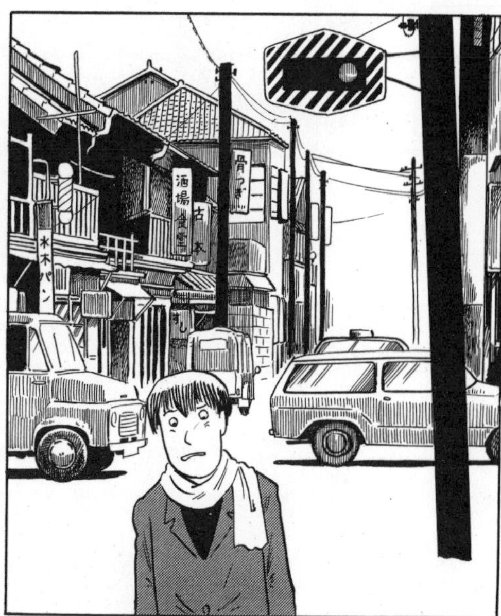
骨つぎ
酒場食堂
古本
水木パン
すし

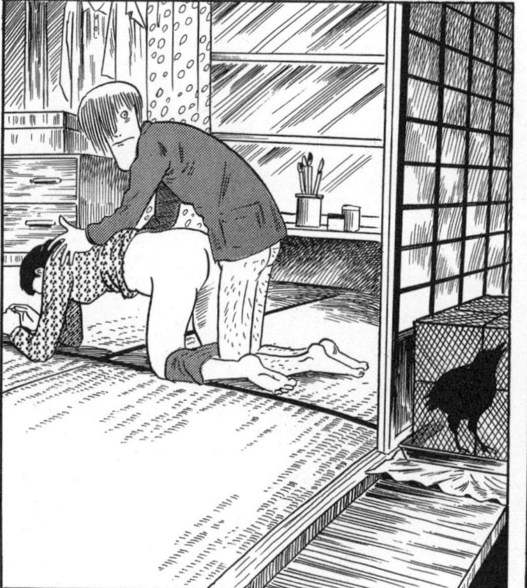

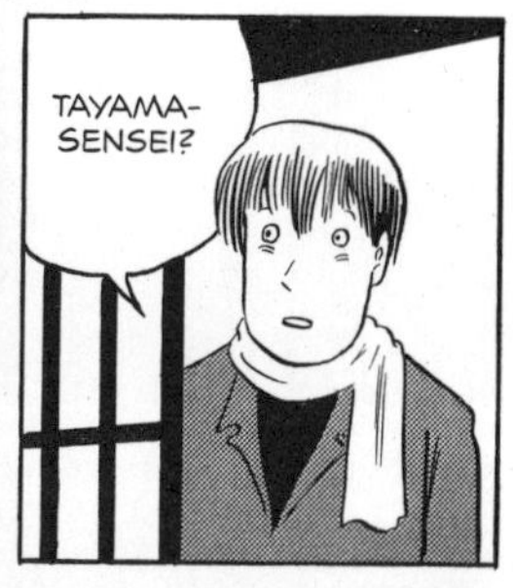
TAYAMA-SENSEI?

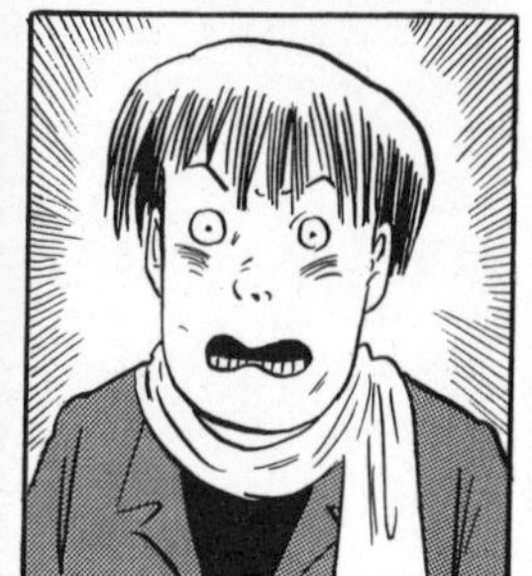

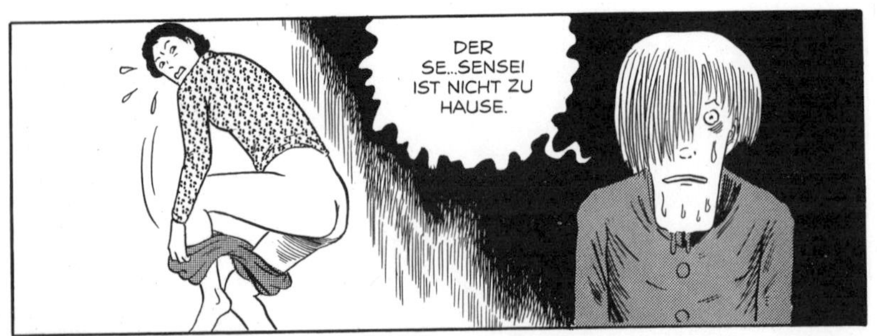
DER SE...SENSEI IST NICHT ZU HAUSE.

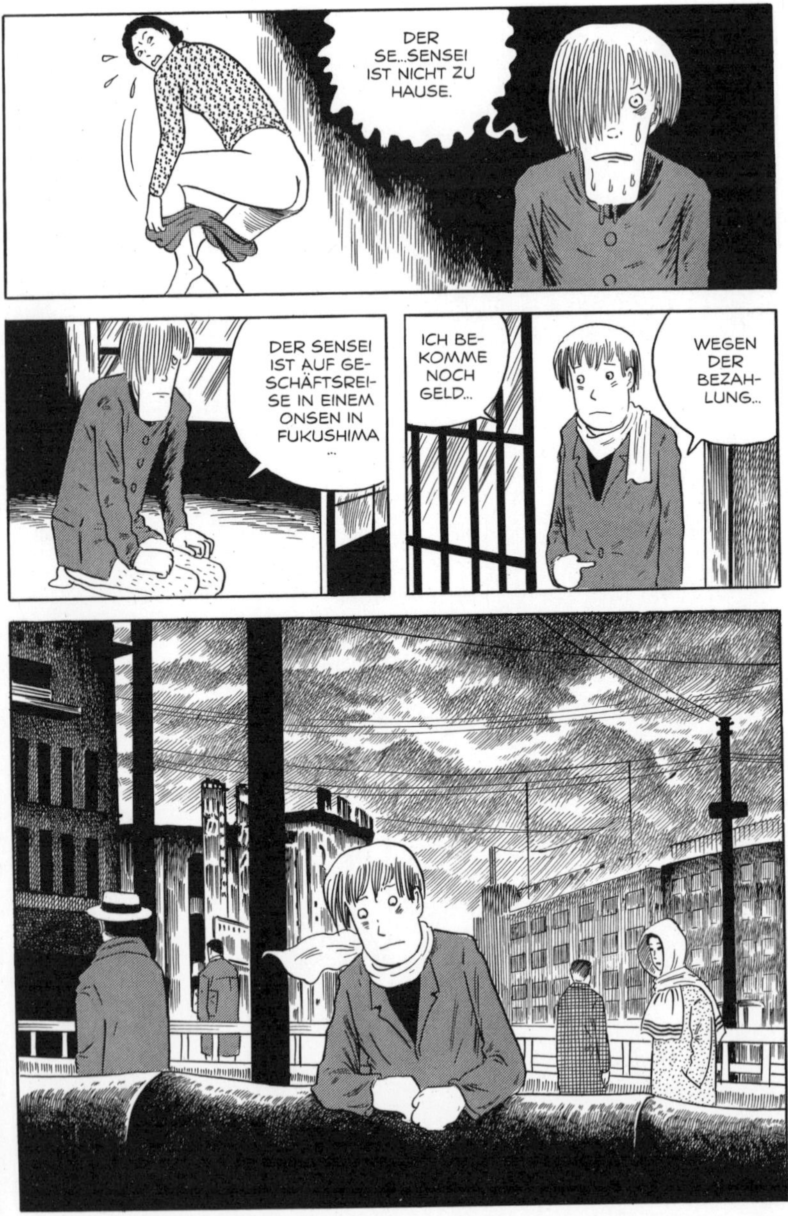

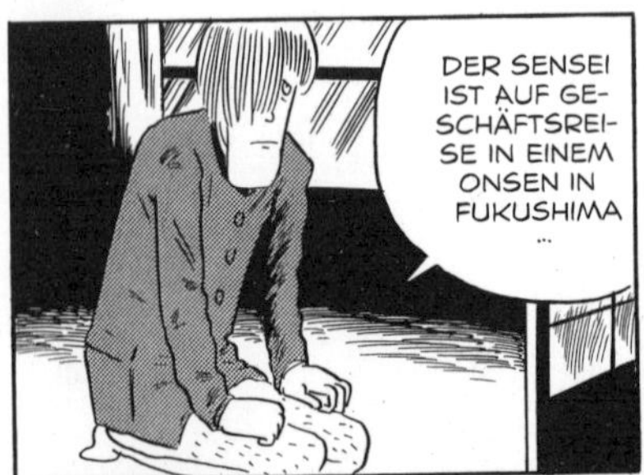
DER SENSEI IST AUF GESCHÄFTSREISE IN EINEM ONSEN IN FUKUSHIMA ...

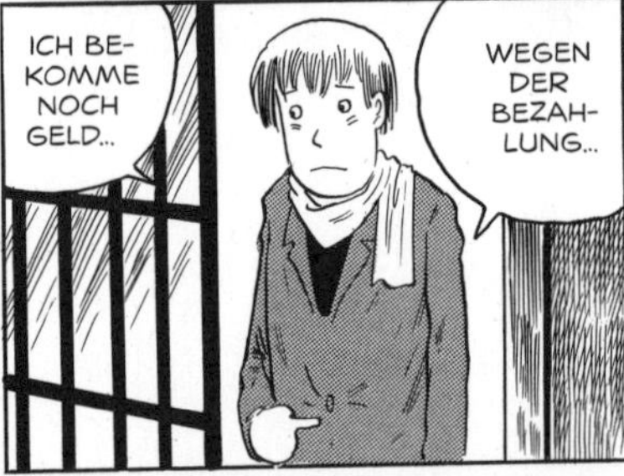
ICH BEKOMME NOCH GELD...
WEGEN DER BEZAHLUNG...

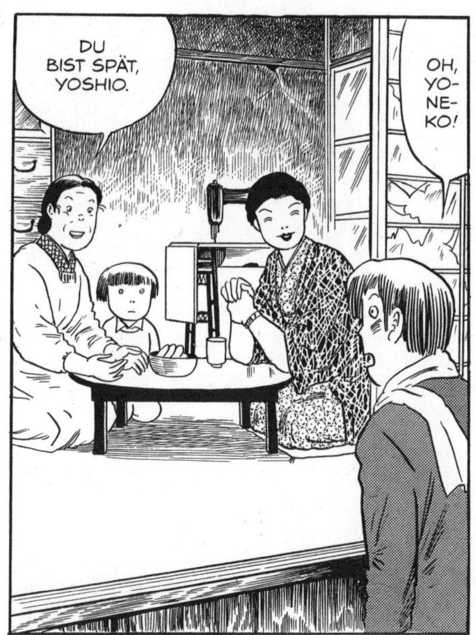
OH, YO-NE-KO!
DU BIST SPÄT, YOSHIO.
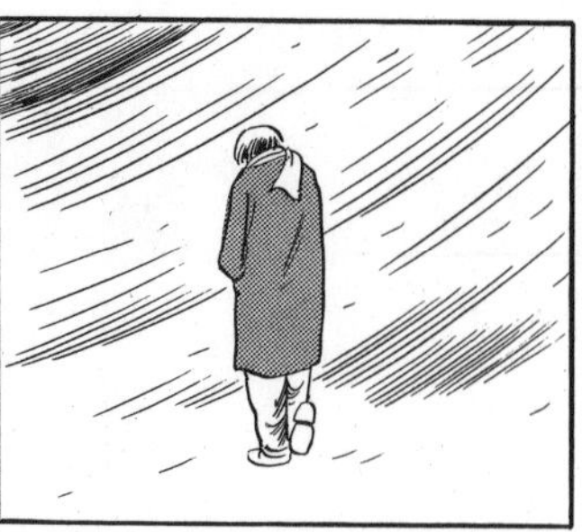
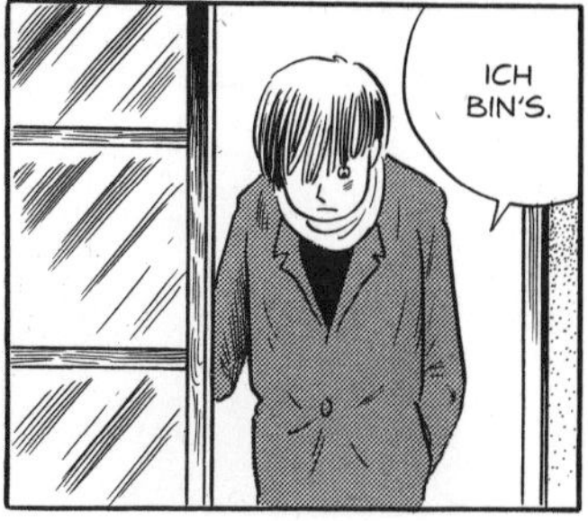
ICH BIN'S.
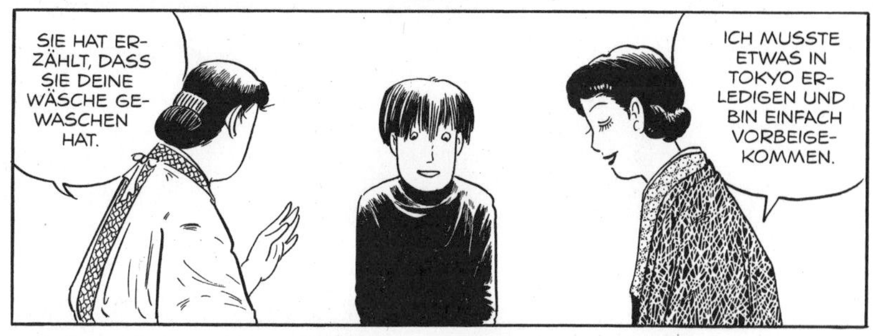
ICH MUSSTE ETWAS IN TOKYO ER-LEDIGEN UND BIN EINFACH VORBEIGE-KOMMEN.
SIE HAT ER-ZÄHLT, DASS SIE DEINE WÄSCHE GE-WASCHEN HAT.
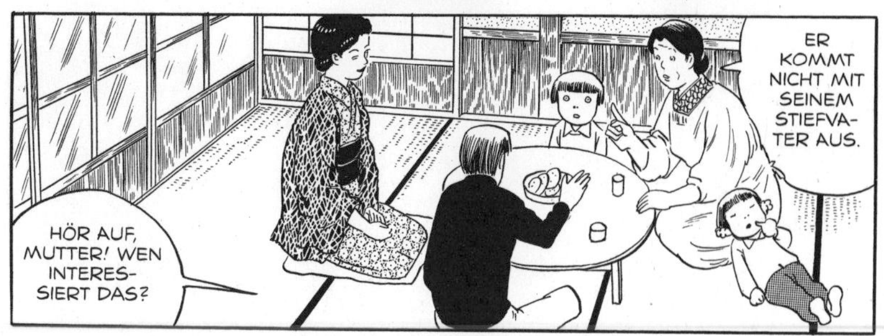
ER KOMMT NICHT MIT SEINEM STIEFVA-TER AUS.
HÖR AUF, MUTTER! WEN INTERES-SIERT DAS?

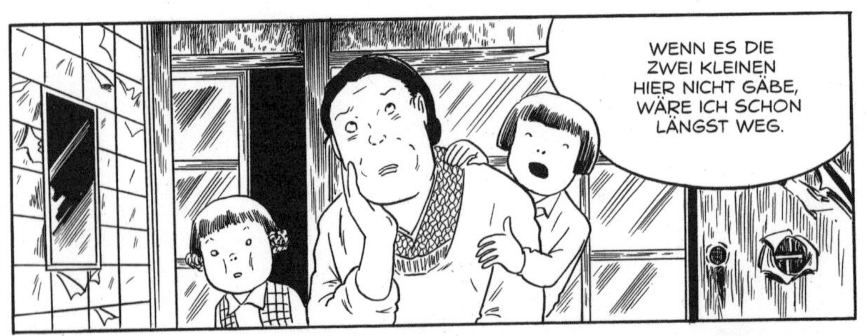
WENN ES DIE ZWEI KLEINEN HIER NICHT GÄBE, WÄRE ICH SCHON LÄNGST WEG.

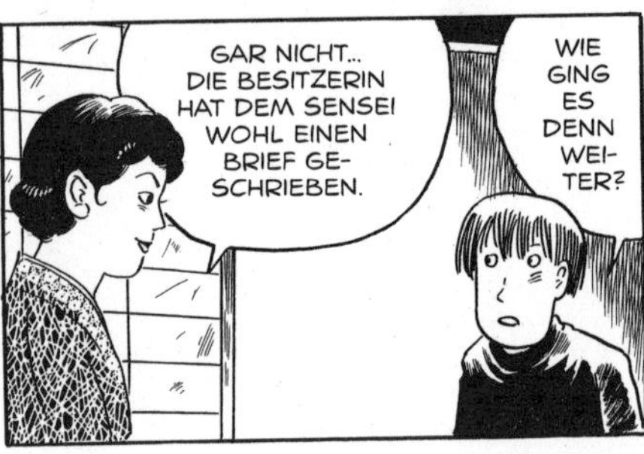
WIE GING ES DENN WEI-TER?
GAR NICHT... DIE BESITZERIN HAT DEM SENSEI WOHL EINEN BRIEF GE-SCHRIEBEN.

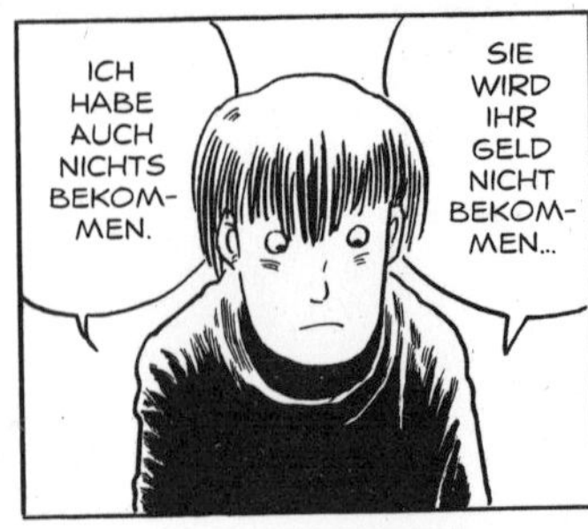
SIE WIRD IHR GELD NICHT BEKOM-MEN...
ICH HABE AUCH NICHTS BEKOM-MEN.

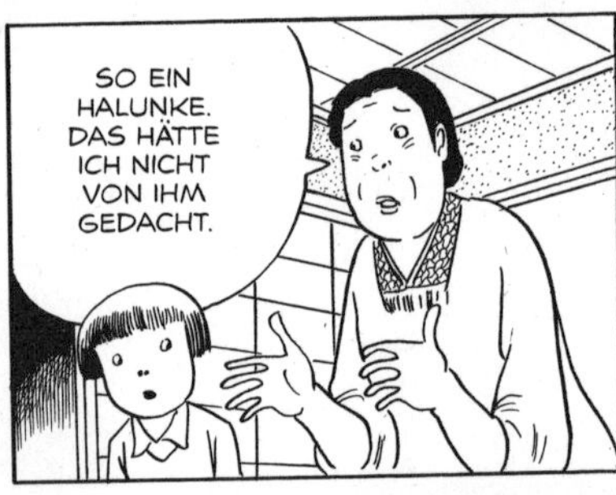
SO EIN HALUNKE. DAS HÄTTE ICH NICHT VON IHM GEDACHT.

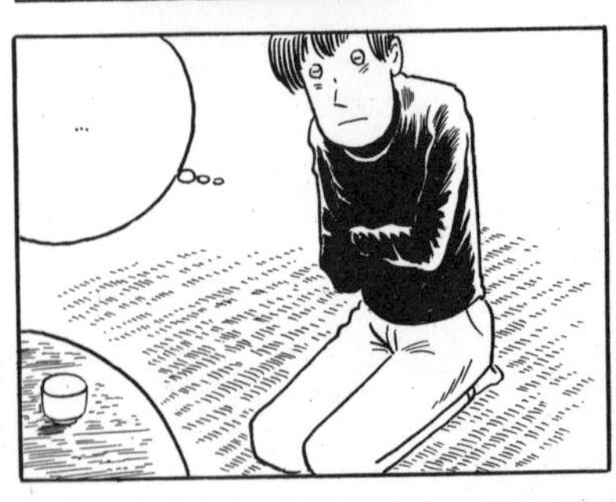
...

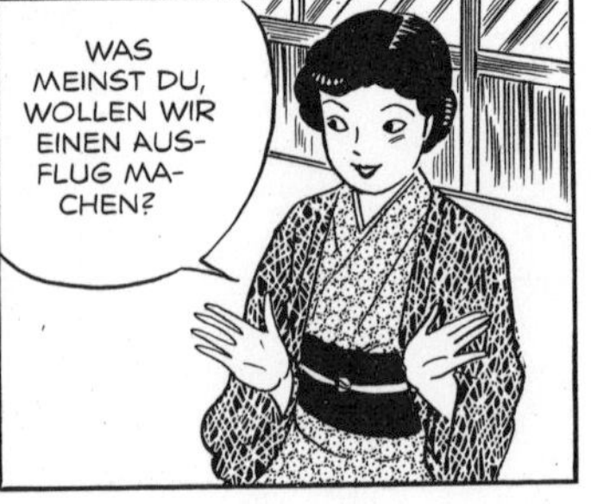
WAS MEINST DU, WOLLEN WIR EINEN AUS-FLUG MA-CHEN?

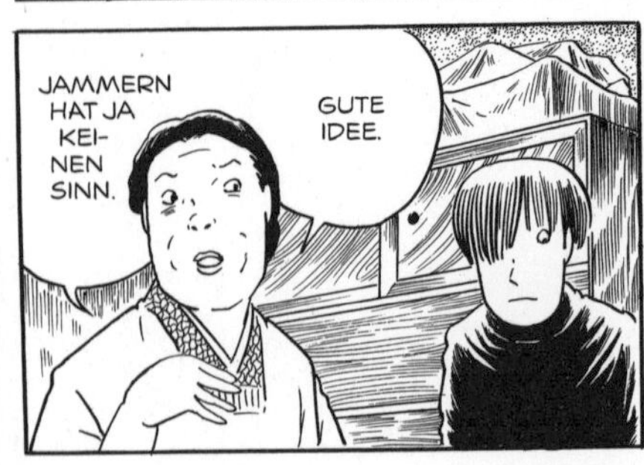
GUTE IDEE.
JAMMERN HAT JA KEI-NEN SINN.

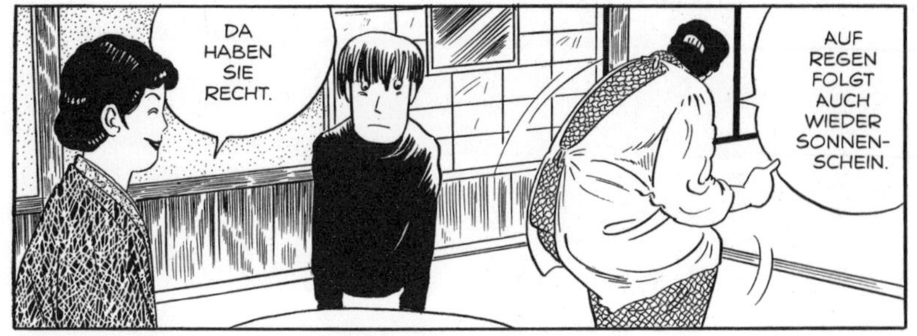
AUF REGEN FOLGT AUCH WIEDER SONNEN-SCHEIN.
DA HABEN SIE RECHT.

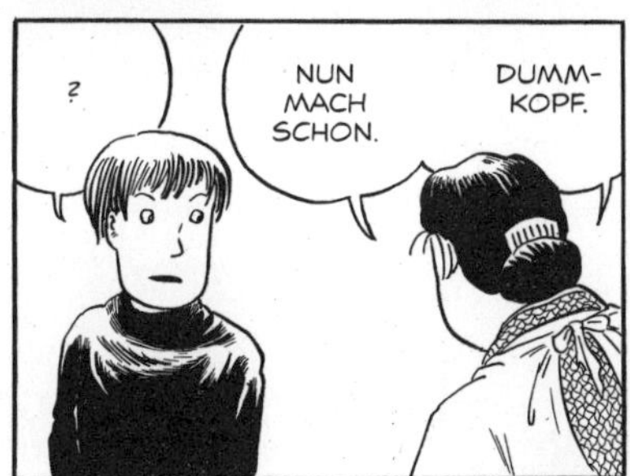
DUMM-KOPF.
NUN MACH SCHON.
?

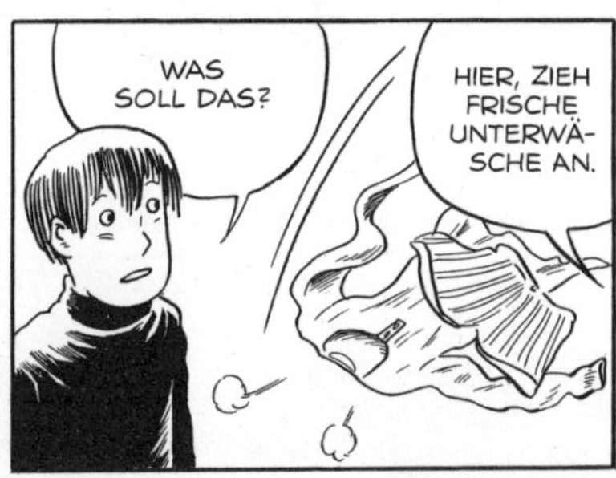
HIER, ZIEH FRISCHE UNTERWÄ-SCHE AN.
WAS SOLL DAS?

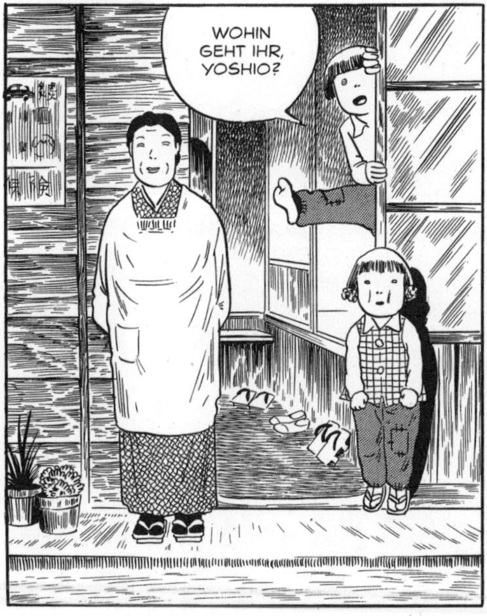
WOHIN GEHT IHR, YOSHIO?

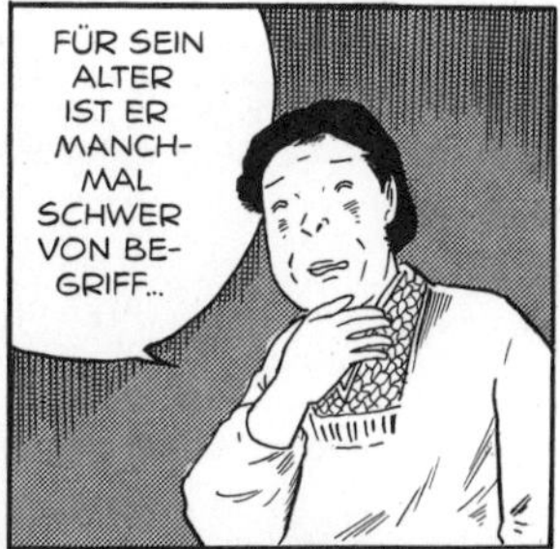
FÜR SEIN ALTER IST ER MANCH-MAL SCHWER VON BE-GRIFF...

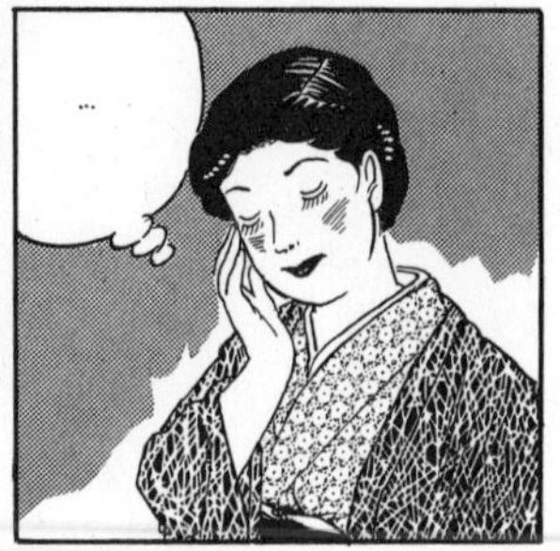
..

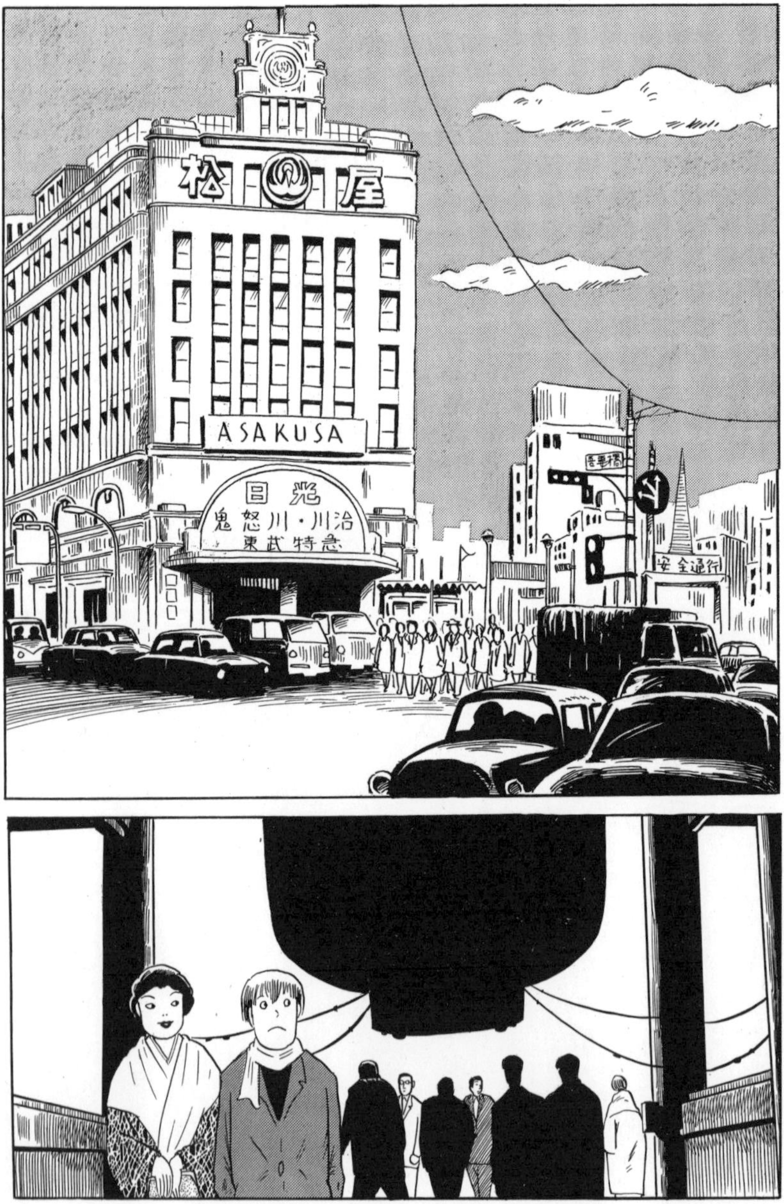

松屋
ASAKUSA
日光
鬼怒川・川治
東武特急
吾妻橋
安全通行

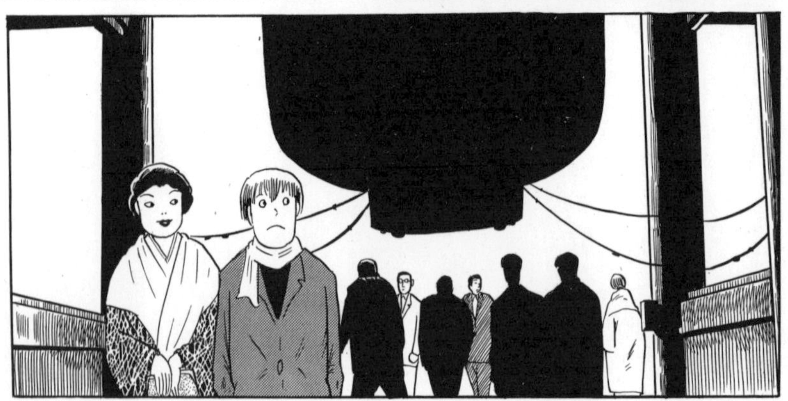

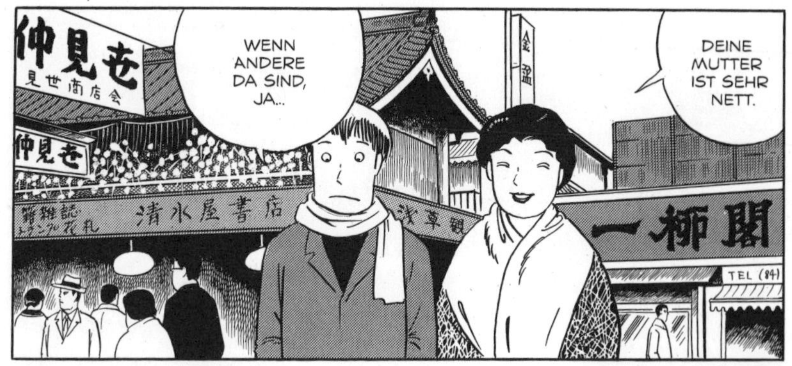
DEINE MUTTER IST SEHR NETT.
WENN ANDERE DA SIND, JA...

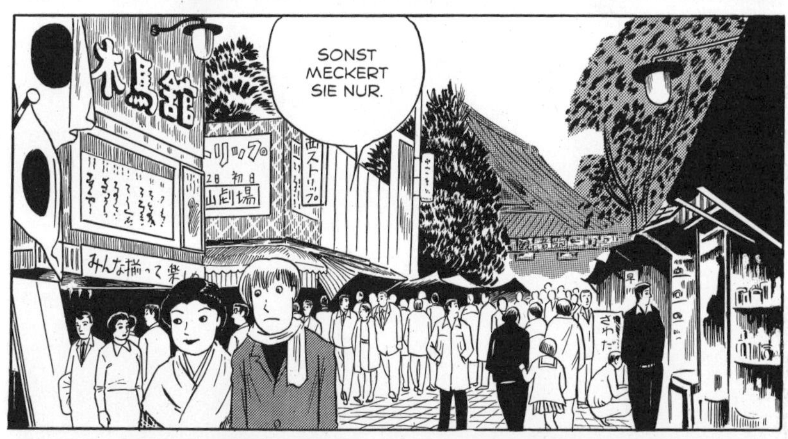
SONST MECKERT SIE NUR.

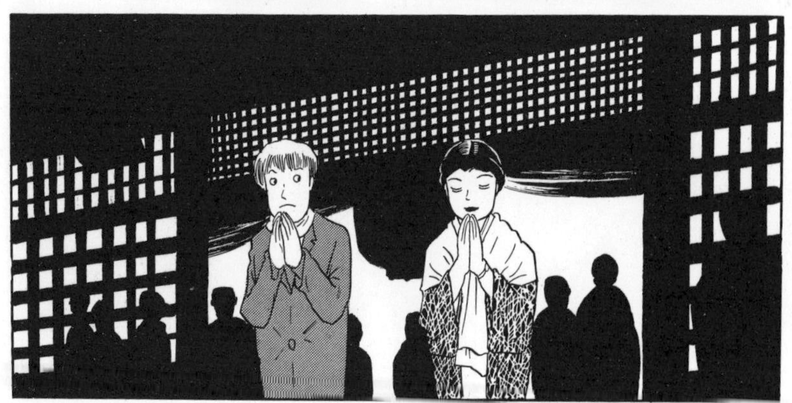

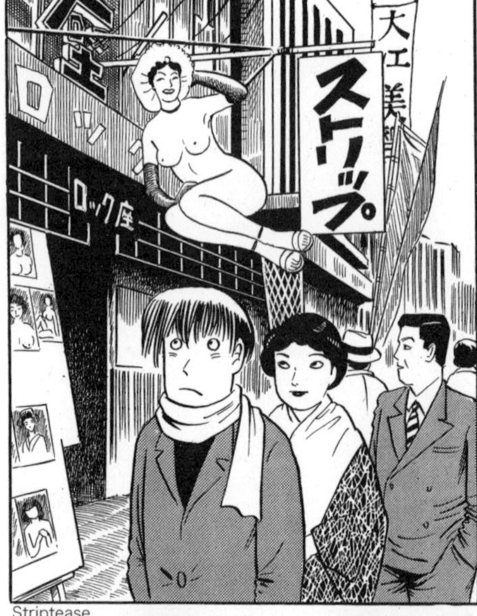
ストリップ
ロック座
Striptease

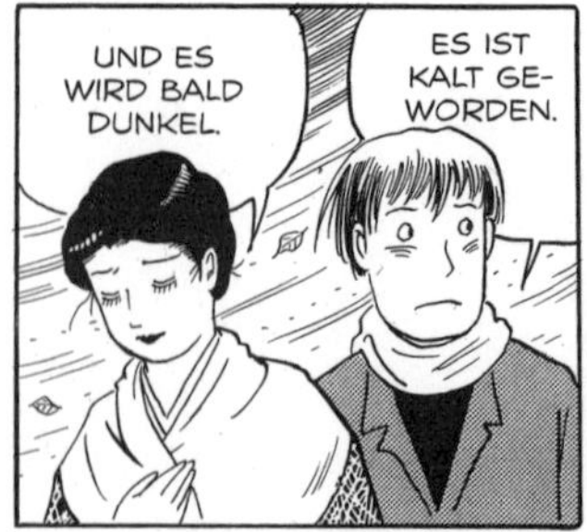
ES IST KALT GEWORDEN.
UND ES WIRD BALD DUNKEL.

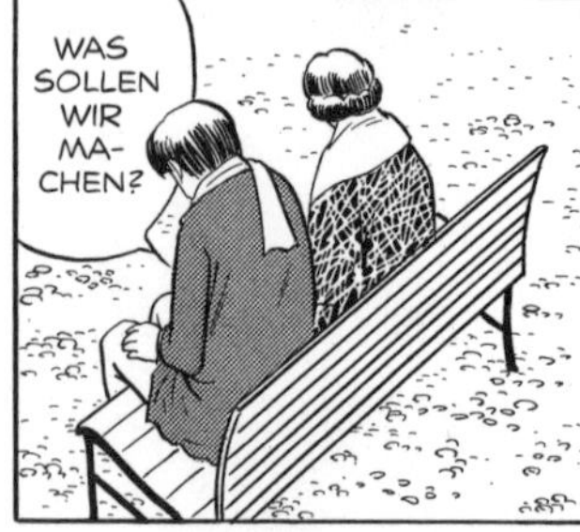
WAS SOLLEN WIR MACHEN?

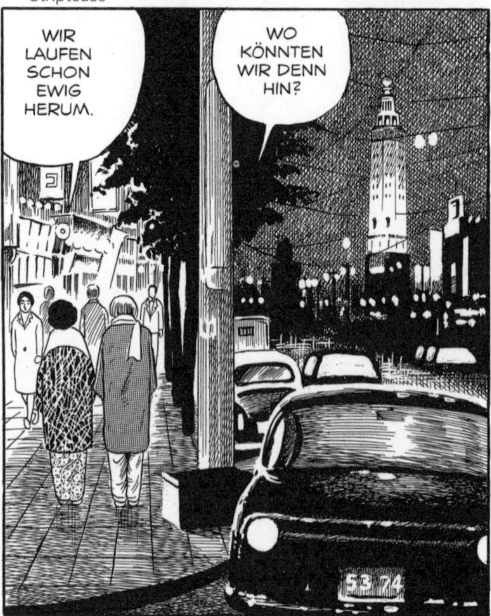
WO KÖNNTEN WIR DENN HIN?
WIR LAUFEN SCHON EWIG HERUM.

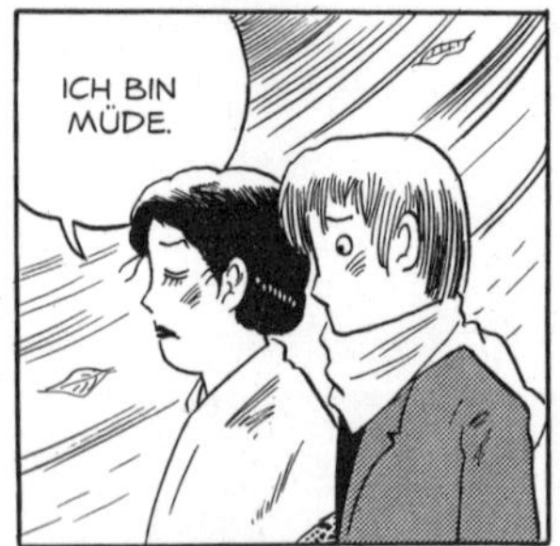
ICH BIN MÜDE.

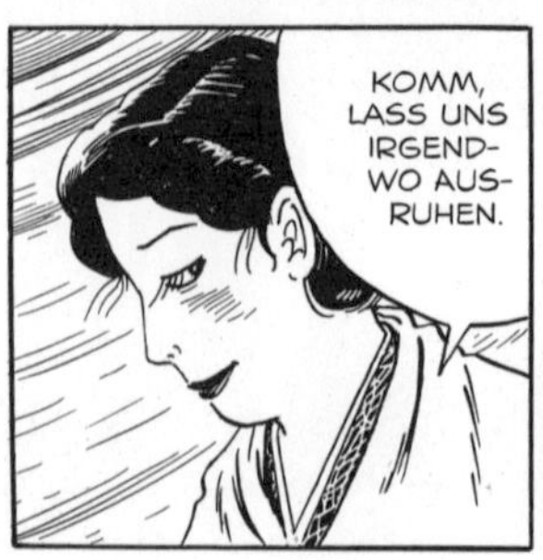
KOMM, LASS UNS IRGENDWO AUSRUHEN.

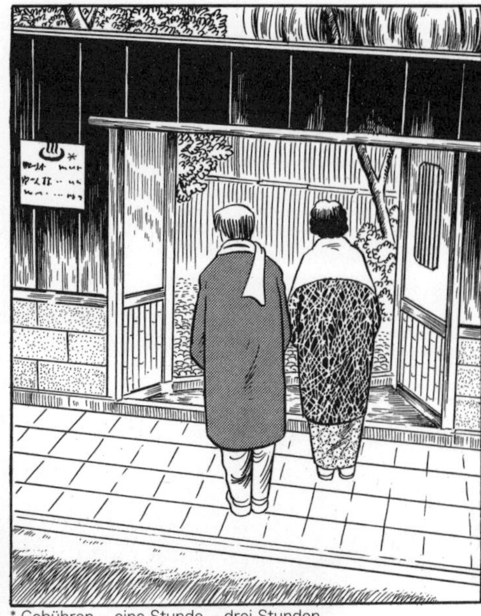

* Gebühren… eine Stunde… drei Stunden

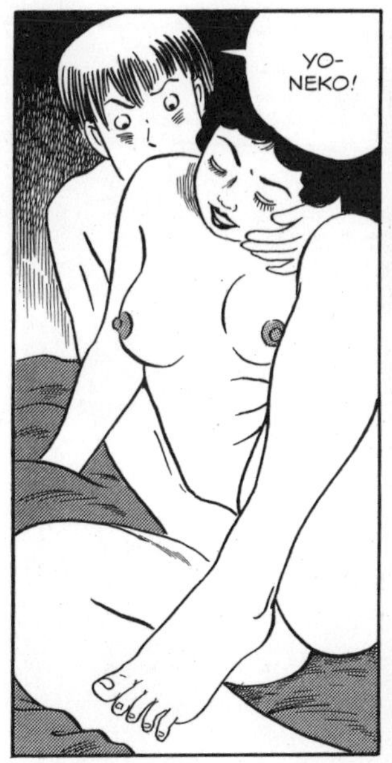

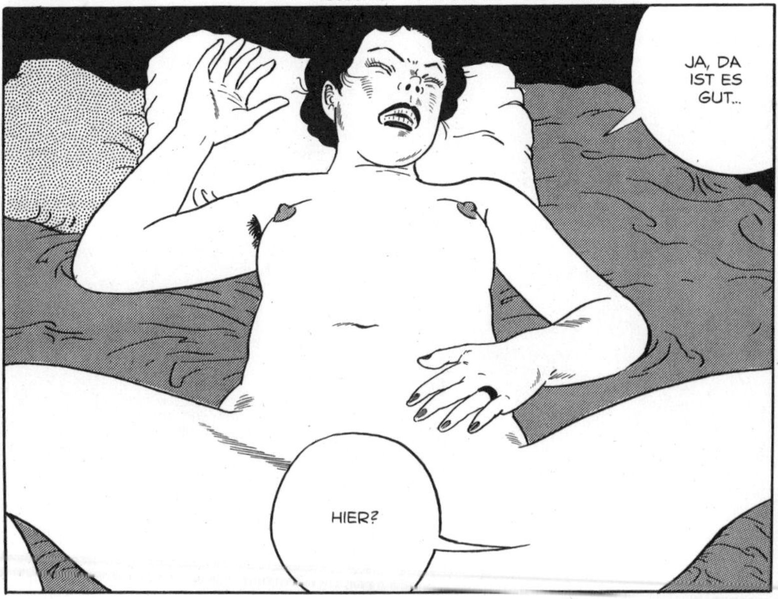

HIER?

JA, DA IST ES GUT…

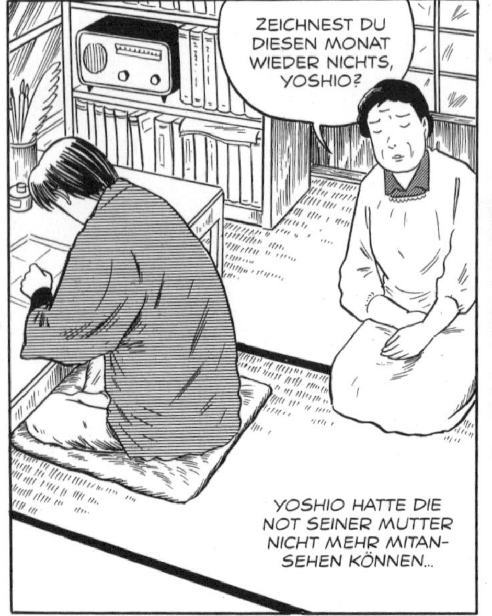
ZEICHNEST DU DIESEN MONAT WIEDER NICHTS, YOSHIO?
YOSHIO HATTE DIE NOT SEINER MUTTER NICHT MEHR MITANSEHEN KÖNNEN...

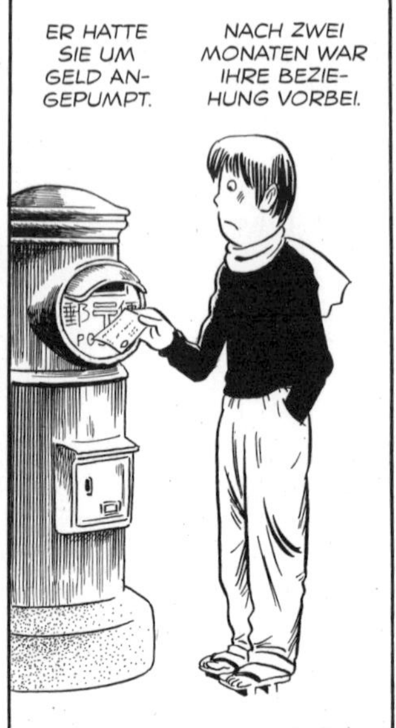
NACH ZWEI MONATEN WAR IHRE BEZIEHUNG VORBEI.
ER HATTE SIE UM GELD ANGEPUMPT.

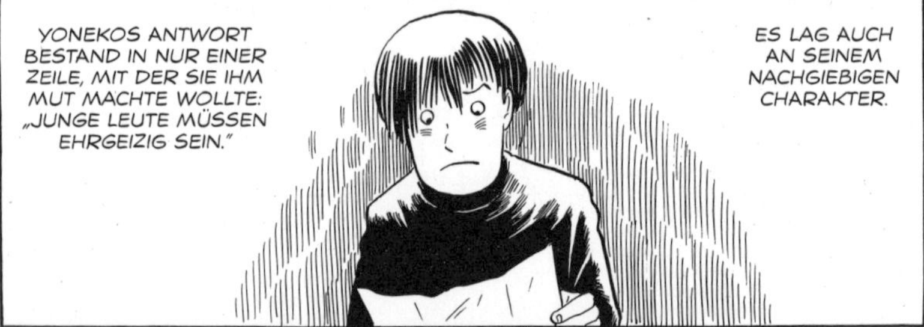
ES LAG AUCH AN SEINEM NACHGIEBIGEN CHARAKTER.
YONEKOS ANTWORT BESTAND IN NUR EINER ZEILE, MIT DER SIE IHM MUT MACHTE WOLLTE: „JUNGE LEUTE MÜSSEN EHRGEIZIG SEIN."

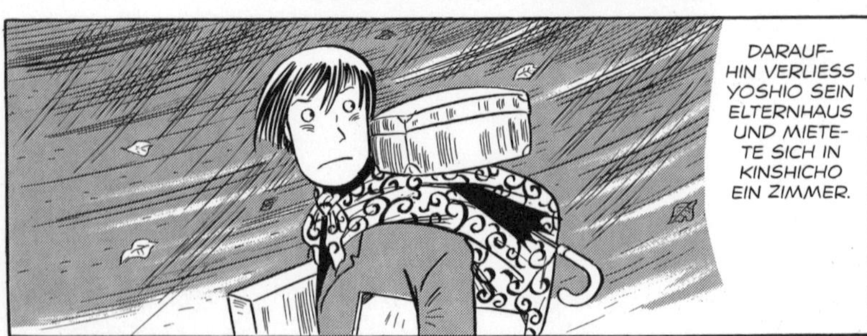
DARAUFHIN VERLIESS YOSHIO SEIN ELTERNHAUS UND MIETETE SICH IN KINSHICHO EIN ZIMMER.

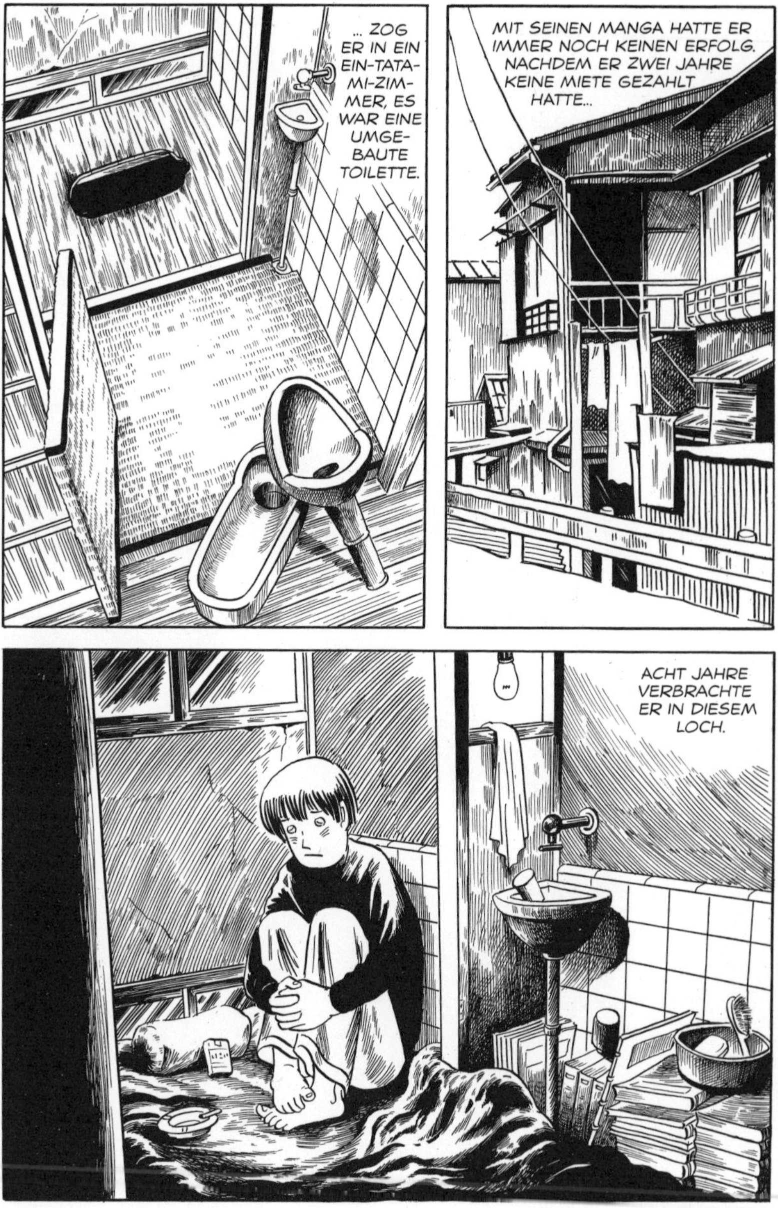

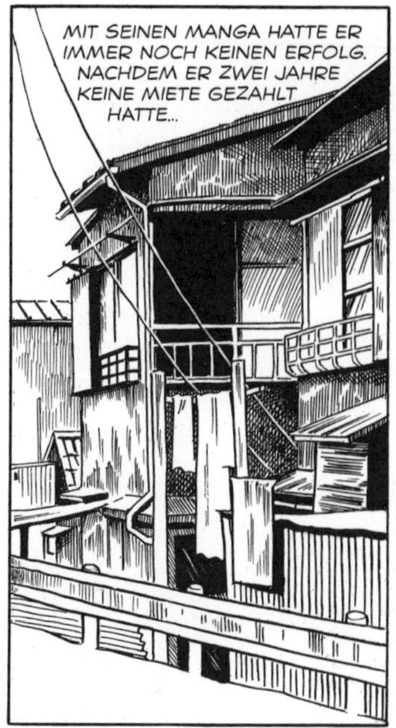

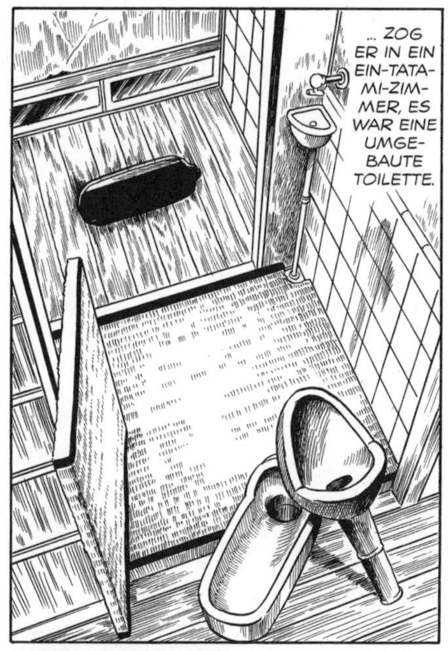

ACHT JAHRE VERBRACHTE ER IN DIESEM LOCH.

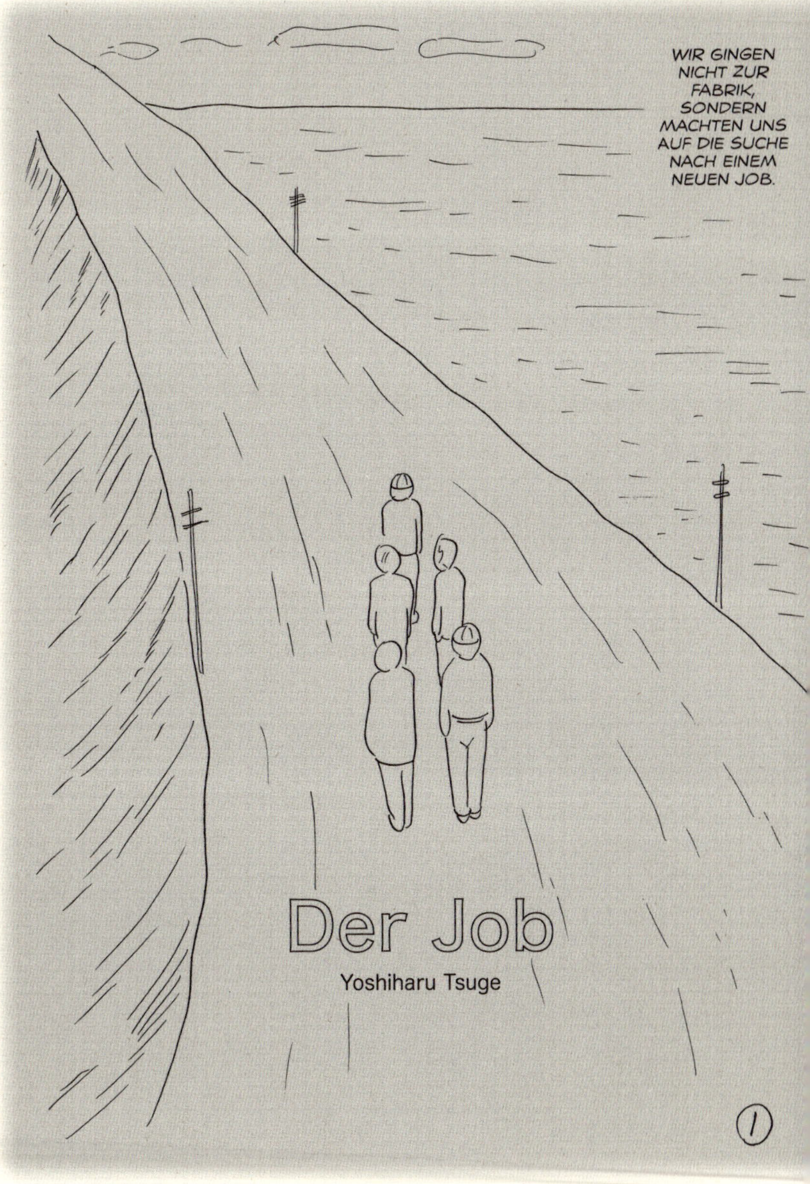

WIR GINGEN NICHT ZUR FABRIK, SONDERN MACHTEN UNS AUF DIE SUCHE NACH EINEM NEUEN JOB.

Der Job

Yoshiharu Tsuge

1

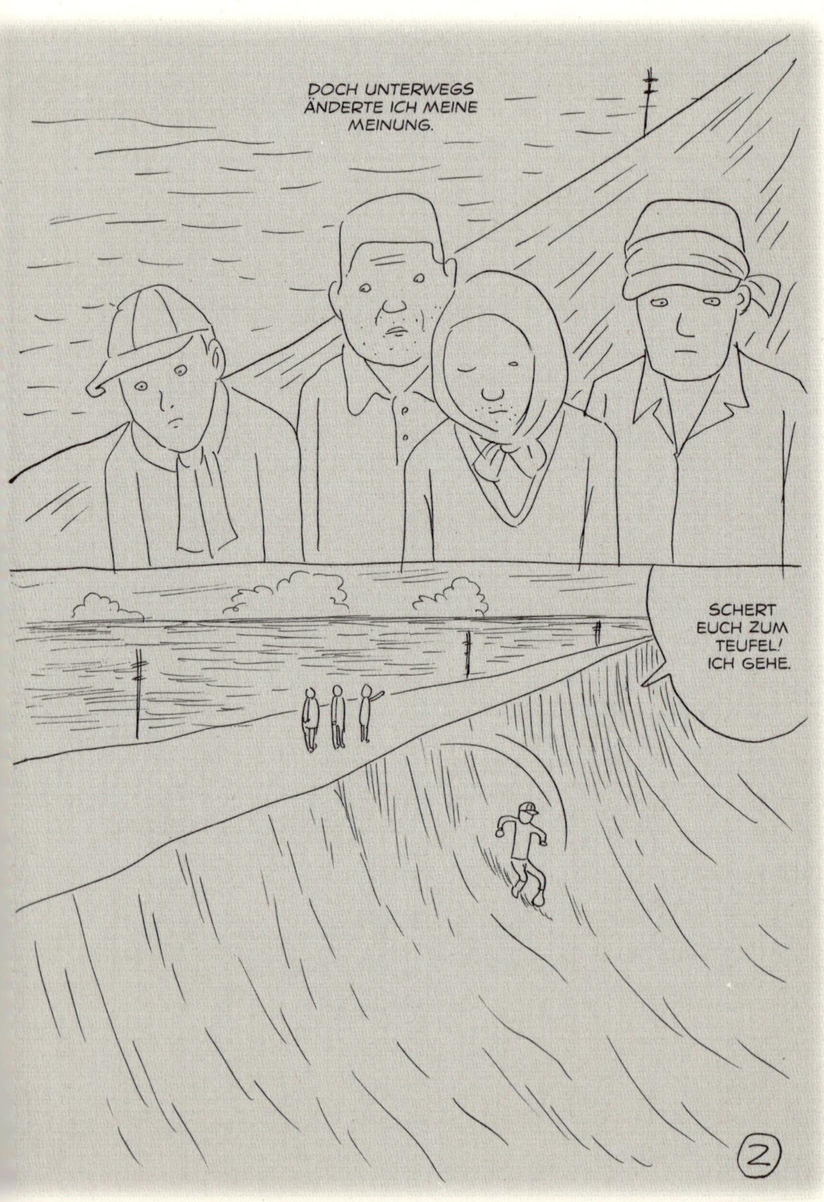
DOCH UNTERWEGS ÄNDERTE ICH MEINE MEINUNG.
SCHERT EUCH ZUM TEUFEL! ICH GEHE.
2

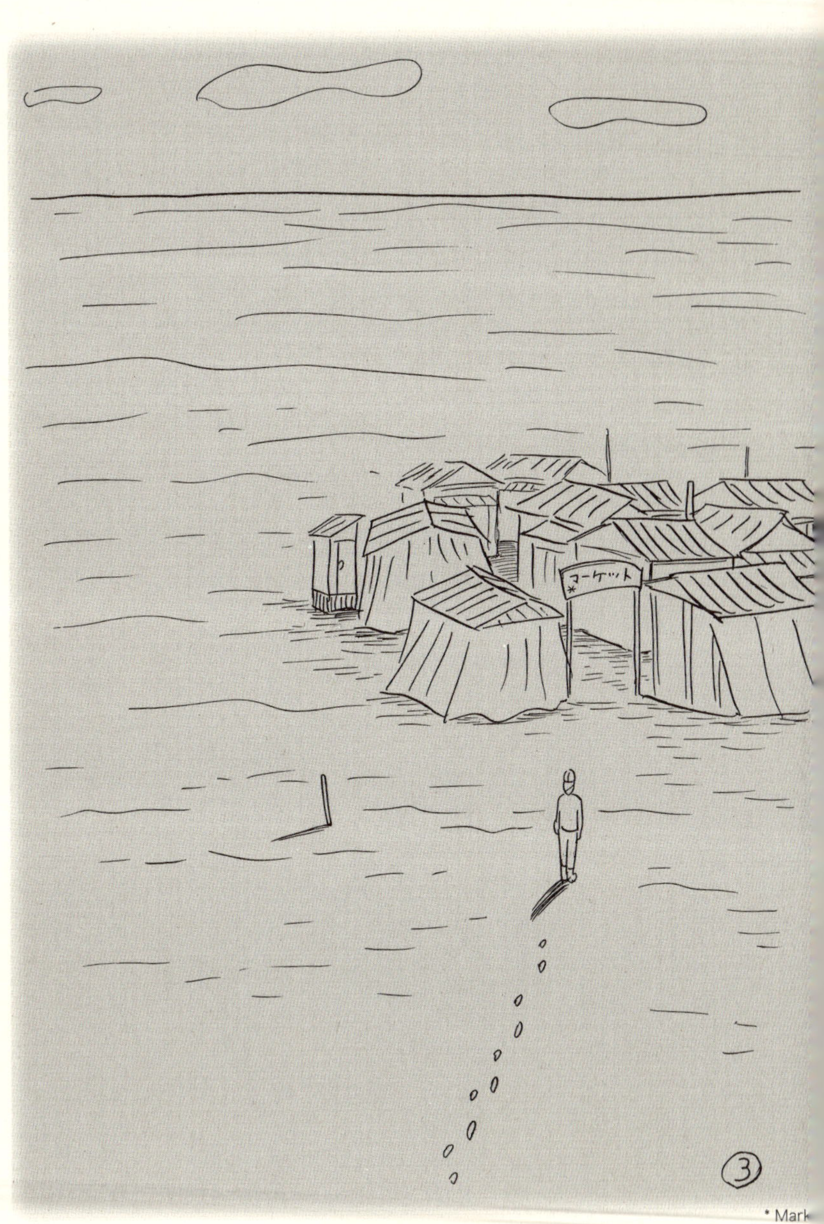

* Mark

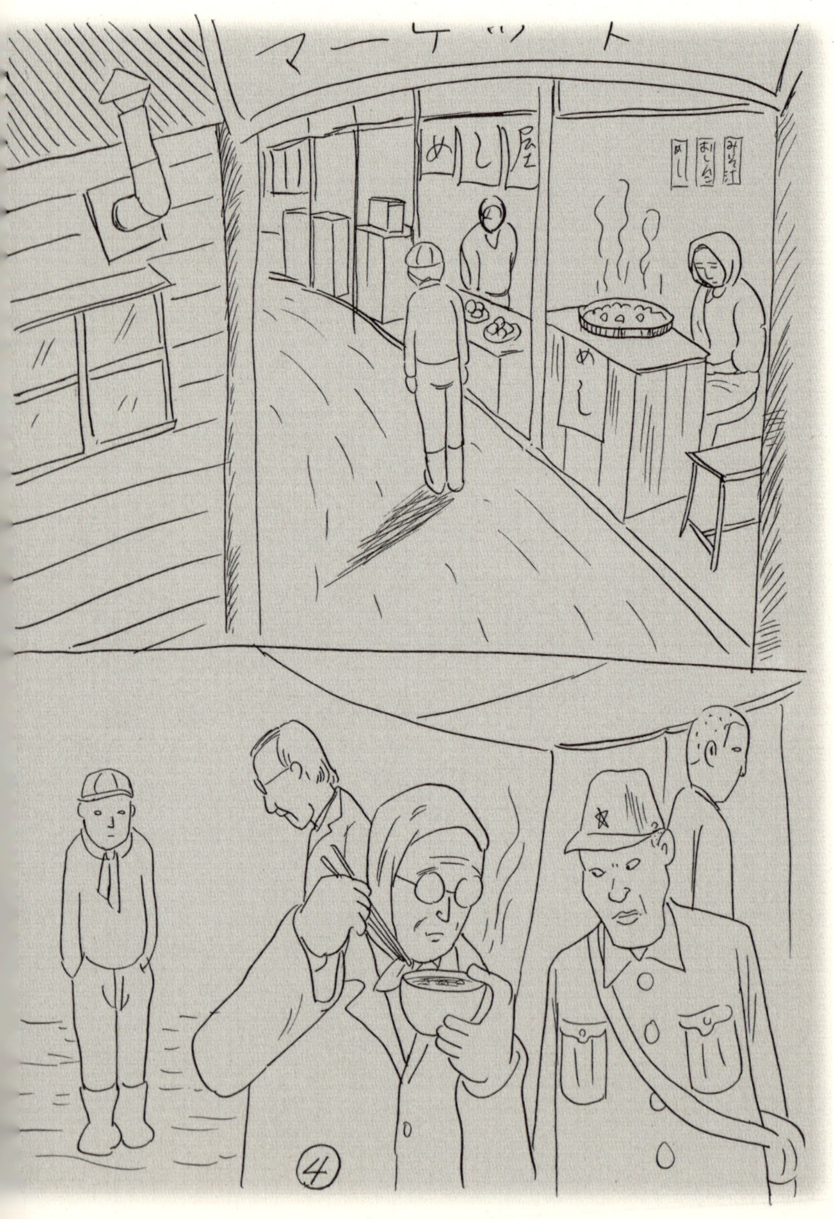
マーケット
めし屋
みそ汁
めし
めし
④

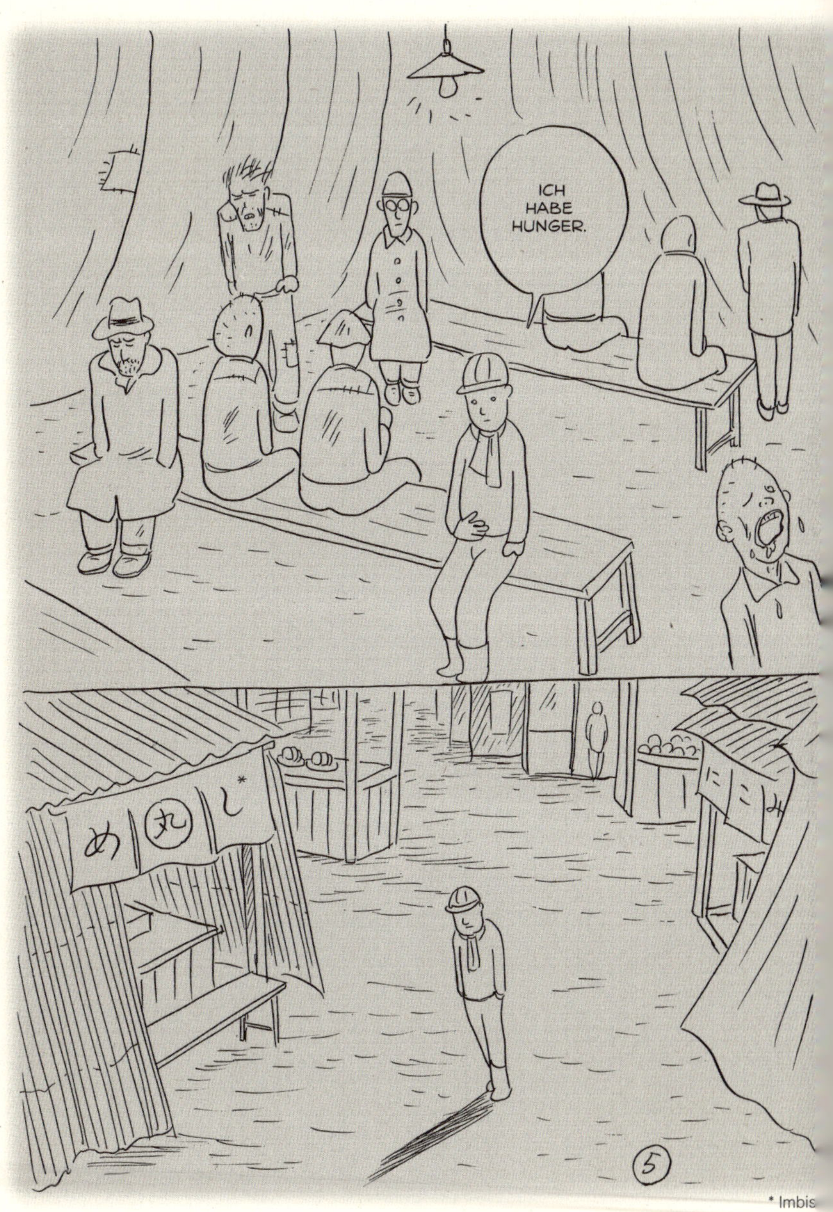

* Imbis

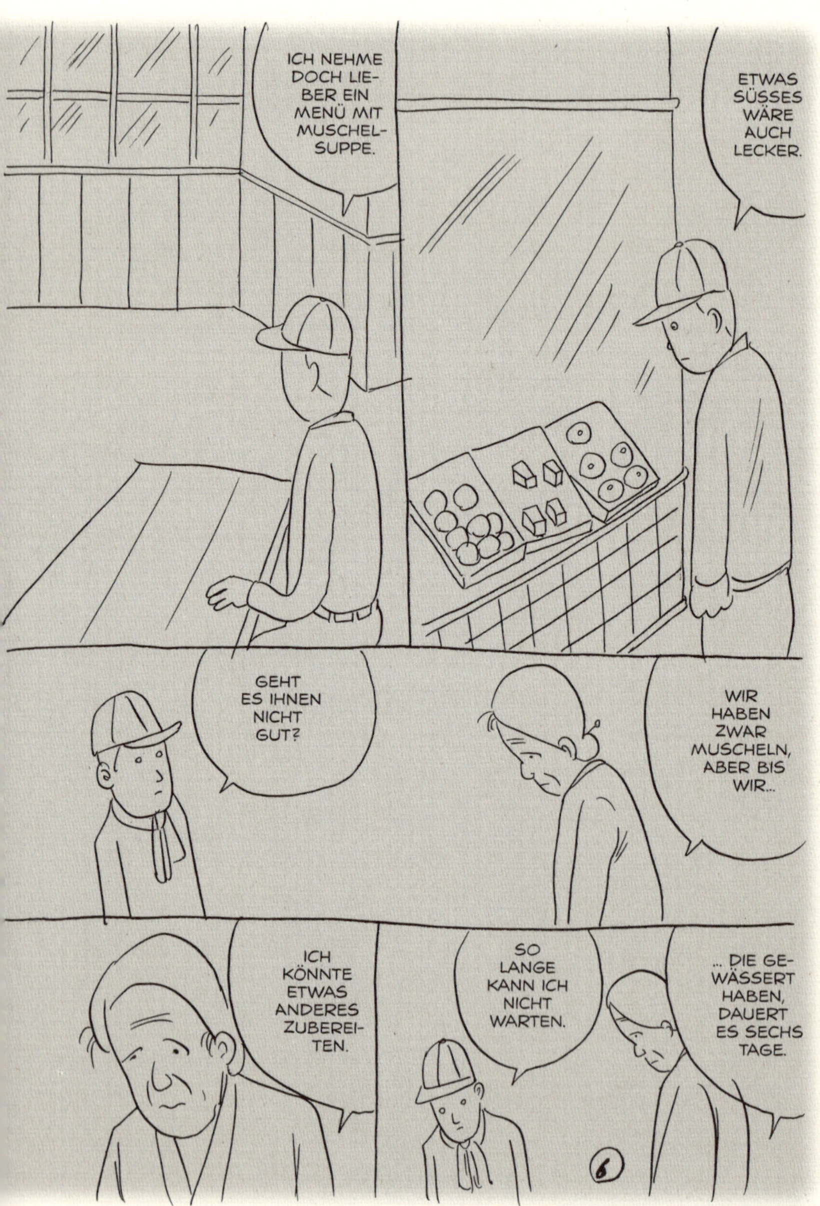
ICH NEHME DOCH LIEBER EIN MENÜ MIT MUSCHELSUPPE.
ETWAS SÜSSES WÄRE AUCH LECKER.
GEHT ES IHNEN NICHT GUT?
WIR HABEN ZWAR MUSCHELN, ABER BIS WIR...
... DIE GEWÄSSERT HABEN, DAUERT ES SECHS TAGE.
SO LANGE KANN ICH NICHT WARTEN.
ICH KÖNNTE ETWAS ANDERES ZUBEREITEN.

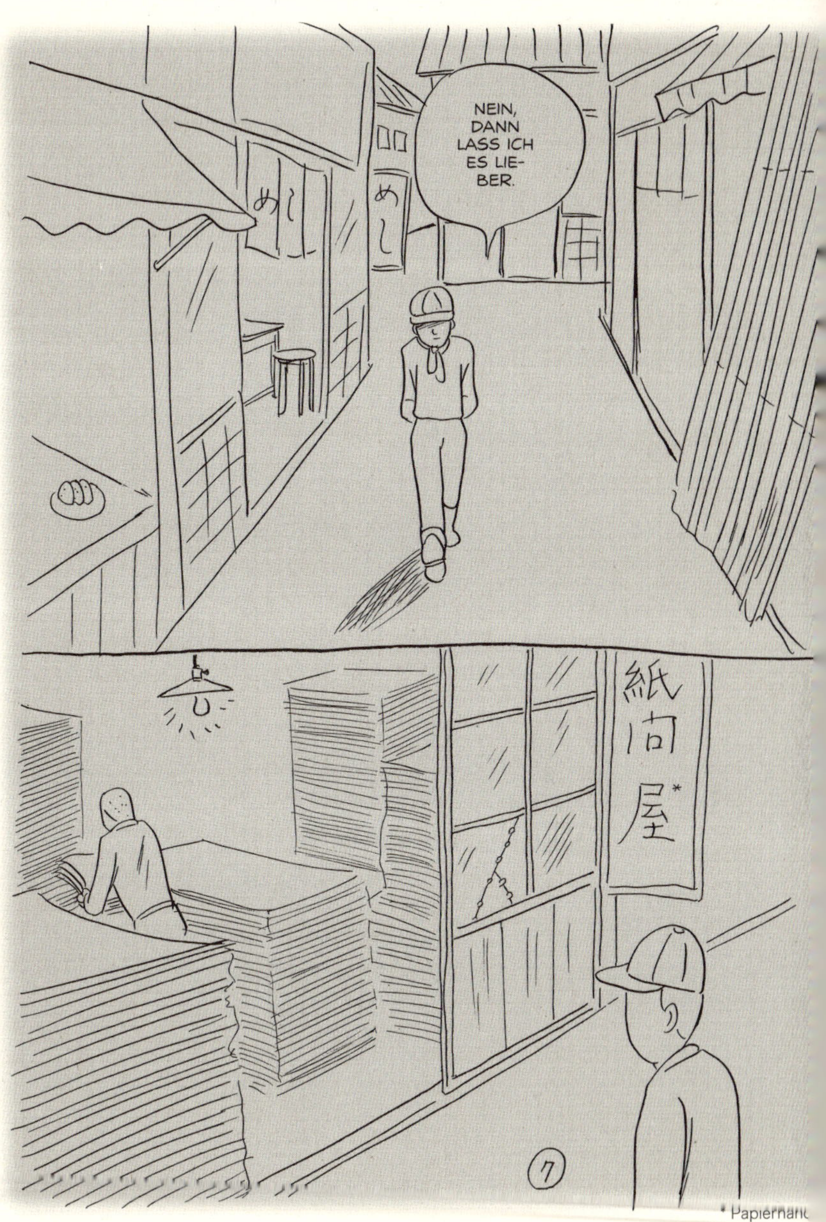

* Papierhand

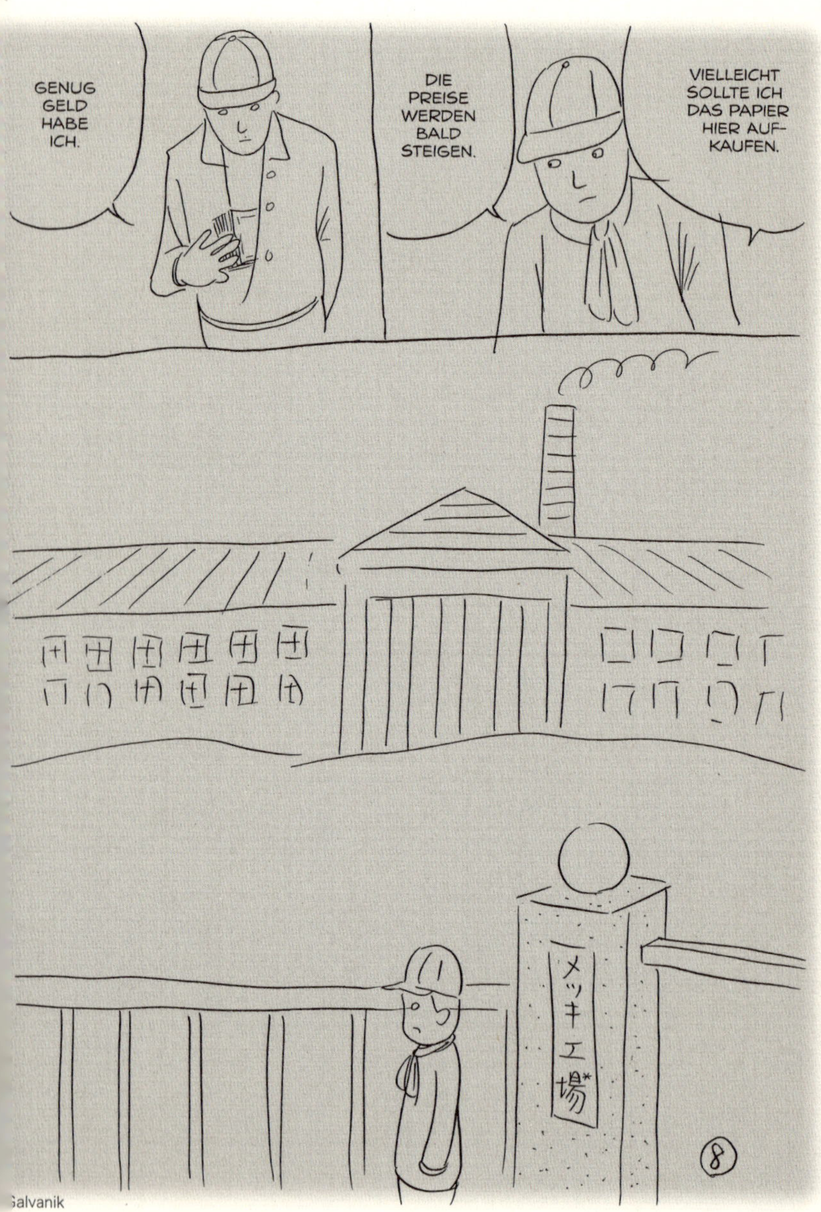
GENUG GELD HABE ICH.
DIE PREISE WERDEN BALD STEIGEN.
VIELLEICHT SOLLTE ICH DAS PAPIER HIER AUFKAUFEN.
メッキ工場*
8

*Galvanik

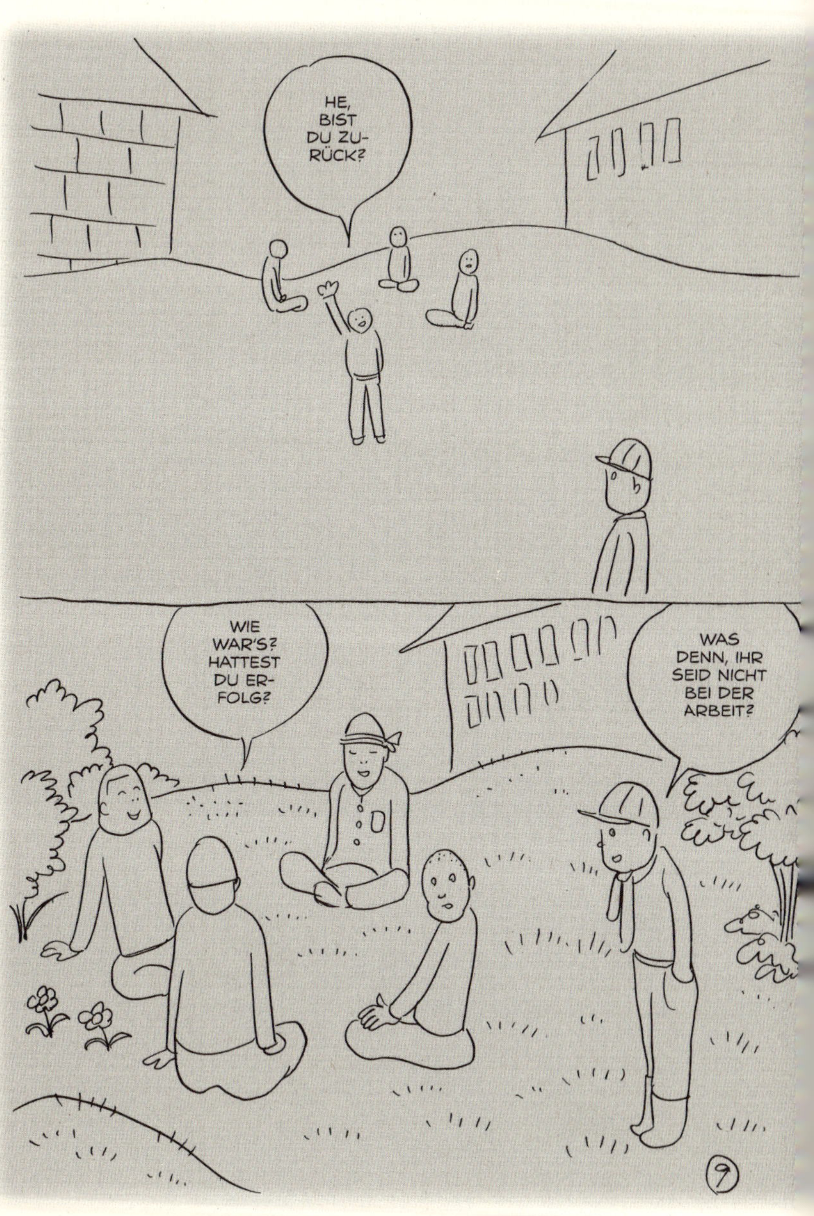
HE, BIST DU ZURÜCK?
WIE WAR'S? HATTEST DU ERFOLG?
WAS DENN, IHR SEID NICHT BEI DER ARBEIT?
9

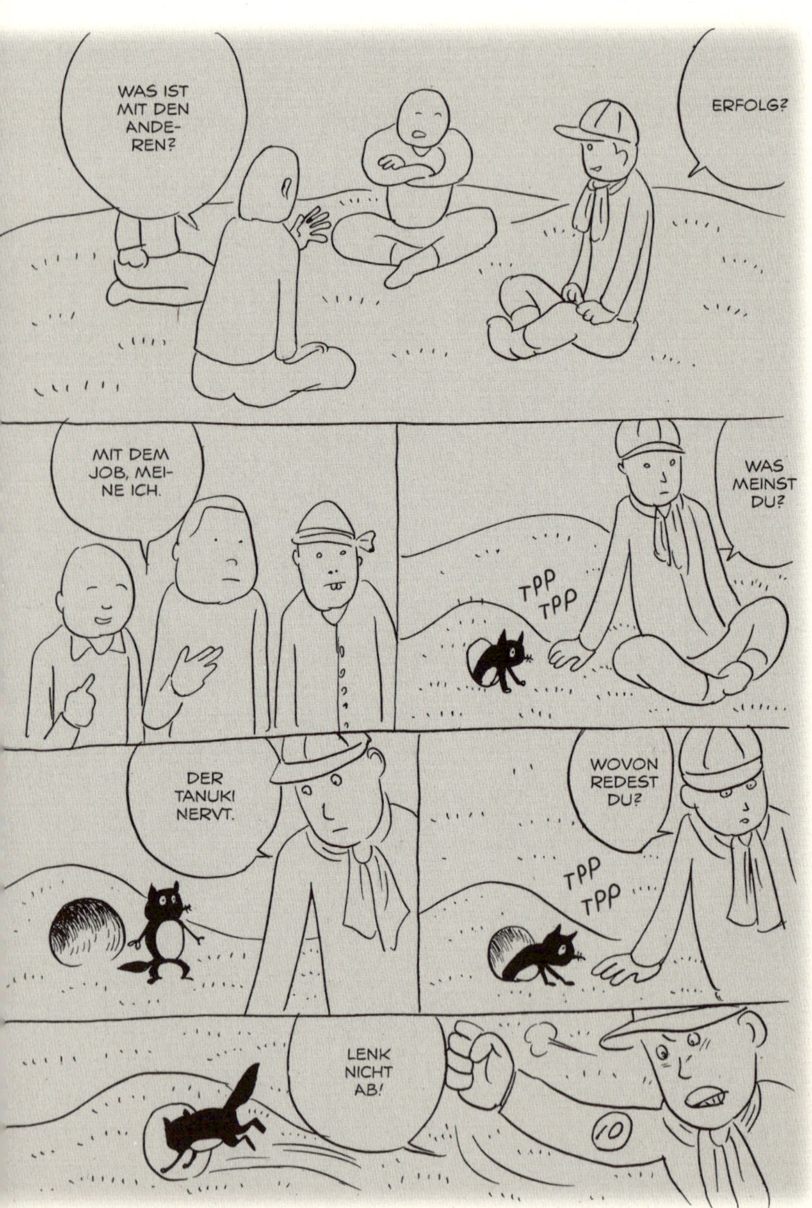
WAS IST MIT DEN ANDE-REN?
ERFOLG?
MIT DEM JOB, MEI-NE ICH.
WAS MEINST DU?
TPP TPP
DER TANUKI NERVT.
WOVON REDEST DU?
TPP TPP
LENK NICHT AB!
10

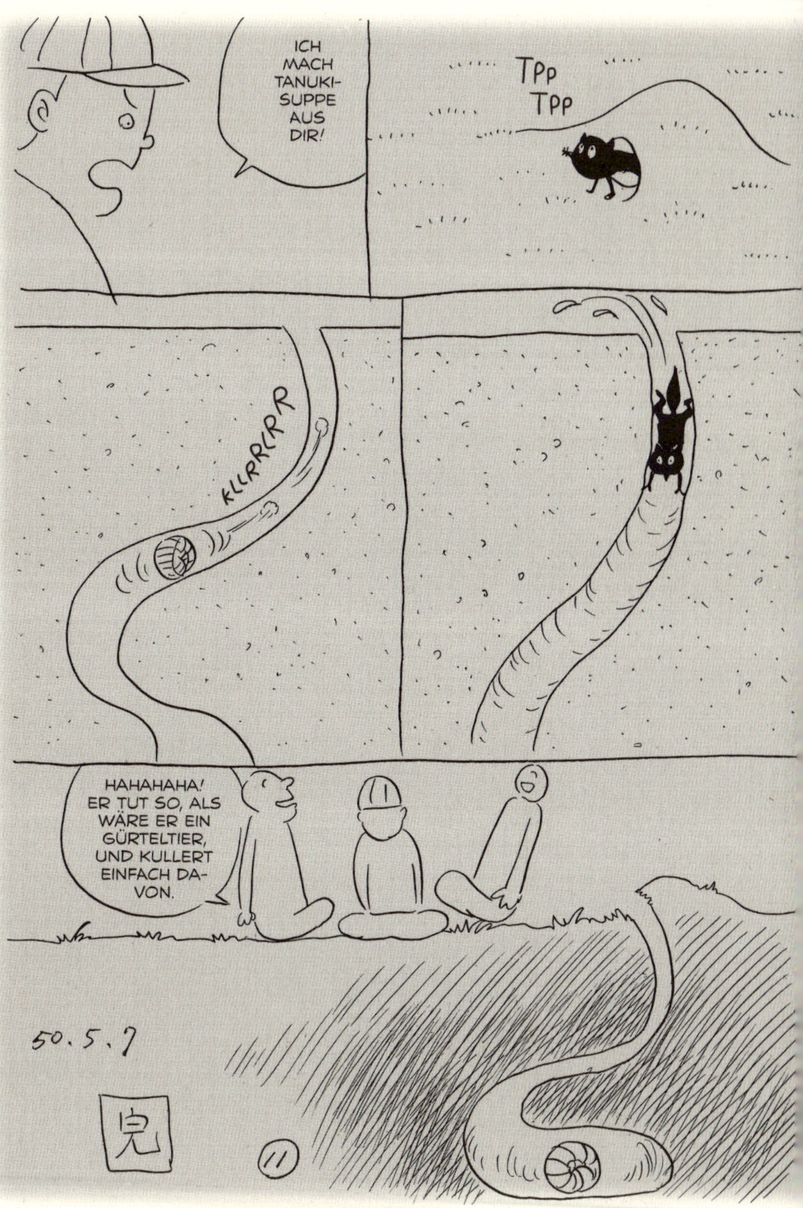
ICH MACH TANUKI-SUPPE AUS DIR!
TPP TPP
KLLRRLRR
HAHAHAHA! ER TUT SO, ALS WÄRE ER EIN GÜRTELTIER, UND KULLERT EINFACH DAVON.
50.5.7
完
11

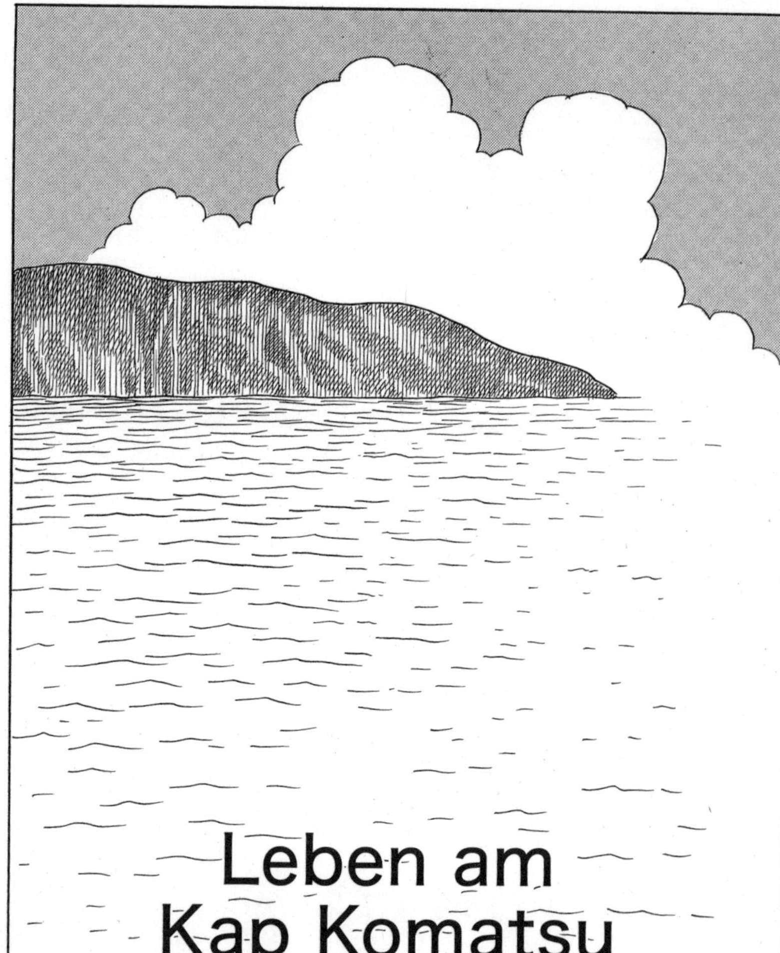
Leben am
Kap Komatsu

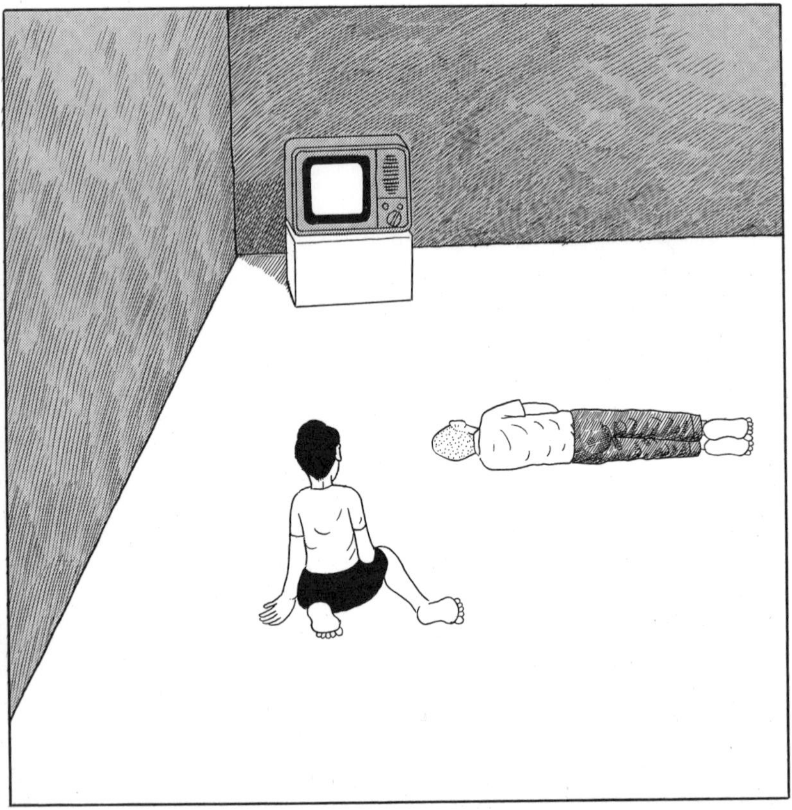

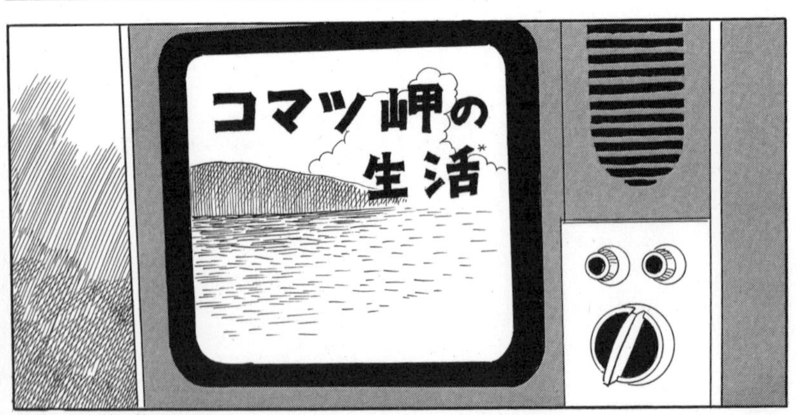

* Leben am Kap Komatsu

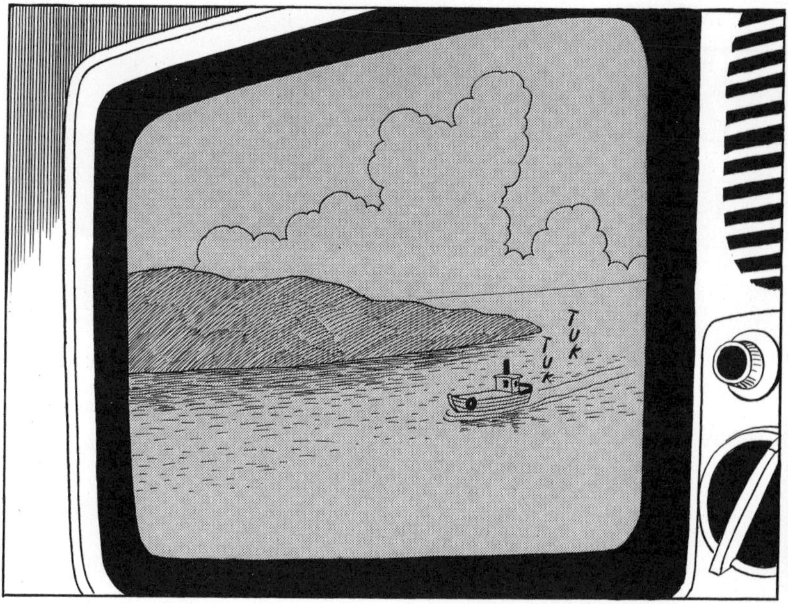

TUK
TUK

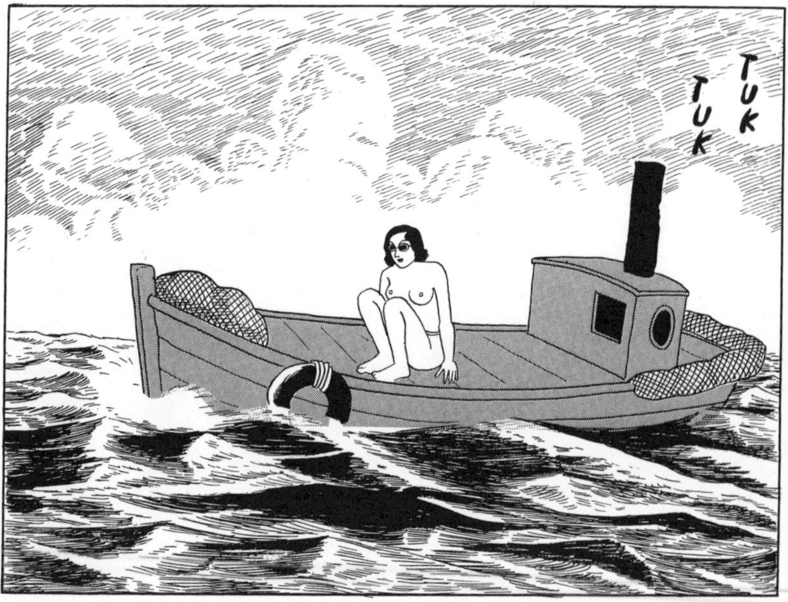

TUK
TUK

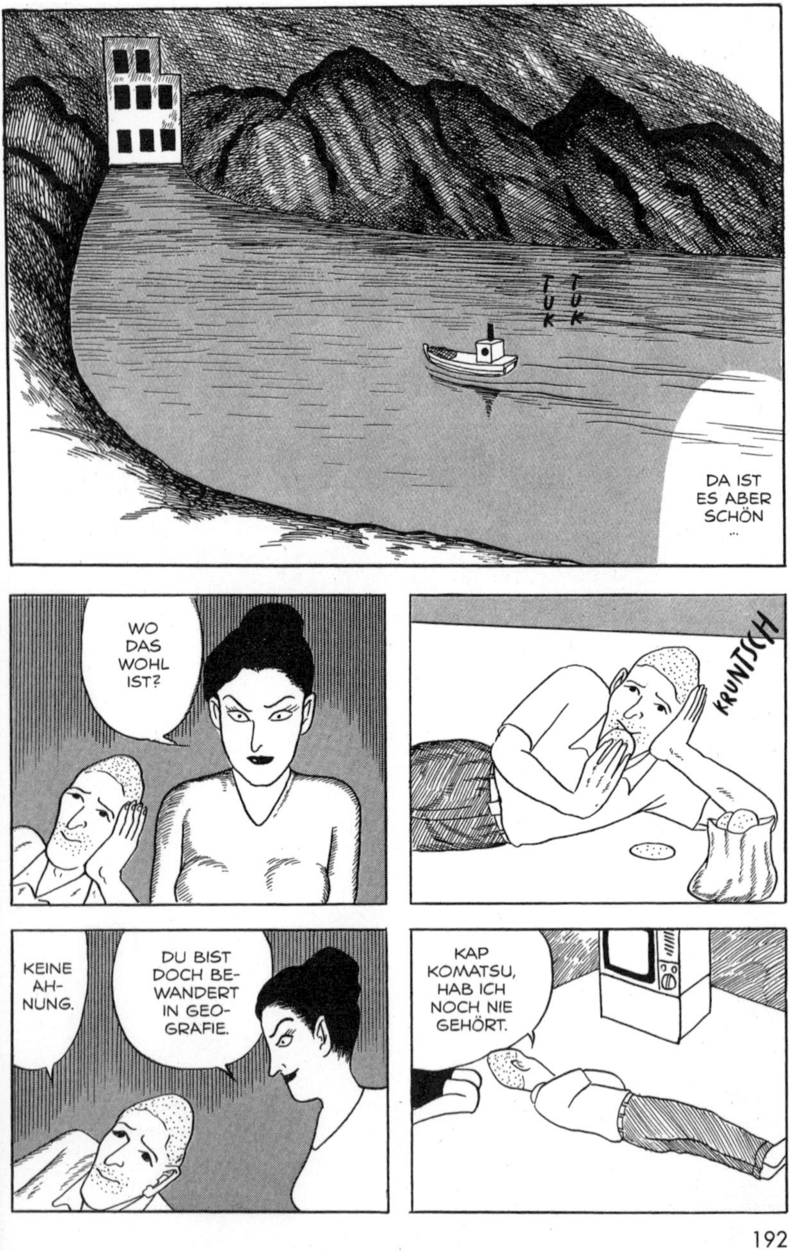

TUK TUK

DA IST ES ABER SCHÖN ...

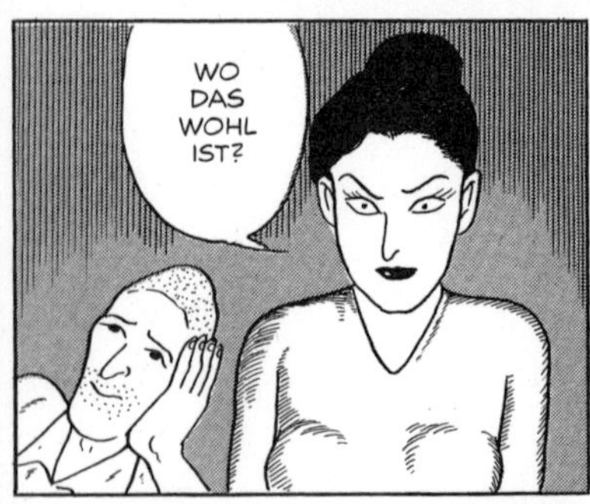

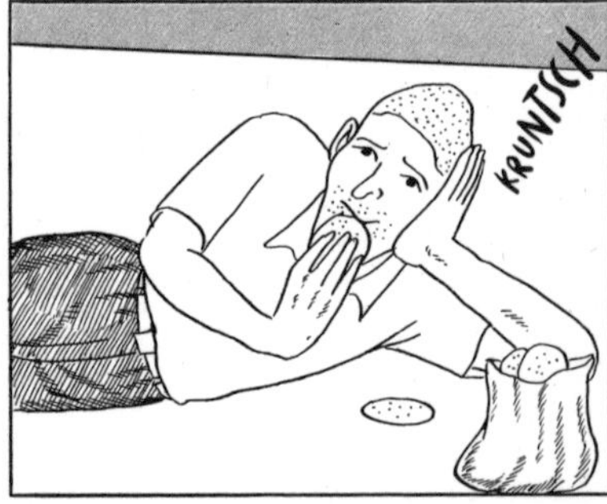

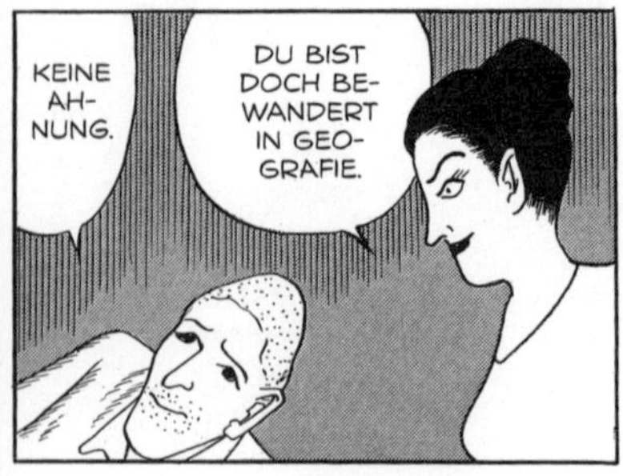

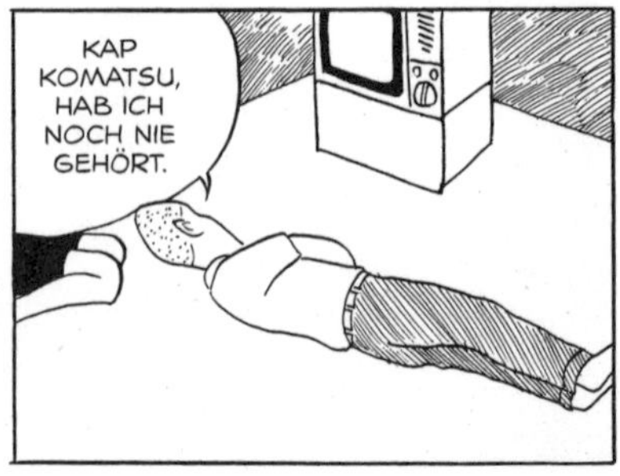

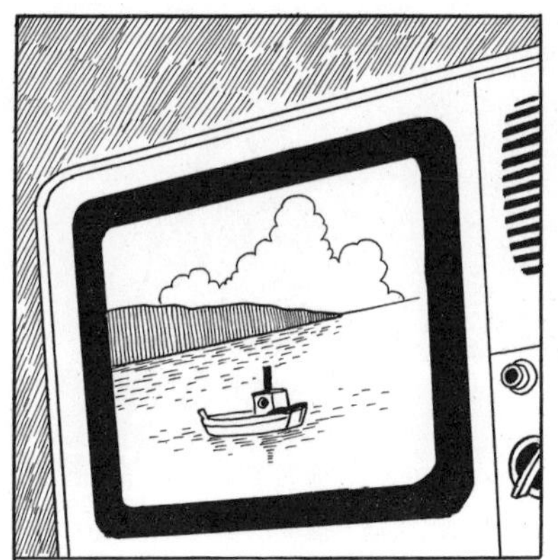

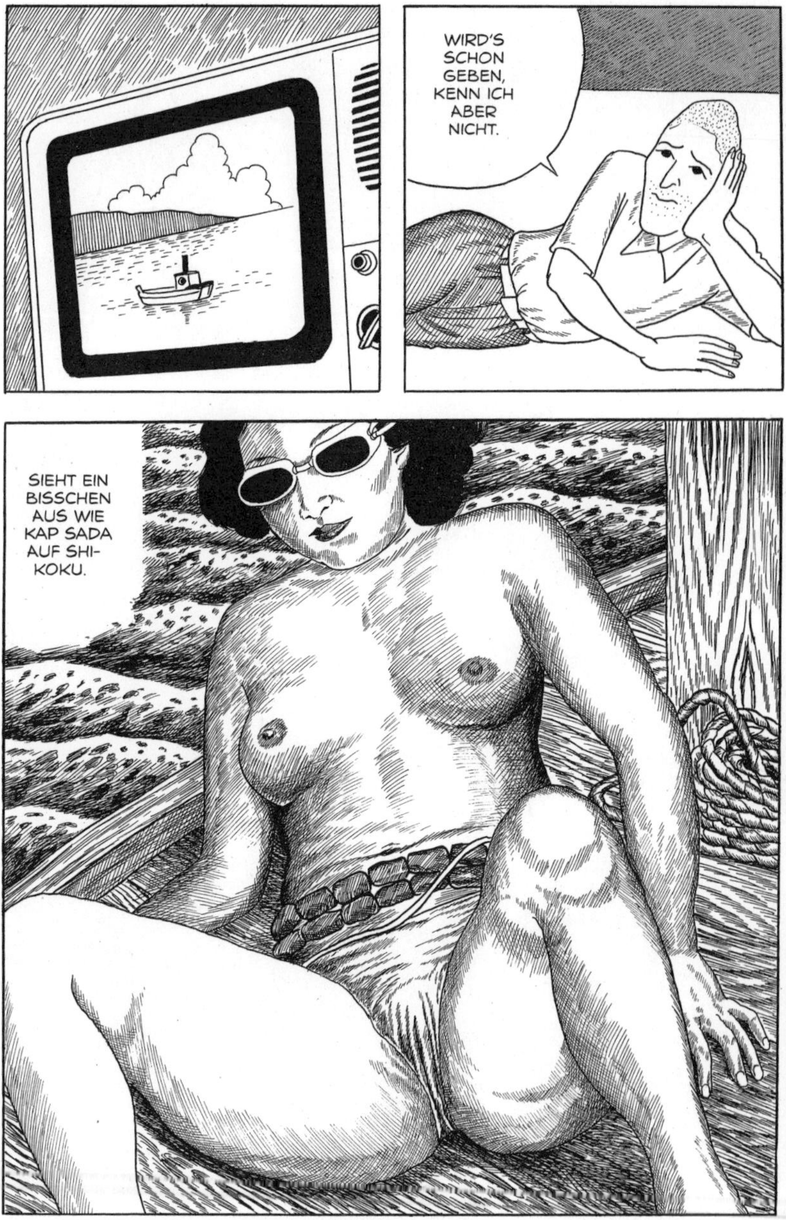

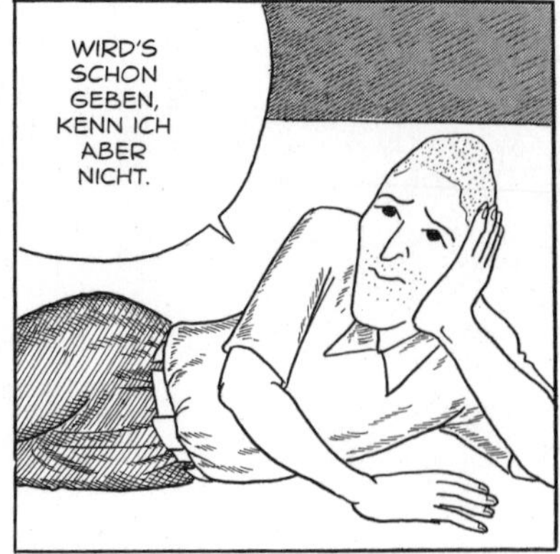

SIEHT EIN BISSCHEN AUS WIE KAP SADA AUF SHI-KOKU.

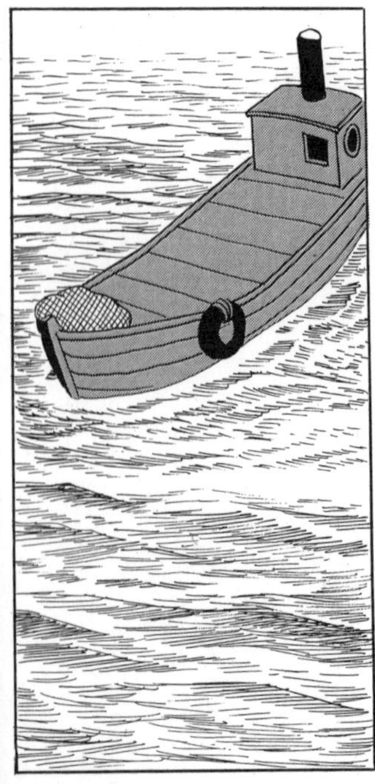

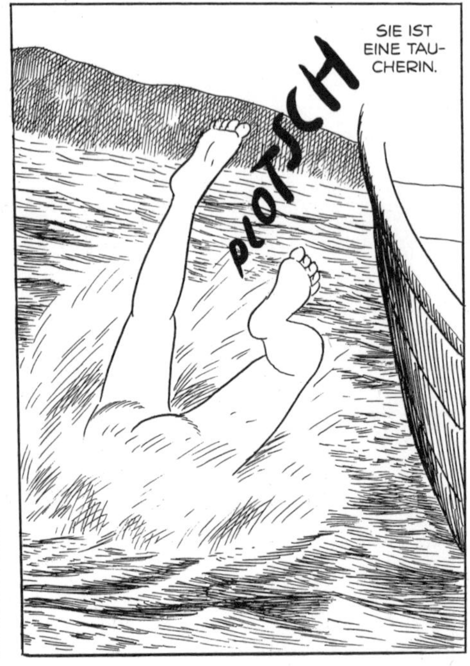
SIE IST EINE TAUCHERIN.
PLOTSCH

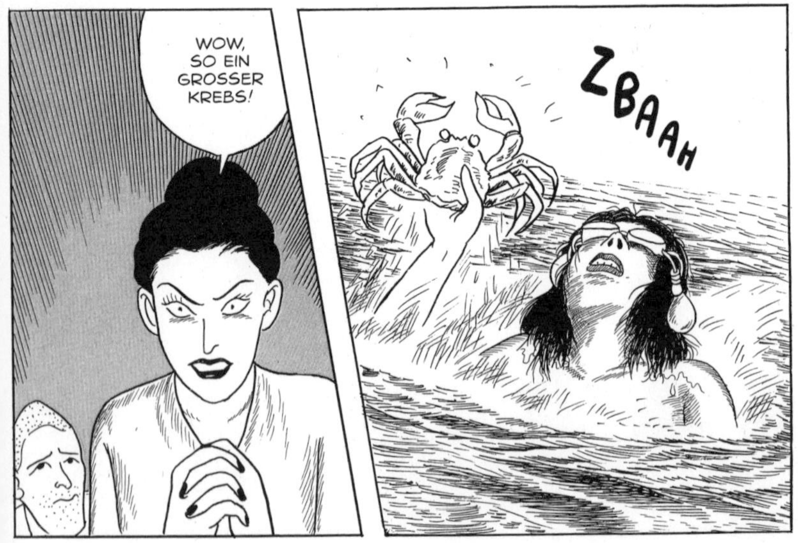
WOW, SO EIN GROSSER KREBS!
ZBAAAH

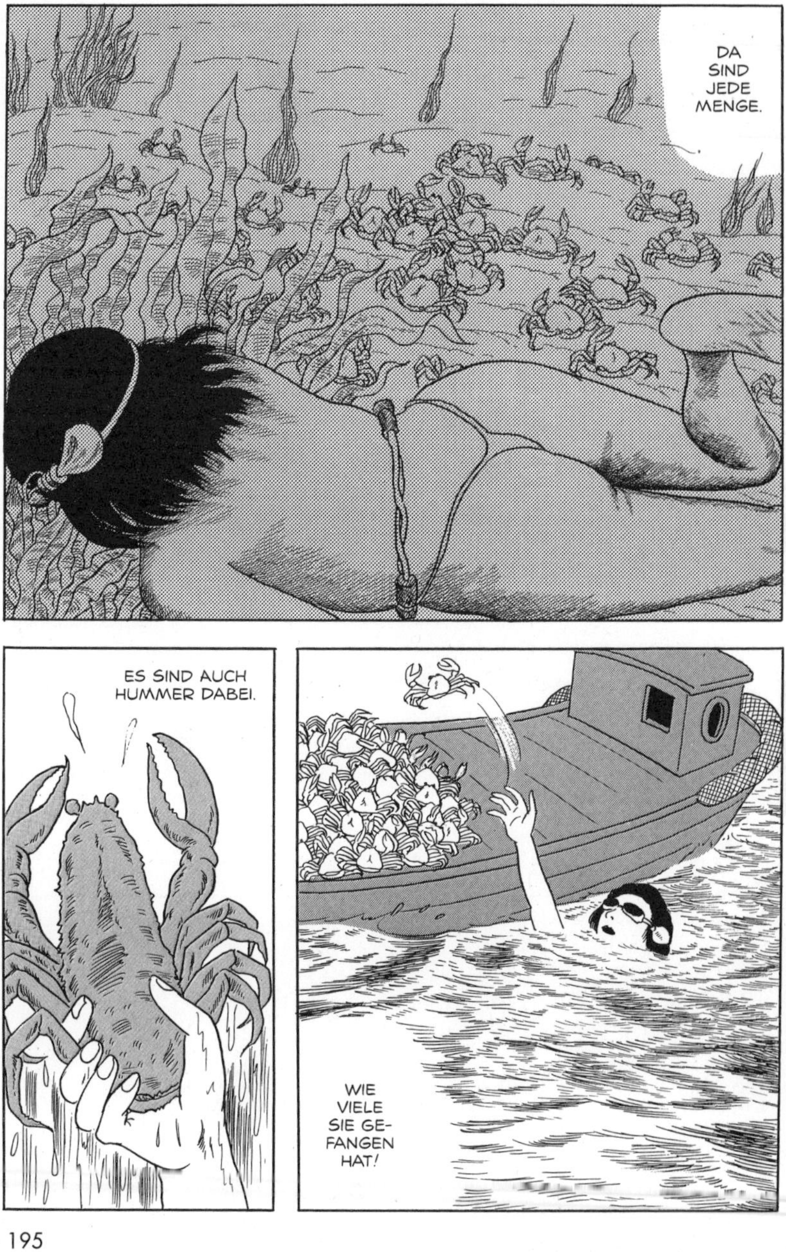

DA SIND JEDE MENGE.

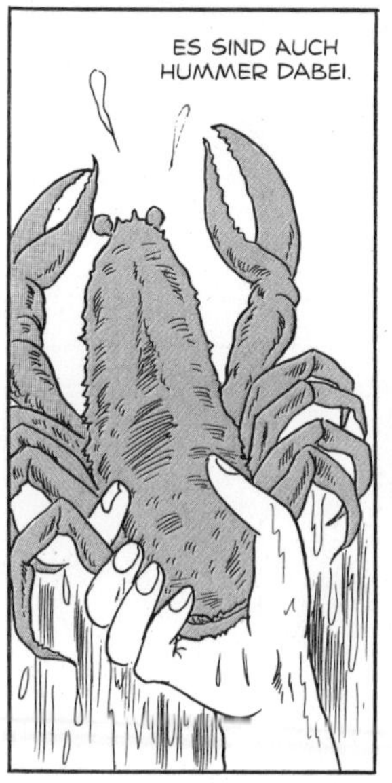

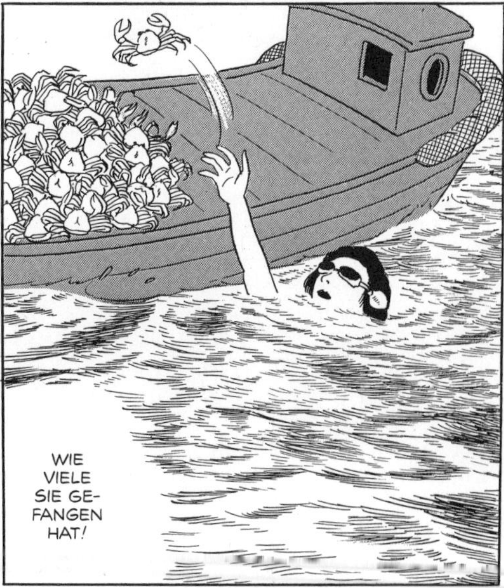

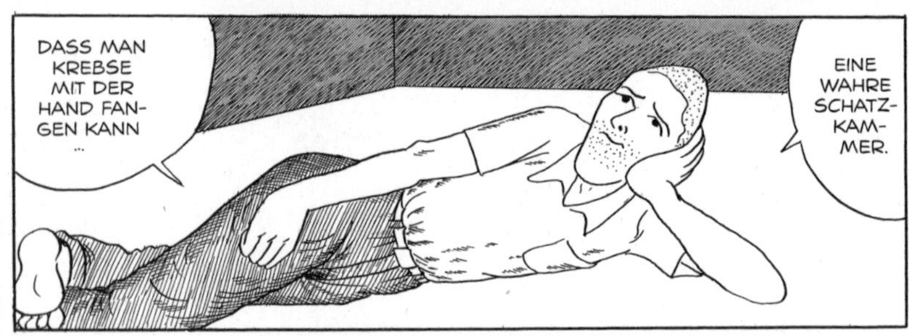
DASS MAN KREBSE MIT DER HAND FANGEN KANN ...
EINE WAHRE SCHATZKAMMER.

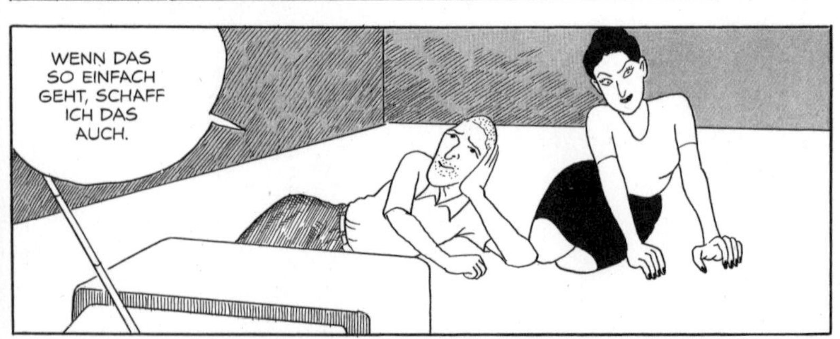
WENN DAS SO EINFACH GEHT, SCHAFF ICH DAS AUCH.

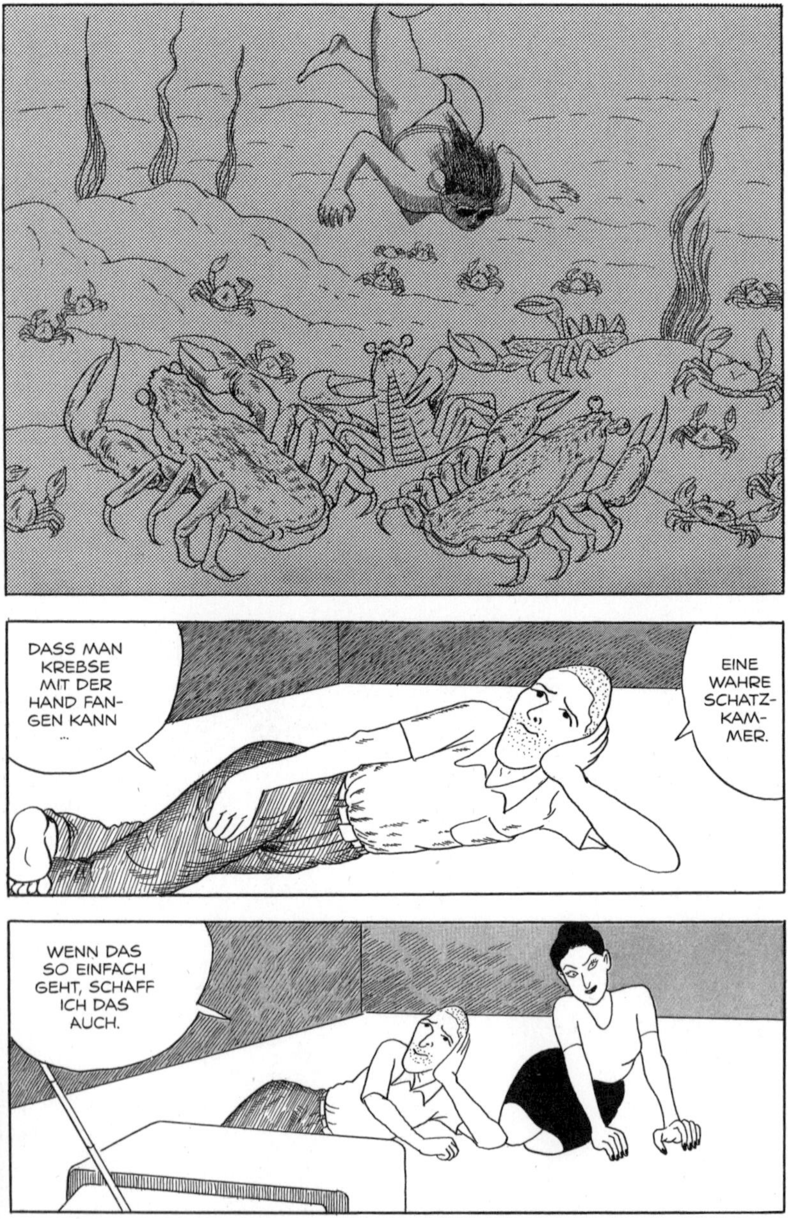

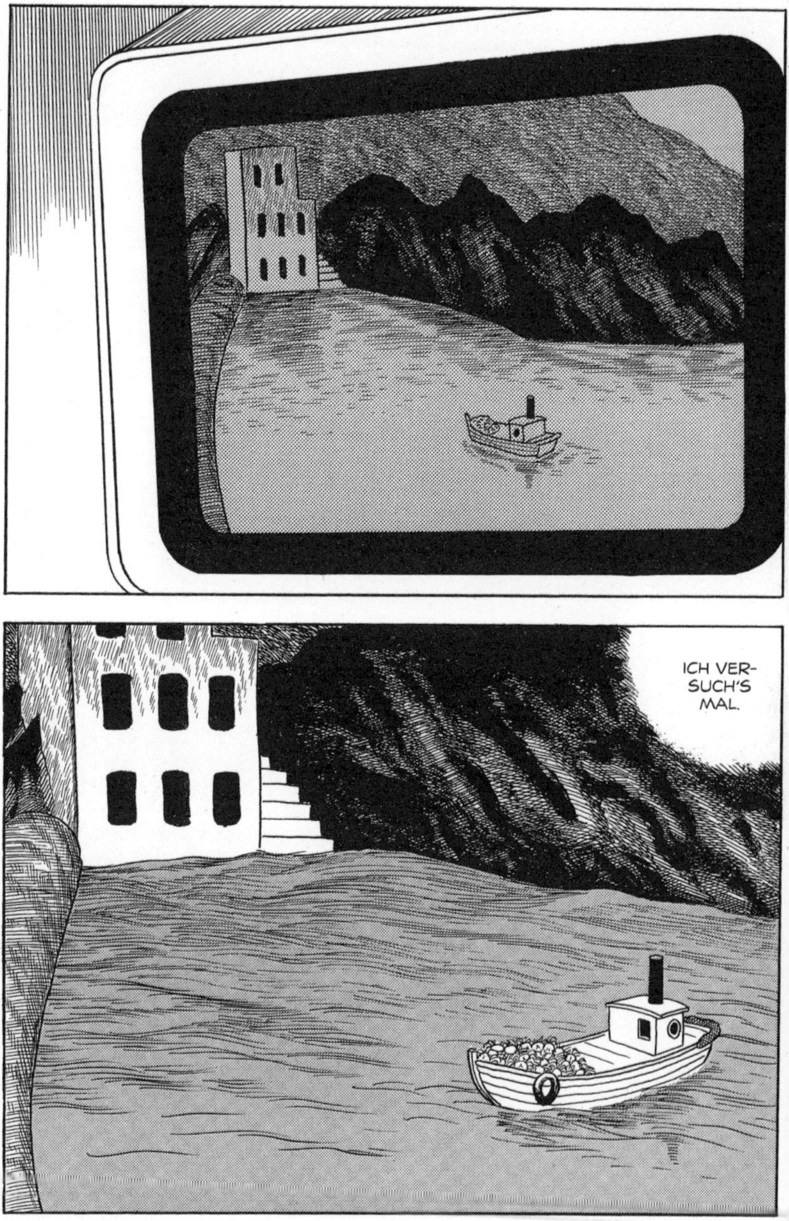

ICH VER-
SUCH'S
MAL.

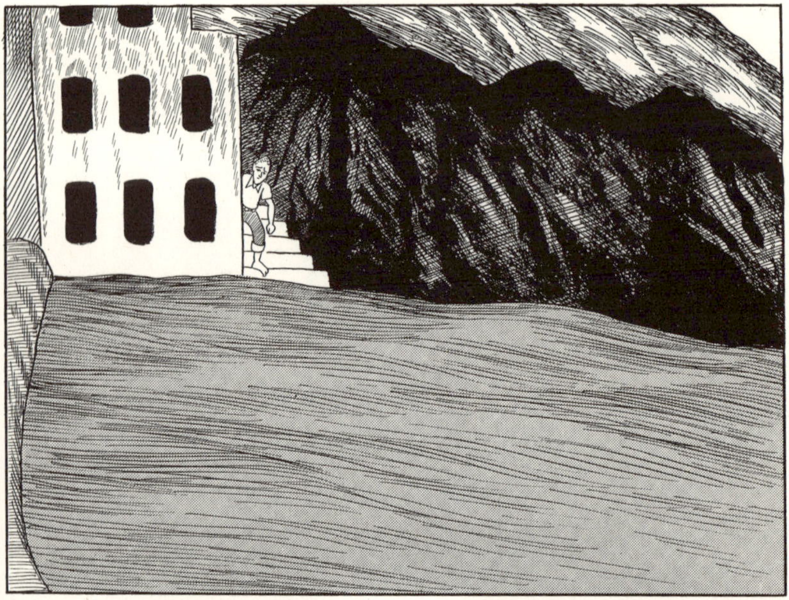

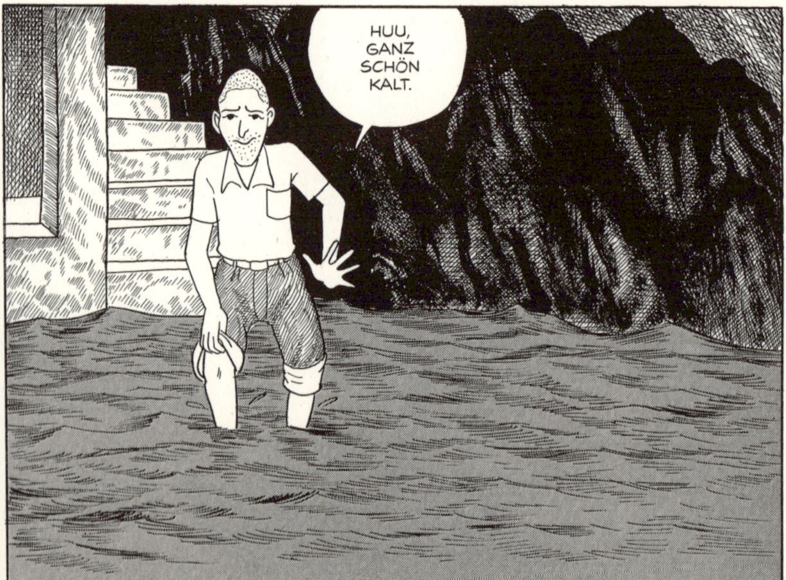

HUU,
GANZ
SCHÖN
KALT.

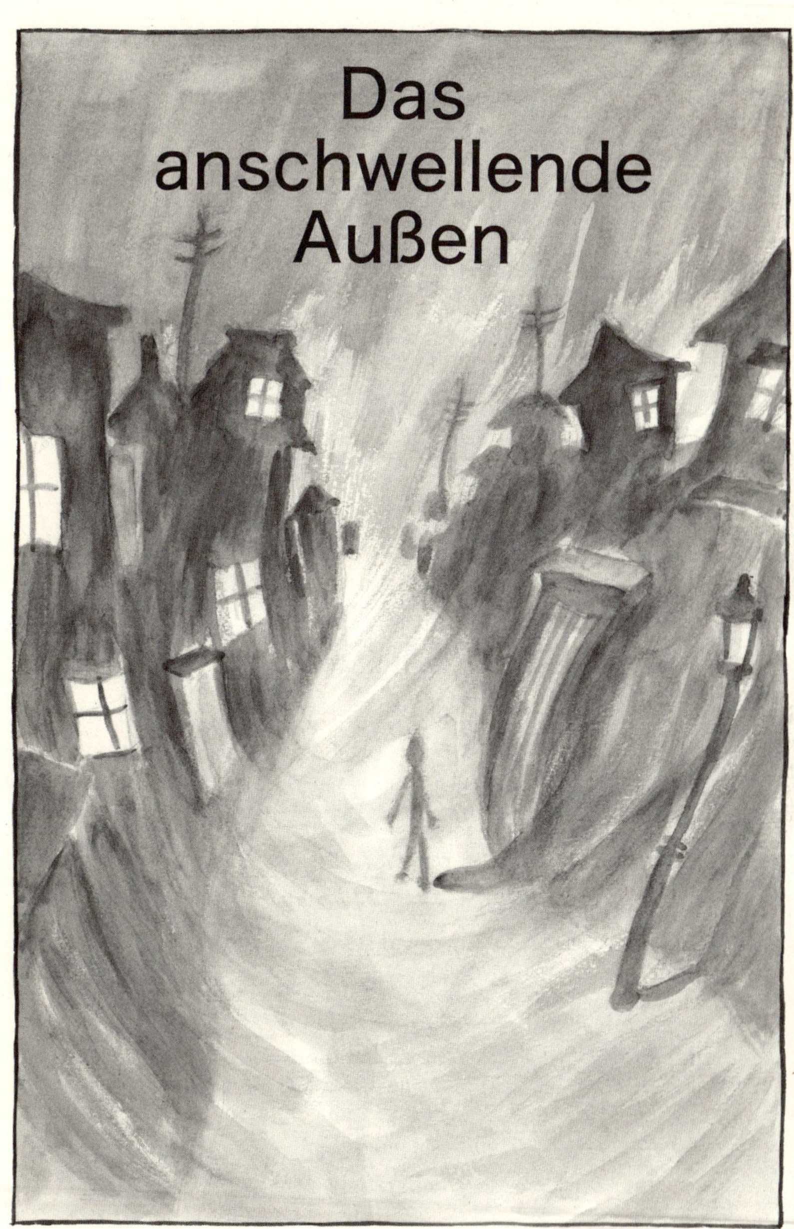
Das
anschwellende
Außen

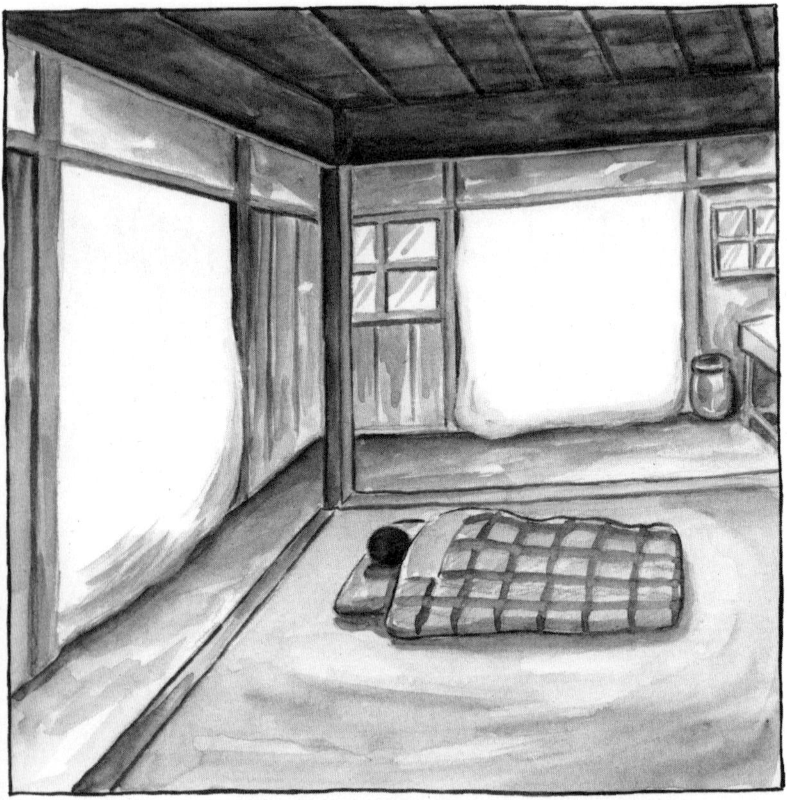

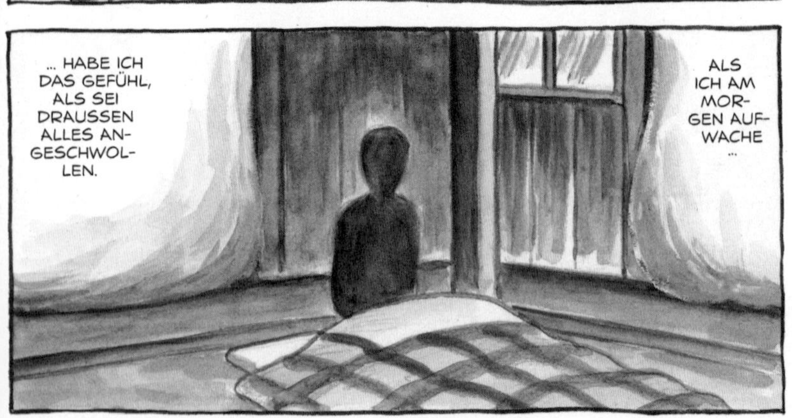
ALS ICH AM MORGEN AUFWACHE ...
... HABE ICH DAS GEFÜHL, ALS SEI DRAUSSEN ALLES ANGESCHWOLLEN.

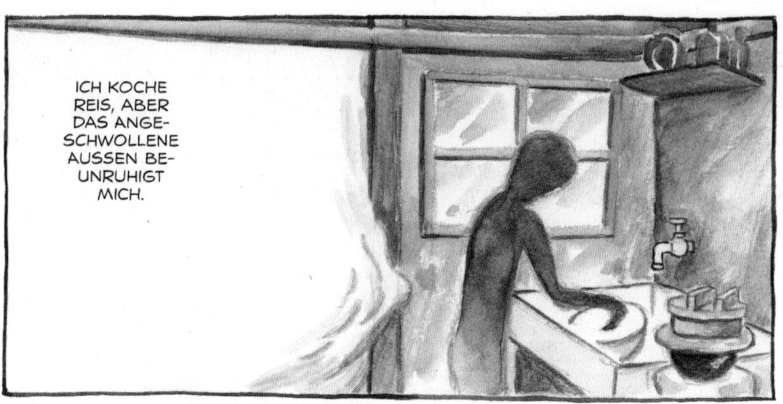

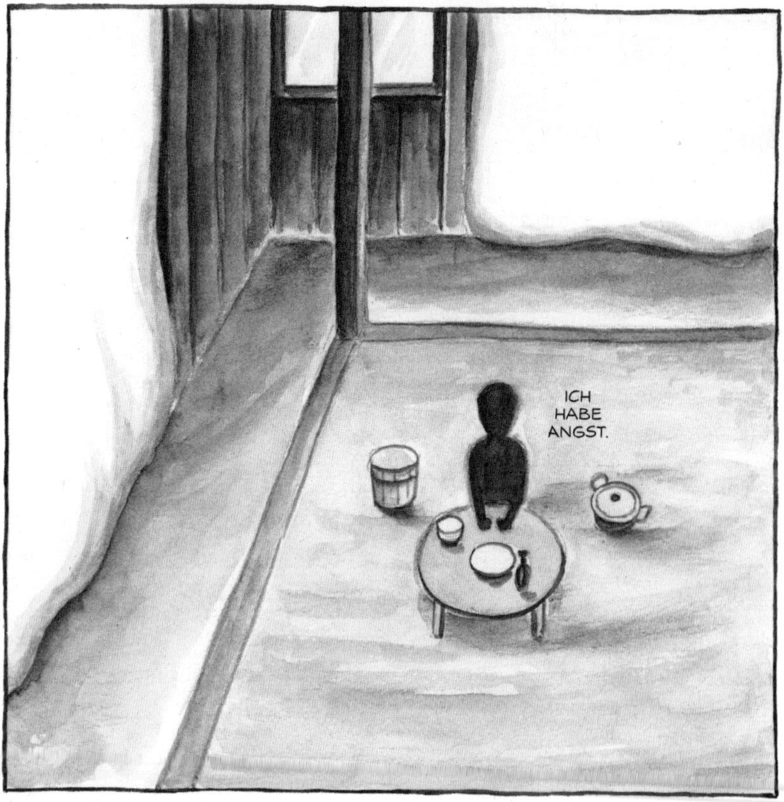

ICH HABE ANGST.

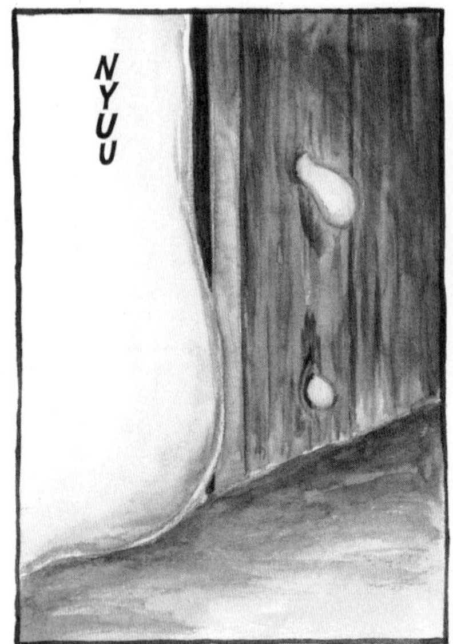

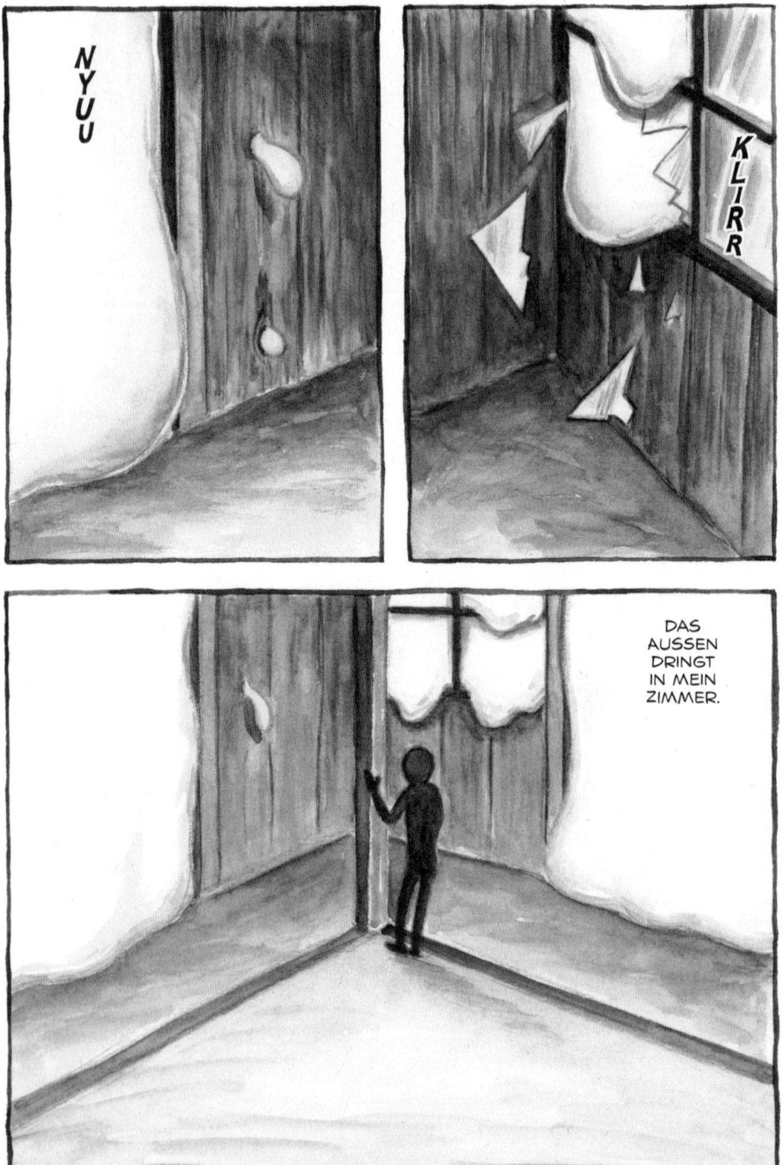

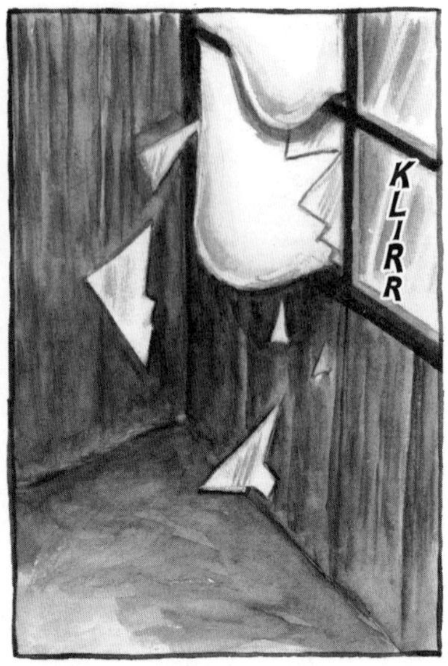

DAS
AUSSEN
DRINGT
IN MEIN
ZIMMER.

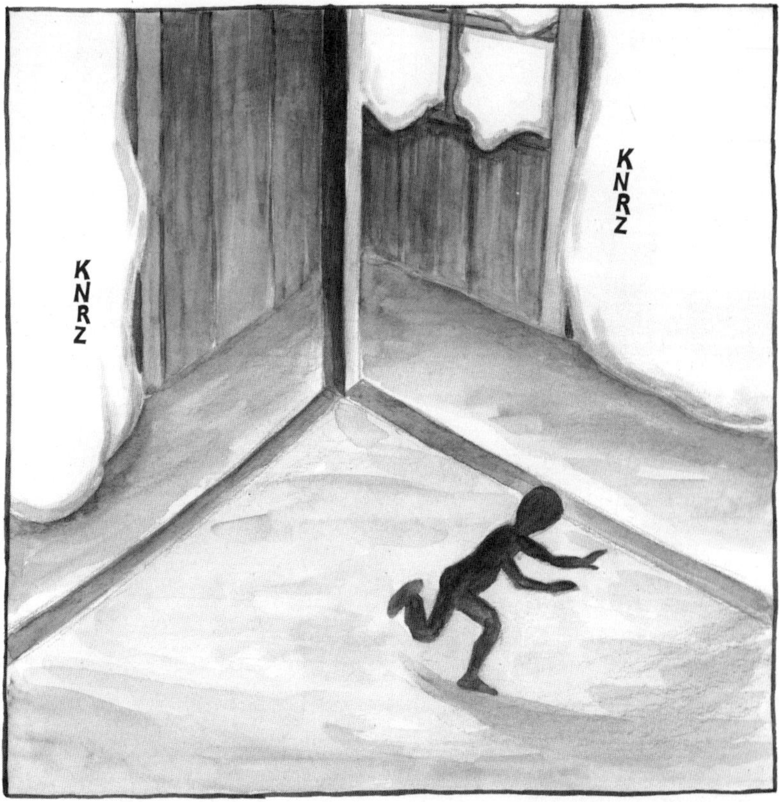

KNRZ
KNRZ

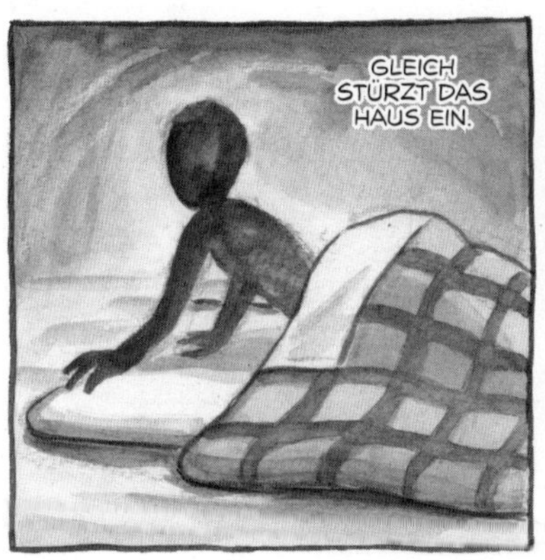
GLEICH STÜRZT DAS HAUS EIN.

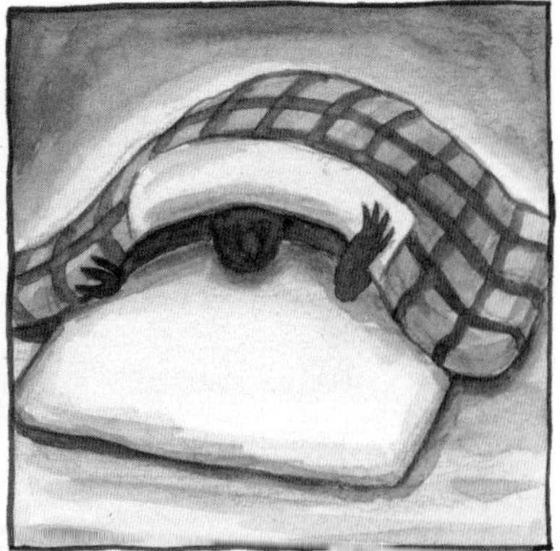

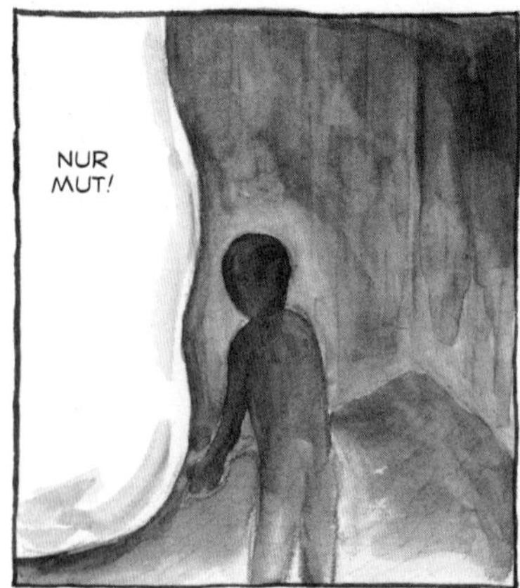
NUR MUT!

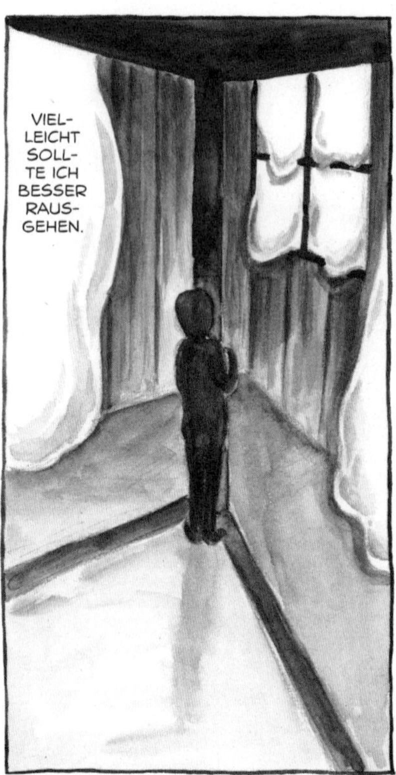
VIEL-
LEICHT
SOLL-
TE ICH
BESSER
RAUS-
GEHEN.

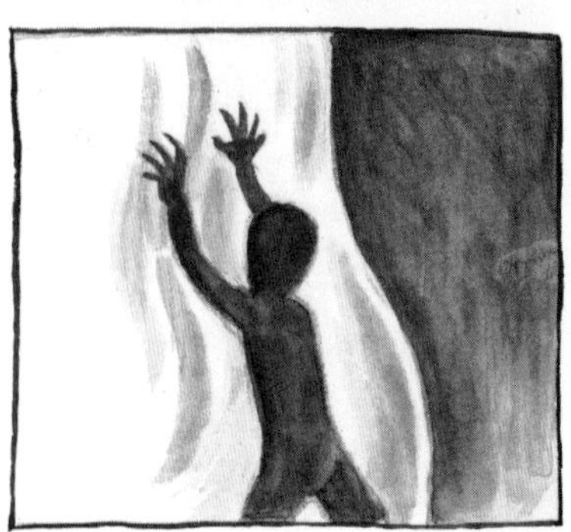

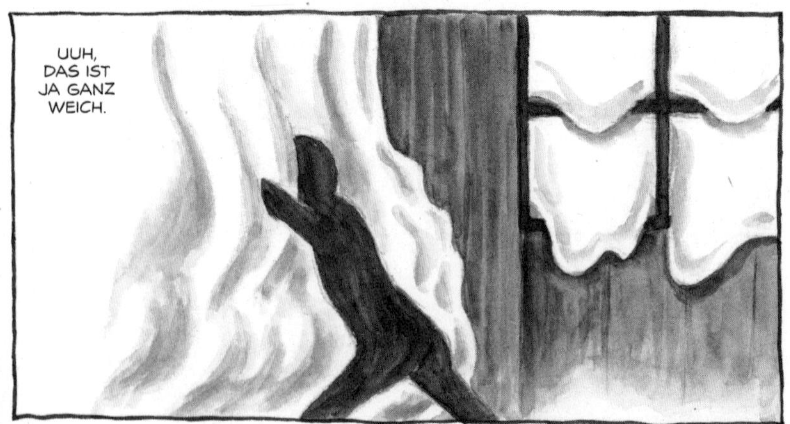
UUH,
DAS IST
JA GANZ
WEICH.

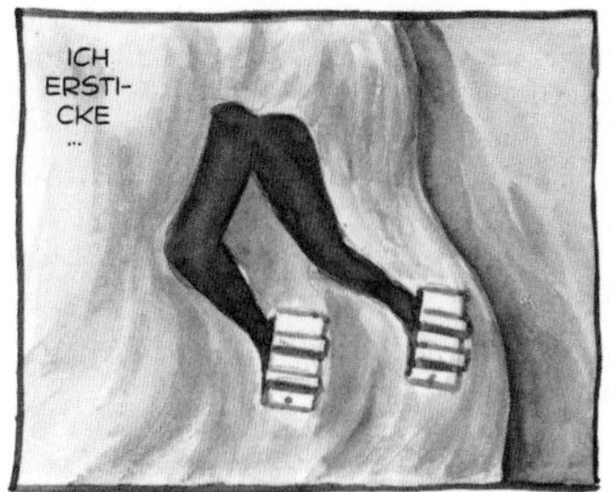

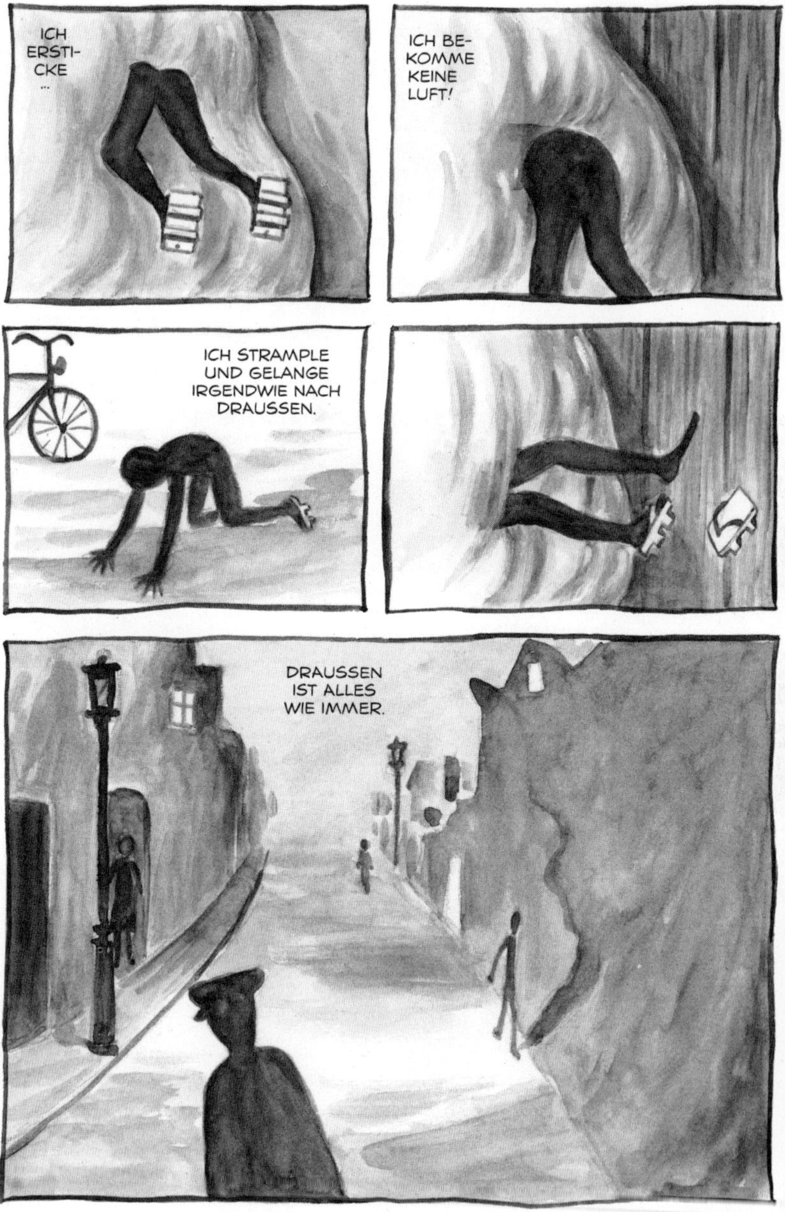

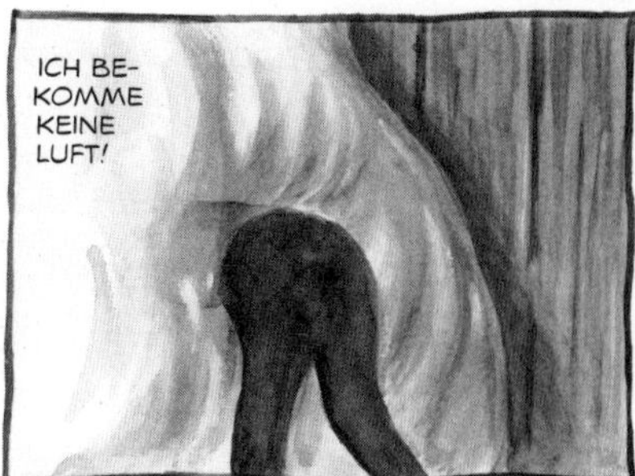

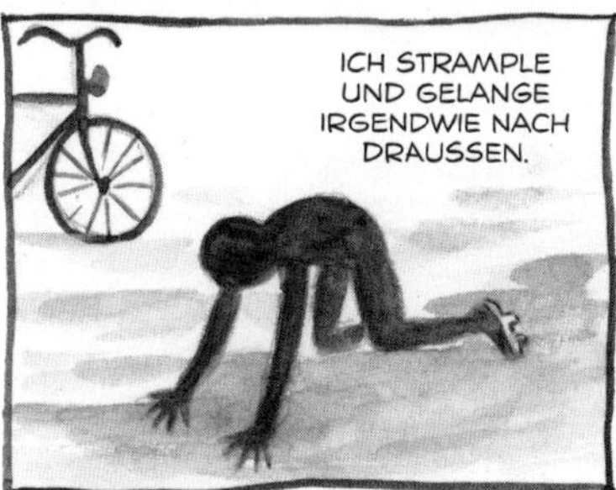

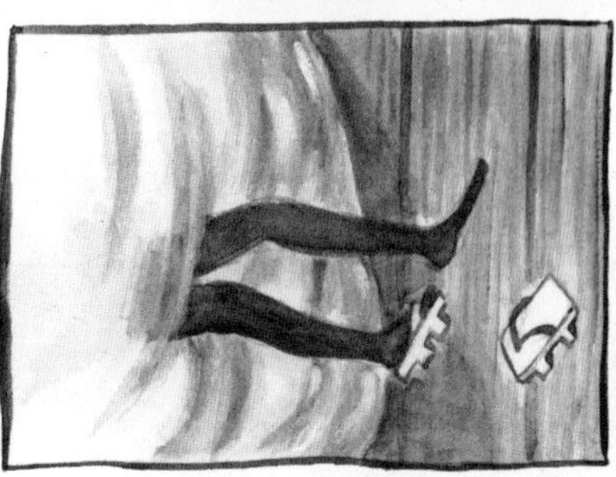

DRAUSSEN IST ALLES WIE IMMER.

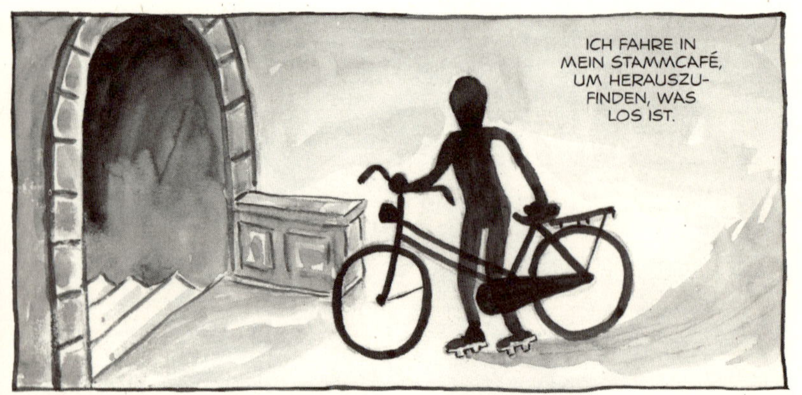
ICH FAHRE IN
MEIN STAMMCAFÉ,
UM HERAUSZU-
FINDEN, WAS
LOS IST.

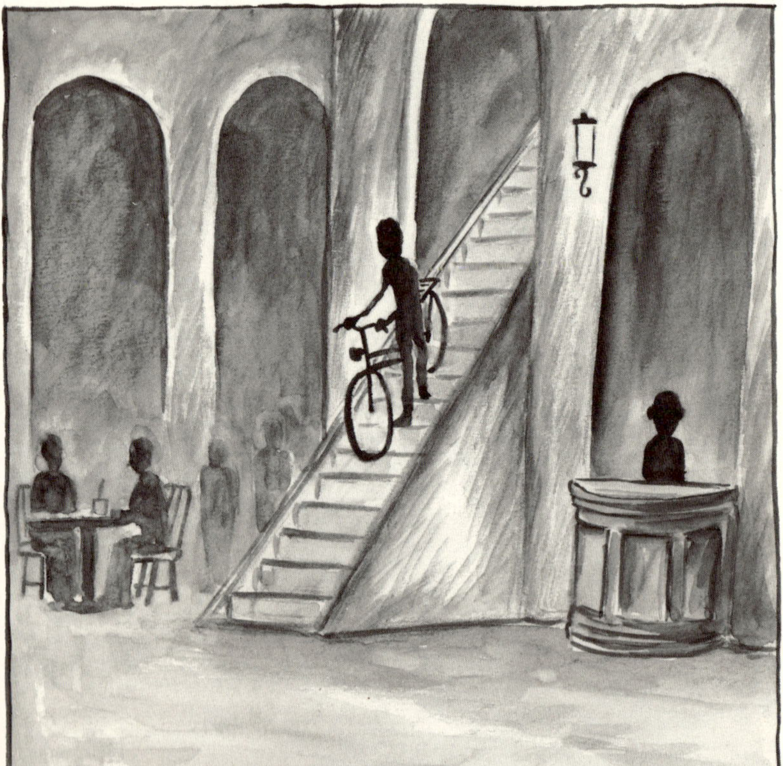

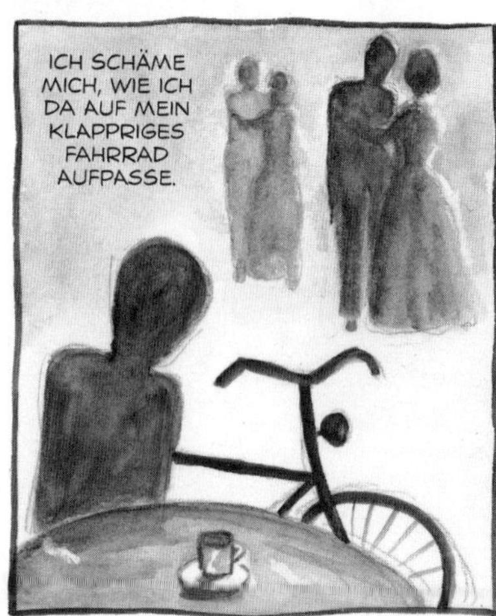
ICH SCHÄME MICH, WIE ICH DA AUF MEIN KLAPPRIGES FAHRRAD AUFPASSE.

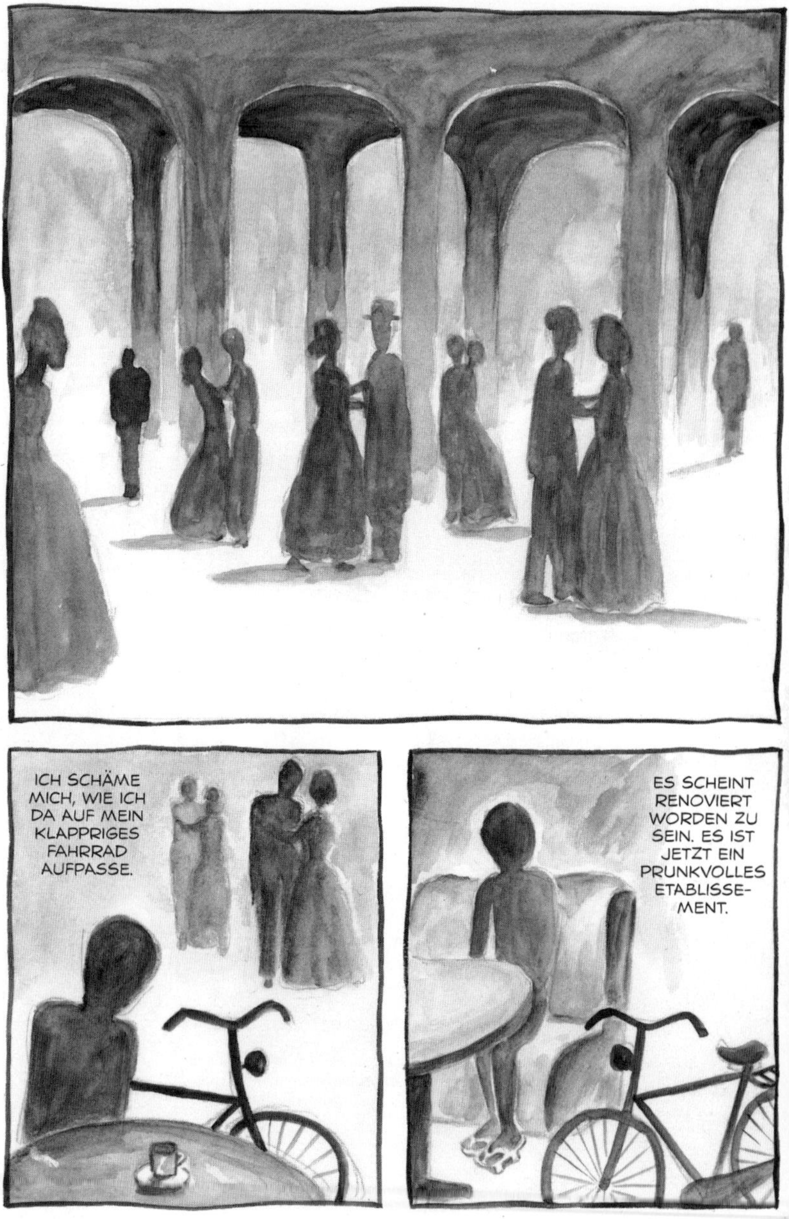

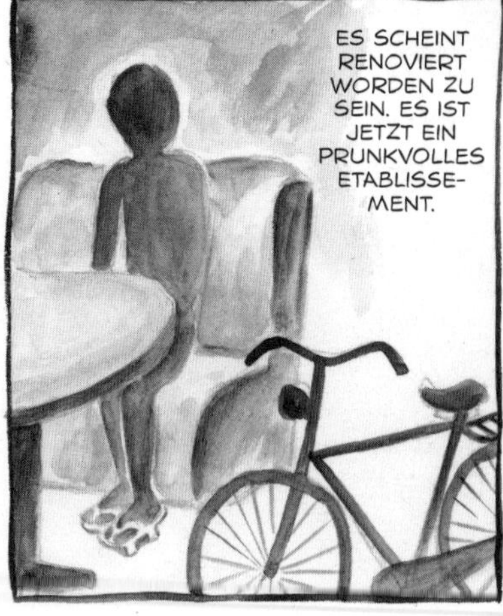
ES SCHEINT RENOVIERT WORDEN ZU SEIN. ES IST JETZT EIN PRUNKVOLLES ETABLISSE-MENT.

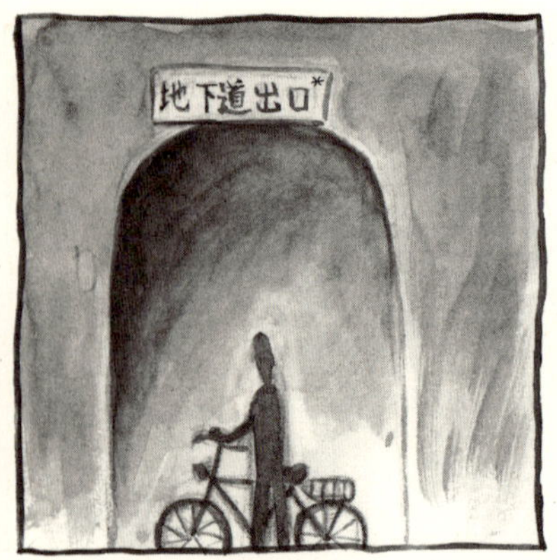

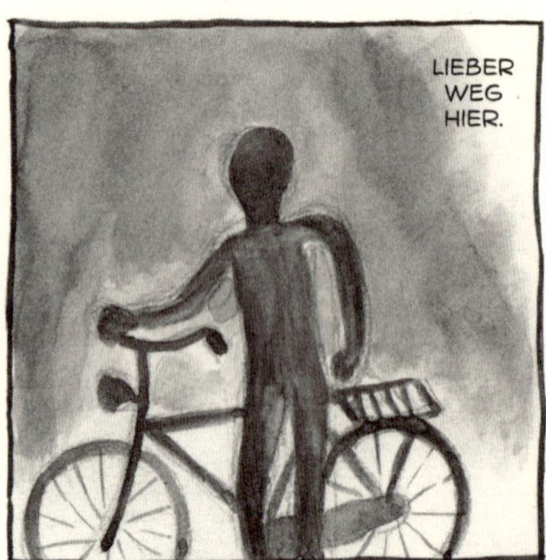

* Unterirdischer Ausgang

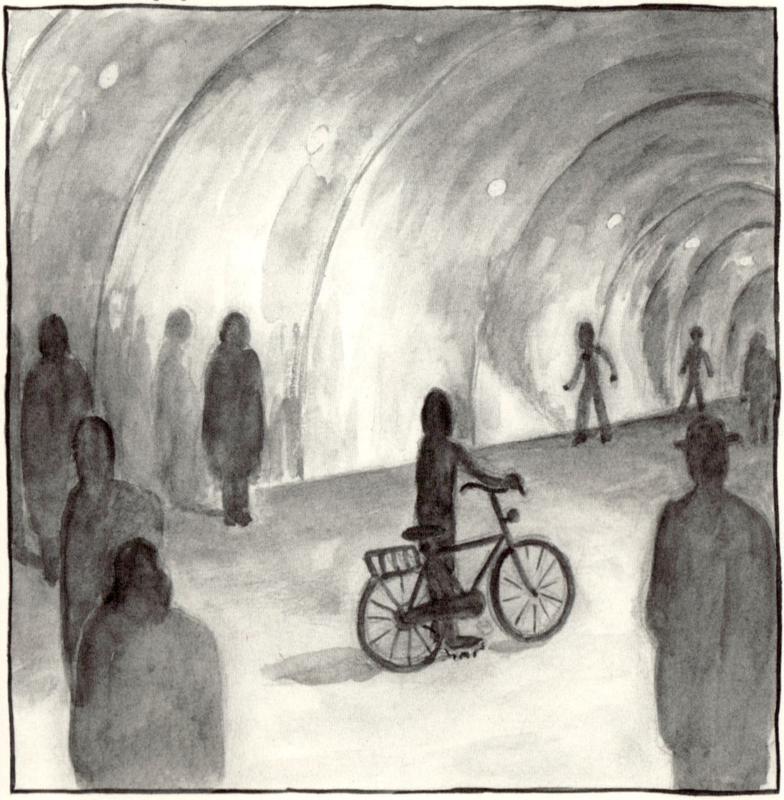

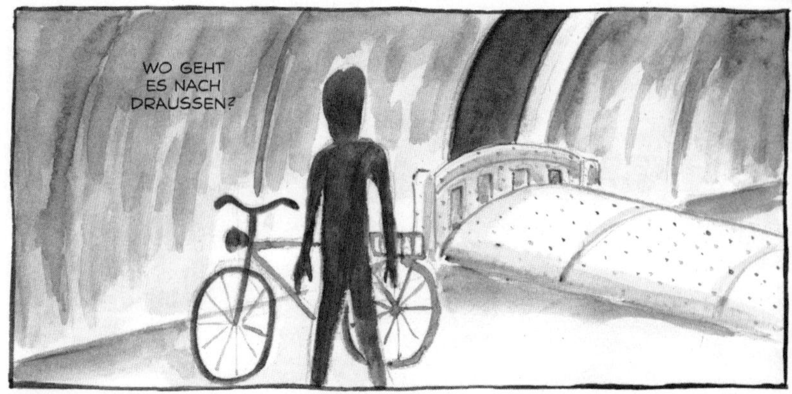
WO GEHT
ES NACH
DRAUSSEN?

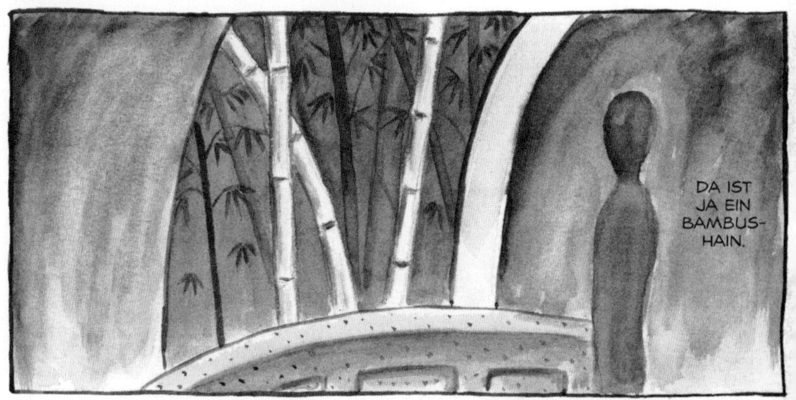
DA IST
JA EIN
BAMBUS-
HAIN.

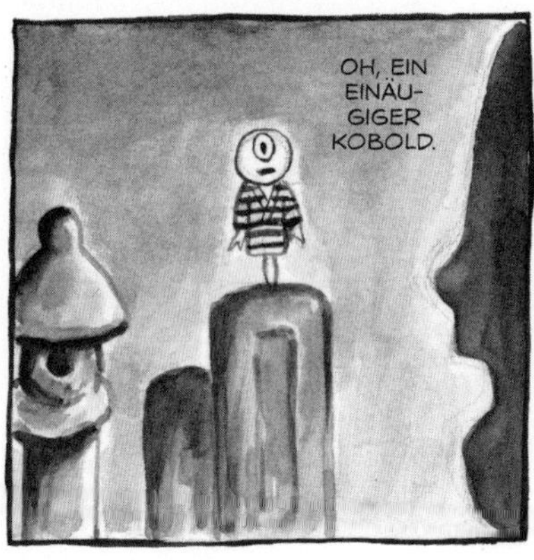
OH, EIN
EINÄU-
GIGER
KOBOLD.

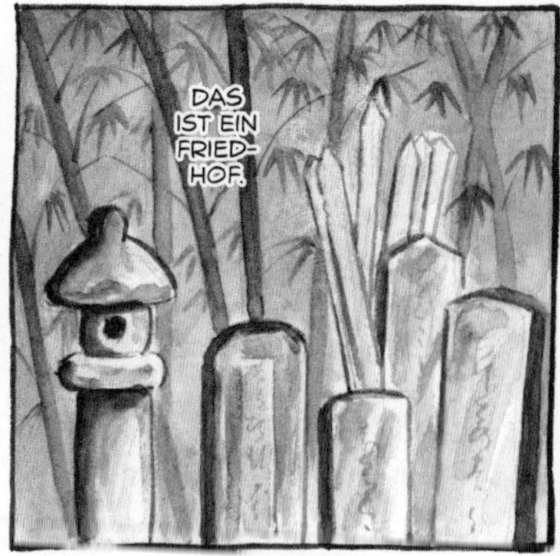
DAS
IST EIN
FRIED-
HOF.

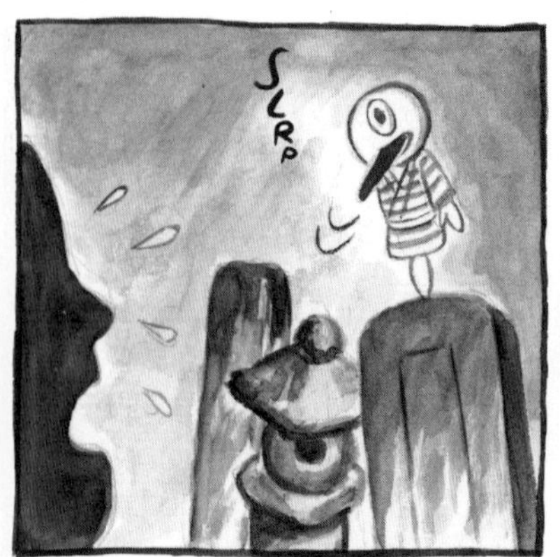
SLRP

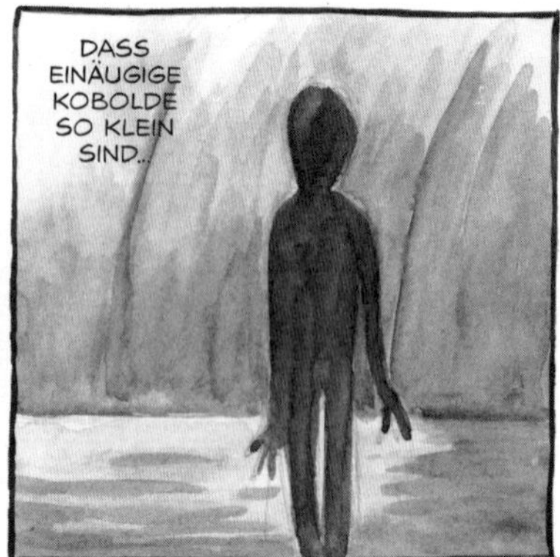
DASS
EINÄUGIGE
KOBOLDE
SO KLEIN
SIND...

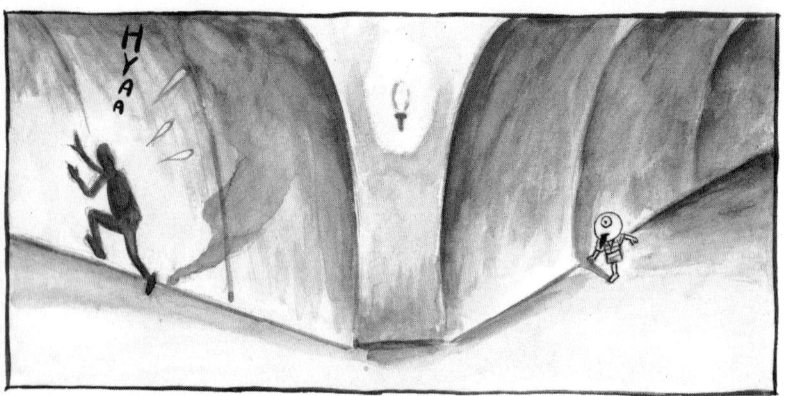
HYAA

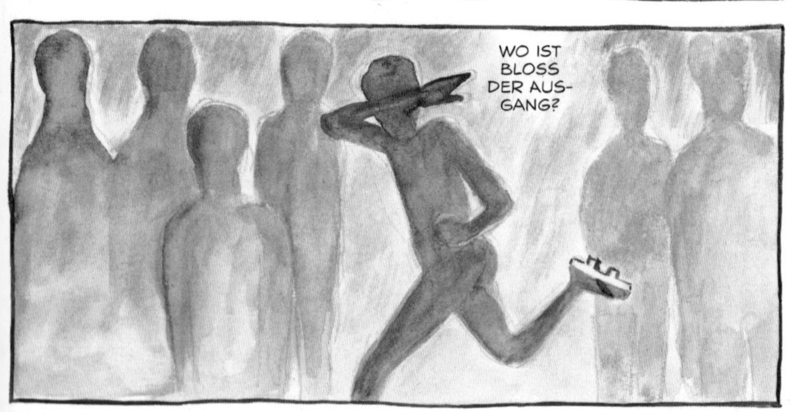
WO IST
BLOSS
DER AUS-
GANG?

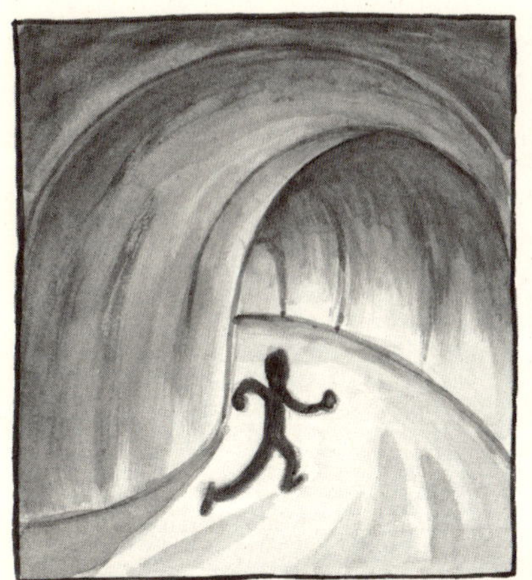

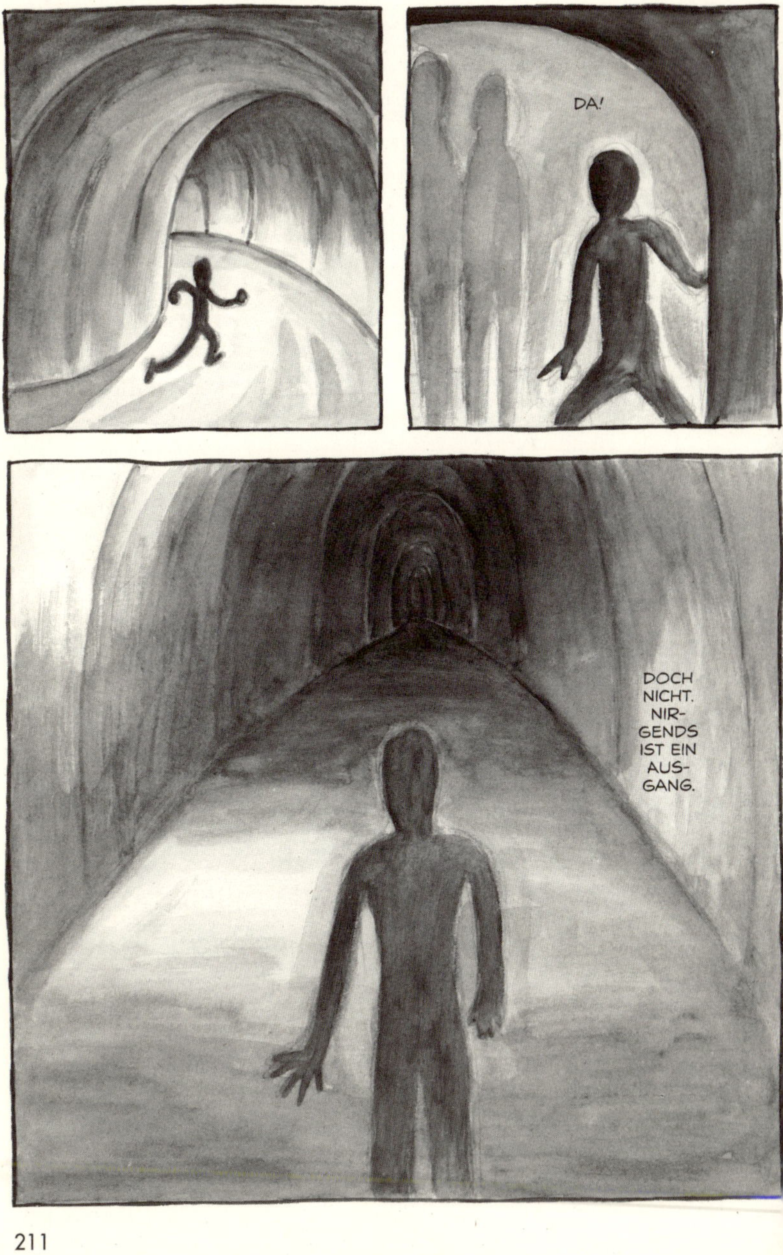

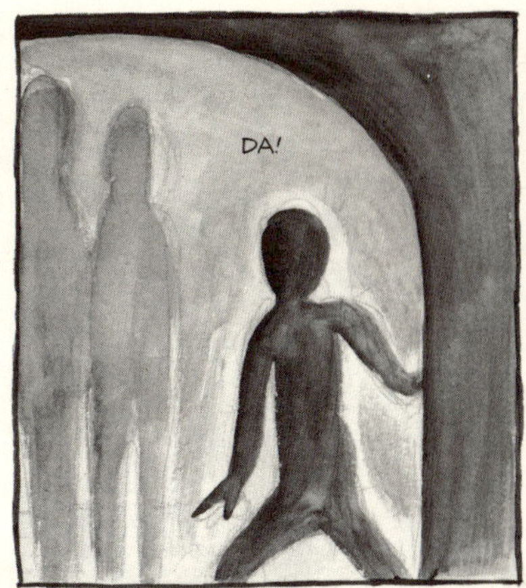

DOCH
NICHT.
NIR-
GENDS
IST EIN
AUS-
GANG.

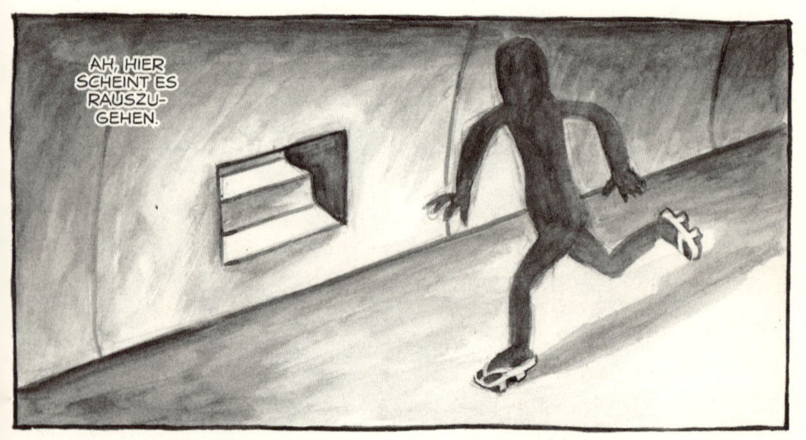
AH, HIER
SCHEINT ES
RAUSZU-
GEHEN.

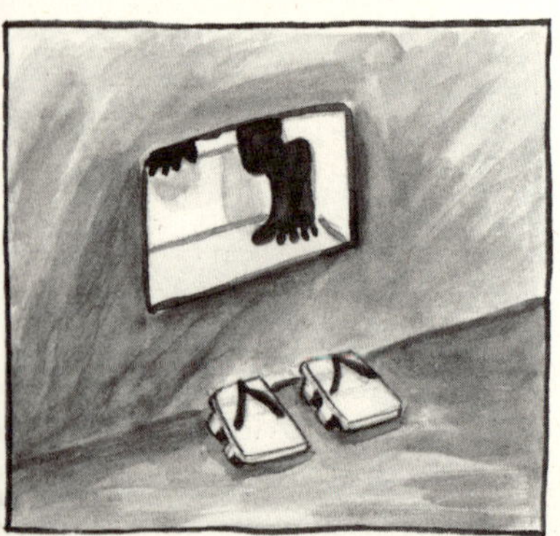

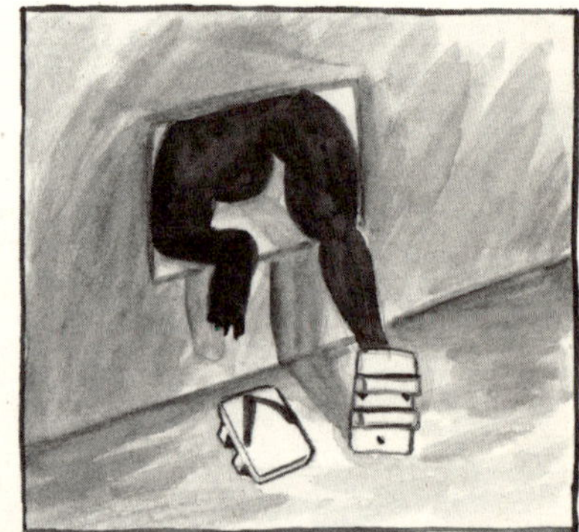

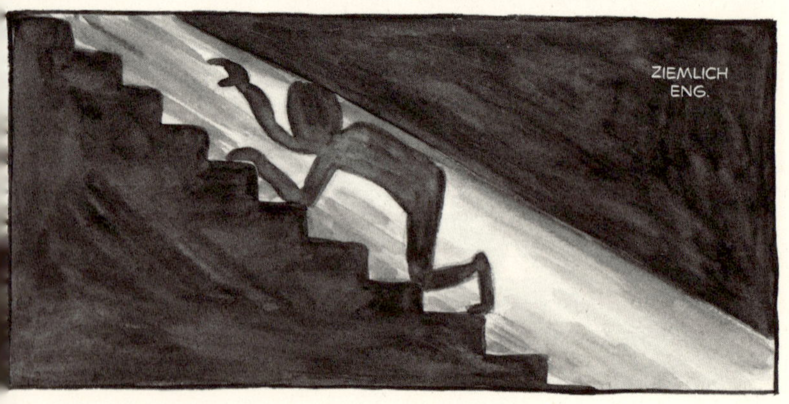
ZIEMLICH
ENG.

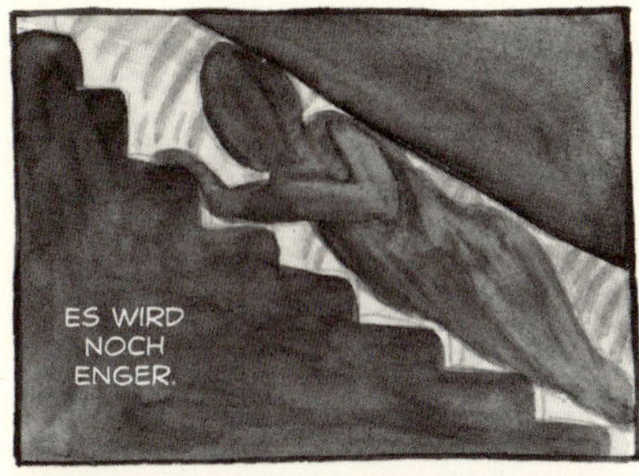
ES WIRD
NOCH
ENGER.

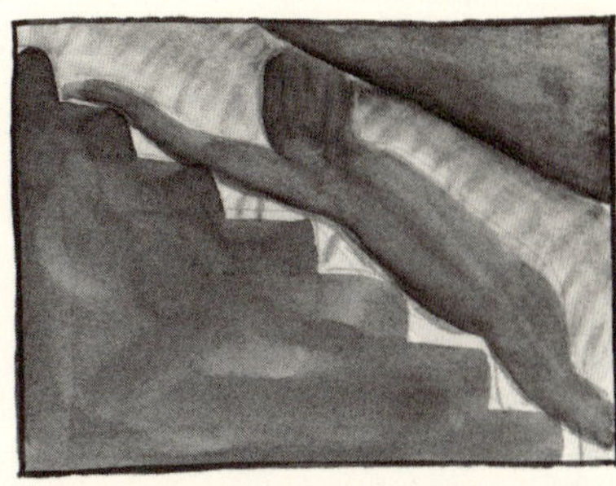

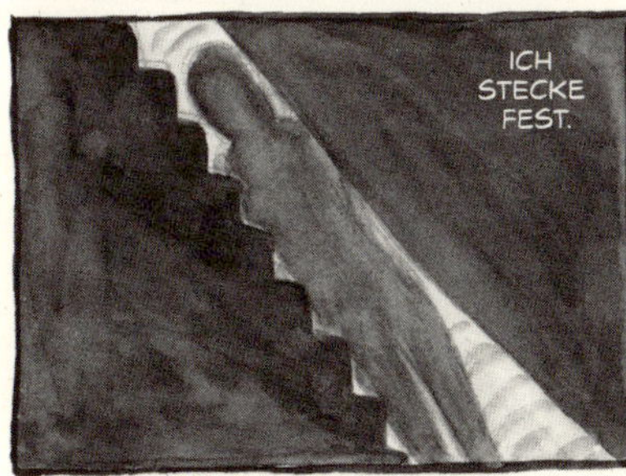
ICH
STECKE
FEST.

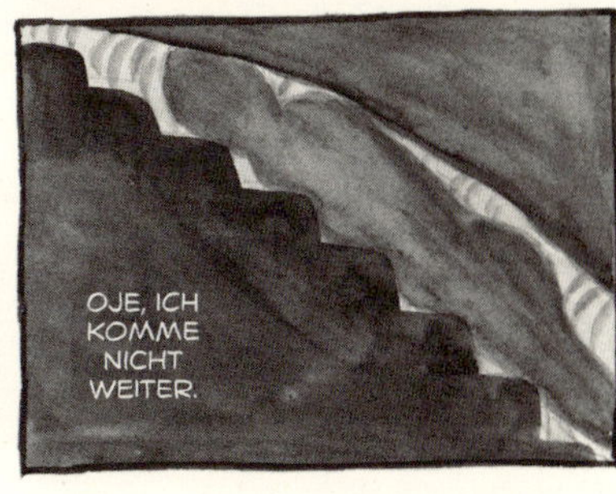
OJE, ICH
KOMME
NICHT
WEITER.

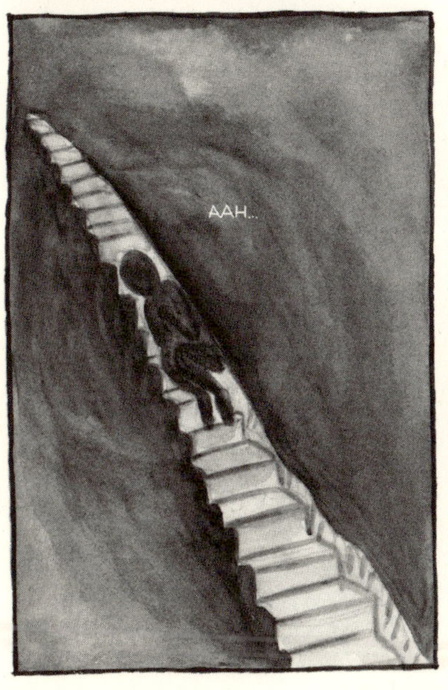
AAH...

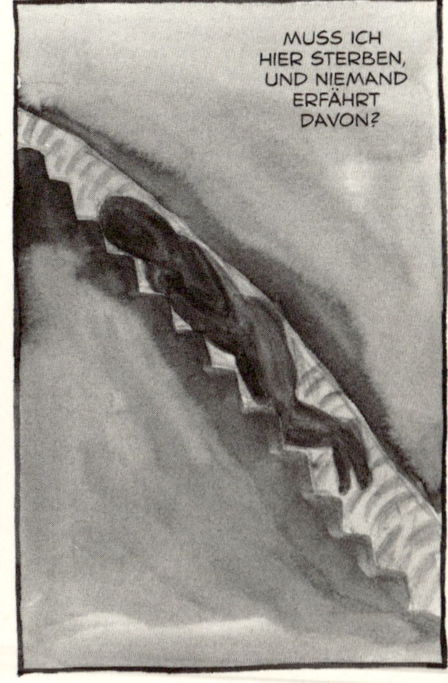
MUSS ICH
HIER STERBEN,
UND NIEMAND
ERFÄHRT
DAVON?

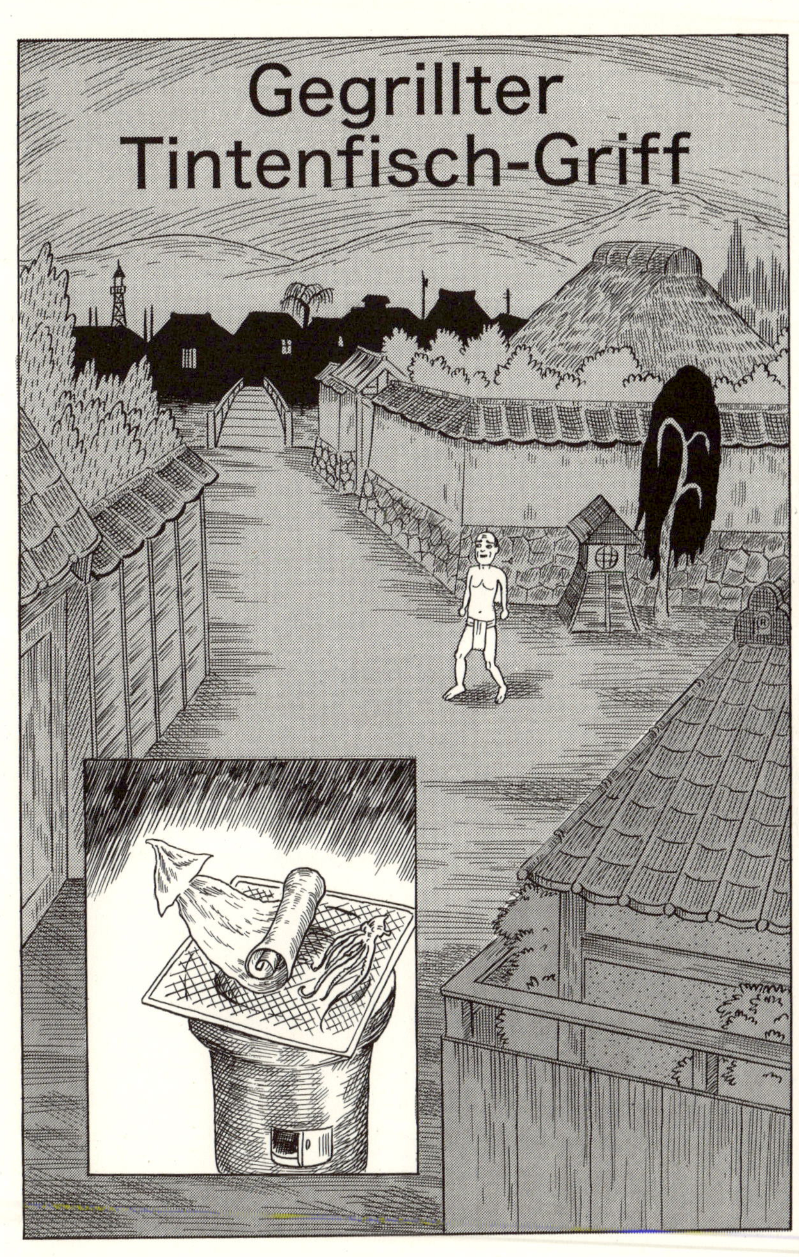
Gegrillter
Tintenfisch-Griff

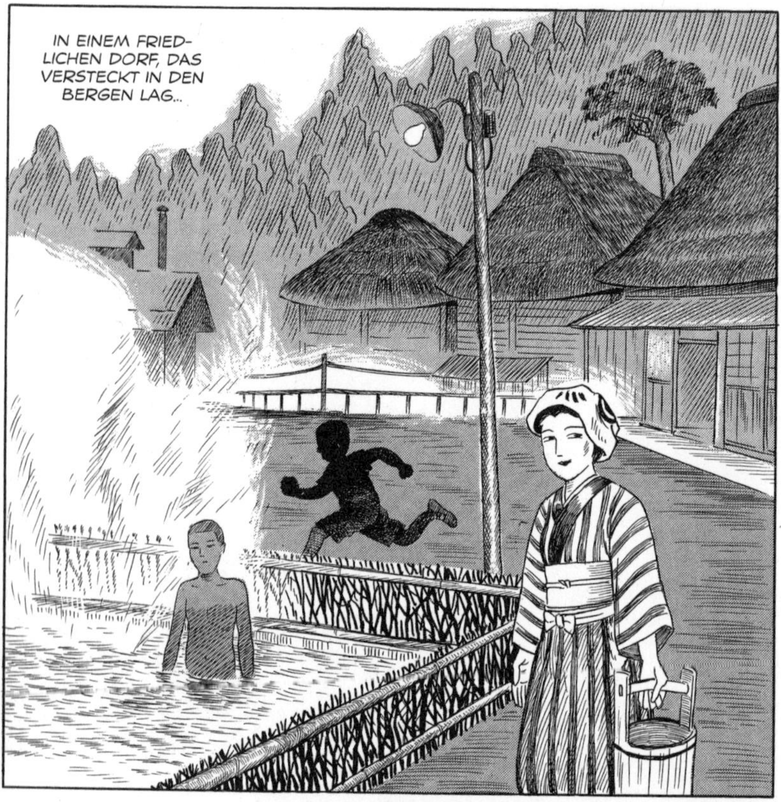

IN EINEM FRIEDLICHEN DORF, DAS VERSTECKT IN DEN BERGEN LAG...

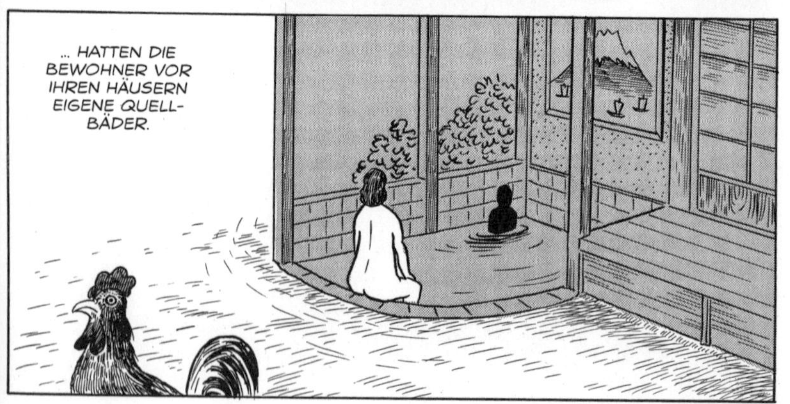

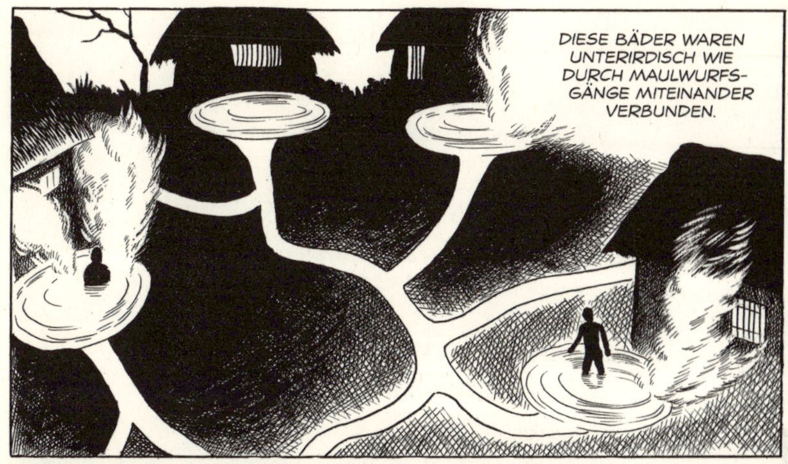

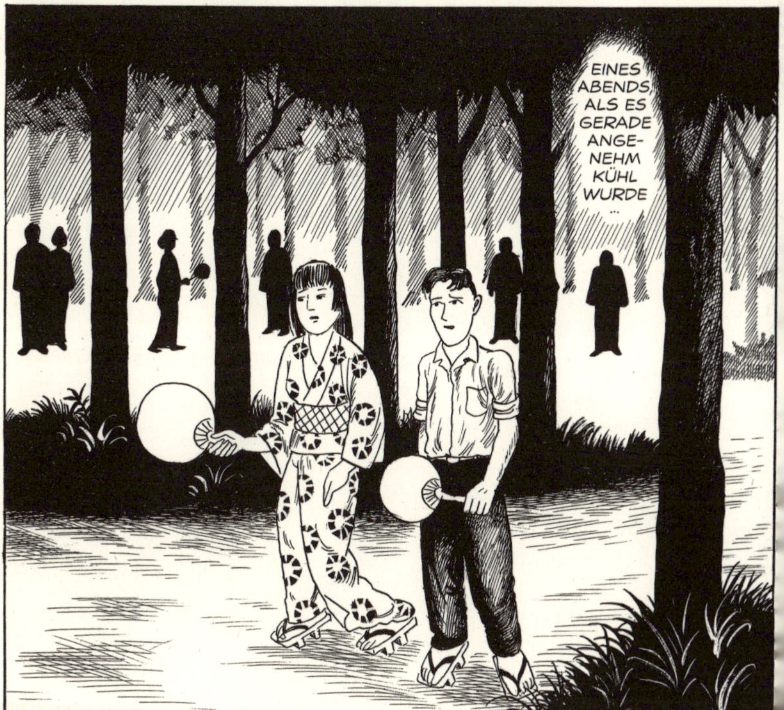

EINES ABENDS, ALS ES GERADE ANGE-NEHM KÜHL WURDE …

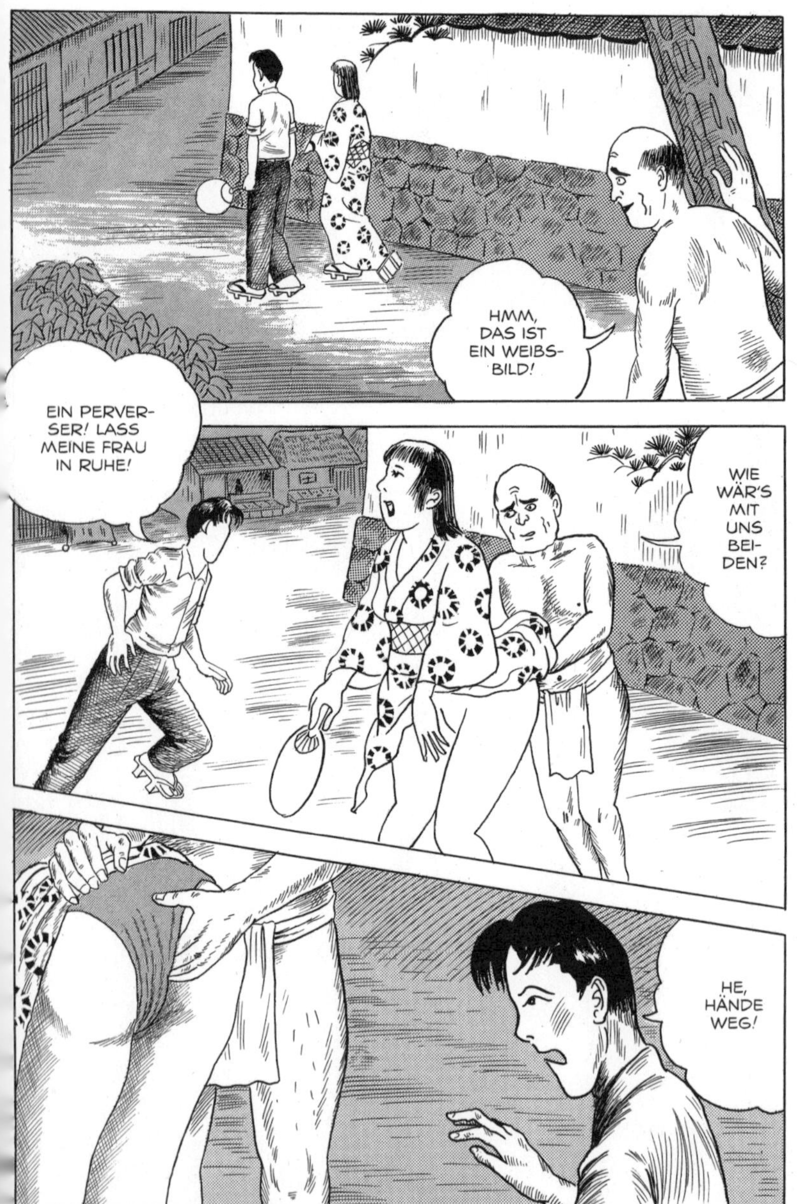
HMM, DAS IST EIN WEIBSBILD!
WIE WÄR'S MIT UNS BEIDEN?
EIN PERVERSER! LASS MEINE FRAU IN RUHE!
HE, HÄNDE WEG!

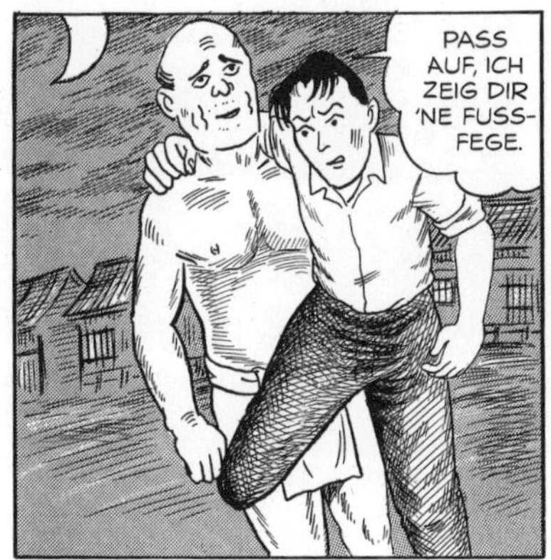
PASS AUF, ICH ZEIG DIR 'NE FUSS-FEGE.
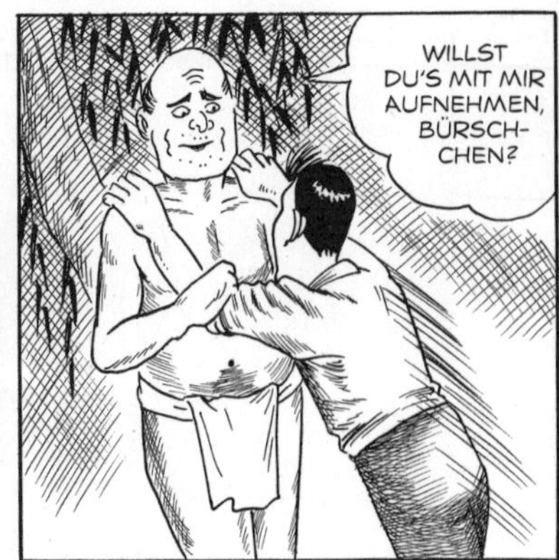
WILLST DU'S MIT MIR AUFNEHMEN, BÜRSCH-CHEN?
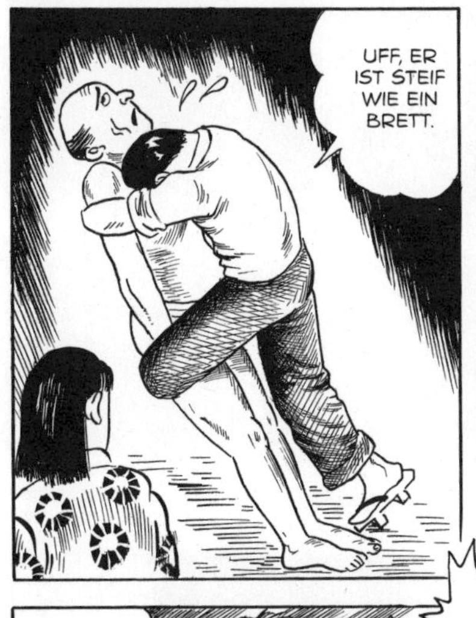
UFF, ER IST STEIF WIE EIN BRETT.
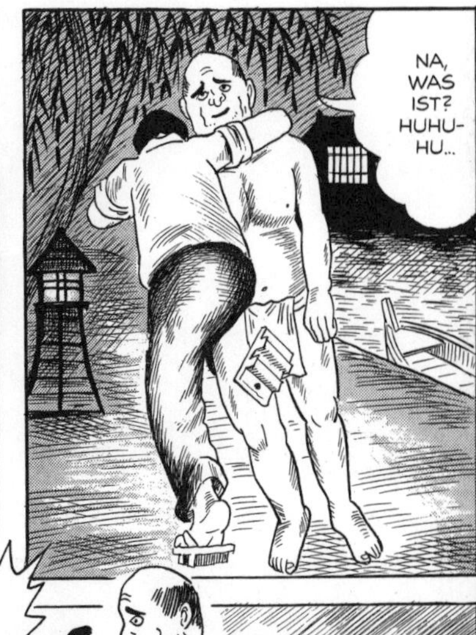
NA, WAS IST? HUHU-HU...
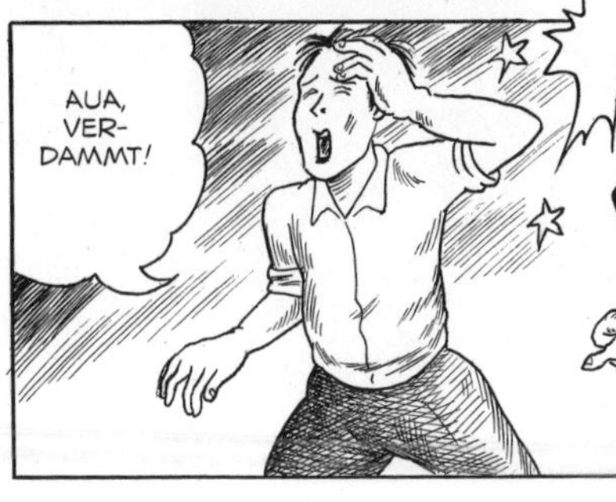
AUA, VER-DAMMT!
POFF

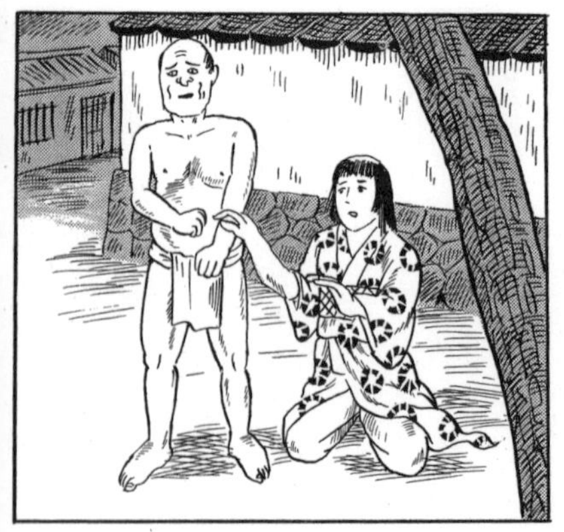
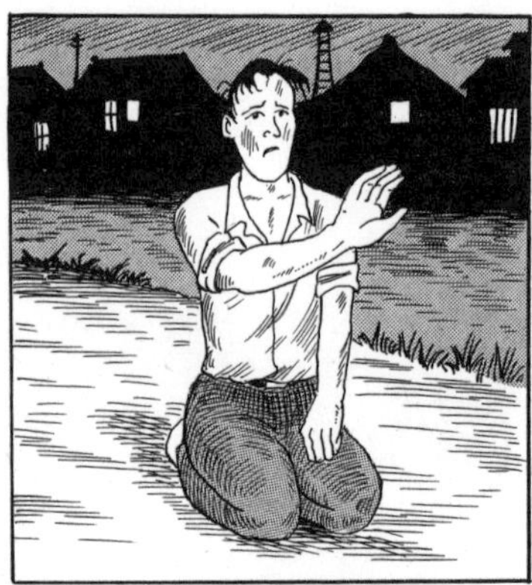
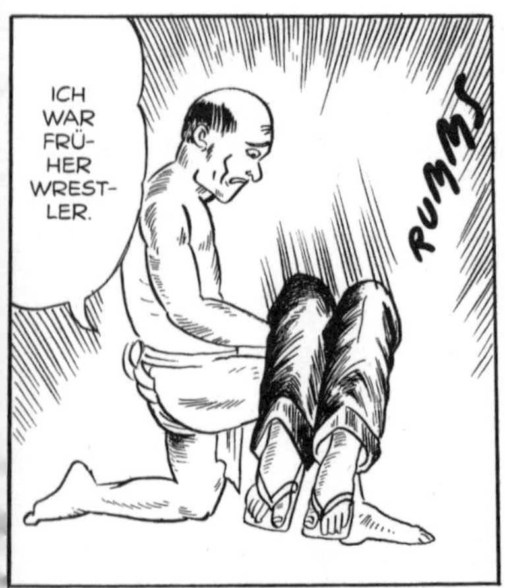
ICH WAR FRÜHER WRESTLER.
RUMMS
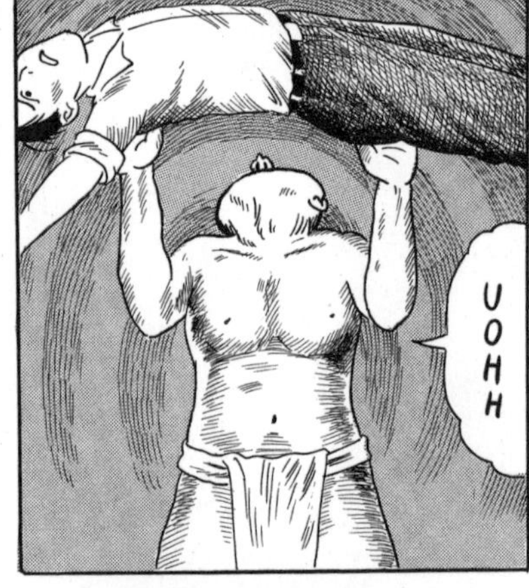
UOHH
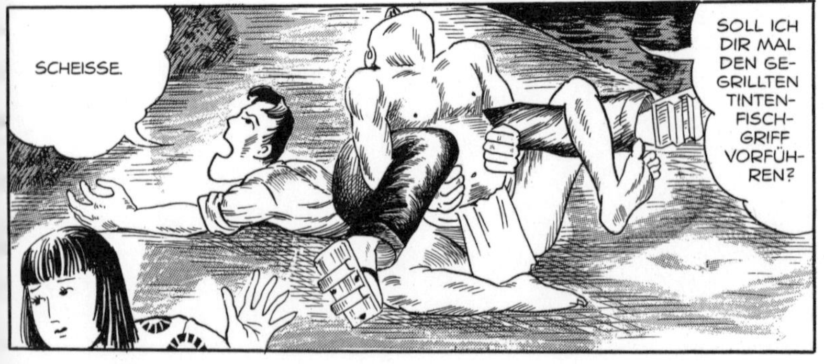
SOLL ICH DIR MAL DEN GEGRILLTEN TINTENFISCHGRIFF VORFÜHREN?
SCHEISSE.

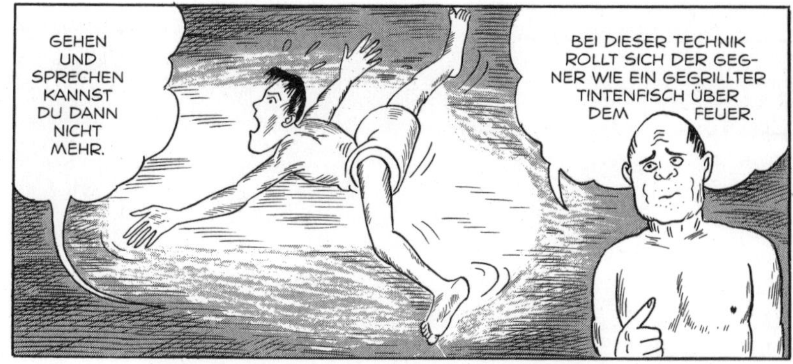
GEHEN UND SPRECHEN KANNST DU DANN NICHT MEHR.
BEI DIESER TECHNIK ROLLT SICH DER GEGNER WIE EIN GEGRILLTER TINTENFISCH ÜBER DEM FEUER.

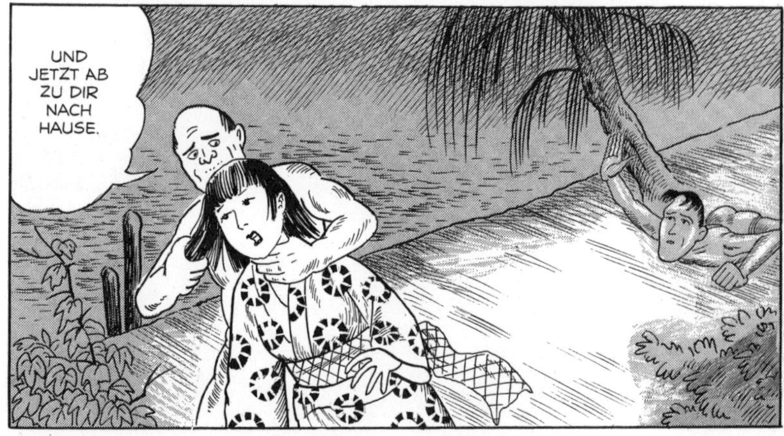
UND JETZT AB ZU DIR NACH HAUSE.

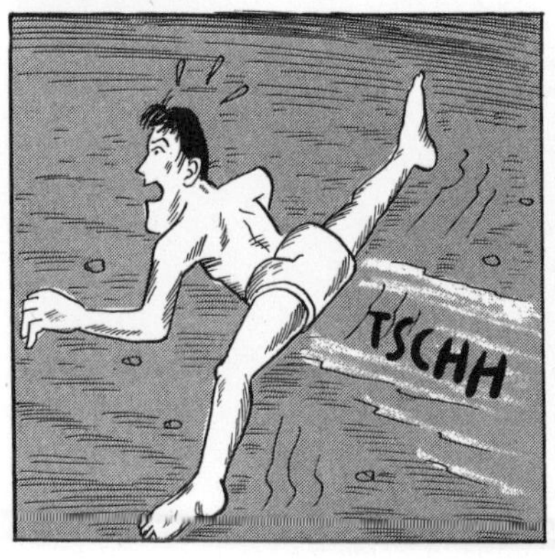
TSCHH

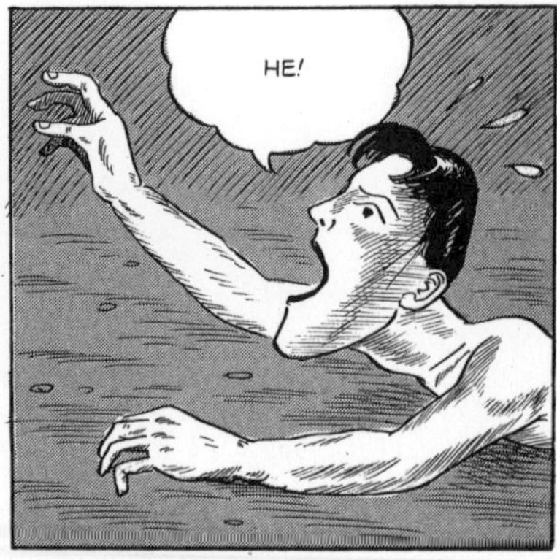
HE!

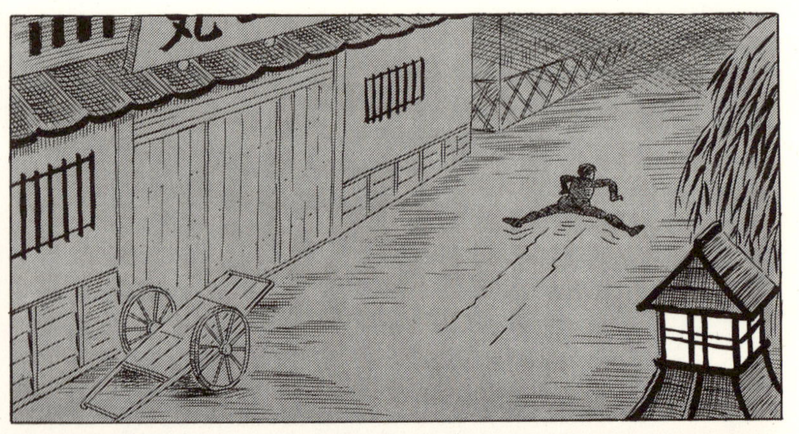

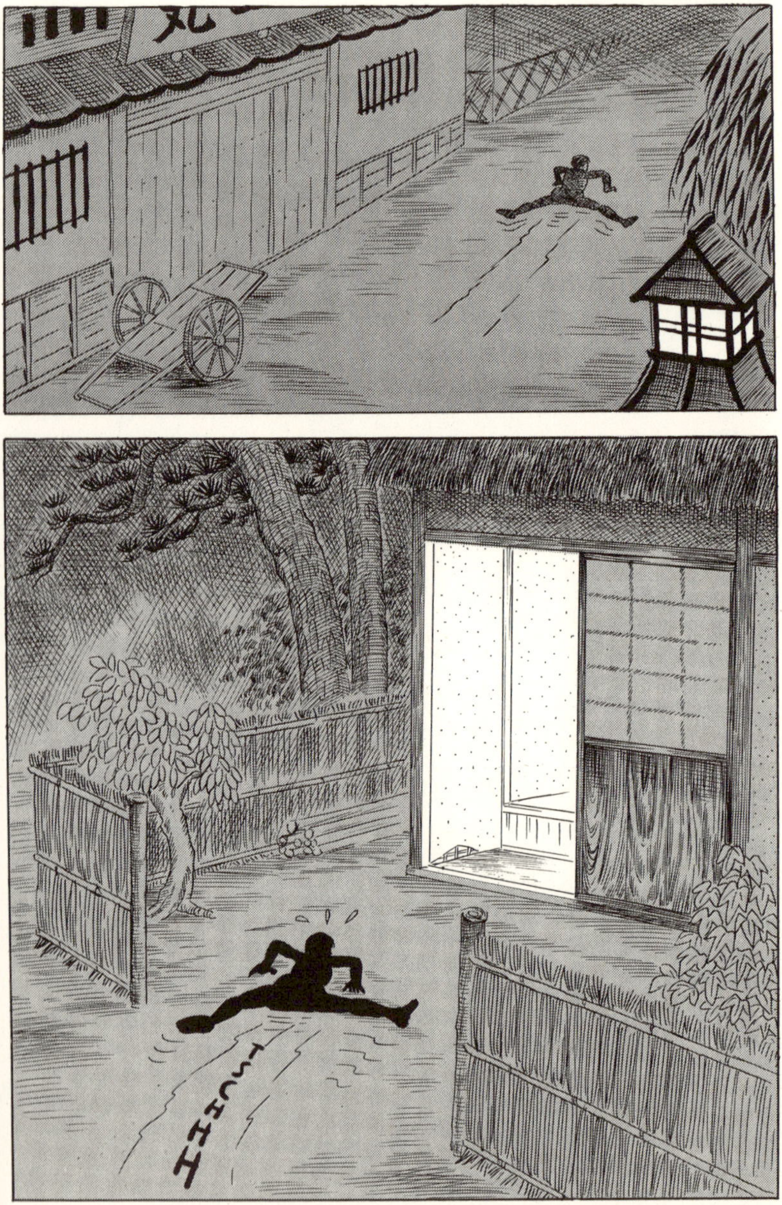

TSCHHH

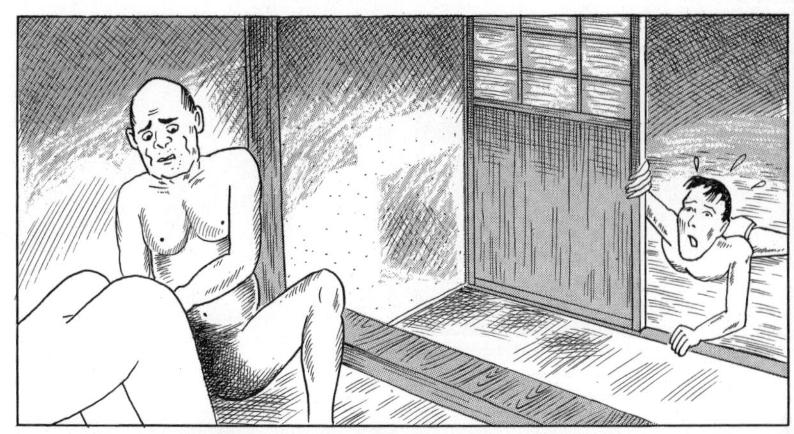

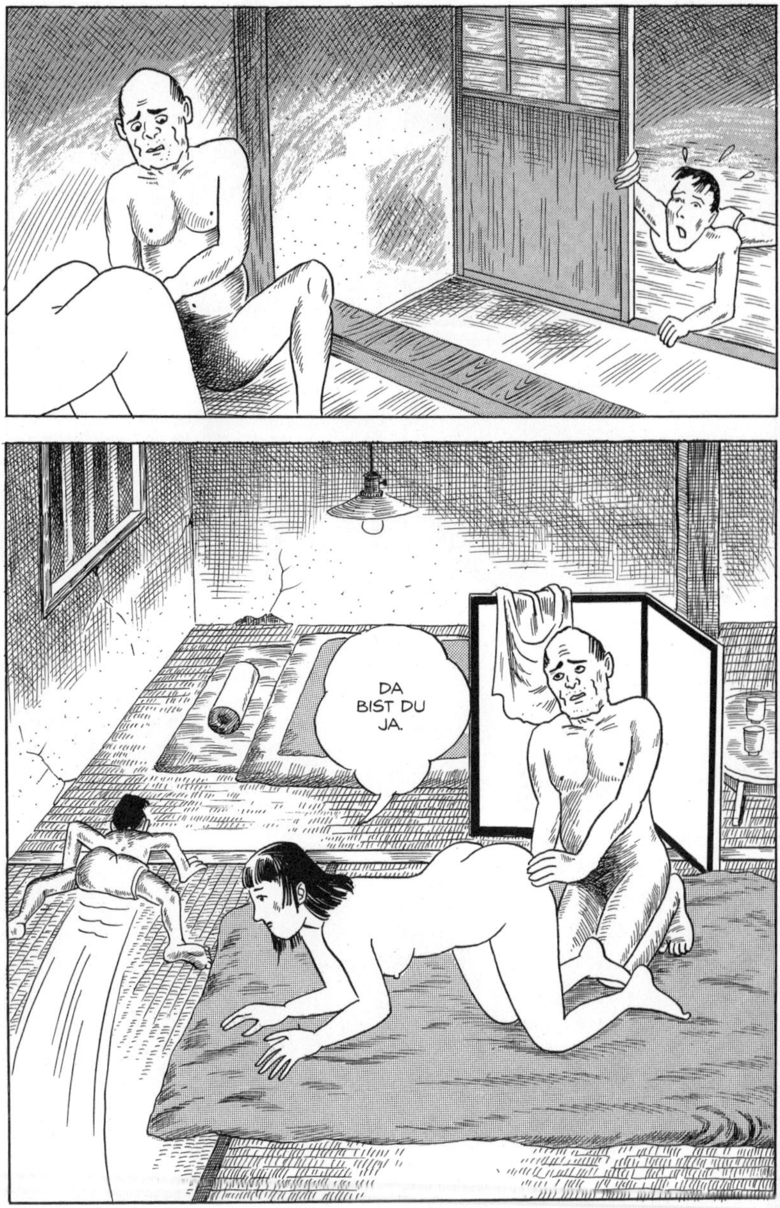

DA BIST DU JA.

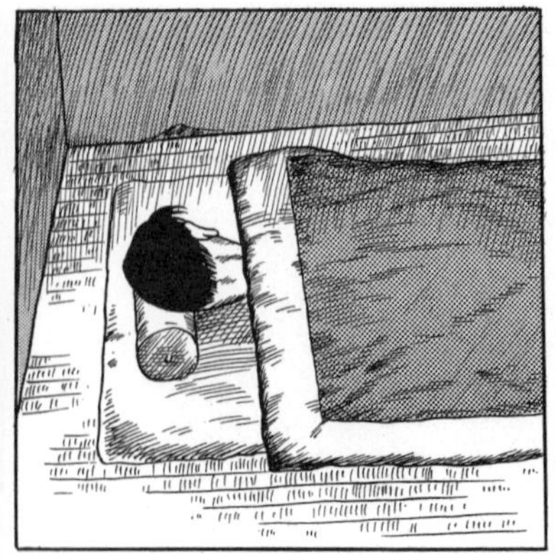

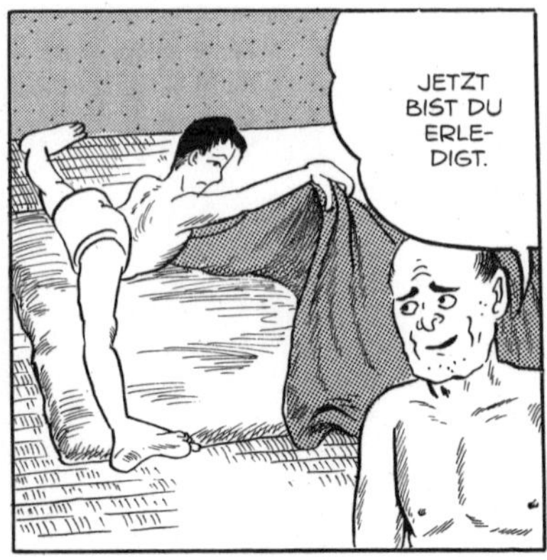
JETZT BIST DU ERLE-DIGT.

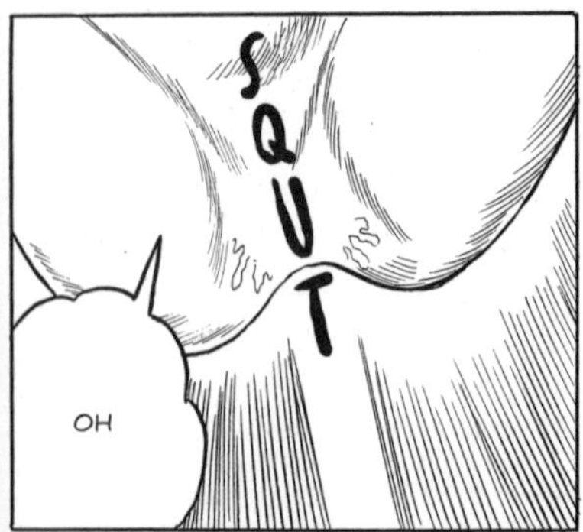
SQUT
OH

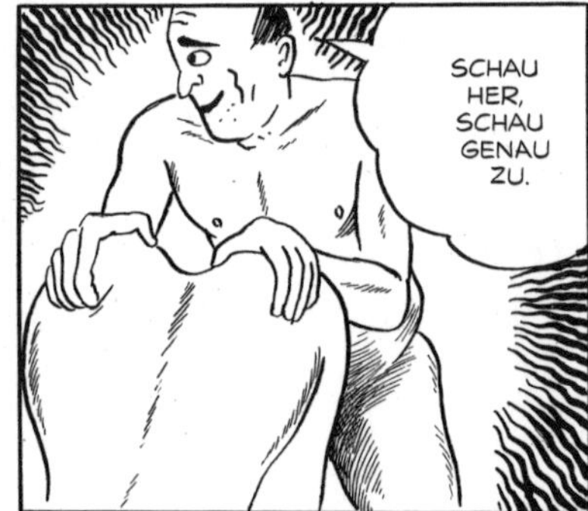
SCHAU HER, SCHAU GENAU ZU.

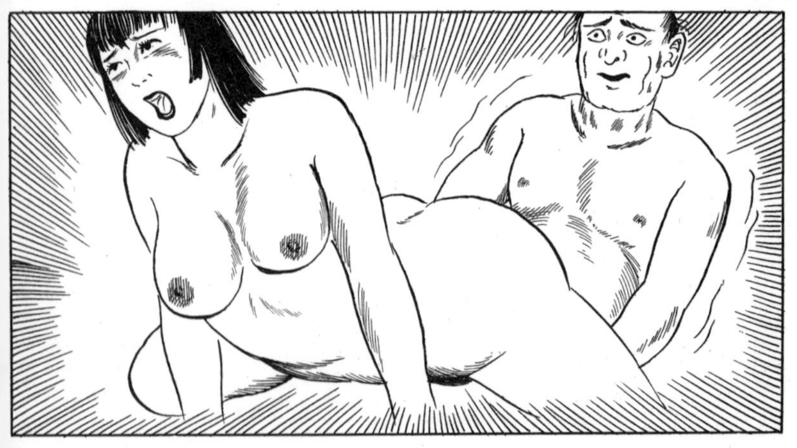

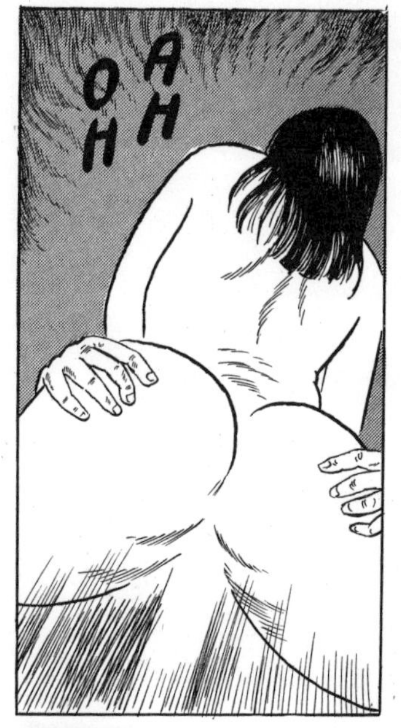
OH
AH

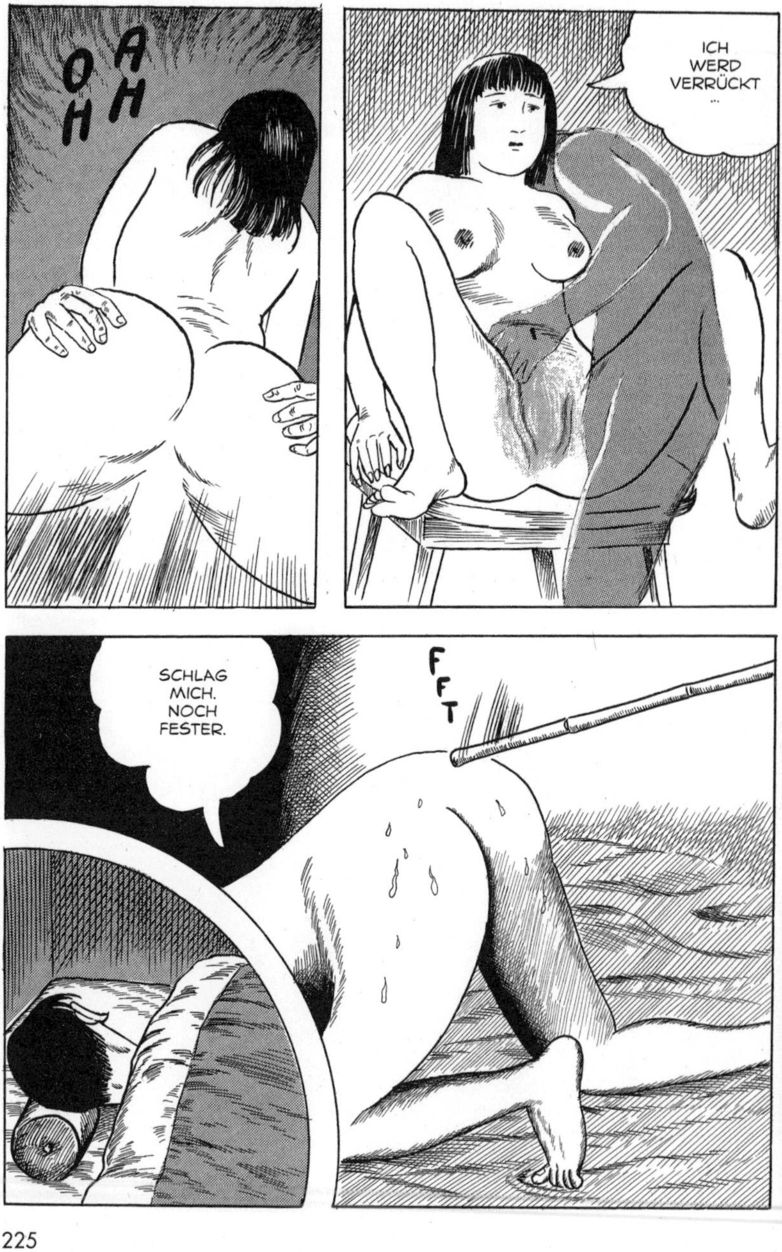

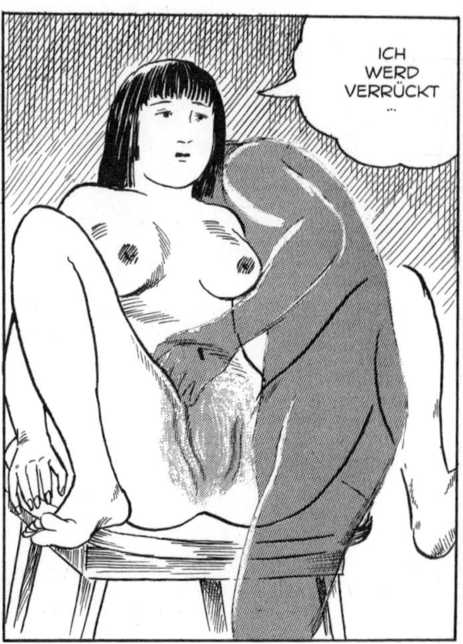
ICH WERD VERRÜCKT …

SCHLAG MICH. NOCH FESTER.
FFT

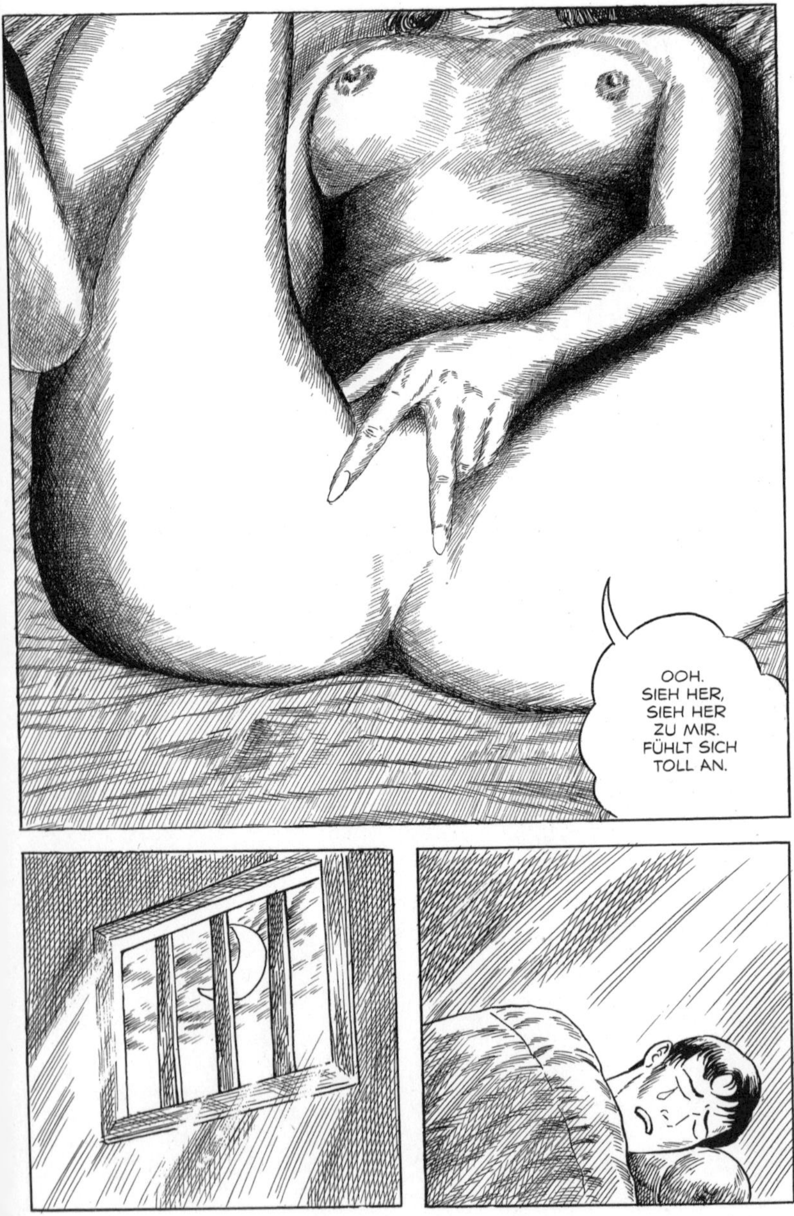

OOH.
SIEH HER,
SIEH HER
ZU MIR.
FÜHLT SICH
TOLL AN.

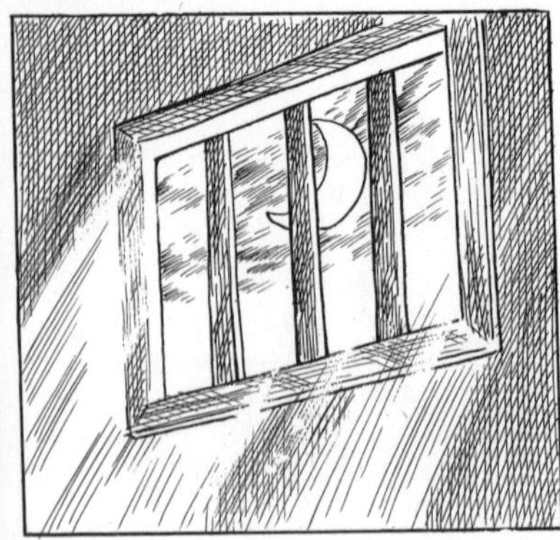

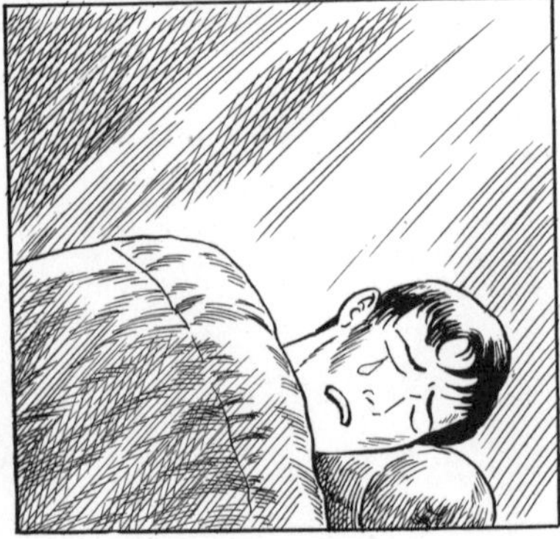

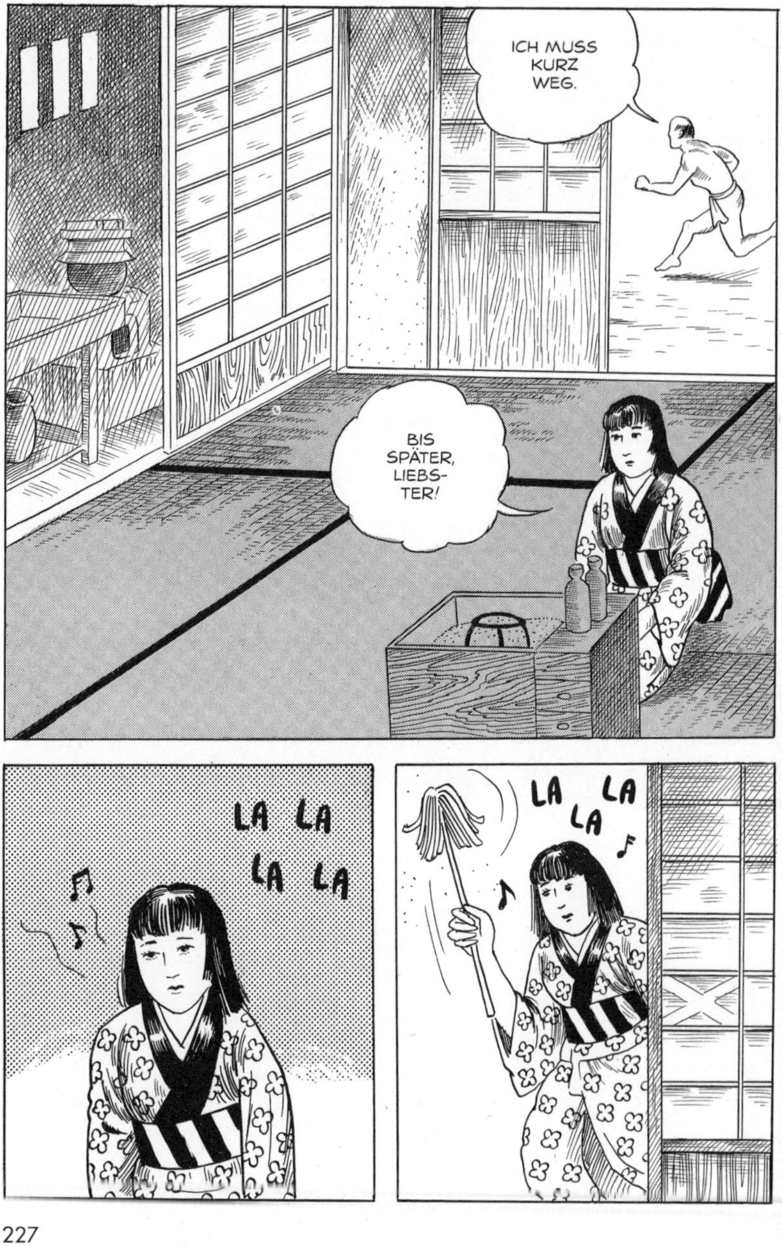

ICH MUSS KURZ WEG.

BIS SPÄTER, LIEBSTER!

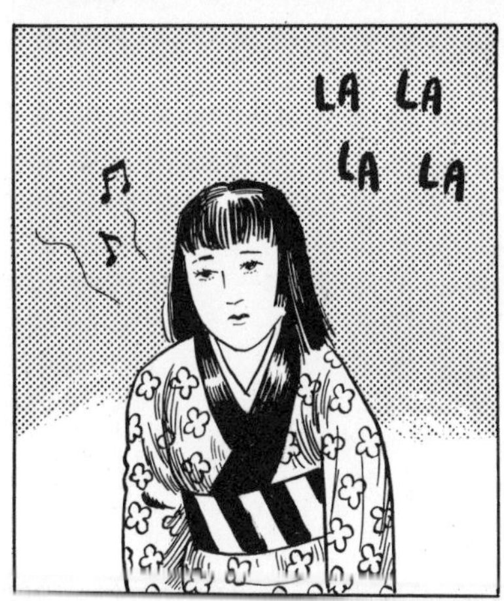

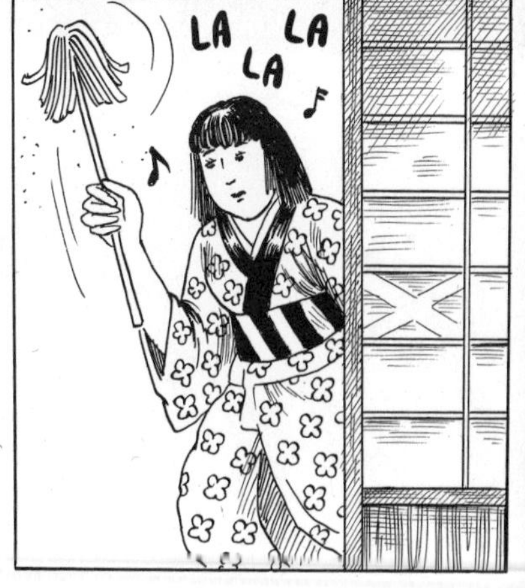

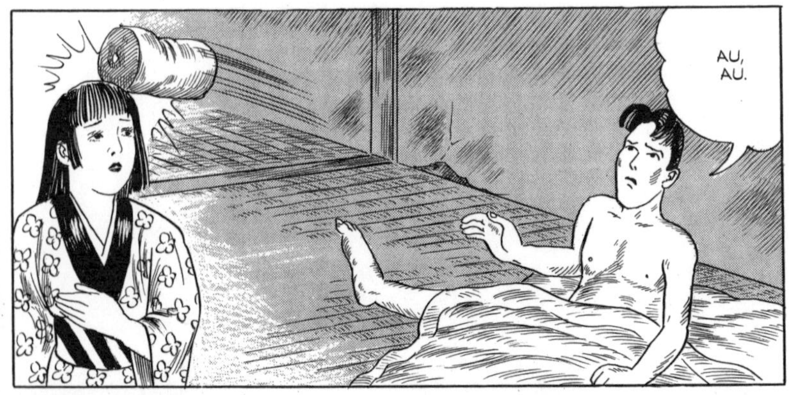
AU, AU.

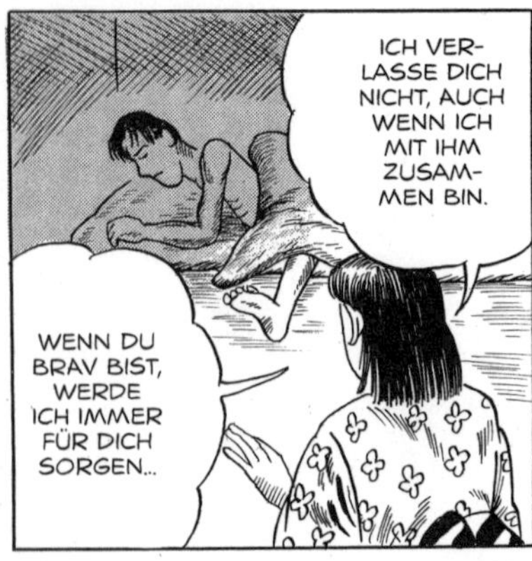
ICH VERLASSE DICH NICHT, AUCH WENN ICH MIT IHM ZUSAMMEN BIN.
WENN DU BRAV BIST, WERDE ICH IMMER FÜR DICH SORGEN...

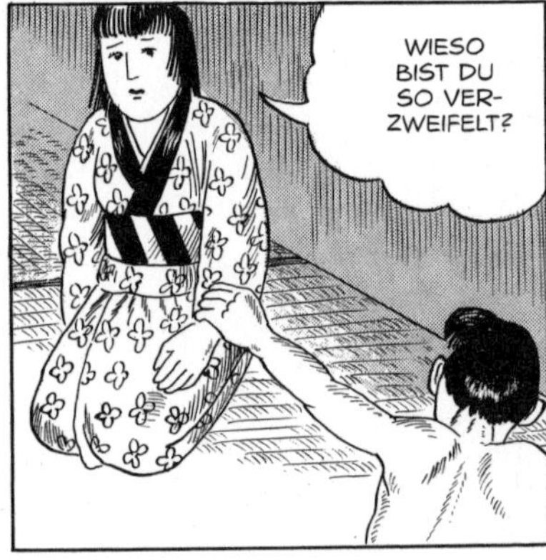
WIESO BIST DU SO VERZWEIFELT?

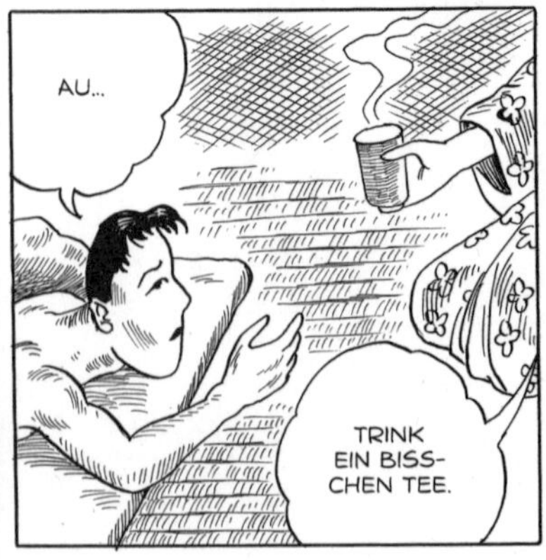
AU...
TRINK EIN BISSCHEN TEE.

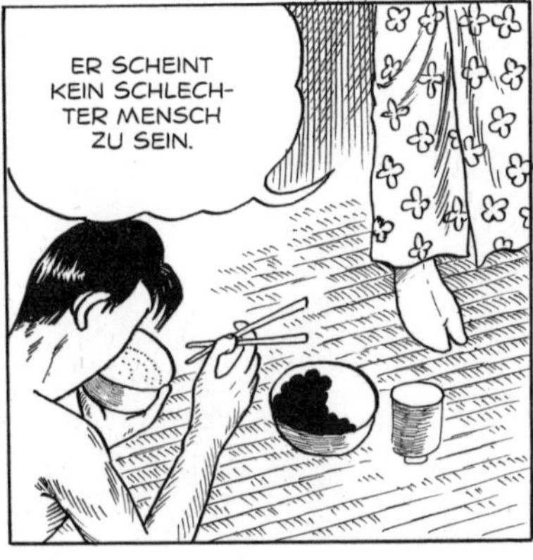
ER SCHEINT KEIN SCHLECHTER MENSCH ZU SEIN.

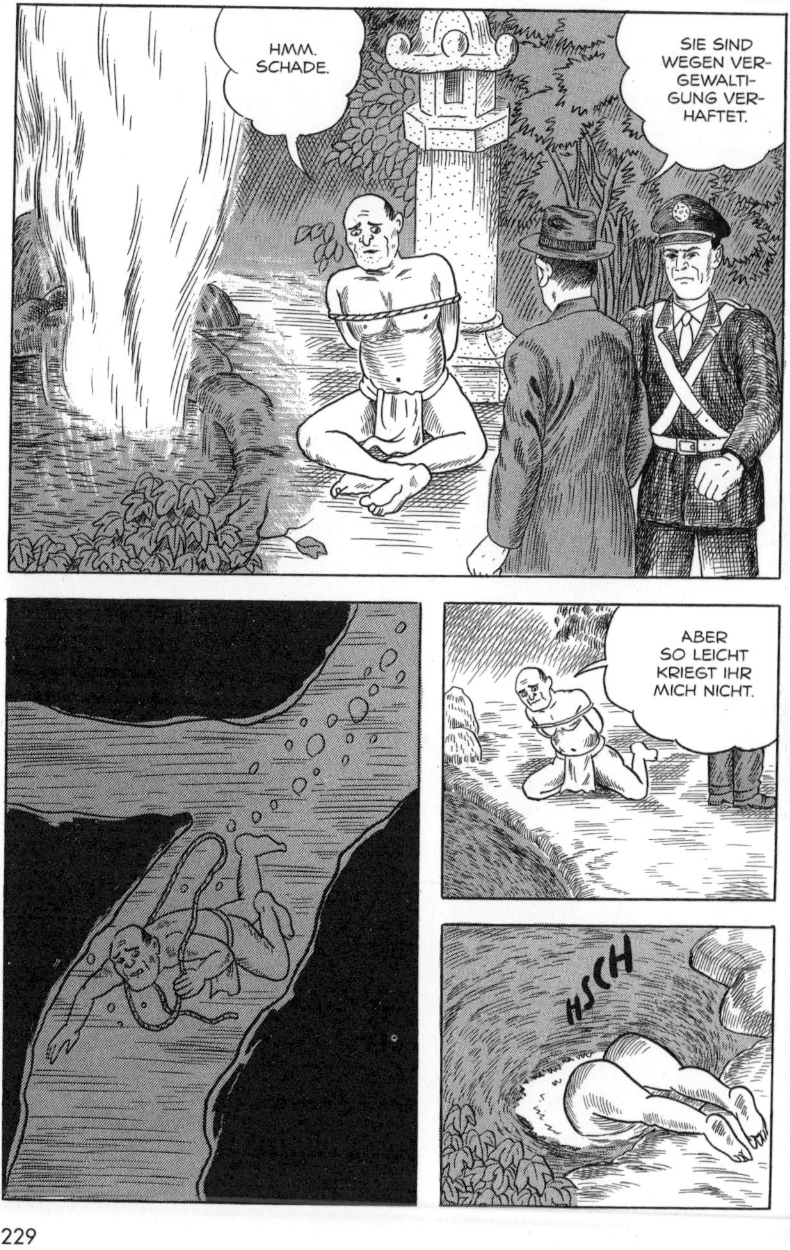

SIE SIND WEGEN VERGEWALTIGUNG VERHAFTET.

HMM. SCHADE.

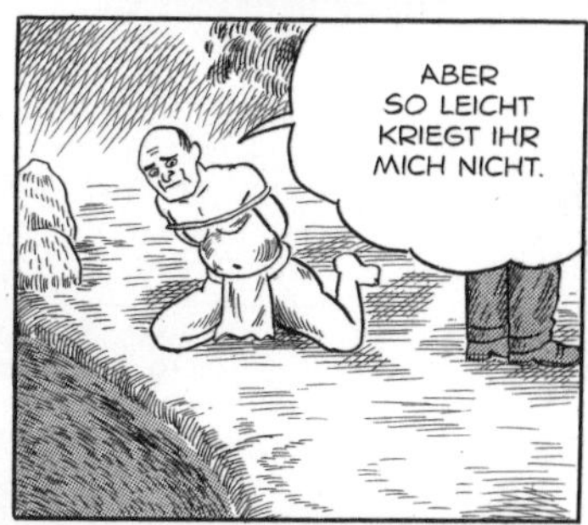

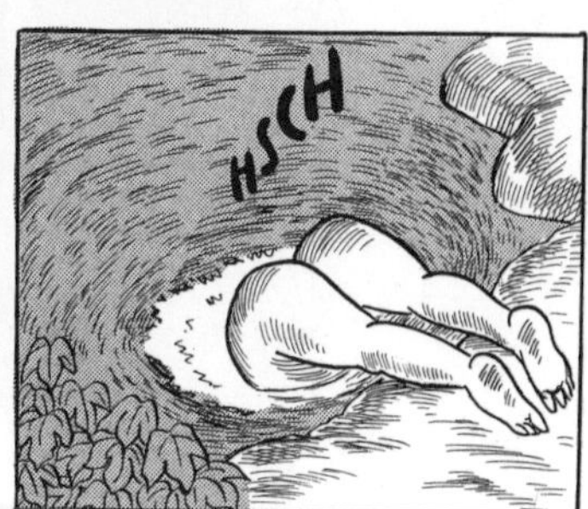

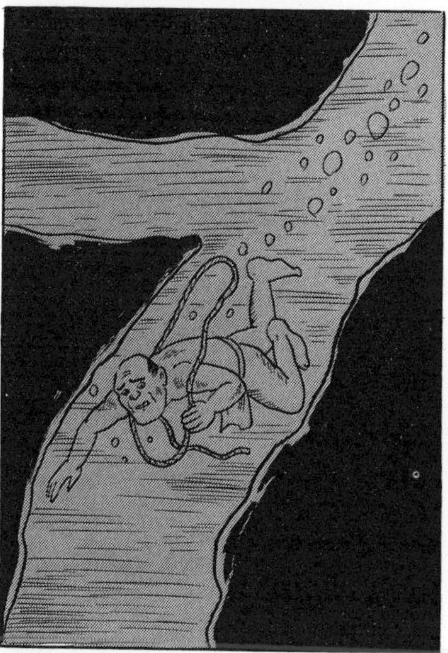

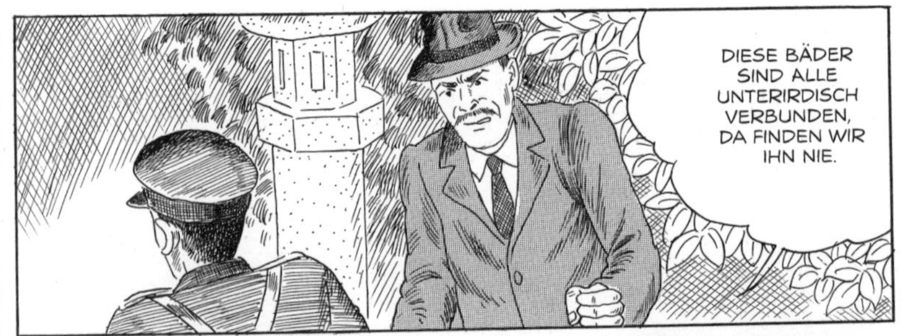
DIESE BÄDER SIND ALLE UNTERIRDISCH VERBUNDEN, DA FINDEN WIR IHN NIE.

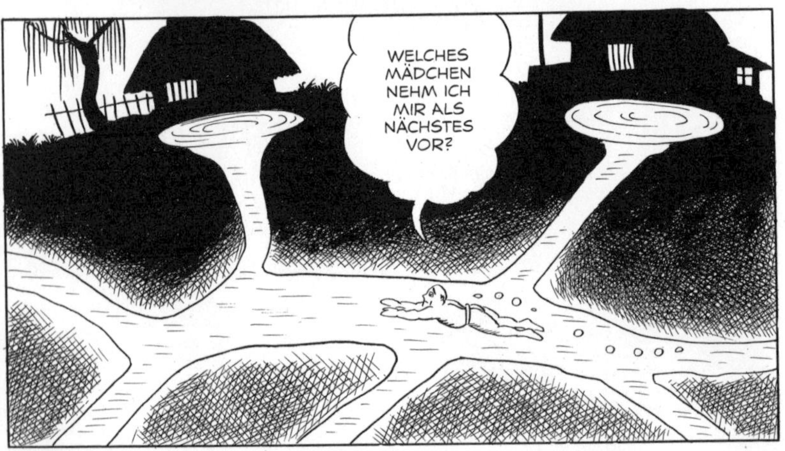
WELCHES MÄDCHEN NEHM ICH MIR ALS NÄCHSTES VOR?

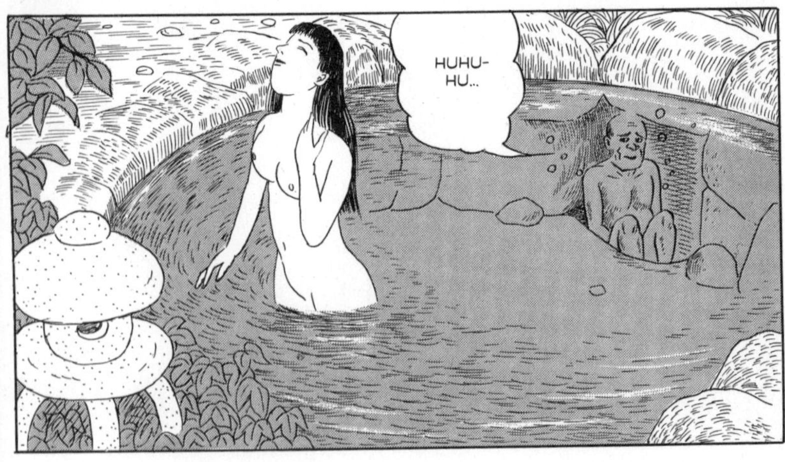
HUHU-HU...

Yoshibos Verbrechen

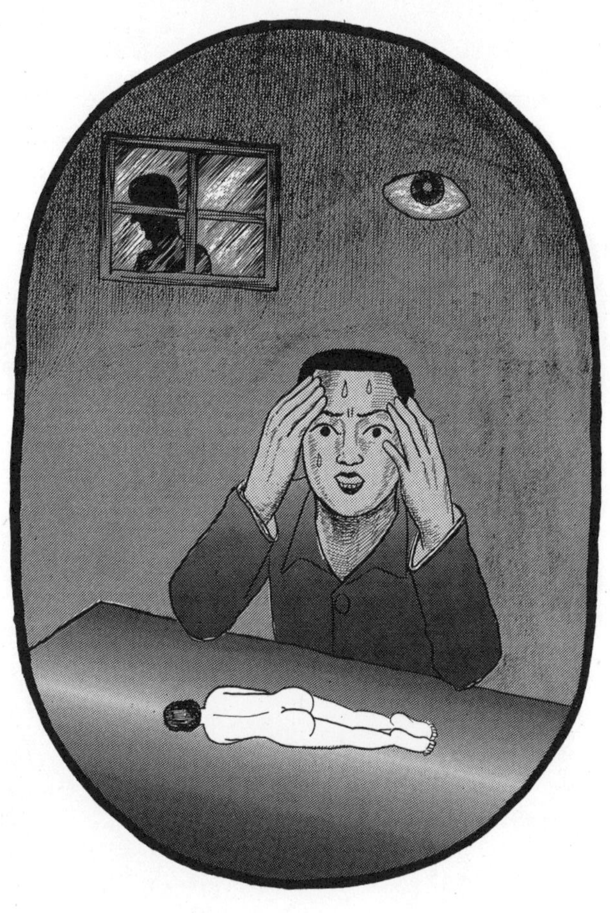

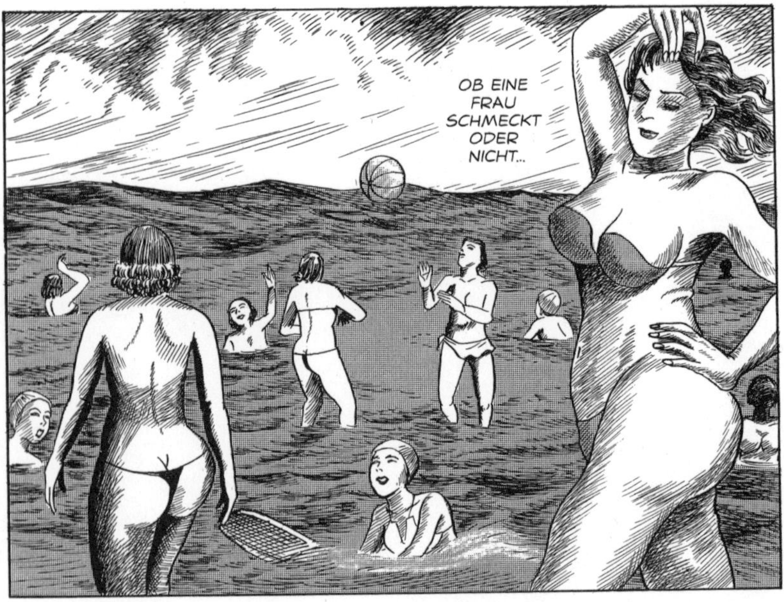

OB EINE FRAU SCHMECKT ODER NICHT...

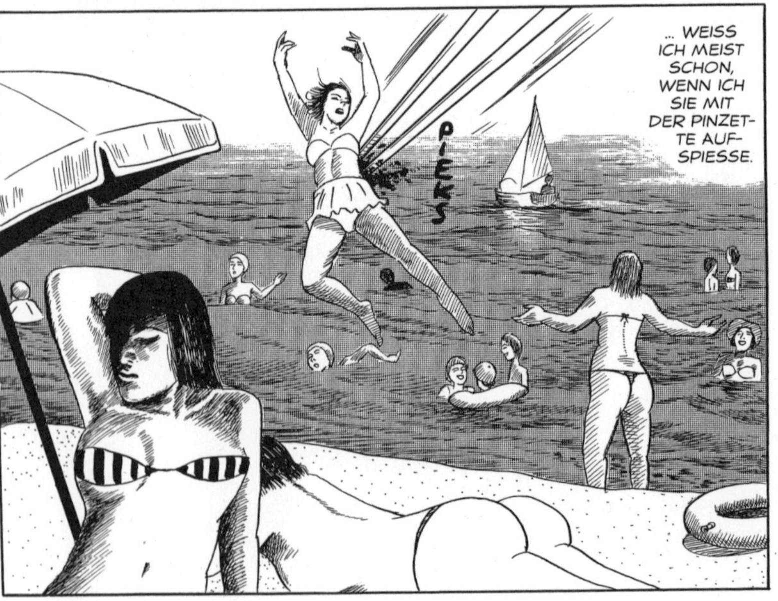

... WEISS ICH MEIST SCHON, WENN ICH SIE MIT DER PINZETTE AUFSPIESSE.

PIEKS

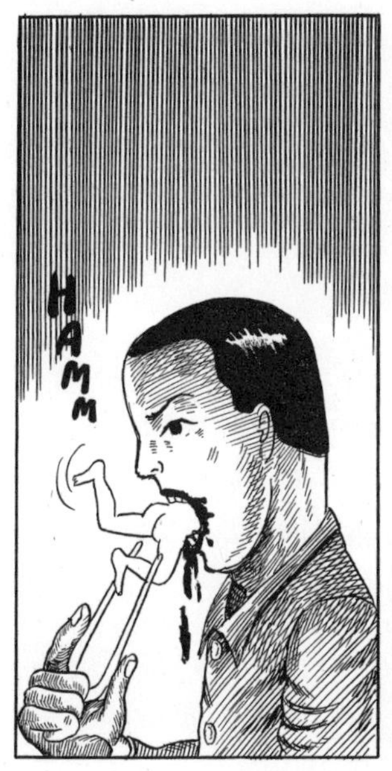

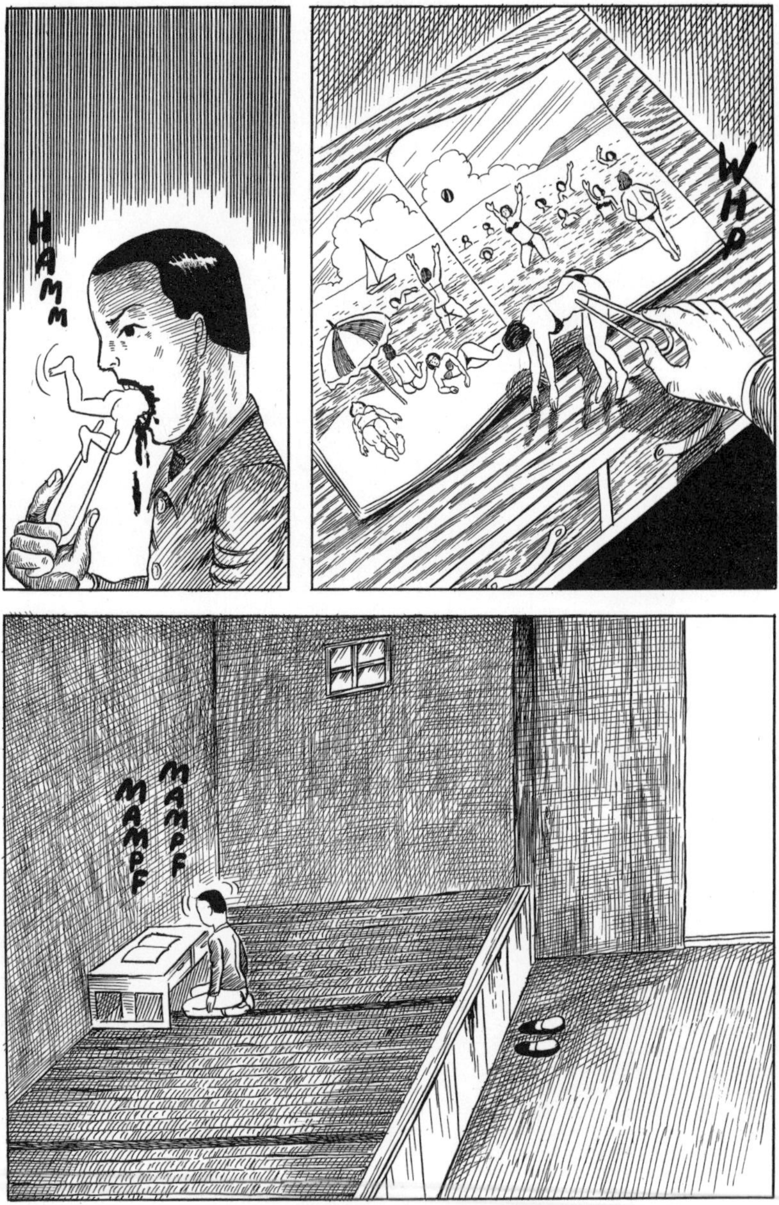

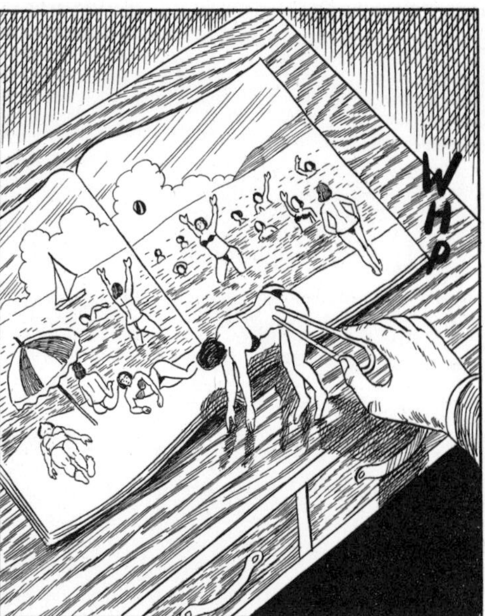

MAMPF
MAMPF

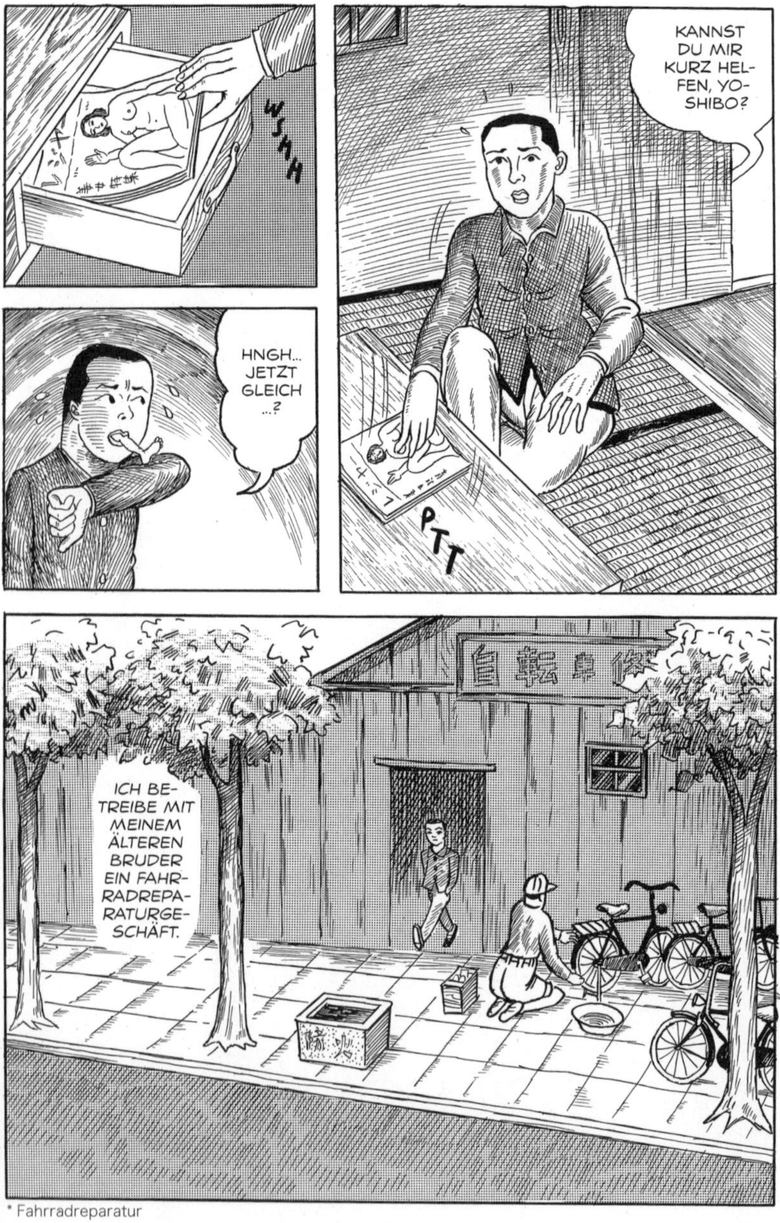

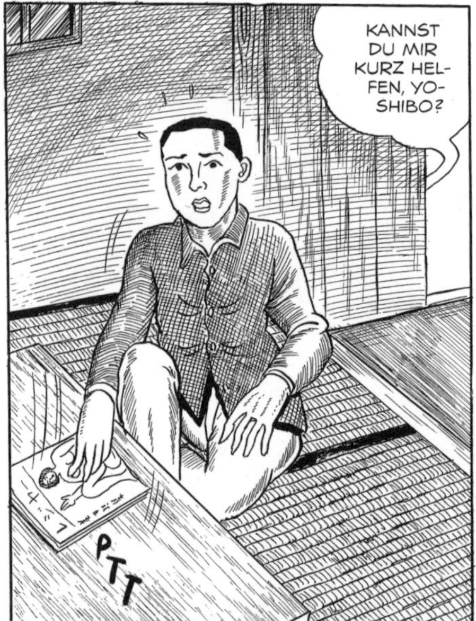

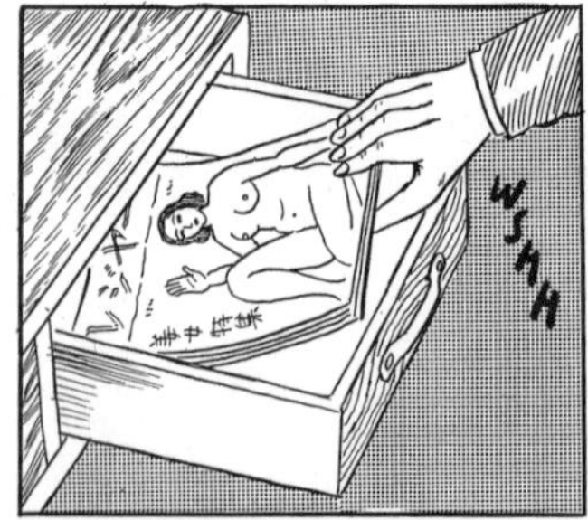

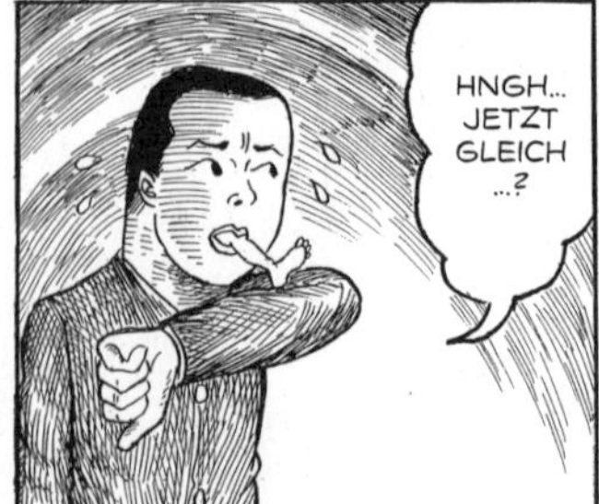

ICH BETREIBE MIT MEINEM ÄLTEREN BRUDER EIN FAHRRADREPARATURGESCHÄFT.

* Fahrradreparatur

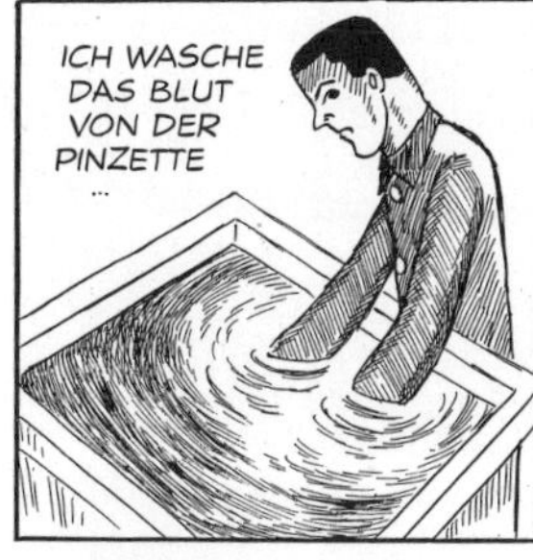
ICH WASCHE DAS BLUT VON DER PINZETTE ...

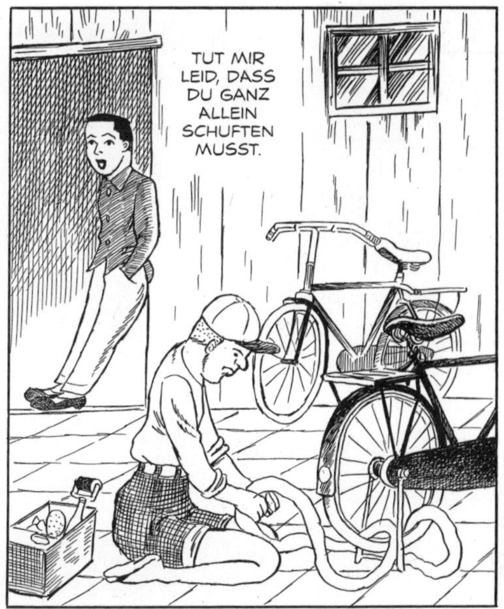
TUT MIR LEID, DASS DU GANZ ALLEIN SCHUFTEN MUSST.

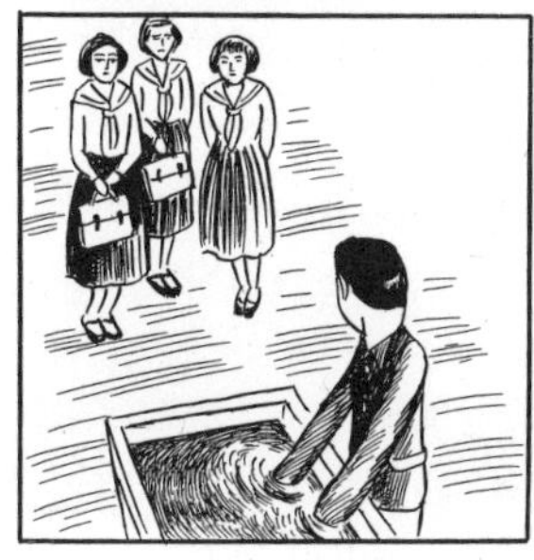

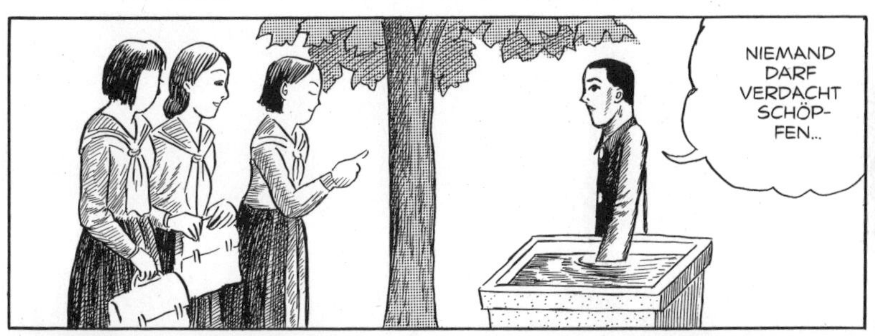
NIEMAND DARF VERDACHT SCHÖPFEN...

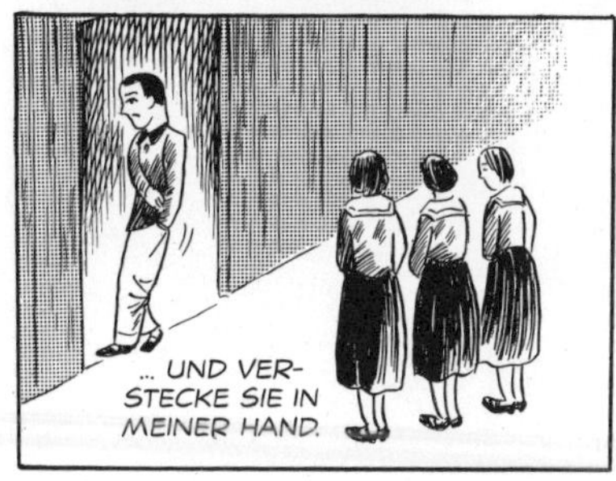
... UND VERSTECKE SIE IN MEINER HAND.

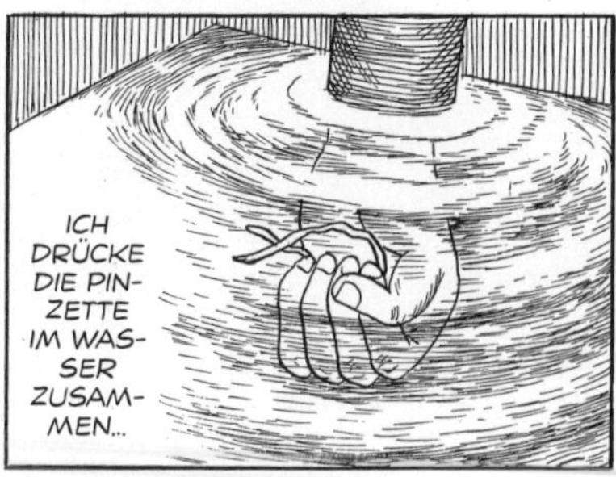
ICH DRÜCKE DIE PINZETTE IM WASSER ZUSAMMEN...

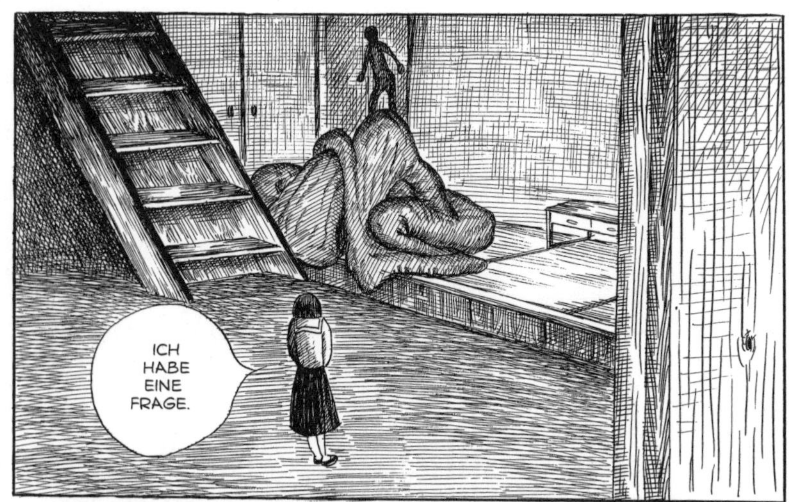

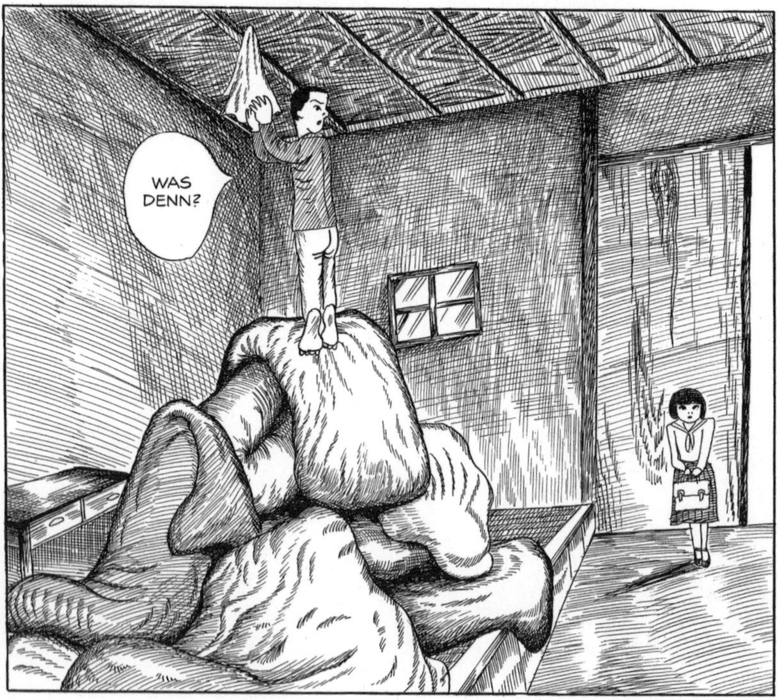

WAS DENN?

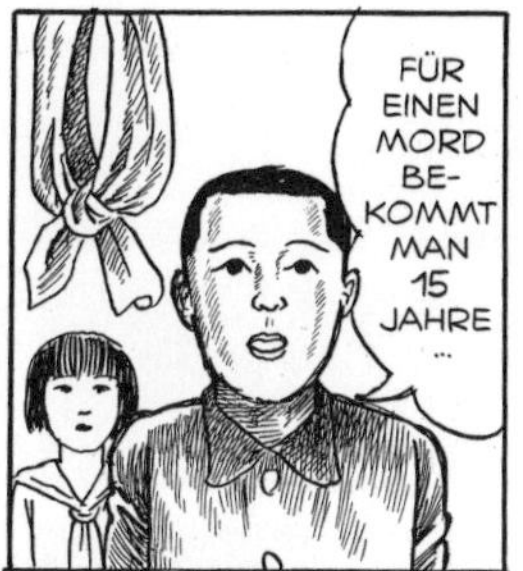
FÜR EINEN MORD BEKOMMT MAN 15 JAHRE ...

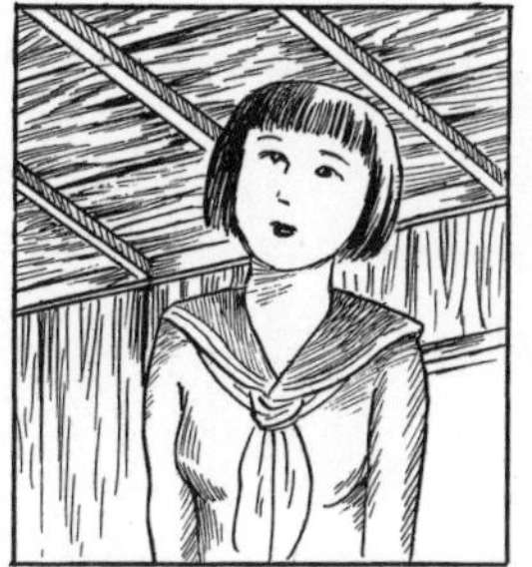

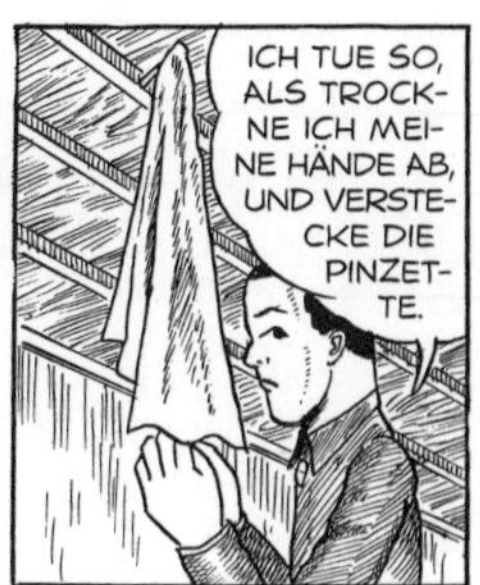
ICH TUE SO, ALS TROCKNE ICH MEINE HÄNDE AB, UND VERSTECKE DIE PINZETTE.

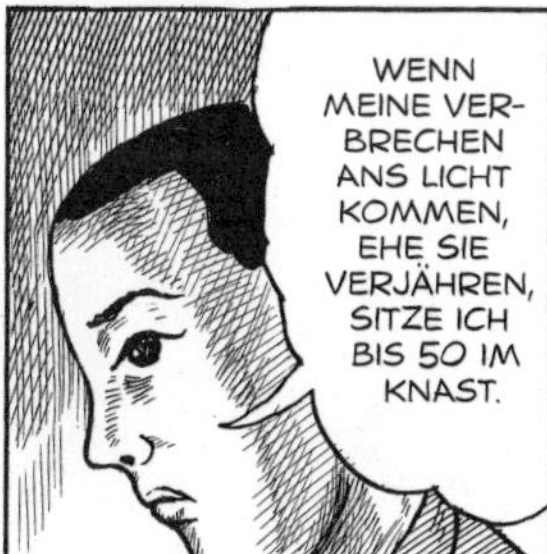
WENN MEINE VERBRECHEN ANS LICHT KOMMEN, EHE SIE VERJÄHREN, SITZE ICH BIS 50 IM KNAST.

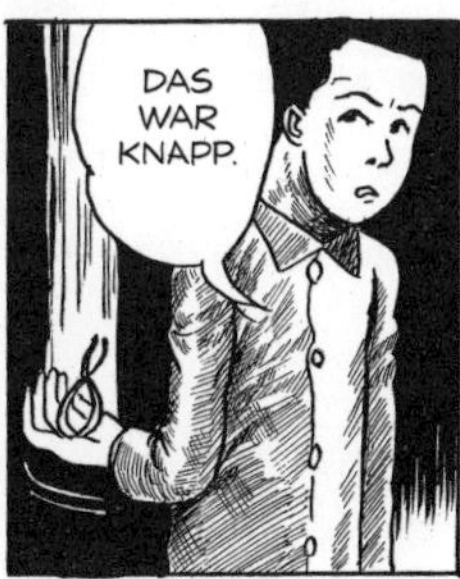
DAS WAR KNAPP.

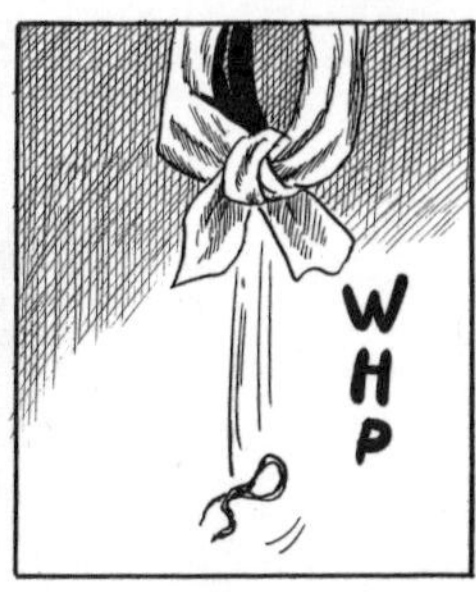
WHP

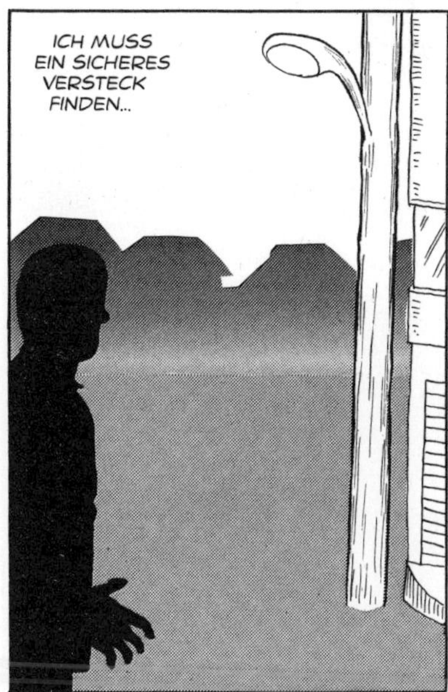
ICH MUSS EIN SICHERES VERSTECK FINDEN...

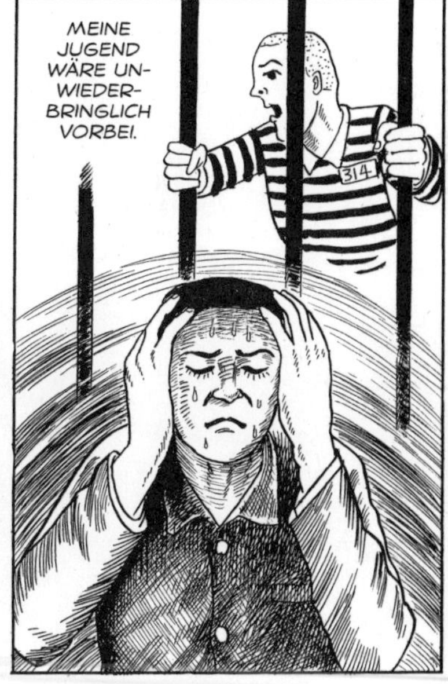
MEINE JUGEND WÄRE UNWIEDERBRINGLICH VORBEI.
314

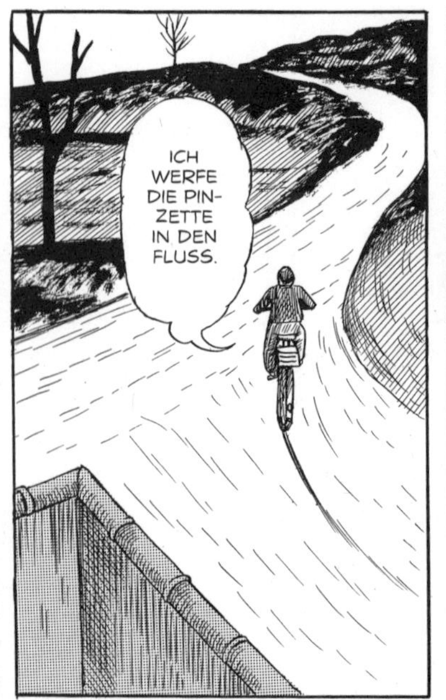
ICH WERFE DIE PIN-ZETTE IN DEN FLUSS.

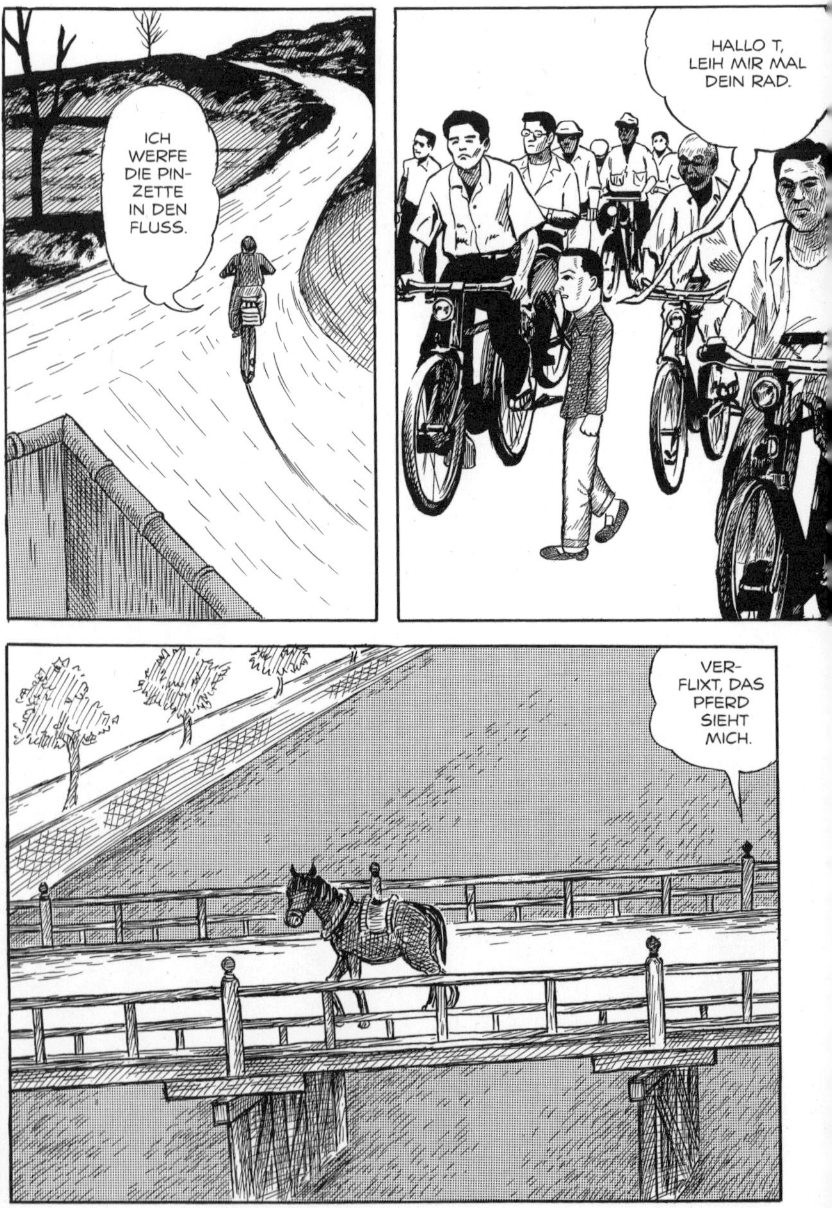

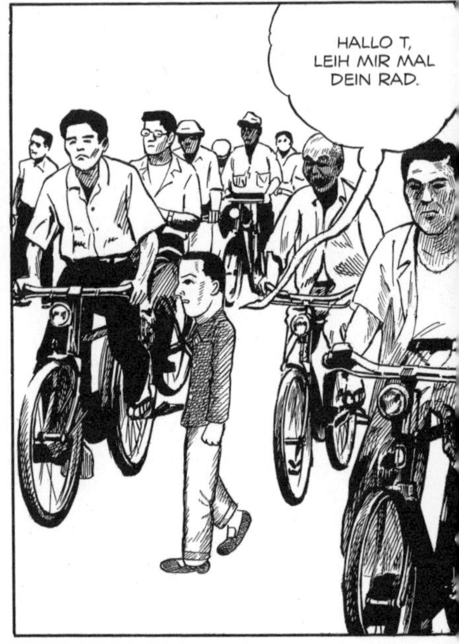
HALLO T, LEIH MIR MAL DEIN RAD.

VER-FLIXT, DAS PFERD SIEHT MICH.

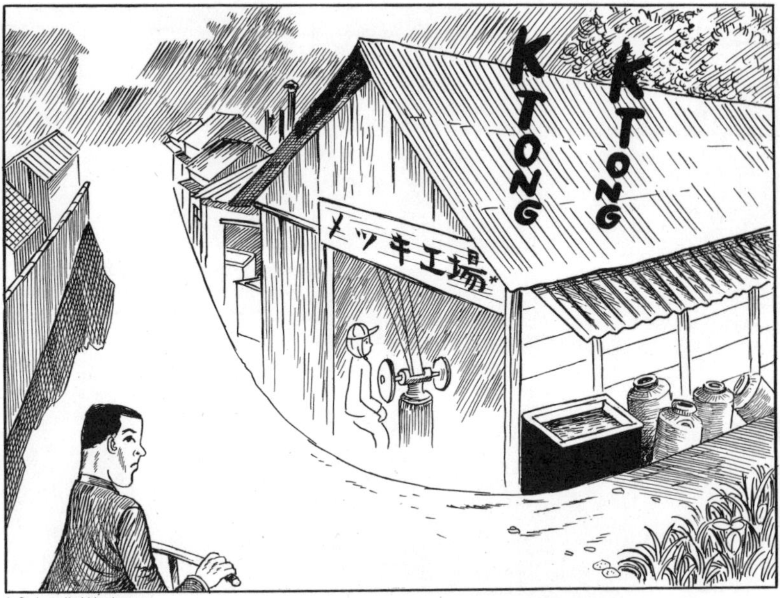

KTONG KTONG

メッキ工場*

* Galvanik-Werkstatt

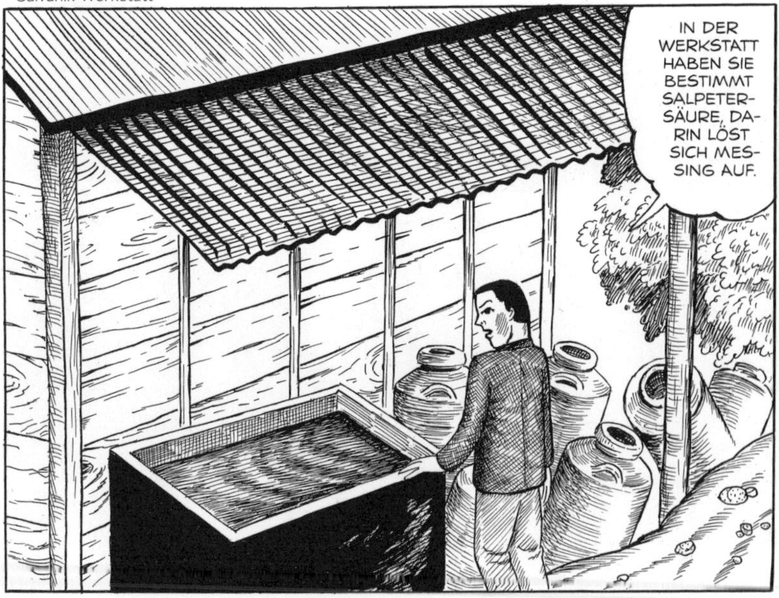

IN DER WERKSTATT HABEN SIE BESTIMMT SALPETER-SÄURE, DARIN LÖST SICH MES-SING AUF.

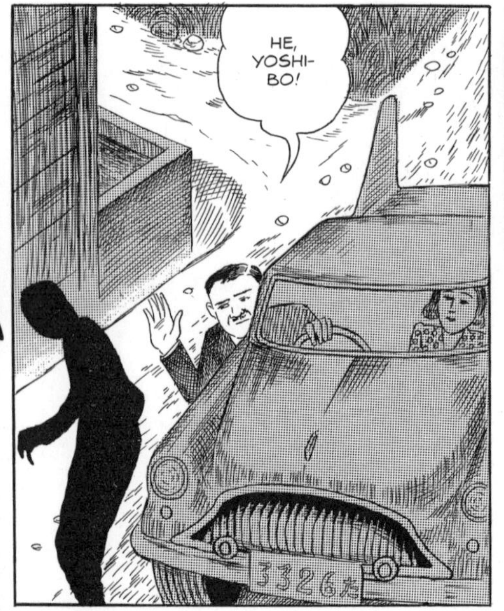
HE, YOSHI-BO!

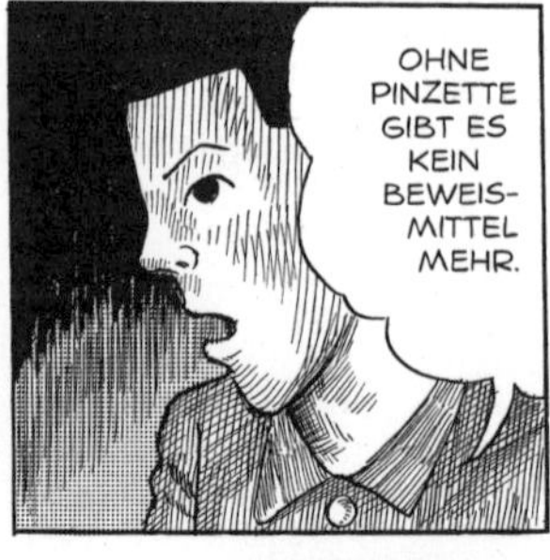
OHNE PINZETTE GIBT ES KEIN BEWEIS-MITTEL MEHR.

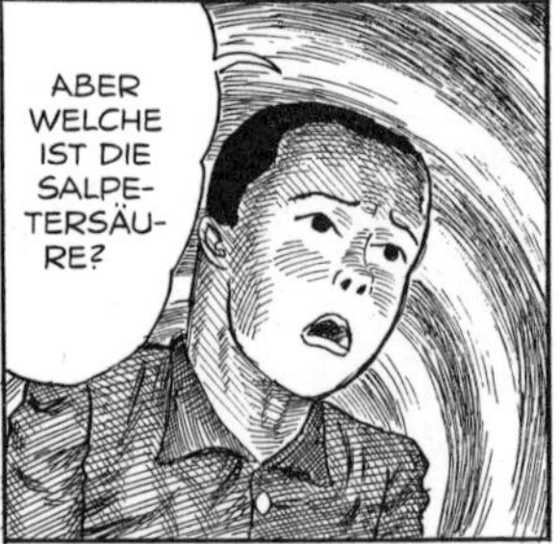
ABER WELCHE IST DIE SALPE-TERSÄU-RE?

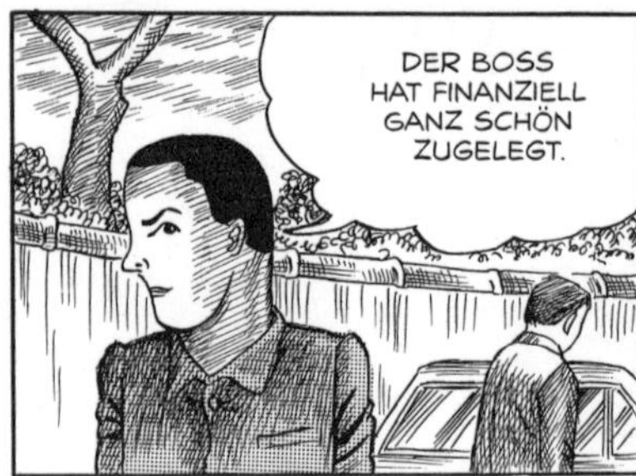
DER BOSS HAT FINANZIELL GANZ SCHÖN ZUGELEGT.

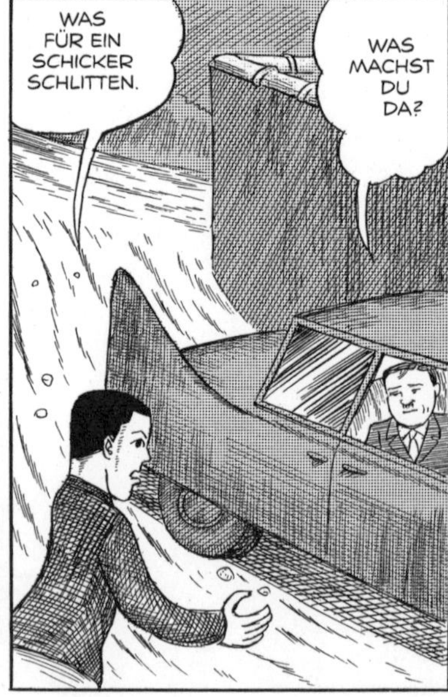
WAS MACHST DU DA?
WAS FÜR EIN SCHICKER SCHLITTEN.

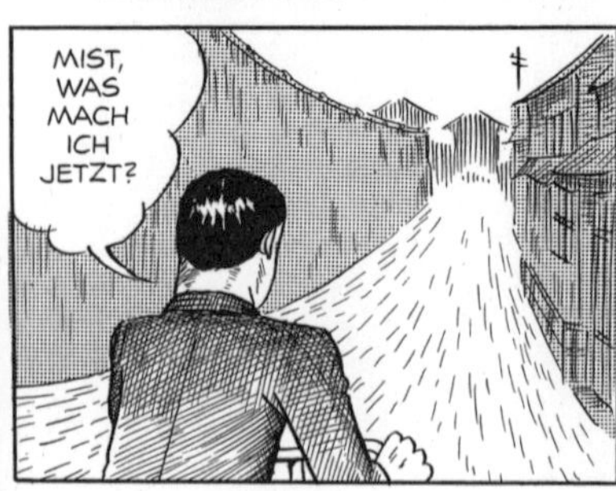
MIST, WAS MACH ICH JETZT?

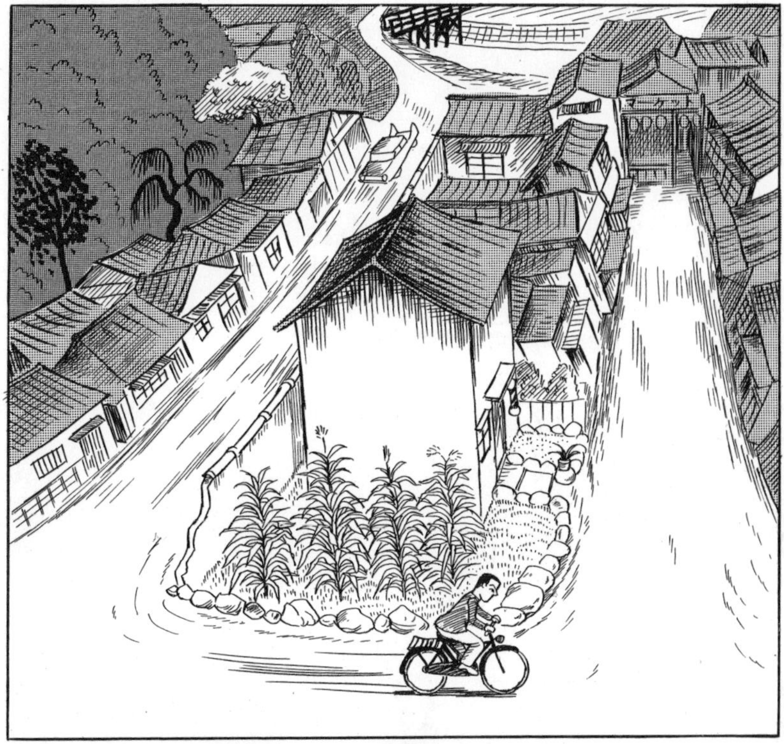

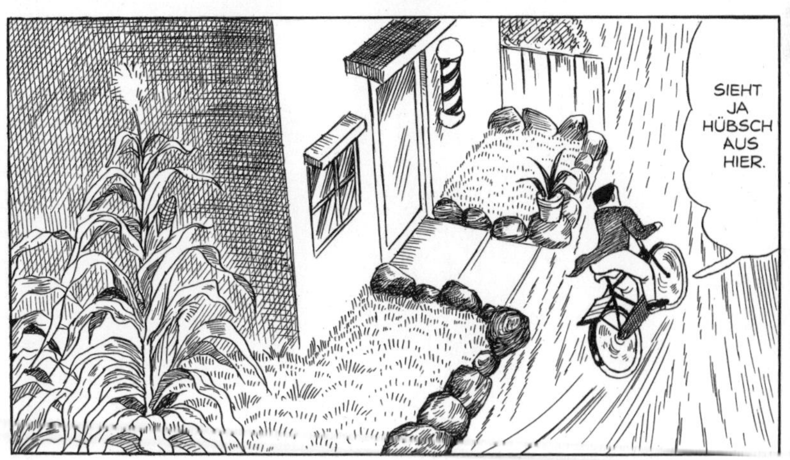
SIEHT JA HÜBSCH AUS HIER.

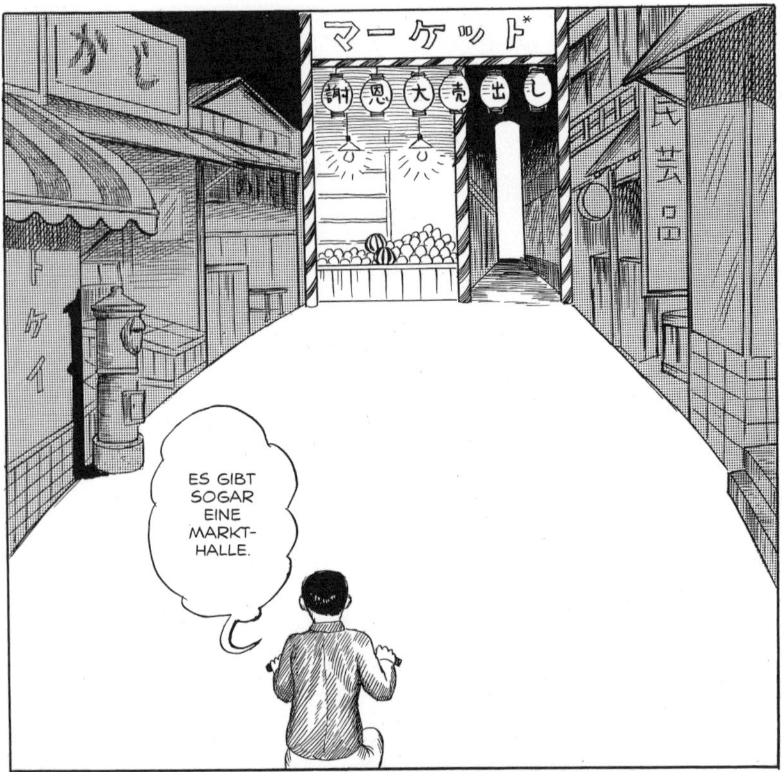

マーケット*

謝恩大売出し

ES GIBT SOGAR EINE MARKT-HALLE.

* Markthalle

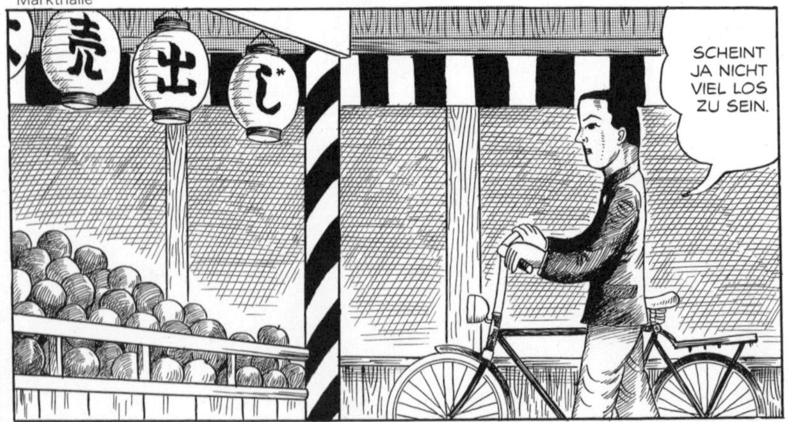

* Sonderangebote

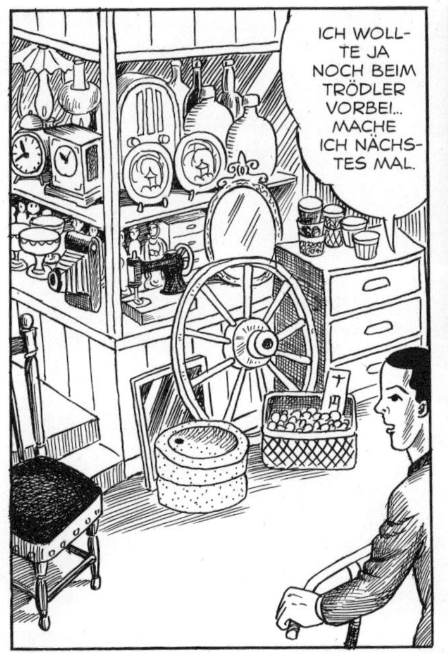
ICH WOLLTE JA NOCH BEIM TRÖDLER VORBEI... MACHE ICH NÄCHSTES MAL.

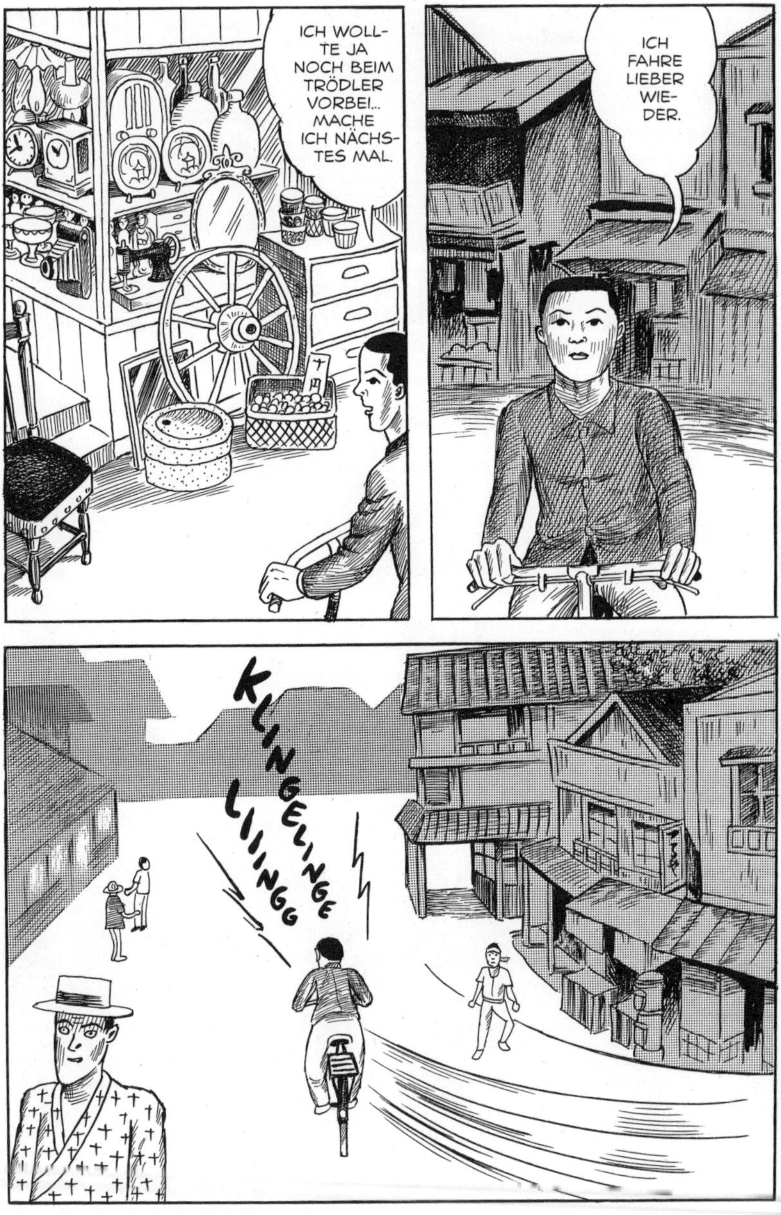

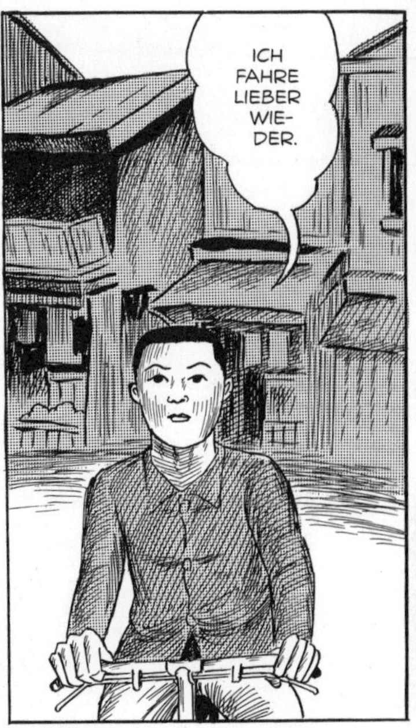
ICH FAHRE LIEBER WIEDER.

KLINGELINGE
LIIINGG

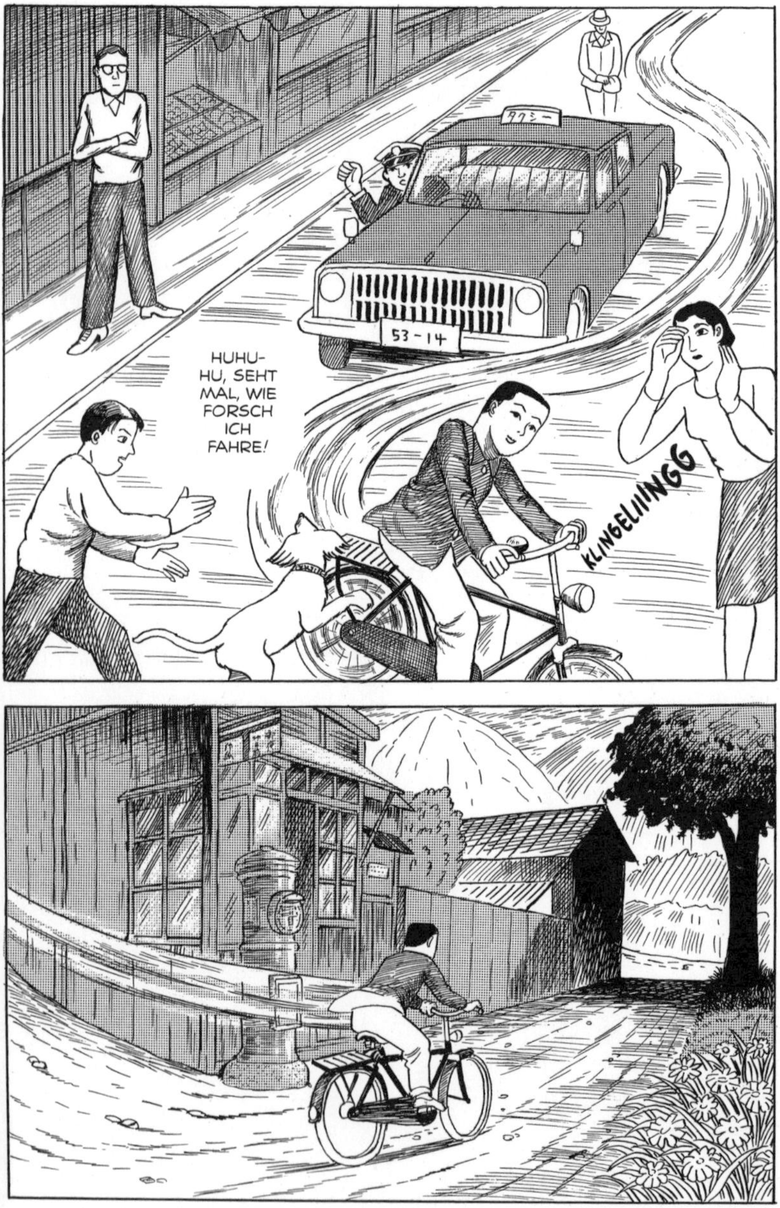

HUHU-HU, SEHT MAL, WIE FORSCH ICH FAHRE!

KLINGELIIINGG

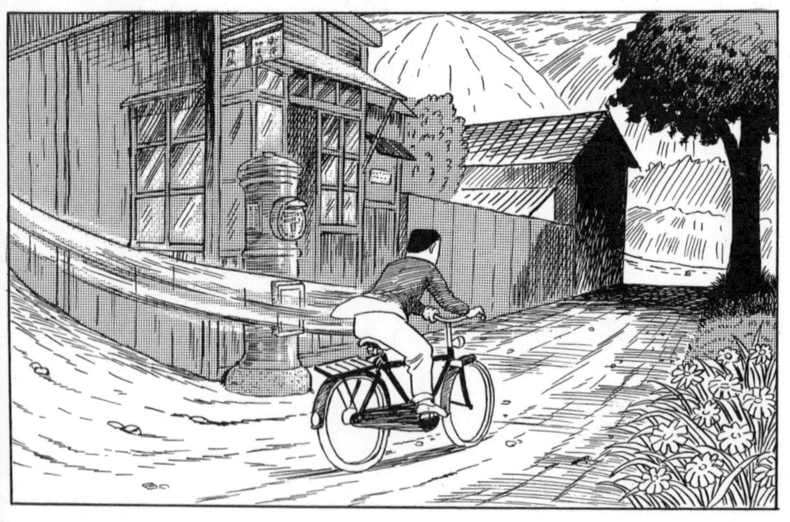

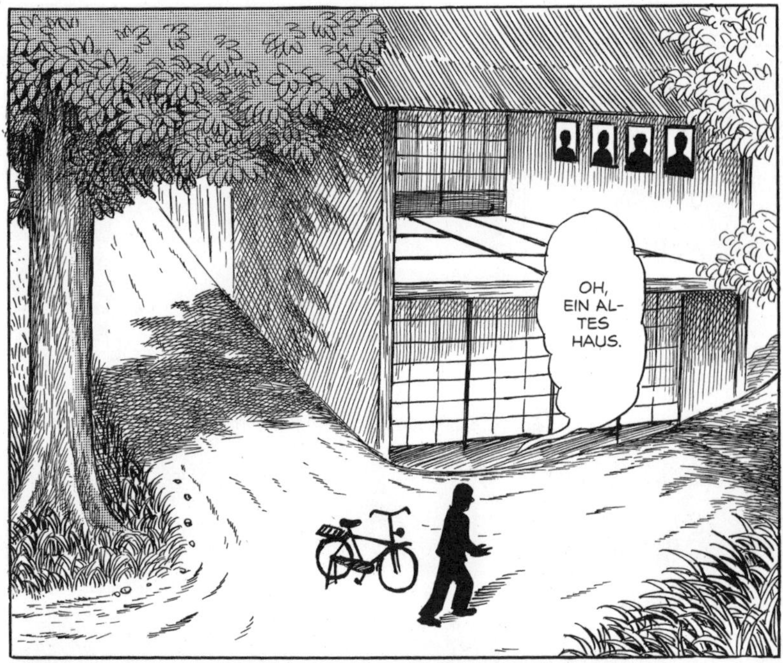

OH, EIN ALTES HAUS.

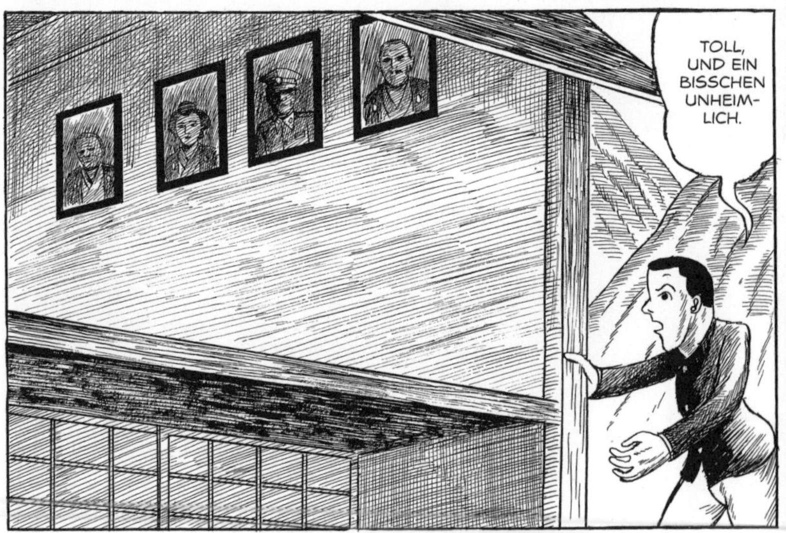

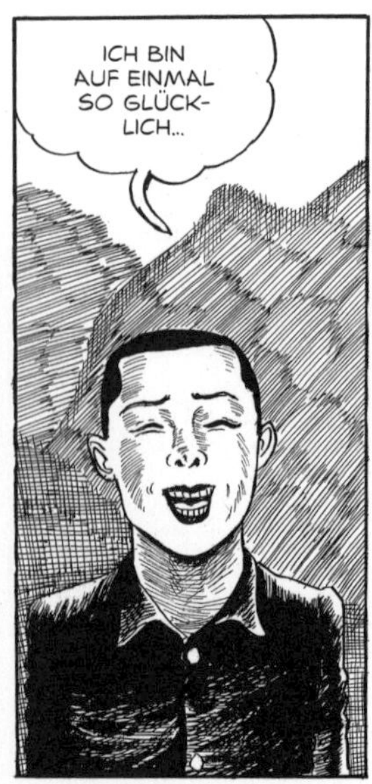

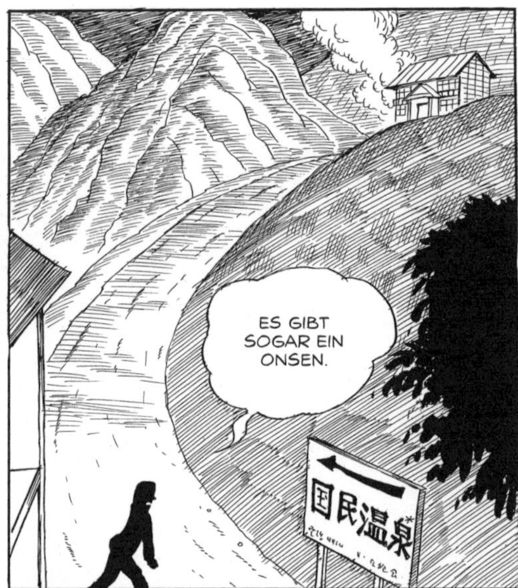

* Onsen

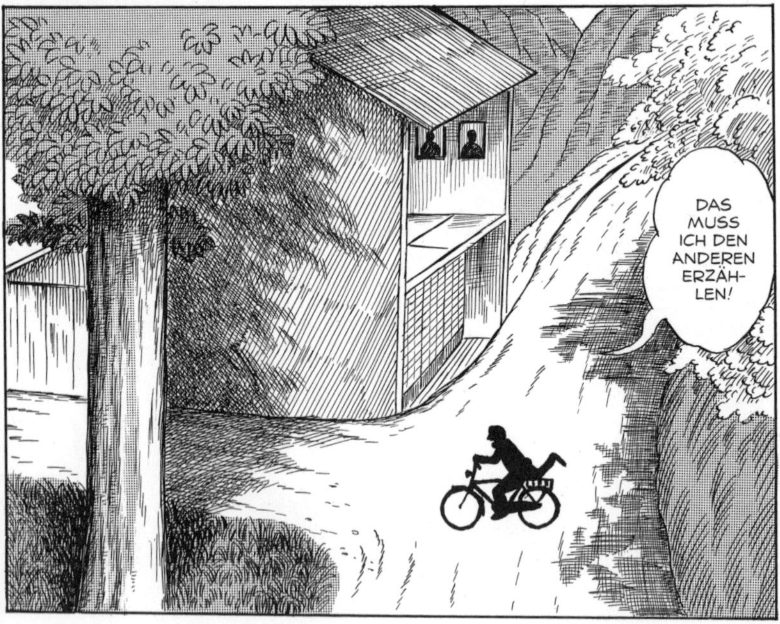

DAS MUSS ICH DEN ANDEREN ERZÄH-LEN!

Die Hände am Fenster

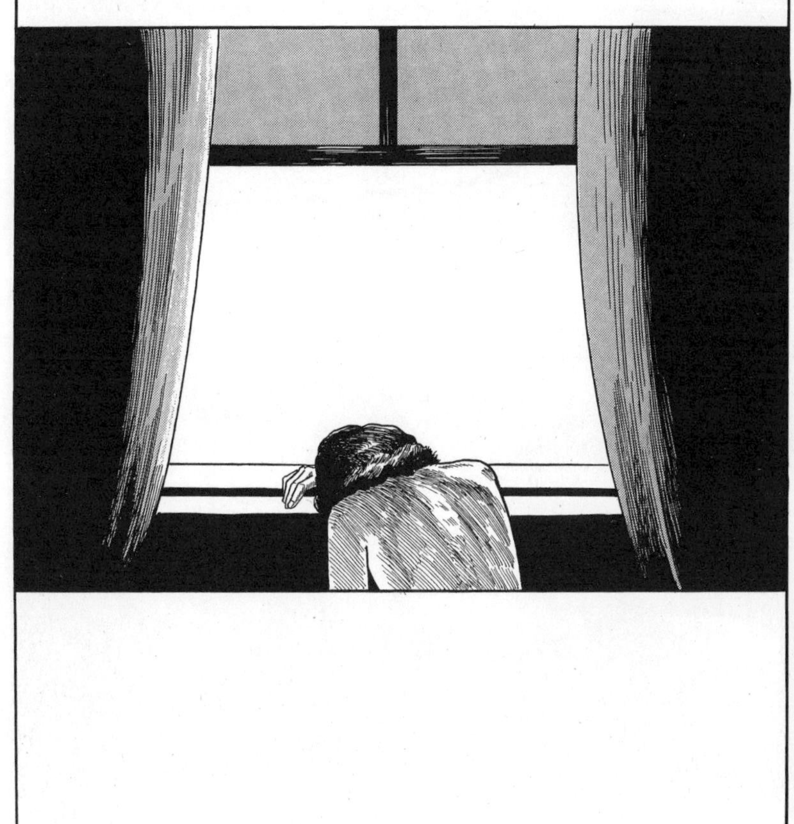

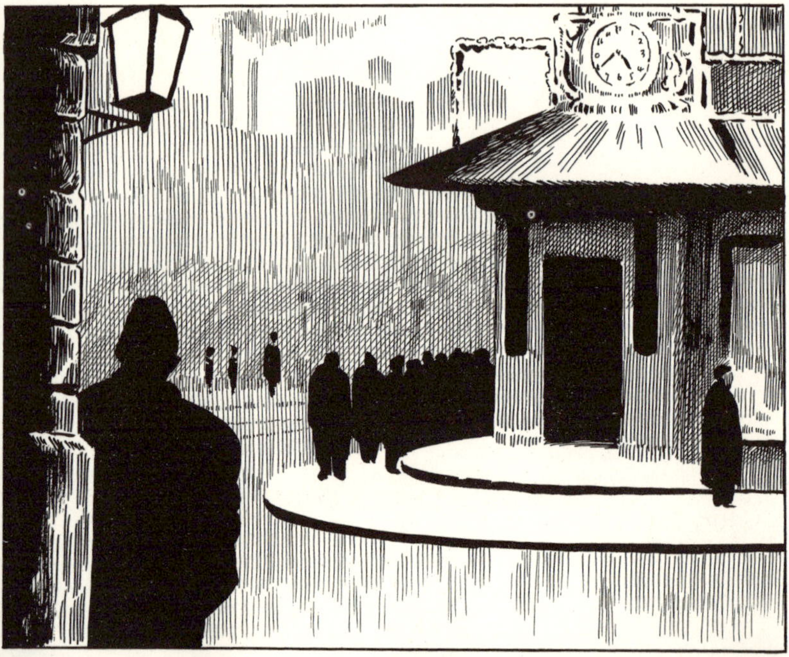

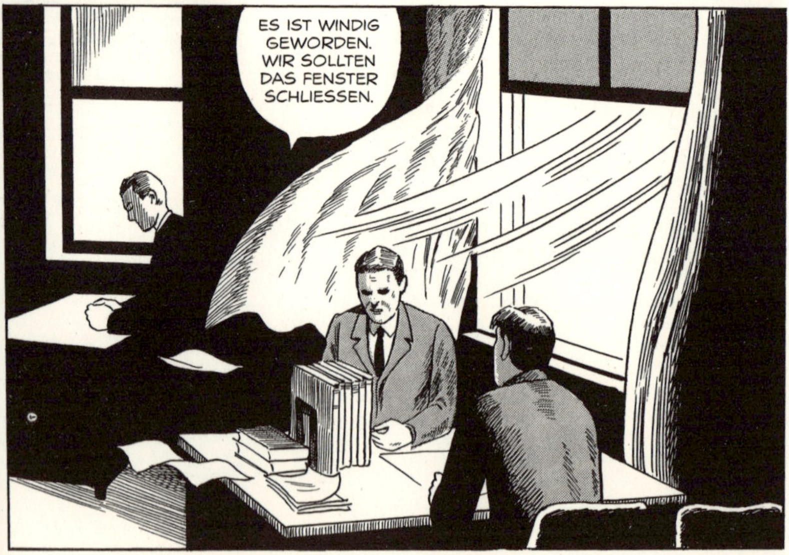

ES IST WINDIG GEWORDEN. WIR SOLLTEN DAS FENSTER SCHLIESSEN.

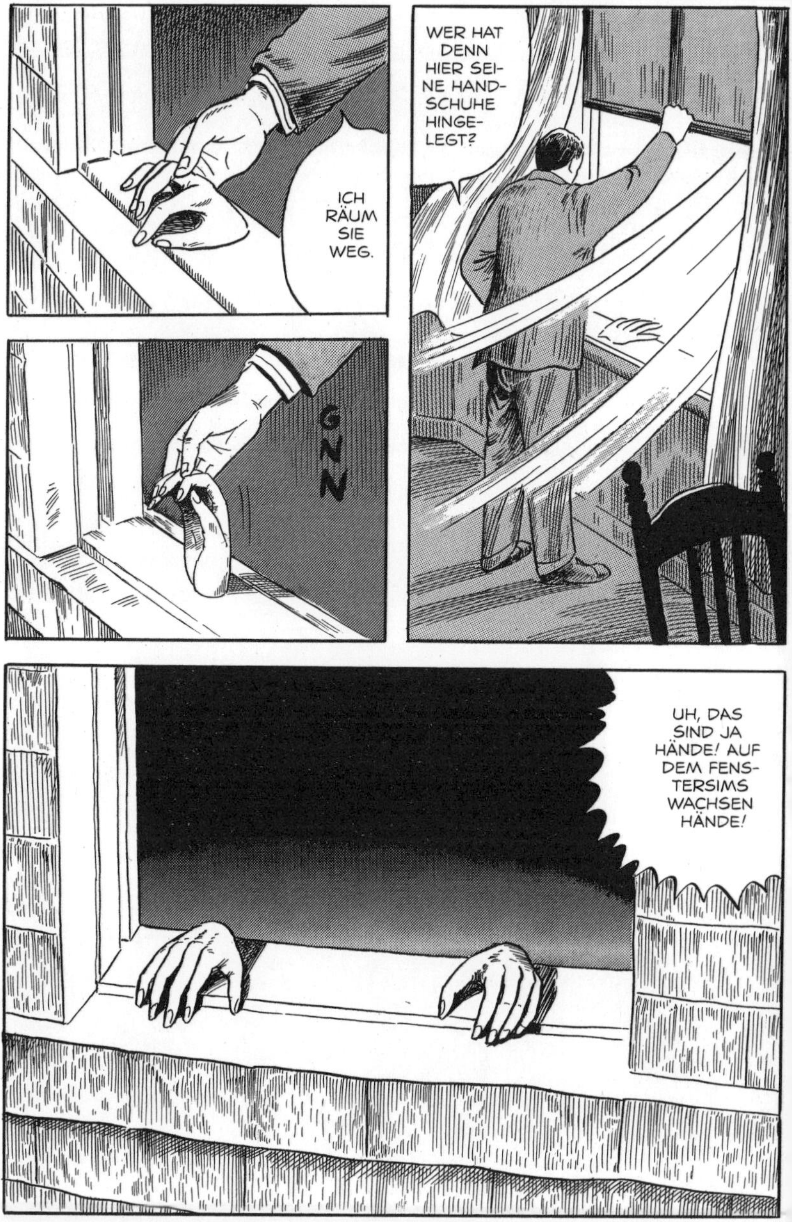

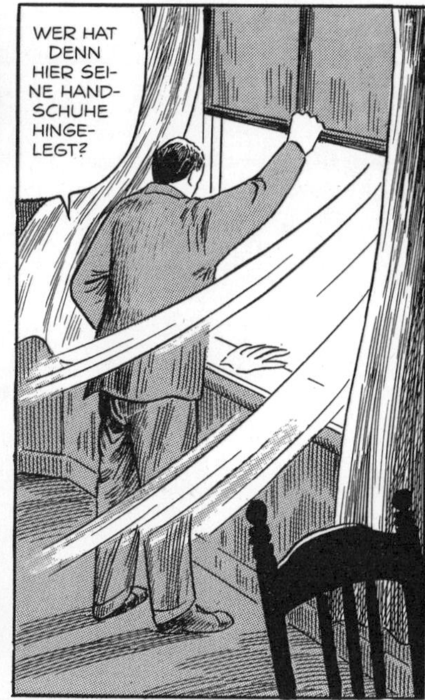
WER HAT DENN HIER SEINE HANDSCHUHE HINGELEGT?

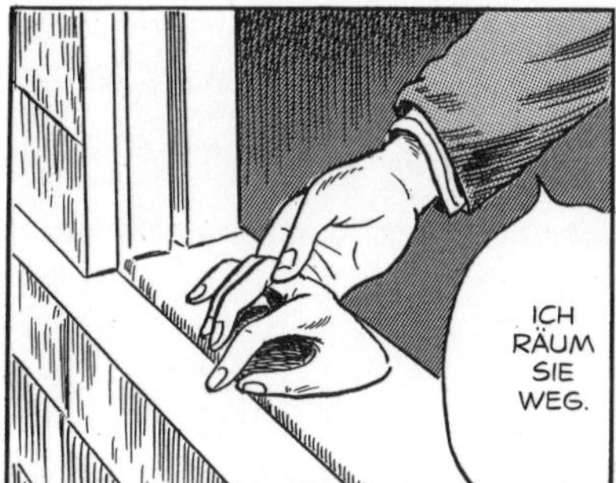
ICH RÄUM SIE WEG.

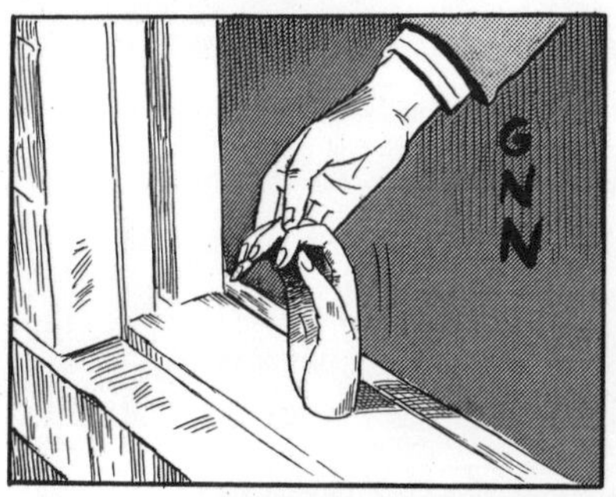
GNN

UH, DAS SIND JA HÄNDE! AUF DEM FENSTERSIMS WACHSEN HÄNDE!

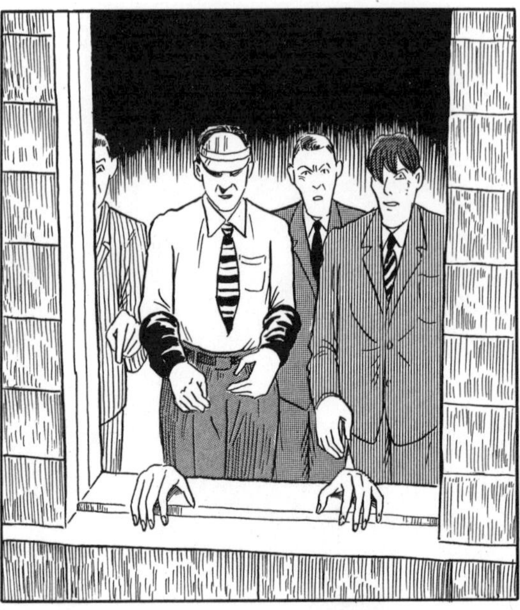

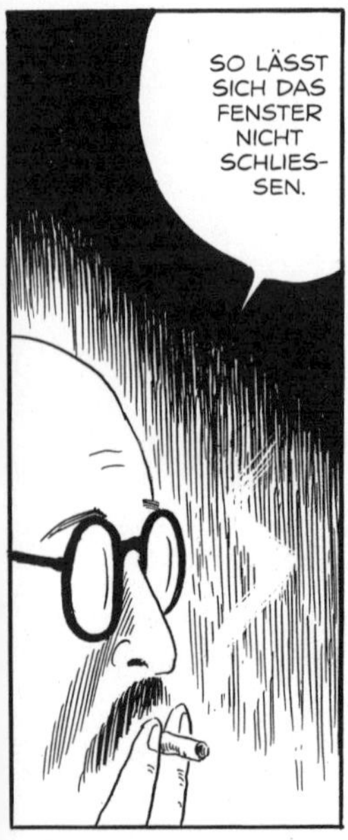
SO LÄSST SICH DAS FENSTER NICHT SCHLIESSEN.

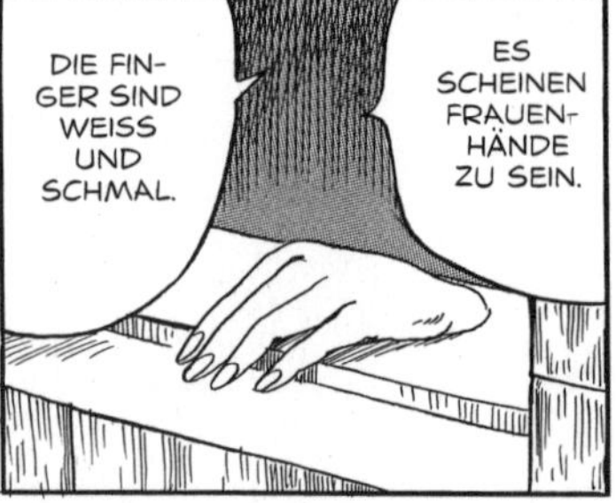
ES SCHEINEN FRAUENHÄNDE ZU SEIN.
DIE FINGER SIND WEISS UND SCHMAL.

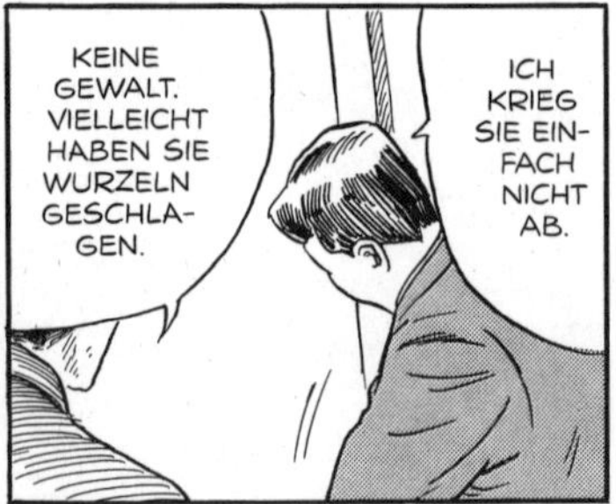
ICH KRIEG SIE EINFACH NICHT AB.
KEINE GEWALT. VIELLEICHT HABEN SIE WURZELN GESCHLAGEN.

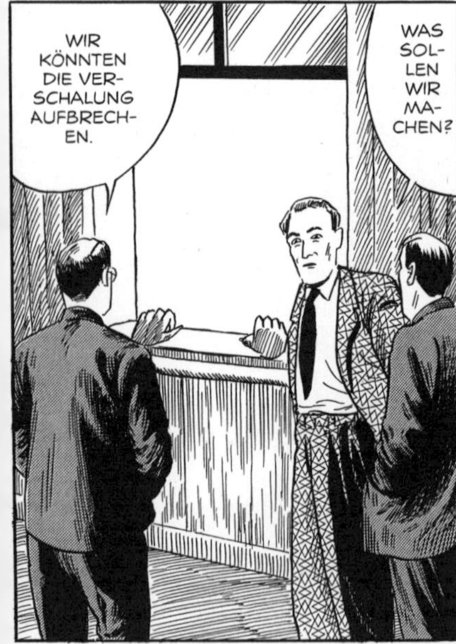
WAS SOLLEN WIR MACHEN?
WIR KÖNNTEN DIE VERSCHALUNG AUFBRECHEN.

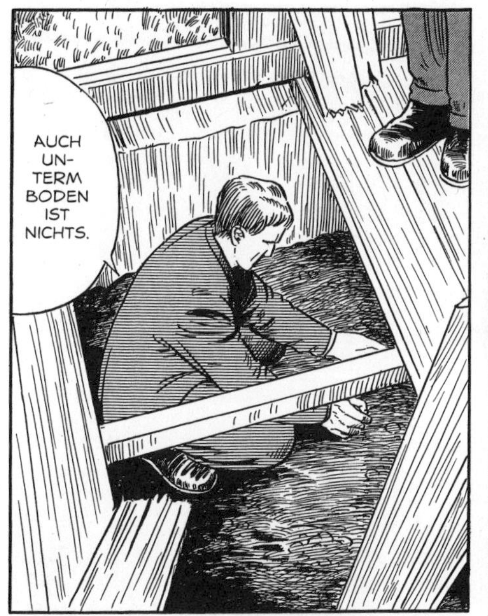
AUCH UN-TERM BODEN IST NICHTS.

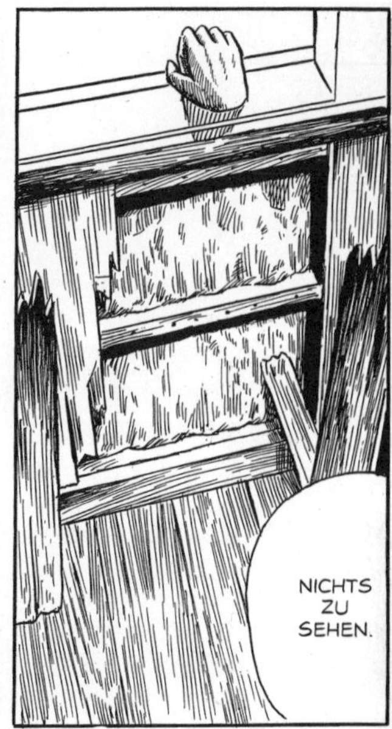
NICHTS ZU SEHEN.

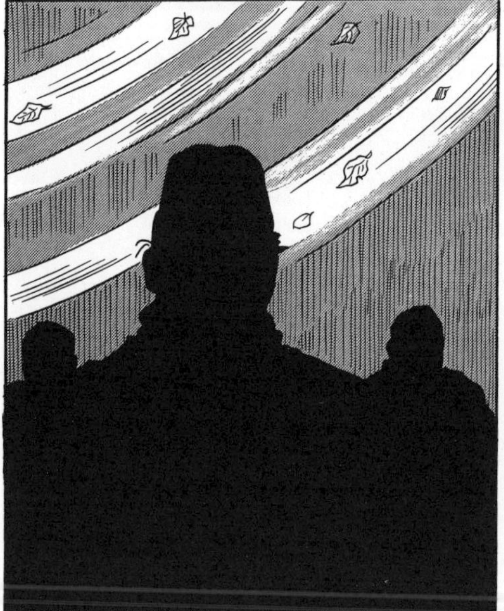

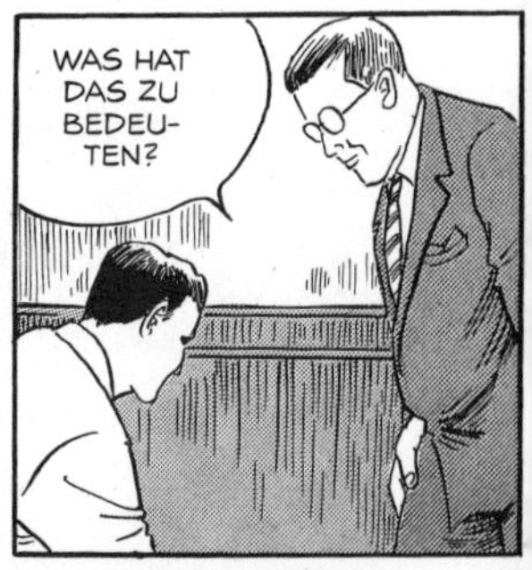
WAS HAT DAS ZU BEDEU-TEN?

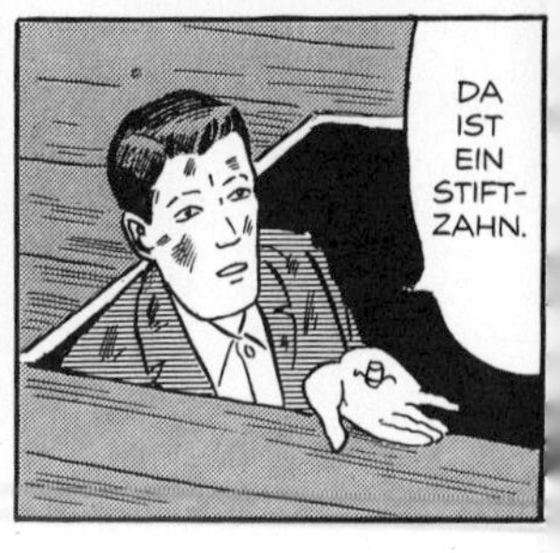
DA IST EIN STIFT-ZAHN.

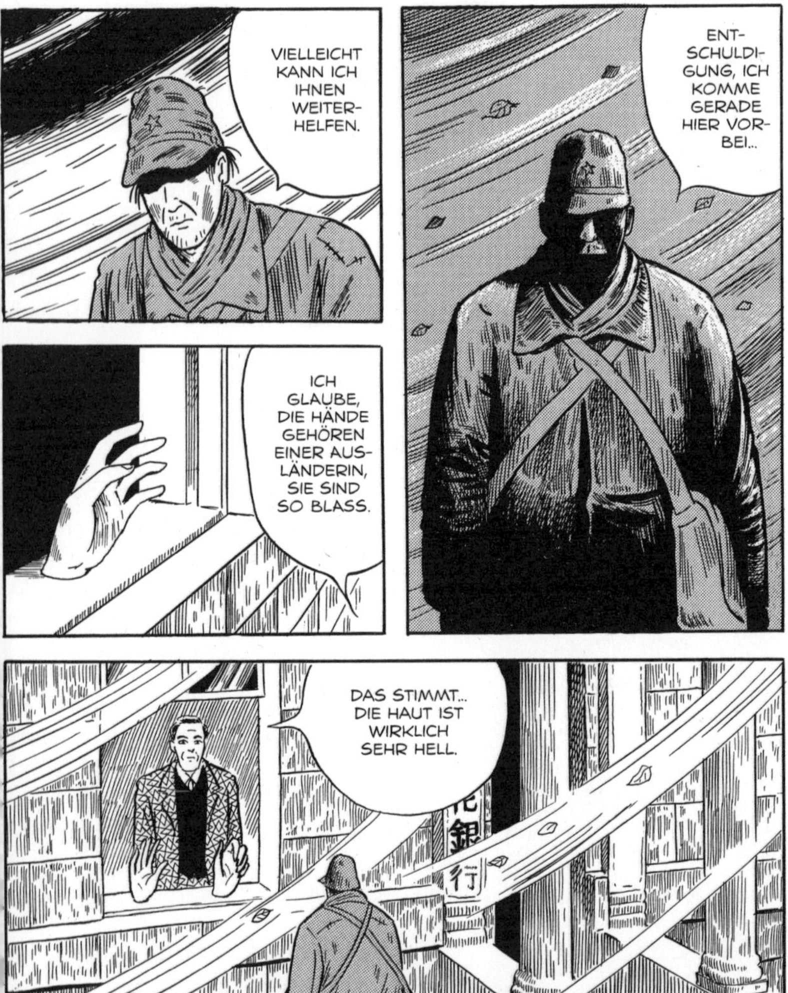

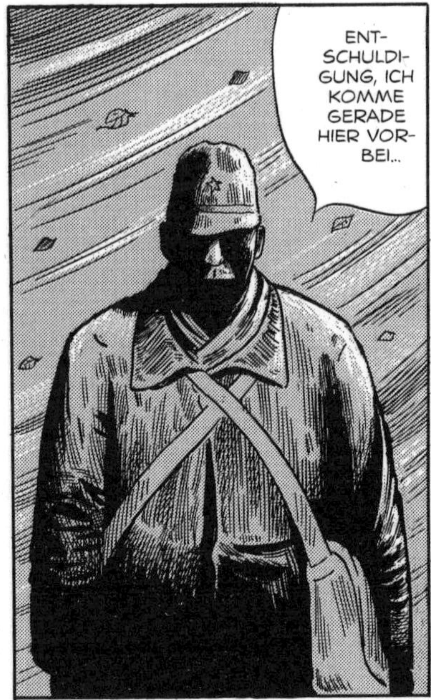
ENT-SCHULDI-GUNG, ICH KOMME GERADE HIER VORBEI..

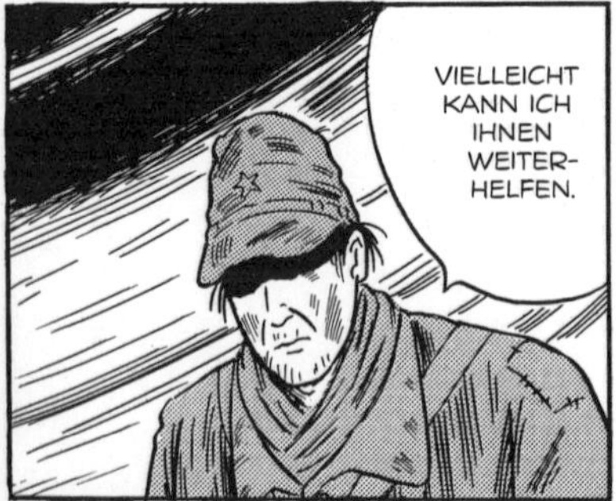
VIELLEICHT KANN ICH IHNEN WEITER-HELFEN.

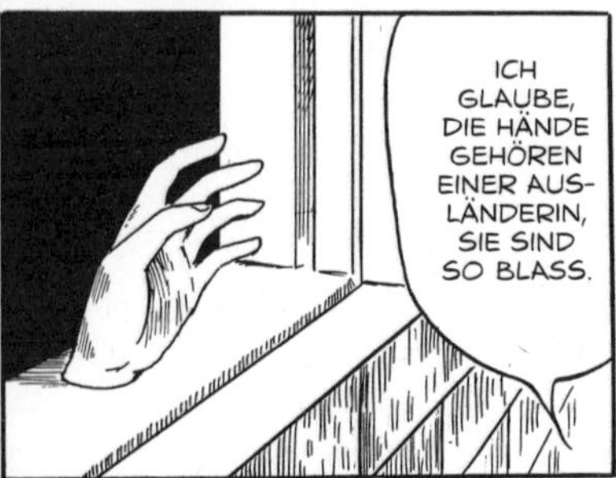
ICH GLAUBE, DIE HÄNDE GEHÖREN EINER AUS-LÄNDERIN, SIE SIND SO BLASS.

DAS STIMMT.. DIE HAUT IST WIRKLICH SEHR HELL.
NICHT WAHR?

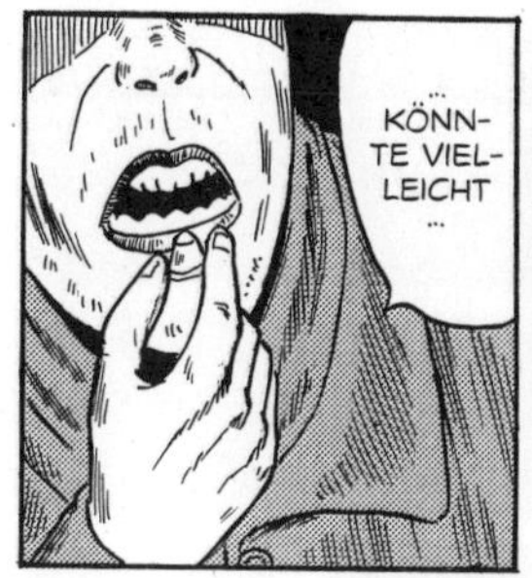
... KÖNNTE VIELLEICHT ...
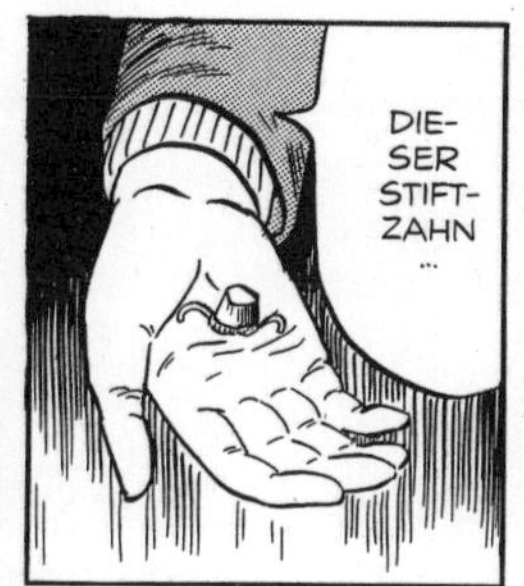
DIESER STIFTZAHN ...
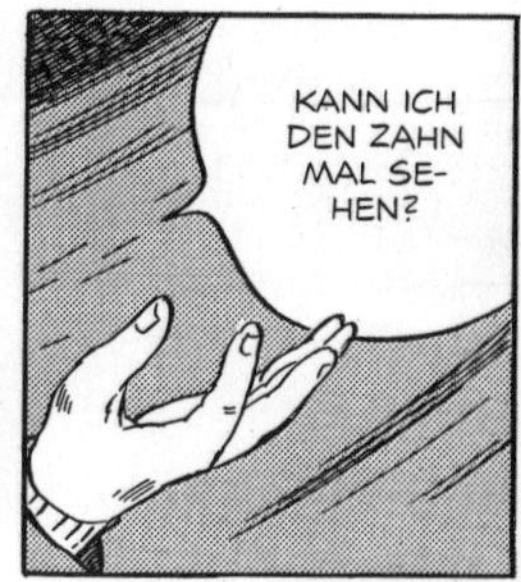
KANN ICH DEN ZAHN MAL SEHEN?
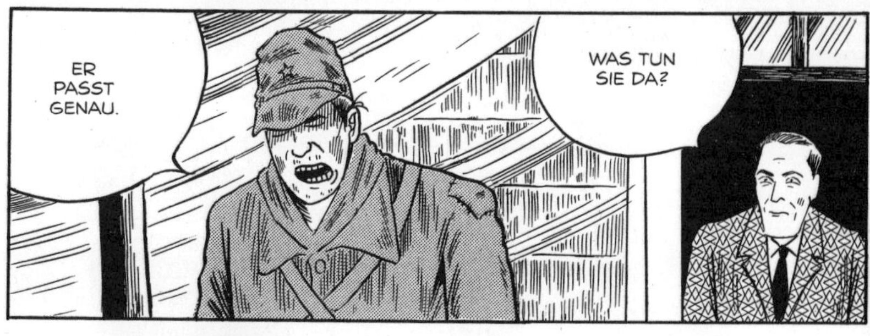
ER PASST GENAU.
WAS TUN SIE DA?
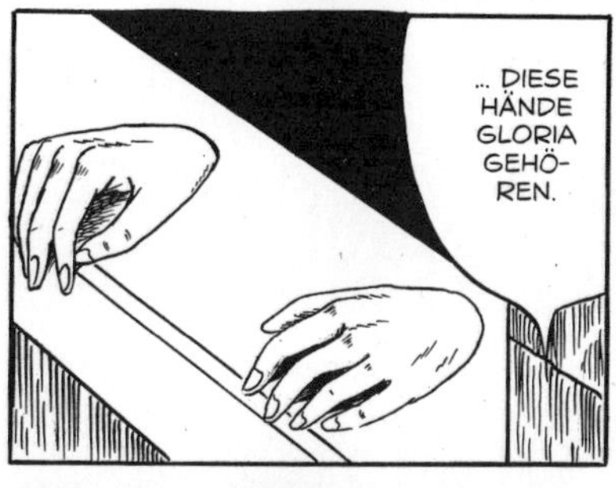
... DIESE HÄNDE GLORIA GEHÖREN.
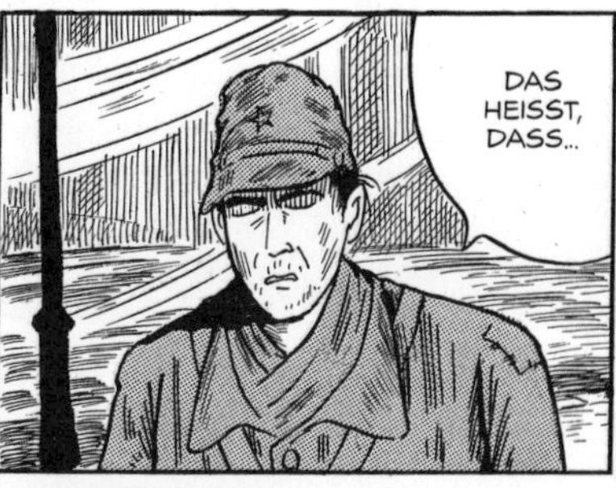
DAS HEISST, DASS...
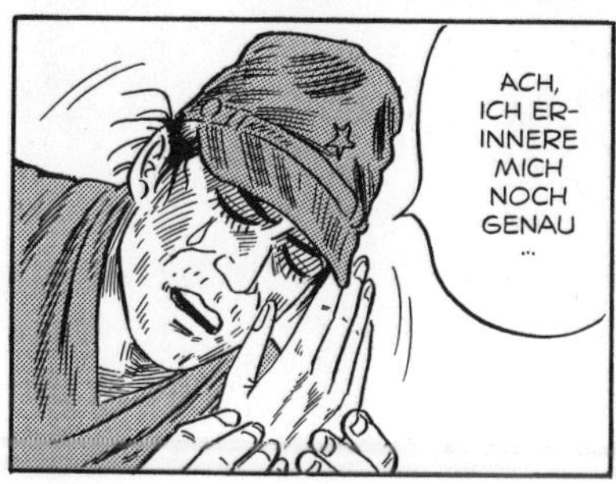
ACH, ICH ERINNERE MICH NOCH GENAU ...
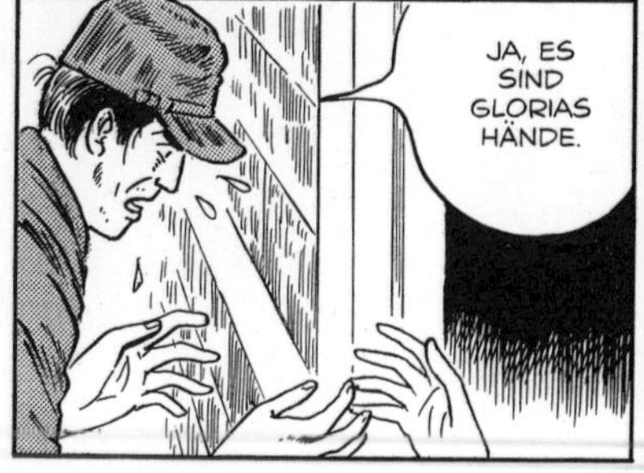
JA, ES SIND GLORIAS HÄNDE.

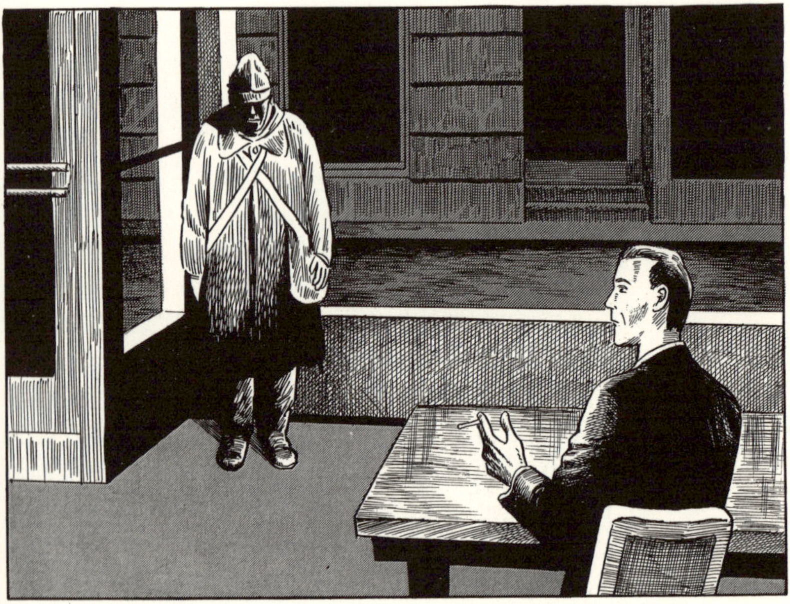

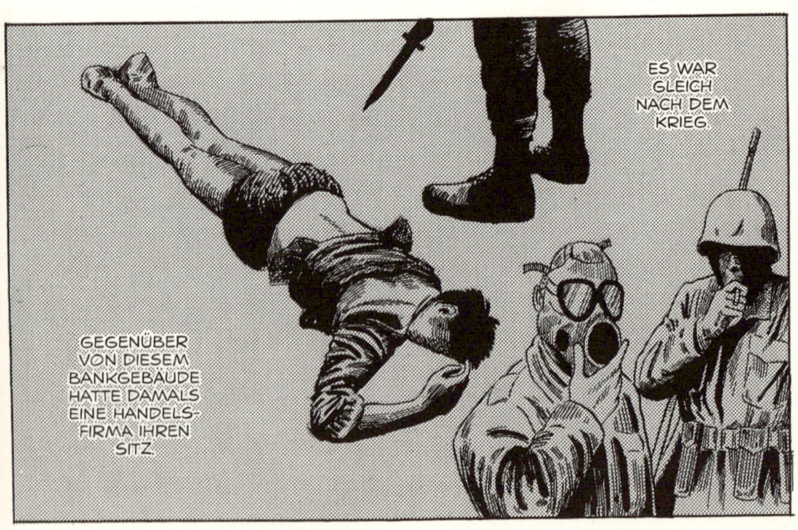
ES WAR GLEICH NACH DEM KRIEG.
GEGENÜBER VON DIESEM BANKGEBÄUDE HATTE DAMALS EINE HANDELS-FIRMA IHREN SITZ.

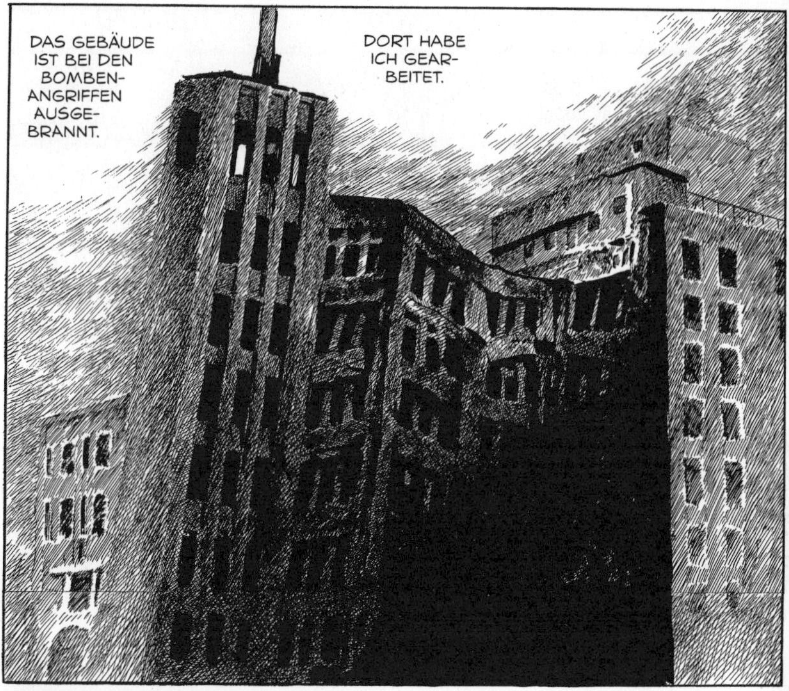

DAS GEBÄUDE IST BEI DEN BOMBEN-ANGRIFFEN AUSGE-BRANNT.

DORT HABE ICH GEAR-BEITET.

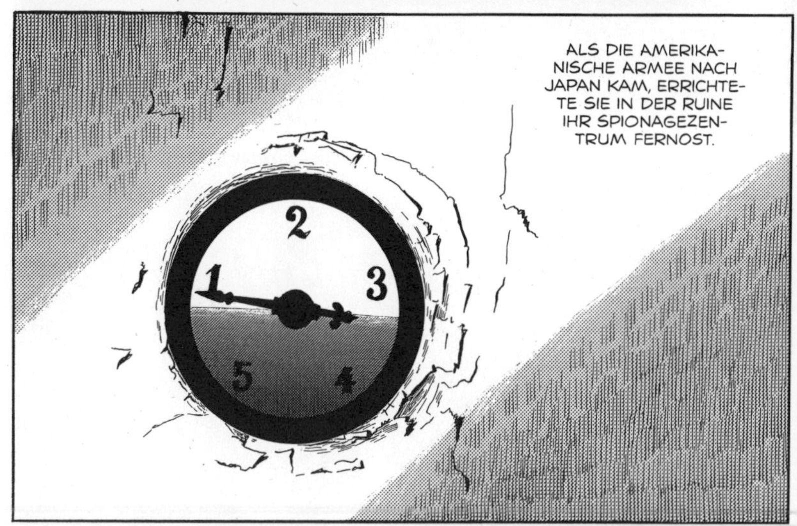

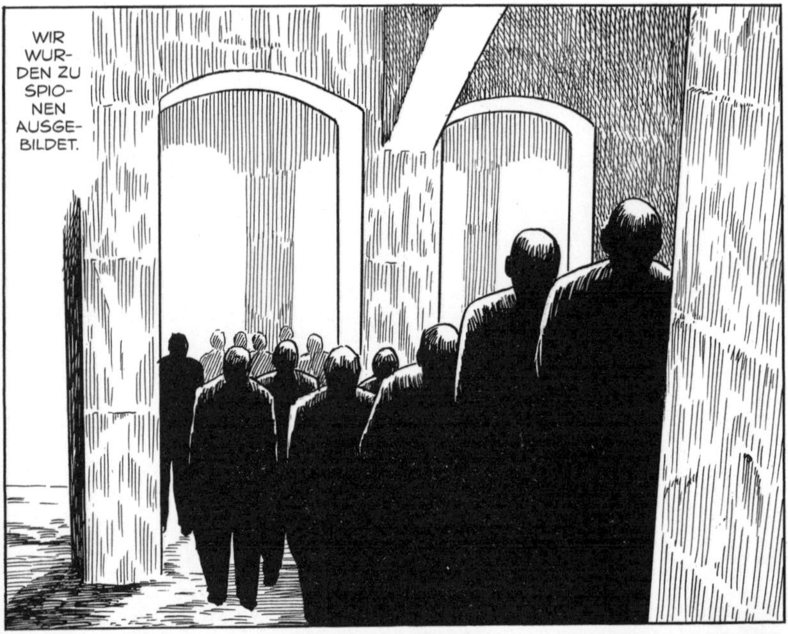

WIR WURDEN ZU SPIONEN AUSGEBILDET.

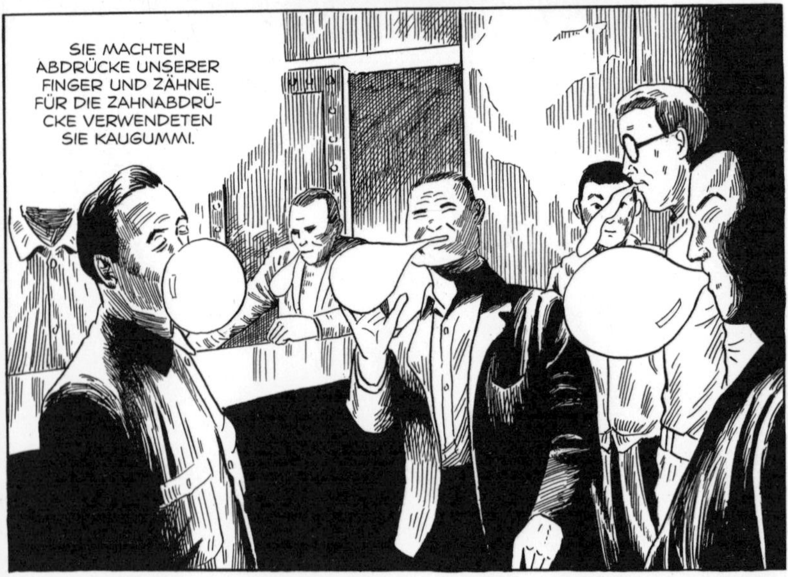

SIE MACHTEN ABDRÜCKE UNSERER FINGER UND ZÄHNE. FÜR DIE ZAHNABDRÜCKE VERWENDETEN SIE KAUGUMMI.

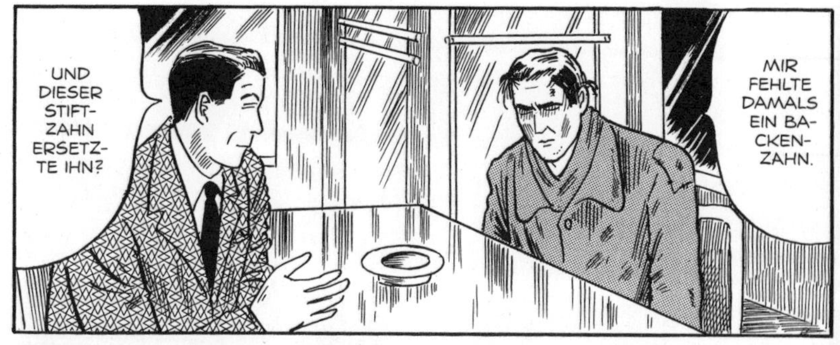
MIR FEHLTE DAMALS EIN BACKENZAHN.
UND DIESER STIFTZAHN ERSETZTE IHN?

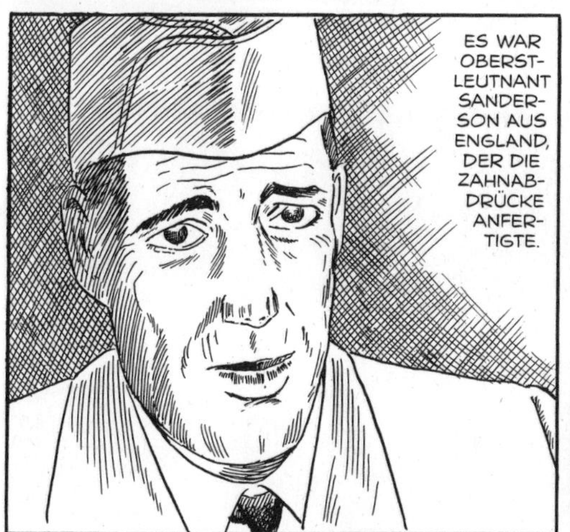
ES WAR OBERSTLEUTNANT SANDERSON AUS ENGLAND, DER DIE ZAHNABDRÜCKE ANFERTIGTE.

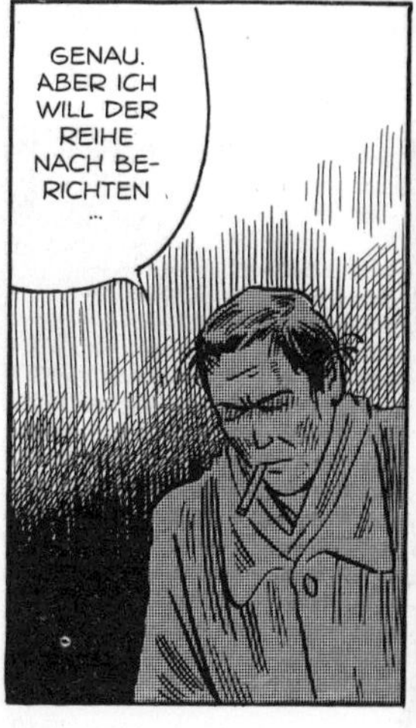
GENAU. ABER ICH WILL DER REIHE NACH BERICHTEN ...

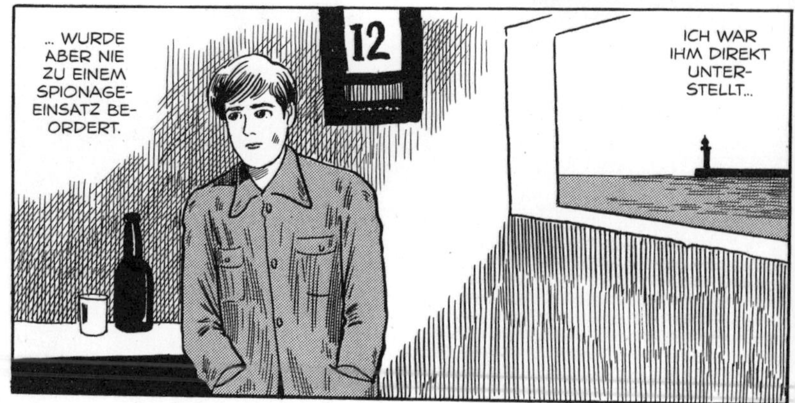
12
ICH WAR IHM DIREKT UNTERSTELLT...
... WURDE ABER NIE ZU EINEM SPIONAGEEINSATZ BEORDERT.

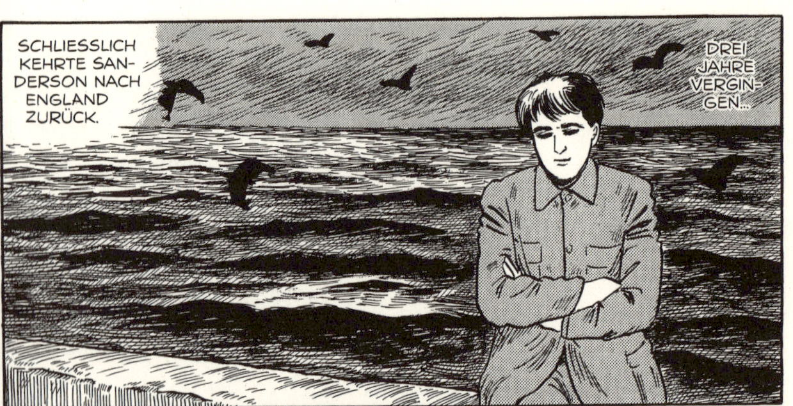

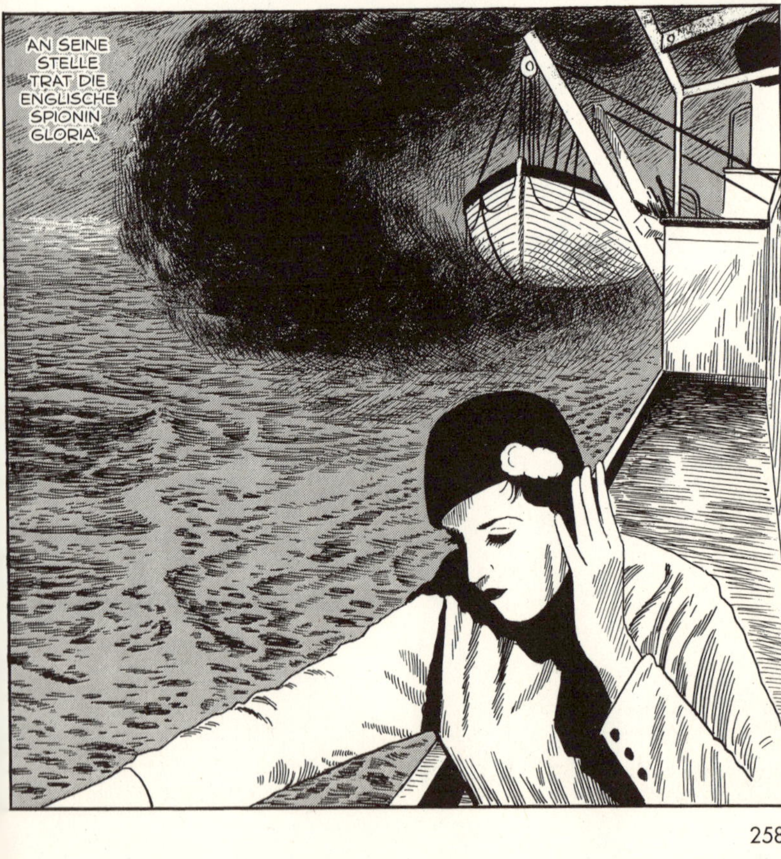

AN SEINE STELLE TRAT DIE ENGLISCHE SPIONIN GLORIA.

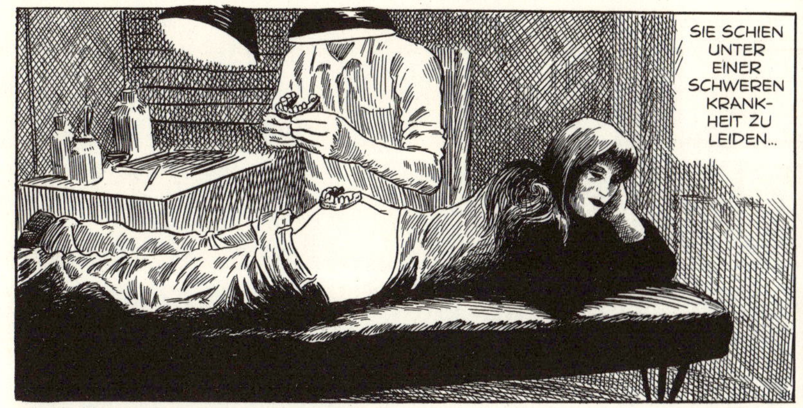

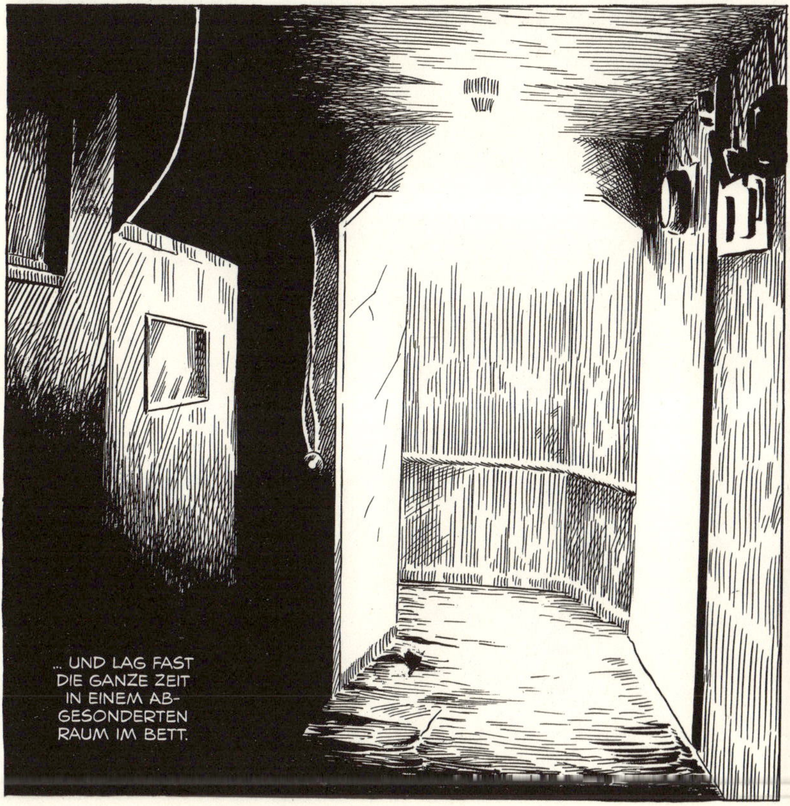

… UND LAG FAST DIE GANZE ZEIT IN EINEM AB-GESONDERTEN RAUM IM BETT.

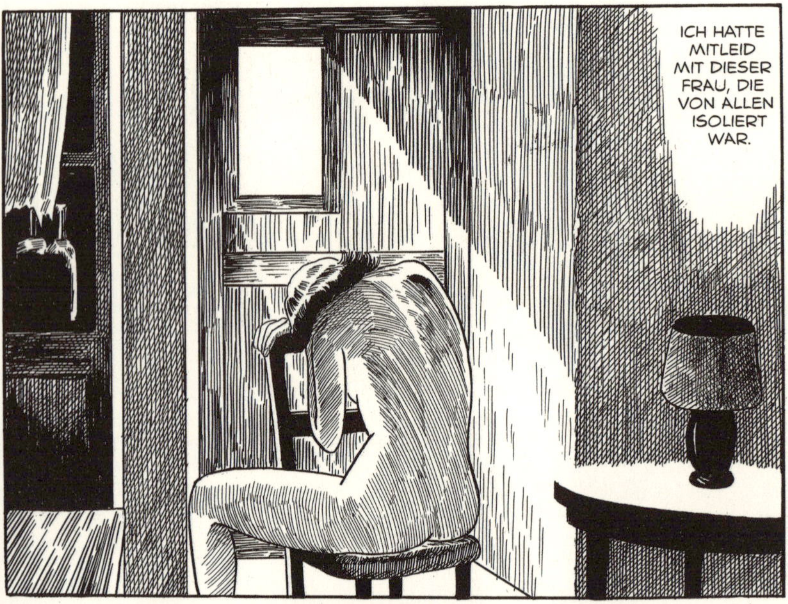

ICH HATTE MITLEID MIT DIESER FRAU, DIE VON ALLEN ISOLIERT WAR.

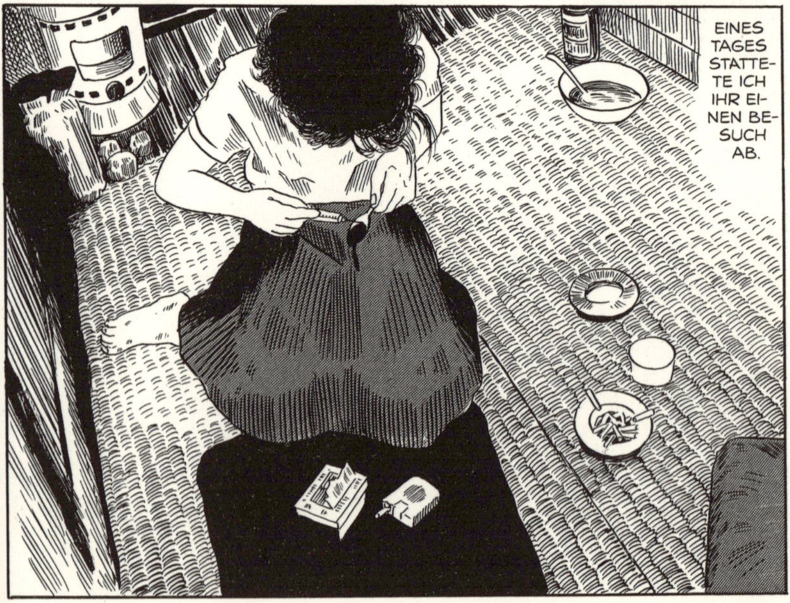

EINES TAGES STATTETE ICH IHR EINEN BESUCH AB.

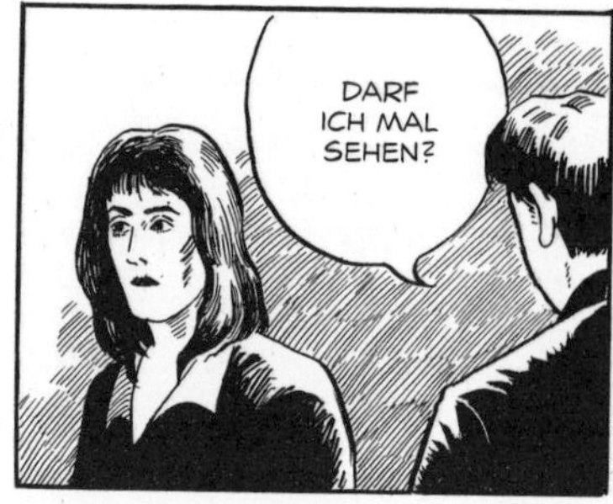
DARF ICH MAL SEHEN?

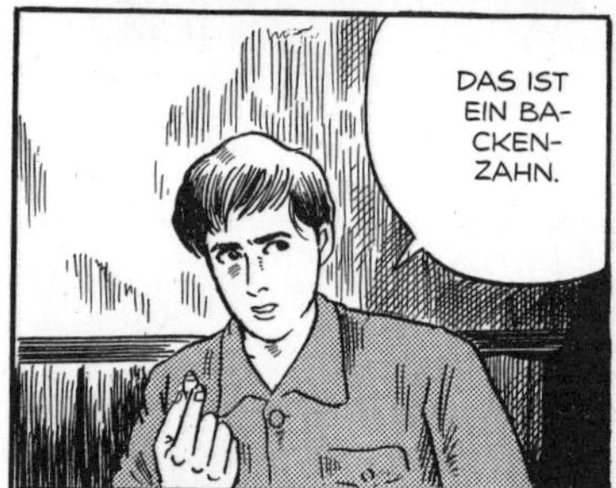
DAS IST EIN BACKENZAHN.

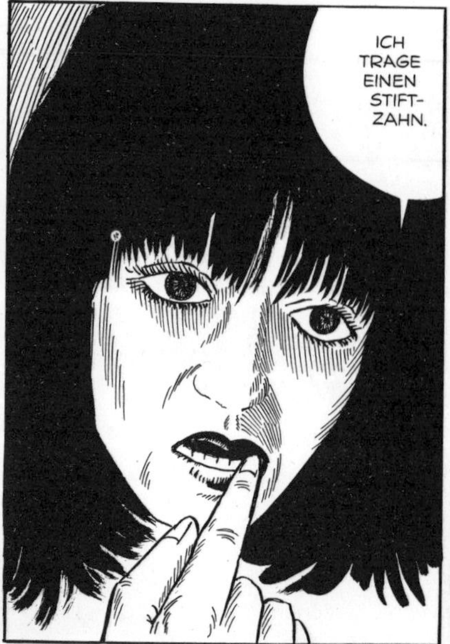
ICH TRAGE EINEN STIFTZAHN.

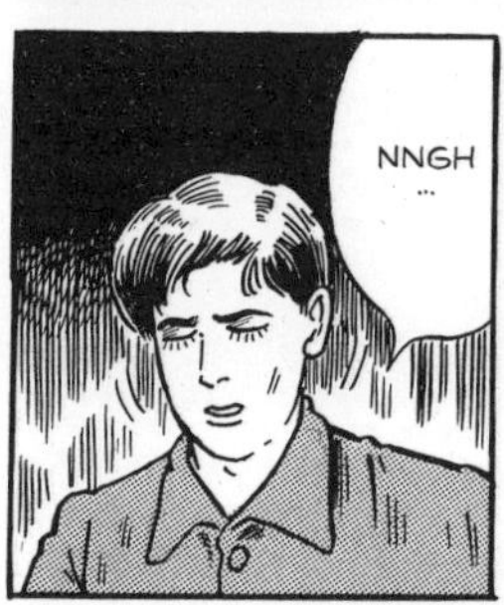
NNGH ...

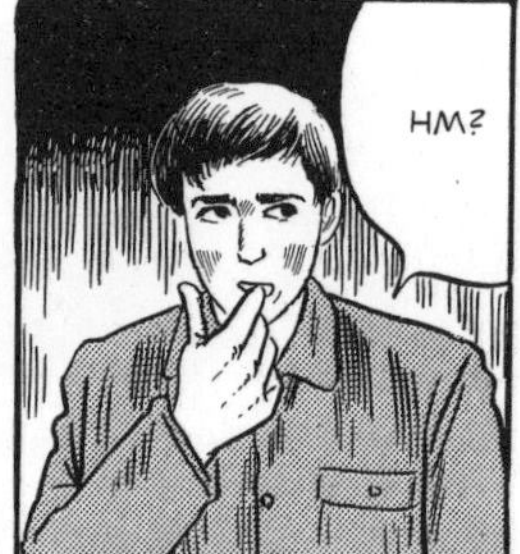
HM?

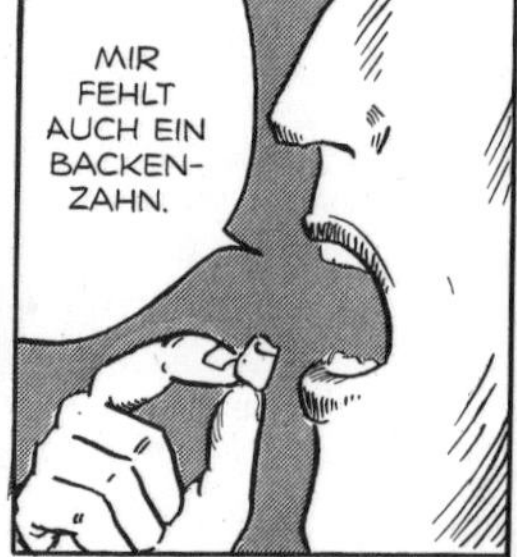
MIR FEHLT AUCH EIN BACKENZAHN.

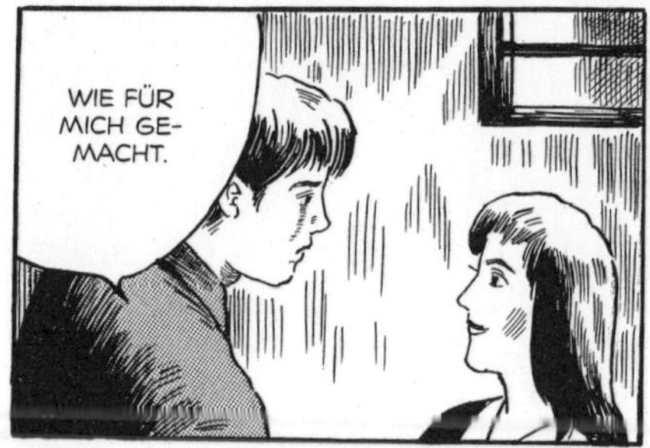
WIE FÜR MICH GEMACHT.

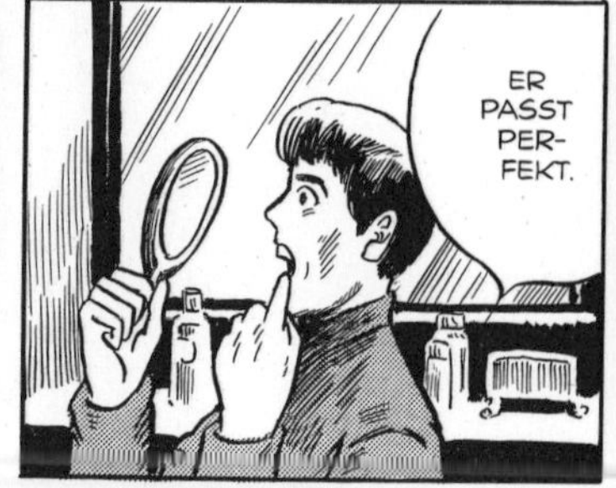
ER PASST PERFEKT.

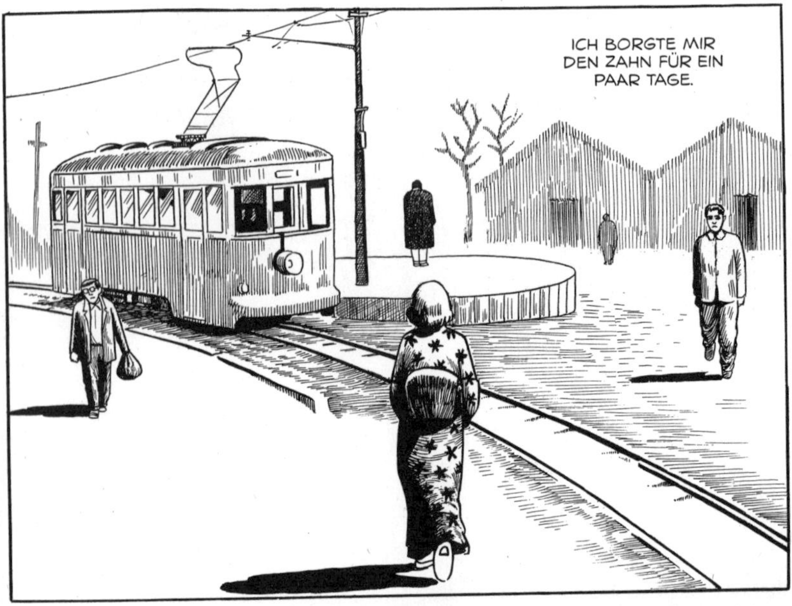

ICH BORGTE MIR DEN ZAHN FÜR EIN PAAR TAGE.

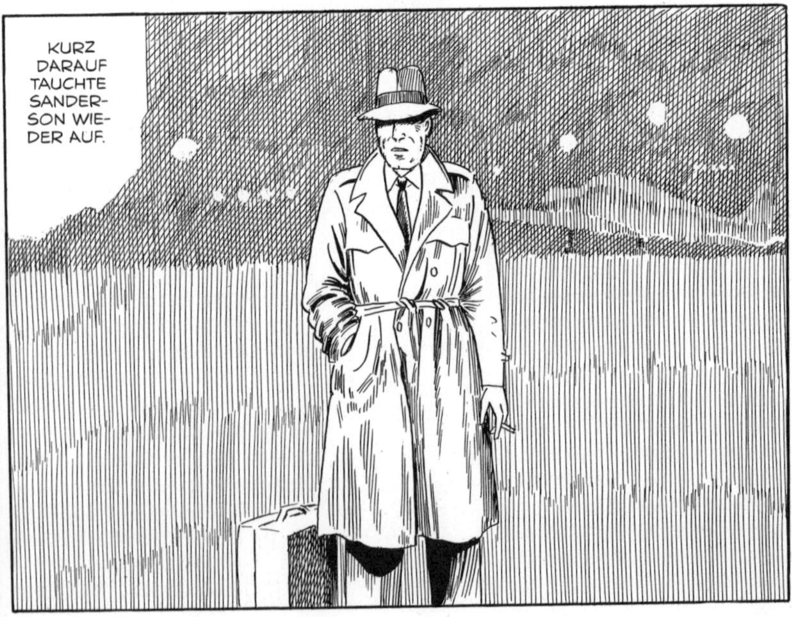

KURZ DARAUF TAUCHTE SANDERSON WIEDER AUF.

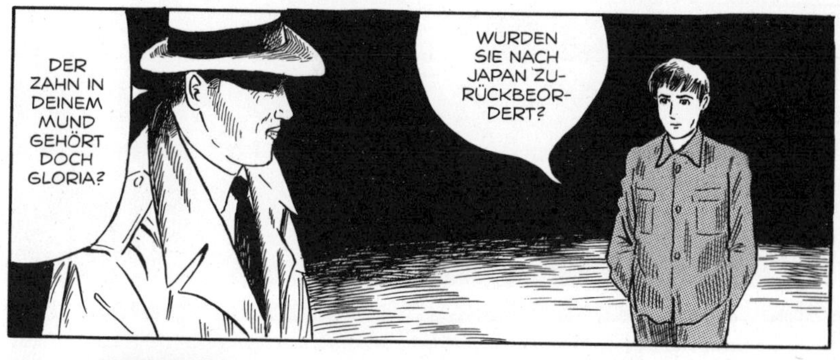
WURDEN SIE NACH JAPAN ZURÜCKBEORDERT?
DER ZAHN IN DEINEM MUND GEHÖRT DOCH GLORIA?

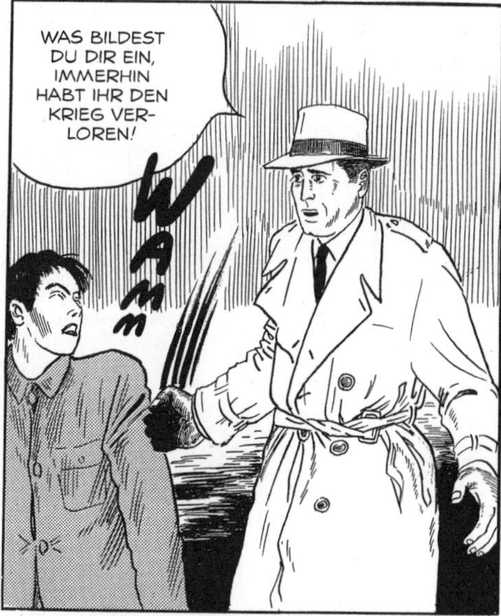
WAS BILDEST DU DIR EIN, IMMERHIN HABT IHR DEN KRIEG VERLOREN!
WAMM

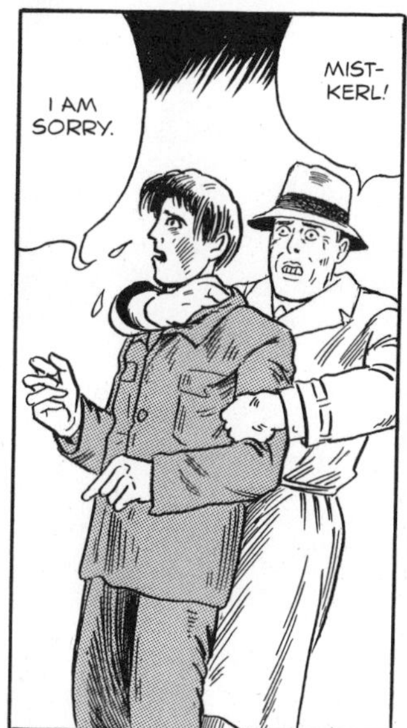
MISTKERL!
I AM SORRY.

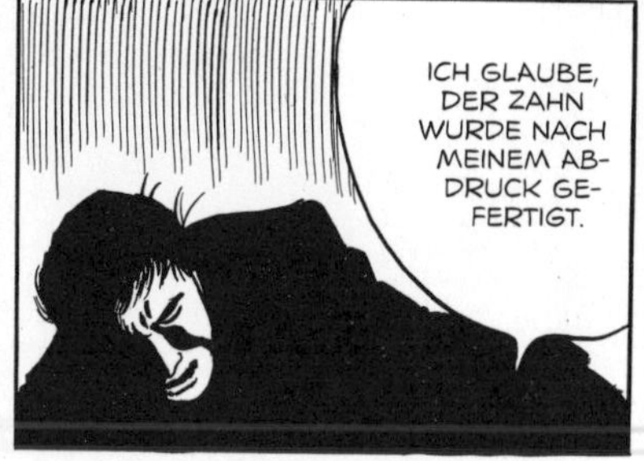
ICH GLAUBE, DER ZAHN WURDE NACH MEINEM ABDRUCK GEFERTIGT.

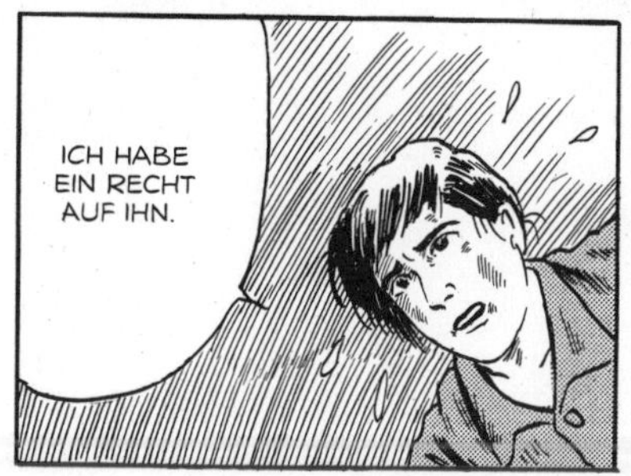
ICH HABE EIN RECHT AUF IHN.

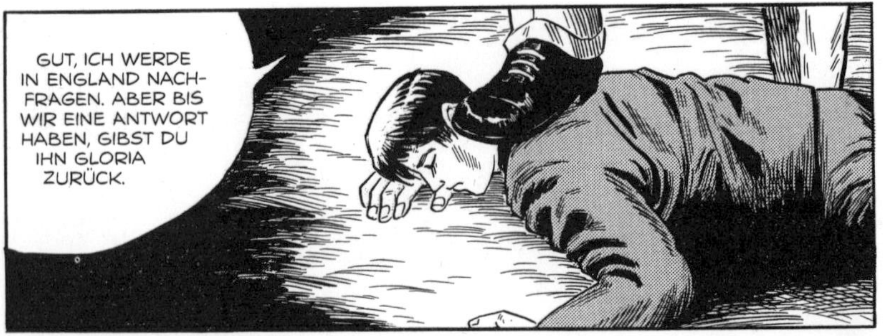

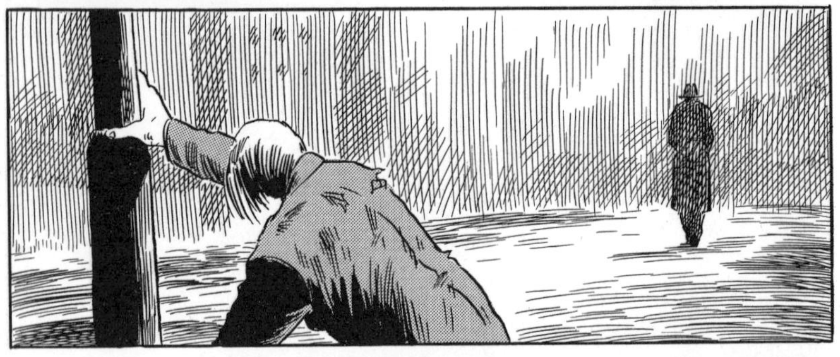

KURZ DARAUF WAR GLORIA VERSCHWUNDEN. NIEMAND WUSSTE, WO SIE WAR.

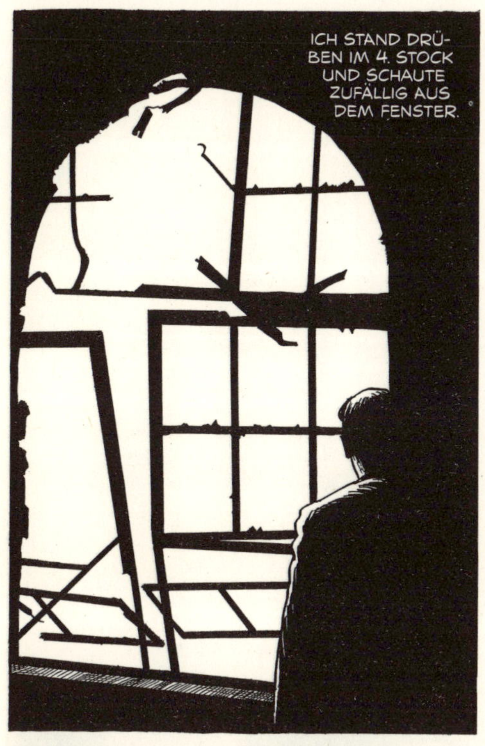
ICH STAND DRÜBEN IM 4. STOCK UND SCHAUTE ZUFÄLLIG AUS DEM FENSTER.

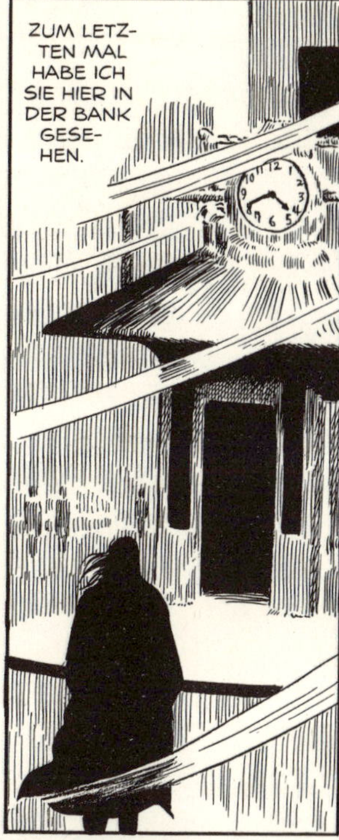
ZUM LETZTEN MAL HABE ICH SIE HIER IN DER BANK GESEHEN.

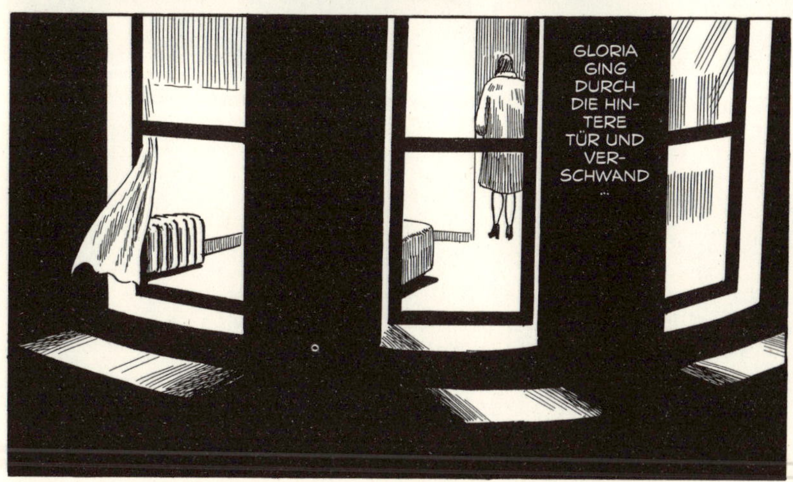
GLORIA GING DURCH DIE HINTERE TÜR UND VERSCHWAND ...

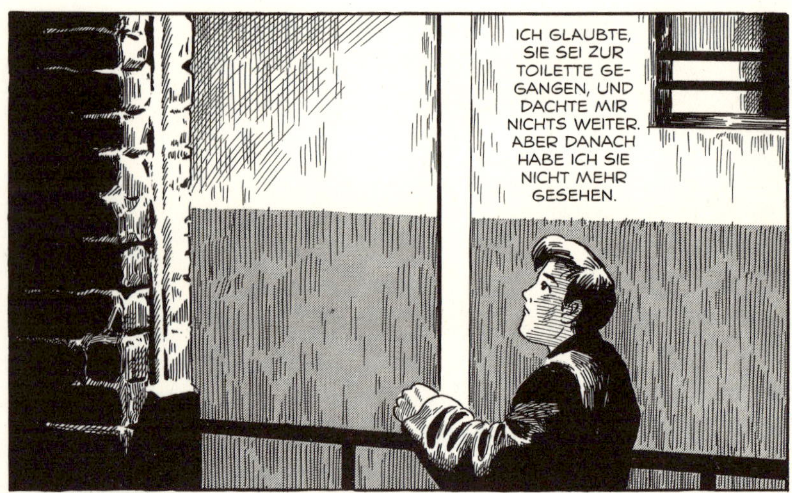
ICH GLAUBTE, SIE SEI ZUR TOILETTE GEGANGEN, UND DACHTE MIR NICHTS WEITER. ABER DANACH HABE ICH SIE NICHT MEHR GESEHEN.

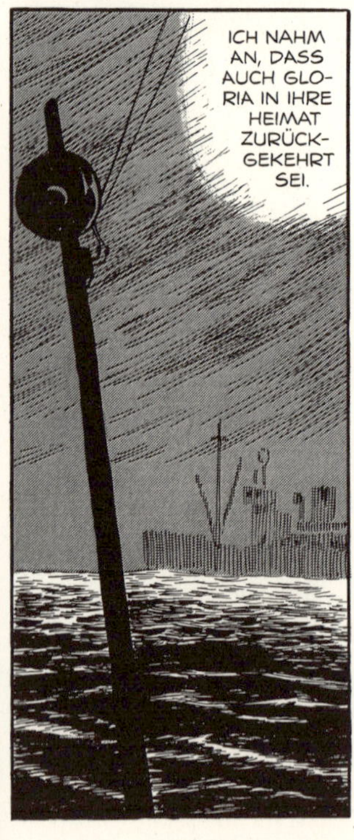
ICH NAHM AN, DASS AUCH GLORIA IN IHRE HEIMAT ZURÜCKGEKEHRT SEI.

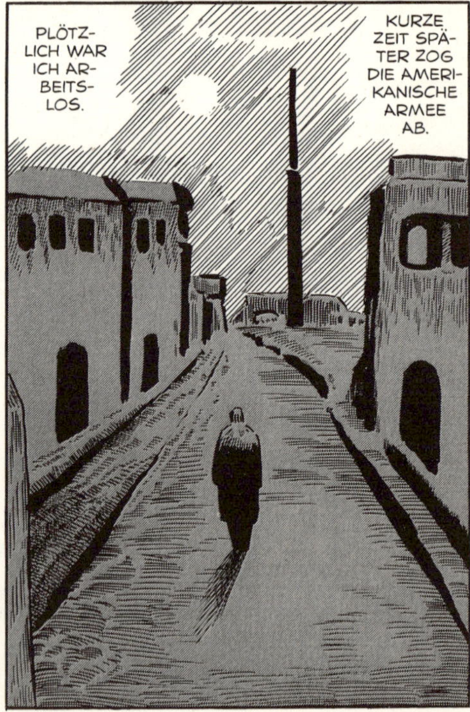
KURZE ZEIT SPÄTER ZOG DIE AMERIKANISCHE ARMEE AB.
PLÖTZLICH WAR ICH ARBEITSLOS.

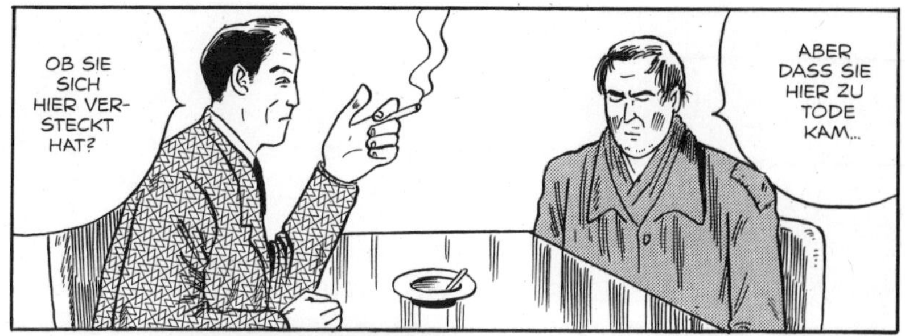
ABER DASS SIE HIER ZU TODE KAM...
OB SIE SICH HIER VERSTECKT HAT?

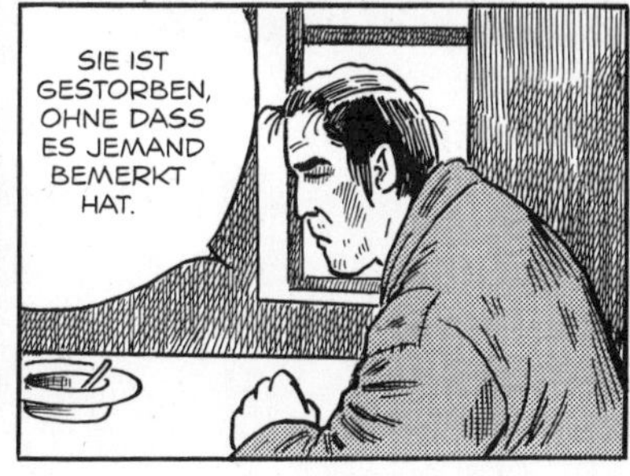
SIE IST GESTORBEN, OHNE DASS ES JEMAND BEMERKT HAT.

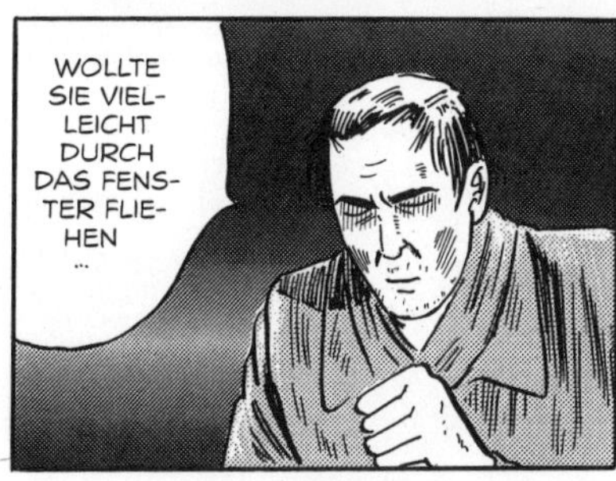
WOLLTE SIE VIELLEICHT DURCH DAS FENSTER FLIEHEN ...

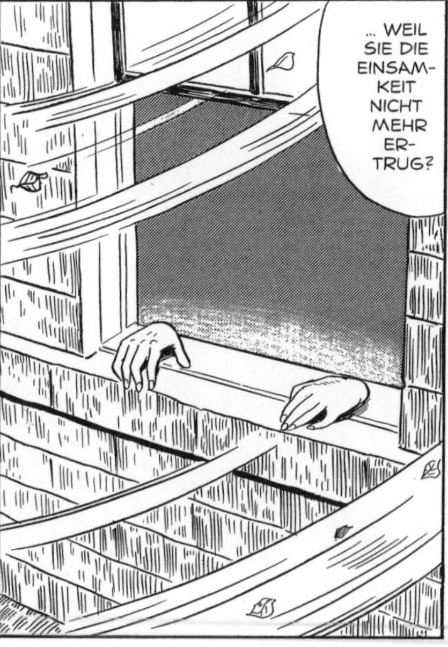
... WEIL SIE DIE EINSAMKEIT NICHT MEHR ERTRUG?

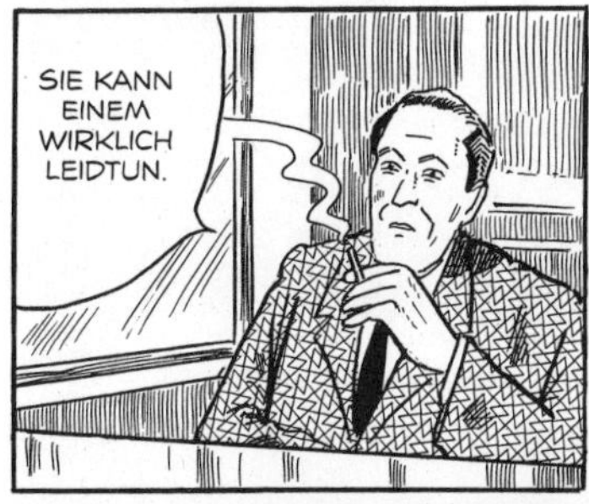
SIE KANN EINEM WIRKLICH LEIDTUN.

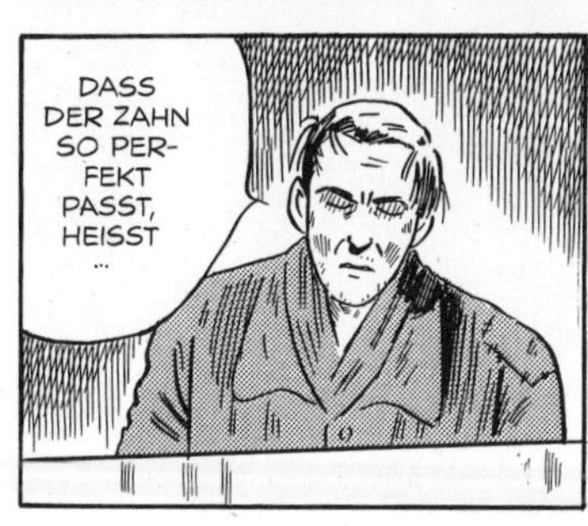
DASS DER ZAHN SO PERFEKT PASST, HEISST ...

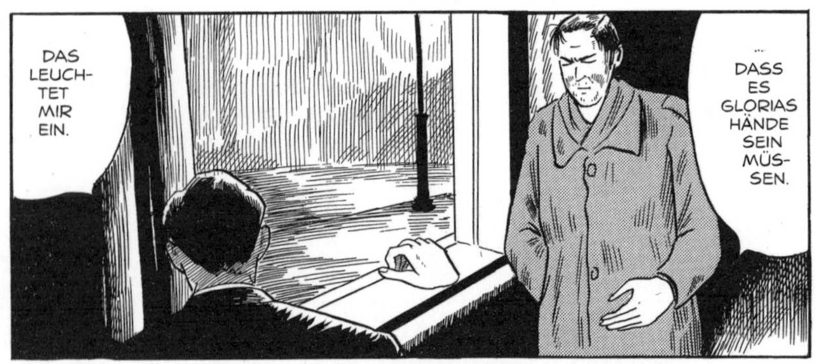
...DASS ES GLORIAS HÄNDE SEIN MÜSSEN.
DAS LEUCHTET MIR EIN.

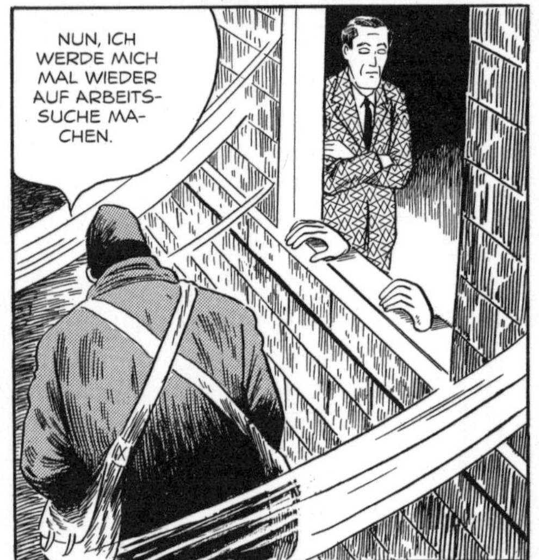
NUN, ICH WERDE MICH MAL WIEDER AUF ARBEITSSUCHE MACHEN.

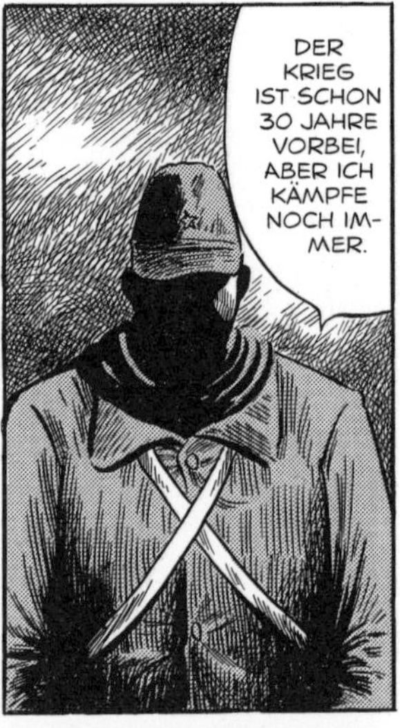
DER KRIEG IST SCHON 30 JAHRE VORBEI, ABER ICH KÄMPFE NOCH IMMER.

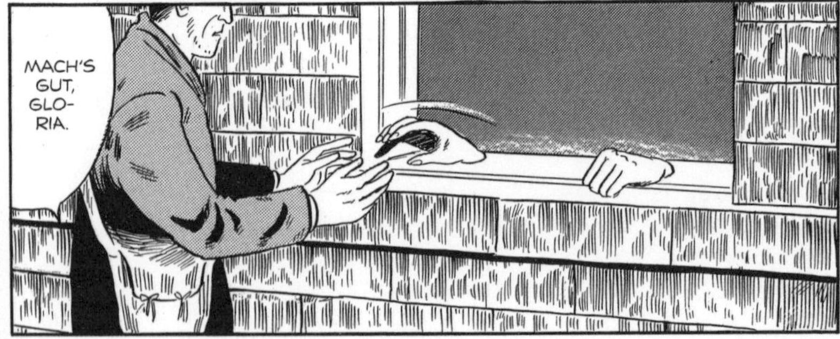
MACH'S GUT, GLORIA.

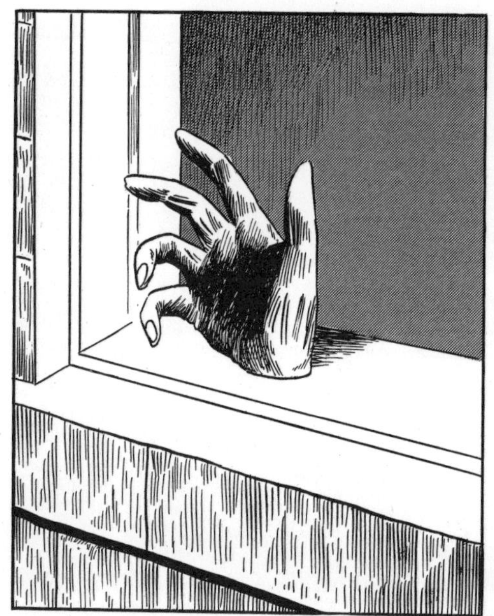

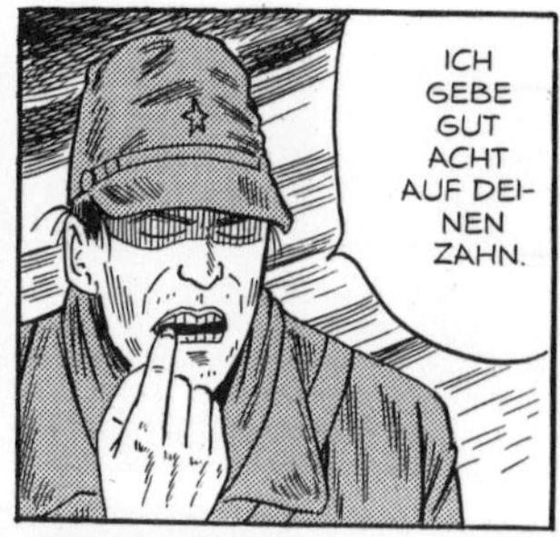
ICH GEBE GUT ACHT AUF DEI-NEN ZAHN.

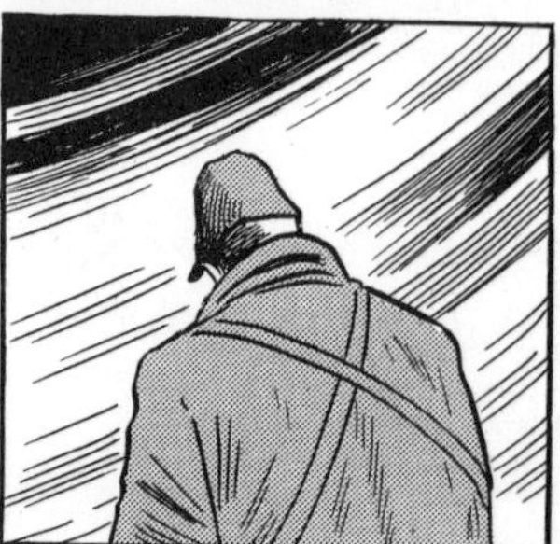

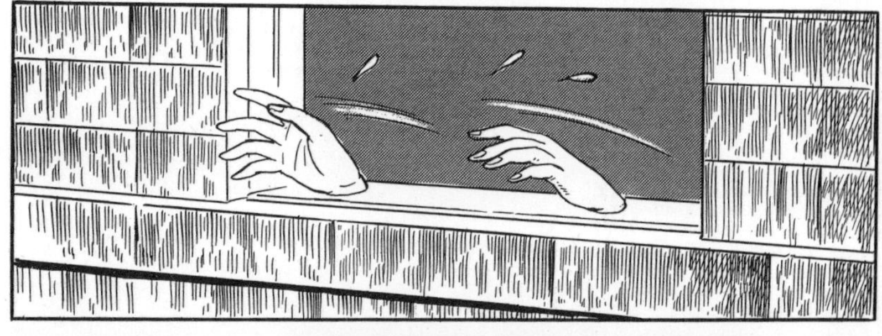

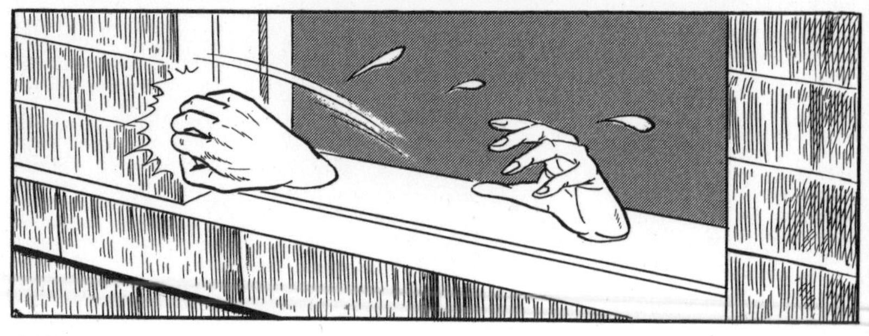

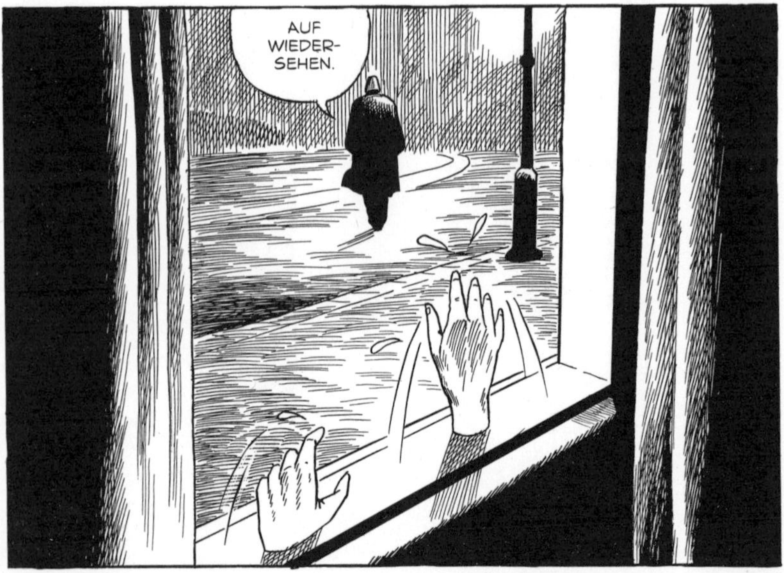

AUF
WIEDER-
SEHEN.

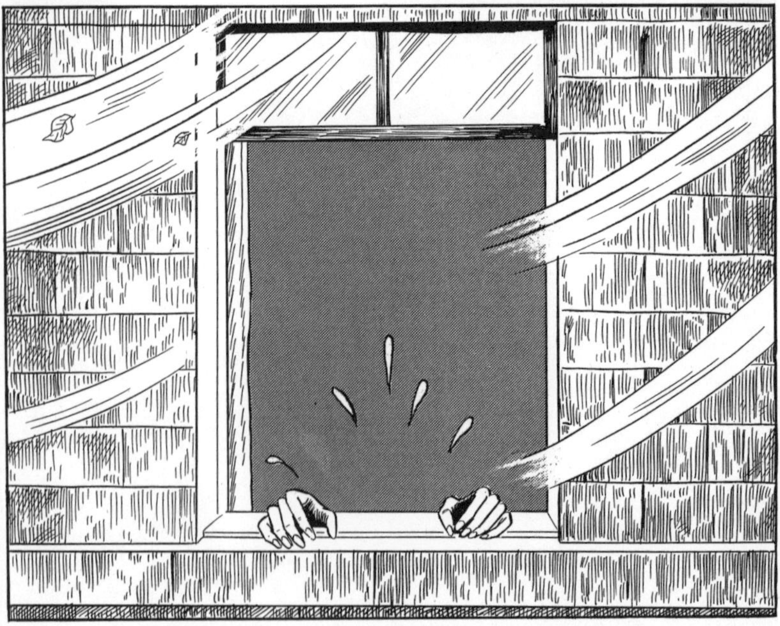

Der Junge

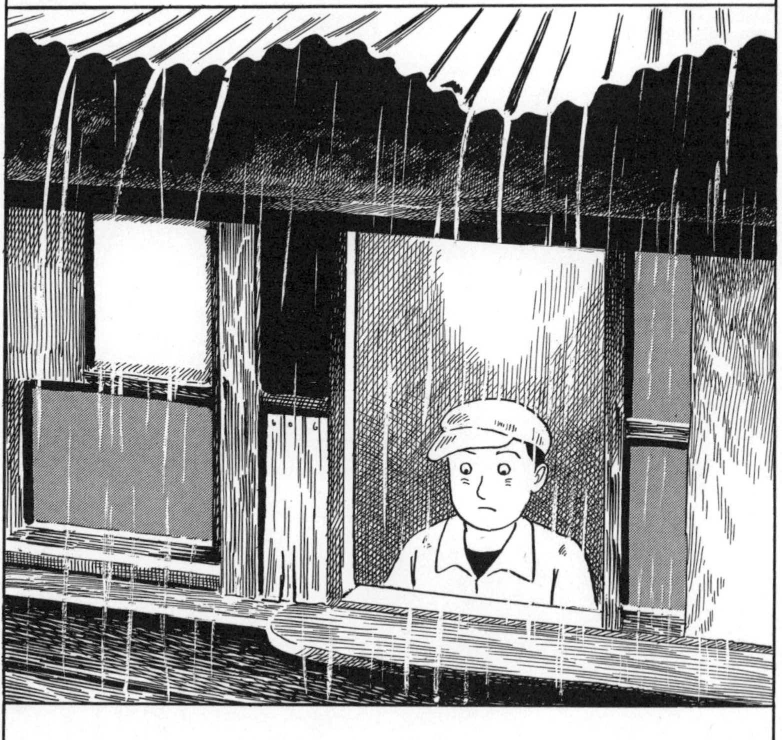

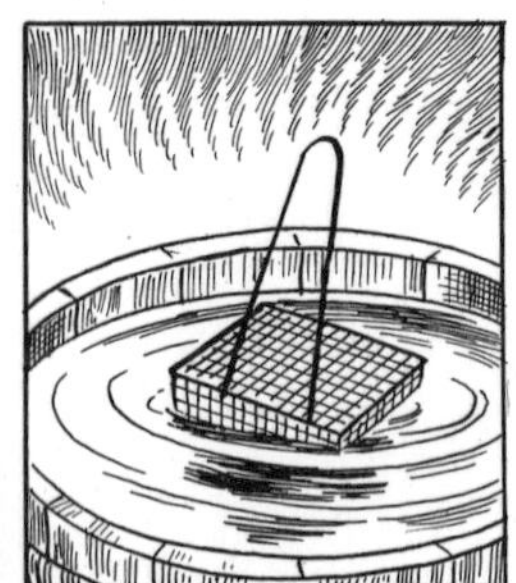

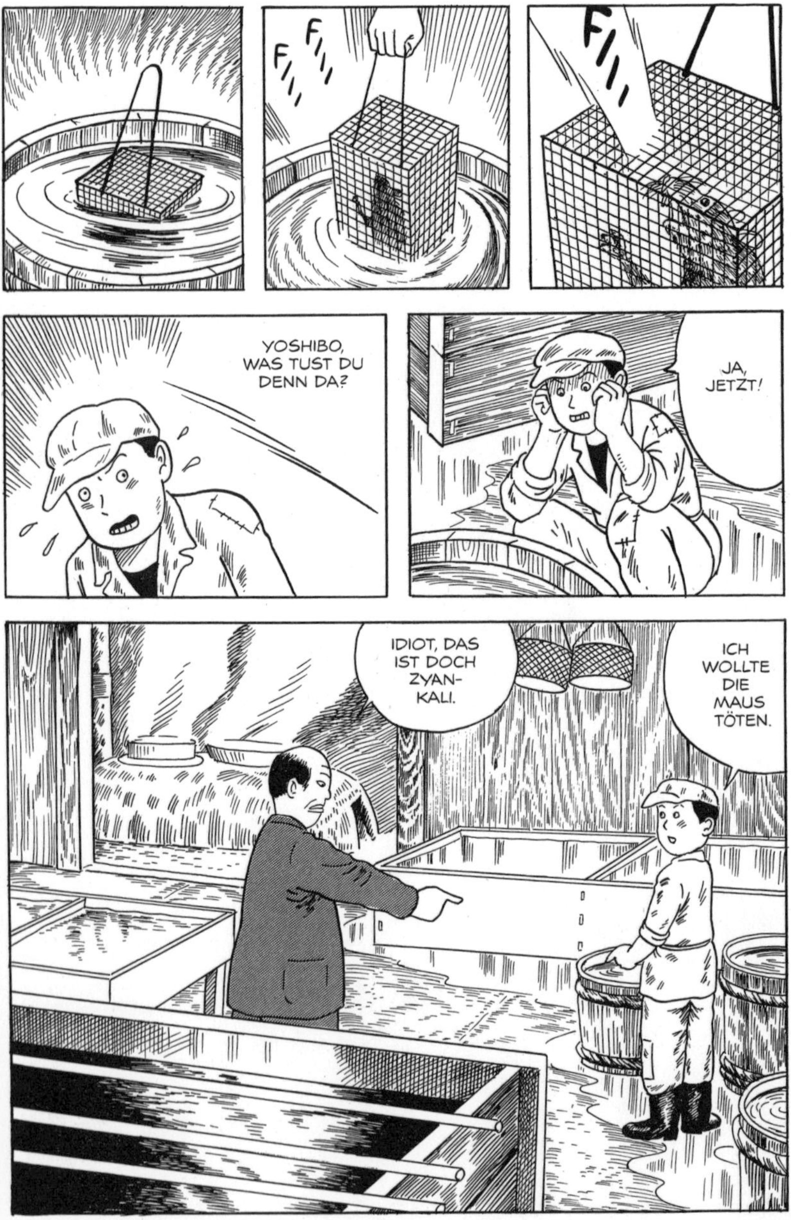

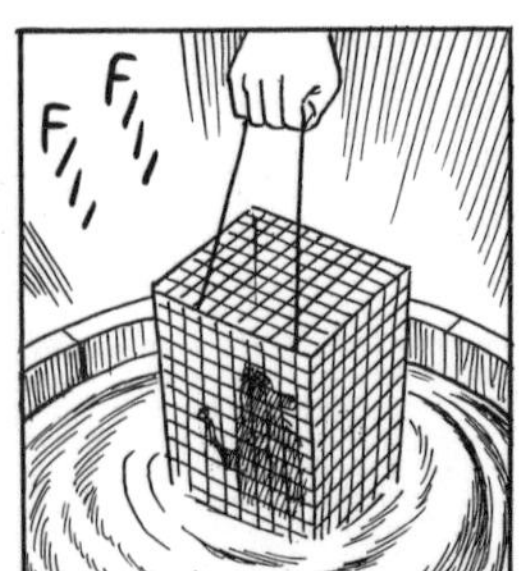
FIII
FIII

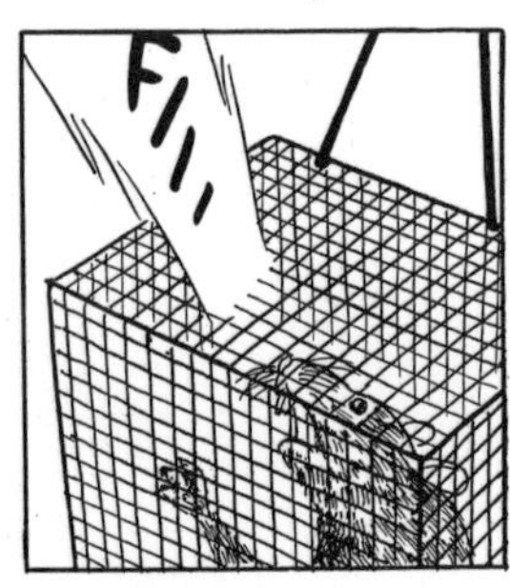
FIII

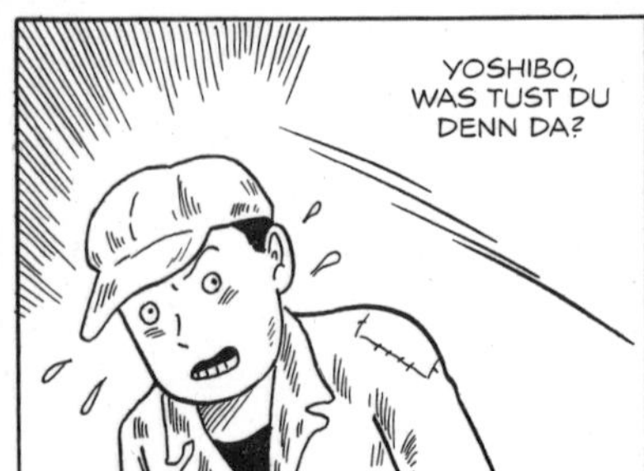
YOSHIBO, WAS TUST DU DENN DA?

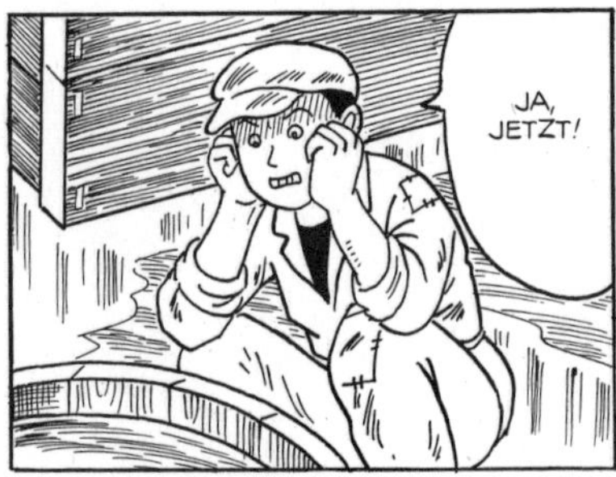
JA, JETZT!

IDIOT, DAS IST DOCH ZYAN-KALI.
ICH WOLLTE DIE MAUS TÖTEN.

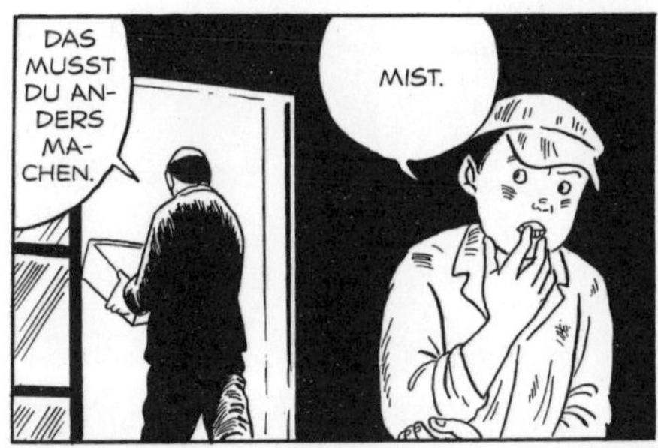

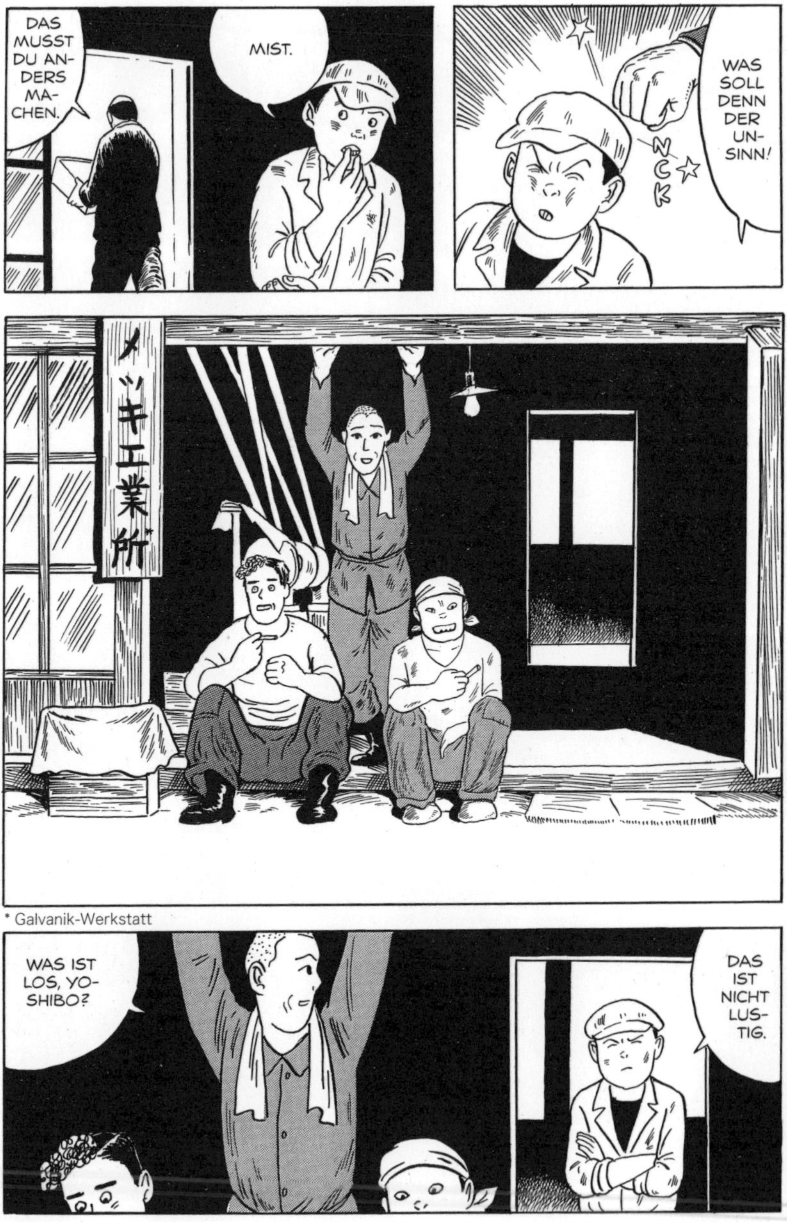

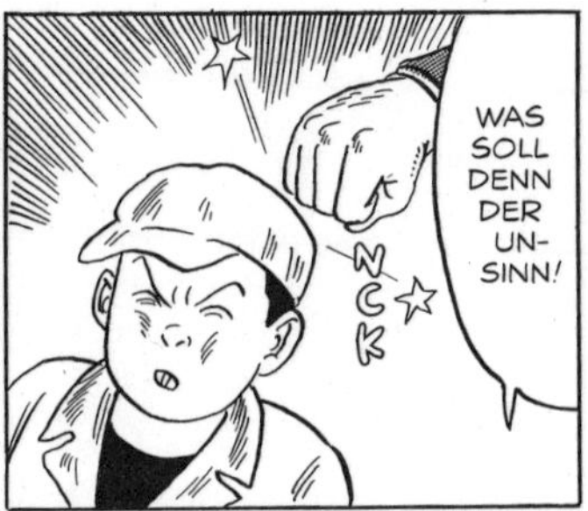

メッキ工業所*

* Galvanik-Werkstatt

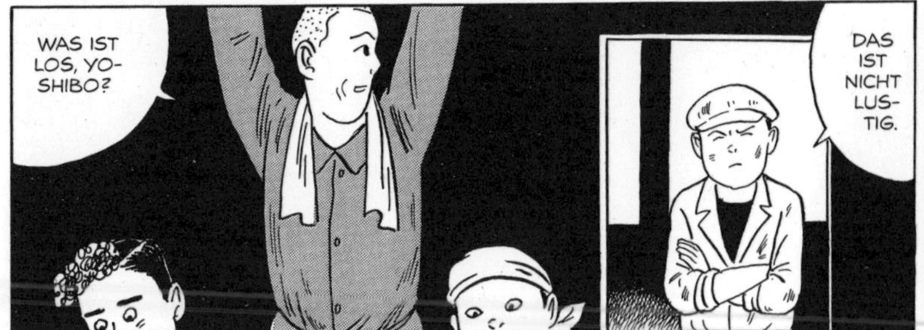

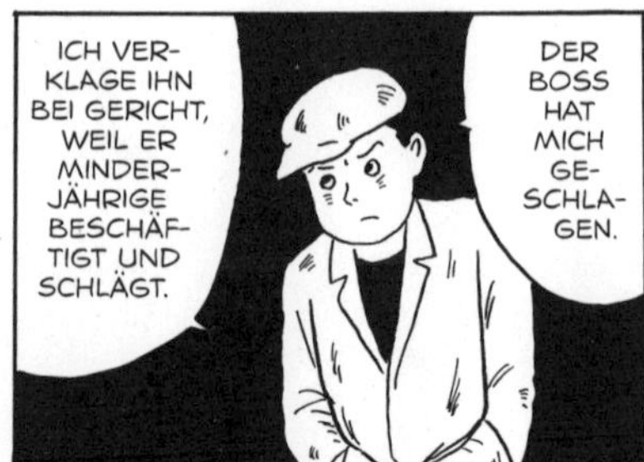
DER BOSS HAT MICH GESCHLAGEN.
ICH VERKLAGE IHN BEI GERICHT, WEIL ER MINDERJÄHRIGE BESCHÄFTIGT UND SCHLÄGT.

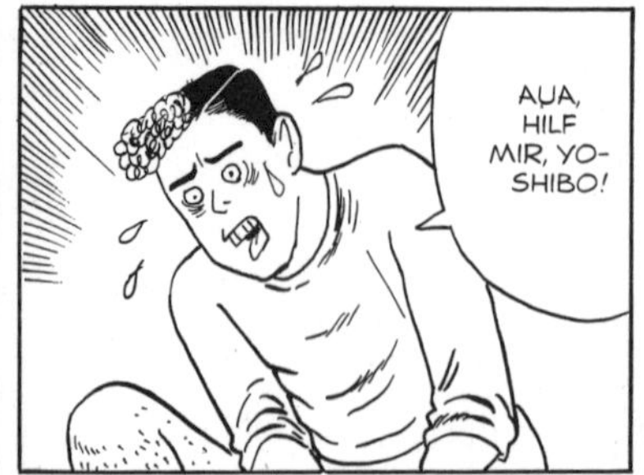
AUA, HILF MIR, YOSHIBO!

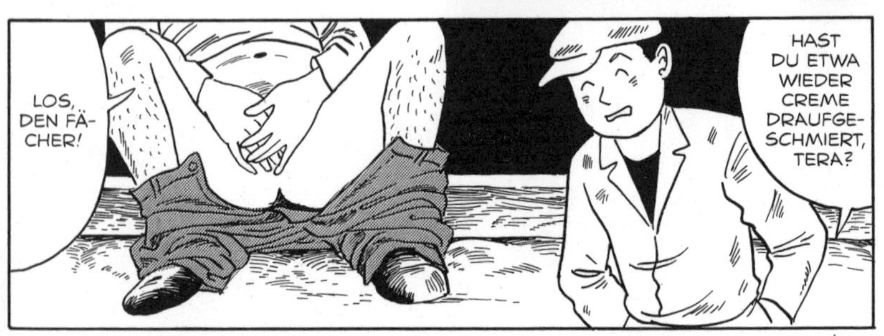
HAST DU ETWA WIEDER CREME DRAUFGESCHMIERT, TERA?
LOS, DEN FÄCHER!

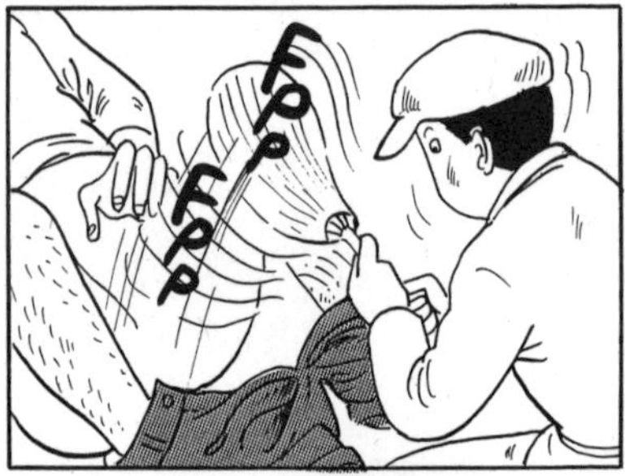
FPP
FPP

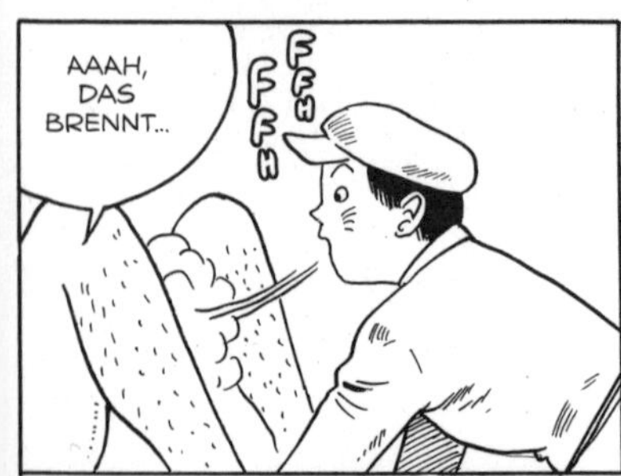
FFH
FFH
AAAH, DAS BRENNT...

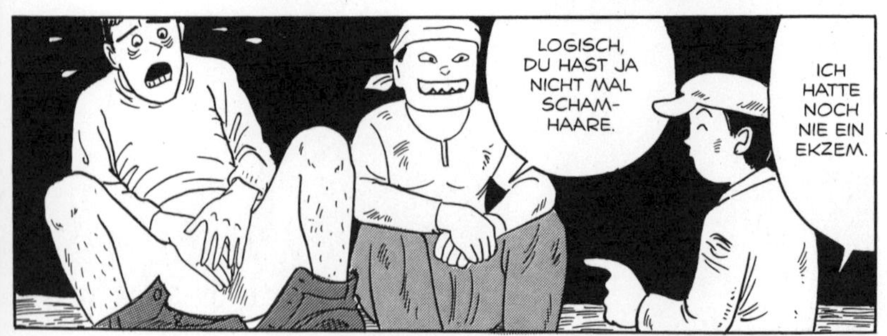
ICH HATTE NOCH NIE EIN EKZEM.
LOGISCH, DU HAST JA NICHT MAL SCHAMHAARE.

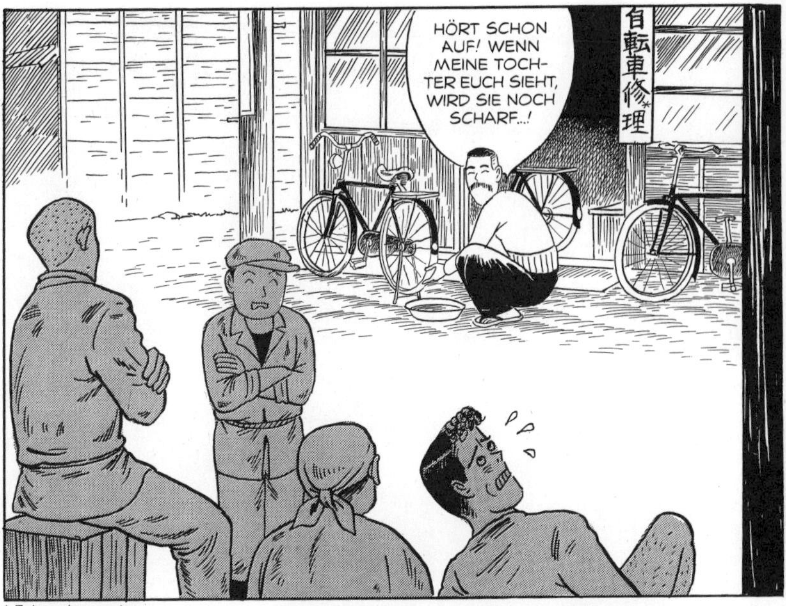

* Fahrradreparatur

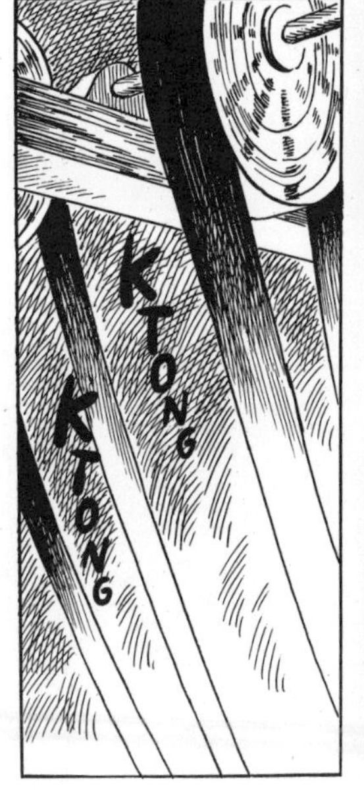

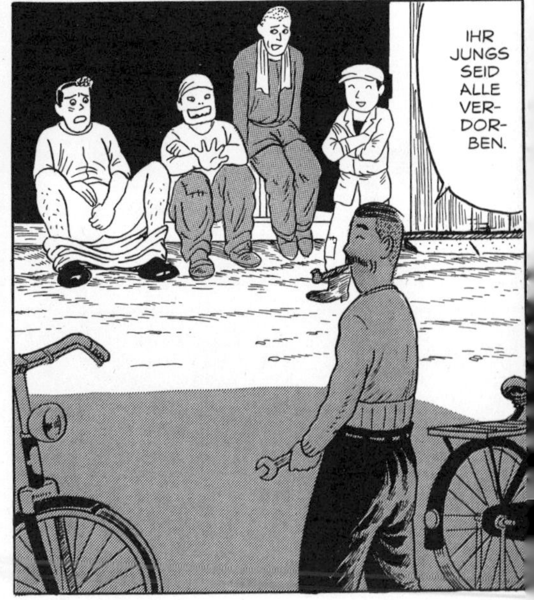

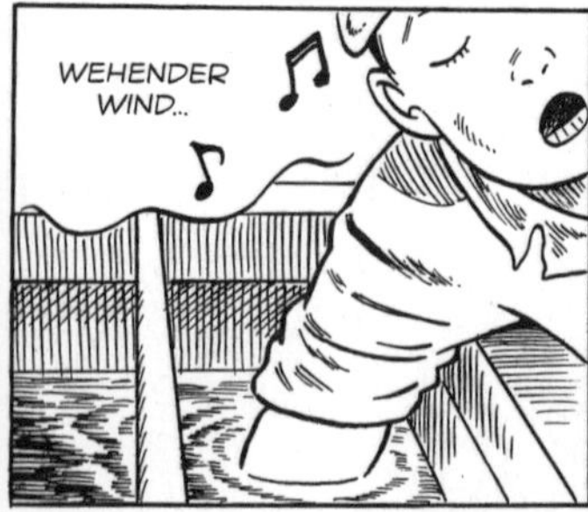
WEHENDER WIND...

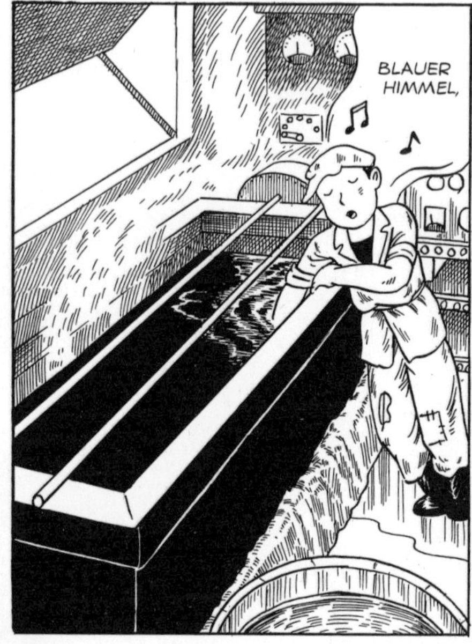
BLAUER HIMMEL,

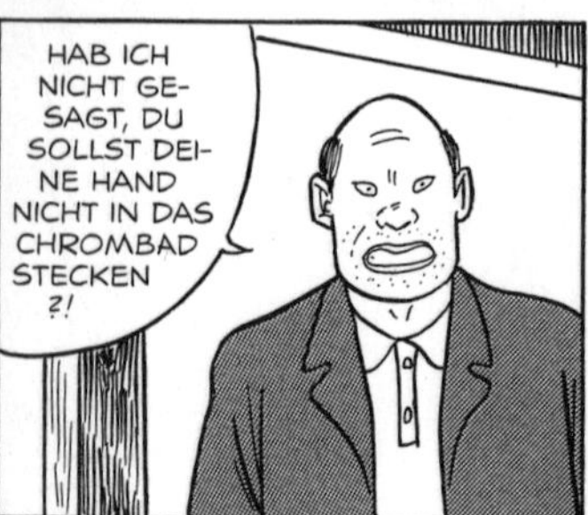
HAB ICH NICHT GESAGT, DU SOLLST DEINE HAND NICHT IN DAS CHROMBAD STECKEN ?!

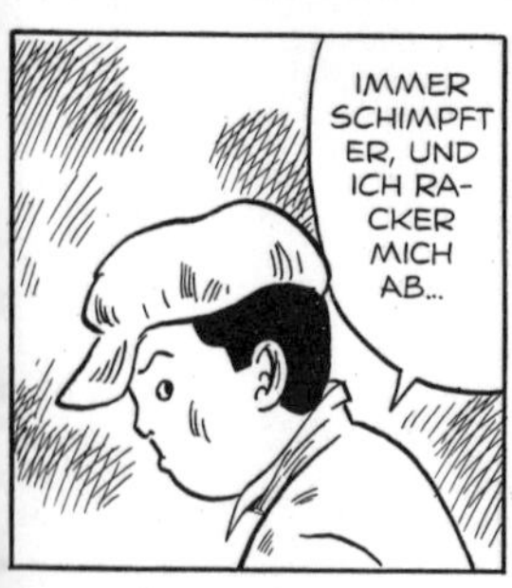
IMMER SCHIMPFT ER, UND ICH RACKER MICH AB...

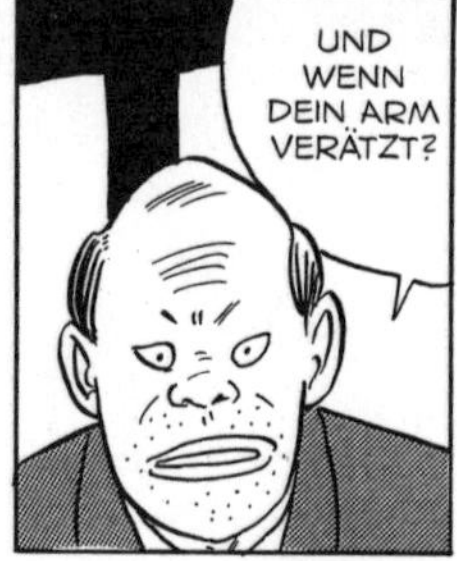
UND WENN DEIN ARM VERÄTZT?

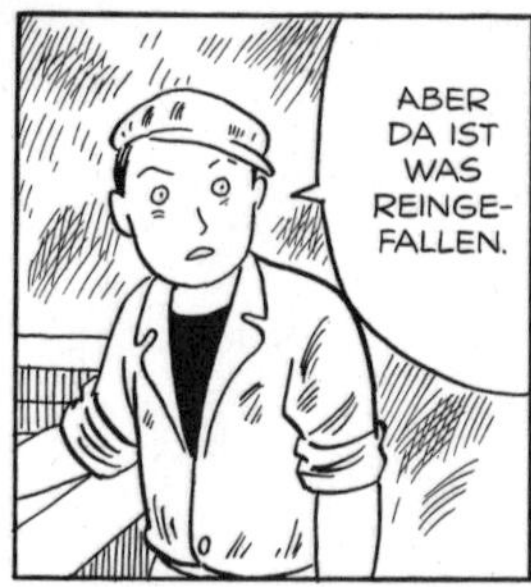
ABER DA IST WAS REINGEFALLEN.

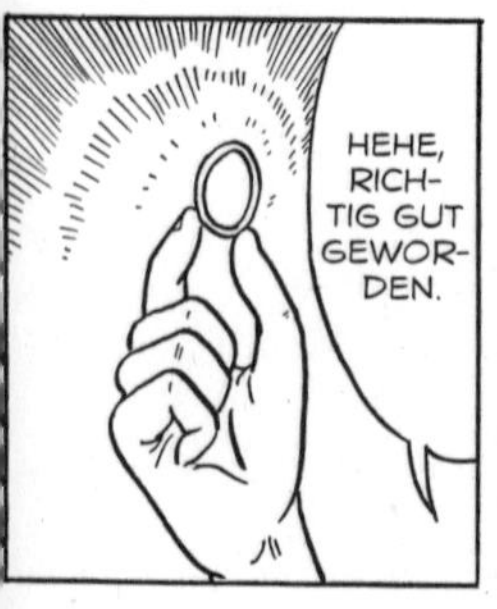
HEHE, RICHTIG GUT GEWORDEN.

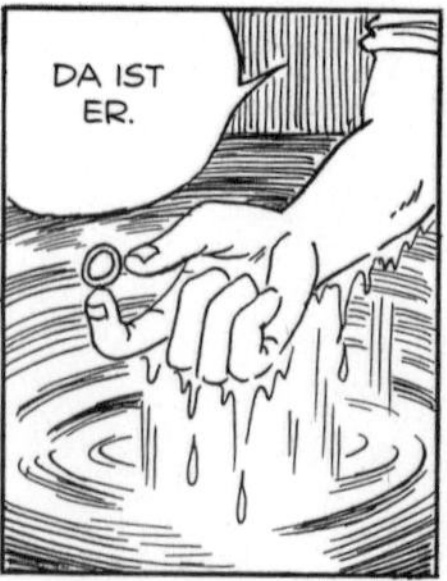
DA IST ER.

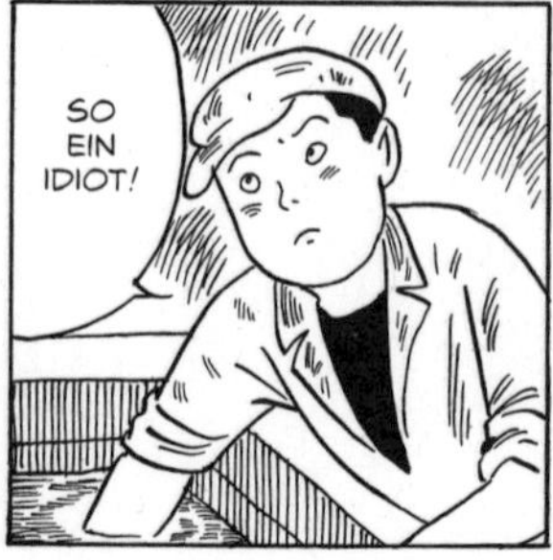
SO EIN IDIOT!

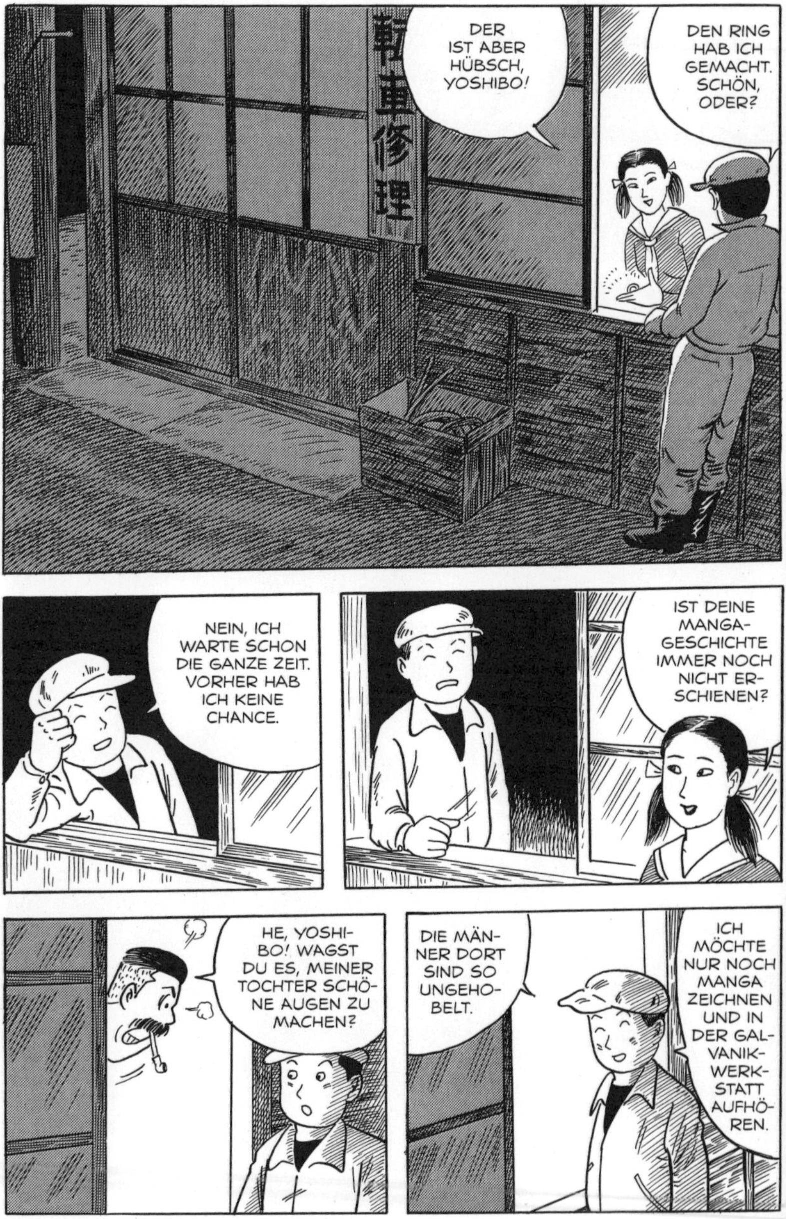

DEN RING HAB ICH GEMACHT. SCHÖN, ODER?

DER IST ABER HÜBSCH, YOSHIBO!

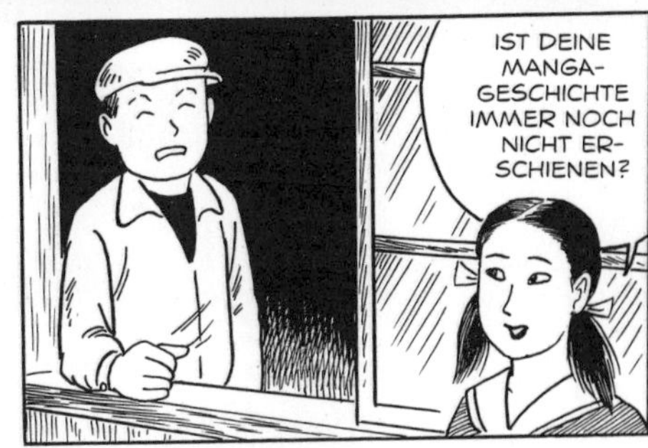

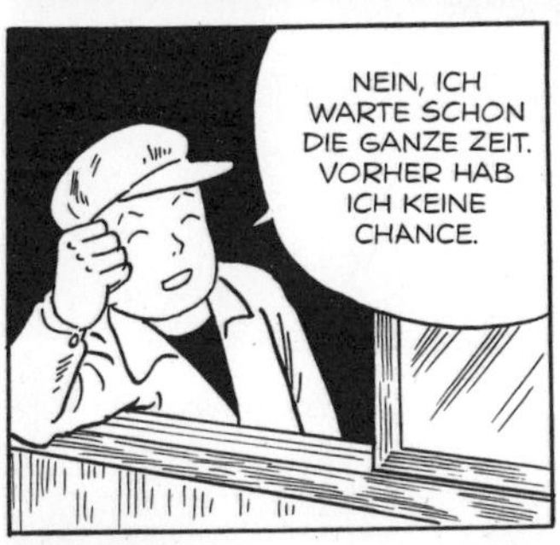

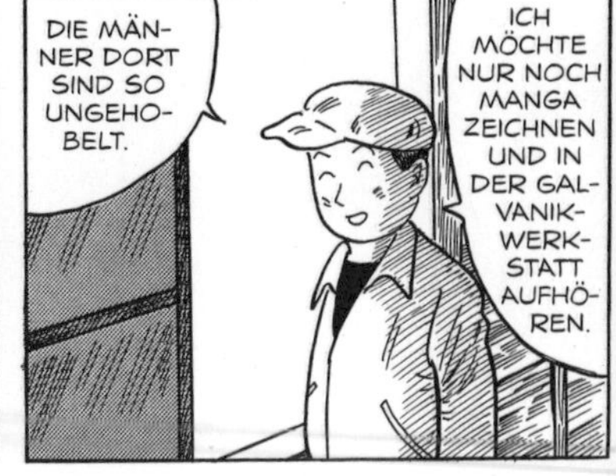

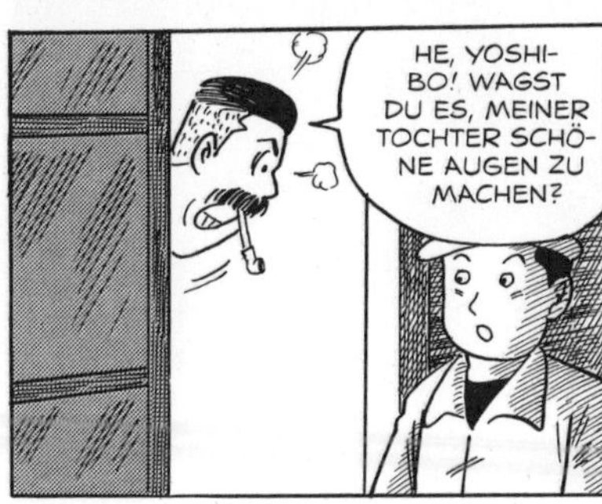

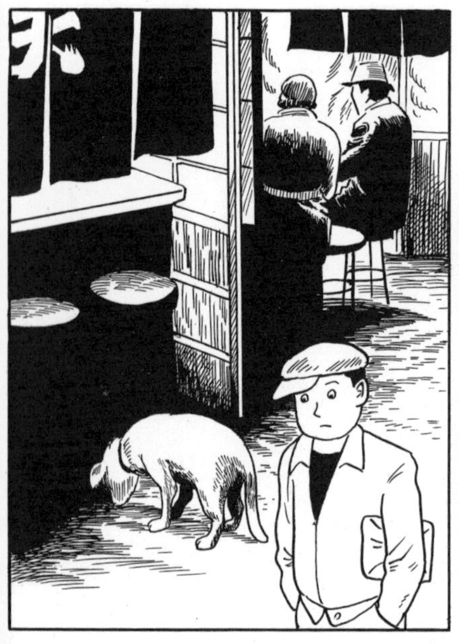

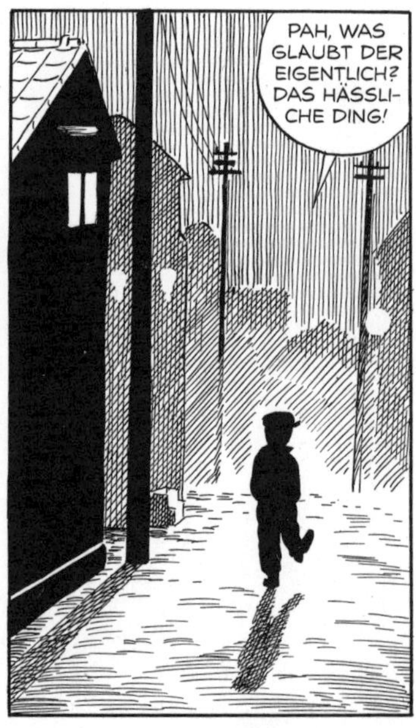

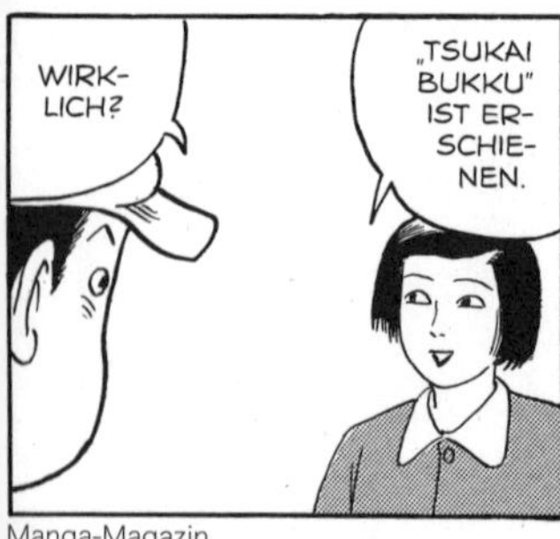

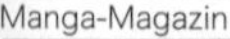
Manga-Magazin

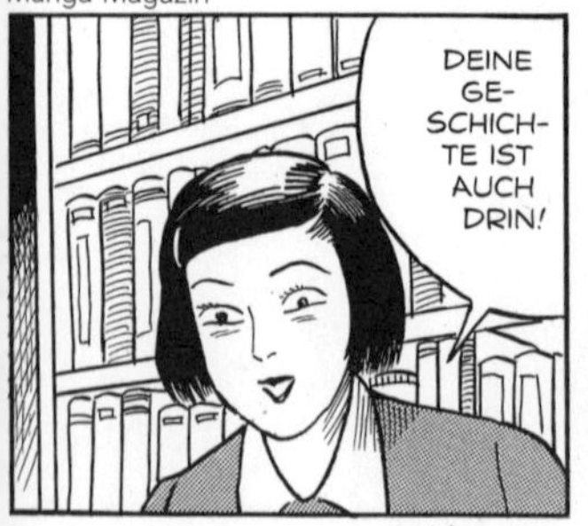

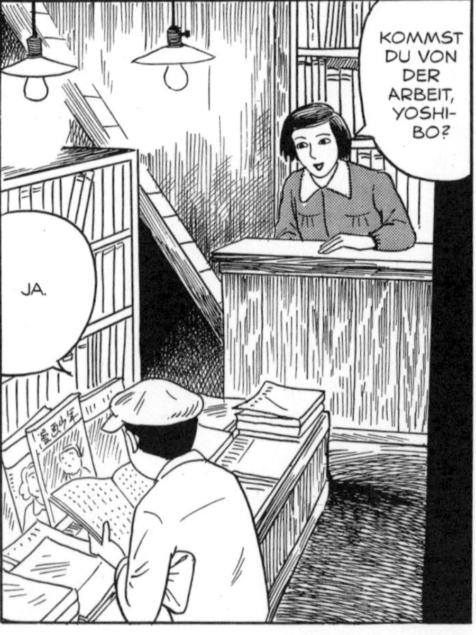

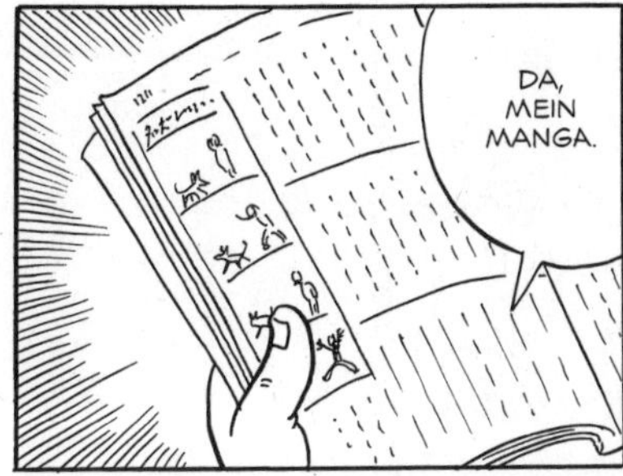
DA, MEIN MANGA.

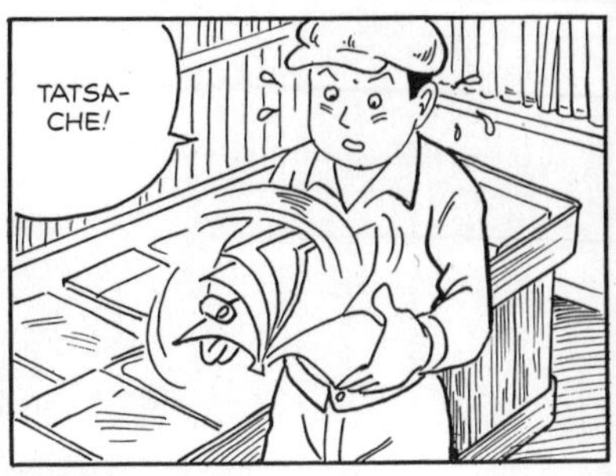
TATSACHE!

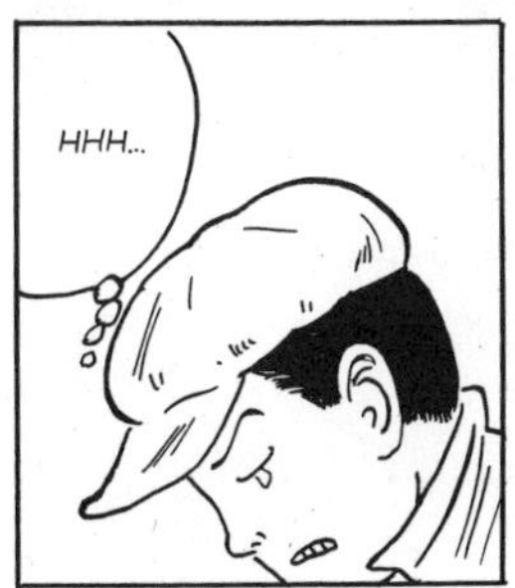
HHH...

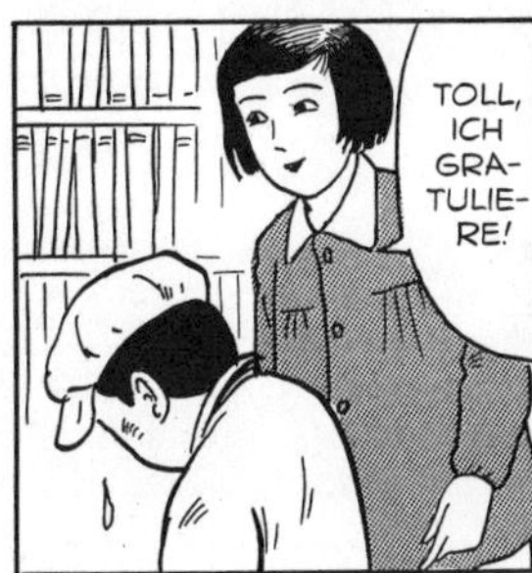
TOLL, ICH GRATULIERE!

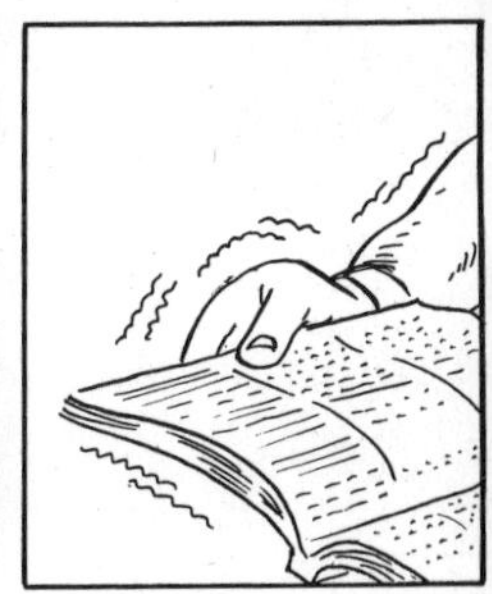

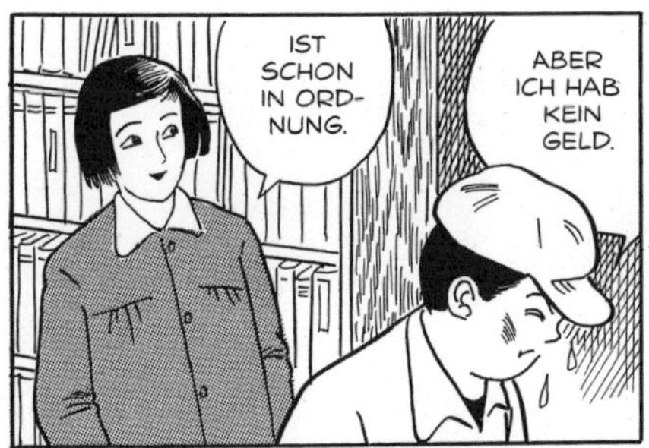
ABER ICH HAB KEIN GELD.
IST SCHON IN ORDNUNG.

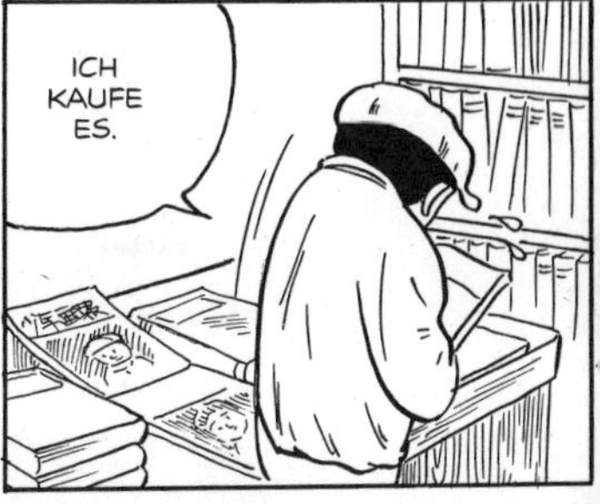
ICH KAUFE ES.

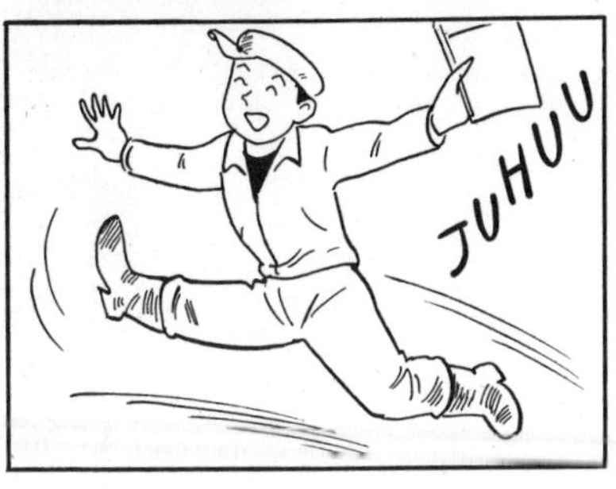
JUHUU

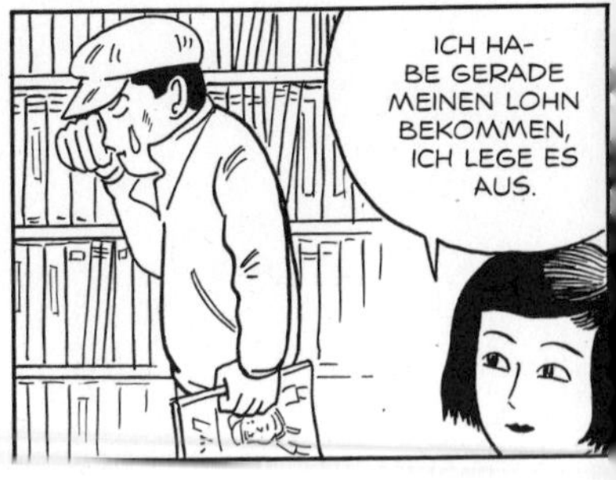
ICH HABE GERADE MEINEN LOHN BEKOMMEN, ICH LEGE ES AUS.

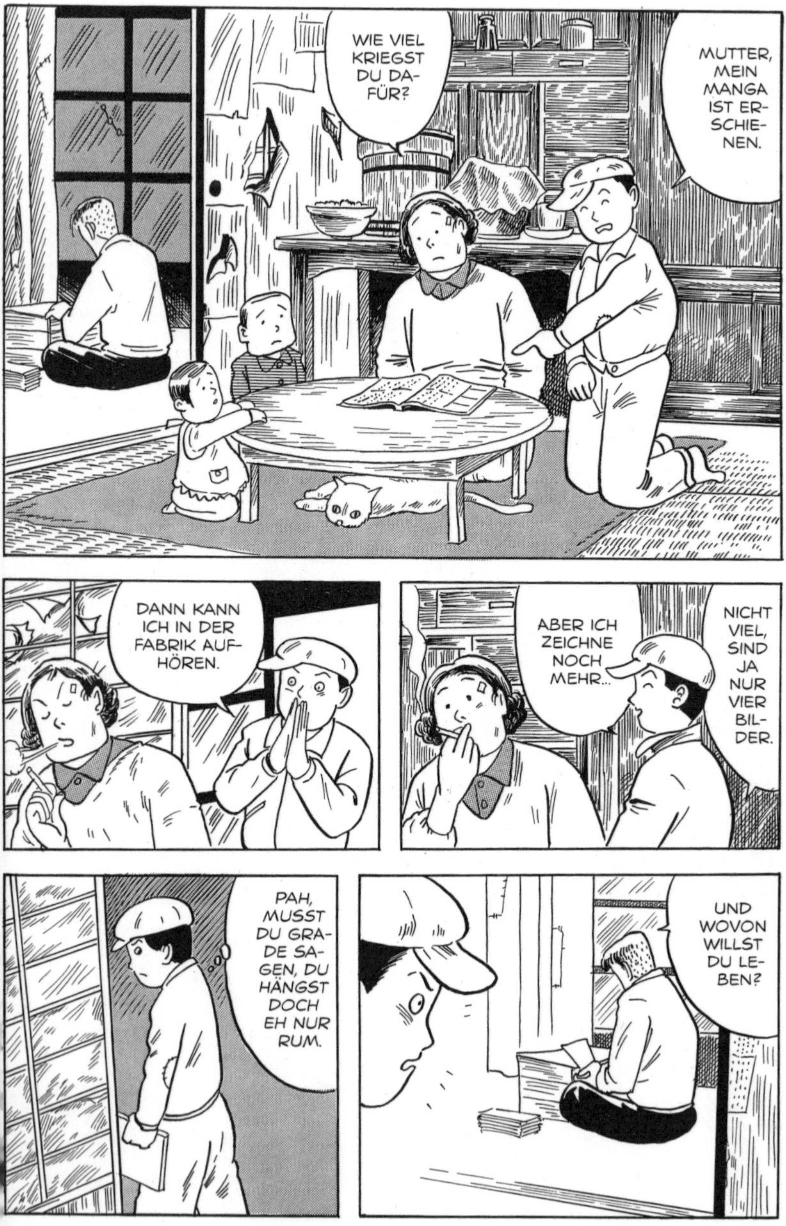

MUTTER, MEIN MANGA IST ERSCHIENEN.

WIE VIEL KRIEGST DU DAFÜR?

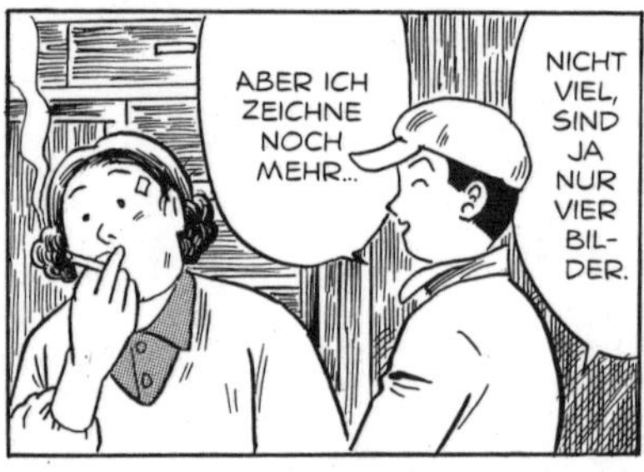

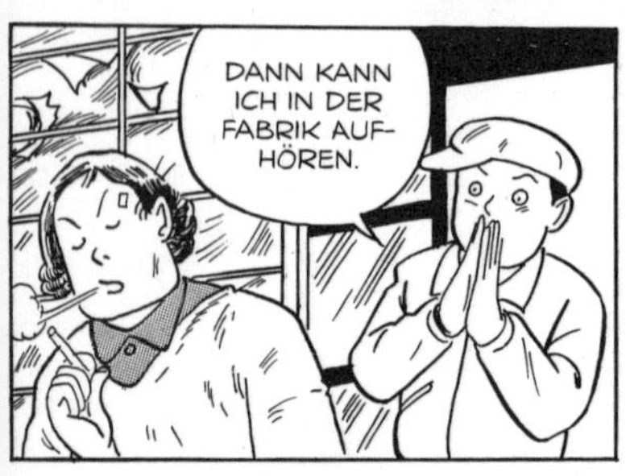

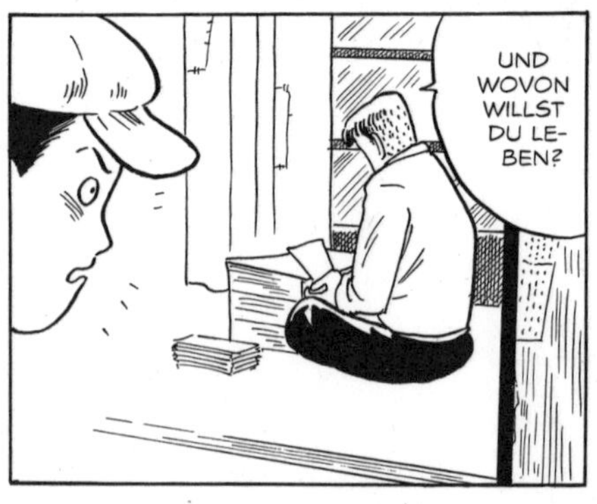

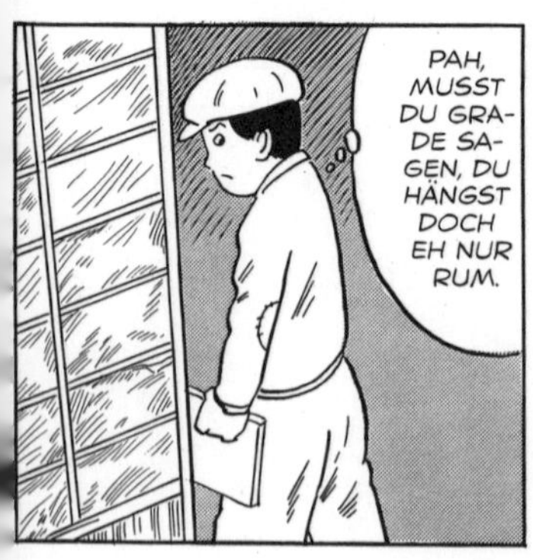

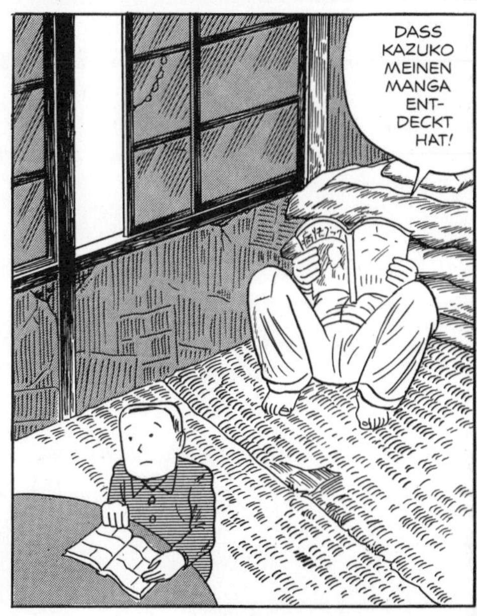

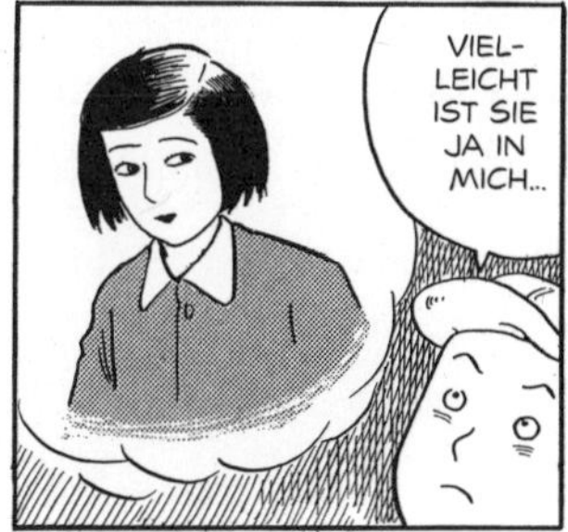

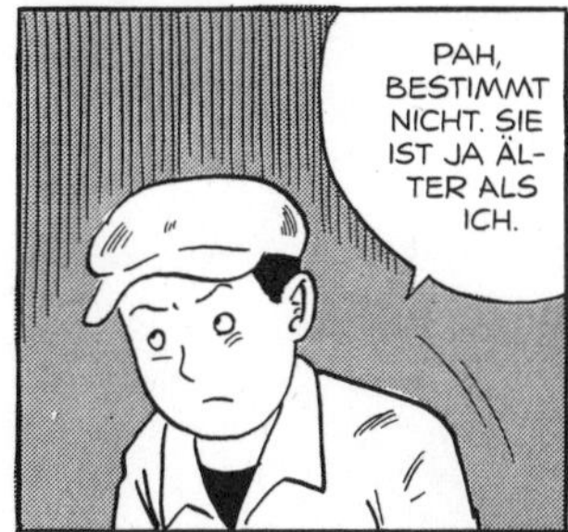

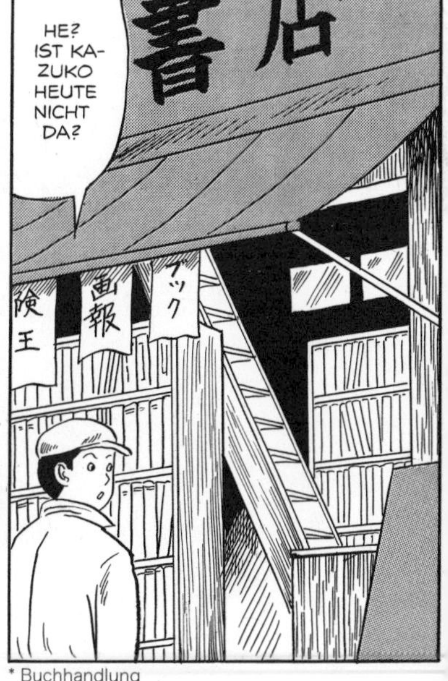

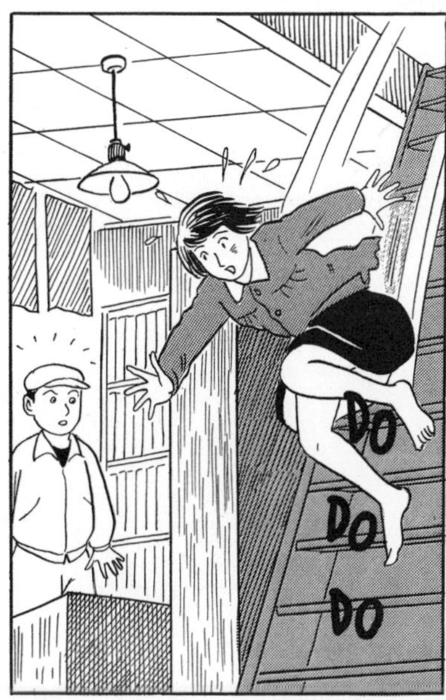

* Buchhandlung

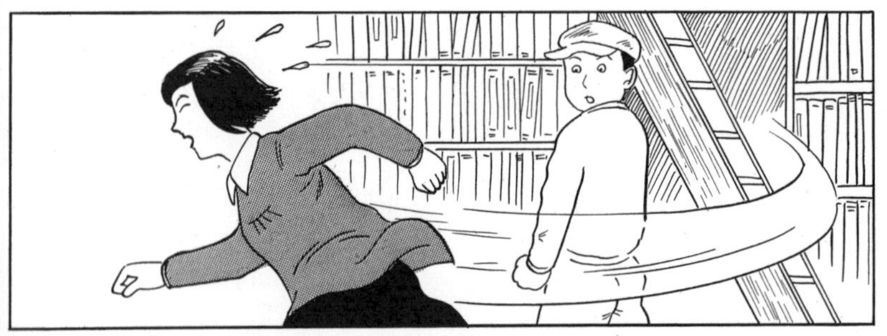

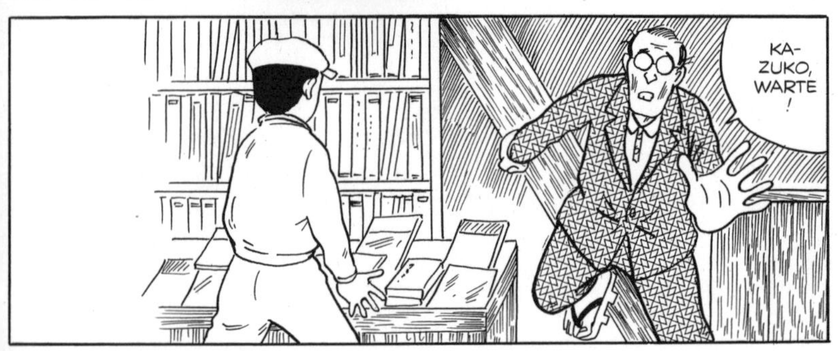
KA-
ZUKO,
WARTE
!

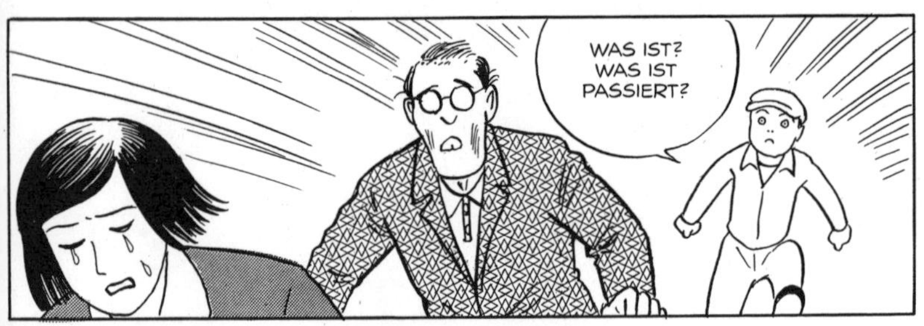
WAS IST?
WAS IST
PASSIERT?

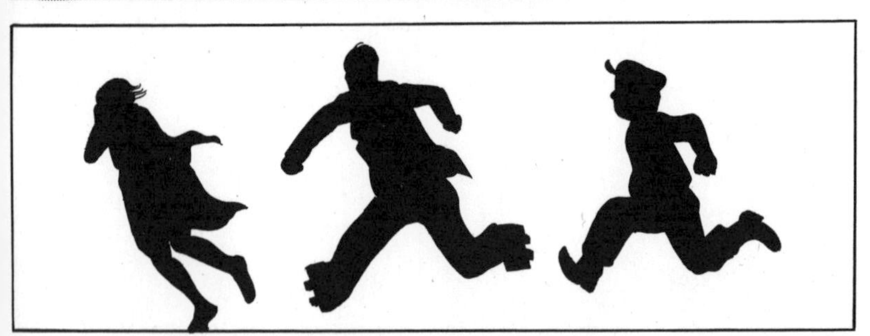

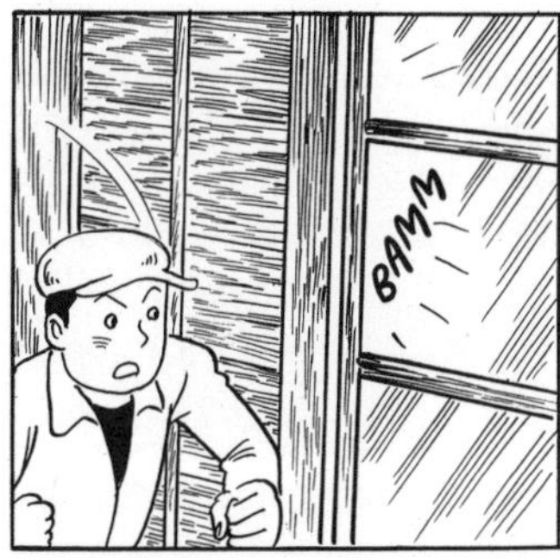
BAMM

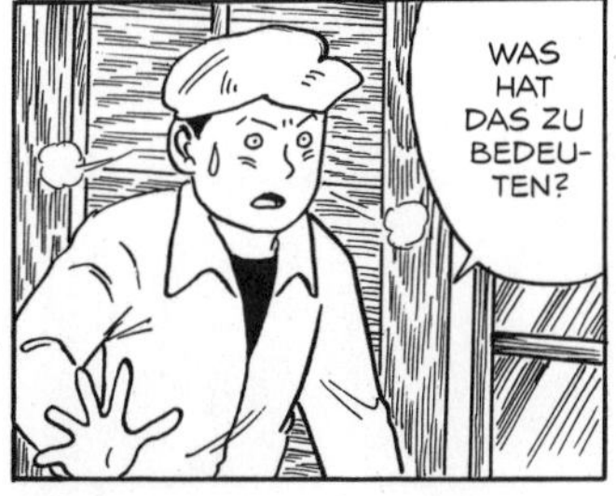
WAS HAT DAS ZU BEDEUTEN?

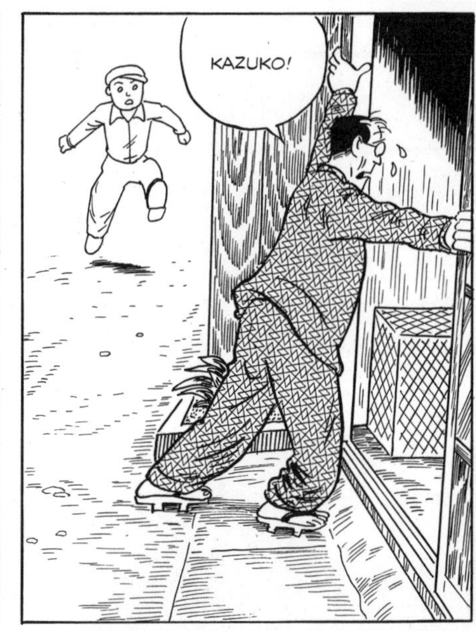
KAZUKO!

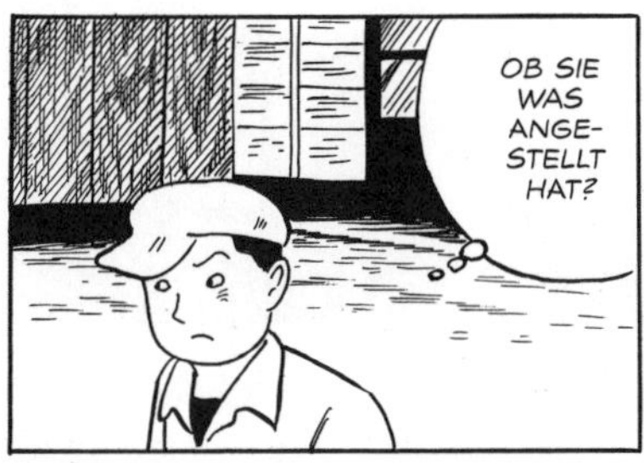
OB SIE WAS ANGESTELLT HAT?

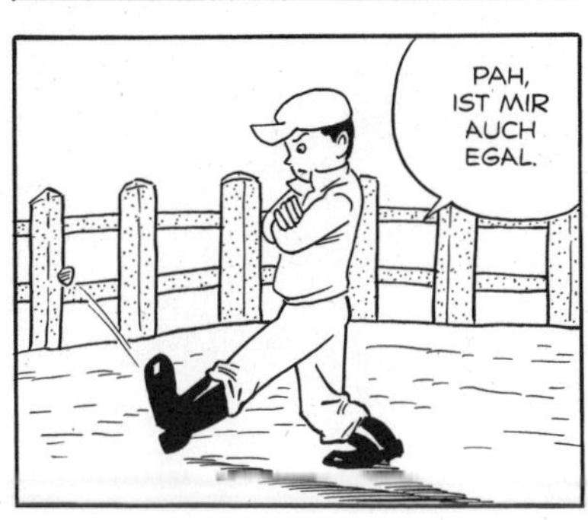
PAH, IST MIR AUCH EGAL.

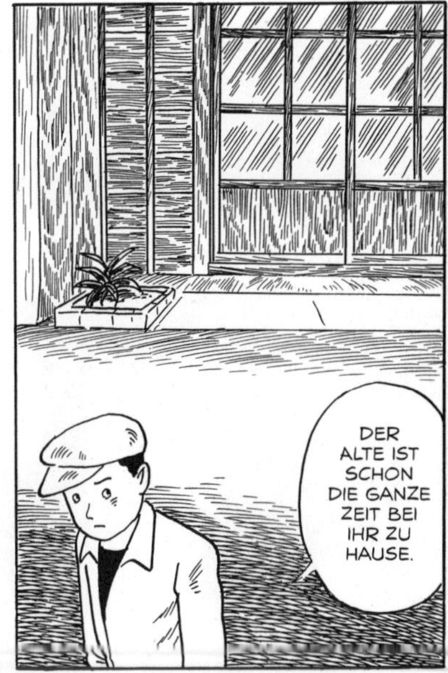
DER ALTE IST SCHON DIE GANZE ZEIT BEI IHR ZU HAUSE.

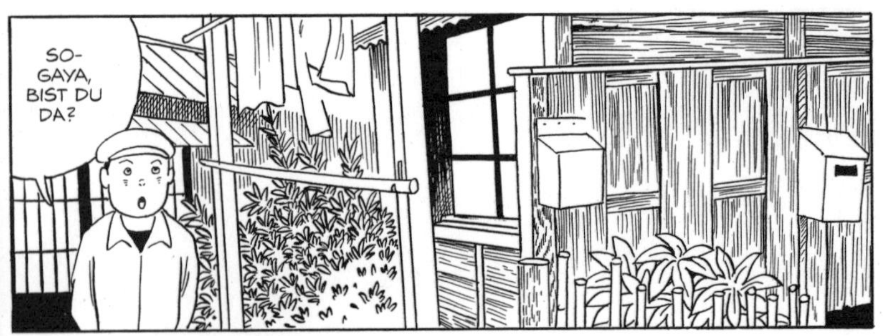
SO-
GAYA,
BIST DU
DA?

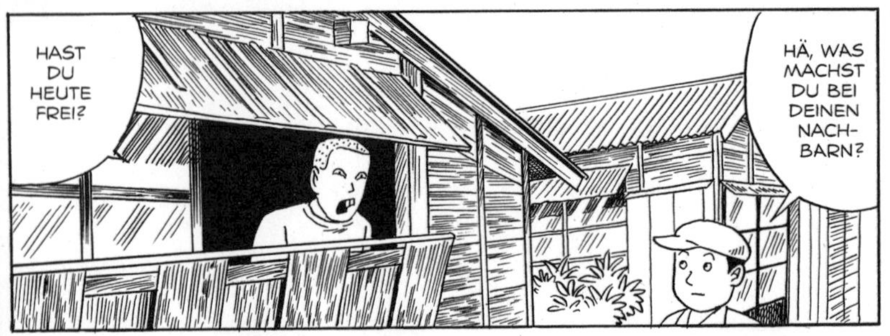
HAST
DU
HEUTE
FREI?
HÄ, WAS
MACHST
DU BEI
DEINEN
NACH-
BARN?

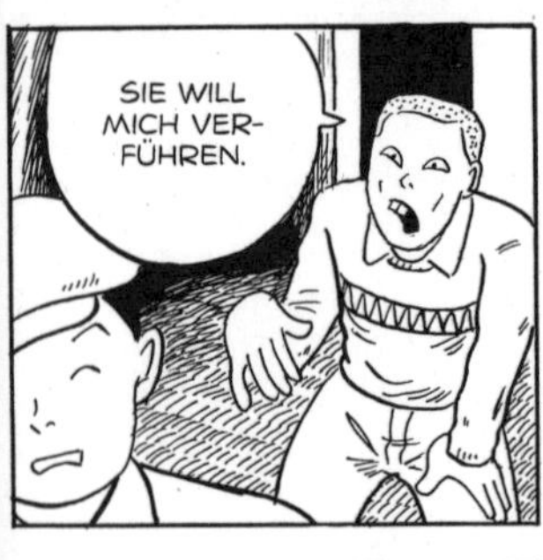
SIE WILL
MICH VER-
FÜHREN.

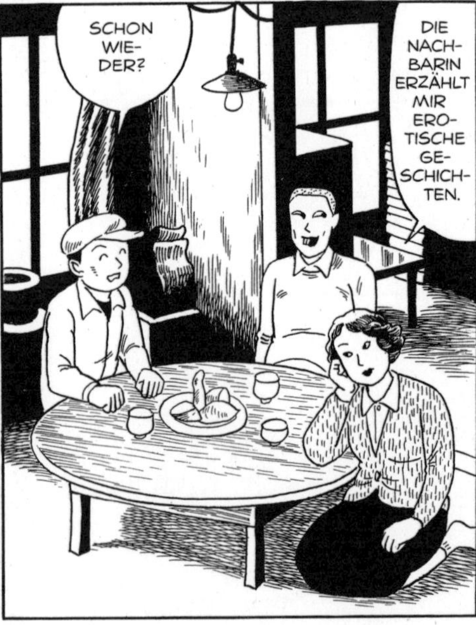
DIE
NACH-
BARIN
ERZÄHLT
MIR
ERO-
TISCHE
GE-
SCHICH-
TEN.
SCHON
WIE-
DER?

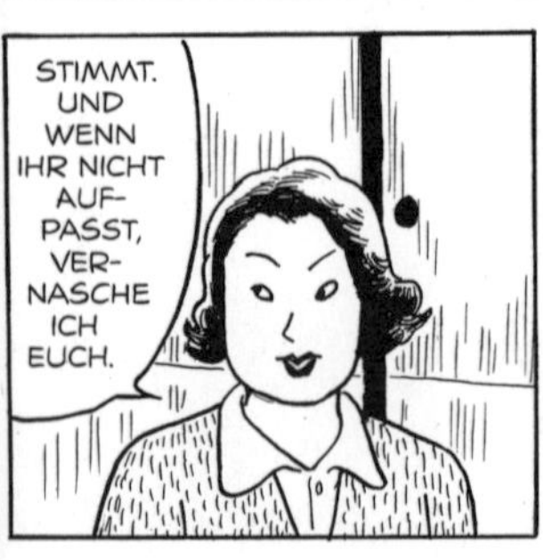
STIMMT.
UND
WENN
IHR NICHT
AUF-
PASST,
VER-
NASCHE
ICH
EUCH.

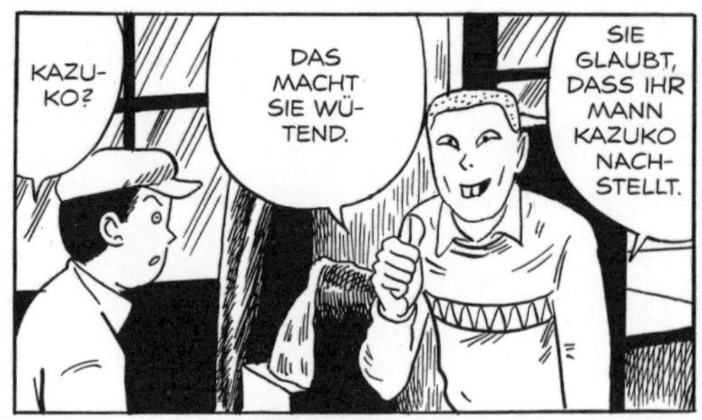
SIE GLAUBT, DASS IHR MANN KAZUKO NACHSTELLT.
KAZUKO?
DAS MACHT SIE WÜTEND.

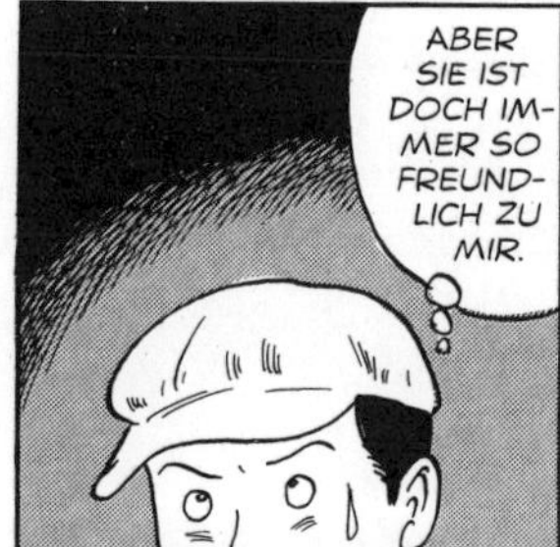
ABER SIE IST DOCH IMMER SO FREUNDLICH ZU MIR.

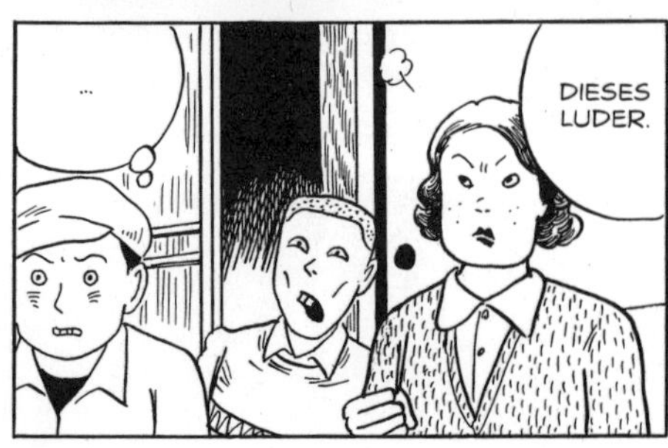
DIESES LUDER.
...

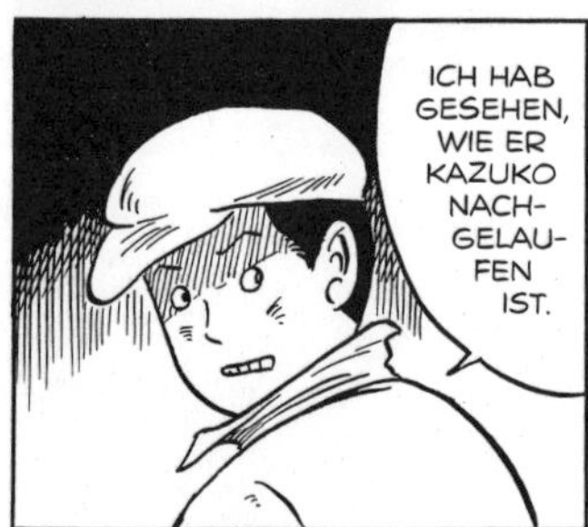
ICH HAB GESEHEN, WIE ER KAZUKO NACHGELAUFEN IST.

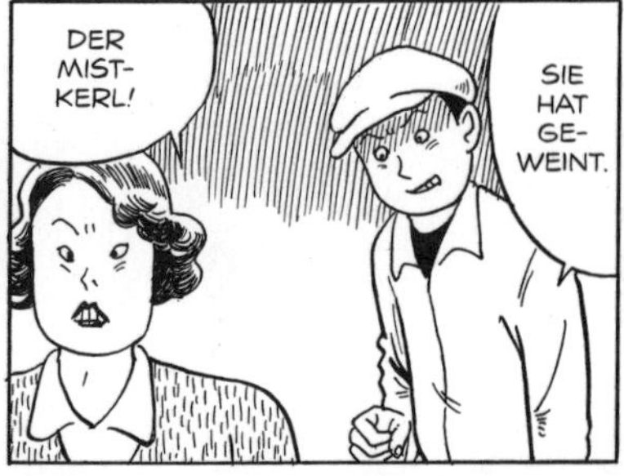
SIE HAT GEWEINT.
DER MISTKERL!

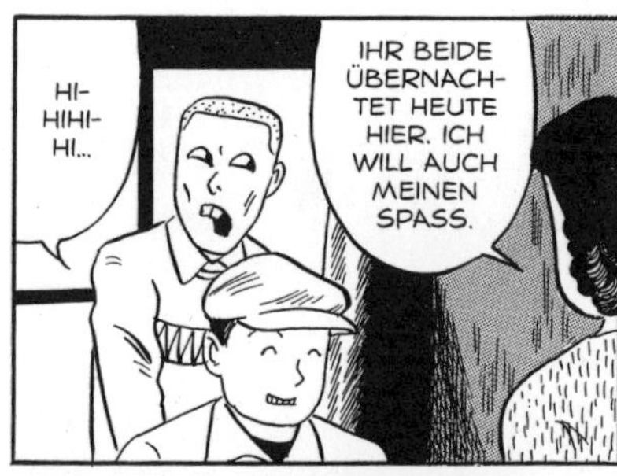
IHR BEIDE ÜBERNACHTET HEUTE HIER. ICH WILL AUCH MEINEN SPASS.
HIHIHIHI...

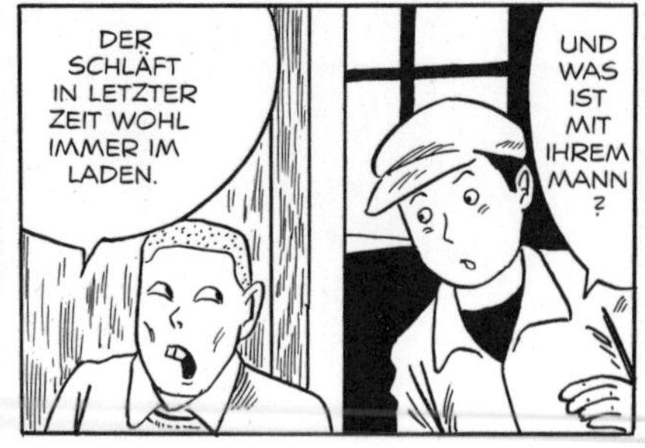
UND WAS IST MIT IHREM MANN?
DER SCHLÄFT IN LETZTER ZEIT WOHL IMMER IM LADEN.

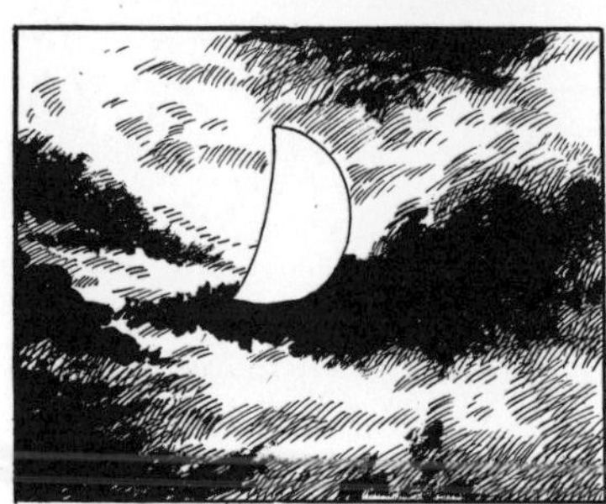

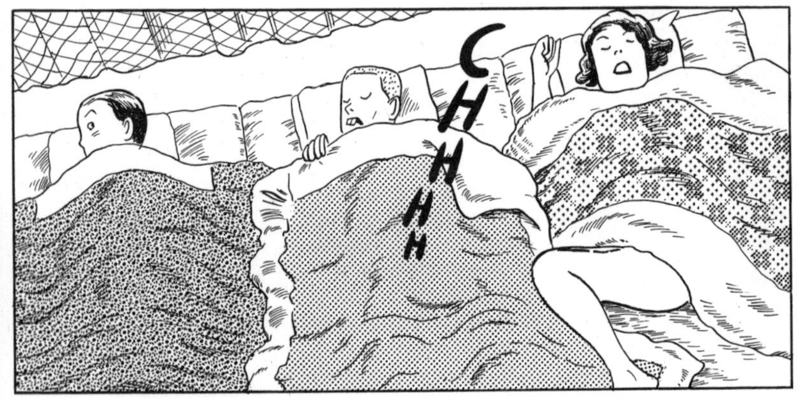
CHHHHH

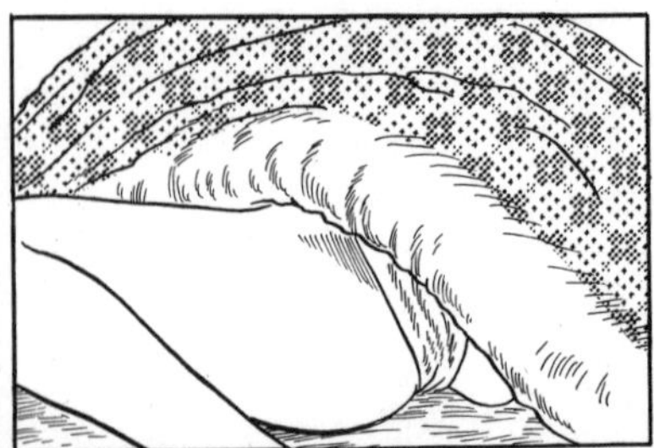

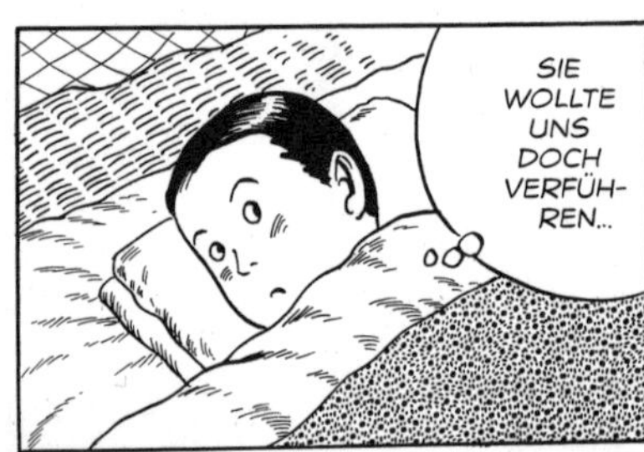
SIE WOLLTE UNS DOCH VERFÜHREN...

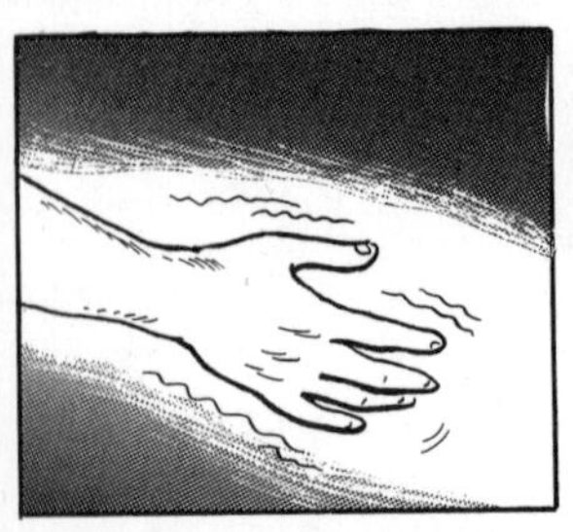

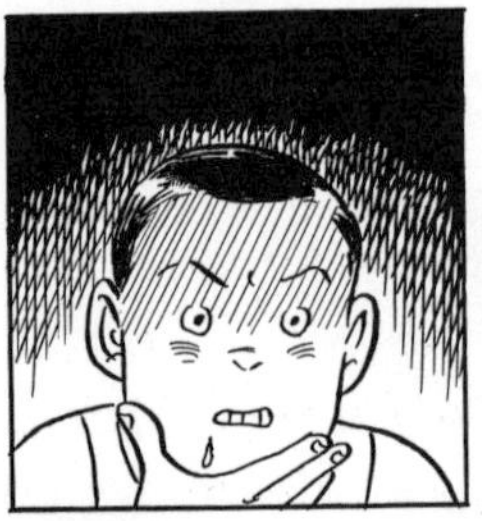

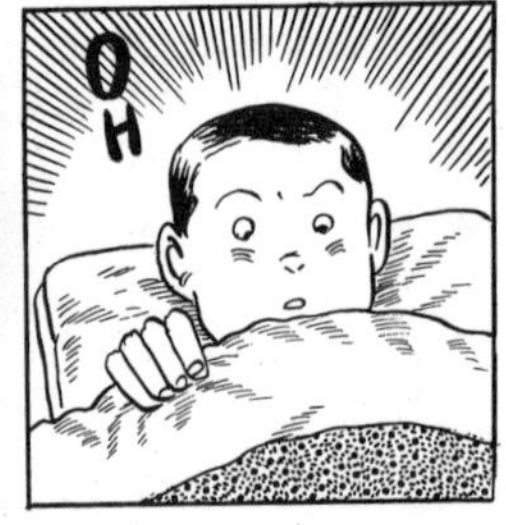
OH

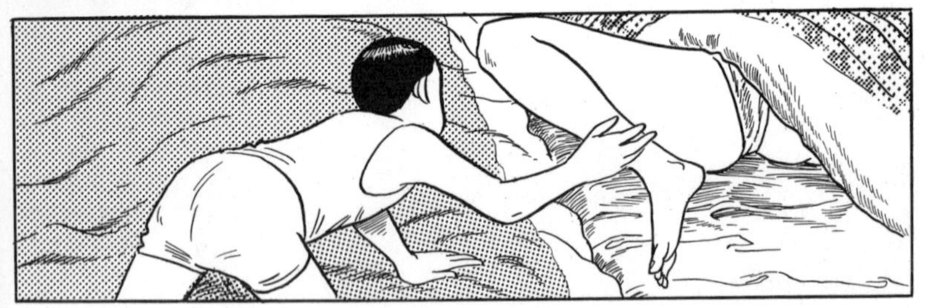

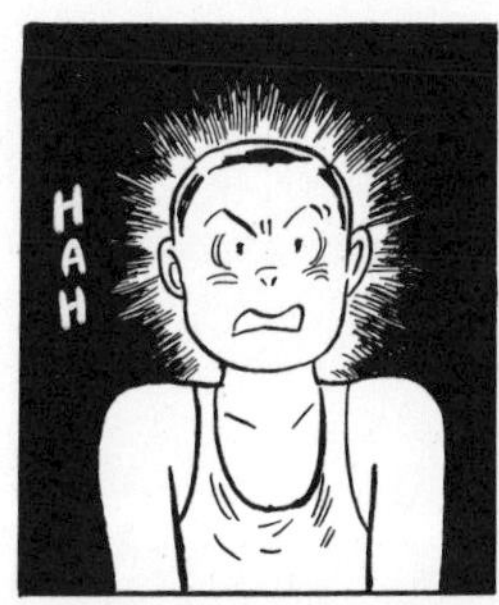
HAH

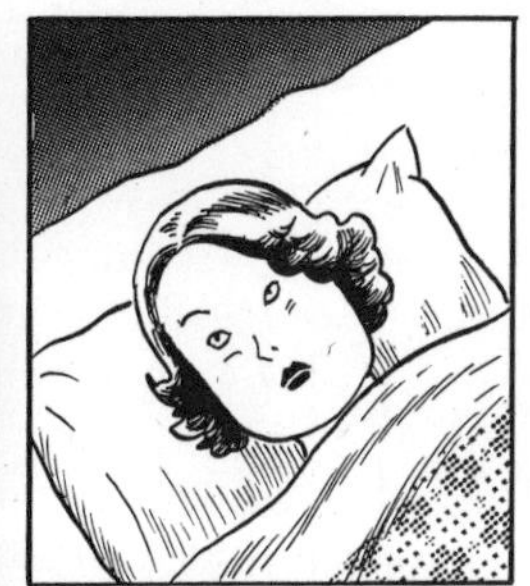

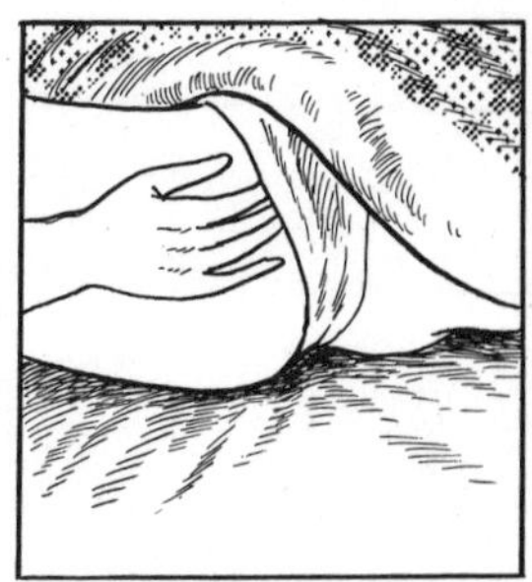

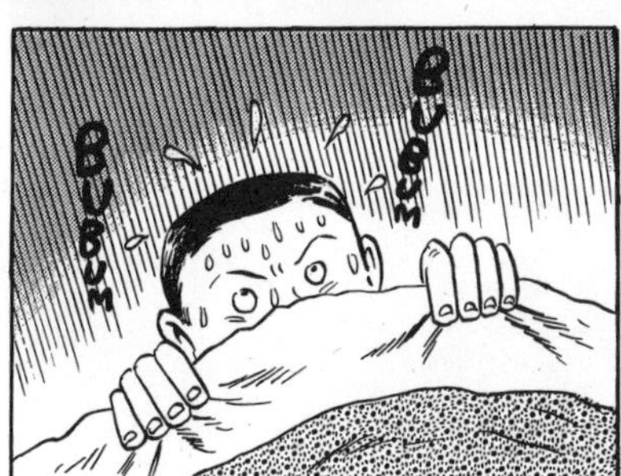
BUBUM
BUBUM

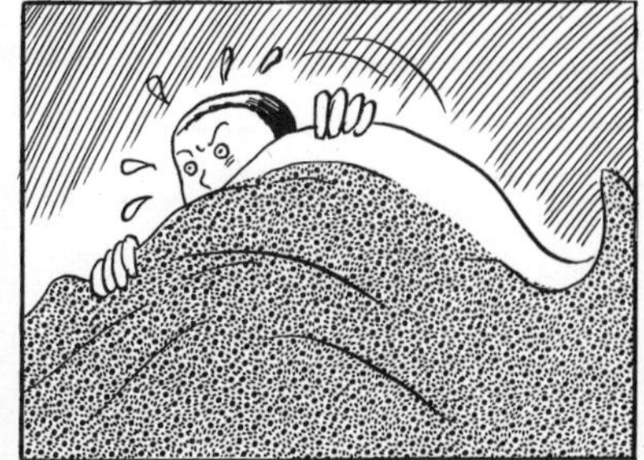

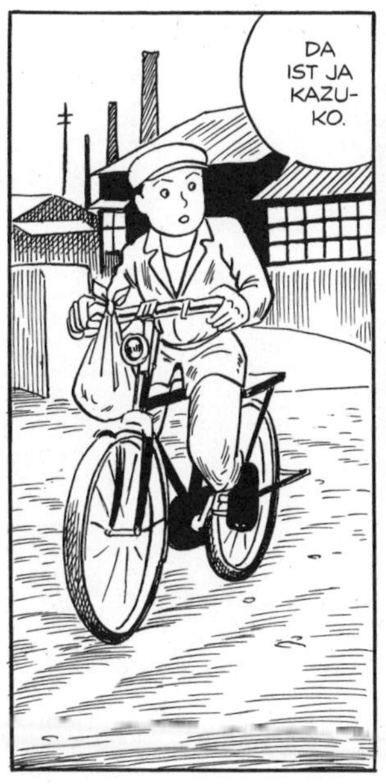
DA IST JA KAZUKO.

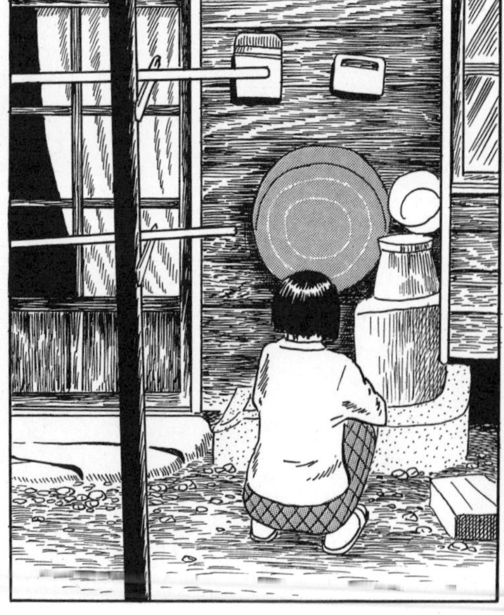

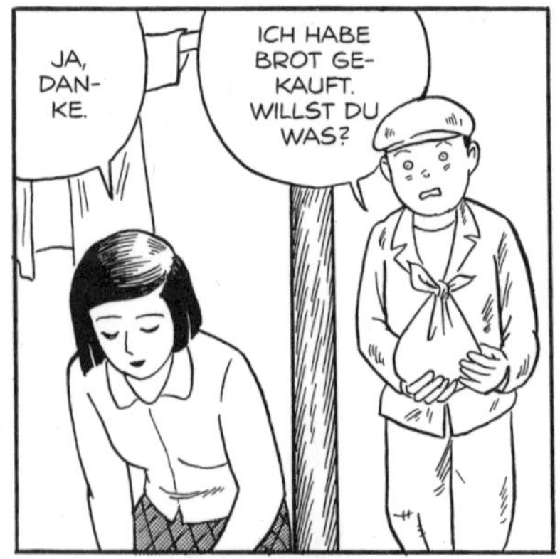
ICH HABE BROT GE-KAUFT. WILLST DU WAS?
JA, DAN-KE.

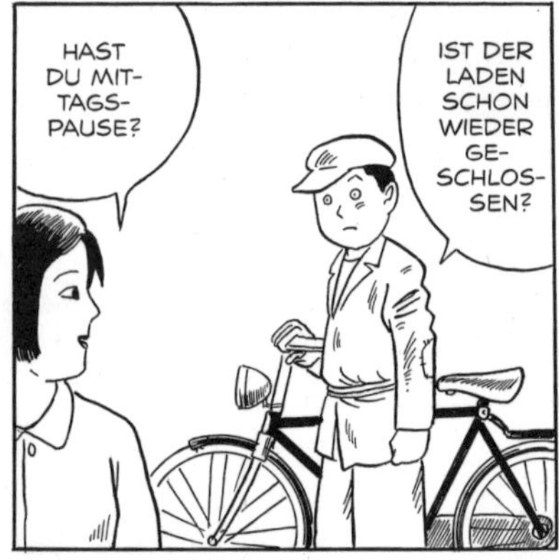
IST DER LADEN SCHON WIEDER GE-SCHLOS-SEN?
HAST DU MIT-TAGS-PAUSE?

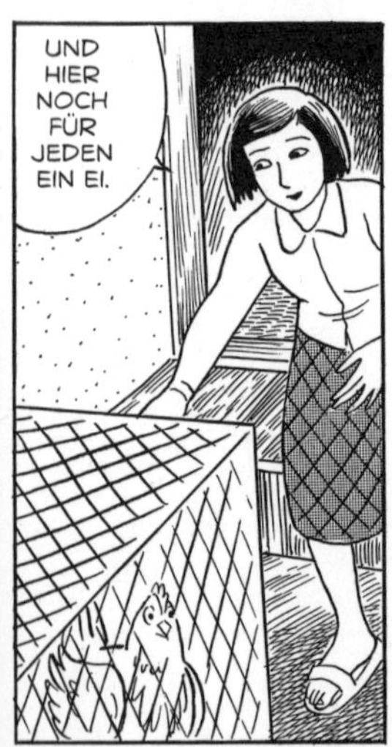
UND HIER NOCH FÜR JEDEN EIN EI.

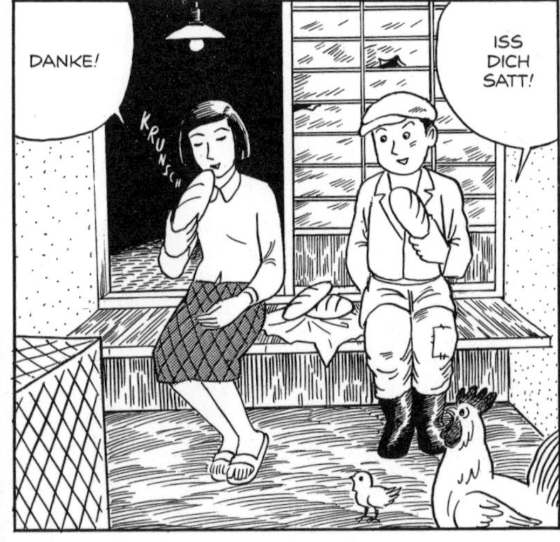
ISS DICH SATT!
DANKE!
KRUNSCH

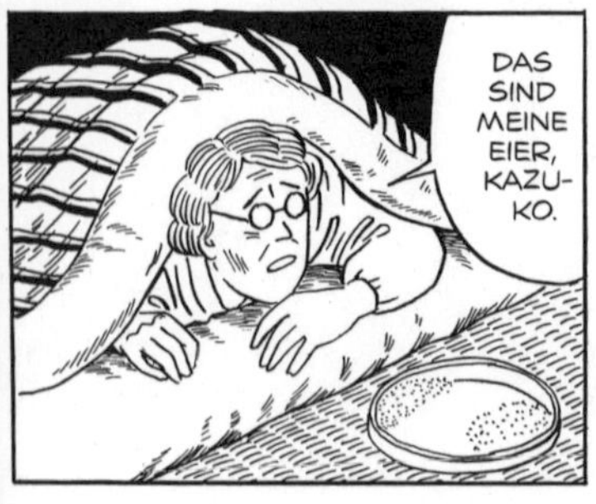
DAS SIND MEINE EIER, KAZU-KO.

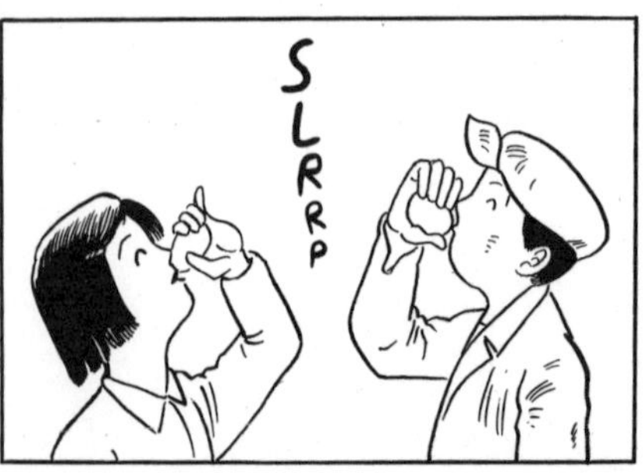
SLRRP

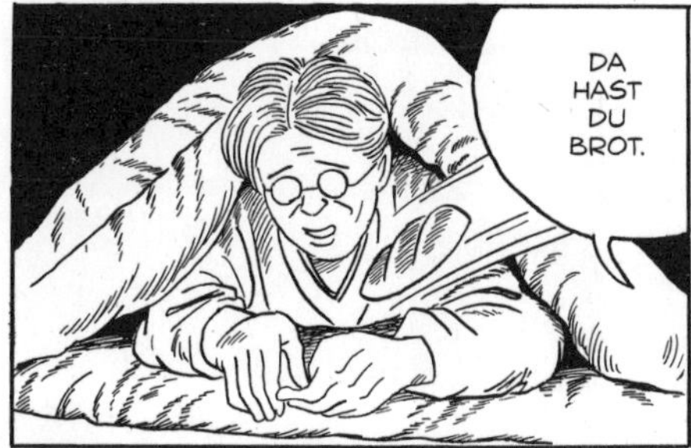
DA HAST DU BROT.

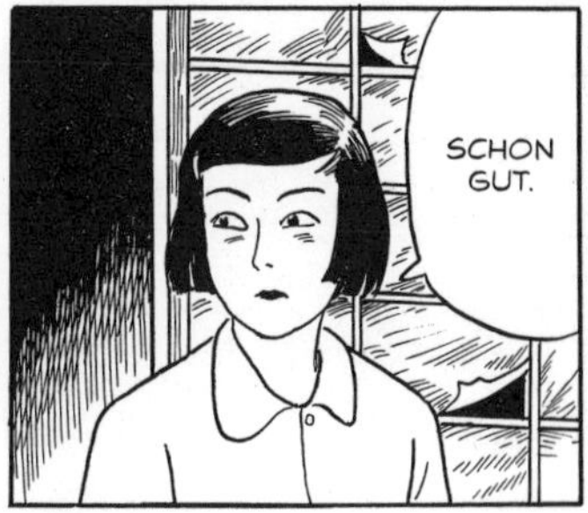
SCHON GUT.

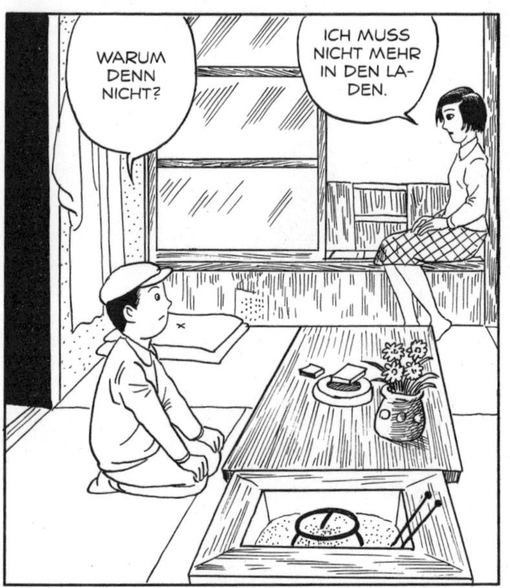
ICH MUSS NICHT MEHR IN DEN LA- DEN.
WARUM DENN NICHT?

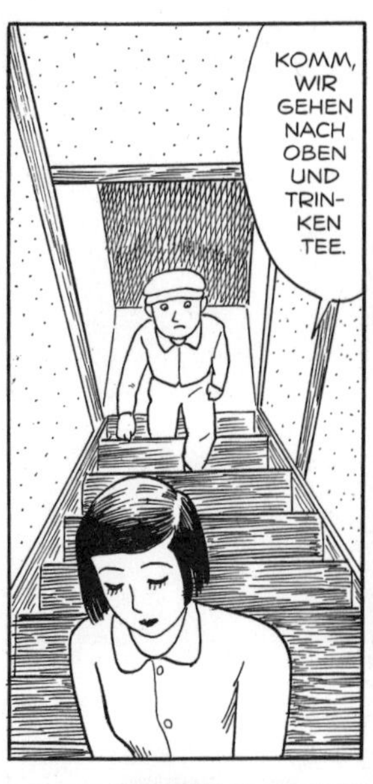
KOMM, WIR GEHEN NACH OBEN UND TRIN- KEN TEE.

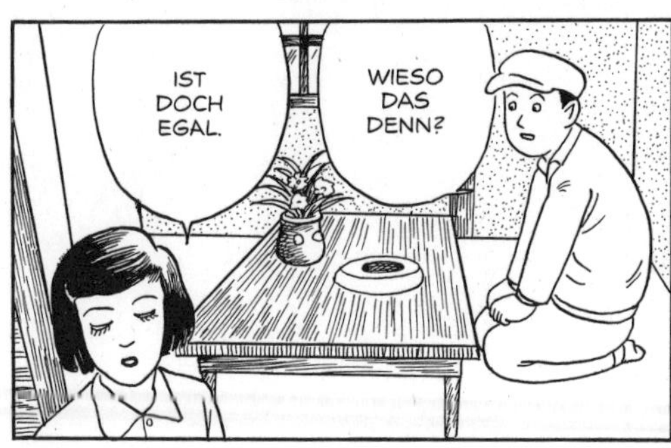
WIESO DAS DENN?
IST DOCH EGAL.

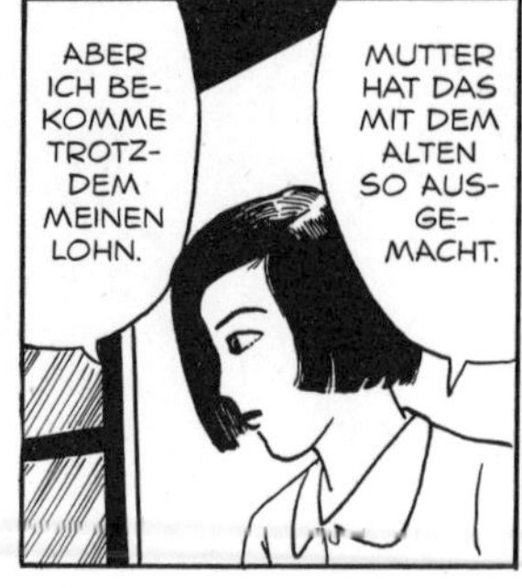
MUTTER HAT DAS MIT DEM ALTEN SO AUS- GE- MACHT.
ABER ICH BE- KOMME TROTZ- DEM MEINEN LOHN.

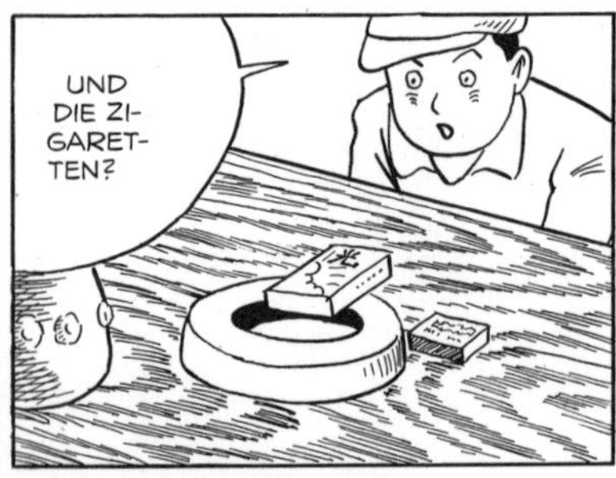
UND DIE ZIGARETTEN?
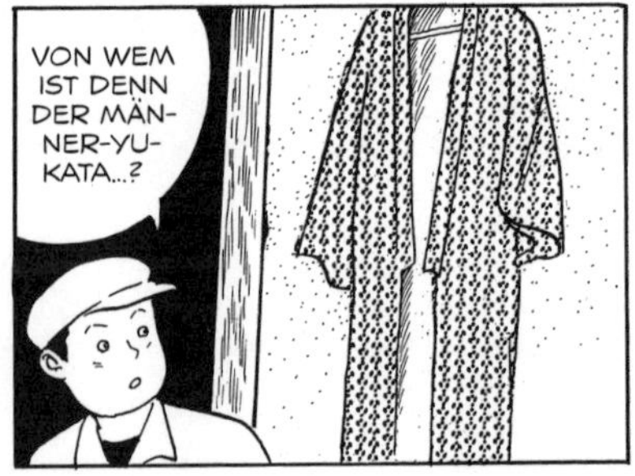
VON WEM IST DENN DER MÄNNER-YUKATA...?
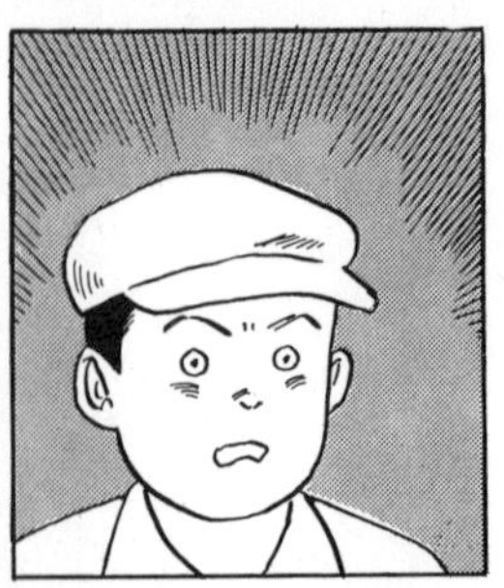
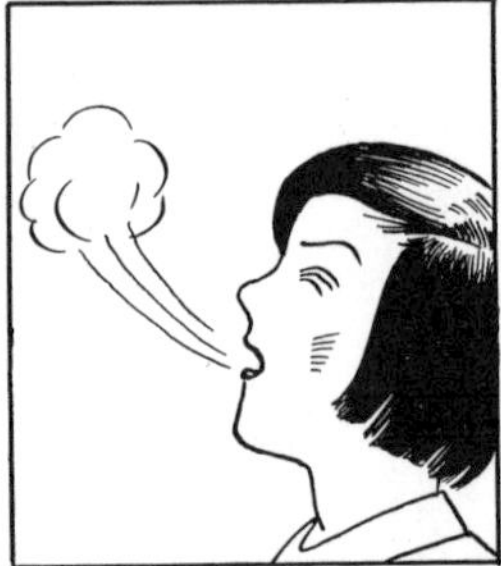
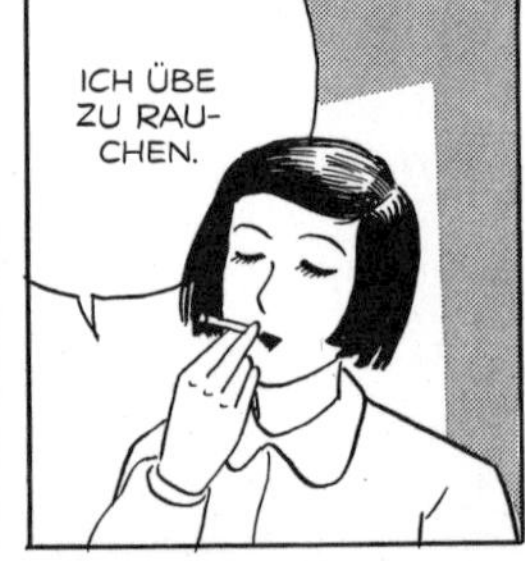
ICH ÜBE ZU RAUCHEN.
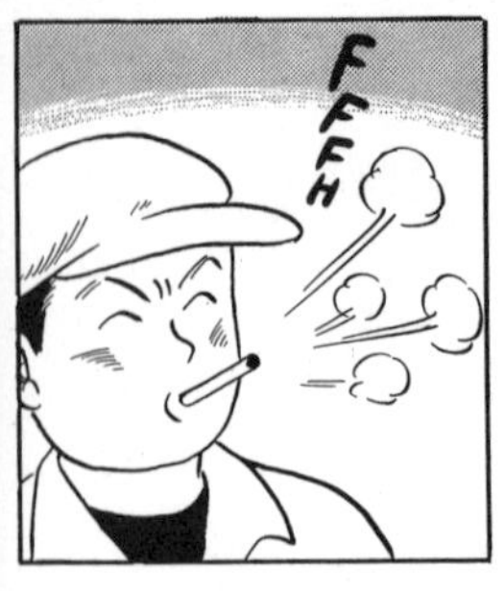
FFFH
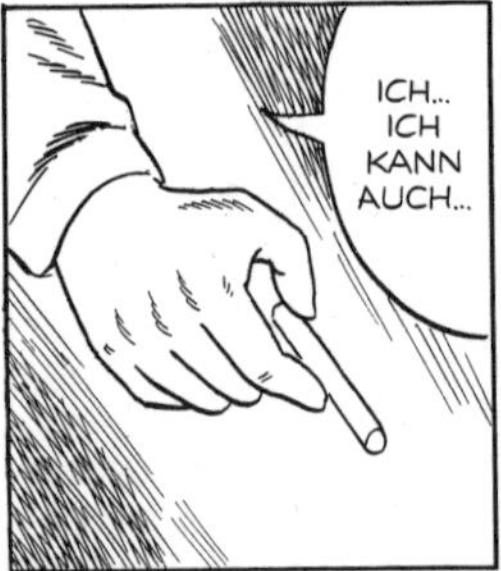
ICH... ICH KANN AUCH...
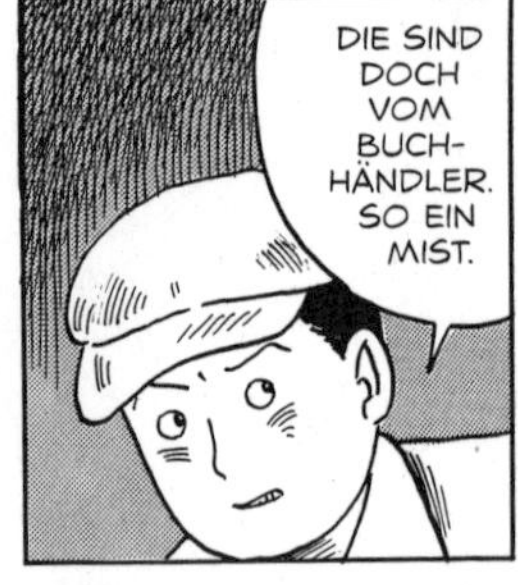
DIE SIND DOCH VOM BUCHHÄNDLER. SO EIN MIST.
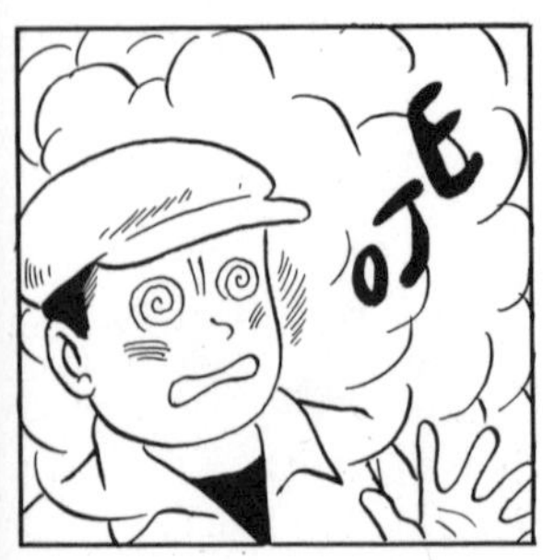
OJE
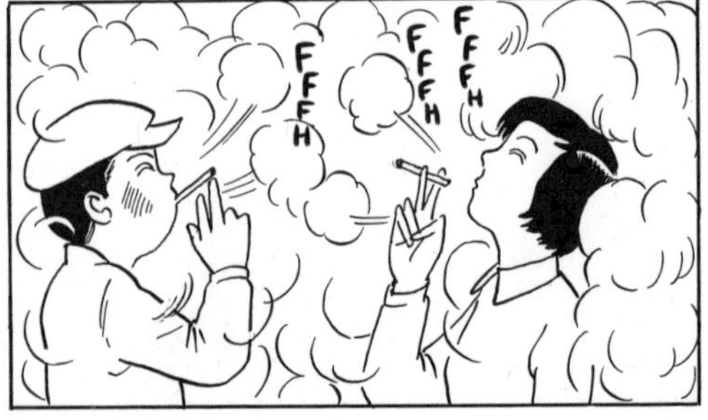
FFFH
FFFH
FFFH

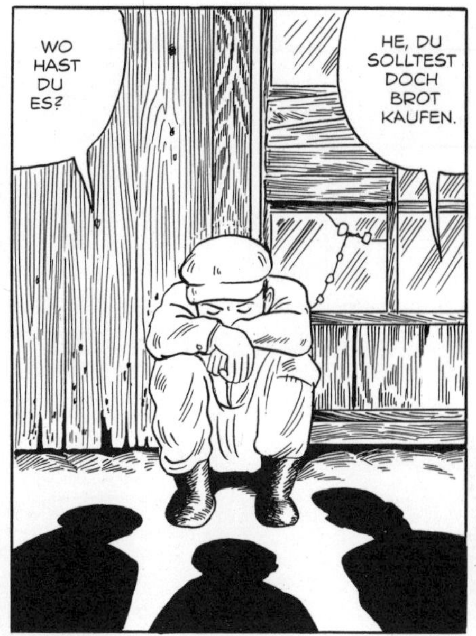
HE, DU SOLLTEST DOCH BROT KAUFEN.
WO HAST DU ES?

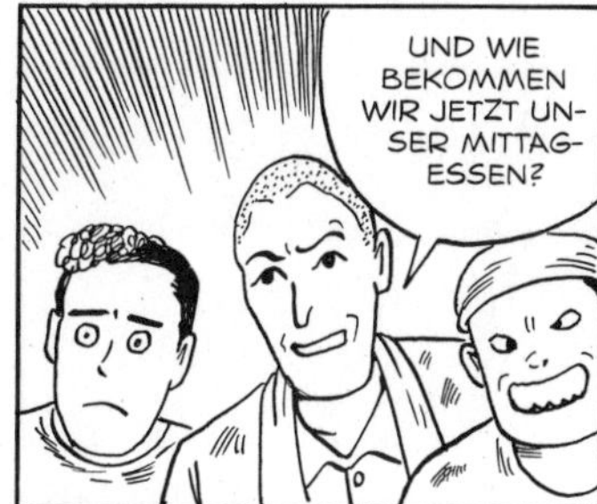
UND WIE BEKOMMEN WIR JETZT UN-SER MITTAG-ESSEN?

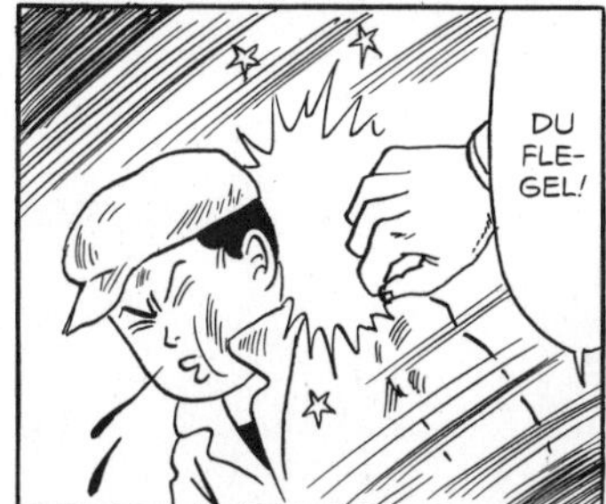
DU FLE-GEL!

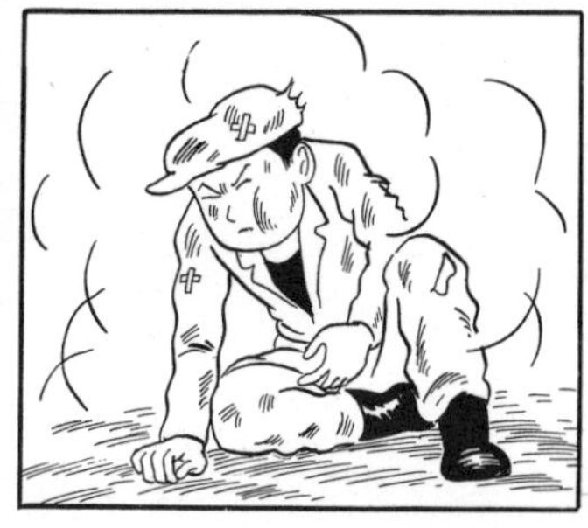

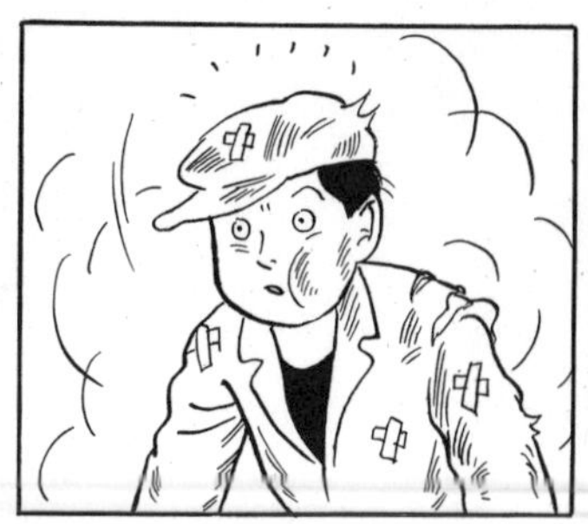

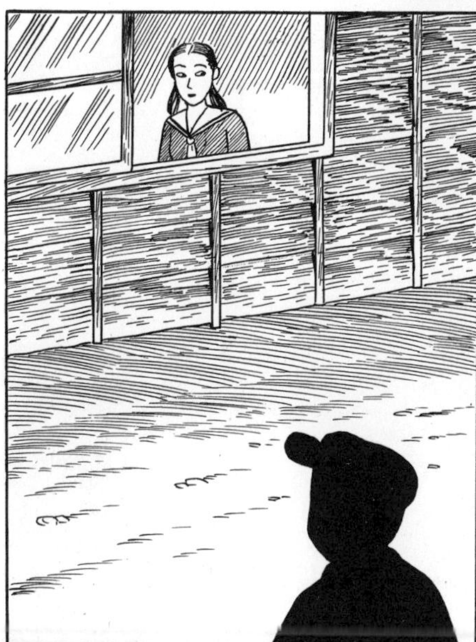

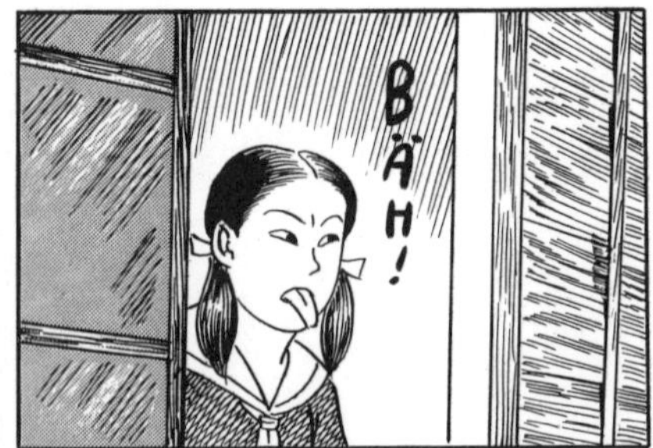
BÄH!

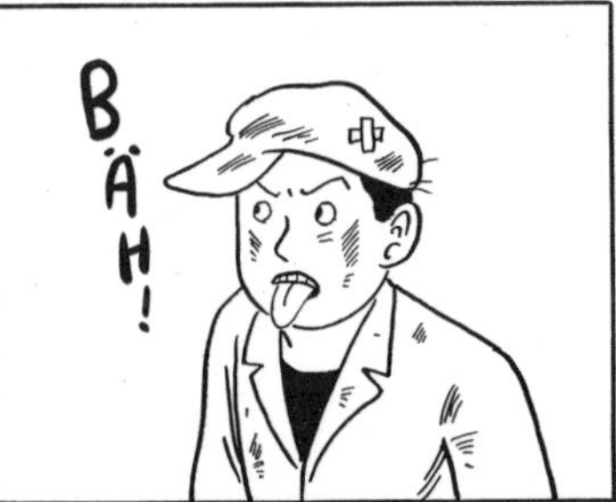
BÄH!

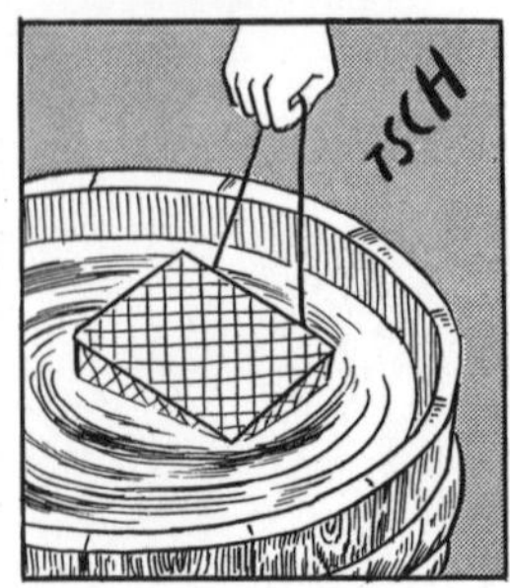
TSCH

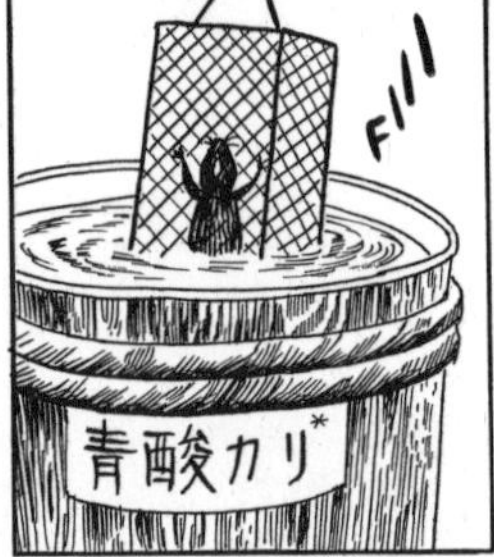
FIII
青酸カリ*

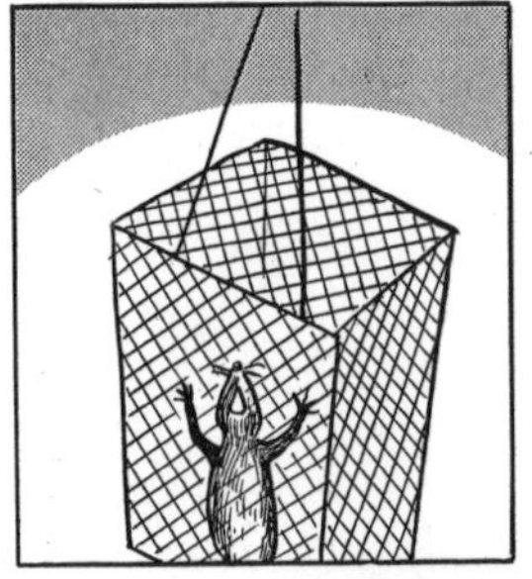

* Zyankali

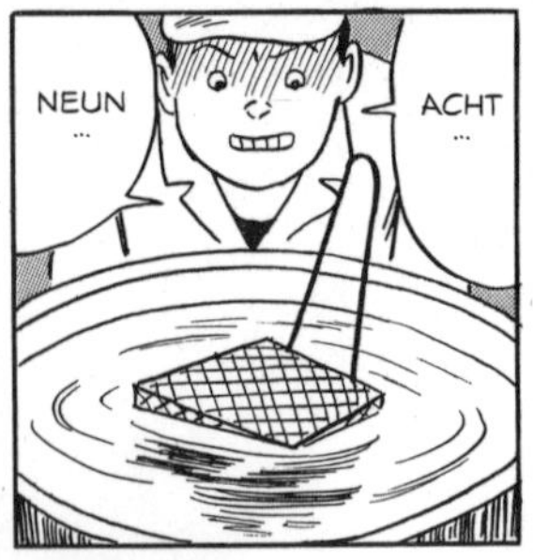
ACHT ...
NEUN ...

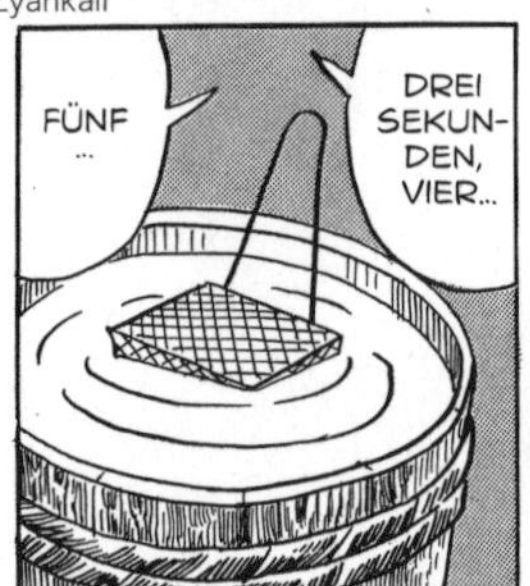
DREI SEKUNDEN, VIER...
FÜNF ...

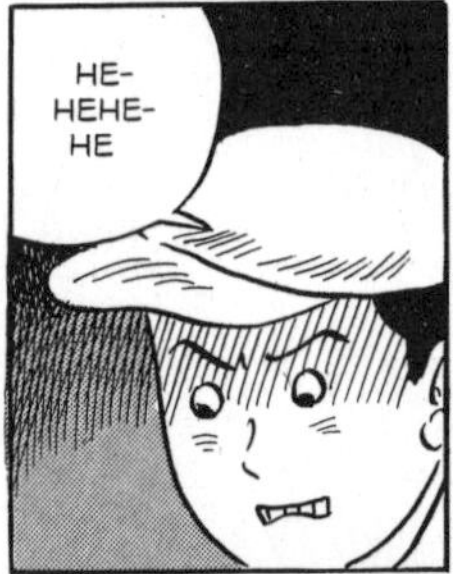
HE-HEHE-HE

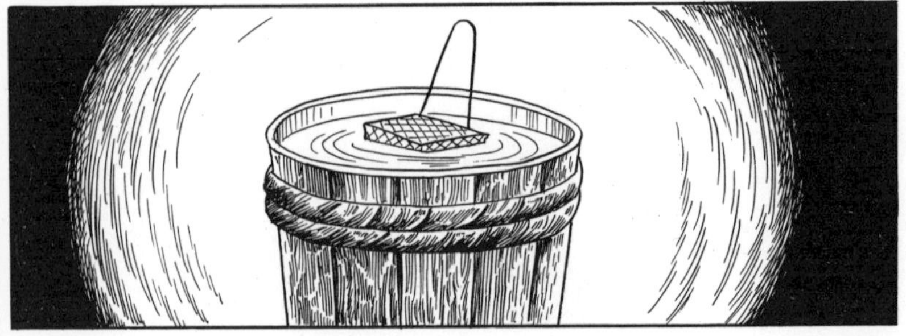

Der Gecko

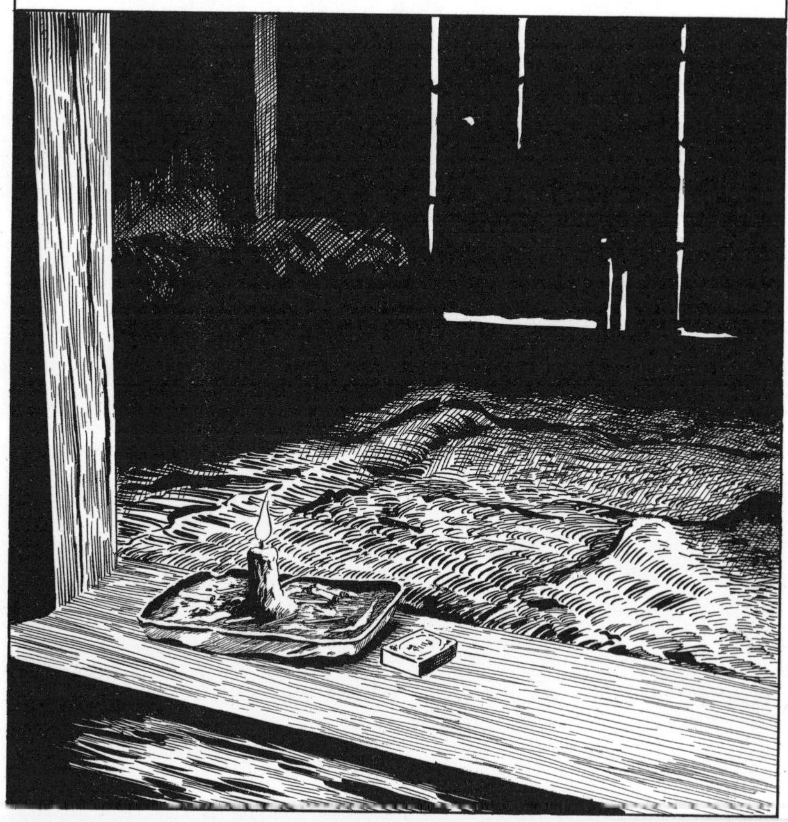

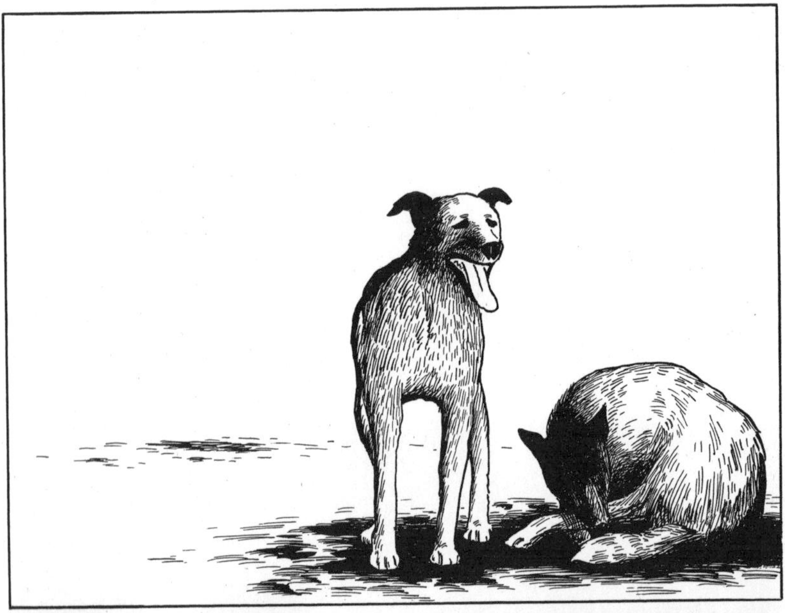

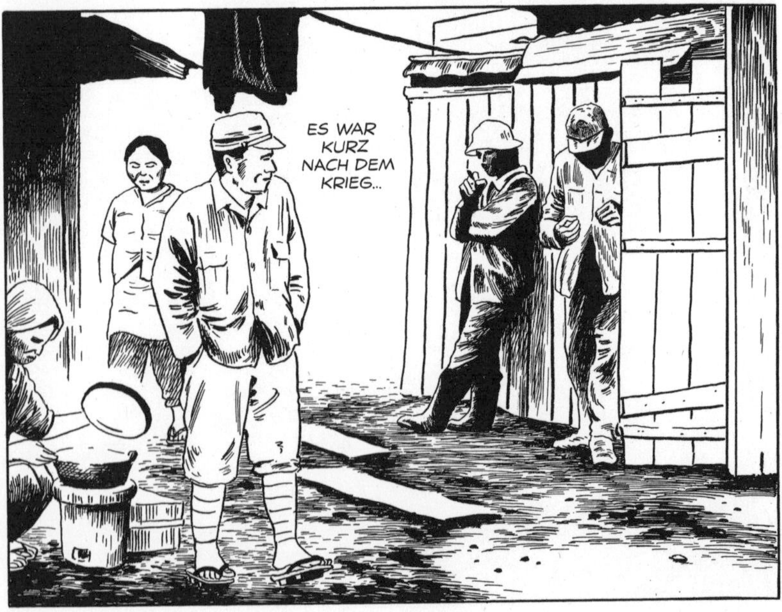

ES WAR
KURZ
NACH DEM
KRIEG...

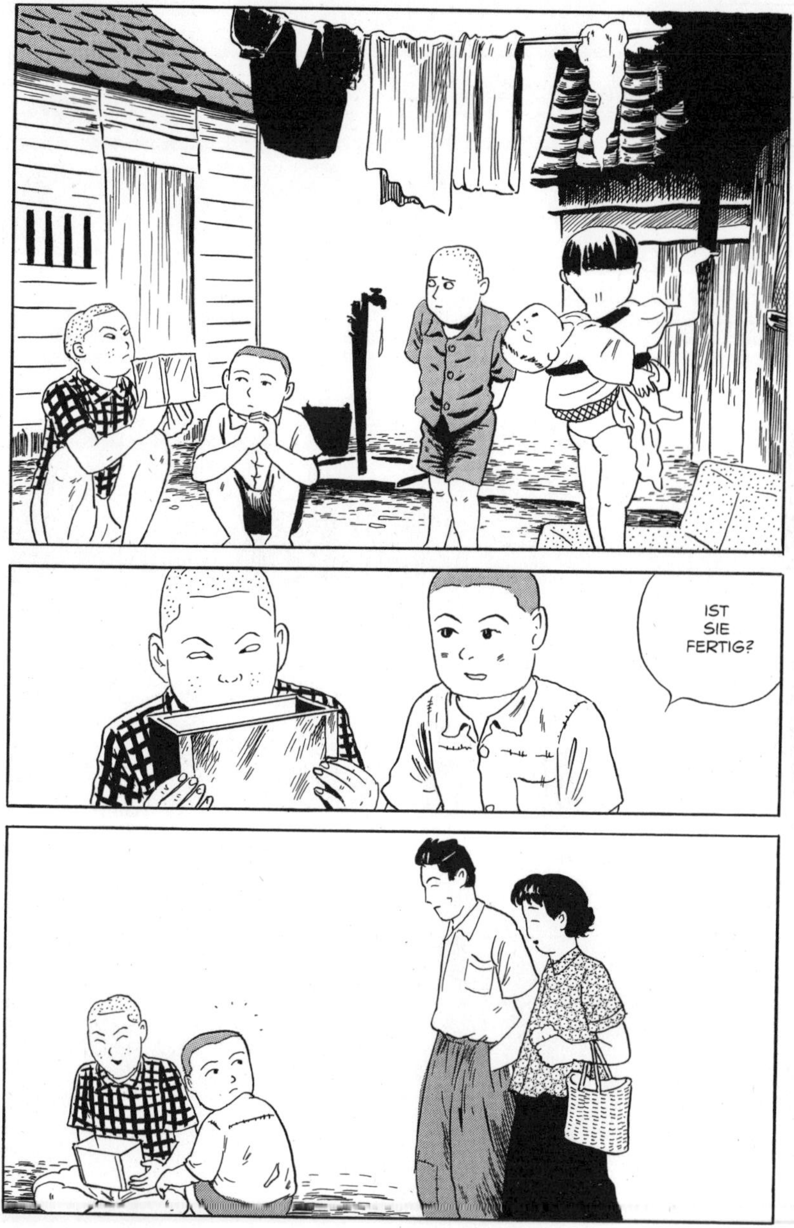

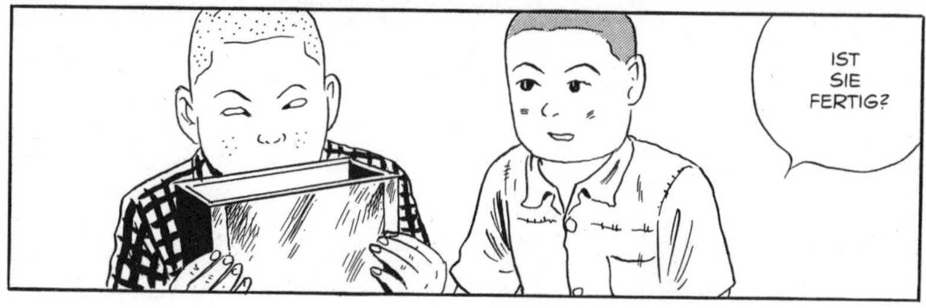
IST
SIE
FERTIG?

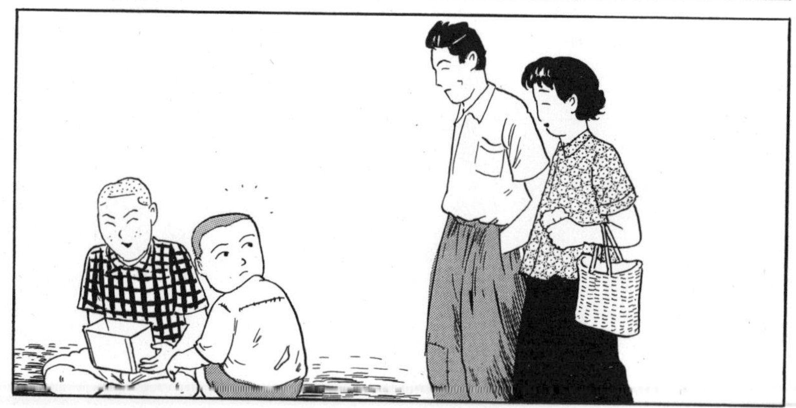

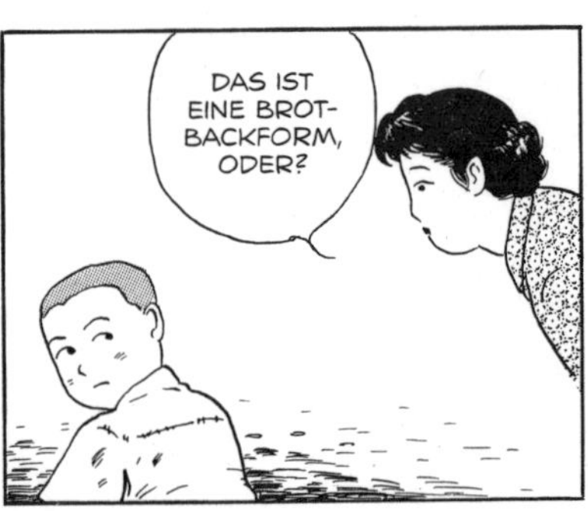
DAS IST EINE BROT-BACKFORM, ODER?

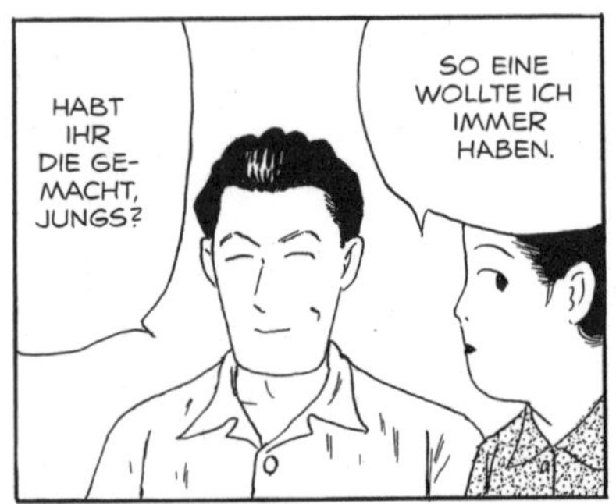
SO EINE WOLLTE ICH IMMER HABEN.
HABT IHR DIE GE-MACHT, JUNGS?

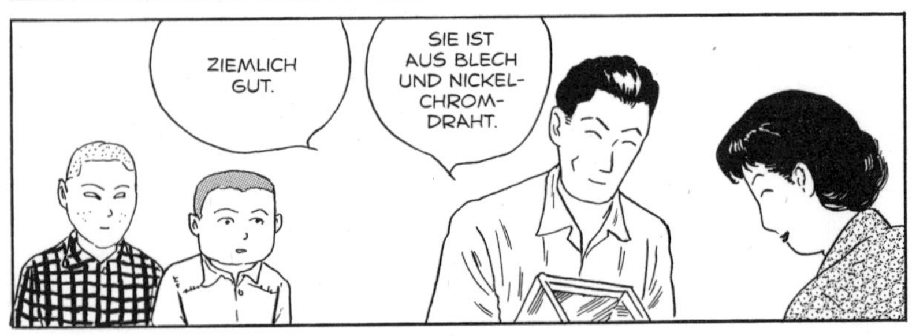
SIE IST AUS BLECH UND NICKEL-CHROM-DRAHT.
ZIEMLICH GUT.

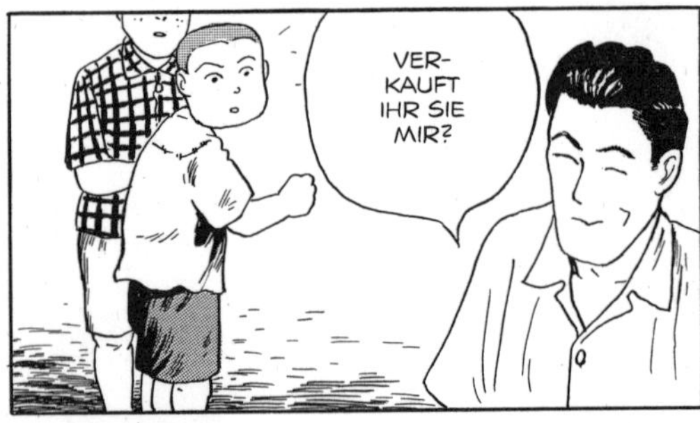
VER-KAUFT IHR SIE MIR?

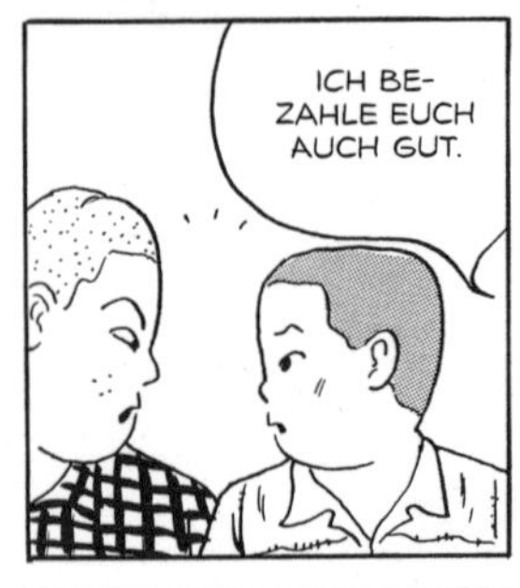
ICH BE-ZAHLE EUCH AUCH GUT.

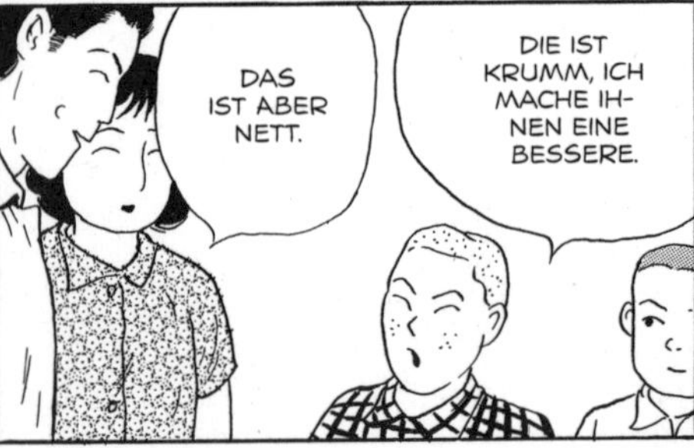
DIE IST KRUMM, ICH MACHE IH-NEN EINE BESSERE.
DAS IST ABER NETT.

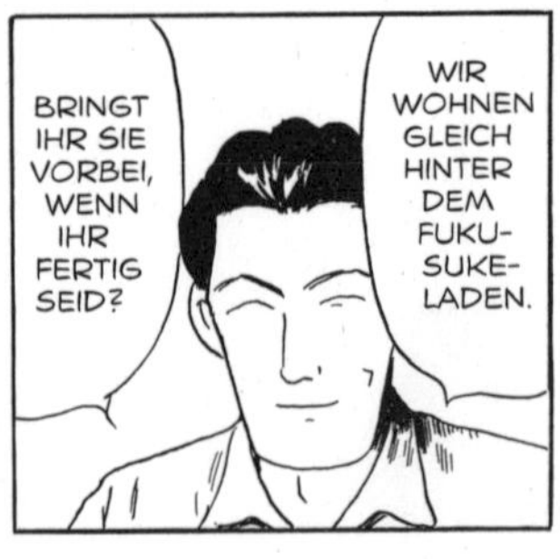
WIR WOHNEN GLEICH HINTER DEM FUKU-SUKE-LADEN.
BRINGT IHR SIE VORBEI, WENN IHR FERTIG SEID?

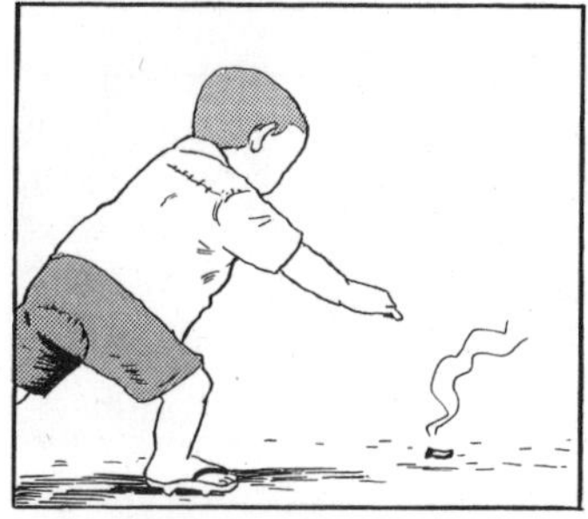

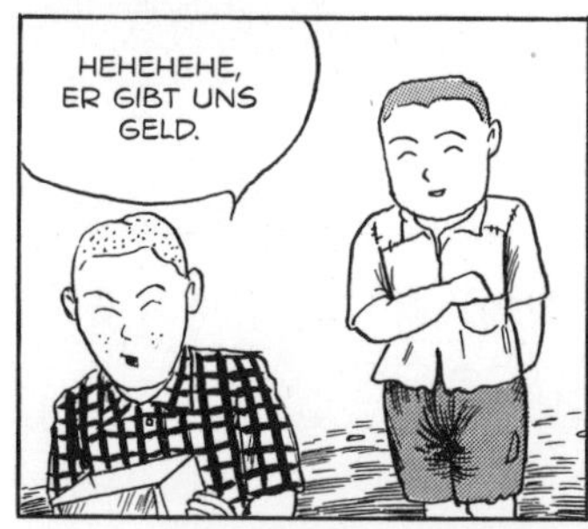
HEHEHEHE, ER GIBT UNS GELD.

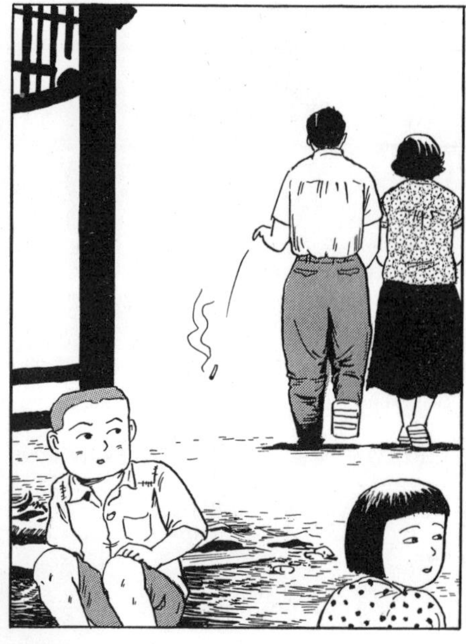

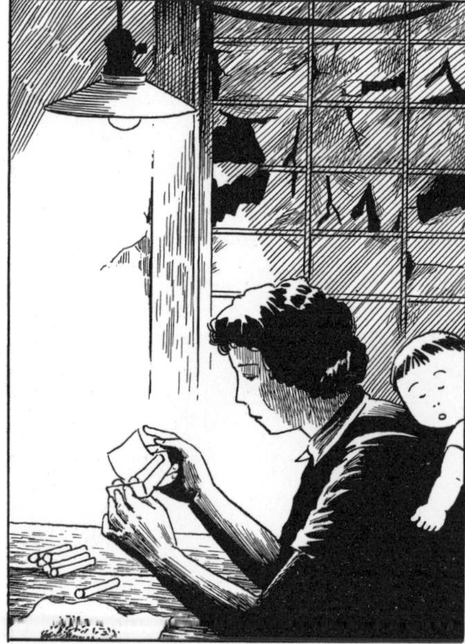

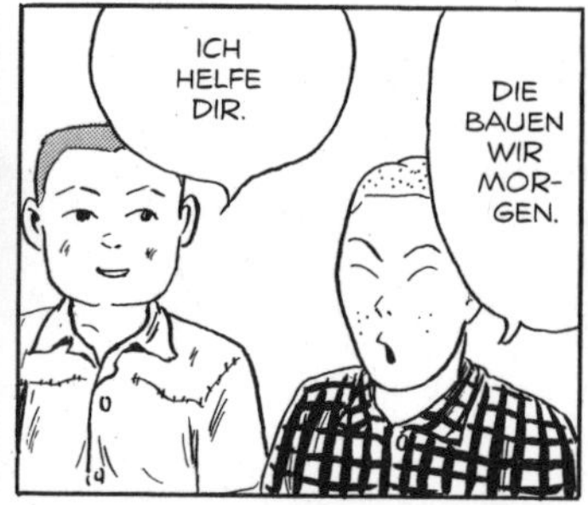
ICH HELFE DIR.
DIE BAUEN WIR MOR-GEN.

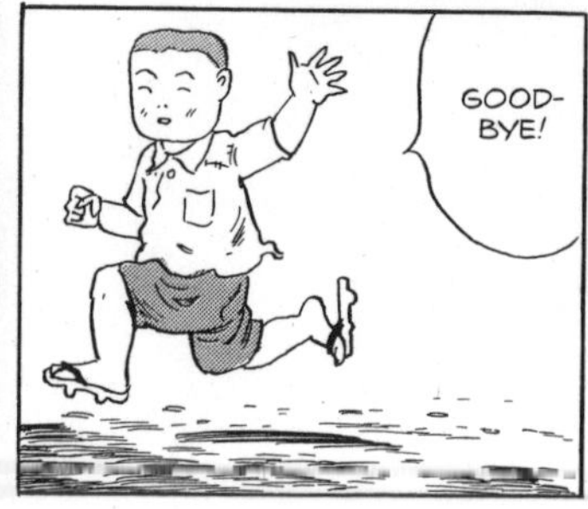
GOOD-BYE!

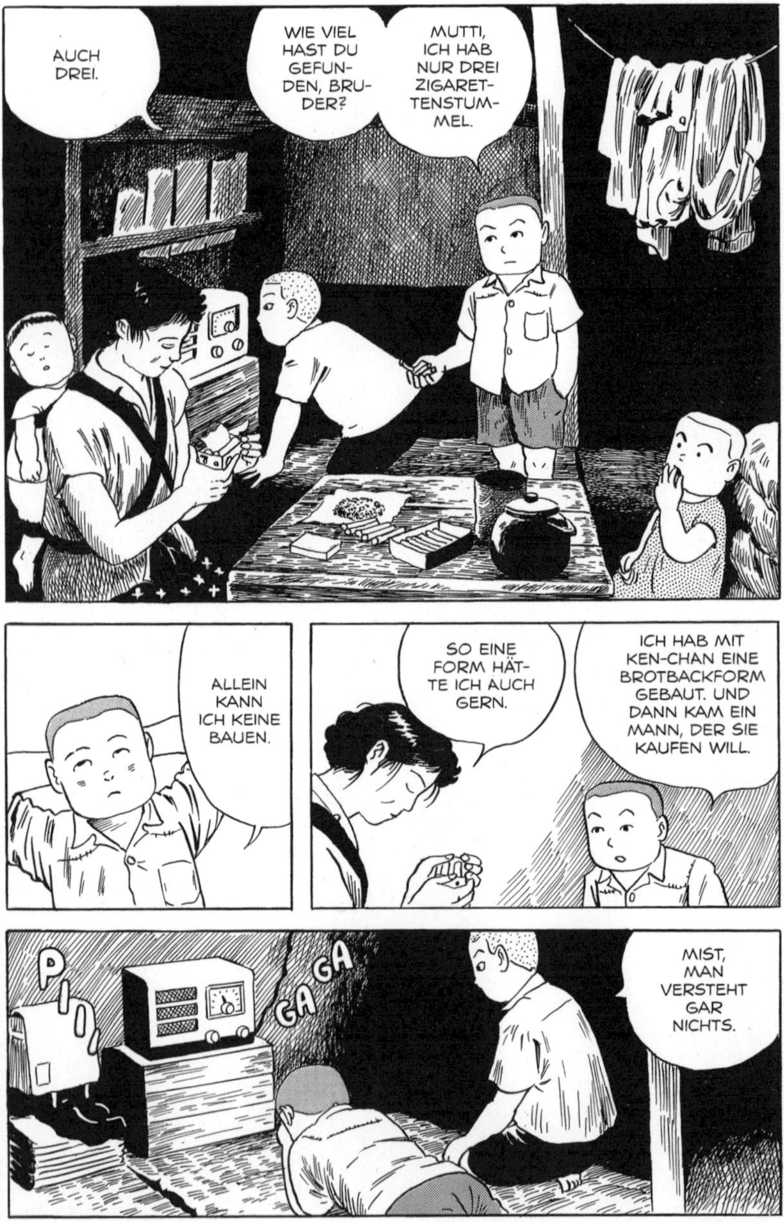

MUTTI, ICH HAB NUR DREI ZIGARETTENSTUMMEL.
WIE VIEL HAST DU GEFUNDEN, BRUDER?
AUCH DREI.

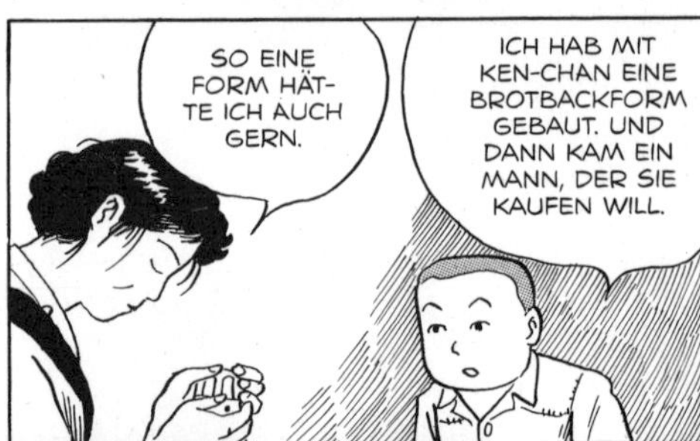

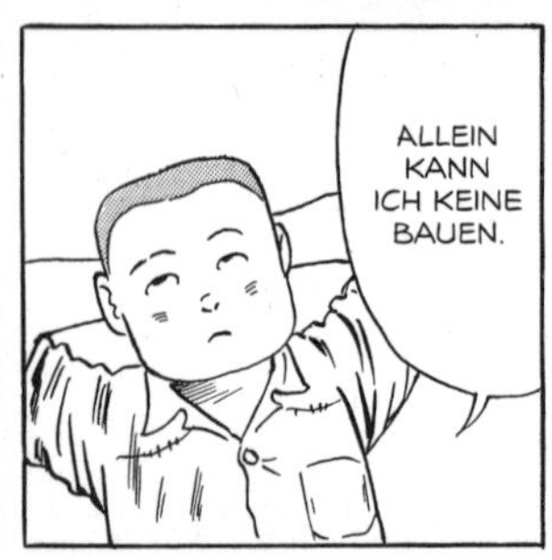

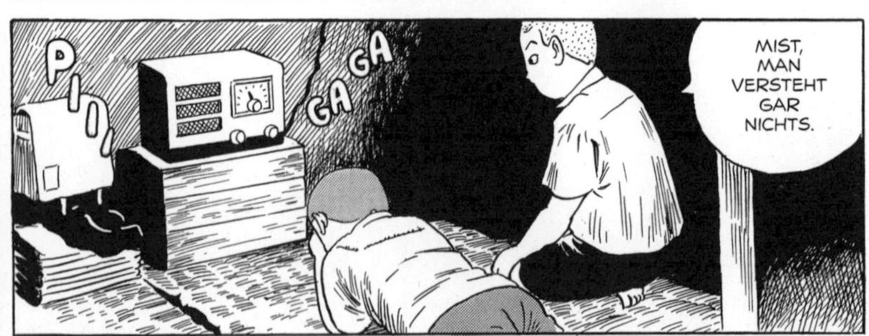

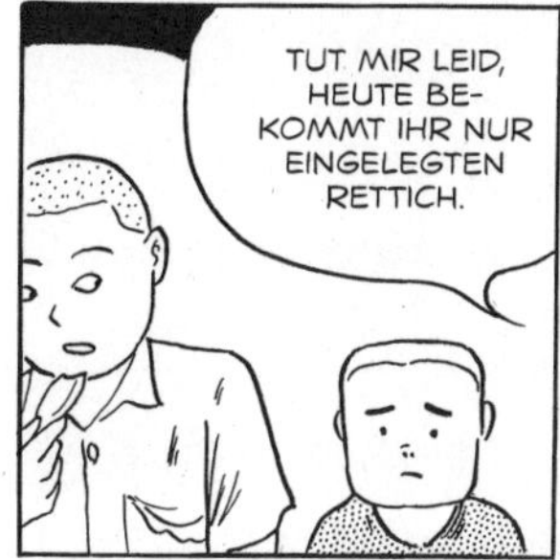
TUT MIR LEID, HEUTE BEKOMMT IHR NUR EINGELEGTEN RETTICH.
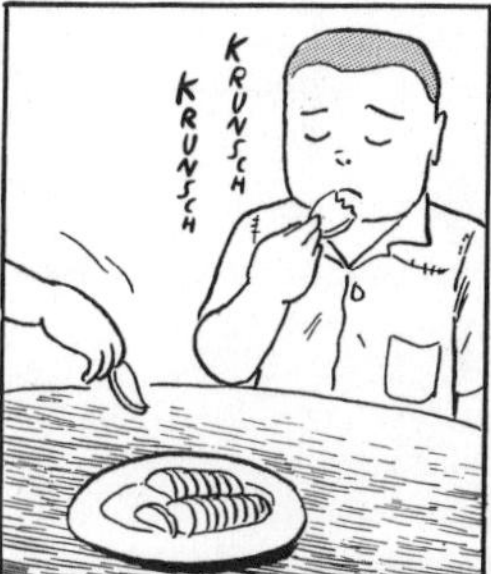
KRUNSCH
KRUNSCH
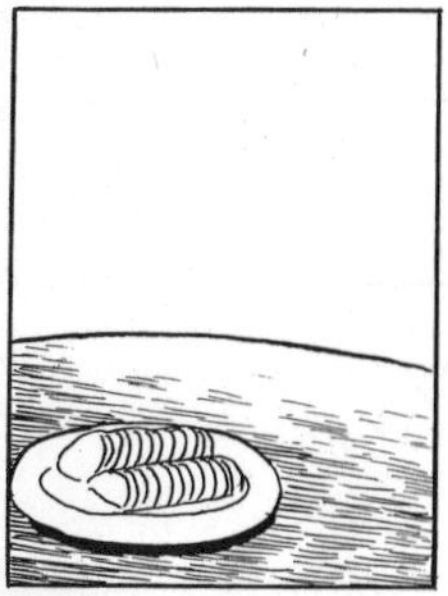
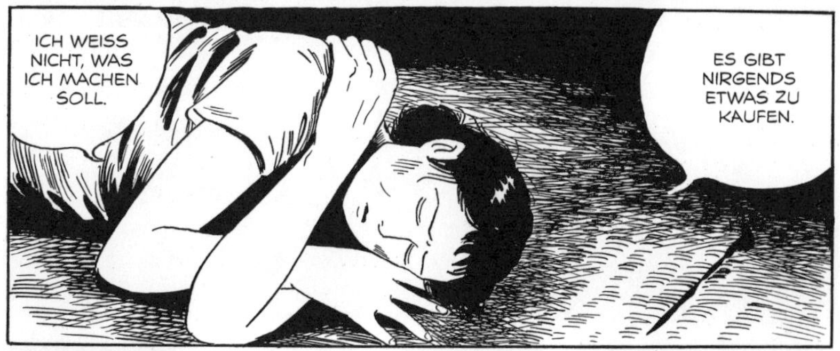
ICH WEISS NICHT, WAS ICH MACHEN SOLL.
ES GIBT NIRGENDS ETWAS ZU KAUFEN.
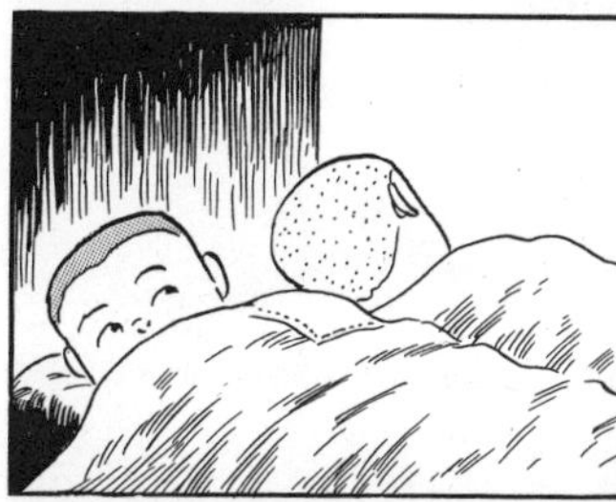
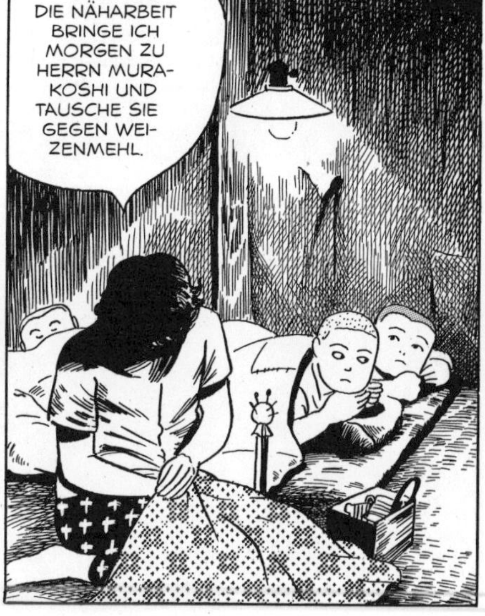
DIE NÄHARBEIT BRINGE ICH MORGEN ZU HERRN MURAKOSHI UND TAUSCHE SIE GEGEN WEIZENMEHL.
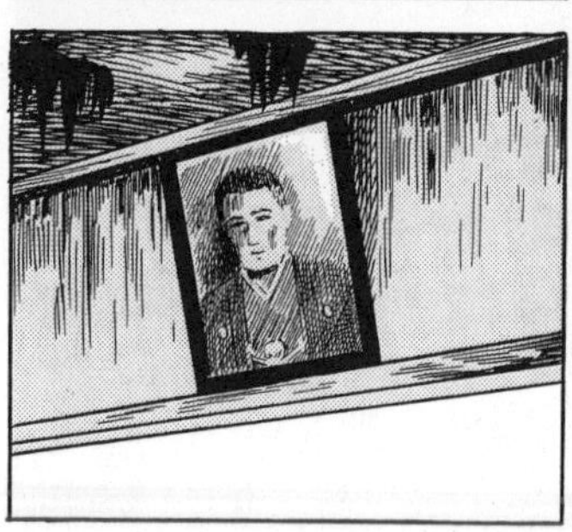

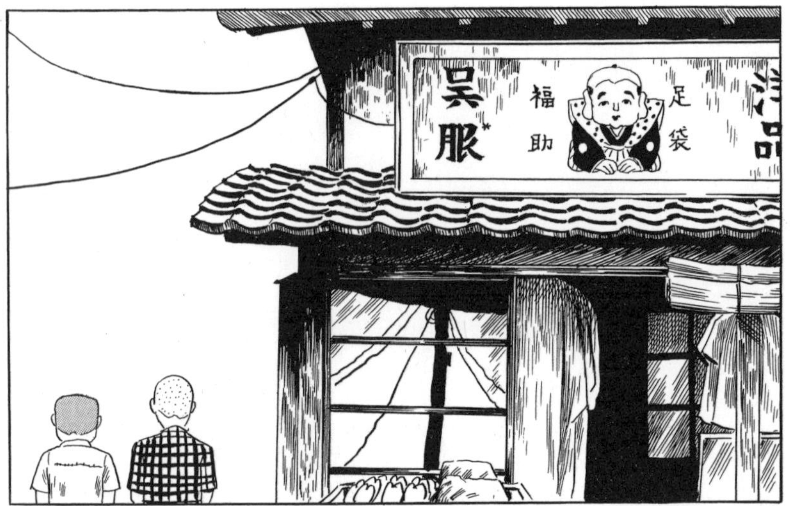

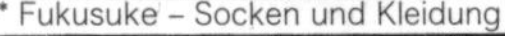
* Fukusuke – Socken und Kleidung

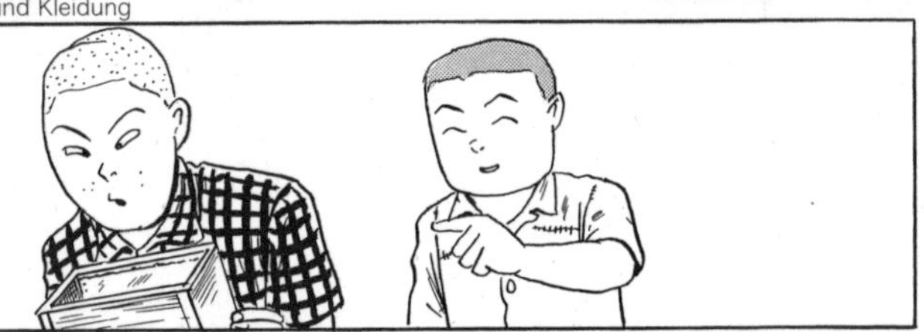

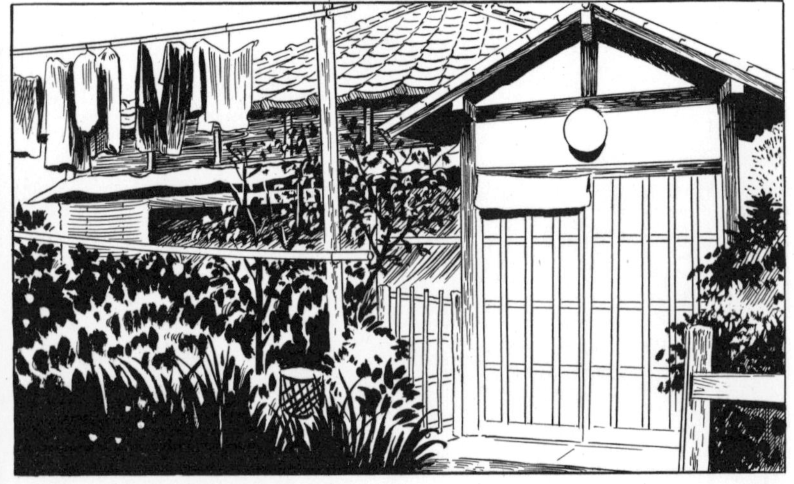

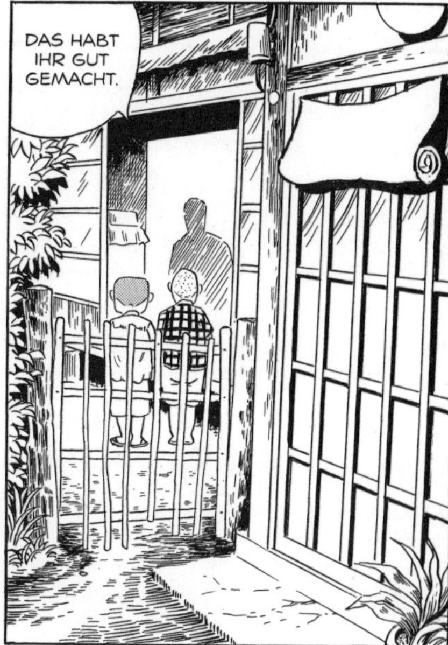
DAS HABT IHR GUT GEMACHT.

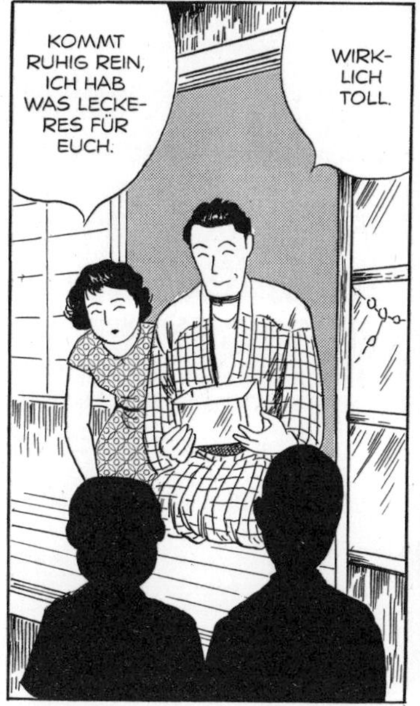
WIRK-LICH TOLL.
KOMMT RUHIG REIN, ICH HAB WAS LECKE-RES FÜR EUCH.

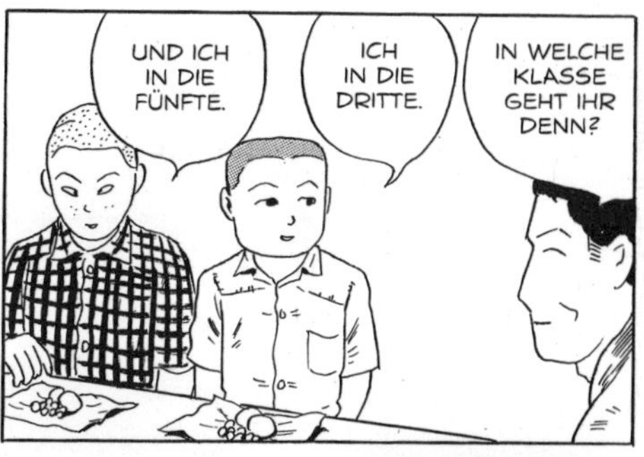
IN WELCHE KLASSE GEHT IHR DENN?
ICH IN DIE DRITTE.
UND ICH IN DIE FÜNFTE.

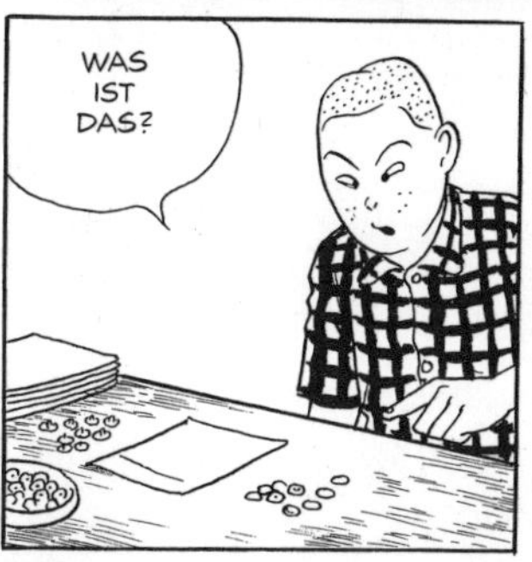
WAS IST DAS?

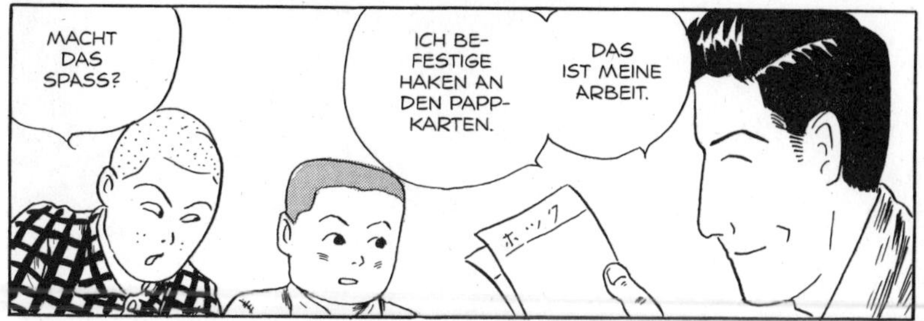
DAS IST MEINE ARBEIT.
ICH BE-FESTIGE HAKEN AN DEN PAPP-KARTEN.
ホック
MACHT DAS SPASS?

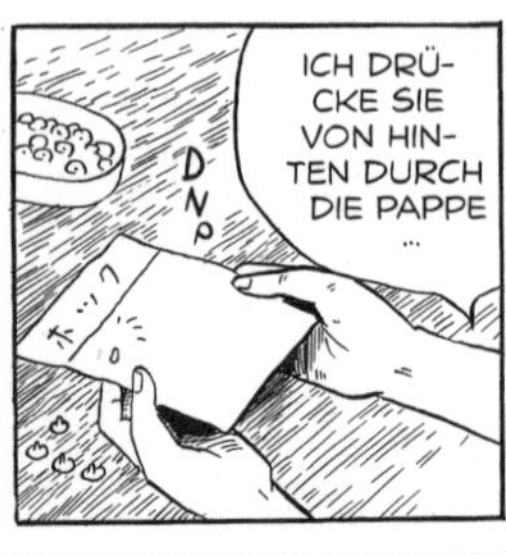
ICH DRÜCKE SIE VON HINTEN DURCH DIE PAPPE …

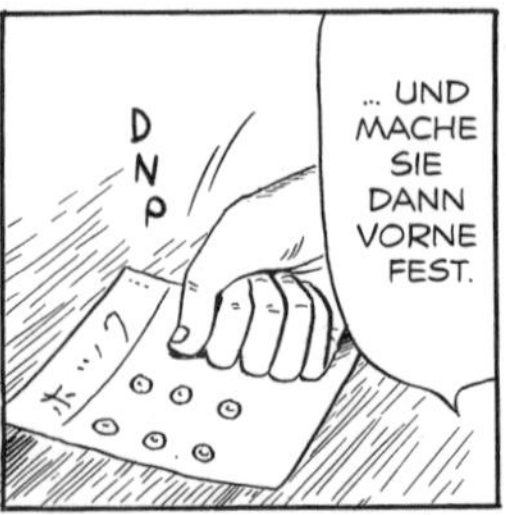
… UND MACHE SIE DANN VORNE FEST.

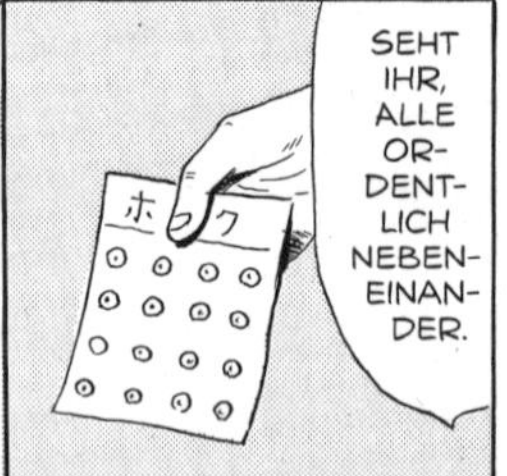
SEHT IHR, ALLE ORDENTLICH NEBENEINANDER.

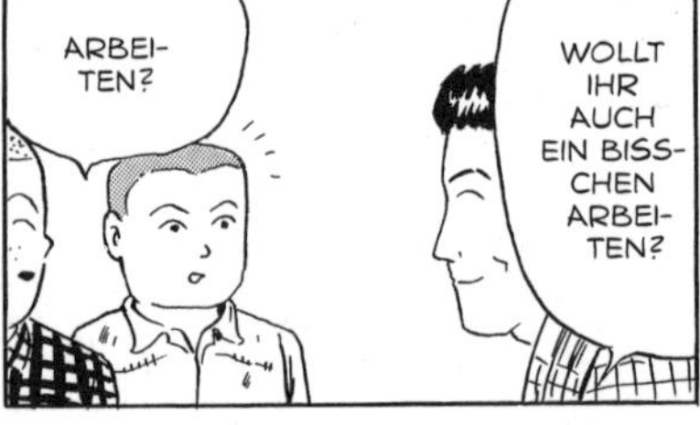
WOLLT IHR AUCH EIN BISSCHEN ARBEITEN?
ARBEITEN?

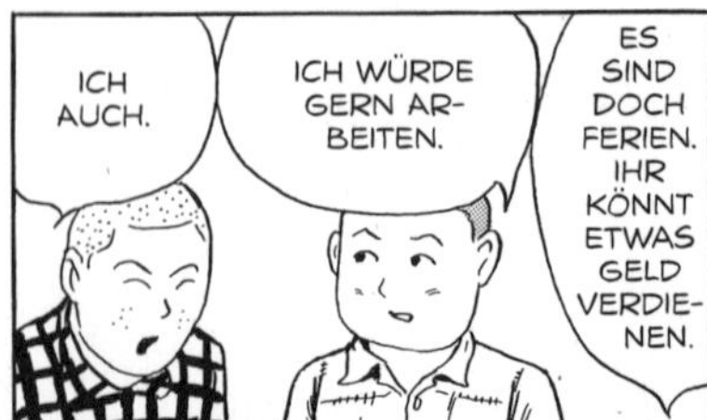
ES SIND DOCH FERIEN. IHR KÖNNT ETWAS GELD VERDIENEN.
ICH WÜRDE GERN ARBEITEN.
ICH AUCH.

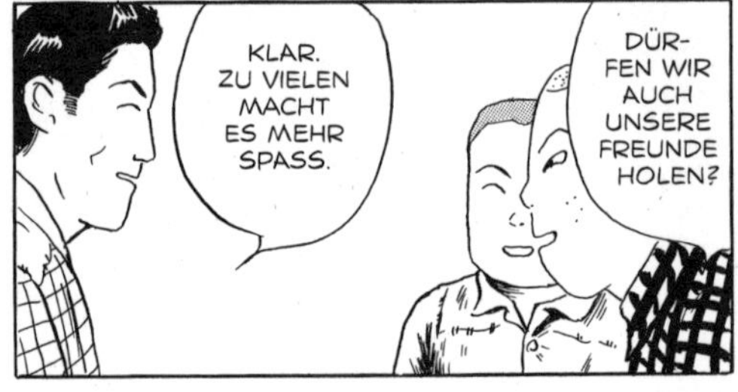
DÜRFEN WIR AUCH UNSERE FREUNDE HOLEN?
KLAR. ZU VIELEN MACHT ES MEHR SPASS.

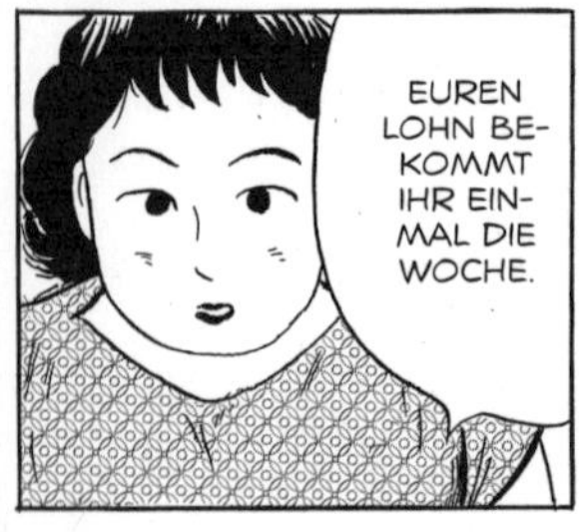
EUREN LOHN BEKOMMT IHR EINMAL DIE WOCHE.

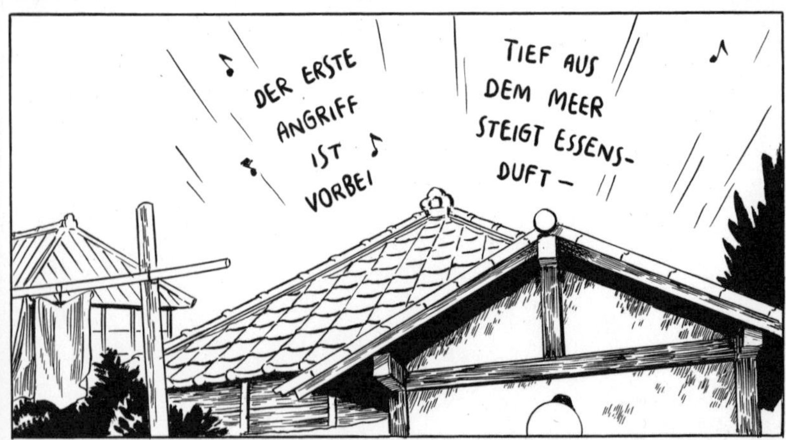
TIEF AUS DEM MEER STEIGT ESSENSDUFT –
DER ERSTE ANGRIFF IST VORBEI

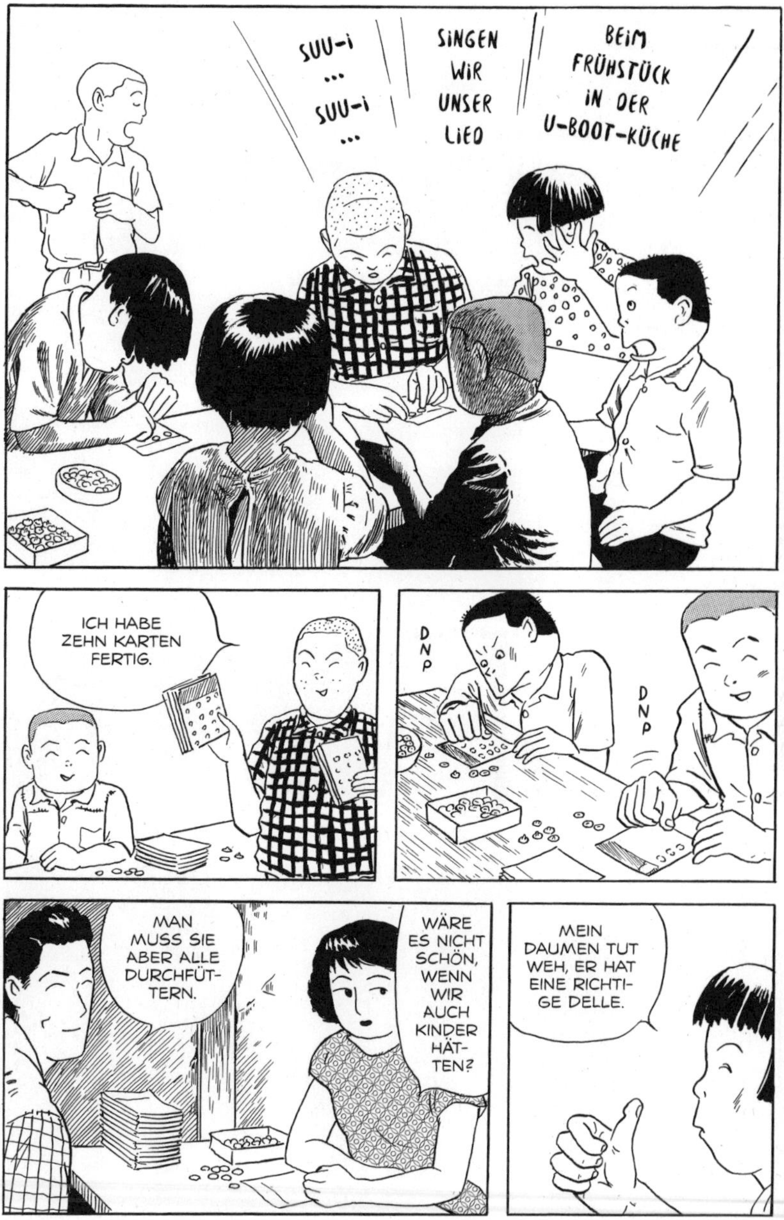

SUU-i … SUU-i …
SINGEN WIR UNSER LIED
BEIM FRÜHSTÜCK IN DER U-BOOT-KÜCHE

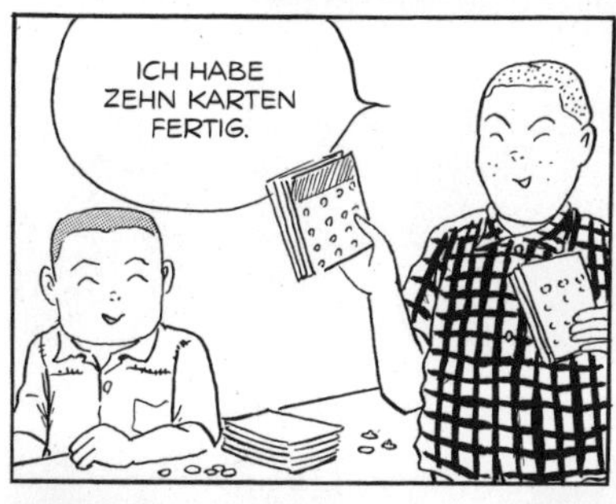

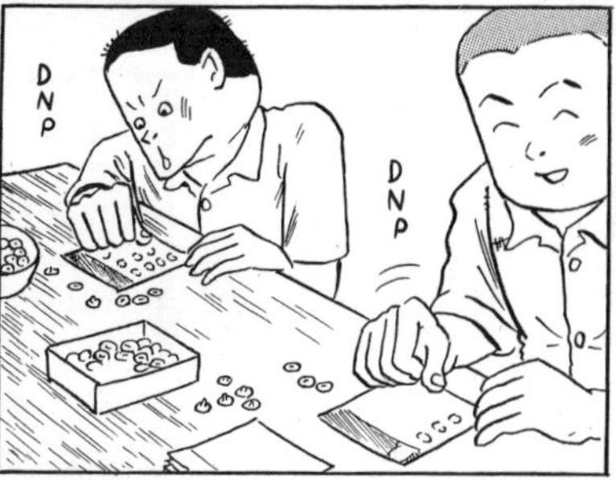

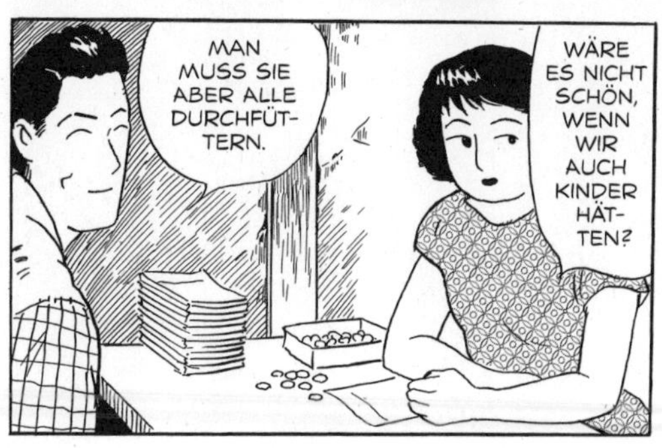

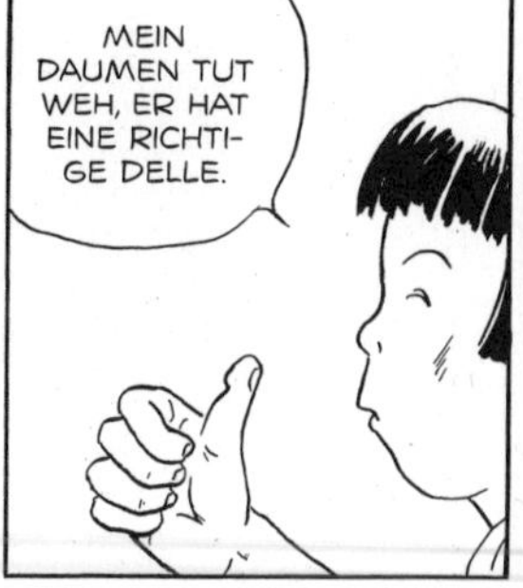

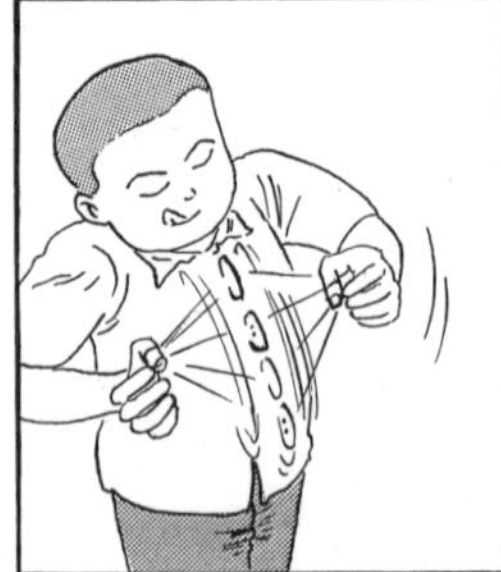
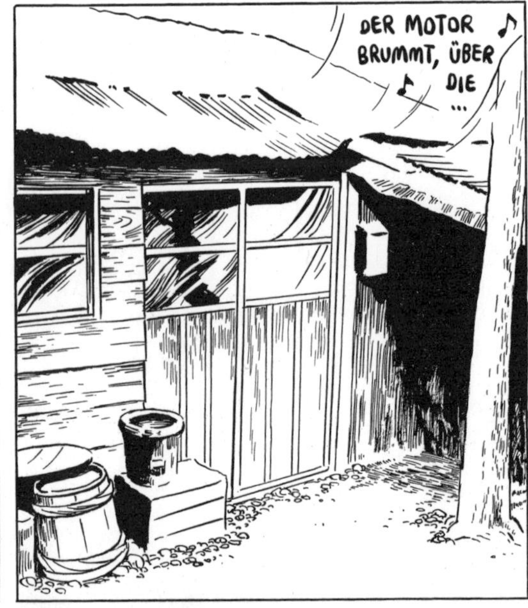
DER MOTOR ♪
BRUMMT, ÜBER ♪ DIE
...
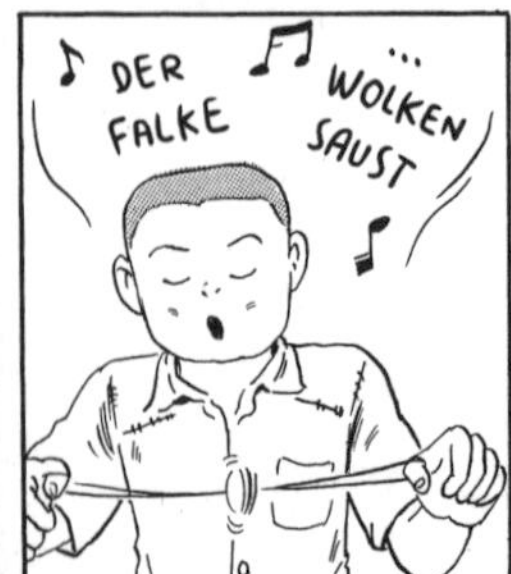
♪ DER FALKE ♫
... WOLKEN SAUST ♪
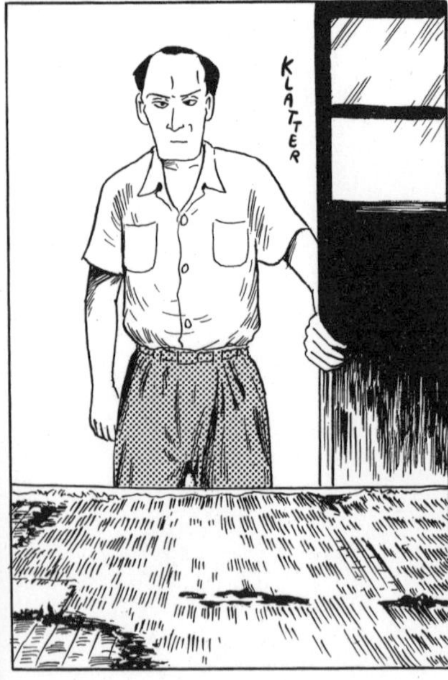
KLATTER
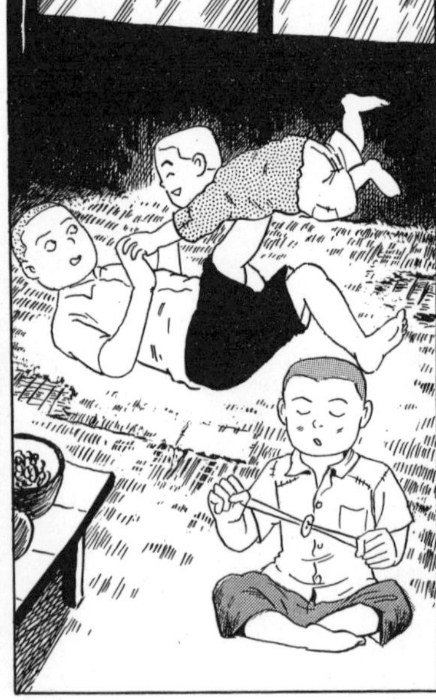

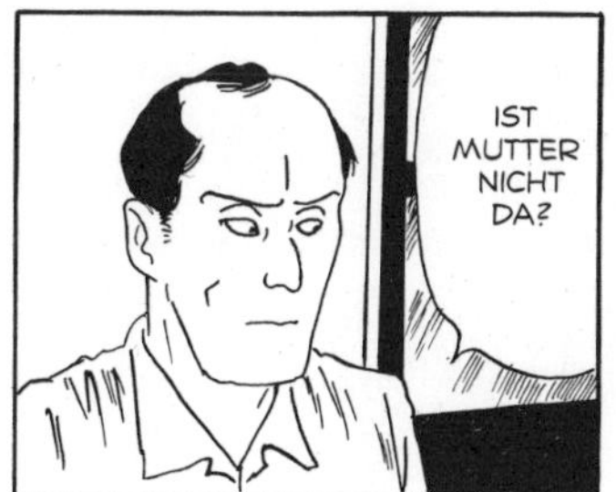
IST MUTTER NICHT DA?

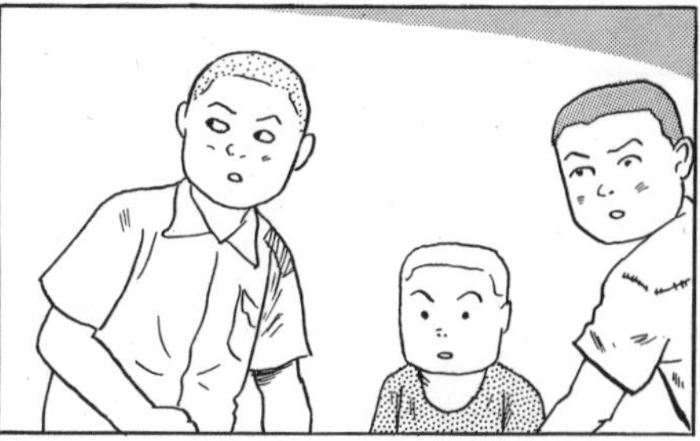

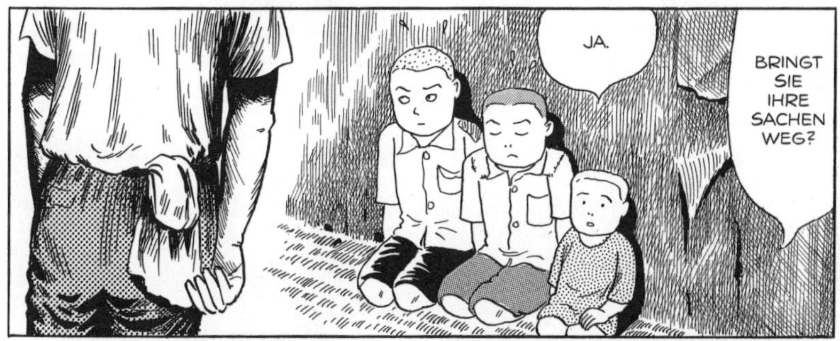
BRINGT SIE IHRE SACHEN WEG?
JA.

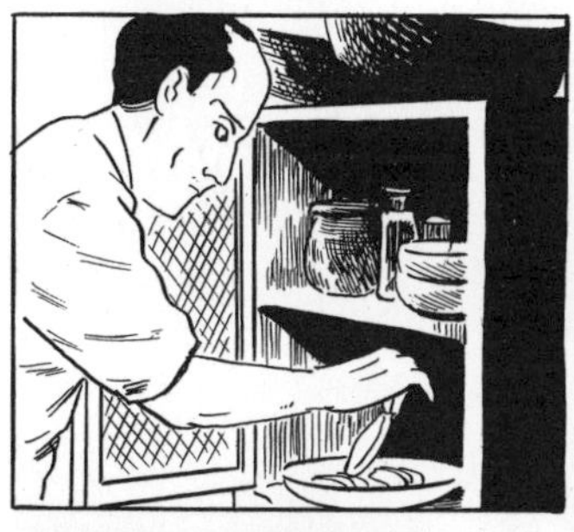

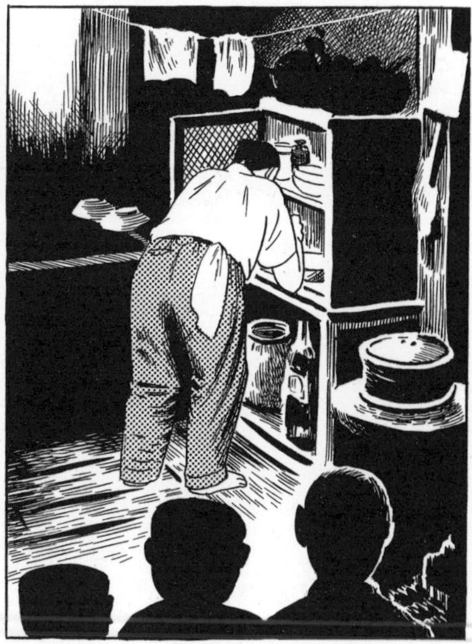

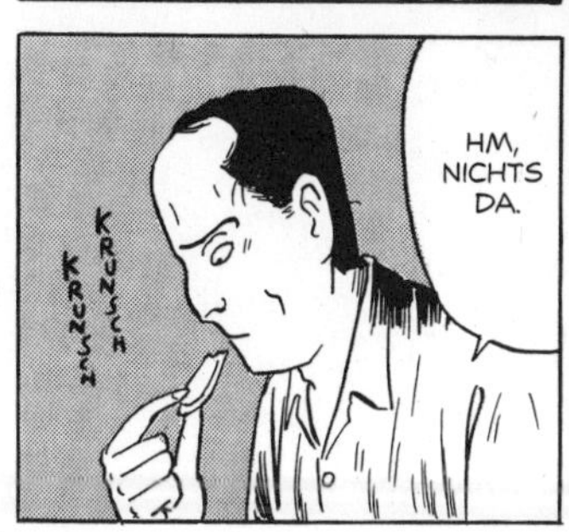
HM, NICHTS DA.
KRUNSCH
KRUNSCH

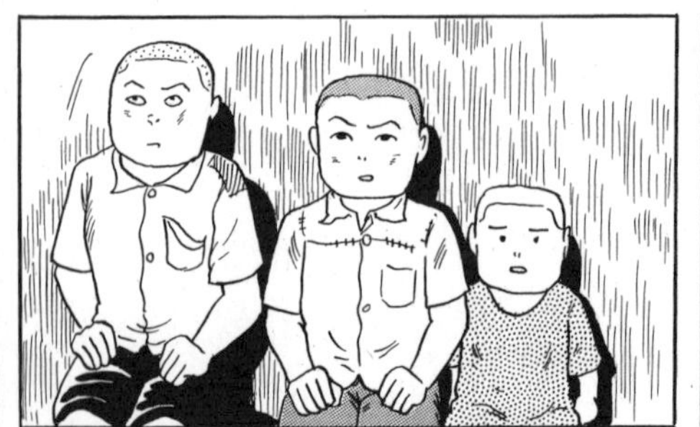

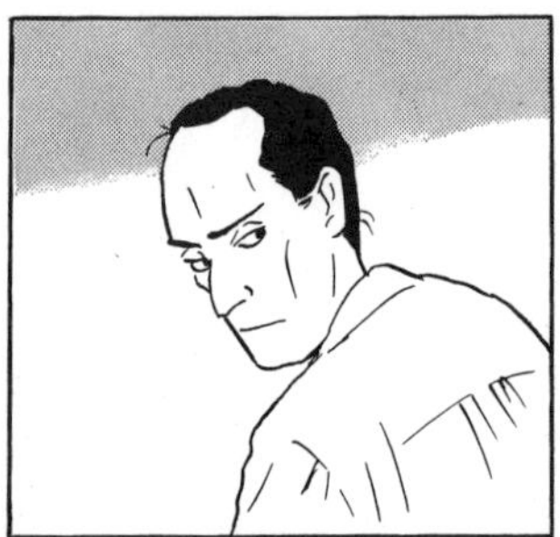

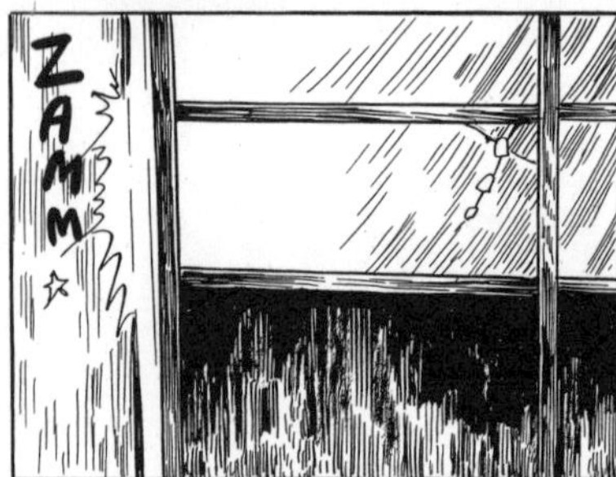
ZAMM☆

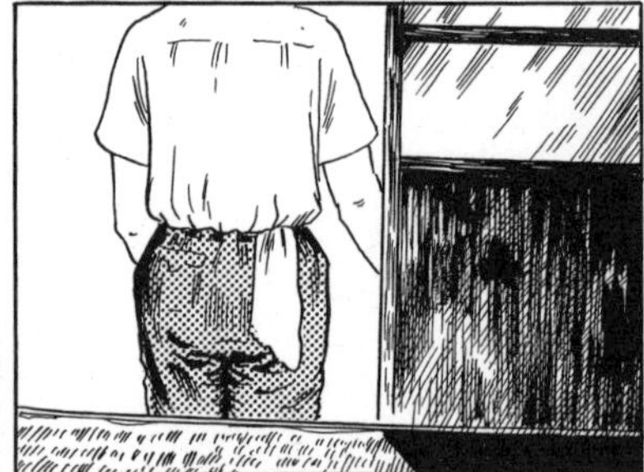

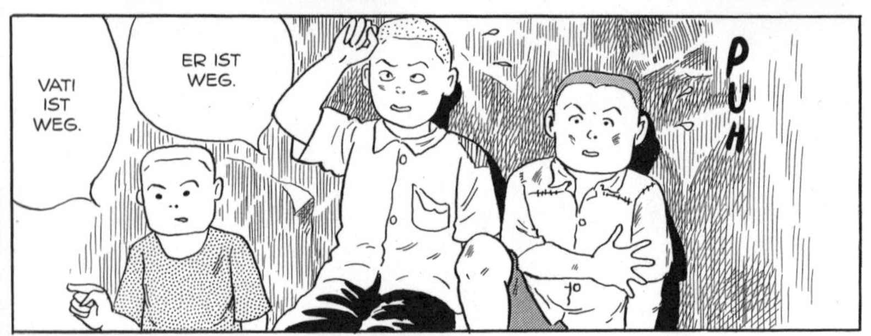
PUH
ER IST WEG.
VATI IST WEG.

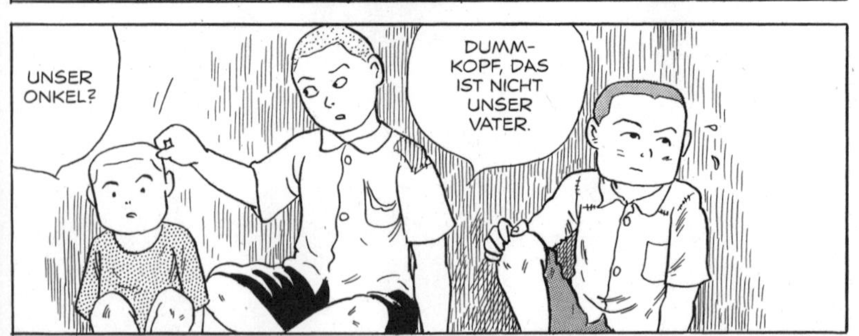
DUMMKOPF, DAS IST NICHT UNSER VATER.
UNSER ONKEL?

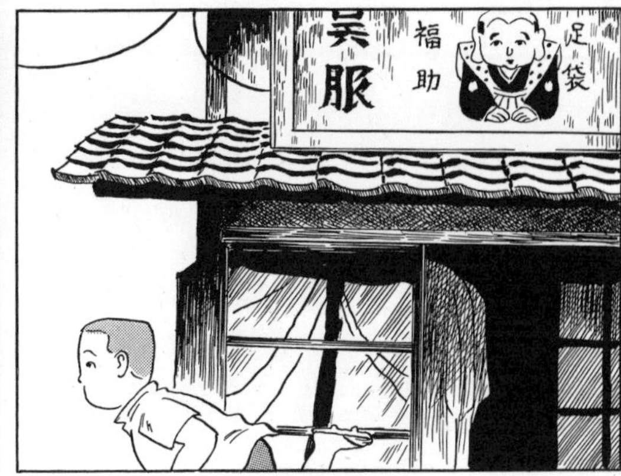
足袋
福助
呉服

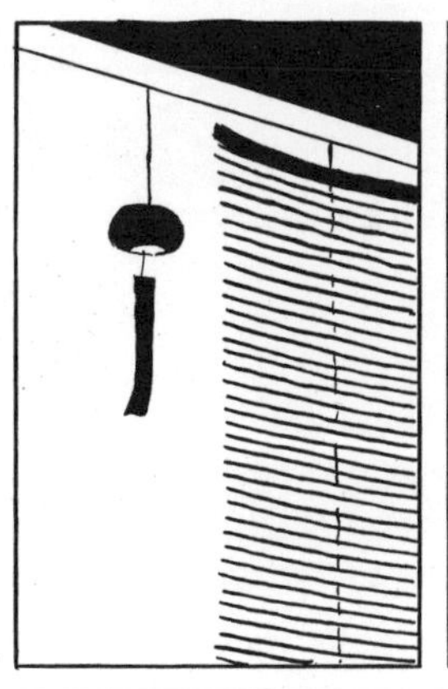

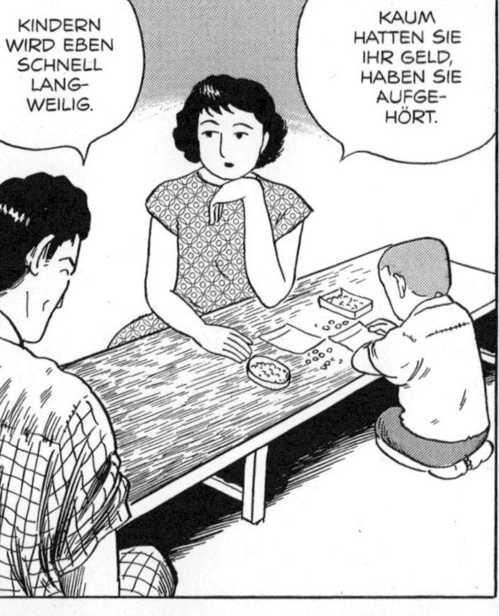
KAUM HATTEN SIE IHR GELD, HABEN SIE AUFGEHÖRT.
KINDERN WIRD EBEN SCHNELL LANGWEILIG.

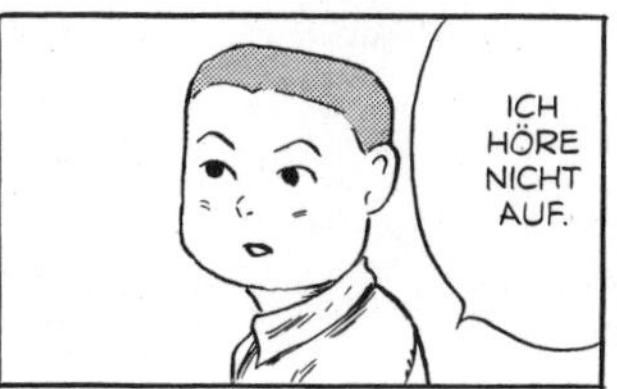
ICH HÖRE NICHT AUF.

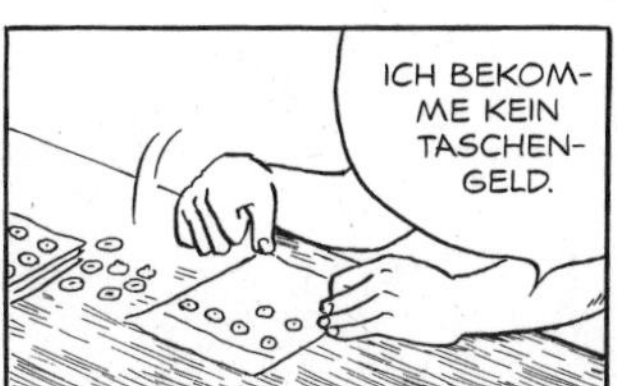
ICH BEKOMME KEIN TASCHENGELD.

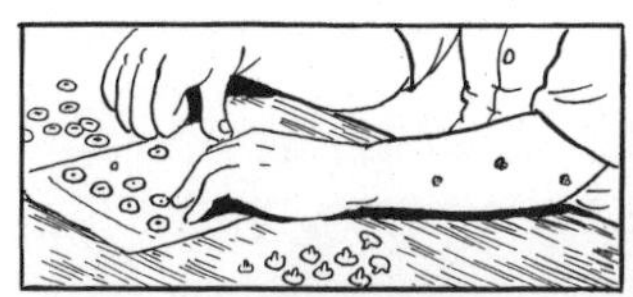

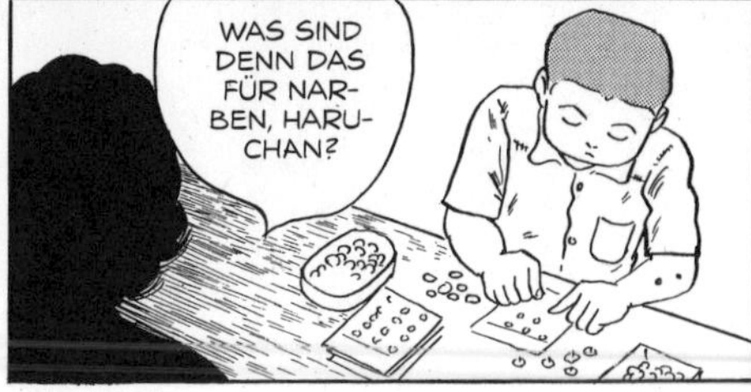
WAS SIND DENN DAS FÜR NARBEN, HARUCHAN?

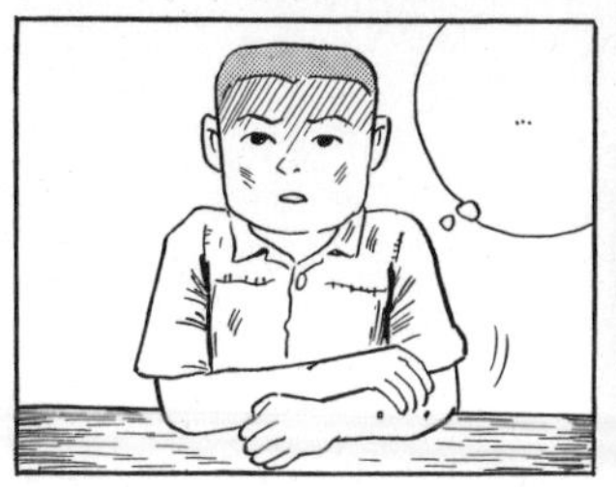
...

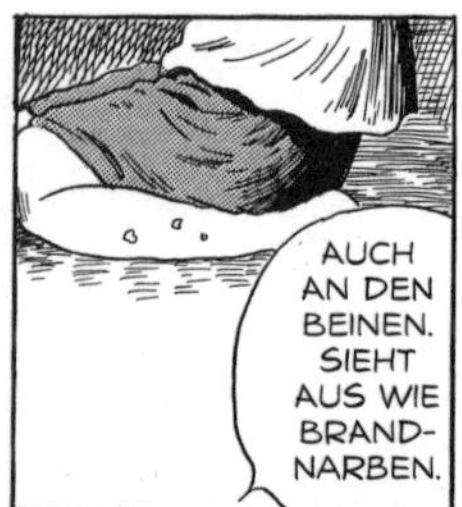
AUCH AN DEN BEINEN. SIEHT AUS WIE BRANDNARBEN.

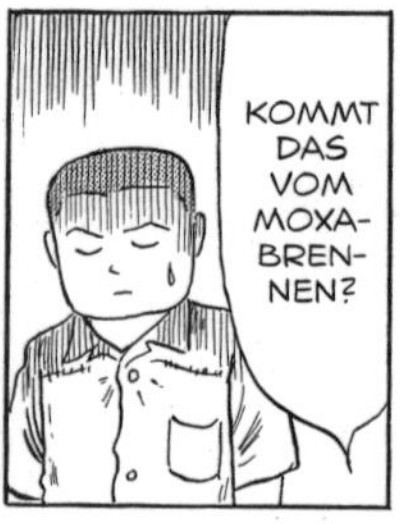
KOMMT DAS VOM MOXABRENNEN?

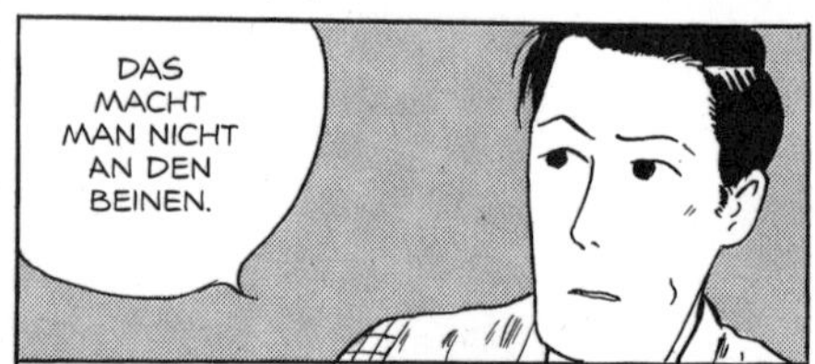
DAS MACHT MAN NICHT AN DEN BEINEN.

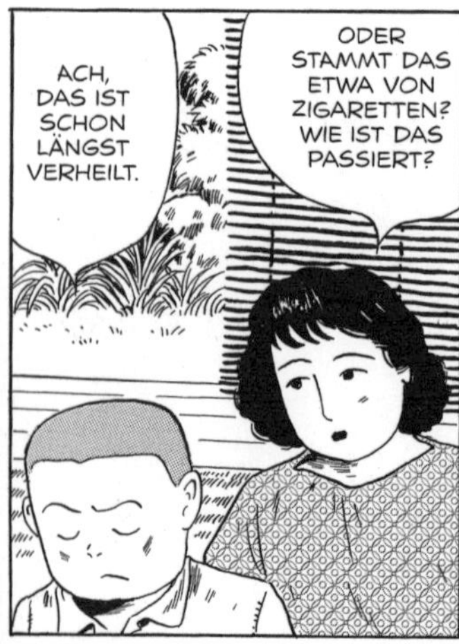
ODER STAMMT DAS ETWA VON ZIGARETTEN? WIE IST DAS PASSIERT?
ACH, DAS IST SCHON LÄNGST VERHEILT.

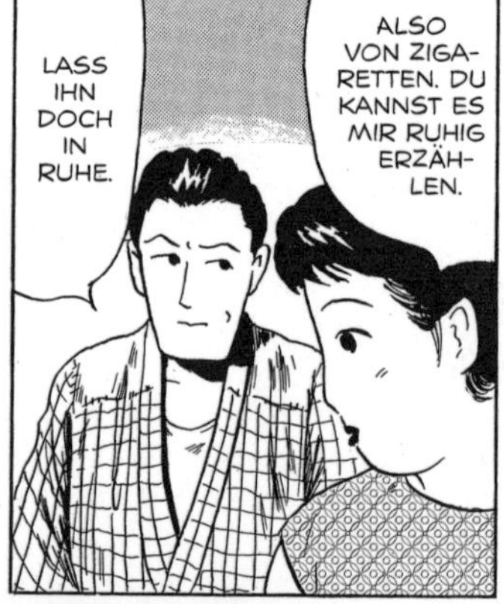
ALSO VON ZIGARETTEN. DU KANNST ES MIR RUHIG ERZÄHLEN.
LASS IHN DOCH IN RUHE.

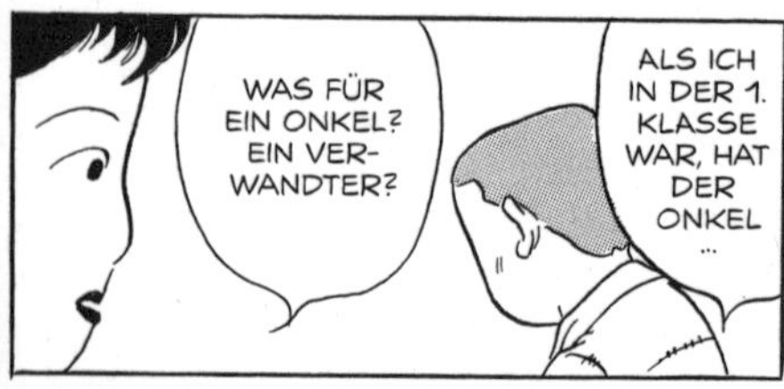
ALS ICH IN DER 1. KLASSE WAR, HAT DER ONKEL …
WAS FÜR EIN ONKEL? EIN VERWANDTER?

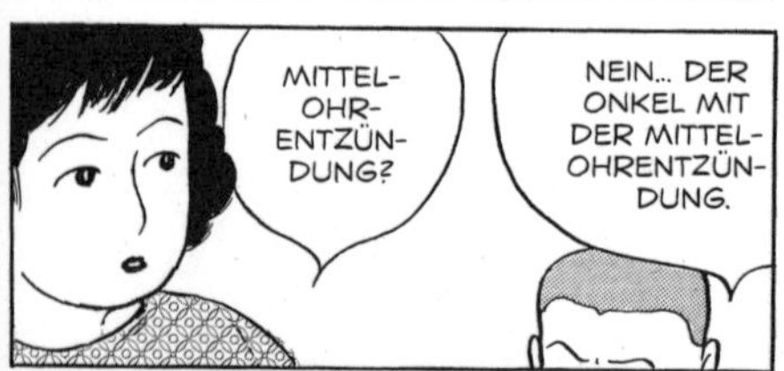
NEIN... DER ONKEL MIT DER MITTELOHRENTZÜNDUNG.
MITTELOHRENTZÜNDUNG?

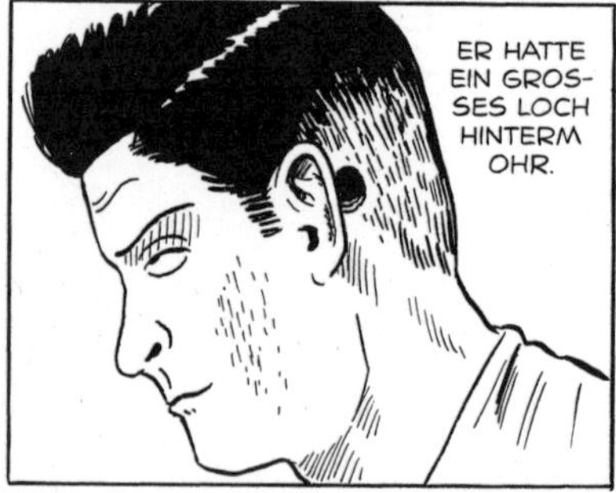
ER HATTE EIN GROSSES LOCH HINTERM OHR.

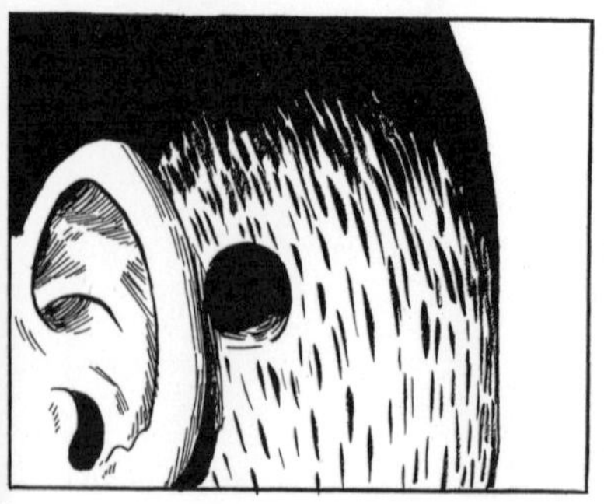

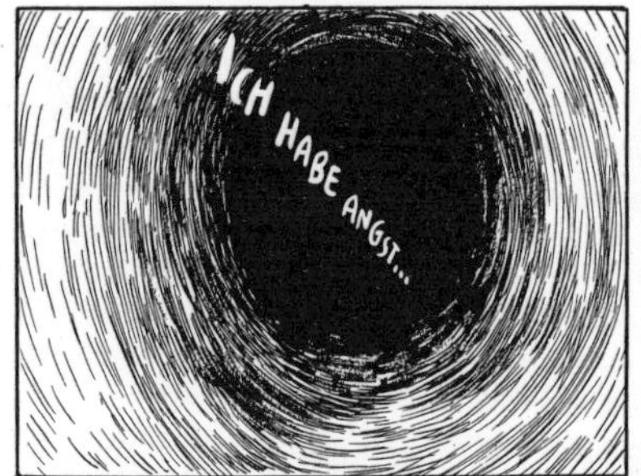
ICH HABE ANGST...

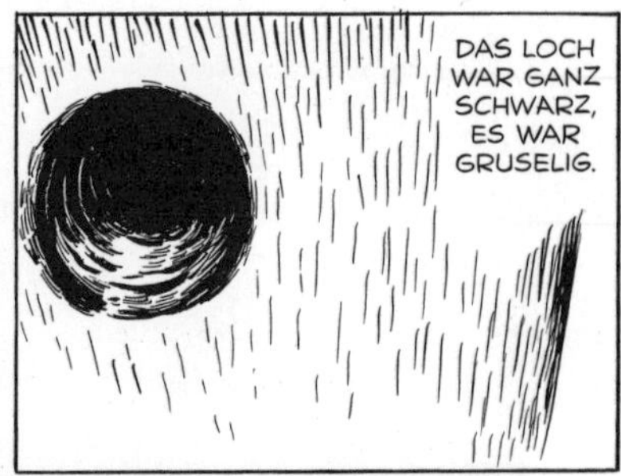
DAS LOCH WAR GANZ SCHWARZ, ES WAR GRUSELIG.

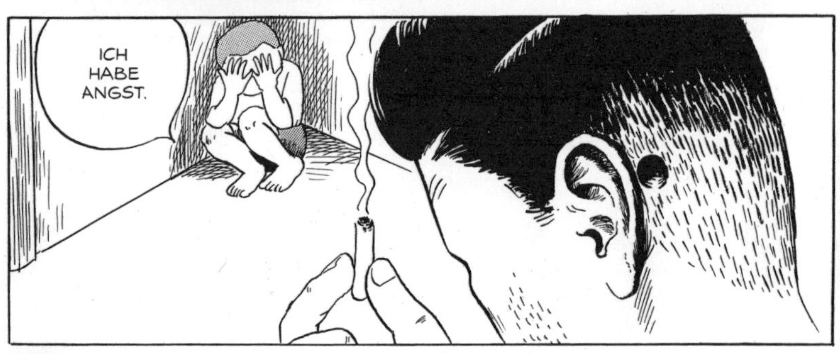
ICH HABE ANGST.

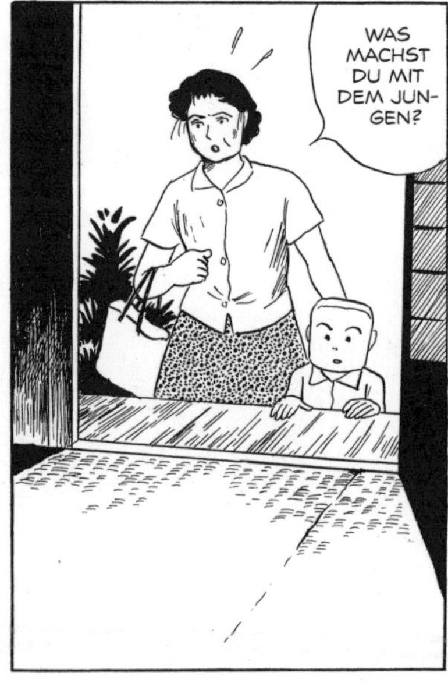
WAS MACHST DU MIT DEM JUNGEN?

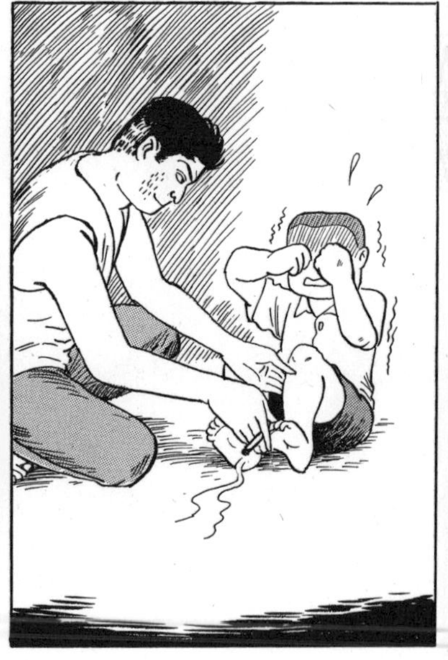

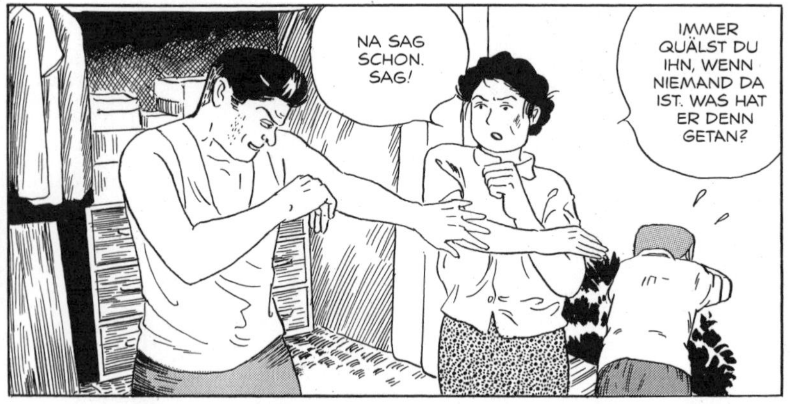
IMMER QUÄLST DU IHN, WENN NIEMAND DA IST. WAS HAT ER DENN GETAN?
NA SAG SCHON. SAG!

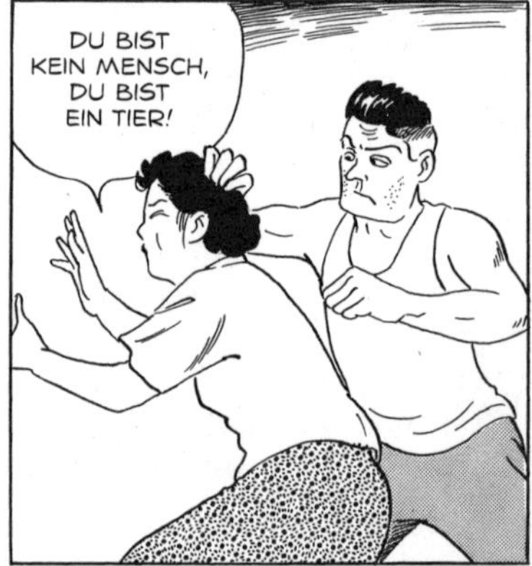
DU BIST KEIN MENSCH, DU BIST EIN TIER!

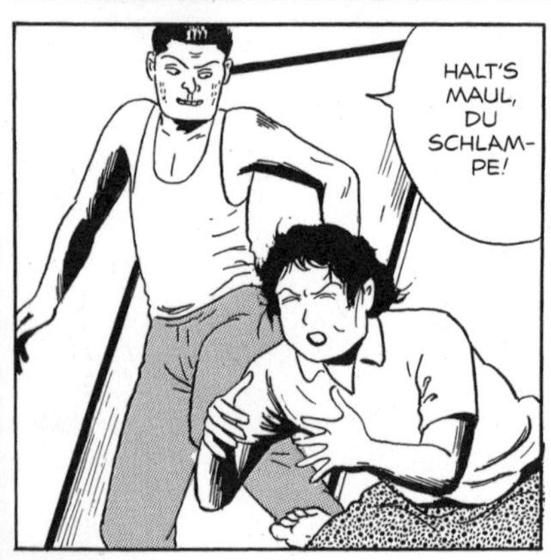
HALT'S MAUL, DU SCHLAMPE!

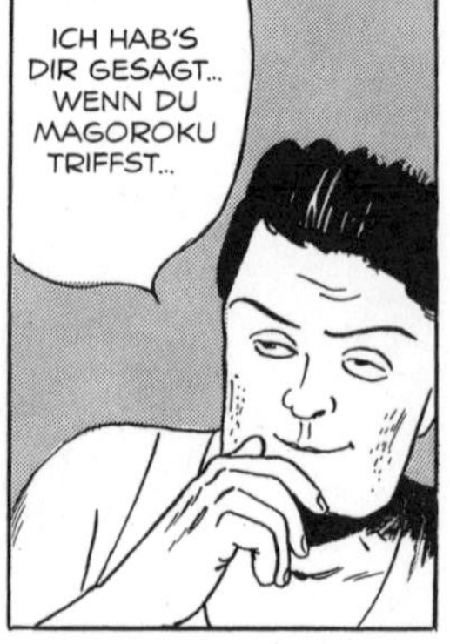
ICH HAB'S DIR GESAGT... WENN DU MAGOROKU TRIFFST...

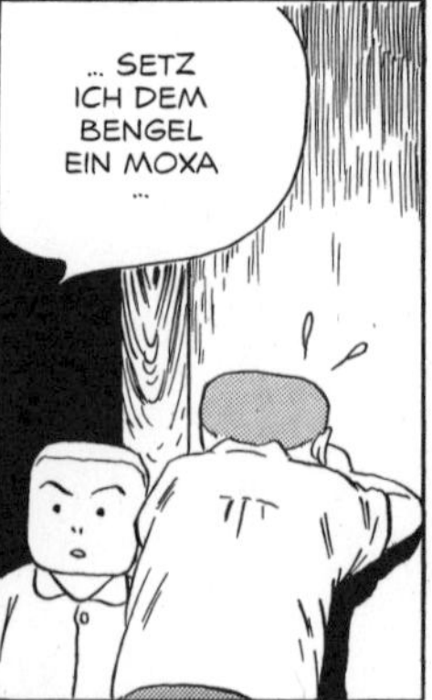
... SETZ ICH DEM BENGEL EIN MOXA ...

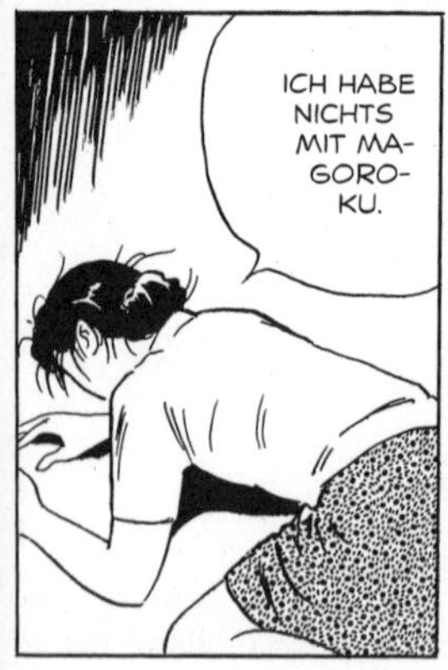
ICH HABE NICHTS MIT MAGOROKU.

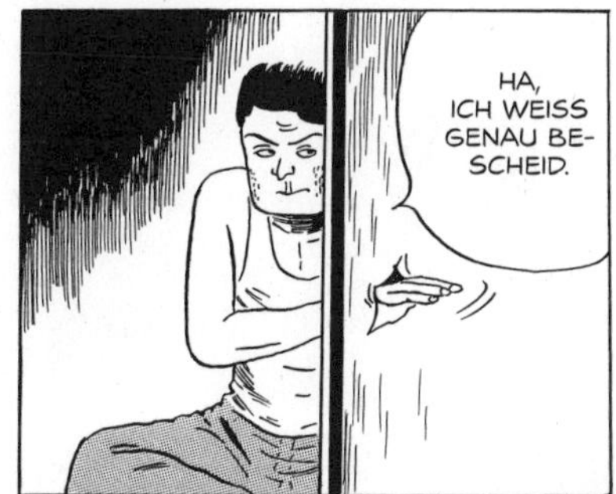
HA, ICH WEISS GENAU BESCHEID.

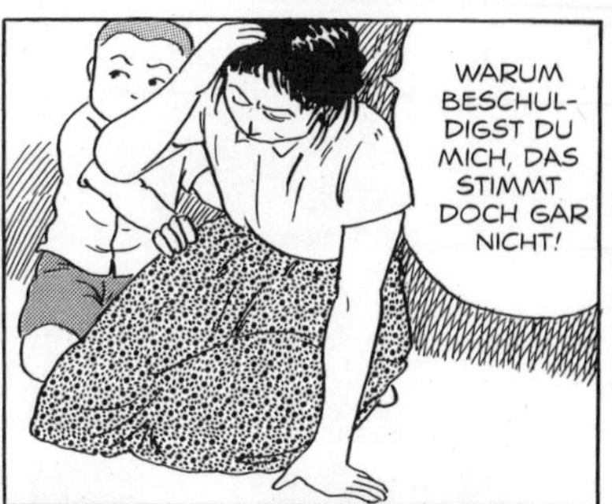
WARUM BESCHULDIGST DU MICH, DAS STIMMT DOCH GAR NICHT!

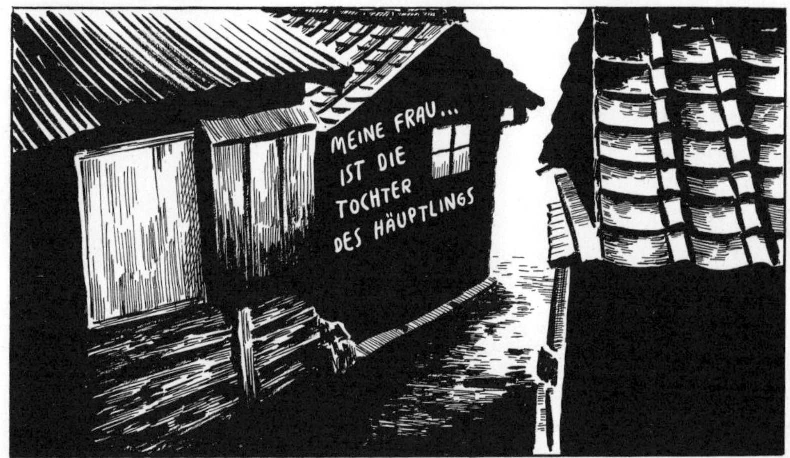
MEINE FRAU... IST DIE TOCHTER DES HÄUPTLINGS

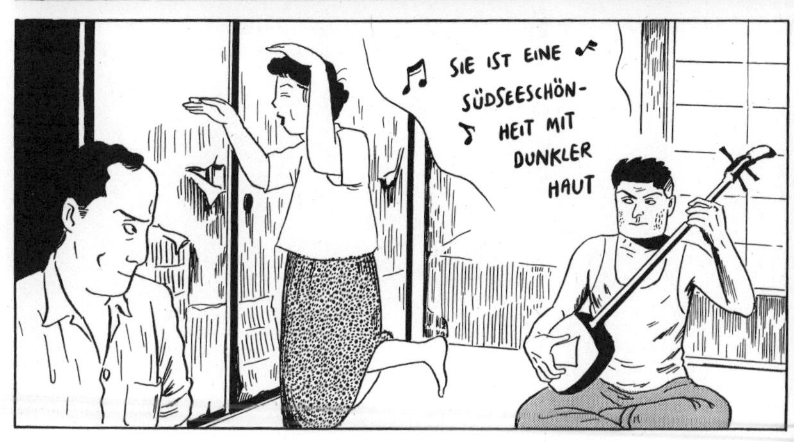
SIE IST EINE SÜDSEESCHÖNHEIT MIT DUNKLER HAUT

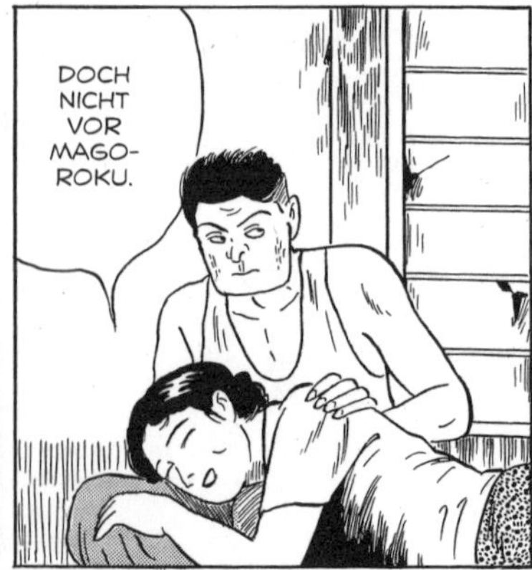
DOCH NICHT VOR MAGO-ROKU.

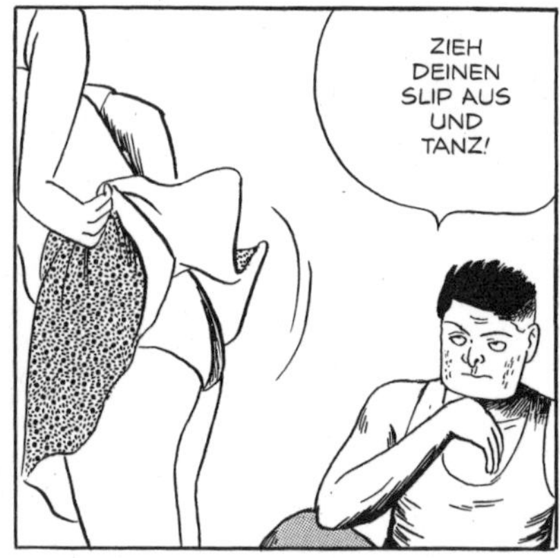
ZIEH DEINEN SLIP AUS UND TANZ!

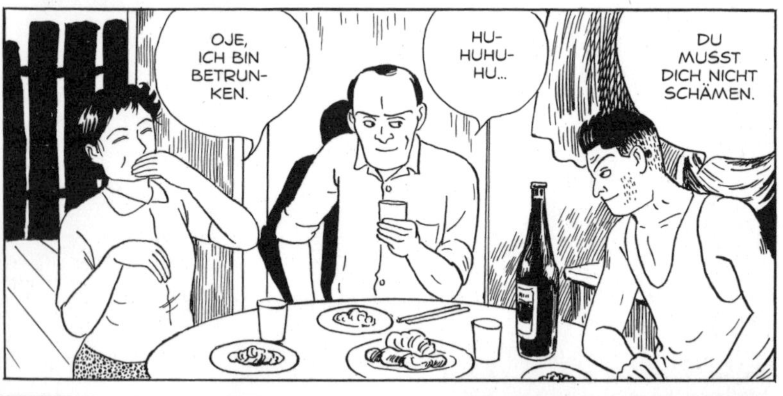
DU MUSST DICH NICHT SCHÄMEN.
HU-HUHU-HU...
OJE, ICH BIN BETRUN-KEN.

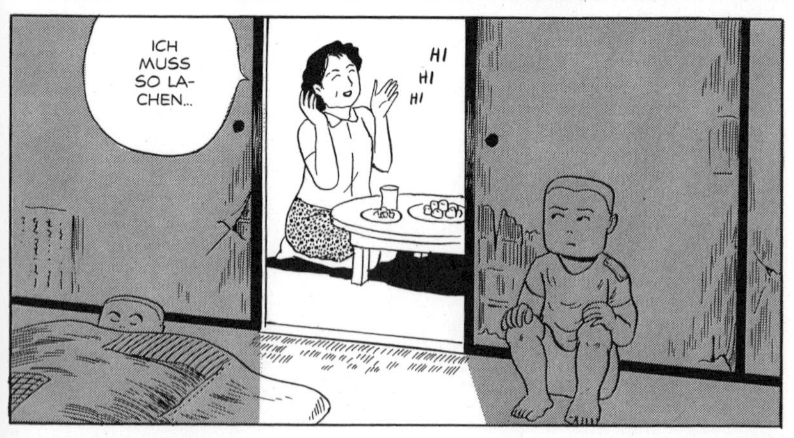
HI
HI
HI
ICH MUSS SO LA-CHEN...

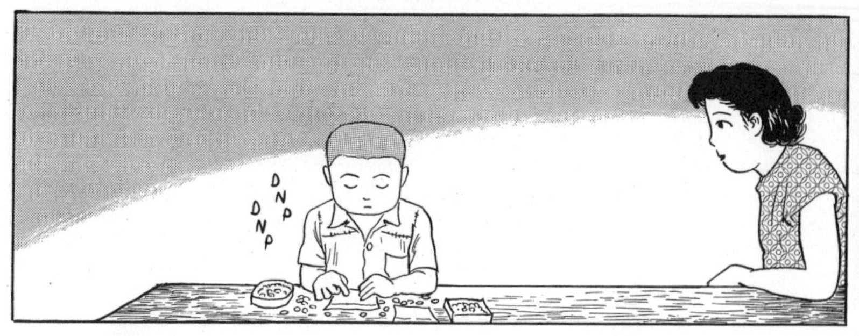
DNP
DNP

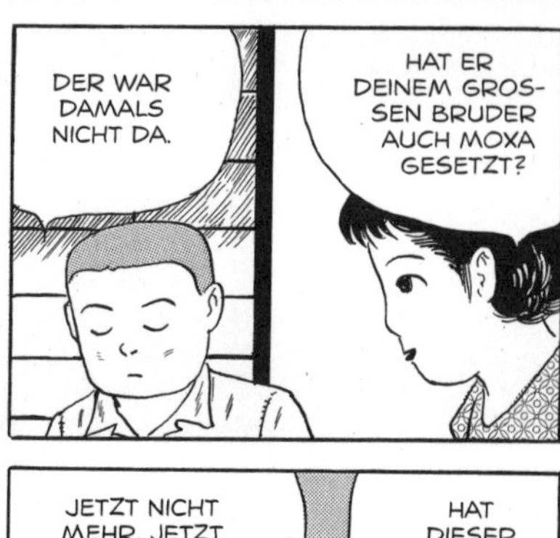
HAT ER DEINEM GROSSEN BRUDER AUCH MOXA GESETZT?
DER WAR DAMALS NICHT DA.

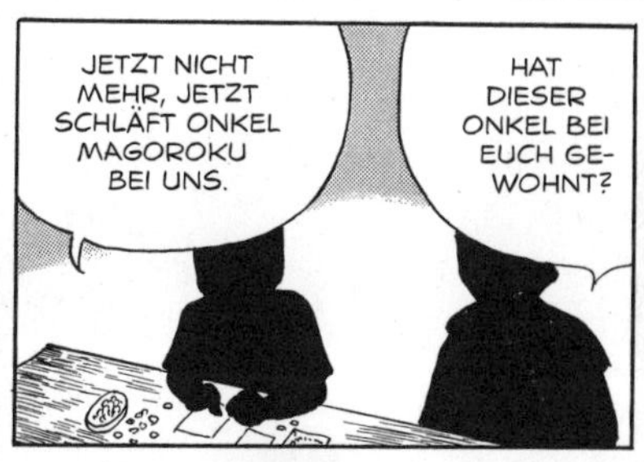
HAT DIESER ONKEL BEI EUCH GEWOHNT?
JETZT NICHT MEHR, JETZT SCHLÄFT ONKEL MAGOROKU BEI UNS.

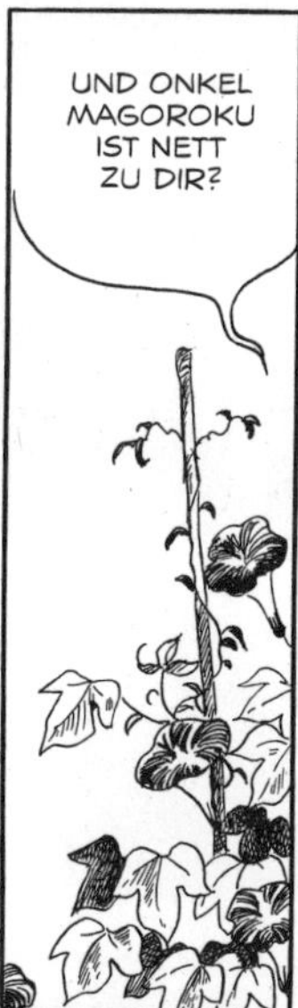
UND ONKEL MAGOROKU IST NETT ZU DIR?

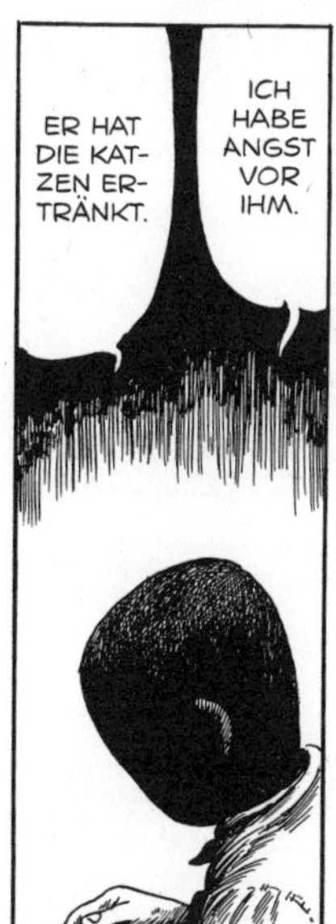
ICH HABE ANGST VOR IHM.
ER HAT DIE KATZEN ERTRÄNKT.

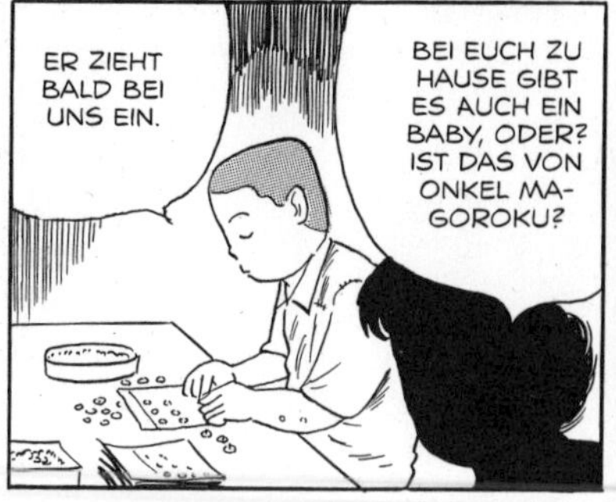
BEI EUCH ZU HAUSE GIBT ES AUCH EIN BABY, ODER? IST DAS VON ONKEL MAGOROKU?
ER ZIEHT BALD BEI UNS EIN.

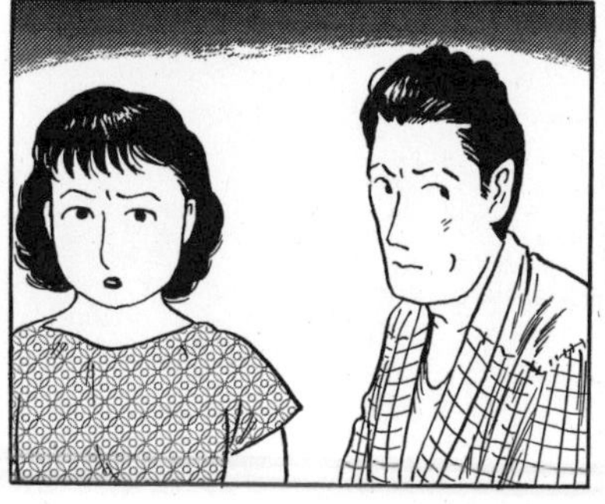

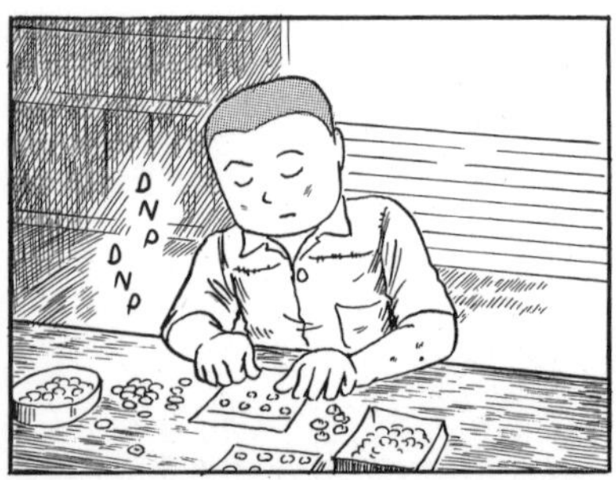
DNP
DNP

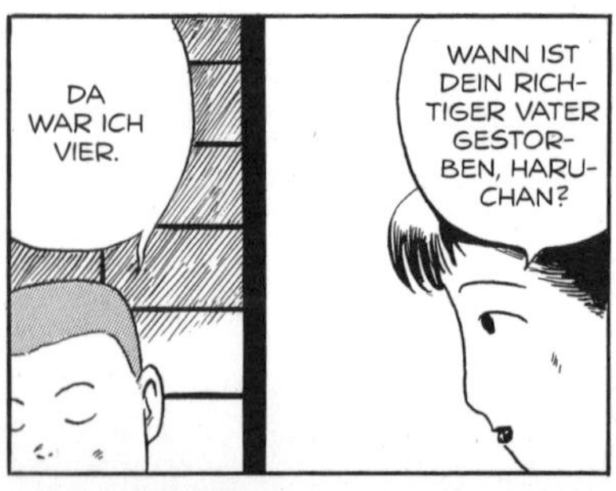
WANN IST DEIN RICHTIGER VATER GESTORBEN, HARU-CHAN?
DA WAR ICH VIER.

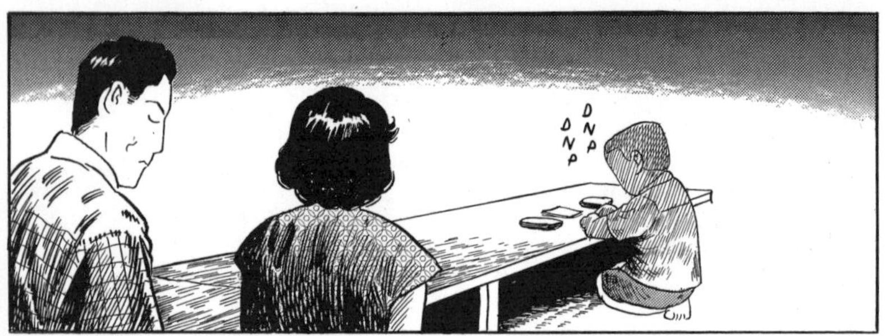
DNP
DNP

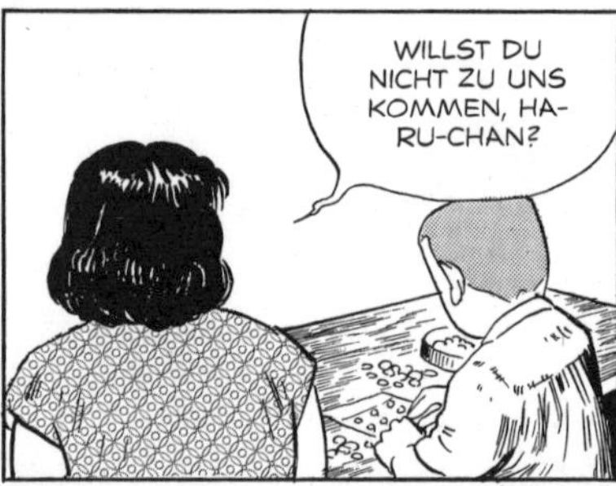
WILLST DU NICHT ZU UNS KOMMEN, HARU-CHAN?

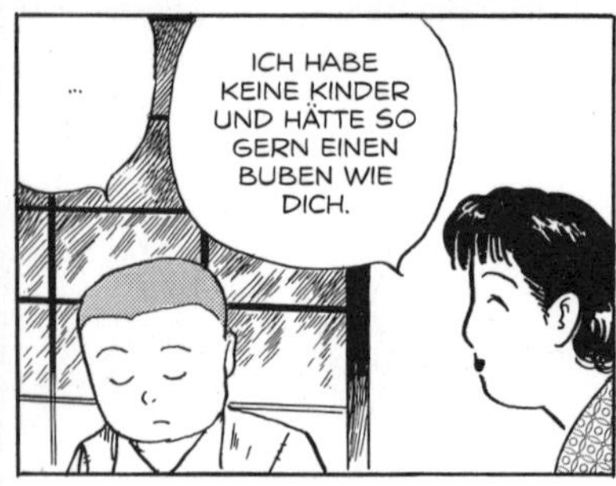
ICH HABE KEINE KINDER UND HÄTTE SO GERN EINEN BUBEN WIE DICH.
...

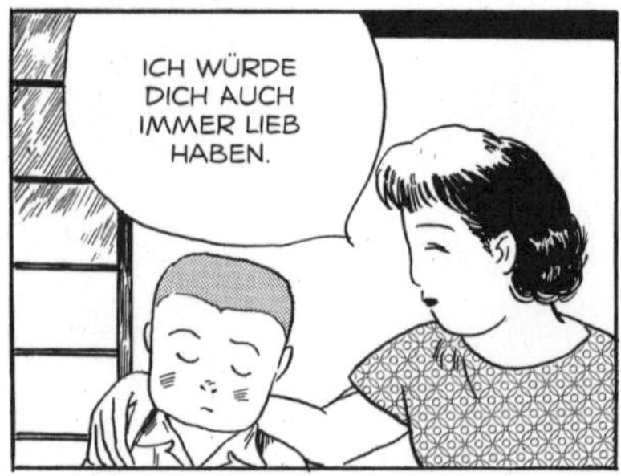
ICH WÜRDE DICH AUCH IMMER LIEB HABEN.

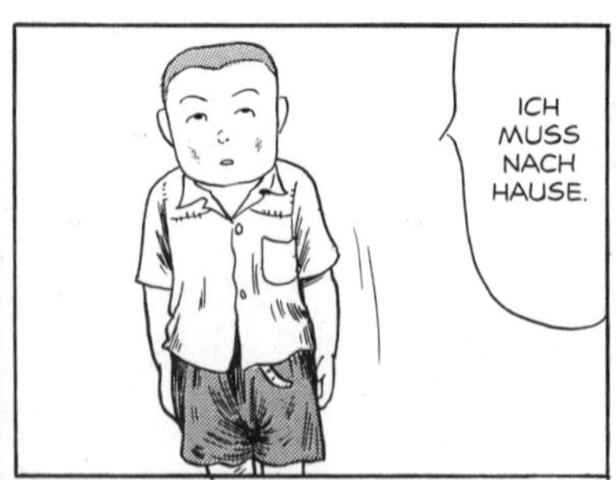
ICH MUSS NACH HAUSE.

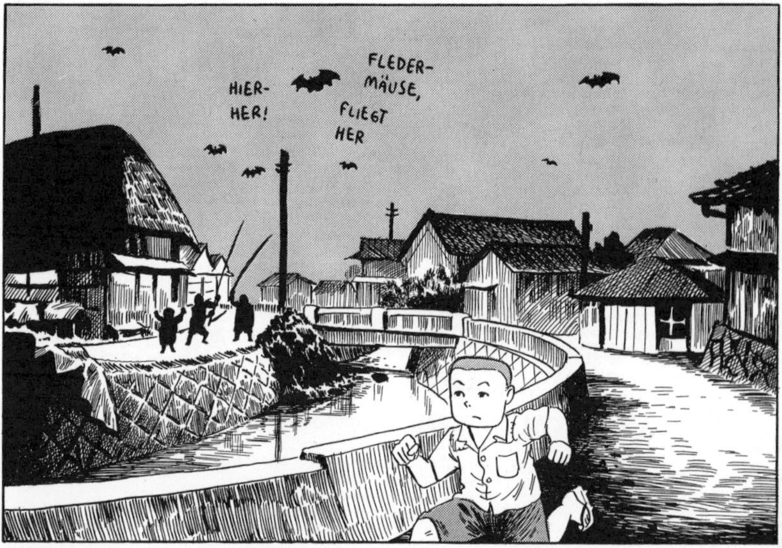

HIER-
HER!
FLEDER-
MÄUSE,
FLIEGT
HER

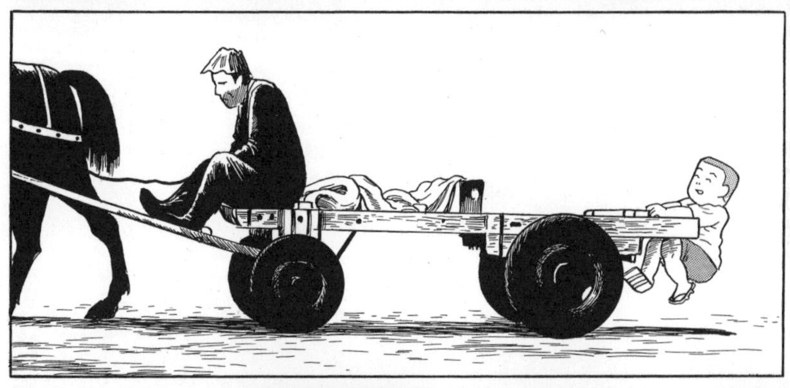

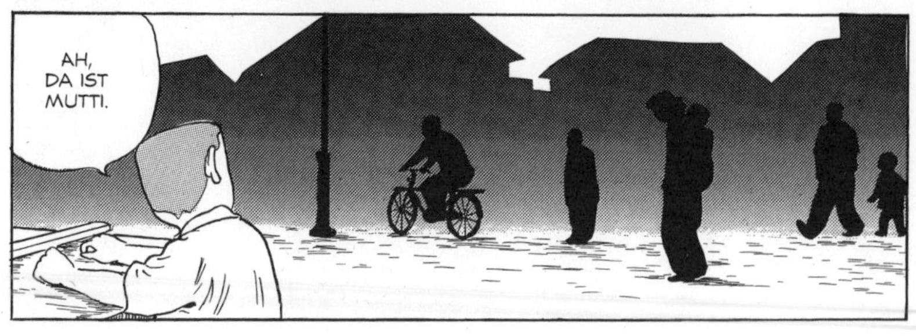
AH,
DA IST
MUTTI.

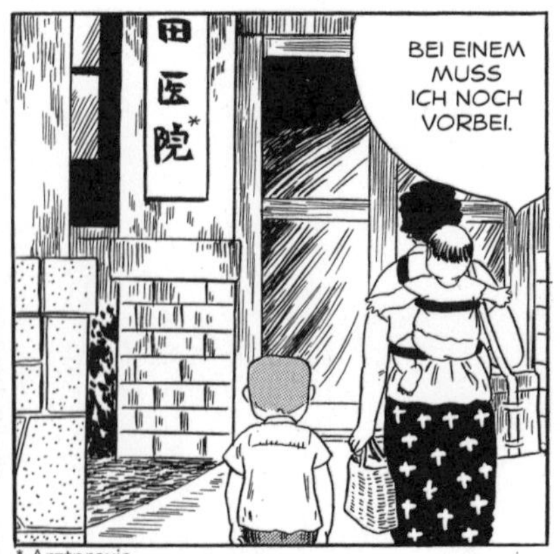
田医院*
BEI EINEM MUSS ICH NOCH VORBEI.

* Arztpraxis

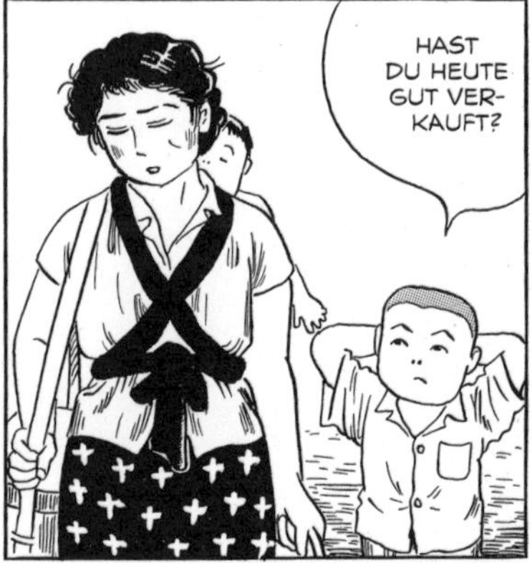
HAST DU HEUTE GUT VERKAUFT?

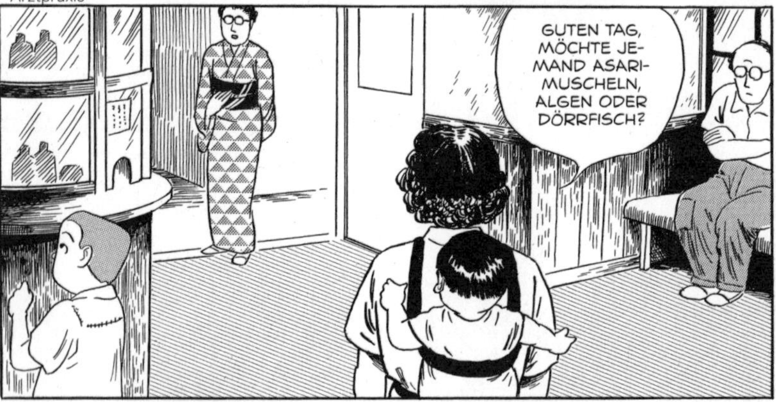
GUTEN TAG, MÖCHTE JEMAND ASARIMUSCHELN, ALGEN ODER DÖRRFISCH?

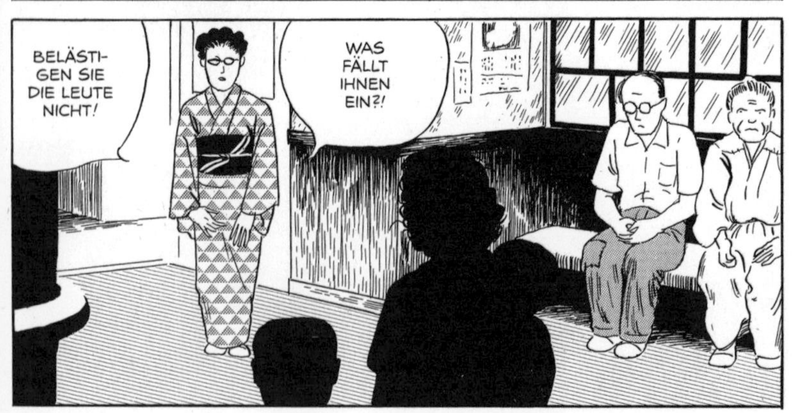
BELÄSTIGEN SIE DIE LEUTE NICHT!
WAS FÄLLT IHNEN EIN?!

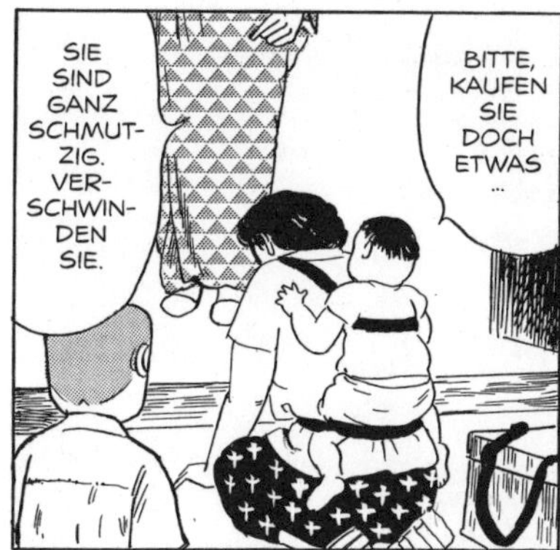
BITTE, KAUFEN SIE DOCH ETWAS ...
SIE SIND GANZ SCHMUTZIG. VERSCHWINDEN SIE.
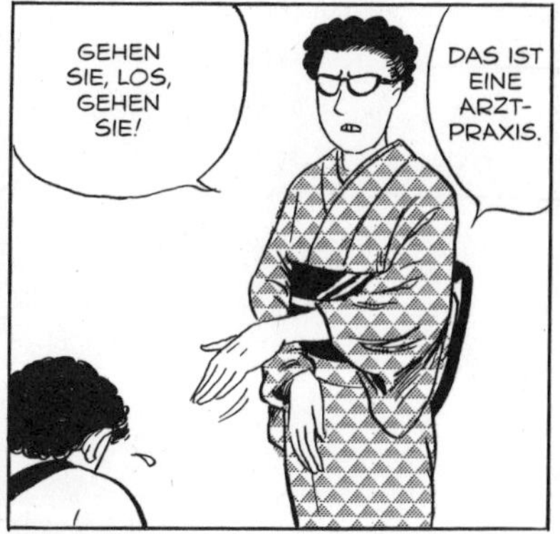
DAS IST EINE ARZTPRAXIS.
GEHEN SIE, LOS, GEHEN SIE!
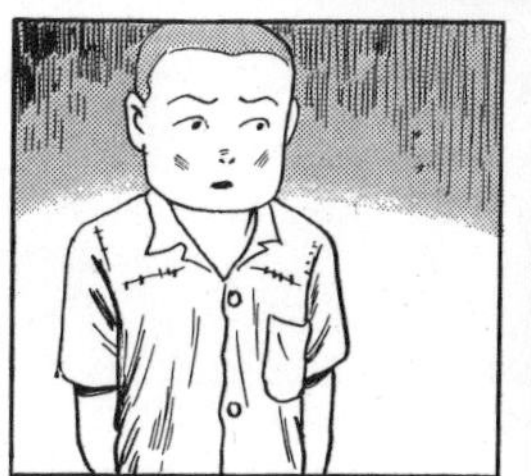
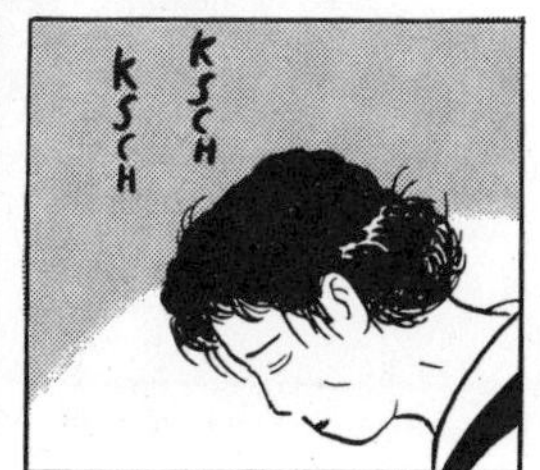
KSCH
KSCH
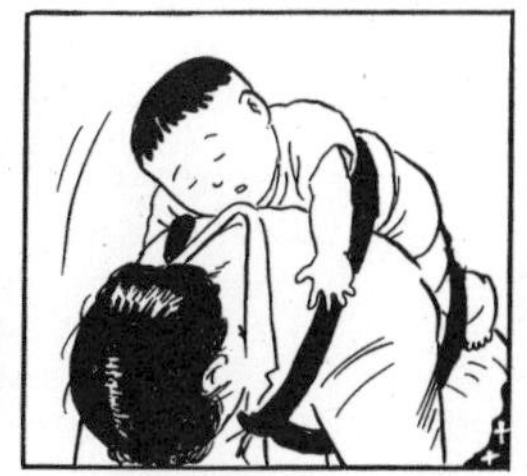
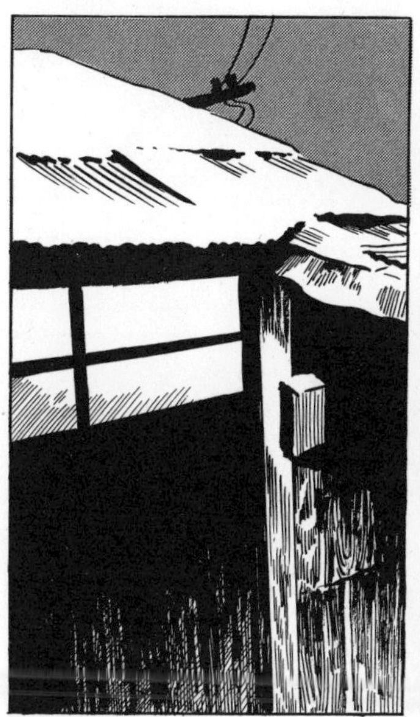
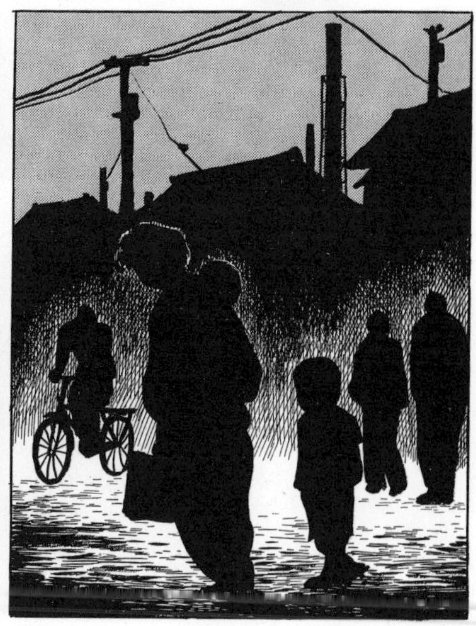

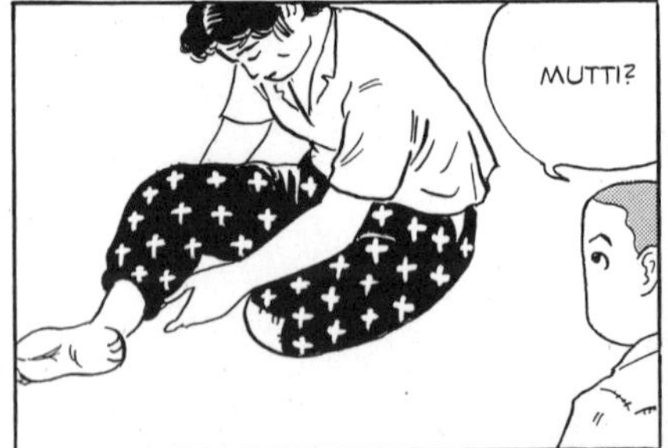
MUTTI?

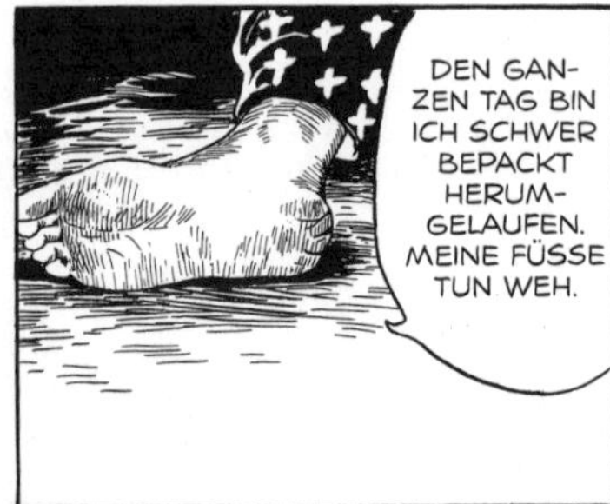
DEN GANZEN TAG BIN ICH SCHWER BEPACKT HERUMGELAUFEN. MEINE FÜSSE TUN WEH.

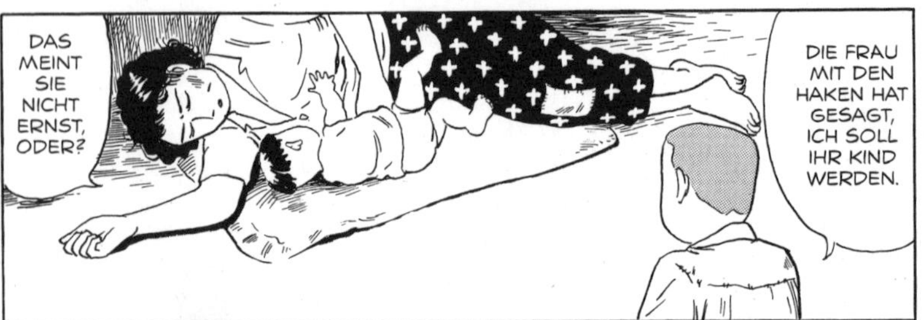
DIE FRAU MIT DEN HAKEN HAT GESAGT, ICH SOLL IHR KIND WERDEN.
DAS MEINT SIE NICHT ERNST, ODER?

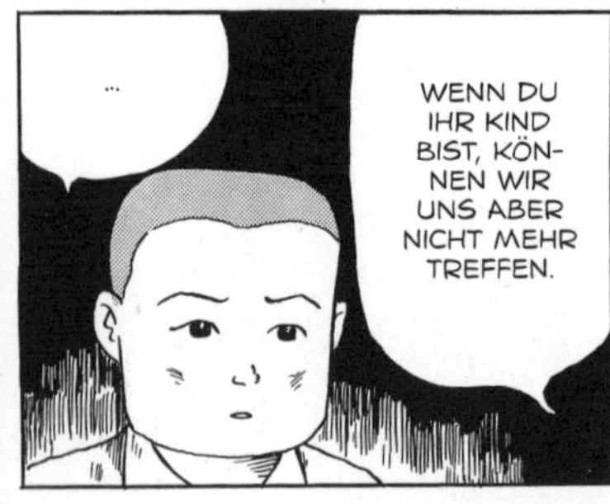
WENN DU IHR KIND BIST, KÖNNEN WIR UNS ABER NICHT MEHR TREFFEN.
...

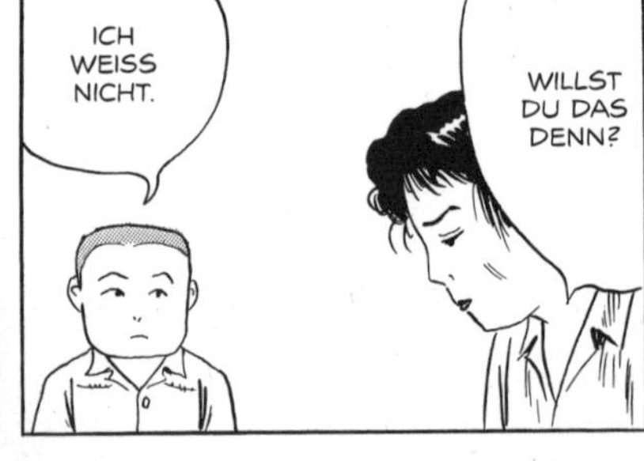
WILLST DU DAS DENN?
ICH WEISS NICHT.

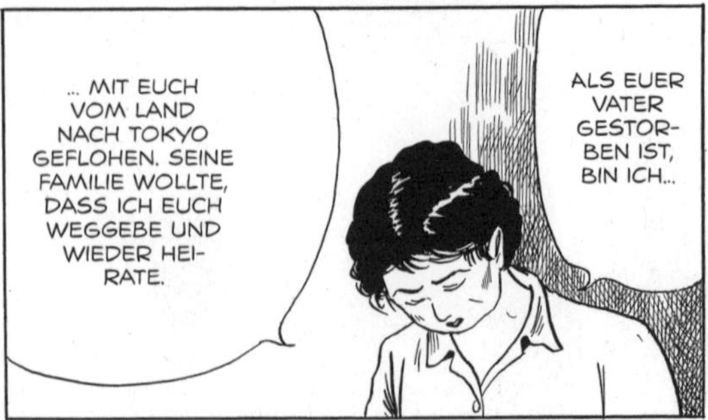
ALS EUER VATER GESTORBEN IST, BIN ICH...
... MIT EUCH VOM LAND NACH TOKYO GEFLOHEN. SEINE FAMILIE WOLLTE, DASS ICH EUCH WEGGEBE UND WIEDER HEIRATE.

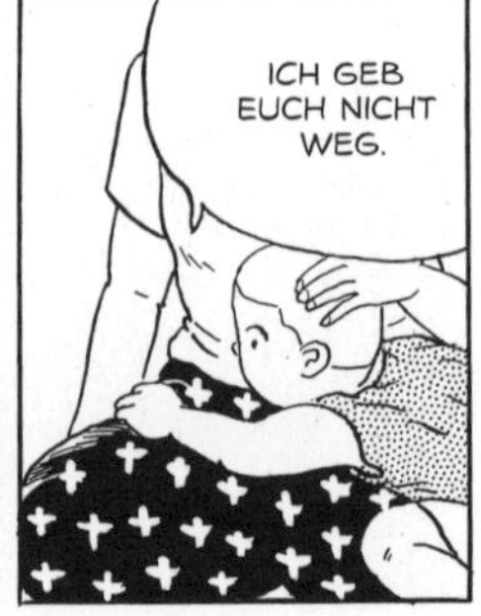
ICH GEB EUCH NICHT WEG.

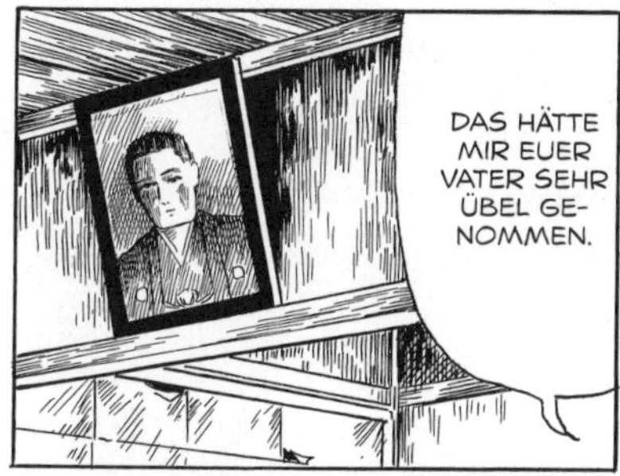
DAS HÄTTE
MIR EUER
VATER SEHR
ÜBEL GE-
NOMMEN.

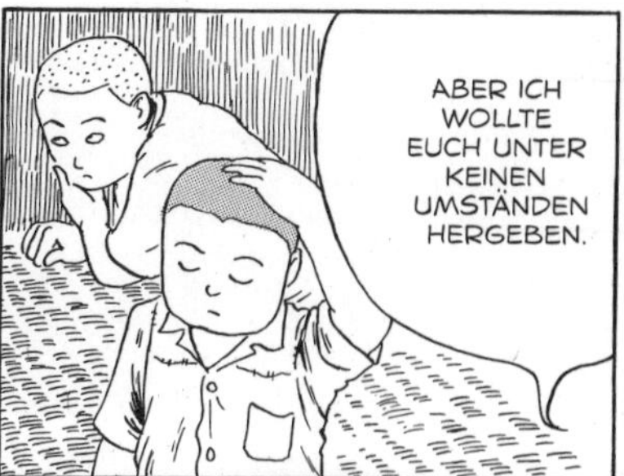
ABER ICH
WOLLTE
EUCH UNTER
KEINEN
UMSTÄNDEN
HERGEBEN.

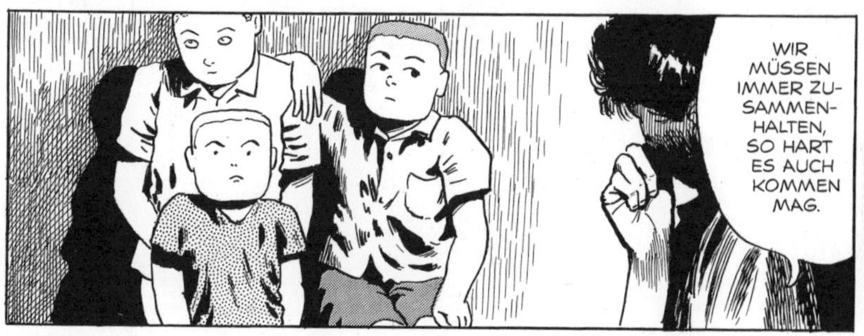
WIR
MÜSSEN
IMMER ZU-
SAMMEN-
HALTEN,
SO HART
ES AUCH
KOMMEN
MAG.

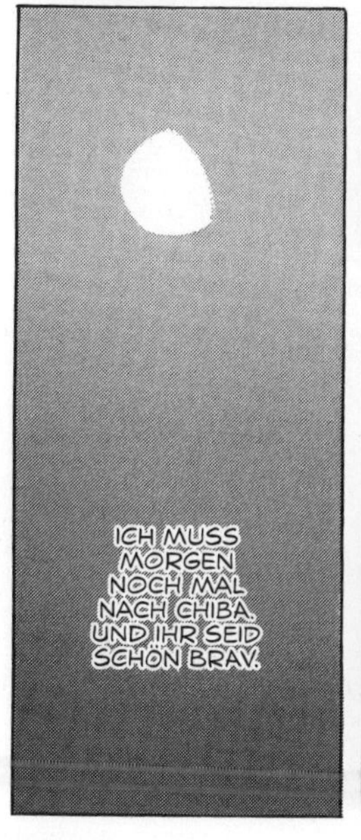
ICH MUSS
MORGEN
NOCH MAL
NACH CHIBA.
UND IHR SEID
SCHÖN BRAV.

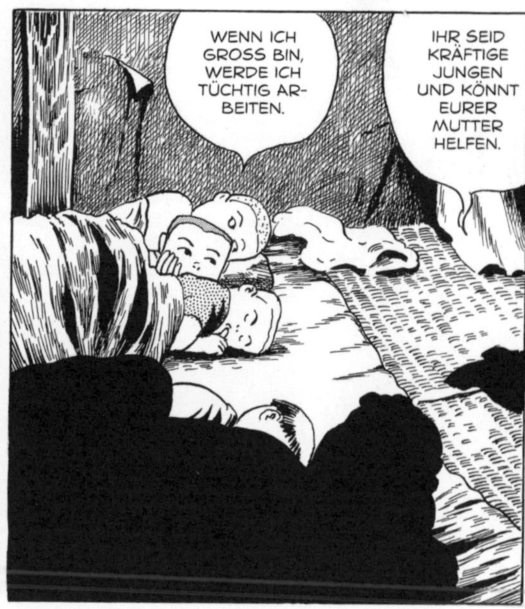
IHR SEID
KRÄFTIGE
JUNGEN
UND KÖNNT
EURER
MUTTER
HELFEN.
WENN ICH
GROSS BIN,
WERDE ICH
TÜCHTIG AR-
BEITEN.

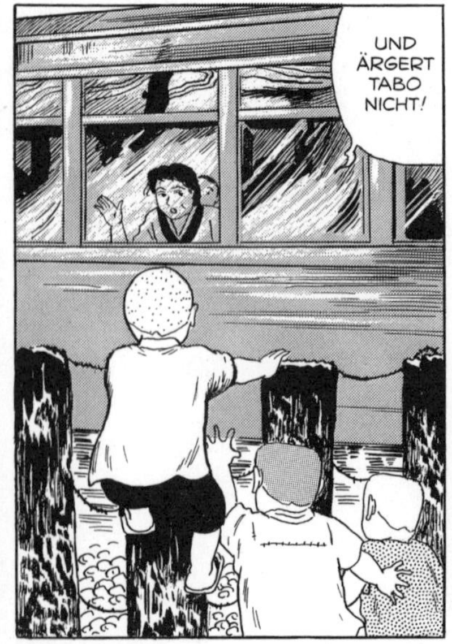
UND ÄRGERT TABO NICHT!

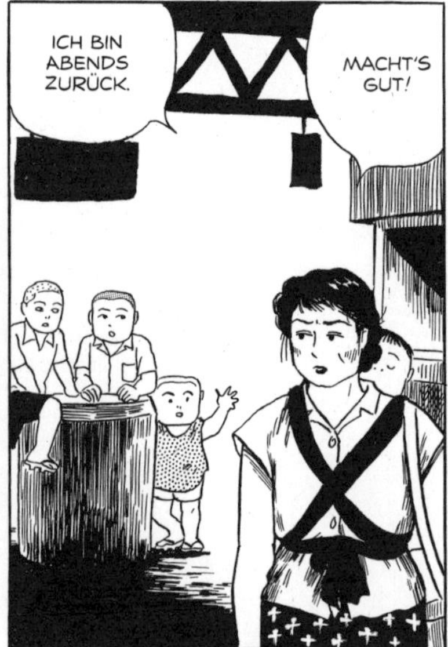
MACHT'S GUT!
ICH BIN ABENDS ZURÜCK.

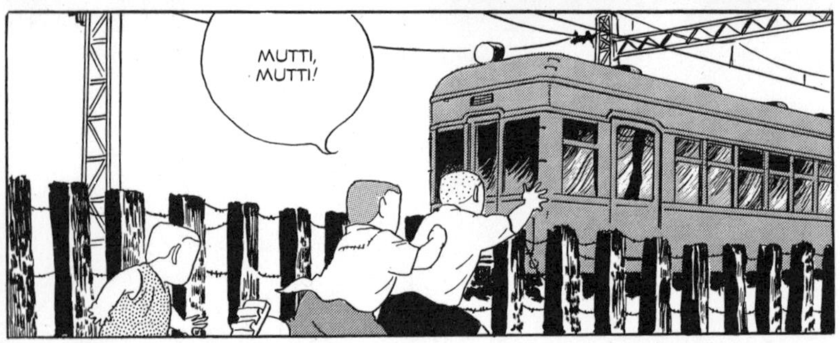
MUTTI, MUTTI!

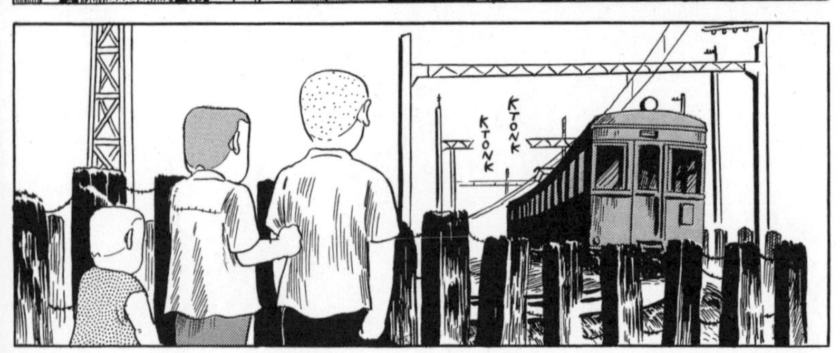
KTONK
KTONK

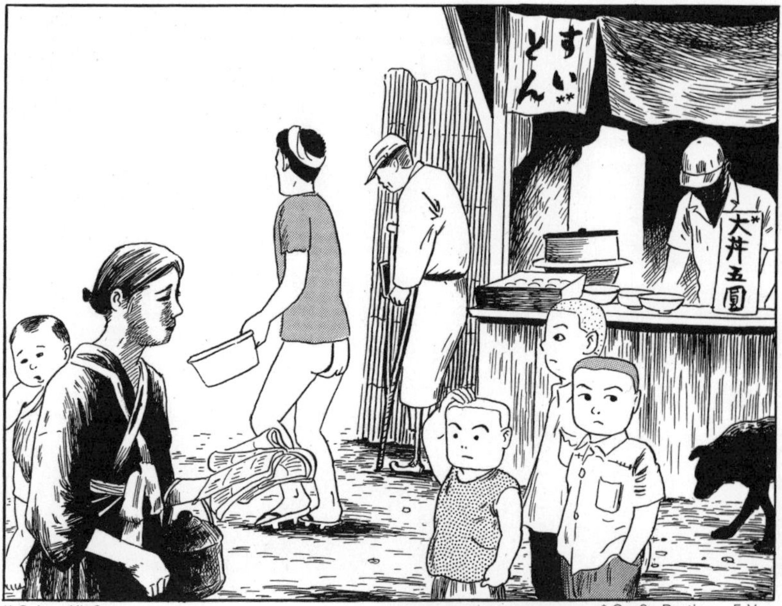

** Suiton-Klöße

* Große Portion – 5 Yen

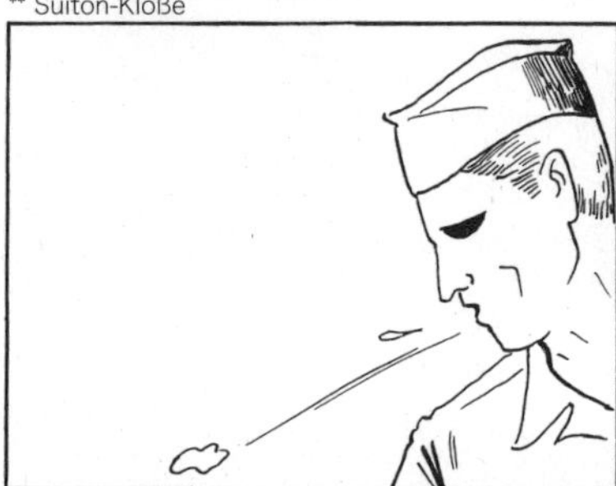

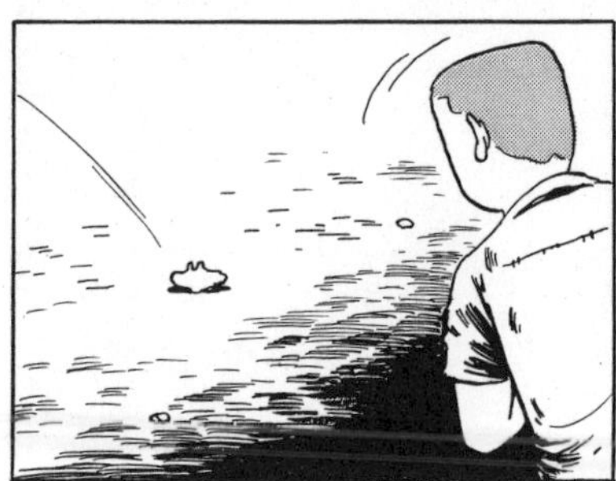

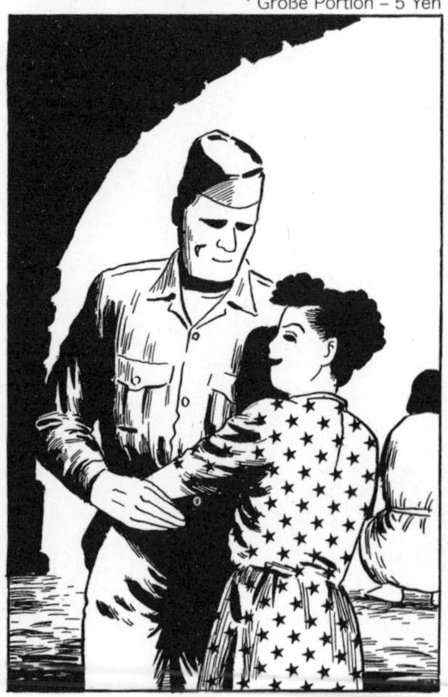

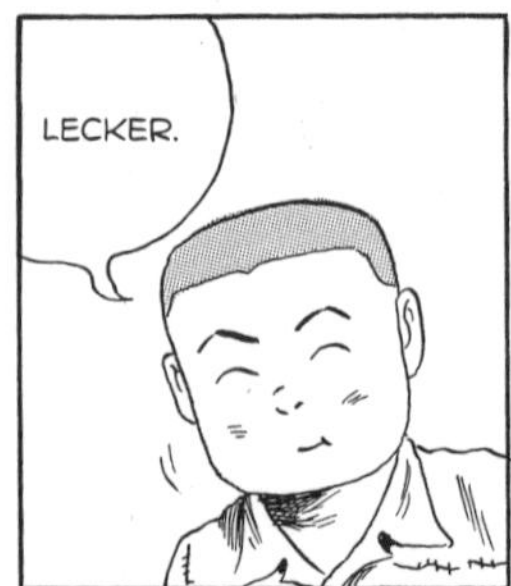
LECKER.
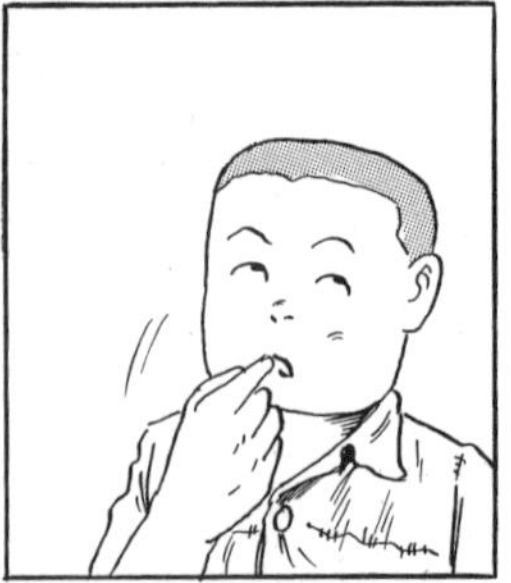
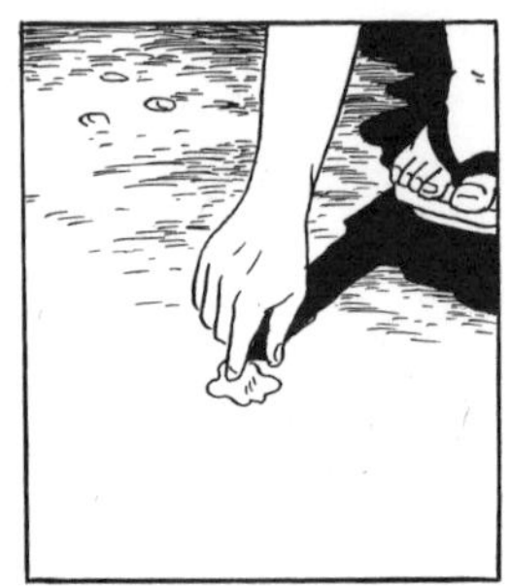
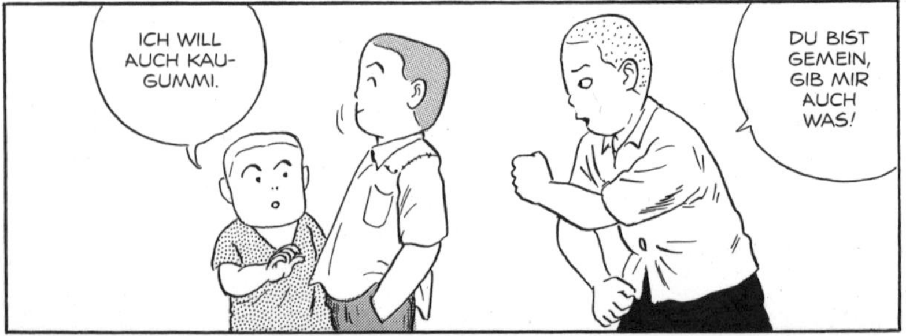
DU BIST GEMEIN, GIB MIR AUCH WAS!
ICH WILL AUCH KAU-GUMMI.
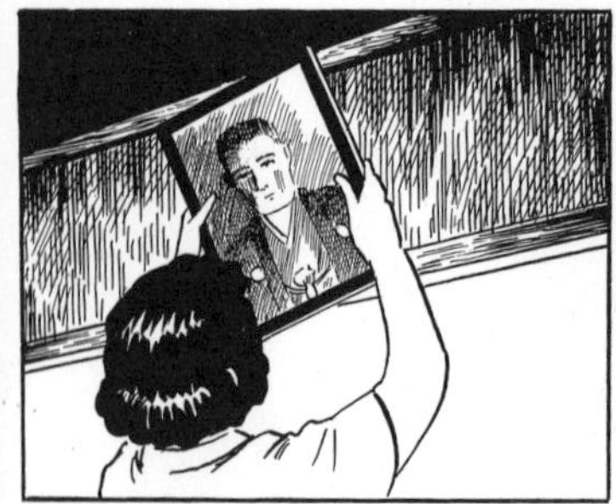
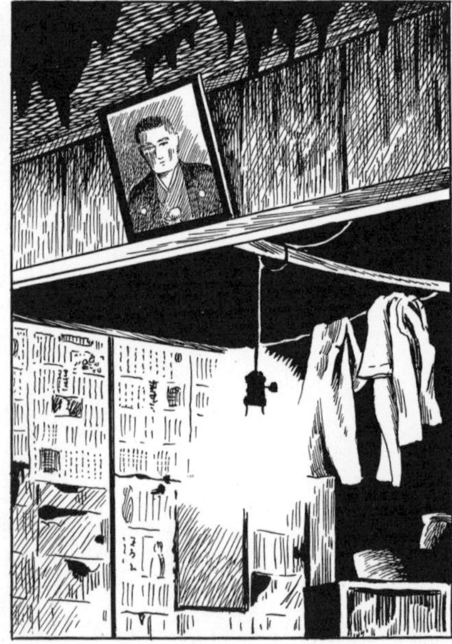
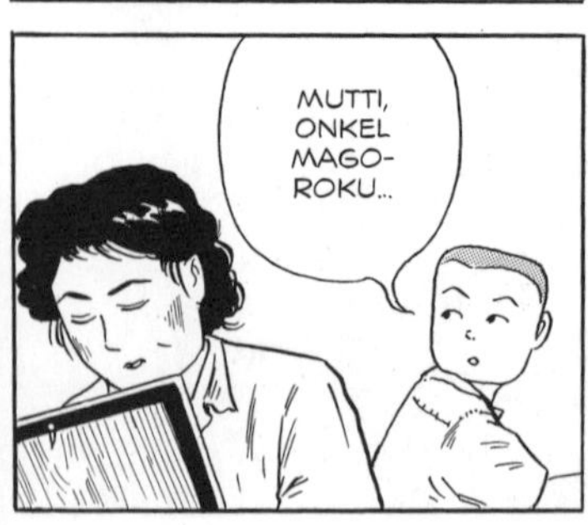
MUTTI, ONKEL MAGO-ROKU...

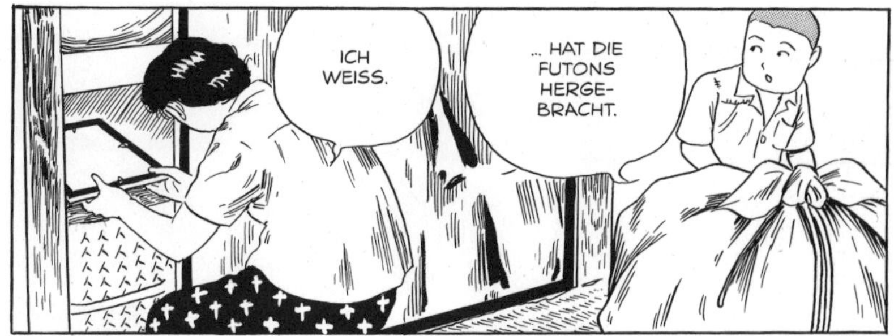
... HAT DIE FUTONS HERGE-BRACHT.
ICH WEISS.

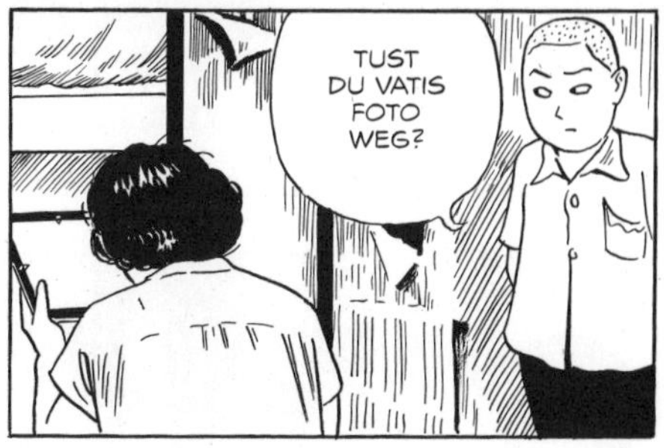
TUST DU VATIS FOTO WEG?

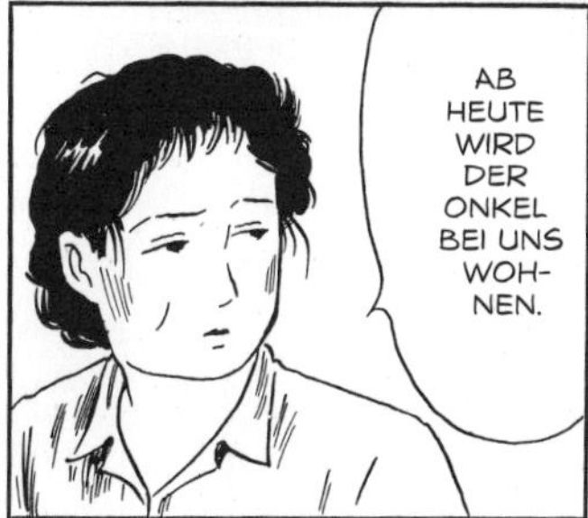
AB HEUTE WIRD DER ONKEL BEI UNS WOH-NEN.

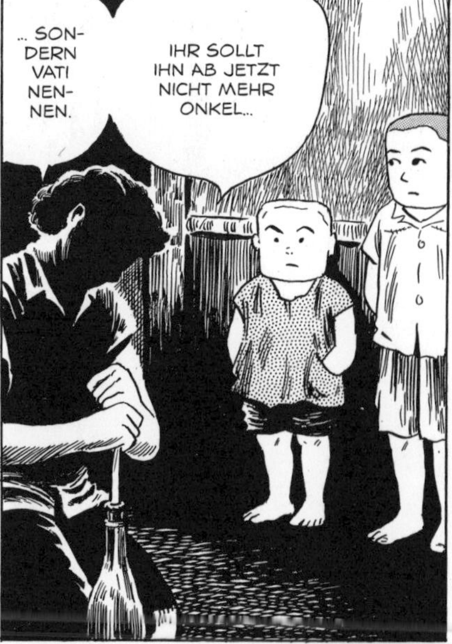
IHR SOLLT IHN AB JETZT NICHT MEHR ONKEL...
... SON-DERN VATI NEN-NEN.

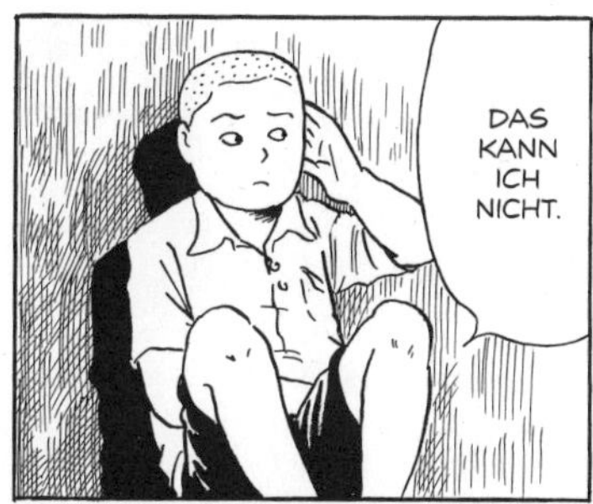
DAS KANN ICH NICHT.

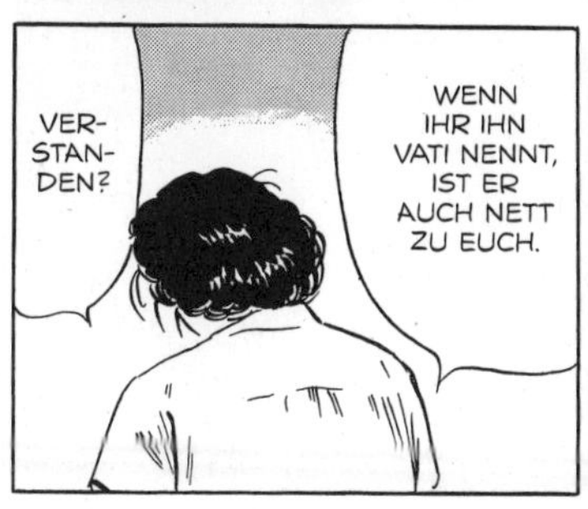
WENN IHR IHN VATI NENNT, IST ER AUCH NETT ZU EUCH.
VER-STAN-DEN?

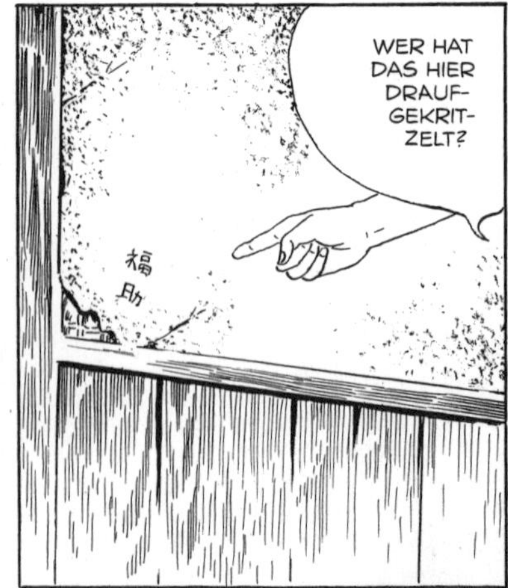
WER HAT DAS HIER DRAUF-GEKRIT-ZELT?
福助

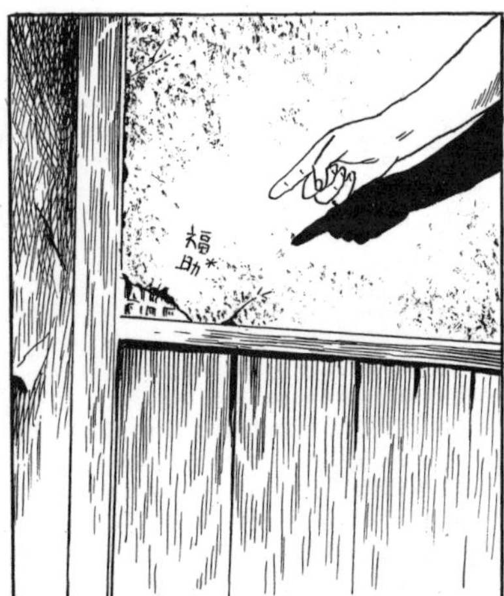
福助*

* Fukusuke

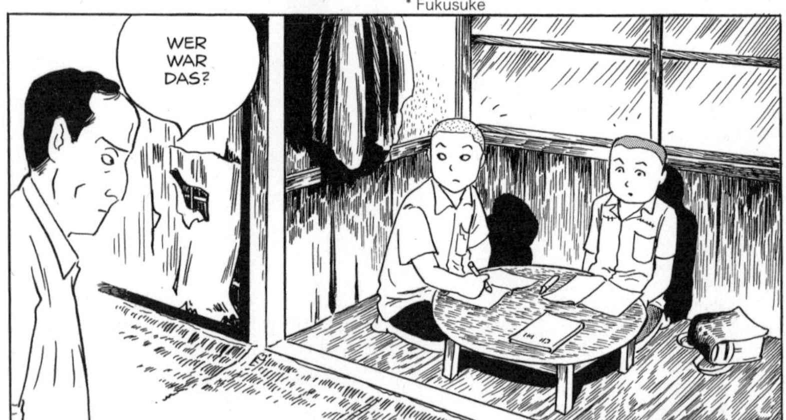
WER WAR DAS?

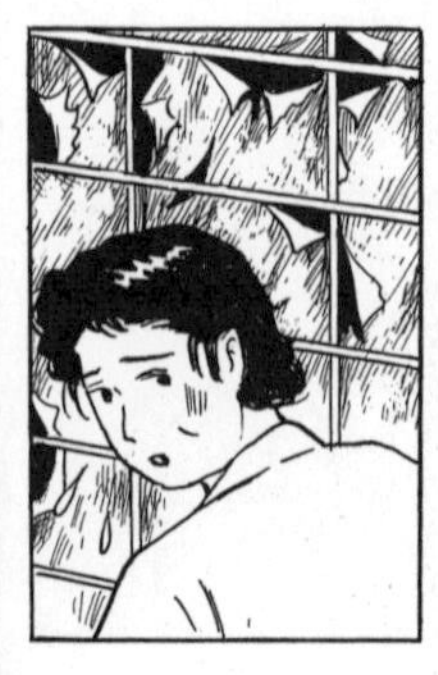

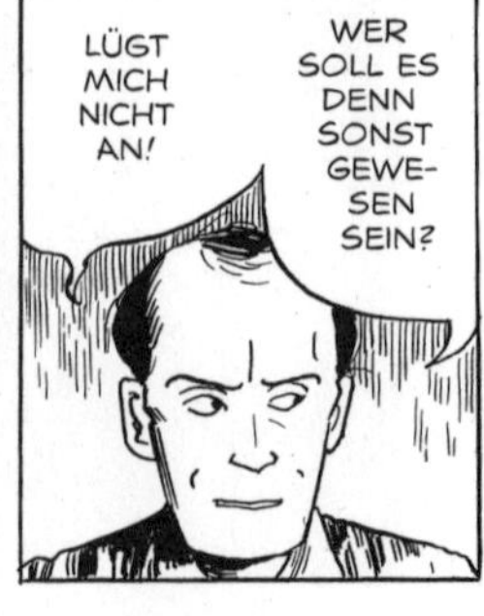
WER SOLL ES DENN SONST GEWE-SEN SEIN?
LÜGT MICH NICHT AN!

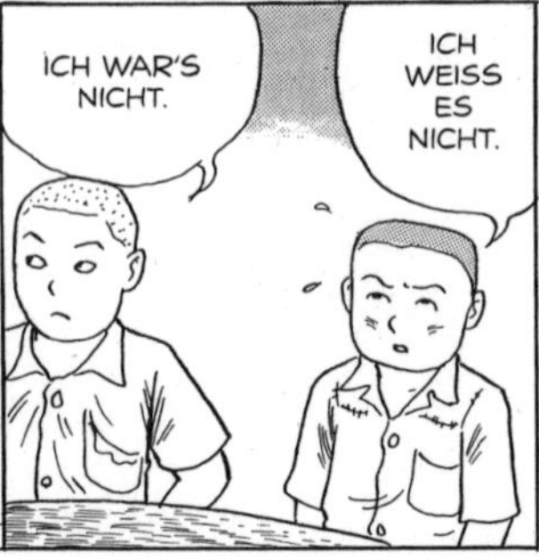
ICH WAR'S NICHT.
ICH WEISS ES NICHT.

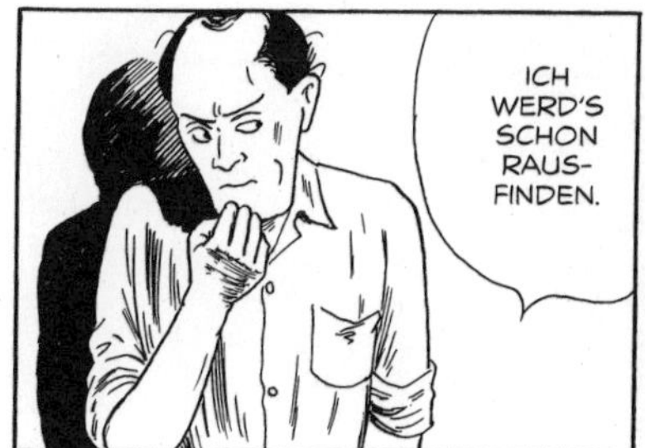
ICH WERD'S SCHON RAUS-FINDEN.

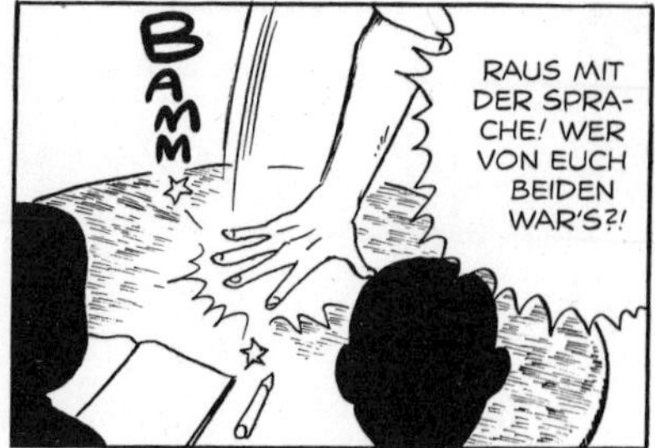
BAMM
RAUS MIT DER SPRA-CHE! WER VON EUCH BEIDEN WAR'S?!

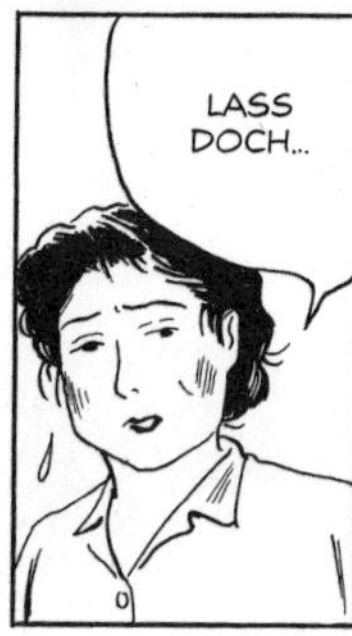
LASS DOCH...

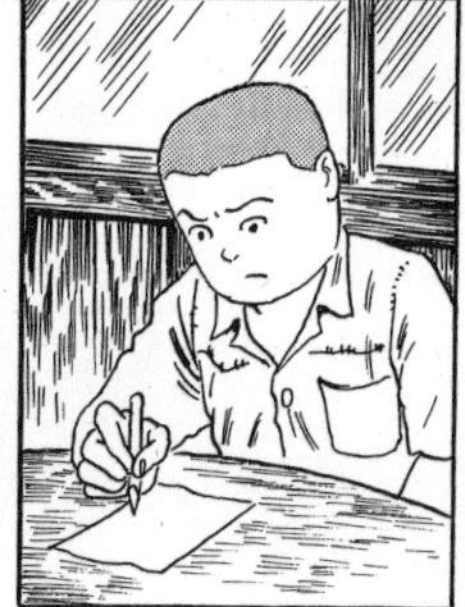

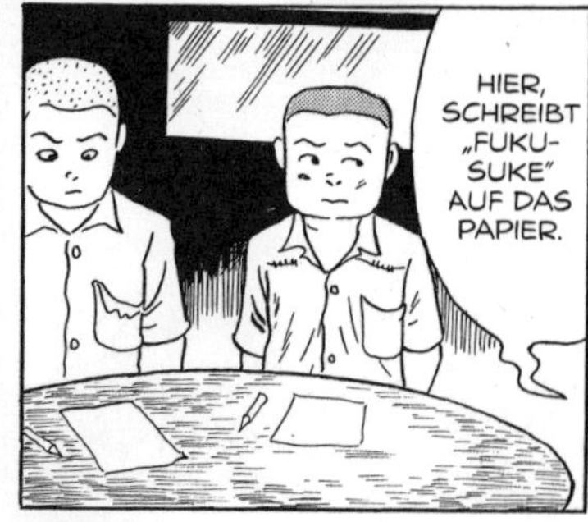
HIER, SCHREIBT „FUKU-SUKE" AUF DAS PAPIER.

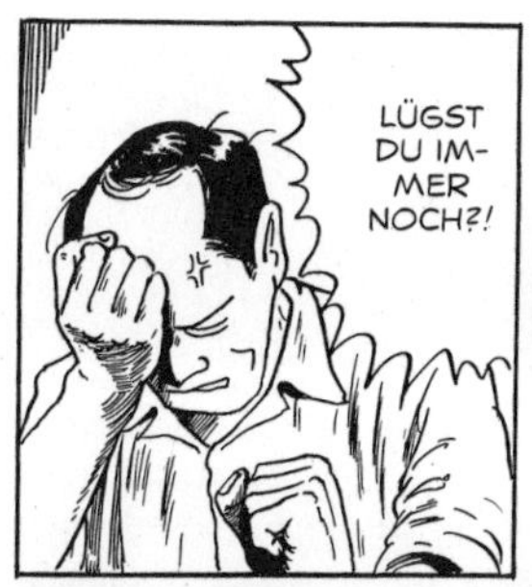
LÜGST DU IM-MER NOCH?!

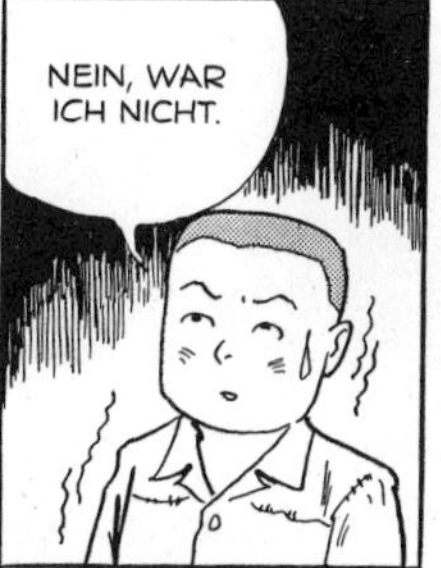
NEIN, WAR ICH NICHT.

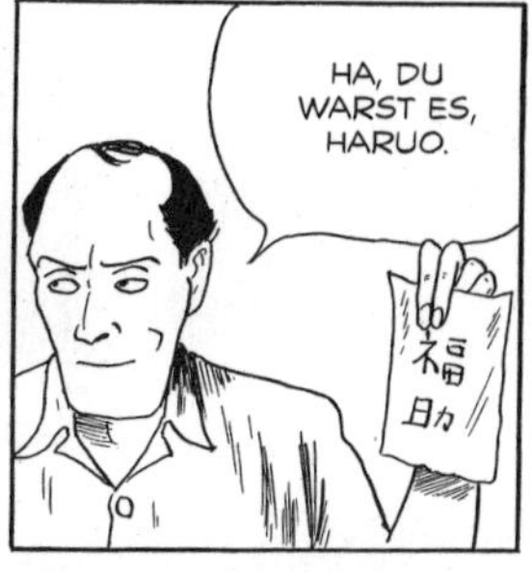
HA, DU WARST ES, HARUO.
福
助

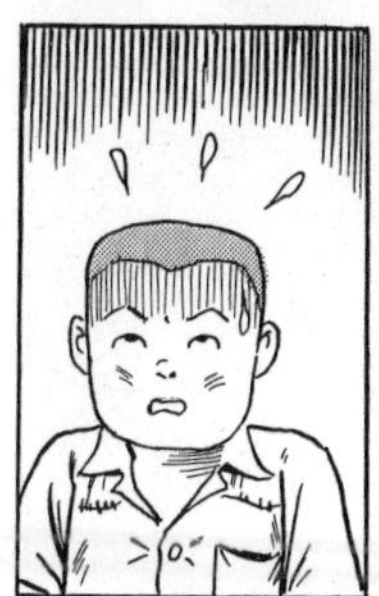

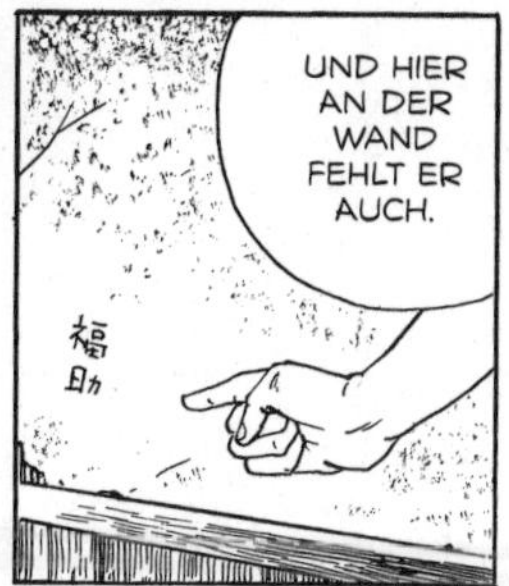
UND HIER AN DER WAND FEHLT ER AUCH.
福
助

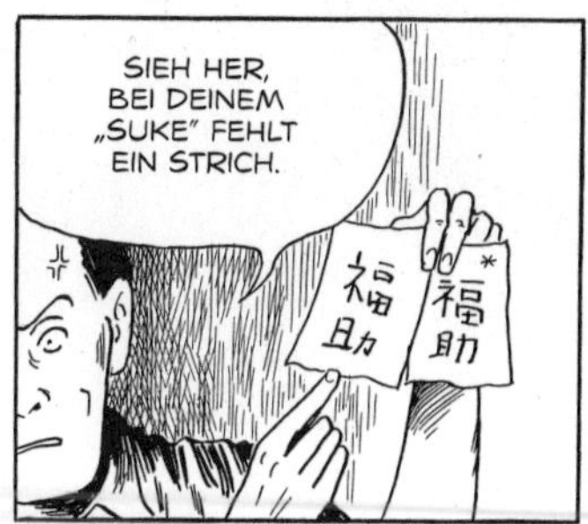
SIEH HER, BEI DEINEM „SUKE" FEHLT EIN STRICH.
福
助
*
福
助

* Fukusuke

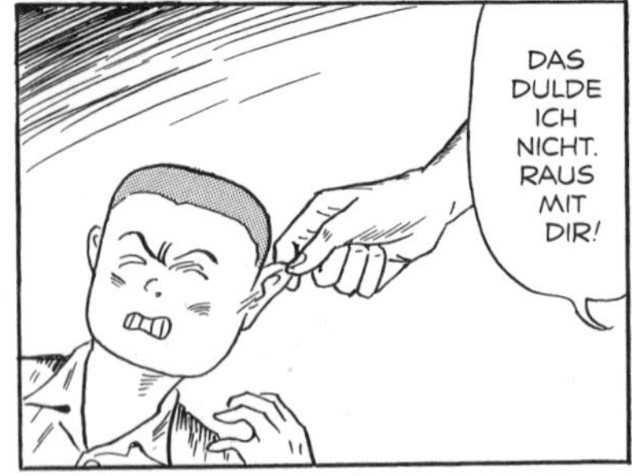
DAS DULDE ICH NICHT. RAUS MIT DIR!

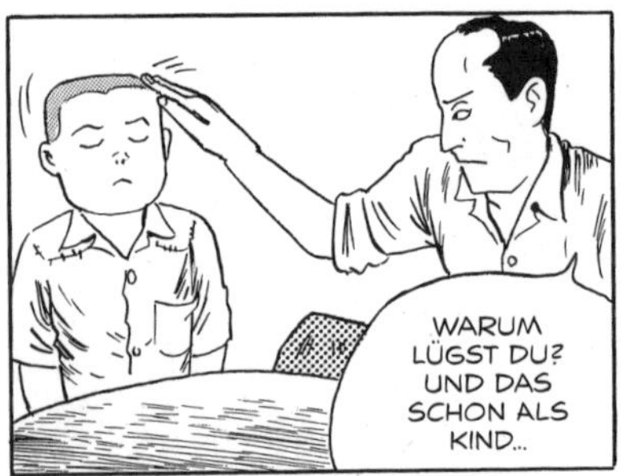
WARUM LÜGST DU? UND DAS SCHON ALS KIND...

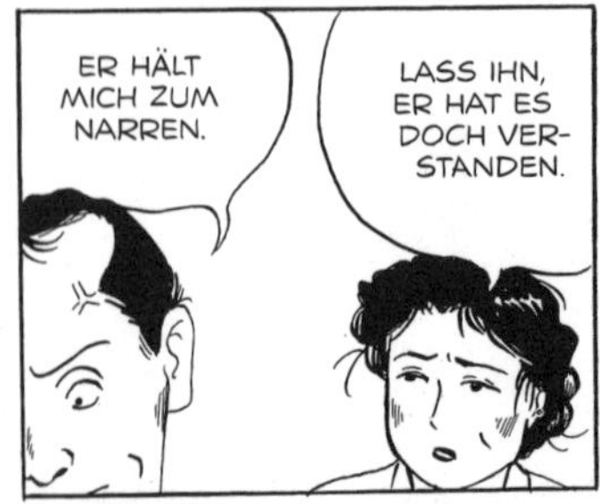
LASS IHN, ER HAT ES DOCH VERSTANDEN.
ER HÄLT MICH ZUM NARREN.

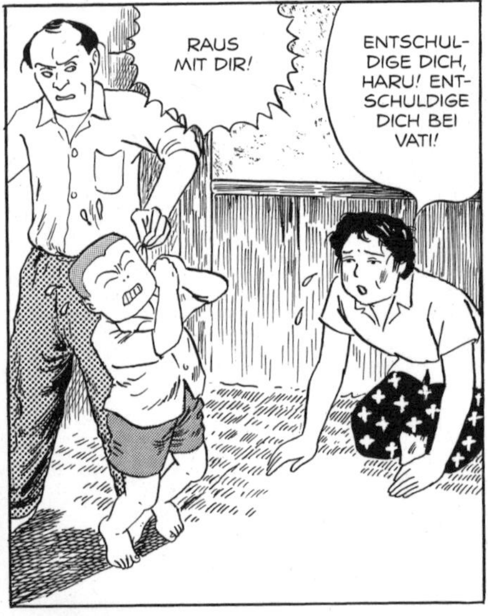
ENTSCHULDIGE DICH, HARU! ENTSCHULDIGE DICH BEI VATI!
RAUS MIT DIR!

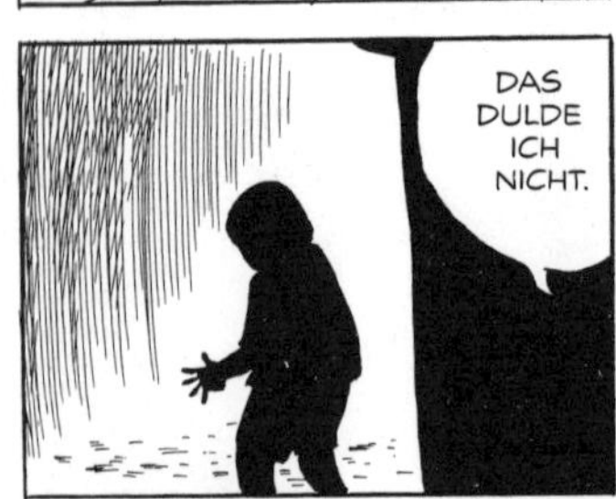
DAS DULDE ICH NICHT.

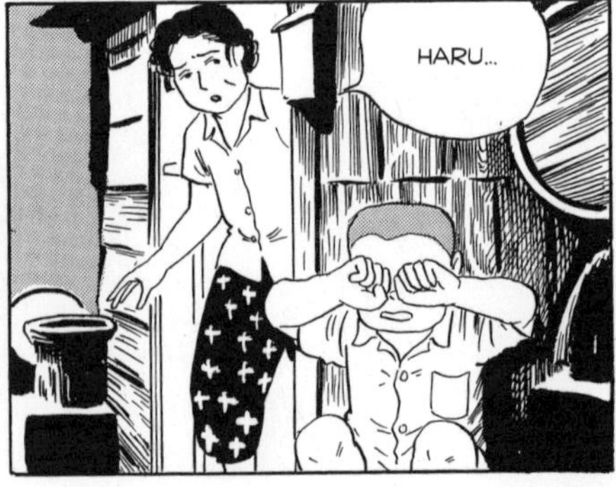
HARU...

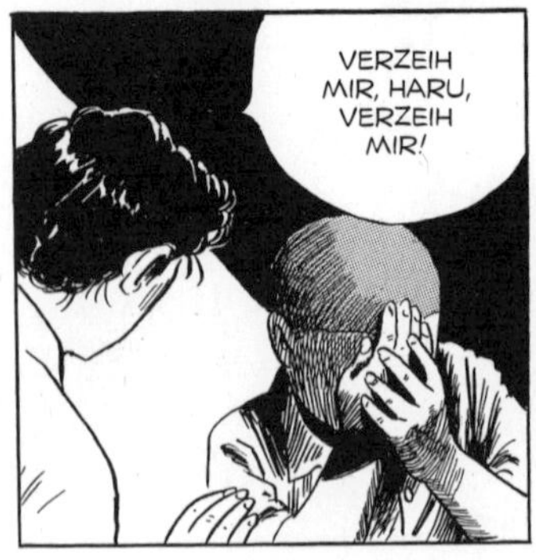
VERZEIH MIR, HARU, VERZEIH MIR!

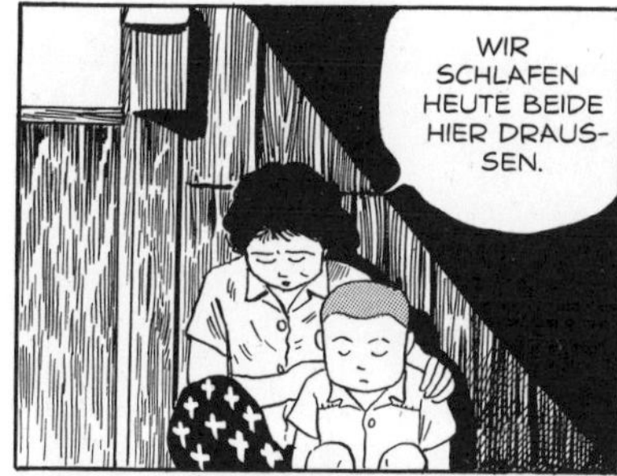
WIR SCHLAFEN HEUTE BEIDE HIER DRAUS-SEN.

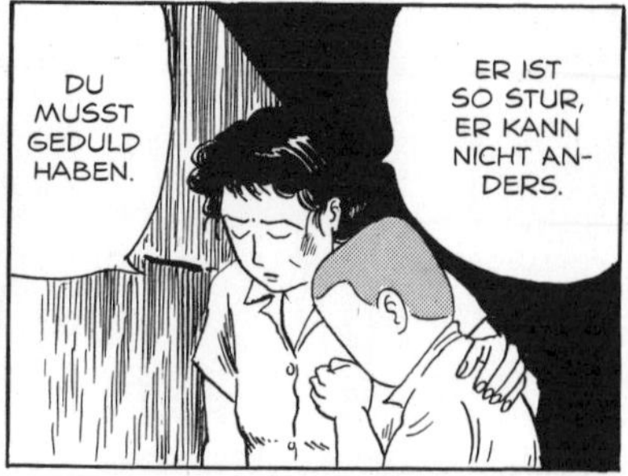
ER IST SO STUR, ER KANN NICHT AN-DERS.
DU MUSST GEDULD HABEN.

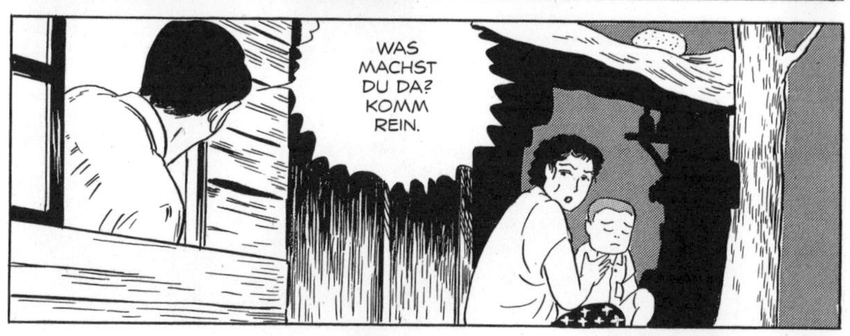
WAS MACHST DU DA? KOMM REIN.

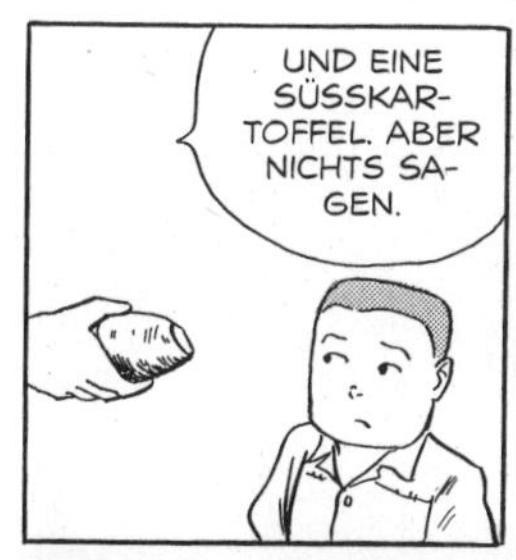
UND EINE SÜSSKAR-TOFFEL. ABER NICHTS SA-GEN.

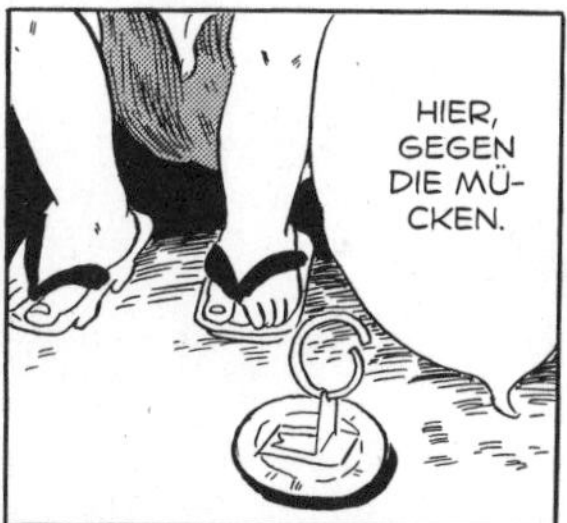
HIER, GEGEN DIE MÜ-CKEN.

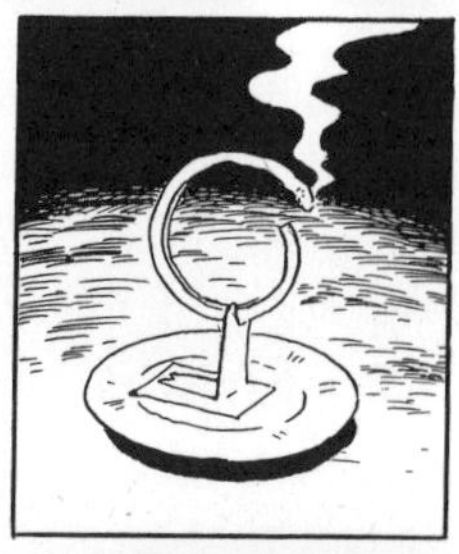

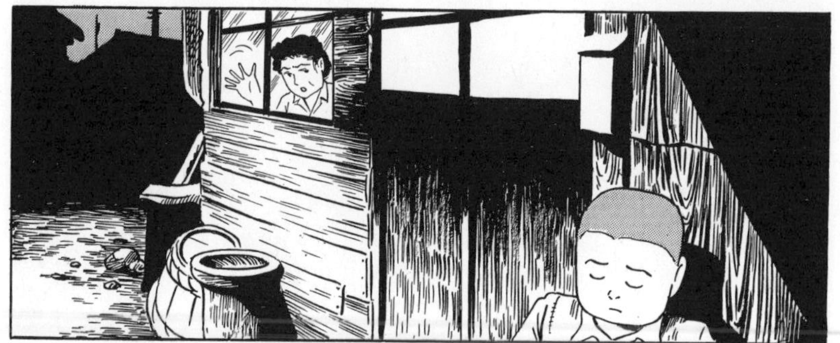

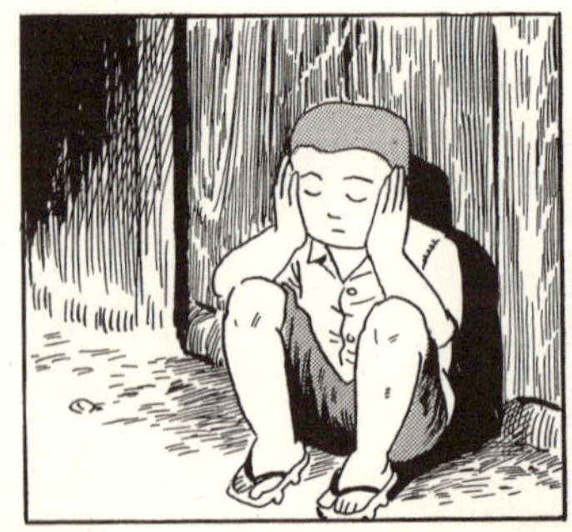
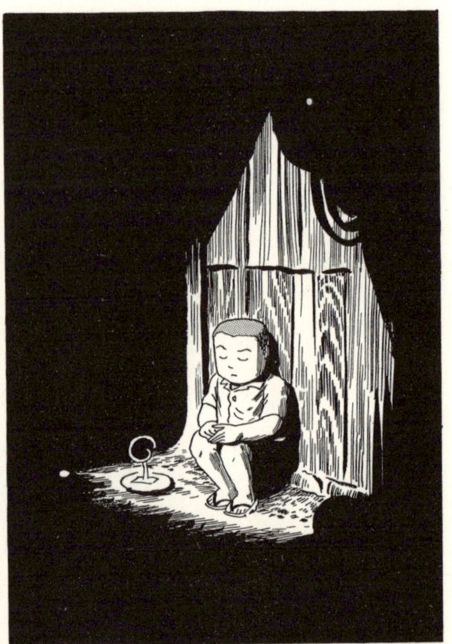
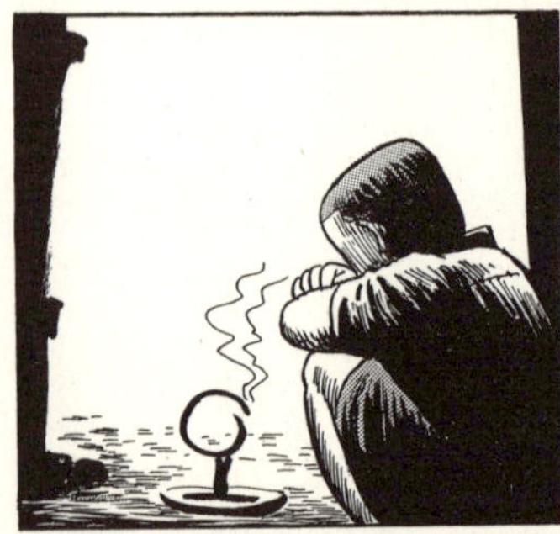
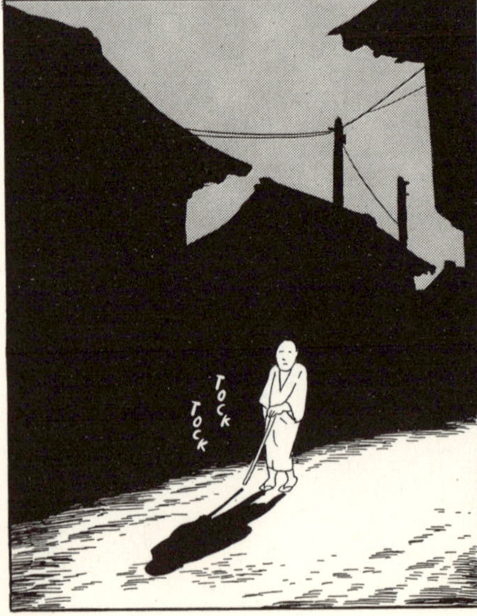
TOCK
TOCK
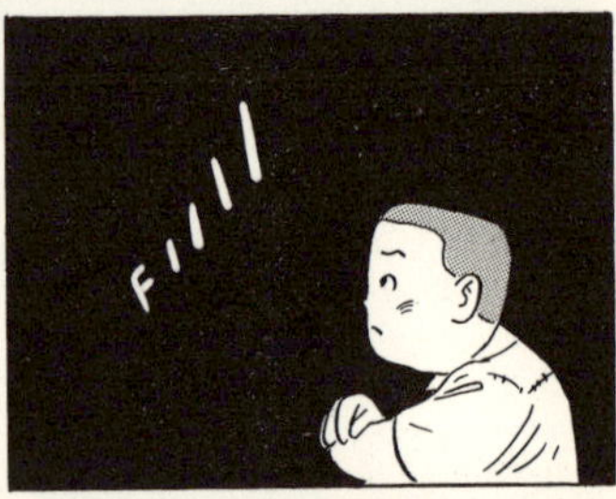
F///
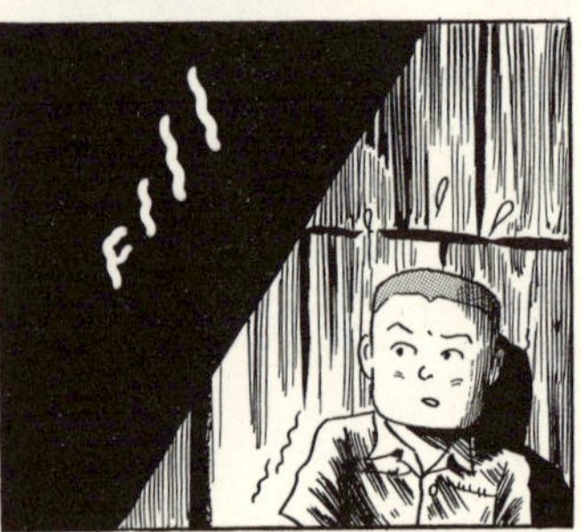
F///

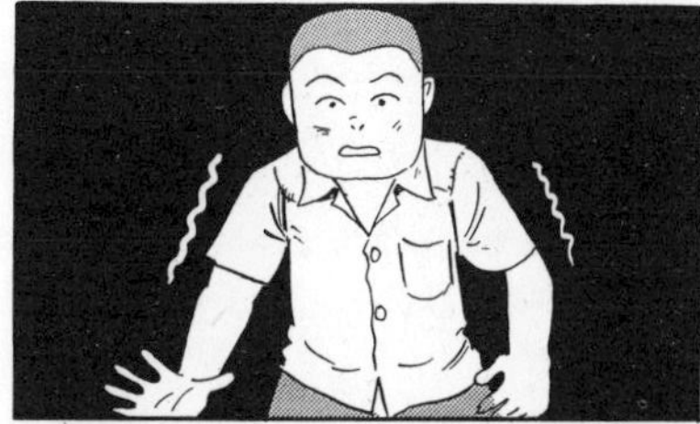

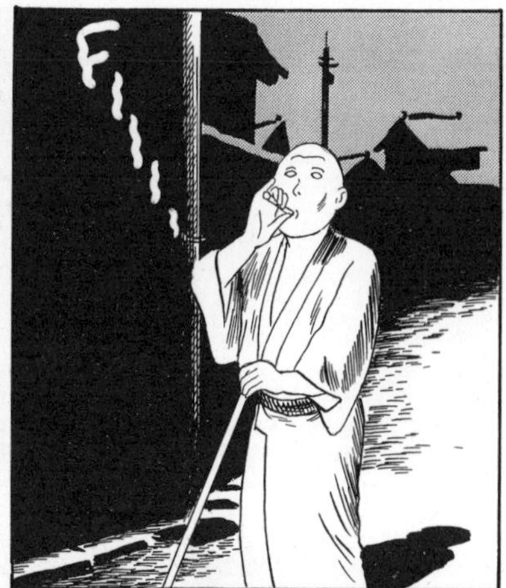
FIIII

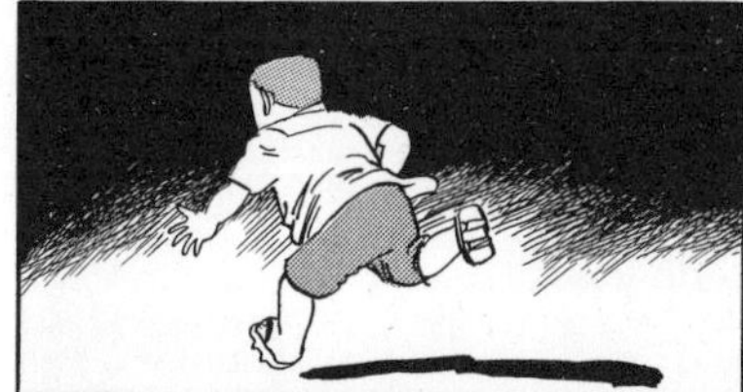

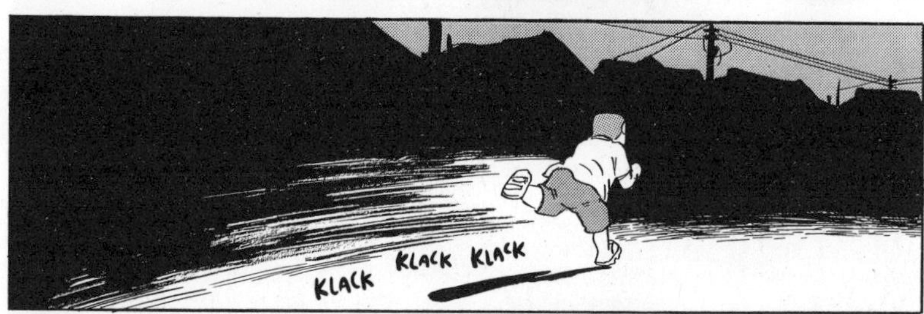
KLACK KLACK KLACK

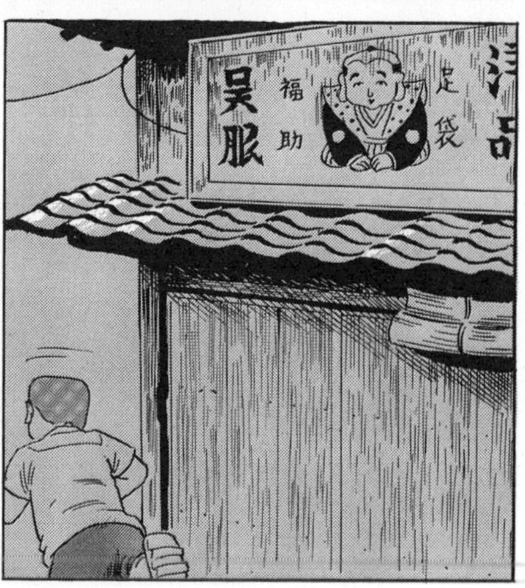
呉服
福助
足袋

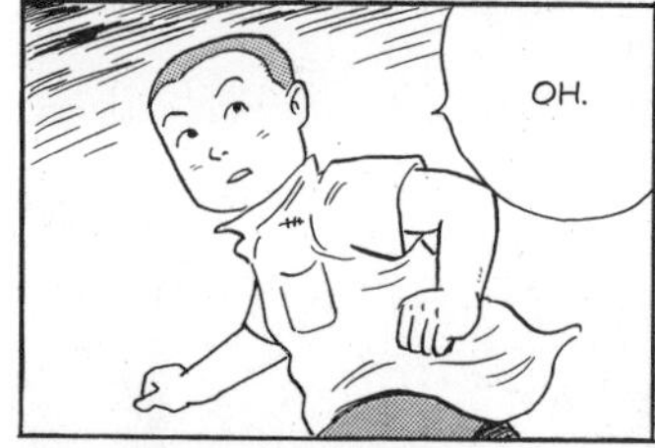
OH.

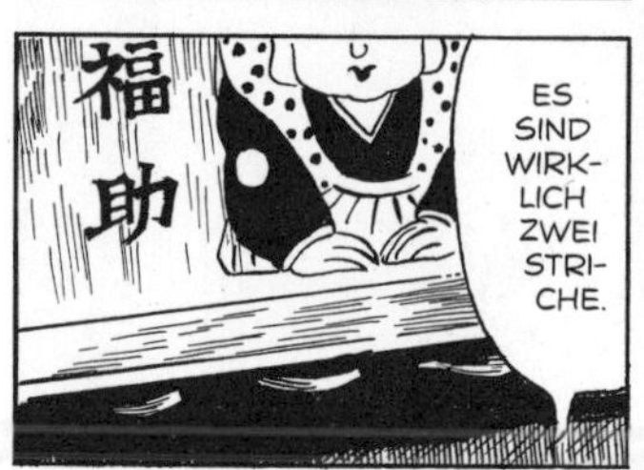
福
助
ES SIND WIRK-LICH ZWEI STRI-CHE.

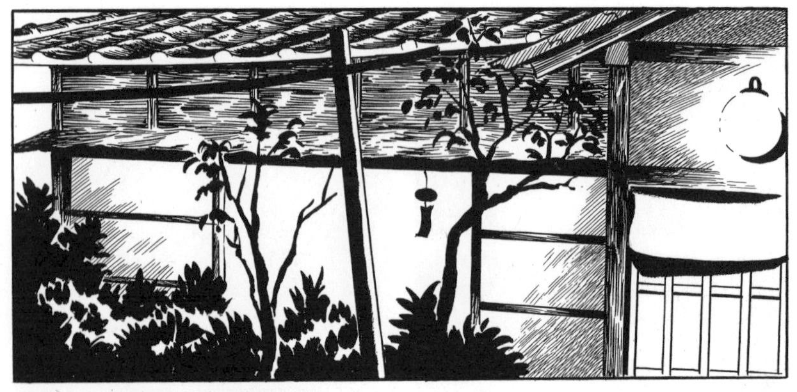

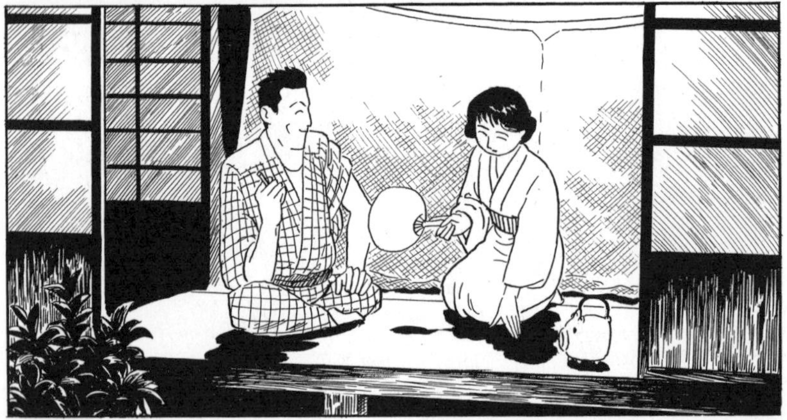

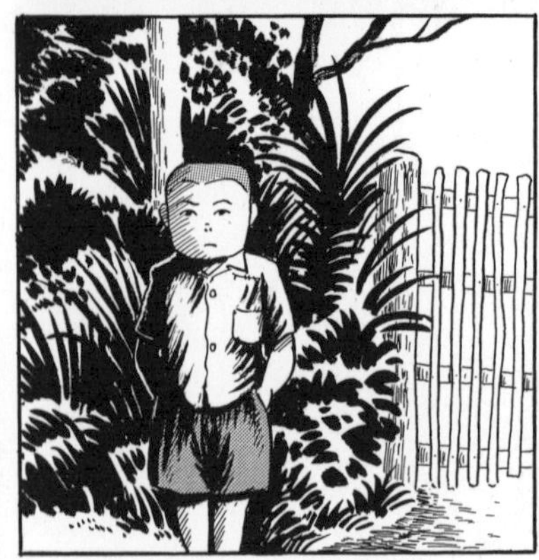

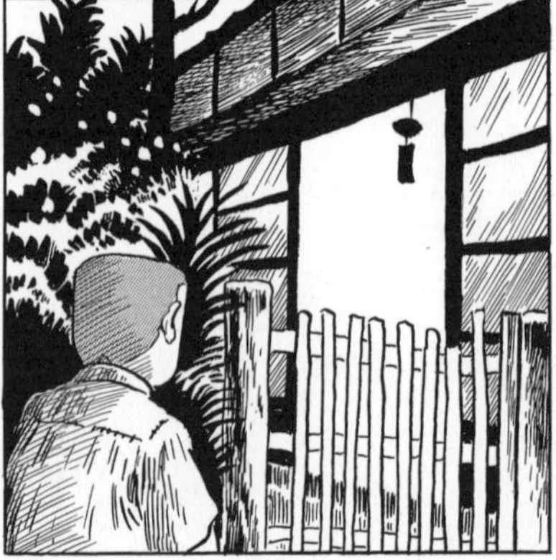

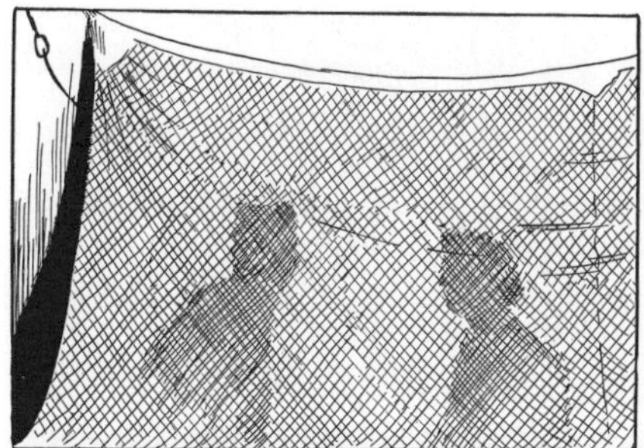
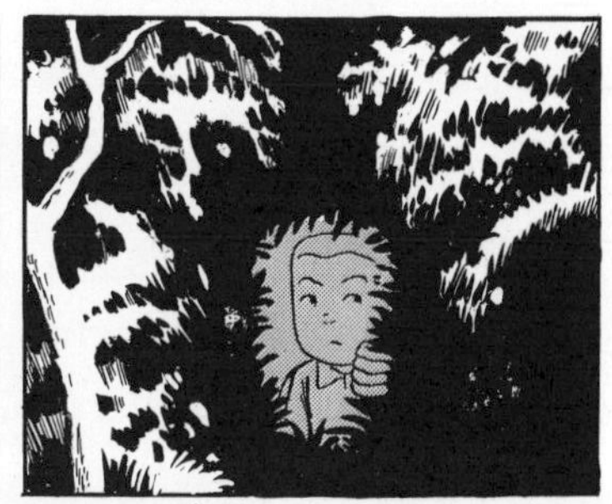
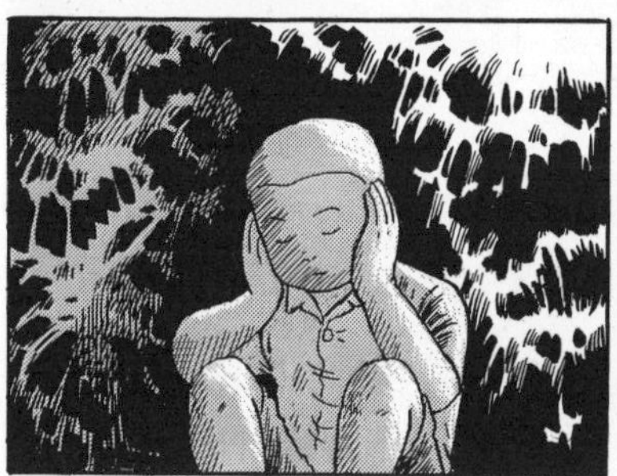
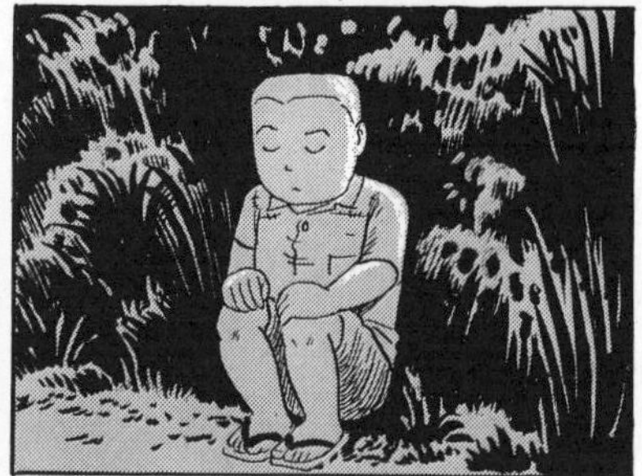
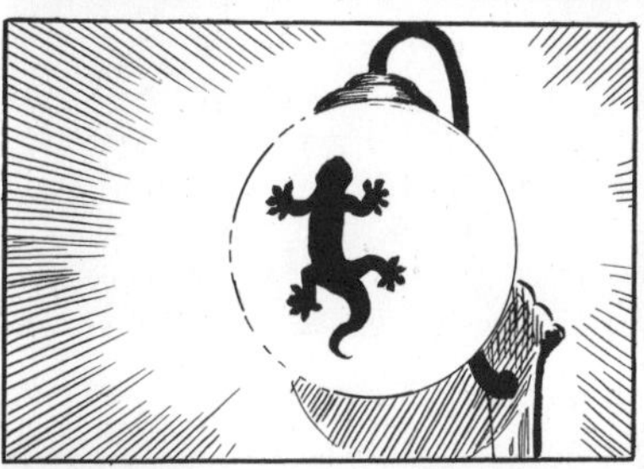
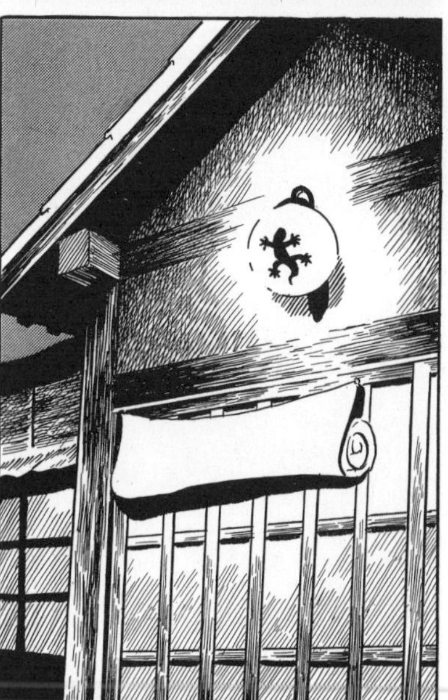
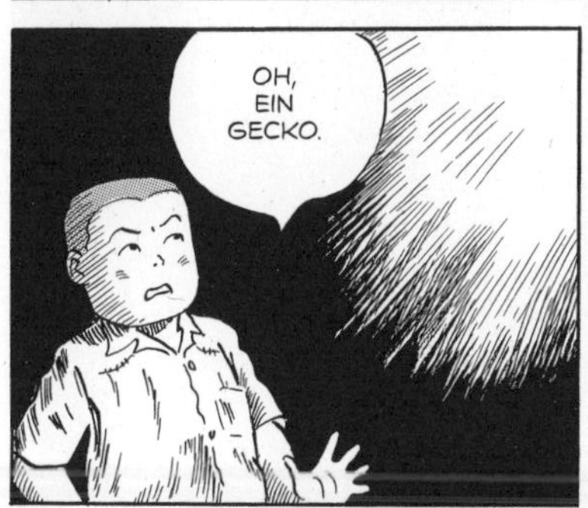
OH,
EIN
GECKO.

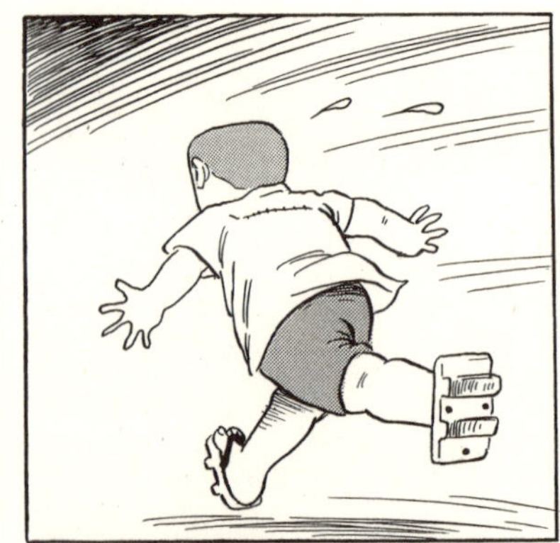

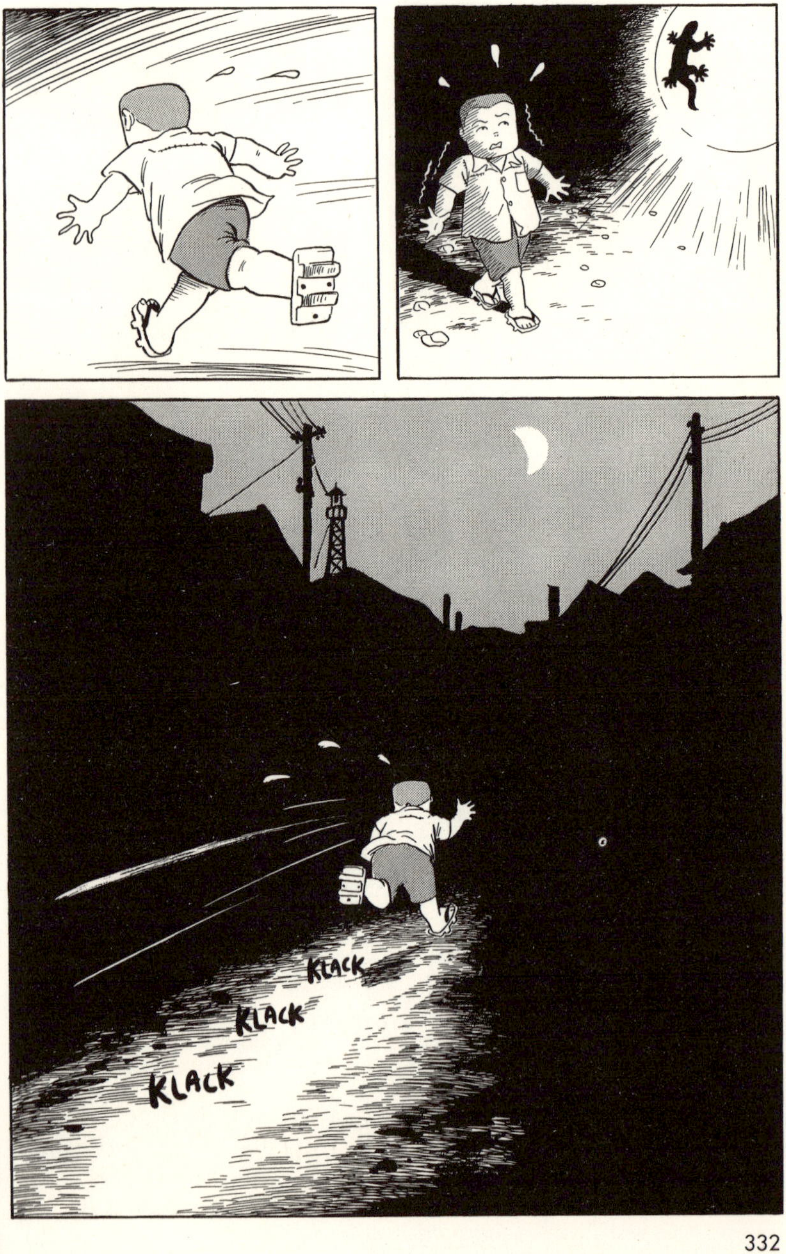

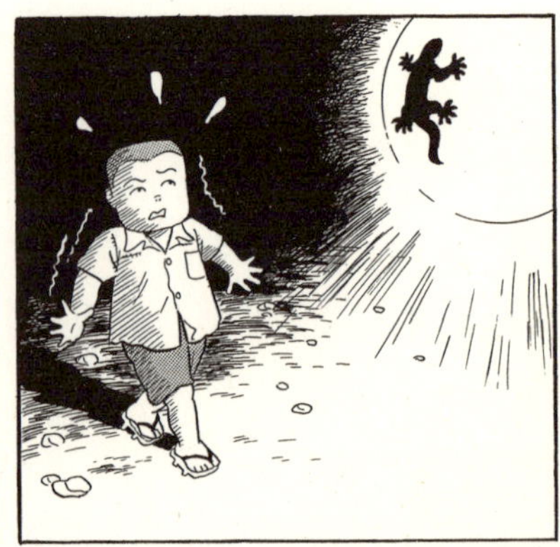

KLACK
KLACK
KLACK

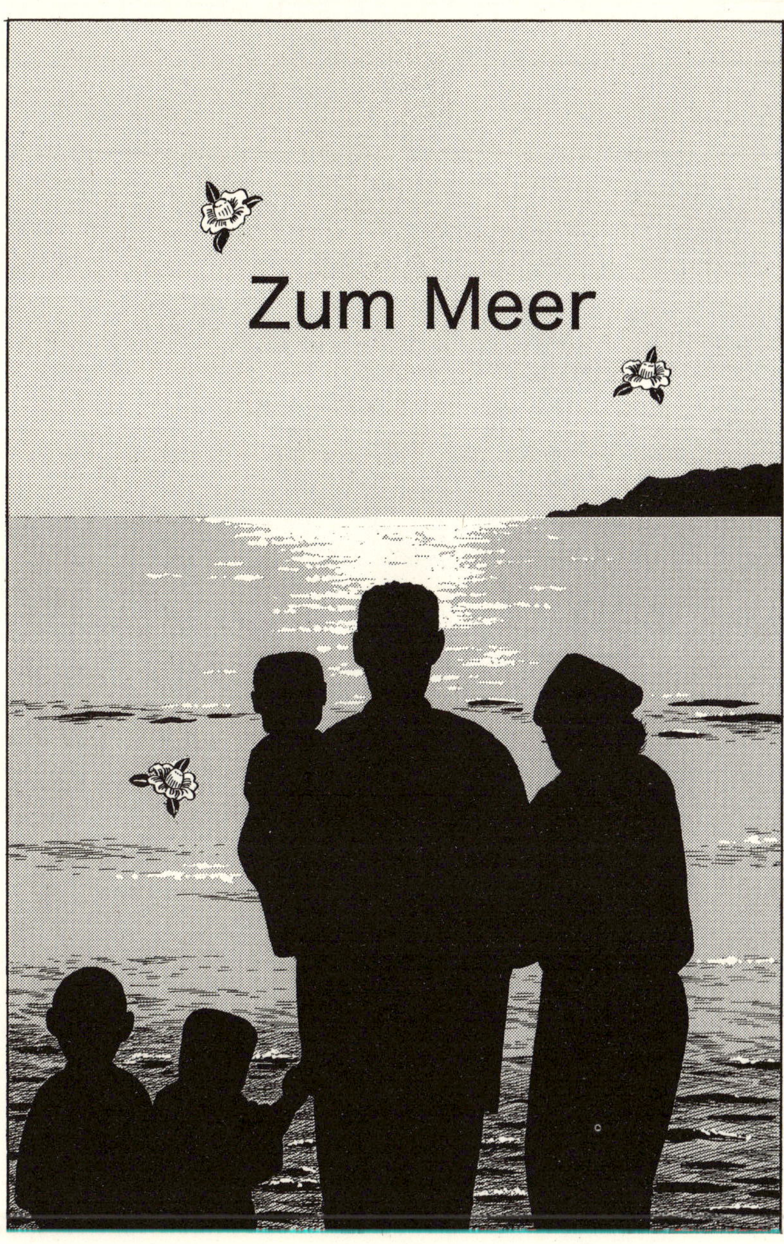
Zum Meer

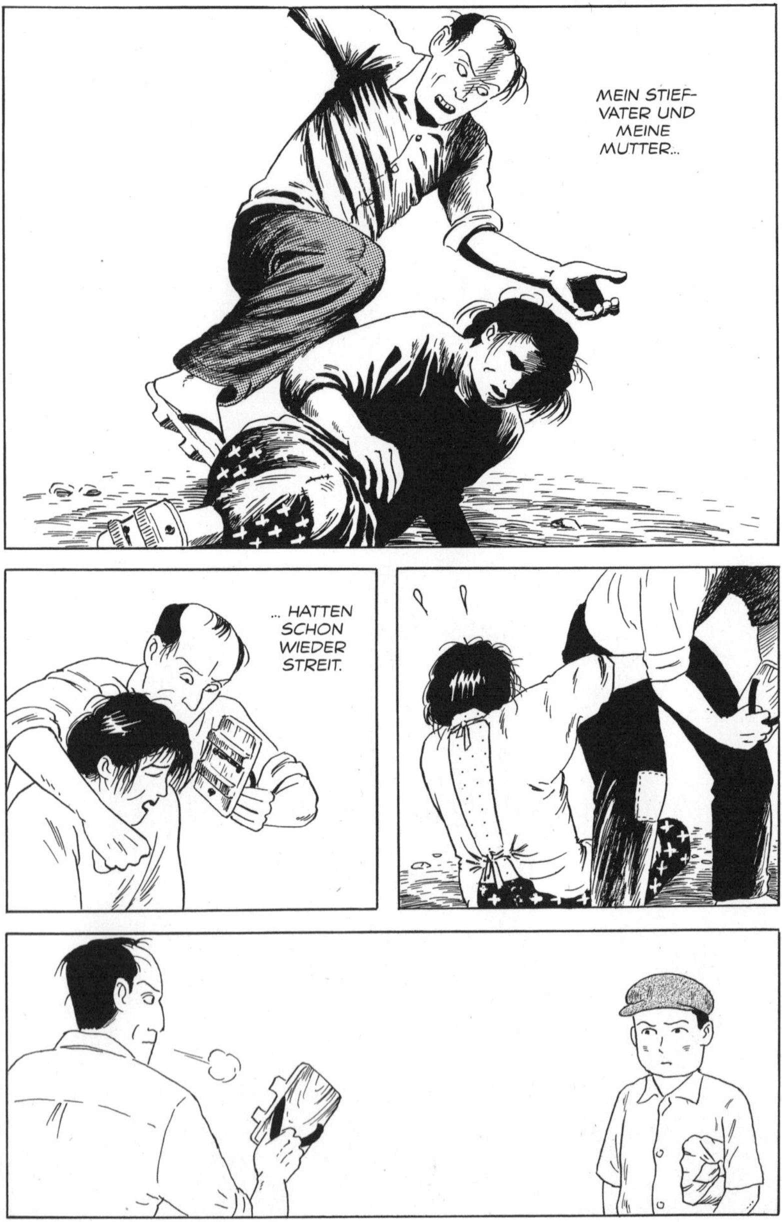

MEIN STIEF-
VATER UND
MEINE
MUTTER...

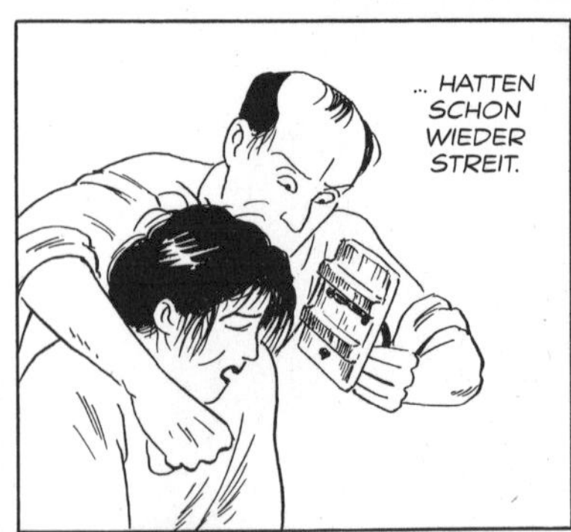

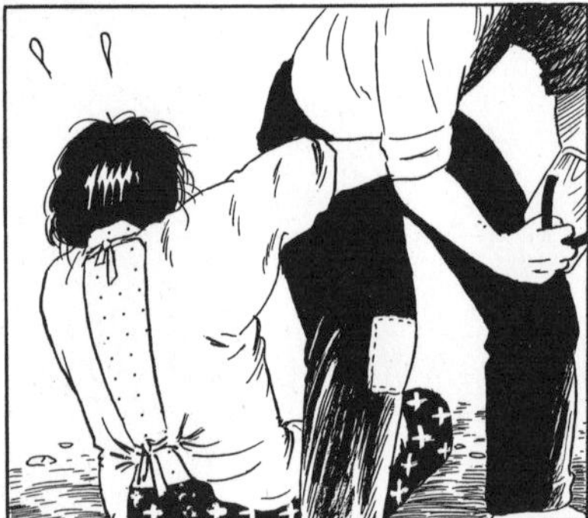

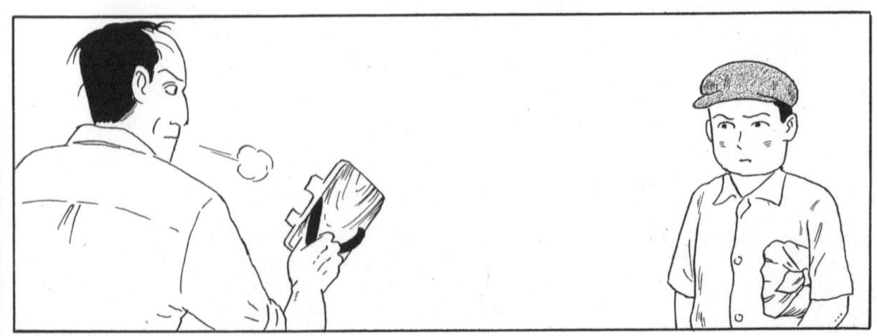

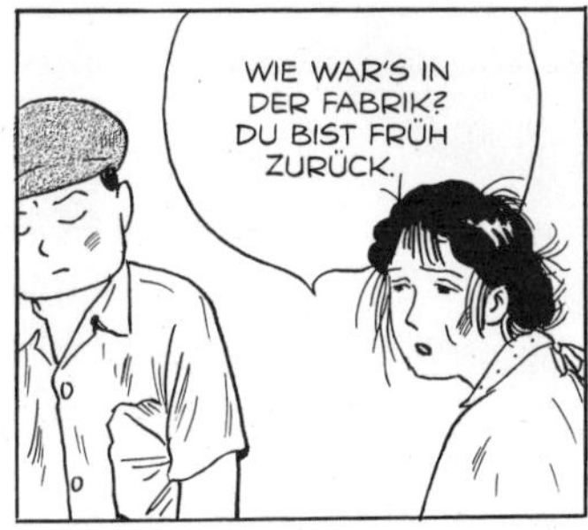
WIE WAR'S IN DER FABRIK? DU BIST FRÜH ZURÜCK.

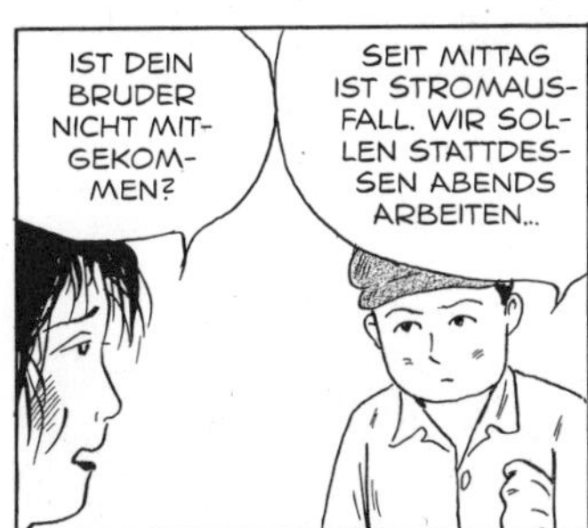
IST DEIN BRUDER NICHT MIT-GEKOM-MEN?
SEIT MITTAG IST STROMAUS-FALL. WIR SOL-LEN STATTDES-SEN ABENDS ARBEITEN...

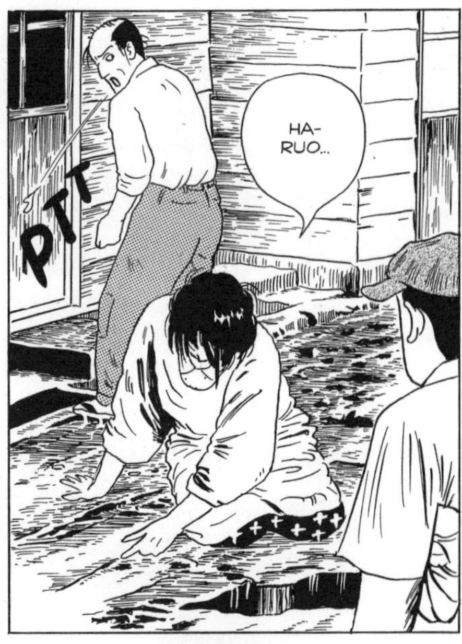
PTT
HA-RUO...

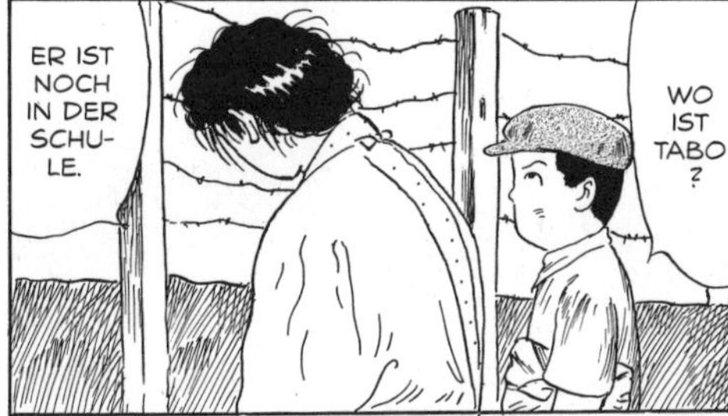
ER IST NOCH IN DER SCHU-LE.
WO IST TABO?

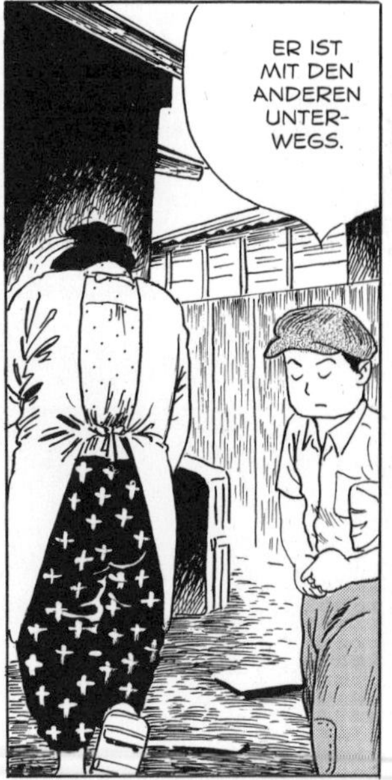
ER IST MIT DEN ANDEREN UNTER-WEGS.

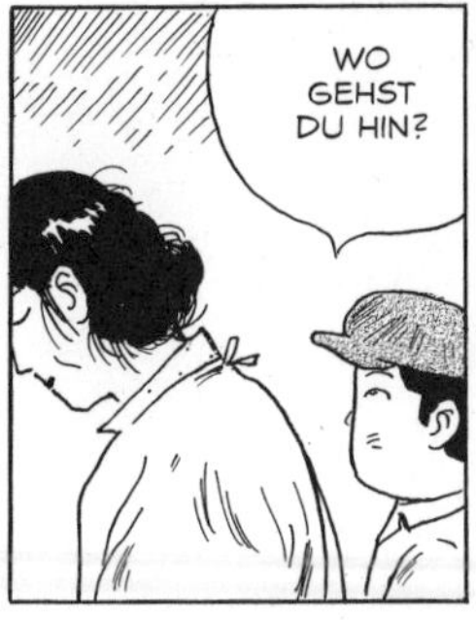
WO GEHST DU HIN?

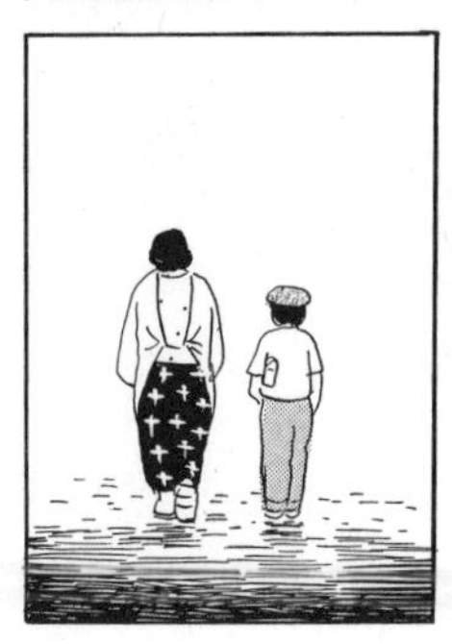

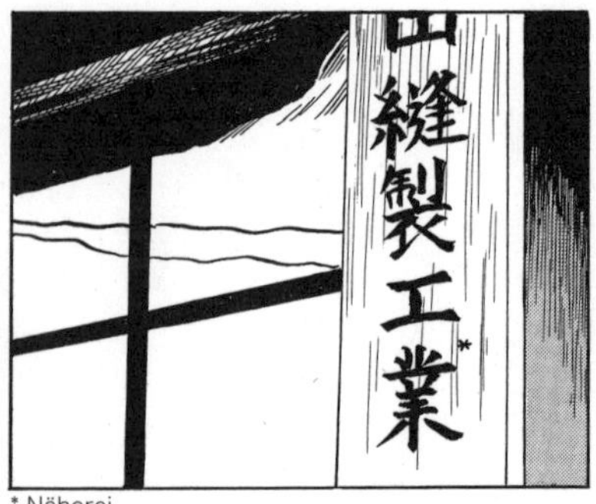
縫製工業*

* Näherei

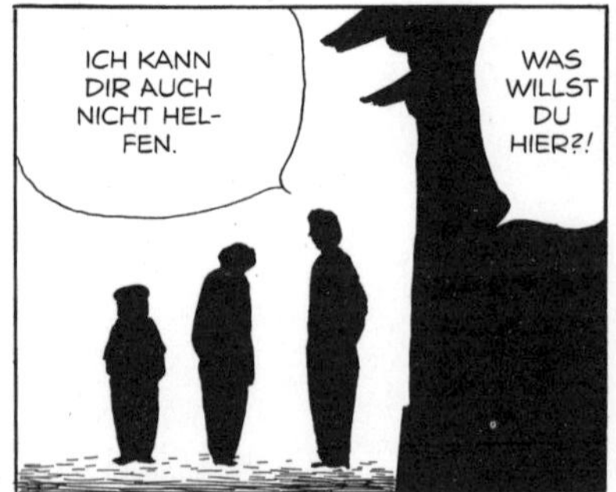
WAS WILLST DU HIER?!
ICH KANN DIR AUCH NICHT HELFEN.

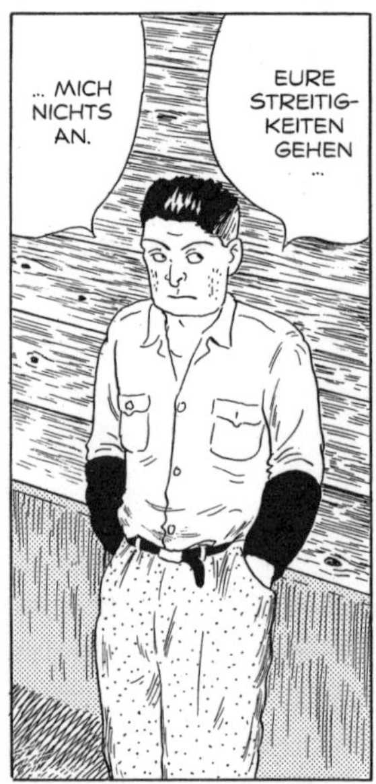
EURE STREITIGKEITEN GEHEN ...
... MICH NICHTS AN.

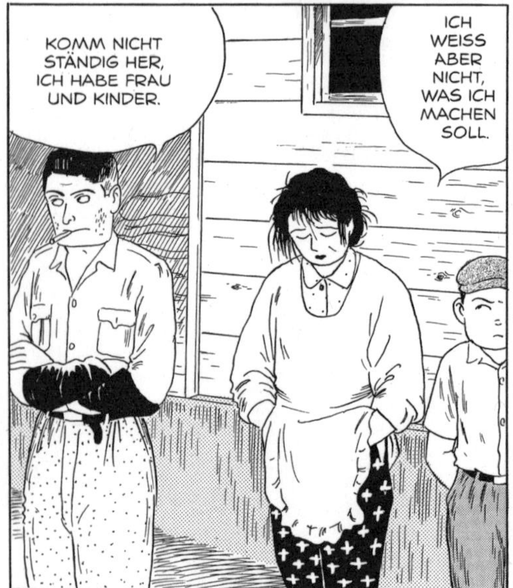
ICH WEISS ABER NICHT, WAS ICH MACHEN SOLL.
KOMM NICHT STÄNDIG HER, ICH HABE FRAU UND KINDER.

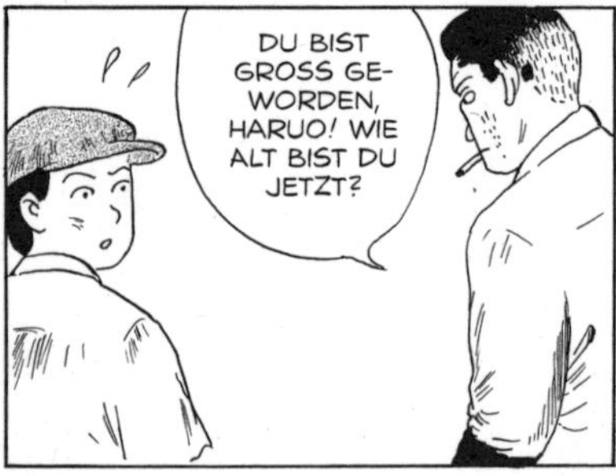
DU BIST GROSS GEWORDEN, HARUO! WIE ALT BIST DU JETZT?

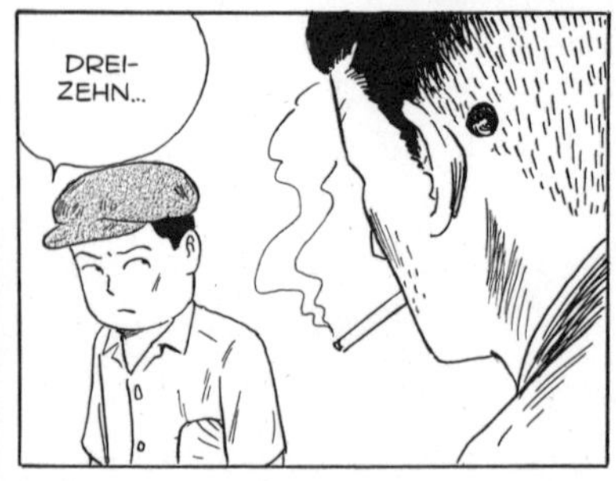
DREIZEHN...

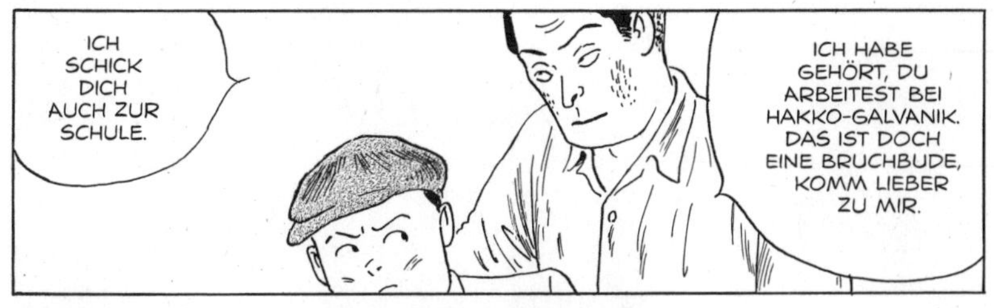
ICH HABE GEHÖRT, DU ARBEITEST BEI HAKKO-GALVANIK. DAS IST DOCH EINE BRUCHBUDE, KOMM LIEBER ZU MIR.
ICH SCHICK DICH AUCH ZUR SCHULE.

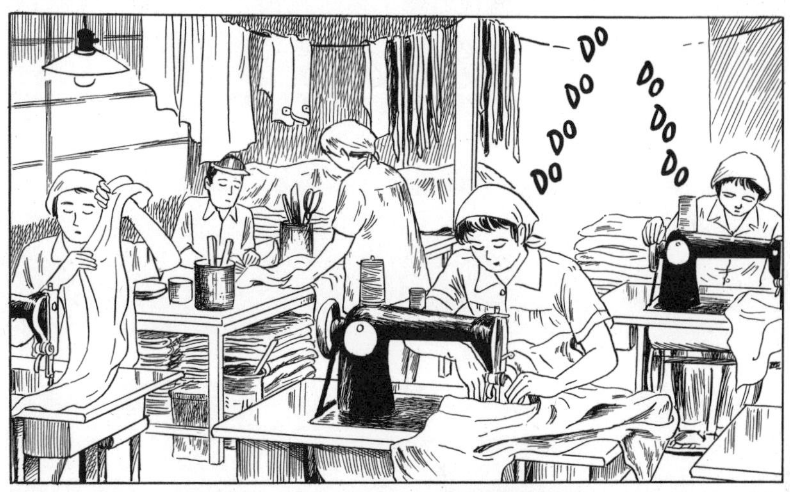
DO DO DO DO
DO DO DO DO

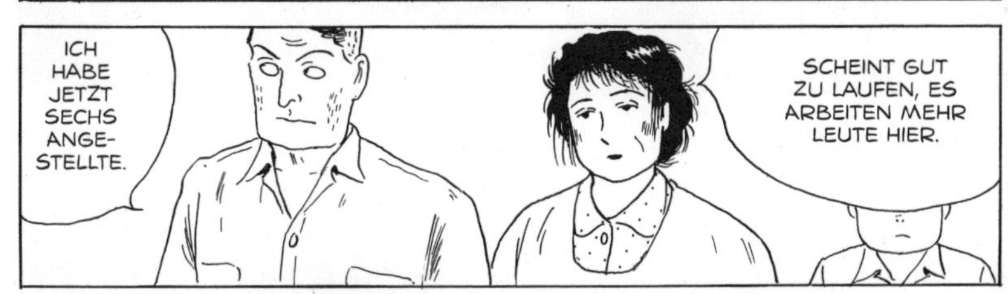
SCHEINT GUT ZU LAUFEN, ES ARBEITEN MEHR LEUTE HIER.
ICH HABE JETZT SECHS ANGE-STELLTE.

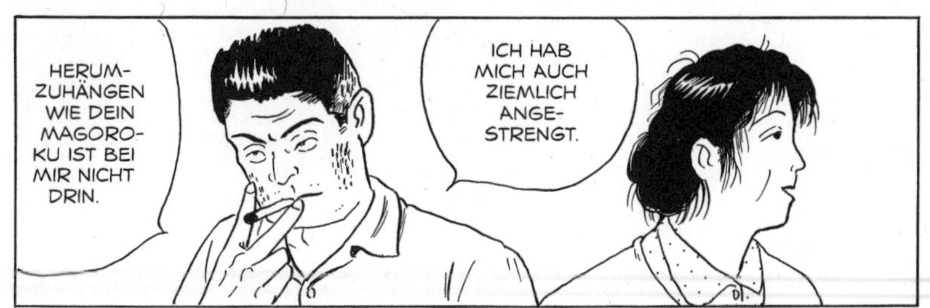
ICH HAB MICH AUCH ZIEMLICH ANGE-STRENGT.
HERUM-ZUHÄNGEN WIE DEIN MAGORO-KU IST BEI MIR NICHT DRIN.

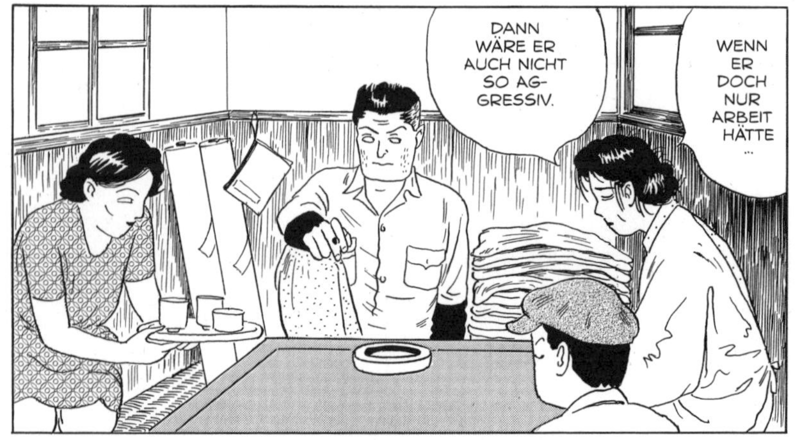
WENN ER DOCH NUR ARBEIT HÄTTE ...
DANN WÄRE ER AUCH NICHT SO AGGRESSIV.

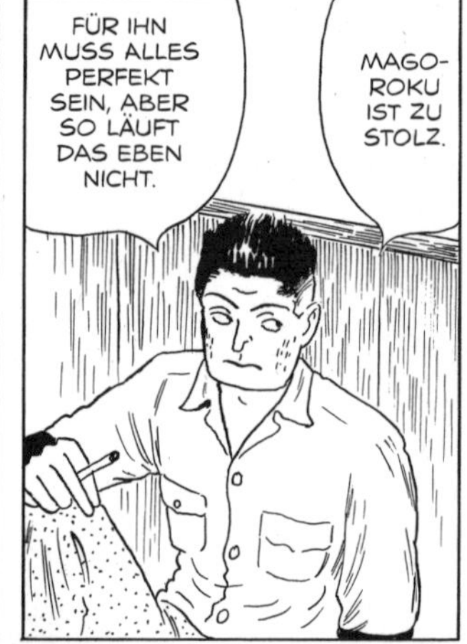
MAGOROKU IST ZU STOLZ.
FÜR IHN MUSS ALLES PERFEKT SEIN, ABER SO LÄUFT DAS EBEN NICHT.

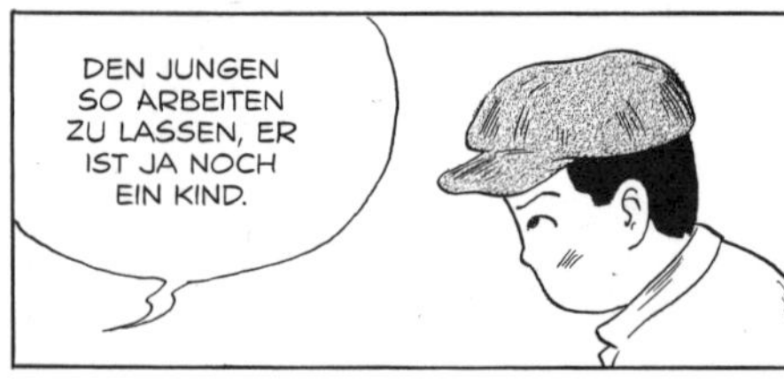
DEN JUNGEN SO ARBEITEN ZU LASSEN, ER IST JA NOCH EIN KIND.

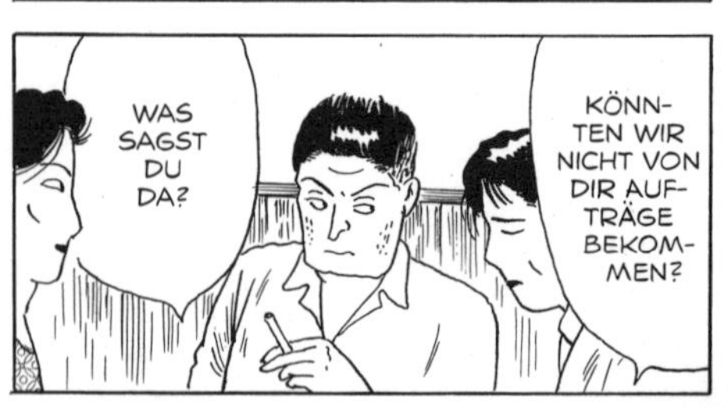
KÖNNTEN WIR NICHT VON DIR AUFTRÄGE BEKOMMEN?
WAS SAGST DU DA?

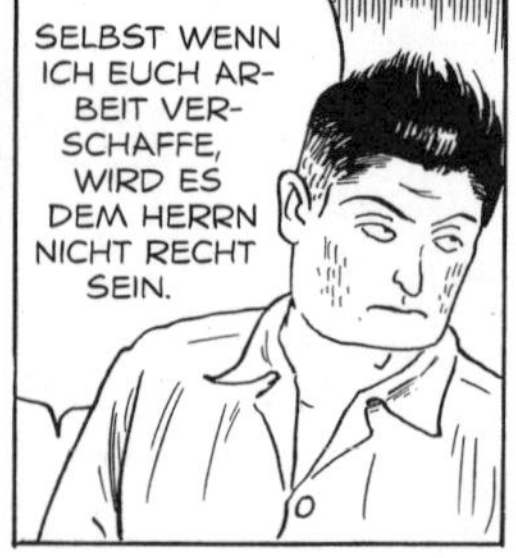
SELBST WENN ICH EUCH ARBEIT VERSCHAFFE, WIRD ES DEM HERRN NICHT RECHT SEIN.

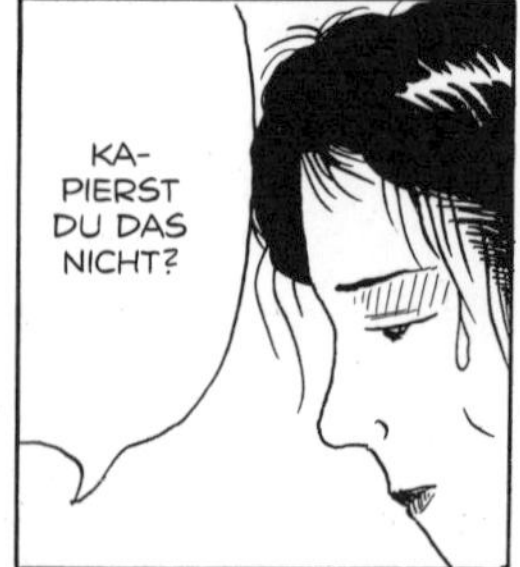
KAPIERST DU DAS NICHT?

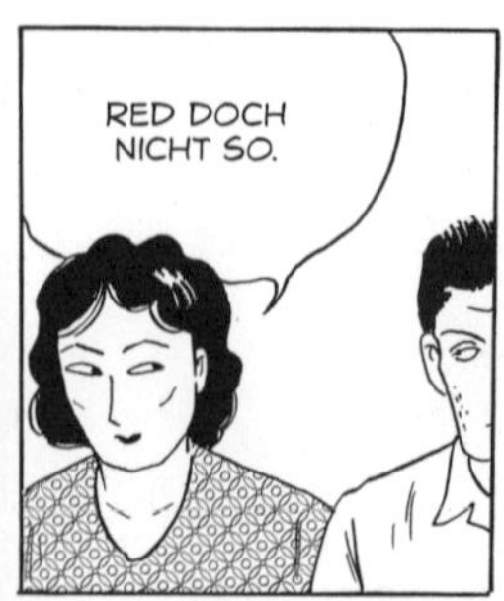
RED DOCH NICHT SO.

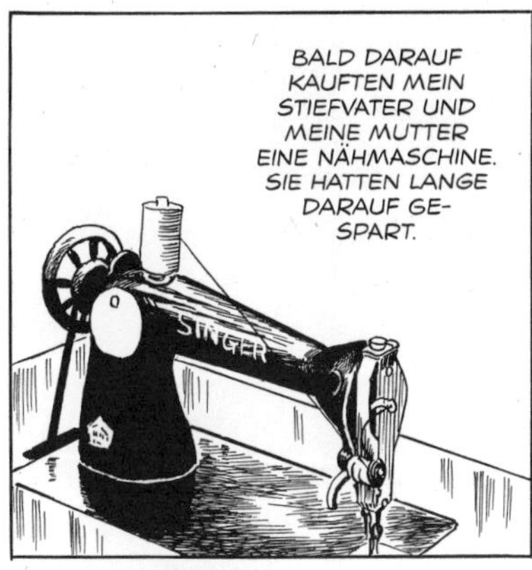
BALD DARAUF KAUFTEN MEIN STIEFVATER UND MEINE MUTTER EINE NÄHMASCHINE. SIE HATTEN LANGE DARAUF GE-SPART.
SINGER

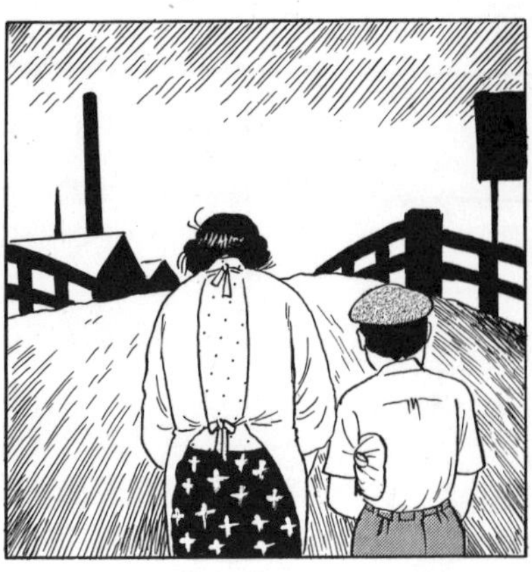

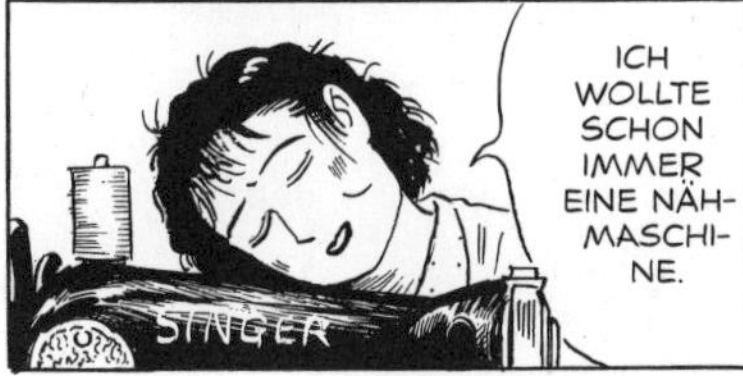
ICH WOLLTE SCHON IMMER EINE NÄH-MASCHI-NE.
SINGER

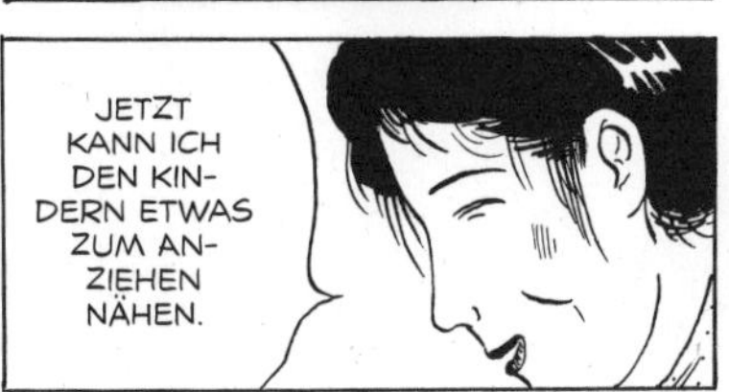
JETZT KANN ICH DEN KIN-DERN ETWAS ZUM AN-ZIEHEN NÄHEN.

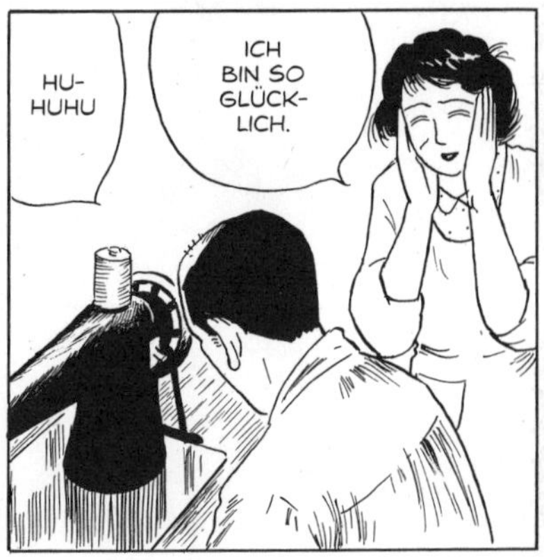
ICH BIN SO GLÜCK-LICH.
HU-HUHU

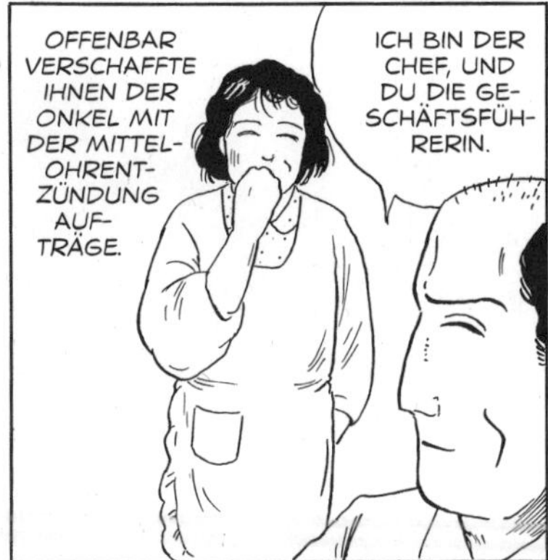
OFFENBAR VERSCHAFFTE IHNEN DER ONKEL MIT DER MITTEL-OHRENT-ZÜNDUNG AUF-TRÄGE.
ICH BIN DER CHEF, UND DU DIE GE-SCHÄFTSFÜH-RERIN.

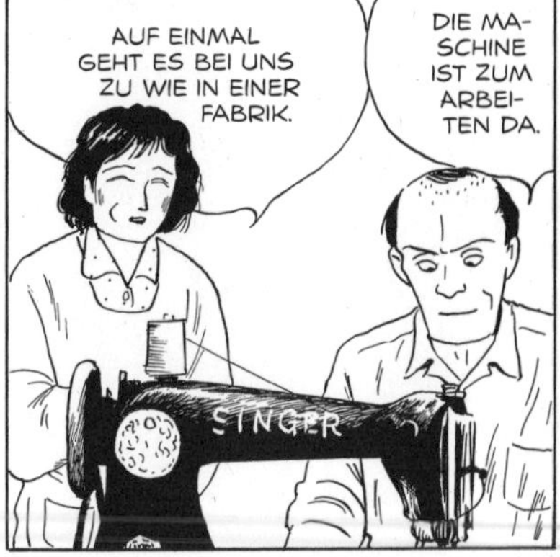
DIE MA-SCHINE IST ZUM ARBEI-TEN DA.
AUF EINMAL GEHT ES BEI UNS ZU WIE IN EINER FABRIK.
SINGER

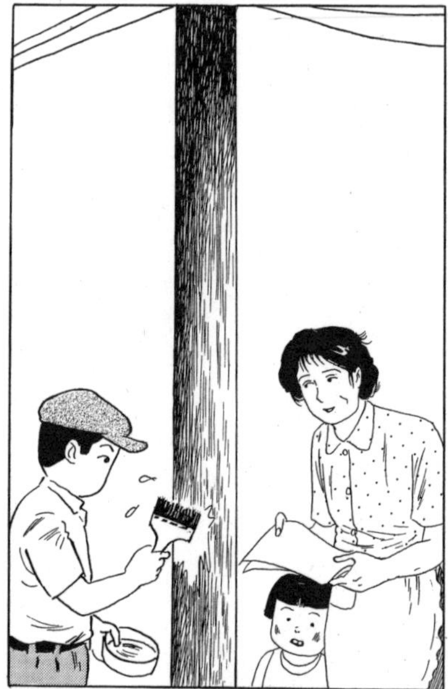

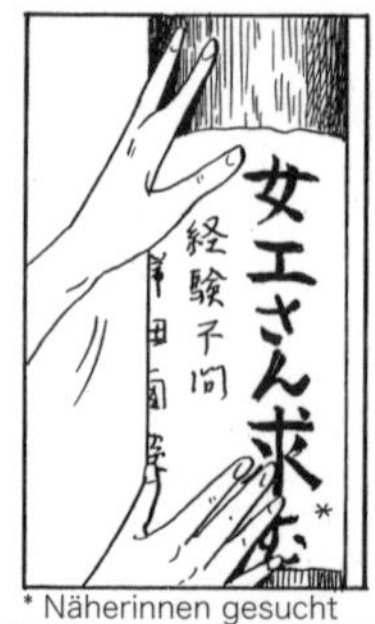

* Näherinnen gesucht

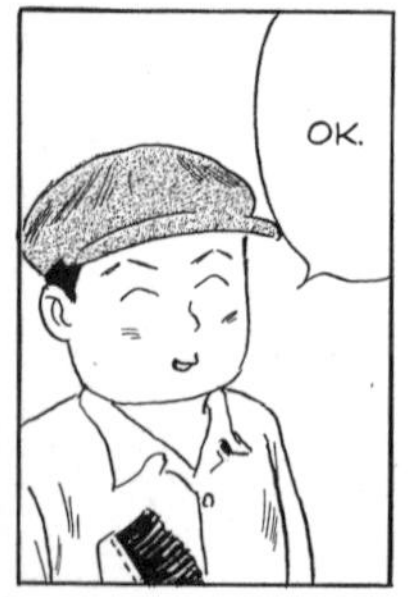

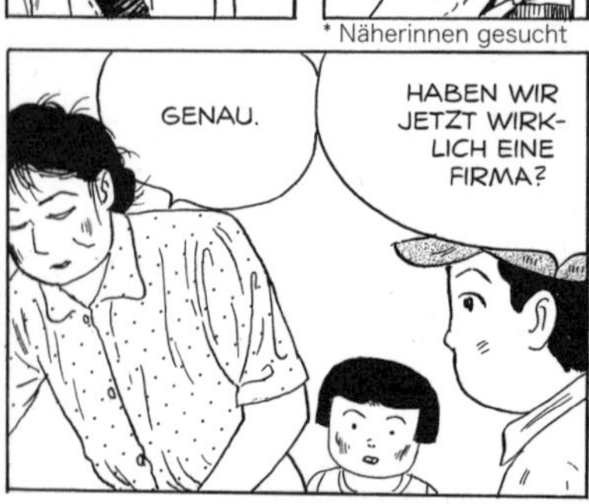

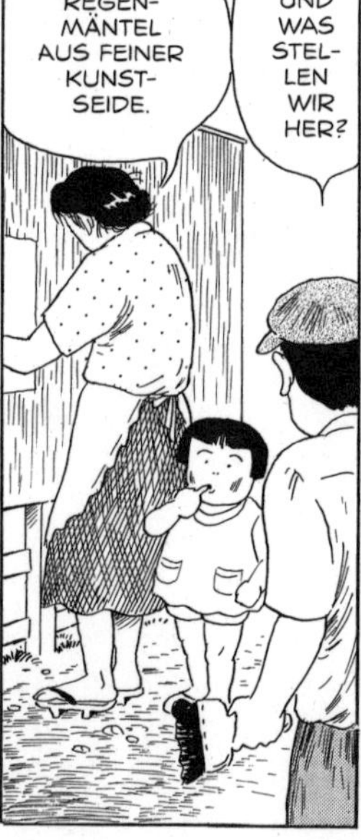

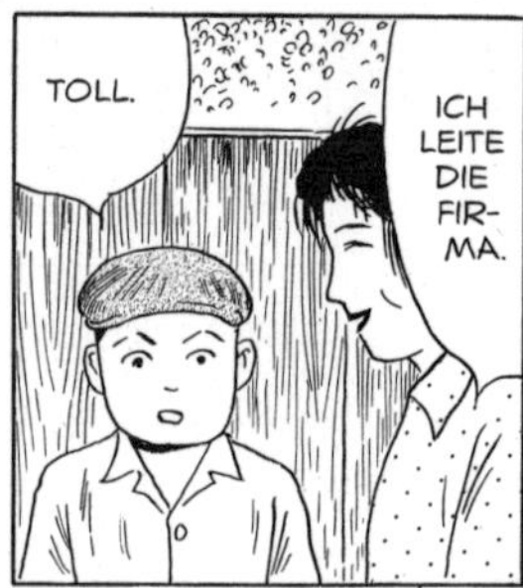

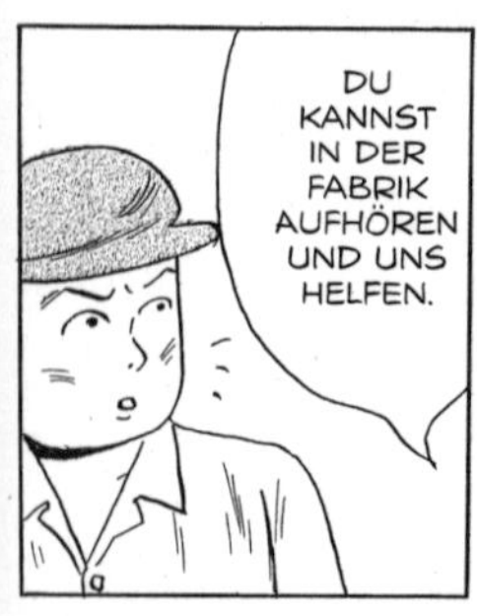

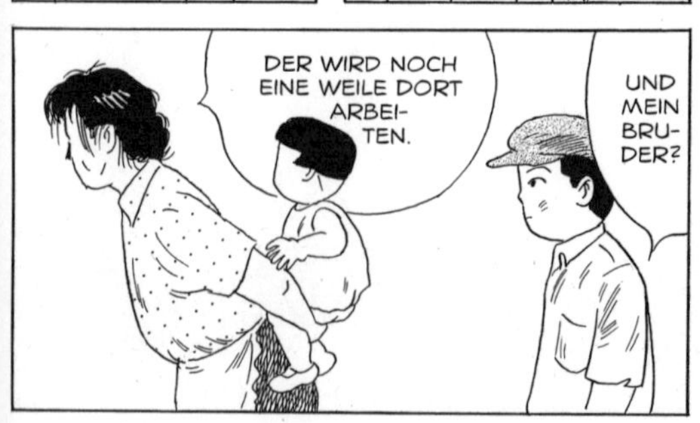

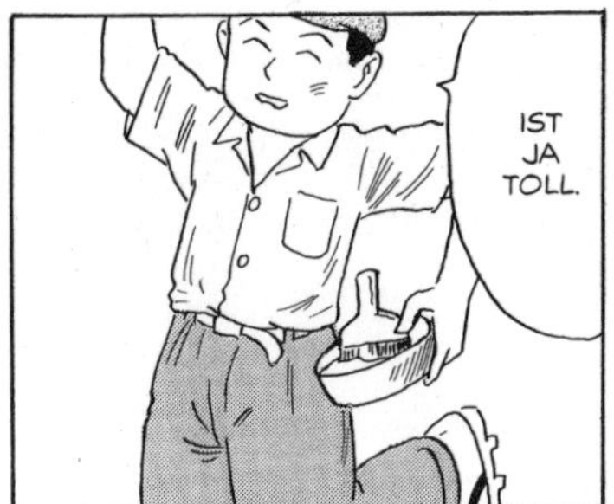

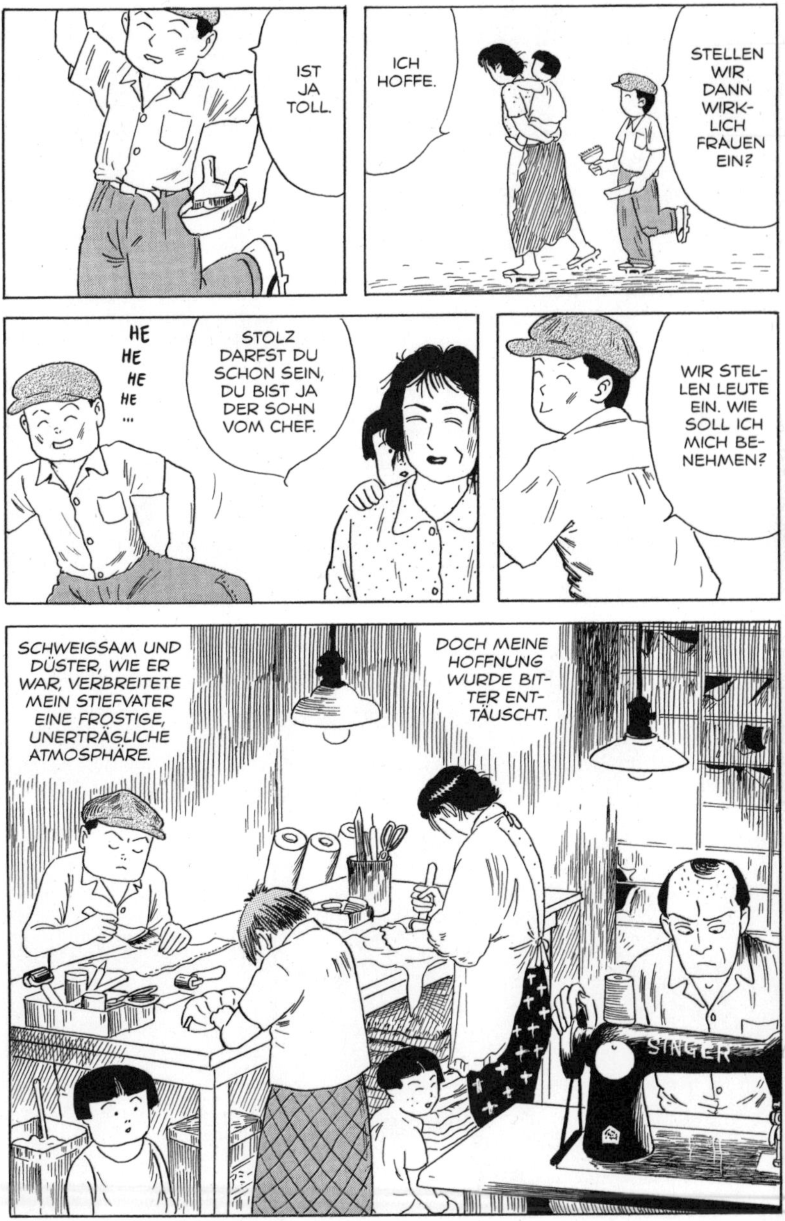

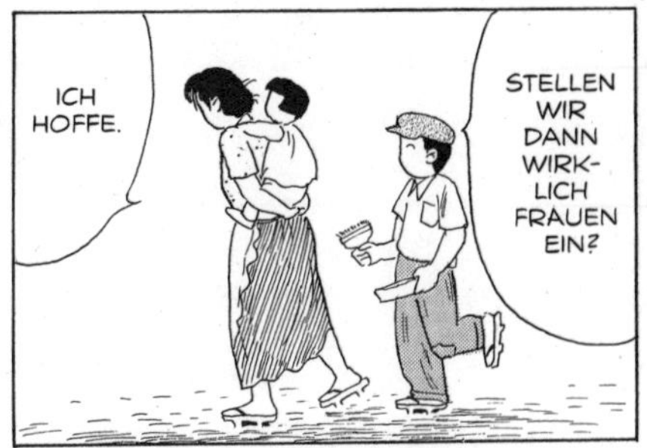

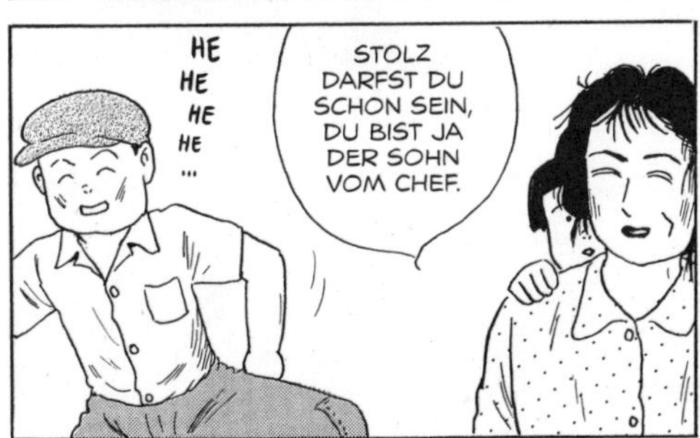

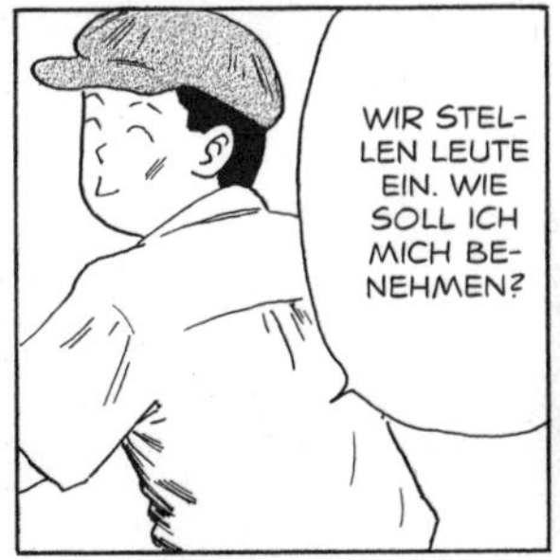

SCHWEIGSAM UND DÜSTER, WIE ER WAR, VERBREITETE MEIN STIEFVATER EINE FROSTIGE, UNERTRÄGLICHE ATMOSPHÄRE.

DOCH MEINE HOFFNUNG WURDE BITTER ENTTÄUSCHT.

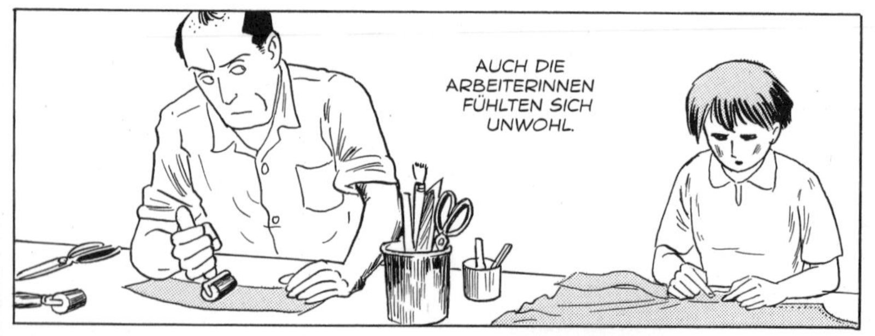
AUCH DIE ARBEITERINNEN FÜHLTEN SICH UNWOHL.

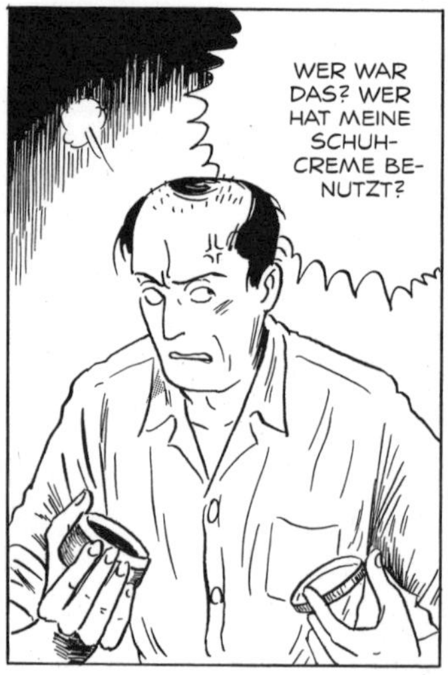
WER WAR DAS? WER HAT MEINE SCHUH-CREME BE-NUTZT?

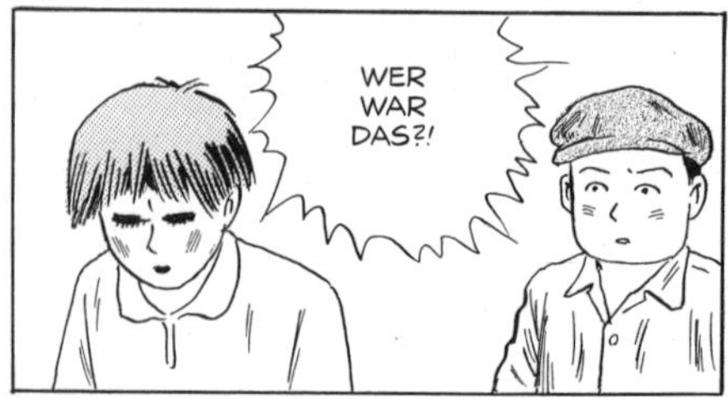
WER WAR DAS?!

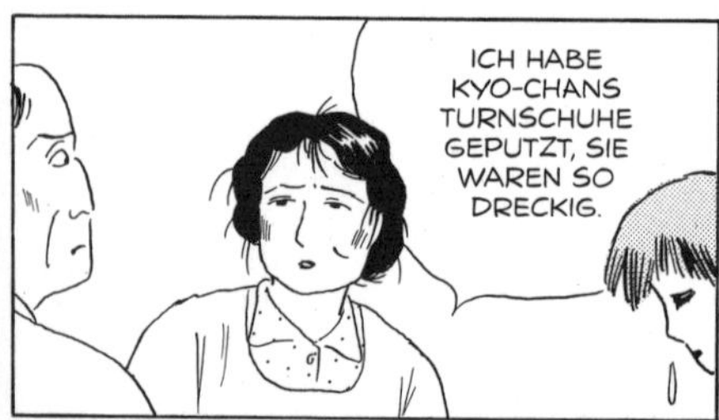
ICH HABE KYO-CHANS TURNSCHUHE GEPUTZT, SIE WAREN SO DRECKIG.

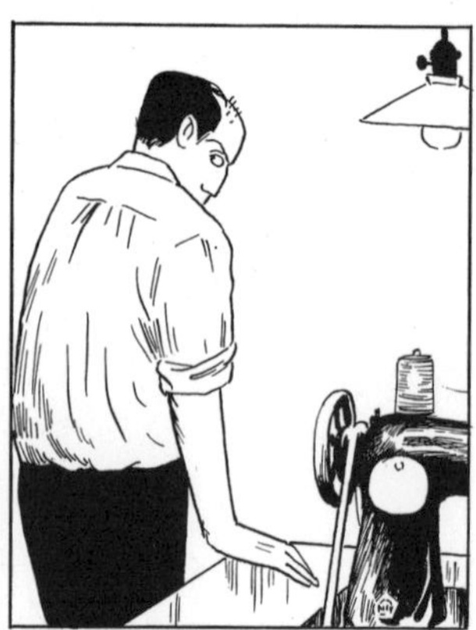

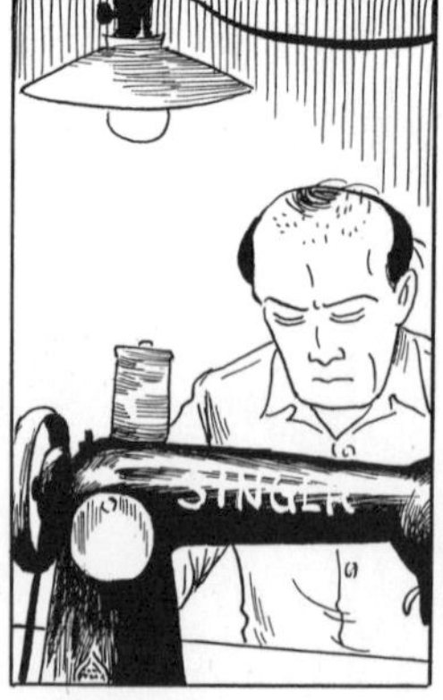
SINGER

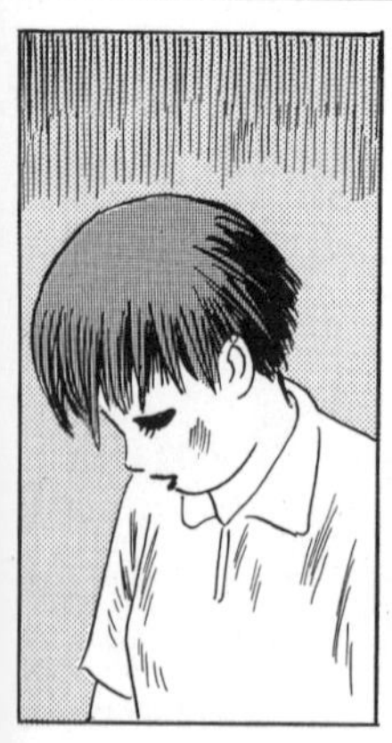

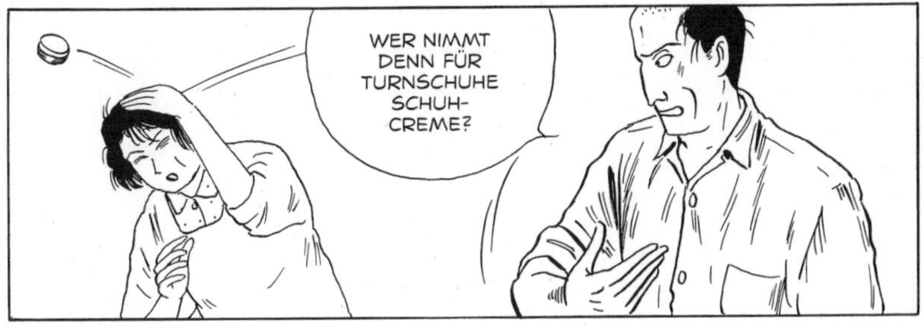
WER NIMMT DENN FÜR TURNSCHUHE SCHUH-CREME?

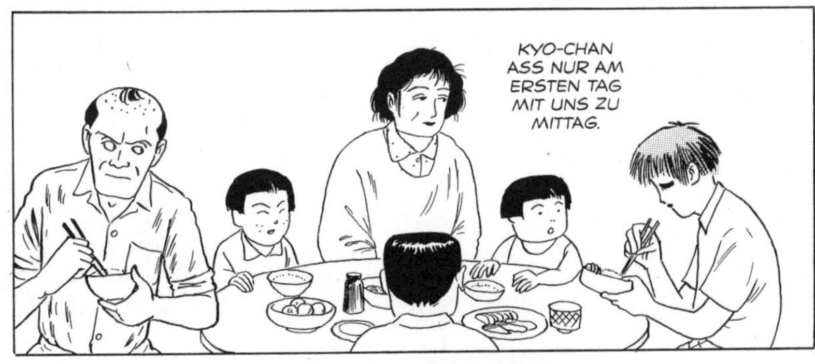
KYO-CHAN ASS NUR AM ERSTEN TAG MIT UNS ZU MITTAG.

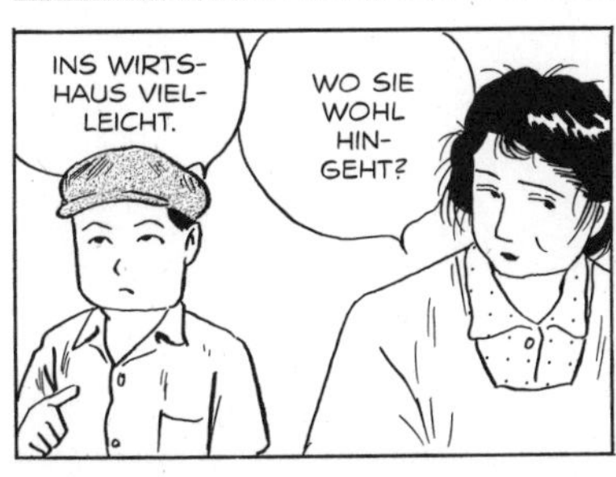
WO SIE WOHL HIN-GEHT?
INS WIRTS-HAUS VIEL-LEICHT.

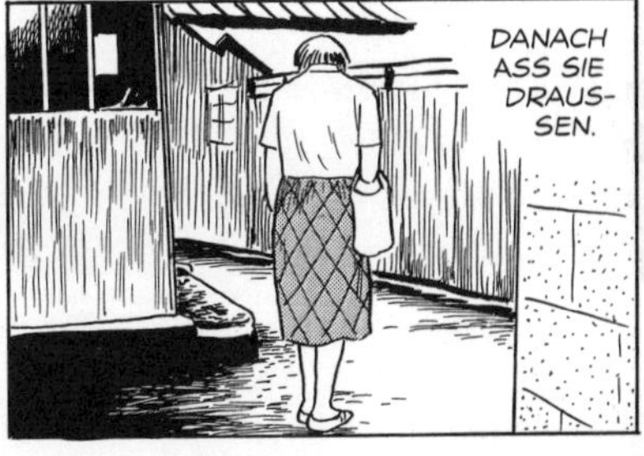
DANACH ASS SIE DRAUS-SEN.

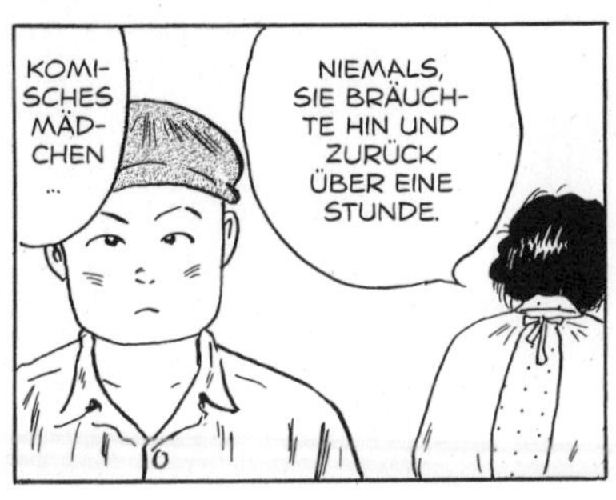
NIEMALS, SIE BRÄUCH-TE HIN UND ZURÜCK ÜBER EINE STUNDE.
KOMI-SCHES MÄD-CHEN ...

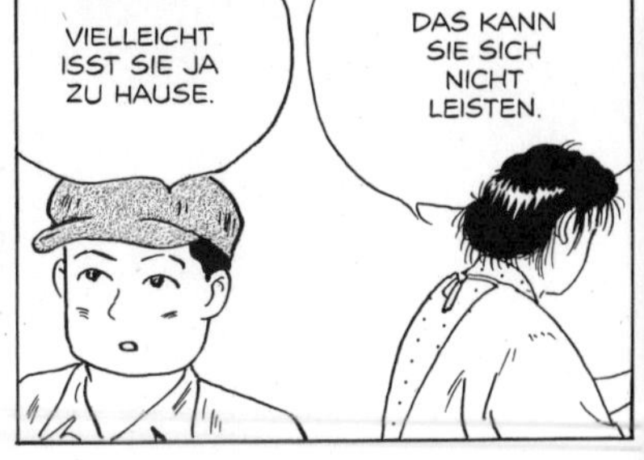
DAS KANN SIE SICH NICHT LEISTEN.
VIELLEICHT ISST SIE JA ZU HAUSE.

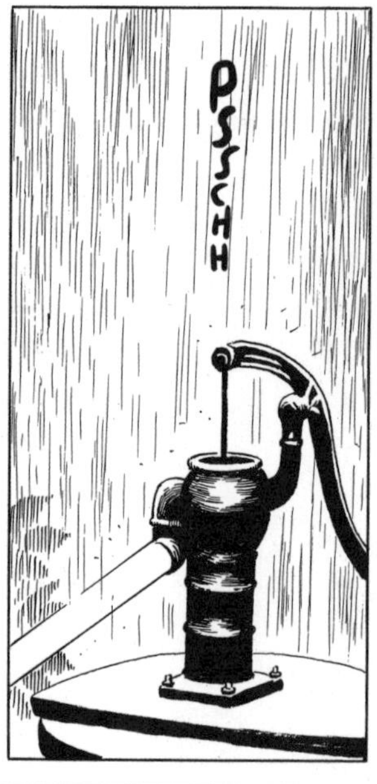
PSSSCHH

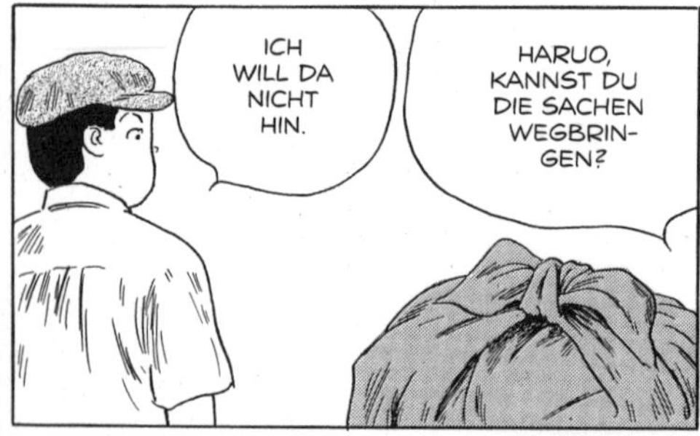
HARUO, KANNST DU DIE SACHEN WEGBRIN-GEN?
ICH WILL DA NICHT HIN.

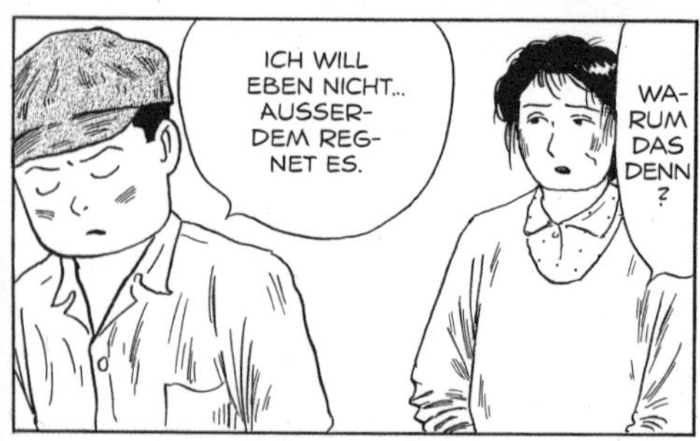
WA-RUM DAS DENN?
ICH WILL EBEN NICHT... AUSSER-DEM REG-NET ES.

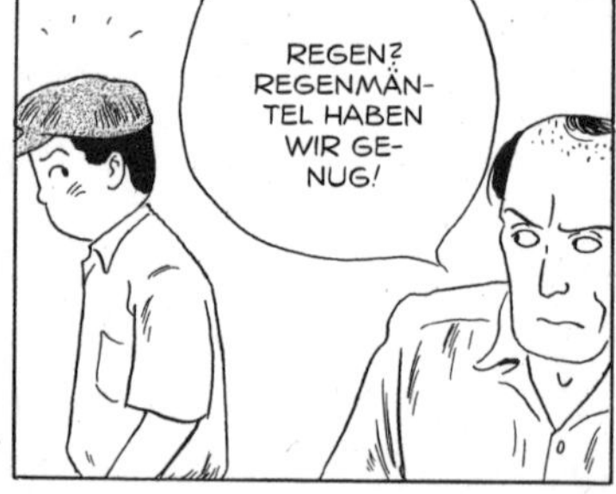
REGEN? REGENMÄN-TEL HABEN WIR GE-NUG!

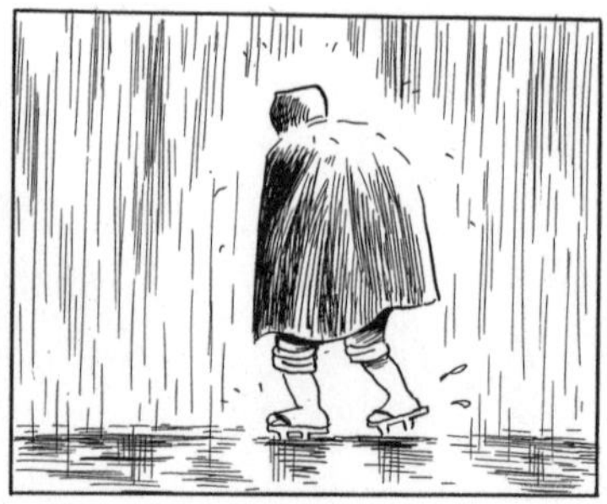

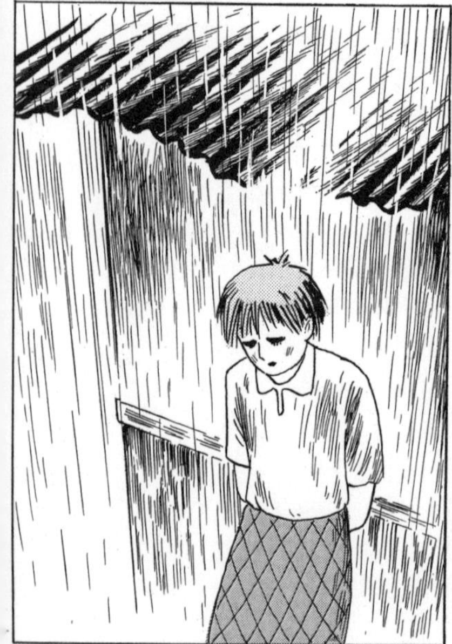

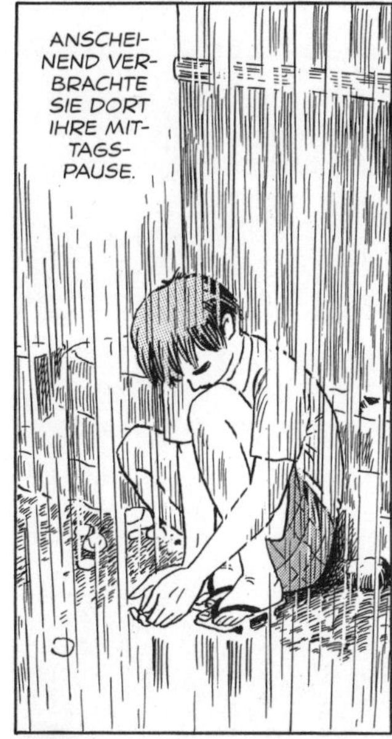
ANSCHEINEND VERBRACHTE SIE DORT IHRE MITTAGSPAUSE.

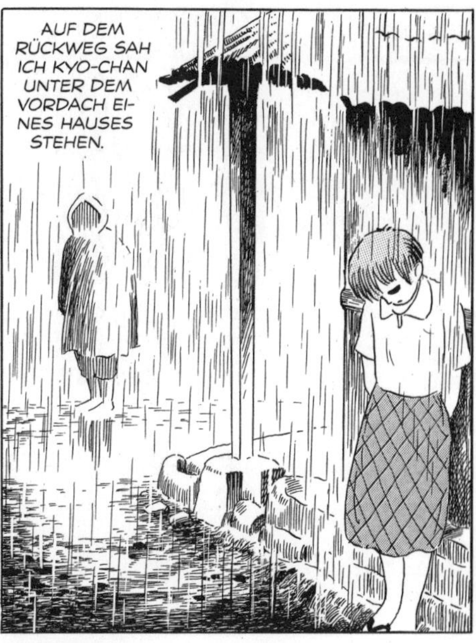
AUF DEM RÜCKWEG SAH ICH KYO-CHAN UNTER DEM VORDACH EINES HAUSES STEHEN.

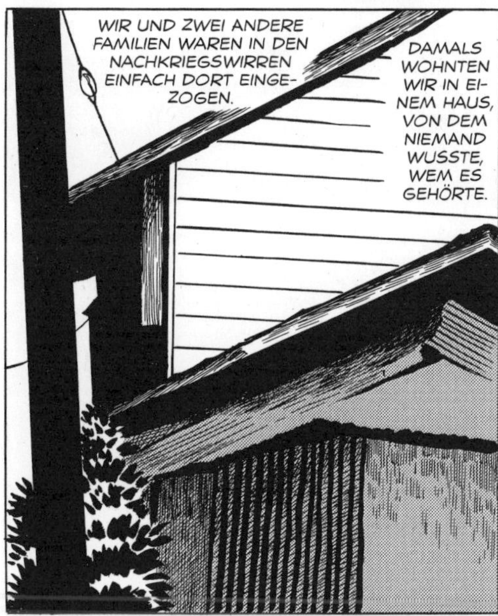
DAMALS WOHNTEN WIR IN EINEM HAUS, VON DEM NIEMAND WUSSTE, WEM ES GEHÖRTE.
WIR UND ZWEI ANDERE FAMILIEN WAREN IN DEN NACHKRIEGSWIRREN EINFACH DORT EINGEZOGEN.

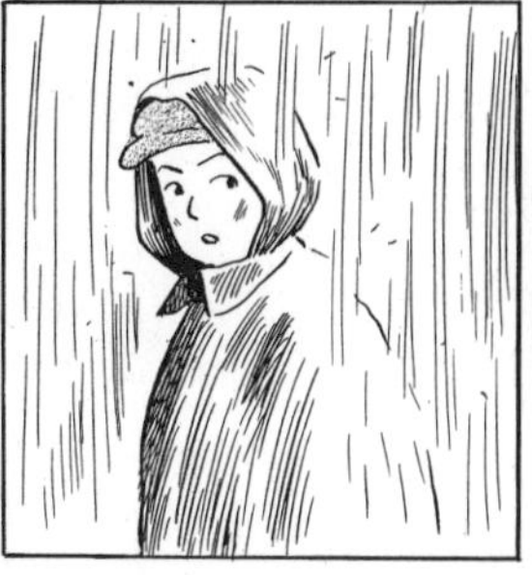

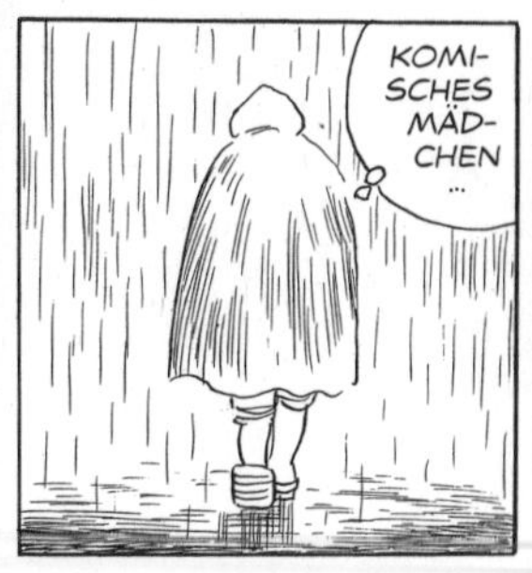
KOMISCHES MÄDCHEN …

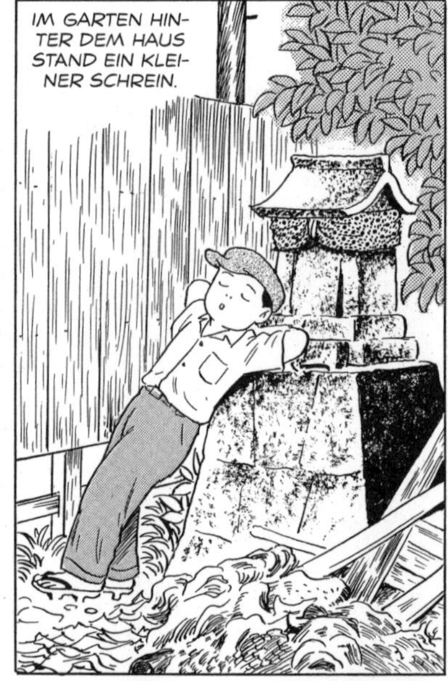
IM GARTEN HINTER DEM HAUS STAND EIN KLEINER SCHREIN.

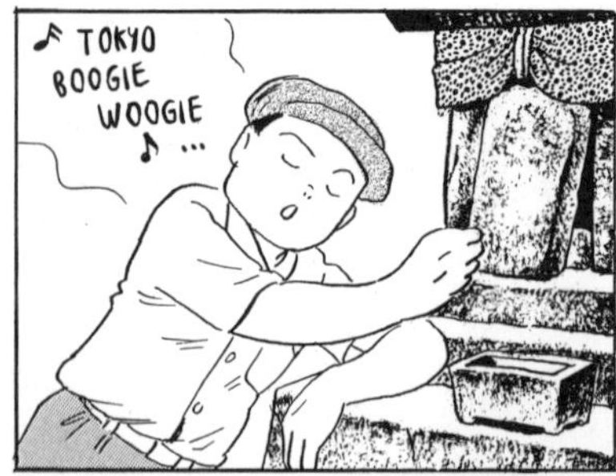
♪ TOKYO BOOGIE WOOGIE ♪ …

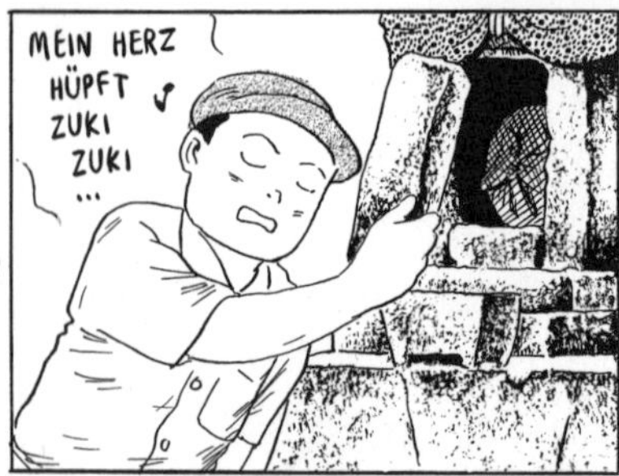
MEIN HERZ HÜPFT ♪ ZUKI ZUKI …

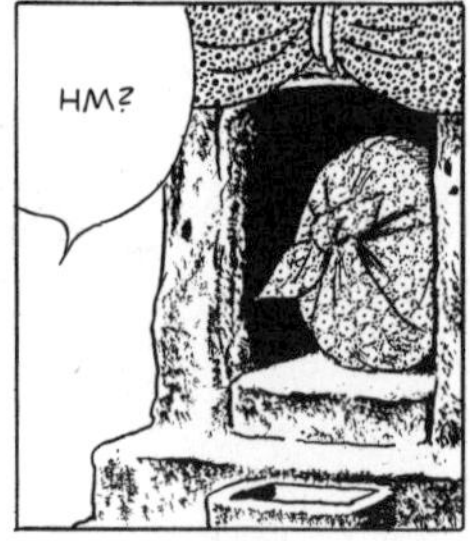
HM?

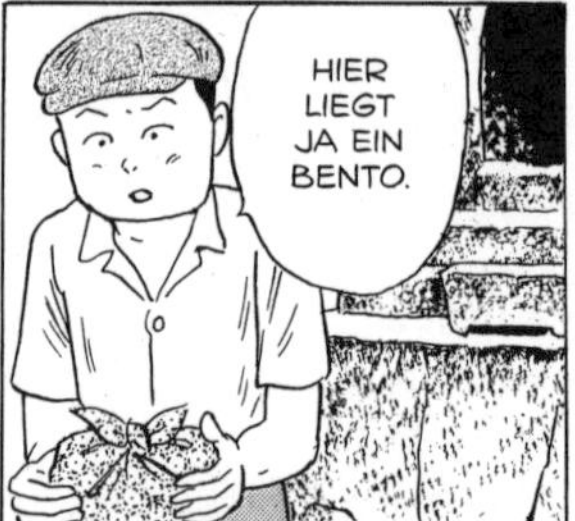
HIER LIEGT JA EIN BENTO.

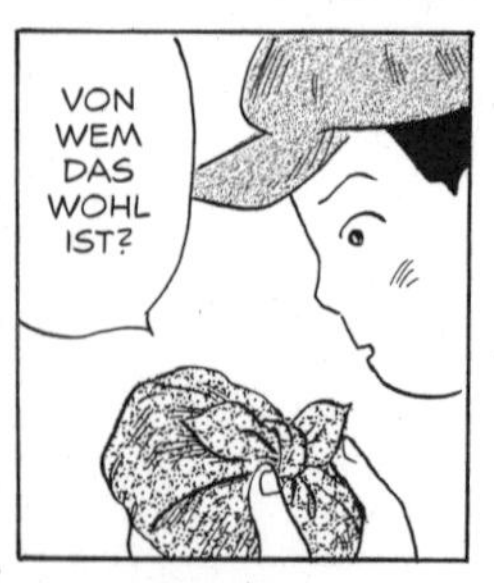
VON WEM DAS WOHL IST?

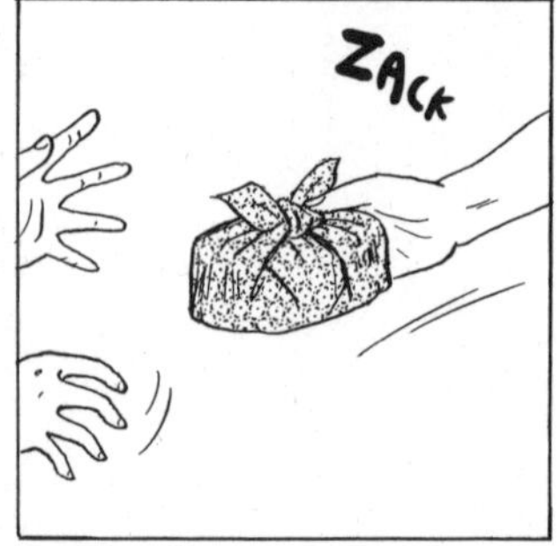
ZACK

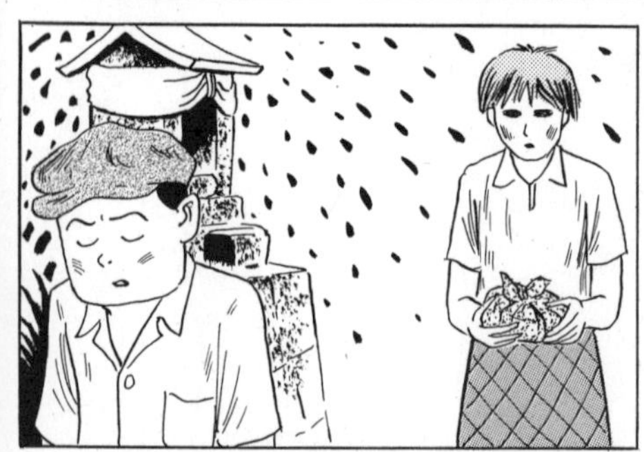

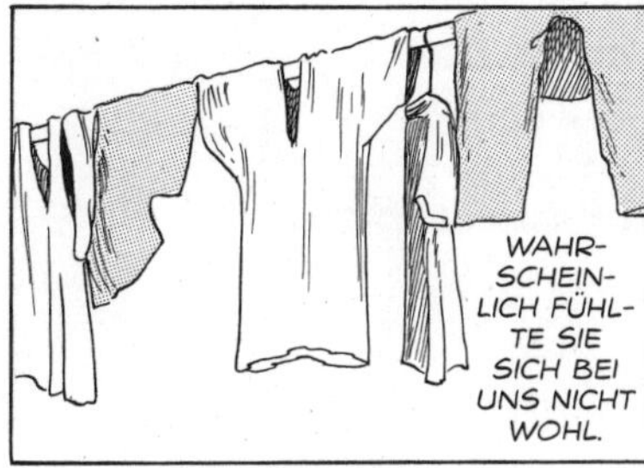
WAHR-
SCHEIN-
LICH FÜHL-
TE SIE
SICH BEI
UNS NICHT
WOHL.

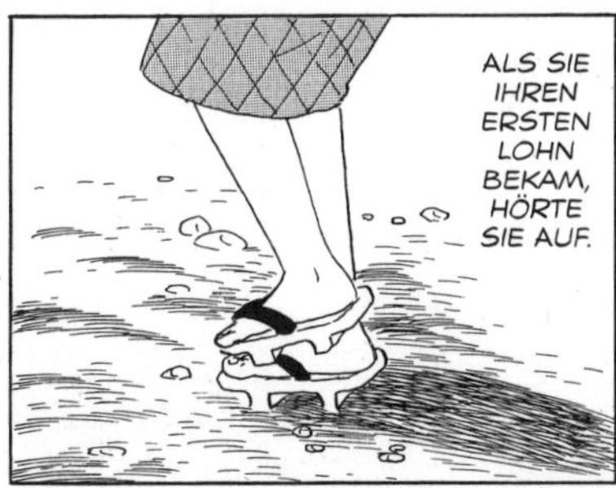
ALS SIE
IHREN
ERSTEN
LOHN
BEKAM,
HÖRTE
SIE AUF.

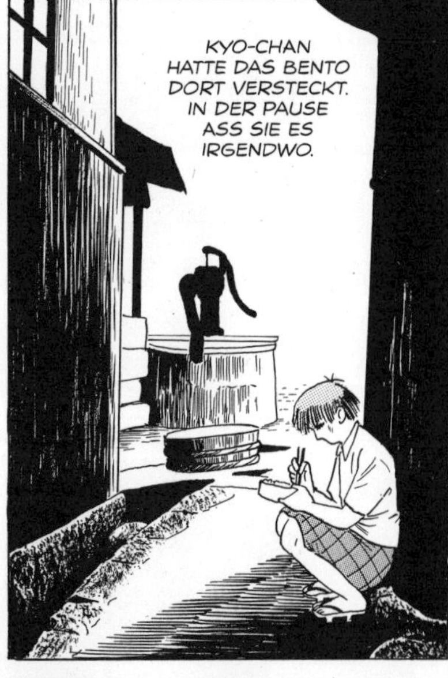
KYO-CHAN
HATTE DAS BENTO
DORT VERSTECKT.
IN DER PAUSE
ASS SIE ES
IRGENDWO.

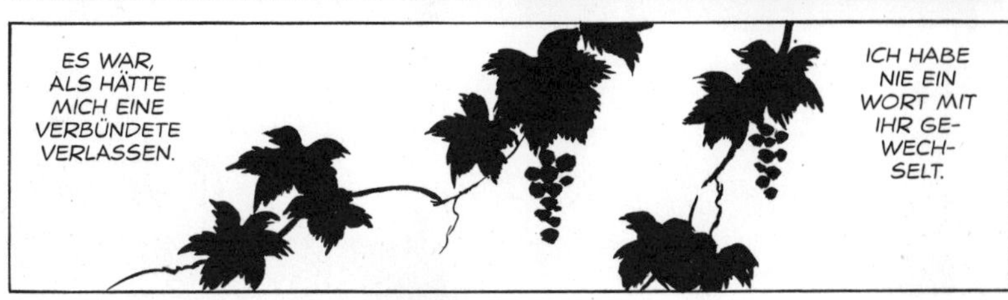
ES WAR,
ALS HÄTTE
MICH EINE
VERBÜNDETE
VERLASSEN.
ICH HABE
NIE EIN
WORT MIT
IHR GE-
WECH-
SELT.

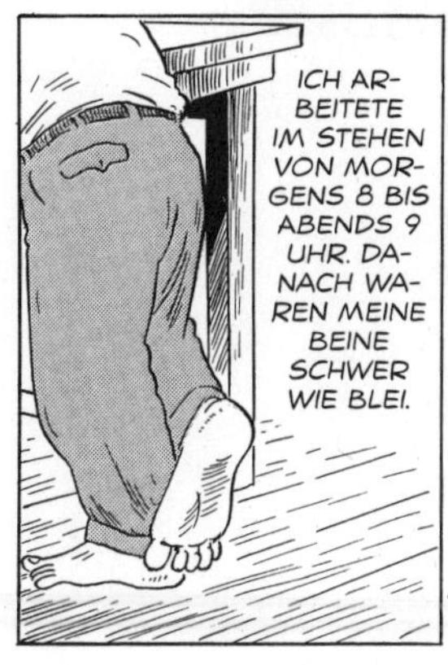
ICH AR-
BEITETE
IM STEHEN
VON MOR-
GENS 8 BIS
ABENDS 9
UHR. DA-
NACH WA-
REN MEINE
BEINE
SCHWER
WIE BLEI.

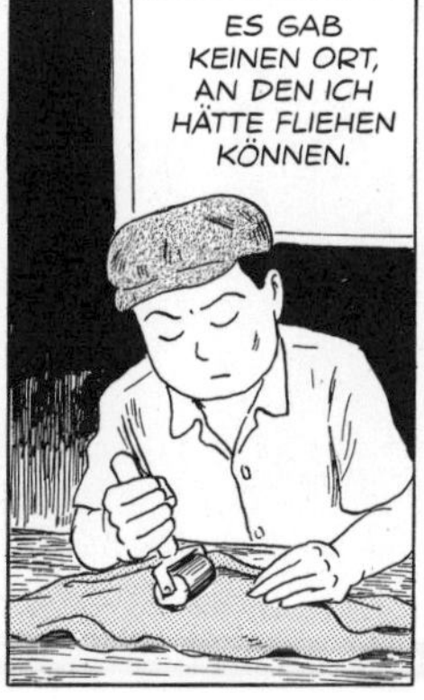
ES GAB
KEINEN ORT,
AN DEN ICH
HÄTTE FLIEHEN
KÖNNEN.

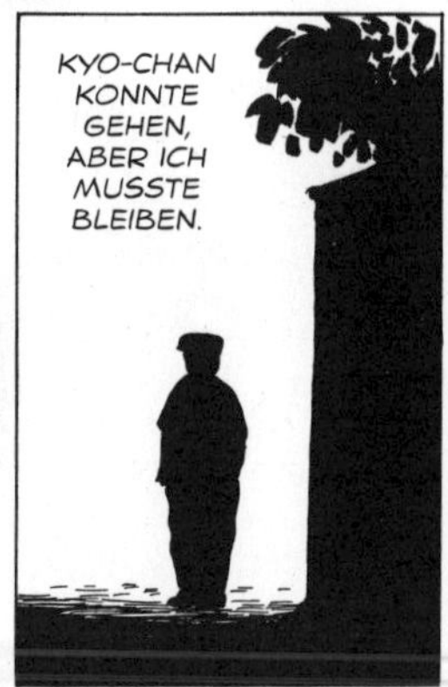
KYO-CHAN
KONNTE
GEHEN,
ABER ICH
MUSSTE
BLEIBEN.

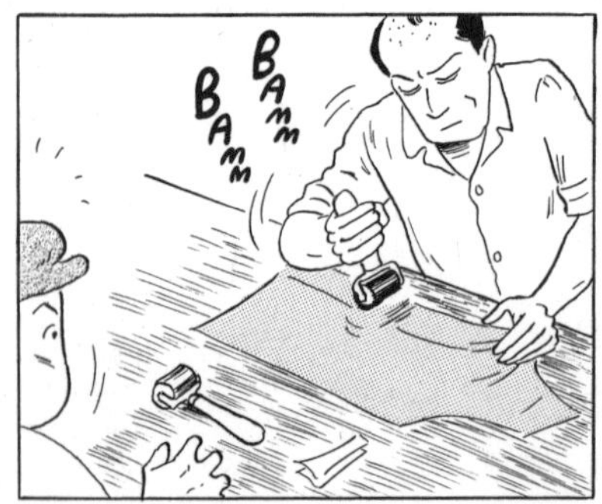
BAMM
BAMM

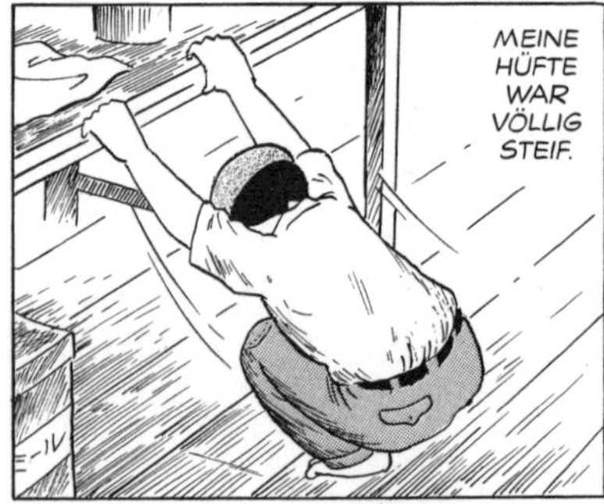
MEINE HÜFTE WAR VÖLLIG STEIF.

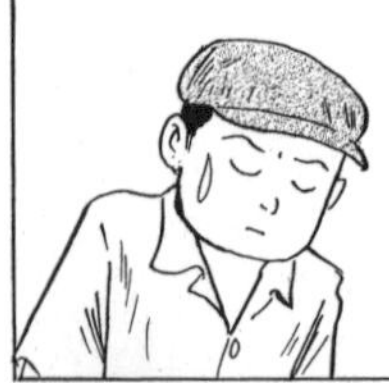
ABER WENN ICH DEN BÖSEN BLICK MEINES STIEFVATERS SAH, TRAUTE ICH MICH NICHT, EINE PAUSE ZU MACHEN.

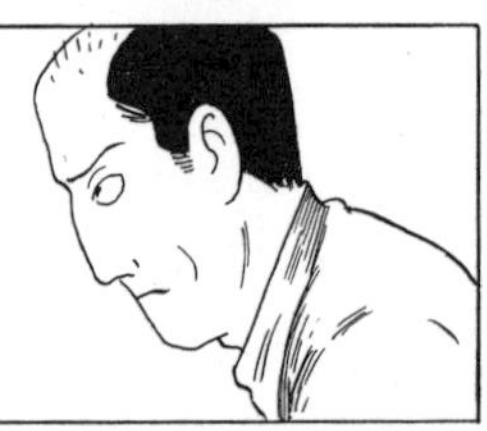

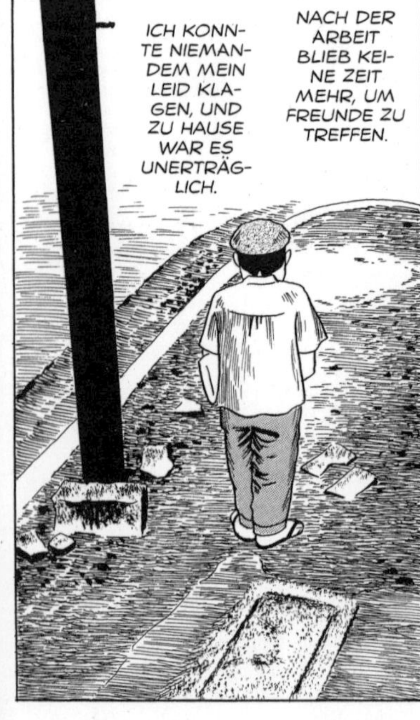
NACH DER ARBEIT BLIEB KEINE ZEIT MEHR, UM FREUNDE ZU TREFFEN.
ICH KONNTE NIEMANDEM MEIN LEID KLAGEN, UND ZU HAUSE WAR ES UNERTRÄGLICH.

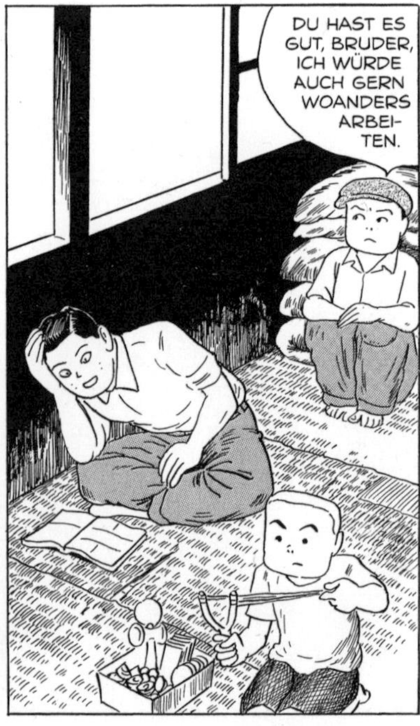
DU HAST ES GUT, BRUDER, ICH WÜRDE AUCH GERN WOANDERS ARBEITEN.

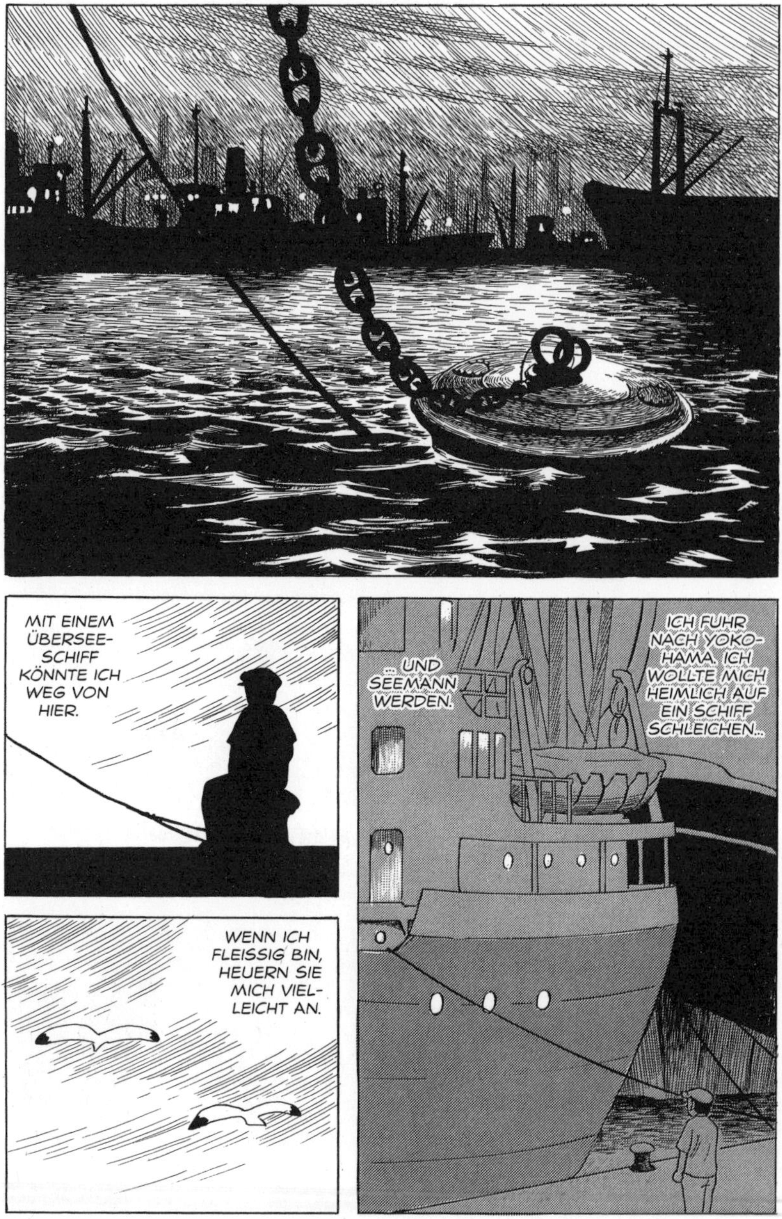

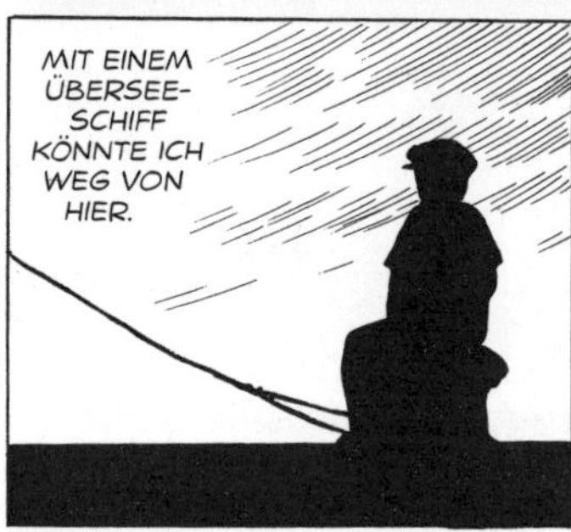
MIT EINEM ÜBERSEE-SCHIFF KÖNNTE ICH WEG VON HIER.

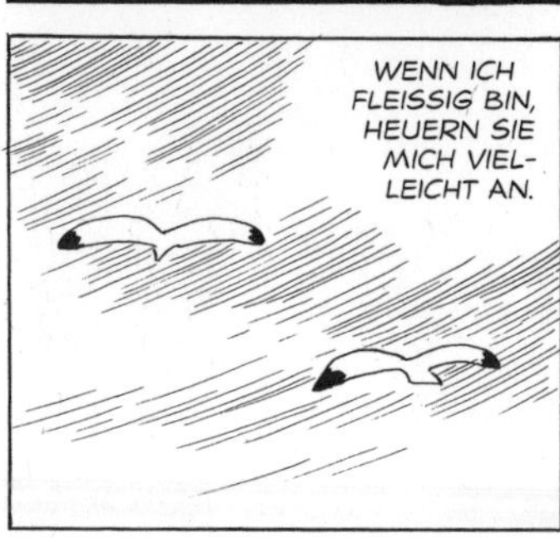
WENN ICH FLEISSIG BIN, HEUERN SIE MICH VIEL-LEICHT AN.

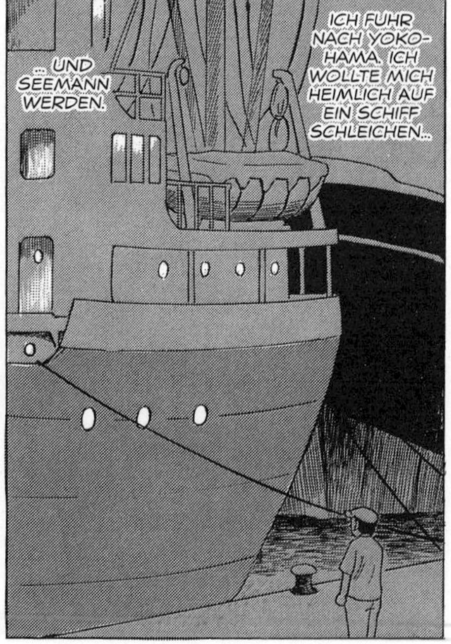
ICH FUHR NACH YOKO-HAMA. ICH WOLLTE MICH HEIMLICH AUF EIN SCHIFF SCHLEICHEN...
... UND SEEMANN WERDEN.

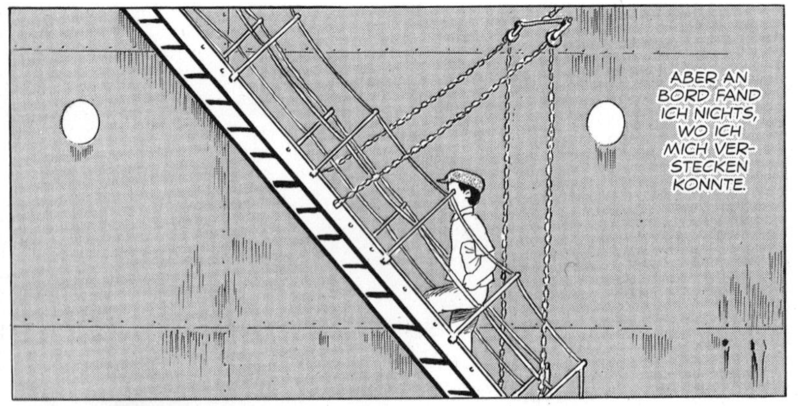
ABER AN BORD FAND ICH NICHTS, WO ICH MICH VER-STECKEN KONNTE.

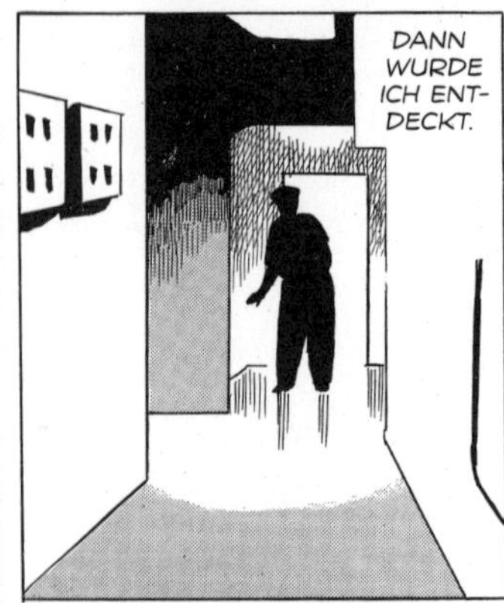
DANN WURDE ICH ENT-DECKT.

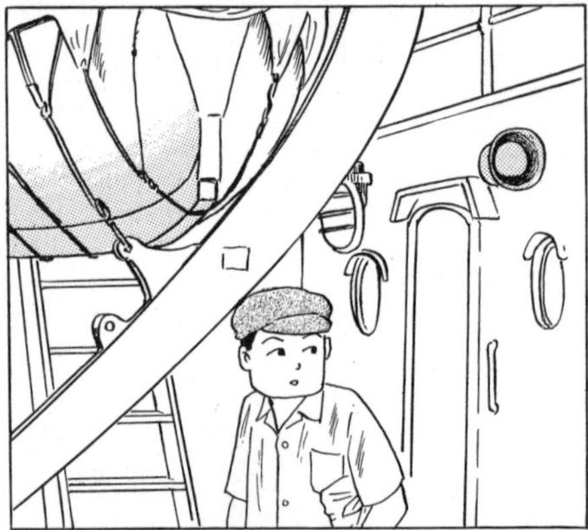

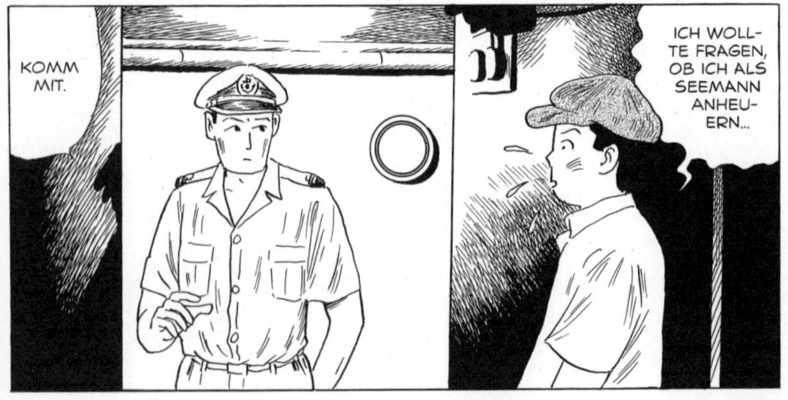
ICH WOLL-TE FRAGEN, OB ICH ALS SEEMANN ANHEU-ERN...
KOMM MIT.

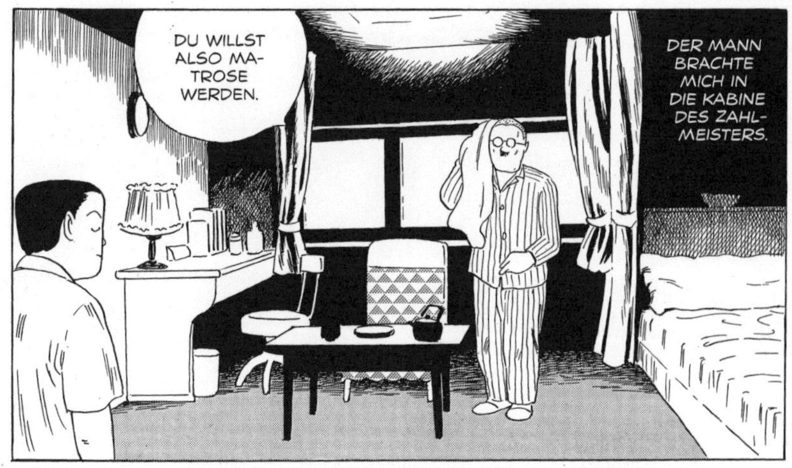

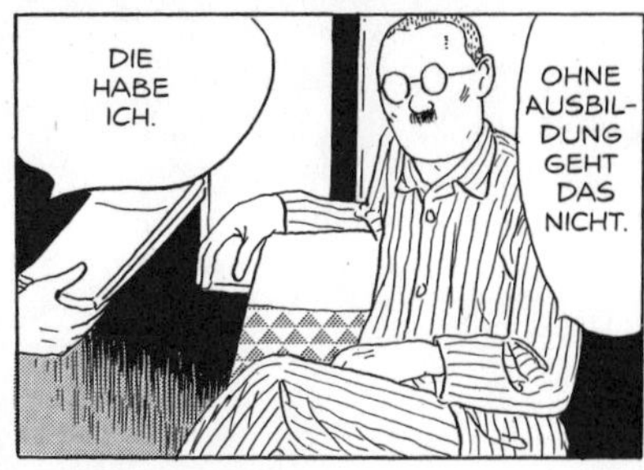

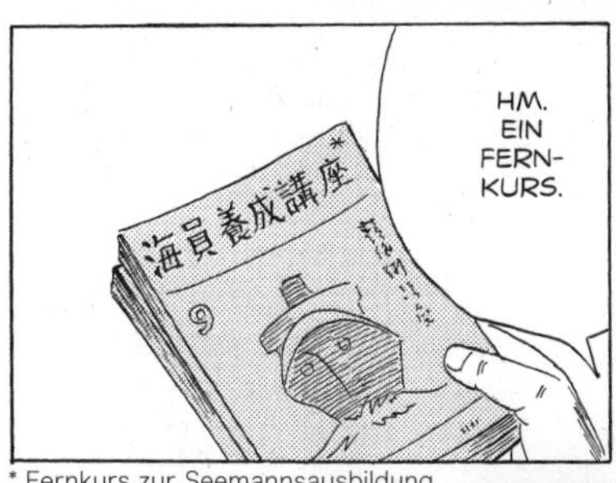

* Fernkurs zur Seemannsausbildung

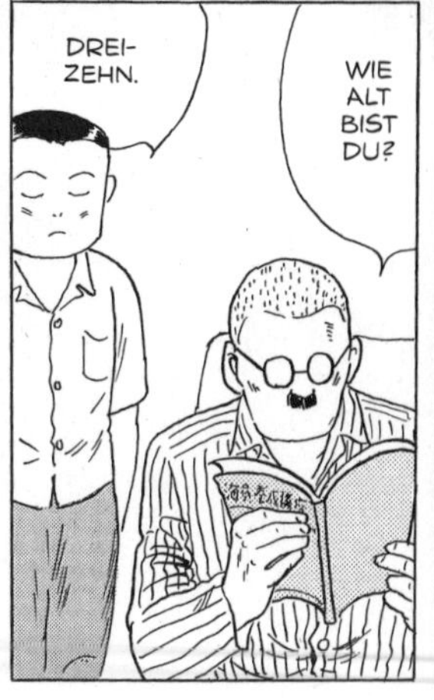

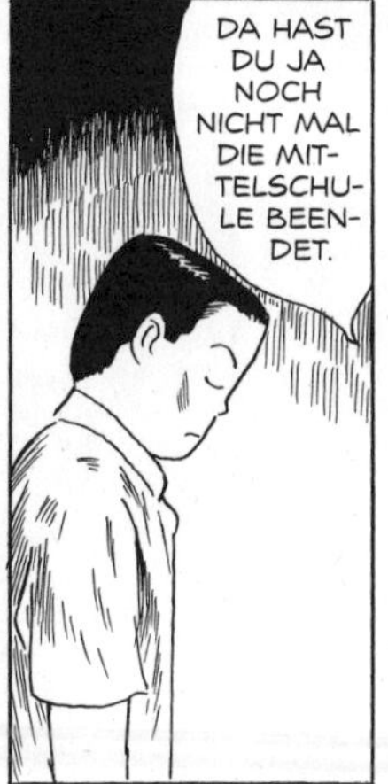

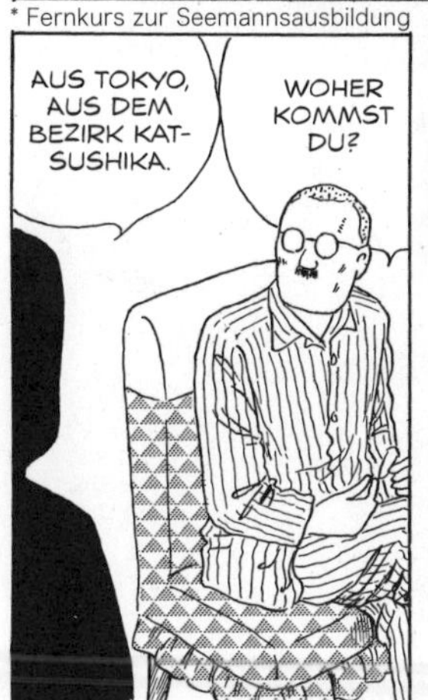

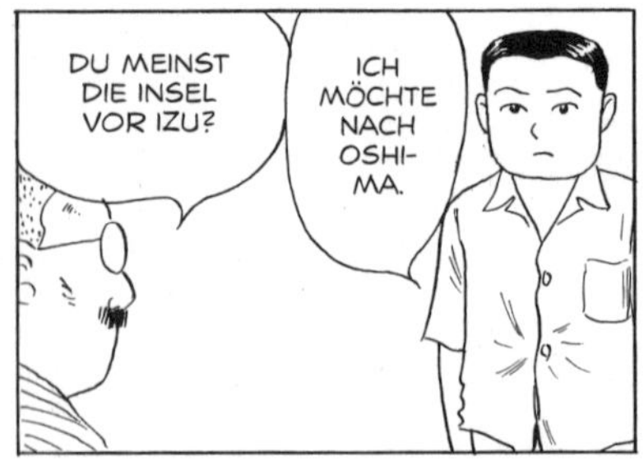
ICH MÖCHTE NACH OSHI-MA.
DU MEINST DIE INSEL VOR IZU?

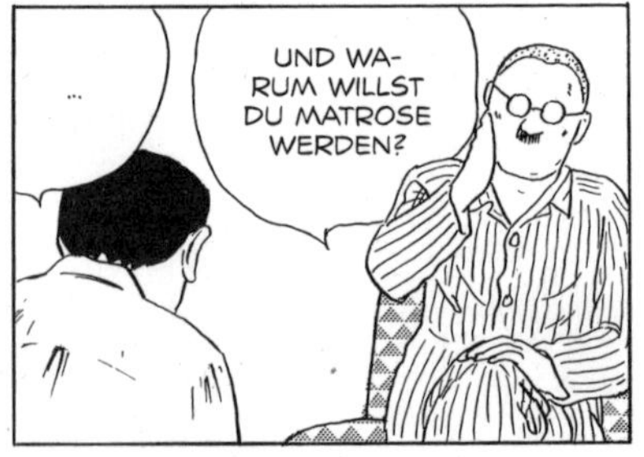
UND WA-RUM WILLST DU MATROSE WERDEN?
...

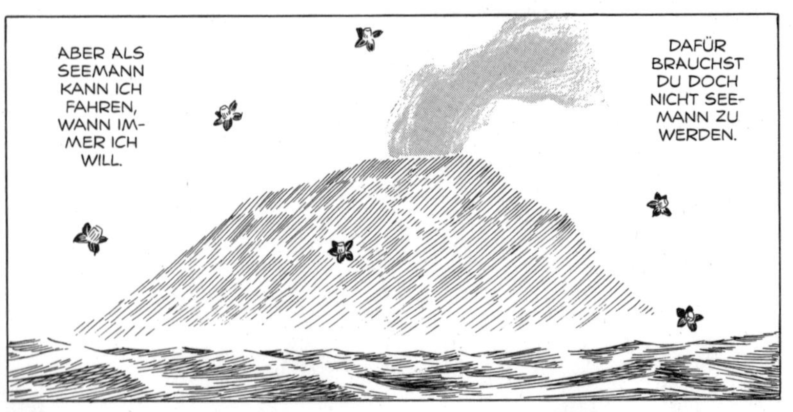
DAFÜR BRAUCHST DU DOCH NICHT SEE-MANN ZU WERDEN.
ABER ALS SEEMANN KANN ICH FAHREN, WANN IM-MER ICH WILL.

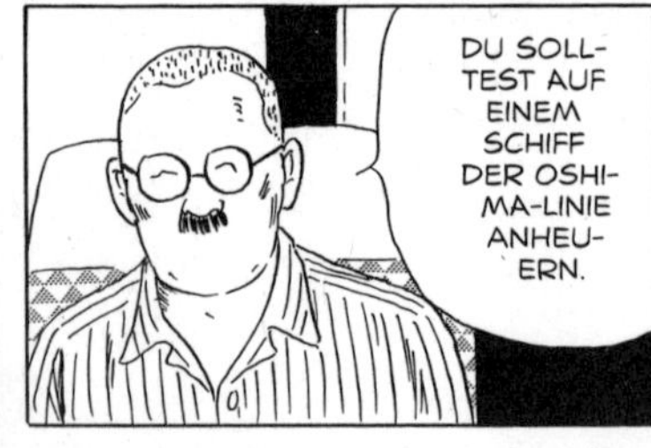
DU SOLL-TEST AUF EINEM SCHIFF DER OSHI-MA-LINIE ANHEU-ERN.

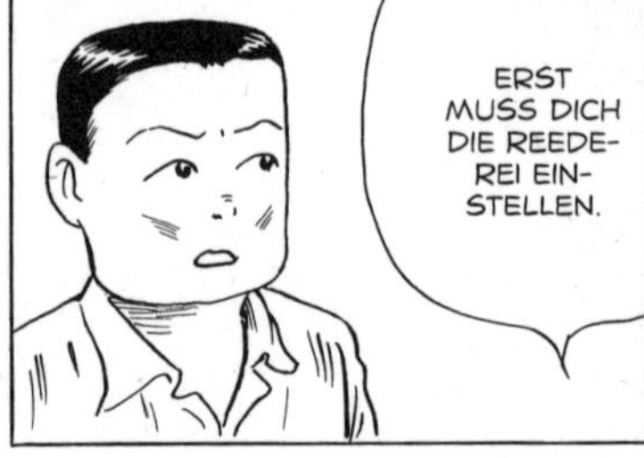
ERST MUSS DICH DIE REEDE-REI EIN-STELLEN.

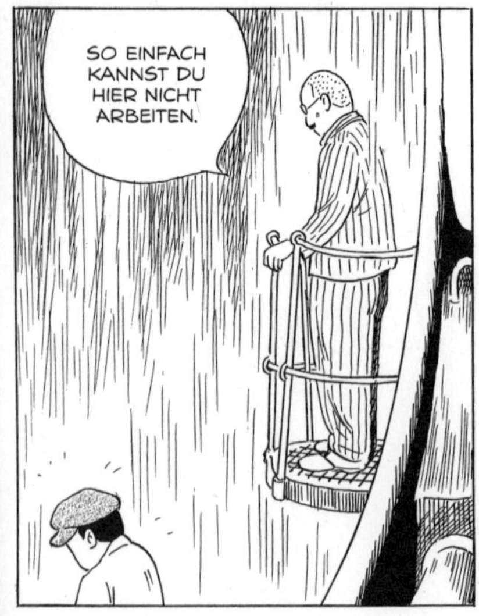
SO EINFACH KANNST DU HIER NICHT ARBEITEN.

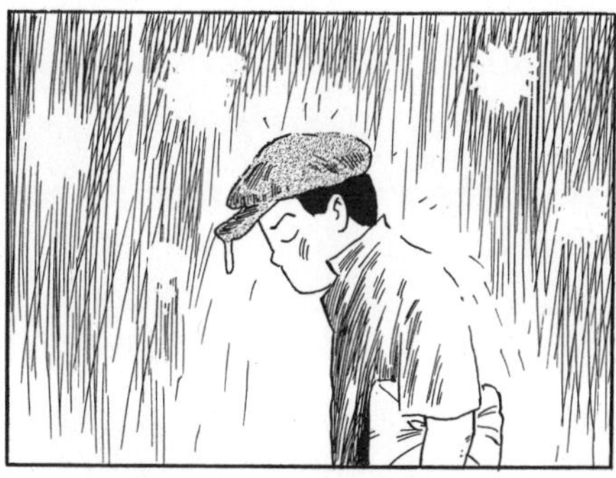

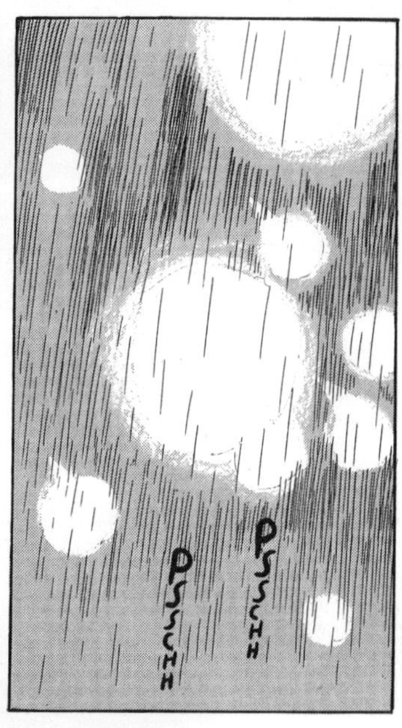
PSSCHH
PSSCHH

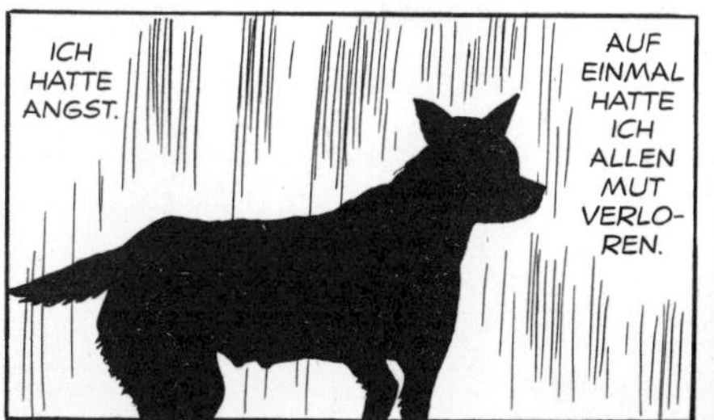
ICH HATTE ANGST.
AUF EINMAL HATTE ICH ALLEN MUT VERLO-REN.

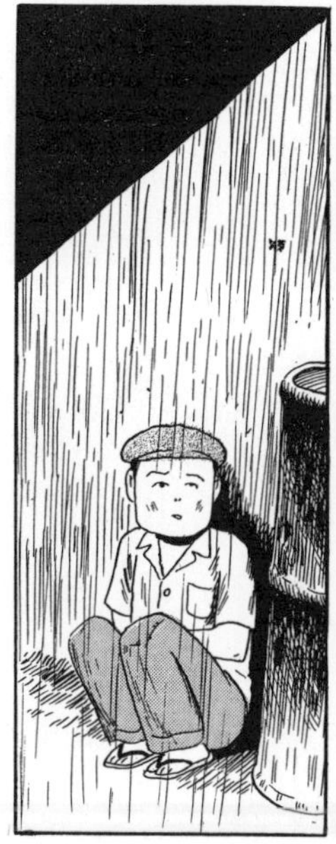

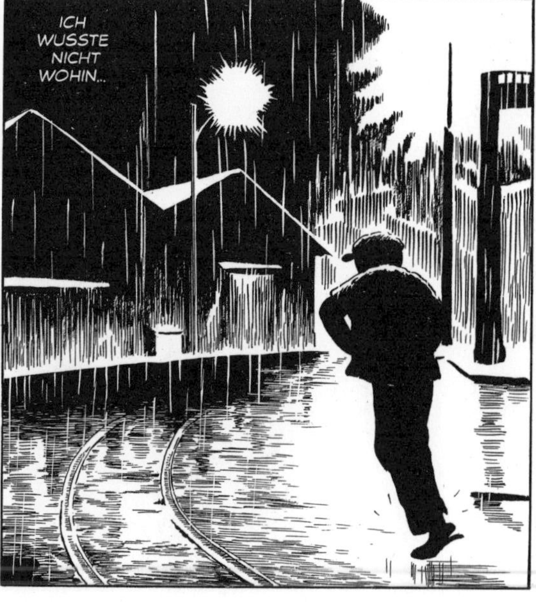
ICH WUSSTE NICHT WOHIN..

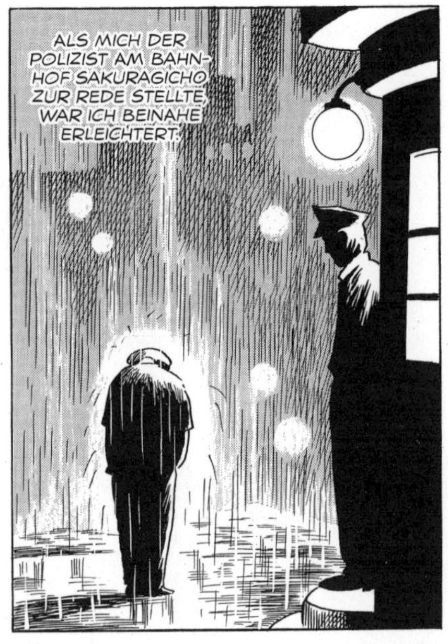
ALS MICH DER POLIZIST AM BAHNHOF SAKURAGICHO ZUR REDE STELLTE, WAR ICH BEINAHE ERLEICHTERT.

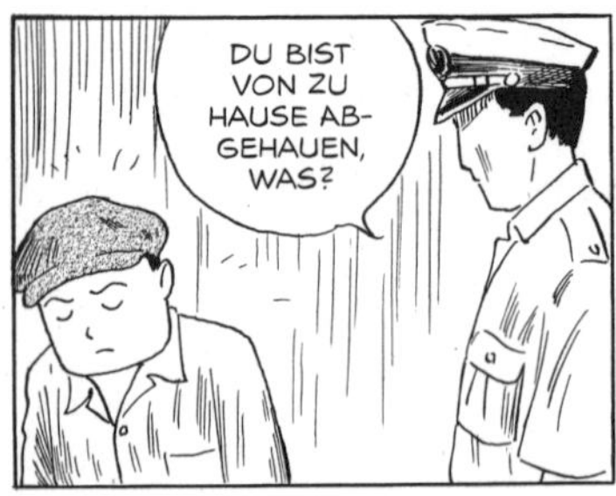
DU BIST VON ZU HAUSE ABGEHAUEN, WAS?

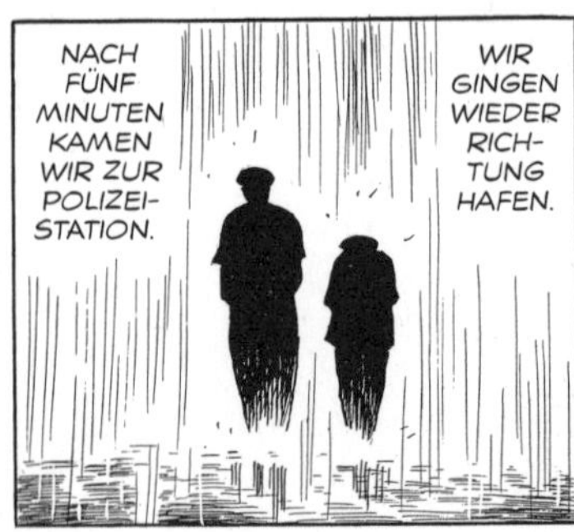
WIR GINGEN WIEDER RICHTUNG HAFEN.
NACH FÜNF MINUTEN KAMEN WIR ZUR POLIZEISTATION.

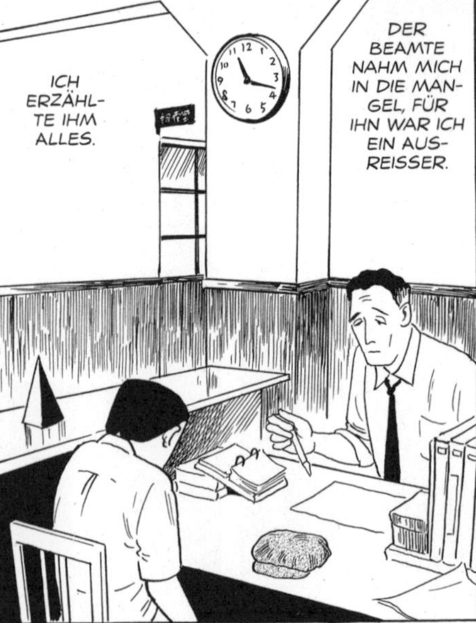
DER BEAMTE NAHM MICH IN DIE MANGEL, FÜR IHN WAR ICH EIN AUSREISSER.
ICH ERZÄHLTE IHM ALLES.

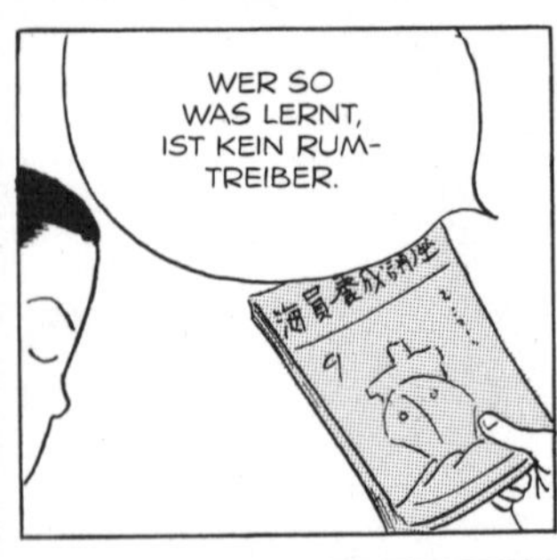
WER SO WAS LERNT, IST KEIN RUMTREIBER.

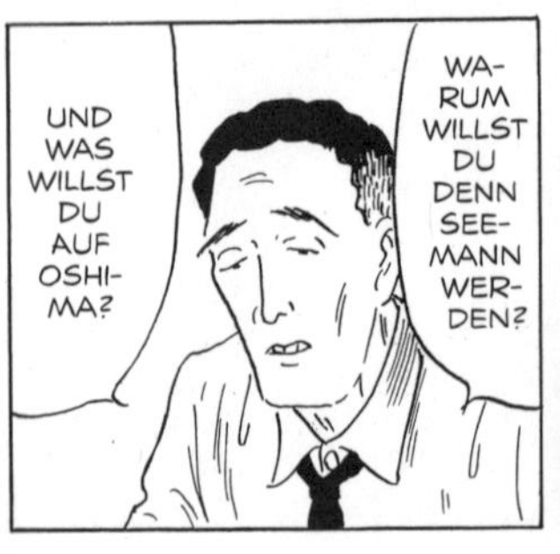
WARUM WILLST DU DENN SEEMANN WERDEN?
UND WAS WILLST DU AUF OSHIMA?

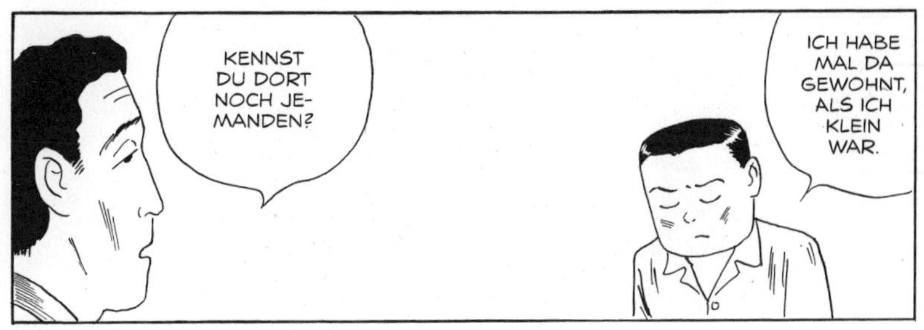
KENNST DU DORT NOCH JEMANDEN?
ICH HABE MAL DA GEWOHNT, ALS ICH KLEIN WAR.

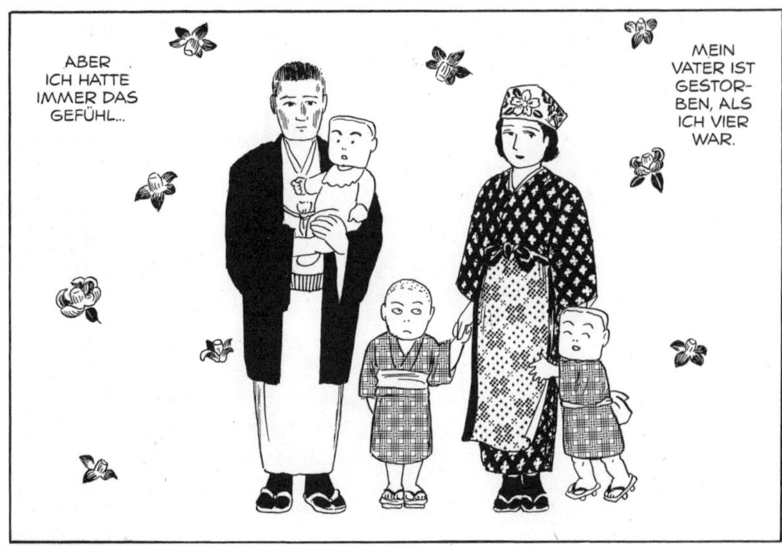
MEIN VATER IST GESTORBEN, ALS ICH VIER WAR.
ABER ICH HATTE IMMER DAS GEFÜHL...

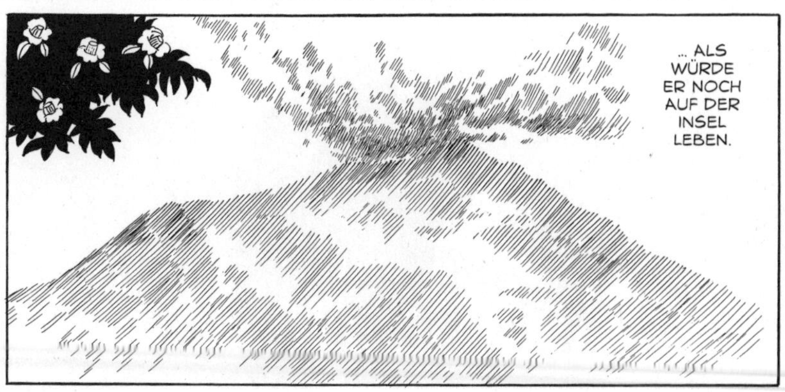
... ALS WÜRDE ER NOCH AUF DER INSEL LEBEN.

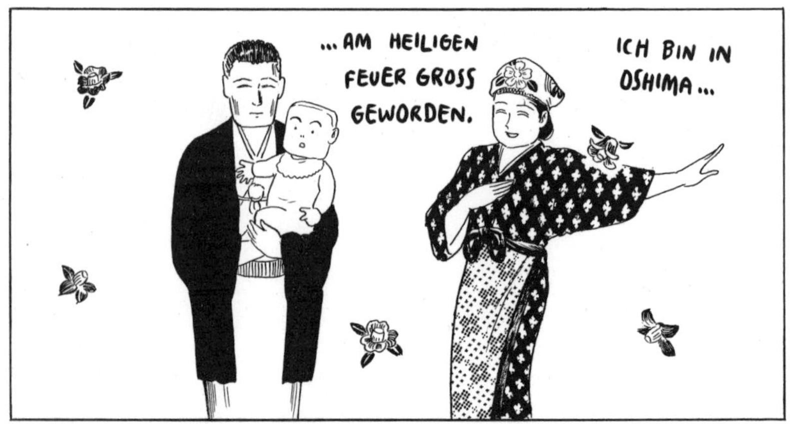
ICH BIN IN OSHIMA ...
... AM HEILIGEN FEUER GROSS GEWORDEN.

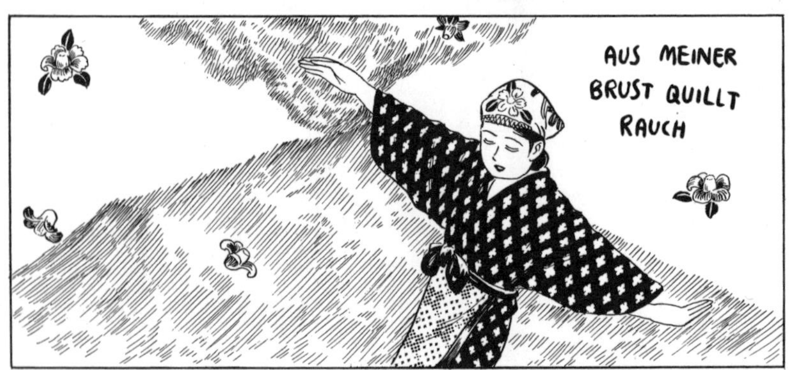
AUS MEINER BRUST QUILLT RAUCH

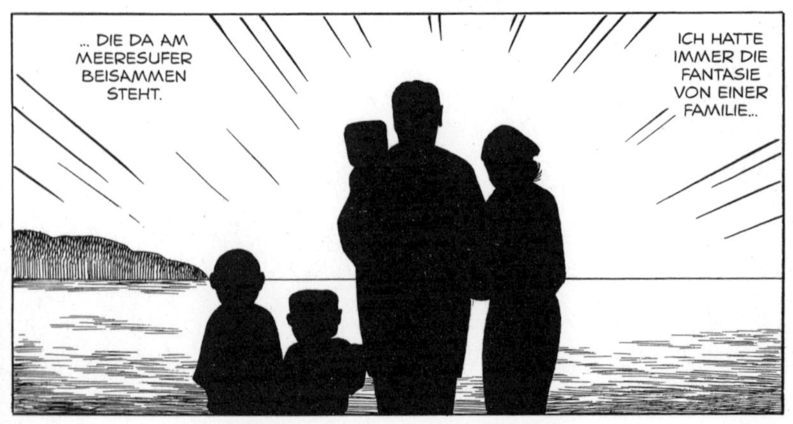
ICH HATTE IMMER DIE FANTASIE VON EINER FAMILIE...
... DIE DA AM MEERESUFER BEISAMMEN STEHT.

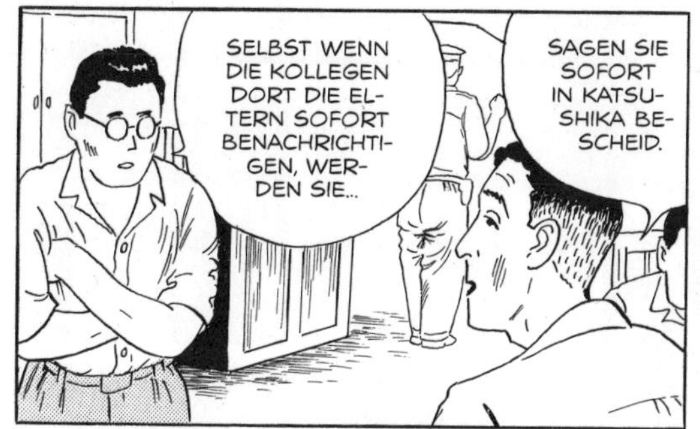
SAGEN SIE SOFORT IN KATSU-SHIKA BE-SCHEID.
SELBST WENN DIE KOLLEGEN DORT DIE EL-TERN SOFORT BENACHRICHTI-GEN, WER-DEN SIE...

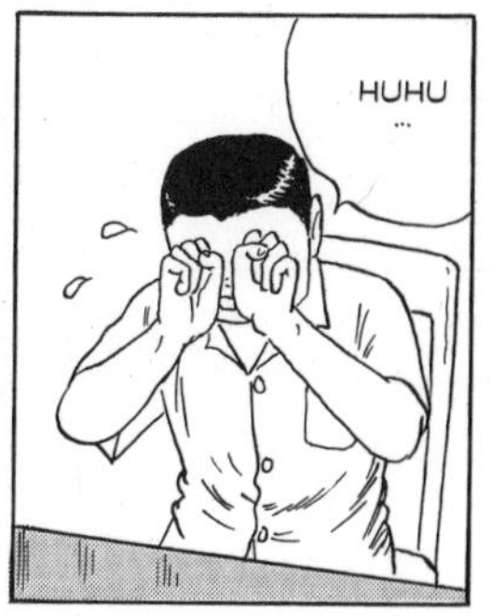
HUHU ...

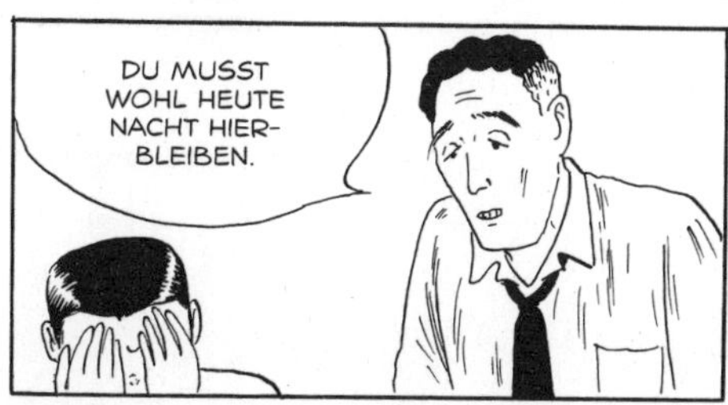
DU MUSST WOHL HEUTE NACHT HIER-BLEIBEN.

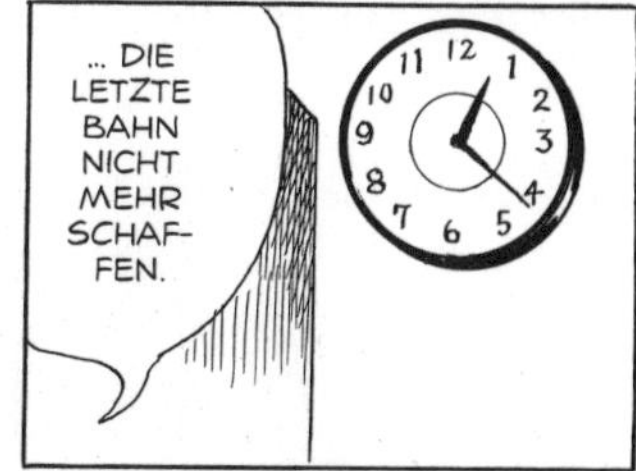
... DIE LETZTE BAHN NICHT MEHR SCHAF-FEN.

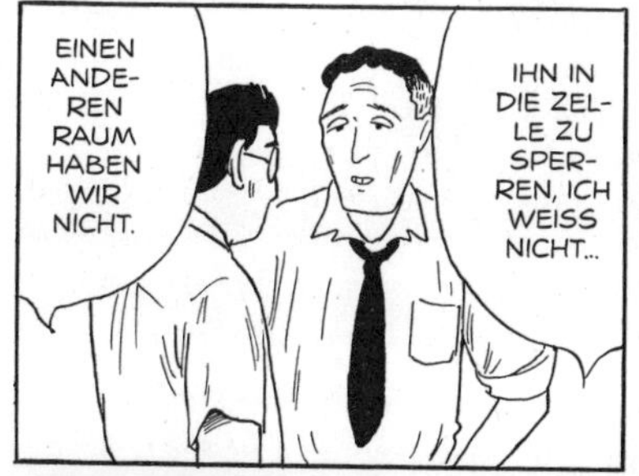
EINEN ANDE-REN RAUM HABEN WIR NICHT.
IHN IN DIE ZEL-LE ZU SPER-REN, ICH WEISS NICHT...

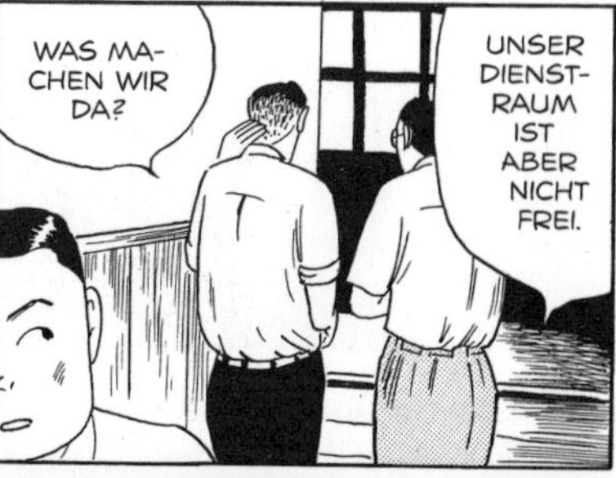
WAS MA-CHEN WIR DA?
UNSER DIENST-RAUM IST ABER NICHT FREI.

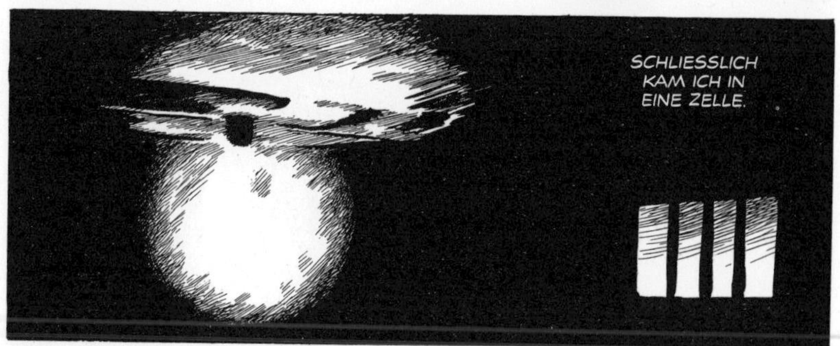
SCHLIESSLICH KAM ICH IN EINE ZELLE.

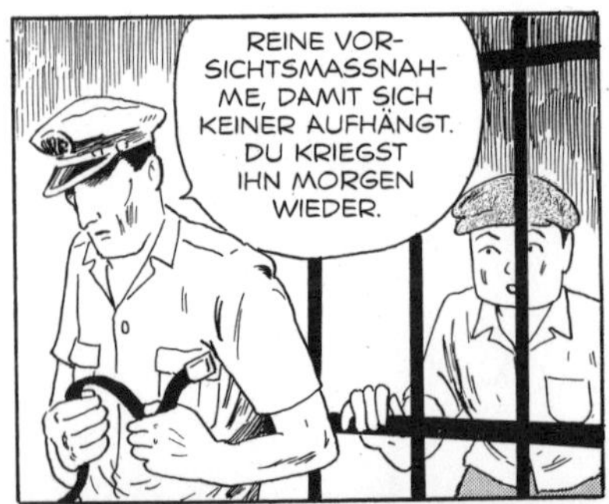
REINE VOR-
SICHTSMASSNAH-
ME, DAMIT SICH
KEINER AUFHÄNGT.
DU KRIEGST
IHN MORGEN
WIEDER.

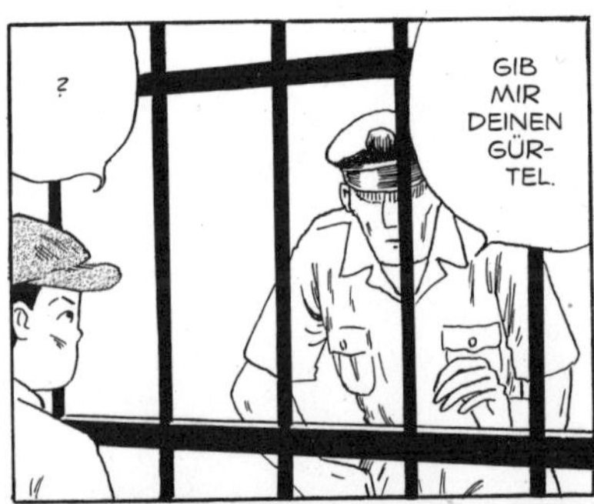
GIB
MIR
DEINEN
GÜR-
TEL.
?

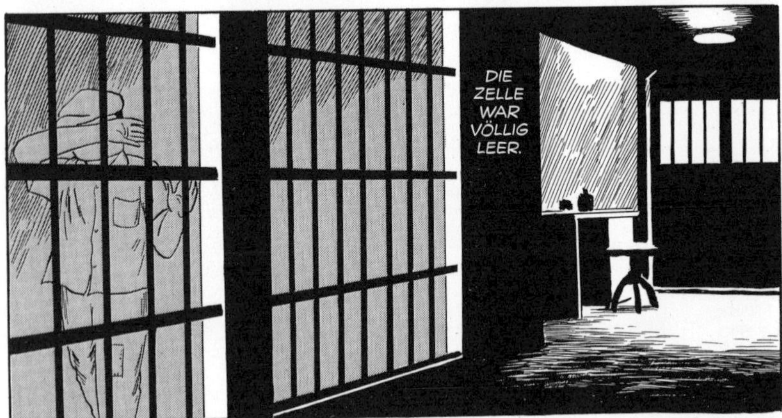
DIE
ZELLE
WAR
VÖLLIG
LEER.

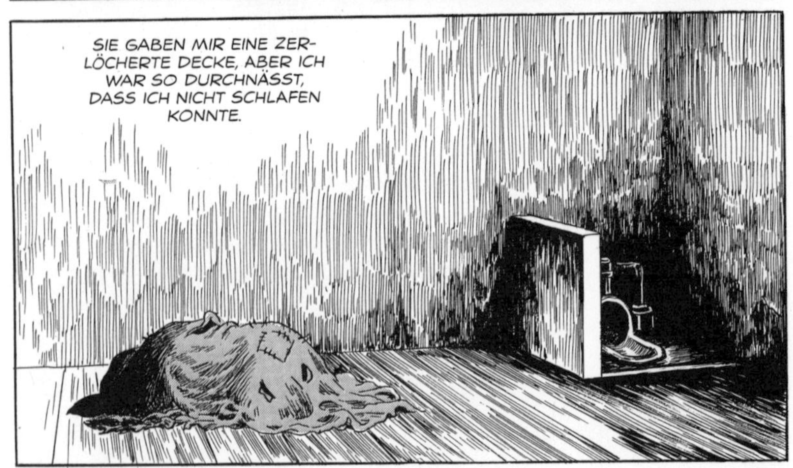
SIE GABEN MIR EINE ZER-
LÖCHERTE DECKE, ABER ICH
WAR SO DURCHNÄSST,
DASS ICH NICHT SCHLAFEN
KONNTE.

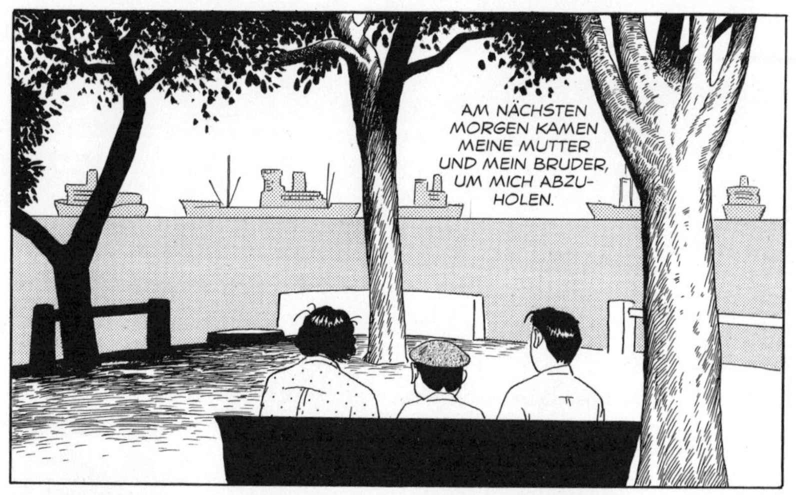
AM NÄCHSTEN MORGEN KAMEN MEINE MUTTER UND MEIN BRUDER, UM MICH ABZUHOLEN.

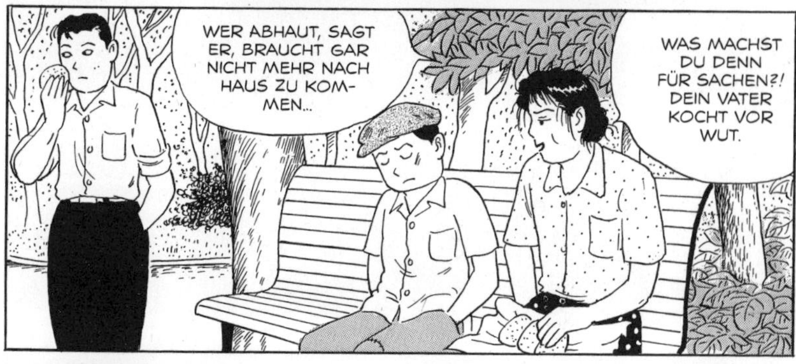
WAS MACHST DU DENN FÜR SACHEN?! DEIN VATER KOCHT VOR WUT.
WER ABHAUT, SAGT ER, BRAUCHT GAR NICHT MEHR NACH HAUS ZU KOMMEN...

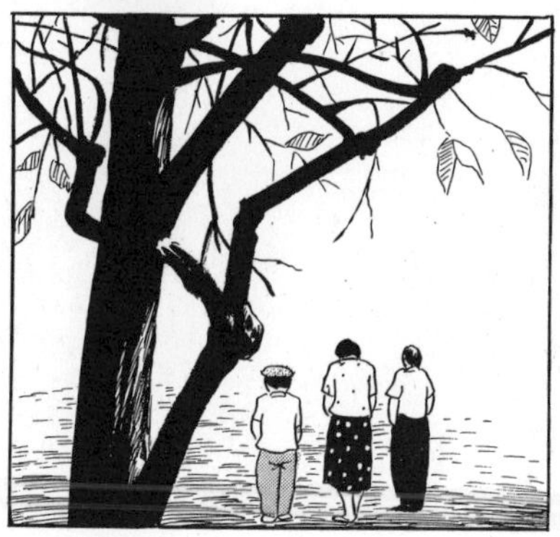

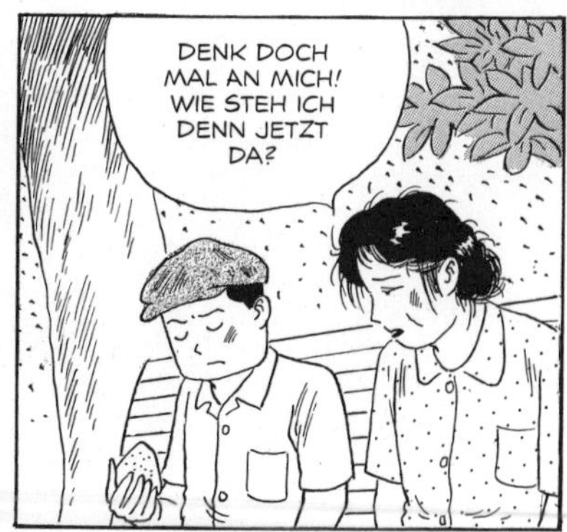
DENK DOCH MAL AN MICH! WIE STEH ICH DENN JETZT DA?

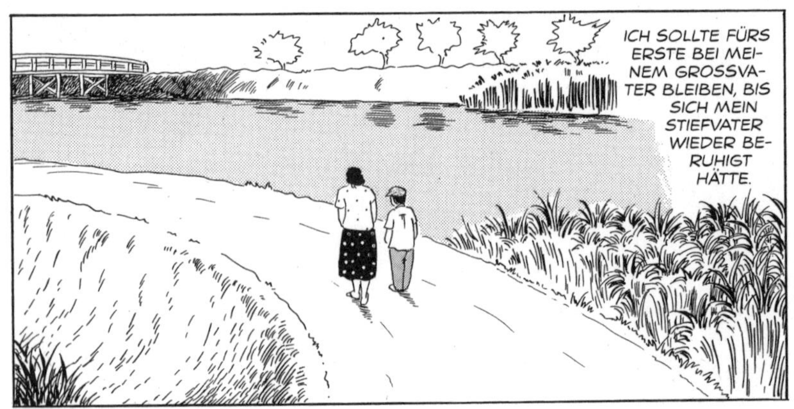

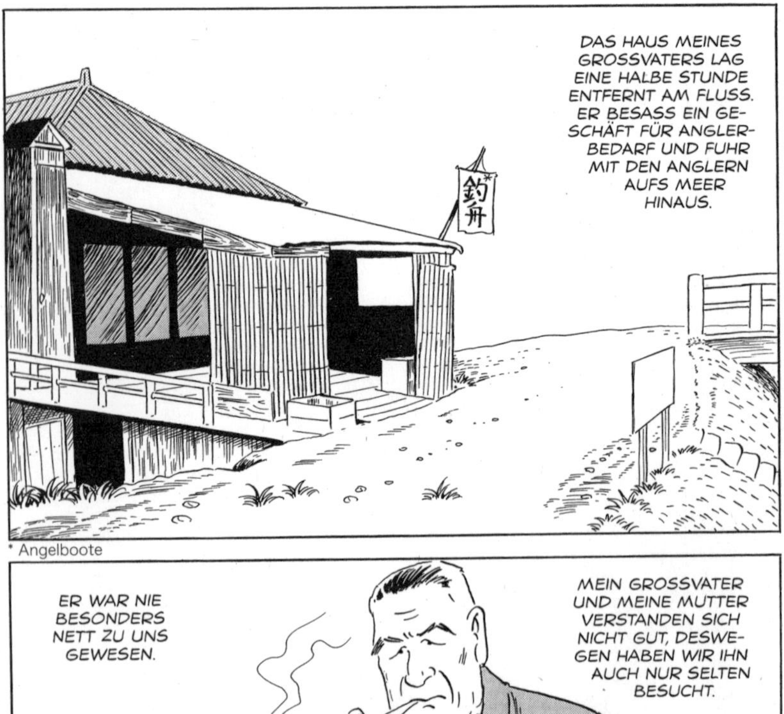

DAS HAUS MEINES GROSSVATERS LAG EINE HALBE STUNDE ENTFERNT AM FLUSS. ER BESASS EIN GESCHÄFT FÜR ANGLERBEDARF UND FUHR MIT DEN ANGLERN AUFS MEER HINAUS.

釣舟*

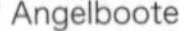

* Angelboote

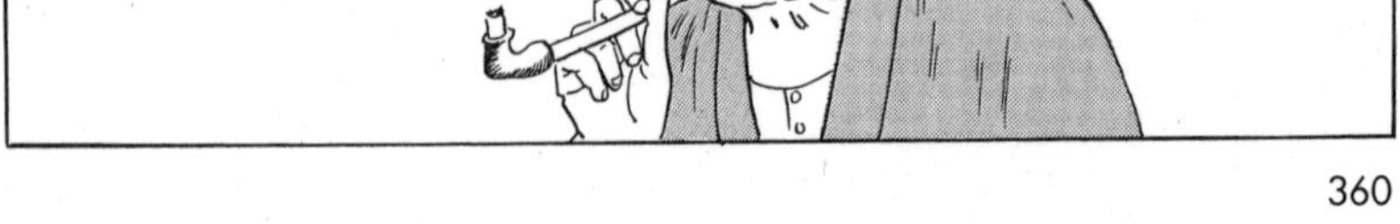

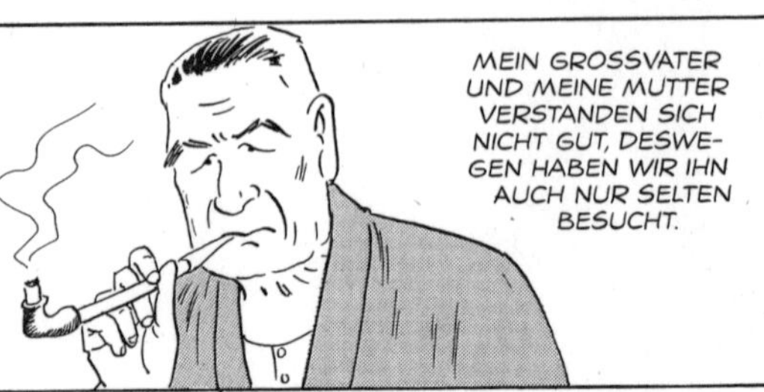

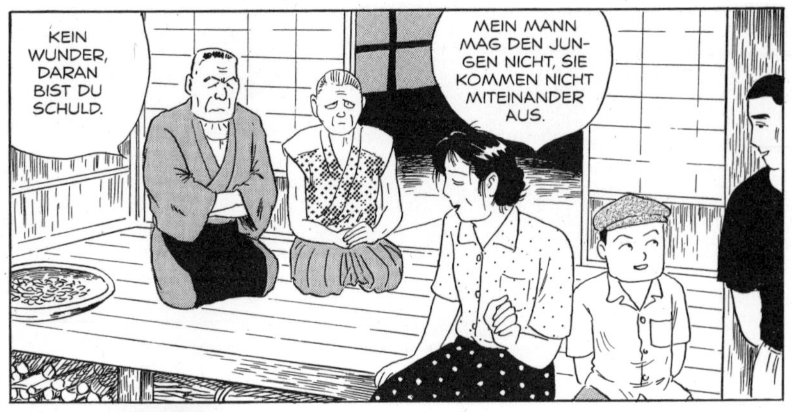
KEIN WUNDER, DARAN BIST DU SCHULD.
MEIN MANN MAG DEN JUNGEN NICHT, SIE KOMMEN NICHT MITEINANDER AUS.

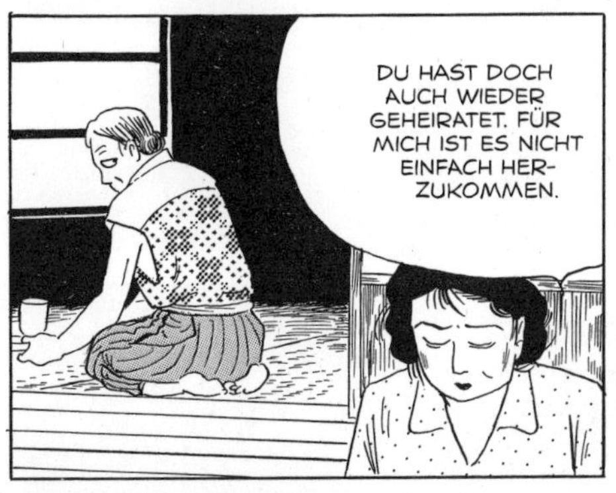
DU HAST DOCH AUCH WIEDER GEHEIRATET. FÜR MICH IST ES NICHT EINFACH HERZUKOMMEN.

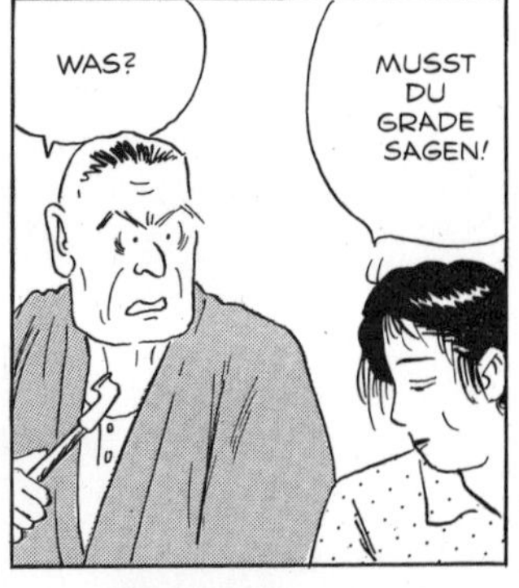
WAS?
MUSST DU GRADE SAGEN!

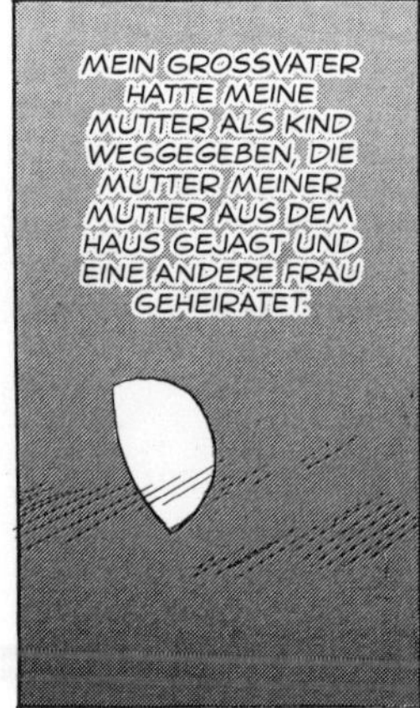
MEIN GROSSVATER HATTE MEINE MUTTER ALS KIND WEGGEGEBEN, DIE MUTTER MEINER MUTTER AUS DEM HAUS GEJAGT UND EINE ANDERE FRAU GEHEIRATET.

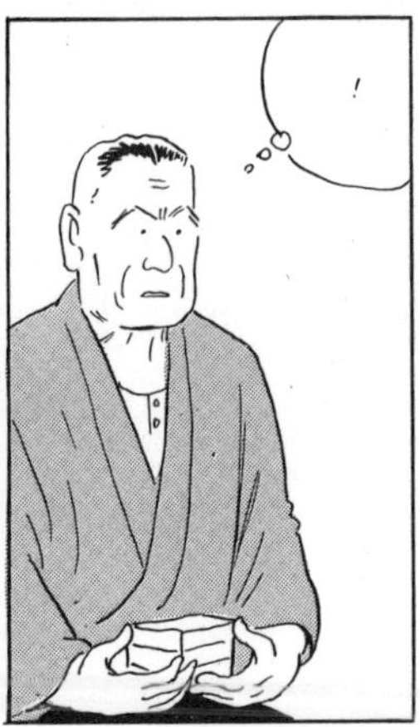
!

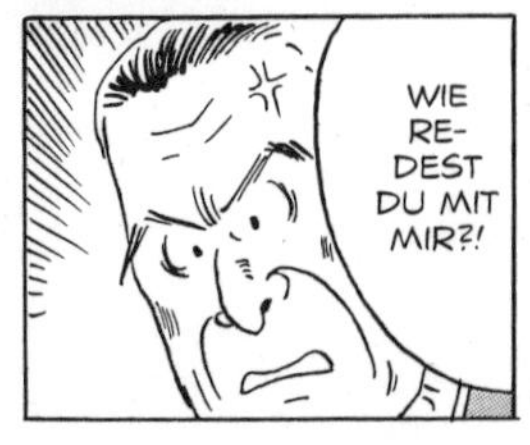
WIE REDEST DU MIT MIR?!

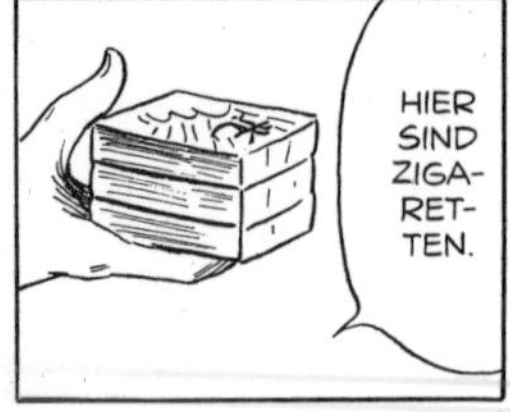
HIER SIND ZIGARETTEN.

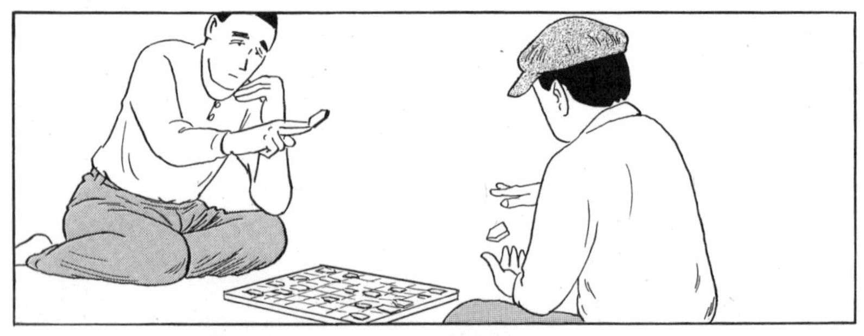

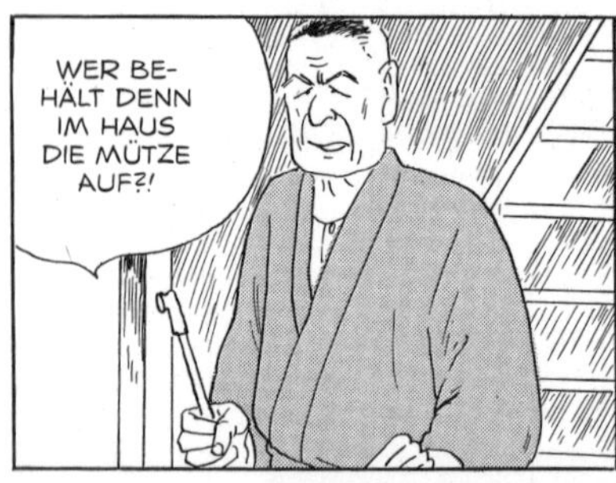
WER BEHÄLT DENN IM HAUS DIE MÜTZE AUF?!

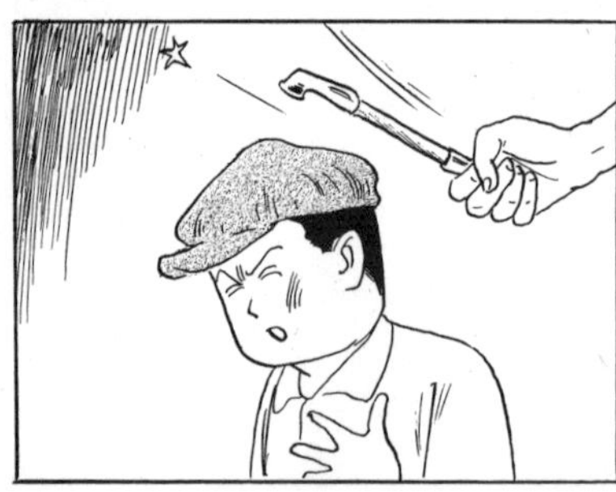

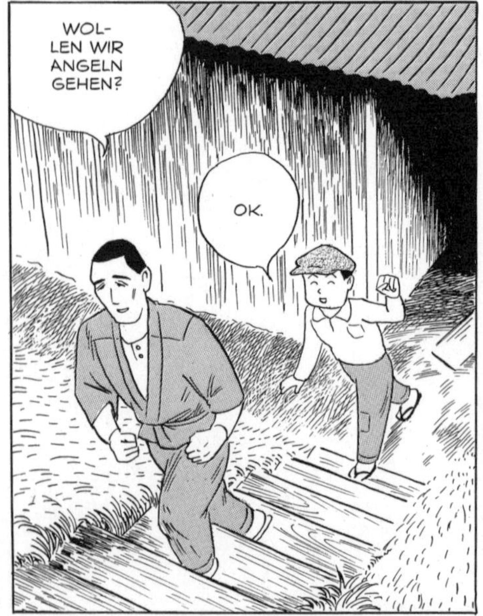
WOLLEN WIR ANGELN GEHEN?
OK.

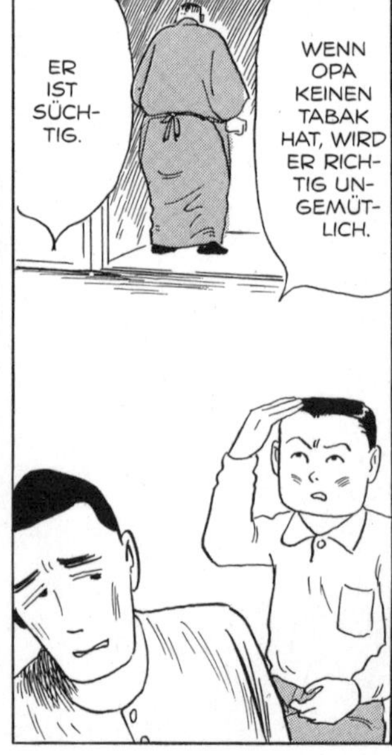
WENN OPA KEINEN TABAK HAT, WIRD ER RICHTIG UNGEMÜTLICH.
ER IST SÜCHTIG.

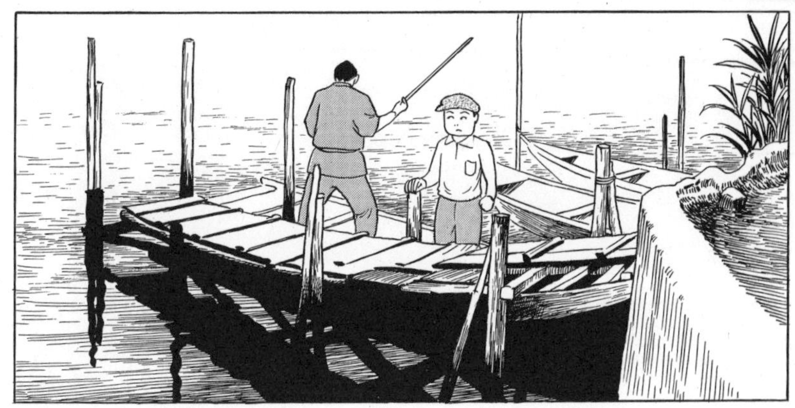

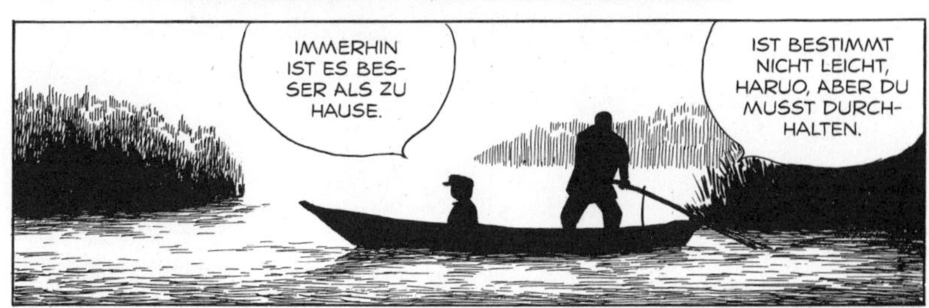
IST BESTIMMT NICHT LEICHT, HARUO, ABER DU MUSST DURCH-HALTEN.
IMMERHIN IST ES BES-SER ALS ZU HAUSE.

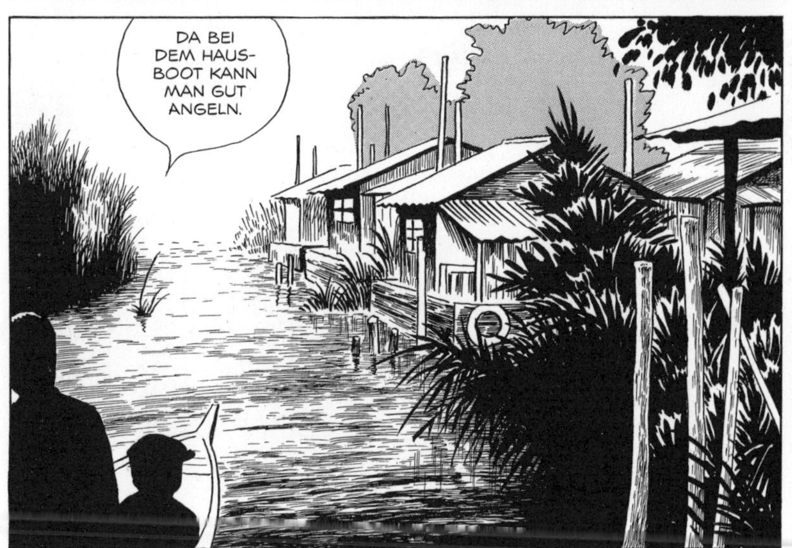
DA BEI DEM HAUS-BOOT KANN MAN GUT ANGELN.

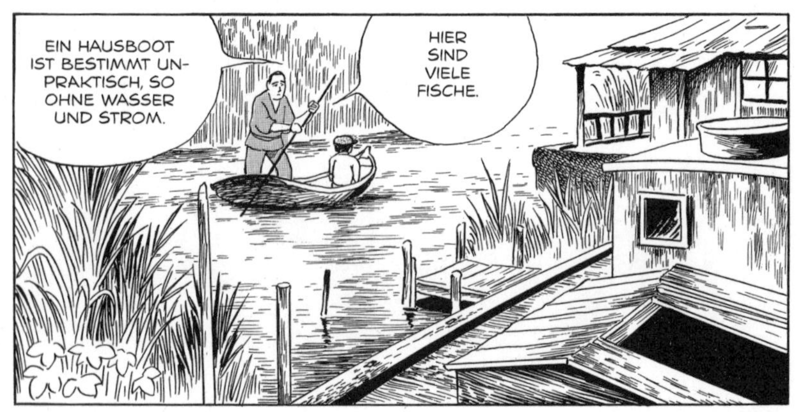
EIN HAUSBOOT IST BESTIMMT UN-PRAKTISCH, SO OHNE WASSER UND STROM.
HIER SIND VIELE FISCHE.

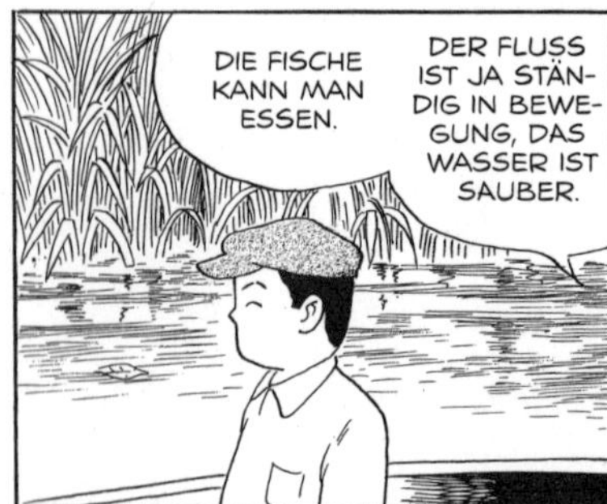
DER FLUSS IST JA STÄN-DIG IN BEWE-GUNG, DAS WASSER IST SAUBER.
DIE FISCHE KANN MAN ESSEN.

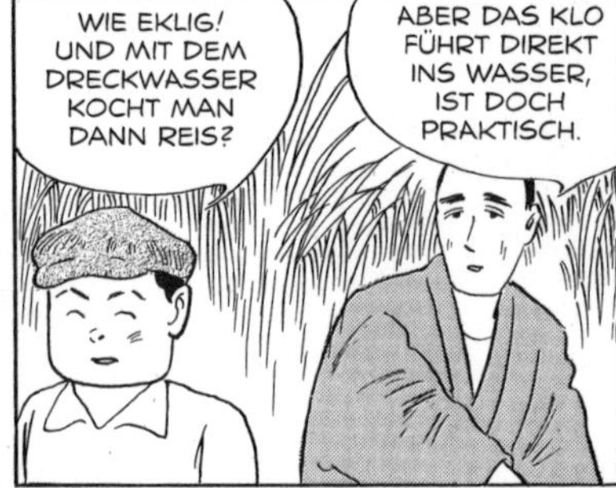
ABER DAS KLO FÜHRT DIREKT INS WASSER, IST DOCH PRAKTISCH.
WIE EKLIG! UND MIT DEM DRECKWASSER KOCHT MAN DANN REIS?

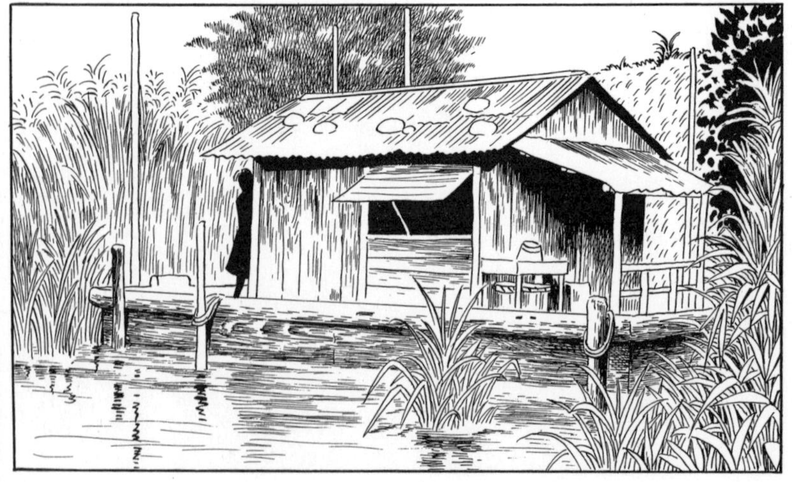

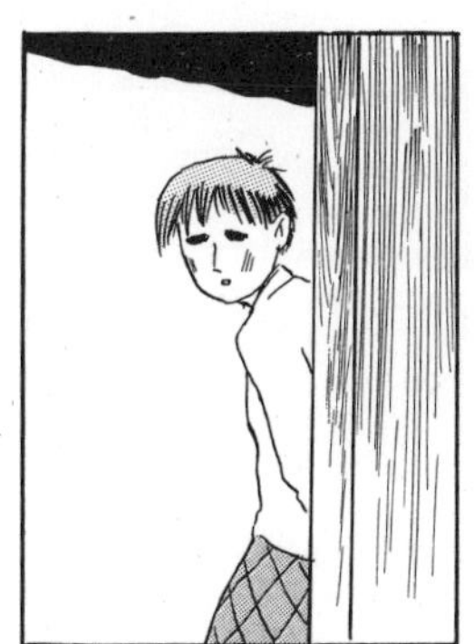
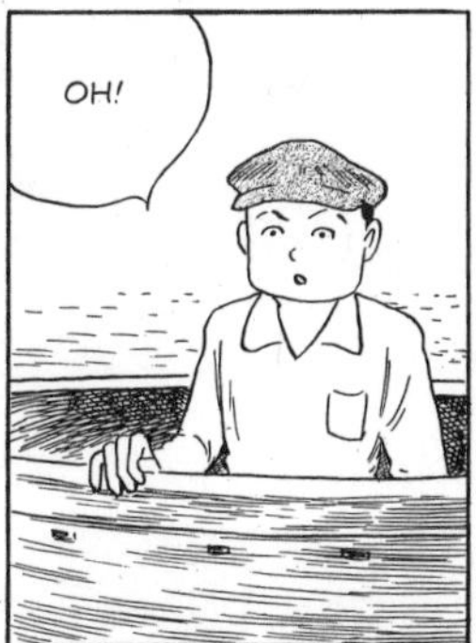
OH!
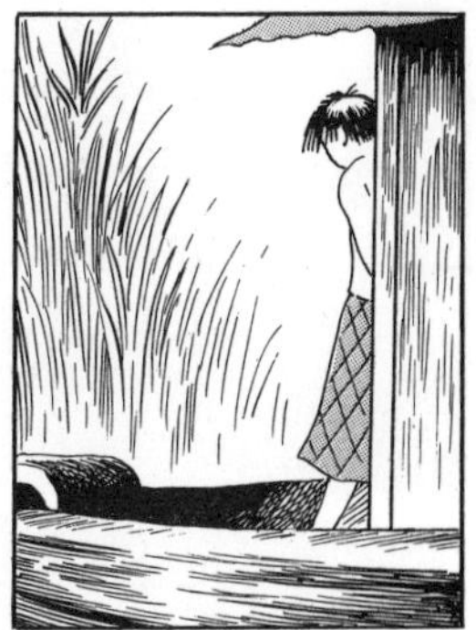
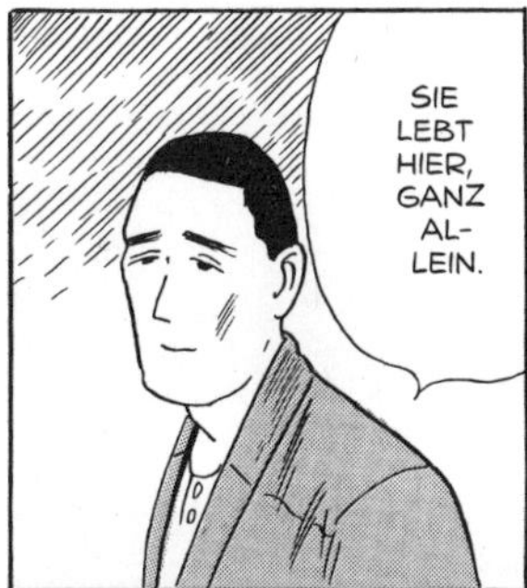
SIE LEBT HIER, GANZ AL-LEIN.
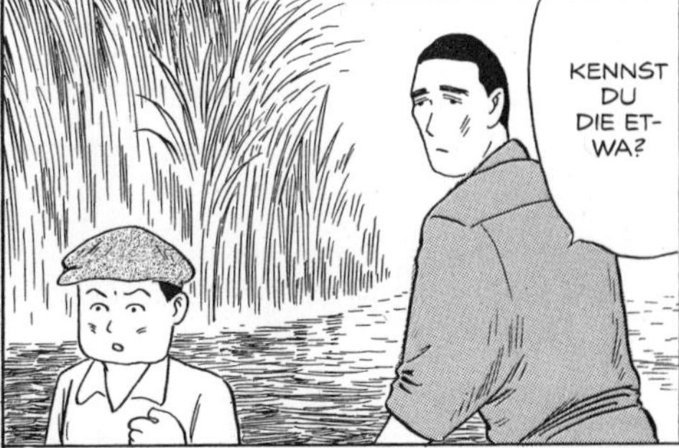
KENNST DU DIE ET-WA?
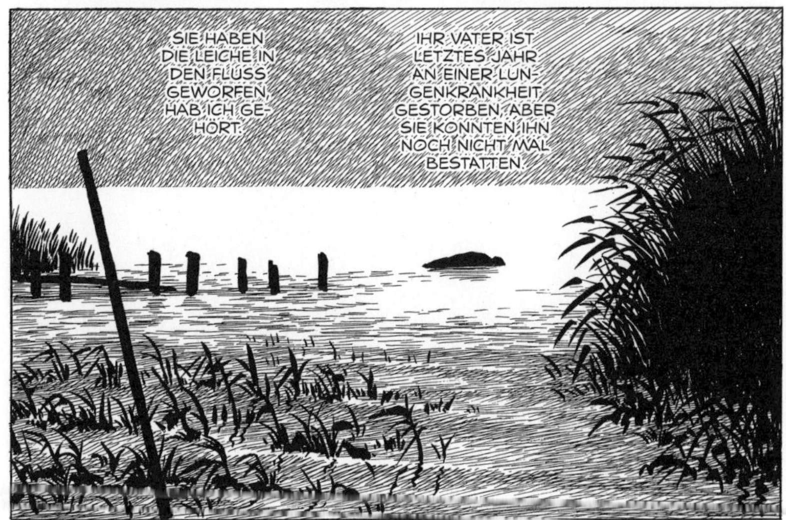
IHR VATER IST LETZTES JAHR AN EINER LUN-GENKRANKHEIT GESTORBEN, ABER SIE KONNTEN IHN NOCH NICHT MAL BESTATTEN.
SIE HABEN DIE LEICHE IN DEN FLUSS GEWORFEN, HAB ICH GE-HÖRT.

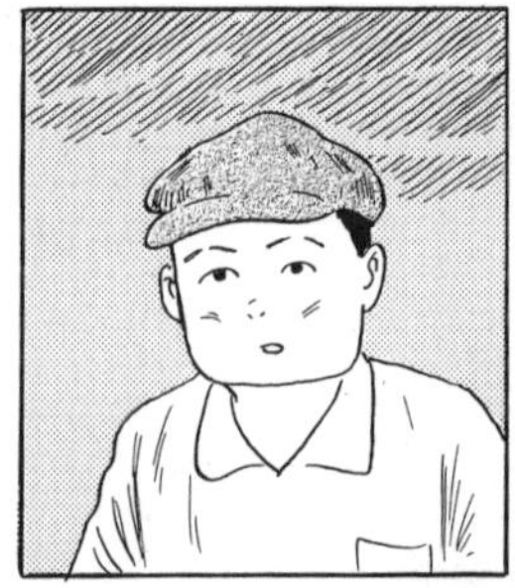

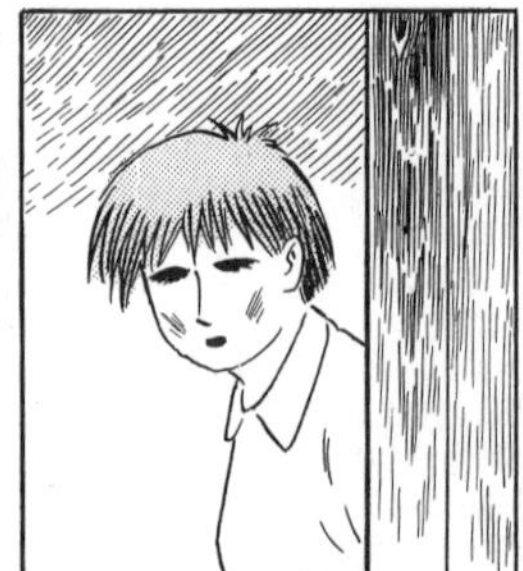

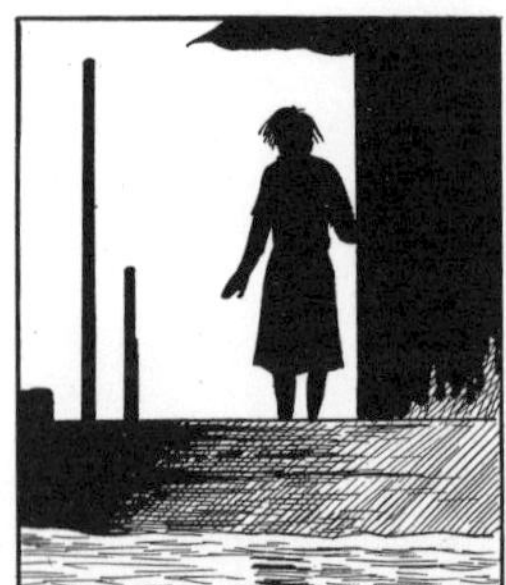

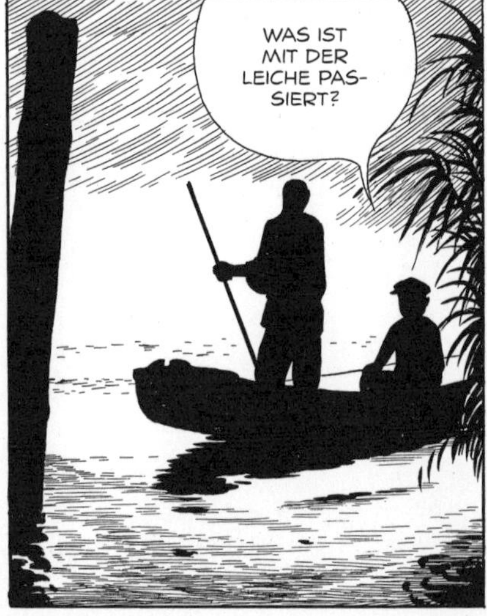
WAS IST MIT DER LEICHE PAS-SIERT?

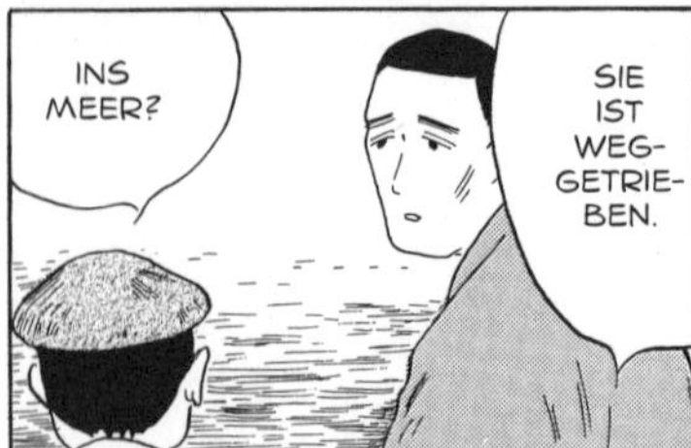
SIE IST WEG-GETRIE-BEN.
INS MEER?

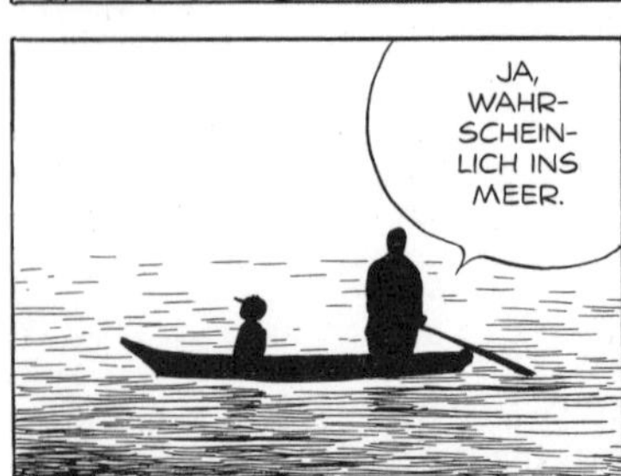
JA, WAHR-SCHEIN-LICH INS MEER.

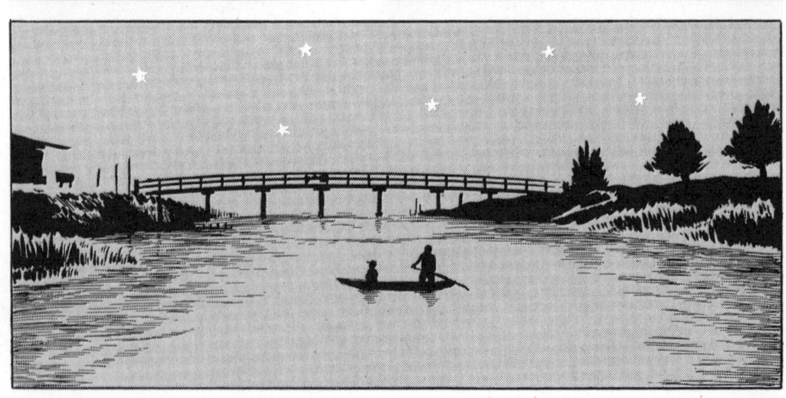

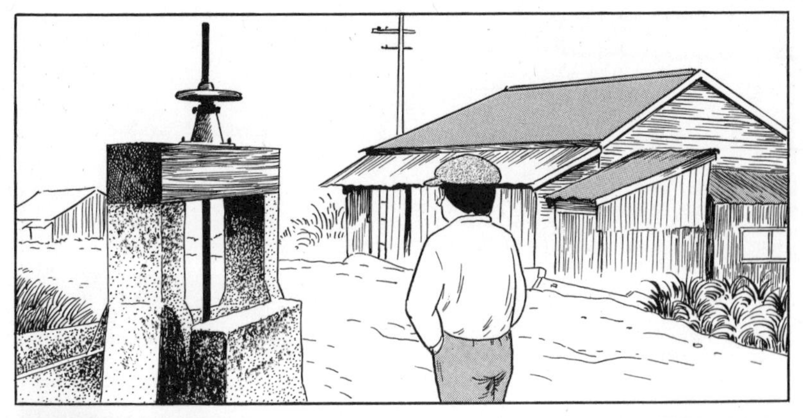

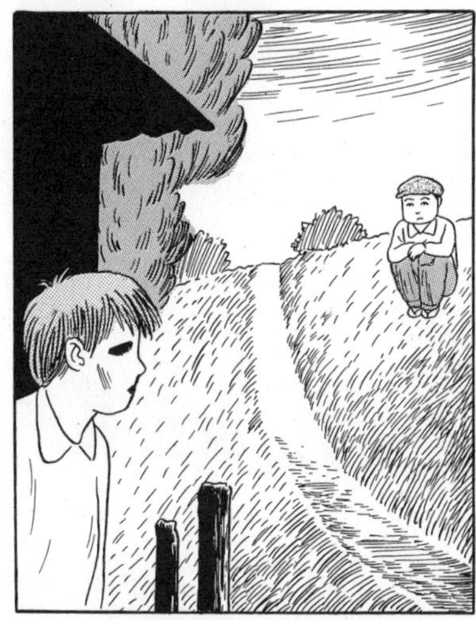

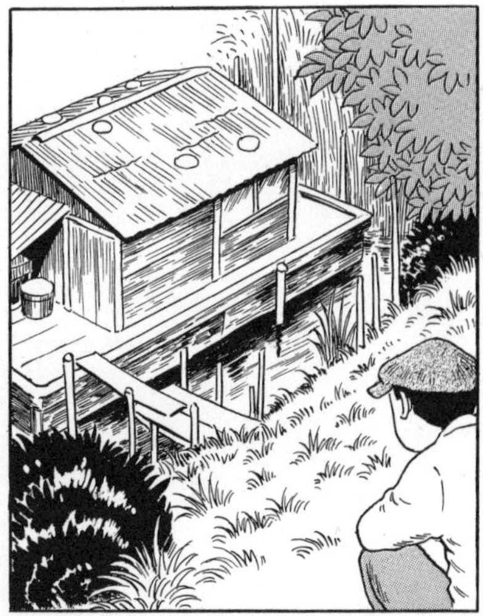

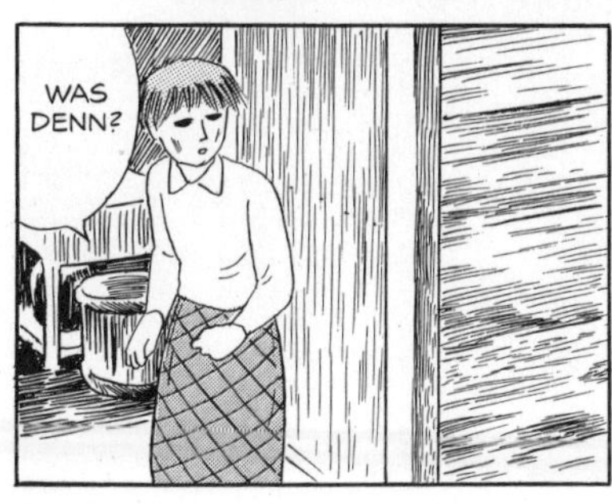
WAS DENN?

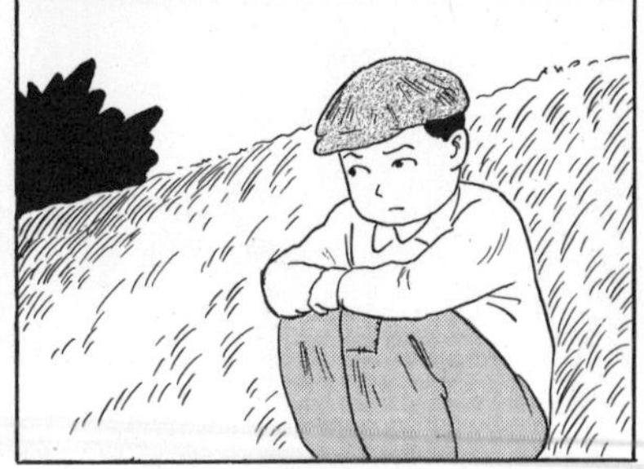

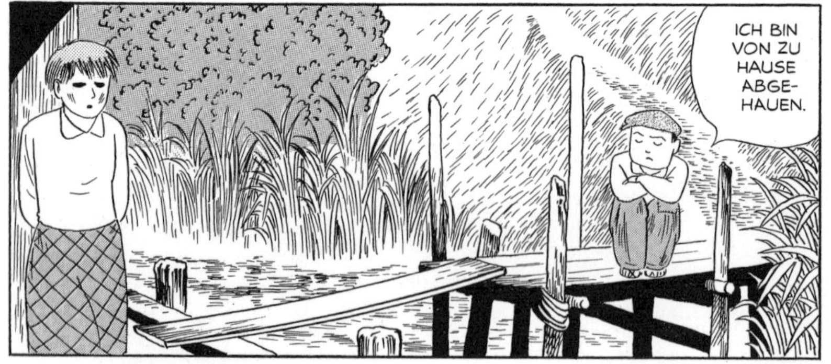
ICH BIN VON ZU HAUSE ABGE-HAUEN.

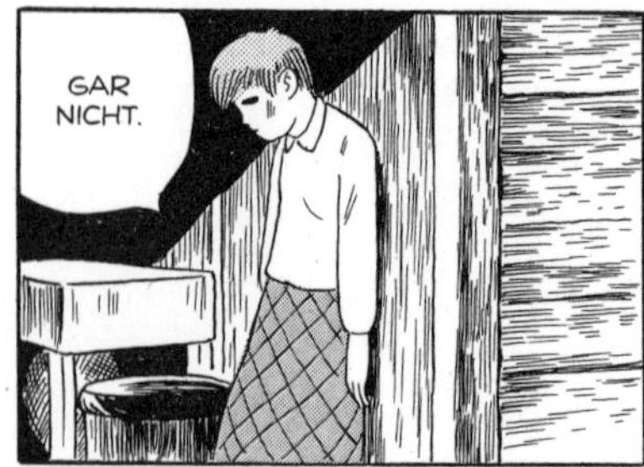
GAR NICHT.

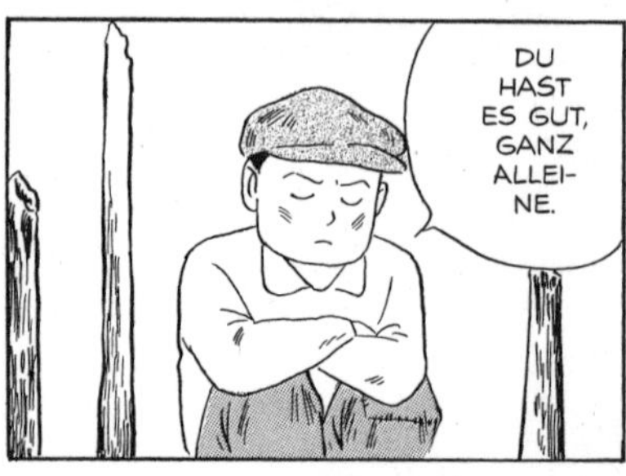
DU HAST ES GUT, GANZ ALLEI-NE.

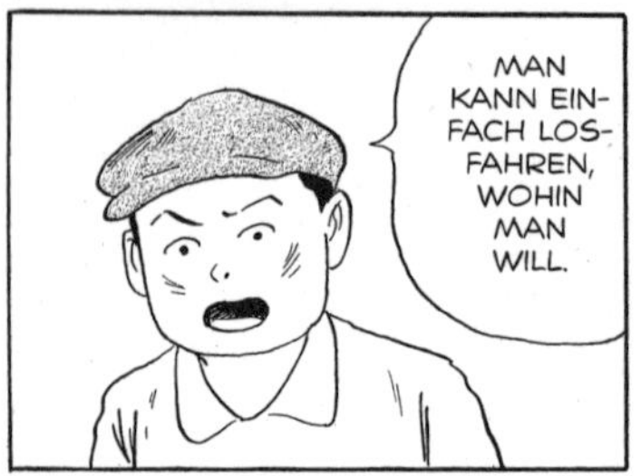
MAN KANN EIN-FACH LOS-FAHREN, WOHIN MAN WILL.

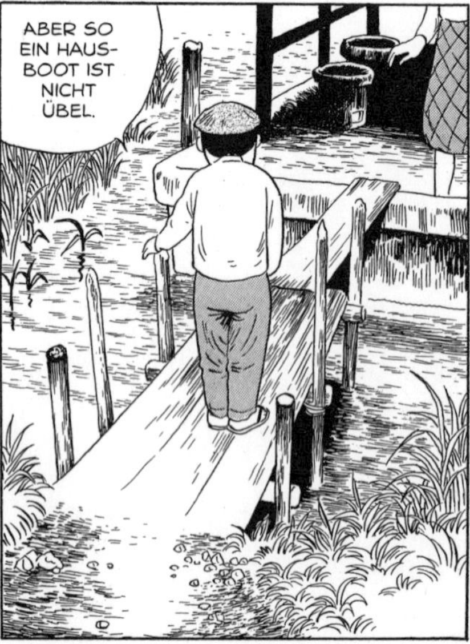
ABER SO EIN HAUS-BOOT IST NICHT ÜBEL.

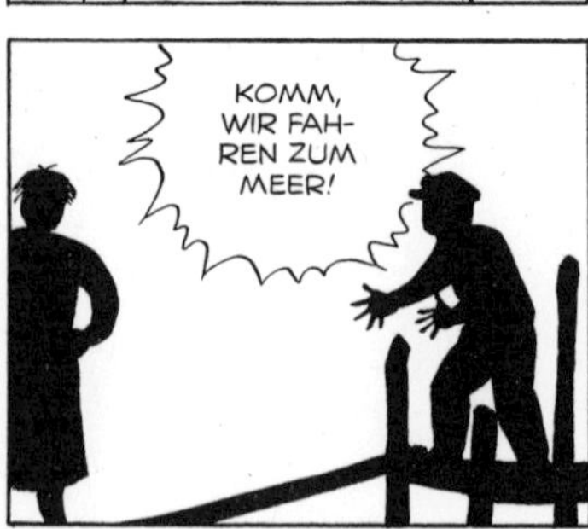
KOMM, WIR FAH-REN ZUM MEER!

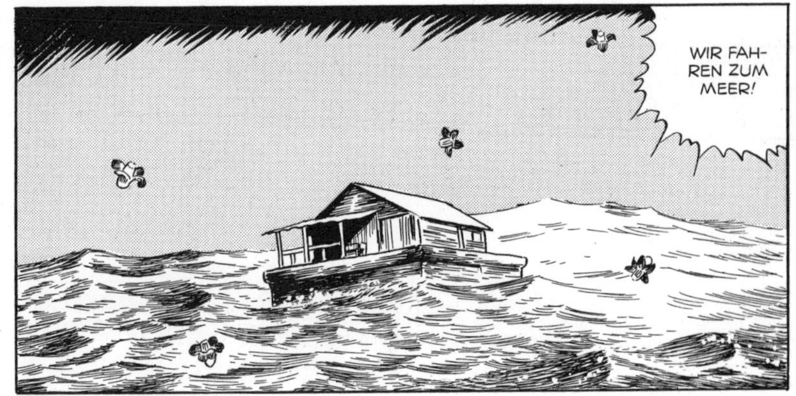
WIR FAH-
REN ZUM
MEER!

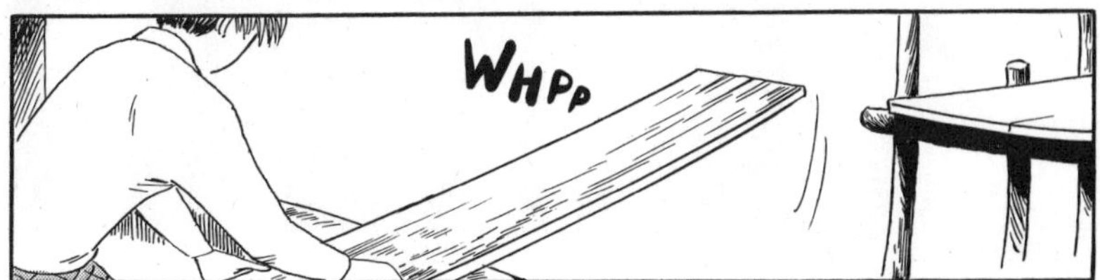
WHPP

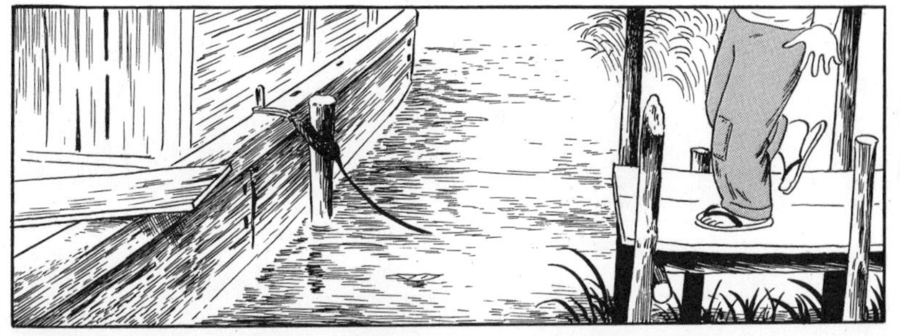

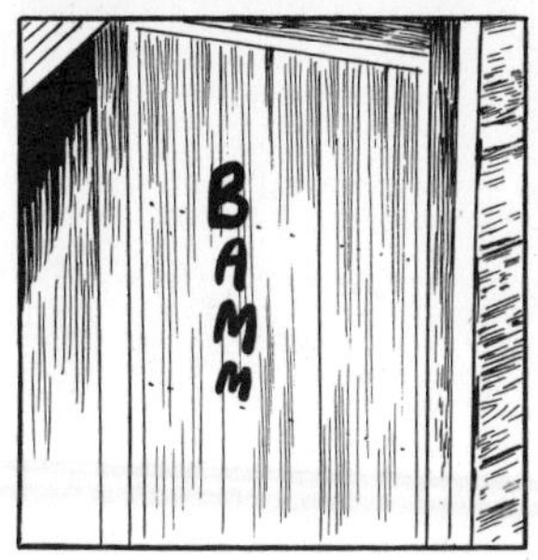
BAMM

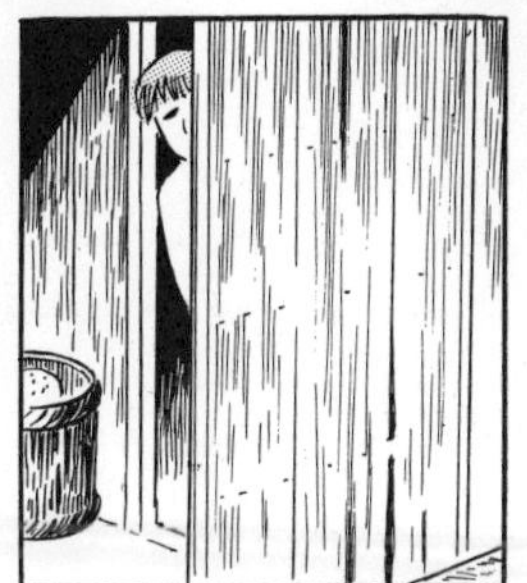

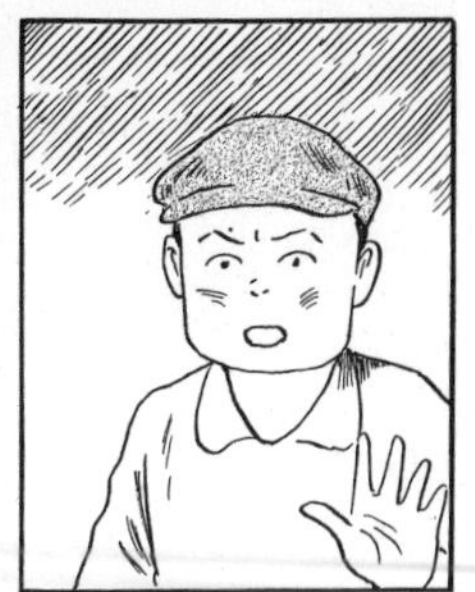

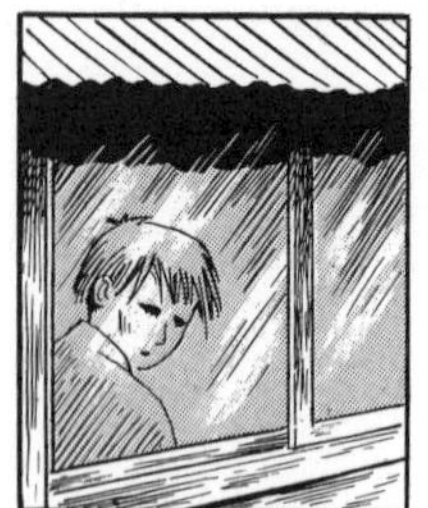

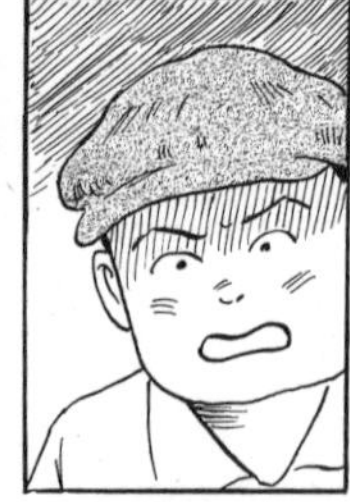

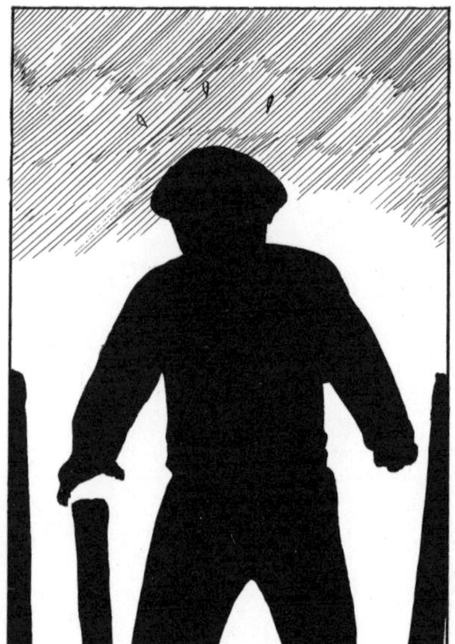

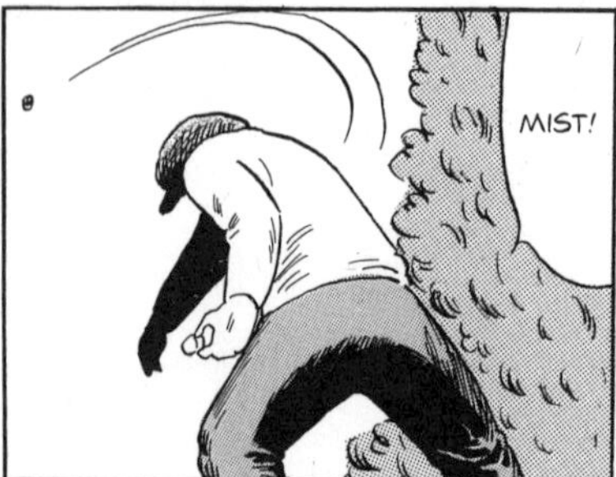
MIST!

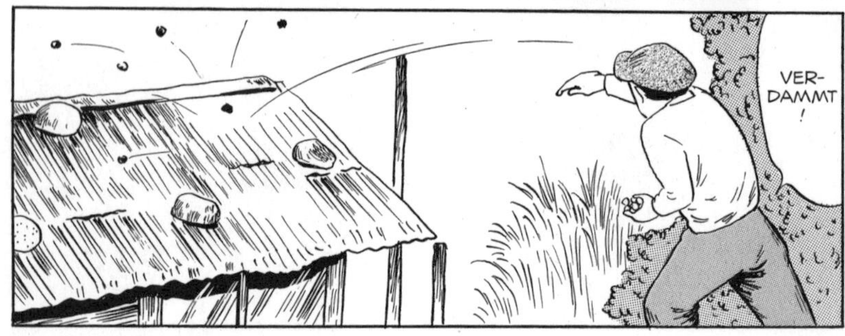
VER-
DAMMT
!

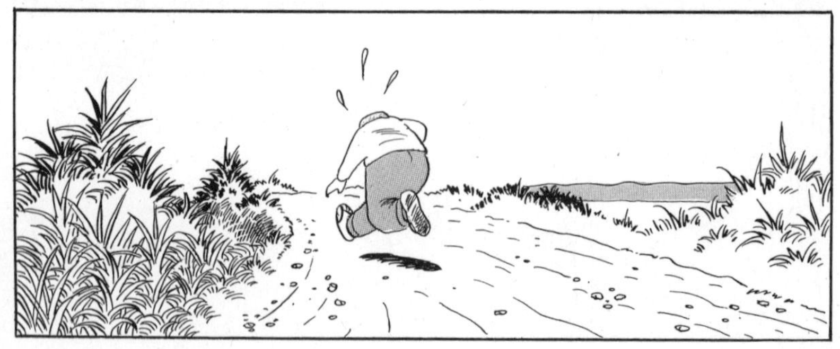

Die Trennung

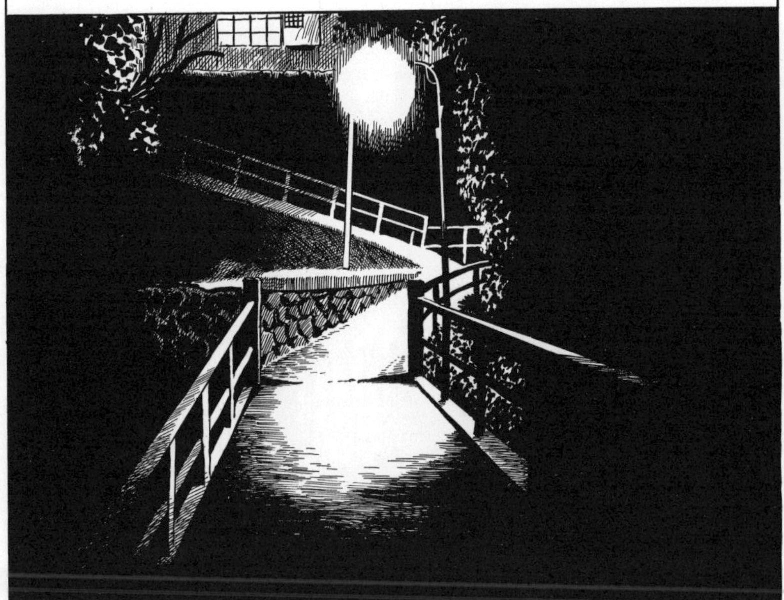

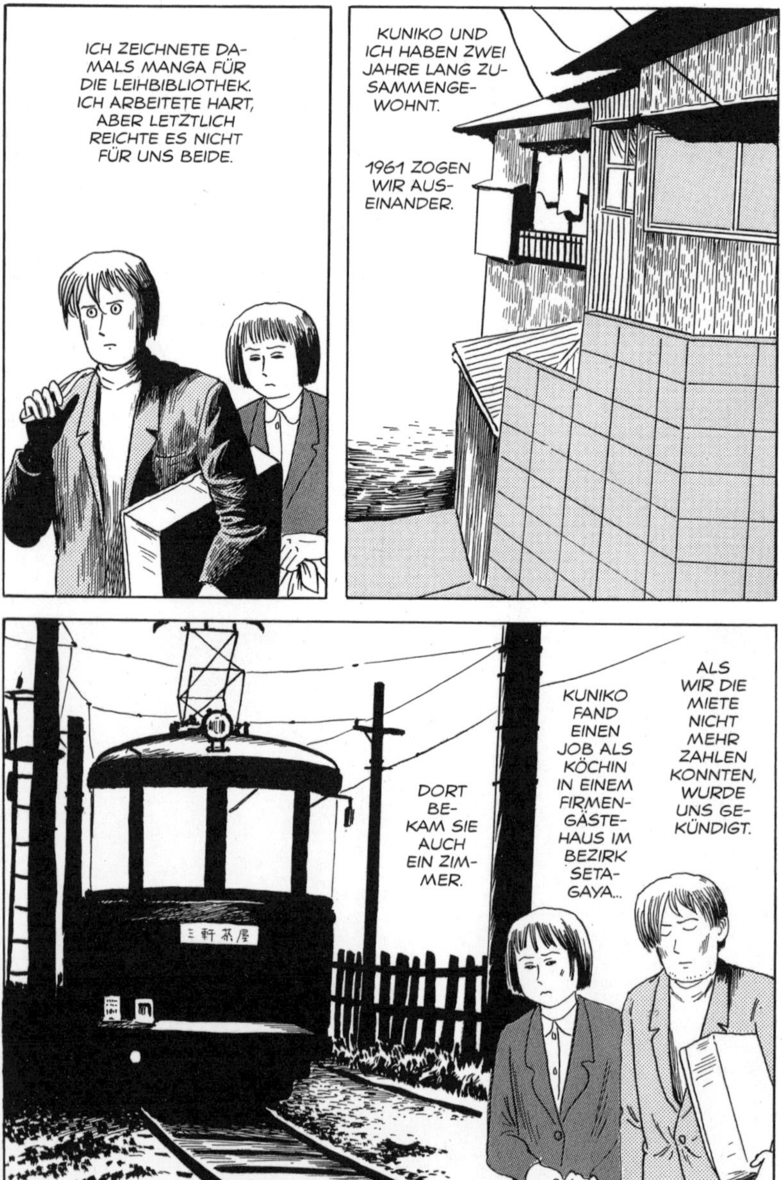

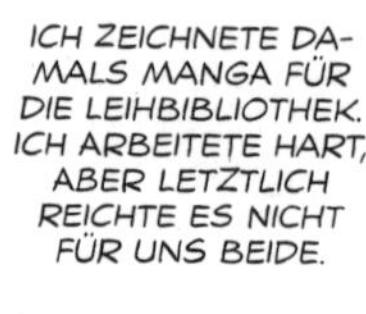

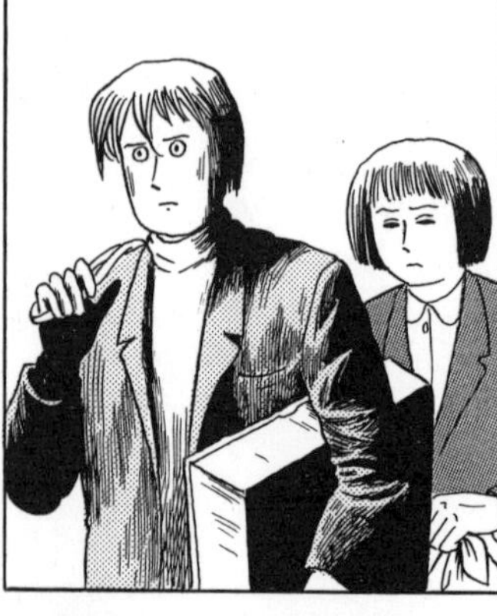

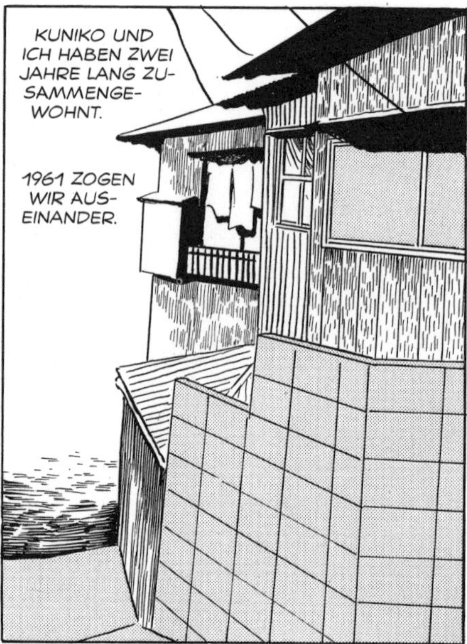

ALS WIR DIE MIETE NICHT MEHR ZAHLEN KONNTEN, WURDE UNS GEKÜNDIGT.

KUNIKO FAND EINEN JOB ALS KÖCHIN IN EINEM FIRMENGÄSTEHAUS IM BEZIRK SETAGAYA…

DORT BEKAM SIE AUCH EIN ZIMMER.

三軒茶屋

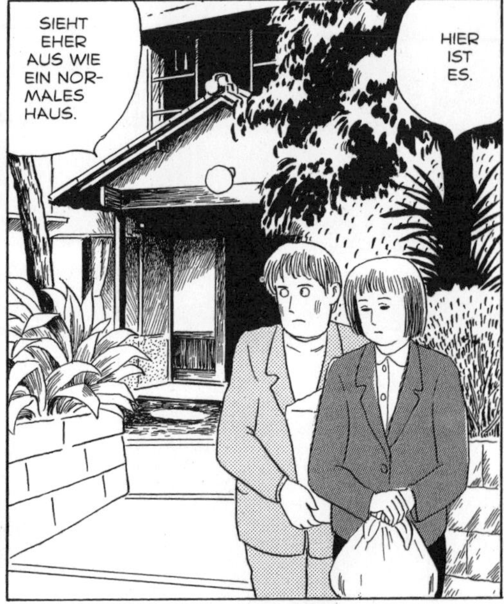
HIER IST ES.
SIEHT EHER AUS WIE EIN NORMALES HAUS.

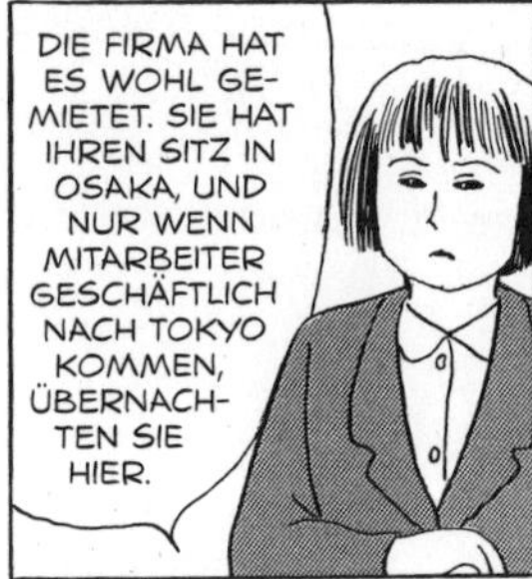
DIE FIRMA HAT ES WOHL GEMIETET. SIE HAT IHREN SITZ IN OSAKA, UND NUR WENN MITARBEITER GESCHÄFTLICH NACH TOKYO KOMMEN, ÜBERNACHTEN SIE HIER.

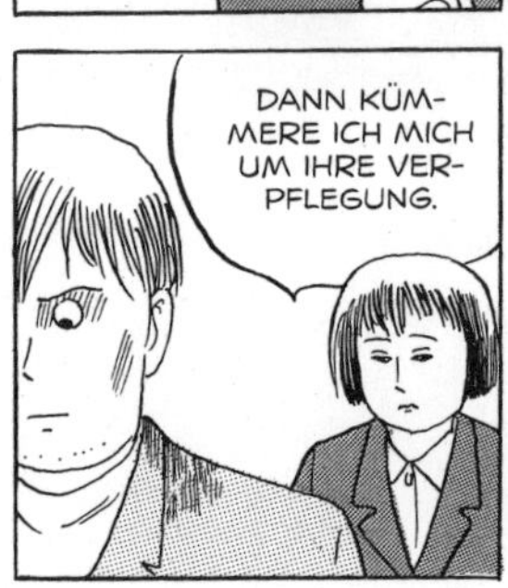
DANN KÜMMERE ICH MICH UM IHRE VERPFLEGUNG.

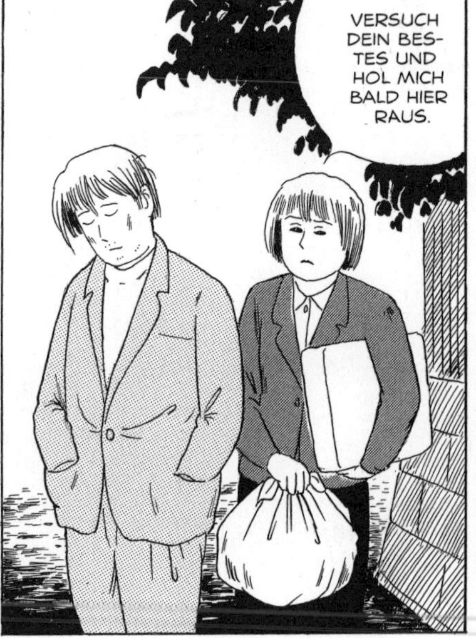
VERSUCH DEIN BESTES UND HOL MICH BALD HIER RAUS.

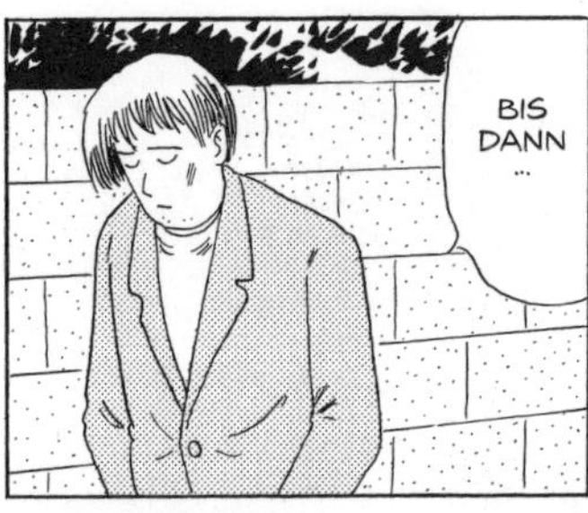
BIS DANN …

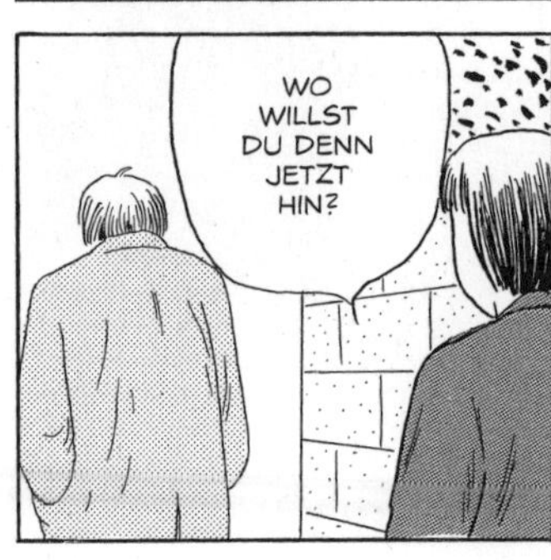
WO WILLST DU DENN JETZT HIN?

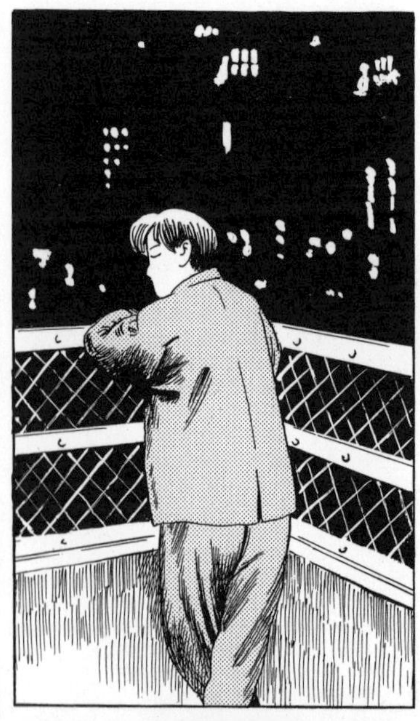
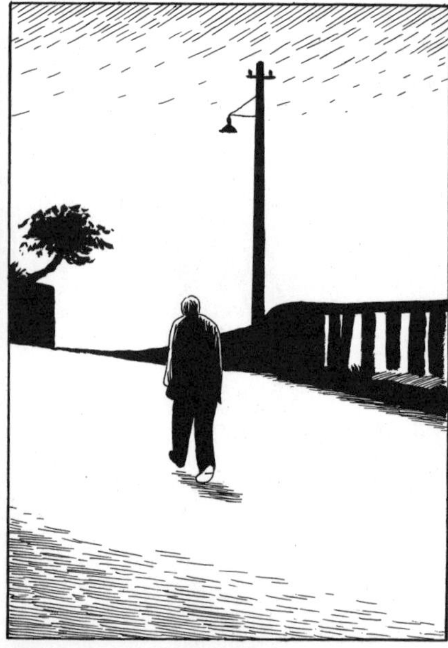
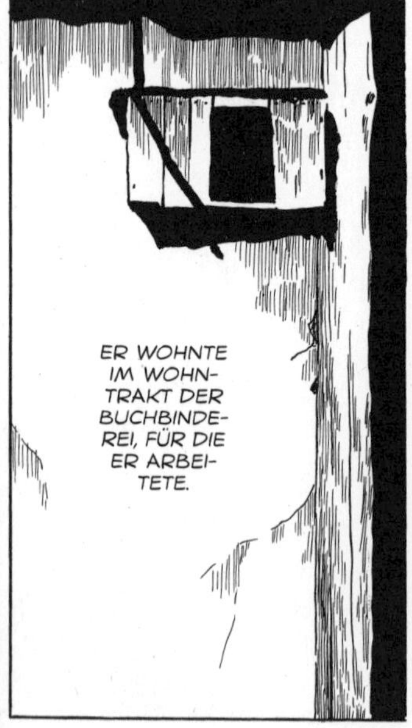
ER WOHNTE IM WOHNTRAKT DER BUCHBINDEREI, FÜR DIE ER ARBEITETE.
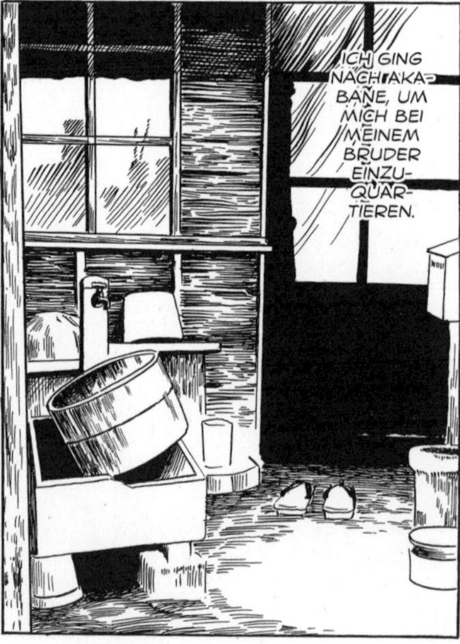
ICH GING NACH AKABANE, UM MICH BEI MEINEM BRUDER EINZUQUARTIEREN.

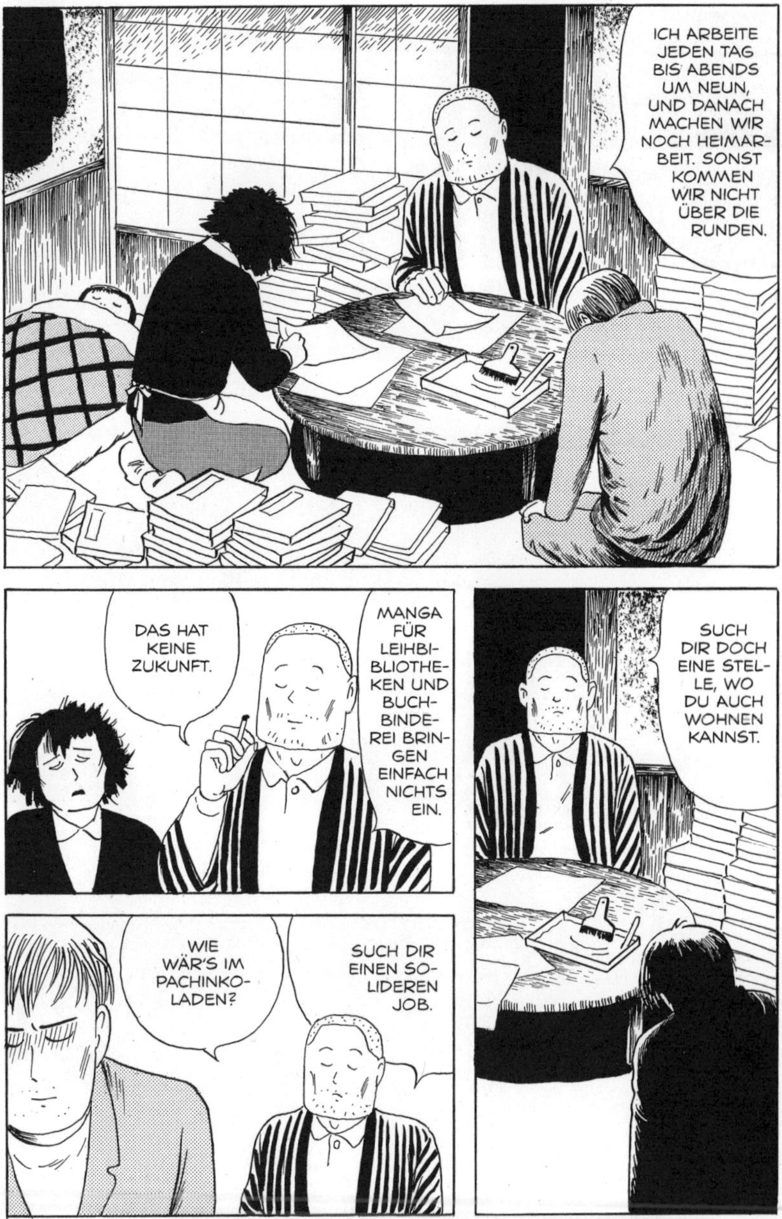

ICH ARBEITE JEDEN TAG BIS ABENDS UM NEUN, UND DANACH MACHEN WIR NOCH HEIMARBEIT. SONST KOMMEN WIR NICHT ÜBER DIE RUNDEN.

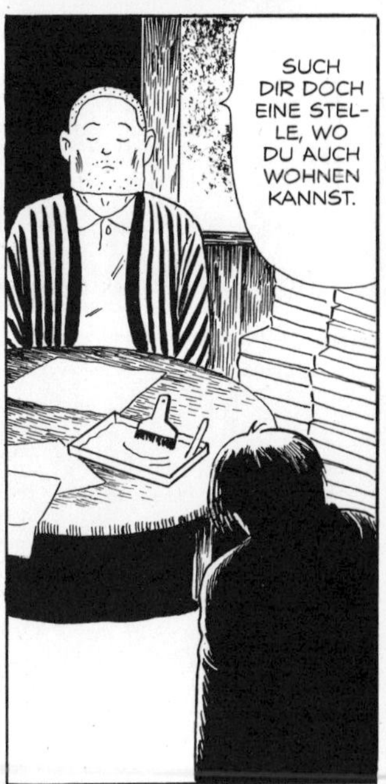

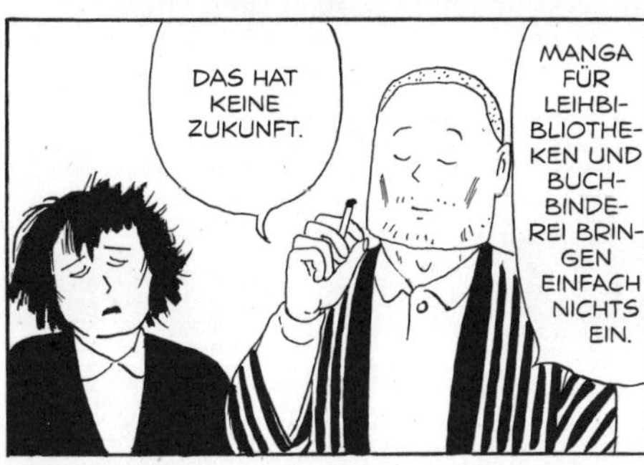

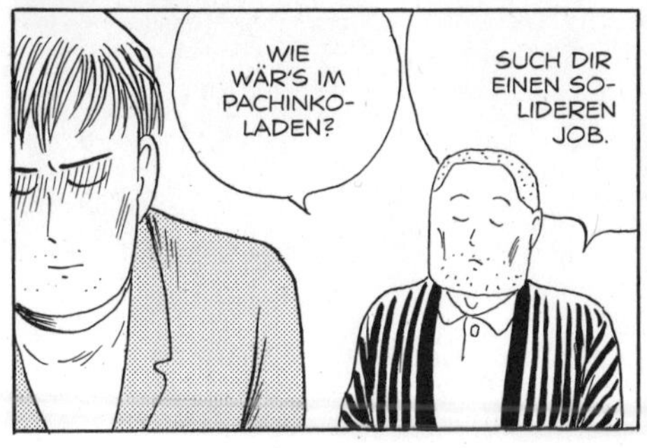

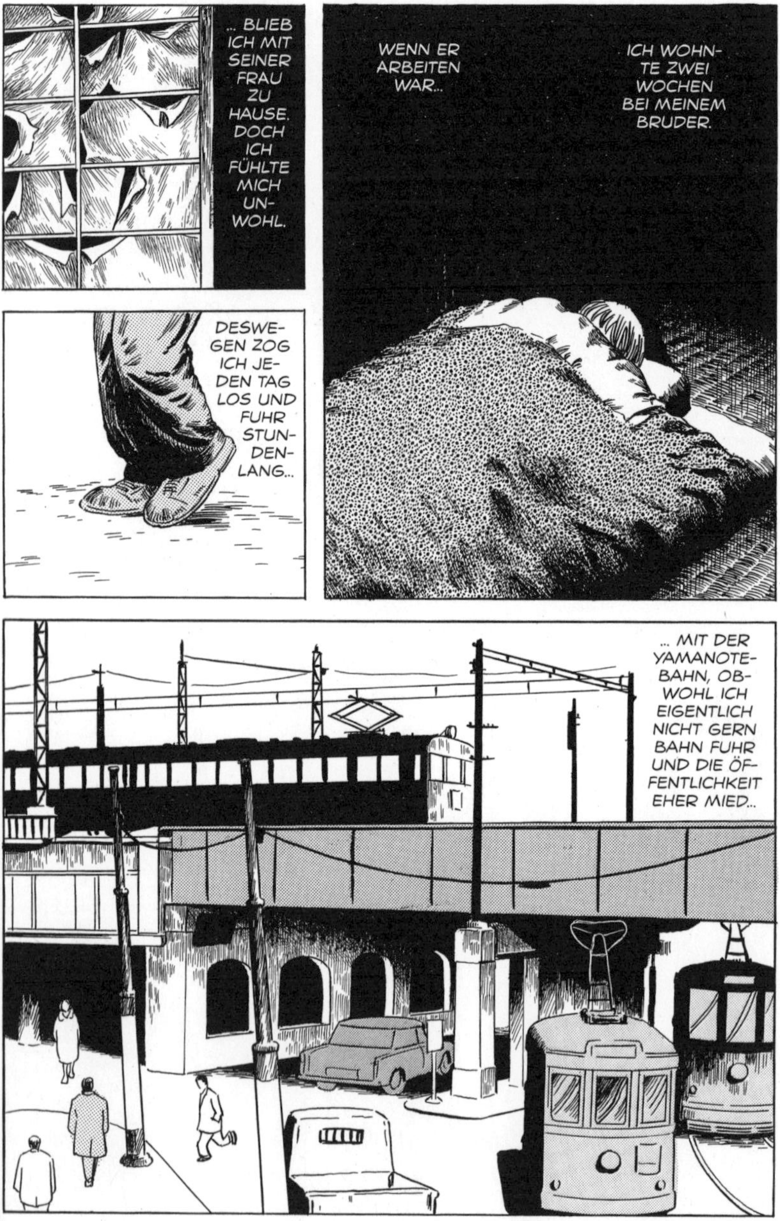

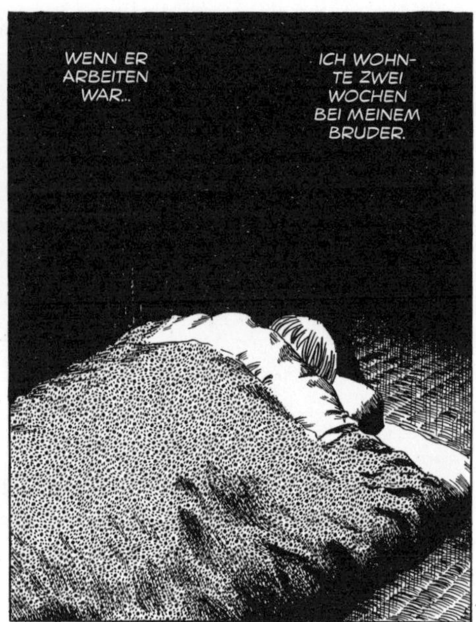

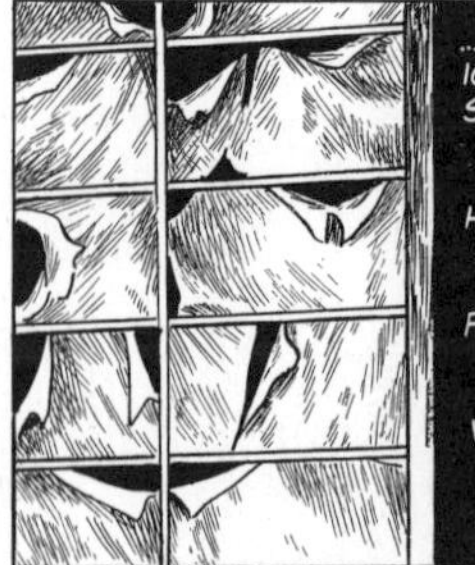

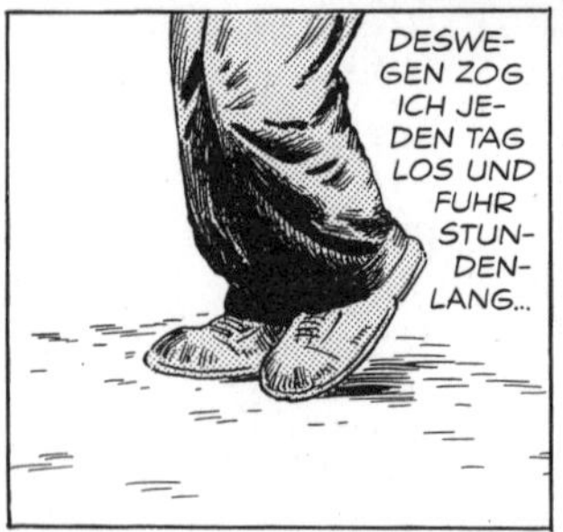

... MIT DER YAMANOTE-BAHN, OBWOHL ICH EIGENTLICH NICHT GERN BAHN FUHR UND DIE ÖFFENTLICHKEIT EHER MIED...

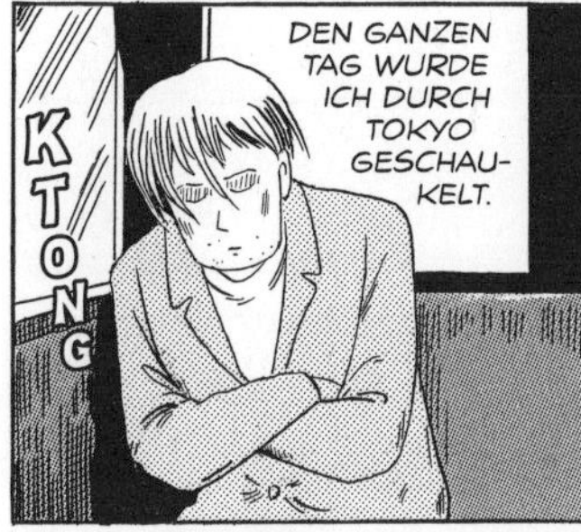
DEN GANZEN TAG WURDE ICH DURCH TOKYO GESCHAUKELT.
KTONG

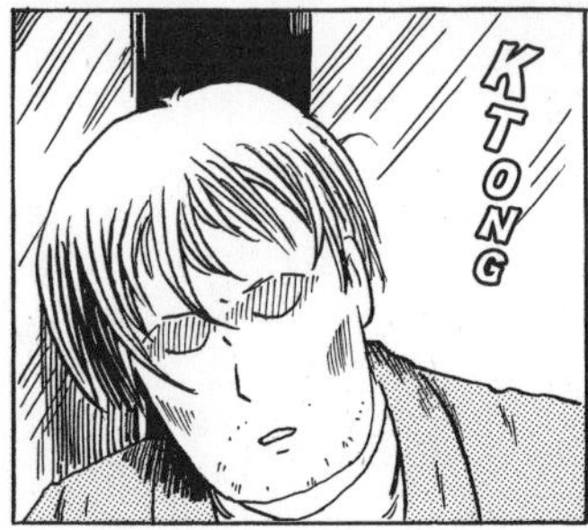
KTONG

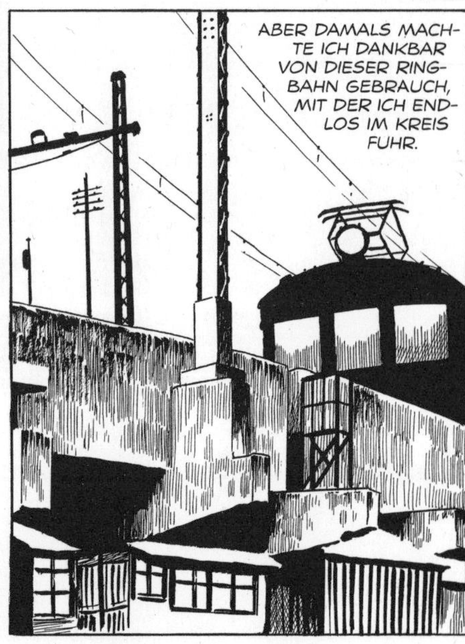
ABER DAMALS MACHTE ICH DANKBAR VON DIESER RINGBAHN GEBRAUCH, MIT DER ICH ENDLOS IM KREIS FUHR.

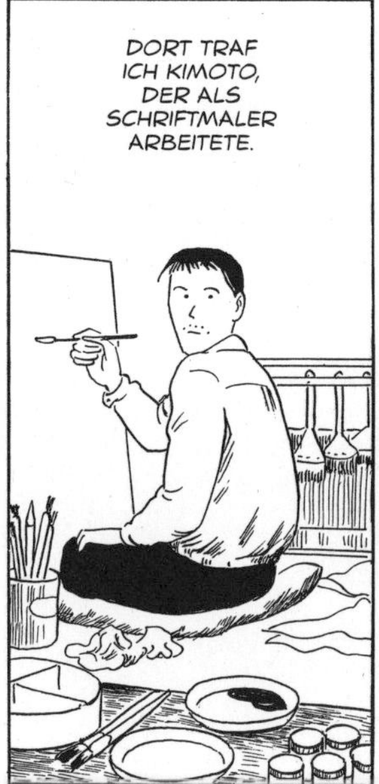
DORT TRAF ICH KIMOTO, DER ALS SCHRIFTMALER ARBEITETE.

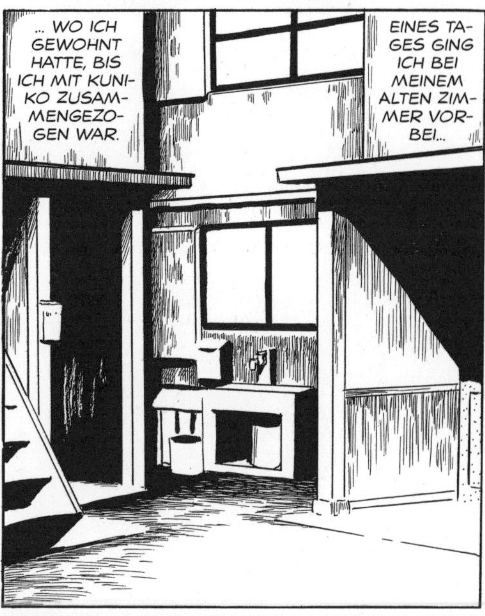
EINES TAGES GING ICH BEI MEINEM ALTEN ZIMMER VORBEI...
... WO ICH GEWOHNT HATTE, BIS ICH MIT KUNIKO ZUSAMMENGEZOGEN WAR.

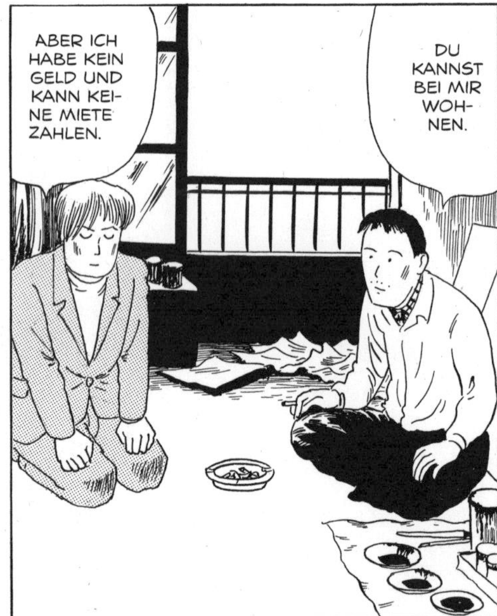
DU KANNST BEI MIR WOHNEN.
ABER ICH HABE KEIN GELD UND KANN KEINE MIETE ZAHLEN.

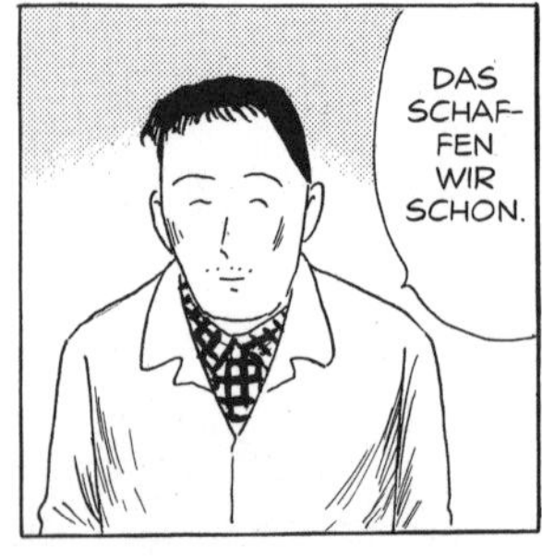
DAS SCHAFFEN WIR SCHON.

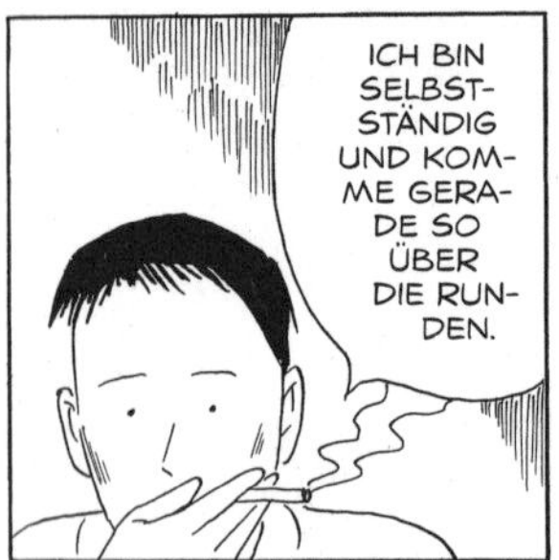
ICH BIN SELBSTSTÄNDIG UND KOMME GERADE SO ÜBER DIE RUNDEN.

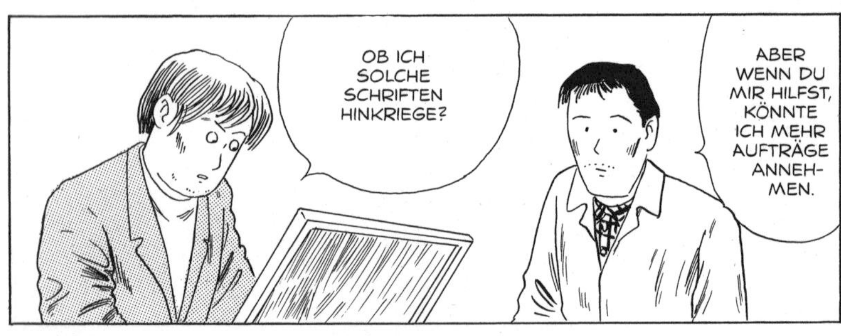
ABER WENN DU MIR HILFST, KÖNNTE ICH MEHR AUFTRÄGE ANNEHMEN.
OB ICH SOLCHE SCHRIFTEN HINKRIEGE?

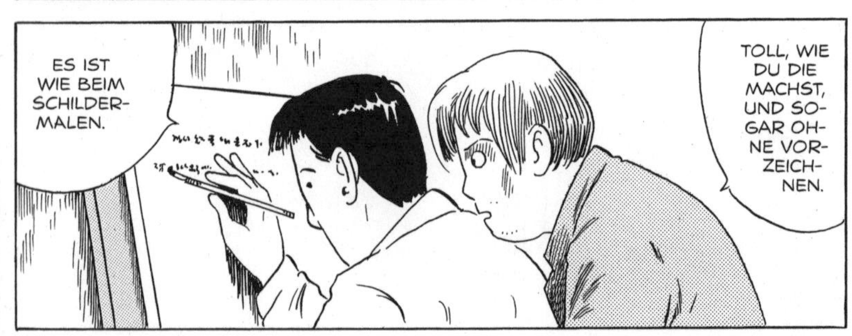
TOLL, WIE DU DIE MACHST, UND SOGAR OHNE VORZEICHNEN.
ES IST WIE BEIM SCHILDERMALEN.

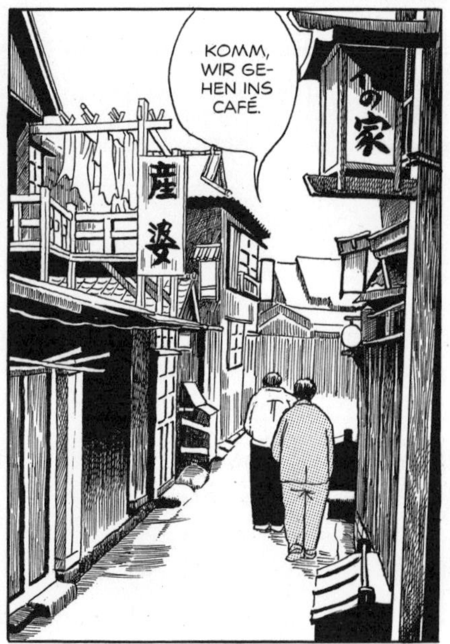
KOMM, WIR GEHEN INS CAFÉ.
産婆

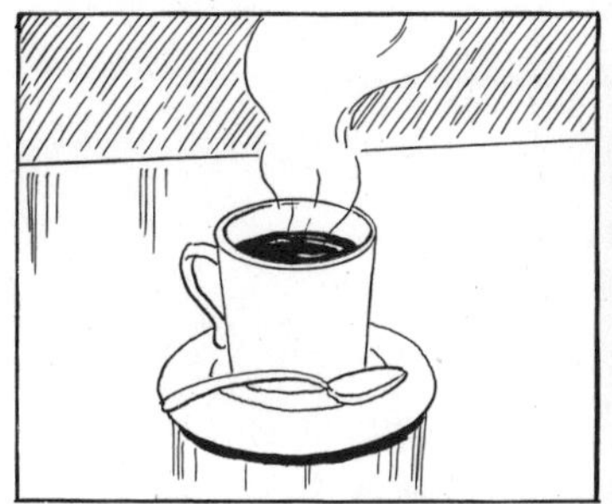

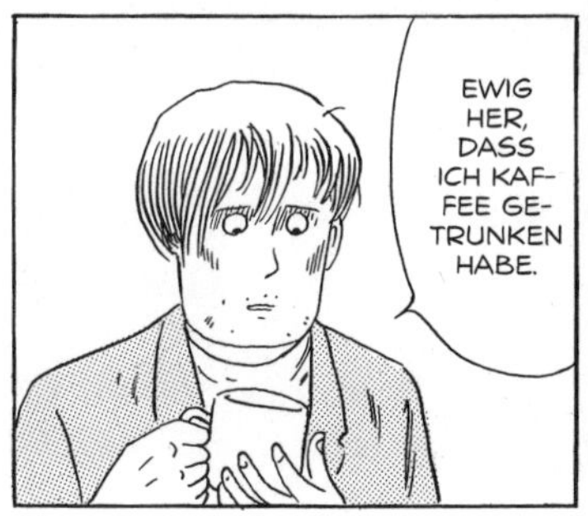
EWIG HER, DASS ICH KAFFEE GETRUNKEN HABE.

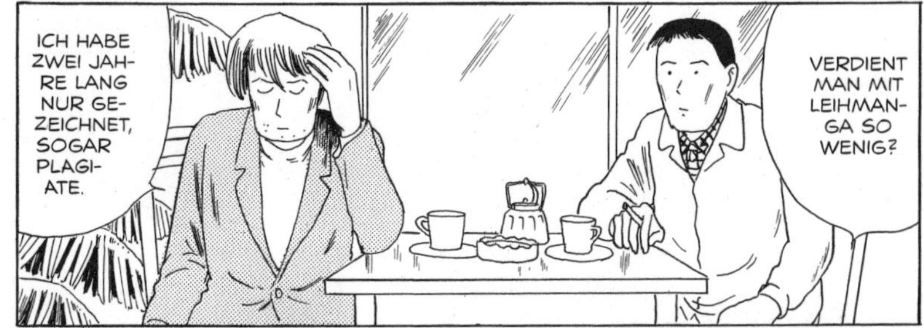
VERDIENT MAN MIT LEIHMANGA SO WENIG?
ICH HABE ZWEI JAHRE LANG NUR GEZEICHNET, SOGAR PLAGIATE.

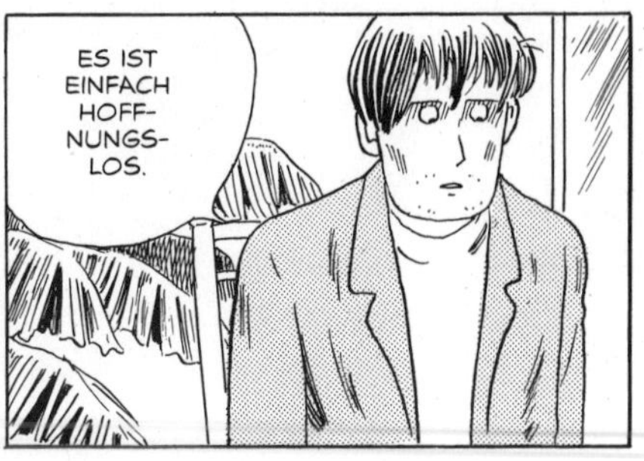
ES IST EINFACH HOFFNUNGSLOS.

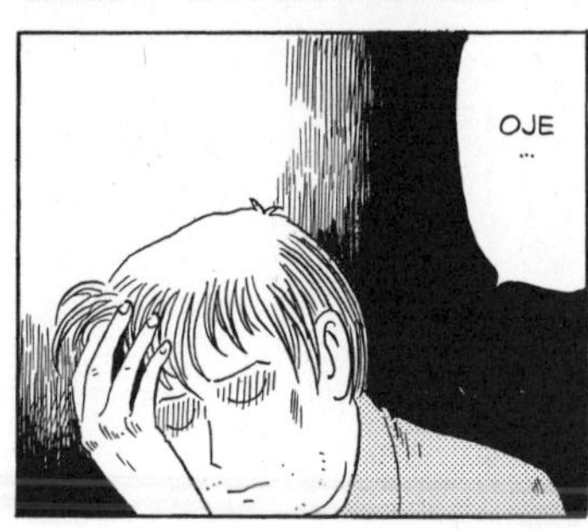
OJE …

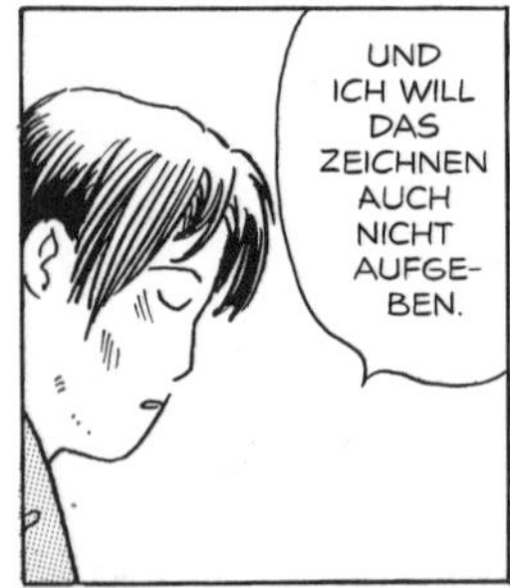
UND ICH WILL DAS ZEICHNEN AUCH NICHT AUFGE-BEN.

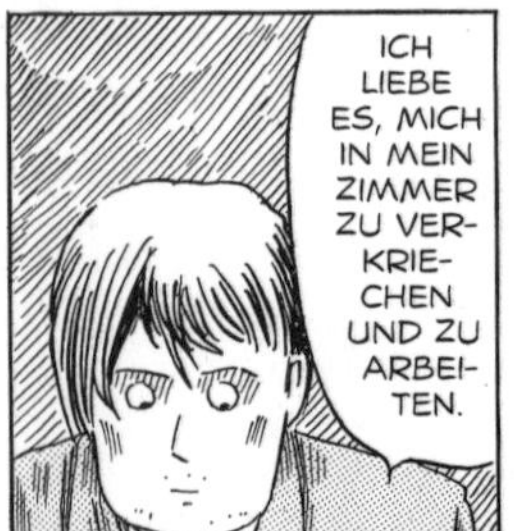
ICH LIEBE ES, MICH IN MEIN ZIMMER ZU VER-KRIE-CHEN UND ZU ARBEI-TEN.

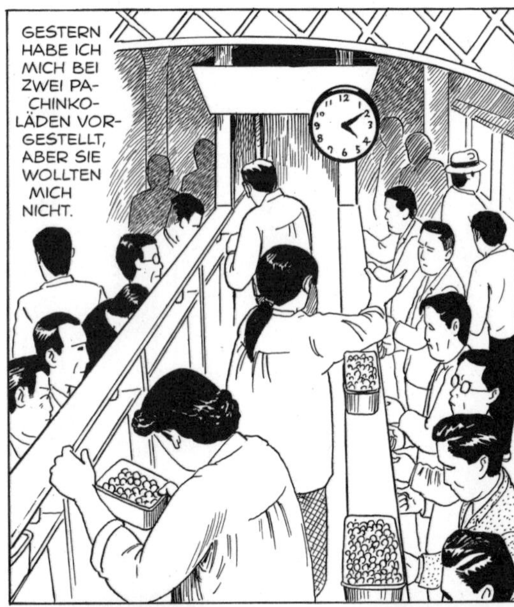
GESTERN HABE ICH MICH BEI ZWEI PA-CHINKO-LÄDEN VOR-GESTELLT, ABER SIE WOLLTEN MICH NICHT.

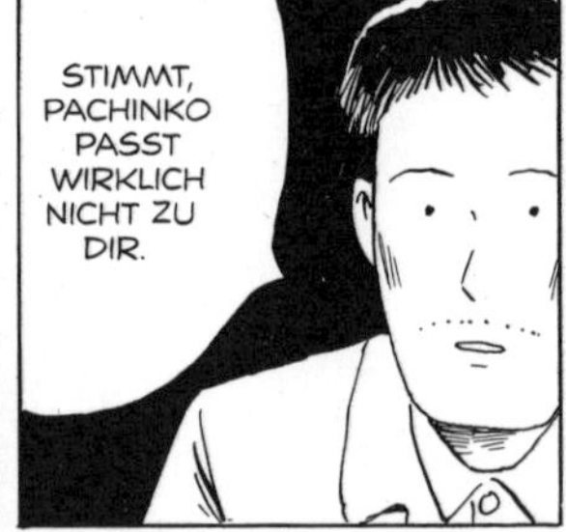
STIMMT, PACHINKO PASST WIRKLICH NICHT ZU DIR.

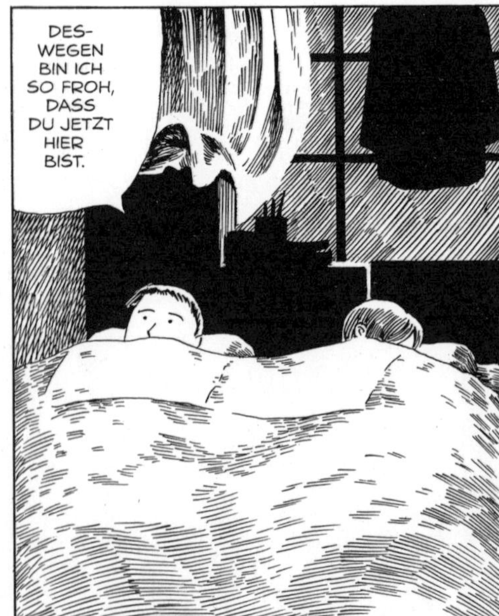
DES-WEGEN BIN ICH SO FROH, DASS DU JETZT HIER BIST.

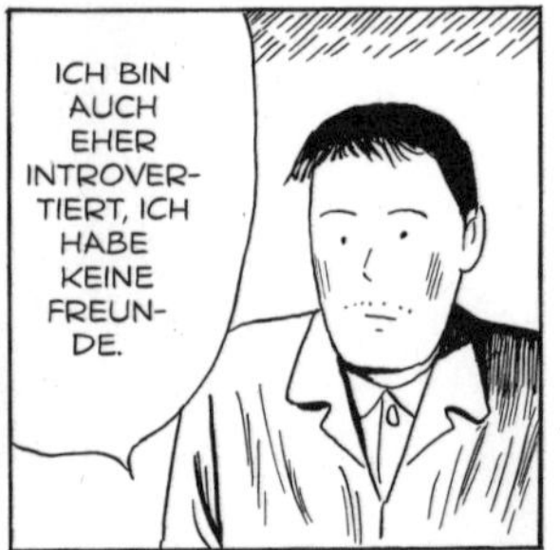
ICH BIN AUCH EHER INTROVER-TIERT, ICH HABE KEINE FREUN-DE.

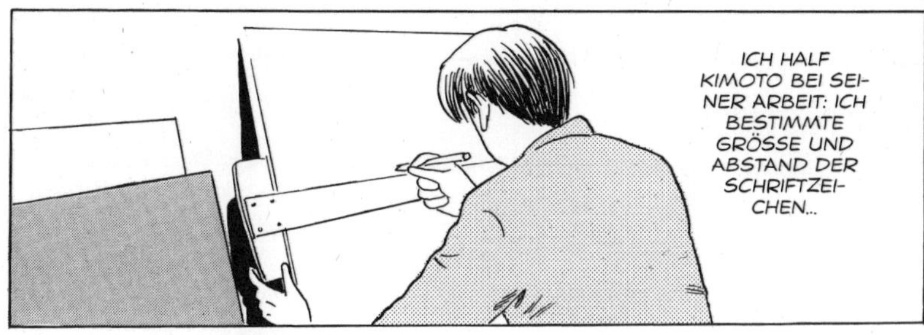
ICH HALF
KIMOTO BEI SEI-
NER ARBEIT: ICH
BESTIMMTE
GRÖSSE UND
ABSTAND DER
SCHRIFTZEI-
CHEN...

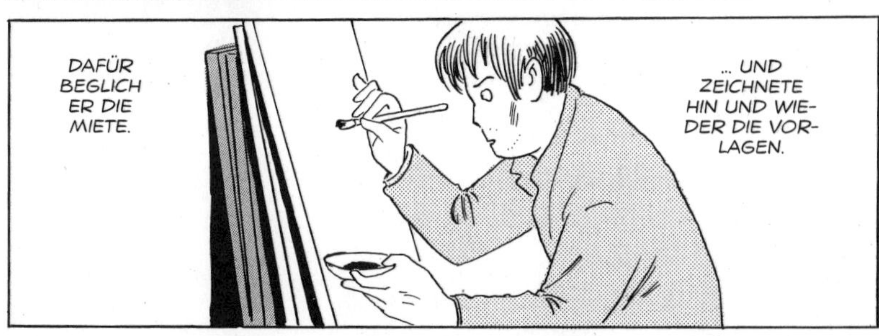
... UND
ZEICHNETE
HIN UND WIE-
DER DIE VOR-
LAGEN.
DAFÜR
BEGLICH
ER DIE
MIETE.

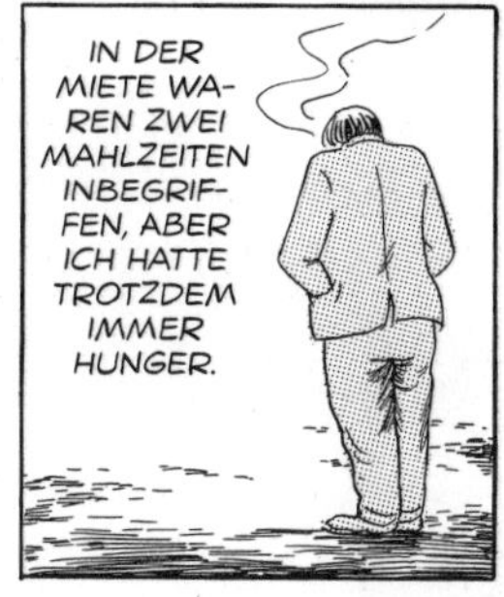
IN DER
MIETE WA-
REN ZWEI
MAHLZEITEN
INBEGRIF-
FEN, ABER
ICH HATTE
TROTZDEM
IMMER
HUNGER.

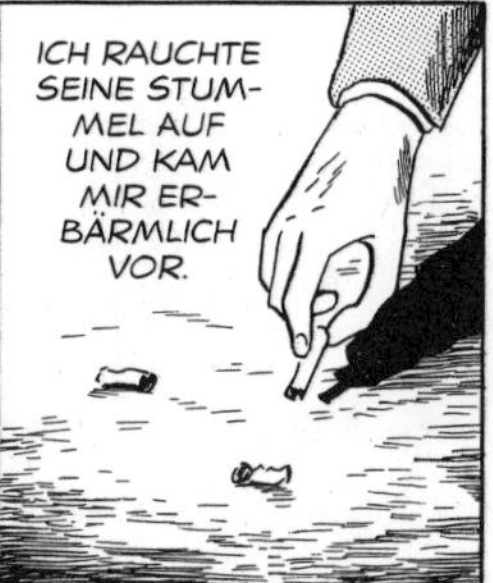
ICH RAUCHTE
SEINE STUM-
MEL AUF
UND KAM
MIR ER-
BÄRMLICH
VOR.

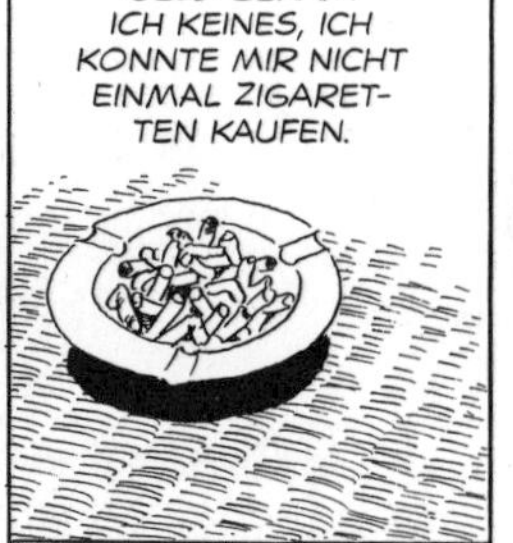
GELD BEKAM
ICH KEINES, ICH
KONNTE MIR NICHT
EINMAL ZIGARET-
TEN KAUFEN.

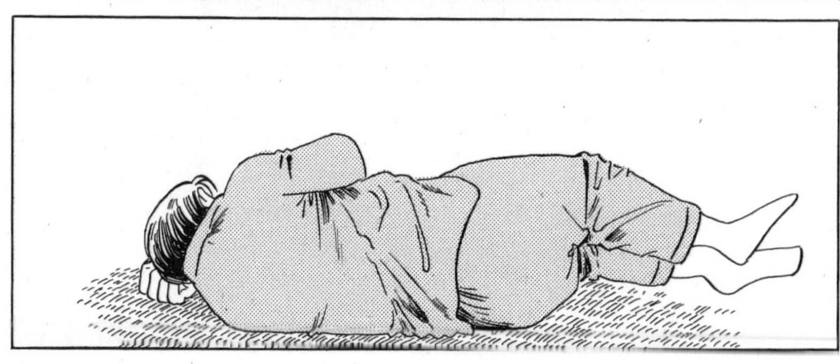

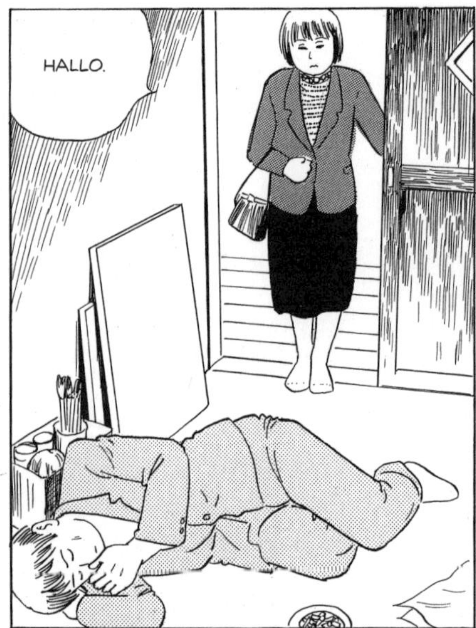
HALLO.

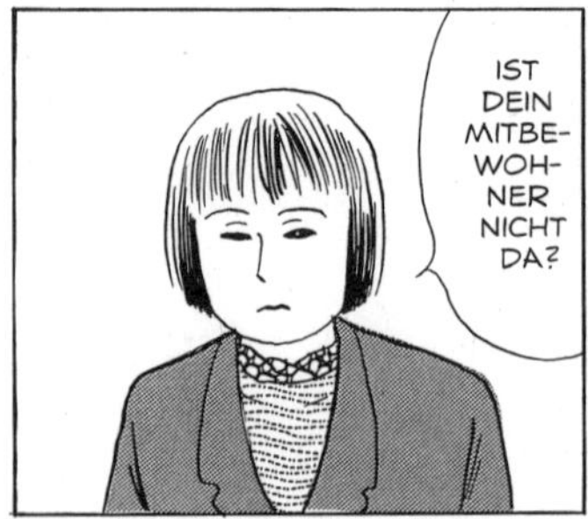
IST DEIN MITBE-WOH-NER NICHT DA?

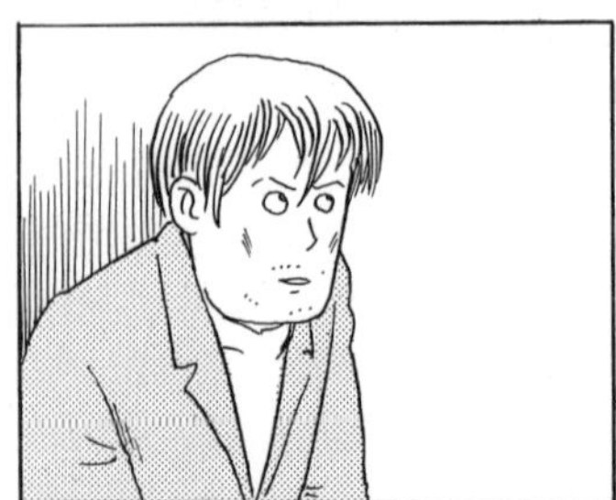

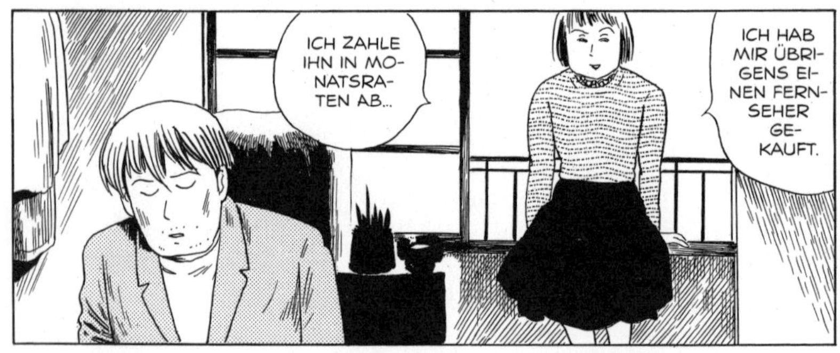
ICH HAB MIR ÜBRI-GENS EI-NEN FERN-SEHER GE-KAUFT.
ICH ZAHLE IHN IN MO-NATSRA-TEN AB...

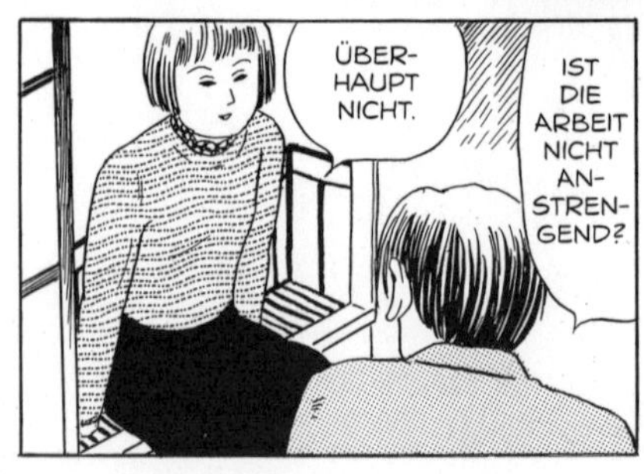
IST DIE ARBEIT NICHT AN-STREN-GEND?
ÜBER-HAUPT NICHT.

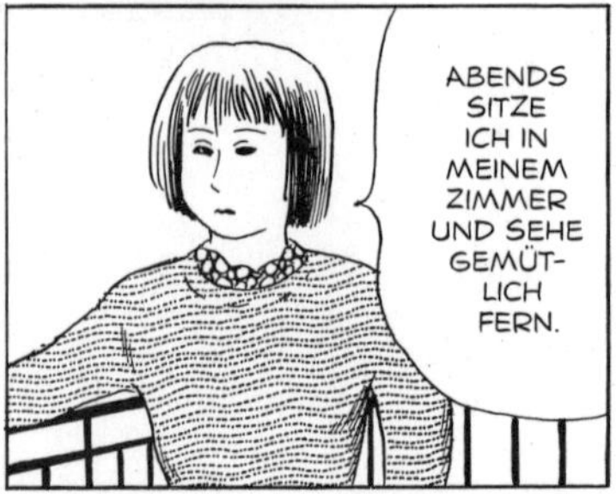
ABENDS SITZE ICH IN MEINEM ZIMMER UND SEHE GEMÜT-LICH FERN.

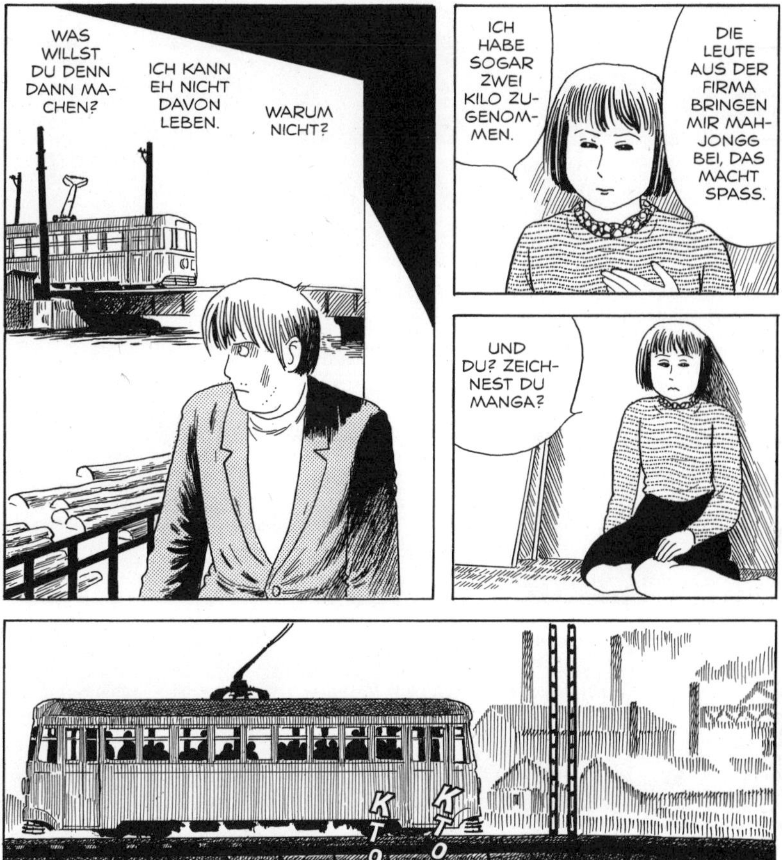

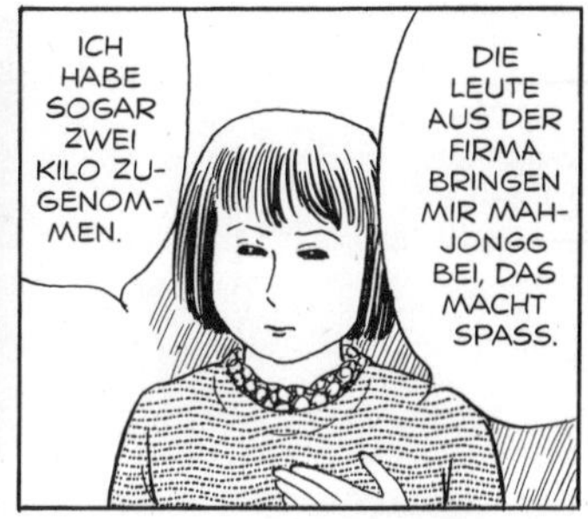
DIE LEUTE AUS DER FIRMA BRINGEN MIR MAHJONGG BEI, DAS MACHT SPASS.
ICH HABE SOGAR ZWEI KILO ZUGENOMMEN.

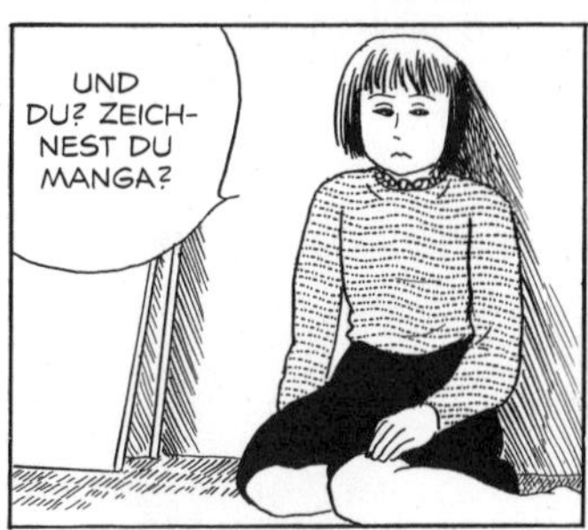
UND DU? ZEICHNEST DU MANGA?

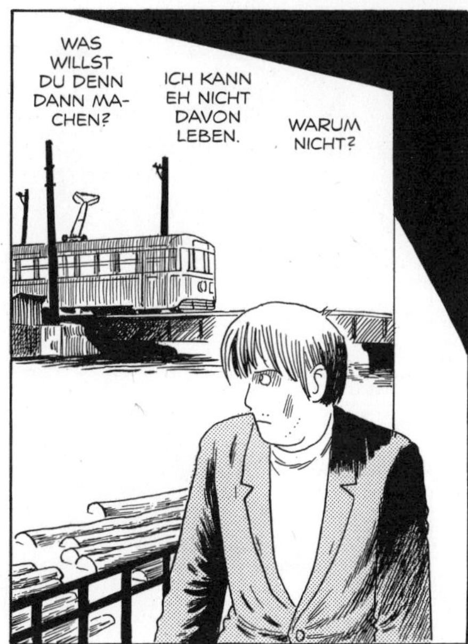
WARUM NICHT?
ICH KANN EH NICHT DAVON LEBEN.
WAS WILLST DU DENN DANN MACHEN?

KTONG
KTONG

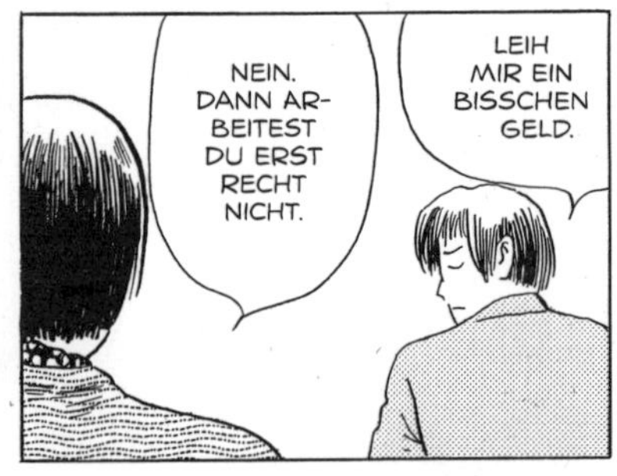
LEIH MIR EIN BISSCHEN GELD.
NEIN. DANN ARBEITEST DU ERST RECHT NICHT.

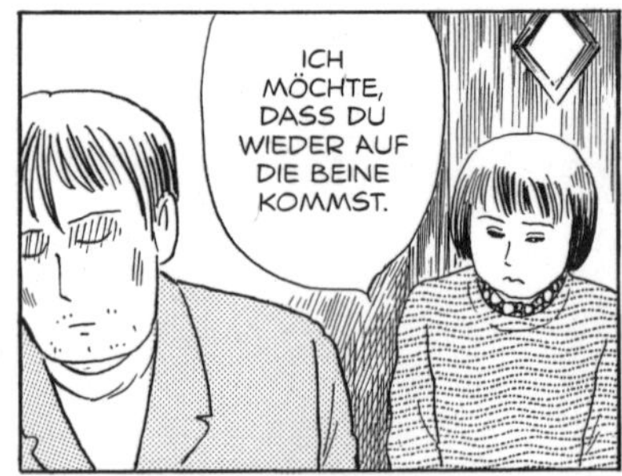
ICH MÖCHTE, DASS DU WIEDER AUF DIE BEINE KOMMST.

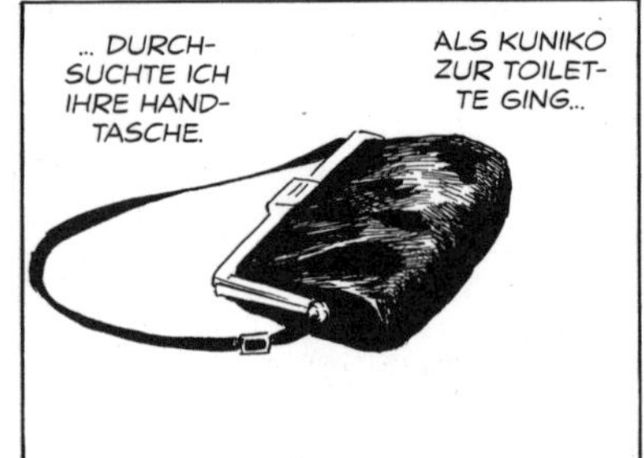
ALS KUNIKO ZUR TOILETTE GING...
... DURCHSUCHTE ICH IHRE HANDTASCHE.

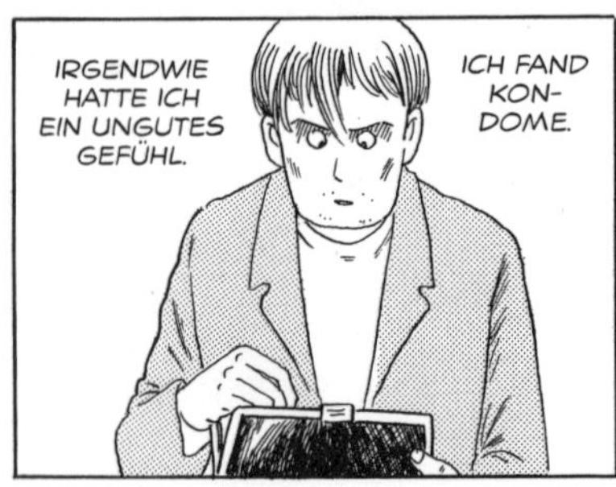
ICH FAND KONDOME.
IRGENDWIE HATTE ICH EIN UNGUTES GEFÜHL.

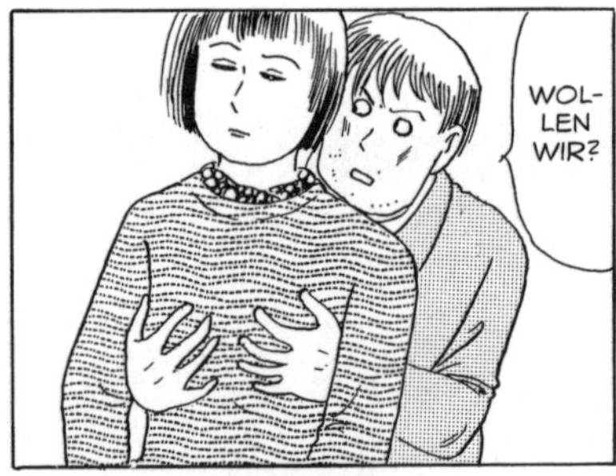
WOLLEN WIR?

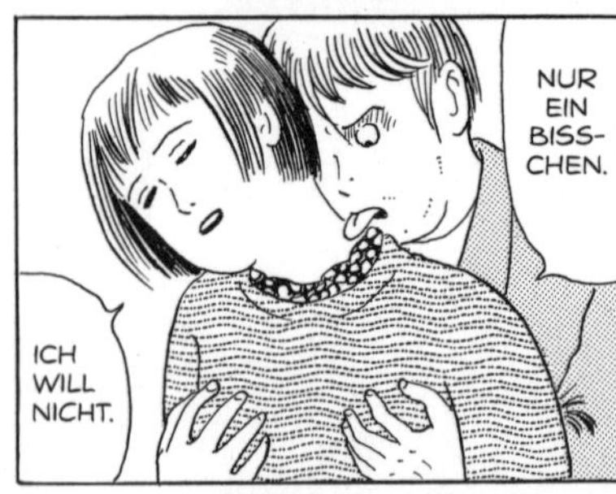
NUR EIN BISSCHEN.
ICH WILL NICHT.

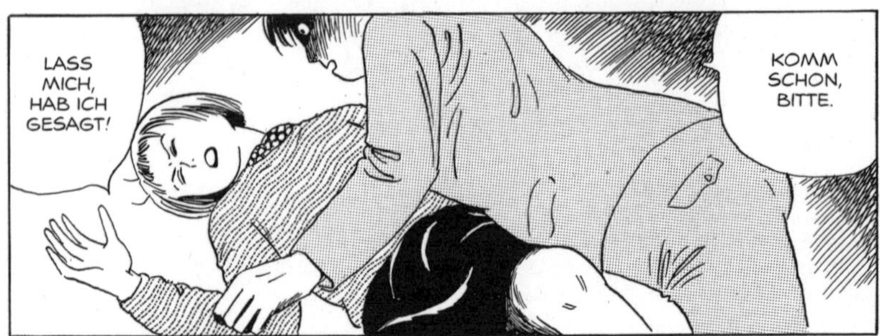
KOMM SCHON, BITTE.
LASS MICH, HAB ICH GESAGT!

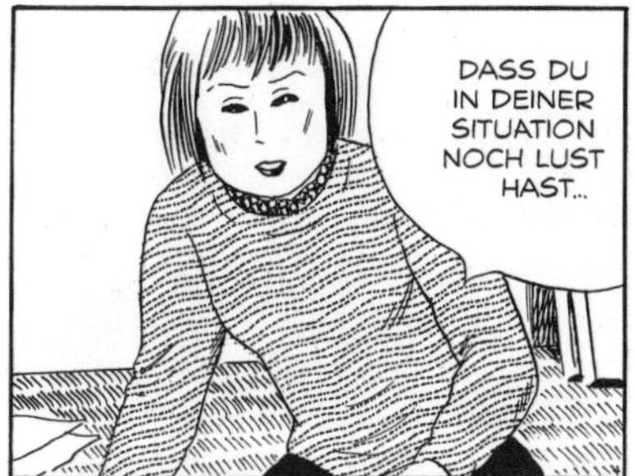
DASS DU IN DEINER SITUATION NOCH LUST HAST...

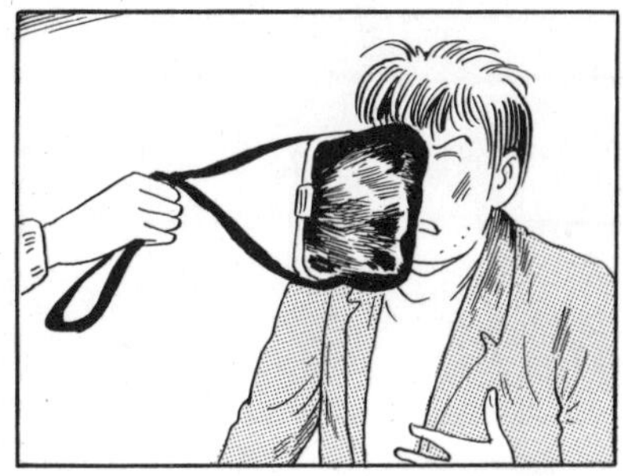

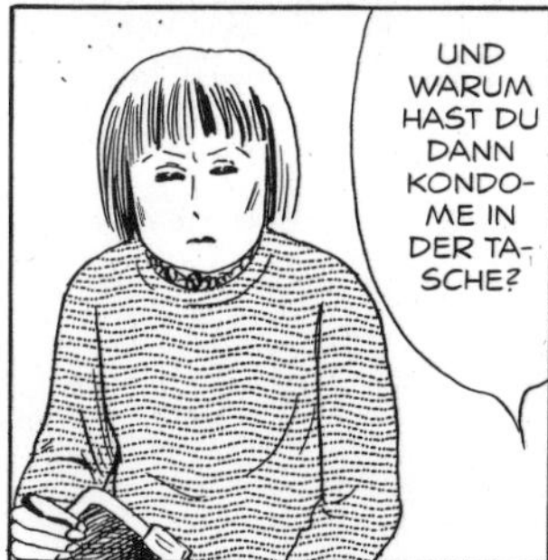
UND WARUM HAST DU DANN KONDO-ME IN DER TA-SCHE?

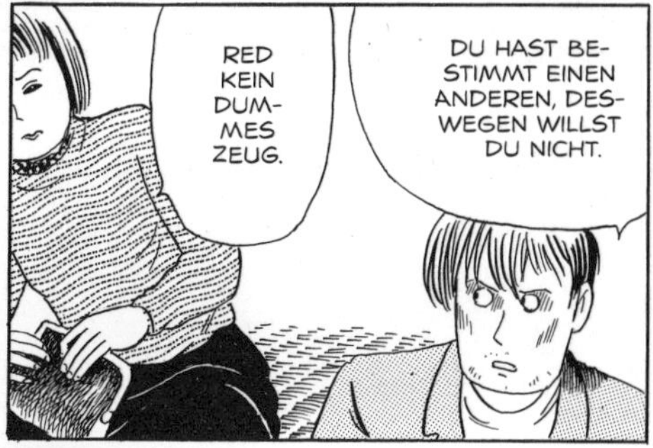
RED KEIN DUM-MES ZEUG.
DU HAST BE-STIMMT EINEN ANDEREN, DES-WEGEN WILLST DU NICHT.

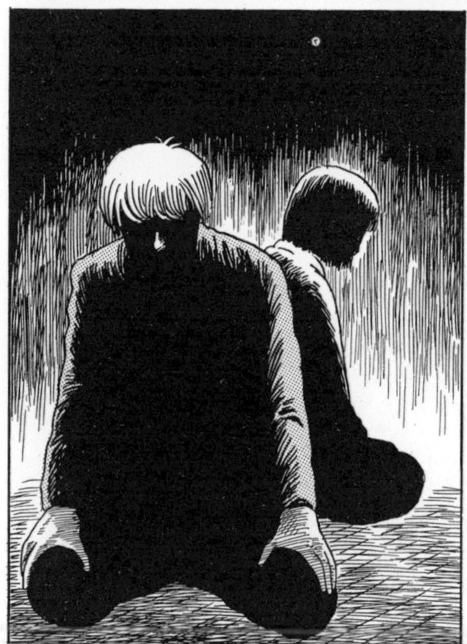

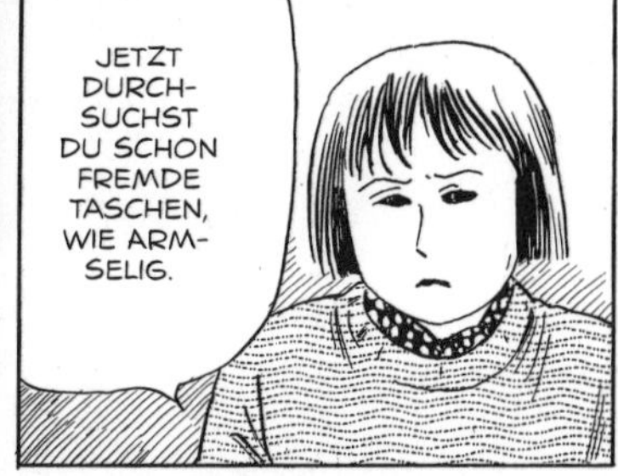
JETZT DURCH-SUCHST DU SCHON FREMDE TASCHEN, WIE ARM-SELIG.

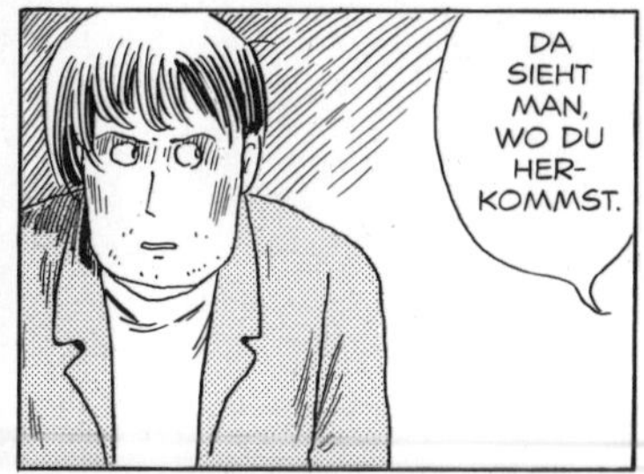
DA SIEHT MAN, WO DU HER-KOMMST.

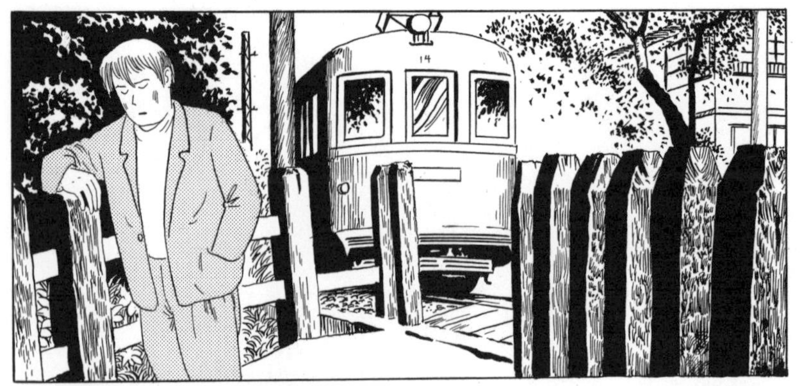

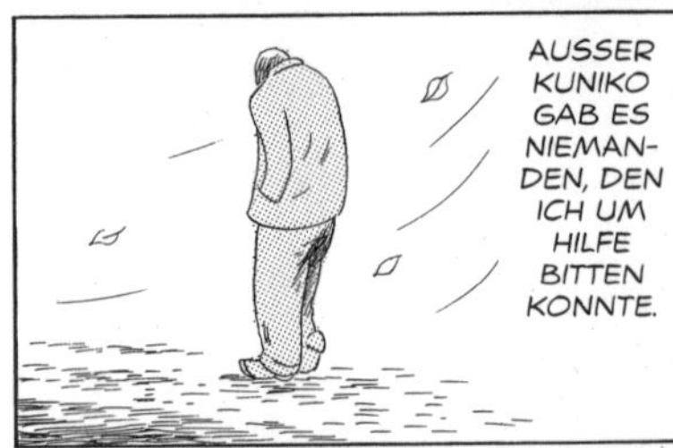

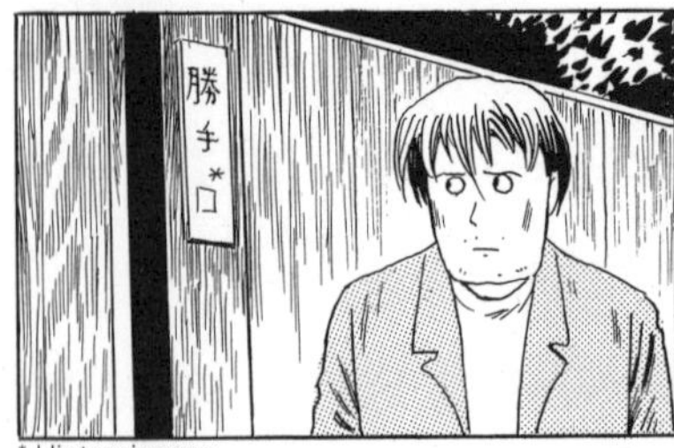

* Hintereingang

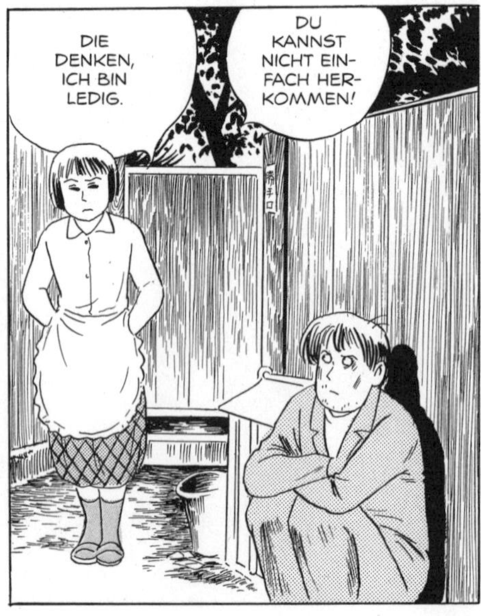

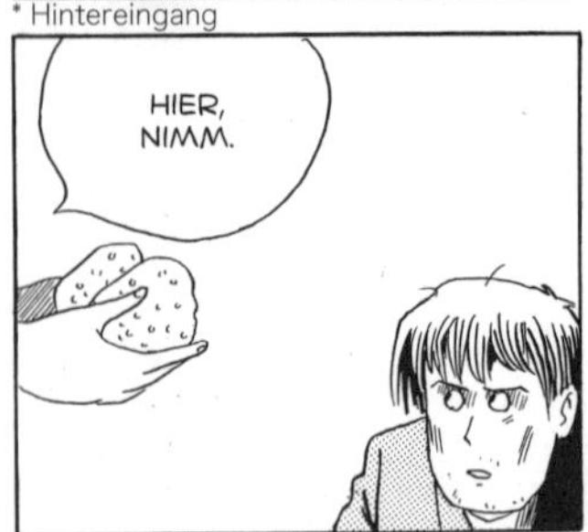

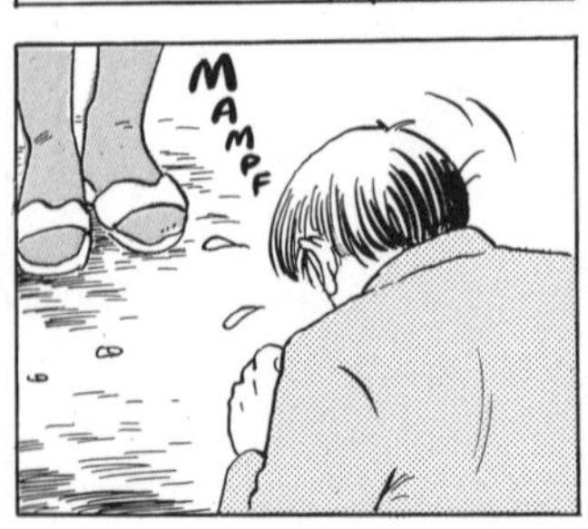

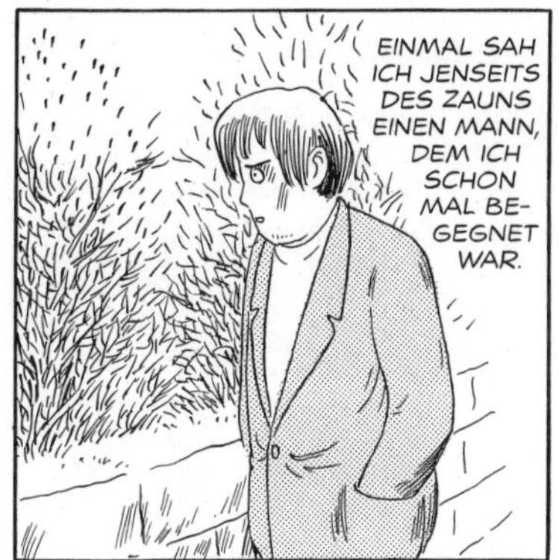
EINMAL SAH ICH JENSEITS DES ZAUNS EINEN MANN, DEM ICH SCHON MAL BEGEGNET WAR.

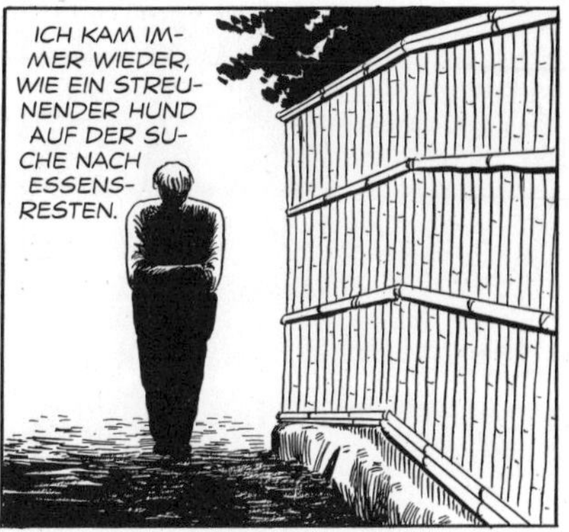
ICH KAM IMMER WIEDER, WIE EIN STREUNENDER HUND AUF DER SUCHE NACH ESSENSRESTEN.

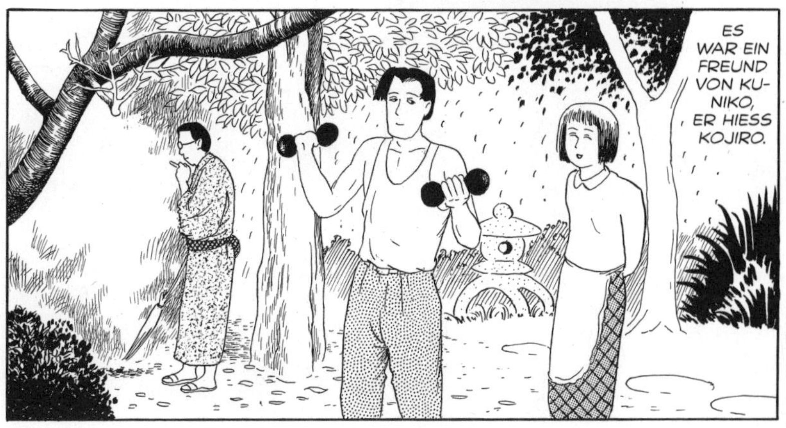
ES WAR EIN FREUND VON KUNIKO, ER HIESS KOJIRO.

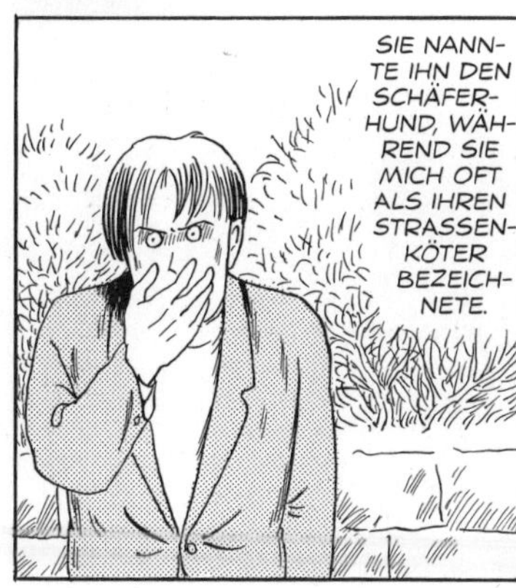
SIE NANNTE IHN DEN SCHÄFERHUND, WÄHREND SIE MICH OFT ALS IHREN STRASSENKÖTER BEZEICHNETE.

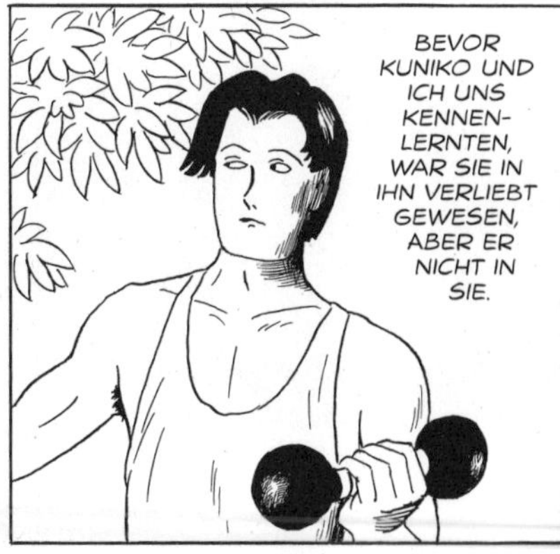
BEVOR KUNIKO UND ICH UNS KENNENLERNTEN, WAR SIE IN IHN VERLIEBT GEWESEN, ABER ER NICHT IN SIE.

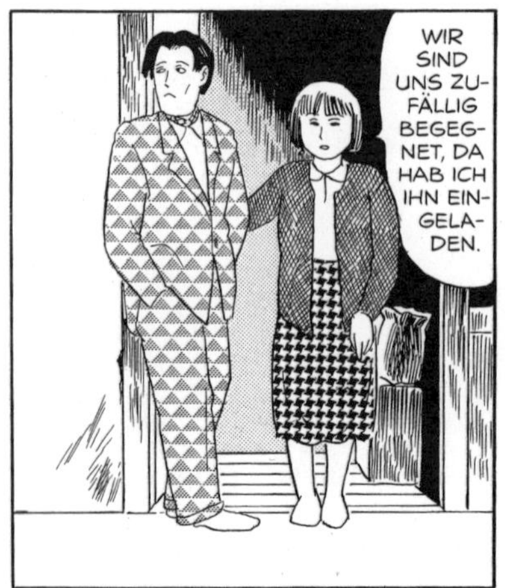
WIR SIND UNS ZUFÄLLIG BEGEGNET, DA HAB ICH IHN EINGELADEN.

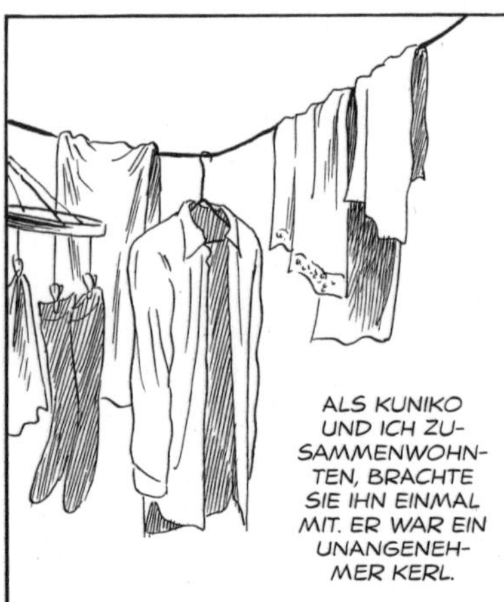
ALS KUNIKO UND ICH ZUSAMMENWOHNTEN, BRACHTE SIE IHN EINMAL MIT. ER WAR EIN UNANGENEHMER KERL.

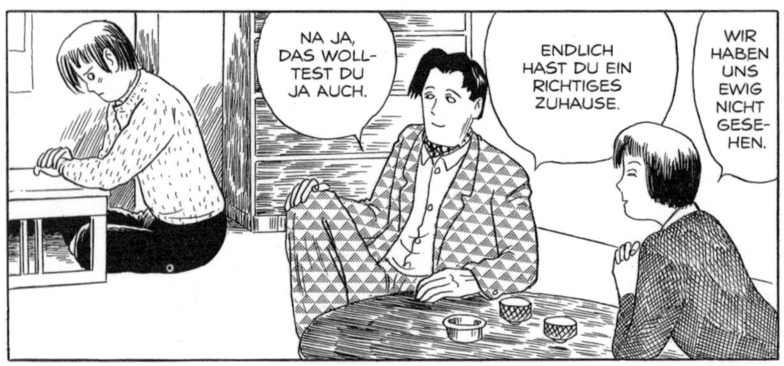
WIR HABEN UNS EWIG NICHT GESEHEN.
ENDLICH HAST DU EIN RICHTIGES ZUHAUSE.
NA JA, DAS WOLLTEST DU JA AUCH.

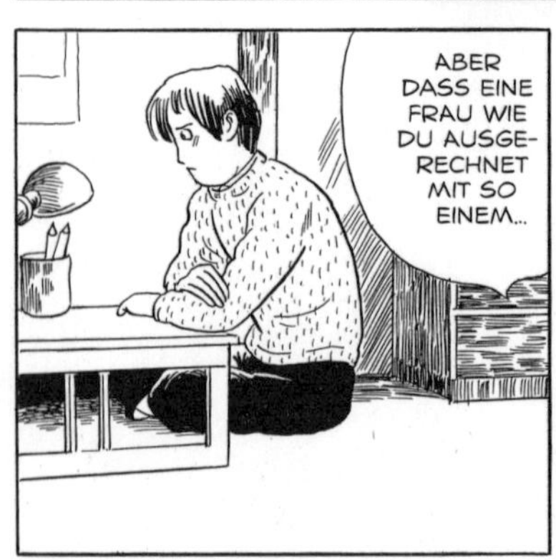
ABER DASS EINE FRAU WIE DU AUSGERECHNET MIT SO EINEM...

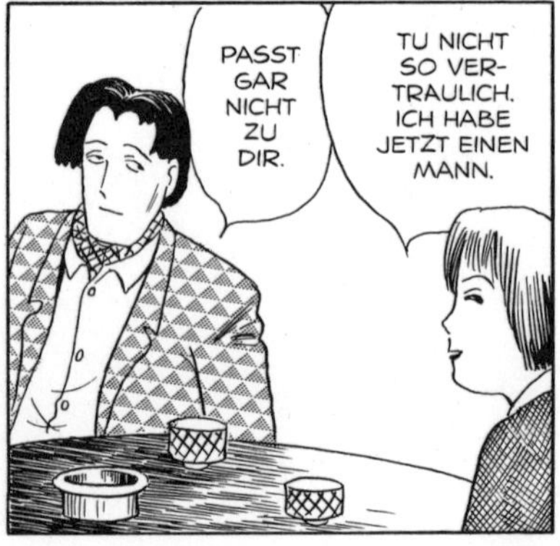
TU NICHT SO VERTRAULICH. ICH HABE JETZT EINEN MANN.
PASST GAR NICHT ZU DIR.

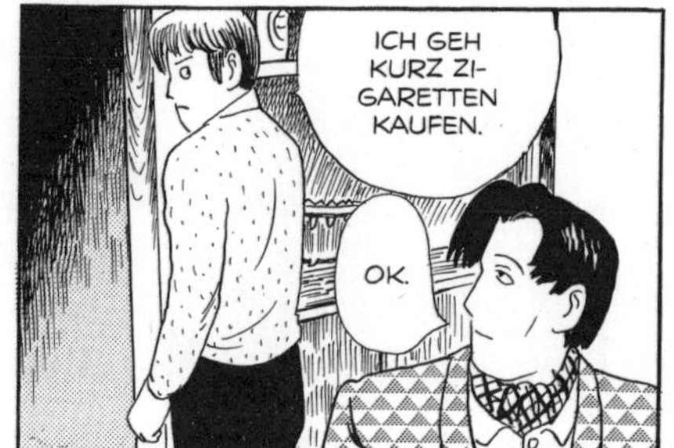
ICH GEH KURZ ZI-GARETTEN KAUFEN.
OK.

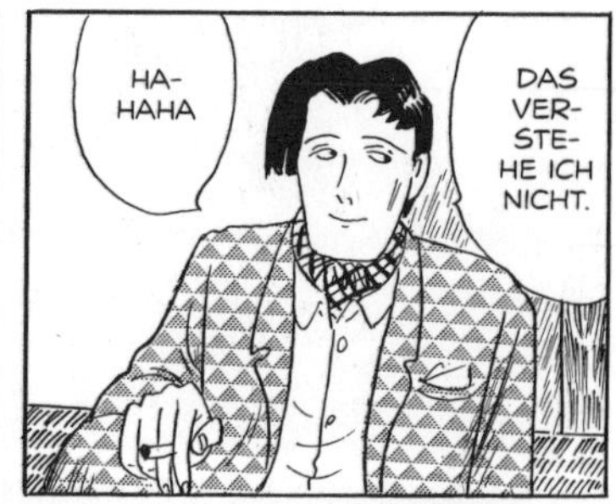
DAS VER-STE-HE ICH NICHT.
HA-HAHA

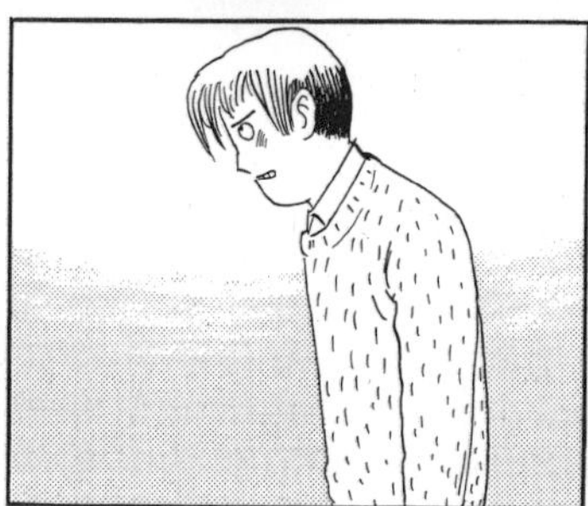

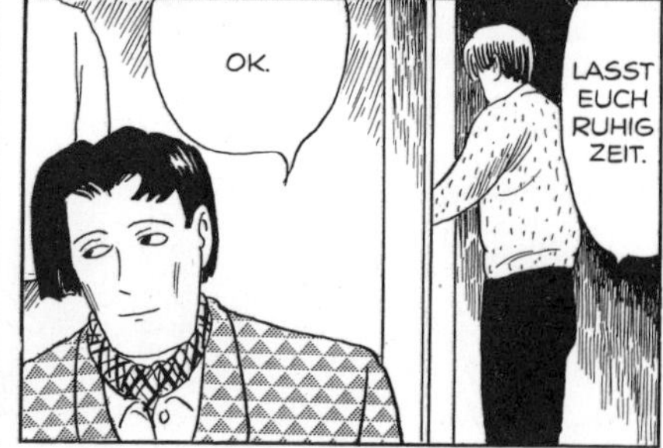
LASST EUCH RUHIG ZEIT.
OK.

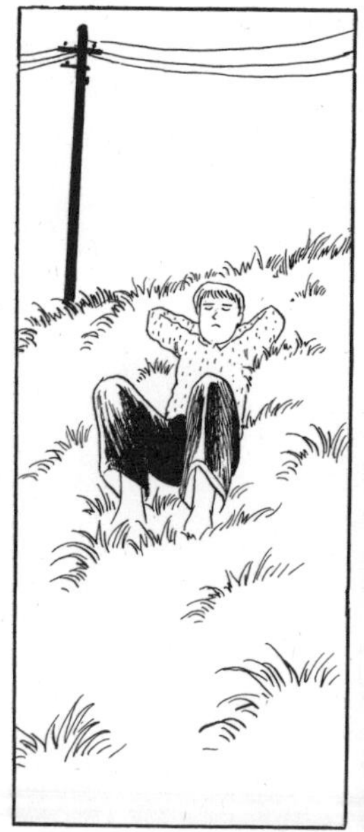

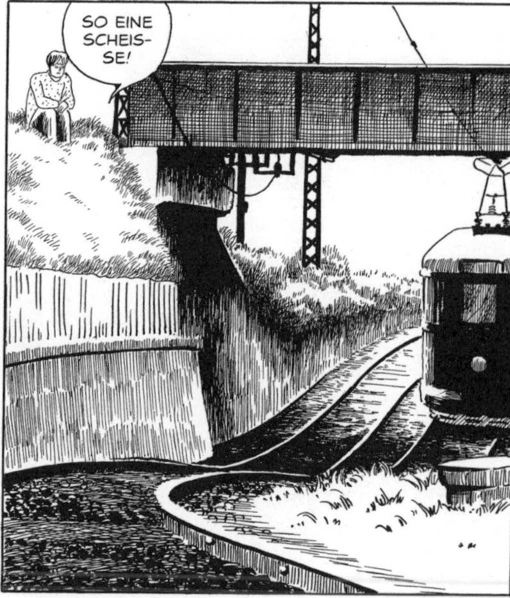
SO EINE SCHEIS-SE!

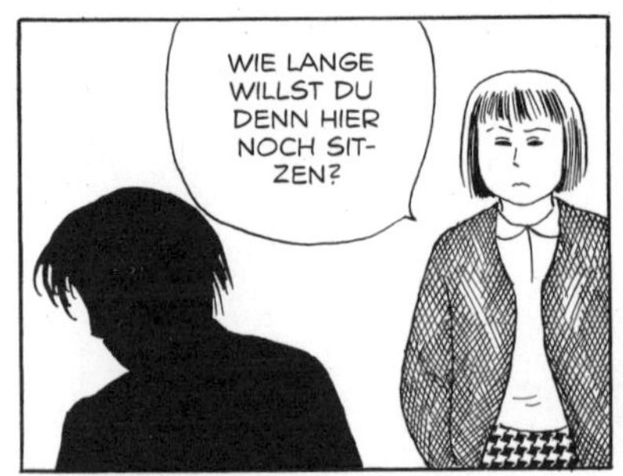
WIE LANGE WILLST DU DENN HIER NOCH SITZEN?

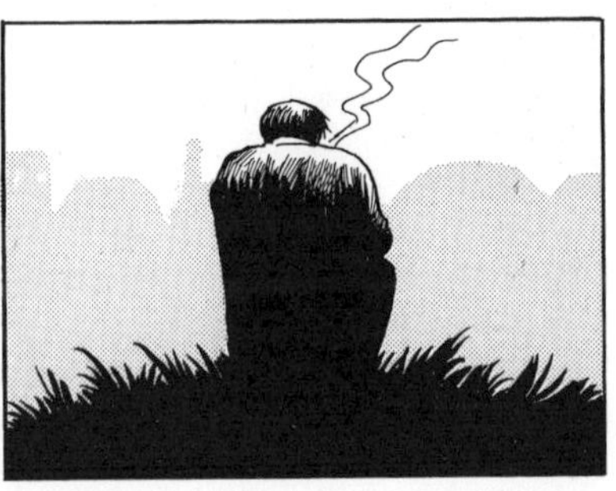

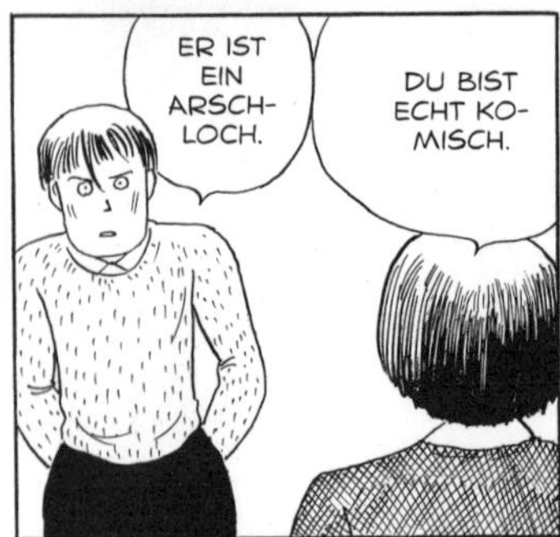
ER IST EIN ARSCHLOCH.
DU BIST ECHT KOMISCH.

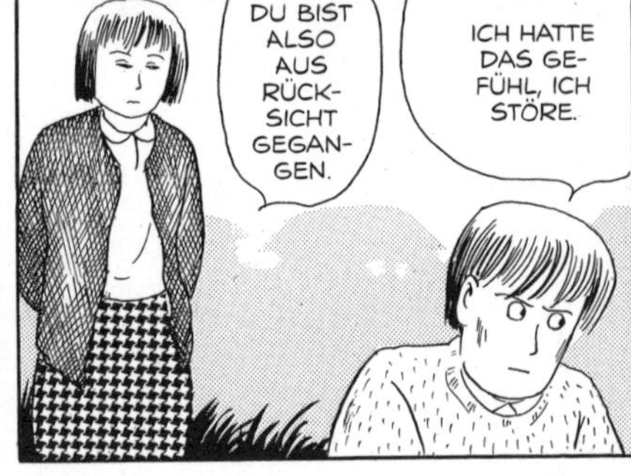
DU BIST ALSO AUS RÜCKSICHT GEGANGEN.
ICH HATTE DAS GEFÜHL, ICH STÖRE.

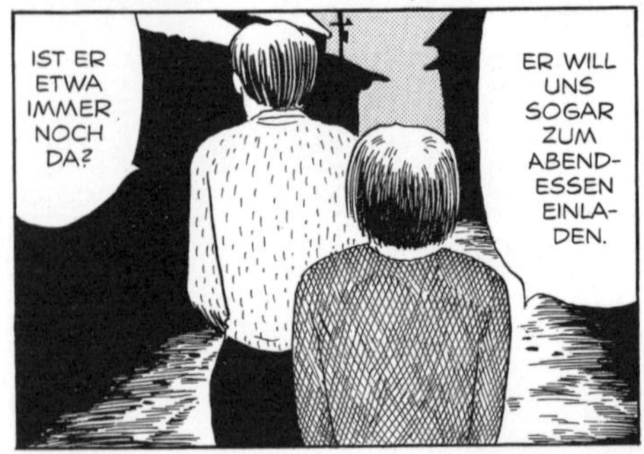
IST ER ETWA IMMER NOCH DA?
ER WILL UNS SOGAR ZUM ABENDESSEN EINLADEN.

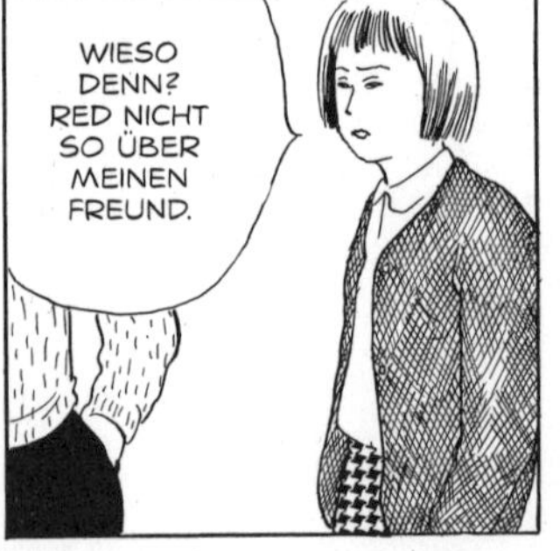
WIESO DENN? RED NICHT SO ÜBER MEINEN FREUND.

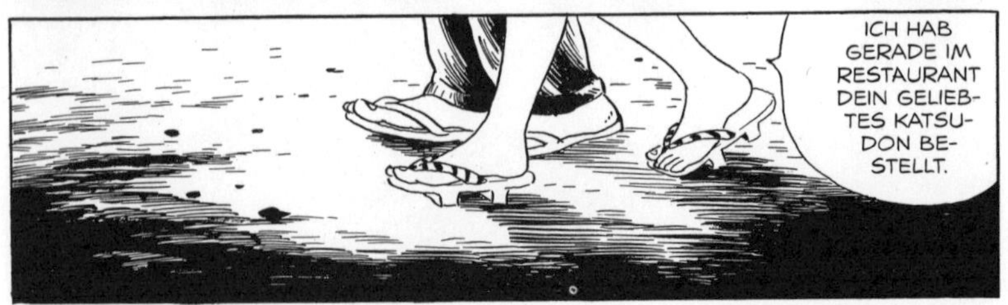
ICH HAB GERADE IM RESTAURANT DEIN GELIEBTES KATSUDON BESTELLT.

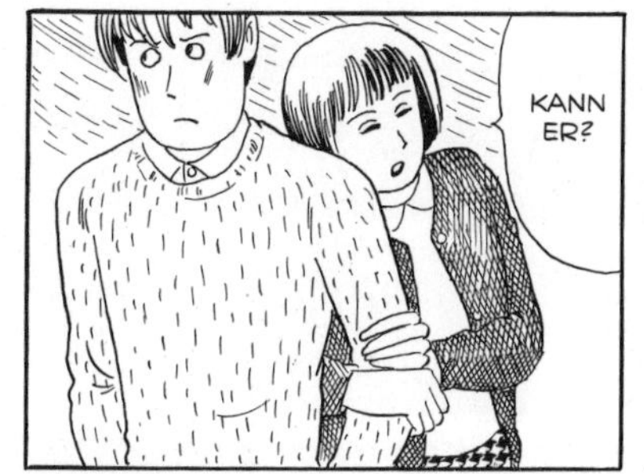
KANN ER?

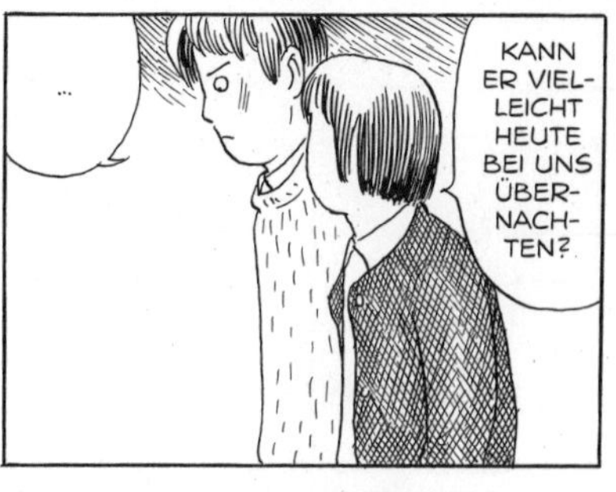
KANN ER VIELLEICHT HEUTE BEI UNS ÜBERNACHTEN?
...

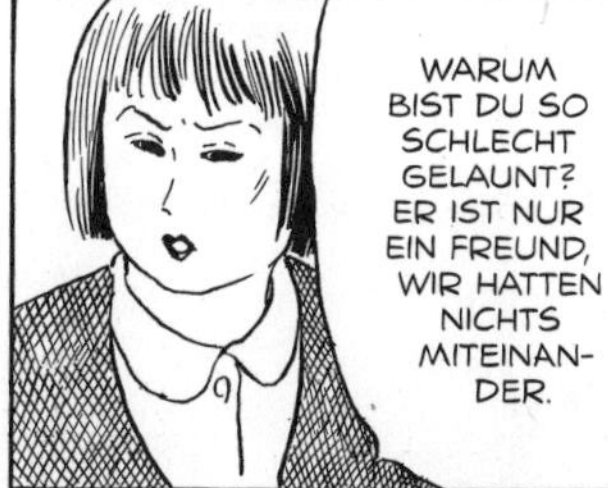
WARUM BIST DU SO SCHLECHT GELAUNT? ER IST NUR EIN FREUND, WIR HATTEN NICHTS MITEINANDER.

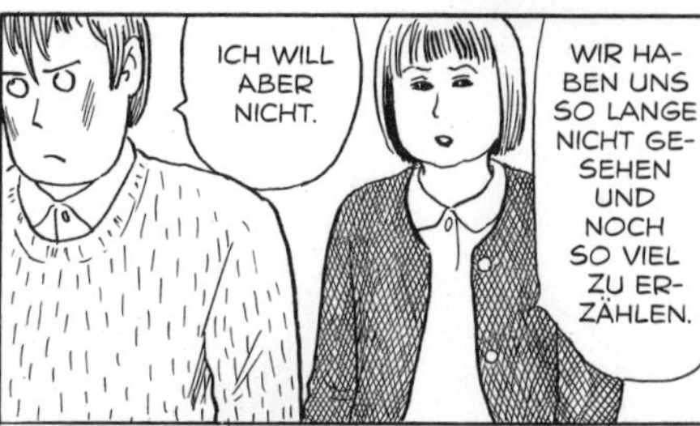
WIR HABEN UNS SO LANGE NICHT GESEHEN UND NOCH SO VIEL ZU ERZÄHLEN.
ICH WILL ABER NICHT.

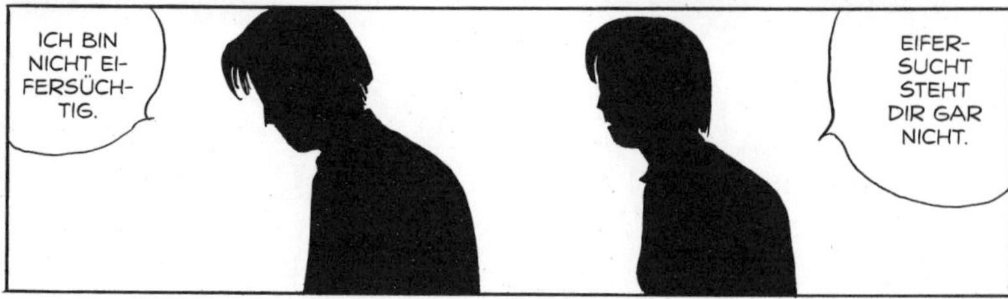
EIFERSUCHT STEHT DIR GAR NICHT.
ICH BIN NICHT EIFERSÜCHTIG.

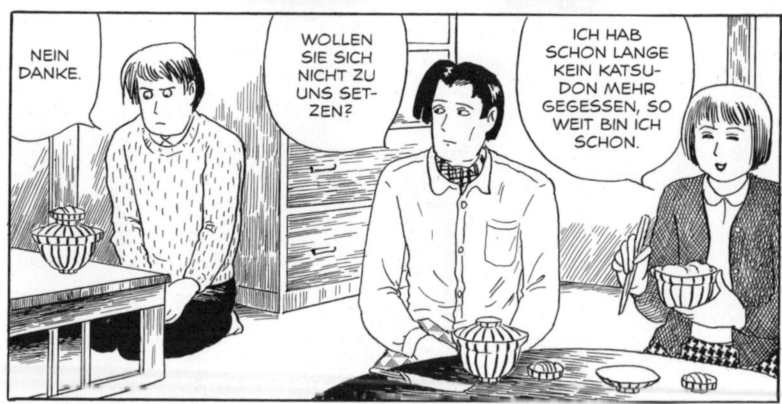
ICH HAB SCHON LANGE KEIN KATSUDON MEHR GEGESSEN, SO WEIT BIN ICH SCHON.
WOLLEN SIE SICH NICHT ZU UNS SETZEN?
NEIN DANKE.

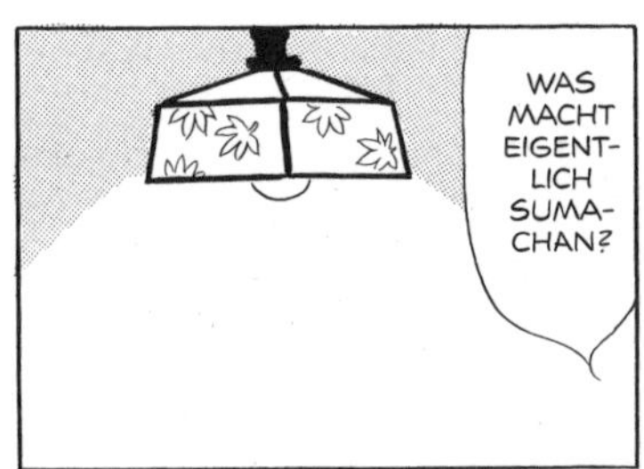
WAS MACHT EIGENTLICH SUMACHAN?

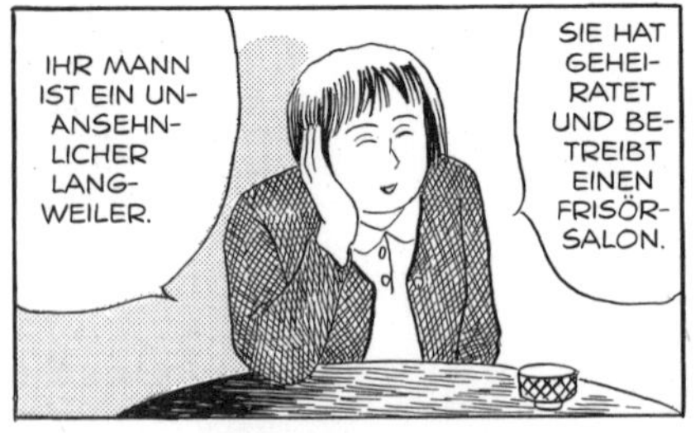
SIE HAT GEHEIRATET UND BETREIBT EINEN FRISÖRSALON.
IHR MANN IST EIN UNANSEHNLICHER LANGWEILER.

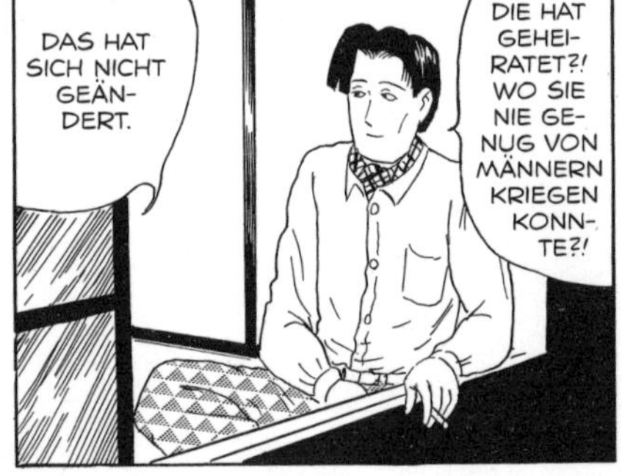
DIE HAT GEHEIRATET?! WO SIE NIE GENUG VON MÄNNERN KRIEGEN KONNTE?!
DAS HAT SICH NICHT GEÄNDERT.

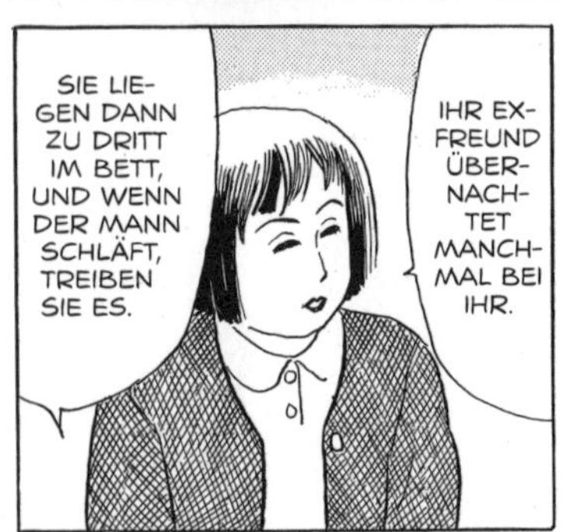
IHR EXFREUND ÜBERNACHTET MANCHMAL BEI IHR.
SIE LIEGEN DANN ZU DRITT IM BETT, UND WENN DER MANN SCHLÄFT, TREIBEN SIE ES.

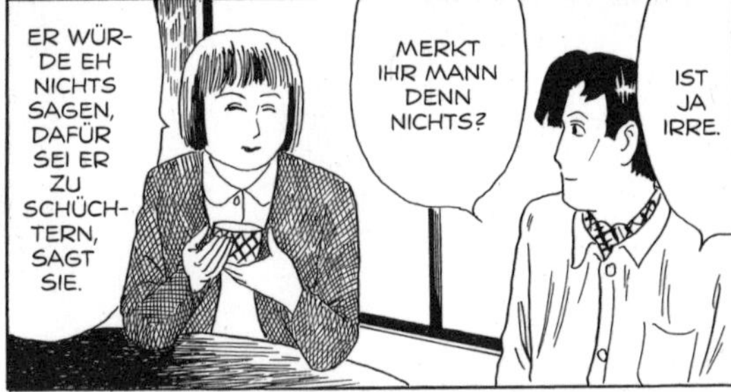
IST JA IRRE.
MERKT IHR MANN DENN NICHTS?
ER WÜRDE EH NICHTS SAGEN, DAFÜR SEI ER ZU SCHÜCHTERN, SAGT SIE.

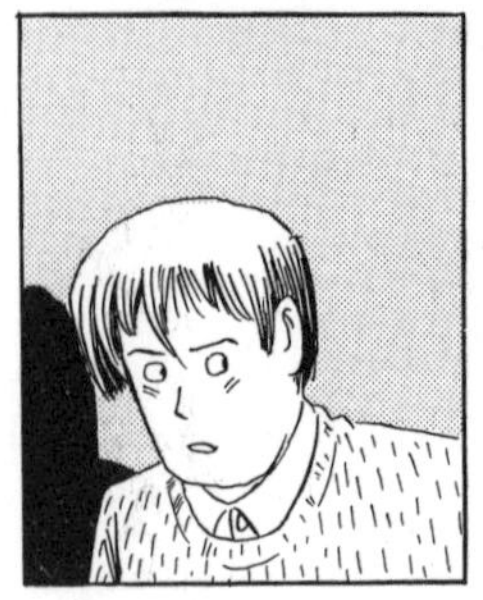

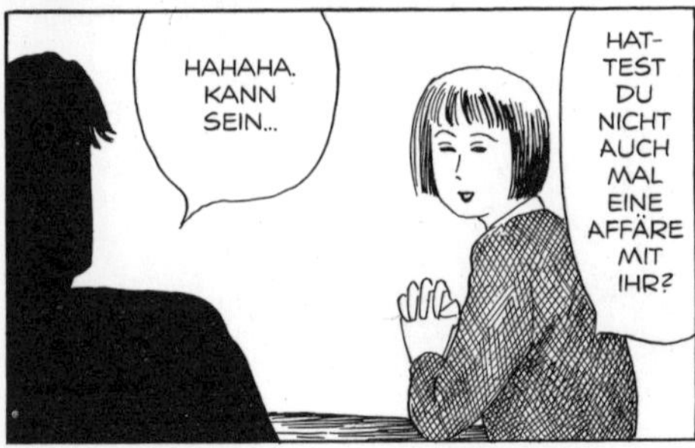
HATTEST DU NICHT AUCH MAL EINE AFFÄRE MIT IHR?
HAHAHA. KANN SEIN...

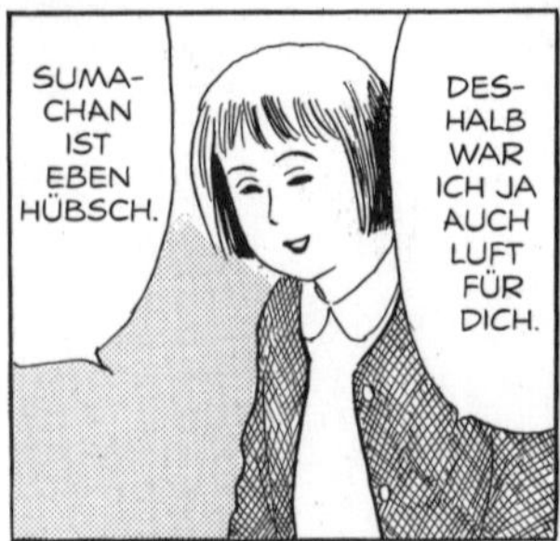
DESHALB WAR ICH JA AUCH LUFT FÜR DICH.
SUMACHAN IST EBEN HÜBSCH.

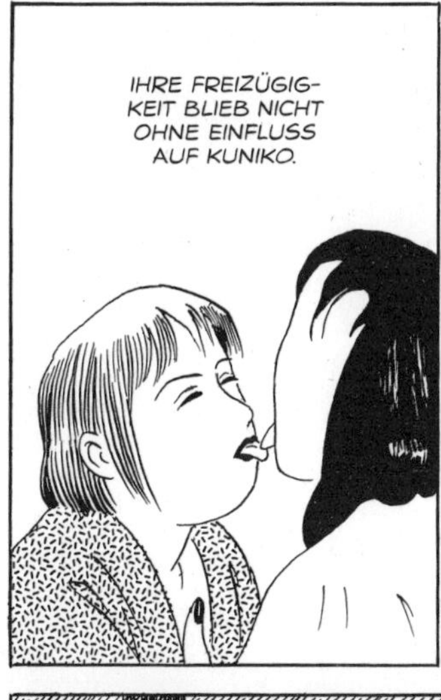
IHRE FREIZÜGIG-KEIT BLIEB NICHT OHNE EINFLUSS AUF KUNIKO.

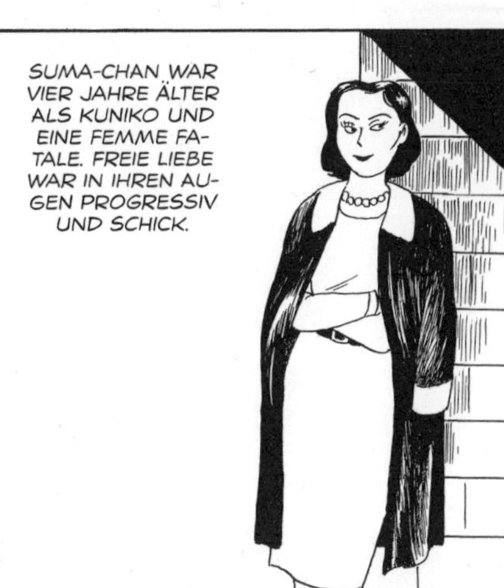
SUMA-CHAN WAR VIER JAHRE ÄLTER ALS KUNIKO UND EINE FEMME FA-TALE. FREIE LIEBE WAR IN IHREN AU-GEN PROGRESSIV UND SCHICK.

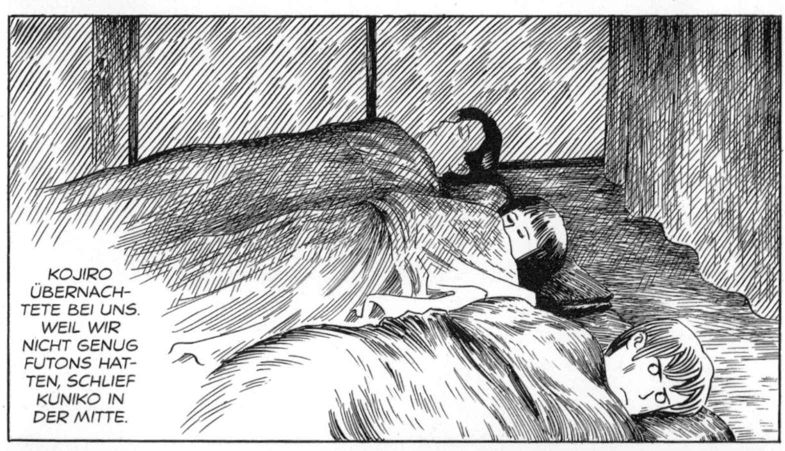
KOJIRO ÜBERNACH-TETE BEI UNS. WEIL WIR NICHT GENUG FUTONS HAT-TEN, SCHLIEF KUNIKO IN DER MITTE.

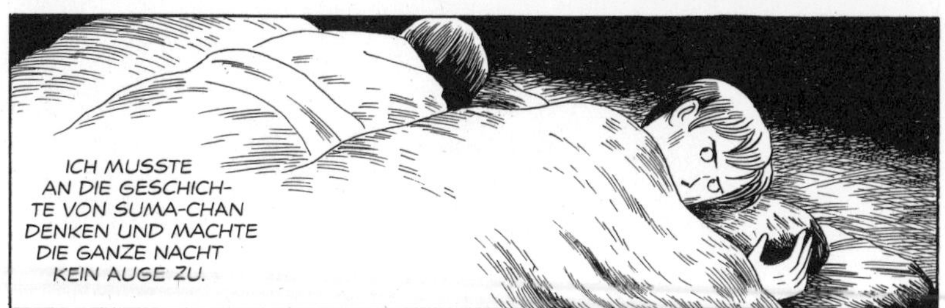
ICH MUSSTE AN DIE GESCHICH-TE VON SUMA-CHAN DENKEN UND MACHTE DIE GANZE NACHT KEIN AUGE ZU.

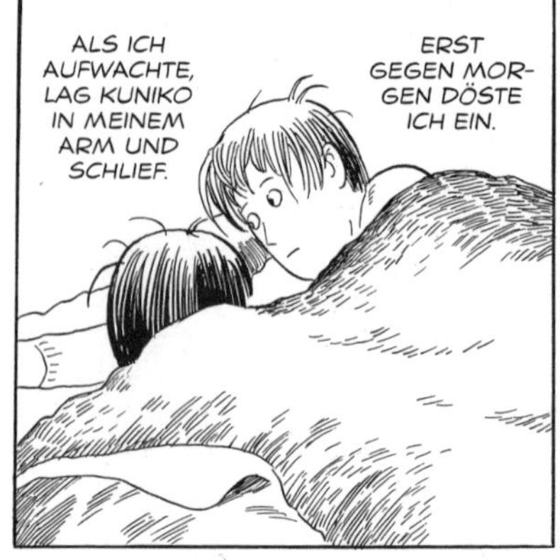
ERST GEGEN MORGEN DÖSTE ICH EIN.
ALS ICH AUFWACHTE, LAG KUNIKO IN MEINEM ARM UND SCHLIEF.

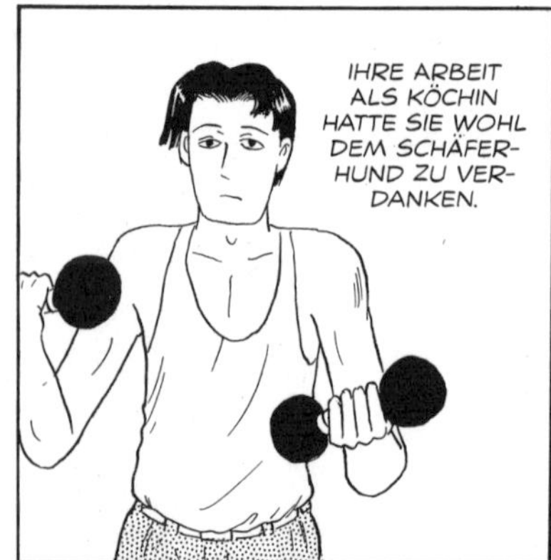
IHRE ARBEIT ALS KÖCHIN HATTE SIE WOHL DEM SCHÄFERHUND ZU VERDANKEN.

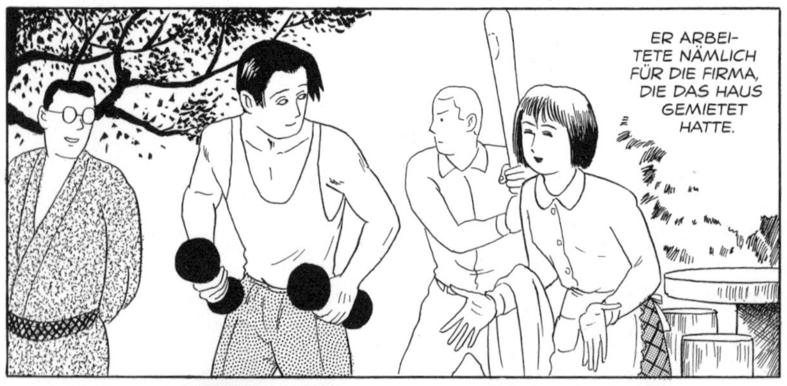
ER ARBEITETE NÄMLICH FÜR DIE FIRMA, DIE DAS HAUS GEMIETET HATTE.

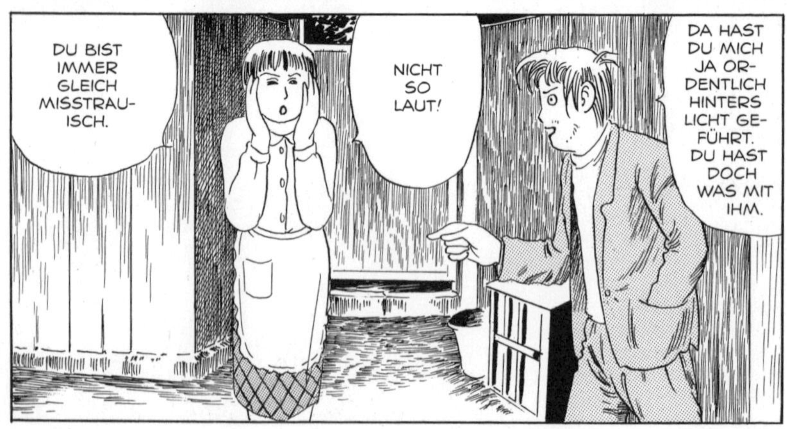
DA HAST DU MICH JA ORDENTLICH HINTERS LICHT GEFÜHRT. DU HAST DOCH WAS MIT IHM.
NICHT SO LAUT!
DU BIST IMMER GLEICH MISSTRAUISCH.

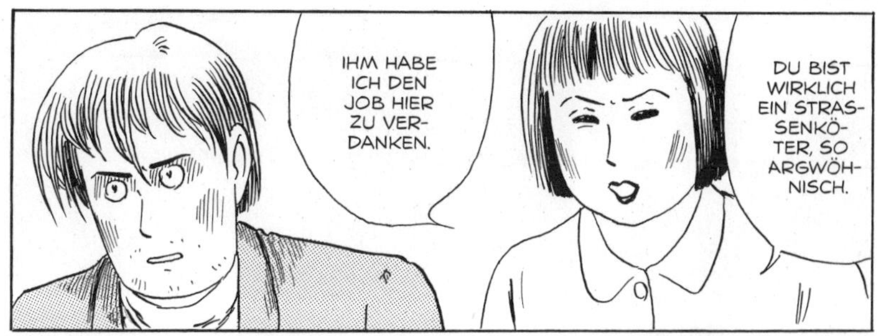
DU BIST WIRKLICH EIN STRASSENKÖTER, SO ARGWÖHNISCH.
IHM HABE ICH DEN JOB HIER ZU VERDANKEN.

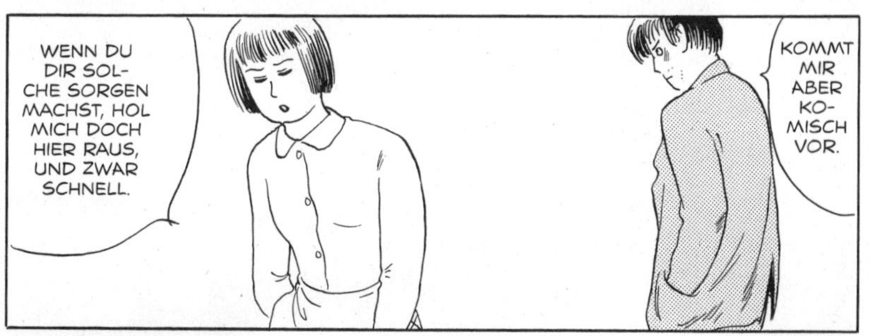
KOMMT MIR ABER KOMISCH VOR.
WENN DU DIR SOLCHE SORGEN MACHST, HOL MICH DOCH HIER RAUS, UND ZWAR SCHNELL.

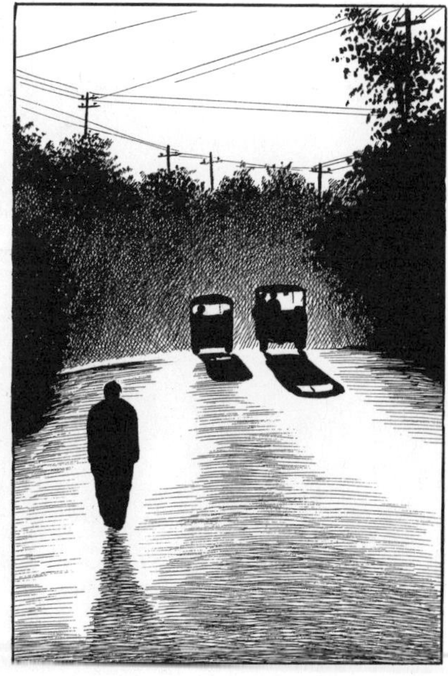

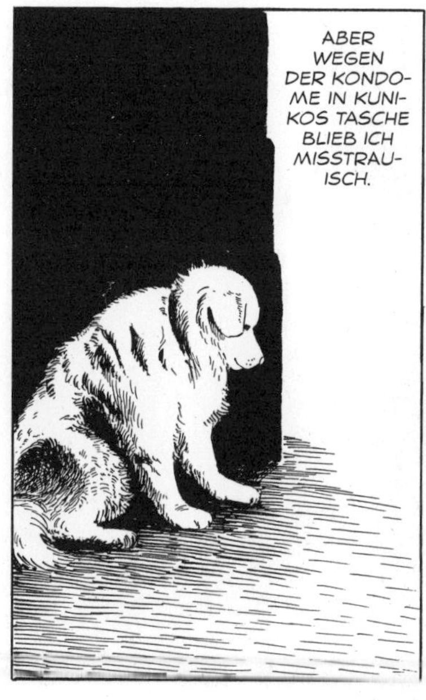
ABER WEGEN DER KONDOME IN KUNIKOS TASCHE BLIEB ICH MISSTRAUISCH.

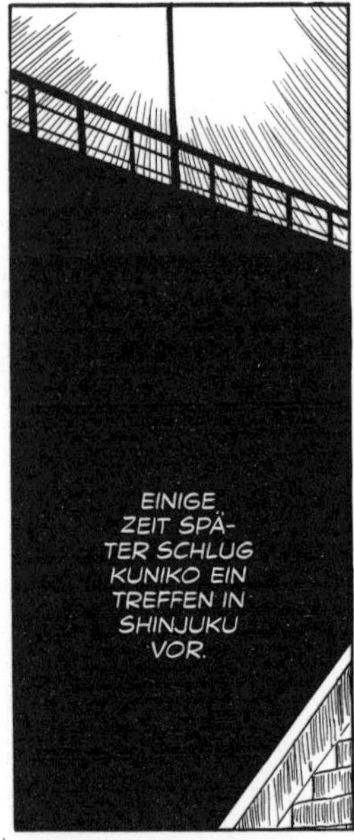
EINIGE ZEIT SPÄTER SCHLUG KUNIKO EIN TREFFEN IN SHINJUKU VOR.

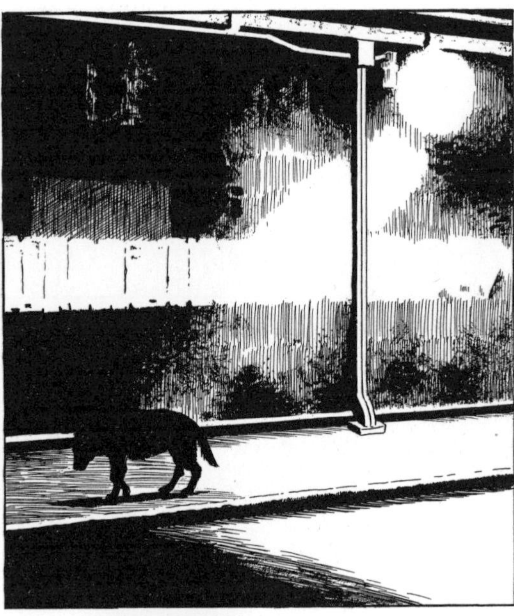

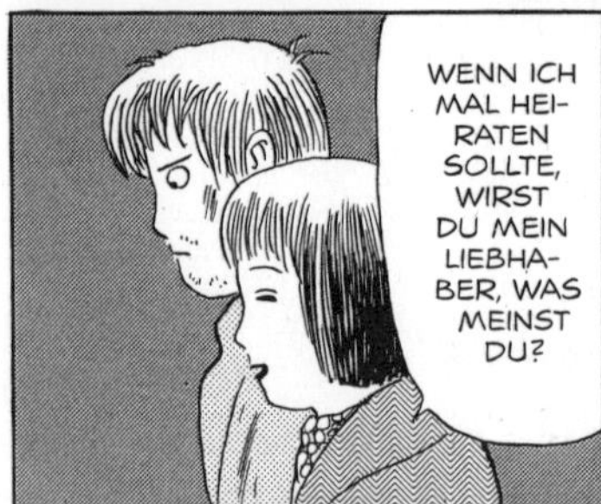
WENN ICH MAL HEIRATEN SOLLTE, WIRST DU MEIN LIEBHABER, WAS MEINST DU?

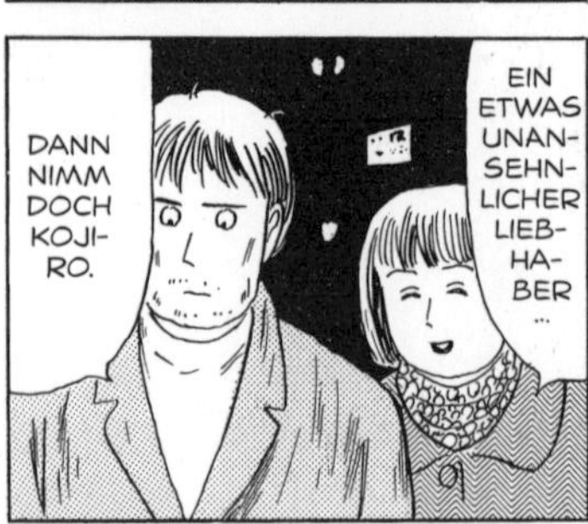
EIN ETWAS UNANSEHNLICHER LIEBHABER ...
DANN NIMM DOCH KOJIRO.

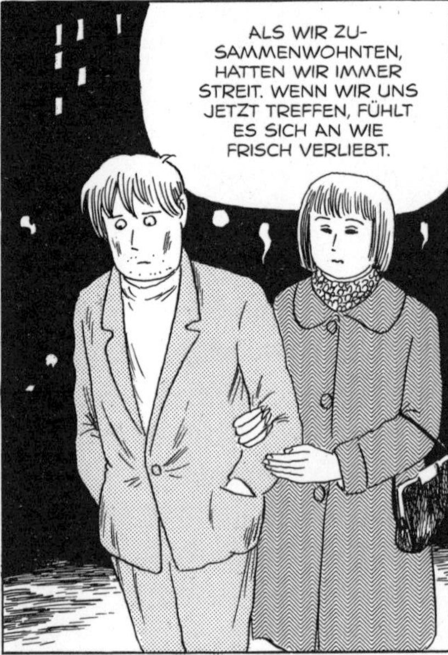
ALS WIR ZUSAMMENWOHNTEN, HATTEN WIR IMMER STREIT. WENN WIR UNS JETZT TREFFEN, FÜHLT ES SICH AN WIE FRISCH VERLIEBT.

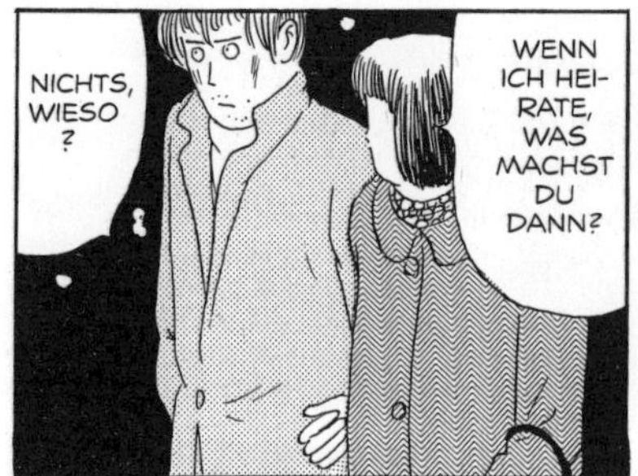
WENN ICH HEIRATE, WAS MACHST DU DANN?
NICHTS, WIESO?

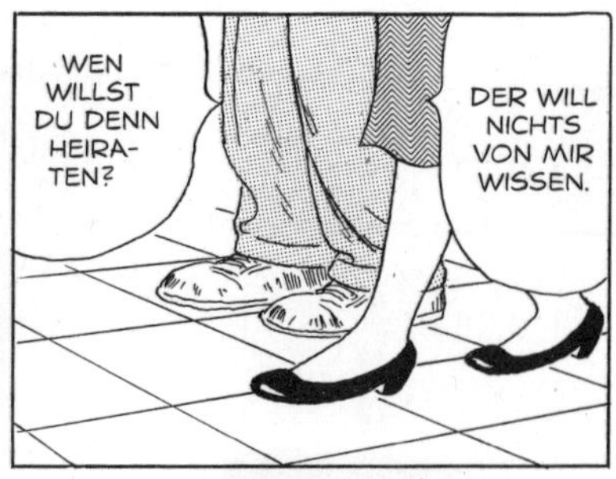
WEN WILLST DU DENN HEIRATEN?
DER WILL NICHTS VON MIR WISSEN.

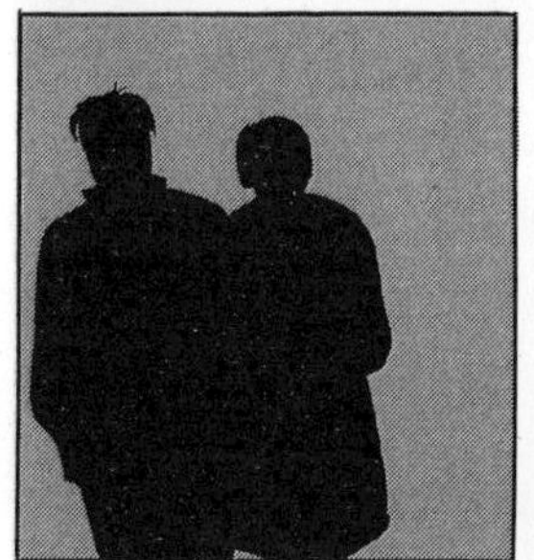

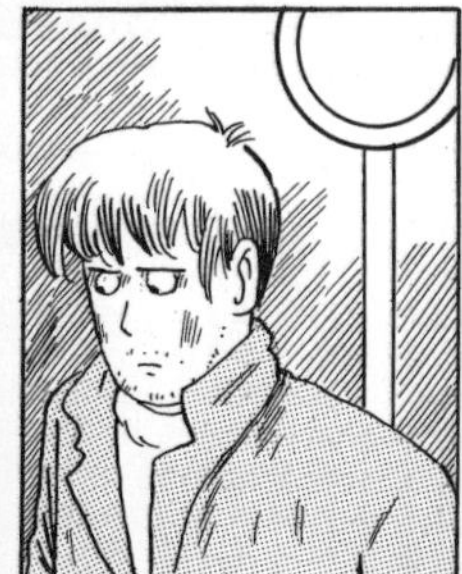

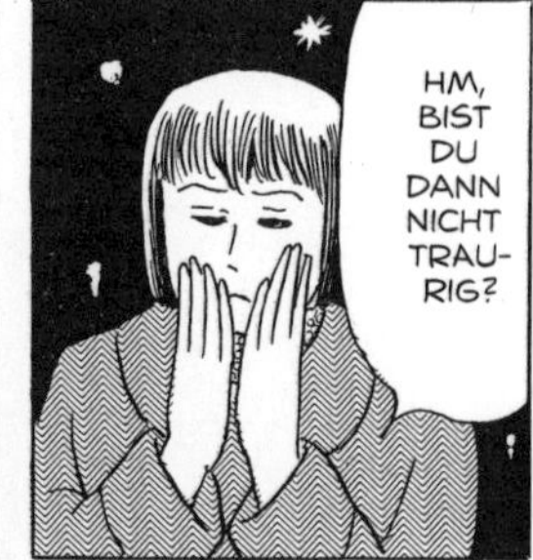
HM, BIST DU DANN NICHT TRAURIG?

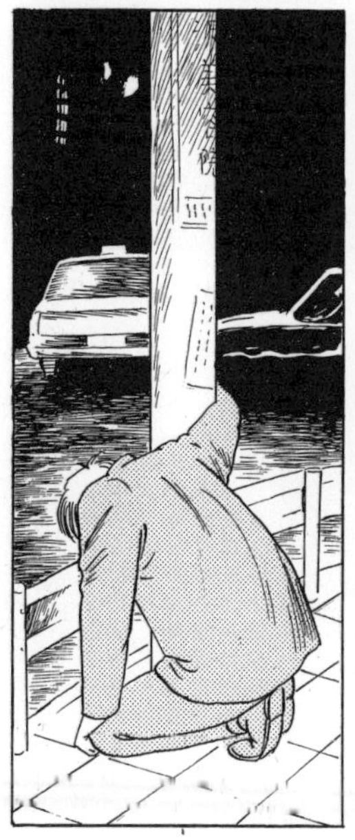

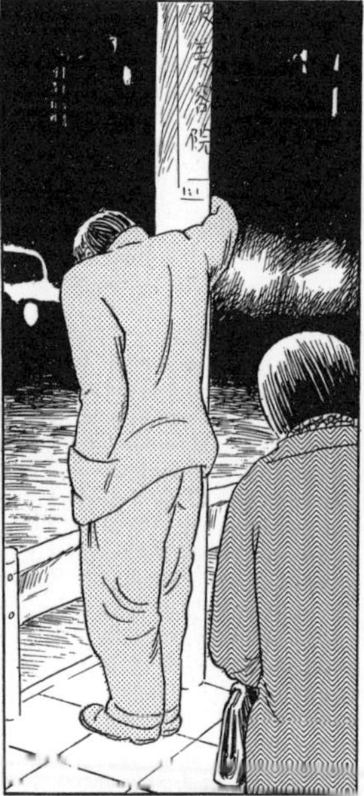

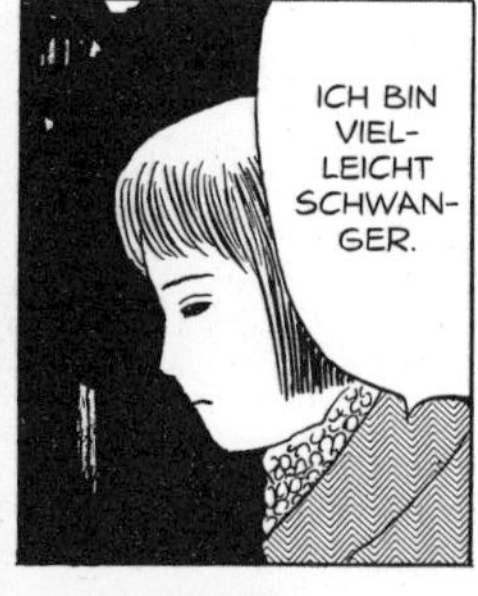
ICH BIN VIELLEICHT SCHWANGER.

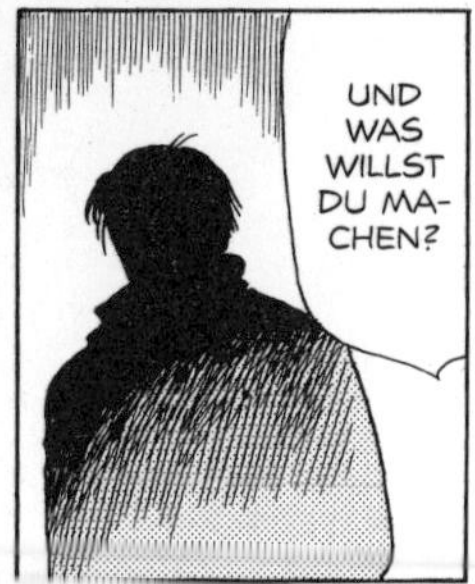
UND WAS WILLST DU MACHEN?

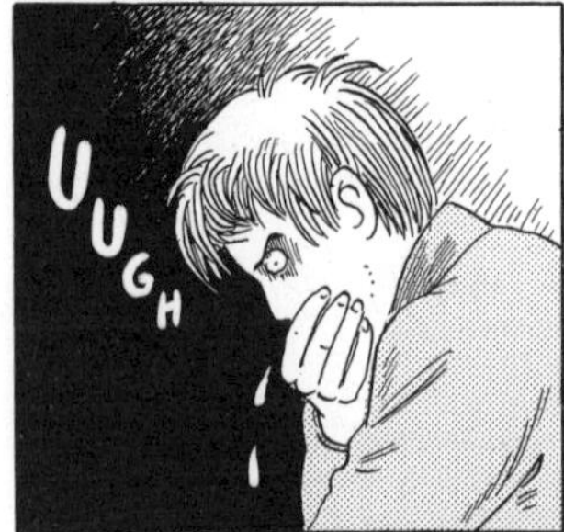
UUGH

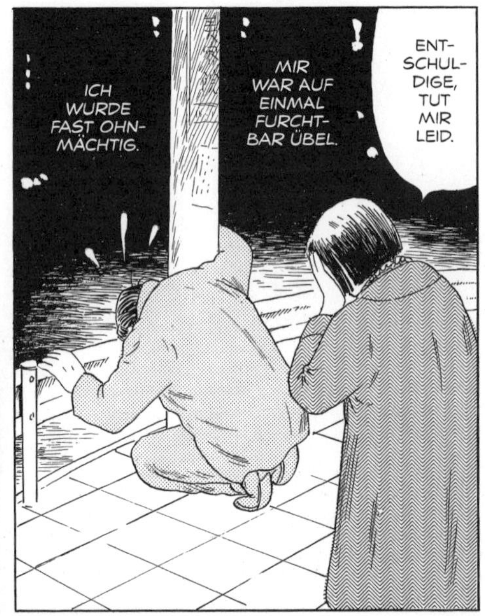
ENT-SCHUL-DIGE, TUT MIR LEID.
MIR WAR AUF EINMAL FURCHT-BAR ÜBEL.
ICH WURDE FAST OHN-MÄCHTIG.

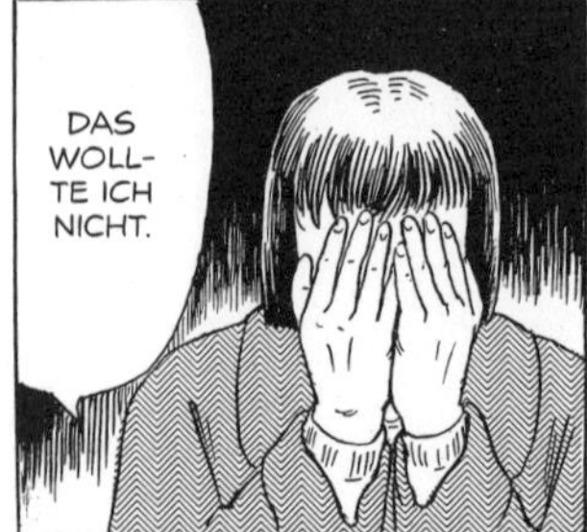
DAS WOLL-TE ICH NICHT.

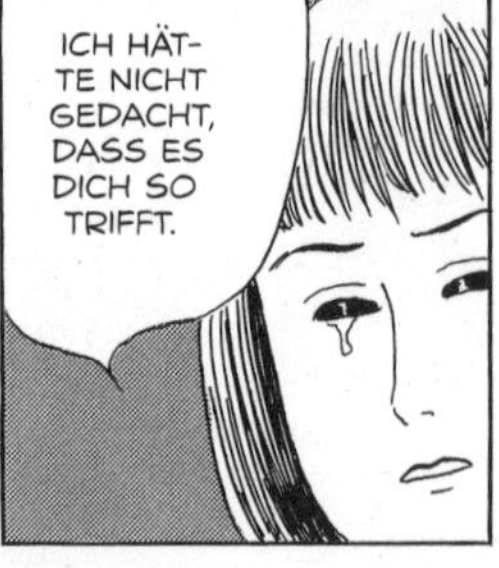
ICH HÄT-TE NICHT GEDACHT, DASS ES DICH SO TRIFFT.

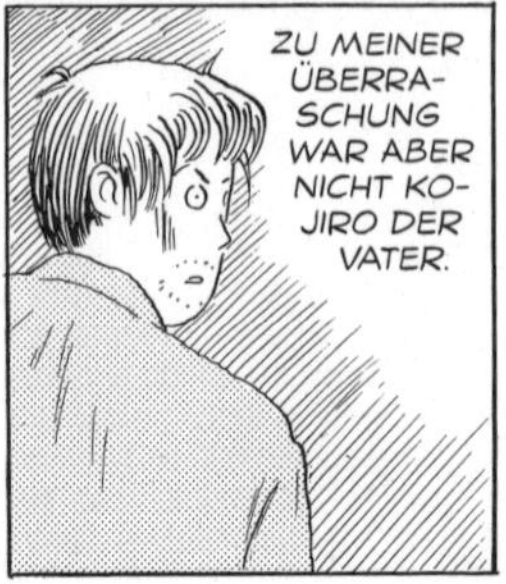
ZU MEINER ÜBERRA-SCHUNG WAR ABER NICHT KO-JIRO DER VATER.

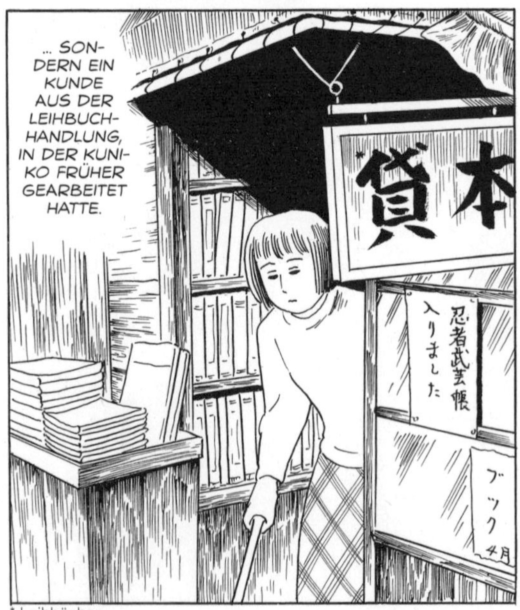
... SON-DERN EIN KUNDE AUS DER LEIHBUCH-HANDLUNG, IN DER KUNI-KO FRÜHER GEARBEITET HATTE.
*貸本
忍者武芸帳
入りました
ブック
4月

* Leihbücher

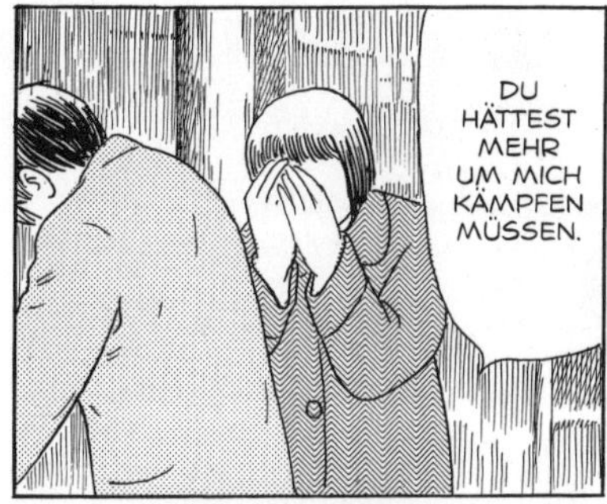
DU HÄTTEST MEHR UM MICH KÄMPFEN MÜSSEN.

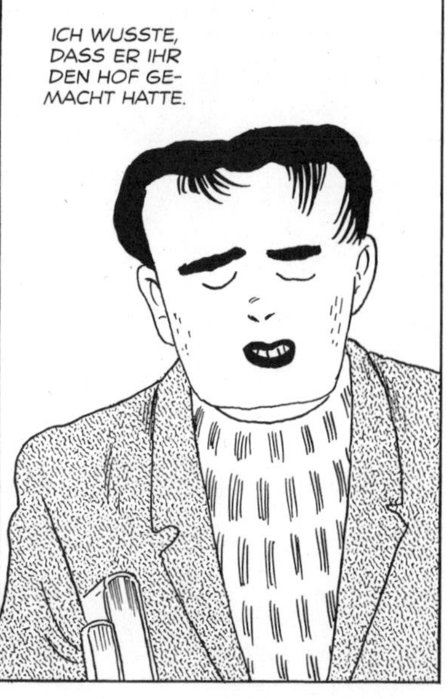
ICH WUSSTE, DASS ER IHR DEN HOF GE-MACHT HATTE.

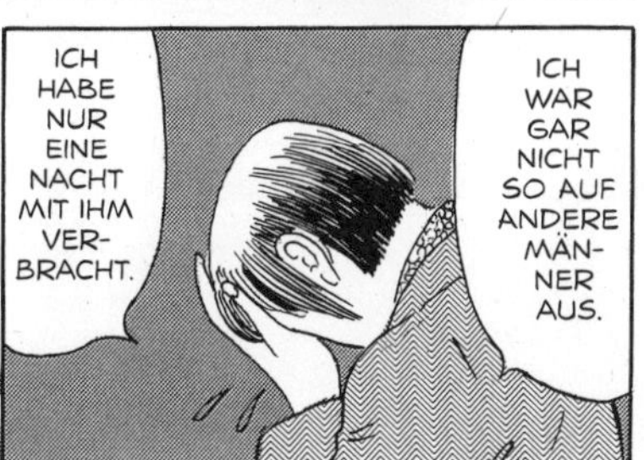
ICH WAR GAR NICHT SO AUF ANDERE MÄN-NER AUS.
ICH HABE NUR EINE NACHT MIT IHM VER-BRACHT.

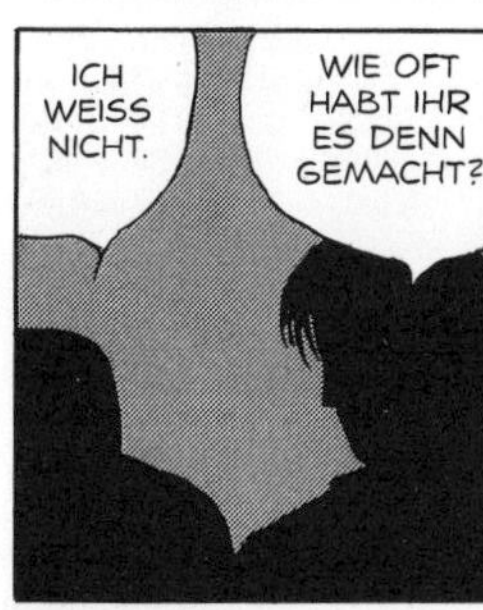
WIE OFT HABT IHR ES DENN GEMACHT?
ICH WEISS NICHT.

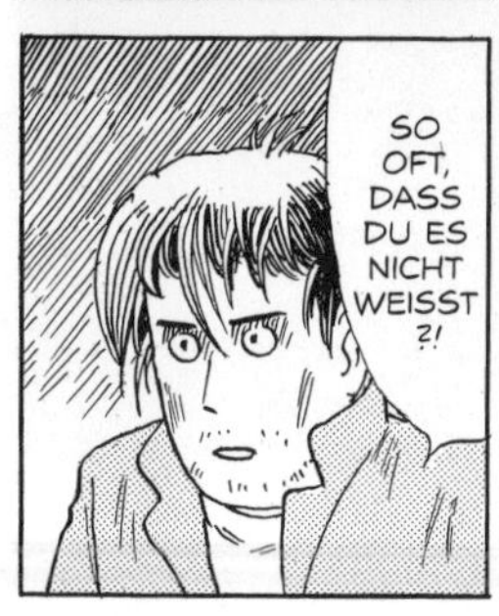
SO OFT, DASS DU ES NICHT WEISST ?!

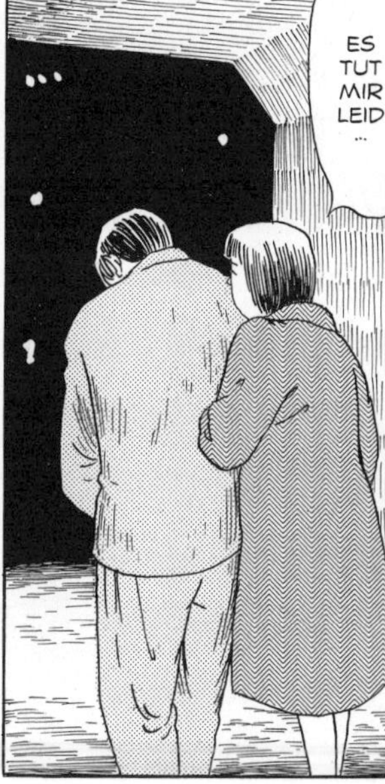
ES TUT MIR LEID ...

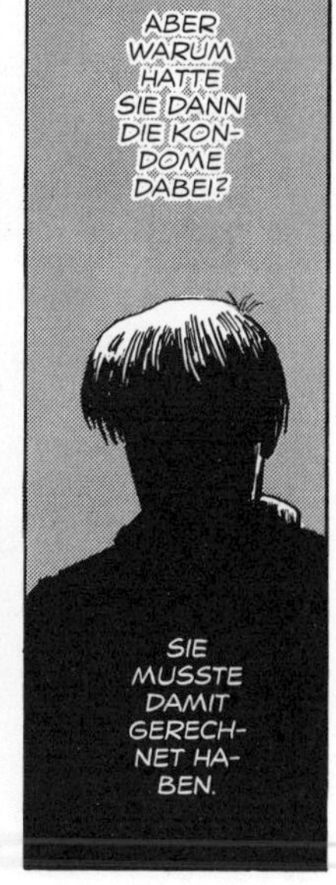
ABER WARUM HATTE SIE DANN DIE KON-DOME DABEI?
SIE MUSSTE DAMIT GERECH-NET HA-BEN.

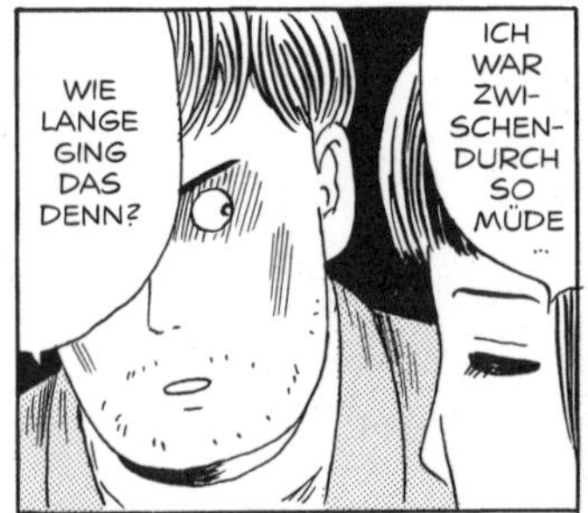
WIE LANGE GING DAS DENN?
ICH WAR ZWISCHENDURCH SO MÜDE ...

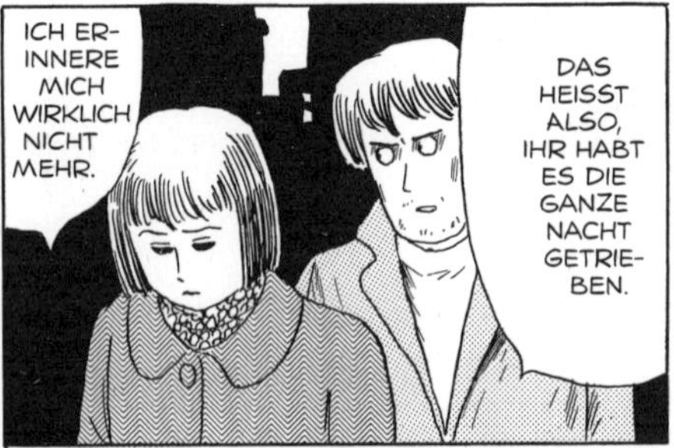
ICH ERINNERE MICH WIRKLICH NICHT MEHR.
DAS HEISST ALSO, IHR HABT ES DIE GANZE NACHT GETRIEBEN.

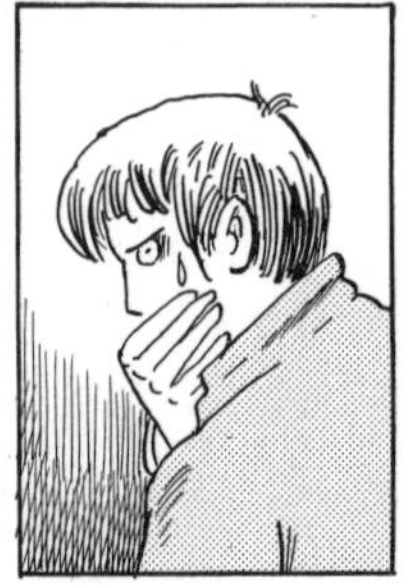

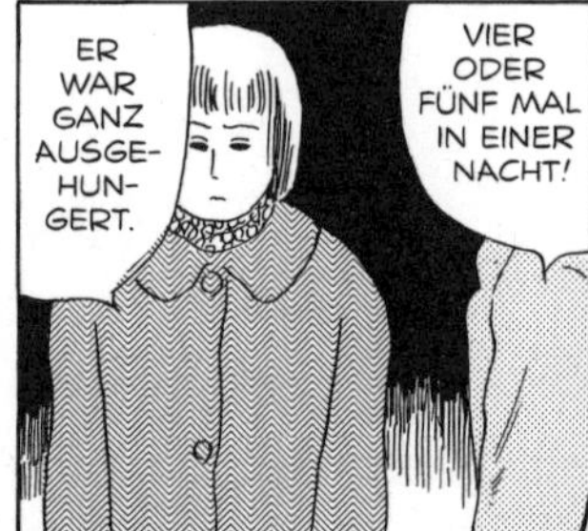
ER WAR GANZ AUSGEHUNGERT.
VIER ODER FÜNF MAL IN EINER NACHT!

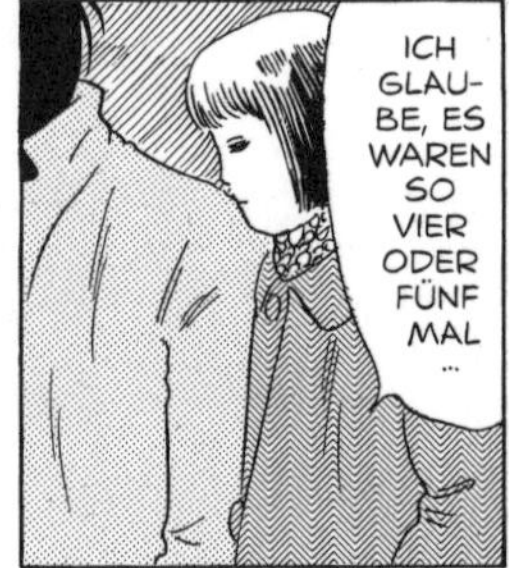
ICH GLAUBE, ES WAREN SO VIER ODER FÜNF MAL ...

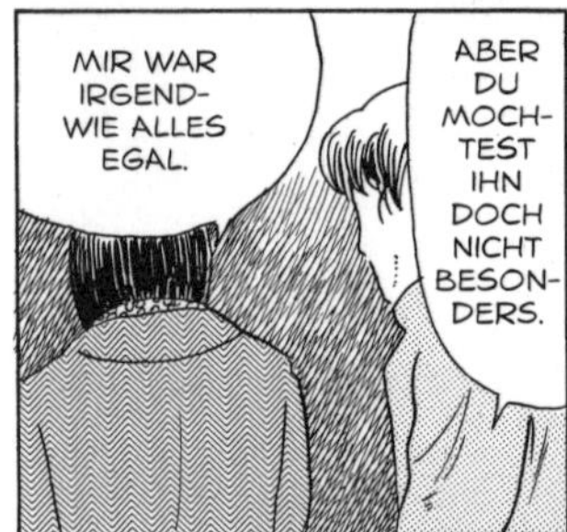
MIR WAR IRGENDWIE ALLES EGAL.
ABER DU MOCHTEST IHN DOCH NICHT BESONDERS.

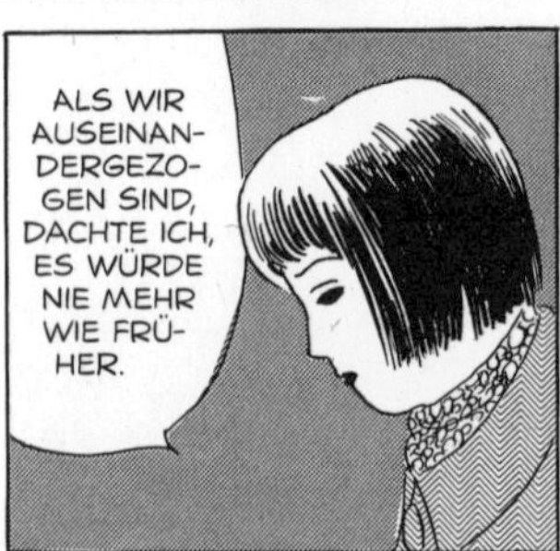
ALS WIR AUSEINANDERGEZOGEN SIND, DACHTE ICH, ES WÜRDE NIE MEHR WIE FRÜHER.

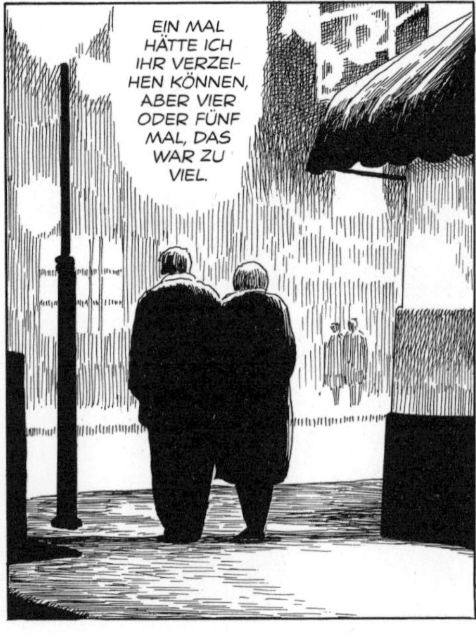
EIN MAL HÄTTE ICH IHR VERZEIHEN KÖNNEN, ABER VIER ODER FÜNF MAL, DAS WAR ZU VIEL.

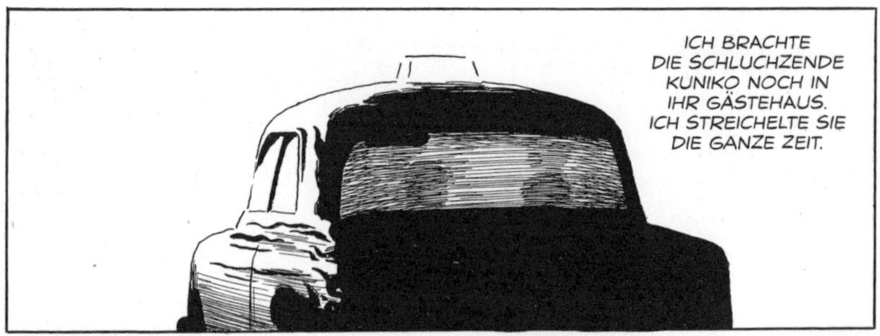
ICH BRACHTE
DIE SCHLUCHZENDE
KUNIKO NOCH IN
IHR GÄSTEHAUS.
ICH STREICHELTE SIE
DIE GANZE ZEIT.

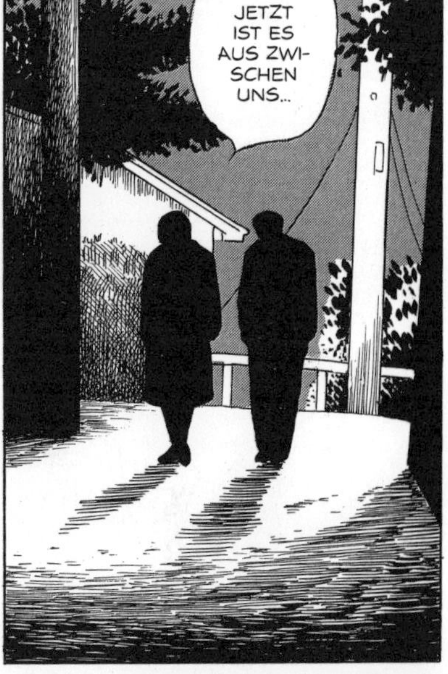
JETZT
IST ES
AUS ZWI-
SCHEN
UNS...

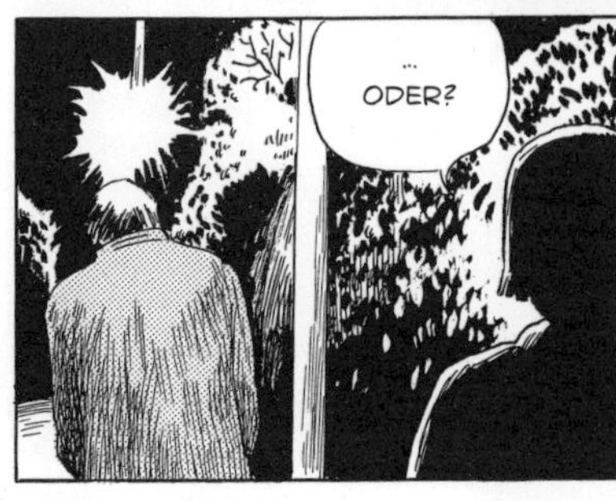
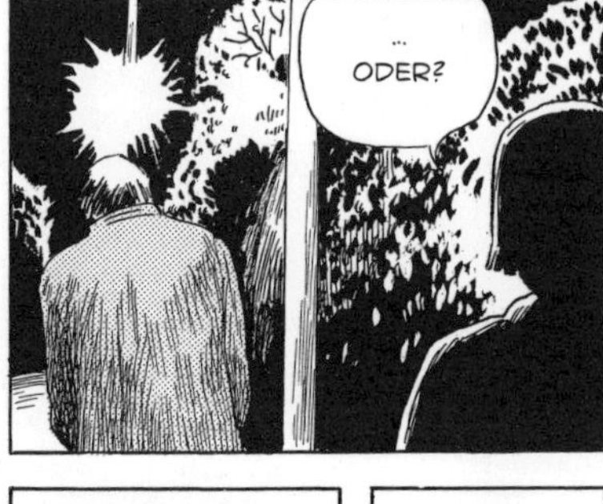
...
ODER?

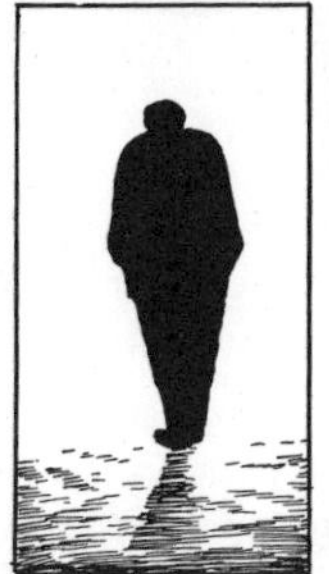

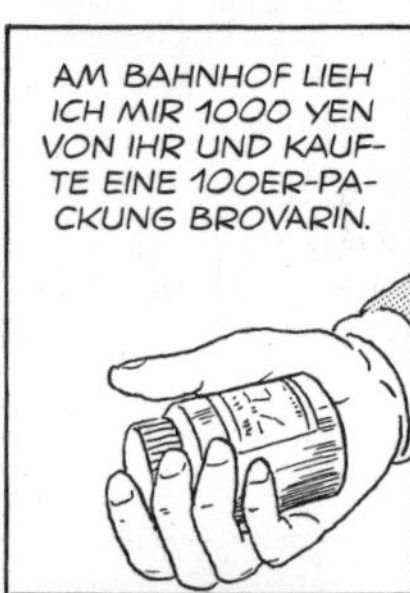
AM BAHNHOF LIEH
ICH MIR 1000 YEN
VON IHR UND KAUF-
TE EINE 100ER-PA-
CKUNG BROVARIN.

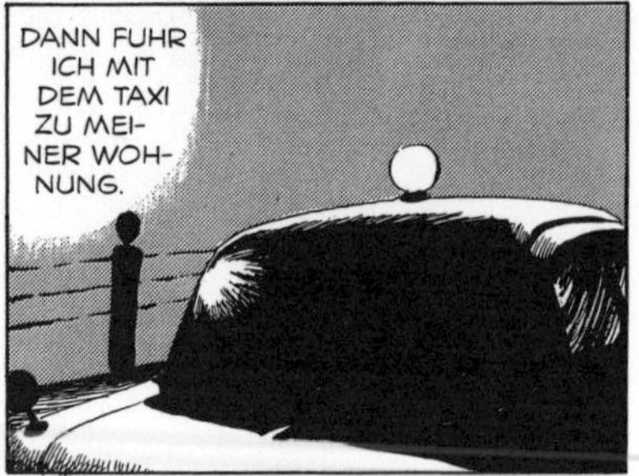
DANN FUHR
ICH MIT
DEM TAXI
ZU MEI-
NER WOH-
NUNG.

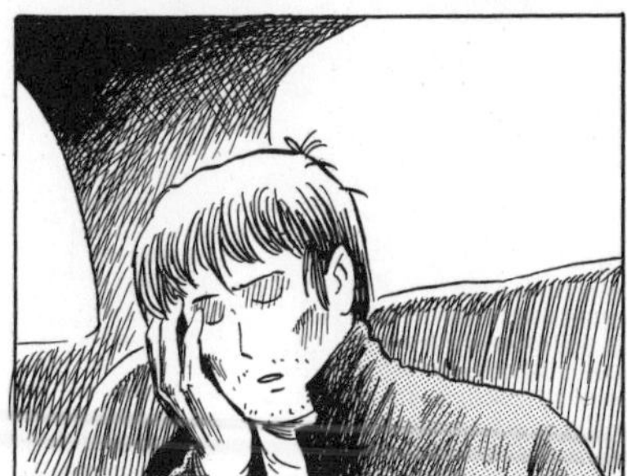

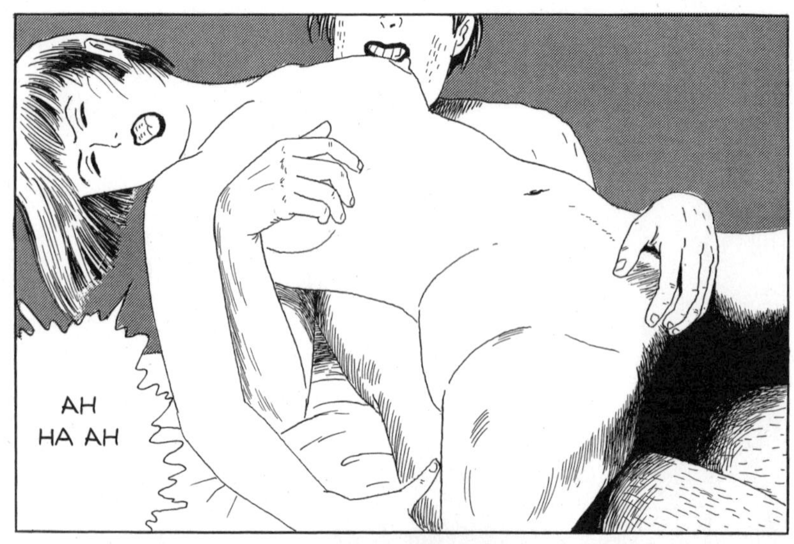
AH
HA AH
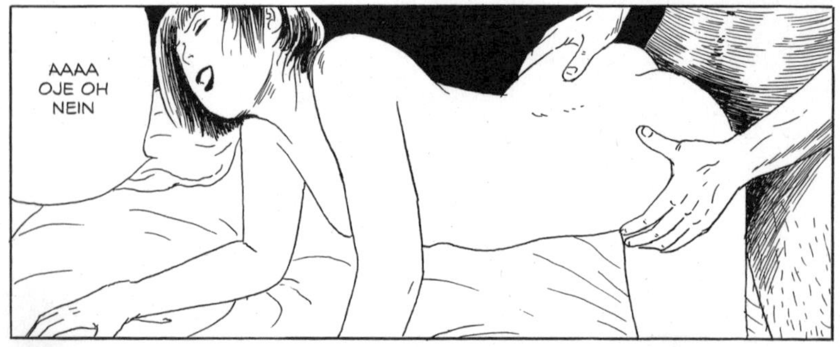
AAAA
OJE OH
NEIN
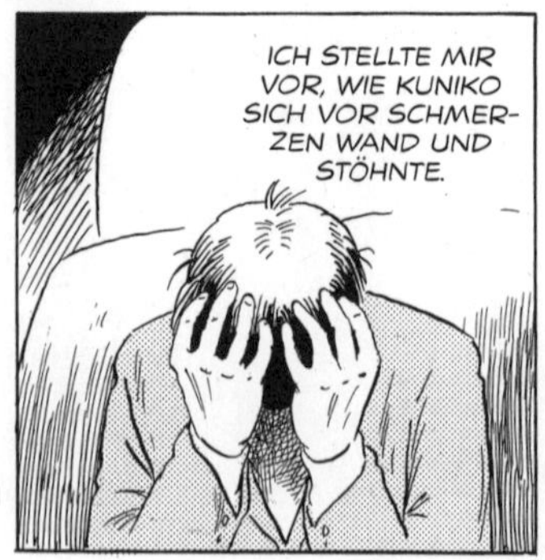
ICH STELLTE MIR VOR, WIE KUNIKO SICH VOR SCHMERZEN WAND UND STÖHNTE.
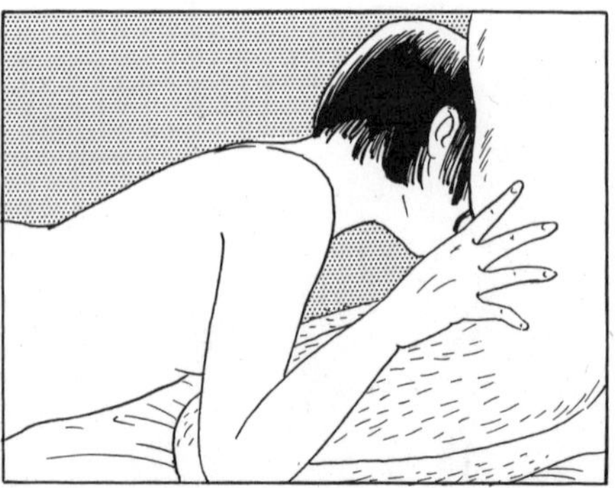

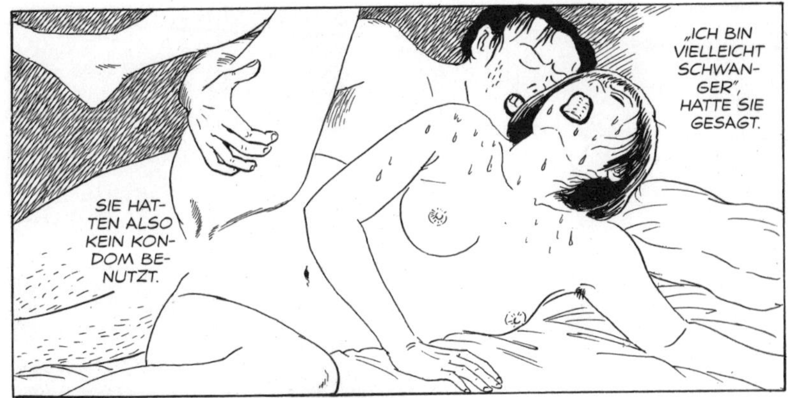
„ICH BIN VIELLEICHT SCHWANGER“, HATTE SIE GESAGT.
SIE HATTEN ALSO KEIN KONDOM BENUTZT.

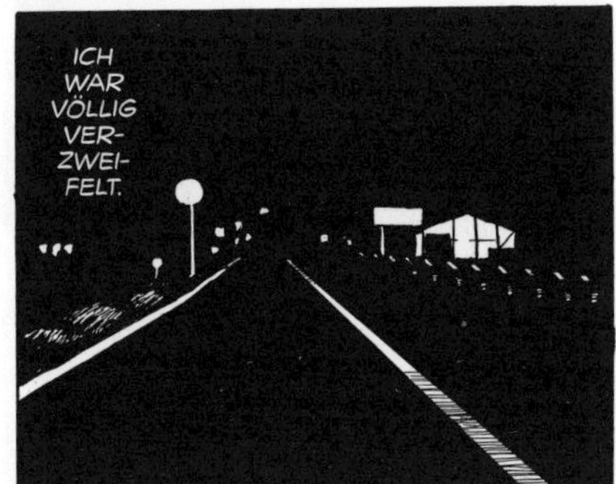
ICH WAR VÖLLIG VERZWEIFELT.

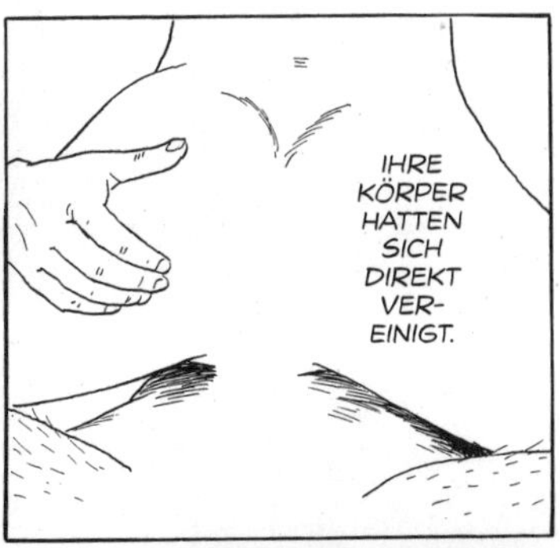
IHRE KÖRPER HATTEN SICH DIREKT VEREINIGT.

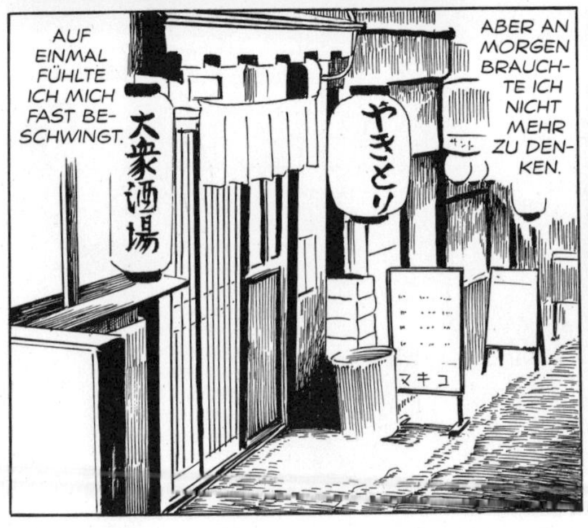
AUF EINMAL FÜHLTE ICH MICH FAST BESCHWINGT.
ABER AN MORGEN BRAUCHTE ICH NICHT MEHR ZU DENKEN.
大衆酒場
やきとり
マキコ

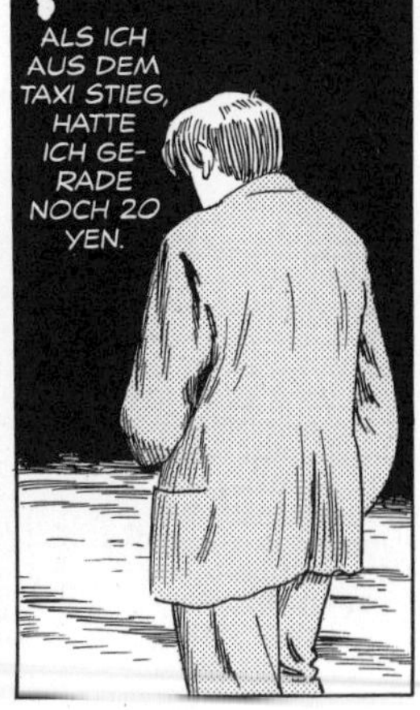
ALS ICH AUS DEM TAXI STIEG, HATTE ICH GERADE NOCH 20 YEN.

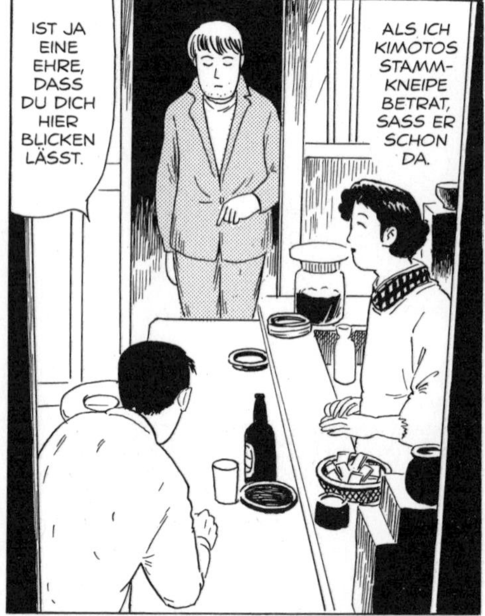
ALS ICH KIMOTOS STAMMKNEIPE BETRAT, SASS ER SCHON DA.
IST JA EINE EHRE, DASS DU DICH HIER BLICKEN LÄSST.

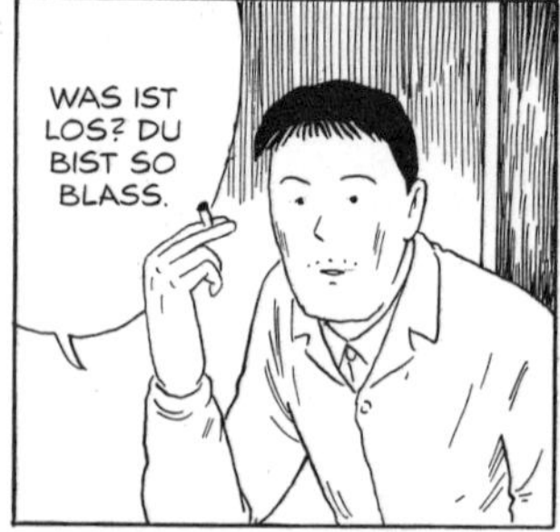
WAS IST LOS? DU BIST SO BLASS.

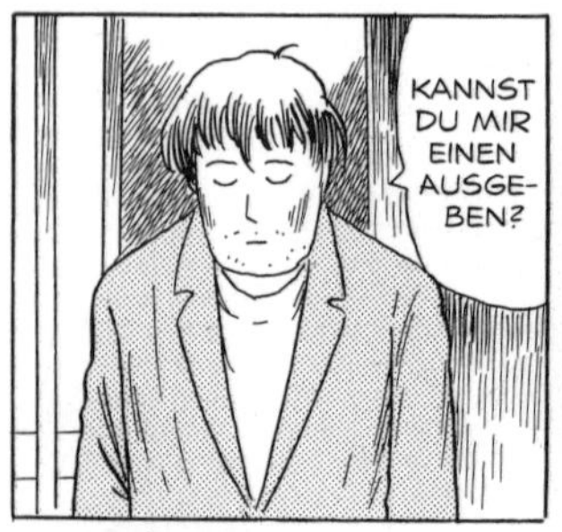
KANNST DU MIR EINEN AUSGEBEN?

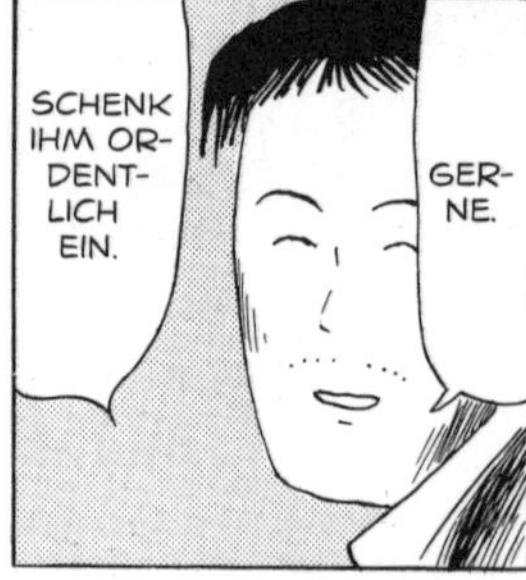
SCHENK IHM ORDENTLICH EIN.
GERNE.

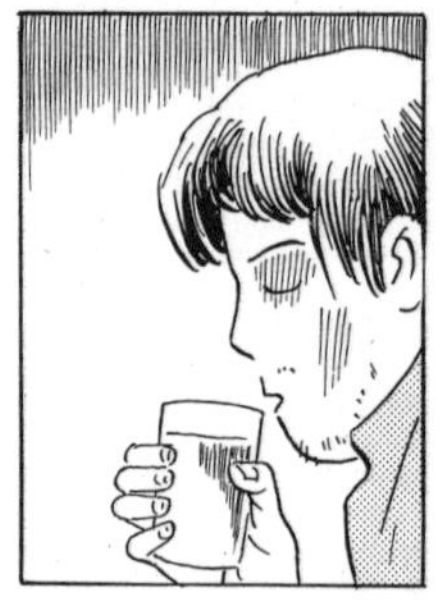

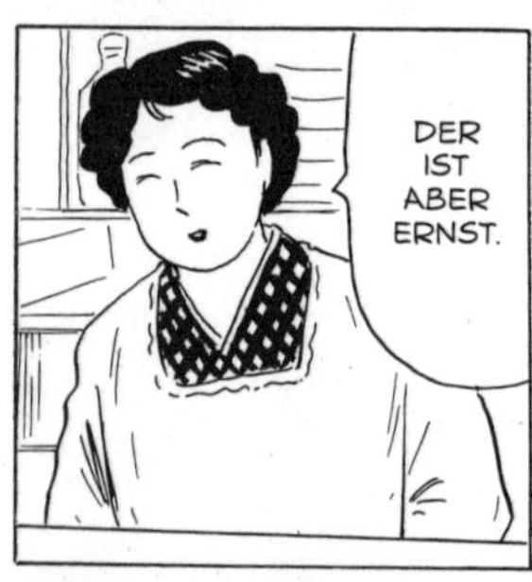
DER IST ABER ERNST.

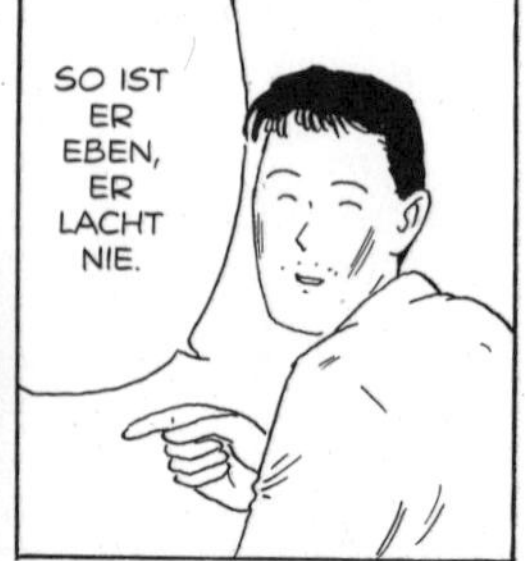
SO IST ER EBEN, ER LACHT NIE.

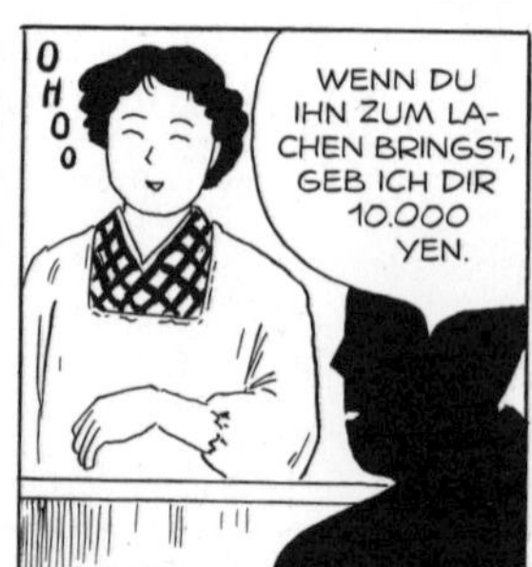
OHOO
WENN DU IHN ZUM LACHEN BRINGST, GEB ICH DIR 10.000 YEN.

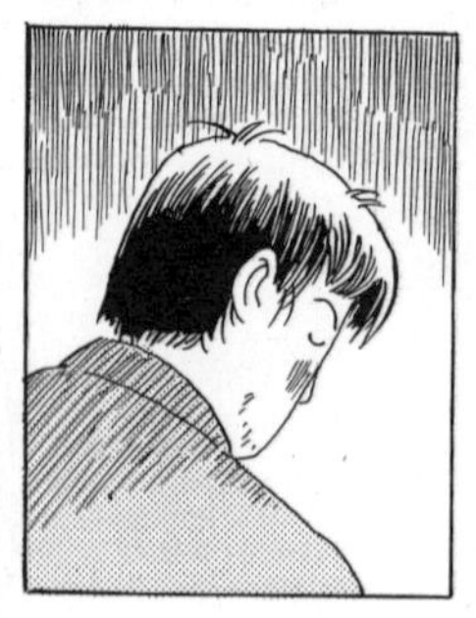

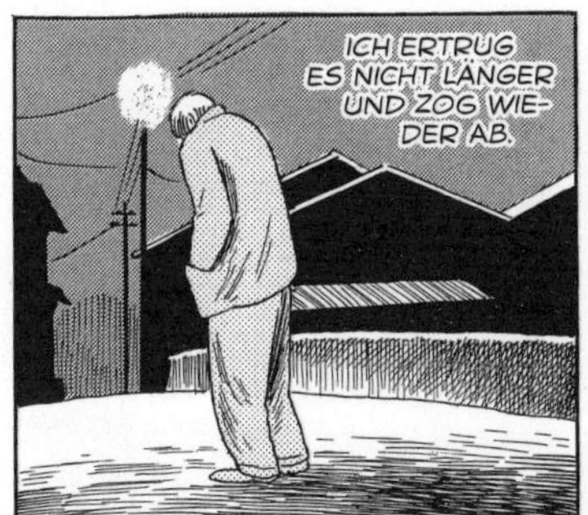
ICH ERTRUG
ES NICHT LÄNGER
UND ZOG WIE-
DER AB.
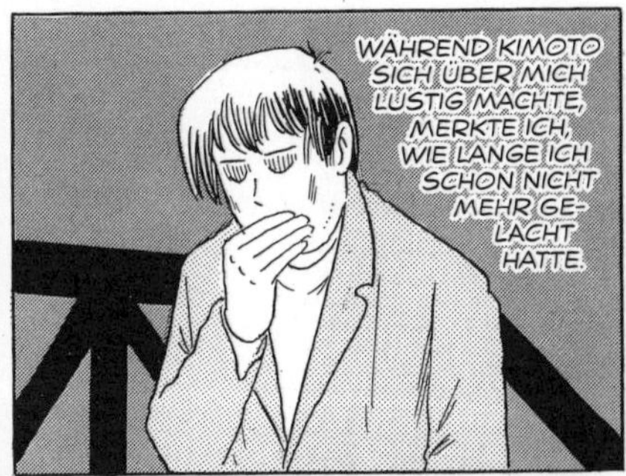
WÄHREND KIMOTO
SICH ÜBER MICH
LUSTIG MACHTE,
MERKTE ICH,
WIE LANGE ICH
SCHON NICHT
MEHR GE-
LACHT
HATTE.
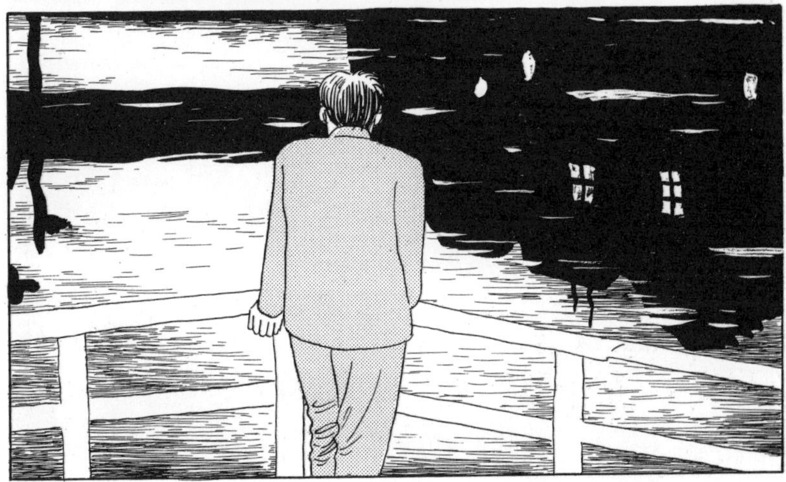
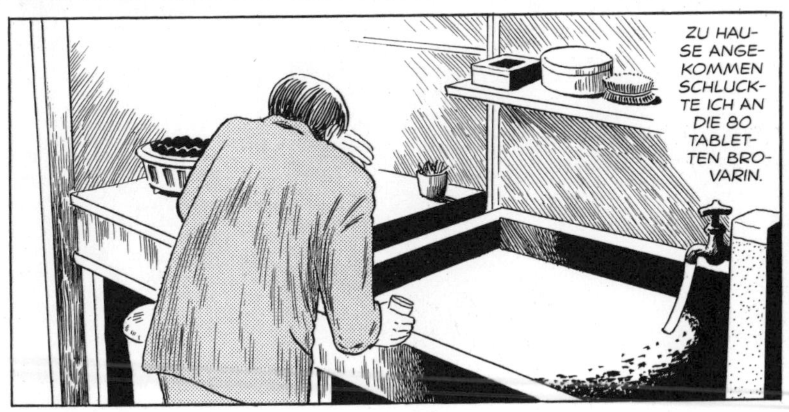
ZU HAU-
SE ANGE-
KOMMEN
SCHLUCK-
TE ICH AN
DIE 80
TABLET-
TEN BRO-
VARIN.

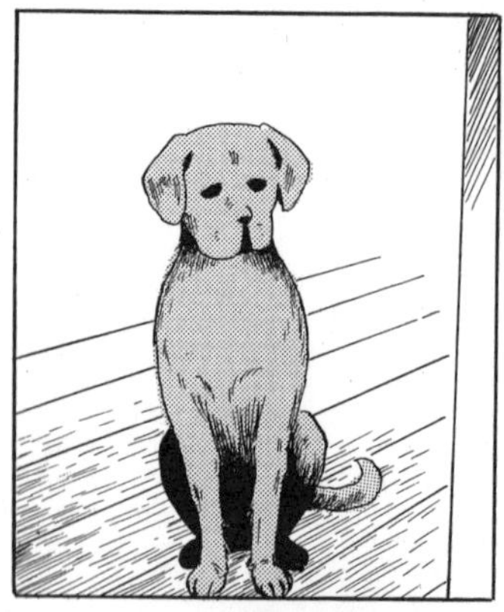

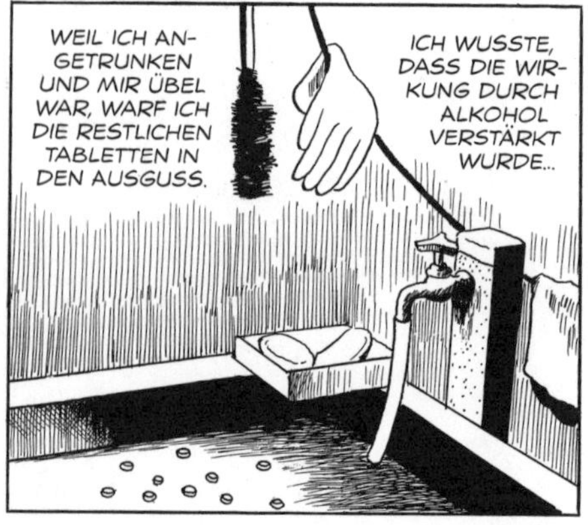
WEIL ICH ANGETRUNKEN UND MIR ÜBEL WAR, WARF ICH DIE RESTLICHEN TABLETTEN IN DEN AUSGUSS.
ICH WUSSTE, DASS DIE WIRKUNG DURCH ALKOHOL VERSTÄRKT WURDE...

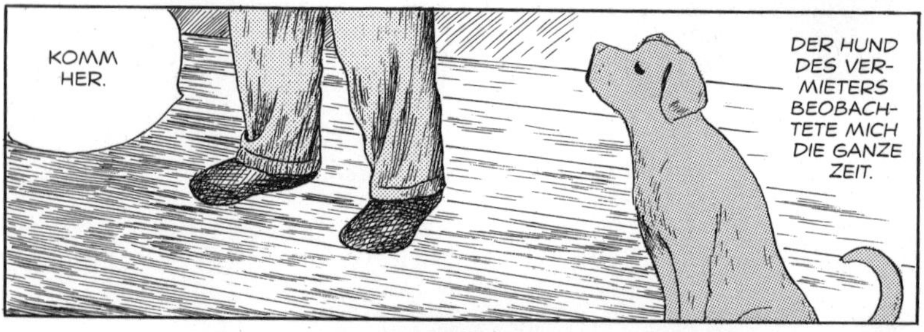
DER HUND DES VERMIETERS BEOBACHTETE MICH DIE GANZE ZEIT.
KOMM HER.

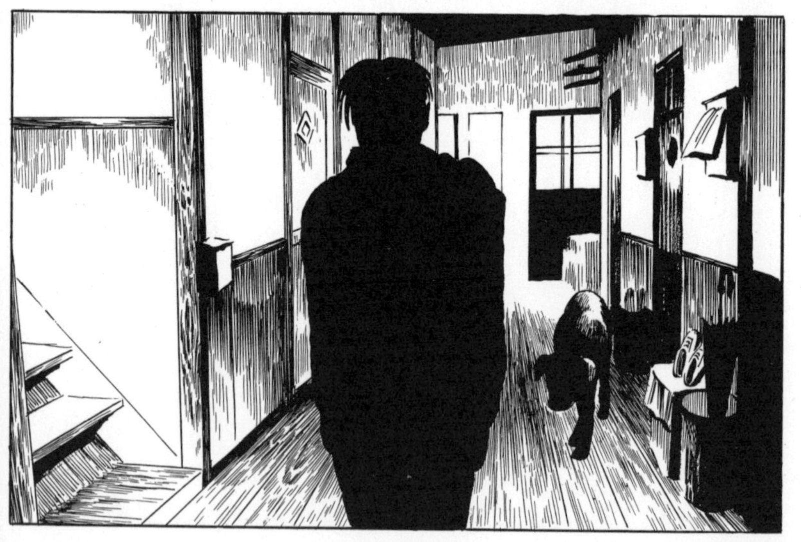

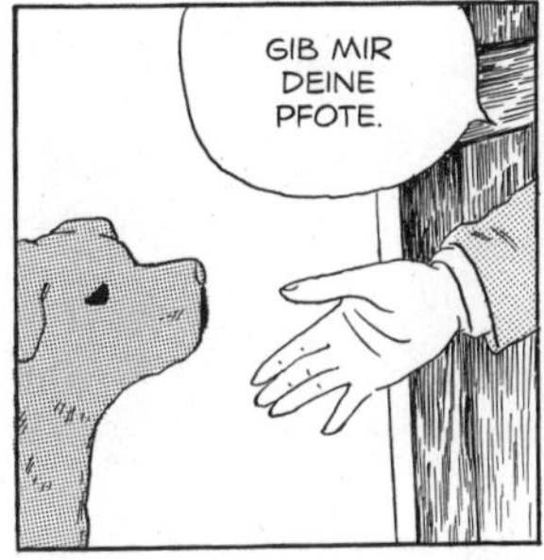
GIB MIR DEINE PFOTE.

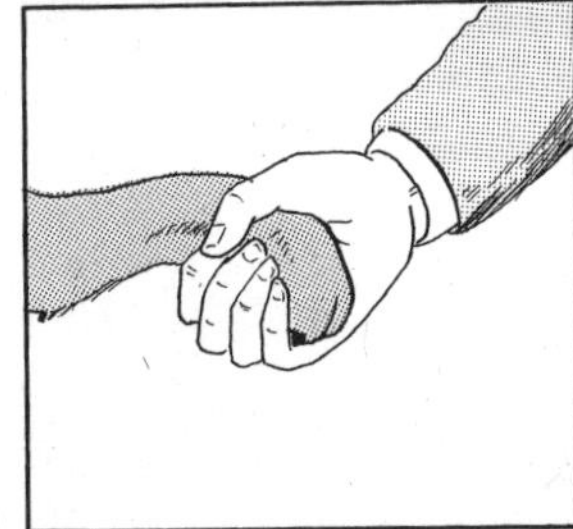

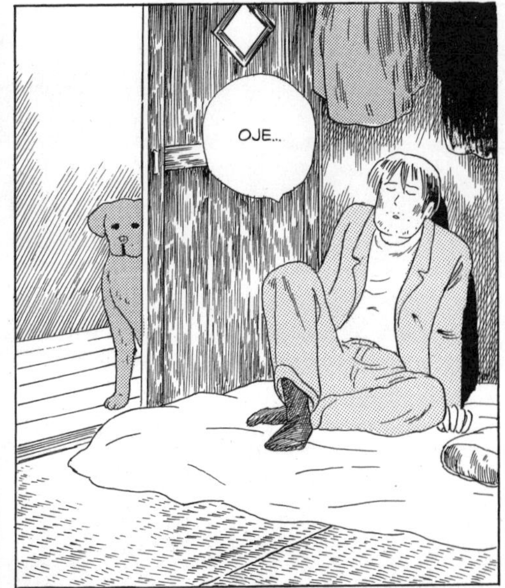
OJE...

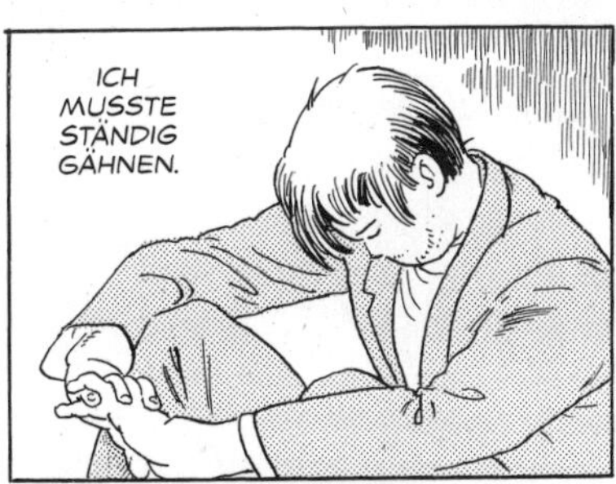
ICH MUSSTE STÄNDIG GÄHNEN.

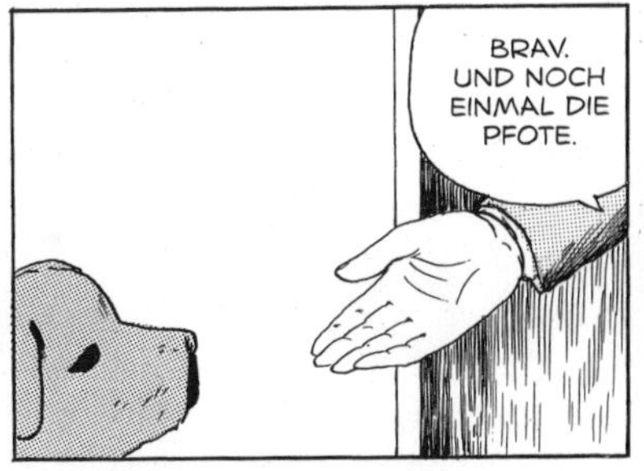
BRAV. UND NOCH EINMAL DIE PFOTE.

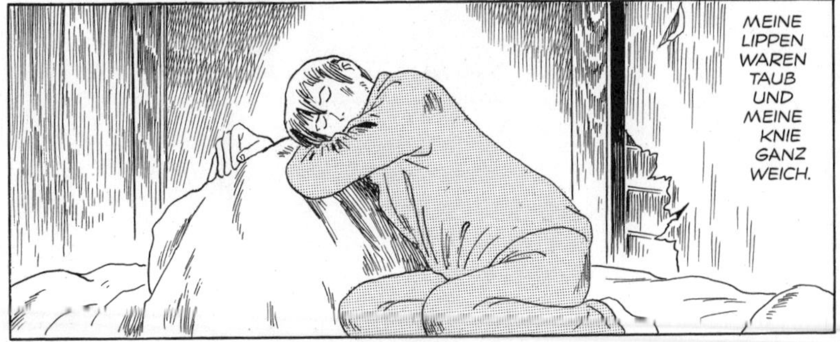
MEINE LIPPEN WAREN TAUB UND MEINE KNIE GANZ WEICH.

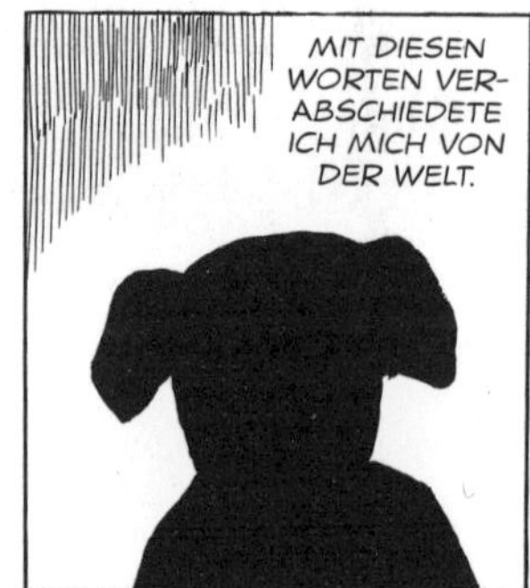
MIT DIESEN WORTEN VERABSCHIEDETE ICH MICH VON DER WELT.

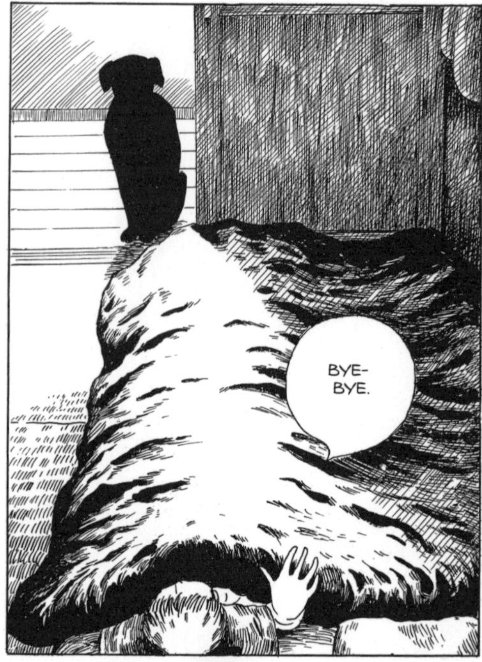
BYE-BYE.

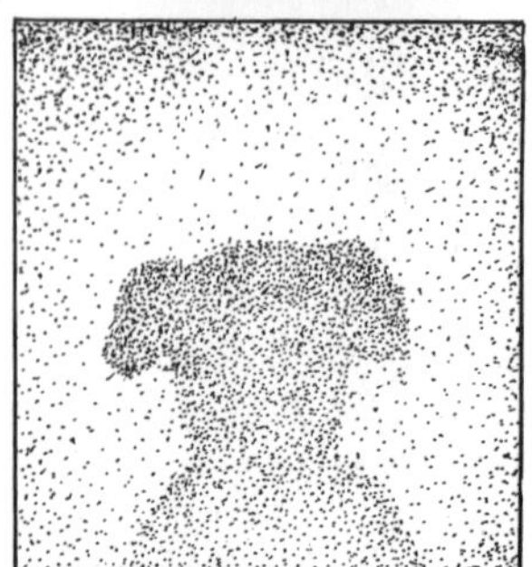

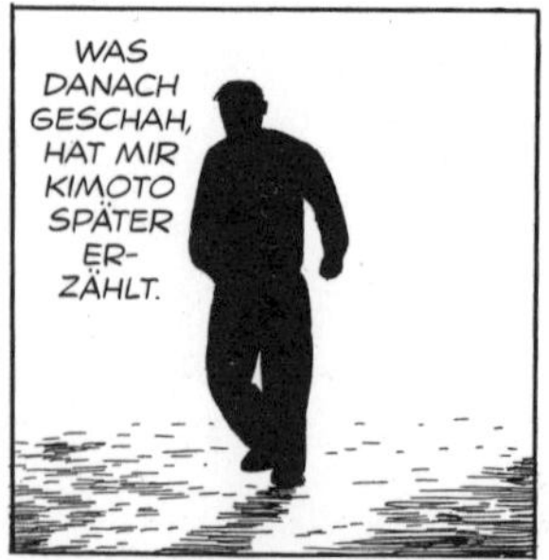
WAS DANACH GESCHAH, HAT MIR KIMOTO SPÄTER ERZÄHLT.

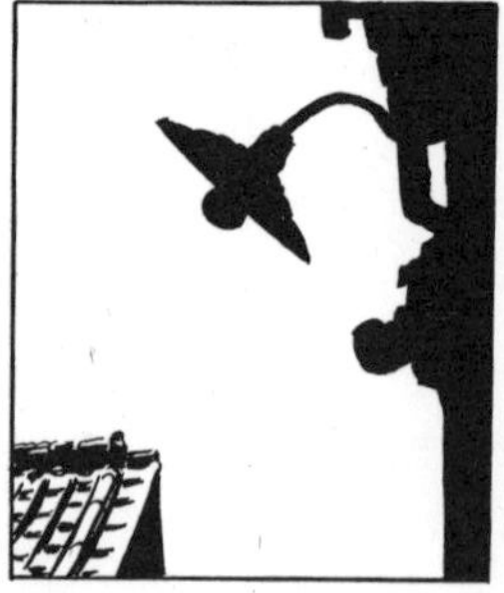

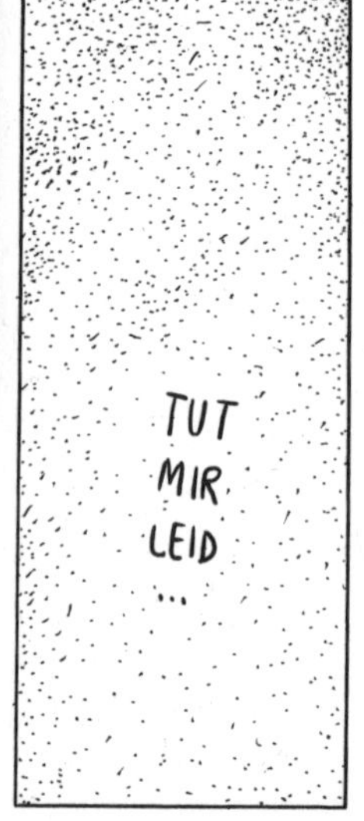
TUT MIR LEID ...

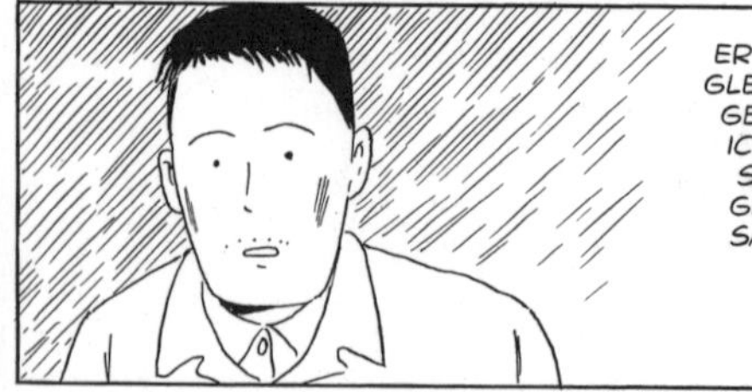
ER WAR MIR GLEICH NACHGEGANGEN, ICH SEI SO SELTSAM GEWESEN, SAGTE ER.

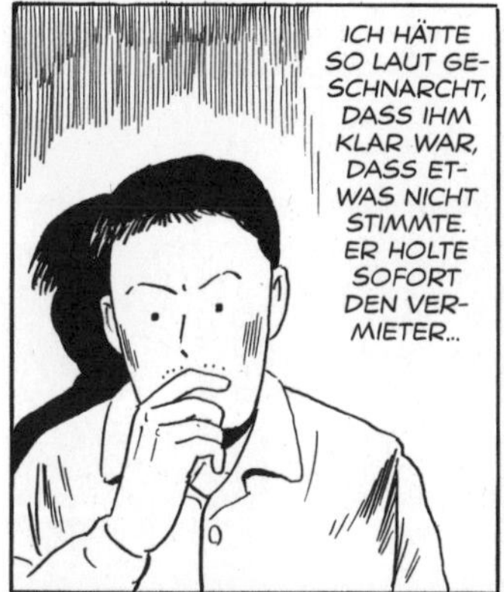
ICH HÄTTE SO LAUT GESCHNARCHT, DASS IHM KLAR WAR, DASS ETWAS NICHT STIMMTE. ER HOLTE SOFORT DEN VERMIETER...

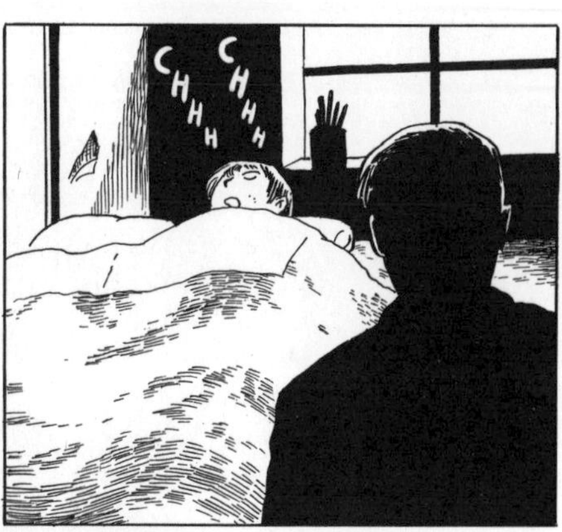
CHHHH
CHHHH

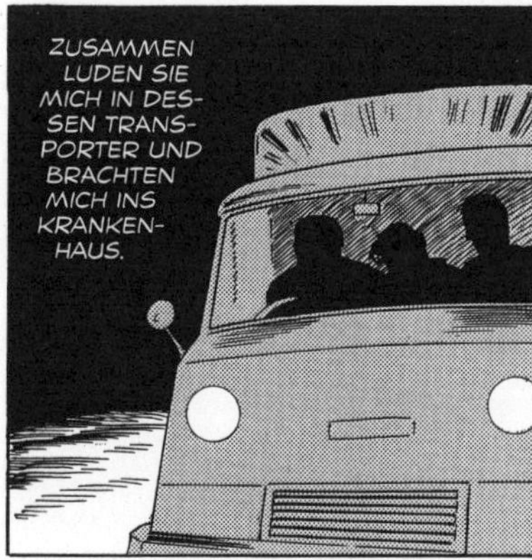
ZUSAMMEN LUDEN SIE MICH IN DESSEN TRANSPORTER UND BRACHTEN MICH INS KRANKENHAUS.

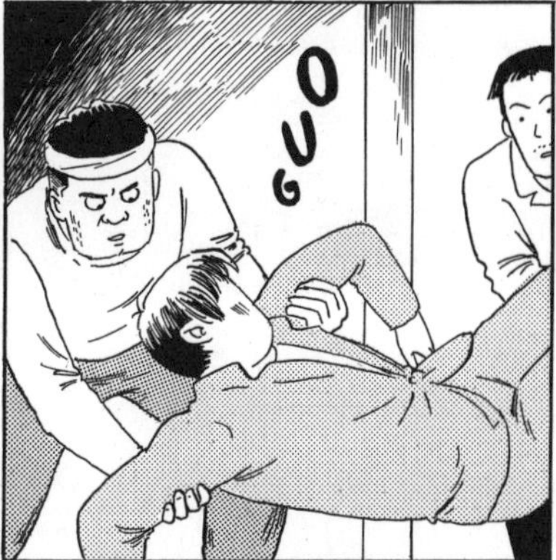
GUO

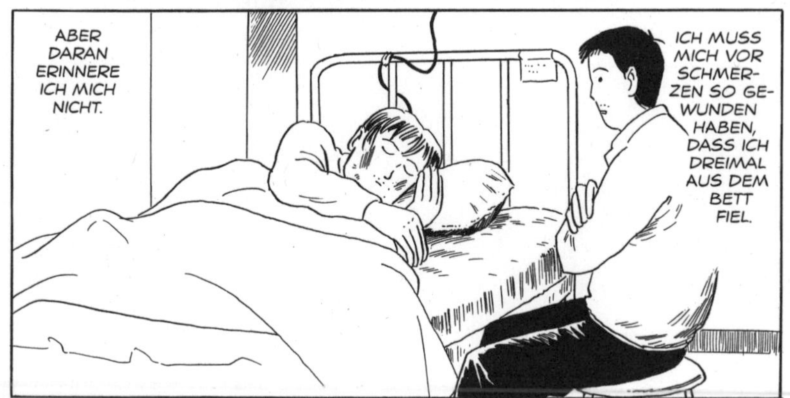
ICH MUSS MICH VOR SCHMERZEN SO GEWUNDEN HABEN, DASS ICH DREIMAL AUS DEM BETT FIEL.
ABER DARAN ERINNERE ICH MICH NICHT.

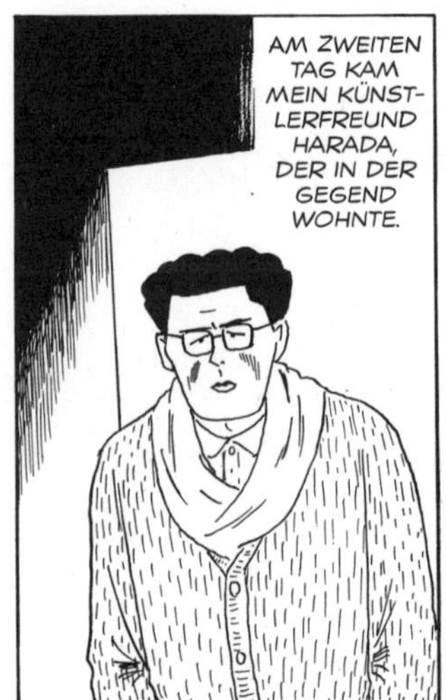
AM ZWEITEN TAG KAM MEIN KÜNSTLERFREUND HARADA, DER IN DER GEGEND WOHNTE.

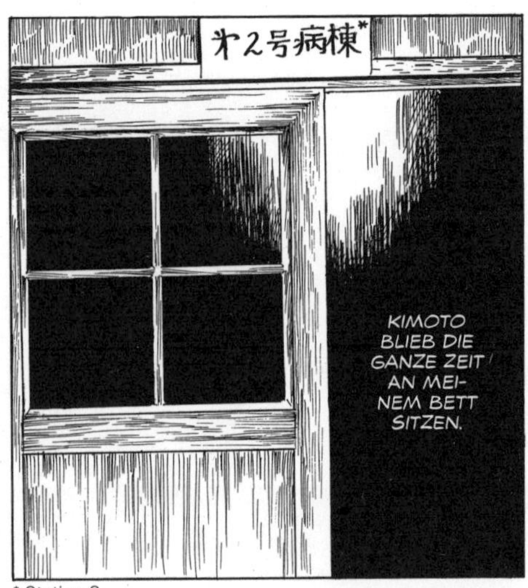
才2号病棟*
KIMOTO BLIEB DIE GANZE ZEIT AN MEINEM BETT SITZEN.

* Station 2

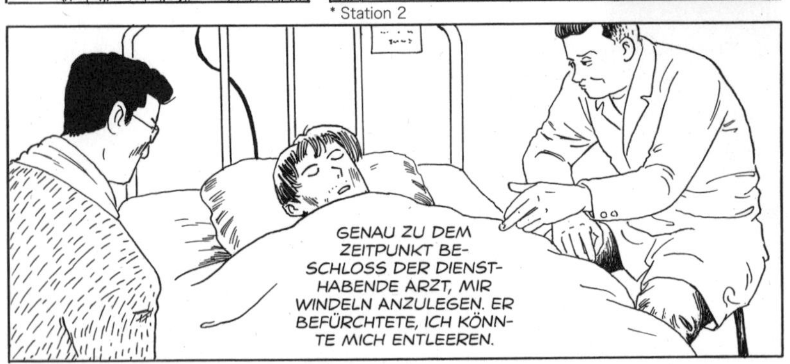
GENAU ZU DEM ZEITPUNKT BESCHLOSS DER DIENSTHABENDE ARZT, MIR WINDELN ANZULEGEN. ER BEFÜRCHTETE, ICH KÖNNTE MICH ENTLEEREN.

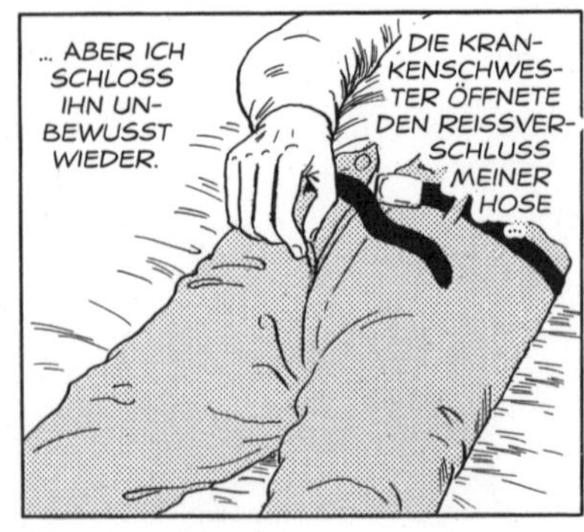
DIE KRANKENSCHWESTER ÖFFNETE DEN REISSVERSCHLUSS MEINER HOSE
... ABER ICH SCHLOSS IHN UNBEWUSST WIEDER.

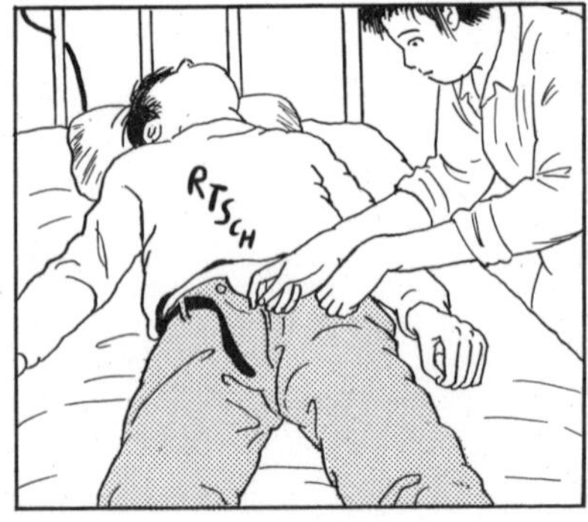
RTSCH

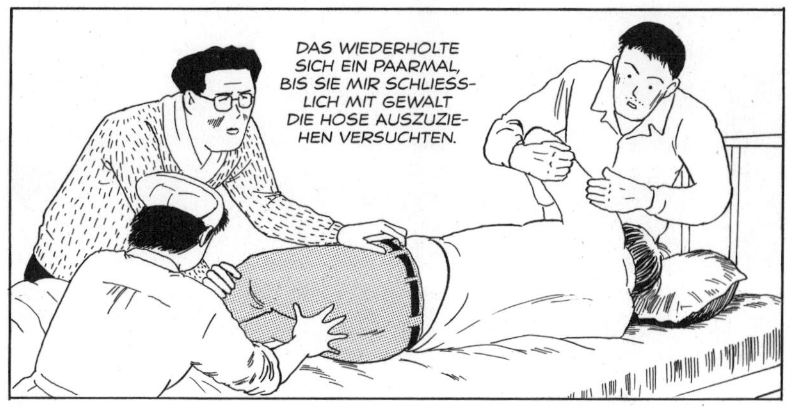
DAS WIEDERHOLTE SICH EIN PAARMAL, BIS SIE MIR SCHLIESS-LICH MIT GEWALT DIE HOSE AUSZUZIE-HEN VERSUCHTEN.

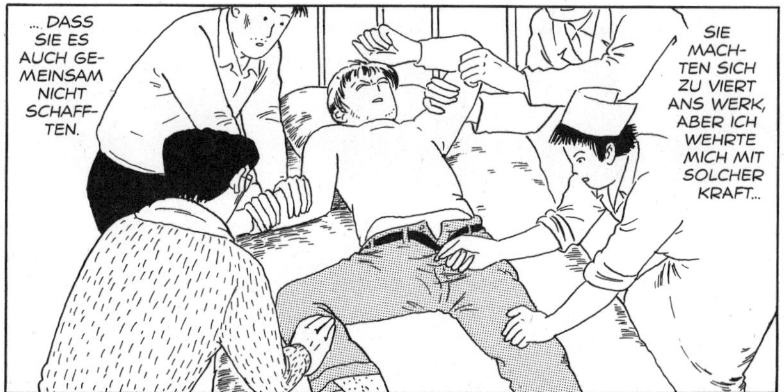
SIE MACH-TEN SICH ZU VIERT ANS WERK, ABER ICH WEHRTE MICH MIT SOLCHER KRAFT...
... DASS SIE ES AUCH GE-MEINSAM NICHT SCHAFF-TEN.

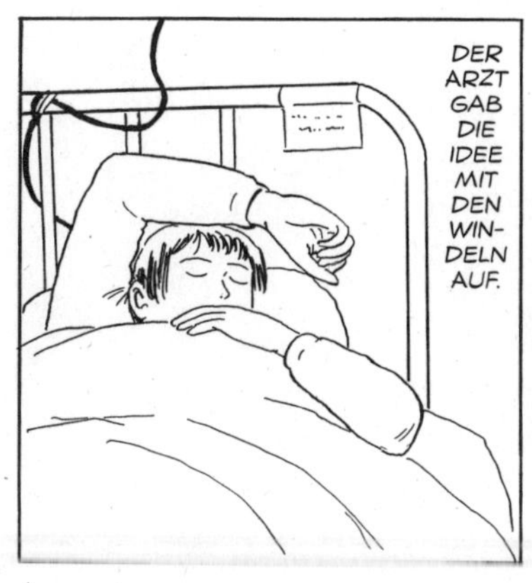
DER ARZT GAB DIE IDEE MIT DEN WIN-DELN AUF.

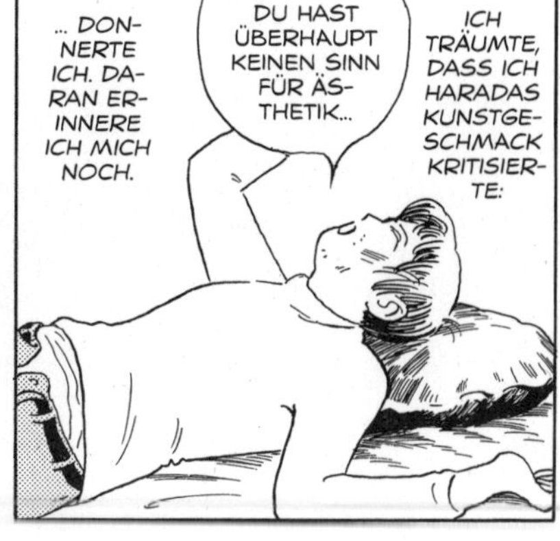
ICH TRÄUMTE, DASS ICH HARADAS KUNSTGE-SCHMACK KRITISIER-TE:
DU HAST ÜBERHAUPT KEINEN SINN FÜR ÄS-THETIK...
... DON-NERTE ICH. DA-RAN ER-INNERE ICH MICH NOCH.

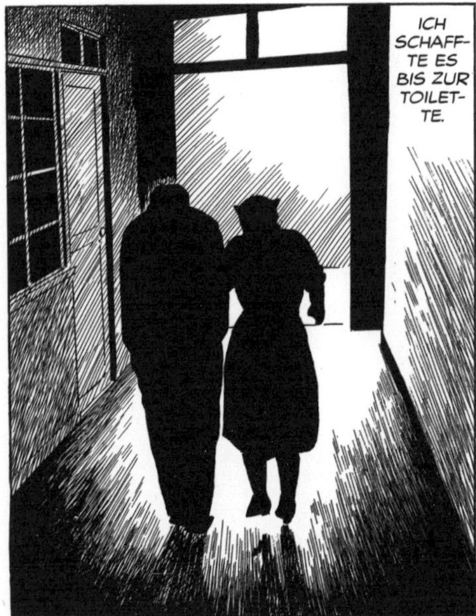
ICH SCHAFFTE ES BIS ZUR TOILETTE.

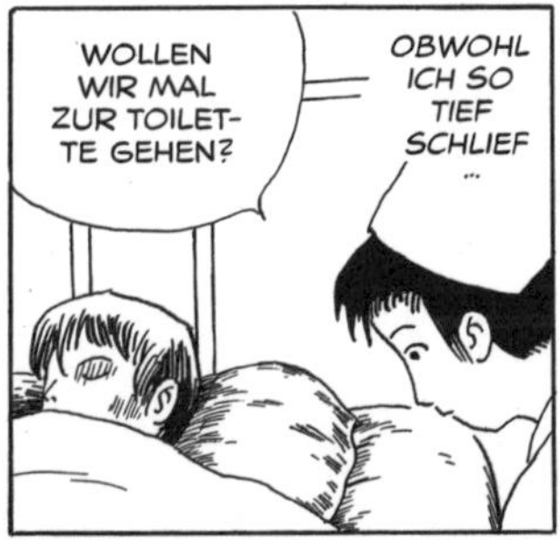
OBWOHL ICH SO TIEF SCHLIEF ...
WOLLEN WIR MAL ZUR TOILETTE GEHEN?

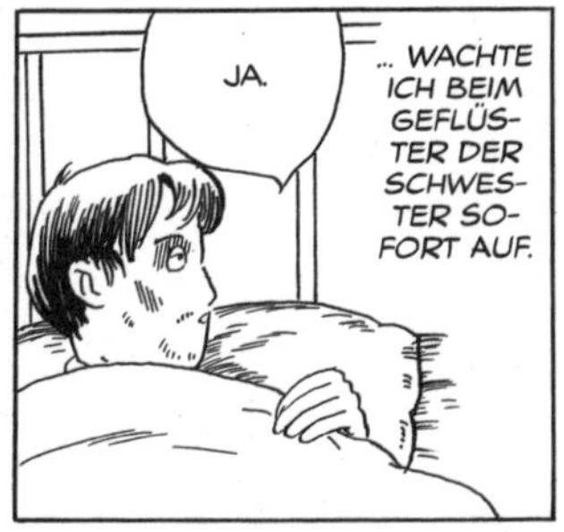
... WACHTE ICH BEIM GEFLÜSTER DER SCHWESTER SOFORT AUF.
JA.

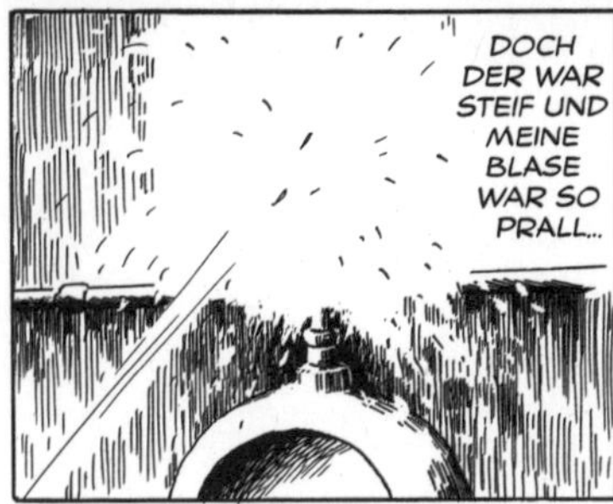
DOCH DER WAR STEIF UND MEINE BLASE WAR SO PRALL...

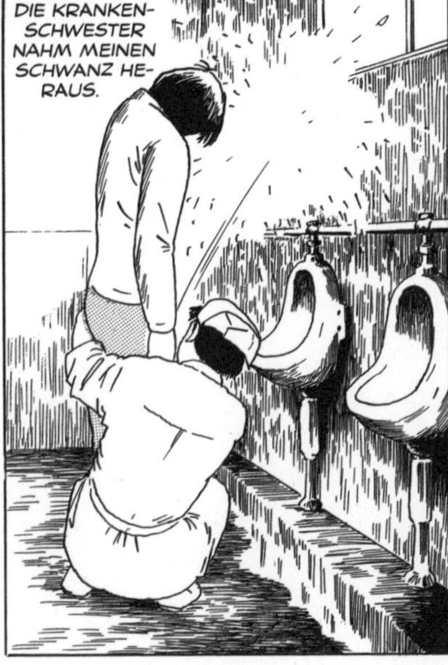
DIE KRANKENSCHWESTER NAHM MEINEN SCHWANZ HERAUS.

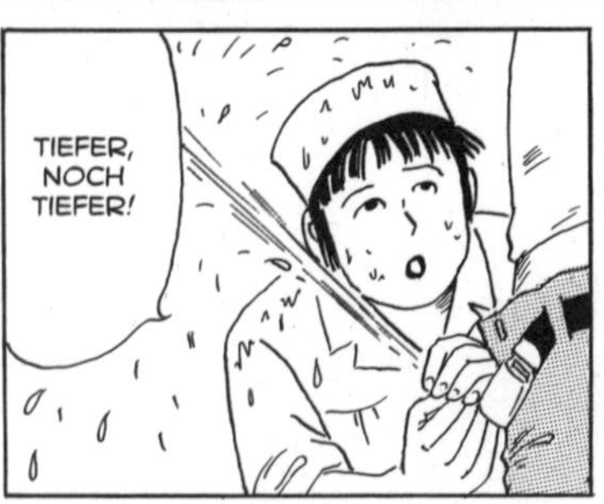
TIEFER, NOCH TIEFER!

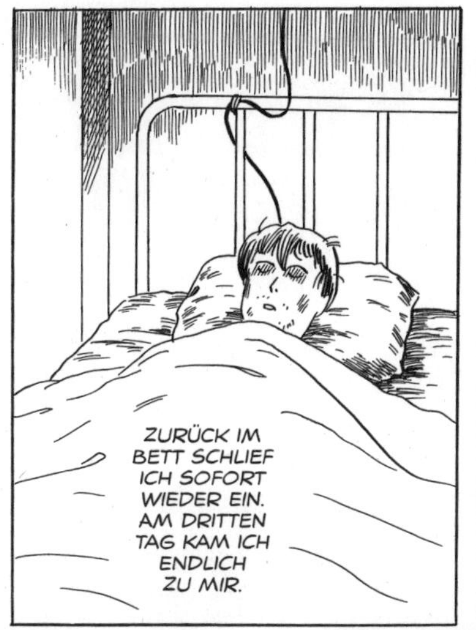
ZURÜCK IM BETT SCHLIEF ICH SOFORT WIEDER EIN. AM DRITTEN TAG KAM ICH ENDLICH ZU MIR.

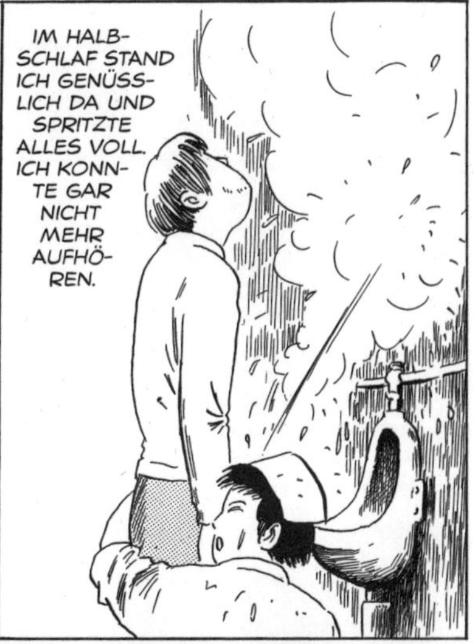
IM HALBSCHLAF STAND ICH GENÜSSLICH DA UND SPRITZTE ALLES VOLL. ICH KONNTE GAR NICHT MEHR AUFHÖREN.

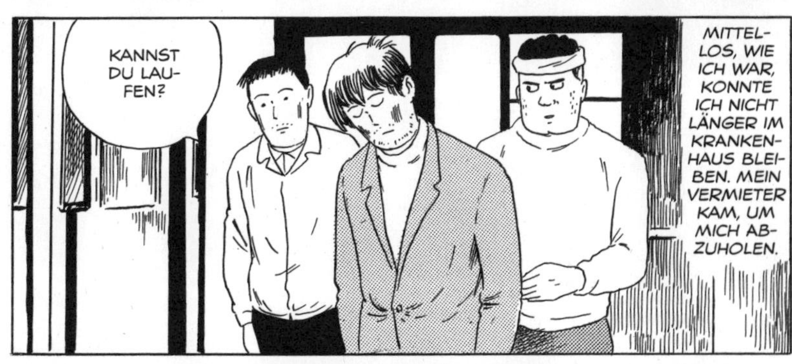
MITTELLOS, WIE ICH WAR, KONNTE ICH NICHT LÄNGER IM KRANKENHAUS BLEIBEN. MEIN VERMIETER KAM, UM MICH ABZUHOLEN.
KANNST DU LAUFEN?

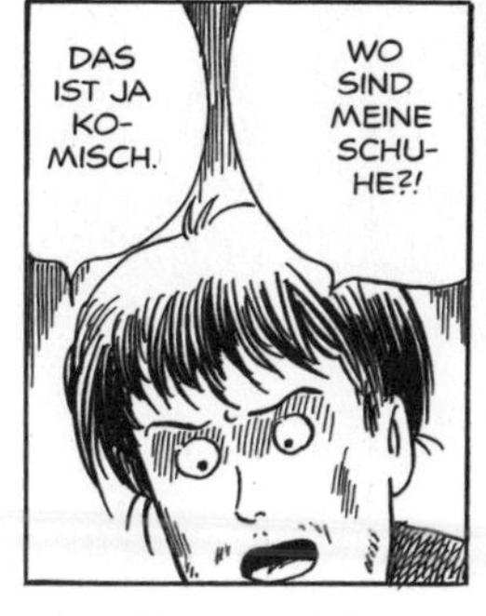
DAS IST JA KOMISCH.
WO SIND MEINE SCHUHE?!

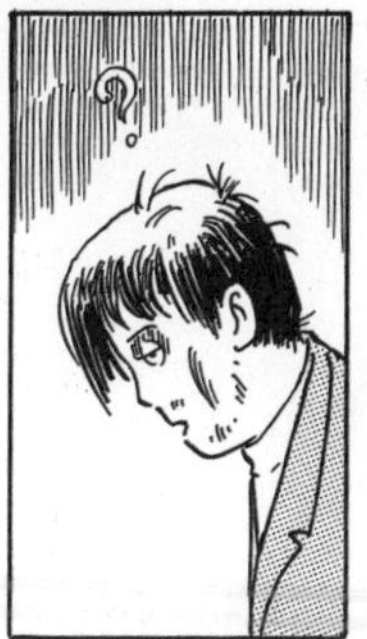
?

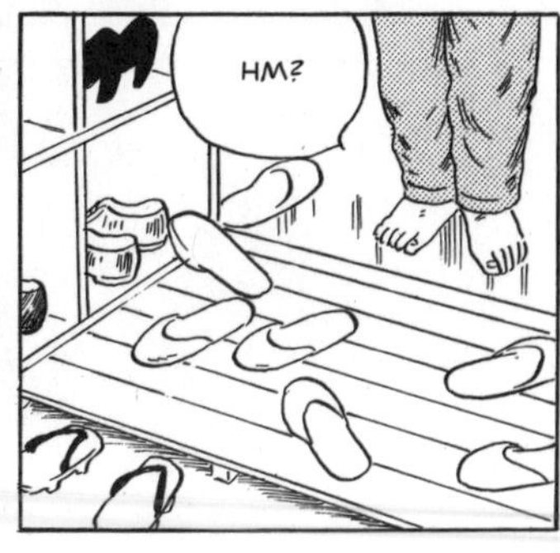
HM?

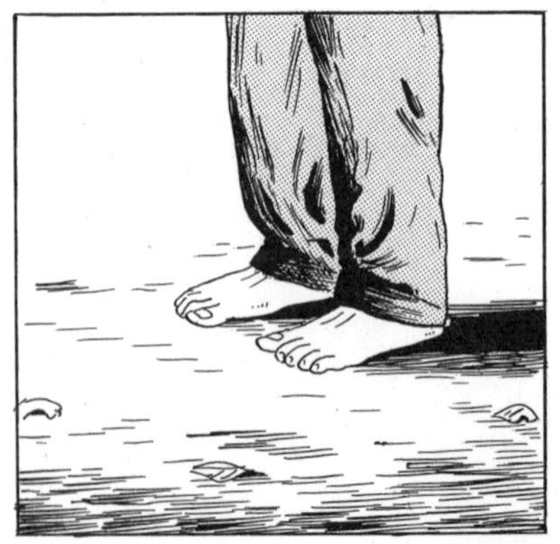

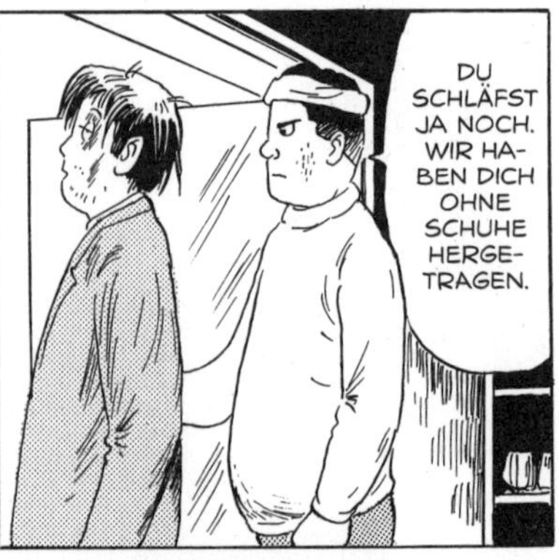
DU SCHLÄFST JA NOCH. WIR HABEN DICH OHNE SCHUHE HERGETRAGEN.

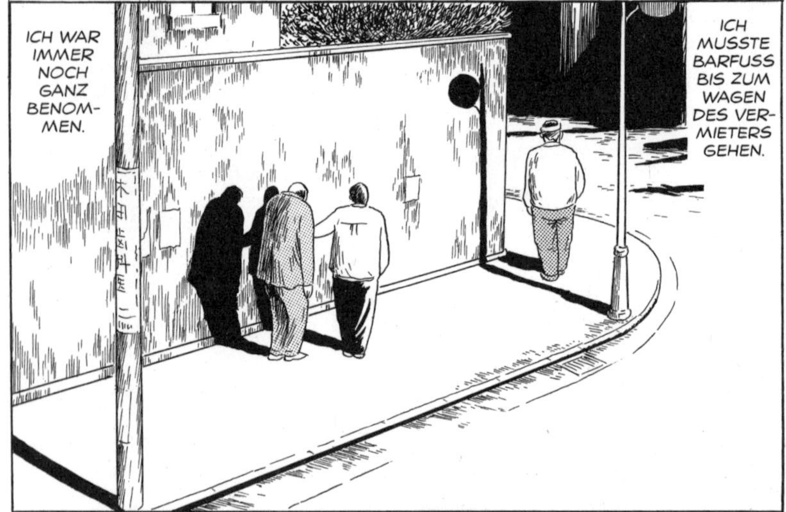
ICH WAR IMMER NOCH GANZ BENOMMEN.
ICH MUSSTE BARFUSS BIS ZUM WAGEN DES VERMIETERS GEHEN.

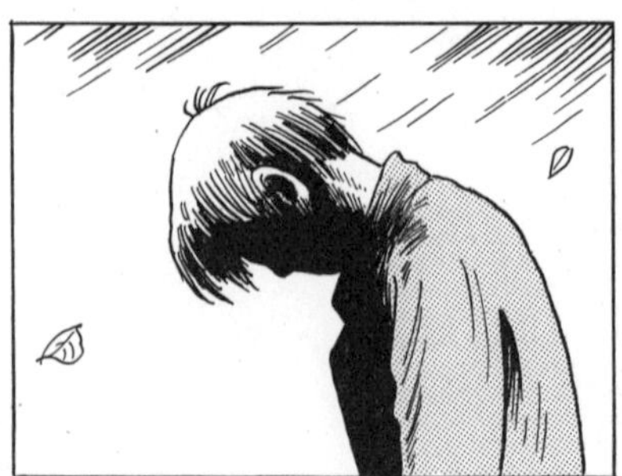

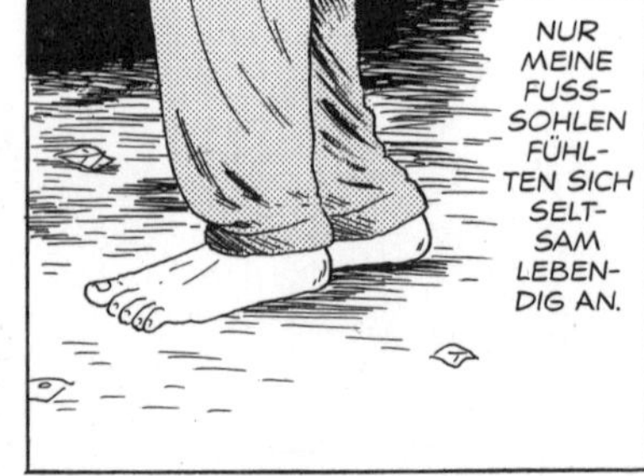
NUR MEINE FUSSSOHLEN FÜHLTEN SICH SELTSAM LEBENDIG AN.

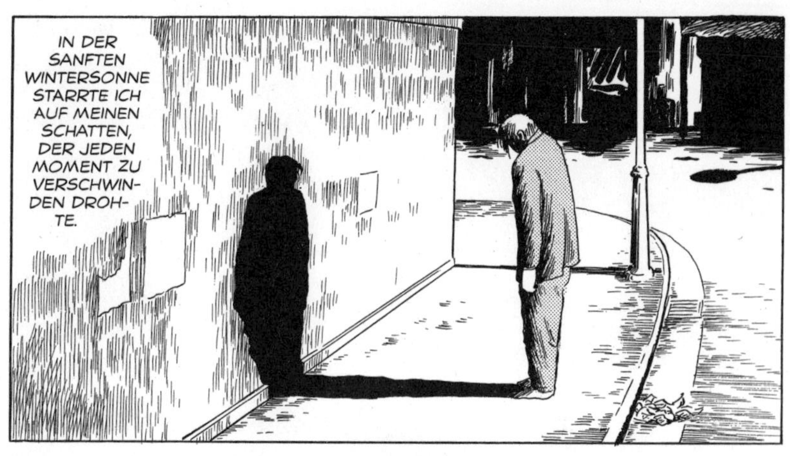
IN DER SANFTEN WINTERSONNE STARRTE ICH AUF MEINEN SCHATTEN, DER JEDEN MOMENT ZU VERSCHWIN-DEN DROH-TE.

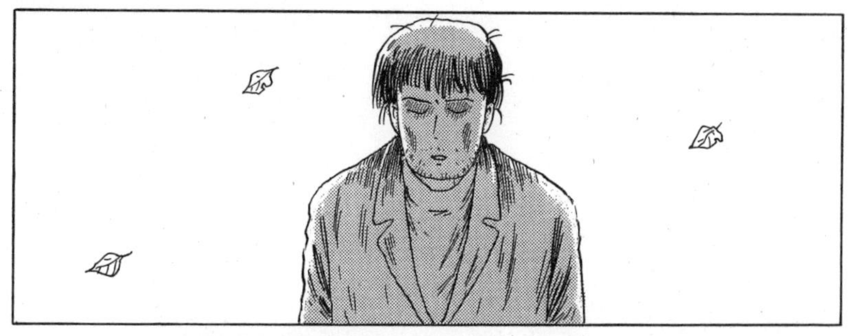

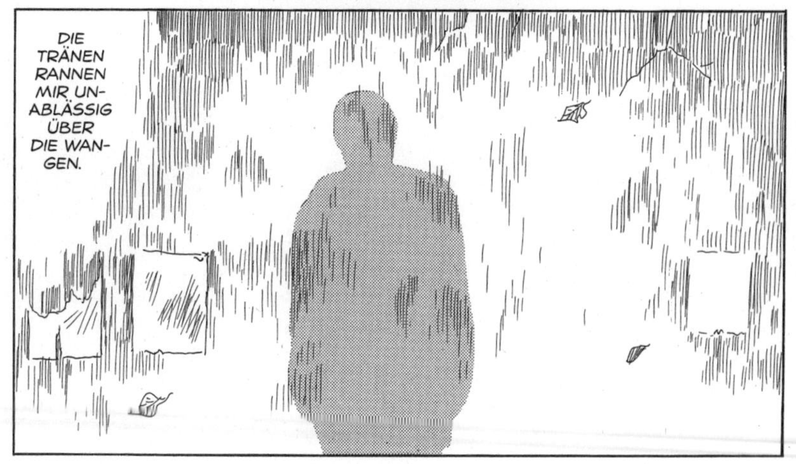
DIE TRÄNEN RANNEN MIR UN-ABLÄSSIG ÜBER DIE WAN-GEN.

ANHANG

S. 61 **Ichikawa**
Stadt am östlichen Rand von Tokyo in der Präfektur Chiba.

Tamagawa
Fluss im Süden Tokyos, Grenze zur Nachbarstadt Kawasaki.

Keisei-Linie
Private Eisenbahnlinie zwischen Tokyo und der Präfektur Chiba.

S. 62 **Kinshicho**
Stadtviertel im Tokyoter Bezirk Sumida.

S. 73 **Ryokan**
Hotel im traditionell japanischen Stil.

Ueno
Stadtviertel im Bezirk Taito in Tokyo.

Hanafuda
Traditionelles japanisches Kartenspiel mit Blumenmotiven.

S. 74 **Kyushu**
Die südlichste der vier Hauptinseln Japans.

Tateishi
Viertel im Bezirk Katsushika in Tokyo.

S. 91 **Yugawara-Onsen**
Etwa 100 Kilometer südlich von Tokyo am Meer gelegener Thermalbadeort in der Präfektur Kanagawa.

S. 102 **Manga-Shonen**
1947 gegründetes Manga-Magazin, das sich vornehmlich an männliche Jugendliche richtete (1954 eingestellt).

S. 114 **Jinbocho**
Stadtviertel in Tokyo, berühmt für seine vielen Buchhandlungen und Antiquariate.

S. 121 **Utamaro Kitagawa** (1753–1806)
Für seine Farbholzschnitte berühmter Künstler.

S. 126 **Zenzo Kasai** (1887–1928)
Japanischer Schriftsteller.

Ango Sakaguchi (1906–1955)
Japanischer Schriftsteller und Essayist.

Koji Uno (1891–1961)
Japanischer Schriftsteller.

Chotaro Kawasaki (1901–1985)
Japanischer Schriftsteller.

S. 132 **Atami**
Etwa 100 Kilometer südlich von Tokyo am Meer gelegener berühmter Thermalbadeort.

Hakone
Etwa 100 Kilometer südwestlich von Tokyo in der Vulkanlandschaft am Fuße des Fuji gelegener berühmter Kurort mit Thermalbädern.

S. 139 **Über den Bergen von Izu steht der Mond...**
erste Liedzeile des berühmten Schlagers Yunomachi erejii (Elegie im Badeort).

S. 140 **„Junge Leute müssen ehrgeizig sein."**
Anlehnung an den bekannten Ausspruch von William Clark, dem ersten Schuldirektor der 1876 gegründeten Hochschule für Landwirtschaft in Sapporo: „Boys, be ambitious." Jedes Kind in Japan kennt diesen englischen Ausspruch.

S. 145 **Mit der Sänfte nach Yoshiwara...**
Strophe aus einem Lied, das seit der Edo-Zeit in Freudenvierteln gesungen wurde.

S. 186 **Tanuki**
Marder- oder auch Waschbärhund, in Japan lebendes nachtaktives Wildtier.

S. 193 **Kap Sada**
Halbinsel im äußersten Westen Shikokus, der kleinsten der vier Hauptinseln Japans.

S. 276 **Blauer Himmel, wehender Wind…**
Erste Zeile des Schlagers Akogare no Hawai koro (Mit dem Schiff zu den ersehnten Inseln von Hawaii) von 1948, auf dem basierend 1950 auch ein gleichnamiger Film entstand.

S. 296 **Fukusuke**
Glücksgott mit großem Kopf und traditionellem Gewand, der hier als „Logo" der traditionellen, für ihre tabi (Socken mit abgeteiltem großem Zeh) berühmten Firma Fukusuke dient.

S. 303 **Tief aus dem Meer…**
Erste Zeile des gleichnamigen Lieds von 1944, welches das Leben der Soldaten in einem U-Boot besingt.

S. 308 **Moxa / Moxibustion**
Heilmethode der traditionellen chinesischen Medizin, bei der bestimmte Punkte des Körpers durch Verbrennen von getrockneten Beifußblättern (Moxa) erwärmt werden.

S. 319 **Chiba**
Präfektur östlich von Tokyo.

S. 321 **Suiton-Klöße**
Klöße aus Weizenmehl, die zusammen mit Gemüse als Suppeneinlage dienen; in Japan sehr verbreitet während der Kriegs- und Nachkriegszeit.

S. 346 **Tokyo boogie woogie**
Populärer Song im Boogie-Woogie-Stil von 1947.

Bento
Selbst zubereiteter oder an Imbissständen angebotener Imbiss, meist in einer Bento-Box.

S. 352 **Oshima**
Etwa 140 Kilometer südlich von Tokyo gelegene und administrativ zu

Tokyo gehörende Insel, ein Wahrzeichen ist ihr immer noch aktiver Vulkan.

Izu
Halbinsel etwa 150 Kilometer südlich von Tokyo.

S. 354 **Sakuragicho**
Eisenbahn- und U-Bahnhof in der Stadt Yokohama.

S. 356 **Ich bin in Oshima am heiligen Feuer groß geworden, aus meiner Brust quillt unaufhörlich Rauch**
Altes Volkslied auf der Insel Oshima.

S. 372 **Setagaya**
Bezirk von Tokyo.

S. 374 **Akabane**
Stadtviertel im Bezirk Kita im Norden Tokyos.

S. 375 **Pachinko**
In ganz Japan verbreitetes Automatenspiel, das meist in sogenannten Pachinko-Hallen gespielt wird, in denen Hunderte von diesen Geräten stehen; aufgrund der durch die Automaten kullernden Metallkugeln herrscht ein extremer Lärmpegel.

S. 376 **Yamanote-Bahn**
Als Ringbahn angelegte Stadtbahn, die das Zentrum Tokyos umfährt.

S. 390 **Katsudon**
In einer Schüssel serviertes Reisgericht, mit einem frittierten Schnitzel und Ei garniert.

S. 396 **Shinjuku**
Stadtviertel in Tokyo.

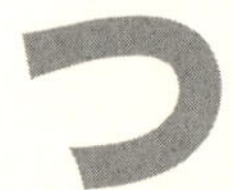

YOSHIHARU TSUGES WERK NACH *GARO*

Mitsuhiro Asakawa

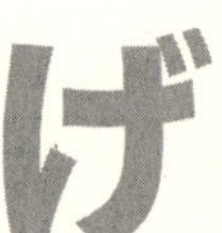

Yoshios Jugend enthält vornehmlich Geschichten, die in Japan von 1972 bis 1981 veröffentlicht wurden, und ist damit zwischen den Werken der bei Reprodukt publizierten Sammlungen *Rote Blüten* und *Der nutzlose Mann* angesiedelt. Aus der Gesamtperspektive betrachtet hat Tsuge in dieser Zeit seinen bereits in „Verschraubt“ exponierten surrealistischen Stil entwickelt, so zum Beispiel in „Traumspaziergang“, gefolgt von einer ganz neuartigen Serie autobiografischer Alltagsgeschichten über junge Paare wie in „Yoshios Jugend“. Später sind es dann seine Träume, die er in den Manga verarbeitet, und es kommt, wie in „Die Hände am Fenster“, zu einer Verschmelzung von Surrealismus und naturalistischem Realismus. Zuletzt bildet, wie in den Geschichten von *Der nutzlose Mann*, der Ich-Manga den Grundton von Tsuges Werk, in dem sich jedoch auch surrealistische Elemente finden. In den Jahren 1986 und 1987 folgen die autobiografischen Geschichten „Der Gecko“, „Zum Meer“ und „Die Trennung“. Danach hat Tsuge aufgehört, Manga zu zeichnen. Ich möchte an dieser Stelle Tsuges Gesamtwerk noch einmal zurückverfolgen und dazu Äußerungen zitieren, die er selbst zum Zeitpunkt der jeweiligen Veröffentlichungen gemacht hat, um so zu einem besseren Verständnis seines Werks zu gelangen.

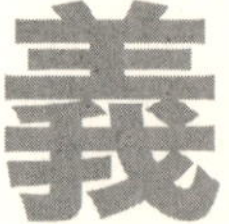

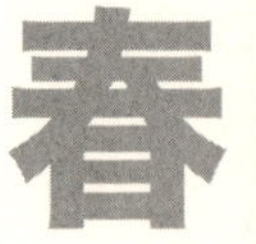

„Traumspaziergang“ (in *Yagyo 1*, Hokuto Shobo, April 1972)

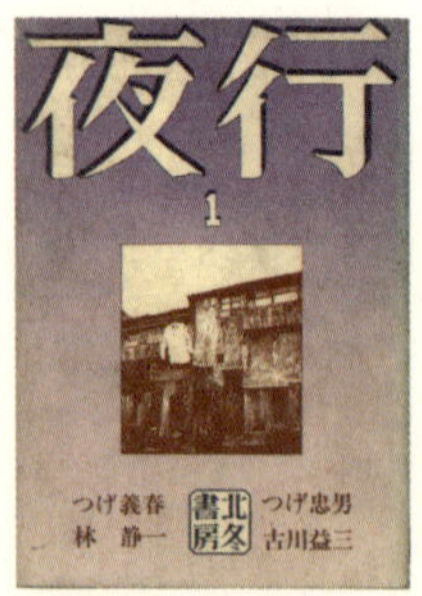

Titelbild der Zeitschrift Yagyo 1, *Hokuto Shobo, April 1972*

Zwischen der Veröffentlichung von „Der Wirt des Yanagiya“ in der Zeitschrift *Garo* (1970) und „Traumspaziergang“ gibt es eine Lücke von zwei Jahren. Nachdem Tsuge 1968 mit „Verschraubt“ für einiges Aufsehen gesorgt hatte und mehrere Sammelbände erschienen waren, zeichnete er eine Weile keine Manga mehr, was vor allem daran lag, dass er genügend Tantiemen bekam und sich um seinen Lebensunterhalt keine Sorgen machen musste. Zur selben Zeit, 1969, lernte er seine spätere Frau Maki Fujiwara kennen, mit der er von da an zusammenlebte.

Darüber hinaus arbeitete er als Assistent des Mangaka Shigeru Mizuki und für Fotozeitschriften wie *Asahi Graph*, für deren Reportagen zur „Welt des Fremden“ in Japan er lokale Sitten und Gebräuche illustrierte. 1971 kam es bei der Zeitschrift *Garo* zu Veränderungen, die auch für Tsuge nicht ohne Folgen blieben: Mit Abschluss des ersten Teils von „Kamui“ des Mangaka Sanpei Shirato, der die Zeitschrift auch finanziell unterstützte, verließ der für Tsuge zuständige Redakteur Shinzo Takano den Seirindo-Verlag und gründete seinen eigenen Verlag, Hokuto, bei dem dann die Zeitschrift *Yagyo* herauskam, in deren erster Ausgabe Tsuges „Traumspaziergang“ erschien.

„Während meiner Arbeit an ‚Verschraubt‘ war es noch schwierig, Unwahrheiten zu zeichnen. Bei ‚Traumspaziergang‘ wird dann ein Traum offenbart, ich hatte das Gefühl, ein bisschen besser zu verstehen, dass alles auf dieser Welt aus Illusion und Pseudo-Wirklichkeit besteht, ich fühlte mich teilweise befreit von dem Zwang, mit meinen Storys dem gesunden Menschenverstand und der Vernunft zu entsprechen, ich war erleichtert.“[1]

„Bei einer Story erfindet man etwas, so, als wenn man eine Realität erfindet, und es scheint, als läge diese in der Hand des Autors, aber so ist es nicht. Der Autor kann in dieser Welt seine Protagonisten und andere Dinge nicht beliebig agieren lassen. Denn alles ist mit der Lebens- und Weltanschauung des Autors sowie der realen Gesellschaft verknüpft. Letztlich kann ein Autor Geschichten nur insofern erschaffen, als er nicht von einer bestimmten Welt abweicht. Und treibt man die Geschichten immer weiter, wird es eng, bis man schließlich in einen Zustand gerät, in dem man sich wie gefesselt fühlt. Gesellschaft bedeutet, durch gesunden Menschenverstand und Vernunft eingeengt zu sein. Genauso eingeengt fühlt man sich, wenn man eine Story erfindet. Ich habe diese Enge nicht mehr ertragen und verspürte den immer stärker werdenden Wunsch, mich von der vernünftigen Welt loszusagen. Und auf einmal entdeckte ich die Welt der Träume, sie erschien mir so schön, weil sie eine Welt ohne jede Vernunft und ohne gesunden Menschenverstand ist. Darum habe ich mich eine Zeit lang so für Träume interessiert. Als ich ‚Verschraubt’ zeichnete, konnte ich das für mich noch nicht richtig theoretisch fassen. Ich hatte das Gefühl, Unsinn zu zeichnen. Aber bei ‚Traumspaziergang’ verfügte ich über einen klaren schöpferischen Ansatz, wenn man das so nennen kann, ich habe mich bewusst nicht auf die Wirklichkeit bezogen. Bei der Arbeit an ‚Verschraubt’ besaß ich dieses Bewusstsein noch nicht, ich hatte Angst, lauter Unsinn zu zeichnen (lacht).“[2]

„Eine Story ist ja gewissermaßen eine Realität. Sie spiegelt die Wirklichkeit wider, unser soziales Leben. Aber diese Wirklichkeit ist eine Illusion, sie stellt keine feste Wahrheit dar, sondern lediglich eine Pseudo-Wirklichkeit, sie ist ein fiktives Trugbild, in dem provisorische Regeln gelten. Mir gefällt dieses Trugbild nicht, und ich glaube auch nicht daran, doch wenn ich mich frage, wo denn die echte Wirklichkeit ist, die Nicht-Pseudo-Wirklichkeit, lässt sich diese natürlich nirgendwo finden. Also ist das Trugbild wohl die echte Wirklichkeit, doch es fällt schwer, diese Wirklichkeit nicht mittels der Vernunft, sondern gefühlsmäßig zu verstehen, und deswegen fällt mir das Leben so schwer, und ich drohe zu ersticken. Ich möchte irgendwie frei davon werden. Ich wollte in meinen Manga keine Pseudo-Welt, sondern eine echte Welt erschaffen, ich wollte, indem ich meine Story unbeschadet bis zum Ende durchkonstruierte, der Pseudo-Welt entkommen...“[3]

Trotz des Titels „Traumspaziergang“ erzählt Tsuge in der Geschichte nicht einfach einen Traum. Und man findet auch nicht mehr die mit vielen schrägen Linien gezeichneten Details, wie sie in der *Garo*-Periode zu sehen waren. Die Linien verlaufen simpler. Ab 1972 begann Tsuge dann, seine Träume ernsthaft aufzuzeichnen. Das Resultat sollte ein paar Jahre später als Manga erscheinen.

„Ich zeichne keine schwarzen Bilder mehr. Mich faszinieren jetzt Dinge wie der blaue Himmel. (...) Ich wollte frei sein von allen Bindungen in meinem Leben, mich faszinierten Dinge, die klar und ohne Bedeutung waren, so wie der blaue Himmel. (...) Es liegt keinerlei Sinn darin, dass ich lebe. Dieser Gedanke scheint mir mit den Jahren immer selbstverständlicher.“[4]

„Sommererinnerung“ (*Yagyo 2*, September 1972)
„Der Unfall“ (*Yagyo 5*, April 1974)

Im Anschluss an „Sommererinnerung“, die nach „Traumspaziergang“ in *Yagyo* veröffentlicht wurde, zeichnete Tsuge mehrere kürzere Geschichten, in denen der Alltag eines jungen Paares beschrieben wird, sicherlich davon beeinflusst, dass er nun mit Maki Fujiwara zusammenlebte. Doch im Unterschied zum Ich-Manga, in dem der Autor selbst und andere reale Personen auftreten, handelt es sich bei diesen Geschichten um reine Fiktion. Eine Konstellation darzustellen, die dem Umfeld des Verfassers nahe kommt, und damit der fiktiven Erzählung Realität zu verleihen, weist methodische

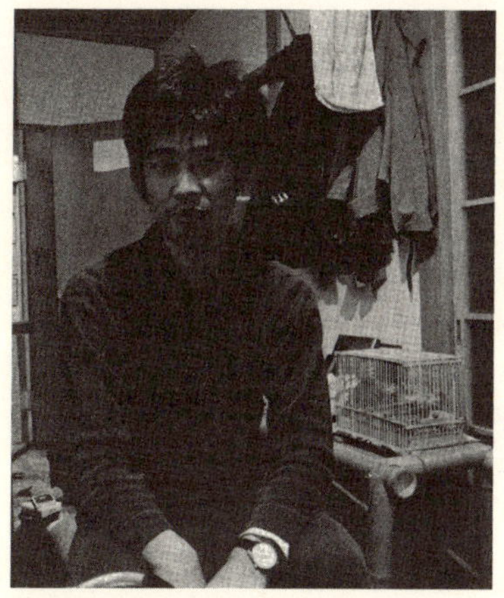

Tsuge in seiner Wohnung, 1972

Ähnlichkeit mit der später entstandenen Geschichte „Der nutzlose Mann" auf.

„Manchmal möchte ich Dinge so wie früher zeichnen, aber das gelingt mir nicht mehr. (...) Früher hatte ich diese Sehnsucht nach Reisen, den Traum vom Reisen, deshalb konnte ich das auch zeichnen, aber das ist vorbei, ich kann keine Manga mehr über das Reisen zeichnen. (...) In vier oder fünf Geschichten kommt ein Ehepaar vor, aber das hat nichts mit mir zu tun. Ich bin immer ratlos, wenn es heißt, meine Frau würde in meinen Manga auftreten, denn alle Geschichten und Figuren sind ganz und gar fiktiv..."[5]

„Ich genieße es mittlerweile, dass die Leser meine Geschichten als wirklich oder wirklichkeitsnah verstehen und sich die Protagonisten als reales Abbild des Verfassers vorstellen. Indem ich eine Art Ich-Roman vortäuschte, hoffte ich, die Leser könnten nicht mehr zwischen Fiktion und Wirklichkeit unterscheiden und würden so auch die Figur des Autors missverstehen, sodass ich selbst nicht mehr richtig zu identifizieren wäre."[6]

In einigen Bildern von „Der Unfall" hat Tsuge kompositorische Anleihen bei Henri Matisses Gemälde *La Siesta* (1905) genommen.

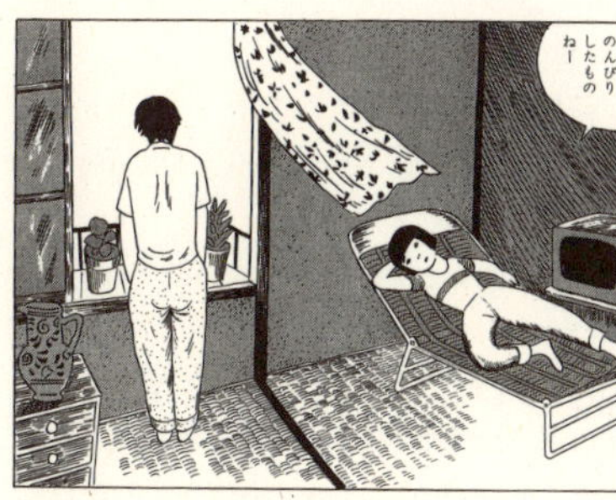

Aus „Der Unfall"

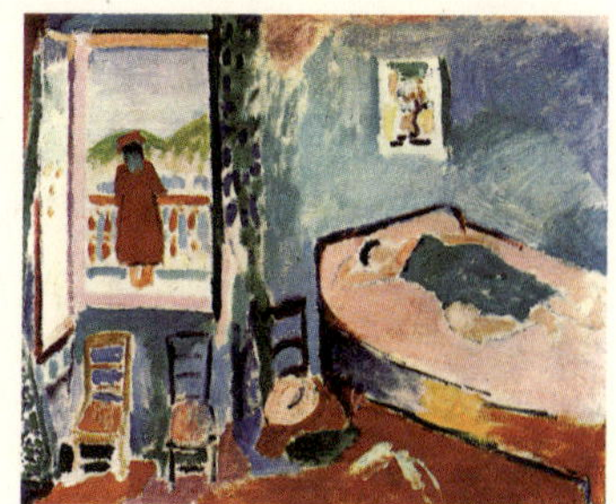

Henri Matisse: La Siesta, 1905

„Zur Untermiete“ (*Young Comic*, Shonengahosha, 10. Januar 1973)
„Yoshios Jugend” (*Manga Sunday*, Jitsugyo no Nihonsha, 9.–23. November 1974)

Ab 1966 assistierte Tsuge dem Mangaka Shigeru Mizuki, um seinen Lebensunterhalt zu verdienen, doch er empfand die Zuarbeit für andere Künstler als Qual. 1972 beendete er seine Tätigkeit bei Mizuki und konzentrierte sich ganz auf das eigene Werk. Waren seine Manga bis dahin in den Zeitschriften *Garo* und *Yagyo* erschienen, wurden sie nun in *Young Comic* und *Manga Sunday* veröffentlicht, kommerziellen Zeitschriften, die sich an eine jugendliche Leserschaft wandten, aber immer auch Seiten mit Gekiga enthielten, denn in der Redaktion waren viele *Garo*-Fans. Dass Tsuge vermehrt für kommerzielle Zeitschriften arbeitete, muss seiner Lebenssituation zugeschrieben werden. Denn von dem mageren Honorar, das *Garo* zahlte, konnte er, nachdem er bei Mizuki aufgehört und kein festes Einkommen mehr hatte, nicht leben. Die 1967 gegründete Zeitschrift *Young Comic* rekrutierte von Anfang an Künstler, die mit Leihbibliotheks-Manga debütiert hatten, so auch den Mangaka Shinichi Abe, der ebenfalls für *Garo* gearbeitet hatte.

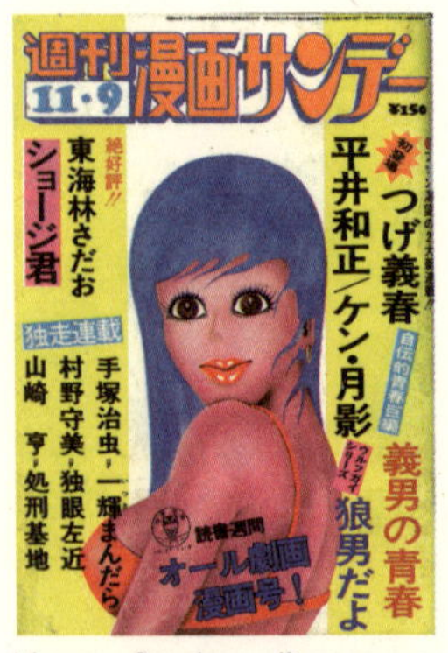

Manga Sunday, *Jitsugyo no Nihonsha, Titelbild 9.11.1974*

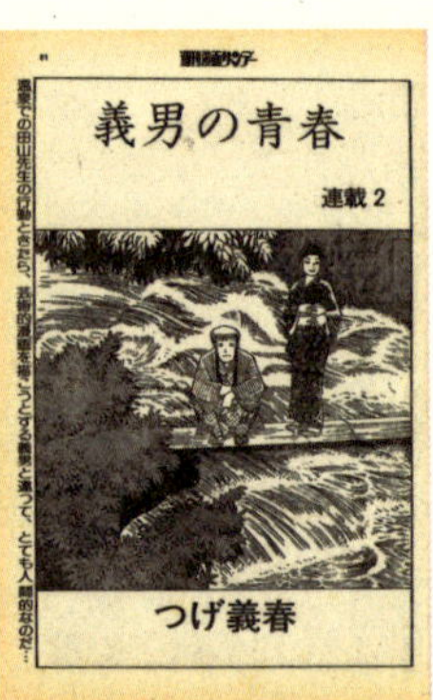

„Yoshios Jugend“, *Frontispiz der 2. Folge*

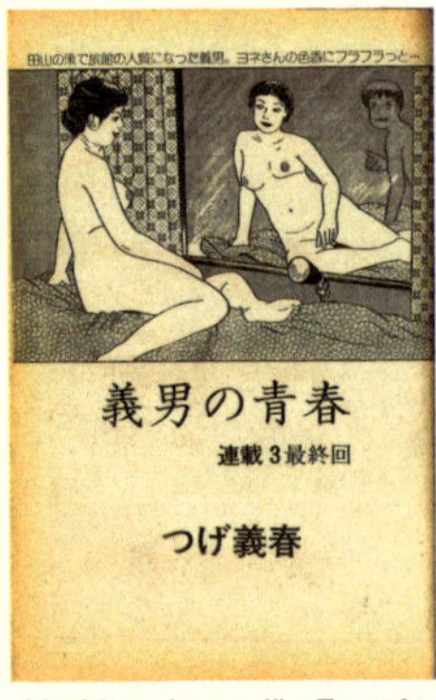

„Yoshios Jugend“, *Frontispiz der 3. Folge*

Manga Sunday war schon 1959 gegründet worden und damit älter als *Garo*. In diesem Jahr kamen in Japan die meisten Wochenmagazine auf den Markt, allerdings war *Manga Sunday* anfangs ein satirisches Nonsens-Magazin, das sich an Erwachsene richtete und eher der allgemeinen Unterhaltung diente, doch im Lauf der Zeit fanden auch Gekiga dort ihren Platz, und auch Tsuge wurde schließlich angeworben.

In dieser Periode entstanden Geschichten wie „Zur Untermiete", „Oba Galvanik" (in *Rote Blüten*) sowie „Yoshios Jugend", in denen man autobiografische Bezüge findet. Es heißt, bei „Zur Untermiete" habe ein Freund aus der Leihbücherei-Zeit für einen der Protagonisten Modell gestanden, doch tatsächlich spielt die Geschichte, ebenso wie „Sommererinnerung" und „Der Unfall", in der zweiten Hälfte der 50er-Jahre und erzählt von zwei jungen Mangaka, die Ähnlichkeiten mit Tsuge und dadurch eine gewisse Realität aufweisen.

„Oba Galvanik" und „Yoshios Jugend" hingegen waren von Beginn an klar autobiografisch konzipiert. Tsuge verdiente mit den Aufträgen kommerzieller Zeitschriften nicht genug, um davon leben zu können. Vielleicht haftete ihm seit seiner Zeit bei *Garo* auch das Etikett an, schwer verständliche künstlerische Manga zu zeichnen, sodass er nicht leicht an Aufträge für eher auf Unterhaltung ausgerichtete kommerzielle Magazine kam. Bei den Verlegern mag es überdies Zweifel gegeben haben, ob Künstler, die damals ohne einschränkende Vorgaben für *Garo* zeichneten, überhaupt für ein kommerzielles Magazin mit den entsprechenden Auflagen arbeiten konnten.

„Yoshios Jugend" ist mit 75 Seiten eine recht lange Kurzgeschichte. Tsuge beschreibt darin viele Details des täglichen Lebens, und auch das langsame Erzähltempo ist in seinem Werk sonst selten zu finden. Er selbst hat diesbezüglich darauf hingewiesen, dass er sich von Koji Unos „Kriegshafen-Marsch" habe inspirieren lassen. Als er den fertigen Manga, den er nicht als Auftragswerk, sondern aus eigener Initiative gezeichnet hatte, zum Verlag Futabasha brachte, wollte der ihn jedoch aufgrund der Länge nicht nehmen.

„Ich war schockiert, denn bisher waren meine Manuskripte immer angenommen worden, und ich war dementsprechend eingebildet."[7]

Nachdem „Yoshios Jugend" abgelehnt worden war, bekam Tsuge Angst, er könne vom Manga-Zeichnen allein in Zukunft nicht leben, und er beschloss, ein Café zu eröffnen, weshalb er und seine Frau im September 1974 von Chofu, wo sie bis dahin gelebt hatten, in das 12 Kilometer entfernte, nordöstlich gelegene Ogikubo zogen.

Dort suchte ihn dann der Verleger des *Manga Sunday* auf, der über Mizuki von Tsuges neuem Werk gehört hatte. Mizuki hatte nämlich in der *Garo*-Ausgabe von Juli 1974 Tsuges „Oba Galvanik" gelesen, das dort noch einmal abgedruckt worden war, begleitet von einer Glosse, in der von Tsuges neuem Manga berichtet wurde, der in keiner Zeitschrift Platz gefunden hatte. Daraufhin hatte Mizuki, der von „Oba Galvanik" tief beeindruckt war, Tsuge in der August-Nummer von *Garo* mit höchstem Lob bedacht und dann wohl dessen neuen Manga der Zeitschrift *Manga Sunday* empfohlen.

„Yoshios Jugend“ wurde schließlich in drei Folgen in *Manga Sunday* abgedruckt. Nach zwei Monaten zogen Tsuge und seine Frau aus Ogikubo wieder zurück nach Chofu. Im darauffolgenden Jahr kam es mit der Geburt des einzigen Sohnes Shosuke zu einer großen Veränderung. Im selben Jahr erschienen „Ein Gasthof fürs gemeine Volk“ (nicht in der Sammlung von Reprodukt enthalten) und „Das Langeweilezimmer“.

Ab 1976 druckten die großen Verlage dann ihre Manga nicht mehr in dem bis dahin üblichen Shinsho-Format (103 x 182 mm), sondern in dem kleineren Taschenbuch-Bunko-Format (105 x 148 mm).

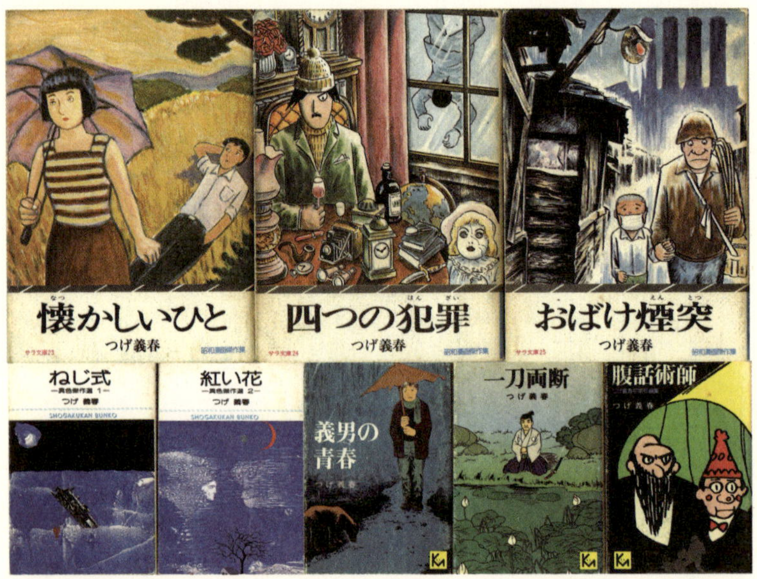

Acht Bunko-Ausgaben von Futami Shobo, Kodansha und Shogakukan, veröffentlicht 1976

Mit diesem Format fielen weniger Papierkosten an, was sich bei größeren Auflagen auch auf den Einzelpreis der Bände niederschlug. Großverlage wie Shogakukan und Kodansha planten nun ganze Taschenbuchserien, visierten dabei jedoch weniger neue Werke an als vielmehr bereits erschienene Manga, die sich gut verkauft hatten und die sie als „Klassiker“ noch einmal herausbringen wollten. Auch Tsuges Werk wurde ins Programm genommen, und allein 1976 erschienen acht Taschenbuchbände. Nun verlangsamte Tsuge, vielleicht weil er sich um seine Existenz keine Sorgen mehr machen musste, sein Tempo, und zugleich nahm er, ebenfalls 1976, seine

Traum-Manga in Angriff. Im Oktober 1976 hatte der kleine Verlag Subaru Shobo eine Sondernummer seiner Monatszeitschrift *Gekkan Poem* zu Tsuge herausgebracht, in der sich auch seine illustrierten „Traumtagebücher“ mit den von ihm aufgezeichneten Träumen befanden. Diese „Traumtagebücher“ stellen gewissermaßen die Vorlage für seine Manga dar, in denen er von 1976 bis 1979 seine Träume thematisierte.

Gekkan Poem, *Subaru Shobo, Titelbild Oktober 1977*

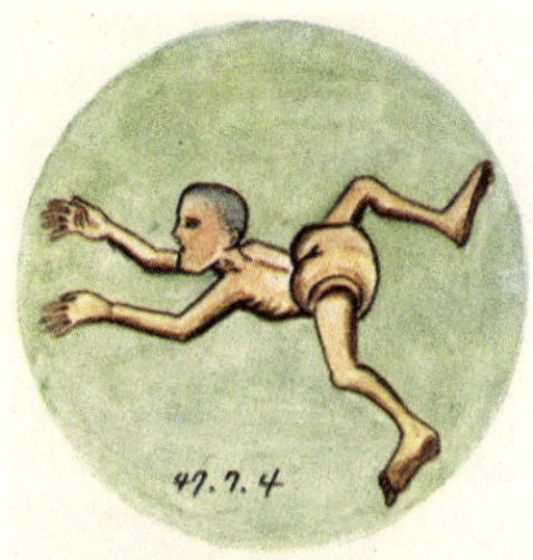

Aus „Traumtagebücher“

„Wenn ich jetzt noch einmal zu zeichnen beginne, möchte ich nur noch Träume zeichnen.“[8]

„Ich möchte Werke in Form von Traumerinnerungen schaffen. Ich wähle jedoch keine bestimmten Träume aus, die ich dann in Geschichten umwandle, sondern ich zeichne meine Träume wie Skizzen oder Notizen auf. Denn würde ich sie zu Geschichten verarbeiten, würden sie, wie ich meine, ihren Wert als Traum verlieren. Außerdem entspricht das skizzenhafte Zeichnen eher dem Traum. Ich habe keine Lust mehr, zusammenhängende Manga zu zeichnen. Denn daraus kann nichts entstehen. Sosehr ich mich auch bemühe, es wird immer so weitergehen wie bisher, nichts wird sich ändern. Mich persönlich langweilt das, es interessiert mich nicht mehr. Ich brauche keinen Plot. Das ist das Fazit meiner jahrelangen Arbeit. Vielleicht werde ich letztendlich in einer surrealistischen Welt landen.

In der Literatur beispielsweise finden sich nur wenige derer, die bis zu ihrem Tod schreiben, am Ende in einer surrealen Welt. Die meisten bleiben der Welt des Realismus verhaftet, und wenn es Veränderungen gibt, dann höchstens die, dass sie älter werden und zu reiferen und tieferen Einsichten gelangen. Ich finde das langweilig. Reifer werden, tiefere Einsichten gewinnen, das ist etwas, was jeder Mensch mit dem Älterwerden zustande bringen kann.

Ich finde realistisches Erzählen langweilig, aber das ist Geschmackssache.“[9]

„In den Fängen der Nacht" (*Manga Sunday*, 28.9.1976)
„Der Job" (*Gekkan Poem*, Subaru Shobo, Januar 1977)
„Leben am Kap Komatsu" (*Yagyo* 7, Juni 1978)
„Das anschwellende Außen" (*Yagyo 8*, Mai 1979)
„Gegrillter Tintenfisch-Griff" (*Custom Comic*, Nihon Bungeisha, Juli 1979)
„Yoshibos Verbrechen" (*Custom Comic*, September 1979)

Diese sechs Geschichten beruhen alle auf realen Träumen, die Tsuge zu Manga verarbeitet hat. Mit dem Zeichnen seiner Träume verändert Tsuge auch seinen Stil, die neue Herangehensweise unterscheidet sich von seiner bisherigen realistischen Art zu zeichnen. Allerdings variiert der Stil in den einzelnen Geschichten, zuweilen ist auch die Perspektive verrückt. Tsuge fängt die Realität seiner Träume auf verschiedene Art und Weise ein, mal in groben Skizzen, mal in einer Art Aquarellmalerei. Im Folgenden möchte ich zwei Bilder vorstellen, die als Vorlagen zu Tsuges Geschichte dienten. Für den Protagonisten von „Leben am Kap Komatsu" war es ein Bild, das an der Wand der Takagi-Arzneimittelfirma für Kampo-Medizin hing, die damals auf dem Gelände des Ishikiri-Schreins in Osaka untergebracht war. Tsuge hatte im September 1975 zusammen mit seiner Frau Maki Fujiwara das Schreingelände besucht, und auch in einem von seiner Frau illustrierten Kinderbuch findet sich das Bild. Der Besitzer dieser Arzneimittelfirma war aufgrund seines Aussehens als „Höllenopa" bekannt. In den 1990er-Jahren besuchte der Mangaka Takashi Nemoto die Firma und machte ein Foto, das hier zum Vergleich abgebildet ist. Die Figur des Höllenopas weist gewisse Ähnlichkeiten mit Herrn Kudo auf, dem Besitzer eines Schlangengeschäfts aus Tsuges Manga „Kameras verkaufen" in *Der nutzlose Mann*.

Von den Manga der sogenannten „Traum-Serie" findet einzig „Die Hände am Fenster" von 1980 keine unmittelbare Entsprechung in den „Traumaufzeichnungen". Tsuges Aussage zufolge hat er den Traum, der dieser Geschichte zugrunde liegt, nicht in den „Traumaufzeichnungen" publiziert, da er gleich wusste, dass er daraus einen Manga entwickeln wollte.

„Die Hände am Fenster" (*Custom Comic*, März 1980)

„Die Hände am Fenster" ist die letzte einer Reihe von Manga-Geschichten, in denen Tsuge Träume zeichnete. Der erste Entwurf stammt von 1976, doch bis zur Fertigstellung dauerte es drei Jahre. Liest man in den von Tsuge

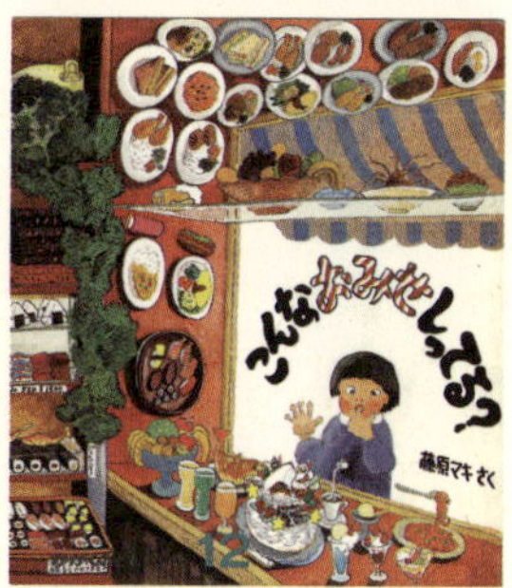

Maki Fujiwara: „Kennst du dieses Geschäft?“, *Fukuinkan Shoten, Dezember 1985*

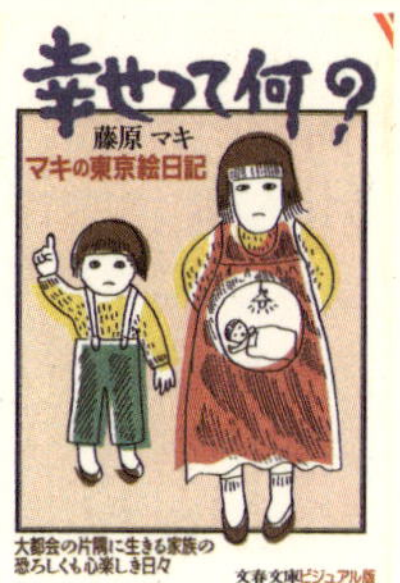

Maki Fujiwara: „Was ist Glück?“, *Bungei Shunju, Juli 1987*

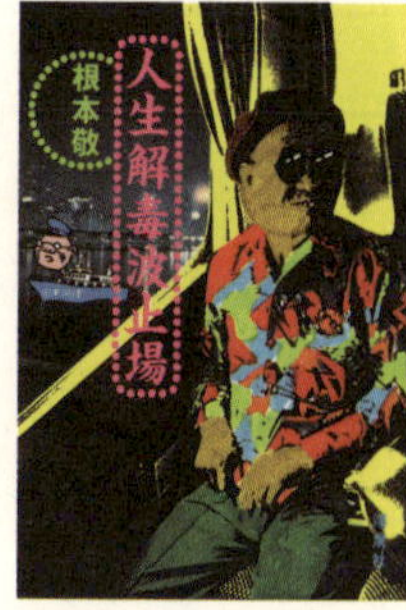

Takashi Nemoto: „Der Hafen der Lebensentgiftung“, *Yosensha, September 1995*

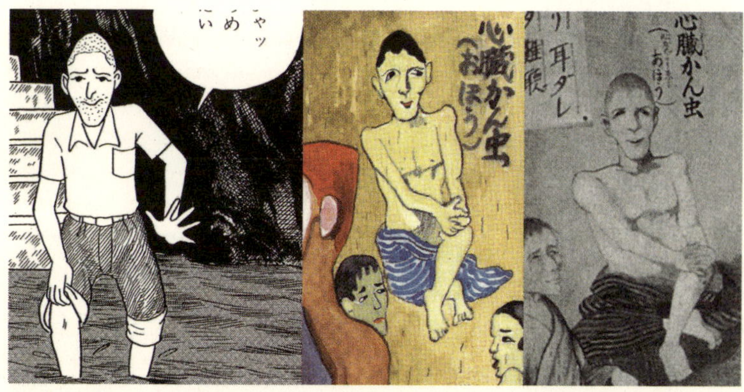

Aus „Leben am Kap Komatsu“

Aus Maki Fujiwara: „Kennst du dieses Geschäft?“, *Fukuinka Shoten, Dezember 1985*

Aus Takashi Nemoto: „Der Hafen der Lebensentgiftung“, *Yosensha, September 1995*

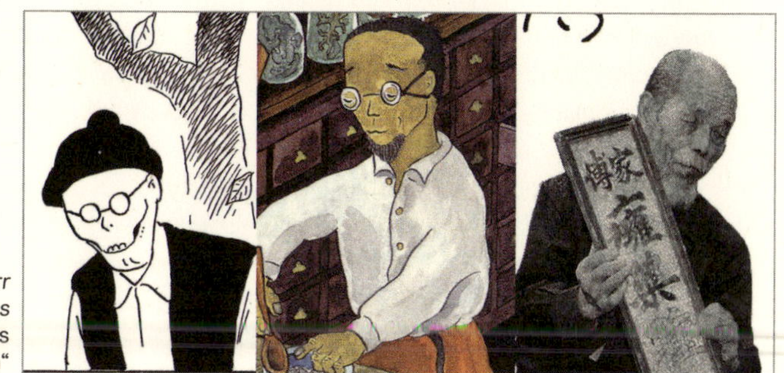

Herr Kudo aus „Kameras verkaufen“

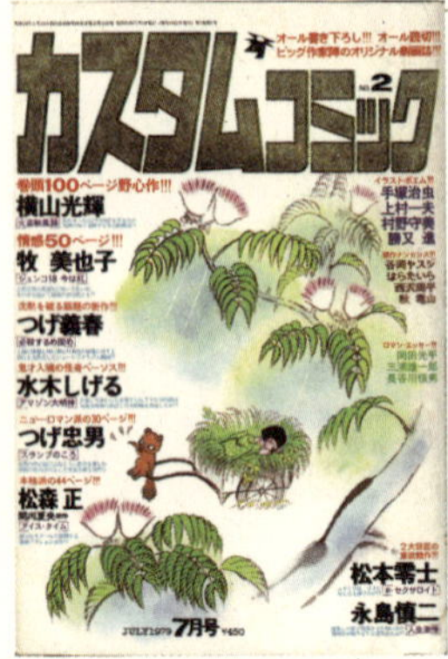

Custom Comic Nr. 2, *Nihon Bungeisha, Juli 1979*

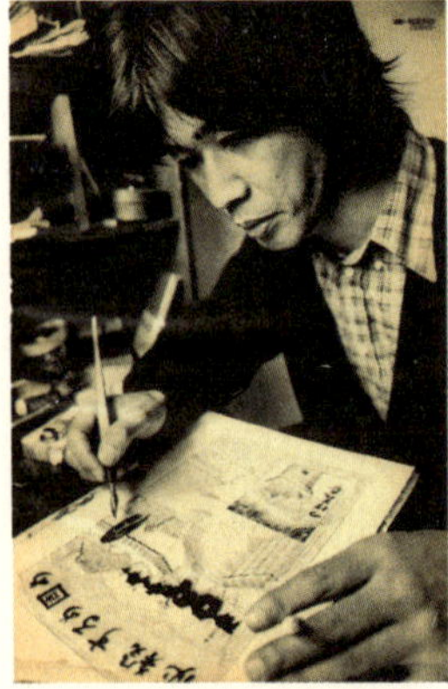

Tsuge zeichnet an „Gegrillter Tintenfisch-Griff" *für dieselbe Ausgabe.*

zwischen 1975 und 1980 verfassten Tagebüchern, die als „Yoshiharu Tsuges Tagebücher" publiziert wurden, so findet sich dort am 24. August 1976 ein Eintrag zu „Die Hände am Fenster": „Was diese Geschichte angeht, bin ich sehr zuversichtlich."

In diesem Manga, dessen gesamte Atmosphäre sich aufgrund der starken Schattierungen vom Stil anderer Traumgeschichten aus der zweiten Hälfte der 70er-Jahre unterscheidet, nimmt Tsuge in einigen Panels kompositorische Anleihen bei Edward Hopper. Dass sich Tsuge bei „Die Hände am Fenster" auf mehrere Bilder von Hopper bezog, lag nicht nur daran, dass er deren faszinierende Komposition kopieren wollte, er wollte wohl auch die für Hopper charakteristische Darstellungsweise von Licht und Schatten samt der dadurch evozierten Weltsicht und inneren Einsamkeit übernehmen. „Die Hände am Fenster" greift die Zeit unmittelbar nach dem Krieg auf, der Stil erinnert teilweise an Shigeru Mizukis Werke aus der Leihbücherei-Zeit, doch zugleich spürt man in der düsteren Atmosphäre auch den Einfluss neorealistischer Filme, wie sie nach dem Zweiten Weltkrieg in Frankreich, Italien und anderen europäischen Ländern entstanden waren.

Charakteristisch für „Die Hände am Fenster" ist darüber hinaus Tsuges Bezug auf diverse Fotos, die in großen Panels wirklichkeitsgetreu umgesetzt sind und sich in den anderen Traumgeschichten nicht finden. Diese Montagetechnik weist wiederum große Ähnlichkeit mit der Komposition der Geschichte „Verschraubt" von 1968 auf.

Aus all diesen Faktoren zeigt sich meines Erachtens, dass „Die Hände am Fenster" die Vollendung der für Tsuges Laufbahn so wesentlichen surrealistischen Entwicklung darstellt. Tatsächlich verschwindet danach die Traumverarbeitung aus Tsuges Werk, er kehrt nun wieder zur wirklichen Welt der autobiografischen Erzählung und des Ich-Manga zurück.

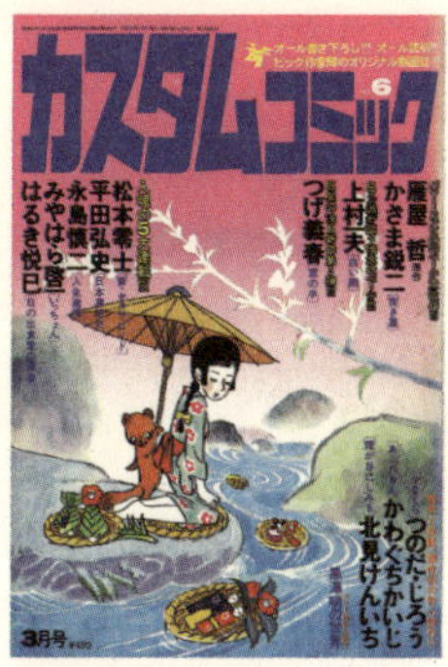

Custom Comic Nr. 6, *Nihon Bungeisha, März 1980*

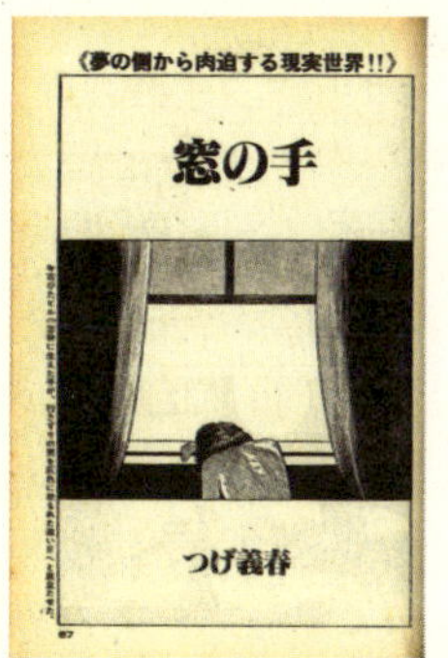

„Die Hände am Fenster", *Titelbild*, Custom Comic Nr. 6, *Nihon Bungeisha, März 1980*

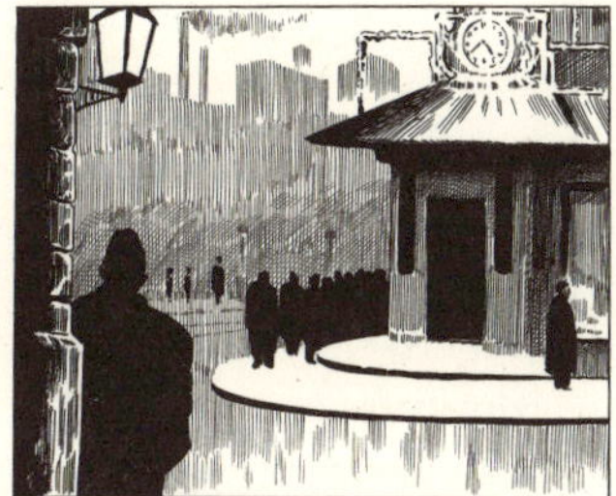

Aus „Die Hände am Fenster"

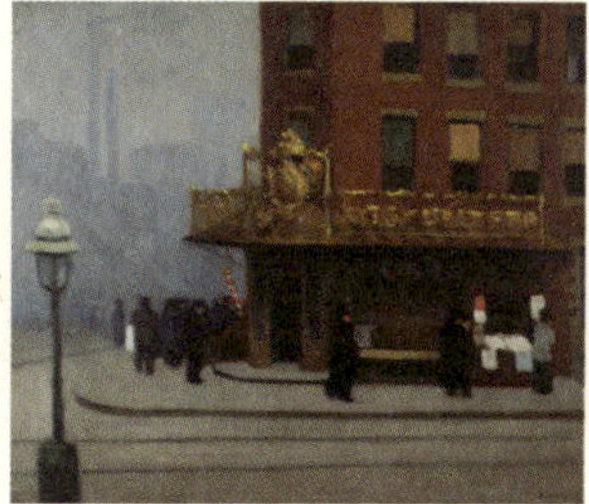

Edward Hopper, New York Corner (Corner Saloon), 1913

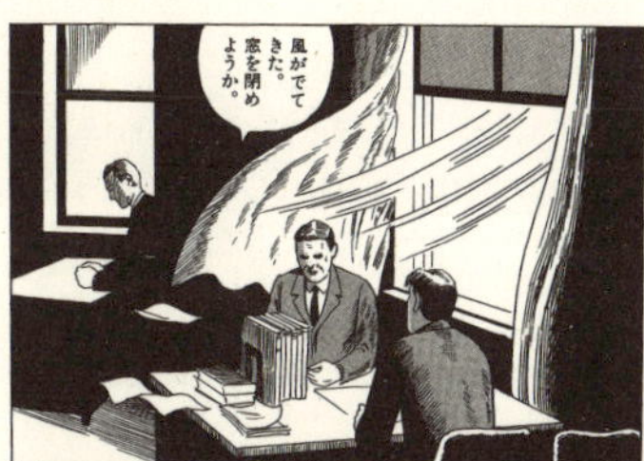

Aus „Die Hände am Fenster"

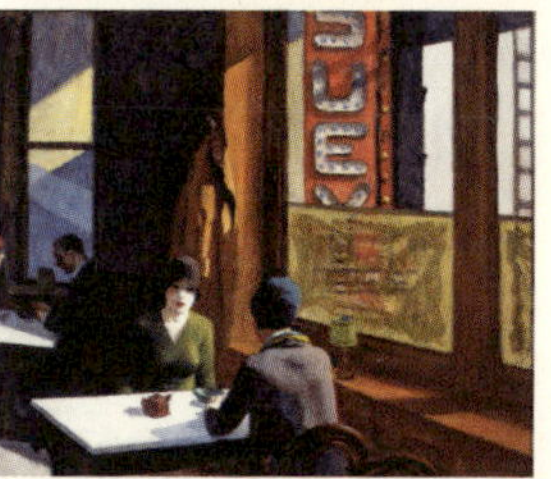

Edward Hopper, Chop Suey, 1929

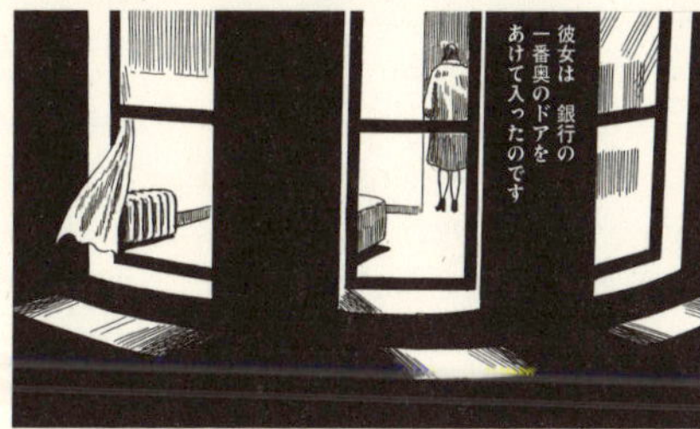

Aus „Die Hände am Fenster"

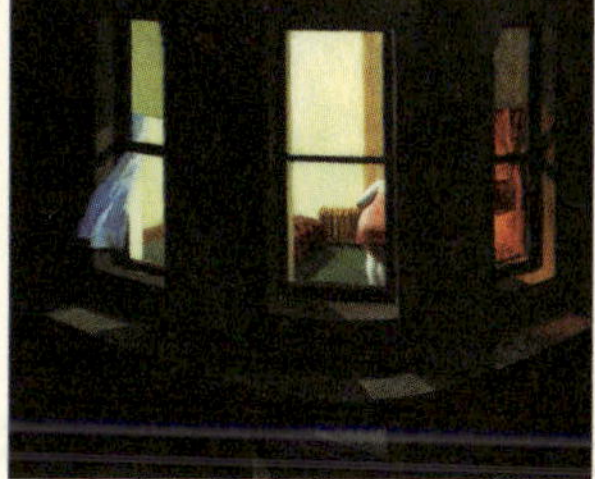

Edward Hopper, Night Windows, 1928

„Es war keine bewusste Entscheidung, es passierte ganz spontan. Beim Zeichnen der Traumwelten verlor ich den Halt, ich bekam Angst, dass ich verrückt werden könnte. Eine Welt ohne jede Begrenzung kann Angst bereiten. Deswegen habe ich Distanz zu den Träumen gesucht, obwohl ich bis dahin oft noch im Bett meine Träume aufgeschrieben hatte. (...) Ich habe damit aufgehört. Denn letztlich gibt es nur diese wirkliche Welt (lacht), zumindest zu dieser Erkenntnis bin ich gelangt (lacht). Mein reales Ich ist ein ganz vernünftiger Mensch, also kann ich, nur weil es sich um Träume handelt, ja keinen kompletten Blödsinn zeichnen."[10]

„Der Junge" (*Custom Comic*, Juli 1981)
„Der Gecko" (*Comic Baku 10*, Nihon Bungeisha, September 1986)
„Zum Meer" (*Comic Baku 12*, Nihon Bungeisha, März 1987)

„Der Junge" (*Custom Comic*, Juli 1981)

Nach „Die Hände am Fenster" verfasste Tsuge wie in früheren Zeiten Reisegeschichten („Die Futamata-Schlucht" in *Rote Blüten*) oder zeichnete wie in „Tägliches Spiel" (in *Der nutzlose Mann*) den Alltag mit seiner Frau, doch da er mittlerweile in seinen Vierzigern war und nicht mehr so gut sehen konnte, fiel es ihm zunehmend schwer, kleinteilige Bilder zu zeichnen. In „Der Junge" zeigt sich ein etwas anderer, zuweilen gröberer Stil als bisher. Darüber hinaus war Tsuge von finanziellen Sorgen geplagt, da er keine Manga-Aufträge außer denen für *Custom Comic* hatte. In jener Zeit begann er seinen Handel mit reparierten Gebrauchtkameras, den er später in *Der nutzlose Mann* beschreibt. Die finanziellen Probleme führten auch zu Ängsten, weshalb Tsuge seit 1980 regelmäßig einen Psychiater aufsuchte. Die Diagnose lautete: Angstneurose.

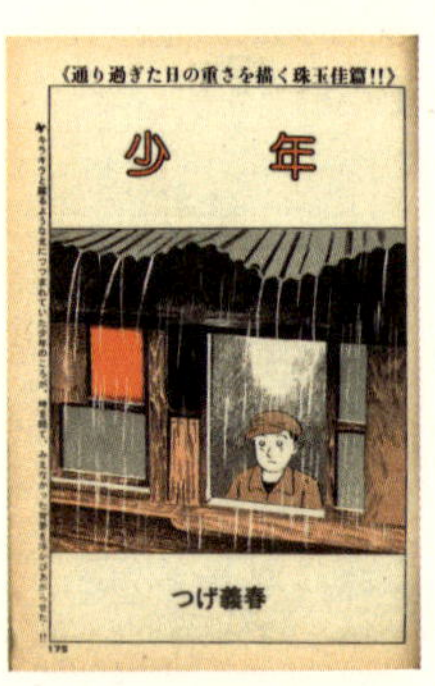

„Der Junge", *Titelbild der 1. Zeitschriftenausgabe*

„Meine Neurose begann, als ich mit einer Grippe im Bett lag und nicht mehr aufhören konnte, mir wegen meiner realen Probleme Sorgen zu machen, aber der wirkliche Grund war wahrscheinlich eine große ‚existenzielle Angst'. Obwohl ich mich darin übte, die realen Probleme und die Härten des Lebens auszuhalten, und lernte, mich dem wirklichen Leben zu stellen, war all dies sinnlos, solange ich keine Lösung für diese Angst fand. Oder

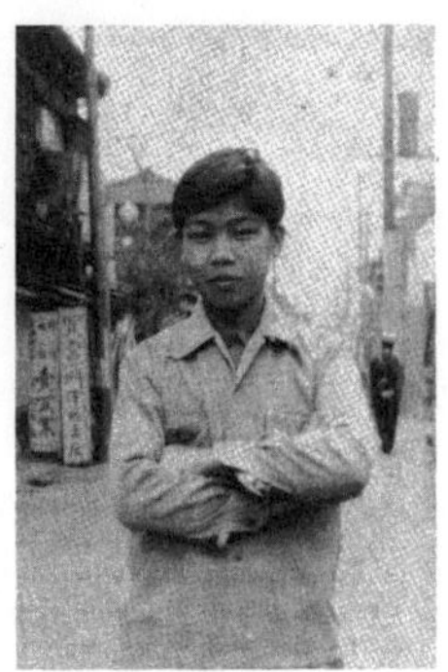

Tsuge zwischen 1952 und 1953 bei der Arbeit in einer Fabrik

würde sich mit einem stärkeren Durchhaltevermögen auch diese Angst auflösen? Bis dahin hatte ich die Lösung in der Erkenntnis gesucht, dass meine Existenz ‚zufällig' sei, aber das war eine rein verstandesmäßige, konnte mich aber emotional wohl nicht überzeugen..."[11]

Was das Setting der Geschichte angeht, wirkt „Der Junge" wie ein autobiografisches Werk, in dem Tsuge sich selbst als Jungen – der etwas älter ist als in „Oba Galvanik" – zum Modell nimmt. Doch Tsuge beschreibt nicht die Wirklichkeit als solche, und auch wenn er reale Personen in seinen Manga auftreten lässt, schmückt er ihr Leben und Handeln sowie ihre Beziehungen untereinander aus, er „redigiert" und rekonstruiert die Wirklichkeit gewissermaßen. Aufgrund dieses Prozesses sind seine Geschichten, auch wenn sie auf der Wirklichkeit aufbauen, nie subjektiv, sondern erlangen, indem Tsuge sich selbst in der dritten Person betrachtet, eine objektive Dimension. In seinen Ich-Manga ist Tsuge er selbst und zugleich nicht er selbst, seine Geschichten sind wirklich und sind es zugleich nicht.

Als Tsuge dann erneut seinen Alltag zum Thema seiner Geschichten macht, ist die wichtigste Manga-Zeitschrift, in der seine Werke veröffentlicht werden, *Custom Comic*, für die er seit 1979 arbeitet. Parallel dazu fängt er 1983 an, für die Zeitschrift *Shosetsu Gendai* die Serie „Die Tagebücher des Yoshiharu Tsuge" zu zeichnen. Ursprünglich hat Tsuge diese als „Tagebuch-Therapie" auf Empfehlung seines Psychiaters begonnen, zu dem er wegen seiner Angstneurose regelmäßig ging, und im Unterschied zu seinen Manga entspricht der Tsuge in diesem Werk dem realen Tsuge. Auch die Freunde und Bekannten werden mit ihren richtigen Namen genannt. Für Tsuges Leser sind diese Tagebuchaufzeichnungen von großem Interesse, doch für die darin Geschilderten mag die Reduzierung auf Tsuges subjektive

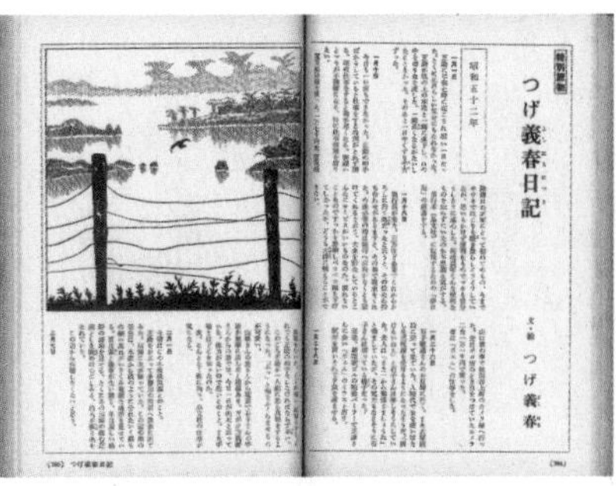

つげ義春日記

昭和五十二年

文・絵 つげ義春

„Die Tagebücher des Yoshiharu Tsuge", *Shosetsu Gendai, Kodansha, Mai 1983*

Sicht durchaus unangenehm sein, denn manches, was er darin schrieb, ist nicht eben vorteilhaft. Indem er sich negativ über andere äußerte, versuchte Tsuge aber, seine eigenen hässlichen Seiten zu zeigen, doch seine Mitmenschen und seine Leser haben das offenbar nicht verstanden, sie lasen die Manga so, als wolle er lediglich andere schlechtmachen. Aus diesem Grund waren „Die Tagebücher des Yoshiharu Tsuge" seit ihrem Erscheinen als Taschenbuch 1983 lange vergriffen und wurden erst 2021 endlich wieder aufgelegt.

„Der Gecko", „Zum Meer"

Wie Ryan Holmberg in seinem Nachwort zu *Der nutzlose Mann* schrieb, wurde die Serie unter demselben Titel „Der nutzlose Mann" in den Jahren 1985 und 1986 in *COMIC Baku* veröffentlicht. Die drei letzten in diesem Band enthaltenen Geschichten, die während beziehungsweise nach der Arbeit an „Der nutzlose Mann" entstanden, sind alle stark autobiografisch geprägt, so wie auch die anderen kurzen Geschichten dieses Bandes, die Tsuge allesamt in den 1980er-Jahren, vor und nach „Der nutzlose Mann", verfasste. In „Der Gecko" und „Zum Meer" reflektiert er die Erfahrungen seiner Kindheit, er hat die beiden Geschichten ursprünglich als *side stories* zu „Der nutzlose Mann" entworfen.

„Eigentlich hatte ich sie für die Serie ‚Steine verkaufen' konzipiert und die Panels dementsprechend angeordnet, aber schließlich habe ich sie in eigenständige Geschichten umgeändert. Ich habe dazu Haruo, den Protagonisten der beiden Geschichten, in der Kindheit von Sukezo Sukegawa verortet."[12]

Auch die beschriebene Familiensituation entspricht der in Tsuges realem

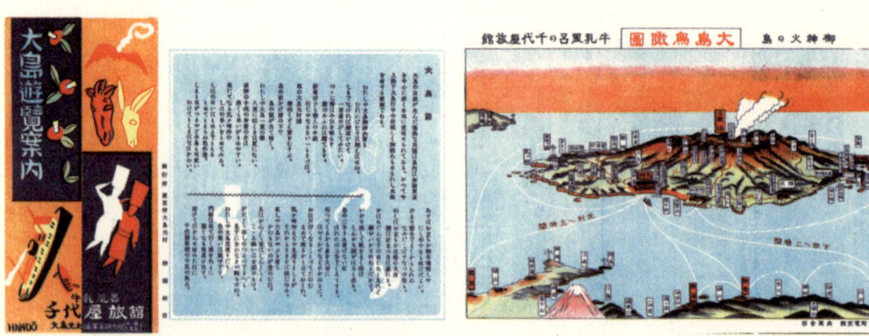

Tsuges leiblicher Vater, Ichiro Tsuge, arbeitete als Koch in dem großen Ryokan „Chiyoya" auf Izu-Oshima. Links ist das von dem Ryokan für seine Gäste erstellte Werbeprospekt zu sehen. Neben einer Karte aus der Vogelperspektive (rechts) ist auch der Text aus dem Volkslied „Oshima-bushi" abgebildet, von dem in Tsuges Manga „Ans Meer" die Rede ist.

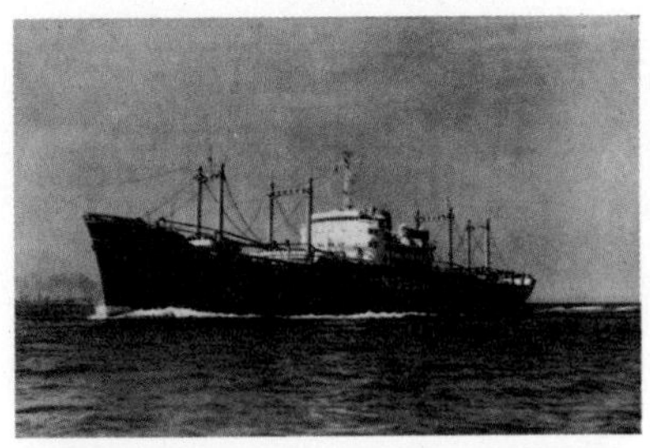

Das Schiff Nikkei-maru, auf das sich Tsuge im Sommer 1953 als blinder Passagier schmuggeln wollte

Leben. Der Schauplatz von „Zum Meer“ ist die 25 Kilometer südöstlich der Izu-Halbinsel gelegene Insel Izu-Oshima, auf der sowohl Haruo seine Kindheit verbracht als auch Tsuge bis zu seinem vierten Lebensjahr mit seiner Familie gelebt hat. Auch die Szene mit dem blinden Passagier ist real, denn Tsuge, der als Kind unbedingt Seemann werden wollte, hat als zehnjähriger Junge zweimal versucht, sich an Bord eines Schiffes zu schleichen, doch es misslang beide Male. In „Zum Meer“ beschreibt er den zweiten Versuch im Sommer 1953, nach dessen Scheitern er dann den Plan fasste, den Beruf des Mangaka zu ergreifen. Im Herbst desselben Jahres besuchte er Osamu Tezuka, erkundigte sich bei diesem nach den Honoraren für Manga-Manuskripte und beschloss, professioneller Mangaka zu werden.

„Die Trennung“ (*Comic Baku 13/14*, Juni und September 1987)

Da Tsuge nach „Die Trennung“ keine Manga mehr gezeichnet hat, ist diese Geschichte zum gegenwärtigen Zeitpunkt sein letztes Werk. Ich habe bereits erwähnt, dass er vor und nach „Der nutzlose Mann“ viele autobiografische Manga zeichnete. Im Fall von „Die Trennung“ gibt es einen vor der Manga-Version verfassten Essay mit dem Titel „Der Selbstmordversuch“ (*Yagyo 10*, Hokuto Shobo, Juni 1981). Tsuge hat in jener Zeit einige Manga geschaffen, die auf als Essays veröffentlichten Episoden beruhen, doch im Vergleich zu „Der nutzlose Mann“, in dem er treu dem Verlauf seines Lebens folgte, kombiniert er in den anderen Kurzgeschichten Episoden aus unterschiedlichen Zeiten der Vergangenheit. Das Modell für das Mädchen in „Die Trennung“ ist dabei übrigens identisch mit dem aus „Chiko“, seinem ersten Manga im Ich-Roman-Stil.

„Als ich ‚Chiko‘ zeichnete, war ich noch jung. Ich spüre die Naivität und die Weichheit darin. (...) Ich möchte diesen romantischen Flair loswerden. Mit zunehmendem Alter scheinen mir die Menschen in Illusionen und Fantasien verstrickt. Manchmal überkommt mich die Anwandlung, all das weglassen zu wollen und die Dinge ganz ungeschminkt zu zeichnen.“[13]

Ich habe Yoshiharu Tsuge 1991 kennengelernt. In den folgenden 30 Jahren haben wir mehrmals miteinander gesprochen, und er hat mir von seinen Ideen für neue Manga erzählt. Nach „Die Trennung" hat er allerdings nichts mehr gezeichnet.

Was wollte er in seiner Laufbahn als Mangaka erreichen? Im Nachwort zu dem Gesprächsband „Yoshiharu Tsuges Manga-Technik" mit seinem Redakteur der Zeitschrift *Garo*, Shinzo Takano, beschreibt Tsuge dies als „Beharren auf der Realität".

„Dieses Beharren rührt, glaube ich, aus der Unstimmigkeit mit der scheinbaren Realität, die ich nur schwer ertrage. Möglicherweise ist daher das Ziel meines Schaffens zu genesen. Vielleicht kann ich mit meinen Werken eine Welt konstruieren, die über diese Scheinbarkeit hinausgeht, aber vielleicht ist das Schöpferische nicht die einzige Methode, und ich könnte mein Ziel auch mit anderen Mitteln erreichen, vielleicht sogar durch Nicht-Zeichnen."[14]

Worin aber besteht Tsuges „Realität"? Ich habe ihn das einmal direkt gefragt.

„Um etwas zu erschaffen, bedarf es einer Kraft, die dem Leser eine scheinbare Erfahrung vermittelt. Diese Kraft nenne ich für mich ‚Realität'. Ich glaube, die Basis des kreativen Prozesses ist es, an die Gefühle des Lesers zu appellieren. Wenn man zeichnet, ohne an diese Gefühle zu appellieren, entsteht lediglich etwas wie eine Abhandlung, aber mit einem kreativen Prozess hat das nichts zu tun. Deswegen beharre ich unbedingt auf der Realität. Und die scheinbare Erfahrung muss trotz ihrer Scheinbarkeit das Unterbewusste des Lesers erreichen, denke ich."[15]

Im Oktober 2021 feiert Yoshiharu Tsuge seinen 84. Geburtstag. Seit er 1999 seine Frau Maki Fujiwara verloren hat – sie starb an Krebs –, lebt er mit seinem Sohn Shosuke zusammen, und auch wenn er keine neuen Manga mehr zeichnet, erscheinen fast jedes Jahr neue Ausgaben seiner Werke. Auch im Ausland gibt es seit einiger Zeit ein starkes Interesses an Tsuges Manga, sie wurden bereits in mehrere Sprachen übersetzt. Im Februar 2020, kurz vor der Corona-Pandemie, konnte Tsuge noch am Internationalen Comicfestival in Angoulême teilnehmen, wo er mit einer Ausstellung gewürdigt und mit dem Ehrenpreis für sein Lebenswerk ausgezeichnet wurde. Dank der Überredungskunst seines Sohnes reiste er hierzu erstmals ins Ausland, was allein schon erwähnenswert ist. Im April desselben Jahres startete dann der Kodansha Verlag die *Yoshiharu Tsuge Gesamtausgabe* mit insgesamt 22 Bänden.

„Ich zeichne auf meine eigene Art, auf der Suche nach Antworten. Offensichtliche Lösungen aber sind langweilig, so leicht lassen sich Lösungen nicht finden. Was ich zeichne, ist der Prozess, der zu einer Antwort führt.“[16]

Tsuge löste sich von der Entwicklung einer dramaturgischen Struktur, dem bis dahin gültigen Versprechen des Storytelling, sowie einem leicht verständlichen Schluss und fand zu einer neuen Art des Manga. Indem sie dem Leser die freie Deutung überlässt, stellt diese Art des Erzählens zwischen Autor und Leser ein interaktives Verhältnis her und unterscheidet sich so von einer einseitigen Form der Unterhaltung. Eine einfache Antwort ist damit nicht möglich. Doch solange es Leser gibt, die in Tsuges Erzählstruktur eine Realität wiederfinden und genau wie er nach einer Antwort suchen, werden seine Werke wohl auch in Zukunft gelesen werden.

QUELLEN

1 „Nami Returns“, Wise Shuppan, Januar 1993

2 Gespräch mit Yoshiharu Tsuge, *CRAWL*, Sony Magazine, Juli 1991

3 Gespräch mit Yoshiharu Tsuge, *Garo*, Seirindo, Juni 1992

4 Profil Yoshiharu Tsuge, in: *Gekkan Poem*, Subaru Shobo, Januar 1977

5 Atelier-Gespräch: Yoshiharu Tsuge und Seizo Tajima, *Gekkan Ehon*, Subaru Shobo, März 1976

6 Vorwort – Erläuterungen zu meinem Werk „Sommererinnerung“, Chuokoronsha, November 1988

7 Yoshiharu Tsuges Gedanken zum Betteln, „Der nutzlose Mann“, Nihon Bungeisha, Juli 1989

8 „Mittags im Traum“, in: *Art Top*, Geijutsu Shinbunsha, Oktober 1976

9 „Die Sentimentalität eines im Königreich der Träume Herumreisenden“, in: *Mr. Action*, Futabasha, November 1976

10 Gespräch mit Yoshiharu Tsuge, *CRAWL*, Sony Magazine, Juli 1991

11 „Die Tagebücher des Yoshiharu Tsuge“, Kodansha, Dezember 1983

12 Yoshiharu Tsuges Gedanken zum Betteln, „Der nutzlose Mann“, Nihon Bungeisha, Juli 1989

13 „Yoshiharu Tsuges Manga-Technik“, 2. Band, Wise Shuppan, Oktober 1993

14 „Yoshiharu Tsuges Manga-Technik“, 2. Band, Wise Shuppan, Oktober 1993

15 „Was ist eine ‚Realität‘, die die Zeit übersteigt?“, in: *Ax 13*, Seirin Kogeisha, Februar 2000

16 „Die Haltung des Autors und die Ausrichtung des Werks“, in: *Yagyo 18*, Hokuto Shobo, Februar 1993

Übersetzung aus dem Japanischen: Nora Bierich

Aus dem Japanischen von Nora Bierich
Redaktion: Heike Drescher
Korrektur: Gustav Mechlenburg
Gestaltung Soundwords: Sebastian Koch
Lettering und Herstellung: Anna Weißmann
Mit einem Font von Michael Hau

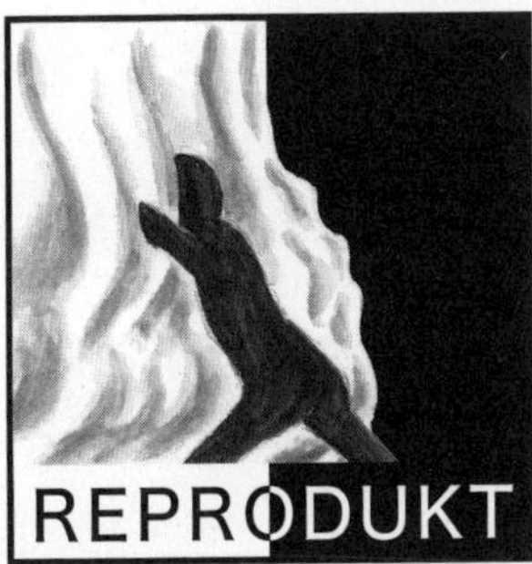

Gottschedstr. 4 / Aufgang 1
13357 Berlin

Herausgeber: Dirk Rehm
ISBN 978-3-95640-248-7
Druck: OZGraf, Olsztyn, Polen

Erste Auflage: Oktober 2021
www.reprodukt.com

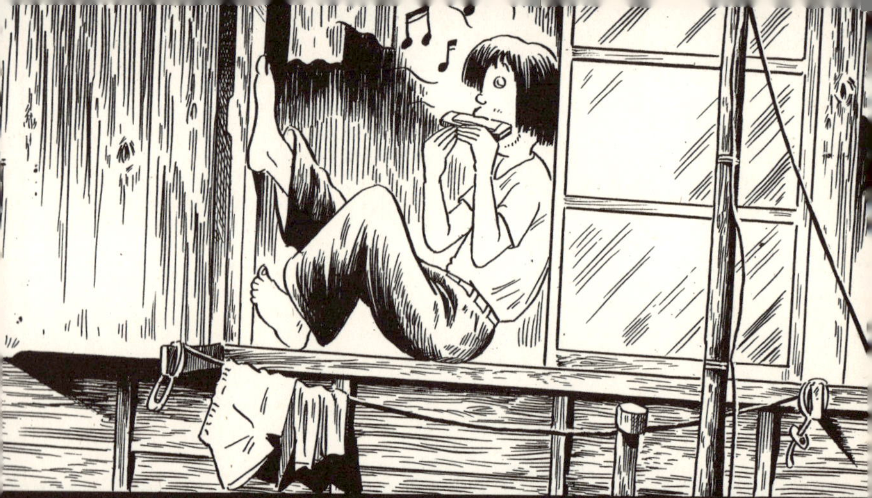

HALT!

Yoshios Jugend ist ein Manga, der in japanischer Leserichtung veröffentlicht wird.

Da in Japan von hinten nach vorn und von rechts nach links gelesen wird, beginnt dieses Buch hinten und endet hier. Die Bilder und Sprechblasen werden von rechts oben nach links unten gelesen.

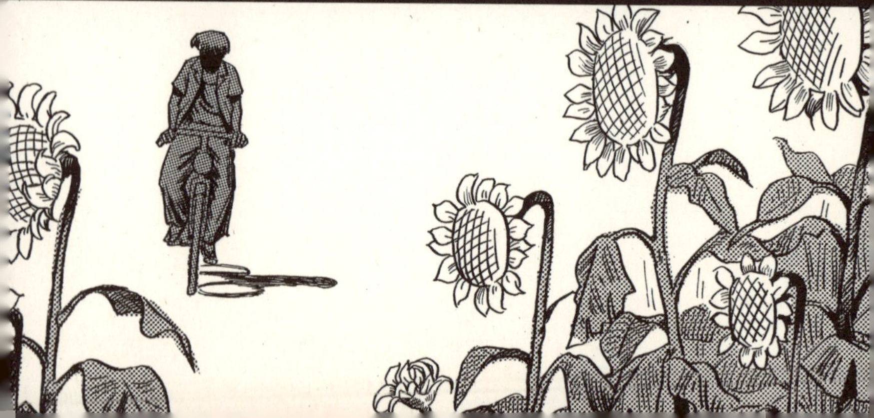

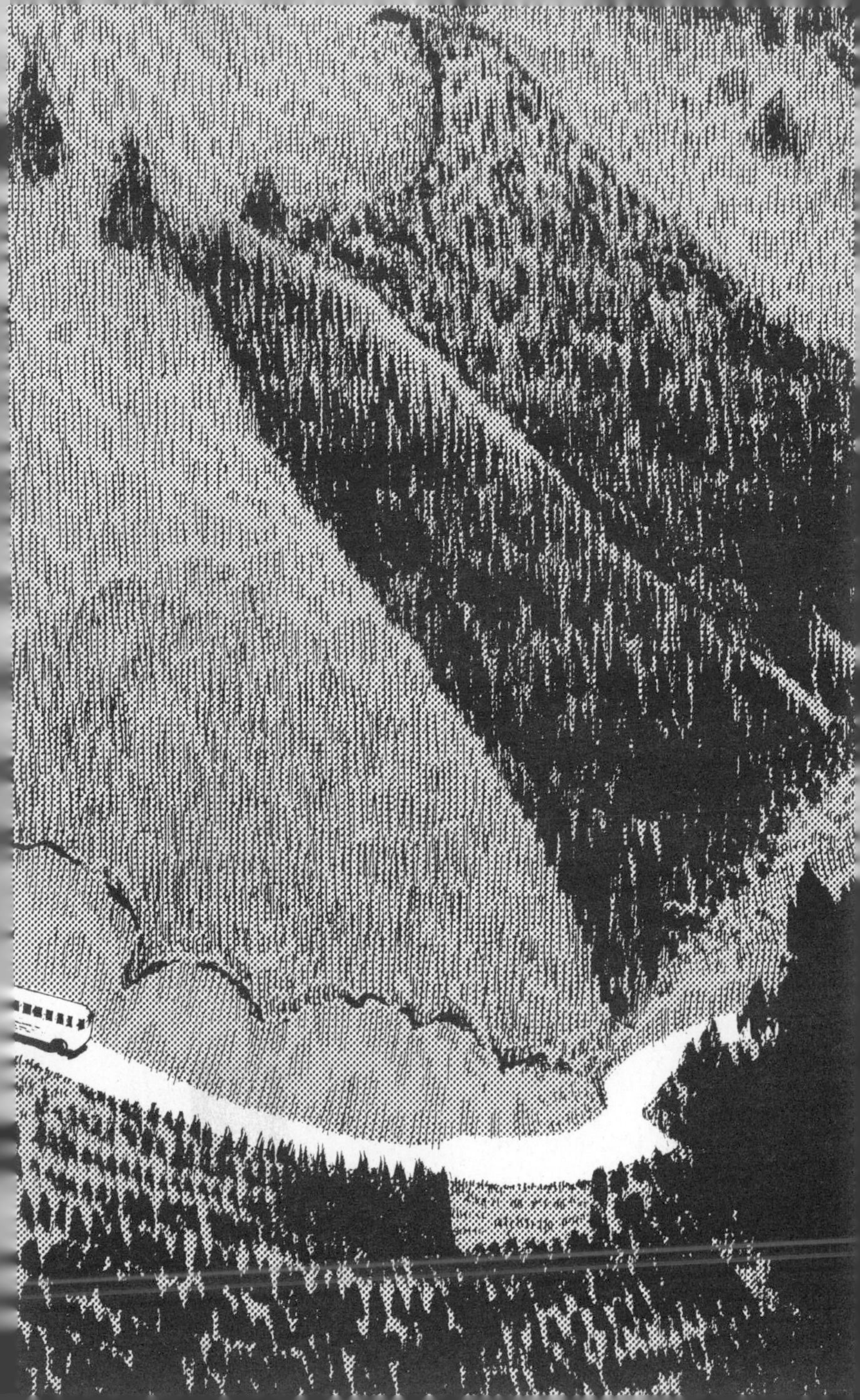